U0613081

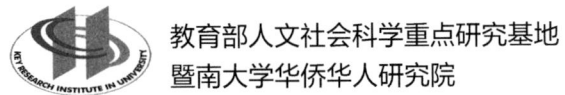

教育部人文社会科学重点研究基地
暨南大学华侨华人研究院

QIAOQING ZONGLAN

侨情综览

2020

暨南大学图书馆　　世界华侨华人文献馆　　编
彭磷基华侨华人文献信息中心

广东人民出版社

·广州·

图书在版编目（CIP）数据

侨情综览. 2020 / 暨南大学图书馆世界华侨华人文献馆，彭磷基华侨华人文献信息中心编. —广州：广东人民出版社，2024.1

ISBN 978-7-218-17272-9

Ⅰ.①侨… Ⅱ.①暨… ②彭… Ⅲ.①侨民工作—概况—中国—2020 Ⅳ.①D634

中国国家版本馆CIP数据核字（2024）第007449号

Qiaoqing Zonglan 2020

侨情综览 2020

暨南大学图书馆 世界华侨华人文献馆 彭磷基华侨华人文献信息中心 编

版权所有 翻印必究

出 版 人：肖风华

责任编辑：陈泽洪 张泱心
内文设计：奔流文化
责任技编：吴彦斌

出版发行：广东人民出版社
地 址：广州市越秀区大沙头四马路10号（邮政编码：510199）
电 话：（020）85716809（总编室）
传 真：（020）83289585
网 址：http://www.gdpph.com
印 刷：广州小明数码印刷有限公司
开 本：787毫米×1092毫米 1/16
印 张：52.75 字 数：1060千
版 次：2024年1月第1版
印 次：2024年1月第1次印刷
定 价：198.00元

如发现印装质量问题，影响阅读，请与出版社（020-87712513）联系调换。
售书热线：020-87717307

本书由益海嘉里集团设立的"世界华侨华人文献馆建设基金"资助出版。

编 委 会

主　编：刘增合

副主编：王　华

编　委：刘增合　王　华　景海燕

　　　　易淑琼　沈毅秦　卢玉敏

　　　　赵　频　武颖华

序　言

世界华侨华人文献馆依托暨南大学百年侨校的资源与优势，经过20余年的不断开拓与发展，现已成为海内外知名的涉侨文献收藏重镇。《侨情综览》作为世界华侨华人文献馆编辑出版的年度涉侨信息工具书，自2011年出版以来，至今已是第11本。作为《侨情综览》的忠实读者与受益者，我认为该书在涉侨信息的全面性、客观性、资源来源的权威性等方面具有一定优势，特别是统计资料板块，既为华侨华人活动汇集和保存了宝贵的历史记忆，也为华侨华人研究提供了较为全面、系统与客观的事实数据。可以说，该书作为目前国内较为难得的一本海内外侨情、侨务与涉侨学术研究的年度工具书，已成为长期以来从事海外华商研究的必备工具书之一。

华侨华人遍布世界各地，在不同的宗教、文化、制度与社会中生存与发展。华侨华人在东南亚最近两百多年的经济历程中举足轻重，在北美科技产业中引人注目，也在欧洲、大洋洲、南美洲、非洲等地逐渐发挥影响力。随着世界经济与文化的多元化发展，华侨华人仍将承载着中华民族血脉，以其强韧的适应性与顽强的生命力，继续为当地社会做出贡献，在经济上创造财富，在文化上增加元素与色彩，在知识与技术上推陈出新。

故土情怀，中华情结，外部压力愈强，其释放愈强烈。在新时代中国改革开放的进程中，华侨华人是开放的先行者、改革的重要参与者、经济腾飞的贡献者。观念更新与思想解放，制度创新与体制变革，都浸透着华侨华人的影响与推动。从引进来到走出去，从贸易到投资，从物质资本到人力资本，华侨华人搭起一座座中外交流的桥梁，连接开放的中国与外部世界，连接历史与未来。

2020年以来，新冠肺炎疫情肆虐全球，海内外中华儿女同心抗疫，取得了举世瞩目的成就。通过阅读《侨情综览》，可以清晰地了解在这一过程中，海外侨胞情系祖国，用实际行动支援家乡和祖国的抗疫工作，同时又为所在国家和地区的新冠肺炎疫情防治做出自己的贡献。2020年的侨胞，是艰难的一年，也是努力的一年。广大侨胞用自己的坚韧和奋斗精神，支撑华商经济的发展，为促进当地经济发展、推动"一带一路"建设、助力全球经济复苏，做出了不可磨灭的贡献。我希望更多的

读者能够通过《侨情综览》更广泛、更全面、更深刻地了解和把握华侨华人与世界的动态、变化与发展。

二〇二二年六月一日

编辑说明

《侨情综览2020》设有"重要讲话与报告""涉侨政策法规""大事记""海外侨情""侨务信息""热点时评""侨史钩沉""学术动态""2020年华人新社团"及"统计资料"等栏目。本书注重涉侨年度资料的全面性、系统性、客观性、连续性以及信息来源的权威性，资料来源主要为图书、期刊、主流媒体、侨务部门与研究机构网站及各类型数据库，力图较为全面客观地呈现2020年度侨情、侨务及相关研究等总体概况。其中"统计资料"部分尤具文献参考价值，包括2020年度境内外华侨华人研究的中外学术论文、著作、学位论文及科研项目等。

本书编辑工作具体分工如下："重要讲话与报告"栏目编辑为沈毅秦、王华；"涉侨政策法规"栏目编辑为景海燕；"海外侨情"栏目编辑为赵频；"侨务信息"栏目编辑为武颖华；"热点时评""侨史钩沉"栏目编辑为王华；"学术动态"栏目编辑为卢玉敏；"2020年华人新社团"栏目编辑为沈毅秦；"统计资料"栏目编辑为易淑琼、景海燕、卢玉敏、赵频、武颖华；王华负责全书统稿，武颖华协助统稿。

张振江、陈奕平、潮龙起等教授为本书的完善提出了许多宝贵建议，在此一并表示诚挚的感谢！

目　录

■ **重要讲话与报告**

■ **涉侨政策法规**

● **综合**

● **权益保护**

● **回国定居**

● **引资引智**

● **亚洲**

● 北美洲

■ 侨务信息

● 综合信息

■ 热点时评

■ 侨史钩沉

■ 学术动态

■ 2020年华人新社团

■ 统计资料

重要讲话与报告

关于加强党对统战工作的领导

习近平

统战工作是全党的工作，必须全党重视，大家共同来做。大家要从思想上真正认识到，统战工作是各级党委必须做好的分内事、必须种好的责任田。一些地方党委一年到头也讨论不了一两次统战工作，甚至有的同志认为做统战工作出不了大成绩，不做统战工作出不了大问题。

统一战线无小事，统战工作涉及的主要是同党外的关系，处理不好就可能影响大局。党中央在这方面要求是明确的。各级党委要把统战工作摆在重要位置，真正把统战工作纳入党委重要议事日程，纳入党政领导班子工作考核内容，纳入宣传工作计划，纳入党校、行政学院、干部学院、社会主义学院的重要教学内容。

各级党政领导干部要带头学习宣传和贯彻落实统一战线政策法规，带头参加统一战线重要活动，带头广交深交党外朋友。各级党委主要负责人要熟悉本地区民主党派组织负责人和有影响的党外知识分子、非公有制经济人士等，每年总要找一些人谈谈心，或到有些单位走访一下。对那些有影响、有个性的党外人士，各级党委主要负责人要主动做好工作。当年，我们党的老一辈革命家，不论是在地方工作还是在中央工作，都高度重视这项工作，亲自做党外人士工作，留下了很多佳话，值得我们认真学习。

长期以来，"统一战线不统一"的问题比较突出，影响了统战工作成效。必须明确，民主党派工作、党外知识分子工作、非公有制经济人士工作，民族工作、宗教工作，港澳工作、对台工作、侨务工作，都是统战工作的重要组成部分。要坚持党委统一领导、统战部牵头协调、有关方面各负其责的大统战工作格局，形成工作合力。各有关部门和人民团体要增强统战意识，搞好分工协作。

统战部作为党委主管统战工作的职能部门，是党委统战工作的参谋机构、组织协调机构、具体执行机构、督促检查机构，担负着了解情况、掌握政策、协调关系、安排人事、增进共识、加强团结等重要职能。在实际工作中，统战部要多给党委出主意，加强同其他部门和方面的联系沟通，更好发挥参谋、组织、协调、督促的作用。

我们党对统战干部的要求历来是很高的。从事统战工作的同志必须牢记，党把统战工作这个重大任务交给大家，是对大家的信任，也是对大家的重托。

统战干部要同各式各样的人打交道，有一个谁影响谁的问题，没有坚强的党性、坚定的立场是不能胜任的。越是做党外工作，越要心中有党，善于从政治上观察和处理问题，严格遵守党的政治纪律和政治规矩，在坚持什么、提倡什么、防止什么、反对什么上始终保持定力。

统战工作是一门科学，没有很强的业务水平和工作能力是做不好的。统战干部要深入学习党的统一战线理论和方针政策，精通统一战线历史，做到心明眼亮，同时还要广泛学习各方面知识，掌握统战工作的个中门道，善于处理各种复杂敏感问题，努力成为行家里手。

统战干部是代表我们党去团结联系党外人士的，统战干部的作风直接关系党在党外人士中的形象。要做到诚恳谦和、平等待人、廉洁奉公，对党外人士待之以诚、动之以情、晓之以理、助之以实，真正赢得党外人士尊重和认同，团结他们同我们党一起奋斗、一起开创新形势下统战工作新局面。

（本文为习近平同志在2015年5月召开的中央统战工作会议上重要讲话的一部分）

（《侨务工作研究》2020第3期）

李克强出席全国大众创业万众创新活动周启动仪式

10月15日，中共中央政治局常委、国务院总理李克强在北京人民大会堂出席2020年全国大众创业万众创新活动周，发表重要讲话，并宣布活动周正式启动。

李克强说，今年全国大众创业万众创新活动周在"云上"启动，大家在线上见面，但创业热情若在咫尺，创新活力触屏可及。双创在中华大地蓬勃发展，彰显了亿万人民勤劳实干、勇于创新的精神。

李克强指出，近年来，面对错综复杂的国内外形势，在以习近平同志为核心的党中央坚强领导下，我们持续深化改革开放，深入实施创新驱动发展战略，广泛开展双创，收到了显著成效。双创催生了量大面广的市场主体，创造了大量就业岗位。今年在疫情和世界经济衰退冲击下，我国经济能够稳住基本盘、较快实现恢复性增长，上亿市场主体的强大韧性发挥了基础支撑作用。近几个月来，新增市场主体、初创企业大幅增长，有力支撑了就业，其中双创发挥了重要作用。双创培育了接续有力的新动能，中小微企业蓬勃发展，很多大企业通过双创汇聚各方资源加速升级。双创以鼎新推动革故，促进了"放管服"等改革，成为提升创新效率和能力的重要抓手。

李克强说，当前我国发展既面临复杂严峻的环境，又具有强大韧性和潜力，要坚定发展信心，正视困难挑战，坚定不移抓好发展这个第一要务，推动改革、扩大开放，增强发展动力，做好"六稳"工作、落实"六保"任务，推动高质量发展，构建以国内大循环为主体、国内国际双循环相互促进的新发展格局。下一步巩固经济稳定恢复增长态势，实现全年正增长，还是要在保住上亿市场主体的基础上，让他们进一步活跃起来，这样增长才有支撑。这方面双创可以发挥独特而重要的作用。要落实好规模性纾困政策，加大对广大中小微企业、个体工商户和双创主体的帮扶。大企业要发挥优势，搭建更多双创平台，与中小微企业和创客融通创新，提高双创质量和效率。要深化"放管服"改革，打造市场化、法治化、国际化营商环境，持续提高开放水平，对中外企业一视同仁，让中国始终成为全球创业创新的沃土。

李克强强调，创业创新是国家赢得未来的基础和关键。双创由"众"而积厚成势，因"创"而破茧成蝶。要尽心支持每一次创业，悉心呵护每一个创新，使更多创意在碰撞中结出成果，让更多创客靠奋斗人生出彩，激励越来越多的人勇于创业、善于创新。各地区各部门要坚持以习近平新时代中国特色社会主义思想为指导，认真贯彻党中央、国务院决策部署，强化创新驱动，增强发展后劲，推动经济行稳致远。

两位创业创新代表发了言。李克强还通过视频巡视双创企业，对丰谷源公司创新农业发展模式助力精准脱贫、三个阿姨公司发展智慧家政带动十几万人就业、南科新材公司开发防护产品支持抗疫予以肯定，勉励他们创新产品和服务，满足市场需求，国家会进一步研究政策支持初创企业。

肖捷、万钢参加活动。何立峰主持启动仪式。

（中国政府网2020-10-15）

全国统战部长会议在京召开　汪洋出席并讲话

全国统战部长会议9日在京召开。中共中央政治局常委、全国政协主席汪洋出席会议并讲话。他强调，要坚持以习近平新时代中国特色社会主义思想为指导，学深悟透做实习近平总书记关于加强和改进统一战线工作的重要思想，增强"四个意识"、坚定"四个自信"、做到"两个维护"，把党中央对统一战线的决策部署落实下去，把广大统一战线成员的智慧和力量凝聚起来。

汪洋充分肯定过去一年统战系统的工作成绩。他强调，要全面贯彻党的十九届四中全会精神，深入挖掘蕴藏于统一战线之中的显著制度优势，弄清楚应该"坚

持和巩固什么、完善和发展什么",为推进国家治理体系和治理能力现代化作出应有贡献。要聚焦全面建成小康社会凝心聚力,深入推进"万企帮万村"精准扶贫行动,引导民主党派继续开展好脱贫攻坚民主监督,团结党外各界人士讲好中国故事,传递正能量。要着力促进民族团结和宗教和谐,多做打基础、管根本、利长远的工作,切实担负起防范化解重大风险的政治责任。要创新民营经济、党外知识分子、新的社会阶层人士、海外统战工作方式方法,把党外各方面力量更好团结起来。要坚持大统战工作格局,巩固机构改革成果,形成全党共同做统战工作的合力。

中共中央书记处书记、中央统战部部长尤权主持会议并讲话,强调要坚决落实党中央关于新时代统战工作重大决策部署,紧扣凝聚人心这个根本,突出思想政治引领这条主线,着力转变思路理念、狠抓贯彻落实、完善体制机制、创新方式方法,推动统战工作提质增效。要增强风险意识,认真梳理和排查统一战线各领域可能存在的风险隐患,为改革发展营造良好社会环境。要以贯彻落实党的十九届四中全会精神为契机,推进统战工作制度创新和治理能力建设,推动完善大统战工作格局,锻造政治过硬、业务过硬、作风过硬的统战干部队伍,更好履行党和人民赋予的神圣职责。

全国政协副主席巴特尔出席会议。

(新华网2020-01-09/王琦)

国务院侨务办公室中华海外联谊会致海外侨胞慰问信

亲爱的侨胞们、朋友们:

自2020年初至今,新型冠状病毒肺炎疫情在全球蔓延肆虐,当前全球第二波疫情反弹,给包括广大侨胞在内各国人民的健康安全和生产经营带来严重威胁。对于全体海外同胞的困难境遇,中国国务院侨务办公室、中华海外联谊会始终惦念在心,感同身受。在此特殊时期,谨向广大海外华侨华人致以深切慰问和衷心祝福!

患难见真情。祖国没有忘记,家乡人民没有忘记,在年初疫情肆虐国内之时,广大海外侨胞心怀故土、情系桑梓,四处奔走筹集,捐款捐物,为国内疫情防控在短期内取得决定性胜利做出了重要贡献。海外侨社和广大侨胞们的善行义举令人感动钦佩,充分彰显了海内外中华儿女守望相助、血浓于水的民族情怀。海外疫情暴发后,广大海外侨胞更是风雨同舟,积极参与和支持住在国"第二故乡"抗疫,充分彰显了新时代大国侨民严于律己、担当奉献、共克时艰的良好形象。

时值全球抗疫困难时刻,海外侨胞的健康与安全再次成为祖(籍)国政府与全国各族人民的最大牵挂。我们将继续密切关注海外疫情形势发展，竭尽所能向各国侨胞驰援各类防疫物资，建立形式多样的远程咨询和医疗救助平台，襄助全球华侨华人及各国人民防疫抗疫，共渡难关。希望广大华侨华人朋友们坚定战胜疫情的信心与决心，积极配合和支持住在国政府的各类防控举措，与当地人民一道携手战胜疫情，谱写人类同心抗疫伟大篇章！

"岂曰无衣，与子同裳。"同气连枝，共盼春来。祖（籍）国政府和全体中国人民时刻与你们同在！

国务院侨务办公室中华海外联谊会

二〇二〇年十二月十五日

（《侨务工作研究》2020第6期）

和衷共济战疫情　四海同心克时艰

许又声

新冠肺炎疫情发生以来，各级统战部门深入学习贯彻习近平总书记关于疫情防控的系列重要讲话精神，认真落实党中央重大决策部署，分阶段、有重点地做好引导海外侨胞驰援国内疫情防控和积极为海外侨胞防疫抗疫纾困解难等工作，为国内疫情防控取得阶段性成效贡献了侨界力量，也为保护海外侨胞生命安全和身体健康发挥了积极作用，谱写了海内外中华儿女勠力同心、共克时艰的抗疫篇章。实践再次证明，海外侨胞始终是中华民族伟大复兴的重要力量，伟大祖国永远是海外侨胞的坚强靠山。

情牵桑梓，海外侨胞倾力支援祖国抗疫

疫情暴发初期，在国内各种防疫物资严重匮乏的紧要时刻，广大海外侨胞闻讯而动、火速驰援，第一时间自发组织起来，吹响了助国抗疫的"集结号"。一笔笔捐款、一箱箱防护物资、一句句"武汉加油！湖北加油！中国加油！"承载着侨胞满满的关切和牵挂。据不完全统计，截至3月11日，全国统战系统参与或协助办理海外侨胞捐款和捐赠各类防疫物资，折合人民币逾20亿元，生动诠释了海外侨胞情系桑梓的大爱情怀，展现了中华民族众志成城的伟大力量。2月23日，习近平总书记在统筹推进新冠肺炎疫情防控和经济社会发展工作部署会议上的重要讲话中，对海外侨胞在抗击疫情斗争中所发挥的作用给予了充分肯定。

参与范围空前广泛。"祖国有难，岂能袖手旁观。"从欧洲到亚洲，从美洲到大洋洲、非洲，广大海外侨胞无论贫富老幼，纷纷慷慨解囊，投入了一场海外中华

儿女爱心大接力。谢国民、陈永栽等许多知名华商纷纷捐款赠物支援抗疫，还有更多普通侨胞也尽己所能献出爱心。从去世前一天还不忘亲手捐出100美元的98岁美国侨胞叶细英老人，到用压岁钱订购25000只医用口罩和1000个医用头套的阿根廷华裔儿童陈昀皓、陈昀晗；从捐赠大量物资只留名"中华儿女"的青年侨胞，到用零花钱购买口罩并写信鼓励武汉小朋友的韩国华侨小学生，成千上万的普通侨胞，聚沙成塔、集腋成裘，汇聚起支援祖国抗疫的强大力量。

积极破解运输难题。面对部分国家加强管控，减少或取消中国航线等困难局面，海外侨胞千方百计克服重重困难运回大批物资，为纾解国内医用物资匮乏局面立下了汗马功劳。肯尼亚侨胞在航班货运舱已满的情况下，经多方协调将筹集到的数千箱物资放置于客舱座位运抵广州，被誉为"口罩航班"；意大利米兰侨胞将医用口罩、防护服等防疫物资打包成110件行李，由侨胞傅勇克搭乘米兰到温州的最后一趟航班"人肉"带回，创造了"史上最长单人行李托运单"；英国、比利时、瑞士、意大利等国侨胞，在航班停运的情况下，辗转多国将防疫物资转运回国；缅甸侨胞在无法空运的情况下，迅速组建一支特殊车队，经滇缅公路，将购置的医用乳胶手套和测温仪由缅北地区运入云南瑞丽口岸，书写了新时代"南侨机工精神"。

讲好中国抗疫故事。海外侨团、侨领、华文媒体通过报纸、网络、电视台、微信等平台积极发声，及时向住在国政府和民众客观介绍中国防疫抗疫的举措、进展和成效，介绍中国人民同舟共济、守望相助、共克时艰的抗疫故事。针对部分国家政客、媒体借疫情进行政治操弄，以及涉侨胞的歧视性言行，海外侨团和侨胞纷纷通过请愿、抗议等方式为同胞发声、为中国正名，要求停止将病毒政治化。针对荷兰电台改编演唱辱华歌曲，当地57家侨团集体维权交涉，涉事主持人公开道歉。

守望相助，海外抗疫侨胞有担当

随着新冠肺炎疫情在海外急速蔓延，海外侨胞再次行动起来，积极投入"第二故乡"抗疫战场，展现了大国侨民良好形象。

遵规守纪团结互助。海外侨胞积极配合当地防疫举措，自觉进行隔离，出门戴口罩，是当地遵守防疫规定的"模范生"。意大利普拉托市是该国华人最聚居的地区，早在当地政府决定"封城"之前，侨胞就主动取消聚会，减少出门，戴上口罩，做好防护；许多商家停止营业，经营超市的商户主动为员工、顾客提供口罩、消毒洗手液等，在疫情严重的意大利，实现了华人社区的"零感染"，得到当地政府的高度赞扬。美国、菲律宾、日本等国侨社抱团取暖，建立抗疫协调机制，统筹侨界防疫物资分配使用；意大利、西班牙、比利时、奥地利、菲律宾等国重点侨团组织防疫互助小组、志愿者队伍等，为侨胞生活便利和人身安全提供帮助，协助使领馆和中国援助医疗队开展工作。法国巴黎紧急救援中心开通华人热线，十几位华人医生组成专家小组，为在法侨胞开展问诊服务。连《纽约时报》等西方媒体都赞叹"疫情面前，华人的善良和团结有目共睹"。

守望相助回馈当地。面对住在国疫情的蔓延，海外侨胞坚定地与当地人民携手抗疫、共渡难关，展现了良好的责任和担当。泰国正大集团发起"泰国人不抛弃不放弃"公益项目，率先向全国77家医院捐款7700万泰铢，并投资1亿泰铢建造口罩厂，月产300万只口罩，全部免费提供给当地医疗机构和普通百姓；菲律宾、柬埔寨部分侨团分别募集798万元人民币和50万美元善款支援住在国政府抗击疫情；美国"百人会"向当地医院捐赠约100万美元的抗疫物资；许多侨团侨胞发起"风雨同舟，携手同行"等专题活动，倡议侨界积极捐赠当地医院和慈善机构。巴拿马侨团向当地医疗、警察部门提供爱心餐，向一些贫困家庭捐赠食品、衣物等物资，受到巴拿马总统的赞誉。

结对帮扶中国留学生。海外留学生特别是未成年留学生在疫情冲击下成为海外中国公民的"弱势群体"。在中国驻外使领馆的牵线搭桥下，美国、意大利、西班牙、澳大利亚、泰国、日本等地侨团及华助中心主动与当地留学生组织建立结对帮扶机制，协助困难留学生解决生活用品难买、防疫物资短缺、宿舍关闭、看病难等诸多实际困难，协助使领馆发放"健康包"，展示了血浓于水的同胞大爱。英国山东、湖南同乡会设立联系援助站，向留学生发放防疫物资和中成药；纽约和平统一促进会和华人社团联席会还主动向来自台湾地区的留学生伸出援手，为其居家隔离、积极抗疫提供帮助，得到了广大留学生及其家长的高度评价。

雪中送炭，祖国心系海外侨胞健康安危

海外侨胞的安全与健康时刻牵动着祖国的心。习近平总书记亲自致电许多国家领导人，希望高度重视并维护好海外中国公民的身体健康和生命安全。作为海外侨胞的"娘家人"，各级统战部门坚决落实党中央决策部署，与有关部门通力配合，采取有效措施帮助海外侨胞纾困解难，积极稳侨心、暖侨心、聚侨心。

紧急驰援防疫物资。各级统战部门通过多种渠道积极筹措防疫物资，支援海外侨胞及住在国防疫抗疫。中华海外联谊会和地方统战部门纷纷开启点对点支援模式，根据各国疫情和海外侨胞分布情况，通过多种渠道开展对外支援。浙江是国内首个向海外捐赠物资的省份，3月11日，首批包括321.7万只一次性口罩、24.7万只N95医用口罩等26.4吨防疫物资运抵意大利，定向捐赠海外侨胞及住在国政府、医疗机构，在当地政府和侨界引起强烈反响；湖北不忘前期海外侨胞捐助义举，在自身疫情依然紧张的情况下，捐赠114万只口罩、7万副中药制剂支援海外侨胞；新疆向巴基斯坦、伊朗等12个国家捐赠包括171.7万只医用防护口罩、2.1万件防护服等在内的医疗物资。截至4月1日的不完全统计，中华海外联谊会和各地统战部门共向66个国家的海外侨胞及其住在国社会捐赠口罩3400多万只、医用手套400多万只、中成药制剂100多万剂（盒），以及大量防护服、护目镜、额温枪、核酸检测试剂盒、防疫包

等防护物资。此外，上海、浙江、福建、广东、广西等重点侨乡省（区、市），根据有关部门安排，派出抗疫医疗专家组赴有关国家指导当地疫情防控和医疗救治工作，为当地侨胞、留学生提供医疗卫生服务。

了解侨胞所急所忧。针对海外侨胞重点关注的疫情防控、物资短缺等问题，中华海外联谊会第一时间与23个疫情较重国家的重要侨团、侨领通电话，表达家乡亲人的关怀和问候，鼓励他们在驻外使领馆带领下，团结广大侨胞守望相助，科学防疫，共克时艰。多地统战部门也纷纷向本省区市籍海外侨团、侨胞发出慰问信，传递家乡政府和人民的关心问候，倡导他们遵守世界卫生组织倡议和当地政府疫情防控要求，尽量减少外出，避免长途旅行，做好自我防护。北京建立了海外侨胞回国回京申报平台，并向海外华文媒体及有关网站、微信公众号第一时间推送北京入境须知、最新管控政策，积极回应侨胞关切。福建与84个国家的数百个主要侨团建立常态化、全天候联系机制，陆续开通205个24小时热线。

建立网络救助渠道。各地统战部门积极搭建网上诊疗平台，通过"云诊疗"为海外侨胞提供诊疗咨询服务。北京组织协调20名中医专家、600多名心理咨询专家通过电话、微信等方式义务为海外侨胞提供中医诊疗咨询、防护知识宣介和心理疏导。上海邀请知名专家与多国侨团举行疫情防控防治爱心连线，解答侨胞疑问。江苏依托海外江苏之友中医惠侨基地"云诊室"与16个国家和地区开展远程医疗合作，开出"跨洋处方"。浙江开通互联网医院侨胞健康关爱咨询平台，组织近70家医院为侨胞线上诊疗。

正面宣传为侨发声。疫情期间，统战部门积极宣传侨胞贡献，促进海内外同胞关系和谐。中国新闻社调动海内外采集力量和全媒体传播手段，努力讲好侨胞抗疫故事，同时聚合全球华文新媒体推出同心战"疫"信息服务平台，开展政策解释、医疗咨询等惠侨服务。

习近平总书记在二十国集团领导人应对新冠肺炎特别峰会上强调，"国际社会最需要的是坚定信心、齐心协力、团结应对，全面加强国际合作，凝聚起战胜疫情强大合力，携手赢得这场人类同重大传染性疾病的斗争"。在此次全球性疫情防控战中，广大海外侨胞为祖国作出了积极贡献，中国政府也以多种方式有力支援了海外侨胞和住在国政府及人民的抗疫斗争，是一场推动构建人类命运共同体的生动实践。统战部门要进一步把思想和行动统一到以习近平同志为核心的党中央决策部署上来，一如既往支持引导海外侨胞科学防疫抗疫，讲好中国抗疫故事、侨胞抗疫故事、中外合作抗疫故事，为加强国际抗疫合作、坚决打好疫情防控全球阻击战作出新的努力。

（《求是》2020年第8期）

国务院侨办主任许又声向广大侨胞致以春节问候

在2020年新春佳节到来之际，国务院侨务办公室主任许又声在北京发表农历庚子年新春贺词，向华侨华人和归侨侨眷致以节日问候。全文如下：

亲爱的侨胞们、朋友们：

大地山河秀，神州气象新。在中华民族传统佳节来临之际，我谨代表中华人民共和国国务院侨务办公室，向广大海外侨胞和归侨侨眷拜年！衷心祝福大家新春快乐、万事如意！

刚刚过去的2019年，是具有重要历史意义的一年。海内外中华儿女怀着无比的自豪和喜悦，隆重庆祝新中国70周年华诞，共同礼赞伟大祖国从站起来、富起来到强起来的历史巨变。70年披荆斩棘、70年砥砺前行，中国人民在中国共产党的坚强领导下，走出了一条民族复兴的人间正道。回望70年波澜壮阔的历史长卷，广大海外侨胞、归侨侨眷支持新中国建设的一幅幅画面令人感动。从新中国成立初期冲破西方重重封锁踊跃回国参加建设，到积极投身中国改革开放历史进程、为现代化强国建设贡献智慧和力量；从抵制分裂势力、维护祖国统一关键时刻的振臂一呼，到祖国家乡遭受自然灾害、同胞身处困境之时的慷慨解囊；从不遗余力传承中华优秀文化，到为中国与世界各国的友好交流合作牵线搭桥、推动构建人类命运共同体，广大侨胞和归侨侨眷始终是新中国发展进步的重要见证者、参与者和贡献者！在此，谨向你们表示最衷心的感谢和最崇高的敬意！

侨胞们、朋友们，中国党和政府始终高度关心广大海外侨胞和归侨侨眷。2019年，我们加强制度建设和机制创新，加强统筹协调和分类指导，积极支持有关部门、社会团体和地方更好发挥作用，凝聚起为侨服务的强大力量。我们邀请侨界代表参加气势恢宏的国庆盛典，共同分享新中国繁荣昌盛的喜悦和荣光；我们成功举办第九届世界华侨华人社团联谊大会，发出了共建和谐侨社、树立大国侨民形象的共同心声；我们搭建高端合作平台，为海外侨胞参与"一带一路"和创新型国家建设提供服务；我们完善涉侨政策法规，实现华侨护照在国内的便利化应用；我们不断充实"文化中国""四海同春"品牌活动的内涵，支持海外侨胞开展丰富多彩的文化交流活动；我们持续在师资、教材等方面支持海外华文教育，欢迎华裔青少年参加"中国寻根之旅夏令营""中华文化大乐园"等文化体验活动，中华文脉在海外生生不息、发扬光大。这一切充分说明，无论海外侨胞身在何处，祖国和家乡人民始终牵挂着你们、惦记着你们。

2020年是中国全面建成小康社会、实现第一个百年奋斗目标的决胜之年。新的一年，我们将以习近平新时代中国特色社会主义思想为指导，牢牢把握大团结大联合主题，加强统筹谋划，创新思路方法，保障海外侨胞和归侨侨眷合法权益，改善和加强为侨服务工作，努力推动侨务工作实现新发展，共同画好海内外中华儿女的

最大同心圆，汇聚起实现中华民族伟大复兴的磅礴力量。

最后，再次祝福广大海外侨胞和归侨侨眷吉祥安康、事业兴旺！

（《侨务工作研究》2020第1期）

中国侨联主席万立骏发表 2020 年新春贺词

亲爱的侨胞们、朋友们：

历添新岁月，春满此山河。再过几天，中华民族的传统节日春节就要到了。在这里，我代表中国侨联，向旅居世界各地的华侨华人朋友和广大归侨侨眷拜年！祝大家新春吉祥、身体健康、万事如意！

过年，是盘点的时刻。回首2019年，很多国家大事令人难忘。我们隆重庆祝了中华人民共和国成立70周年。70年来，中国共产党带领全国人民发愤图强、艰苦奋斗，取得了"当惊世界殊"的伟大成就，书写了经济高质量发展和社会长期稳定的伟大传奇，中华民族迎来了从站起来、富起来到强起来的伟大飞跃。2019年，中国共产党召开了十九届四中全会，回答了在我们国家制度和国家治理上应该"坚持和巩固什么、完善和发展什么"这个重大问题。70年来，中国共产党带领全国人民艰辛探索，成功开辟了中国特色社会主义道路，推动中国特色社会主义进入新时代，国家治理体系和治理能力向现代化迈进。2019年，我国国内生产总值预计将接近100万亿元人民币、人均迈上1万美元的台阶，这是十分了不起的成就。特别是，面对当今世界百年未有之大变局，面对错综复杂的国内外风险挑战，以习近平同志为核心的党中央运筹帷幄，带领全国人民团结一心，推动中国号巨轮劈波斩浪、勇往直前，社会主义中国巍然屹立在世界东方。

事非经过不知难。走过70年，海内外中华儿女都由衷地为中国共产党、为中华人民共和国、为中国特色社会主义道路、为中华民族点赞！走过2019，我们更深切地理解了习近平总书记所说的，"国家好、民族好，大家才会好"，"必须集中精力办好自己的事"，"没有和谐稳定的环境，怎会有安居乐业的家园"。

2019年，在党中央坚强领导下，在广大归侨侨眷和海外侨胞的参与支持下，中国侨联和各级侨联组织一道，增强"四个意识"、坚定"四个自信"、做到"两个维护"，全面贯彻党的十九大和十九届二中、三中、四中全会精神，以习近平新时代中国特色社会主义思想为指导，深入学习贯彻习近平总书记关于侨务工作的重要论述，落实十代会部署，坚持"两个并重""两个拓展"，推动"两个建设"，用好"两项机制"，围绕保持和增强政治性、先进性、群众性，全面履行"服务经济发展、依法维护侨益、拓展海外联谊、积极参政议政、弘扬中华文化、参与社会建设"的职能，聚焦讲政治、迎国庆、促改革、强服务、抓党建，开展创业中华、亲情中华、侨爱心工程、中国寻根之旅夏令营和追梦中华、侨联五洲等品牌和活动，召开了中国侨商联合会第五次会员大会和中国侨联青年委员会第四次委员大会，推动各项工作取得了新进展。

一年来，我们参与举办了第九届世界华侨华人社团联谊大会，习近平主席亲切接见与会侨胞代表，让大家深受鼓舞。我们开展了庆祝新中国成立70周年系列活动，参与邀请侨胞回国观礼，共享伟大祖国的荣光。我们加强思想政治引领，推动习近平新时代中国特色社会主义思想深入侨界人心。我们深化侨联改革，加强基层建设，侨联组织的职能和力量增加了，影响不断增强。我们认真履行海外华人社团联谊职责，服务"一带一路"建设，扩大了侨联朋友圈。我们发出了助力冬奥、共建冬奥博物馆的倡议，得到了广大侨胞的积极响应。我们全面加强侨联党的建设，开展"不忘初心、牢记使命"主题教育，侨联机关得到了新的加强。一路走来，侨联人牢记嘱托，努力奔跑，这些工作，必将汇入全国人民奋进新时代、共圆中国梦的宏伟事业之中。

过年，还是展望的时刻。展望2020年，有许多新任务、新挑战需要中华儿女为之努力拼搏。新一年，是决胜全面建成小康社会、决战脱贫攻坚之年。近14亿人口的大国实现全面小康，中华民族千百年来的绝对贫困问题将历史性地画上句号，这是第一个一百年的奋斗目标，这是人类发展史上具有里程碑意义的大事件。新一年，也是推动高质量发展、实现"六稳"、打赢三大攻坚战、共建"一带一路"、推动构建人类命运共同体的关键年。近几个月来，香港局势牵动着大家的心。大家都真诚希望香港好、香港同胞好。维护香港、澳门长期繁荣稳定，推动两岸关系和平发展、实现祖国完全统一，是中华民族大义，是海内外中华儿女的共同期盼。

当今世界正经历百年未有之大变局，中华民族伟大复兴正处于关键时期。中国这样大一个体量，发展到这样一个阶段，每前进一步，都不可能是轻轻松松的。家是最小国，国是千万家。新征程上，每一个中国人都需要立足本职，勤勤恳恳，为国家发展贡献心力，在平凡岗位上创造不平凡的业绩。在中华民族这个大家庭，祖（籍）国建设侨胞都不能缺席，也不应该缺席。广大侨胞要发扬侨界光荣传统，立足实际，各尽所能，各展所长，为祖（籍）国发展添砖加瓦，书写新时代的新传奇。

侨联是党和政府联系广大归侨侨眷和海外侨胞的桥梁纽带，是侨胞之家。国家所指、侨胞所需，就是侨联工作所向。在新的一年里，中国侨联将恪尽职守，围绕中心、服务大局、服务侨胞，在助力决胜全面小康、决战脱贫攻坚上聚焦发力，在服务侨胞所需所求、所期所盼上持续用力，在深化改革、保持和增强政治性、先进性、群众性上深耕厚植，在打造贴心人实干家队伍上持之以恒，让侨联组织深植于侨胞之中、侨联工作活跃在侨胞身边，为新时代凝聚侨心、侨力、侨智。

过年，也是团圆的时刻。江水三千里，家书十五行。大家身处五洲四海，无论

一家人能不能在一起过年，无论亲朋好友能不能相见，都会相互惦念和问候，祝福平安和幸福，这是中华民族的传统。在为新一年祈福的时候，我们都共同期盼：工作好、家庭好、国家好、民族好，世界更美好。就要过年了，全世界中华儿女的心更紧紧地聚在一起，这是最大的团圆。

侨胞们，朋友们！又是一年春来到，最是一年春光好。让我们紧密团结在以习近平同志为核心的党中央周围，不负韶华，只争朝夕，万众一心加油干，携手共进奔小康，同圆共享中国梦！

谢谢大家！

（海外网2020-01-17）

致公党中央主席万钢发表2020年新春贺词

金猪辞岁去，玉鼠迎春来。值此新春佳节到来之际，我谨代表致公党中央，向广大归侨、侨眷、海外侨胞、香港特别行政区同胞、澳门特别行政区同胞、台湾同胞和海外留学人员，向全体致公党员并通过你们向党员亲属致以新春的问候和美好的祝愿！

大鹏之动，非一羽之轻也；骐骥之速，非一足之力也。2019年是新中国成立70周年，也是中国共产党领导的多党合作和政治协商制度确立70周年，更是全面建成小康社会、实现第一个百年奋斗目标的关键之年。一年来，面对国内外风险挑战明显增多的复杂局面，以习近平同志为核心的中共中央统揽大局、运筹帷幄，团结带领全国各族人民攻坚克难，砥砺前行，经济运行在合理区间，转型升级稳步推进，民生福祉不断改善，民心极大振奋，朝着实现第一个百年奋斗目标迈出了坚实步伐。

过去的一年，致公党全党深入学习贯彻习近平新时代中国特色社会主义思想和中共十九大及十九届二中、三中、四中全会精神，认真践行新型政党制度，增强建言实效，拓展对外联络，做好定点扶贫和脱贫攻坚民主监督，加强新时代高素质中国特色社会主义参政党建设，各项工作取得了新成绩。

70年来，伟大祖国取得了举世瞩目的辉煌成就，中国共产党领导社会主义建设实现了从无到有、从有到好，从基本生活保障到即将全面小康的历史性飞跃，这些成就的取得，同样凝聚着广大海外侨胞、港澳台同胞的心血与真情，一直以来，你们时刻关心、支持着祖（籍）国的现代化建设，以各种形式为祖（籍）国、为家乡的发展作出了重要贡献。在此，我向你们表示崇高的敬意和由衷的感谢！

2020年，是全面建成小康社会和"十三五"规划收官之年，是脱贫攻坚决战决胜之年，也是中国致公党成立95周年。致公党将高举中国特色社会主义伟大旗帜，深入学习贯彻中共十九大精神和习近平新时代中国特色社会主义思想，努力建设新时代中国特色社会主义参政党，全面开创致公党工作新局面。新的一年，致公党将继续发挥侨海特色，加强与广大归侨、侨眷、留学人员和海外侨胞的联系，坚持为侨服务，广泛凝聚海内外中华儿女的智慧和力量，一道携手向前，为实现第一个百年奋斗目标和中华民族伟大复兴的中国梦作出新的更大贡献！

祝同胞们、朋友们鼠年大吉、阖家团圆！祝我们伟大的祖国繁荣富强、国泰民安！

（华语环球2020-01-24）

凝聚侨商力量　为新时代奋斗
——在中国侨商联合会第五次会员代表大会开幕会上的讲话

万立骏

各位代表、同志们：

大家上午好！

在中华人民共和国成立70周年这一重要的年份，在全国上下深入学习贯彻党的十九届四中全会精神之际，中国侨商联合会第五次会员代表大会隆重开幕了。这是进入新时代召开的一次侨商盛会，是落实党中央涉侨机构改革任务、推进中国侨商投资企业协会整合融入中国侨商联合会的实际行动，是两家商会发展进程中的一件大事，是站在新的历史起点上，推动侨商会发展、凝聚侨商力量、为新时代奋斗的一次重要会议。首先，我代表中国侨联，对大会的召开表示热烈的祝贺，向出席大会的侨商朋友们表示热烈的欢迎，向遍布在世界各地的海内外侨商致以诚挚的问候！

党的十八大以来，以习近平同志为核心的党中央对侨联工作高度重视、亲切关怀，对深化侨联改革、推进侨联工作作出一系列重要部署。习近平总书记曾长期在侨乡和新侨集中地工作，对侨有着深厚的感情，对侨务工作有着丰富的实践和深邃的思考，提出了许多新思想、新观点、新论断，形成了关于侨务工作的重要论述，为侨联工作创新发展提供了根本遵循。习近平总书记从全局和战略的高度，亲自谋划和推动侨联改革，出席第十次全国归侨侨眷代表大会，极大振奋了海内外侨胞和广大侨联干部的精神，有力推动了侨联事业发展。

做好侨商、侨企工作事关党和国家事业大局。有数据显示，改革开放以来，我国吸引的外资中，侨资占60%，在华投资的企业中，侨企占70%；海外侨胞向国内公益事业捐赠超过1000亿元人民币。这充分体现了侨资、侨企、侨捐在我国经济社会发

展中的重要作用。特别是在我国实现高质量发展、推进"一带一路"建设、推动构建人类命运共同体的进程中，侨商、侨企融通中外、联系广泛，可以发挥不可替代的独特作用。侨联作为党和政府联系广大归侨侨眷和海外侨胞的桥梁和纽带，在团结、联系、服务侨商、侨资企业家方面肩负着义不容辞的责任。

党中央对这次大会十分关心，对做好侨商会工作、发挥好侨商作用寄予厚望。中共中央政治局常委、中央书记处书记王沪宁同志将出席大会并接见与会代表，中央书记处书记、统战部部长尤权同志，全国人大常委会副委员长白玛赤林，全国政协副主席、致公党中央主席万钢等领导将出席大会。我们要提高站位、深化认识，把党中央的关心和鼓励转化为真抓实干、开拓创新的实际行动，不忘初心、牢记使命，立足新起点、展现新作为，为新时代党和国家事业发展贡献智慧和力量。

中国侨联对侨商会工作十分重视，就推进两家商会整合融入、筹备开好这次换届大会多次研究，提出明确要求。今年5月21日，民政部批复，中国侨联作为中国侨商投资企业协会新的业务主管单位。5月29日，我们召开了中国侨商投资企业协会转隶工作会议，通报有关情况，深化认识、增进共识、集思广益、共谋发展。会上，谢国民会长、许荣茂会长分别代表两家商会作了很好的发言，与会同志一致表示拥护中央改革决定，一如既往地支持和参与新的侨商会建设与发展，充分体现了大家对国家发展的深深责任，对侨联组织的深深情谊，对协会发展的深深期待。经过几个月的努力，两家商会整合融入、成立新的中国侨商联合会各项筹备工作已经就绪。经党中央批准，中国侨商联合会第五次会员代表大会今天开幕。这标志着中央部署的两家商会整合融入改革任务将顺利完成，也标志着全国唯一、规模最大、实力最强、联系面最广、海内外影响最大的侨商组织将正式成立。

这次大会将以习近平新时代中国特色社会主义思想为指导，深入学习贯彻习近平总书记关于侨务工作的重要论述，听取审议《中国侨商联合会第四届理事会工作报告》，修改《中国侨商联合会章程》，选举产生侨商会新一届理事会和首届监事会。希望大家认真履行代表职责，认真参加各项会议和活动，开出好会风，保证好效果。在这里，我代表中国侨联，就贯彻中央精神、进一步做好侨商会工作，先讲几点意见，同大家作交流。

一、对中国侨商联合会和中国侨商投资企业协会取得的成绩、发挥的作用应当充分肯定

行业协会、商会组织是商品经济的产物，是发展市场经济的重要组织形式。伴随着我国改革开放、发展社会主义市场经济的历史进程，我国的企业数量不断增加，行业协会、商会组织开始兴起。在侨商、侨企蓬勃发展的大潮中，为了更好地团结联系和服务侨商、侨企，不少地方相继成立侨商组织。进入21世纪后，成立全国性的侨商组织的呼声渐高。中国侨商联合会和中国侨商投资企业协会分别于2003

年、2008年应运而生。

成立10多年来，两家商会锐意进取，不断发展。两家商会的会员，基本涵盖了所有在中国投资较大、成就突出、在海内外有相当影响的知名侨商和侨资企业家。两家商会致力于服务大局、服务会员，开展了大量形式多样、务实有效的工作，为我国经济发展、公益慈善事业推进、中外交流与合作等作出了积极贡献。特别是党的十八大以来，两家商会紧紧围绕区域发展、创新驱动、"一带一路"建设等，组织动员侨商、侨企参与地方经贸合作、科技交流等活动，参与国家对外合作重大项目，在促进我国"引进来"与"走出去"，在讲好中国故事、传播好中国声音等方面发挥了积极作用。

历经十多年的发展，两家商会实力不断增强，影响不断扩大，已经成为广大侨商、侨资企业家交流协作的重要平台，成为党和政府联系侨商、侨企的重要桥梁，成为开展侨务工作的重要依托。

2008年9月27日，习近平总书记在北京人民大会堂亲切会见了出席中国侨商联合会第三次会员大会的全体代表；2011年6月17日，习近平总书记在北京人民大会堂亲切会见出席中国侨商投资企业协会第二届会员代表大会的全体代表；2013年9月25日，国家主席习近平向第十二届世界华商大会致贺信，广大侨商、侨资企业家深受鼓舞、倍感振奋，这是两家商会组织发展史上值得铭记的大事。

回顾两家商会走过的历程，我们深刻感到，所有成绩的取得，归功于党中央重视和关心，得益于业务主管部门的领导和指导，凝结着侨商组织工作者的努力和付出，离不开广大侨商、侨企的参与和支持。

在这一轮深化党和国家机构改革过程中，党中央作出了两家商会整合融入、组建新的中国侨商联合会的决定。这是党中央统筹全局、把握大势作出的重要决策，是发挥侨联组织作用，更广泛凝聚侨商、侨资企业家的殷切期待，是两家商会组织适应新要求、做到优势集成、实现更好发展的重要机遇。新时代有新使命，新使命呼唤新作为。侨商会要牢记使命，乘势而上，抓住机遇，不断发展，不辜负党中央的期望和广大侨商、侨企的期待。

二、深刻领会习近平总书记在民营企业座谈会上的重要讲话和党的十九届四中全会精神，把准大势、保持定力、坚定信心

观大势，是习近平总书记对领导干部素质和能力的重要要求。他强调，要"善于观大势、谋大事，自觉在大局下想问题、做工作"；"增强世界眼光、历史眼光，提高观大势、定大局、谋大事的能力"。大家都是闯荡商海、事业有成的人，无论在国内还是在海外，进一步寻找机会、壮大事业、攀登高峰，首先要把准大势，在事关根本的问题上看得清、看得远。当前最重要的，是深入学习习近平总书记在民营经济座谈会上的重要讲话和党的十九届四中全会精神，读懂中国，理解中国。

2018年11月1日，习近平总书记在北京人民大会堂主持召开民营企业座谈会并发表重要讲话。习近平总书记的讲话突出问题导向，积极回应社会关切，就坚持基本经济制度的一系列重大理论和实践问题作出深刻阐释，提出支持民营经济发展壮大的6个方面政策举措，表明党中央毫不动摇鼓励、支持、引导非公有制经济发展的坚定决心和鲜明态度，为民营经济健康发展注入强大信心和动力。去年11月12日，中国侨联专门组织侨商、侨资企业家在北京召开了座谈会，学习贯彻习近平总书记在民营企业座谈会上的重要讲话精神。

2019年10月28日至31日，党的十九届四中全会在北京举行。会议听取和讨论了习近平总书记受中央政治局委托做的工作报告。全会充分肯定、高度评价了党的十九届三中全会以来中央政治局的工作。会议审议通过了《中共中央关于坚持和完善中国特色社会主义制度、推进国家治理体系和治理能力现代化若干重大问题的决定》（以下简称《决定》）。会议结束时，习近平总书记发表了重要讲话。

这次会议为什么如此重要？我体会，一是这次全会时机特殊。现在，我国正处在实现"两个一百年"奋斗目标的历史交汇点上。从国际看，世界发展面临百年未有之大变局，中国发展的外部环境更趋复杂。从国内看，我国正处于实现中华民族伟大复兴关键时期，决胜全面建成小康社会进入收官阶段。今年又恰逢新中国成立70周年。二是这次全会主题重大。坚持和完善中国特色社会主义制度，推进国家治理体系和治理能力现代化是关系党和国家事业兴旺发达、国家长治久安、人民幸福安康的重大问题。用一次中央全会专门研究并作出决定，这在党的历史上还是第一次。三是这次全会影响深远。全会最重要的成果就是审议通过了《决定》。《决定》最大的历史贡献是全面回答了在我国国家制度和国家治理上，应该"坚持和巩固什么、完善和发展什么"这个重大政治问题，是坚持和完善中国特色社会主义制度、推进国家治理体系和治理能力现代化的行动纲领。

对这篇重要讲话和这个重要《决定》，大家都有自己的见解，我们希望大家在以下几个方面加强学习和理解。

一是要搞清楚什么是根本制度、基本制度、重要制度。特别是要理解好我国的国家制度和治理体系十三个方面的优势，把握好坚持和完善中国特色社会主义制度、推进国家治理体系和治理能力现代化十三个方面的重要部署，更加深入地了解"中国之治"，珍惜中国的发展环境，找准干事兴业的切入点、着力点、增长点，抢抓中国发展的机遇，搭乘中国发展的"高铁"。

二是要搞清楚什么是社会主义基本经济制度。基本经济制度是经济制度体系中具有长期性和稳定性的部分，对经济制度属性和经济发展方式具有决定性影响。多年来，我们把"公有制为主体、多种所有制经济共同发展"作为基本经济制度。十九届四中全会的一大创新，就是在此基础上，把"按劳分配为主体、多种分配方式并存"，"社会主义市场经济体制"上升为基本经济制度。三者相互联系、相互支撑、相互促进，这也标志着我国社会主义经济制度更加成熟、更加定型，对于更好发挥社会主义制度优越性，解放和发展社会生产力，推动经济高质量发展具有重要的指导意义。广大侨商、侨企要理解好这三项基本经济制度，更好地在中国创业兴业，实现再壮大、再腾飞。

三是要搞清楚什么是"两个毫不动摇""三个没有变"。习近平总书记强调："毫不动摇巩固和发展公有制经济，毫不动摇鼓励、支持、引导非公有制经济发展。""非公有制经济在我国经济社会发展中的地位和作用没有变，毫不动摇鼓励、支持、引导非公有制经济发展的方针政策没有变，为非公有制经济发展营造良好环境和提供更多机会的方针政策没有变。""两个毫不动摇""三个没有变"释放了正本清源、提振信心的强烈信号，给包括广大侨商、侨企在内的民营企业吃了定心丸。2008年，习近平总书记在会见中国侨商联合会侨商代表时强调，一切为了中国社会主义现代化建设作出贡献的劳动都是光荣的，境内外各类投资者为中国现代化建设事业进行的创业活动都应当受到鼓励。大家要保持定力，"不畏浮云遮望眼"，安心、全心谋发展。

四是要搞清楚党和政府支持民营经济发展壮大的政策举措。主要包括六个方面：减轻企业税费负担、解决民营企业融资难融资贵问题、营造公平竞争环境、完善政策执行方式、构建"亲、清"新型政商关系、保护企业家人身和财产安全。大家都有在海内外工作和生活的经历，可以说，世界上没有一个政府，能像中国政府这样对企业、企业家这么重视，提供这么多、这么好的政策和环境。广大侨商、侨企要把习近平总书记对民营企业发展的关心厚爱铭记于心、转化为坚定的决心信心和强大的行动力，一心一意推动企业创新发展、开放发展、壮大发展、高质量发展。

三、广大侨商、侨资企业家要像改革开放初期那样，积极投身、热情支持中国发展，做新时代的参与者、贡献者、受益者

侨胞众多是我国的一大优势。长期以来，广大华侨华人秉承中华民族优秀传统，艰苦创业，拼搏进取，积极融入住在国社会，同当地人民和睦相处，在事业上不断取得发展，为各国经济发展和社会进步作出了积极贡献。

改革开放伊始，广大海外侨胞响应祖（籍）国召唤，发挥在资金、技术、管理、商业网络等方面的优势，率先进入经济特区和沿海侨乡投资兴业，拉开了我国对外开放、引进外资的序幕；以各种方式支持科教兴国、人才强国等重大战略，促进了我国的科技进步和经济发展；积极捐赠兴办公益慈善事业，惠及教育、医疗卫生、交通、文化体育、社会福利和救灾扶贫等诸多领域；坚决维护祖国统一、积极弘扬中华优秀文化、努力促进中外友好，成为推动中国与世界交流交往的重要桥梁和纽带。习近平总书记指出："中国改革开放事业取得伟大成就，广大华侨华人功

不可没。"

在这一波澜壮阔的历史进程中,侨商、侨资企业家群体在增加,侨商、侨企力量在加强,侨资和侨资企业的层次也在提高,已成为中国国民经济重要组成部分,成为社会主义现代化建设事业的重要力量。

现在,中国特色社会主义进入了新时代,中国已经确定了"两个一百年"的奋斗目标,开启了实现中华民族伟大复兴中国梦的新征程。2018年12月18日,党中央召开了庆祝改革开放40周年大会,习近平总书记在大会上发表重要讲话,明确提出了坚定不移全面深化改革、扩大对外开放、不断把新时代改革开放继续推向前进的目标要求。实现中国梦,是海内外中华儿女的共同愿景,也将为世界各国人民带来更多利益和机遇。这为广大侨商、侨企施展抱负、建功立业提供了广阔舞台。随着我国开放的大门越开越大,随着进一步深化改革、完善政策、强化服务,依法保护外资在华投资兴业权益,鼓励和支持外资为中国发展助力,随着"一带一路"建设、京津冀协同发展、长江经济带发展、粤港澳大湾区建设、自贸区自贸港、进博会等的推进,广大侨商、侨企在中国发展的环境更好了,条件更优了,机遇更多了。

同时,我们现在所处的,是一个船到中流浪更急、人到半山路更陡的时候,是一个愈进愈难、愈进愈险而又不进则退、非进不可的时候。改革开放已走过千山万水,但仍需跋山涉水。希望广大侨商、侨资企业家发扬爱国爱乡的优良传统,把握机遇、发挥优势,像改革开放初期那样,更加积极关心和参与中国改革开放和现代化建设,在筑梦新时代中实现自身事业更大发展,为实现中华民族伟大复兴、推动构建人类命运共同体,作出新的更大的贡献。在这里,我提几点希望。

第一,希望大家认识要更高,追根溯源、饮水思源,增进对党、对社会主义制度的拥护、理解和认同。我们中国是有着5000多年文明史的大国,历史上曾长期走在世界前列。近代以后,中国陷入积贫积弱、内忧外患甚至亡国亡种的危险境地。中国共产党的成立,是中华民族历史上开天辟地的大事件。中华人民共和国的诞生,彻底改变了近代以后100多年中国积贫积弱、受人欺凌的悲惨命运,中华民族走上了实现伟大复兴的壮阔道路。新中国成立70年来,我们党领导人民不断探索、不断实践,形成了具有强大生命力和巨大优越性的制度和治理体系,创造了世所罕见的经济发展奇迹和政治稳定奇迹。从1952年到2018年,我国GDP从679.1亿元跃升至90.03万亿元,实际增长1325倍;人均GDP从119元提高到6.46万元,实际增长542倍。中国连续多年对世界经济增长贡献率超过30%,成为世界经济增长的主要稳定器和动力源;中国有7亿多农村贫困人口摆脱贫困,对全球减贫贡献率超过70%,创造了人类减贫史上的传奇。对外贸易持续增加,2009年中国成为全球最大货物出口国、第二大货物进口国,2013年成为全球货物贸易第一大国。

事实雄辩证明,没有共产党,就没有新中国;只有社会主义才能救中国,只有中国特色社会主义才能发展中国。办好中国的事情，关键在党。历史和现实都表明，在中国这样一个大国，没有中国共产党领导，必然四分五裂，一事无成。在中国共产党登上历史舞台掌握民族命运之前，国力衰弱，海外华侨被称为"海外孤儿"。华侨华人是新中国发展变化的亲历者、见证者和参与者，也是受益者。70年峥嵘岁月见证了海外侨胞和归侨侨眷的家国情怀，对中国发生的变化，相信大家的感受是一致的。新中国之所以能取得令世界刮目相看的伟大成就，决定性因素是中国共产党的领导。很多侨商、侨企的发展都得益于改革开放，得益于党的好政策。吃水不忘挖井人。人要有感恩之心、感激之情。没有国家的大平台，谁的事业也做不起来、做不大。

中国特色社会主义最本质的特征是中国共产党领导。新中国70年特别是改革开放以来的伟大实践无可辩驳地证明，只有中国特色社会主义，而没有别的什么主义能够解决当代中国的发展进步问题，这是党和人民从历史和现实中得出的不可动摇的结论。在新征程中，有着高度的历史自觉和自我革命精神的中国共产党，一定能够领导人民进行伟大的社会革命，使中国特色社会主义展现出更加强大、更有说服力的真理力量。

世界并不太平，这边风景独好。大家要从中华民族5000多年的历史、近代以来的历史、中国共产党成立98年的历史中，从新中国成立70年、改革开放40多年、党的十八大以来我国发展取得的巨大成就中，深入思考：中国共产党为什么能？中国为什么能？中国人民为什么能？要从历史逻辑、现实逻辑、理论逻辑、国际比较逻辑的综合分析中，深刻理解中国共产党，深刻理解中国特色社会主义道路、理论、制度、文化，深刻理解中华民族的品格，增进对党、对国家、对社会主义的拥护、理解和认同。

第二，希望大家本领要更强，苦练内功、外树形象，做有担当、有风采、有影响力的企业家。打铁尤需自身硬。在激烈的竞争中立于不败之地，需要对国内外形势、产业、企业发展等规律有着敏锐的把握。

从国际情况看，当今世界正处在百年未有之大变局，不确定性、不稳定性、不可预见性增加，新一轮科技革命和产业变革动能逐渐释放，为生产力进步和经济社会发展开辟了新天地。同时，保护主义、霸凌主义逆流而动，冲击国际贸易和投资，加剧世界经济下行压力。

从工业周期来看，俄罗斯的经济学家曾提出"康波周期"理论：自工业革命以来，大概每60年是一个大的科技和产业周期。

从产业发展来看，过去三四十年，产业发展周期是趋缓的，产品和消费的改变，产业组织形势和产业链条的改变，大概需要五年、十年时间，但是这几年行业所面临的经济周期在大幅压缩，新产业、新技术、新业态、新模式层出不穷，人工智能、量子科技、区块链技术等前沿领域和颠覆性技术不断涌现，业态结构、生态圈、营销渠道不断迭代。因此，敏锐的、有竞争力的企业必须在很短的时间里面进行组织变革和模式变革。1978年，中国一年生产轿车10万辆，2009年，中国的轿车产量超过美国，2018年是2870万辆，成为全球最大的汽车产销国。十年前，中国只有一条高铁，天津到北京100多公里，现在是2.9万公里，全世界70%的高铁在中国。过去10年，房价增长也很快，深圳房价涨了4.7倍，北京涨了4.2倍，厦门涨了5.3倍，杭州3.6倍。十年前，没有智能手机，没有电商、微信、微博、天猫、抖音，而现在已经成为一种生活方式。现在很多人口袋里的现金不会超过500元，收废品的都扫二维码，网上支付。

从企业发展看，很少有企业能够真正地活到一百年。全球500强企业平均寿命为40年。所有的企业中能够活过十年的，在中国地区的有6%，美国是8.7%，日本是12%。

从侨商、侨企发展看，现在的挑战至少有三个方面：一是传统行业和传统经营模式具有一定的不可持续性，面临转型升级的压力；二是有的企业规模还不是很大，品牌的竞争力相对较弱；三是经营家族化特征在企业发展初期有优势，但随着业务扩大和企业发展，面临后继无人、经营管理现代化等挑战。

新一代侨商、侨资企业家要继承和发扬老一辈人艰苦奋斗、敢闯敢干、聚焦实业、做精主业的精神，不停步、不松懈、不骄傲，不断学习，不断捕捉商机，不断向上攀登，把能力本领锻炼得更强更专业，努力把企业做强做优。要有企业家精神、工匠精神，有打造百年老店的雄心壮志，超前布局、提前谋划、抢抓机遇、抢争赛道，拓宽国际视野，增强创新能力和核心竞争力，掌握主动、赢得优势，形成更多具有全球竞争力的世界级企业，展示中华儿女的优秀形象。

第三，希望大家贡献要更大，胸怀家国、兼济天下，为中国特色社会主义伟大事业添砖加瓦。家是最小国，国是千万家。家国情怀，兼济天下，是中华民族的优秀品格。大家都是事业有成的人。能力越大，责任也越大。成就越大，贡献就要越大。

中国经济发展需要侨商、侨企发挥重要作用。当前，我国经济已由高速增长阶段转向高质量发展阶段，正处在转变发展方式、优化经济结构、转换增长动力的攻关期。2008年国际金融危机发生后，受多种因素影响，我国经济经受了增速换挡这一考验。2012年以来，经过持续努力，经济运行缓中趋稳、稳中向好，但仍面临下行压力。希望大家要围绕国家发展战略和人民美好生活需要，把侨的资金、技术、管理、人脉等优势和资源调动起来、发挥出来，为改革开放增添新的动能，为打赢三大攻坚战献计出力，为攻克核心关键技术努力拼搏，在追求个人梦想的同时汇聚实现中国梦的磅礴力量。

维护中华民族大义、实现祖国统一需要侨商、侨企发挥重要作用。希望大家发挥自身影响力，旗帜鲜明反对一切分裂国家、分裂民族的言论、行为和活动，融洽同胞感情、增进民族共识,为保持香港澳门长期繁荣稳定,为推进祖国和平统一进程,发声奔走、多作贡献。近来,香港持续发生的激进暴力犯罪行为,严重践踏法治和社会秩序,严重破坏香港繁荣稳定,严重挑战"一国两制"原则底线。止暴制乱、恢复秩序是香港当前最紧迫的任务。希望大家积极宣传中国政府主张,支持行政长官带领香港特别行政区政府依法施政,支持香港警方严正执法。

讲好中国故事、弘扬中华文化、推动中外友好需要侨商、侨企发挥重要作用。希望大家现身说法,以丰富的事例、鲜明的视角、生动的语言,传递中国发展理念,阐述中国政策主张,让世界了解一个全面、真实、立体的中国。积极发挥民间往来优势,开展文化交流和文化活动,推动中外文明交流互鉴。积极融入主流,回馈当地社会,遵守住在国法律,尊重当地习俗,与住在国人民和睦相处,热心公益事业,以良好形象赢得更多尊重。

第四,希望大家作用要更好,以侨为桥、以内联外,在共建"一带一路"、助力中国企业"走出去"中展现作为。经济全球化,促成了贸易大繁荣、投资大便利、人员大流动、技术大发展,各国人民从中受益,为世界经济发展作出了重要贡献。中国是经济全球化的积极参与者,也是坚定支持者。近三年,中国经济总量连续跨越70万亿元、80万亿元和90万亿元大关,占世界经济的比重接近16%。2013—2018年,中国对世界经济增长的平均贡献率超过28.1%。中国是在开放条件下发展起来的,中国实现更好发展,也需要在更加开放的条件下进行。中国将继续实施一系列重大开放举措,大规模"引进来",大踏步"走出去"。

目前,中国对外投资合作持续健康发展,投资层次和水平不断提升,2018年中国对外直接投资达到1430.4亿美元,是2002年的53倍,年均增长28.2%。广大侨商、侨企分布在世界上100多个国家和地区,侨商、侨企长期形成的庞大而细密的商贸流通网络,在世界上得到广泛赞誉。侨商的产生和发展壮大是经济全球化的结果,也是推动经济全球化深入发展的一支重要力量。在世界贸易摩擦此起彼伏、贸易保护主义抬头、中国经济"走出去"的背景下,发挥侨商、侨企商业网络的优势,维护和推动经济全球化发展,显得尤为重要。

"一带一路"倡议源于中国,机会和成果属于世界。报告显示,"一带一路"建设将使相关国家760万人摆脱极端贫困、3200万人摆脱中度贫困,将使参与国贸易增长2.8%至9.7%、全球贸易增长1.7%至6.2%、全球收入增加0.7%至2.9%。"一带一路"建设是名副其实的资源共享、共同繁荣、共同发展之路。80%以上的侨商分布在"一带一路"沿线国家和地区,"一带一路"建设的顺利推进给侨商、侨企带来无数商机。近几年来,中国企业在"一带一路"沿线国家进行了许多重大投资,侨商、侨企也有很多投资。

希望大家树立世界眼光、全球视野,充分发挥联系广泛的独特优势,各尽其能,各展所长,深耕"一带一路",助力中国企业顺利"走出去",广泛开展国际合作，干出一番大事业，闯出一片新天地，在更大范围、更宽领域、更高水平上，书写丝绸之路侨商、侨企新传奇。

四、以习近平新时代中国特色社会主义思想为指导，努力建设世界一流、中国特色的侨商组织

面对新时代新要求，侨商会要以习近平新时代中国特色社会主义思想为指导，坚持围绕中心、服务大局、服务会员，积极参与和支持侨联工作，以世界一流、中国特色为目标，建设具有全球影响的侨商组织，更好引领广大侨商、侨资企业家成长发展，为全面建成小康社会、实现中华民族伟大复兴的中国梦、推动构建人类命运共同体贡献智慧和力量。关于侨商会工作，章程和工作报告已经有了很好的规划。我在中国侨商企业投资协会转隶工作会议上讲了一些意见。这里，我再强调几点。

第一，要在坚定正确的政治方向上下功夫。这是由侨商会的属性决定的。要坚持党对侨商会工作的领导，增强"四个意识"、坚定"四个自信"、做到"两个维护"。要以习近平新时代中国特色社会主义思想统领侨联工作，学习贯彻习近平总书记关于侨务工作的重要论述，把准前进方向。要认真贯彻党中央有关决策部署，贯彻中国侨联有关工作要求，有力有效地开展侨商会工作。

第二，要在坚守鲜明的工作定位上下功夫。"中国"体现了侨商会"国家队"的发展定位。所以，侨商会的气质要有家国情怀，侨商会的宗旨要注重服务国家，侨商会的建设要在国内整个社会组织中争先进、当排头兵，在整个侨商社会组织体系中发挥龙头、枢纽和示范带动作用。"侨商"体现了侨商会特殊的成员定位。侨商、侨企最大的特点，就是有侨的身份、侨的元素，有国际化的视野，有联通中外、遍布世界的商业网络和人脉资源，这是侨商会不同于其他商会的突出特点。离开了这一条，侨商会就失去了特色，也失去了存在和发展的最大价值。"联合会"体现了侨商会的组织定位，即侨商会是一个社会组织。因此，要按照《社会团体登记管理条例》去发展，服从民政部及其社会组织管理局的管理和指导；要用章程去管人管事，完善内部治理结构，提高吸引力、凝聚力和公信力。

第三，要在履行光荣的职责使命上下功夫。我在前面讲到了侨商会的作用，即：广大侨商、侨资企业家交流协作的重要平台，党和政府联系侨商、侨企的重要桥梁，开展侨务工作的重要依托。所以，侨商会最重要的使命有三个方面：

要服务国家发展大局。从宏观来看，就是要服务"四个全面"、"五位一体"、两个"一百年"、实现中华民族伟大复兴的中国梦、推动构建人类命运共同体。具体来讲，一是经济发展，动员侨商、侨企为供给侧结构性改革、高质量发展、创新驱动发展战略贡献智慧和力量；二是社会建设，动员侨商、侨企参与打赢脱贫攻坚战，开展公益慈善事业；三是"一带一路"建设，动员侨商、侨企为中国经济"走出去"穿针引线、当好表率。

要服务会员事业发展。要促进学习交流，围绕侨商、侨企的特点和发展需求，加强调查研究，组织会员开展系统性、经典性、前沿性的学习，开展商会内部的宏观经济信息、行业发展信息、企业经营管理新方法的交流，侨商会与有关政府部门的交流、行业组织的交流、国际组织的交流等，提高学习交流的效果。要促进成长发展，通过侨商会组织化的力量、通过优秀企业家的示范，引导和帮助会员提高素质、壮大事业。要促进权益维护，收集和反映会员群体的普遍性利益诉求，注重有序的政治参与，用好政协侨联界别渠道，发挥侨界人大代表作用，为改善侨商群体的成长环境、发展条件、准入机会、重要产业领域的政策变化等努力。

要支持和参与侨联工作。包括两方面，一是手臂延伸，通过侨商会开展活动、联系服务侨胞；二是资源依托，为侨联完成重要任务提供必要的资源保障。要加大力度，使侨商会与侨联中心工作贴得更紧、参与更多、支持更有效。

第四，要在完善科学的治理体系上下功夫。近代的商会组织是舶来品。侨商会要有追求卓越的气魄，以这次换届为契机，对标国际一流商会，完善内部治理，精心打造品牌，建设国际化、现代化、有全球影响力的商会组织。要建立和完善制度体系，提高侨商组织内部管理制度化、规范化、科学化的水平。要建立和完善工作体系，梳理侨商会过去的好做法，借鉴国内外有益经验，设计推出几个工作品牌，打造一批项目，同时提高相互之间的关联度，做到工作品牌化、品牌项目化、项目具体化，可操作、可呈现、可检验。要建立和完善组织体系，合理设置内设机构和职责，注重联系和团结会员团体，增强代表性、广泛性，提高专业化水平和组织力。要制定和完善侨商会中长期发展规划，加强顶层设计，体现特点、突出优势、立足长远，将侨商会的发展与中国经济的发展紧密结合、与对外开放事业发展紧密结合、与侨商自身事业发展紧密结合。要加强队伍建设，加大对秘书处工作人员履职能力和服务水平的培训力度，着力培养一批具有改革创新思维、国际战略视野、现代管理能力的社会组织管理人员。要加强侨商会地方和基层组织建设，按照侨联"两个建设"的要求，扩大侨商组织的覆盖面和活跃度，形成侨商组织系统性的力量。

第五，要在加强秘书处的党建工作上下功夫。2015年9月，中央印发《关于加强社会组织党的建设工作的意见（试行）》。民政部正在修订的《社会团体登记管理条例》和《社会团体章程示范文本》中明确了加强党建工作的要求。近期，中国侨商联合会秘书处成立了党组织。要按照侨联党建工作总体要求，把党的工作和党的活动开展起来，发挥党组织的战斗堡垒作用和党员的先锋模范作用，以高水平的党建工作保障侨商会的高质量发展。

侨商会是侨联直接领导的社会组织。侨联要全力支持侨商会的工作。要加强对侨商会的领导，定期研究侨商会重大事项，帮助解决存在的难题，鼓励支持侨商会依法依章程开展工作，使其团结凝聚侨商、服务大局、服务会员、支持侨联工作的

作用得到充分发挥、有效彰显。

各位代表、同志们！十几载砥砺奋进，新起点扬帆起航。侨商会伴随着改革开放茁壮成长、在全面建成小康社会的进程中发展壮大，也必将在奋进新时代的新征程上再创佳绩。让我们紧密团结在以习近平同志为核心的党中央周围，不忘初心、牢记使命，锐意进取、扎实工作，广泛凝聚侨商力量，奋力谱写侨商会发展新篇章，向着中华民族伟大复兴中国梦的宏伟目标奋勇前进！

（本文为2019年11月17日万立骏在中国侨商联合会第五次会员代表大会开幕会上的讲话，有删改）

（中国侨联网2020-03-04）

涉侨政策法规

本栏收录2020年公开发布的中央与地方政府及相应职能部门制定的部分涉侨政策法规，先按照主题分为综合、权益保护、回国定居、引资引智、招生及子女教育、其他等类，各类再按照国家、省（自治区、直辖市）、市的级别，以文件发布时间的先后顺序排列。

中国共产党统一战线工作条例

（2015年4月30日中共中央政治局会议审议批准　2015年5月18日中共中央发布　2020年11月30日中共中央政治局会议修订　2020年12月21日中共中央发布）

第一章　总则

第一条　为了加强党对统一战线工作的集中统一领导，提高统一战线工作的科学化规范化制度化水平，巩固和发展爱国统一战线，根据《中国共产党章程》，制定本条例。

第二条　本条例所称统一战线，是指中国共产党领导的、以工农联盟为基础的，包括全体社会主义劳动者、社会主义事业的建设者、拥护社会主义的爱国者、拥护祖国统一和致力于中华民族伟大复兴的爱国者的联盟。

统一战线是中国共产党凝聚人心、汇聚力量的政治优势和战略方针，是夺取革命、建设、改革事业胜利的重要法宝，是增强党的阶级基础、扩大党的群众基础、巩固党的执政地位的重要法宝，是全面建设社会主义现代化国家、实现中华民族伟大复兴的重要法宝。

第三条　新时代统一战线工作的指导思想和主要任务是：在中国共产党领导下，以马克思列宁主义、毛泽东思想、邓小平理论、"三个代表"重要思想、科学发展观、习近平新时代中国特色社会主义思想为指导，坚定不移走中国特色社会主义道路，增强"四个意识"、坚定"四个自信"、做到"两个维护"，深入学习贯彻习近平总书记关于加强和改进统一战线工作的重要思想，围绕统筹推进"五位一体"总体布局、协调推进"四个全面"战略布局，积极促进政党关系、民族关系、宗教关系、阶层关系、海内外同胞关系和谐，巩固和发展最广泛的爱国统一战线，为全面建设社会主义现代化国家、实现中华民族伟大复兴服务，为坚持和完善中国特色社会主义制度、推进国家治理体系和治理能力现代化服务，为维护社会和谐稳定、维护国家主权安全发展利益服务，为保持香港澳门长期繁荣稳定、实现祖国完全统一服务。

第四条　统一战线工作的原则是：

（一）坚持中国共产党的领导；

（二）坚持高举爱国主义、社会主义旗帜；

（三）坚持围绕中心、服务大局；

（四）坚持大团结大联合；

（五）坚持正确处理一致性和多样性关系；

（六）坚持尊重、维护和照顾同盟者利益；

（七）坚持广交、深交党外朋友；

（八）坚持大统战工作格局。

第五条　统一战线工作范围是：

（一）民主党派成员；

（二）无党派人士；

（三）党外知识分子；

（四）少数民族人士；

（五）宗教界人士；

（六）非公有制经济人士；

（七）新的社会阶层人士；

（八）出国和归国留学人员；

（九）香港同胞、澳门同胞；

（十）台湾同胞及其在大陆的亲属；

（十一）华侨、归侨及侨眷；

（十二）其他需要联系和团结的人员。

统一战线工作对象为党外人士，重点是其中的代表人士。

第二章　组织领导和职责

第六条　加强党对统一战线工作的集中统一领导，确保党在统一战线工作中总揽全局、协调各方，保证统一战线工作始终沿着正确政治方向前进。

构建党委统一领导、统战部门牵头协调、有关方面各负其责的大统战工作格局。

第七条 党中央成立统一战线工作领导小组。中央统一战线工作领导小组在中央政治局及其常委会领导下开展工作，对学习贯彻落实党中央关于统一战线工作的重大理论方针政策和涉及统一战线工作的法律法规进行研究部署、协调指导和督促检查，研究统一战线重大问题，向党中央提出建议。

中央统一战线工作领导小组办公室设在中央统战部。

第八条 地方党委对本地区统一战线工作负主体责任，主要职责是：

（一）贯彻落实党中央以及上级党委关于统一战线工作的决策部署和工作要求，指导和督促检查下级党组织做好统一战线工作，重视加强基层统一战线工作；

（二）定期研究统一战线重大问题、部署重要工作，每年向党中央或者上一级党委报告统一战线工作情况；

（三）按照权限制定统一战线工作相关党内法规、规范性文件和重要政策，推动制定统一战线工作相关地方性法规，并组织实施；

（四）组织开展统一战线理论方针政策的学习、研究、宣传和教育，把统一战线理论方针政策纳入党委理论学习中心组学习内容和党校（行政学院）、干部学院、社会主义学院教学内容，把统一战线工作纳入宣传工作计划，把统一战线知识纳入国民教育内容；

（五）落实党中央关于统一战线工作部门和统战干部队伍建设的要求，选优配强统战系统领导班子和主要负责人，加强统战干部、人才队伍建设；

（六）领导同级人大、政府、政协、监察委员会、法院、检察院和有关人民团体、企事业单位等做好本部门本单位本领域统一战线工作；

（七）发现、培养、使用、管理党外代表人士，健全领导干部与党外代表人士联谊交友制度。

其他部门、单位的党组（党委）参照前款规定履行相应统一战线工作职责。中央和国家机关工委以及各级党的机关工委依照授权，加强对党和国家机关统一战线工作的指导和监督检查。

各级党委（党组）主要负责人为本地区本部门本单位统一战线工作第一责任人。党委（党组）领导班子成员应当带头学习、宣传和贯彻落实统一战线理论方针政策和法律法规，带头参加统一战线重要活动，带头广交深交党外朋友。

地方党委成立统一战线工作领导小组，组长一般由同级党委书记担任。

第九条 党中央以及地方党委设置统战部。统战部是党委主管统一战线工作的职能部门，是党委在统一战线工作方面的参谋机构、组织协调机构、具体执行机构、督促检查机构，承担了解情况、掌握政策、协调关系、安排人事、增进共识、加强团结等职责，主要是：

（一）贯彻落实党对统一战线工作的理论方针政策和决策部署，拟订统一战线工作政策和规划，向同级党委请示报告统一战线工作并提出意见建议。

（二）统筹协调指导统一战线工作，组织协调开展日常监督检查。

（三）负责发现、联系和培养党外代表人士，在同级党委领导下做好党外代表人士的政治安排，协同有关部门做好安排党外代表人士担任政府和审判机关、检察机关等领导职务的工作。

（四）联系民主党派，牵头协调无党派人士工作，支持民主党派和无党派人士履行职责、发挥作用，支持、帮助民主党派和无党派人士加强自身建设。

（五）开展党外知识分子统一战线工作。

（六）统筹协调民族工作，领导民族工作部门依法管理民族事务。

（七）统一管理宗教工作，领导宗教工作部门依法管理宗教事务。

（八）参与制定、推动落实鼓励支持引导非公有制经济发展的方针政策，统筹开展非公有制经济人士统一战线工作。

（九）统筹开展新的社会阶层人士统一战线工作。

（十）会同有关部门开展港澳统一战线工作，开展对台统一战线工作。

（十一）统一领导海外统一战线工作，统一管理侨务工作，统筹协调有关部门和社会团体涉侨工作。

（十二）协调推进统一战线领域法治建设。

（十三）在统一战线工作中落实意识形态工作责任制，负责开展统一战线宣传工作。

（十四）指导下级党委统一战线工作，协助管理下一级党委统战部部长；协调政府有关部门统一战线工作，协助做好民族、宗教等工作部门领导班子成员推荐工作；加强同政协组织的沟通协调配合；加强对参事室、文史研究馆的工作指导；领导工商联党组，指导工商联工作；指导和管理社会主义学院；做好统一战线有关单位和团体管理工作。

（十五）完成同级党委和上级党委统战部交办的其他任务。

第十条　统一战线工作任务重的党中央以及省、市两级党委派出机关设置统一战线工作机构。乡（镇、街道）党组织应当有人员负责统一战线工作，其中统一战线工作任务重的明确专人负责。有关人民团体明确相关机构负责统一战线工作。统一战线工作任务重的高等学校、科研院所党委设置统一战线工作机构，其他高等学校、科研院所党委应当明确相应机构负责统一战线工作。统一战线工作任务重的大型国有企业党委（党组）明确机构和人员负责统一战线工作。统一战线工作任务重的其他单位党组（党委）明确相关机构负责统一战线工作。

第十一条　省、市两级党委统战部部长一般由同级党委常委担任，县级党委统战部部长由同级党委常委担任或者兼任，分管日常工作的副部长按照同级党委部门正职领导干部配备。民族、宗教工作部门主要负责人具备条件的，可以担任同级党委统战部副部长。工商联党组书记由同级党委统战部副部长担任。高等学校党委统战部部长担任党委常委或者不设常委会的党委委员。

第三章　民主党派和无党派人士工作

第十二条　中国共产党领导的多党合作和政治协商制度是中国特色社会主义新型政党制度，是我国的一项基本政治制度。中国共产党同各民主党派实行长期共存、互相监督、肝胆相照、荣辱与共的基本方针。

民主党派是接受中国共产党领导、同中国共产党通力合作的亲密友党，是中国共产党的好参谋、好帮手、好同事，是中国特色社会主义参政党。

无党派人士是指没有参加任何政党、有参政议政愿望和能力、对社会有积极贡献和一定影响的人士，其主体是知识分子。

民主党派的基本职能是参政议政、民主监督、参加中国共产党领导的政治协商。无党派人士参照民主党派履行职能。

第十三条　政党协商是中国共产党同民主党派的政治协商。无党派人士是政治协商的重要组成部分，参加政党协商。政党协商主要包括以下内容：中国共产党全国和地方各级代表大会、党中央和地方各级党委有关重要文件的制定、修改；宪法的修改建议，有关重要法律的制定、修改建议，有关重要地方性法规的制定、修改建议；人大常委会、政府、政协领导班子成员和监察委员会主任、法院院长、检察院检察长建议人选；关系统一战线和多党合作的重大问题。

党中央以及地方党委应当按照规定程序开展政党协商。

支持民主党派和无党派人士参与人大协商、政府协商、政协协商以及其他方面的协商。

第十四条　支持民主党派和无党派人士参政的主要内容是：参加国家政权，参与重要方针政策、重要领导人选的协商，参与国家事务的管理，参与国家方针政策、法律法规的制定和执行。

中共中央领导同志的国内考察调研以及重要外事活动，根据统一安排和工作需要，可以邀请民主党派中央负责人、无党派代表人士参加。

第十五条　中国共产党和各民主党派实行互相监督。中国共产党处于领导和执政地位，自觉接受民主党派的监督。

支持民主党派和无党派人士在坚持四项基本原则基础上，在政治协商、调研考察，参与党和国家有关重大方针政策、决策部署执行和实施情况的监督检查，受党委委托就有关重大问题进行专项监督等工作中，通过提出意见、批评、建议等方式，对中国共产党进行民主监督。

第十六条　各级党委应当支持民主党派加强思想政治建设、组织建设、履职能力建设、作风建设、制度建设，支持无党派人士加强自身建设。

帮助民主党派解决机构、编制、经费、办公场所、干部交流和挂职锻炼等方面的问题。为无党派人士履行职责提供必要保障。

第四章　党外知识分子工作

第十七条　国家机关和国有企事业单位党外知识分子工作的重点对象是：具有高级职称的党外知识分子，学术带头人或者重要业务骨干中的党外知识分子，担任国家机关、高等学校、科研院所、大中型国有企业中层以上领导职务的党外知识分子，其他有成就、有影响的党外知识分子。

国家机关和国有企事业单位党组（党委）负责本领域本单位党外知识分子工作，加强思想引导，支持发挥作用，组织党外知识分子参加统一战线工作和活动。

第十八条　坚持广泛团结、热情服务、积极引导、发挥作用的方针，做好出国和归国留学人员统一战线工作。

欧美同学会（中国留学人员联谊会）是党联系留学人员的桥梁纽带、做好留学人员工作的助手和留学人员之家。各省（自治区、直辖市）、副省级城市和省会城市应当建立留学人员组织。留学人员比较集中的其他城市和高等学校、科研院所等单位，可以成立留学人员组织。

第十九条　各省（自治区、直辖市）、副省级城市和省会城市可以成立党外知识分子联谊会，做好党外知识分子思想政治引领工作。

统战部门应当加强对党外知识分子联谊会的领导。

第五章　民族工作

第二十条　坚定不移走中国特色解决民族问题的正确道路，以铸牢中华民族共同体意识为主线，坚持各民族一律平等，全面贯彻党的民族政策，坚持和完善民族区域自治制度，深化民族团结进步教育，促进各民族交往交流交融，实现各民族共同团结奋斗、共同繁荣发展。

第二十一条　围绕促进民族团结、改善民生，推动民族地区经济社会发展，不断满足各族群众的美好生活需要。促进各民族文化的传承保护和创新交融，全面推广国家通用语言文字，尊重、支持各少数民族语言文字的学习和使用。大力培养民族地区各族干部，大力选拔使用少数民族干部，积极培养少数民族专业人才。

第二十二条　全面深入持久开展马克思主义祖国观、民族观、文化观、历史观宣传教育，开展党的民族理论、政策学习宣传，开展民族团结进步创建，增进各族群众对伟大祖国、中华民族、中华文化、中国共产党、中国特色社会主义的认同。

巩固和发展平等团结互助和谐的社会主义民族关系，反对一切形式的民族歧视，反对大汉族主义和地方民族主义。尊重少数民族风俗习惯，保障少数民族合法权益。依法治理民族事务，妥善处理涉及民族因素的矛盾纠纷。做好城市民族工作。

防范和打击各种渗透颠覆破坏活动、暴力恐怖活动、民族分裂活动、宗教极端活动，维护国家统一、民族团结和社会稳定。

第六章　宗教工作

第二十三条　坚持和发展中国特色社会主义宗教理论，坚持我国宗教中国化方向，坚持以"导"的态度对待宗教，保护合法、制止非法、遏制极端、抵御渗透、打击犯罪，构建积极健康的宗教关系。

第二十四条　坚持党的宗教工作基本方针：全面贯彻党的宗教信仰自由政策，依法管理宗教事务，坚持独立自主自办原则，积极引导宗教与社会主义社会相适应。

尊重和保护公民信仰宗教和不信仰宗教的自由。坚持政教分离。

提高宗教工作法治化水平，善于用法律法规规范宗教事务管理、调节涉及宗教的各种社会关系，运用法治思维和法治方式妥善处理宗教领域的矛盾和问题，教育引导宗教界人士和信教群众自觉维护宪法法律权威，在法律法规规定范围内开展活动。

防范外国势力干预和支配我国宗教团体和宗教事务。防范和抵御境外利用宗教进行渗透。支持和鼓励宗教界在独立自主、平等友好、互相尊重的基础上开展对外交往。

用社会主义核心价值观引领和教育宗教界人士和信教群众，支持和引导宗教界人士对宗教教义教规作出符合当代中国发展进步要求、符合中华优秀文化的阐释，促进宗教界人士和信教群众对伟大祖国、中华民族、中华文化、中国共产党、中国特色社会主义的认同。发挥宗教的积极作用，抑制宗教的消极作用。

第二十五条　坚持政治上团结合作、信仰上互相尊重，支持宗教团体加强自身建设和人才培养，巩固和发展党同宗教界的爱国统一战线。

共产党员应当团结信教群众，但不得信仰宗教。

第二十六条　加强基层宗教工作，建立健全县（市、区、旗）、乡（镇、街道）、村（社区）三级宗教工作网络和乡（镇、街道）、村（社区）两级责任制，建立健全分级负责、属地管理和责任追究制度。宗教工作任务重的乡（镇、街道），党委应当有领导干部分管宗教工作，并明确专人负责。

第七章　非公有制经济领域统一战线工作

第二十七条　坚持和完善社会主义基本经济制度，制定、宣传和贯彻党关于发展非公有制经济的方针政策。推动构建亲清政商关系，形成有利于非公有制经济发展的政策环境、法治环境、市场环境、社会环境。引导非公有制企业践行新发展理念。

第二十八条　全面贯彻信任、团结、服务、引导、教育的方针，深入开展理想信念教育，引导非公有制经济人士爱国、敬业、创新、守法、诚信、贡献，做合格的中国特色社会主义事业建设者。

建立健全政企沟通协商制度。了解反映非公有制经济人士诉求，帮助其依照法定程序维护合法权益。畅通非公有制经济人士有序政治参与渠道，引导规范政治参与行为。

培育和发展中国特色商会组织，推动统一战线工作向商会组织有效覆盖。

第二十九条　工商联是党领导的以民营企业和民营经济人士为主体的，具有统战性、经济性和民间性有机统一基本特征的人民团体和商会组织。工商联围绕促进非公有制经济健康发展和非公有制经济人士健康成长的主题履行职责、发挥作用。

工商联参加政治协商、参政议政、民主监督的具体内容和形式参照本条例第三章有关规定执行。

工商联对所属商会履行业务主管单位职责，对会员开展思想政治工作、教育培训，对所属商会主要负责人进行考察考核。工商联对其他以民营企业和民营经济人士为主体的行业协会商会加强联系、指导和服务。

第三十条　统战部、工商联按照同级党委安排，参与民营企业党建工作。工商联党组应当支持和配合做好所属会员企业党组织组建工作。

工商联党组对所属商会党建工作履行全面从严治党主体责任。

第八章　新的社会阶层人士统一战线工作

第三十一条　新的社会阶层人士主要包括：民营企业和外商投资企业管理技术人员、中介组织和社会组织从业人员、自由职业人员、新媒体从业人员等。

第三十二条　坚持信任尊重、团结引导、组织起来、发挥作用的思路，运用社会化、网络化的方法，通过实践创新基地、联谊组织等形式，分类分众施策，强化思想引领，凝聚政治共识，发挥新的社会阶层人士在建设中国特色社会主义事业中的重要作用。

第三十三条　与新的社会阶层人士联系密切的党政部门、群众团体、社会组织等，应当发挥职能作用，健全工作机制，密切协调配合，共同做好新的社会阶层人士统一战线工作。

新的社会阶层人士所在街道、社区、园区、企业等的党组织应当落实主体责任，把新的社会阶层人士统一战线工作纳入重要工作职责，研究解决突出问题。

第九章　港澳台统一战线工作

第三十四条　港澳统一战线工作的主要任务是：全面准确贯彻"一国两制"、"港人治港"、"澳人治澳"、高度自治的方针，坚持和完善"一国两制"制度体系、严格依照宪法和基本法办事，支持特别行政区行政长官和政府依法施政，支持港澳融入国家发展大局，发展壮大爱国爱港、爱国爱澳力量，增强香港同胞、澳门同胞国家意识和爱国精神，维护国家主权安全发展利益，维护香港、澳门长期繁荣稳定，确保"一国两制"实践行稳致远。

第三十五条　对台统一战线工作的主要任务是：贯彻执行党中央对台工作大政方针，坚持一个中国原则，广泛团结海内外台湾同胞，发展壮大台湾爱国统一力量，反对"台独"分裂活动，不断推进祖国和平统一进程，同心实现中华民族伟大复兴。

第三十六条　支持民主党派和无党派人士，指导相关人民团体和社会团体，在港澳台统一战线工作中发挥作用。

第十章　海外统一战线工作和侨务工作

第三十七条　海外统一战线工作的主要任务是：加强思想政治引领，增进华侨和出国留学人员等对祖国的热爱和对中国共产党、中国特色社会主义的理解认同；传承和弘扬中华优秀文化，促进中外文化交流；鼓励华侨参与我国改革开放和社会主义现代化建设，融入民族复兴伟业；遏制"台独"等分裂势力，维护国家核心利益；发挥促进中外友好的桥梁纽带作用，营造良好国际环境。

第三十八条　侨务工作的主要任务是：围绕凝心聚力同圆共享中国梦的主题，加强华侨、归侨、侨眷代表人士工作，凝聚侨心、汇集侨智、发挥侨力、维护侨益，为侨服务；统筹国内侨务和国外侨务工作，着力涵养侨务资源，引导华侨、归侨、侨眷致力于祖国现代化建设，维护和促进中国统一，实现中华民族伟大复兴，致力于增进中国人民与世界人民的友好合作交流，推动构建人类命运共同体。

保护华侨正当权利和利益，关心华侨的生存和发展，推动和谐侨社建设，教育引导华侨遵守住在国法律，尊重当地文化习俗，更好融入主流社会，为住在国经济社会发展贡献智慧和力量，充分展现守法诚信、举止文明、关爱社会、团结和谐的大国侨民形象。

保护归侨、侨眷合法权利和利益，适当照顾归侨、侨眷特点，积极发挥他们与海外联系广泛的优势作用。

第十一章　党外代表人士队伍建设

第三十九条　党外代表人士是指与中国共产党团结合作、作出较大贡献、有一定社会影响的人士，其标准是政治坚定、业绩突出、群众认同。

第四十条　加强党外代表人士的发现储备。发挥高等学校、科研院所培养和选拔党外代表人士的重要基地作用，注意从国家机关、国有企事业单位、民营企业以及新的社会阶层人士、出国和归国留学人员中发现党外代表人士。

第四十一条 坚持政治培训为主，开展对党外代表人士的理论培训。发挥社会主义学院作为统一战线人才教育培养主阵地作用，重视发挥党校（行政学院）、干部学院的作用，合理利用高等学校等培训资源。

加强党外代表人士的实践锻炼，将党外干部纳入党政领导干部交流总体安排。

第四十二条 党外代表人士在各级人大代表、人大常委会委员和人大专门委员会主任委员、副主任委员以及委员中应当保持适当比例。全国人大常委会副委员长、县级以上地方各级人大常委会副主任中应当有适当数量的党外代表人士。

全国和省级人大常委会中应当有民主党派成员或者无党派人士担任专职副秘书长。

统战部门会商有关部门，负责人大代表、人大常委会组成人员中的党外候选人的推荐提名工作。

第四十三条 省、市两级政府领导班子应当配备党外干部。县级政府领导班子从实际出发积极配备党外干部。

各级政府部门除有特殊要求外，均可以积极配备党外干部担任领导职务，重点在行政执法监督、与群众利益密切相关、紧密联系知识分子和专业技术性强的部门配备。

符合条件的党外干部可以担任政府部门（单位）行政正职。各省（自治区、直辖市）在政府组成部门中应当配备2名左右党外正职。

第四十四条 党外代表人士在各级政协中应当占有较大比例，换届时委员不少于60%，常委不少于65%；在各级政协领导班子中副主席不少于50%（不包括民族自治地方）。

全国政协和省级政协应当有民主党派成员或者无党派人士担任专职副秘书长。

政协各专门委员会主任、副主任以及委员中的党外代表人士应当占有适当比例。

各级政协委员人选推荐工作应当坚持广泛协商，党内的由组织部门提名，党外的由统战部门提名，其中的民主党派成员、民营经济人士应当在提名前与民主党派、工商联协商，继续提名的各界别政协委员应当听取政协党组意见。建议名单由统战部门汇总并征求有关方面意见后，由组织部门报同级党委审定，之后按照《中国人民政治协商会议章程》规定的程序办理。

第四十五条 各级法院、检察院领导班子应当配备党外干部。

高等学校领导班子中一般应当配备党外干部，符合条件的党外干部可以担任行政正职。加大在群团组织、科研院所、国有企业领导班子中选配党外干部的力度。

坚持参事室统战性、咨询性和文史研究馆统战性、荣誉性的性质，党外参事、党外馆员不少于70%。参事室、文史研究馆领导班子中应当配备党外代表人士。

监察委员会、法院、检察院和政府有关部门应当聘请党外代表人士担任特约人员。

举荐党外代表人士在有关社会团体任职。

第四十六条 符合条件的省级民主党派主委、工商联主席、无党派代表人士一般应当进入同级人大常委会、政府、政协领导班子。

除特殊情况外，人大常委会、政协领导班子中的党外代表人士应当与担任同级职务的党内干部享受同等待遇。

第四十七条 各级人大代表候选人和各级政协委员中应当有适当数量的民营经济人士、新的社会阶层人士。

民营企业主要出资人并以经营管理为主要职业的，在推荐安排中应当界定为民营经济人士。推荐为人大代表候选人、政协委员以及在工商联等人民团体、社会组织中任职的民营经济人士，应当经综合评价，并征求企业党组织、民营企业党建工作机构和地方工会组织等有关方面的意见。

第四十八条 加强对党外代表人士的管理，重点了解掌握其政治表现、思想状况、履行职责、廉洁自律和个人重要事项变化情况，特别是在重大原则问题上的政治立场和态度。

统战部门负责牵头协调党外代表人士管理工作。党委有关部门、人大常委会和政协党组、党外代表人士所在单位党组织，应当各负其责，加强日常管理考核。发挥党外代表人士所在党派和团体自我管理、自我教育、自我监督的作用。

第四十九条 搞好党同党外代表人士的合作共事。坚持集体领导和个人分工负责相结合，保证党外干部对分管工作享有行政管理的指挥权、处理问题的决定权、人事任免的建议权。

第五十条 各级党委应当把党外代表人士队伍建设纳入干部和人才队伍建设总体规划，在优秀年轻干部队伍中统筹考虑党外干部。

建立健全组织部门、统战部门协作配合机制。在动议和讨论决定党外干部的任免、调动、交流前，应当征求统战部门的意见。

第十二章　统战部门自身建设

第五十一条 加强党的政治建设，履行全面从严治党主体责任，教育引导统战干部不忘初心、牢记使命，增强"四个意识"、坚定"四个自信"、做到"两个维护"，始终在政治立场、政治方向、政治原则、政治道路上同以习近平同志为核心的党中央保持高度一致，全面贯彻党的基本理论、基本路线、基本方略，确保党的意志和主张贯彻到统一战线工作各方面和全过程。

第五十二条 加强党的思想建设，用习近平新时代中国特色社会主义思想特别是习近平总书记关于加强和改进统一战线工作的重要思想武装头脑、指导实践、推动工作。

第五十三条　加强党的组织建设，贯彻新时代党的组织路线，坚持民主集中制，树立和坚持正确选人用人导向，加强干部培养、交流和锻炼，打造政治坚定、业务精通、作风过硬的统战干部队伍。

第五十四条　加强党的作风建设，坚决纠正"四风"，践行党的群众路线，教育、引导统战干部担当作为，加强同党外人士的团结联系，对党外人士待之以诚、动之以情、晓之以理、助之以实，做到诚恳谦和、平等待人、廉洁奉公。

第五十五条　加强党的纪律建设，做好纪检监察工作，监督约束统战干部严守政治纪律和政治规矩，始终做到知敬畏、存戒惧、守底线。

第十三章　保障和监督

第五十六条　各级党委和政府应当制定完善支持统一战线工作的政策，做好保障工作。

第五十七条　对统一战线工作先进集体和先进个人，按照有关规定给予表彰奖励。

第五十八条　各级党委（党组）应当落实全面从严治党主体责任，加强对本条例执行情况的监督检查，将本条例执行情况纳入领导班子、领导干部目标管理和考核体系，纳入政治巡视巡察、监督执纪问责范围。

第五十九条　违反本条例有关规定的，根据情节轻重以及危害程度，对相关党组织、党的领导干部进行问责。

第十四章　附则

第六十条　本条例由中央统战部负责解释。

第六十一条　本条例自发布之日起施行。

权益保护

湖北省实施《中华人民共和国归侨侨眷权益保护法》办法

（1994 年 10 月 12 日湖北省第八届人民代表大会常务委员会第九次会议通过　根据 2003 年 7 月 25 日湖北省第十届人民代表大会常务委员会第四次会议《关于修改〈湖北省实施《中华人民共和国归侨侨眷权益保护法》办法〉的决定》第一次修正　根据 2010 年 7 月 30 日湖北省第十一届人民代表大会常务委员会第十七

次会议《关于集中修改、废止部分省本级地方性法规的决定》第二次修正 根据2014年9月25日湖北省第十二届人民代表大会常务委员会第十一次会议《关于集中修改、废止部分省本级地方性法规的决定》第三次修正 根据2020年6月3日湖北省第十三届人民代表大会常务委员会第十六次会议《关于集中修改、废止涉及取消证明事项的部分省本级地方性法规的决定》第四次修正）

第一条 为了保护归侨、侨眷的合法权益，根据《中华人民共和国归侨侨眷权益保护法》和《中华人民共和国归侨侨眷权益保护法实施办法》的规定，结合本省实际，制定本办法。

第二条 华侨是指定居在国外的中国公民。归侨是指回国定居的华侨。

侨眷是指华侨、归侨在国内的眷属，包括：华侨、归侨的配偶，父母，子女及其配偶，兄弟姐妹，祖父母、外祖父母，孙子女、外孙子女，以及同华侨、归侨有长期抚养关系的其他亲属。

归侨、侨眷的身份，由其户籍所在地的县级以上（含县级，下同）地方人民政府侨务部门根据其所在工作单位、街道办事处或者乡（镇）人民政府出具的证明审核认定；必要时可以由我国驻外国的外交代表机关、领事机关或者归国华侨联合会组织提供协助。

华侨、归侨去世后，其国内眷属的侨眷身份不变；因婚姻、抚养关系取得侨眷身份的，在其依法解除婚姻关系或者抚养关系后，其侨眷身份自行丧失。

同华侨、归侨有5年以上抚养关系的其他亲属，且申请侨眷身份时仍保持抚养关系的，其侨眷身份由公证机关出具抚养公证文书后审核认定。

第三条 归侨、侨眷依法享有宪法和法律规定的公民的权利，并履行宪法和法律规定的公民的义务。

国家机关、人民团体、企业事业单位、基层群众性自治组织，应当依照法律、法规的规定，落实侨务政策，保护归侨、侨眷的合法权益。

第四条 本省各级人民政府侨务部门负责管理本行政区域内的侨务工作，对保护归侨、侨眷合法权益的工作负有统筹、协调、督促、检查的职责。

第五条 本省各级归国华侨联合会是归侨、侨眷依法成立的人民团体，代表归侨、侨眷的利益，依法维护归侨、侨眷的合法权益。

归侨、侨眷可以依法组织其他社会团体。

归侨、侨眷依法组织的社会团体的合法权益受法律保护，其依法拥有的财产，任何组织或者个人不得侵犯。

第六条 省人民代表大会和归侨、侨眷人数较多的地方人民代表大会，应当有适当名额的归侨、侨眷代表。

第七条 华侨要求回本省定居的，应当按照《中华人民共和国归侨侨眷权益保

护法实施办法》的规定办理有关手续。

第八条　经批准回本省定居的华侨，各级人民政府和有关部门应当按照下列规定给予安置：

（一）对回本省定居的华侨科技人员，凡未达到退休年龄的，应当根据本人专长和双向选择的原则优先安置；

（二）对出境定居不满1年复归，出境前有工作单位且出境时办理了离职手续的，原工作单位或原工作单位的上一级主管部门应当负责安置；

（三）对回到农村定居、从事农业生产的，当地人民政府应当为其生产和生活提供方便；

（四）对其他回省定居的，其居住地人民政府应当妥善安置。

第九条　原籍不在本省，根据国家有关规定经批准来本省定居的华侨，各级人民政府和有关部门参照本办法第七条、第八条的规定执行。

第十条　鼓励华侨采取兼职、咨询、讲学、科研和技术合作、技术入股、投资兴办企业等形式，来本省创业、工作或者服务，并享受国家和省有关优惠待遇。

各级人民政府及其有关部门应当及时为在本省创业、工作或者服务的华侨落实有关优惠政策。

第十一条　归侨、侨眷职工依法享有国家规定的养老、医疗、失业、工伤、生育等社会保障权益。用人单位和归侨、侨眷职工应当依法参加当地的社会保险，缴纳社会保险费用。各级社会保险经办机构必须按时足额支付归侨、侨眷职工依法享受的各项社会保险金。

对离休、退休、退职的归侨、侨眷的离休金、退休金、退职金和归侨、侨眷退休生活津贴，应当按时足额发放。

持有非农业户口的归侨、侨眷，凡共同生活的家庭收入低于当地城市居民生活保障标准的，应当确保其享受当地城市居民最低生活保障待遇，并由市（县、市辖区）人民政府再给予一定数额的生活补贴；对丧失劳动能力又无经济来源或者生活确有困难的持有农业户口的归侨、侨眷，由市（县、市辖区）人民政府给予适当救济。

各级人民政府应当把扶持贫困归侨、侨眷脱贫致富纳入本地扶贫工作整体规划，在项目和资金等方面优先安排。

第十二条　归侨、侨眷可以依法以各种形式投资兴办工商企业。归侨、侨眷兴办企业的财产所有权及其他合法权益受法律保护。

本省各级人民政府应当鼓励和支持归侨、侨眷利用自身优势，引进资金、技术和人才，促进当地经济发展；对归侨、侨眷以独资、合资、合作形式兴办的企业，应当按照国家和本省的现行规定给予优惠。

第十三条　归侨、侨眷投资开发荒山、荒地、滩涂或者从事农、林、牧、副、渔业生产，各级人民政府应当给予支持，其依法取得的土地使用权及其他合法权益受法律保护。

第十四条　归侨、侨眷接受境外亲友赠与直接用于工农业生产、加工、维修的小型生产工具，以及经批准进口的优良种苗、种畜、种禽、种蛋等，按照国家有关规定办理。

第十五条　归侨、侨眷在本省兴办公益事业，各级人民政府应当给予支持和保护。

归侨、侨眷兴办公益事业，当地人民政府应当尊重兴办者的意愿，经过协商议定的所兴办项目的用途、命名等，未征得兴办者的同意，不得随意更改，其资金不得侵占或者挪用。

归侨、侨眷接受境外亲友赠与的物资，直接用于公益事业的，由举办该项公益事业的组织提出申请，经有关主管部门核准，依照法律、行政法规的规定享受减征或者免征关税和进口环节增值税的待遇。

第十六条　归侨、侨眷在本省境内依法拥有的私有房屋，受法律保护。归侨、侨眷对其私有房屋，依法享有占有、使用、收益和处分的权利，任何组织或者个人都不得侵占或者非法拆迁。

第十七条　凡单位或者个人租用归侨、侨眷私有房屋，必须事先征得产权人的同意，按规定签订租赁合同，并到房屋所在地的房地产管理机关登记备案。

租赁合同终止时，承租人应当将房屋退还给出租人。承租人愿意继续租赁，出租人表示同意的，应当续签租赁合同。

承租人违反租赁合同的，出租人可以解除租赁合同，收回房屋使用权。

第十八条　因公共利益需要征收归侨、侨眷私有房屋的，市、县级人民政府及其房屋征收部门应当依照有关法律法规的规定，作出征收决定，签订征收补偿协议，并给予妥善安置补偿。

第十九条　归侨、华侨子女、归侨子女报考各类学校，享受以下照顾：

（一）报考普通高等学校的，在所报录取学校投档分数线下降低10分投档；

（二）报考成人高等学校的，在所报录取学校投档分数线下降低20分投档；

（三）报考普通高中的，在其考试总分基础上加5分。

第二十条　归侨、侨眷在本省就业的，各级人民政府及其有关部门应当在职业培训、向用人单位推荐等方面对其予以扶持和帮助。用人单位对符合录用条件的归侨、侨眷应优先录用。

对已失业的归侨、侨眷职工，当地人民政府及其有关部门、企事业单位应当在同等条件下优先培训，优先推荐，优先录用，帮助其再就业。

第二十一条　归侨、华侨、归侨的配偶、子女、孙子女、外孙子女、兄弟姐妹及其子女，申请自费出国留学，符合国家有关规定的，有关部门应当优先审批。对

其中具有大学或者大学以上学历的，按国家有关规定应当给予优惠待遇。

第二十二条 归侨，华侨、归侨的配偶、子女、孙子女、外孙子女、兄弟姐妹及其子女，获准自费出国留学，本人属在职职工的，自获准离境之日起，可以保留公职1年；属于高等院校在校学生的，其学籍管理按照有关规定办理，本人要求保留学籍的，可以保留学籍1年。

归侨、侨眷自费出国学习，学成回国要求国家安排工作的，按照公派留学生对待。

第二十三条 国家或者有关单位派出公费留学生要求回省工作，属于归侨、侨眷的，在同等条件下优先安排。

第二十四条 华侨子女在国内监护人所在地就读幼儿园、中小学的，应当视同就读地居民子女办理就学手续，收费按国家和省有关规定执行。

第二十五条 归侨、侨眷的合法侨汇收入，受国家法律保护。经办侨汇的银行应当及时兑付侨汇，任何单位和个人都不得强索、侵吞、冒领、冻结、截留和克扣。

归侨、侨眷依法享有使用侨汇的自由，任何单位和个人不得干涉。

第二十六条 归侨、侨眷因继承或者接受境外亲友的遗产或者赠与以及处理其在境外的财产需要办理有关手续的，有关部门应当按照国家有关规定及时办理，并提供必要的帮助。

第二十七条 归侨、侨眷与境外亲友的合法联系与往来受法律保护。任何组织或者个人不得非法限制和干涉，有关单位和部门应当提供方便。

任何单位或者个人不得毁弃、隐匿或者私拆归侨、侨眷的邮件。归侨、侨眷的邮件发生丢失、损毁、内件短少的，邮政企业应当按照有关法律、法规的规定给予赔偿，或者及时采取补救措施。

第二十八条 归侨、侨眷向户口所在地公安机关提出出境申请，公安机关应当在规定期限内作出审批决定，并且通知申请人。

申请人在规定期限内未收到审批决定通知的，有权提出查询，公安机关应当及时作出答复。

归侨、侨眷因境外亲属病危、死亡或者限期处理境外财产等特殊情况急需出境，并符合出境条件的，公安机关应当优先办理手续。

第二十九条 国家机关、人民团体和国有及其控股企业事业单位的归侨、侨眷职工经批准出境探亲的，可以按照有关规定享受探亲假和报销国内旅费；探亲假期间的工资和补贴，享受国内其他职工探亲的同等待遇；境外的旅费和在境外的医疗费自理。

非国有及其控股企业事业单位的归侨、侨眷职工获准出境探亲的，参照前款规定办理。

归侨、侨眷出境探望在境外定居的子女，享受国家规定的关于已婚归侨、侨眷出境探望父母的同等待遇。

第三十条　国家机关、人民团体和国有及其控股企业事业单位的归侨、侨眷职工，申请出境定居并离职的，其离职手续的办理和离职金的发放，按照国家的有关规定办理；发放的离职金可以按照有关规定兑换外币汇出或携带出境。

国家机关、人民团体和国有及其控股企业事业单位的离休、退休、退职的归侨、侨眷职工出境定居后，可以按照规定委托亲友或者采取其他方式定期向有关机构提出申请，经核实后，继续领取离休金、退休金、退职金等补贴，并允许兑换外币汇出境外。

非国有及其控股企业事业单位的归侨、侨眷职工申请离职出境定居或者退休、退职的归侨、侨眷职工出境定居的，其离职金、退休金、退职金的发放事项，可以参照本条第一款、第二款的规定办理。

第三十一条　归侨、侨眷申请出境，各单位不得作出损害其合法权益的规定。在获得前往国家（地区）的入境签证前，所在单位不得因其申请出境而要求其停职、停薪、离职、免职或者退学，不得自行规定收取保证金、抵押金。

第三十二条　归侨、侨眷全家获准出境定居的，可以要求保留原承租居住的公房1年。离休、退休的归侨、侨眷职工获准出境定居的，在房改中享受国内其他职工同等的待遇。

归侨、侨眷出境探亲因私逾假未归，或者作为公房承租人自费出国留学，申请保留公有房屋租赁使用权的，在交纳租金的前提下，可以保留3年。

获准出境定居的归侨、侨眷出境前，按照国家和地方的房改政策购买的住房，出境定居后房产权属不变。

第三十三条　归侨、侨眷职工出境定居后1年内又回本省定居，按照国家有关规定经批准安排工作的，退回离职金，且补足出境期间的养老保险金后，其工龄可以连续计算。出境在1年以上的，参照本办法第八条的规定执行，其出境前的工龄和入境后的工龄合并计算连续工龄。

第三十四条　在国家机关、人民团体、企业事业单位工作的归侨，在人员精简、企业改制中应当照顾，妥善安排。

第三十五条　对违反本办法，有下列行为之一的，视情节轻重，由有关主管部门给予批评教育、责令改正、处分或者行政处罚；构成犯罪的，由司法机关依法追究刑事责任：

（一）侵占、破坏归侨、侨眷合法组织的财产的；

（二）侵害归侨、侨眷兴办企业的合法权益的；

（三）侵占或非法拆除归侨、侨眷房屋的；

（四）敲诈、勒索归侨、侨眷财物的；

（五）侵害归侨、侨眷通讯自由和通信秘密的；

（六）停发、扣发、侵占或者挪用出境定居的归侨、侨眷的离休金、退休金、退职金、养老金的；

（七）侵害归侨、侨眷其他合法权益的。

第三十六条 归侨、侨眷在其合法权益受到侵害时，有权要求侨务行政主管部门或者其他有关部门依法处理，受理部门应当在接到书面要求之日起30日内处理，并将处理结果告知申请人；归侨、侨眷也可以依法向人民法院提起诉讼。

第三十七条 国家机关工作人员玩忽职守或者滥用职权，致使归侨、侨眷合法权益受到损害的，其所在单位或者上级主管机关应当责令改正或者给予处分；构成犯罪的，依法追究刑事责任。

第三十八条 香港、澳门同胞及外籍华人居住在本省的眷属合法权益的保护，参照本办法执行。

第三十九条 本办法自公布之日起施行。

海南省华侨权益保护条例

（2020年12月2日海南省第六届人民代表大会常务委员会第二十四次会议通过）

目　录

第一章　总则

第一条 为了保护华侨的合法权益，发挥华侨在本省经济社会发展和海南自由贸易港建设中的独特作用，根据宪法和有关法律、行政法规，结合本省实际，制定本条例。

第二条 本条例适用于本省行政区域内华侨合法权益的保护。

本条例所称华侨，是指定居在国外的中国公民。华侨身份的认定，由县级以上侨务主管部门按照国家有关规定执行。

第三条 华侨权益保护应当遵循平等保护的原则。

华侨享有宪法和法律法规规定的公民的权利，并履行宪法和法律法规规定的公民的义务。

第四条 省侨务主管部门统一管理全省侨务工作，统筹协调有关部门和社会团体共同做好华侨权益保护工作。

县级以上侨务主管部门应当鼓励华侨参与本省经济社会建设，为华侨提供法律法规、政策咨询和服务，组织开展华侨权益保护的法律法规宣传和执行情况的监督检查，切实维护华侨的合法权益。

本省各级人民政府有关部门应当按照各自职责，为华侨参与本省经济社会建设以及在本省居住、生活提供便利，做好华侨权益保护工作。

第五条 县级以上侨务主管部门负责建立本级侨务联席会议制度等侨务工作协调机制，研究协调解决华侨权益保护的重大事项。

第六条 各级归国华侨联合会应当宣传贯彻侨务法律法规和政策，密切与华侨的联系，反映华侨的意愿和要求，为华侨提供政策咨询和法律服务，维护华侨的合法权益。

第二章 基本权益保护

第七条 华侨依法享有参政议政的权利，各级侨务主管部门应当依法提供保障。

县级以上人民代表大会和政治协商会议可以邀请华侨列席会议。

第八条 在县级以下人民代表大会代表选举期间，华侨在中国境内的，可以在原户籍所在地或者出国前居住地进行选民登记，依法参加选举。

华侨可以参加原户籍所在村（居）的村（居）民委员会选举。户籍不在本村（居），但已在本村（居）居住一年以上，本人书面申请参加选举的，经村（居）民会议或者村民代表会议同意，可以参加居住地的村（居）民委员会选举。

第九条 华侨申请在本省定居，符合本省规定条件的，由县级以上侨务主管部门受理并核发华侨回国定居证明，公安机关依据华侨回国定居证明和其他需要交验的材料为申请人办理常住户口登记手续。

国内外身份信息不一致的华侨，申请在本省落户，经核实符合规定条件的，按照前款规定办理。

符合海南自由贸易港建设需要、属于本省引进的华侨人才，按规定办理在本省落户手续。

第十条 华侨在本省办理金融、教育、医疗、交通、电信、社会保险、财产登记、住宿登记、商事登记、婚姻登记等事项，需要提供身份证明的，可以凭本人的中华人民共和国护照证明身份。

有关部门和单位应当与国家出入境证件身份认证服务平台对接，将华侨的护照纳入政务服务和公共服务等领域的身份证件选项，按照国家和省有关规定，依法为华侨办理前款规定的事项。

第十一条 华侨因境外近亲属病危、死亡或者处理境外财产等特殊情况急需出境，需要在本省办理出入境证件的，出入境管理有关部门应当优先办理。

第十二条 华侨子女可以在其省内监护人户籍所在地或者经常居住地就读义务教育学校。有关部门应当为其办理就读手续。省内监护人的选择，依照民法典的规定确定。

华侨学生可以按照国家和本省有关规定在其父母出国前或者其祖父母、外祖父母户籍所在地参加高中阶段学校招生考试，并享受与当地户籍学生同等待遇。

华侨学生可以按照国家规定报名参加普通高等学校联合招收华侨、香港和澳门特别行政区及台湾地区学生的招生考试。

第十三条 华侨报考国家工作人员的，依照国家有关规定办理。

华侨在本省从事专业技术工作，可以参加相关专业技术资格考试或者评审，享受本省同类人员同等待遇。

第十四条 华侨与用人单位依法建立劳动关系的，应当依法参加社会保险，由用人单位和华侨按照规定缴纳社会保险费用。华侨在本省灵活就业的，可以凭本人护照，按照有关规定参加社会保险。

第十五条 华侨出国定居前已经参加基本养老保险的，可以选择继续保留基本养老保险个人账户，也可以申请一次性清退；选择继续保留的，华侨再次回本省居住或者就业时，其基本养老保险关系按照有关规定接续，缴费年限及个人账户余额累计计算。

第十六条 华侨在本省参加职工基本养老保险，达到法定退休年龄时累计缴费不足国家规定最低缴费年限的，可以按照国家和本省有关规定缴费至国家规定最低缴费年限。

领取基本养老金后出国定居的华侨，可以继续领取基本养老金。境外居住的华侨应当每年向养老金支付机构提供我国驻其所在国使（领）馆或者定居地公证机构出具的本人生存证明文件，或者采取省社会保险经办机构确定的其他证明方式。养老金支付机构应当按时足额发放基本养老金。

第十七条 在本省离休、退休后出国定居的华侨回本省就医的，可以按照国家和本省有关规定享受离休、退休医疗待遇。

第十八条 华侨对其所有的房屋享有占有、使用、收益和处分的权利，任何单位和个人不得侵犯。

华侨自建、购买、继承、接受赠与的房地产，符合法律法规规定条件的，不动产登记机构应当依法办理登记。

华侨可以按照国家和本省的有关规定在本省购买住房。

第十九条　华侨原在农村使用的宅基地，以及继承房屋取得的宅基地，房屋产权没有变化的，可以依法申请不动产登记。

房屋被拆除或者坍塌，原宅基地未安排其他使用的，华侨可以申请依法继续使用原宅基地。

原宅基地已安排其他使用，村内有空闲宅基地，华侨按照有关规定申请宅基地的，农村集体经济组织可以予以安排。

第二十条　华侨出国定居可以保留持有的农村集体经济组织股份，依法享有相应权利并履行相应义务。

土地承包期内，华侨出国定居的，可以按照自愿有偿原则，依法在本集体经济组织内部转让土地承包经营权或者将承包地交回发包方，也可以依法流转土地经营权。任何组织和个人不得非法截留、扣缴或者以其他方式侵占华侨的土地流转收益。

土地承包期内，华侨整户交回承包的耕地、林地、草地、果园、鱼塘等时，其在承包地上投入而提高土地生产能力的，有权获得相应的补偿。

第二十一条　为了公共利益需要，征收华侨房屋等不动产的，应当按照法律法规给予补偿和安置。

征收华侨房屋应当依法公告，华侨不在国内的，征收人可以通过华侨在本省的亲属或者代理人协助通知房屋所有权人，也可以通过邮寄送达方式通知房屋所有权人，并与其签订补偿安置协议。无法达成补偿安置协议的，依照法律法规规定处理。

第二十二条　鼓励、支持和引导华侨及其投资企业和华侨社会团体依法参与慈善事业。对在慈善事业中作出突出贡献的华侨，按有关规定给予表彰。

华侨捐赠财产及其增值受法律保护，任何单位和个人不得侵占、挪用和损毁，不得改变其用途。确需改变用途的，应当事先征得捐赠人的同意。

为了公共利益的需要，捐赠物被依法征收、征用的，应当事先向捐赠人说明理由，国家规定应当给予补偿安置的，补偿的款物按照捐赠人意愿用于相关公益事业，同时保留捐赠人的捐赠名誉。

第二十三条　县级以上侨务主管部门应当做好华侨捐赠项目数据库建设，完善华侨捐赠信息发布和查询制度，方便捐赠人查询了解捐赠资金、物资、项目的使用和管理情况。

捐赠人要求对捐赠情况给予保密的，受赠人应当保密。需要公开报道和表彰的，应当事先征得捐赠人的同意。

第二十四条　县级以上侨务主管部门应当加强对华侨历史文化遗产的调查研究和保护利用，编制华侨历史文化遗产目录，制定华侨文化遗产保护、开发和利用制度，明确保护利用责任主体，落实保护措施。华侨历史文化遗产包括具有重要纪

念意义、教育意义以及历史价值的重要史迹、实物、代表性建筑、手稿、文献资料等。

鼓励华侨房屋的产权人或者使用权人合理利用具有历史文化价值的华侨房屋发展旅游产业。

第三章　投资创业保护

第二十五条　鼓励和支持华侨参与海南自由贸易港建设，在建设全面深化改革开放试验区、国家生态文明试验区、国际旅游消费中心、国家重大战略服务保障区中，发挥华侨在海内外联系广泛的独特作用。

鼓励和支持华侨参与本省旅游业、现代服务业、高新技术等产业和重点产业园区建设，发挥华侨人才、技术、资金的优势。

鼓励和支持华侨参与本省开展的对外经济、科技、旅游文化、教育、卫生、体育等领域的合作交流和民间友好往来活动，发挥华侨重要桥梁纽带作用。

第二十六条　华侨回国创业、就业，符合本省人才引进条件的，按照有关规定给予相应工作条件和生活待遇。

各级人民政府及其有关部门应当为华侨人才及其家属在办理户籍、医疗、金融、教育、出入境等手续以及项目申报、资格审定、科研等方面提供便利。

第二十七条　鼓励和支持华侨以个人、企业或者其他经济组织的名义在本省投资创业。华侨在本省投资的，参照外商投资法及其实施条例执行。

第二十八条　华侨投资企业依法享有自主经营权，任何组织和个人不得非法干预和侵犯。

华侨合法投资获得的税后利润、清算后的个人资金以及其他合法收益，可以依法汇往境外。未经法定程序，不得查封、扣押华侨投资企业的财产或者责令其停产停业。

对华侨投资企业的收费项目和标准，应当依照法律法规设定。任何单位和个人不得擅自设立收费项目、提高收费标准或者重复收费。

任何组织和个人不得违反法律法规的规定，强制或者变相强制华侨投资企业参加各类培训、评比、鉴定、考核、赞助、捐赠等活动。

第二十九条　华侨投资企业可以依法参加政府采购，任何组织和个人不得以不合理的条件对其实行差别待遇或者歧视待遇。

第三十条　鼓励和支持华侨在本省依法设立研究开发机构，研究开发新技术、新产品、新工艺。华侨在本省投资设立研究开发机构的，适用政府扶持企业技术创新的相关优惠政策。

支持华侨企业与高等院校、科研院所采取委托研发、技术许可、技术转让、技术入股以及共建研发机构等形式，开展产学研用合作。

支持华侨建设或者参与建设高水平智库和软科学研究基地，提出咨询建议，为科学决策提供依据和支撑。

第三十一条 鼓励华侨及其投资的企业或者其他经济组织开展专利申请、商标注册和著作权登记等活动。

华侨及其投资的企业或者其他经济组织依法持有的科技成果，可以自主决定采用转让、作价入股等方式，开展成果转化活动。华侨利用其专利、专有技术等科技成果投资创业的，享受留学人员回国创业等相关优惠政策。

第三十二条 政府主导的人才引进及创新创业资金、科技专项资金、各类产业发展扶持资金等，对华侨投资设立的研发机构或者企业予以同等支持。

华侨可以依照有关规定申报本省各类科技计划项目，以及其他各类产业化项目。

第三十三条 金融机构应当依法为华侨投资者提供金融服务。支持华侨投资企业依法通过信贷、发行股票和债券等方式融资。

第四章 服务与保障

第三十四条 县级以上人民政府政务服务机构应当设立侨务服务窗口，集中办理涉侨服务事项，为华侨提供法律法规和政策咨询、政务信息查询、华侨人才管理等各方面公共服务。

县级以上侨务主管部门应当建立和完善为侨服务网上平台，并与海南省一体化在线政务服务平台对接，实现侨务服务事项网上咨询、网上申报、网上办理、网上反馈。

第三十五条 华侨合法权益受到侵害的，可以依法通过下列途径解决：

（一）协商和解或者调解解决；

（二）向侨务主管部门和其他有关部门、组织投诉；

（三）申请行政裁决、行政复议；

（四）申请仲裁；

（五）向人民法院提起诉讼。

经济困难的华侨可以按照国家和本省有关规定获得法律援助或者司法救助。

第三十六条 华侨的财产权、名誉权、荣誉权等合法权益受到侵害的，可以向县级以上侨务主管部门和其他有关部门、组织投诉。

县级以上侨务主管部门和其他有关部门、组织应当依法受理。对属于本部门、本组织职责的，应当及时处理，并及时反馈处理结果；对不属于本部门、本组织职责的，应当及时移交其他有关部门、组织办理，并告知投诉人。对移交的投诉事项，侨务主管部门应当督促有关部门、组织及时办理。

第五章　法律责任

第三十七条　违反本条例，法律法规已有处罚规定的，从其规定。

第三十八条　国家机关及其工作人员有下列情形之一，致使华侨合法权益受到侵害的，对直接负责的主管人员和其他直接责任人员依法给予处分；构成犯罪的，依法追究刑事责任：

（一）未按照规定对征收、征用华侨房屋以及其他不动产进行补偿和安置的；

（二）擅自查封、扣押华侨投资企业的财产或者责令其停产停业的；

（三）对华侨投资企业擅自设立收费项目、提高收费标准或者重复收费的；

（四）在政府采购、国家工作人员招录等活动中，对华侨实行差别待遇或者歧视待遇的；

（五）其他侵害华侨合法权益的行为。

第三十九条　其他组织和个人违反本条例规定，有下列情形之一的，应当依法承担民事责任或者行政责任；构成犯罪的，依法追究刑事责任：

（一）非法截留、扣缴或者以其他方式侵占华侨土地流转收益的；

（二）非法侵占华侨投资和投资收益的；

（三）其他侵犯华侨合法权益的。

第六章　附则

第四十条　本省赴香港、澳门特别行政区定居人员在本省的合法权益保护，可以参照适用本条例。

第四十一条　外籍华人在本省的正当权益，依照法律法规和本省有关规定予以保护。

第四十二条　本条例自2021年1月1日起施行。

回　国定居

关于印发《海南省华侨回国定居办理工作实施办法》的通知

各市、县、自治县党委统战部、公安局：

根据《中华人民共和国出境入境管理法》、《国务院侨务办公室、公安部、外交部关于印发〈华侨回国定居办理工作规定〉的通知》（国侨发〔2013〕18号），结合我省工作实际，重新修订了《海南省华侨回国定居办理工作实施办法》，现印发给你们，请认真贯彻执行。工作过程中如遇重要情况请及时报告。

中共海南省委统一战线工作部

海南省公安厅

2020年7月9日

海南省华侨回国定居办理工作实施办法

第一条 为保障华侨回国定居的正当权利，规范华侨回国定居办理工作，根据《中华人民共和国出境入境管理法》第十三条和《国务院侨务办公室、公安部、外交部关于印发〈华侨回国定居办理工作规定〉的通知》，制定本办法。

第二条 华侨是指定居在国外的中国公民。定居是指中国公民已取得住在国长期或者永久居留权，并已在住在国连续居留两年，两年内累计居留不少于18个月。中国公民虽未取得住在国长期或者永久居留权，但已取得住在国连续5年以上（含5年）合法居留资格，5年内在住在国累计居留不少于30个月，视为华侨。中国公民出国留学（包括公派和自费）在外学习期间，或因公务出国（包括外派劳务人员）在外工作期间，均不视为华侨。

第三条 华侨要求回国定居的，应当在入境前向中华人民共和国驻外使馆、领馆或者外交部委托的其他驻外机构提出申请，也可以由本人或者经由国内亲属向拟定居地的市、县委统战部（市、县侨务办公室）提出申请。

第四条 市、县委统战部（市、县侨务办公室）负责审批华侨的回国定居申请。批准华侨回国定居的，应当签发华侨回国定居证并通知华侨本人领取；不予批准的，除国家安全等特殊情况外，发不予受理定居通知书。

第五条 华侨回国定居证的有效期为签发之日起六个月。华侨本人应当在华侨回国定居证有效期内到拟定居地县级公安机关，办理常住户口登记手续；逾期未办理的，需向受理机关重新申请办理华侨回国定居证。

华侨回国定居证在有效期内损毁或者遗失的，华侨本人可以申请补发。

第六条 华侨申请回国定居，拟定居地为原户籍注销地的，应当同时符合下列条件：

（一）已在国内连续居住时间一年以上。

（二）拟定居地为城市的，其合法收入或生活费用来源不低于海南省上年度社会平均工资；拟定居地为农村的，其合法收入或生活费用来源应达到当地人均收入水平。

（三）本人在海南有合法固定住房或国内亲属能为其提供固定住房保障。

拟定居地为非原户籍注销地的，除符合第一款规定的条件外，还应当符合拟定居地侨务部门和公安机关联合制定的有关规定。

第七条　华侨本人提出申请回国定居，应当提交以下一式4份材料：

（一）华侨回国定居申请表附贴2寸彩色正面免冠照片。

（二）自愿放弃国外居留资格声明书。

（三）有效护照或者旅行证及复印件。

（四）经驻外使领馆认证或者公证的华侨在国外的居留证明或者其他可以证明其居留事实的材料和与受理条件相关的其他证明材料。

（五）合法收入证明或生活费用来源证明。

（六）在海南有合法固定住房或国内亲属能为其提供住房保障的证明。

华侨委托亲属代为提出申请回国定居的，受托人还应当提交本人的身份证明、经公证的亲属关系证明和委托书。

第八条　办理程序及工作时限：

（一）市、县委统战部（市、县侨务办公室）受理回国定居申请后，应当对申请人所提交的申请材料进行审查核实，并在受理申请5个工作日内书面征求同级公安机关的意见。

（二）当地公安机关收到申请材料后，在20个工作日内对申请人的户籍注销资料、在国内连续居住时间、出入境记录信息和出入境证件签发信息等进行审查核实，作出审核意见并书面回复市、县委统战部（市、县侨务办公室）。

（三）市、县委统战部（市、县侨务办公室）收到当地公安机关的审核意见后5个工作日内进行核准并签发华侨回国定居证，加盖市、县侨务办公室印章。

第九条　公安派出所或办证中心凭申请人的华侨回国定居证和护照办理落户手续。

第十条　华侨回国定居申请表、自愿放弃国外居留资格声明书由省侨务办公室在网上发布，申请人可从海南省委统一战线工作部网站上下载。

第十一条　本办法自印发之日起执行，原2013年由海南省外事侨务办、海南省公安厅印发的《海南省华侨回国定居办理工作实施办法》（琼侨函〔2013〕18号）同时废止。

第十二条　本办法由海南省侨务办公室负责解释。

关于印发《广东省人民政府侨务办公室　广东省公安厅关于华侨回国定居办理工作的实施办法》的通知

（粤侨办〔2020〕4号）

各地级以上市侨务办公室（侨务局）、公安局：

现将新修订的《广东省人民政府侨务办公室　广东省公安厅关于华侨回国定居办理工作的实施办法》印发给你们，请认真贯彻执行。

广东省人民政府侨务办公室

广东省公安厅

2020年9月4日

广东省人民政府侨务办公室　广东省公安厅
关于华侨回国定居办理工作的实施办法

第一章　总则

第一条　为保障华侨合法权益，规范我省华侨回国定居办理工作，根据《中华人民共和国出境入境管理法》《广东省华侨权益保护条例》《国务院侨办、公安部、外交部关于印发〈华侨回国定居办理工作规定〉的通知》（国侨发〔2013〕18号），结合我省实际，制定本实施办法。

第二条　本实施办法适用于华侨在本省申请恢复已注销的户籍，回到原户籍注销地长期居住、生活，或符合条件的华侨申请在非原户籍注销地长期居住、生活。

本实施办法所称华侨是指定居在国外的中国公民。定居是指中国公民已取得住在国长期或者永久居留权，并已在住在国连续居留两年，两年内累计居留不少于18个月。中国公民虽未取得住在国长期或者永久居留权，但已取得住在国连续5年以上（含5年）合法居留资格，5年内在住在国累计居留不少于30个月，视为华侨。

第二章　申请

第三条　华侨申请回国定居，原则上应在原户籍注销地申请。确有特殊情况的，也可在非原户籍注销地申请定居。原注销户籍为普通高等院校、普通中等专业学校学生集体户籍的，在入学前常住户籍所在地申请。

第四条　华侨申请回原户籍注销地定居的，应当同时符合下列条件：

（一）申请之日前两年内，在境内连续居住满3个月，或者连续6个月内累计居住满90天。

（二）在拟定居地有稳定的住所，即本人或配偶在当地有自有房产，或者在当地亲属有自有房产，自愿提供其长期居住。

（三）有稳定生活保障，即具有以下之一的生活来源：

1. 本人受聘境内企事业单位或者自主创业，有稳定的收入。

2. 本人在境内有退休金、养老金。

3. 本人承诺有足以保障稳定生活来源的积蓄。

4. 本人境内有稳定生活保障能力的亲属愿意为本人提供稳定生活保障。

第五条　申请到非原户籍注销地定居的华侨，在符合第四条规定的同时，还应具备以下条件之一：

（一）夫妻出国前不同户籍地，或一方在国外出生，申请到配偶户籍所在地定居的华侨；

（二）在国外出生未满18周岁的华侨，申请到父母户籍地定居；或父母户籍已注销，申请到其他具备抚养、监护能力的祖父母、外祖父母、成年同胞兄、姐户籍地定居；

（三）国外出生满60周岁的华侨，申请到子女户籍地定居；

（四）在国外出生满18周岁的华侨，因在境内的父母或一方无其他子女，申请到父母或一方户籍地定居；

（五）满18周岁且未满60周岁的华侨，受聘于拟定居地企事业单位或者自主创业，且符合拟定居地落户条件。

第六条　申请回原户籍注销地定居的，应提供如下材料：

（一）填写完整的华侨回国定居申请表；

（二）本人自愿放弃国外居留资格声明书；

（三）二寸正面免冠白底彩色近照（规格为48/33mm）一张；

（四）有效的中华人民共和国护照或其他有效中国旅行证件原件及复印件；

（五）国外长期或永久居留证件及中国驻外使领馆的认证或公证文书；

（六）境内有资质的翻译机构出具的外文证件（材料）的中文翻译文本；

（七）由亲属自愿提供房产居住的，提供经当地公证机构公证的亲属为其提供住所的声明书；

（八）符合第四条第（三）项规定的有稳定生活保障的合同（凭证），境内有稳定生活保障能力的亲属愿意为本人提供稳定生活保障的，应当提供经当地公证机构公证的声明书。

第七条　符合第五条申请条件，申请到非原户籍注销地定居的，应提供如下材料：

（一）第六条第（一）至（八）项材料；

（二）申请人在国外出生的，应当提供国外出生证明材料原件；

（三）申请人在境内有注销户籍的，应当提供原户籍注销地派出所出具的户籍注销证明材料；

（四）符合第五条第（一）项规定，且在境外结婚的，应当提供境外结婚证明材料原件；

（五）符合第五条第（四）项规定的，应当提供经境内公证机构公证的父母或一方境内无子女声明材料。

第八条 华侨本人确因客观原因无法亲自办理的，可以委托亲属提出申请。亲属代为提出申请回国定居的，除应当提交前述规定材料外，还应提供经境内公证机构公证的委托书。

第九条 申请人应当按照规定提供真实、合法、有效的申请材料及填报相关信息，不得伪造、变造申请材料及相关信息。申请材料及相关信息如存在伪造、变造、欺骗等不正当情形的，将不予办理，情节严重的按照有关法律规定追究法律责任。

受理或审批部门因客观原因无法核查到申请人办理本事项所需要的信息，须由申请人提供无法核查到的信息所对应的有效材料。

第三章　受理与审批

第十条 华侨在省内申请回国定居的，由拟定居地的地级以上市侨务主管部门负责受理和审批。经地级以上市侨务主管部门同意，具备受理条件的县侨务主管部门可负责受理和初审。

第十一条 县（市、区）侨务主管部门受理申请，应当对申请人所提交的申请材料进行调查核实，并在5个工作日内向同级公安机关核查相关信息并征求意见。县公安机关对申请人及相关人员的身份信息、出入境信息、入户信息的实质性及所持护照的真实有效性等进行核验，于5个工作日内反馈给同级侨务主管部门。

受理申请的县（市、区）侨务主管部门应当在收到同级公安机关意见后，5个工作日内提出初审意见并报地级以上市侨务主管部门。地级以上市侨务主管部门收到县（市、区）侨务主管部门初审结果后，应当在10个工作日内完成审批。

地级以上市侨务主管部门收到县（市、区）侨务主管部门初审结果后，确有需要复查有关信息的，应当在5个工作日内向同级公安机关复查申请人相关信息。地级市公安机关应当于7个工作日内完成复查工作，并将复查结果反馈给同级侨务主管部门。地级以上市侨务主管部门收到同级公安机关复查结果后，应当在10个工作日内完成审批。

第十二条 地级以上市侨务主管部门受理申请，对申请人所提交的申请材料和信息进行调查核实，并在5个工作日内向同级公安机关核查相关信息并征求意见。地级市公安机关对申请人及相关人的身份信息、出入境信息、入户信息的实质性及护照的真实有效性等进行核验，于10个工作日内反馈给侨务主管部门。

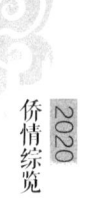
地级以上市侨务主管部门收到同级公安机关反馈的信息和意见后，应当在10个工作日内完成审批。

第十三条　批准华侨回国定居的，地级以上市侨务主管部门应当签发华侨回国定居证；不予批准的，出具华侨回国定居申请未予批准告知单，除法律法规另有规定外，应当说明理由。

审批机关应于5个工作日内将审批决定送达受理机关，由受理机关通知华侨本人（或者受委托的国内亲属），并以华侨回国定居告知单告知入户所在地公安机关。审批机关应根据相关规定对审批结果进行公示。

第十四条　地级以上市侨务主管部门对申请材料真实性、可靠性存疑的，应当单独或会同公安机关进行调查核实，调查核实应在6个月内完成。调查核实的时间，不计入第十一条、第十二条规定的审批时限内。

第十五条　本事项相关部门之间信息数据可共享的，受理和审批部门应当对照申请条件，通过网络平台对申请人填报的信息和材料进行审核，审批工作时限应比照第十一条至十二条明确的工作时限进行合理压缩。

第四章　定居证管理

第十六条　华侨回国定居证的有效期为6个月，自签发之日起生效。华侨本人应在华侨回国定居证有效期内到拟定居地县（市、区）公安机关办证中心或公安派出所户政窗口办理常住户口恢复或登记手续。逾期未办理的，需向原受理机关重新申请办理华侨回国定居证。

第十七条　公安机关户政管理部门在办理华侨回国定居入户时，应当核验华侨回国定居证和第二代居民身份证数码照片回执等，对照地级以上市侨务主管部门出具的华侨回国定居告知单办理落户手续，在拟落户的居民户口簿上打印户口信息，并为其办理居民身份证。

第十八条　华侨回国定居证在有效期内损毁或遗失的，华侨本人可以向原受理机关提出换发、补发申请。地级以上市侨务主管部门应当在收到申请之日起10个工作日内签发华侨回国定居证，并按照第十三条规定通知申请人。

第十九条　华侨回国定居证由省侨务主管部门根据国务院侨务办公室规定的样式统一印制。任何单位和个人不得伪造、变造华侨回国定居证，违者将依法追究法律责任。

第五章　附则

第二十条　地级以上市侨务主管部门应当会同同级公安机关，根据《国务院侨办、公安部、外交部关于印发〈华侨回国定居管理工作规定〉的通知》及本实施办法的规定，结合本地实际情况，制定或修订实施细则，并报省侨务主管部门备案。

第二十一条　地级以上市侨务主管部门应当在每年1月10日前将上一年度、7月10日前将上半年华侨回国定居审批情况以书面形式报送省侨务主管部门，并通报同级公安机关。

第二十二条　本实施办法自2020年10月4日起实施，有效期5年。原《广东省人民政府侨务办公室　广东省公安厅关于华侨回国定居办理工作的实施办法》（粤侨政〔2015〕53号）同时废止。

 资引智

外商投资企业投诉工作办法

（2020年8月25日商务部令第3号公布　自2020年10月1日起施行）

第一章　总则

第一条　为及时有效处理外商投资企业投诉，保护外商投资合法权益，持续优化外商投资环境，根据《中华人民共和国外商投资法》和《中华人民共和国外商投资法实施条例》，制定本办法。

第二条　本办法所称外商投资企业投诉，是指：

（一）外商投资企业、外国投资者（以下统称"投诉人"）认为行政机关（包括法律、法规授权的具有管理公共事务职能的组织）及其工作人员（以下统称"被投诉人"）的行政行为侵犯其合法权益，向投诉工作机构申请协调解决的行为；

（二）投诉人向投诉工作机构反映投资环境方面存在的问题，建议完善有关政策措施的行为。

前款所称投诉工作机构，是指商务部和县级以上地方人民政府指定的负责受理外商投资企业投诉的部门或者机构。

本办法所称外商投资企业投诉，不包括外商投资企业、外国投资者申请协调解决与其他自然人、法人或者其他组织之间民商事纠纷的行为。

第三条　投诉工作机构应当坚持公平公正合法、分级负责原则，及时处理投诉人反映的问题，协调完善相关政策措施。

第四条　投诉人应当如实反映投诉事实，提供证据，积极协助投诉工作机构开展投诉处理工作。

第五条　商务部会同国务院有关部门建立外商投资企业投诉工作部际联席会议

制度（以下简称"联席会议"），协调、推动中央层面的外商投资企业投诉工作，指导和监督地方的外商投资企业投诉工作。联席会议办公室设在商务部外国投资管理司，承担联席会议的日常工作，指导和监督全国外商投资企业投诉中心的工作。

第六条 商务部负责处理下列投诉事项：

（一）涉及国务院有关部门，省、自治区、直辖市人民政府及其工作人员行政行为的；

（二）建议国务院有关部门，省、自治区、直辖市人民政府完善相关政策措施的；

（三）在全国范围内或者国际上有重大影响，商务部认为可以由其处理的。

商务部设立全国外商投资企业投诉中心（以下简称"全国外资投诉中心"，暂设在商务部投资促进事务局），负责具体处理前款规定的投诉事项。

全国外资投诉中心组织与外商投资有关的政策法规宣传，开展外商投资企业投诉工作培训，推广投诉事项处理经验，提出相关政策建议，督促地方做好外商投资企业投诉工作，积极预防投诉事项的发生。

第七条 县级以上地方人民政府应当指定部门或者机构（以下简称"地方投诉工作机构"）负责投诉工作。地方投诉工作机构应当完善投诉工作规则、健全投诉方式、明确投诉事项受理范围和投诉处理时限。

地方投诉工作机构受理投诉人对本地区行政机关及其工作人员行政行为和建议完善本地区相关政策措施的投诉事项。

第八条 投诉人依照本办法规定申请协调解决其与行政机关之间争议的，不影响其在法定时限内提起行政复议、行政诉讼等程序的权利。

第九条 《中华人民共和国外商投资法》第二十七条规定的商会、协会可以参照本办法，向投诉工作机构反映会员提出的投资环境方面存在的问题，并提交具体的政策措施建议。

第二章 投诉的提出与受理

第十条 投诉人提出投诉事项，应当提交书面投诉材料。投诉材料可以现场提交，也可以通过信函、传真、电子邮件、在线申请等方式提交。

各级投诉工作机构应当公布其地址、电话和传真号码、电子邮箱、网站等信息，便利投诉人提出投诉事项。

第十一条 属于本办法第二条第一款第（一）项规定的投诉的，投诉材料应当包括下列内容：

（一）投诉人的姓名或者名称、通讯地址、邮编、有关联系人和联系方式，主体资格证明材料，提出投诉的日期；

（二）被投诉人的姓名或者名称、通讯地址、邮编、有关联系人和联系方式；

（三）明确的投诉事项和投诉请求；

（四）有关事实、证据和理由，如有相关法律依据可以一并提供；

（五）是否存在本办法第十四条第（七）、（八）、（九）项所列情形的说明。

属于本办法第二条第一款第（二）项规定的投诉的，投诉材料应当包括前款第（一）项规定的信息、投资环境方面存在的相关问题以及具体政策措施建议。

投诉材料应当用中文书写。有关证据和材料原件以外文书写的，应当提交准确、完整的中文翻译件。

第十二条 投诉人可以委托他人进行投诉。投诉人委托他人进行投诉的，除本办法第十一条规定的材料以外，还应当向投诉工作机构提交投诉人的身份证明、出具的授权委托书和受委托人的身份证明。授权委托书应当载明委托事项、权限和期限。

第十三条 投诉材料不齐全的，投诉工作机构应当在收到投诉材料后7个工作日内一次性书面通知投诉人在15个工作日内补正。补正通知应当载明需要补正的事项和期限。

第十四条 投诉具有以下情形的，投诉工作机构不予受理：

（一）投诉主体不属于外商投资企业、外国投资者的；

（二）申请协调解决与其他自然人、法人或者其他组织之间民商事纠纷，或者不属于本办法规定的外商投资企业投诉事项范围的；

（三）不属于本投诉工作机构的投诉事项处理范围的；

（四）经投诉工作机构依据本办法第十三条的规定通知补正后，投诉材料仍不符合本办法第十一条要求的；

（五）投诉人伪造、变造证据或者明显缺乏事实依据的；

（六）没有新的证据或者法律依据，向同一投诉工作机构重复投诉的；

（七）同一投诉事项已经由上级投诉工作机构受理或者处理终结的；

（八）同一投诉事项已经由信访等部门受理或者处理终结的；

（九）同一投诉事项已经进入或者完成行政复议、行政诉讼等程序的。

第十五条 投诉工作机构接到完整齐备的投诉材料，应当在7个工作日内作出是否受理的决定。

符合投诉受理条件的，应当予以受理并向投诉人发出投诉受理通知书。

不符合投诉受理条件的，投诉工作机构应当于7个工作日内向投诉人发出不予受理通知书并说明不予受理的理由。属于本办法第十四条第一款第（三）项情形的，投诉工作机构可以告知投诉人向有关投诉工作机构提出投诉。

第三章　投诉处理

第十六条　投诉工作机构在受理投诉后，应当与投诉人和被投诉人进行充分沟通，了解情况，依法协调处理，推动投诉事项的妥善解决。

第十七条　投诉工作机构进行投诉处理时，可以要求投诉人进一步说明情况、提供材料或者提供其他必要的协助，投诉人应当予以协助；投诉工作机构可以向被投诉人了解情况，被投诉人应当予以配合。

根据投诉事项具体情况，投诉工作机构可以组织召开会议，邀请投诉人和被投诉人共同参加，陈述意见，探讨投诉事项的解决方案。投诉工作机构根据投诉处理工作需要，可以就专业问题听取有关专家意见。

第十八条　根据投诉事项不同情况，投诉工作机构可以采取下列方式进行处理：

（一）推动投诉人和被投诉人达成谅解（包括达成和解协议）；

（二）与被投诉人进行协调；

（三）向县级以上人民政府及其有关部门提交完善相关政策措施的建议；

（四）投诉工作机构认为适当的其他处理方式。

投诉人和被投诉人签署和解协议的，应当写明达成和解的事项和结果。依法订立的和解协议对投诉人和被投诉人具有约束力。被投诉人不履行生效和解协议的，依据《中华人民共和国外商投资法实施条例》第四十一条的规定处理。

第十九条　投诉工作机构应当在受理投诉之日起60个工作日内办结受理的投诉事项。涉及部门多、情况复杂的投诉事项，可以适当延长处理期限。

第二十条　有下列情况之一的，投诉处理终结：

（一）投诉工作机构依据本办法第十八条进行协调处理，投诉人同意终结的；

（二）投诉事项与事实不符的，或者投诉人拒绝提供材料导致无法查明有关事实的；

（三）投诉人的有关诉求没有法律依据的；

（四）投诉人书面撤回投诉的；

（五）投诉人不再符合投诉主体资格的；

（六）经投诉工作机构联系，投诉人连续30日无正当理由不参加投诉处理工作的。

投诉处理期间，出现本办法第十四条第（七）、（八）、（九）项所列情形的，视同投诉人书面撤回投诉。

投诉处理终结后，投诉工作机构应当在3个工作日内将投诉处理结果书面通知投诉人。

第二十一条　投诉事项自受理之日起一年未能依据本办法第二十条处理终结

的，投诉工作机构应当及时向本级人民政府报告有关情况，提出有关工作建议。

第二十二条　投诉人对地方投诉工作机构作出的不予受理决定或者投诉处理结果有异议的，可以就原投诉事项逐级向上级投诉工作机构提起投诉。上级投诉工作机构可以根据本机构投诉工作规则决定是否受理原投诉事项。

第二十三条　投诉工作机构应当建立健全内部管理制度，依法采取有效措施保护投诉处理过程中知悉的投诉人的商业秘密、保密商务信息和个人隐私。

第四章　投诉工作管理制度

第二十四条　投诉工作机构应当建立投诉档案管理制度，及时、全面、准确记录有关投诉事项的受理和处理情况，按年度进行归档。

第二十五条　地方投诉工作机构应当每两个月向上一级投诉工作机构上报投诉工作情况，包括收到投诉数量、处理进展情况、已处理完结投诉事项的详细情况和有关政策建议等。

省、自治区、直辖市投诉工作机构应当在单数月前7个工作日内向全国外资投诉中心上报前两个月本地区投诉工作情况，由全国外资投诉中心汇总后提交联席会议办公室。

第二十六条　地方投诉工作机构在处理投诉过程中，发现有关地方或者部门工作中存在普遍性问题，或者有关规范性文件存在违反法律规定或者明显不当的情形的，可以向全国外资投诉中心反映并提出完善政策措施建议，由全国外资投诉中心汇总后提交联席会议办公室。

第二十七条　全国外资投诉中心督促各省、自治区、直辖市投诉工作，建立定期督查制度，向各省、自治区、直辖市人民政府通报投诉工作情况，并视情向社会公示。

第二十八条　全国外资投诉中心应当按年度向联席会议办公室报送外商投资企业权益保护建议书，总结外商投资企业、外国投资者、商会、协会、有关地方和部门反映的典型案例、重大问题、政策措施建议，提出加强投资保护、改善投资环境的相关建议。

第五章　附则

第二十九条　投诉工作机构及其工作人员在处理外商投资企业投诉过程中滥用职权、玩忽职守、徇私舞弊的，或者泄露、非法向他人提供投诉处理过程中知悉的商业秘密、保密商务信息和个人隐私的，依据《中华人民共和国外商投资法》第三十九条的规定处理。

第三十条　投诉人通过外商投资投诉工作机制反映或者申请协调解决问题，任何单位和个人不得压制或者打击报复。

第三十一条 香港特别行政区、澳门特别行政区、台湾地区投资者以及定居在国外的中国公民所投资企业投诉工作，参照本办法办理。

第三十二条 本办法由商务部负责解释。

第三十三条 本办法自2020年10月1日起施行。2006年9月1日商务部第2号令公布的《商务部外商投资企业投诉工作暂行办法》同时废止。

广东省人民政府关于支持汕头华侨经济文化合作试验区高质量发展的若干意见

（粤府〔2020〕33号）

各地级以上市人民政府，省政府各部门、各直属机构：

为深入贯彻落实《国务院关于支持汕头经济特区建设华侨经济文化合作试验区有关政策的批复》精神，推动华侨经济文化合作试验区（以下简称"华侨试验区"）全面深化改革扩大开放，更好地服务国家发展大局，促进海外华侨华人与祖国经济深度融合发展，现提出以下意见。

一、总体要求

以习近平新时代中国特色社会主义思想为指导，全面贯彻落实党的十九大和十九届二中、三中、四中全会精神，深入贯彻习近平总书记对广东重要讲话和重要指示批示精神，紧紧抓住"双区"建设战略机遇，总结经济特区建立40年来的宝贵经验和深刻启示，推动华侨试验区聚集华侨华人资源创新发展，建立健全符合广大海外华侨华人意愿和国际通行规则的跨境投资、贸易机制，打造稳定公平透明、可预期的营商环境，构建高质量发展的现代产业体系，建设华侨华人文化交流合作基地，为焕发汕头经济特区新活力，加快建设省域副中心城市、打造现代化沿海经济带重要发展极提供新动能，为新时代广东全面深化改革扩大开放探索新路径，把汕头经济特区建设成为21世纪海上丝绸之路重要门户。

二、大力推进简政放权

（一）依法赋予华侨试验区管理委员会（以下简称"华侨试验区管委会"）地级市经济管理权限，统筹负责华侨试验区范围内的经济管理事项，并承接省政府及其有关部门依法赋予的部分省级经济管理权限。

（二）对法律、法规和规章规定由省级人民政府及其有关部门行使的经济管理权限，除确需由省级统一协调管理的事项外，省政府依法赋予华侨试验区管委会实施。

（三）对法律、法规和规章规定不得委托或授权，以及需省政府及其有关部门综合平衡的其他省级经济管理权限，华侨试验区管委会与省政府及其有关部门建立直报制度。

（四）由中国（广东）自由贸易试验区等重大平台管理机构实施的省级管理权限，以及向其开通"绿色通道"的省级管理权限，同等适用于华侨试验区。

（五）除法律、法规和规章规定不得委托或授权外，汕头市及龙湖、濠江、澄海区政府将涉及华侨试验区的经济管理权限以清单形式依法赋予华侨试验区管委会行使。

三、加快基础设施建设

（六）支持加快建设广澳港区三期工程、广澳港疏港铁路项目，将汕头港打造成为商贸服务型国家物流枢纽港。加快推进在广澳港区规划建设粤电汕头LNG项目。统筹推进南澳联络线项目工作。

（七）支持华侨试验区构建多层次基础设施建设投融资机制，鼓励采取政府和社会资本合作等多种方式开展基础设施和公共服务设施建设运营，探索吸引华侨华人资本参与华侨试验区基础设施建设和运营的有效模式和支持政策。对华侨试验区符合条件的基础设施项目，支持其发行企业债券融资，并优先支持申报中央和省预算内投资计划及地方政府专项债券。

四、加快发展现代服务业

（八）支持华侨试验区与中国（汕头）跨境电子商务综合试验区融合发展，结合华侨试验区布局打造功能齐全的跨境电子商务产业园区，发挥华侨华人资源优势，在产业数字化、全球营商网络、跨境电子商务金融等方面先行先试，积极探索建立加快跨境电子商务发展的新体制新机制。

（九）加快推进汕头综合保税区建设，支持发挥其区位优势和政策优势，发展保税加工、保税物流、保税服务等业务，促进汕头综合保税区高水平开放高质量发展。

（十）支持华侨试验区依托汕头国际海缆登陆站及卫星地面接收站优势，规划建设国家数字经济创新发展试验区粤东片区，积极发展大数据产业，加快建设主导产业突出、创新能力强、体制机制先行先试的服务外包产业集聚区。

（十一）支持华侨试验区发展特色金融、商务会展、文化创意、旅游休闲、教育培训、医疗服务等现代服务业，支持华侨试验区探索建设面向全球华侨华人科技成果转化中心，搭建服务全球华侨华人技术交易市场和知识产权交易市场，积极引导侨资侨智创新创业，推动东南亚华侨华人传统品牌落地华侨试验区。

（十二）支持在华侨试验区发展邮轮、游艇旅游和配套产业链。规划建设国际邮轮停靠港，与广州南沙、深圳蛇口、福建厦门等邮轮母港合作开发面向港澳台、南太平洋岛国等地邮轮航线。

五、打造区域人才发展高地

（十三）加快集聚爱国奉献华侨华人人才，对标国际通行标准，争取适用国际人才管理改革试点政策，支持在人才引进、培养、使用、管理服务等体制机制方面先行先试，激励高层次人才在华侨试验区创新创业，促进高层次科技成果转化。

（十四）支持华侨试验区建设新型研发机构。鼓励华侨华人资本和社会力量兴办新型研发机构，对满足条件的新型研发机构，在项目申报、职称评审、人才培养等方面享受科研事业单位同等待遇。

（十五）支持以"侨"引才，探索与港澳在服务贸易相关的人才培养、资格互认、标准制定等方面开展合作，拓宽港澳专业人士在华侨试验区执业范围。

（十六）支持国（境）外高水平大学在华侨试验区建设涵盖本硕博人才培养体系的合作办学机构。对落地汕头省属公办本科高校，省财政按省属公办本科高校生均相关政策给予补助。

六、加强文化交流与合作

（十七）支持华侨试验区建设一批华侨华人文化产业示范项目，活化华侨华人传统文化，充分用好潮汕地区老字号、方言、侨批等丰富华侨文化资源，推动华侨华人文化产业集聚发展。支持在华侨试验区内设立华侨华人文化创意产品（含生产设计）交易市场。支持侨资影视文化企业集团注册落户华侨试验区，鼓励制作弘扬中华民族优秀传统文化的潮汕、客家等方言影视作品。

（十八）支持华侨试验区搭建多元文化交流合作事业发展平台。支持建设潮汕、客家方言教育培训中心。支持规划建设华侨文化资源展示平台。鼓励华侨华人社团、协会等民间组织注册落户华侨试验区，畅通华侨华人多途径参与文化交流合作渠道和机制，将华侨试验区打造成为凝聚华侨华人的精神纽带。

（十九）支持举办华侨华人经济文化国际交流合作会议或论坛。支持办好第三届亚洲青年运动会（以下简称"亚青会"），并充分利用亚青会体育设施举办一批具有影响力的国际国内体育赛事。支持加强乒乓球、跳水、帆船等项目国家和省训练基地建设。

七、强化土地管理和用地保障

（二十）加强对华侨试验区重大项目用地保障，支持华侨试验区在存量土地开发、土地立体利用等方面先行先试，推动自然资源节约集约高效利用，探索国土空间统筹利用新路径，在土地使用性质变更、土地开发、土地资本属性等领域探索新模式。优化国土空间规划实施管理机制，统筹协调辖区内国土空间规划编报工作。

（二十一）支持华侨试验区深化海岸带管理体制改革，建设汕头海岸带保护与利用综合示范区，优先在省级财政"海洋资源管理"专项资金中给予安排。

八、加大财税支持力度

（二十二）支持华侨试验区管委会按规定设立金库，并行使相关财政管理职权，享有相应财税收益权和留存部分支配使用权。在符合设立税务机构条件下，支持省级税务管理部门向上级主管机关申请在华侨试验区设立税收征管机构。

（二十三）强化省级财政支持力度，探索建立支持华侨试验区高水平建设财政扶持机制。统筹用好省财政安排的华侨试验区专项补助等各类转移支付资金，对华侨华人资本、技术、人才参与华侨试验区建设进行扶持奖励。

九、加强组织领导

（二十四）建立促进华侨试验区高质量发展省级协调机制，加强对华侨试验区开发建设统筹协调，解决华侨试验区发展过程中遇到的困难和问题。省有关部门要加强对华侨试验区指导和服务，研究制定具体可行的政策措施，支持华侨试验区更加紧密参与"双区"建设，复制推广"双区"建设制度经验；要加强与国家有关部门对接，争取国家对华侨试验区开发建设更多政策支持。汕头市要履行主体责任，切实加强领导，完善工作机制，明确工作责任，把握战略定位，聚焦重点任务，扎实推进华侨试验区高质量发展。

广东省人民政府

2020年6月9日

上海市人民政府
关于印发修订后的《上海市海外人才居住证管理办法》的通知

（沪府规〔2020〕14号）

各区人民政府，市政府各委、办、局：

现将修订后的《上海市海外人才居住证管理办法》印发给你们，请认真按照执行。

上海市人民政府

2020年7月9日

上海市海外人才居住证管理办法

第一章　总则

第一条 （目的）

为进一步加大海外人才引进力度，优化人才环境，吸引更多海外人才来沪工作或者创业，为上海经济社会发展提供有力的人才支持，制定本办法。

第二条 （适用对象）

本办法适用于具有本科（学士）及以上学历（学位）或者特殊才能，在上海合法工作或者创业的人员，包括：加入外国国籍的留学人员；外国高端人才及其他外国专业人才；持中国护照、拥有国外永久（长期）居留权且国内无户籍的留学人员和其他专业人才；香港、澳门特别行政区专业人才，台湾地区专业人才。

具有特殊才能的人才具体范围及条件等事项，由市人力资源社会保障局根据本市经济社会发展实际需要，会同有关部门确定。

第三条 （部门分工）

市人力资源社会保障局负责上海市海外人才居住证（以下简称"海外人才居住证"）的申请受理、核定等综合管理工作。市公安局负责海外人才居住证的制作、发放等相关工作。市经济信息化委、市商务委、市教委、市科委、市财政局、市住房城乡建设管理委、市交通委、市卫生健康委、市市场监管局、市医保局、市税务局、国家外汇管理局上海市分局、上海海关、人民银行上海总部等相关部门按照各自职责，做好相关工作。

第二章 证件一般规定

第四条 （证件功能和类别）

海外人才居住证是持证人在本市工作、生活并享受相关待遇的证明。

海外人才居住证分为主证和随员证。符合条件的海外人才可以申请主证，其配偶和未满18周岁或者高中在读的子女可以申请随员证。

第五条 （载明基本信息）

海外人才居住证载明持证人姓名、性别、出生日期、国籍（地区）、证件类型及号码、近期照片、签发日期、签发单位、有效期限等内容。

第六条 （有效期限）

海外人才居住证的有效期限为1至5年和10年。

市人力资源社会保障局根据申请人的年龄、学历学位、专业类别、工作资历、有效身份证件、来华工作（就业）许可、聘用（劳动）合同有效期、应聘职务等条件，确定海外人才居住证的有效期限。

在中国（上海）自由贸易试验区临港新片区、张江科学城和虹桥商务区等区域工作的入外籍留学人员可以直接办理长期（最长有效期10年）海外人才居住证。

第三章 证件申办

第七条 （申请）

需要办理海外人才居住证的，由申请人所在单位通过本市"一网通办"系统向人力资源社会保障部门提出办理申请。

第八条 （申请材料）

申请办理海外人才居住证，应当提供下列材料：

（一）申请表；

（二）有效的身份证件；

（三）学历学位证书、专业技术证书等符合人才认定标准的材料；

（四）在本市的住所凭证；

（五）有效的健康状况凭证；

（六）聘用（劳动）合同；

（七）工作（就业）期间缴纳个人所得税完税凭证材料。

用人单位及申请人应当对申请材料的真实性负责。

第九条 （受理）

受理机构收到申办材料后，对材料齐全有效的，应当受理；对材料不齐全的，应当告知申请人补齐相关材料。受理窗口应当自受理之日起2个工作日内，将申请信息、材料移送市人力资源社会保障局。

第十条 （核定）

市人力资源社会保障局应当自收到申办信息、材料之日起7个工作日内，完成核定。对符合条件的，出具书面办理通知；对不符合条件的，书面告知申请人。

第十一条 （证件制发）

海外人才居住证由市公安局统一制发。对经核定符合办理条件的，由市公安局制证部门在10个工作日内，完成制证。市公安局出入境管理局负责发证。海外人才居住证按照市统一标准规范要求，同步制发电子证，并归集到市电子证照库。电子证与实体证具有同等法律效力。

第十二条 （信息变更）

持证人在证件有效期内离职的，应当由原用人单位于30日内在本市"一网通办"系统中办理中止手续。持证人在证件有效期内所在单位、身份证件号码等信息发生变化的，应当由用人单位于30日内在本市"一网通办"系统中办理变更手续。

第十三条 （证件续办）

证件有效期满，持证人需要续签换证的，应当在有效期届满前30日内由用人单位在本市"一网通办"系统中办理续办手续。

第十四条 （挂失补办）

实体证件遗失的，应当及时由用人单位在本市"一网通办"系统中办理挂失补办手续。

第十五条 （注销）

持证人情况发生变更，不再符合海外人才居住证申办条件或者主动提出注销申请的，由市人力资源社会保障局注销其证件。

用人单位或者申请人在申请过程中伪造、变造或者使用伪造、变造证明材料的，由市人力资源社会保障局根据情节轻重，暂停或者取消用人单位申请资格，并注销申请人证件。

第十六条 （法律责任）

用人单位和申请人应当遵守有关法律法规规定。违反法律法规的，用人单位及申请人依法承担相应的法律责任，用人单位相关信息按规定纳入上海市公共信用信息服务平台。

第四章　持证人待遇

第十七条 （居留许可）

持证人可以按照规定，申请办理有效期5年以内的居留许可。

5年及以上有效期的持证人，可由市人力资源社会保障局出具高层次人才证明，向本市公安机关出入境管理部门申请办理有效期5年的居留许可。

第十八条 （工作许可）

持证人是留学人员且已加入外国国籍的，可以按照中国（上海）自由贸易试验区临港新片区现行做法办理工作许可。

第十九条 （创办企业）

持证人可以在本市创办企业，符合条件的可以享受创业担保贷款、初创期创业组织社会保险补贴、创业场地房租补贴、优秀创业项目奖励等创业扶持政策。

第二十条 （行政机关聘用）

持证人经本市有管理权限的部门批准，可以以短期聘用、项目聘用等方式，接受行政机关聘用。

第二十一条 （社会保险）

持证人在沪工作的，按照国家和本市有关规定，参加本市城镇职工社会保险，单位和个人缴纳基本养老保险和医疗保险的缴费年限可累计计算，工作发生变动时可以转移接续，符合条件的，依法享受社会保险待遇；持证人未就业配偶及未满18周岁或者高中在读的子女可以参加本市城乡居民基本医疗保险，并享受相应待遇。

第二十二条 （公积金）

持证人在沪工作的，在与用人单位协商一致的基础上，可以按照本市有关规定缴存住房公积金，并可以按照本市有关规定，提取住房公积金和申请住房公积金贷款。与本市用人单位解除或终止劳动（聘用）关系的，可以按照规定办理住房公积金账户的封存、转移等手续。

第二十三条 （子女教育）

持证人子女在学前教育阶段、义务教育阶段的，可以根据本市有关规定，由居住地教育行政部门按照就近原则，办理就读手续。

持证人是留学人员，其子女在国外生活5年以上并在国内语言文字适应期（3年）内参加本市初中升高中考试的，可以适当降低录取分数线；其子女在本市就读高中阶段并获得高中阶段学校毕业文凭的，可以根据有关规定在本市参加高考，报考在本市有招生计划的高等院校。

第二十四条 （资格评定、考试和登记）

持证人可以按照国家和本市有关规定，参加本市专业技术职务任职资格评定或者考试、职业（执业）资格考试、职业（执业）资格注册登记。

第二十五条 （人才专项发展资金）

持证人是留学回国人员、港澳台专才的，可以按照规定申请上海市促进人才发展专项资金的相关人才专项资金。

第二十六条 （通关便利）

持证人为海外高层次人才的，可以简化手续，由市人力资源社会保障局出具高层次人才证明，以个人随身携带、分离运输、邮递、快递等方式进出境科研、教学和自用物品，海关给予通关便利。

第二十七条 （来沪定居）

持港澳居民来往内地通行证入境，3年及以上有效期的港澳居民特殊人才持证人，本人自愿放弃港澳居民身份，且符合在本市落户条件的，可以向市公安局出入境管理局申请来沪定居。

第二十八条 （永久居留）

5年及以上有效期的外籍人才持证人，符合外国人申请永久居留条件的，可以由市人力资源社会保障局优先推荐申请在中国永久居留。持有外国人永久居留身份证的外籍人才，可以直接申请办理与其外国人永久居留身份证有效期相匹配的海外人才居住证。

探索试点在长三角生态绿色一体化发展示范区内工作、创业并持有外国人永久居留身份证的外籍人才申办海外人才居住证。

第二十九条 （金融服务）

持证人符合条件的，可以在相关银行申办人民币信用卡。持证人依法纳税并取得税务部门出具的税务凭证及相关证明材料的，可以按照外汇管理有关规定，将其在本市期间的合法收入兑换成外汇，汇出境外。

第三十条 （驾驶证照办理）

持证人可以按照国家和本市有关规定，在本市申领或者换领机动车驾驶证、办理机动车注册登记手续。

第三十一条 （非营业性客车额度拍卖）

持证人可以按照本市有关规定，申请参加非营业性客车额度拍卖。

第三十二条　（评选表彰）

持证人可以按照规定参加本市有关评选表彰，并享受相应待遇。

第三十三条　（政务服务）

持证人可以实名认证注册"随申办"App，并使用政务服务相关功能。

第五章　附则

第三十四条　（过渡条款）

本办法实施后，原上海市居住证B证在有效期内仍然有效，期满后，可以按照本办法办理续签手续。

第三十五条　（实施细则）

市人力资源社会保障局根据本办法，制定实施细则。

第三十六条　（施行日期）

本办法自2020年7月1日起施行，有效期至2025年6月30日。

上海市人力资源和社会保障局
关于印发《上海市海外人才居住证管理办法实施细则》的通知

（沪人社规〔2020〕20号）

各有关单位：

根据《上海市人民政府关于印发修订后的〈上海市海外人才居住证管理办法〉的通知》（沪府规〔2020〕14号），修订了《上海市海外人才居住证管理办法实施细则》。现印发给你们，请遵照执行。

上海市人力资源和社会保障局

2020年7月9日

上海市海外人才居住证管理办法实施细则

第一条　（依据）

根据《上海市海外人才居住证管理办法》，制定本实施细则。上海市海外人才居住证（以下简称"海外人才居住证"）的载体为上海市居住证B证实体证件和电子证件。

第二条　（适用对象）

具有本科（学士）及以上学历（学位）或特殊才能，在上海合法工作或者创业的以下人员，符合条件的，可以申请海外人才居住证，包括：加入外国国籍的留学人员；外国高端人才及其他外国专业人才；持中国护照、拥有国外永久（长期）居留权且国内无户籍的留学人员；持中国护照、拥有国外永久（长期）居留权且国内无户籍的其他专业人才；香港特别行政区专业人才；澳门特别行政区专业人才；台湾地区专业人才。其证件识别码分别为L、F、C、M、H、A、T。

上述人员的配偶和未满18周岁或高中在读的子女，可以申请作为随行人员，办理随员证。

具有特殊才能的人才具体范围及条件等事项，由市人力资源社会保障局围绕国家和市委、市政府推进改革开放和创新发展方向，参照本市相关人才开发目录确定。

第三条 （职责分工）

市人力资源社会保障局负责海外人才居住证的申请受理、核定等综合管理工作。本市人力资源社会保障部门相关受理窗口具体负责海外人才居住证的受理工作。

第四条 （用人单位）

需要申请海外人才居住证的，由申请人所在单位通过本市"一网通办"系统向人力资源社会保障部门提出申请。

用人单位应当是信誉良好，在本市行政区域内注册登记，符合本市产业发展方向的各类企事业单位、社团、民办非企业机构，以及有法人授权的在沪依法注册设立的分支机构。

第五条 （首次申请材料）

首次申请海外人才居住证需提供以下材料：

（一）申请表；

（二）有效身份证件，包括：有效护照（含工作类居留许可、入境证明）；港澳居民来往内地通行证；台湾居民来往大陆通行证；国外永久（长期）居住证件（另需提供公安部门90日内出具的国内无户籍证明）；

（三）最高学历（学位）证书〔留学人员需同时提供国家教育部出具的国（境）外学历学位认证书或由中国驻外使领馆教育处（组）出具的相关留学人员证明〕；

（四）本市住所凭证，包括：外籍人员提供居住所在地派出所出具的境外人员临时住宿登记单或主申请人为权利人的房产证；港澳台人员可提供居住所在地派出所出具的境外人员临时住宿登记单、港澳居民居住证、台湾居民居住证或主申请人为权利人的房产证；

（五）有效健康状况凭证，包括：外籍人员提供有效的外国人居留许可；港澳台人员可以提供6个月内有效的本市二级（含）以上医院出具的健康凭证（70周岁以上人员免于提交）；

（六）待履行期限在12个月以上的聘用（劳动）合同或境外跨国公司派遣函（如系投资人，需提供上一年度的审计报告），以及其他业绩体现材料。

配偶办理随员证的，另需提供配偶有效身份证件、结婚证和健康凭证。

子女办理随员证的，另需提供子女有效身份证件、子女出生证和健康凭证（18周岁以下人员免于提交）。

所有材料均需提供复印件，核验原件。能够通过电子证照库调取的证照，申请人不需重复提交。

第六条　（首次申请办理流程）

用人单位通过"一网通办"平台提出申请，上传相关材料和照片，预审通过后，向受理窗口现场提交申请材料。

受理窗口收到申请材料后，对材料齐全且符合法定形式要求的，应当场受理，并出具书面受理凭证；对材料不齐全或者不符合法定形式要求的，应当场书面告知需要补正的全部材料。

受理窗口应当自出具受理凭证之日起2个工作日内，将申请信息、材料移送市人力资源社会保障局。

市人力资源社会保障局自收到申请信息和材料之日起7个工作日内完成核定，以数据共享方式将信息分别发送至市社会保障卡服务中心、市大数据中心，其分别在10个工作日内完成实体证件和电子证件的制作。

申请人可通过"一网通办"平台在线打印"办理上海市居住证（B证）通知书"后至市公安局出入境管理局领取实体证件。

第七条　（有效期限）

市人力资源社会保障局按照《上海市海外人才居住证有效期限核定标准》（附件），根据申请人的年龄、学历学位、专业类别、工作资历、应聘职务等条件，核定相应的证件有效期限，且不超过有效身份证件和聘用（劳动）合同有效期。主证有效期限分为1年、2年、3年、4年、5年和10年。

具有本科（学士）及以上学历（学位），在本市合法工作或创业，持有外国人永久居留身份证的海外高层次人才，可直接申请办理海外人才居住证，有效期最长不超过10年。

符合国家和本市重点领域、重点区域相关人才政策的，海外人才居住证有效期按照有关文件精神核定。

第八条　（信息变更及中止）

持证人在证件有效期内离职的，应当由原用人单位于30日内在本市"一网通办"系统中办理中止手续。持证人在证件有效期内所在单位、身份证件号码等信息发生变化的，应当由用人单位于30日内在本市"一网通办"系统中办理变更手续。信息变更不影响所持海外人才居住证有效期。

根据涉及具体信息变更内容需提供相应材料，包括：

（一）单位出具的离职情况说明；

（二）聘用（劳动）合同或境外跨国公司派遣函；

（三）信息变更的身份证件等材料；

（四）新增随员的相关材料。

人力资源社会保障部门自受理之日起2个工作日内，根据申请信息和材料进行核定后予以信息变更。需要重新制发实体证件的，申请人可通过"一网通办"平台在线打印"办理上海市居住证（B证）通知书"后至市公安局出入境管理局领取实体证件。

第九条 （证件续办）

持证人应当在证件有效期限届满前30日内，由用人单位在本市"一网通办"系统中办理续办手续。逾期续办的，有效期限对应逾期时间相应缩短。续办需提供以下材料：

（一）本实施细则第五条第一款第（一）（二）（六）项所规定的材料；

（二）原有效期限内的个人所得税缴纳凭证。

外籍人员另需提供有效的外国人居留许可。

有随员的另需提供相应身份证件。

续办办理流程参照第六条首次申请办理流程。续办核定后，申请人可通过"一网通办"平台在线打印"办理上海市居住证（B证）通知书"后至市公安局出入境管理局领取实体证件。

第十条 （挂失补办）

实体证件遗失的，应当及时由用人单位在本市"一网通办"系统中办理挂失补办手续，并提供公安部门出具的相关报案受理回执或用人单位出具的遗失情况说明。

受理窗口自受理之日起2个工作日内完成核定，申请人可通过"一网通办"平台在线打印"办理上海市居住证（B证）通知书"后至市公安局出入境管理局领取实体证件。

第十一条 （注销）

持证人情况发生变更，不再符合海外人才居住证申办条件的，由市人力资源社会保障局注销其证件。持证人主动提出注销申请的，需由持证人本人到受理窗口提交注销申请。

第十二条 （实施日期）

本实施细则自2020年7月1日起实施，有效期至2025年6月30日。原《上海市海外人才居住证管理办法实施细则》（沪人社外发〔2015〕33号）同时废止。

上海市人力资源和社会保障局关于印发《关于进一步支持留学人员来沪创业的实施办法》的通知

（沪人社规〔2020〕23号）

各区人力资源和社会保障局、各留学人员创业园：

为全方位多渠道多层次支持留学人员来沪创业，促进科技成果转化，提高自主创新能力，优化产业结构，营造更加优渥的创业环境，根据国家有关规定，结合本市实际，我们制定了《关于进一步支持留学人员来沪创业的实施办法》，现印发给你们，请认真贯彻落实。

上海市人力资源和社会保障局

2020年8月26日

关于进一步支持留学人员来沪创业的实施办法

第一条 为全方位多渠道多层次支持留学人员来沪创业，促进科技成果转化，提高自主创新能力，优化产业结构，营造更加优渥的创业环境，按照国家"拓宽留学渠道，吸引人才回国，支持创新创业，鼓励为国服务"的工作要求，结合新时期留学人员回国创业的特点和本市实际，制定本办法。

第二条 本办法所指的留学人员（含入外籍留学人员）应当符合下列条件之一：

（一）公费或自费在国（境）外学习并取得本科及以上学历、学士及以上学位的人员；

（二）在国内取得中级及以上职称或本科及以上学历、学士及以上学位，并赴国（境）外访问、讲学、研究、进修时间1年及以上的人员。

第三条 留学人员来沪创业是指留学人员以专利、科研成果、专有技术等来沪创办企业。留学人员企业一般要由留学人员担任企业负责人，留学人员自有资金（含技术入股）及海内外跟进的风险投资占企业总投资的30%以上。

第四条 留学人员可按规定向上海市人力资源和社会保障局（以下简称"市人力资源社会保障局"）申请办理留学人员来沪创办企业享受优惠资格认定，经认定后可享受本市及各区相关优惠政策。办理资格认定需提供申请表、身份证件、国（境）外学历学位认证书、公司章程、营业执照、房屋租赁合同（或产权证）等材料。资格认定工作逐步实现网上办理，能够通过数据共享或网上核验的材料及能够通过电子证照库调取的证照，无需申请人重复提交。

第五条 本市设立留学人员创业园。留学人员创业园享受国家和本市创业就业以及孵化机构的优惠政策。市人力资源社会保障局定期组织考察评估，对发挥作用明显、运营高效规范的留学人员创业园，在项目引进、人才计划申报、资金支持等方面予以倾斜。

第六条 鼓励留学人员企业入驻各留学人员创业园，可享受留学人员创业园提供的企业注册、税收代办、商务、培训、研发、高新技术认定、项目申报、法律咨询、国际合作等综合服务。

第七条 对创新能力强、发展潜力大、市场前景好的留学人员企业在创办初始启动阶段给予重点支持，由留学人员创业园优先推荐申报"留学人员回国创业启动支持计划""上海市浦江人才计划"等，对本市重点区域的重点项目实施"直通车"制度。对入选国家项目的，按规定最高可获得100万元资金支持；对入选"上海市浦江人才计划"的，按规定最高可获得30万元（团队50万元）资金支持。对参加"中国创翼"创业创新大赛等国家级和上海市创业新秀评选活动等市级相关创业大赛并获胜的优秀创业项目，按规定给予最高20万元的助力发展金。

第八条 留学人员在本市首次创办企业满1年且按规定至少为1人缴纳城镇职工社会保险费满6个月的，可按规定申请0.8万元的首次创业一次性补贴。创业团队（个人）入驻经认定为市级创业孵化示范基地的留学人员创业园孵化，且在孵化期内成功创办企业的，可按规定申请最高不超过1万元的创业团队孵化场地费补贴。留学人员企业可按规定申请创业场地房租补贴，每吸纳及稳定就业1人每年最高可补贴0.3万元，补贴总额以实际发生租金为限，补贴期限不超过注册登记之日起的3年。

第九条 留学人员企业可按规定申请初创期创业组织社会保险补贴，补贴标准为按缴费当月职工社会保险缴费基数的下限作为基数计算的养老、医疗和失业保险缴费额中单位承担部分的50%，每个企业每月社会保险补贴人数以8人为限，补贴期限不超过注册登记之日起的3年。

第十条 完善留学人员创业融资服务。留学人员企业可按规定享受国家和本市创业担保贷款政策，小微企业可享受贷款期限最长2年，最高金额300万元的担保贷款，贷款金额低于50万元的，申请企业免予提供抵、质押方式的反担保。按期归还本息后（含提前还款），可按照贷款合同签订日贷款市场报价利率（LPR）的50%给予利息补贴，贴息期限不超过贷款实际期限。支持金融机构开发"留创贷"等符合留学人员企业特点的金融产品，探索实施"银行+担保+额外风险补偿机制"的贷款模式。加强留学人员企业知识产权金融服务，支持开展专利权等知识产权质押融资工作。支持留学人员企业利用科创板等开展直接融资。引导各类金融机构、境内外风险投资基金、民间资本等按照国家和本市有关规定，设立留学人员企业风险投资基金。

第十一条 留学人员企业可按规定申领本市科技创新券，向有关服务机构购买专业服务，降低企业创新创业成本。单个企业每年使用科技创新券的额度不超过30万元。

第十二条 留学人员企业可以按规定使用高校、科研机构实验室，支持留学人员企业建立企业技术中心或与高校、科研机构联合组建工程技术研究中心，并享受相关优惠政策。鼓励符合条件的留学人员进入高校、科研机构兼职。

第十三条　留学人员企业可按照有关规定享受税收优惠政策。对属于国家需要重点扶持的高新技术企业，减按15%的税率征收企业所得税；留学人员企业开展研发活动中实际发生的研发费用，可按国家有关规定予以税前扣除。

符合相关条件的增值税小规模纳税人，可享受增值税免征或减征优惠政策。符合条件的小型微利企业，可享受相应的企业所得税优惠政策。

第十四条　加大对留学人员企业知识产权保护。留学人员的技术成果可按国家有关规定作价入股投资。鼓励留学人员企业申请发明专利和PCT国际专利，并根据相关规定给予资助。对符合《专利收费减缴办法》有关规定的单位或个人可申请减缴相关费用。

第十五条　支持符合条件的留学人员企业申报设立博士后科研工作站，招收海内外博士后开展科研活动。对纳入本市"超级博士后"计划的人员，按规定给予经费资助。

第十六条　留学人员企业可按规定聘雇国（境）外高水平大学优秀外籍毕业生和相关国家实习生，为其办理工作许可提供便利。

第十七条　留学人员企业参加政府采购公开招标，按有关政策规定予以支持。

第十八条　对担任企业负责人及其团队核心成员的留学人员办理落户予以优先支持，开辟"绿色通道"，实施专人服务。对其符合条件的配偶、子女，可同时办理随迁。

第十九条　对担任企业负责人及其团队核心成员的留学人员，以及在本市重点区域、重点产业、"上海科技创新职业清单"所属单位工作的留学人员办理海外人才居住证实施加分政策。入外籍留学人员可办理长期（最长10年）海外人才居住证。

第二十条　来沪创业留学人员可按照国家和本市有关规定参加各项社会保险、缴存和使用住房公积金，符合条件的入外籍留学人员可按规定合并计算社保缴费年限，享受相关待遇。

第二十一条　来沪创业的留学人员在国内首次申报职称时，可比照国内同等资历人员申报相应级别专业技术职务任职资格的评审。对符合条件的高层次留学人员，其国外专业工作经历、学术或专业技术贡献可作为参评高级专业技术职称的依据，不受本人国内任职年限限制，开辟高级职称评审"绿色通道"，实施"直通车"制度。

第二十二条　来沪创业的入外籍及取得国（境）外永久居留权的留学人员在本市取得的经常项目合法人民币收入，可凭本人有效身份证件和有交易额的相关资料（含税务凭证）按规定至银行办理购汇和汇出手续。

第二十三条　符合本市高端紧缺人才标准的来沪创业的留学人员可按规定享受个人所得税优惠政策、开立个人境外自由贸易账户等待遇。

第二十四条　留学人员企业聘雇的在境内工作的入外籍留学人员可按规定开立A股证券账户。

第二十五条　市人力资源社会保障局不断加强留学人员来沪创业信息平台建设，充分发挥"留·在上海"活动品牌影响力，定期举办"留·在上海"——海外人才、项目交流大会，发挥展会平台作用，拓宽引才渠道，优化对接方式，促进海外项目回流，促成项目落地。

第二十六条　各留学人员创业园所在区政府（或功能区管委会）可根据实际设立一定规模的留学人员创业扶持资金、贷款担保资金等，对入园的留学人员企业经评审等程序后，给予不低于5万元的创业扶持资金支持。

第二十七条　各区人力资源和社会保障局（或功能区人才工作主管部门）应设立留学人员服务窗口，做好留学人员来沪创业政策咨询、业务受理和服务保障工作。

第二十八条　各留学人员创业园应成立专门服务团队，鼓励吸纳留学人员进入服务团队，根据留学人员来沪创业需求提供一站式、个性化、全方位服务，重点在拓展融资渠道、知识产权保护、项目市场推介等方面给予支持，助力留学人员企业在沪加速落地成长。

第二十九条　各留学人员创业园可设立留学人员创新创业学院、创业导师训练营等，组织留学人员开展"创业嘉年华"、园区行、项目路演等形式多样的创业主题活动，积极为留学人员来沪创业搭建交流平台。

第三十条　鼓励各类社会化留学人员服务机构积极发挥作用，完善政府购买服务方式，建立健全以企业为主体、市场为导向的留学人员创业支持体系。

第三十一条　各区人力资源和社会保障局（或功能区人才工作主管部门）可根据本办法，结合实际制定实施细则。

第三十二条　本办法自2020年9月1日起实施，有效期至2025年8月31日。

上海市人力资源和社会保障局
关于印发《留学回国人员申办上海常住户口实施细则》的通知

（沪人社规〔2020〕25号）

各有关单位：

经市政府同意，现将《留学回国人员申办上海常住户口实施细则》印发给你们，请遵照执行。

上海市人力资源和社会保障局

2020年11月13日

留学回国人员申办上海常住户口实施细则

第一条 目的和依据

为贯彻落实人才强市战略，加大海外人才引进力度，规范留学回国人员申办上海常住户口工作，根据《公安部、人力资源和社会保障部关于规范留学回国人员落户工作有关政策的通知》（公通字〔2010〕19号）、《上海市人民政府关于印发修订后的〈鼓励留学人员来上海工作和创业的若干规定〉的通知》（沪府发〔2016〕8号）、《中共上海市委　上海市人民政府关于新时代上海实施人才引领发展战略的若干意见》（沪委发〔2020〕22号）等文件精神，制定本实施细则。

第二条　申请单位应具备的基本条件

申请单位应是在本市行政区域内注册登记的具有用人自主权的党政机关、事业单位、社会团体、民办非企业单位、合伙制企业（会计师事务所、律师事务所等）以及符合本市产业发展方向、注册资金在100万元人民币及以上、信誉良好，并在本市正常经营、依法纳税、按规定参加社会保险的各类企业（非企业法人分支机构其上级法人注册资金应不低于100万元人民币）。

第三条　留学回国人员应具备的基本条件

（一）留学回国人员获得的学历学位应符合下列条件之一

1. 在国（境）外高校学习获得博士学位，累计在外学习时间一般不少于1年；如为中外合作办学、联合培养等性质毕业生，累计在外学习时间一般不少于半年。

2. 在国内"双一流"建设高校获得全日制本科、学士及以上学历学位（中央直属及中科院各研究生培养单位参照"双一流"建设高校执行），并在国（境）外高校学习获得硕士学位；或在国内非"双一流"建设高校获得全日制本科、学士及以上学历学位，并在国（境）外高水平大学学习获得硕士学位；或在国（境）外高校学习获得学士学位和硕士学位。

3. 在国（境）外高水平大学学习获得学士学位。

4. 在国内获得硕士研究生及以上学历学位或取得副高级及以上专业技术职务任职资格后，赴国（境）外高校或科研机构进修、做访问学者等满1年。

5. 其他不符合第2、3项条件，但在国（境）外高校学习获得学士学位或硕士学位。

本款第2、3项所指国（境）外学士学位，不含国内大专起点本科、有关国家高等教育文凭（HND）、国内计划外招生的合作办学及转学分等形式，本科阶段累计在外学习时间一般不少于2年；硕士阶段累计在外学习时间一般不少于半年（不含国内计划外招生的合作办学及转学分等形式）；如为中外合作办学、联合培养等性质毕业生，应同时获得国内学历学位和国（境）外学位。

本款第5项所指国（境）外学士学位如为最高学位的，不含国内大专起点本科、有关国家高等教育文凭（HND）、国内计划外招生的合作办学及转学分等形式，本科阶段累计在外学习时间一般不少于2年。如最高学位为硕士的，国（境）外学士学位可不受前述限制，硕士阶段累计在外学习时间一般不少于半年（不含国内计划外招生的合作办学及转学分等形式）。

被国（境）外高校录取后如在国内校区或分校有就读经历的，累计在外学习时间和获得的学分一般不少于总学习时间和总学分的50%；被国（境）外高校录取后如利用暑期等在国内通过非学历教育获得学分的，累计在外获得的学分一般不少于总学分的80%。

国内"双一流"建设高校以国家公布的名单为准。国（境）外高水平大学参考英国泰晤士报高等教育副刊（Times Higher Education）、美国新闻与世界报道（U.S. News & World Report）、QS世界大学排名（Quacquarelli Symonds World University Rankings）、上海软科世界大学学术排名（Shanghai Ranking's Academic Ranking of World Universities）发布的世界排名前500名高校名单，以上海市人力资源和社会保障局确认后发布的为准。

留学人员在国（境）外学习获得学位的院校以教育部出具的国外学历学位认证书中载明的颁发该学位证书的院校名称为准。

（二）留学回国人员申办上海常住户口同时应符合下列条件

1. 留学人员应在回国后2年内来本市并持续在本市工作，与本市相关用人单位依法签订劳动或聘用合同、按规定在本市缴纳社会保险费和个人所得税（符合下述第四条第一款条件的除外）。

2. 符合本条第一款前4项条件的人员，最近连续6个月在同一单位社会保险缴费基数不低于上一年度本市城镇单位就业人员平均工资，个人所得税缴纳情况与社会保险缴费基数合理对应；符合本条第一款第5项条件的人员，最近连续12个月在同一单位社会保险缴费基数不低于上一年度本市城镇单位就业人员平均工资的1.5倍，个人所得税缴纳情况与社会保险缴费基数合理对应。社会保险缴费基数过渡期内每年的缴费基数以官方对外公布的数字为准。

社会保险缴费基数、期限及个人所得税缴纳情况原则上由系统自动比对；未正常缴纳社会保险费而补缴的、缴费单位与签订合同单位不一致的、委托非实际用人单位等第三方缴纳的、社会保险缴费基数与个人所得税缴纳情况不能合理对应的不予认可。

3. 留学回国人员应为单位紧缺急需并发挥重要作用、需长期使用的人才，与单位依法签订劳动或聘用合同，合同有效期在2年及以上，且自网上受理之日起有效期在3个月及以上（如合同约定有试用期的，需完成试用期后方可申报）；派遣人员原则上不属于申办范围。

4. 年龄距法定退休年龄5年以上。

5. 符合国家及本市现行计划生育政策。

6. 无刑事犯罪记录等不宜申办上海常住户口的情形。

第四条　激励条件

（一）在国（境）外高水平大学、国际知名科研机构等担任相当于副教授、副研究员及以上职务，在世界500强知名企业、跨国公司等担任高级管理、技术、科研职务，或者经上海市人力资源和社会保障局认定为高层次人才的留学人员，以及在国（境）外高水平大学学习获得博士学位的人员等，全职来本市工作后可直接申办落户。

（二）纳入"上海科技创新职业清单"的用人单位，本市重点产业、重点区域和基础研究领域等用人单位引进的在国（境）外高水平大学获得科学、技术、工程和数学等紧缺急需专业学士及以上学位的留学人员，全职来本市工作并缴纳社会保险费满6个月后可申办落户。

（三）拥有专利、科研成果、专有技术等来本市创办留学人员企业的负责人、团队核心成员（一般累计不超过3人），企业正常运营、招用至少1名员工（不含企业负责人本人），并按规定缴纳社会保险费满6个月后可申办落户。企业注册资金不少于50万元人民币（实缴），留学人员企业负责人为第一大股东（不含股份转让、后期资金注入），个人股份一般不低于30%。

第五条　申请的提出

留学回国人员申办上海常住户口，须由单位提出申请。

第六条　需要提交的材料

（一）单位需提交的基本材料

1. 法人营业执照或法人登记证书。如申请单位为非法人分支机构的，提供分支机构的营业执照或登记证书及上级法人的授权书。

2. 单位经办人员有效身份证件。

3. 留学回国人员申办上海常住户口申请表。

4. 申请单位与留学回国人员签订的劳动或聘用合同。

5. 人事档案核实情况表及相关材料复印件。如档案为非本单位保管的，由在沪档案保管单位提供。

其中，第1项材料仅需单位首次申请（注册）时提供。

（二）单位有下列情形的，需补充提交以下材料

来本市创办留学人员企业的留学回国人员及团队核心成员，单位另需提交：

1. 企业验资报告。

2. 企业最近连续6个月缴纳增值税（营业税）或企业所得税税单。

3. 企业最近连续6个月为至少1名员工缴纳社会保险费凭证。

4. 企业章程及相关决议。

其中，第4项材料仅需团队核心成员申报时提供。

（三）个人需提交的基本材料

1. 教育部出具的国外学历学位认证书、国（境）外学位证书及成绩单。如为进修人员的，提供国（境）外进修材料和国内硕士研究生及以上学历学位证书或副高级及以上职称证书。

2. 出国留学前国内获得的相应的最高学历学位证书。如出国前系在职人员的，提供原工作单位同意调出或已离职材料。

3. 护照、签证及所有出入境记录。

4. 居民户口簿和身份证。如留学期间户籍已注销的，提供90天内有效的户籍注销材料。

5. 符合第四条激励条件的，需补充提交相应材料。

（四）个人有下列情形的，需补充提交以下材料

1. 落非社区公共户的，提供在沪落户地址材料。落户本人在沪房屋的，提供房屋有效权证；落户在沪直系亲属房屋的，提供入户地房屋有效权证和产权人共同签署的同意入户意见书；落户单位集体户的，提供集体户管理单位的集体户口簿地址页和同意入户意见书。

2. 已婚的，提供结婚证书；离异的，提供离婚证、离婚协议书或法院调解书、判决书等。

3. 有子女的，提供子女出生证及符合国家和本市现行计划生育政策的个人承诺。

本实施细则所需材料中，能够通过数据共享或网上核验的材料及能够通过电子证照库调取的证照，无需重复提交。

第七条　申办流程

（一）申请单位通过本市"一网通办"系统向本市人力资源社会保障部门提出申请，上传申请材料原件的扫描件等电子文档。

（二）本市人力资源社会保障部门通过"一网通办"系统收到申请后，对材料不齐全或不符合要求的，由受理部门告知申请单位补齐或重新上传相关材料；对材料齐全有效的，进入人事档案核实阶段。核实通过后，申请单位向受理部门递交书面材料进行现场受理，受理部门核验原件、根据实际留存原件或复印件。受理部门在现场受理后的5个工作日内完成初审。

（三）上海市人力资源和社会保障局按照规定对初审通过的材料进行审核，在10个工作日内完成审核。

（四）审核通过的，本市人力资源社会保障部门通过数据共享方式，将人员信息发送至公安部门，并通过"一网通办"系统及短信等形式告知申请单位。审核不通过及审核过程中退回的，本市人力资源社会保障部门通过上述形式告知申请单位审核不通过或退回的结果及理由。

（五）审核通过的人员按照公安部门的相关规定，办理户口迁移手续。

第八条　家属随迁条件

符合落户条件的留学回国人员，其配偶（须在留学人员学成回国前与其结婚，年龄距法定退休年龄5年以上）和16周岁及以下或16周岁以上、在普通高中就读的子女属随迁范围。

申请人配偶需随迁的，应在申请人提出申请时一并提出；配偶暂未回国的，提供有效身份证件，待回国后再申请补办落户手续。

申请人子女需随迁的，如子女在国内出生，须在父（母）原户籍地办理出生登记落户后一并提出。如子女在国外出生，应在申请人提出申请时一并提出；暂未回国的，提供有效身份证件，待回国后再申请补办落户手续。

第九条　家属随迁需提交的材料

（一）配偶和子女居民户口簿、身份证、在沪落户地址材料、子女出生证、中国护照或旅行证及签证、出入境记录；16周岁以上、在普通高中就读的子女需随迁的，提供学籍材料。

（二）在沪档案保管单位提供的配偶人事档案核实情况表及相关材料复印件。配偶来本市前原来在外省市有工作单位的，提供原工作单位同意调出或已离职材料。

（三）放弃随迁的，提供有效身份证件及书面放弃随迁承诺书。

第十条　法律责任

申请单位和留学回国人员应当遵守有关法律规定，为其所提供的材料真实性负责，严禁弄虚作假或者伪造。如有弄虚作假、伪造或申办落户后人员流失异常等情况的，根据其情节轻重，暂停或取消其申请资格，并将相关信息纳入申办系统。对审核通过后发现具有违反相关规定等不宜申办落户或通过虚假材料骗取本市常住户口等情形的，撤销审核决定、注销其本市常住户口；构成犯罪的，依法追究其刑事责任。

第十一条　其他

本实施细则自2020年12月1日起施行，有效期至2025年11月30日。本实施细则中未尽事宜，由上海市人力资源和社会保障局会同相关部门负责解释。原《留学回国人员申办上海常住户口实施细则》（沪人社外发〔2015〕49号）同时废止。

西安市引进海外高层次人才智力项目管理办法

（市科发〔2020〕50号）

第一章　总则

第一条　为深入贯彻"一带一路"发展倡议，践行人才强国和创新驱动发展理念，支持我市"三个经济"建设和"十项重点工作"实施，加大我市海外高层次人才智力引进力度，根据科技部国家外国专家项目经费管理相关规定和西安市科学技术局《西安市科技计划项目管理办法》（市科发〔2020〕19号）制定本办法。

第二条 "西安市引进海外高层次人才智力项目"（以下简称"引智项目"）是指以"聚天下英才而用之"的思想，由我市各类法人主体有针对性的引进海外高层次人才，并借助他们的智慧解决自身在发展过程中特定难题的相关活动。

第三条 本办法中的海外高层次人才包括外籍专家和中国籍高层次留学回国人员两类。外籍专家指非中国国籍，在特定学科或业务领域取得较高成就的专家。中国籍高层次留学回国人员指在国（境）外被我国认可的机构获得硕士以上学位，或在国（境）外知名机构工作并取得较高成就的人才。

第四条 引智项目的组织实施和管理由西安市科学技术局（外国专家局）（以下简称"市外专局"）负责。

第五条 引智项目的资金来源主要是列入西安市级财政专项资金目录的"引进海外高层次人才专项资金"。专项资金的管理和监督由西安市财政局负责。

第二章 项目类别及支持方向

第六条 引智项目分为自然科学类和社会科学类两个子项。

（一）自然科学类项目：主要支持我市各类科技型企业引进和使用海外高层次人才，利用海外高层次人才掌握的核心技术帮助企业解决在发展过程中各类"卡脖子"技术问题。

（二）社会科学类项目：主要支持我市从事教育、文化、旅游、农业等行业的机构聘请海外高层次人才，借助海外高层次人才的管理经验和行业资源提升综合竞争实力和涉外服务能力。

第七条 引智项目每年的支持重点根据我市的社会经济发展需求制定，并在西安市科技计划项目申报指南中向社会发布。

第三章 申报条件

第八条 申报引智项目须具备以下条件：

（一）申报单位应为在西安市注册登记，实行独立核算且无违法失信记录的法人单位；

（二）申报项目的项目负责人应为海外高层次人才；

（三）参与申报项目的海外高层次人才应是为实施项目而专门引进和聘用的人员，且与申报单位签订正式的劳动合同或聘用合同；

（四）申报单位应具备开展项目所必要的经费、场所、人员和其他配套条件；

（五）当年度申报指南中所列明的其他条件。

第四章 立项流程

第九条 申报单位申报引智项目时，应将下列材料报送至所在行政区域科技（外专）主管部门，由其作为项目推荐单位出具推荐意见后统一报送市外专局。

（一）项目申报书原件及电子版；

（二）项目可行性研究报告；

（三）项目负责人及团队成员中其他海外高层次人才的证明材料复印件；

（四）项目单位与项目负责人及团队成员中其他海外高层次人才签订的正式劳动合同或聘用合同；

（五）《西安市科技计划项目管理办法》中规定的其他材料。

第十条 申报材料的形式审查由市外专局国际交流与智力引进业务主管处室（以下简称"主管处室"）负责。申报材料形式审查未通过的，主管处室应当说明理由。

第十一条 形式审查通过后，主管处室根据专家评审和实地考察情况出具立项建议，报局办公会或党组会研究审定并向社会公示。经公示无异议后，市外专局审定后会同市财政局编制下达立项文件，并与申报单位签订合同书。评审、立项、公示的具体方式参照《西安市科技计划项目管理办法》执行。

第十二条 除被认定的西安市国际科技合作基地之外，每个申报单位原则上每年只申报一个项目。

第五章 支持方式及资金开支范围

第十三条 引智项目按支持力度分为领军类项目、重点类项目和优秀类项目三个层次：

（一）领军类项目。由国际范围内具有较大影响力的权威大师牵头实施，具有特别重大的科研、产业或社会价值，能够形成国际领先的知识产权体系。每项最高资助100万元。

（二）重点类项目。由在行业内具有较高认可度的学术领头人牵头实施，技术水平在同行业处于领先地位，具有较高的科研、产业或社会价值，能够形成完整的知识产权体系。每项最高资助50万元。

（三）优秀类项目。由学术功底扎实，经验丰富，具备较强创新能力的人才牵头实施，应具有较大的社会经济发展潜力。每项最高资助10万元。

第十四条 立项项目签订合同书后由市外专局一次性划拨全部资助资金。资助金额原则上参照申报单位上报的项目预算，但不超过项目对应类别的资助上限。有关资助的具体条款由合同书最终确定。

第十五条 引智项目资助资金划拨后，申报单位要严格按照国家和我省、我市各级财政资金管理制度进行管理，确保专款专用，依规支出，独立核算。资金的具体开支范围包括：

（一）工薪。包括海外高层次人才的工资、奖金、补贴等直接支付给海外高层次人才本人的费用。

（二）差旅费。包括海外高层次人才为执行项目乘坐的火车软席（软座、软卧）、高铁/动车一等座、全列软席列车一等座、轮船（不包括旅游船）二等舱、飞机经济舱等费用。

（三）住宿费。包括海外高层次人才在执行项目期间租赁的公寓、宿舍，居住的四星级及以下宾馆（标准间）等费用。

（四）示范推广费。包括技术培训费、设备费、材料费、燃料动力费、测试实验加工费、信息传播费、知识产权事务费、会议费等用于项目开展和推广的费用。

（五）其他费用。包括市内交通费、租车费、翻译费、接待费、短期商业及社会保险费、人力资源中介费、技术资料费、绩效评价费等用于海外高层次人才引进和服务方面的费用。

第十六条　如海外高层次人才级别较高，交通工具和住房标准可适当上调。示范推广费和其他费用总和原则上不应超过项目预算的30%。

第六章　项目的管理、监督与验收

第十七条　引智项目实施期原则上不超过一年，日常管理和监督由主管处室负责。

第十八条　项目验收时申报单位应提交由具备相应资质的会计事务所出具的审计报告，审计报告中应包括专项资金核销结果、审计结果和合同指标完成情况。

第十九条　核销资金总额超过资助金额的，超出部分由项目单位承担；核销总额未超过资助金额的，结余部分应予以退回。

第二十条　其他验收标准与流程参照《西安市科技计划项目管理办法》和西安市科技计划项目验收评价管理相关规定执行。

第七章　附则

第二十一条　本办法由市外专局负责解释，各区县、开发区可根据本办法制定配套政策措施。

第二十二条　本办法自印发之日起实施。

西安市科学技术局办公室
2020年3月25日印发

关于印发《汕头华侨经济文化合作试验区"助企贷"管理办法》的通知

（汕华管委知〔2020〕8号）

各有关银行、广东股权交易中心汕头分公司、汕头市东海岸投资建设有限公司、"华侨板"挂牌企业：

鉴于"助企贷"业务实施以来取得了良好的效果，为更好解决中小企业融资难、融资贵问题，鼓励金融机构加大对中小微企业的信贷支持力度，试验区管委会对原《汕头华侨经济文化合作试验区"助企贷"管理办法（试行）》（汕华管委函〔2019〕118号）进行修订，形成新的《汕头华侨经济文化合作试验区"助企贷"管理办法》，现予印发，请遵照执行。

汕头华侨经济文化合作试验区管理委员会

2020年4月26日

汕头华侨经济文化合作试验区"助企贷"管理办法

第一章　总则

第一条　为贯彻落实党的十九大和全国金融工作会议要求加大金融服务实体经济力度的指示精神，充分发挥财政资金的引导作用，有效解决中小企业融资难、融资贵问题，鼓励金融机构加大对中小微企业的信贷支持力度，扶持"华侨板"挂牌企业发展，根据国家、省、市的有关规定，结合华侨试验区实际，制订针对注册地在汕头市的"华侨板"挂牌企业"助企贷"融资（下称"助企贷"）管理办法。

第二条　本办法所称"助企贷"是指按照"开放合作、互利共赢、助企惠企、风险共担"的基本思路，通过财政资金作为企业的信贷风险补偿资金，由合作银行给予一定的放大倍数，为符合条件的"华侨板"挂牌企业发放贷款的融资模式。

"助企贷"一方面加大对"华侨板"挂牌企业的金融支持力度，加快实体经济发展，一方面积极引导和鼓励合作银行推荐自身优质企业客户到"华侨板"挂牌融资，从而扩大"华侨板"影响力及提升金融服务能力，进一步做大做强"华侨板"金融创新平台，有力加快推动试验区的金融创新发展。

第三条　本办法所称"合作银行"是指经批准与汕头市东海岸投资建设有限公司（下称"东海岸公司"）签订"助企贷"合作协议，为注册地在汕头市的"华侨板"挂牌企业提供贷款的本市商业银行。

第二章　责任主体与职责分工

第四条　"助企贷"由汕头华侨经济文化合作试验区管理委员会（具体工作由试验区财金局负责）牵头发起，由汕头市东海岸投资建设有限公司（下称"东海岸公司"）与广东股权交易中心（具体工作由广东股权交易中心汕头分公司负责）承接，与符合条件的本市商业银行进行合作。主要职责分工如下：

（一）试验区财金局。负责审核把关合作银行的准入；信贷风险补偿资金划拨；审定各合作银行"助企贷"运行情况数据及考核结果；每季度前10日内审定承办主体上报的信贷风险补偿资金划拨方案；向试验区管委会报请审批发生坏账代偿赔付情况等其他事项。

（二）东海岸公司。负责信贷风险补偿资金专用账户的开设和日常管理工作；与符合条件的商业银行签订"助企贷"合作协议；会同广东股权交易中心汕头分公司对贷款申请企业开展尽职调查并对每笔通过审核的贷款纳入代偿范围；会同广东股权交易中心汕头分公司审定"助企贷"运行情况数据及考核结果并上报试验区财金局；审核合作银行坏账代偿赔付申请和编制信贷风险补偿资金划拨方案；跟进坏账代偿赔付后续工作等其他事项。

（三）广东股权交易中心汕头分公司。负责协助"助企贷"的规范和管理运营，做好贷款申请企业的挂牌服务工作，会同东海岸公司对贷款申请企业开展尽职调查；协助企业配合合作银行办理相关贷款审批手续；于每月前5个工作日前审核合作银行上报的上一月"助企贷"运行情况数据后会同东海岸公司报送试验区财金局。

（四）合作银行。负责严格审核企业贷款申请，落实风险防控措施，为企业提供贷款；于每月前3个工作日前将上一月"助企贷"运行情况数据报送给华侨板广东股权交易中心汕头分公司；发生坏账代偿赔付后负责向贷款企业追讨本金和利息，对追回的本金按代偿比例分配后转入信贷风险补偿资金专户。

第三章　基本思路

第五条　开放合作。"助企贷"通过引入开放合作的竞争激励机制，鼓励符合条件的本市商业银行积极参与，首期选择4家银行进行合作。银行只要认同"助企贷"管理办法即可申请加入，试验区财金局负责对合作银行的准入进行审核把关。申请合作的商业银行必须同时具备以下条件：

1. 具有健全的信贷管理制度，贷款风险防控能力较强。有足够的信贷额度支持"华侨板"挂牌企业发展；

2. 承诺对"华侨板"挂牌企业的贷款规模放大比例为基础信贷风险补偿资金总额的10倍（含）以上；

3．承诺一个年度内发放的单笔金额500万元（含）以下信用和保证贷款累计金额不少于2500万元，或年度发放单笔金额500万元（含）以下信用和保证贷款不少于20笔（同一借款人有多笔借款的，按2笔计）；

4．承诺加大对"华侨板"挂牌企业的扶持力度，为符合政策条件的高新技术企业等类型的企业提供优惠利率；

5．同意按照本管理办法的有关规定向"华侨板"挂牌企业提供信贷风险补偿贷款。

在受理时间内，试验区财金局按申请银行的申请时间先后顺序和承诺的贷款规模放大比例等综合因素，选择前4家申请银行进行合作，其他银行依次作为候补合作银行。

第六条 互利共赢。通过"助企贷"建立"华侨板"与银行业务互荐的互利共赢机制。参与合作的银行拥有丰富的企业客户资源，可将优质企业资源推荐到"华侨板"挂牌；"华侨板"可将有贷款需求的挂牌企业推荐到合作银行申请"助企贷"借款。

第七条 助企惠企。"助企贷"以信用贷款为主，为进一步降低企业融资难度，合作银行可接受保证或抵押、质押等担保方式，包括但不限于房产、土地、机器设备、知识产权、应收账款等合作银行认可的标准抵（质）押物，借款企业可选择不同的合作银行申请贷款，贷款金额信用或保证部分原则上不超过500万元，单笔期限不超过1年，贷款利率由各合作银行与借款企业自行商议，原则上优惠于商业银行同期平均贷款利率，借款企业可选择提供贷款利率最优的合作银行申请贷款，通过"助企贷"的融资贷款可大幅降低企业融资成本和融资难度。

第八条 风险共担。"助企贷"采取政府和银行风险共担的模式，同时强化银行风控主体责任。贷款发放前，由东海岸公司、广东股权交易中心汕头分公司共同对企业开展尽职调查（此尽职调查不能代替合作银行的尽职调查），再由合作银行对企业贷款申请进行审核；贷款发放后合作各方按照各自职责开展贷后管理工作，防范贷款违约风险；当发生符合信贷风险补偿资金代偿情形时，风险损失由合作银行和信贷风险补偿资金按约定的赔付比例承担。风险损失是指"助企贷"银行信用贷款或保证贷款（仅限法定代表人、股东或其他关联人及其配偶作为保证人的贷款）部分的贷款本金损失。信贷风险补偿资金原则上于确认坏账后90天内赔付至合作银行；坏账代偿后由合作银行进行后续的贷款本金和利息追讨。追讨回来的本金，由合作银行按代偿比例分配后转入信贷风险补偿资金专户；单笔贷款在500万元内部分由企业提供保证担保，超过500万元部分企业应按合作银行要求提供相应的抵押或质押担保；"助企贷"采用保证担保方式的，发生坏账后，合作银行先追偿保证人的担保责任，保证人确认无法偿还的并经银行认定为不良贷款的，由信贷风险补偿资金和合作银行按比例承担；"助企贷"采用抵押或质押的担保方式贷款的，发生坏账后，合作银行按照法律程序处置相关担保物，合作银行在抵押或质押贷款中对担保物处置所得拥有优先受偿权；担保物处置所得资金在偿还合作银行的抵押或质押贷款损失后仍有余额的，按照代偿比例进行分配，用于偿还信贷风险补偿资金代偿的金额。信贷风险补偿资金赔付机制在双方合作协议终止日起自动停止，但终止前未到期业务依旧纳入赔付机制内。

第四章　资金来源

第九条　华侨试验区管委会从华侨试验区发展专项资金中安排5000万元至东海岸公司作为"助企贷"的信贷风险补偿资金。另外按"助企贷"信用和保证贷款部分总额的1%单列安排尽职调查工作经费（东海岸公司和广东股权交易中心汕头分公司各0.5%）。

第十条　东海岸公司在每一合作银行开设一个存放信贷风险补偿金的专户。东海岸公司按专户管理、专账核算、专项使用的原则封闭运行，不得用于任何形式的投资、支用、垫付；专户不得提取现金或者存放其他资金。

第五章　工作流程

第十一条　签订政银合作协议参与项目合作。

（一）华侨试验区网站公示"助企贷"管理办法、公布受理合作银行申请时间。

（二）符合条件的各商业银行汕头分行，向试验区财金局提交《汕头华侨经济文化合作试验区"助企贷"融资合作银行申请表》申请参与"助企贷"合作。

（三）试验区财金局对申请合作的商业银行进行准入把关并将结果通知东海岸公司。

（四）合作银行与东海岸公司签订合作协议。

第十二条　按"助企贷"考核结果分配存管信贷风险补偿资金。

（一）信贷风险补偿资金分配方式。东海岸公司以上一季度数据为基准，对合作银行每季度进行一次考核评价，考核方式如下表：

考核指标（权重）	分数标准
信用和保证贷款投放总额（50%）	每100万计6分
贷款投放户数（20%）	每1户计4分
供应链企业放款金额（20%）	每100万计6分
推荐成功挂牌企业数（10%）	每1家计3分
总分＝（信用贷款投放总额/100）×6×50%＋贷款投放户数×4×20%＋推荐成功挂牌企业数×3×10%＋（供应链企业放款金额/100）×6×20%	

由东海岸公司将信贷风险补偿资金中的3000万元作为基础信贷风险补偿金平均分配存入各合作银行。另外根据考核评价结果，将另外2000万元作为浮动信贷风险补偿资金按5：3：2比例分配存入排名前三名的合作银行，排名一致则平均分配。信贷风险补偿金的赔付金额以存入各合作银行的基础信贷风险补偿金为上限。

（二）信贷风险补偿资金退出机制。合作银行出现以下情形的：1．单一季度没有发放"助企贷"贷款；2．一个年度内发放的单笔金额500万元（含）以下信用和保证贷款累计金额少于2500万元的，或年度发放单笔金额500万元（含）以下信用和保证贷款少于20笔的（同一借款人有多笔借款的，按2笔计）；3．发生坏账代偿情况的。

采取以下退出机制：1．暂停与该银行的合作。只留存该合作银行已发放信用和保证贷款余额的50%作为信贷风险补偿金，但不得超过基础信贷风险补偿金，即750万元，剩余部分转出作为待分配的浮动信贷风险补偿金。2．增补新的合作银行。与增补的合作银行签订合作协议，季度考核完后，首先在浮动风险补偿金中，按前述做法存入新增补合作银行的基础风险补偿金，剩余部分按季度考核结果，依本条第一点分配方式分配至各合作银行。

第十三条　贷款的办理。

（一）企业向广东股权交易中心汕头分公司提交贷款申请相关资料。

（二）广东股权交易中心汕头分公司会同东海岸公司原则上2个工作日内完成贷款申请企业尽职调查。

（三）广东股权交易中心汕头分公司会同东海岸公司在"汕头华侨经济文化合作试验区企业申请'助企贷'融资申请表"签署同意受理意见。

（四）合作银行原则上15个工作日内完成贷款审批，向东海岸公司和华侨板汕头运营中心通知审批结果。

（五）合作银行与借款人签订相关贷款合同和发放贷款。

第十四条　按风险代偿赔付比例划拨信贷风险补偿资金。

信贷风险补偿为有限责任，以基础信贷风险补偿资金总额度为限承担信用或保证部分贷款风险补偿责任，超出部分由合作银行自行负责。"助企贷"贷款逾期超过30天的，合作银行根据约定启动代偿程序，风险损失由信贷风险补偿资金和合作银行按各50%比例承担；代偿赔付后由合作银行进行后续贷款本金和利息的追讨。具体程序如下：

（一）贷款逾期30天后，合作银行应在2个工作日内填写"汕头华侨经济文化合作试验区'助企贷'融资未按期还款客户通知书"，上报试验区财金局并通知东海岸公司及华侨板汕头运营中心。

（二）合作银行向借款人催收及追索。

（三）符合代偿条件的，由各合作银行按每笔贷款实质坏账金额向东海岸公司提交"汕头华侨经济文化合作试验区'助企贷'融资代偿申请书"及相关资料申请代偿。

（四）东海岸公司对代偿申请资料进行审核并编制信贷风险补偿资金划拨方案，报试验区财金局并经试验区管委会同意批准后向银行划拨信贷风险补偿资金。

（五）合作银行取得代偿资金后，继续进行后续贷款本金和利息的追讨工作，并将追讨情况定期向东海岸公司报告。

（六）合作银行对追讨回来的本金按代偿比例分配后转入信贷风险补偿资金专户。

第十五条 尽职调查工作经费的拨付。

（一）每季度前10个工作日，东海岸公司会同广东股权交易中心汕头分公司将上一季度"助企贷"发放贷款数据和依据报试验区财金局。

（二）试验区财金局按"助企贷"信用和保证贷款部分总额的1%从发展专项资金中单列安排尽职调查工作经费（东海岸公司和广东股权交易中心汕头分公司各0.5%），报试验区管委会审批同意后拨付。

（三）若"助企贷"贷款发生坏账代偿的，按该笔贷款总额的0.5%分别对东海岸公司和广东股权交易中心汕头分公司进行处罚。

第六章　工作措施

第十六条 建立信息互通机制。为确保"助企贷"工作持续稳定开展，东海岸公司、广东股权交易中心汕头分公司、合作银行对贷款企业进行贷后监管。任何一方获知借款企业出现可能等违约情况时，应尽快互相书面通知，并采取制止、挽救措施以控制风险。

第十七条 建立风险防控机制。强化各合作银行风险防控主体责任，每月以书面形式向广东股权交易中心汕头分公司报送"助企贷"业务开展情况。东海岸公司及广东股权交易中心汕头分公司积极配合，碰到异常情况随时向试验区财金局报告，并与相关单位召开碰头会议研究对策。

第十八条 建立企业诚信机制。对于恶意逃废债务导致银行贷款损失和信贷风险补偿资金损失的企业，根据实际情况将贷款企业从"华侨板"中剔除，并依法追究企业和有关责任人的法律责任。

第十九条 建立宣传推广机制。各合作单位要充分利用各种宣传渠道，积极做好宣传推广工作，及时总结工作成效，适时增加合作银行，逐步扩大受惠面，让更多符合条件的企业享受此项政策。

第七章　附则

第二十条 本办法由试验区财金局负责解释。

第二十一条 本办法自发布之日起施行，有效期至2022年12月31日。有效期届满，视实际情况重新评估修订。

厦门市人民政府办公厅
关于印发高层次留学人员生活津贴发放办法的通知

（厦府办规〔2020〕17号）

各区人民政府，市直各委、办、局，各开发区管委会：

《厦门市高层次留学人员生活津贴发放办法》已经市政府同意，现印发给你们，请认真贯彻执行。

厦门市人民政府办公厅

2020年10月16日

厦门市高层次留学人员生活津贴发放办法

第一条 为做好来厦高层次留学人员生活津贴的申请、发放等日常管理工作，根据《厦门经济特区鼓励留学人员来厦创业工作规定》，制定本办法。

第二条 厦门市人力资源和社会保障局是高层次留学人员生活津贴（以下简称"生活津贴"）发放的主管部门。厦门市留学人员服务中心负责生活津贴的受理、审核、发放等具体工作。

第三条 生活津贴由市财政安排专项资金，专款专用。

第四条 生活津贴的发放对象为从厦门以外新引进到本市辖区范围内的企业和市（区）属机关、事业单位工作且依法参保纳税的高层次留学人员。

第五条 生活津贴的发放标准为每人每月2000元，发放期限最长不超过首次计发时间之日起5年，期满自行终止。

对于非全职在厦门工作的高层次留学人员，每年在厦工作应当不少于6个月，5年内按实际在厦工作月份发放。

第六条 生活津贴的申请采取全程网办、定期受理、集中审定的方式。具体程序如下：

（一）申请。用人单位注册登录"厦门市人力资源和社会保障局"网上办事大厅，如实在线填写申报信息、扫描上传申报材料；

（二）初审。自提交申请之日起5个工作日内进行在线资格初审，决定是否受理。不予受理的，要说明理由；

（三）复核。对初审通过人员进行复核，提出拟发放名单；

（四）公示。拟发放名单在"厦门市人力资源和社会保障局"网站公示5个工作日。

第七条　申请生活津贴需提供下列材料：

（一）厦门市高层次留学人员生活津贴申请表、申报名单汇总表；

（二）现工作单位引进时组织、人事、教育等主管部门审批材料以及与引进单位签署的劳动合同、聘书；

（三）津贴对应发放期限内的个人纳税证明。

第八条　生活津贴原则上每年发放一次，直接拨付至申请人实名的银行账户。每年7月份受理新增和续发申请，期限为上年度7月到本年度6月。

每次续发前，用人单位应当重新提供本单位享受生活津贴人员的《申报名单汇总表》及其对应的个人纳税证明。

第九条　高层次留学人员在享受生活津贴期间，有下列情形之一的，用人单位应当及时上报并提供所掌握的证明材料及情况说明，生活津贴自该情形发生当月起停发：

（一）解除或终止劳动合同或聘用合同的；

（二）不能胜任本职工作，不具备岗位所需工作能力的；

（三）违纪违法行为造成恶劣影响的，或涉嫌刑事犯罪的；

（四）在工作和学术研究中违背科学道德、弄虚作假、工作业绩考核不合格的；

（五）被依法列为失信联合惩戒对象的；

（六）按规定应停发生活津贴的其他情形。

第十条　高层次留学人员享受生活津贴期间，在本市范围内变动工作单位、符合条件要继续享受生活津贴待遇的，由新的用人单位按第六条规定重新提出申请，经审定后可按规定继续享受，但享受生活津贴的期限不得超过首次批准的期限。

第十一条　已享受本办法规定的生活津贴以及本市其他财政同类津贴和补助的，不再重复享受生活津贴。

第十二条　首次申请生活津贴的原则上自高层次留学人员身份认定后一年内提出申请，逾期视为放弃享受资格。

第十三条　用人单位应当严格把关，履行好审核管理职责。用人单位与个人以提供虚假材料等方式套取生活津贴的，将按规定纳入公共信用信息记录，追回已发放的生活津贴，情节严重的，依法追究其法律责任。

第十四条　本办法由厦门市人力资源和社会保障局负责解释。

第十五条　本办法自发布之日起施行，有效期5年。

招 生及子女教育

教育部关于规范我高等学校接受国际学生有关工作的通知

（教外函〔2020〕12号）

各省、自治区、直辖市教育厅（教委），新疆生产建设兵团教育局，部属各高等学校、部省合建各高等学校：

依据《中华人民共和国教育法》《中华人民共和国高等教育法》和《中华人民共和国国籍法》，为维护我国高等教育公平，按照《学校招收和培养国际学生管理办法》的要求，现对高等学校接受国际学生申请进入我高等学校本专科阶段学习作出如下补充规定：

一、依据《中华人民共和国国籍法》第五条，父母双方或一方为中国公民并定居在外国，本人出生时即具有外国国籍的，不具有中国国籍。自2021年起，其申请作为国际学生进入我高等学校本专科阶段学习，除符合学校的其他报名资格外，还应持有有效的外国护照或国籍证明文件4年（含）以上，且最近4年（截至入学年度的4月30日前）之内有在外国实际居住2年以上的记录（一年中实际在外国居住满9个月可按一年计算，以入境和出境签章为准）。

二、祖国大陆（内地）、香港、澳门和台湾居民在移民并获得外国国籍后申请作为国际学生进入我高等学校本专科阶段学习的，应满足本通知第一项要求。

三、高等学校应当严格依法审查国际学生申请入学的国籍身份和报考资格，对于国籍身份存疑的，应主动向当地设区市以上公安机关出入境管理部门核查确认申请人的国籍身份情况。

高等学校可在本通知的基础上，制定本校的规定，对国际学生申请入学的身份资格作出进一步要求。

四、请各省级教育行政部门将本通知转发至本行政区域内所有招收国际学生的高等学校。

五、本通知自2021年1月1日起施行。2009年11月16日发布的《教育部关于规范我高等学校接受外国留学生有关工作的通知》（教外来〔2009〕83号）同时废止。

六、本通知最终解释权归教育部所有。

教育部

2020年5月28日

其他

哈尔滨市荣誉市民称号授予办法

（2009年11月4日哈尔滨市人民政府令第208号发布　根据2016年1月29日《哈尔滨市人民政府关于修改〈哈尔滨市荣誉市民称号授予办法〉的决定》第一次修改　根据2020年6月18日《哈尔滨市人民政府关于修改〈哈尔滨市行政事业性收费监督规定〉等十二部市政府规章的决定》第二次修改）

第一条　为了表彰和鼓励对本市经济社会发展、对外交流合作等方面做出突出贡献的人士，规范哈尔滨市荣誉市民称号授予工作，结合本市实际，制定本办法。

第二条　对外国人、华侨华人、港澳同胞、台湾同胞和国内其他非本市市民的人士（以下简称"中外人士"）授予哈尔滨市荣誉市民称号（以下简称"荣誉市民称号"）的，适用本办法。

第三条　区、县（市）人民政府，市有关行政主管部门和其他有关单位按照各自职责，分别负责授予荣誉市民称号的推荐工作。

市外事行政主管部门负责授予荣誉市民称号的审核工作。

第四条　符合下列条件之一的中外人士，经本人同意可以授予其荣誉市民称号：

（一）为发展本市经贸、教育、科技、文化、卫生、体育等事业做出突出贡献的；

（二）为促进本市对外交往、扩大对外交流合作、促成国内外友好城市关系、提升本市知名度等方面做出突出贡献的；

（三）对本市制定经济社会发展规划、推动城乡发展、技术进步、环境保护、资源开发利用等方面提出建议，经采纳后产生重大经济和社会效益的；

（四）为本市社会公益事业和慈善事业做出突出贡献的；

（五）为本市引进新产品、新技术，投产后产生显著经济效益或者社会效益的；

（六）有其他突出贡献的。

第五条　对符合本办法第四条规定条件的，区、县（市）人民政府，市有关行政主管部门和其他有关单位可以向市外事行政主管部门进行推荐，并报送哈尔滨市授予荣誉市民称号推荐表、推荐报告等材料。

第六条　市外事行政主管部门应当根据需要征求相关部门意见，并提出审核意见，报市人民政府常务会议批准。

第七条　授予荣誉市民称号，由市人民政府举行授予仪式，颁发荣誉市民证书和证章，并向社会公布。

荣誉市民证书和证章由市人民政府统一制作，证书由市长签署。

第八条　荣誉市民在本市可以享受下列待遇：

（一）应邀参加市政府专题调研、决策咨询等活动；

（二）应邀参加本市举行的重大庆典等活动，参加活动的费用由举办单位承担；

（三）在口岸享受贵宾礼遇；

（四）每年为荣誉市民在哈尔滨市第一医院按照市级干部标准提供体检一次；每年为荣誉市民承担一次由居住地往返哈市的机票及在哈市期间五天的食宿与市内交通费用；

（五）中国传统佳节（春节）之际，由外事行政主管部门以市长名义向荣誉市民邮寄地方特色产品以示慰问，宣传介绍家乡特产等；

（六）对长期居住在国外的荣誉市民，区、县（市）人民政府，市有关行政主管部门或其他有关单位可以利用出访等机会进行探望和慰问；

（七）市人民政府规定的其他待遇。

第九条　区、县（市）人民政府，市有关行政主管部门和其他有关单位应当加强与所推荐的荣誉市民的沟通、联系，及时向其通报本市经济社会发展情况，并定期了解其享有待遇落实情况。荣誉市民待遇落实存在问题的，有关部门和单位应当及时协调、解决。

区、县（市）人民政府，市有关行政主管部门和其他有关单位应当定期向市外事行政主管部门反馈与荣誉市民的沟通、联系情况。

第十条　经本人同意，市外事行政主管部门可以利用报纸、网站、广播电视等媒体，对荣誉市民的事迹进行宣传。

第十一条　荣誉市民构成犯罪被依法追究刑事责任的，或者有其他与荣誉市民称号不相称的行为并造成严重后果的，按照本办法第五条、第六条规定的推荐审批程序，撤销荣誉市民称号。

撤销荣誉市民称号的，市外事行政主管部门应当及时通知本人。

第十二条　市外事行政主管部门应当建立荣誉市民档案信息管理系统，及时将荣誉市民的个人基础信息、审核材料、授予称号时间、享受待遇、撤销称号情况等信息录入档案信息管理系统。

市外事行政主管部门应当对荣誉市民档案信息管理系统实施动态管理，及时更新相关信息。

第十三条　荣誉市民所需各项经费，由市财政局按照计划核拨，列入市外事行政主管部门预算，统筹管理，专款专用。

第十四条　本办法自2010年1月1日起施行，市人民政府1997年10月9日发布的《哈尔滨市荣誉市民称号授予办法》同时废止。

广州市荣誉市民称号授予条例

（2009年8月13日广州市第十三届人民代表大会常务委员会第二十二次会议通过 2009年11月26日广东省第十一届人民代表大会常务委员会第十四次会议批准 根据2019年11月20日广州市第十五届人民代表大会常务委员会第二十九次会议通过并经2020年7月29日广东省第十三届人民代表大会常务委员会第二十二次会议批准的《广州市人民代表大会常务委员会关于修改〈广州经济技术开发区条例〉第三十二件地方性法规的决定》修正）

第一条 为了规范广州市荣誉市民称号的授予，鼓励在本市经济社会发展、对外交流合作等方面作出突出贡献的华侨、港澳台同胞和外籍人士，根据《中华人民共和国地方各级人民代表大会和地方各级人民政府组织法》，结合本市实际，制定本条例。

第二条 遵守中华人民共和国法律、法规，具备下列条件之一的华侨、港澳台同胞和外籍人士，可以被授予广州市荣誉市民称号：

（一）在本市投资兴办企业，为广州经济社会发展作出突出贡献的；

（二）为发展本市教育、科技、文化、卫生、体育等事业作出突出贡献的；

（三）为本市社会公益事业和慈善事业作出突出贡献的；

（四）为本市经济社会发展提出有重要价值的建议，经采纳后产生重大经济和社会效益的；

（五）在促进本市与香港、澳门特别行政区的经济合作、融合发展，增强本市的区域竞争力等方面作出突出贡献的；

（六）在促进本市与台湾地区的交流与合作等方面作出突出贡献的；

（七）在促进本市对外交流与合作、推动发展国际友好城市关系、提升广州国际形象方面作出突出贡献的；

（八）在其所在国家或者地区享有较高社会声誉，为本市引进资金、人才、重大科技成果，促进本市经济社会发展，作出突出贡献的；

（九）为本市作出其他突出贡献的。

第三条 符合本条例第二条规定条件的人士，可以由本市有关的国家机关、企事业单位、社会团体推荐为广州市荣誉市民人选，也可以由本人自荐为广州市荣誉市民人选。

本市有关的国家机关、企事业单位、社会团体推荐广州市荣誉市民人选的，应当经被推荐人同意。

第四条 推荐和自荐广州市荣誉市民人选，分别由下列部门受理：

（一）被推荐人或者自荐人是华侨、港澳同胞的，由市人民政府侨务部门受理；

（二）被推荐人或者自荐人是台湾同胞的，由市人民政府台湾事务部门受理；

（三）被推荐人或者自荐人是外籍人士的，由市人民政府外事部门受理。

第五条　推荐和自荐广州市荣誉市民人选的，应当向受理部门提交广州市荣誉市民推荐表、广州市荣誉市民自荐表以及相关证明材料。

广州市荣誉市民推荐表和广州市荣誉市民自荐表由市人民政府侨务部门统一印制。

第六条　受理部门在收到推荐和自荐材料后，应当征询有关单位的意见，提出初审意见，由市人民政府侨务部门汇总后报市人民政府审核。

第七条　市人民政府应当将审核确定的荣誉市民人选名单向社会公示，公示期不得少于七日。公示后有异议的，受理部门应当自公示期满三十日内进行调查，提出处理建议，由市人民政府侨务部门汇总后报请市人民政府审定。

第八条　市人民政府应当在市人民代表大会常务委员会会议举行三十日前，将有关荣誉市民称号授予的议案报送市人大常委会。

第九条　市人民代表大会常务委员会华侨外事民族宗教工作委员会负责办理荣誉市民称号授予议案的具体工作。

市人民代表大会常务委员会在全体会议上听取市人民政府关于议案的说明和市人民代表大会华侨外事民族宗教委员会的审议结果报告，由分组会议对议案进行审议。分组会议审议后，市人民代表大会华侨外事民族宗教委员会根据常务委员会组成人员的审议意见提出关于议案的决定草案，由主任会议提请市人民代表大会常务委员会对决定草案中的荣誉市民人选逐一表决，以市人民代表大会常务委员会全体组成人员的过半数通过。

授予荣誉市民称号的决定应当向社会公告。

第十条　市人民政府根据市人民代表大会常务委员会的决定举行荣誉市民称号授予仪式，向荣誉市民颁发荣誉证书和证章。荣誉市民证书由市长签署。

第十一条　本市荣誉市民称号的授予一般三年举行一次。

第十二条　荣誉市民在本市可以享受下列礼遇：

（一）应邀列席市人民代表大会、中国人民政治协商会议广州市委员会的会议；

（二）应邀参加本市举行的重大活动，享受贵宾礼遇；

（三）应邀参加有关部门组织的专题调研、决策咨询等活动；

（四）进出广州有关客运口岸时，由有关部门协调查验单位提供专门通道或者通关便利；

（五）获赠本市经济社会发展的有关资料。

第十三条　市人民政府及有关部门应当加强与荣誉市民的沟通和联系，通报本市经济社会发展情况，听取荣誉市民的意见和建议，宣传荣誉市民事迹。

第十四条 荣誉市民称号授予活动的相关经费纳入财政预算，专款专用。

第十五条 荣誉市民有下列情形之一的，市人民政府应当及时提出荣誉市民称号撤销的议案，提请市人民代表大会常务委员会审议决定：

（一）提供虚假信息骗取荣誉市民称号的；

（二）因犯罪受到刑事处罚的；

（三）有其他与荣誉市民称号严重不相称的行为的。

撤销荣誉市民称号的决定应当向社会公告。

第十六条 国家工作人员在荣誉市民称号授予工作中滥用职权、玩忽职守、徇私舞弊的，由任免机关或者监察机关依法给予处分；构成犯罪的，依法追究刑事责任。

第十七条 本条例的实施细则由市人民政府制定。

第十八条 本条例自2010年3月1日起施行。

大连市荣誉市民称号授予办法

第一条 为了规范荣誉市民称号授予工作，褒奖非大连户籍中外人士在大连市经济社会发展等方面做出的突出贡献，鼓励争取更多的国内外有识之士关心和支持大连市的改革开放和发展，加深其与大连市的友谊，助推长期合作，制定本办法。

第二条 本办法适用于大连市荣誉市民称号授予工作。具体工作由市人民对外友好协会、市人民政府经济合作交流办公室按照职责分工组织实施。

第三条 大连市荣誉市民称号授予原则，应当兼顾授予荣誉市民称号人员的国别和地区、领域和年龄结构，具有广泛性，体现代表性，有利于传承友谊和合作。

第四条 凡遵守中华人民共和国法律、法规和规章，具有良好社会声誉，具备下列条件之一的外国人、华侨、港澳台同胞和中国籍非大连市户籍人员，经本人同意，可以被授予大连市荣誉市民称号：

（一）为推动大连市经贸、教育、科技、文化旅游和卫生健康等各项事业高质量发展做出突出贡献的；

（二）在推动大连市创新驱动、改革开放、产业结构调整和重大项目建设等方面做出突出贡献的；

（三）为大连市制定经济社会发展规划，深化体制机制改革，推动城乡发展、科技进步、环境保护和资源开发利用等方面提出重要建议，采纳后产生重大经济和社会效益的；

（四）为大连市引进重大项目、高层次人才、关键技术和设备做出突出贡献的；

（五）在大连市投资兴业、开展重大经济项目合作，对大连市经济社会发展起到重要推动作用的；

（六）在促进大连市对外交往、区域合作交流等事业中做出突出贡献的；

（七）为大连市公益事业和慈善事业做出突出贡献的；

（八）在其他方面为大连市经济社会发展做出突出贡献的。

第五条 符合本办法规定条件，拟授予荣誉市民称号的人员，按照其做出贡献的领域，由市级有关部门、各区市县政府以及先导区管委会组织推荐。

推荐单位应当填写推荐函、推荐表、被推荐人简历和主要事迹等材料，属于推荐外籍和港、澳、台地区人员的，送市人民对外友好协会；属于推荐中国籍非大连市户籍人员的，送市人民政府经济合作交流办公室，同时提交征求公安、税务、市场监管、信用信息等有关部门意见材料。

第六条 市人民对外友好协会、市人民政府经济合作交流办公室对推荐材料进行审核；其中推荐外籍和港、澳、台地区人员的，市人民对外友好协会审核后报市人民政府外事办公室审核。

市人民政府外事办公室、市人民政府经济合作交流办公室审核后签署意见报市政府分管副市长、市长同意后，提请市政府常务会议审议。

第七条 被推荐人经市政府常务会议审议通过后，由市长签发大连市荣誉市民证书，市政府举行授予荣誉市民称号仪式。

授予荣誉市民称号仪式在市政府办公地点举行，由市领导为荣誉市民颁发大连市荣誉市民证书、佩戴大连市荣誉市民徽章、赠送大连市荣誉市民城市钥匙。

如遇特殊情况，授予荣誉市民称号仪式也可以安排在其它场所举行。

第八条 大连市荣誉市民享受下列待遇：

（一）获邀出席以市政府名义主办或者承办的全国性和国际性赛事、会议、庆典等重大活动时，给予贵宾礼遇。

（二）市人民对外友好协会、市人民政府经济合作交流办公室会同宣传部门组织报纸、广播、电视和新媒体等本市主要媒体，采访报道本人事迹。

（三）不定期组织考察最新城市规划、建设与管理情况；通报本市可公布的重大项目进展情况，提供最新投资指南及影像资料。

（四）抵、离本市时，在机场、车站或者码头给予贵宾礼遇，并以市长名义在其下榻酒店房间摆放鲜花和时令水果。

（五）在本市指定的公立医院（市友谊医院）就医享受便利服务。

（六）在本市投资兴业、举办公益活动，有关部门依法为其提供便利条件。

（七）在本市地方志中记载姓名。

（八）所在企业或者机构在本市举行重要庆典时，以市政府名义发送贺电；逢生日、具有重要意义的纪念日以及职务变化等情况时，以市政府名义发送函电；本人及配偶去世时，以市长名义发送唁电。

给予荣誉市民前款规定待遇涉及多个单位的，由接待单位负责组织协调、予以落实。

第九条 被授予大连市荣誉市民称号的人员，违反中华人民共和国法律、法规和规章，或者有与荣誉市民称号不相符行为的，经市政府批准，取消其大连市荣誉市民称号。

第十条 本办法自2021年8月1日起施行。《大连市荣誉公民称号授予办法》（大政办发〔2017〕78号文件印发）和《大连市荣誉市民称号授予办法》（大政办发〔2020〕36号文件印发）同时废止。

铜川市授予荣誉市民称号办法

第一条 为鼓励和表彰在本市经济建设、社会发展和对外交流合作等方面作出突出贡献的市外人士，根据《中华人民共和国地方各级人民代表大会和地方各级人民政府组织法》和有关法律、法规的规定，结合本市实际，制定本办法。

第二条 本办法所称市外人士，是指外国人、华侨和其他非本市户籍人士。

第三条 遵守中华人民共和国法律、法规并符合下列条件之一的，可被授予铜川市荣誉市民称号：

（一）为本市积极引进重大资金、项目、高端人才、先进技术设备等，为促进本市经济发展、提升竞争力等方面作出重大贡献的；

（二）在本市兴办企业或者直接投资，产生显著经济效益和社会效益的；

（三）为促进本市科技、教育、文化、卫生、体育等社会事业发展作出突出贡献的；

（四）捐赠或者资助本市社会公益事业和慈善事业，产生良好社会效益的；

（五）在促进本市对外交往，扩大对外经济文化交流合作，推动建立友好城市关系，提升铜川形象，作出突出贡献的；

（六）在本市制定经济发展战略、城乡规划和重大技术政策、环境保护、合理开发利用资源等方面提出重要建议，被采纳后取得良好经济效益和社会效益的；

（七）在本市制定社会治理重大政策、提升社会治理体系和治理能力现代化水平与效能、促进民生领域重大政策等方面提出重要建议，被采纳后取得良好效益的；

（八）在国际上或其所在国家、地区有较高社会声誉，并对本市友好的；

（九）为本市其他方面作出突出贡献的。

第四条 授予铜川市荣誉市民称号，按照下列程序办理：

（一）推荐。符合授予铜川市荣誉市民称号条件的，由各区县政府、市委和市级国家机关各部门、各人民团体以及中省属驻铜各单位提出书面推荐申请，在征得被推荐人同意后，填写铜川市荣誉市民推荐表，连同经被推荐人确认的申报材料一并报市政府外事办；

（二）审核。市政府外事办在收到推荐申请之日起20个工作日内，征求有关部门意见，由评审小组提出初审意见，报市政府审核；

（三）公示。市政府审核通过后，将荣誉市民人选名单通过市级新闻媒体向社会公示，公示期不少于5个工作日。公示有异议的，在公示期满后30日内由市政府外事办和推荐单位进行调查，并提出处理建议报市政府审定；

（四）提请审议。市政府将审核确定的荣誉市民人选名单提请市人民代表大会常务委员会审议决定；

（五）授予。市政府根据市人民代表大会常务委员会的决定，举行荣誉市民称号授予仪式，并颁发铜川市荣誉市民证书。铜川市荣誉市民证书由市政府统一制作。

第五条　铜川市荣誉市民可以享受下列礼遇和待遇：

（一）应邀参加本市举行的重大活动，享受贵宾礼遇；

（二）在本市停留、居住期间，享有工作、生活便利和服务；

（三）应邀来铜川参观考察、参加有关部门组织的专题调研、决策咨询等活动；

（四）市政府规定的其他礼遇和优惠待遇。

第六条　市政府及有关部门应当定期向铜川市荣誉市民提供或通报本市经济社会发展的有关信息，与其保持经常联系，邀请其参加相关活动，收集其工作建议，并及时予以回复。

第七条　铜川市荣誉市民有下列情形之一的，由市政府提请市人民代表大会常务委员会审议决定，撤销其荣誉市民称号，并予以公布：

（一）因犯罪被追究刑事责任的；

（二）提供虚假信息骗取荣誉市民称号的；

（三）有其他与荣誉市民称号不相符的行为并造成严重后果或者影响恶劣的。

第八条　本办法自发布之日起施行，有效期五年。

温州市荣誉市民条例

（2020年4月24日温州市第十三届人民代表大会第五次会议通过　2020年7月31日浙江省第十三届人民代表大会常务委员会第二十二次会议批准）

第一条　为了鼓励和褒奖在本市经济发展、社会进步、对外交流合作、提升形象和影响力等方面作出突出贡献的温州市外人士，根据《中华人民共和国地方各级人民代表大会和地方各级人民政府组织法》等有关规定，结合本市实际，制定本条例。

第二条　本条例适用于本市荣誉市民的称号授予、服务保障以及其他相关工作。

第三条　遵守中华人民共和国宪法和法律法规，享有良好声誉，具备下列条件之一的外国人、香港同胞、澳门同胞、台湾同胞、华侨以及其他不具有温州户籍的市外人士，可以推荐授予温州市荣誉市民称号：

（一）在促进本市对外交往、开展交流合作、建立友好关系、提升国际化水平和提高知名度、美誉度等方面作出突出贡献的；

（二）在制定本市经济社会发展战略、保护生态环境和开发、利用资源等方面提出重要意见建议或者提供重要信息，产生重大经济或者社会效益的；

（三）在本市引进高新技术、先进设备、高层次人才等方面对创新发展作出突出贡献的；

（四）在本市招商引资、投资创业、拓展国内外市场等方面作出突出贡献的；

（五）在发展本市教育、科技、文化、卫生、体育、旅游等事业方面作出突出贡献的；

（六）在本市公益事业、慈善事业、志愿服务等方面作出突出贡献或者在本市抢险救灾、见义勇为等事迹特别突出的；

（七）在维护海外本市市民和机构的生命财产安全、合法权益等方面作出突出贡献的；

（八）在本市其他方面作出突出贡献的。

第四条　荣誉市民称号由市人民政府提名，市人民代表大会常务委员会审议决定。一般每两年授予一次，也可以根据需要适时授予。

第五条　全市各国家机关、企业事业单位、人民团体、社会组织，可以按照本条例规定的条件，经被推荐人本人同意，按照其作出突出贡献的领域，向市有关部门推荐荣誉市民人选。

市有关部门对推荐的荣誉市民人选进行审查后，提出初审意见，报市人民政府审核。

市人民政府组织全面评审，审核确定拟授予荣誉市民称号的人员名单，并向社会公示。

第六条　市人民政府拟定荣誉市民人选名单后，应当在举行市人民代表大会常务委员会会议三十日前，向市人民代表大会常务委员会提出授予荣誉市民称号的议案。

第七条　市人民代表大会常务委员会按照规定程序对市人民政府关于授予荣誉市民称号的议案进行审议并作出相应决定。

授予荣誉市民称号的决定应当向社会公告。

第八条　市人民政府根据市人民代表大会常务委员会的决定，举行授予荣誉市民称号的仪式，并颁发证书、证章。

证书、证章由市人民政府统一制作，证书由市长签署。

第九条　荣誉市民享有下列礼遇：

（一）应邀参加本市重要会议、重大活动；

（二）在温州客运口岸出入境时，主管部门根据有关单位的申请依法给予通关的便利；

（三）在医疗保障、子女教育、公共服务等方面享受本市规定的相关待遇；

（四）本市规定的其他礼遇。

第十条　市人民政府及有关部门应当加强与荣誉市民的沟通联系，向荣誉市民通报本市经济社会发展情况，听取荣誉市民的意见和建议。

第十一条　市人民政府设立荣誉市民荣誉簿等载体，记载、展示荣誉市民及其事迹。

市有关部门按照各自职责，对荣誉市民事迹进行宣传报道。

第十二条　荣誉市民称号为其获得者终身享有，但依照本条例规定被撤销或者终止的除外。

荣誉市民应当珍视并保持荣誉，模范遵守宪法和法律法规，自觉维护荣誉市民称号的声誉。

第十三条　荣誉市民有下列情形之一的，市人民政府应当及时提出撤销其荣誉市民称号的议案，提请市人民代表大会常务委员会审议决定：

（一）骗取荣誉市民称号的；

（二）因犯罪被依法判处刑罚的；

（三）有其他与荣誉市民称号严重不相称的行为的。

荣誉市民主动放弃荣誉市民称号的，可以向市人民政府提出申请，市人民政府应当及时提出终止其荣誉市民称号的议案，提请市人民代表大会常务委员会审议决定。

市人民代表大会常务委员会决定撤销或者终止荣誉市民称号的，应当向社会公告。

第十四条　对到访本市的外国友好城市行政首长、议会议长以及国际知名人士等需要授予荣誉市民称号的，可以不适用本条例第五条的规定。

第十五条　市人民政府根据本条例制定实施细则。

第十六条　本条例自2020年10月1日起施行。本条例施行前已获得荣誉市民称号的，适用本条例。

淄博市荣誉市民称号授予办法

（2008 年 12 月 19 日淄博市第十三届人民代表大会常务委员会第七次会议通过　2009 年 1 月 8 日山东省第十一届人民代表大会常务委员会第八次会议批准　根据 2020 年 8 月 27 日淄博市第十五届人民代表大会常务委员会第三十六次会议通过并经 2020 年 9 月 25 日山东省第十三届人民代表大会常务委员会第二十三次会议批准的《淄博市人民代表大会常务委员会关于修改〈淄博市节约能源条例〉等九件地方性法规的决定》修正）

第一条　为了鼓励在本市经济社会发展和对外交流合作等方面做出突出贡献的人士，根据《中华人民共和国地方各级人民代表大会和地方各级人民政府组织法》的规定，结合本市实际，制定本办法。

第二条　授予外国人、华侨和其他市外人士淄博市荣誉市民称号，适用本办法。

第三条　遵守中华人民共和国法律法规，并具备下列条件之一的人士，可以授予淄博市荣誉市民称号（以下简称"荣誉市民"）：

（一）在本市经济、科技、文化、教育、卫生、体育等领域发挥重要作用，做出突出贡献的；

（二）在本市制定经济社会发展战略、城乡规划和推动技术进步、环境保护、资源开发利用等方面提出重要建议，经采纳后产生重大经济和社会效益的；

（三）在促进本市对外交往、扩大对外交流合作、促成国际友好城市关系方面，做出突出贡献的；

（四）为本市社会公益事业和慈善事业做出突出贡献的；

（五）见义勇为事迹突出的；

（六）友好人士在其所在国家或者地区具有较高社会声誉和重要社会影响的；

（七）本市引进的海外专家，做出突出贡献的；

（八）有其他突出贡献的。

第四条　本市行政区域内的机关、团体和企业事业单位可以依照本办法规定，根据本人申请，推荐荣誉市民人选。

第五条　市人民政府有关部门按照各自的职责，分别受理推荐。

第六条　授予荣誉市民称号按照下列程序办理：

（一）受理推荐的部门应当自收到推荐报告之日起三十日内调查核实，提出审核意见；

（二）符合授予条件的，由市人民政府外事部门统一向社会公示，市人民政府常务会议讨论通过，由市人民政府向市人民代表大会常务委员会提出授予荣誉市民称号的议案；

（三）市人民代表大会常务委员会审议作出授予荣誉市民称号的决定。审议决定前，可以交有关专门委员会进行审议，提出书面意见；

（四）市人民政府根据市人民代表大会常务委员会授予荣誉市民称号的决定，向被授予荣誉市民称号的人士颁发荣誉市民证书和证章。

荣誉市民证书由市长签署并颁发。荣誉市民证书和证章由市人民政府统一制作。

第七条 荣誉市民享受以下待遇：

（一）应邀参加本市重大活动时，享受贵宾礼遇；

（二）应邀旁听市人民代表大会常务委员会会议；

（三）对已取得外国专家证或者外国人就业证，需要在本市长期居留的，市公安部门为其办理三至五年期的居留许可；

（四）在本市公立医院就医，享受绿色通道服务；

（五）子女入学享受本市学生待遇，外国学生可以选择经省教育主管部门审核确定的有接受留学生资格的学校就读；

（六）参观纪念馆、博物馆等享受本市市民待遇；

（七）市人民政府规定的其他待遇。

第八条 市人民政府及有关部门应当做好荣誉市民事迹的宣传工作，加强与荣誉市民的联系，定期为其提供本市经济社会发展的有关信息。

第九条 荣誉市民发生有损于荣誉市民称号行为的，市人民政府提出撤销荣誉市民称号的议案，市人民代表大会常务委员会审议决定，撤销其荣誉市民称号。

第十条 国家工作人员在授予荣誉市民称号工作中滥用职权、弄虚作假、玩忽职守、徇私舞弊的，由其所在单位或者有关部门给予处分；构成犯罪的，由司法机关依法追究刑事责任。

第十一条 本办法自2009年5月1日起施行。

温州市荣誉市民条例实施细则

第一条 为了规范温州市荣誉市民授予及相关工作，根据《温州市荣誉市民条例》等有关规定，制定本细则。

第二条 市政府办公室负责授予、撤销荣誉市民称号等相关工作的协调、组织和实施。

第三条 遵守中华人民共和国宪法和法律法规，享有良好声誉，具备《温州市荣誉市民条例》第三条所列条件之一的外国人、香港同胞、澳门同胞、台湾同胞、华侨以及其他不具有温州户籍的市外人士，可以推荐授予温州市荣誉市民称号。

第四条　荣誉市民称号一般每两年授予一次。因重大事件、重大活动、重大贡献等特殊情况，有必要及时授予荣誉市民称号的，可以根据需要适时授予。

第五条　授予荣誉市民按下列程序办理：

（一）推荐：全市各国家机关、企业事业单位、人民团体、社会组织，可以按照规定的条件，经被推荐人本人同意，填写温州市荣誉市民推荐书（附后），向市有关部门推荐荣誉市民人选。

推荐对象属外国人、香港同胞、澳门同胞的，向市外办申报；属华侨的，向市侨办申报；属台湾同胞的，向市台办申报；属市外其他人士的，按照其作出突出贡献的领域，向市有关部门申报。

（二）初审：市有关部门对推荐的荣誉市民人选进行审查后，提出初审意见，报市政府办公室；市政府办公室对初审意见和推荐材料进行审核把关，确定拟提交市荣誉市民评审委员会评审名单。

（三）评审：市荣誉市民评审委员会对初审意见和推荐材料进行全面审查、综合评定后，评出拟授予荣誉市民人员名单提交市政府常务会议审议。

（四）审议：拟授予荣誉市民人员名单经市政府常务会议审议通过并公示后，依照程序提请市人民代表大会常务委员会表决。

（五）授予称号：市政府根据市人民代表大会常务委员会表决意见，举行授予荣誉市民称号仪式，向被授予"温州市荣誉市民"称号的人士颁发荣誉市民证书和证章。

第六条　市荣誉市民评审委员会，由市政府秘书长和市政府办公室、市外办、市侨办、市台办及有关部门负责人组成。日常工作由市政府办公室承担，工作经费列入市政府办公室年度部门预算，专款专用。

第七条　荣誉市民证书和证章由市政府统一制作，证书由市长签署。

证书上用中英文印制"为表彰×××对温州市经济社会发展作出的贡献，根据温州市人民政府提议，经温州市第×届人民代表大会常务委员会第×次会议决定，特授予'温州市荣誉市民'称号"的字样。

第八条　市有关单位按照各自职责，切实保障荣誉市民享有下列礼遇，市政府办公室负责督促落实：

（一）应邀列席温州市人民代表大会或中国人民政治协商会议温州市委员会的全体会议；

（二）应邀参加世界温州人大会等本市举行的重大庆典活动，享受贵宾礼遇；

（三）获赠《温州年鉴》等本市经济社会发展的有关信息资料；

（四）在温州客运口岸出入境时，主管部门接受荣誉市民本人或有关单位的申请，依法给予通关的便利；

（五）在温州市区域内乘坐飞机、高铁、动车时，机场、动车站为荣誉市民开

放便捷通道；

（六）荣誉市民可在本市指定医院享受一年一次免费的健康检查，在本市医院享受就医便捷服务；

（七）对需要在温就学的荣誉市民子女，由教育主管部门统筹安排入读学前教育和义务教育的公办学校；

（八）荣誉市民可免费进入本市范围内公办的公园、景点、博物馆以及体育健身等公共场所；

（九）本市规定的其他礼遇。

第九条　市政府办公室及有关部门加强与荣誉市民的沟通联系，以多种形式向荣誉市民通报本市经济社会发展情况，听取荣誉市民的意见和建议。

第十条　市政府办公室会同有关部门设立荣誉市民荣誉簿等载体，记载、展示荣誉市民及其事迹。

市有关部门按照各自职责，通过报纸、电台、电视、网络等多种形式对荣誉市民事迹进行宣传报道。

第十一条　荣誉市民有下列情形之一的，由原初审单位或相关单位提出撤销其荣誉市民称号的意见，由市荣誉市民评审委员会组织审查并报市政府常务会议讨论通过后，由市政府提请市人大常委会审议决定撤销，并予以公告：

（一）利用虚构事实、隐瞒真相等手段骗取荣誉市民称号的；

（二）因犯罪被人民法院依法判处刑罚并已生效的；

（三）有侮辱、诋毁我国、我省、我市声誉或其他与荣誉市民称号严重不相称的行为的。

第十二条　荣誉市民主动放弃荣誉市民称号的，可以向市政府提出书面申请，由市政府及时提出终止其荣誉市民称号的议案，提请市人民代表大会常务委员会审议决定。

第十三条　对到访本市的外国友好城市行政首长、议会议长以及国际知名人士等需要及时授予荣誉市民称号的，可以合并、缩减有关推荐、初审、评审等程序环节。

第十四条　本实施细则自印发之日起施行。

台州市荣誉市民条例

（2020 年 10 月 23 日台州市第五届人民代表大会常务委员会第三十四次会议通过　2020 年 11 月 27 日浙江省第十三届人民代表大会常务委员会第二十五次会议批准）

第一条　为了鼓励和褒奖对本市经济建设、社会发展、促进对外交流合作、提升城市形象和影响力等方面作出突出贡献的市外人士，根据《中华人民共和国地方各级人民代表大会和地方各级人民政府组织法》，结合本市实际，制定本条例。

第二条　本条例适用于本市荣誉市民的称号授予、服务保障以及其他相关工作。

第三条　遵守中华人民共和国宪法和法律，在本市具有下列情形之一的外国人、华侨、港澳台同胞以及其他市外人士，可以推荐授予台州市荣誉市民称号：

（一）在促进对外交流合作、建立友好城市关系、提升国际化水平等方面作出突出贡献的；

（二）在促进与香港、澳门特别行政区和台湾地区的交流与合作等方面作出突出贡献的；

（三）在经济社会发展、城乡建设管理、生态环境保护和资源科学利用等方面作出突出贡献的；

（四）在招商引资、投资创业、拓展国内外市场等方面作出突出贡献的；

（五）在引进高新技术、高层次人才、高端科创平台等方面作出突出贡献的；

（六）在发展教育、科技、文化、卫生、体育、旅游等社会事业方面作出突出贡献的；

（七）在社会公益事业、慈善事业等方面作出突出贡献或者在抢险救灾、见义勇为中事迹特别突出的；

（八）在宣传台州、提高台州知名度和美誉度等方面作出突出贡献的；

（九）在其他方面作出突出贡献的。

第四条　市人民政府设立荣誉市民工作联席会议，部署开展荣誉市民评选工作，审核荣誉市民推荐和拟撤销名单，协调涉及荣誉市民工作的重大事项。

荣誉市民工作联席会议的组成部门和人员由市人民政府根据工作需要确定。

联席会议办公室设在市政府办公室，负责联席会议日常事务以及荣誉市民的联络、服务、宣传等相关工作。

第五条　荣誉市民称号一般每三年授予一次，也可以根据需要适时授予。

第六条　符合授予荣誉市民称号条件的，由各县（市、区）人民政府和市各有关单位推荐，在征得被推荐人本人同意后，向下列部门申报：

（一）被推荐人是港澳同胞、外国人的，向市外事（港澳）主管部门申报；

（二）被推荐人是台湾同胞的，向市台湾事务主管部门申报；

（三）被推荐人是华侨的，向市侨务主管部门申报；

（四）被推荐人是市外其他人士的，按照其作出突出贡献的领域，向市相关主管部门申报。

第七条 市有关部门应当及时受理申报，对相关材料进行核实，提出初审意见，报送荣誉市民工作联席会议办公室。

经联席会议审核后，提交市人民政府确定拟授予荣誉市民称号的人选名单，并向社会公示，公示期不少于七日。

第八条 市人民政府拟定荣誉市民人选名单后，应当在举行市人民代表大会常务委员会会议三十日前，向市人民代表大会常务委员会提出授予荣誉市民称号的议案。

第九条 市人民代表大会常务委员会按照规定程序对市人民政府关于授予荣誉市民称号的议案进行审议并作出决定。

授予荣誉市民称号的决定应当向社会公告。

第十条 市人民政府根据市人民代表大会常务委员会的决定，举行授予荣誉市民称号的仪式，并颁发证书、证章。

证书、证章由市人民政府统一制作，证书由市长签署。

第十一条 荣誉市民享有下列礼遇：

（一）应邀列席台州市人民代表大会、中国人民政治协商会议台州市委员会等重要会议；

（二）应邀参加本市的重大活动，享受贵宾礼遇；

（三）进出台州客运口岸出入境时，主管部门根据有关单位的申请依法给予通关便利；

（四）荣誉市民子女在本市接受学前教育和义务教育的，由各地教育等主管部门依法予以保障；

（五）每年在本市指定医院享受一次免费体检，并享受就医优先服务；

（六）享受本市高层次人才政务服务、旅游服务、运动服务等相关礼遇；

（七）本市规定的其他礼遇。

第十二条 市人民政府及相关部门应当加强与荣誉市民的沟通联系，及时向荣誉市民通报本市经济社会发展情况，听取荣誉市民的意见和建议。

荣誉市民工作联席会议办公室应当做好荣誉市民服务保障等相关工作，通过走访慰问、召开座谈会等方式，与荣誉市民保持经常性的联系。

第十三条 市、县（市、区）人民政府和有关单位应当加强对荣誉市民事迹的宣传报道。

市人民政府通过设立荣誉市民荣誉墙等载体，展示荣誉市民的主要事迹。

第十四条 荣誉市民称号授予、礼遇落实、宣传报道、服务保障等活动经费纳入市财政预算。

第十五条 荣誉市民称号为其获得者终身享有，但是依照本条例规定被撤销或者终止的除外。

荣誉市民应当珍视并保持荣誉，模范遵守宪法和法律，自觉维护荣誉市民称号的声誉。

荣誉市民应当关心、宣传和支持台州经济社会发展。

第十六条 荣誉市民有下列情形之一的，市人民政府应当及时提出撤销其荣誉市民称号的议案，提请市人民代表大会常务委员会审议决定：

（一）骗取荣誉市民称号的；

（二）因犯罪被依法判处刑罚的；

（三）因其他原因不宜保留荣誉市民称号的。

荣誉市民主动放弃荣誉市民称号的，可以向市人民政府提出申请，市人民政府应当及时提出终止其荣誉市民称号的议案，提请市人民代表大会常务委员会审议决定。

市人民代表大会常务委员会决定撤销或者终止荣誉市民称号的，应当向社会公告。

第十七条 外国友好城市行政首长、议会议长以及国际知名人士等来本市访问，需要授予荣誉市民称号的，可以不适用本条例第六条、第七条的规定。

第十八条 本条例自2021年1月1日起施行。本条例施行前已获得荣誉市民称号的，适用本条例。

大事记

"2020全球华侨华人十大新闻"揭晓

由中国新闻社评选的"2020全球华侨华人十大新闻"7日在北京揭晓。十大新闻依次为：

一、习近平广东考察走访潮汕，肯定华侨贡献

2020年10月12至13日，习近平赴广东考察，充分肯定经济特区建设所取得的重要成绩。他先后来到潮州、汕头等地开展调研，并对海外侨胞给予高度评价。他说："华侨一个最重要的特点就是爱国、爱乡、爱自己的家人。这就是中国人、中国文化、中国人的精神、中国心。中国的改革开放，中国的发展建设跟我们有这么一大批心系桑梓、心系祖国的华侨是分不开的。"

二、习近平复信美国犹他州小学生，鼓励学中文

卡斯卡德小学学生送给习爷爷的贺卡

鼠年春节前夕，美国犹他州卡斯卡德小学50名四年级学生用中文给中国国家主席习近平写新年贺卡，介绍他们学习中文的情况和个人爱好，表达对中国和中国文化的喜爱，表示希望能有机会访问中国，并祝习爷爷新年快乐。2020年2月15日，习近平亲切复信，鼓励他们继续努力学习中文，了解中国文化，为增进中美两国人民友谊作出贡献。

三、全球华侨华人携手同心，抗击新冠肺炎疫情

2020年初，中国暴发新冠肺炎疫情，华侨华人虽远在海外，却时刻关注国内疫情。随着疫情在海外急速蔓延，华侨华人积极投入"第二故乡"的抗疫战场。在这场疫情"阻击战"中，海外侨胞发扬了中华民族的优良传统，展现出大国侨民的良好形象。

四、《归侨侨眷权益保护法》颁布30周年，侨益保护受关注

2020年是《中华人民共和国归侨侨眷权益保护法》颁布实施30周年。在《归侨

侨眷权益保护法》颁布30周年座谈会上，全国人大常委会副委员长白玛赤林指出，《归侨侨眷权益保护法》颁布30年来，中国侨务立法工作不断推进，依法护侨成效进一步显现，涉侨法律法规的宣传和普及力度不断加大，归侨侨眷在参与管理国家事务中的作用不断增强。

五、"水立方杯"中文歌赛走过10年，凝聚华侨华人"中国情"

2020年，"水立方杯"海外华人中文歌曲大赛迎来10周年。大赛以"相约十年 心在一起"为主题，即使在新冠肺炎疫情的特殊情况下，仍然吸引了来自33个国家和地区的50个赛区近3000名选手报名。十年来，"水立方杯"中文歌曲大赛吸引了越来越多华侨华人的关注，已经升级为国家级侨务文化品牌和全侨参与的音乐文化盛会。

2020 "文化中国·水立方杯"海外华侨华人和港澳同胞联欢晚会29日在国家游泳中心"水立方"举行

六、侨胞不用来回跑，中国多地推出线上办理业务

2020年广东、浙江、北京、福建等国内多地政府部门率先借助"互联网+"平台，搭建起联通海外侨胞的新桥梁，让缴纳社保、回国落户、处理纠纷等多项涉侨事务依托互联网技术得以跨境办理，让身处万里之遥的侨胞办事不用来回打"飞的"也能轻松搞定。这一系列惠侨举措大大提升了海外侨胞的获得感、幸福感、安全感，彰显了疫情之下为侨服务的暖心、贴心、用心。

桐梓县营商环境建设局工作人员在线上为民众办理业务

七、满载海外华人乡愁，"送王船"列入非遗代表作名录

中国和马来西亚联合申报的"送王船——有关人与海洋可持续联系的仪式及相关实践"（简称"送王船"）于北京时间2020年12月17日晚获列入联合国教科文组

"送王船"活动在福建省厦门市钟宅畲族社区澜海宫启幕

织人类非物质文化遗产代表作名录。送王船民俗在马来西亚已有数百年历史，华人先辈早前从中国迁居南洋时将这项民俗带到马来西亚，并在当地传播传承，成为闽籍华人最具特色及代表性的传统民俗活动之一。

八、新中国首所华侨高等教育学府华侨大学迎来60周年校庆

2020年11月1日，华侨大学迎来建校60周年。作为新中国成立后兴办的首所华侨高等教育学府，60年来，因侨而生的华侨大学始终牢记亲侨、助侨、兴侨的创校初心，以"为侨服务，传播中华文化"为立校之本和兴校之托，高水平、高质量地服务侨界、侨生，服务地方经济发展。时至今日，华侨大学共培养了20万海内外校友，在各个行业、各个领域取得了突出成就。

10月31日晚间，华侨大学举行建校60周年纪念晚会

九、助力全球合作抗疫，中医药快步融入国际医药体系

2020年新冠肺炎疫情发生后，中国与80多个国家和地区交流中医药诊疗方案和临床经验，选派中医师赴近30个国家和地区助力当地疫情防控。中国已与40多个国家的政府、地区主管机构和国际组织签订了专门的中医药合作协议。由中国推动在国际标准化组织（ISO）成立的中医药技术委员会已发布数十项中医药国际标准。中医药正快步融入国际医药体系，为人类健康福祉作出越来越大的贡献。

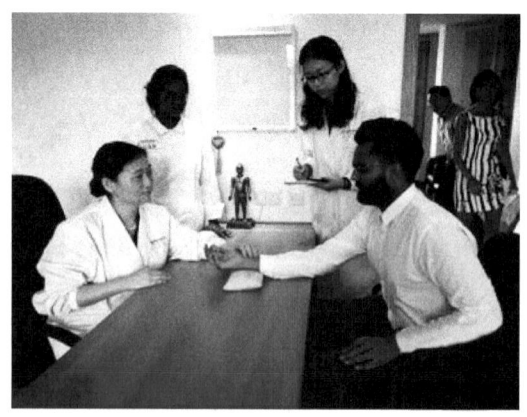

中国专家为毛里求斯病患诊断

十、70个国家将中文纳入国民教育体系

中国教育部2020年12月22日发布消息，全球有70个国家将中文纳入国民教育体系。目前，中国以外正在学习中文的人数约2500万。"十三五"期间，全球参加HSK等中文水平考试的人数达到4000万人次，这表明国际中文教育拥有广泛而坚实的基础。

（中国新闻网2021-02-07/冉文娟）

2020 欧洲华侨华人十大新闻

2020年，突如其来的新冠肺炎疫情改变了世界。自年初疫情在中国暴发，欧洲华侨华人便迅速行动起来，发起向疫区的大规模捐助支援行动。然而，刚打完支援家乡抗疫的"上半场"，他们便直面形势更加严酷复杂的欧洲"下半场"。当疫情对经济造成重创，欧洲华商们在生存压力下寻求转型升级。当华社的声音越来越需要被听到，欧洲华人的参政议政热情不断上涨。同时，他们也期待更深入地参与到中国的发展建设中。

一、习近平多次肯定华侨贡献：中国发展与华侨是分不开的

新中国成立70余年来，海外侨胞从未缺席中国的发展建设与改革，他们在各个历史时期都发挥了独特作用。

新中国成立后，海外侨胞带来投资，搭建起中外交往的桥梁，还有一大批知识分子、科技人员回到祖（籍）国，为新中国科技文化事业发展做出突出贡献。

中国国家主席习近平2020年10月13日在广东省汕头市考察时多次肯定华侨贡献："中国的发展建设跟我们有这么一大批心系桑梓、心系祖国的华侨是分不开的。"

二、驰援祖籍国抗疫　捐助当地抗疫　侨胞尽显十八般武艺

2020年初，中国国内暴发新冠肺炎疫情，"武汉紧急求援"消息一出，欧洲侨胞便开始四处奔走，积极募捐。即使当时正值春节，他们也没有停下奔走的脚步，"这是比庆新春更重要的事。"

侨胞们通过不同渠道获得物资，有人愿意贡献手中的资源，且不赚差价；

5月21日，旅法侨团向法国巴黎公立医院集团捐赠20万只防护口罩，帮助法国医疗系统抗击新冠肺炎疫情（图片来源：中新社）

有人每天积极在朋友圈实时更新物资募集、抗击疫情的信息；有人千里开车运送物资到机场……不少侨团成立了工作组负责组织捐赠活动。

欧洲华侨华人守望相助，旅欧各国华商、社团积极募捐支持当地抗疫，捐赠大批紧缺物资。法国、德国、英国、意大利、奥地利、西班牙侨界均表现突出。

意大利普拉托华人社区的旅欧侨胞抗疫成果显著，成为当地人认可的"抗疫达人"。不少从事医疗行业的侨胞投身"抗疫一线"，帮助所在国战"疫"。欧洲华侨华人在疫情危机下回馈社会的行为，获得所在国社会的舆论肯定。

侨胞们尽显"十八般武艺"，参与到这场疫情"阻击战"中，彰显大爱。

三、对病毒歧视说不　欧洲侨胞发出理性呼唤

2020年2月2日，在世界各地出现对华人有偏见和歧视的新闻报道后，意大利华裔青年Massimiliano发起"我不是病毒"的街头试验，收获许多陌生人的拥抱

2020年，欧洲多国出现了针对华侨华人的种族歧视。面对侮辱和攻击，旅欧侨胞坚决反击，传递正能量。

欧洲多国华人社团纷纷成立"华人反种族歧视小组"，协调各地反歧视工作，增强与政府及媒体的合作，为受歧视的华人提供指导和帮助；各国华裔政要纷纷发声，谴责种族歧视，力挺华侨华人；海外各华文媒体也持续聚焦华人反对种族歧视的报道，声援反歧视行动。法国警方针对法国侨团"倒卖口罩"诉讼，被法庭不予受理；第二波疫情法国发生网络号召攻击中国人事件后，中使馆发警示，法国一百多名议员联署公开信讨伐。

四、疫情致商业停摆　欧洲华商谋破局

2020年7月4日，沉寂已久的英格兰迎来解封。图为在一家甜品店门外排队等候的西方顾客们

疫情期间，海外华商遭遇重创，在巨大的生存压力下，他们纷纷寻求转型升级。在餐饮业，很多华商推出"无接触"服务，让客人可以安心用餐；在旅游业，很多华商推出新业务，并让传统行业与互联网紧密结合，完成公司升级；还有一些电商平台加速了向经济数字化的转型。华商在此次疫情中受到不小影响，但他们直面困难，勇于探索发展新机遇。

五、表达诉求　欧洲华人参政议政热情上涨

回望2020年，旅欧华人在参政议政上表现出了高涨的热情。

2020年3月，来自武汉的原留法学生田玲（前排左一）当选为巴黎北郊欧拜赫维利埃市的副市长

在3月的法国市镇选举中，据不完全统计，仅大巴黎地区就有26名华人参选，最终来自武汉的原留法学生田玲当选为巴黎北郊欧拜赫维利埃市的副市长，出生于老挝的华裔刘志伟，当选碧西市第一副市长，华裔苏卡特里娜当选塞纳河畔维特里市的第六副市长，华人彭昌华、陈家辉当选巴黎13区议员，王立杰当选为十九区议员，华人律师韩博当选为大巴黎勒布朗梅尼勒议员，王瑞当选巴黎北郊庞坦市议员，来自青田的杨志巧当选93省维勒潘特市市议员，另有2名参选者需要等待"替补"机会；而在法国各个地方也有不少华人参选并当选。

9月，华裔混血Rob Wood当选英国朴茨茅斯市市长；德国华人杨明出任欧洲经济参议院副主席。这股参政热情体现了旅欧华人表达自己诉求，行使公民权的愿望。

六、助力新冠疫情防控　中医药出海迎来新机遇

疫情期间，中医药为欧洲华侨华人的疫情防治起到了积极作用，许多侨胞服用了预防方剂。2月14日，由欧洲多国的中医专家联合世界其他国家中医专家发布《中医药国际抗疫倡议书》，倡议全球中医药人充分发挥互联网技术优势，以及中医药防瘟疫、治未病优势，借助"海外中医药防治新型冠状病毒肺炎互联网公益服务平台"（简称"国际中医药抗疫平台"），

2020年11月5日，欧洲青田同乡总会向在法侨胞援送中药、口罩等抗疫物资（图片来源：欧洲青田同乡总会供图）

为海外同胞免费提供中医药线上咨询、防治知识和方法等，成为全球首个面向海外同胞的中医药抗疫平台。其中包括法国时空针灸研究院院长、世界中医药学会联合会副主席朱勉生，欧洲中国传统文化科学院院长、法国JZ药业董事长蒋玉林，法国黄家中医药学院院长王德凤等法国中医药专家以及意大利中华中医药学会前会长、世界中医药学会联合会副主席何嘉琅，欧洲

中医药专家联合会轮值主席江杨清，中国英国中医中心英方主席、英国兰维多利亚学院院长汤淑兰，西班牙全欧洲中医药专家联合会副会长陈春信，英国杏林中医研究院院长马伯英，意大利土河中国文化体育协会主席、世界中医药学会联合会体育健康产业发展分会副会长贾景全，奥地利环球文化医学学会会长李宏颖，比利时中医药联合会常务副会长陶丽玲等。朱勉生、何嘉琅、蒋玉林等在斯塔拉斯堡汇聚欧洲十多个国家当地中医从业者举办第二届"世界中医日"庆祝活动，为中医药在抗疫中的作用发声。中东欧中医药学会会长、匈牙利东方国药集团董事长陈震积极生产中药捐赠当地救助华侨华人。在首都布达佩斯"煮大锅中药"，免费为当地民众及华人提供增强免疫力的汤药，帮助人们增强免疫力。从事该行业的旅欧侨胞组成中医团队，线上助力同胞抗疫。

不少华裔从业者抓住机会，积极进行中医药海外推广，越来越多的当地人开始尝试、体验中医疗法。

七、坚定信念　欧洲华人发出反"独"促统最强音

2020年的国际社会舆论场日益纷繁复杂，欧洲华侨华人坚定信念，在涉及中国核心利益的问题上发出反"独"促统的最强音。

2020年1月11日，法国中国和平统一促进会召开座谈会，坚决反对"台独"

5月，旅欧华侨华人纷纷发声，谴责台湾地区领导人蔡英文在就职演说中未提及"九二共识"且称不接受"一国两制"；6月，欧洲华侨华人在《反分裂国家法》实施15周年之际发表联合声明，声明称国家必须统一，必然统一。

此外，针对美国卫生部长8月"访台"和捷克参议院议长9月"访台"等动作，欧洲多个统促会和侨界组织表达了强烈谴责和抗议。

这一年，欧洲华人矢志不渝为反"独"促统发声。

八、旅欧侨胞看好中欧投资协定

2020年是中欧关系的大年，不仅是中国与欧盟建交的45周年，也是中意建交50周年、中瑞建交70周年、中芬建交70周年。中欧关系经历近半个世纪风雨考验，正日趋全面、成熟和稳定。

疫情期间，双方均在对方困难之际赠予物资，中国还派专家团来欧协助抗疫，得到欧洲社会广泛好评。

2020年11月，第三届中国国际进口博览会在上海举行。葡萄牙驻华大使杜傲杰（右）走访食品及农产品展区密利拿庄园农业进出口有限公司展位，助力推广葡萄牙葡萄酒（图片来源：中新社）

2020年，中欧正式签署《中欧地理标志协定》，中欧投资协定谈判也有望在年内完成。欧洲华侨华人既是中欧关系发展成就的见证者也是推动者，他们对未来双边关系的发展持积极态度。

九、国际旅行受限　侨胞网上办事更便捷

新冠肺炎疫情持续蔓延让国际旅行受限，旅欧侨胞无法及时回国办理各项事务，为工作生活带来诸多不便。中国不少地区借助"互联网+"平台，让为侨服务不打烊，办事效率无折扣。例如，浙江温州推出"全球通办"平台进行"一站式"服务；广东江门实现12个部门300多项高频事项全流程网上办等等。2020年还是《归侨侨眷权益保护法》颁布30周年，多地开展了"侨法"宣

2020年6月12日，青田县行政服务中心工作人员展示手机上的涉侨审批全球代办微信服务群。很多华侨通过这个微信服务群了解并办理相关审批事项（图片来源：新华社）

传活动，帮助侨胞熟悉法律、认知法律、维护权益。中国立法机关表示，30年来，世情、国情、侨情发生了巨大变化，中国将进一步完善归侨侨眷权益保护的法律制度。

十、关注中国发展　侨胞期盼共同成长

疫情重创全球经济，唯有中国复苏强劲，包括华二代在内的许多欧洲华商纷纷看好中国市场，积极把握中国机遇，为经济增长助力。中国侨联官网近日公布了第八届"中国侨界贡献奖"获奖名单，其中多位欧洲归侨喜获一等奖。

中国经济社会发展关乎侨胞切身发展。因新冠疫情影响，中国两会推迟在5月召开，欧洲侨胞虽未能像往年一样列席，但通过网络、朋友圈等不同渠道关注热议中国"后疫情时代"经济发展、民法典及脱贫攻坚等热点话题，他们表示愿与祖（籍）国坚定同行、贡献侨智侨力。

2020年12月1日，中国侨联"第八届新侨创新创业成果交流活动"在北京举行，125名侨领获得第八届"中国侨界贡献奖"。图为颁奖现场（图片来源：中新社）

2020年是"十三五"收官之年，在中国发展历史上也是有标志性意义的一年，对于未来五年中国发展规划和2035年远景目标，10月召开的中共十九届五中全会作出具体部署。欧洲华侨华人也给予高度关注，他们感叹于"十三五"时期中国的发展变化，并期盼"十四五"新航程。

欧洲华商表示，未来计划在生物医药、人工智能、5G应用等领域发力，更深入参与到中国发展建设中。

（［法国］《欧洲时报》2020-12-30）

匈牙利华媒评选出 2020 年匈牙利侨界十大新闻

据匈牙利欧洲华通社报道，欧洲华通社与中东欧资讯平台等华媒评出2020年匈牙利华界十大新闻。

匈牙利华侨华人在布达佩斯机场交运向国内捐赠的
抗疫物资

1. 年初，中国暴发新冠肺炎疫情后，匈牙利华侨华人积极向国内捐赠口罩等防疫物资。匈牙利发生疫情后，又向当地医院、社区、红十字会、学校和政府部门等单位捐款捐物，华侨华人对抗疫的积极贡献和表现值得钦佩和赞扬。

疫情期间，华侨华人守望相助，共克时艰。年初，多个社团和个人为从中国返回匈牙利的人员提供免费隔离服务、向华社免费分发口罩和防护用品、中医诊所免费提供预防病毒药茶等，大家还通过建立微信群组等交流防疫信息和互助。多个社团还协助接收国内包括口罩和药品在内的援助物资并组织发放，华社防疫工作做得十分到位。

向匈牙利红十字会机构捐赠物资

2．1月11日和18日，第四届匈牙利"中国春"文化节分别在匈牙利诺格拉德州和费耶尔州成功举办，这也是华侨华人向当地民众展示中国文化的活动首次深入距离布达佩斯较远的地区。18日，匈牙利话剧《机器人奇遇记》经华侨华人参与翻译，作为文化节的一部分以双语字幕的形式在布达佩斯演出。

"中国春"活动现场一角

3．华侨艺术家表现活跃。3月10日，华侨画家魏翔的"慈善艺术作品展"在佩奇市知识中心开幕。9月底，华侨画家赵文洁及其画室学员的《庚子·记忆》等抗疫主题画作入选由中国人民对外友好协会主办的"2020：在一起——环太平洋国家艺术邀请展"线上展览。12月27日，华侨摄影家赵干成的作品《爱在万家灯火》参加2020上海国际"郎静山摄影艺术奖"慈善摄影大赛并获得金像奖。

赵文洁作品《庚子·记忆》

赵干成作品《爱在万家灯火》组图之一

左图为《塞梅尔维斯医科大学中医发展历程》一书，右图为于福年博士在"云讲堂"上讲座

《新导报》社长耿洁、匈牙利前总理迈杰希、中国驻匈牙利大使馆文化参赞王峥、匈牙利东方国药集团董事长陈震博士、《2019匈牙利华侨华人年鉴》主编金晓晓为《年鉴》首发揭幕

4．4月，由中东欧中医药学会联合会主席、匈牙利塞梅尔维斯医科大学健康学院教授、黑龙江中医药大学匈牙利分校中方校长于福年博士任中方主编的《塞梅尔维斯医科大学中医发展历程》一书在匈牙利出版。该书由中国驻匈牙利大使段洁龙作序，记录了中匈两国高等院校在中医领域20多年的合作发展历程。另外，中东欧中医药学会联合会在疫情期间连续数月通过当地社交媒体直播"云讲堂"向当地民众介绍病毒预防等医学知识。

5．7月16日，《2019匈牙利华侨华人年鉴》发行式暨匈中文化交流协会会馆仪式、华文周报《新导报》发行1000期庆祝活动在布达佩斯唐人街中华文化中心匈中文化交流协会会馆举行。匈牙利前总理迈杰希、中国驻匈牙利大使馆文化参赞王峥、布达佩斯中国文化中心主任金浩等人士出席。

6．7月30日，搭载238名匈牙利华侨和中国留学生的国航包机顺利从布达佩斯起飞前往郑州。此次包机行动正值匈牙利第一波疫情高峰期，经中国驻匈牙利大使馆的努力协调和各领事保护志愿者的大量工作，提出申请的老弱病妇幼人员和留学生顺利回国。这也是因特殊情况在匈牙利组织的首次回国包机。回国航班检测实行新的规定后，匈牙利华侨冷静应对，积极配合，认真遵守相关规定。

7. 华侨华人获官方表彰。8月11日，匈牙利总理高级顾问苏契向中东欧中医药学会会长陈震博士和甘肃援外医生石宗珂主任医师颁发"健康骑士"奖章和证书，表彰他们在新冠疫情来袭的时刻不畏艰险迎难而上及多年来为匈牙利人民健康做出的贡献。9月12日，巴兰尼亚州科扎尔米什莱尼市向华侨新移民矫超和周璐夫妇颁发"感谢奖"水晶牌和"市长表彰荣誉证书"，对他们积极融入当地社会，促进两国经济和人文交流以及疫情期间的捐助予以表彰。10月12日，匈牙利总统阿戴尔批准向中欧商贸物流合作园区董事长兼匈中经济商会创始人吴江授予功绩骑士勋章，以表彰他在抗击新冠疫情中在医疗物资的采购、运输、捐赠等人道救援方面的突出贡献。

8. 11月12日，匈牙利外交与对外经济部将"中东欧文化教育"办公室授予中欧文化教育基金会揭牌仪式暨《留学匈牙利》中文版新书发布会在外交与对外经济部举行。外交与对外经济部国务秘书帕乔伊-托马西奇、中国驻匈牙利大使馆文化参赞王峥、中欧文化教育基金会主席高东红、《留学匈牙利》一书作者张伟等在现场或通过视频参加了活动。

9. 11月13日，华侨作家和翻译家余泽民翻译、江苏凤凰少年儿童出版社出版的匈牙利著名作家裴特尔斐应邀为中国读者创作的小说《裴多菲街8号》在上海国际童书展成功举办新书发布会。另外，由余泽民妻子余艾丽卡翻译、余泽民校订的小说

办理包机登机手续的返国人员

苏契（中）向陈震（右）和石宗珂颁发证书和奖章

高东红接受"中东欧文化教育"办公室授牌

《青铜葵花》匈牙利语版作为圣诞新书在匈牙利出版发行，标志着中匈两国青少年题材小说首次完成互译交流。

薛燕平在布达佩斯书店与匈牙利语版《琉璃》封面

齐大愚大使与华侨华人网上视频座谈会

10．12月8日，中国驻匈牙利大使齐大愚与旅匈华侨代表举行视频座谈会，就新冠疫情防治、远端防控等侨界普遍关心的问题进行交流。齐大使充分肯定了侨胞爱国、敬业、团结的优秀品质，对大家齐心抗疫、踊跃捐赠的善举表示高度赞赏。与会侨界代表介绍了各自防疫和侨团建设情况，并就做好"双阴性"检测、恢复直航等问题提出建议。齐大使表示，使馆将继续践行"外交为民"宗旨，与侨界保持密切联系沟通，共同做好领事侨务工作，为广大侨胞在匈安居乐业服好务。

（中国新闻网2021-01-01/华洁）

2020年英国侨界十大事件

2020年即将结束。在这特殊的一年，英伦三岛的华侨华人自发组织捐款捐物，为中英抗击新冠疫情出力。为配合防疫需要，一些重大侨界活动改为线上举办。海内外还举办了各种展览，再现抗疫过程中侨界的一个个平凡身影和暖人瞬间。以下是本报盘点的2020年英国侨界十大事件。

一、全英侨界向中国抗疫捐款捐物

1月31日，抗击新冠肺炎疫情英国侨学界捐赠仪式在中国驻英国大使馆举行。来自湖北、江西、浙江和福建等地的代表齐聚一堂，共商"战疫"情况。捐赠仪式上，伦敦华埠商会、全英华人教授协会、全英学联等20多个侨学界社团负责人出席，捐款捐物总额近50万英镑。新冠肺炎疫情始终牵动着全英各界的心，为了给在中国奋战在对抗新冠肺炎一线的医护人员及民众提供帮助，他们迅速行动起来，踊跃捐款捐物支援中国抗击疫情。

二、全英侨界向英国抗疫捐款捐物

在全球新冠肺炎疫情仍在肆虐，英国疫情日趋严峻之际，英伦三岛的华侨华人自发组织捐款，为英国医疗和养老系统解决燃眉之急。其中，伦敦华埠商会、英国浙江联谊会暨商会和香港新界乡议局海外顾问委员会欧洲联络处等机构联合发起的"关爱NHS"活动成效突出。英国各地100多个华人组织和个人将在中国购得的一批抗疫医疗物资，包括呼吸机、一次性医用口罩、护目镜、医用防护服等捐赠给英国。英国华侨华人用实际行动向奋战在一线的医护人员致敬，展示华侨华人在主流社会的贡献与担当。这体现了中英患难与共的真情厚意，展现了中英携手抗疫的合作精神，诠释了中英关系"黄金时代"的丰富内涵。

三、侨领李志章去世

爱国侨领李志章，伦敦华埠商会永远名誉会长、苏格兰华人社团联合总会名誉会长、英国中华饮食业总商会永远名誉会长、旅英李氏宗亲会永远名誉会长，于2020年3月31日逝世，享年90岁。李志章先生早年作为东江纵队港九大队"红小鬼"参加抗日战争，旅英后热心服务华社数十年，是伦敦华埠商会等重要团体的元老，获中共中央、国务院、中央军委颁发的中国人民抗日战争胜利70周年纪念章和"庆祝中华人民共和国成立70周年"纪念章。他一生致力于团结华人，为侨社发展、祖国统一尽心尽力，堪称海外爱国华侨典范。

中国驻英大使刘晓明向李志章颁发由中共中央、国务院和中央军委授予的"庆祝中华人民共和国成立70周年"纪念章

四、英国华社成立全英反歧视小组

自新冠肺炎疫情暴发以来，针对英国华裔的种族歧视行为相继上升。据英国天空新闻台报道，2020年仅第一季度全英范围内就收到了267起针对华人的仇恨犯罪报

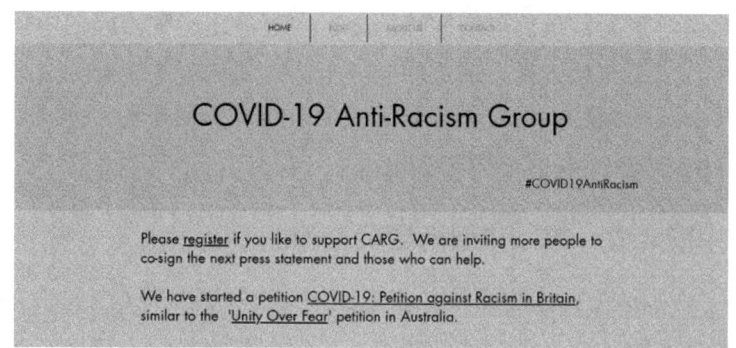

"全英华人反种族歧视小组"（COVID-19 Anti-Racism Group，简称CARG）的网站截图

案，而2019年全年的报案数为375起。为了应对此情况，多地华人社区自发开展反种族歧视工作，并联合成立全英华人反种族歧视小组（COVID-19 Anti-Racism Group，简称CARG）。CARG反歧视小组由来自伦敦、伯明翰、曼城等全英各地的华人代表组成，旨在协调英国各地反歧视工作，增强与政府及媒体的合作，普及反歧视信息，以及集结专家为受到歧视的华人提供帮助。

五、伦敦唐人街重启　打响解封第一炮

7月4日，沉寂已久的英格兰迎来各行业最大规模、最全面的"解封"，当日被媒体称为"超级星期六"。伦敦唐人街当天也打响了解封"第一炮"。伦敦华埠商会主办，英国浙江会、湖南会和中山会等侨团参与重启仪式，并在唐人街Newport Place举办免费派发口罩、中药、洗手液、防护服、护目镜等医疗卫生物品活动。唐人街大街小巷、各行各业重新焕发生机与活力，华人各行业从业者不乏谨慎小心，全力以待重新启动。餐饮业和超市转入"后疫情"模式、线上服装电商逆流而上、旅游业意外回暖……英国华商以坚强和韧性渡过了疫情高峰，相信未来可期。

唐人饼家的工作人员戴着口罩，隔着塑料罩与顾客沟通

六、亲情中华网上夏令营创新多

由中国侨联主办，浙江省侨联和湖州市侨联承办，英国中文教育促进会和伦敦普通话简体字学校参营的2020"亲情中华·为你讲故事"网上夏令营浙江第七期英国营于7月29日顺利开营，并于8月12日圆满闭营。本期英国营在活动形式上别出心裁，进行了诸多创新，除了继承往期夏令营的传统项目如名著名人、历史故事等，还特意安排了文化课，帮助营员们更好地理解故事内容，用多种多样的中华文化传统形式进行表达。营员们在15天里，通过国画、书法、朗诵、手工等丰富多样的形式，深入体验中华文化的独特魅力，加深对所学知识的认知和理解，进一步提升中文水平，学会讲好中国故事，传承好中华文化。

七、欧中联成立　推动中医药国际交流

8月23日，欧洲中医校友联合会成立大会暨2020网络学术大会举行，中国驻英国使馆科技公参蒋苏南、驻曼彻斯特总领馆副总领事范映杰，世界中医药学会联合会秘书长桑滨生，长春中医药大学校长宋柏林等领导，在线莅临大会并发表致辞，大

会秘书王天俊主持会议。中国中医药专家以及来自中国20余个中医院校，身处英国、瑞士、荷兰、匈牙利等10余个欧洲国家的校友160余人参加大会。蒋苏南表示，希望欧中联能够团结欧洲地区广大中医校友，推动中医药的国际学术交流合作。并希望广大中医界人士本着医者仁心，共同助力构建"人类命运共同

当地时间8月23日，欧洲中医校友联合会成立典礼暨首届中医学术交流大会通过视频方式举行。各界嘉宾和来自欧洲各地的中医校友等160余人在线出席

体"，为世界人民的健康事业做出更大的贡献。他表示，此次大会交流中医药抗疫经验，符合全球抗疫趋势，具有重要意义。

八、海内外侨界抗疫展

"亲情中华　战疫有侨"——海内外侨界凝心聚力抗击新冠肺炎疫情主题展10月16日在中国华侨历史博物馆开幕。中国侨联党组书记、主席万立骏出席开幕式并致辞。展览由中国侨联主办，包括"迅速响应　广泛动员""快速集结　驰援一线""大爱无疆　海外驰援""保稳转产　复工复产""连通四海　共克时艰""海外互助　携手战疫""抗疫力量　文化表达""侨界群英　战疫有我"8个单元和200余件／套珍贵展品，讲述海外侨胞、归侨侨眷积极响应、逆行驰援、投身全球抗疫的大爱故事，传播各级侨联工作者心系侨胞、奋力抗疫、无私奉献的动人事迹，再现抗疫过程中侨界的一个个平凡身影和感人瞬间。

中国侨联党组书记、主席万立骏出席开幕式并致辞

九、英国华文教师节二十周年庆典

10月25日，英国中文教育促进会主办的"英国华文教师节二十周年庆典"在线上举行。来自英国华文学校教师代表、英国各界社团代表、在英华商代表，来自中国邯郸、厦门和香港以及美洲、大洋洲、欧洲和非洲等各个国家的华文教育机构和华文学校的代表等约300人相聚云端。庆典上，伦敦普通话简体字学校副校长王彩育诵读孔子颂文，在全体嘉宾向孔子像行三鞠躬礼后，中国驻英大使馆公使马辉和英

"英国华文教师节二十周年庆典"在线上举行

国中文教育促进会会长伍善雄共同为庆典揭匾。伍善雄表示，2020年肆虐全球的新冠病毒打断了人们平静而有序的生活，但老师们与所在学校始终同促进会肩并肩、共奋斗，在大灾之年坚守岗位、兢兢业业。经过新冠肺炎疫情的洗礼，华文学校一定会更加欣欣向荣，华文教育一定会锦上添花、更上一层楼。

十、"欧洲记疫·2020"摄影展

欧洲时报文化传媒集团特别主办"欧洲记疫·2020"欧洲抗击新冠病毒纪实摄影主题展，记录在这场战役中，那些平常又不平凡的关键工作者、在疫情中坚守岗位的无名英雄和坚强克制以自己的方式战斗的你我。这是首次由欧洲六国联动面向全欧征集的摄影大赛，将特设6大赛区平行进行作品征集。此次摄影大赛设有三个主题类别，分别为守望相助、生活点滴和城市面貌。活动由3CS Corporate Solicitors担任独家法务咨询。同时，作品征集也特别邀请到英国著名学者、东方摄影史学家泰瑞·贝特内等文化界知名人士组成专家评审团。该展览中的作品通过镜头留下2020年留下的特殊烙印。

"欧洲记疫·2020"欧洲抗击新冠病毒纪实摄影主题展

（［法国］《欧洲时报》2020-12-25）

2020 在日华人十大新闻

一、新冠疫情爆发，在日华人社会守望相助支援武汉，防疫抗疫打满全场

庚子年农历春节，中国武汉发生重大疫情。疫情的发展、亲人的安危，时刻牵动着每一位在日华侨华人的心。

1月21日，全日本华侨华人社团联合会召开网络会议，决定发起驰援武汉捐赠公益活动。1月23日，全华联、中华总商会联合发出倡议书，号召在日华侨华人和全华联各个社团、个人都行动起来，为祖国军民抗疫灾献爱心，为战胜新冠肺炎疫情贡献微薄之力。2月4日上午，在埼玉县草加仓库现场，举行了全日本华侨华人捐赠武汉活动的首发式。

全日本华侨华人社团联合会驰援武汉

据中国驻日大使馆不完全统计，截至2月7日，在日中资机构、华侨华人、留学生等累计捐赠防护口罩362.1万余个、手套66.8万余副、防护服2.8万余套、护目镜3985个、体温计1.6万个、消毒粉1吨，累计捐款约合171.3万人民币（39.8万人民币、2065.1万日元）。来自日本的救灾物资被送往武汉抗疫最前线。截至3月27日，全华联所属70多个社团、非全华联会员的社团，以及在日企业共捐款捐物超过6500万日元。

4月以后，随着日本疫情蔓延，在日华人立足当地防疫抗疫成为主流。疫情之下，海外华人不是孤岛，而是社会网络和社群共同体中的一员。一方面，全华联等侨团努力把援助物资快速准确地送到日本政府、医院、养老院、学校、幼儿园等机构，赢得了日本国民的好评；另一方面，在日侨团响应使馆号召，落实工作重点：①帮助侨胞从正规渠道获取信息，引导大家客观冷静看待形势，疏解恐慌情绪；②按照省籍对口原则，积极联系家乡政府以及社会各界、爱心人士为在日同胞提供口罩等防护物资支持；③积极推介网上健康咨询平台，广泛动员侨界医务工作者，调动中医资源为同胞提供健康咨询和预防服务；④不举行大型活动，减少聚会聚餐、见面等活动，加强日常防护；⑤使馆在广大侨胞支持下，做好领事保护与协助工作，为留学生和侨胞们发放健康包，保障患病同胞得到及时有效救治，维护同胞合法权益。

在日侨团建立防疫联络小组，校友会分发爱心口罩，网络连线医疗咨询，直播销售报团取暖，媒体传播准确信息，口述征文传递友爱、信心和正能量……这一切让旅日侨胞身在海外而有所依持，携手互助，防疫抗疫打满全场。

二、疫情常态化，华人回国难：双阴证明和健康码成标配，双周隔离少不了

新冠疫情在全球蔓延一年，与新冠病毒共存成为生活新常态。在这个漫长的过程中，"内防反弹，外防输入"成为中国防疫重点，与此相关的严守国门、减少航班、凭证登机、回国隔离等出入境政策陆续出台，包括在日华侨华人在内的海外侨

胞面临着史无前例的最难回国路。

据中国驻日本大使馆发布的《关于自日本搭乘航班赴华人员须凭健康码登机的最新通知》，自2020年12月1日（含）起，自日本搭乘航班赴华的中、外籍乘客，须凭登机前2日内（以采样日期为准）在指定医疗机构取得新冠病毒核酸检测和血清特异性IgM抗体双检测阴性证明。在申报个人情况并上传双阴性证明后，可从使领馆申领带"HS"或"HDC"标识的绿色健康码，必须凭证才能登机。此外，根据各地不同要求，海外侨胞回国后将接受7+7天、14天、14+7天的隔离。

另外，在"五个一"政策指导下，中日航班尽管有所增加，但截至12月的最新信息显示，中日10家航空公司的日中航线每周为25班，远远满足不了中日交流和华人回国的需要。疫情之下，在相当一段时期内，在日华人的回国路依然艰难而漫长。

三、在日华人可统计人口史上首次超过百万，中长期居留的稳定型华人占主流

日本法务省出入国在留管理厅3月27日发布的统计数据显示，截至2019年底在日外国人登录人数达2 933 137人，较上年底增加7.4%，创下历史新高。从国家和地区来看，在日中国人超过百万，居首位；第二位是韩国人，为446 364人；位列第三的越南比上年同期增加24.5%，为411 968人。

其中，中国大陆为813 675人，占外国人登录人口的27.7%，增长6.4%；台湾地区为64 773人。此外，自1952年到2018年，华人加入日本国籍的人数约为154 006人；同时，中国大陆非法滞留者为10 902人，台湾地区为3 730人，再加上5千多名文化意义上的中国人——中国归国残留孤儿，在日华人可统计人口已超过150万人。在中国人登录者中，长期滞留者为812 850人，中长期居留的稳定型华人占主流。

在日中国人从上世纪70年代末期开始呈增长趋势，80年代后增长迅速。1989年，在日中国人登录人口为137 000人，2007年增至606 000人，是1989年的4.4倍。2008年，包括台湾在内的在日中国人总数，首次超过在日韩国人和朝鲜人数量，跃居外国人榜首。到2010年，在日中国人登录人数为687 000人，占在日外国人人口总数的三成以上。2011年发生东日本大地震，在日中国人数量出现小幅滑坡，减少12 000人，2012年以后逐渐回升，中国大陆登录人口增长显著。2016年至2019年，每年增长都超过3万，2018年增长33 830人，2019年增长48 955人。

四、日本发布紧急事态宣言，新冠对策实施全民大补贴，在日华人也有份

为防止新冠病毒的蔓延，缓解疫情对国民生活带来的冲击，日本安倍政府4月16日宣布，在全国范围实施紧急事态宣言，同时向所有国民每人一律发放10万日元补贴。据称，补贴受惠者不仅有日本国民，也包括全体在日外国人。能否平等地领取

补贴，一时成为了华人社会各大社交网络中议论的热门话题。

经日本总务省明确，在日外国人也在发放对象范围内，只要在日本登录住民基本台账者，即拥有住民身份的人，无论国籍，都可领取现金补贴。对于全体在日生活、学习、工作的外国人来说，这是一种朗报；对于大多数在日正常纳税并履行社会义务的外国人来说，这更是一种权利。

10万日元的现金补贴，虽然数量不大，但覆盖到全体在日外国人，显示为一种社会文明、落实为一种国际化准则。只有当权利和义务互相契合时，在日外国人才会获得真正的平等和尊严。

五、日本华侨华人联合总会两任会长——老侨领廖雅彦、符易亨先后逝世

2020年，在日老侨领廖雅彦会长（4月2日去世，享年75岁）、符易亨会长（10月20日去世，享年74岁）先后不幸去世，永远离开了华人社会。在长达半个世纪的岁月中，他们为在日华侨华人的爱国爱乡、团结互助、维护权益、推动中日友好事业等做出了重要贡献。两位老侨领先后离世，象征着老一辈华侨逐渐凋零，也为在日华人社会留下了哀思。

廖雅彦

符易亨

廖雅彦会长，祖籍台湾省台北市，1944年12月7日出生于东京，明治大学工学部毕业，是生在日本长在日本的华侨二代。他在1970年进入东京华侨总会从事华侨工作，1982年参与创办株式会社华联旅行社，担任社长；2009年出任东京华侨总会会长，前后长达7年；2017年6月至离世时，担任日本华侨华人联合总会第六代会长，是日本第二代侨领的代表之一。他在生前还担任着东华教育财团理事长、东京华侨总会顾问等工作，还有很多未竟之业。

符易亨会长，1945年12月29日出生于日本，1971年4月进入东京华侨总会工作。1972年6月至1976年3月，在中日备忘录贸易办事处（廖高办事处）工作。1986年6月

就任东京华侨总会理事，1998年6月就任东京华侨总会副会长，2003年6月就任东京华侨总会会长，2008年7月代理日本华侨华人联合总会会长，2009年4月至2013年6月担任日本华侨华人联合总会会长，2013年6月担任东京华侨总会顾问。符易亨生前还担任中国广州暨南大学永远名誉董事，暨南大学日本校友会顾问等职，为在日侨胞后代的培养教育做出杰出贡献。

日本华侨华人联合总会，是留日老华侨的侨团联合，其前身为"留日华侨代表会议"，1999年5月成立"留日华侨联合总会"，2013年7月更名为"日本华侨华人联合总会"。日华联合总会成立至今20年，经历了陈焜旺、殷秋雄、曾德深、符易亨、任政光、廖雅彦六代会长，成为旅日侨团的重要代表和象征。

六、旅日华人蒋晓松获日本政府颁授"旭日中绶章"，成民间授勋第一人

蒋晓松

4月29日，日本政府公布2020年度春季授勋人员名单，授予在中国大陆出生、旅日近40年的蒋晓松先生"旭日中绶章"，以表彰他"在促进与加强中日两国关系及两国相互理解方面做出了重要贡献"。

蒋晓松，文化人、实业家、社会活动家，最初倡议并筹划成立"博鳌亚洲论坛"，并出任论坛第一、二届理事会副理事长，是博鳌亚洲论坛主要策划人和推动者。在数十年参与中日交流中，他曾担任新中日友好委员会中方委员、中方秘书长，多年来为促进中日关系贡献良多，受到中日两国的认可，在两国不同历史时期都发挥了难能可贵的作用。在中日之间，蒋晓松并非官方代言人，却是一个独特的存在。

在获得授勋消息后，蒋晓松表示："自1980年初到日本，至今恰四十载。我生逢此世，一直在揣摩以我的心力、能力和智力，如何能为促进两国不同层面的交流交往发挥力量，并起到一些力所能及的、正能量的、能够营养两国关系的作用。今天获得日本国家授予的'旭日中绶章'殊荣，作为来自民间的中国人，我感到荣耀、无愧、自豪。感激日中两国政府对我长年以来就加强两国关系及两国相互理解所作努力的肯定和褒奖。感恩上天，感慨人生，感谢大家！"

日本勋章制度始于1875年，作为弘扬日本文化及历史的制度延续至今。自1983年以来，来自中国大陆的获奖人数累计为45人，获得旭日中绶章及以上段级的人数为11人，其中8人曾任职于政府，为前政要或高官，其余3人为从事教育类职业的业界人士。廖承志（1983年）、谷牧（2008年）、陈锦华（2008年）、郑必坚（2011年）先后获颁"旭日大绶章"；中国知名人士苏步青、雷任民、刘希文、肖向前、

宋健、杨振亚、俞晓松、陈昊苏等曾获颁"旭日重光章"。本次，蒋晓松先生作为民间人士获颁"旭日中绶章"殊勋，尚无前例。

七、日本中华总商会发行20周年纪念专刊，社团商标首次在日注册成功

2019年9月9日，日本中华总商会成立20周年。作为创会20周年系列活动的一环，《日本中华总商会20周年纪念特刊》在2020年11月正式发行。

为祝贺日本中华总商会成立20周年，海内外各界发来了贺词、贺信。寄赠贺词的有：中国驻日本大使孔铉佑、日本经济团体联合会会长中西宏明、经济同友会代表干事樱田谦悟、日本商工会议所会头三村明夫、日本经济协会会长宗冈正二、日本国际贸易促进协会会长河野洋平、中华全国工商业联合会、中国国务院侨务办公室主任许又声、中国侨联、中国侨商联合会会长谢国民、中国侨商联合会会长许荣茂、新加坡中华总商会会长黄山忠、香港中华总商会会长蔡冠深、泰国中华总商会主席林楚钦、全日本华侨华人社团联合会会长贺乃和、日本华侨华人联合总会会长代行陈隆进。

日本中华总商会会长严浩在"纪念致辞"中表示："饮水思源，在庆祝总商会成立20周年之际，我们感激和怀念在筹备和创始初期为总商会沥尽心血的前辈们，没有他们的奉献就没有总商会的今天；同时我们也真挚地感谢广大会员们的积极参与和奉献，正因此我们的事业和影响才得以不断壮大和提升。"

20周年纪念特刊共150页，图文并茂地全面展示了日本中华总商会创会20年来的发展历程，主要内容包括：各界贺词、纪念致辞、总商会概要、事业活动、品牌活动、总商会在行动、华商回顾、我与总商会、图文纪事、总商会大事记等。

同时，日本特许厅在9月30日正式向日本中华总商会发出通知，批准与"中华总商会"名称相关的两个商标注册成功。结合去年已经取得的会标的商标证书，总商会已经取得了4个和名称相关的商标专属权。在日本中华总商会第二个20年的开局之年，这标志着社团发展进一步向品牌化靠拢。

《日本中华总商会20周年纪念特刊》正式发行

日本中华总商会（CCCJ）成立于1999年，是由在日华侨华人以及有中资背景在日企业法人为主力的非营利公益团体，也是最大的华人经济团体。在各方面的热情支持和帮助下，总商会的社会作用日趋明显，社团功能不断完善，社会地位已得到海内外各界的广泛认同，可以说日本中华总商会已成为最具代表性和权威性的在日华侨华人经济团体。

八、第五届"中山文学奖"线上颁奖：日华文学两位作家携作品入围获奖

第五届华侨华人"中山文学奖"线上颁奖仪式

9月4日，第五届华侨华人"中山文学奖"线上颁奖仪式在广东中山举行，现场揭晓了各类奖项获奖名单。第五届中山文学奖共9部作品入围：旅日华人作家亦夫的长篇小说《无花果落地的声响》获得优秀作品奖；旅日华人作家黑孩的小说《惠比寿花园广场》获入围作品奖，等等。旅日作家亦夫与黑孩代表日本华文文学，奉献佳作，获得嘉奖，可喜可贺。

亦夫发表获奖感言："获得'中山文学奖'，对于我这个长期游离于各种文学组织、文学活动和文学奖项之外的写作者来说，是一份荣幸和鼓励。"文学评论家李建军说，《无花果落地的声响》标志着作家亦夫写作的巨变和成熟。

作家黑孩获奖感言："我们置身在中国和日本'之间'。来日本前后，我们的生活发生了很大变化。传统不一样了，文化不同了，有的知识用不上了。所有这些构成了我们的新生活。但有一样不变的就是语言，永远会驻留在我们的身体里。人生有局限性，但我们喜欢的文学离我们很近。"

2009年，以"中山杯"命名的首届文学奖在中山市举办，成为国内首个面向海外华文作家征集作品的奖项，张翎、严歌苓、陈河、洛夫等一大批作家获奖，在华文文学界引起了广泛关注。

日华文学是"中山文学奖"的常客。第一届中山杯文学奖评选中，旅日华人作家华纯以散文著作集《丝的诱惑》获颁优秀奖；在第四届中山文学奖大赛中，旅日华人作家陈永和以长篇小说《1979年纪事》获颁优秀奖，李长声以散文集《长声闲话》获颁入围奖，华纯获得伯乐奖。在第五届中山文学奖中，亦夫和黑孩的小说入围获奖，再次展现了日华文学蓬勃的创作力。

九、适应疫情新形势，华人社团在线交流活跃，个人直播平台红利爆发

新冠疫情肆虐之下，日本倡议减少"三密"状态，使得在宅自肃、远程工作成为生活新常态。以ZOOM为代表的各类视频会议软件大行其道，也为在日华人开启了线上交流的新路径。2020年，可以称为"华人云端生活元年"。

2020的云端生活，除了企业跨境电商和个人直播带货等商业操作风生水起以

外，华人社会的群体性在线交流也是方兴未艾，渐入佳境。在日华人社团的在线交流包括：①侨团侨领等参与国内的抗疫连线讲座，研讨分享海外侨情，与国内省市展开经贸、科技、教育、文化交流对话等；②大使馆领事部多次举行在线直播，为在日华侨华人分享了最新疫情和领事政策；③华人侨团通过分享录像视频、网络直播等形式，实现了在线演出等，比如全华联、中部侨团等在线播出了庆国庆文艺汇演，中部侨团还联手拍摄并分享了抗疫纪录片，留下感人瞬间；④华人社团把线下活动搬上云端，各类专业交流如火如荼，比如日本华文教育协议会通过在线直播方式，成功举办了第六届"大使杯"中文演讲比赛；日本中华总商会坚持在线举办企业考察和新商务讲座等，受到欢迎；东京话剧艺术协会、日本华文女作家协会等分别在云端多次举办文艺汇演和文学讲座，汇聚了人气，拓展了渠道。

在个人方面，2020年视频红利爆发，在日华人纷纷试水YouTuber，甚至出现了现象级的节目，论知名度首屈一指当属"老高与小茉"。在日华人老高与妻子小茉，2018年5月开设油管频道，内容以都市传说、人文自然、未解之谜等为主。频道开设后10个月突破百万订阅数，成为首位达成百万订阅的中国大陆籍YouTuber。截至2020年7月5日，"老高与小茉"频道已获得308万订阅，139条视频平均每条观看量有346.71万，总观看量达到5.15亿次。此外，还有更多在日中国人YouTuber利用熟悉中日文化的优势，成为传播文化的桥梁。

十、冒名电信诈骗横行，大使馆归纳十大常见套路，提醒华侨华人提高警惕

2020年以来，不法分子假冒中国使领馆等名义的诈骗活动十分猖獗，不少当事人上当受骗，蒙受重大经济损失。据大阪府警称，府内于3月至今已确认针对中国人的诈骗案22起，受害人损失共计约3744万日元。诈骗团伙会自称是中国的政府机关和大使馆职员等看似具有权威性的身份，并以"会被强制遣送""会失去在留资格"等为由，煽动受害人的不安情绪并借机索要现金。

中国驻日大使馆多次提醒华侨华人：①使领馆依法严格保护公民个人信息，不会通过电话、微信、QQ等通信工具索要个人身份信息，更不会要求转账汇款；②请广大同胞切实提高警惕，了解不法分子诈骗手法，提高自身辨别、防范和应对电信诈骗的能力；③齐心协力，共筑防诈骗网络；④如遇诈骗电话，请沉着冷静判断，切勿透露个人信息，更不要转账汇款；⑤如不幸被骗，请及时向案发地警方报案。

大使馆归纳的十大常见诈骗套路：①假借使馆名义类诈骗；②假借"公、检、法"名义类诈骗；③"感情"类诈骗；④非法换汇类诈骗；⑤假扮"中介"办理"签证"类诈骗；⑥投资、博彩、赌马类诈骗；⑦制造虚拟"绑架"类诈骗；⑧"金佛""金元宝"类诈骗；⑨代收包裹类诈骗；⑩代购游戏卡券诈骗。

（［日本］《中文导报》2020-12-27）

美国南加州华人社团 2020 年度十大新闻评选揭晓

美华裔非政府组织研究会、北美华文新媒体民调中心、英文《洛杉矶邮报》等机构于12月23日联合公布"美国南加州华人社团2020年度十大新闻"评选结果。

评选结果是根据专业民调，着眼于新闻事件的辐射力、影响力和媒体关注度，并结合网上搜索率排名、社交媒体流量等综合统计方式产生。这是相关机构连续第12年公布的"南加州地区华人社团年度十大新闻"评选结果，评选结果同时以中、英文版本发布。

评选机构表示，由于新冠疫情、防止疫情传播对社团传统活动方式的影响，活动策划、组织、方式都发生了巨大的变化。2020年度华人社团以及留学生团体在全球抗疫上半场和下半场中的突出表现受到社会各界的广泛关注。同时，今年的评选仍继续关注华人社团活动模式创新、自身可持续发展、在所处社会中的影响力以及华人社团和华裔新生代在不断变化的大国关系中的角色定位等前瞻性议题。

按事件发生时间顺序，2020年度南加州华人社团十大新闻依次为：

1. 2020年1月1日，130多年历史的洛杉矶传统侨社——罗省中华会馆第一位当选的女性主席就职。

中国艺术家大型个展"骑士行吟"登陆拉斯维加斯

晚会现场

2. 2020年1月26日，全美中华青年联合会、美国华人公共外交促进会等机构主办的中国艺术家大型个展"骑士行吟"登陆拉斯维加斯，迎接农历新年，大型宣传牌遍布市区主要街道，也是国际知名高端连锁酒店内举办的首位华人艺术家的展览。

3. 2月22日，南加州大学（USC）的中国学生学者联谊会（CSSA）举办主题为"贰拾望春回"的春节联欢晚会，为武汉加油，并将晚会所有的门票收入，捐赠湖北支持抗击新冠病毒，展现留学生们强烈的家国情怀。这场晚会与佩普代因大学中国学生会（PPD-CSSA）主办的春晚成为2020年南加州地区各高校内仅有的两场线下留学生春晚。

4. 3月31日，全美中华青年联合会、美国华人公共外交促进会、全美华裔杰出青年联谊会、北美深圳青年联合会总会、恒星公益等机构向全美各大学中国留学生团体发出倡议，呼吁举办各种类型的线上活动，为在美的数十万中国留学生创造线上交流平台，充实地度过居家时段。

5．3月27日，有南加州社团参与的伊利诺伊中国峰会和密西根中国论坛联合举办的"伊利诺伊—密西根双城中国论坛"，三天不同主题的线上论坛，通过直播平台、吸引过百万观众参与。

6．自4月以来，子知教育文化沙龙连续主办了"青年发展与青年担当""国际组织中的青年力量""科学技术进步的边界""教育的本质与国际融合""科技助力教育""老龄学科建设与国际接轨"等三十余期系列线上国际研讨会，在华盛顿、洛杉矶、北京、柏林、巴黎、阿姆斯特丹、墨尔本、多伦多等地同步举行。全美中华青年联合会、"FYPO只为你进步"基金会等机构参与合作支持。

7．南加华人文史保存基金会七月份宣布，历时两年完成近百万字的区域华人近代史《光大传承——南加华人三十年史话》英文版第二次修订（增加了英文索引）。

8．原定在加州大学洛杉矶分校和南加州大学举办的加州中美峰会，改为新型线上峰会——中国青年云峰会，分别于10月17日以及24日在线上举办。包括七大板块、四个圆桌讨论、三个主题演讲，吸引近百万观众。

9．10月，留学生群体交流新平台"WE圈"等机构主办发起联合主办全美首届留学生版"奇葩说"——《能说会道的留学生》脱口秀大赛，历时两个月，是中国留学生活动内容和形式上的一次创新，也是全美留学生群体中的第一个融入娱乐元素的脱口秀和辩论大赛。

《能说会道的留学生》脱口秀大赛

10．南加州华人社团以及留学生团体积极参与和投入全球抗疫的上半场和下半场，捐款捐物，举办各类防疫抗疫的科普活动，其突出表现受到美国社会各界的广泛关注和好评。

（浙江省侨联网2020-12-29）

盘点2020石狮十大侨务事件

一、世石联向石狮市总医院捐赠救护车及急救设备

【新闻事件】

1月24日晚，福建省启动省重大突发公共卫生事件一级响应后，石狮市防控指挥部办公室贯彻落实重大突发公共卫生事件一级响应。为解决市面上采购医用防护物

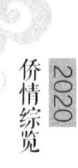

资十分困难的问题，1月26日上午，石狮市委统战部发出《关于捐赠医用防护物资的倡议书》。在了解石狮当时的状况后，世界石狮同乡联谊会会长林嘉南发出号召，决定以世石联名义向石狮市总医院捐赠一辆带负压（并附隔离舱）救护车。1月26日下午，世石联向石狮市总医院捐赠一辆救护车及急救设备仪式在石狮市总医院举行。

【背景意义】

世石联向石狮市总医院捐赠救护车及急救设备是石狮侨亲热爱家乡的缩影，世石联的抛砖引玉掀起了石狮侨亲助力家乡防控疫情的热潮。据不完全统计，疫情期间，石狮侨亲共向我市认购认捐15 198.11万元，捐赠物资价值1 019.84万元。

二、驰援旅菲侨亲、旅港同胞

【新闻事件】

4月2日上午，由泉州市委、市政府组织市、县两级政府以及侨办、海联会、侨联筹集的价值500多万元的防疫物资驰援菲律宾乡亲捐赠仪式在泉州民主党派大楼举行，其中，石狮市捐赠口罩163.06万个、防护服1 000套。疫情期间，石狮还筹集了数十万个口罩驰援香港石狮同乡总会、澳门石狮同乡总会，解决港澳同胞购买防疫物资的难题。

【背景意义】

海外疫情在不断蔓延，形势日趋严峻，当海外泉籍乡亲在国外彷徨无助时，我们感同身受，迅速行动。石狮统战侨务部门和侨联组织以习近平总书记提出的"当好海外侨胞和归侨侨眷的贴心人，成为侨务工作的实干家"的侨务工作总要求出发，毫不松懈地打好疫情防控阻击战的下半场。只要家乡人民同广大海外和港澳台乡亲同根连枝、守望相助，就一定能够彻底战胜疫情，迎来风雨后的彩虹。

三、石狮侨界25件抗疫实物资料入藏中国华侨历史博物馆

【新闻事件】

5月13日，经中国华侨历史博物馆确认，石狮侨界有25件抗击新冠肺炎疫情实物资料入藏中国华侨历史博物馆。

【背景意义】

石狮侨界25件抗疫实物资料入藏中国华侨历史博物馆，众多石狮籍海外侨胞、港澳同胞积极响应，为石狮疫情防控做出了积极的贡献，注定在石狮侨务史上留下光辉的记忆。

四、崇教兴学，逐梦家门口的优质教育

【新闻事件】

6月16日下午，石狮市教育大会召开，会上为9个镇（街道）教育促进会（基金

会）授牌，并举行教育资金捐赠仪式。据悉，截至6月20日，石狮海内外乡亲、社会贤达捐赠教育善款超过3.5亿元。

【背景意义】

优教兴学，民之所盼。石狮市委、市政府适时提出"逐梦——家门口的优质教育"，旨在举全市之力办好人民满意的教育，让优质教育资源惠及所有的家长和孩子。倡议一出应者云集，掀起了教育公益事业新一波高潮，9个镇（街道）教育发展促进会相继成立，海内外各界贤达克服疫情困难，众志成城，慷慨解囊，短短半个月募集教育善款达3.5亿元，社会各界赞誉如潮。

五、三位石狮籍乡亲榜上有名

【新闻事件】

6月16日，第十七届（2020年）中国慈善榜在北京发布。全国政协常委、中国侨商联合会会长、世茂集团董事局主席许荣茂被授予2020中国慈善榜"卓越慈善领袖"称号；全国政协委员、中国和平统一促进会香港总会会长姚志胜被授予"年度慈善家"称号；永宁派出所教导员蔡海炳被授予年度慈善榜样"最美志愿者"称号。

【背景意义】

中国慈善榜是最受关注的公益年度盛事。石狮乡贤的上榜是石狮侨界的荣光。

六、永宁筹建华侨历史纪念馆

【新闻事件】

7月1日，永宁镇侨联向海外侨亲征集华侨实物、文史资料，为筹建"永宁镇华侨历史纪念馆"做准备。除了永宁镇，锦尚镇等镇、村都在积极筹建镇、村两级的侨史纪念馆，侨史馆开始在侨乡石狮"发芽成长"。

【背景意义】

铭侨功于馆阁、树侨风于后世、系侨情于来者，侨史馆成了海外游子寄情于家乡的载体之一，让群众在潜移默化中学习弘扬华侨华人艰苦创业的可贵精神和爱国爱乡的高尚品格，更是石狮为海外游子留住乡愁、留下乡音的举措之一。侨史馆凸显石狮"侨文化"，展示"侨风采"，传播"侨声音"，讲好"侨故事"，必将成为石狮侨乡一张特色鲜明的"侨名片"。

七、石狮侨界暖心工程活动

【新闻事件】

8月21日，世石联、侨办、侨联联合开展"一日一品尝　石狮土特产"暖心工程活动。

【背景意义】

疫情期间，所有境外返乡的石狮籍乡贤都必须在石狮锦尚健康家园生活十四天，暖心活动正是侨乡人民与侨亲心连心的具体体现。

八、石狮侨商在政和开展慈善公益活动

【新闻事件】

经过近一个月的筹备，9月23日上午，由石狮市侨办、石狮市侨联、世界石狮同乡联谊会、石狮市慈善总会联合主办的石狮侨商政和慈善公益行活动在政和县杨源乡如期举行。在政和期间，公益行活动组一行冒着细雨慰问贫困户，看望孤寡老人，为他们送去大米、食用油、月饼、鞋子，送上慰问金，并为杨源乡中心小学全体学生送去书包。在杨源乡期间，活动组一行还参观了廖俊波先进事迹教学点，观看了国家非物质文化遗产"四平戏"，并向杨源乡四平剧团捐助了活动经费。

【背景意义】

9月是慈善月，公益活动需要社会动员，需要各方面协助，《石狮侨报》也发挥媒体作用，通过联系侨亲，在侨亲的支持下，在家乡开展助学、帮困等慈善公益活动，并在石狮与政和的山海协作中书写了浓浓的一笔。

九、多位石狮乡贤社团担任要职获表彰

【新闻事件】

在10月27日举行的香港福建社团联会周年会员大会上，王明洋、王亚南、佘德聪、蔡建四、李圣泼、林佑碧、林积灿、杨华勇、卢金荣、蔡佳定等十位旅港乡贤荣任副主席，再次凸显了石狮市旅港同乡总会在香港社团中的重要地位。

12月12日，菲律宾洪门进步党总部在线上举行第111连112届换届庆典，石狮籍旅菲侨领蔡志河荣任新一届理事长。

在香港特区政府公布2020年授勋名单中，全国政协常委、中国侨商联合会会长、世茂集团董事局主席许荣茂获得最高荣誉大紫荆勋章。广西壮族自治区政协常委、香港工商总会会长、信义玻璃控股有限公司执行董事兼行政总裁董清世获得太平绅士勋衔。

石狮侨办侨务股获得泉州市"五一先锋号"荣誉。

【背景意义】

多位石狮乡贤社团担任要职，许荣茂获得香港特区政府颁受最高荣誉大紫荆勋章，董清世获得太平绅士勋衔，石狮侨办侨务股获得泉州市"五一先锋号"荣誉，这些都充分说明石狮深厚的侨乡底蕴。

十、石狮市政府为友城菲律宾那牙市送温暖

【新闻事件】

11月12日，受石狮市政府委托，菲律宾石狮市同乡总会紧急购买大米、口罩，火速赶到那牙市，并安排生活在那牙市的石狮乡亲卢章兴、李自育、李顺利负责移交给那牙市政府，那牙市政府收到这些物资后，对石狮市政府雪中送炭、跨国相助表示真诚的感谢。那牙市市长Nelson Legacion在社交媒体上对友城石狮市政府慷慨相助表达了诚挚的谢意。

【背景意义】

石狮市于1999年7月1日与菲律宾那牙市缔结为友好城市，那牙市最古老最有名的伟士榄街现在名为"石狮街"。为友城送温暖也为两地友谊画上浓浓的一笔。

（《石狮侨报》2021-01-05）

海外侨情

本栏目汇集2020年度有关海外华侨华人的各类新闻报道，涉及政治、社会、经济、文化、教育、科技等多个方面，客观地呈现2020年度海外华侨华人的总体状况，以媒体的报道时间升序进行排列。

综合信息

跨进2020：礼遇是过去 责任是未来

跨进2020年，2019年带给他们的兴奋、感动仿佛还在眼前。2019年是新中国成立70周年，作为海外华侨华人，他们用自己的方式，为祖（籍）国祝福、献礼。在这辞旧迎新的时刻，他们又有哪些话，要对家乡亲人说？

全国政协海外列席侨胞、美国韦伯州立大学终身教授乐桃文：回望2019，寄望2020

即将过去的2019年，对于中华海外联谊会常务理事、全国政协海外列席侨胞、美国韦伯州立大学终身教授乐桃文来说，是难忘的一年。

他用"四个有幸"总结难忘的2019年："这一年，我幸运地获邀回国参加新中国成立70周年庆典，有幸在人民大会堂聆听了习近平主席的重要讲话，有幸在天安门广场观看盛大阅兵，有幸参观'庆祝中华人民共和国成立70周年大型成就展'和'新中国成立70周年成就报告会'。"

在"四个有幸"里，是乐桃文满满的骄傲和自豪。

在乐桃文居住的美国犹他州，当地许多人有一个共识，那就是21世纪是属于中国的世纪。"这正是来源于中国的发展和成就。"9月28日上午，他与来自世界130多个国家和地区约2000名海外侨胞代表一道参观"庆祝中华人民共和国成立70周年大型成就展"；9月30日上午，又参加了"新中国成立70周年成就报告会"。"我深深感受到中国的制度优势。"乐桃文说，最让他震撼的是展览中看到的中国科技事业的发展历程与成果。

乐桃文是计算机信息系统领域教授，他对新中国的广大科技工作者深感敬佩。

"面对改革开放初期'造原子弹不如卖茶叶蛋'现象的冲击，他们不忘初心，矢志不渝，不为金钱所动，不计个人得失。正是因为他们甘于寂寞，潜心钻研，攻坚克难，才有了共和国科技事业日新月异的进步与发展，使共和国逐步发展成为科技大国乃至科技强国。"乐桃文激动地说，"我向中国的广大科技工作者致以诚挚的谢意和由衷的敬意！"

成绩属于过去。展望2020年，乐桃文对中国的未来信心百倍，他坚信中华民族伟大复兴的中国梦一定会实现。"民族振兴，匹夫有责。身为海外中华儿女，参与祖（籍）国现代化建设既是机会，也是荣誉，更是义务。"在新的一年里，他祝福伟大的祖（籍）国国泰民安，繁荣富强！

澳大利亚悉尼华星艺术团团长余俊武：用中华艺术讲述中国故事

每年辞旧迎新的时刻，澳大利亚悉尼华星艺术团团长余俊武都格外忙碌。2020年1月25日至2月9日，艺术团将参加悉尼市政府一年一度的农历新年嘉年华活动。

"去年11月17日，我们举行了华星杯舞蹈大赛，大赛中很多优秀的舞蹈节目被当地各市郡政府邀请参加新一年度的嘉年华艺术节演出。"余俊武高兴地告诉记者，今年悉尼华星艺术团48个团组有24个团组被选中。"我们的演出突出'华星闪耀'四个字，可以说，经过艺术团6年的努力，中华艺术已经走进了当地主流舞台，用文化的形式讲好中国故事。"

最让余俊武自豪的还是艺术团在2019年9月14日举行的"欢度中秋喜迎国庆"演出活动。这场演出所有节目均为原创作品，表达了当地华侨华人对新中国成立70周年尤其是改革开放40年来取得成绩的礼赞。"400多名演员，2100多名观众，在当地非常轰动。"余俊武说，"有些演员在台上的时间不到一分半钟，但台下却付出了辛苦的努力，他们始终饱含热情，珍惜这次用中华艺术献礼新中国成立70周年的机会。"

这次演出带给余俊武的感动还在内心深处，9月底，他又抵达北京，参加新中国成立70周年庆祝活动。先后观礼新中国成立50周年、60周年以及九三阅兵的他，见证了祖国走向强盛。在新中国成立70周年之际，再次站在观礼台上，他不禁心潮澎湃。"作为华侨华人，祖（籍）国给我们的礼遇代表的是过去，我们的责任是未来。"

在海外生活的32年，余俊武从另一个角度见证了中国的发展："上世纪80年代末，中国输出的主要是劳工。到了90年代，输出的主要是产品。2000年之后输出的则主要是文化项目，中华文化逐渐在海外扎根。"他说，这正是中国从贫穷走向繁荣富强的表现。"作为海外华侨华人，作为文艺工作者，2020年，我将用更好的中华文化作品，在当地讲好中国故事。"

（《人民政协报》2020-01-02/纪娟丽）

华侨华人春节募捐忙：让爱和力量与武汉同在

连日来，中国国内发生的新型冠状病毒感染肺炎疫情牵动着华侨华人的心。虽然正值庚子新年，但"武汉紧急求援"消息一出，世界各地的华侨华人便开始四处奔走，积极募捐。他们说，这是比庆新春更重要的事。

"我不放过任何机会，目前已经订好2 000多个N95医用口罩。"德国当地时间25日，天刚亮，在德国法兰克福的侨胞王文又踏上了去买口罩的路。此外，她还联系了德国湖北商会、法兰克福地区学联、当地医药学会、留学生等诸多力量，共同为武汉筹集物资。

"大家通过不同渠道获得物资。"王文介绍说，"很多人愿意贡献手中的资源，且不赚差价；医药学会的朋友为物资募集提供专业指导，大家群策群力，让人感动。"

每天，王文都积极在朋友圈实时更新物资募集、抗击疫情的信息。"我希望能传递一些正面消息，告诉大家遇到问题不要恐慌，而要共同面对和解决。"

澳大利亚湖北商会会长计建民介绍说，同乡会成立了工作组负责组织侨胞的捐赠活动。"目前商会已经收到捐款人民币12万余元，我们也联系本地的工厂，购买了口罩、防护服、防护帽等物资。"

湖北籍侨胞Grace在澳大利亚一家跨境物流公司上班，她承担起了协调物资运输的工作。"湖北商会捐赠的物资都在我们这集货、运输、清关，今天五批物资送过来，共有15 000个N95口罩、200个护目镜、30套防护服，打算明天一早先将这批物资运到中国。"

美国闽台总商会联同美国华人餐饮业协会、美国福建侨联总会、美国外卖从业者联合总会24日向武汉捐赠5 000副医用手套、2 000个口罩。

美国南加州湖北同乡会的微信群里发起了一场认捐接龙活动，截至目前已经有40多位侨胞写下名字和认捐数额。同乡会会长赵林说："仅1月24日一天，北加州募集捐款超过25 000美元，南加州募集医用口罩上万个，捐款1万多美元，很快第一批医用口罩将集中运到中国。"

虽远在美国出差，中国科学院北京纳米能源与系统研究所所长王中林院士密切关注国内疫情，他联系研究所与孵化企业——中科纳清股份有限公司，第一时间向武汉疫区捐助1万个摩擦电防护口罩。

武汉籍侨胞陈雨凡在美国范德堡大学医学中心工作，他介绍，现在武汉大学校友会已经发起了募捐活动，会积极参加。

据泰国头条新闻社报道，泰国华人导游自发捐献80箱医用口罩，想为武汉尽一份绵薄之力。

在泰华人导游晓婷告诉记者，在泰国某华人爱心群里，华侨华人在得知武汉物资短缺的信息后都很积极，他们开通募捐账号、指定物资运送协调人、自发发起捐款活动。"大家都想为祖（籍）国做些力所能及的事"。

日本《关西华文时报》总编丛中笑通过视频，呼吁在日华侨华人向武汉捐赠医用口罩，得到当地侨胞的积极响应。

来自日本名古屋的侨胞陈某特意捐款，委托《关西华文时报》购买口罩，把自己的心意送到有需要的人手中；日本再生资源企业联合会副会长兼秘书长李佳宝提出，要在联合会会员当中发起捐赠活动，同时以其企业名义向武汉捐赠。

连日来，智利智京中华会馆和智利鹤山同乡会、全日本华侨华人联合会、俄罗斯山东同乡会、武汉大学蒙特利尔校友会和加拿大魁北克湖北同乡会等社团也纷纷发出倡议，号召华侨华人行动起来，向疫区捐赠急需物资。

疫情无情，人间有爱。正如侨胞所言，要把爱心献给武汉，让爱和力量与武汉人民同在！

（中国新闻网2020-01-27/马秀秀，吴侃）

中医出征海外　助力全球抗疫

全球战"疫"已经全面展开。身处世界各地的华侨华人，许多人主动投身战"疫"第一线。他们目睹了中国有力的战"疫"举措，见识了中国有效的防治成果，积极向祖（籍）国学法子、找方子，热情向住在国人民分享中国战"疫"经验和方案。而在中国的战"疫"方案中，发挥中医药优势、坚持中西医结合是最显著特征之一。

在中国战"疫"取得显著成效之时，海外疫情蔓延，牵动人心。一支支医疗专家组分享中国战"疫"经验，一批批医疗救治和防疫物资空运"出海"战"疫"，一个个互联网医院为全球线上问诊，一箱箱中药茶包和中药颗粒免费赠饮……中国万里驰援，跨洋连线，为海外华侨华人和当地民众送去"防疫汤"，吃下"定心丸"。战"疫"海外，中医师和中医药列队其中，大显身手。

万里远征——"娘家人"带来战"疫"大礼包

"准备起飞，近12个小时的飞行，抵达目的地已是午夜。"北京时间3月18日上午11时15分，上海浦东国际机场，在即将飞往意大利米兰的航班上，浙江省中医院副院长、呼吸内科主任中医师杨珺超发了一条朋友圈。

对杨珺超而言，这是一次远征。她和其他12位中国医疗专家一起，组成"中国赴意大利抗疫医疗专家组"，远赴海外，携手战"疫"。

这是中国首次派出中医专家援助海外疫情防治。杨珺超是这支医疗专家组的两名中医专家之一。

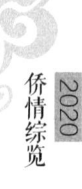

"这次疫情期间，在国内的临床实践中，中西医结合抗疫取得很大成效。海外对中医高度关注。"在飞机起飞前1个小时，杨珺超接受了本报记者的采访。

"我们将向意大利介绍中医抗疫经验。"杨珺超说，"一是介绍治疗新冠肺炎的中医方案和在中国的成效，共享临床思路；二是介绍中医和中医药的理论体系，增进意大利民众对中医的科学认识；三是考察意大利疫情实际发展状况，为当地社会和华侨华人提供诊疗建议。"

自信从容的背后是扎实的中医战"疫"实战经验。

"1个月做了3年的工作量，节奏非常快！"疫情发生后，杨珺超参与开展浙江省科技厅新冠肺炎应急研发攻关项目，研究中西医结合的临床疗效，研制抗疫药物。"我们第一时间制定了浙江省中西医结合推荐方案，研发的5个药物拿到了浙江省食品药品监督管理局的批号。"

此外，杨珺超还带领中医专家团队投身战"疫"一线中："我们组成专家巡视组，到衢州、台州、青田、西溪等地的定点医院现场巡视指导，特别是对新冠肺炎重症和危重症患者的救治。"

中医"出海"援助顺应了国际疫情防控需要。"中医治疗新冠肺炎的经验，应该是中国方案里的一大亮点。"日前，中央指导组专家、天津中医药大学校长、中国工程院院士张伯礼透露，目前韩国、日本、意大利部分科研院校已经来信，希望中国分享抗击新冠肺炎疫情的经验，分享中医药使用的经验，并请求援助中成药。

这次出征，杨珺超和医疗专家组一起为意大利带去一份成色十足的战"疫"大礼包——一批由浙江省捐赠、海外急需的9吨医疗救治和防护物资。

这批医疗物资中有一批介绍互联网医院咨询诊疗平台操作流程的三折页。这是出征前杨珺超专门叮嘱医院工作人员加紧赶制出来的。"分发给当地的华侨华人，为他们多开辟一条求助路径。海外侨胞可以通过网络进入医院诊疗平台，跟国内的医生专家咨询诊疗。"

意大利当地时间3月18日下午4时30分，中国赴意大利抗疫医疗专家组平安抵达米兰马尔奔萨国际机场。消息瞬间传遍侨胞们的朋友圈："娘家人来了！"

线上会诊——"云"上中医为侨胞望闻问切

"各位侨胞：我是文成县海外远程健康问诊团专家组成员，现为大家提供健康咨询服务（服务时间：北京时间14—22时，意大利时间7—15时）。如有咨询问题请在文字描述后@本群医生或医学志愿者。"

每天下午2时整，这段话会准时出现在浙江省温州市文成县海外华侨远程健康问诊微信群里。而这样的微信群，文成县一共开通了40个。每个微信群近500人。

"每个问诊群里都有一位中医坐诊。旅居世界各国的文成籍华侨华人都可以在群里问诊。"文成县委宣传部常务副部长周洁把本报记者"拖"进几个问诊群。

群里，侨胞不仅可以用文字描述症状，还可以上传化验单、舌苔照片等图片信息向医生问诊。接到侨胞问诊信息，中西医医生会一起回复，答疑解惑，直到侨胞安心。

"文成是著名侨乡，家家有华侨，人人是侨眷。海外华侨对中医情有独钟，很信任中医。"周洁说，"中西医结合线上问诊，极大缓解了海外侨胞对新冠肺炎疫情的恐慌心理。"

疫情暴发以来，如果说微信是服务海外侨胞战"疫"的"轻骑兵"，那么互联网医院无疑是在高空自由翱翔的"空中梯队"。

在江苏，为助力海外广大侨胞抗疫，江苏省侨联积极协调江苏省华侨文化交流基地江苏省中医院，第一时间开通"云诊室"。中医正插上"云"翅膀，服务广大海外侨胞，助力国际战"疫"。

"伸舌头给我看看。下面大声说'一'，让我能听到喉咙的震动。最近咳痰多不多？"在江苏省华侨文化交流基地江苏省中医院7楼的互联网医院，一位中医专家正用视频通话为患者问诊。

"近期，像这样的新冠肺炎疫情'云诊室'电话，从国内打到了国外，渐渐成了'国际热线'。"江苏省中医院副院长吴文忠说，"我们与德国、荷兰、加拿大等海外中医机构的连线正在安排，还将开通海外中医从业者咨询新冠肺炎的交流平台。"

除了问诊，"云诊室"还向海外传授中医战"疫"智慧。

"英国当地有喝凉水的习惯，我们建议改喝温水""双黄连苦寒，不是每个人都适合服用""固表扶正，清化湿热，建议依据个人体质、结合当地药材对症下药"……近日，该院的一位名中医与英国维多利亚学院华人中医专家视频连线，远程探讨新冠肺炎"中医未病先防""既病防变"的方案。

处于"热线那头"的江苏省中医院国际中医远程医疗教学合作平台，分布在美国、加拿大、英国、澳大利亚、瑞士、巴西、爱尔兰、新加坡等十几个国家和地区。

大锅煮药——防疫中药成多国抢手货

"要去熬药了！"当地时间3月17日上午8时左右，匈牙利东方国药集团董事长陈震在赶往煮中药茶的路上接受采访时，语气急切而疲惫。

从2月27日至今，每天上午11时，在匈牙利首都布达佩斯八区"欧洲广场商贸中心"内和十区"唐人街商贸中心"的和和美食中餐厅，陈震和当地华人志愿者一起，免费赠送用大锅熬煮的防疫中医药茶——"化湿防瘟饮"。

"这是匈牙利东方国药集团岐黄中医药中心根据中国国家卫健委及各省中医诊疗指导方案改良制成的。之前，我还和大成国医堂张庆滨博士一起研制了其他几种

防疫中药方，都公布在网上，供侨胞选用。"陈震表示。

"来领中医药茶的人太多了，每天都排大长队！不少匈牙利周边国家的华人专门开车过来喝中药茶。不止有华人，还有很多当地人，带着保温杯和保温壶，装中药茶回家给家人喝。"一边免费赠药，一边赶制药材，陈震忙得不可开交。

在欧洲疫情暴发之际，匈牙利街头免费赠送防疫中药茶。这是一道独特的风景线。匈牙利是欧洲首个也是唯一一个为中医药立法的国家。

中医药在匈牙利的特殊际遇，和当地华侨华人30多年来的辛勤耕耘密不可分。

"我们已经连续16年为匈牙利民众提供免费义诊服务，每次义诊都有几千人甚至上万人前来咨询问诊。每年中国春节期间，我们免费为当地民众赠送上万杯中药茶。我们也参与到欧盟大健康检查计划中，已经完成了占人口50%以上的健康大普查义诊。"陈震介绍，如今，中医药在匈牙利积累了良好的群众基础，"当地人知道'预防为主'的理念，'上医治未病'在匈牙利有固定的专有译名。"

不止匈牙利，疫情当前，中医药已成为全世界的抢手货。

"很多人到我诊所开防疫中药，一开就是20包、30包。中药要卖断货了，我得加紧补货。"最近，加拿大安大略中医学院院长、世界中医药学会联合副主席吴滨江明显感觉，当地人对中医药的需求增多了。

在美国，据外媒报道，自2月以来，不少地区用于缓解流感症状以及增强免疫力的中药订单数量几乎翻了一番，纽约民众甚至开始抢购中药。板蓝根、金银花等中药已出现脱销现象，部分中草药一货难求，价格飞涨。

荷兰莱顿大学生命科学学院莱顿欧洲中医药与天然产物研究中心主任王梅对本报表示，自疫情开始以来，荷兰的中医药进口商采购需求明显增大。这促使出口荷兰的中国中医药企业又新开了几条生产线。

防患未然——在当地分享中医防疫好方法

"两脚平行开立与肩同宽，屈膝成马步站式，翻转掌心向下；两臂自身侧上举过头，脚跟提起，同时配合吸气……"

3月12日，在位于德国巴伐利亚州的北京中医药大学魁茨汀医院（中国–德国中医药中心）大厅里，跟着中医师的口令，几名德国病患正在练习中国传统健身功法——八段锦，一招一式，有板有眼。

"八段锦、太极拳、贴耳豆，这些都是中医提高免疫力、防治疫情的重要方法。除此之外，我们还参考中医药服务于中国国内患者的实践经验，研制了适合德国防疫的中药汤剂'防疫汤'，发给医院患者与中德双方同事服用。"北京中医药大学魁茨汀医院院长戴京璋对本报介绍。

作为欧洲第一个也是唯一一个以中医药治疗为特色的综合性医院，北京中医药大学魁茨汀医院制定了一整套极具中医药特色的防疫方案。

"得知疫情蔓延到德国后，我们医院确定了'坚定自信、发挥优势、杜绝内感、防范输入'的防控方针。"戴京璋表示，"现在，在努力做好医院及周边防疫工作的同时，我们正努力与各方协调，积极向全德乃至欧洲提供'防疫汤'处方及各种应对新冠肺炎疫情的中医药方法。北京中医药大学也在积极准备向德国及欧洲其他国家派出医疗队，提供防疫中药等医疗物资。"

世界希望从中医抗疫方案中汲取智慧。语言和文化背景差异是道坎儿。而华侨华人是最好的译介者。

"中国有什么好方法分享吗？"当地时间3月9日，在德国巴伐利亚雷根斯堡兄弟教会医院，在参加完该院疫情防控会议后，一位年过半百的资深德国医生向呼吸科护士戴唯洁虚心请教。这让戴唯洁深受触动。曾在上海新华医院工作过的她，马上开始向中国的医生朋友请教疫情防治办法。国内医生朋友的建议为她指明了行动方向。

"我们寻找会德语的你！"3月10日下午，戴唯洁在几个德国华人微信群里，发布了一则数百字的倡议书，寻找医学专业的德语翻译志愿者。

她想组队翻译由中国国家卫生健康委员会和国家中医药管理局联合发布的《关于印发新型冠状病毒肺炎诊疗方案（试行第七版）的通知》（以下简称"诊疗方案试行第七版"），印刷出版后，为德国各大医院、医疗科研机构和卫生部门提供防疫借鉴。

倡议书甫一发布，立即引发在德侨胞广泛转发和回应。

"当晚，300多位专业翻译、医学专家加我微信，都愿意提供无偿援助。"经过筛选，戴唯洁很快成立了一个20多人的核心志愿者翻译团队。

经过6天6夜的协作，3月16日，"诊疗方案试行第七版"德语版定稿第一版问世，迅速在德国各大医疗机构引发强烈反响。

这样的事情不仅发生在德国。"我们学校成立的'中医抗击疫情信息研究组'义工队，正在做一个包含英语、波斯语、法语、日语、汉语等多语种的中医抗疫经验分享帖。"吴滨江表示，加拿大是一个多元文化汇聚的国家，翻译可以让该国民众更好地了解中国战"疫"经验。

（《人民日报海外版》2020-03-23/贾平凡）

海外华文教育"云端开花"

日渐长，绿渐浓，正是读书天。听，"云端"传来一阵琅琅读书声！

新冠肺炎疫情发生之后，海外众多华文学校并未停下教授中文、播撒中华文化种苗的脚步。伴随各国华校陆续开设网课，海外华裔青少年又能"回归"课堂，学写方块字，学说中国话。

中国各级涉侨部门、文化机构也来助力。他们倾情打造网上"寻根"夏令营、中华文化"云课堂"等多种形式的线上文化活动，让海外华裔青少年不用走出家门，就能"云"游中国，领略中华文化的独特魅力。

线下转线上，玩转"云课堂"。近日，本报记者采访了意大利、澳大利亚、西班牙、泰国等国家4所华文学校的负责人，且随他们去看看海外华文教育如何内外联动，在线"开花"，不负韶华。

意大利中意学校：让孩子充分享受优质教学资源

"我们正发愁线上课程缺乏中华文化的内容，就来了'及时雨'！"意大利中意学校校长傅文武说。新冠肺炎疫情发生之后，这所已在意大利那不勒斯开办20年的华文学校立即改变教学思路，开启"云课堂"，保证停课不停学。

"之前，我们一直参加中国华文教育基金会的实景课堂，对在线授课并不陌生，但是如何在语言教学之外给予孩子们更多中华文化的熏陶，我们缺乏相关的教学资源。"傅文武没想到，问题很快迎刃而解。

4月中旬，为了帮助海外华裔青少年在疫情期间继续学习中文、了解中国国情和中华文化，并获取抗疫知识，中国侨联推出"亲情中华·为你讲故事"网上夏令营活动，与各级侨联联动，精选一批有关成语寓言、名著名人、人文地理、防疫知识等适合海外华裔青少年的内容，编成故事，制作视频或动画，定期推送给众多海外华校。

拔苗助长是什么意思？沙僧的流沙河在哪？愚公移了哪座山？一段段惟妙惟肖的小故事娓娓道来，让海外华裔孩子坐在家中，也能"看"到中国的广袤国土、深厚底蕴。

"每次收到国内发来的视频链接，我们都会第一时间分享到各个班级的微信群中，这成为孩子们课后一个很好的视听读物。孩子们一边听一边跟着学，不仅提高了他们的中文表达能力，也让他们对中国产生更加浓厚的兴趣。"傅文武说。

不只是孩子们爱听，许多华文老师也受此感染，有了讲故事的"冲动"。"前两天，我们学校的一位徐老师就在线录制了一段小故事，讲述植树节的来历，通过侨联平台分享给更多国家的华裔青少年。"傅文武说。接下来，学校还将鼓励孩子们一起参与讲故事，录制小视频，用这种生动的形式与中国小朋友和其他国家的华裔青少年有更多互动。

"虽然网络课堂不能完全替代线下授课，但是通过互联网，我们有了很多可以将中文教育、中华文化传播开展得更加有声有色的渠道。国内各级侨联组织、各类文化机构更是为我们的'云课堂'提供很多帮助。我们现在要做的就是合理安排，让孩子能够充分享受这些来自国内的优质教学资源。"傅文武充满信心地说，"虽然难挡疫情影响，但是我们仍要全力以赴，让海外华文教育不负韶华，继续前行。"

澳大利亚华夏文化学校：孩子学习中华文化的兴致高了

"爆竹声中一岁除，春风送暖入屠苏。千门万户曈曈日，总把新桃换旧符。"在澳大利亚悉尼的家中，8岁华裔女孩曲璟媛一边跟着妈妈吟诵王安石的著名诗篇《元日》，一边用双手比划着饮酒、贴桃符等诗中描绘的活动，稚嫩的小脸上笑意吟吟。

"这是孩子在江苏老师的网课上学会的。老师讲述了王安石的故事，并教孩子用手势舞来更好地记住《元日》，理解诗词的内涵。孩子特别喜欢手势舞，觉得很好看，也很有意思。"曲璟媛妈妈说，边做手势舞边吟诵古诗给孩子的"宅"家时光增添了许多新乐趣。

最近，江苏省委统战部面向澳大利亚、西班牙等10多个国家的30多所华文学校开通了中华文化"云课堂"，通过教授武术、剪纸、古诗鉴赏、书法等课程，满足海外华裔青少年了解和学习中华文化的需求。曲璟媛就读的澳大利亚华夏文化学校就是参与这一活动的海外华校之一。

"在此之前，受到新冠肺炎疫情影响，我们学校开设了自己的网课，偏重中文的语言教学。中华文化'云课堂'是一种很好的补充，让孩子们在学习中文之余有更多途径接触丰富的中华传统文化。"谈及中华文化"云课堂"的课程内容，华夏文化学校校长张晋赞不绝口："'云课堂'刚开，我们学校就有150多名学生报了名！"

除了边"舞"边念的古诗朗诵之外，最受孩子们喜爱的就数武术课了。分别在念小学五年级和三年级的王瑞溪、王雯婷这对小姐妹，在澳大利亚出生长大，平时接触中华传统文化的机会不多。听说这次有中国老师在线传授"功夫"，姐妹俩兴奋极了，早早便让妈妈在家里铺好席子用于"练武"。

"虽然姐妹俩最初听不太懂中文讲解，但是老师开始示范动作之后，她们很快就被各种姿势、步法所吸引，一板一眼地学得特别认真。课后，她们还每天缠着妈妈要看视频回放。"张晋说，海外华裔青少年大多活泼爱动，中国老师结合他们的特点，用手势舞、武术等形式传授中华文化，正合孩子们的"口味"，也让中华文化能够更好地被他们所接受与喜爱。

"这段时间，许多孩子不能出门，便都在自家院子里练习新学的朗诵和武术，兴致可高了！"张晋笑称，孩子们都盼着这样接地气的文化"云课堂"可以越来越多。

西班牙博思语言学校：第二期"云课堂"，我们还来！

在西班牙东南部城市埃尔切市，作为当地一所小有名气的华文学校，博思语言学校的"云课堂"已经开课1个多月。为了让学生们在"云端"也能学有所得，校长

潘丽丽和老师们开工更早。

"2月中旬，看到新冠肺炎疫情日趋严重，我们老师就开始着手制定网课教案。"潘丽丽是这所华校的创办者，在海外从事华文教育已有10个年头，深知语言教学是一个持续性的过程。"要让孩子保持一定的中文水平以及学习热情，就不能让课断了。因此，线下课堂暂停后，我们很快便在已有的信息化教学技术基础上，准备线上课程。"

高年级学生围绕当地华侨华人抗疫主题撰写小作文，低年级学生学习与卫生健康、环境保护有关的小知识，老师们在常规的中文教学之外，还结合当下全球抗疫的背景补充新的教学内容，让学生们能够学有所思。

用心不止于此。"疫情之后，西班牙当地学校也陆续开设网课。为了不让学生们的上课时间冲突，我们对埃尔切市所在阿利坎特地区各个公立、私立以及半公半私学校的网课时间逐一做了摸底调查，最终将我们的网课时间定为每天下午4时50分到晚上8时这一时间段，从而错开学生们下午在当地学校学习的时间。"潘丽丽说，她还鼓励学生参与江苏省委统战部面向海外华校开通的中华文化"云课堂"，并就课程提出建议，让海外华裔青少年拥有更加多样的文化课堂。

每当看到学生与家长对中文课堂的渴望，潘丽丽和同事们都觉得付出是值得的。"目前'云课堂'已有100多名学生。一些住在附近其他城市甚至其他国家的家长也找到我，希望能让孩子参与我们的课堂。之前，这些孩子或是因为住得离学校较远，或是跟着父母搬去别的地方，无法参加线下课程。现在，有了'云课堂'，他们特别高兴，希望今后也能保持这种线上授课模式，让他们的中文课不间断。"潘丽丽说。

潘丽丽还发现，课后，不少学生还在微信群、钉钉群上自发组建了一个个"在线学习小组"，相互督促、提醒上课时间。"虽然大家各自'宅'家，见不了面，但是学习交流的氛围却比之前浓了不少。"这让潘丽丽把"云课堂"办好的动力更足了。"我们的第一期课程快要结束了，5月份就要开始第二期'云课堂'。参加第一期的学生们都说：'第二期，我们还要来！'"

泰国合艾国光中学：老师，每周能再加一节课吗？

经过近半个月的准备，泰国合艾国光中学孔子课堂与合艾华助中心合办的"一带一路"商务汉语班终于复课了。每周一至周五晚上7时至9时，两个班的38名学生都会准时守候在"云端"，等待屏幕那头的老师带他们走进广博的中文世界。

与国光中学孔子课堂开设的其他"云课堂"不同，这两个班的学生都是三四十岁甚至四五十岁的成人，多为从事中泰经贸活动的泰国华侨华人。

"一些年长的学生不太擅长使用网络和电子产品，因此从3月底决定在线复课之后，我们花了将近半个月的时间，挨个与38名学生联系，教他们怎么登录'云课堂'。"让国光中学孔子课堂中方主任蒋艾纯惊讶的是，虽然过程有些繁琐，但是学生们的积极性丝毫没有受到影响。听说"云课堂"要开了，所有人都特别期待。

"其实，商务汉语班线上复课的想法正是由班上几个学生先提出来的。"蒋艾纯回忆，2月，受疫情影响，商务汉语班不得不与其他课堂一样暂时停课。3月，考虑到一些学生赴华留学的需要，孔子课堂陆续开设了面向初高中生的中文"云课堂"。没多久，商务汉语班的几名学生联系蒋艾纯，希望也能有属于他们的"云课堂"。"这些学生都说，非常想念老师和同学，也担心耽误两个多月，之前学的中文容易忘记。"学生们的学习热情深深感动了蒋艾纯。

每周两次的"中文之夜"又回归了！学说中文词汇，了解中国文化，课程的精彩程度并未因为线下转线上而减弱。相反，孔子课堂任课老师刘继龙不仅经常在课上"因材施教"，针对学生们各自的经商领域教授相应的中文词汇，还借助中国国内丰富的线上资源，拉近学生们与中国的距离。

"4月5日、6日，故宫博物院举办了3场网上直播。我们组织学生一起在线观看。'云'游故宫之后，一些去过中国的学生专门找出他们十多年前在故宫拍的照片，分享在班级群里，没去过的学生更是对故宫、对中国充满向往。"刘继龙说。

更让刘继龙惊喜的是，相比以往忙于工作，如今"宅"家期间，学生们对"云课堂"的需求更为迫切。最近，许多学生纷纷向他提议："老师，每周能再加一节课吗？"

（《人民日报海外版》2020-05-04/严瑜）

全球华人线上音乐会首场演出圆满落幕

经过两周紧锣密鼓、不眠不休的筹备，由全球三十余位华人艺术家共同发起，由中加多元文化交流协会、"魁北客"传媒集团、中国华侨国际文化交流促进会、"北美南开之声"融媒体集团、南开蒙特利尔校友会共同主办的"大爱有声，四海同心"全球华人线上音乐会的首场演出在5月2日向全球进行线上直播。

来自澳大利亚、新西兰、南非、尼日利亚、法国、意大利、英国、巴西、墨西哥、荷兰、日本、韩国、德国、加拿大、美国、新加坡以及中国内地的华人艺术家们通过网络用音乐和歌声向全世界身处疫情中的同胞送上爱的鼓励和暖心的祝福。

音乐会在旅美女高音歌唱家许倩的一首《桃花红杏花白》中拉开序幕，美妙的歌声表达了人们对春天的热爱和渴望，虽然全球被疫情的阴霾所笼罩，但阻挡不了我们心中对美好的憧憬和向往。

接着出场的是巴西青年歌唱家张迦国和尼日利亚歌唱家潘可，两位帅气的年轻人分别演唱了《手牵手》和《你的答案》。中国文艺志愿者、青年歌唱家陈蓓蓓演唱了经典的《月亮代表我的心》。值得一提的是，中国文艺志愿者协会的艺术家们

对本次音乐会给予了大力的支持，本次音乐会的总导演、著名主持人、相声表演艺术家周炜，以及本次音乐会的艺术指导、著名男高音歌唱家王宏伟，都是中国文艺志愿者协会的理事。

甘肃省侨联获悉本次全球华人音乐会的举办，特别选送了节目，颇具民族特色的"朝格组合"演唱了他们创新的歌曲《小草》。在全球"水立方杯"中文歌曲大赛中获得银奖的新加坡男高音歌唱家庄杰带来了意大利歌曲《我的太阳》。

在加拿大的"艺术之都"蒙特利尔活跃着一支名为Mont-Royal的青年交响乐团，他们的木管声部首席，就是华人青年音乐家于歌子，这次他与Patricia Danielidis等九人尝试线上器乐合奏，成功表演了作曲家Bedřich Smetana的作品《我的祖国》里面的《沃尔塔瓦河》《Moldau》节选。几位年轻音乐家们的默契配合和全新的表演形式获得了观众的普遍好评。

来自南非的女高音歌唱家章金燕、德国男高音歌唱家赵丞和韩国女高音歌唱家刘璐雅随后各自献上金曲《爱的奉献》《映山红》和《龙文》。新西兰著名男高音歌唱家孟建宏、奥地利女高音歌唱家苏珊娜、墨西哥男高音歌唱家龚其朝、加拿大女高音歌唱家董力溶也为本次线上音乐会精心准备了《奇异恩典》《生命的河》《美丽的天使》和《乡愁》。随着旅法男高音歌唱家鲁智全的一曲《不忘初心》，音乐会的上半部分结束。上半部分的节目都是由各国优秀的华人艺术团体选送的，在特殊时期，华人艺术团体发挥自身优势，为鼓舞当地华人、凝聚人心、共同抗击疫情做出了极大的贡献。

音乐会的中场是由新加坡钢琴演奏家李运贺演奏他的原创钢琴独奏曲《天使花语》，丰富的音乐语言如天使洒落人间的鲜花化成对全球同胞美好的祝福。一曲终了，本次线上音乐会的两位重量级主持人闪亮登场，他们是总导演周炜和来自美国疫情重灾区的青年才女王早早，两人均是首次线上主持，也是首次合作。在互相介绍北京和纽约的疫情以及当地生活情况后，音乐会进入下半部分。首先是由在武汉疫情期间做出了突出贡献的中国邮政集团公司派出的武汉邮政艺术团方三俊、洪晶晶、蔡峰、余田、樊诚、林爽、胡斌、李文博带来的方三俊的原创歌曲《我们都是一家人》，该团队多次参加中央电视台春节晚会的演出，团长龚焰也是本次音乐会的艺术指导。

在澳大利亚著名女歌唱家，有"蝴蝶夫人"美誉的翟慧娟演唱歌剧《蝴蝶夫人》选曲《晴朗的一天》之后，主持人连线了一位特殊的嘉宾，他是奋战在抗疫第一线的华人医生刘鲲鹏，身着医护装在工作的医院向全球的华人讲述了一位坚持奋战在ICU的华人医生可歌可泣的见闻和感受，话语质朴却催人泪下。他的经历在向世人印证了海外华人在疫情面前有担当、懂奉献、守望相助、心手相连的新时代华人精神。旅加男高音歌唱家刘建军演唱的原创歌曲《手拉手》，其寓意很好地诠释了这种精神。直播留言上一片致敬和赞誉之声，鲜花和祝福献给全球与"新冠病毒"不懈抗争的"最美逆行者"，以祝愿全球的"白衣天使"平安健康。

继续连线的英国嘉宾、著名作曲家江礼不仅为全球关心英国疫情及在英华人生活状况的同胞带来了第一手信息，他还为本次音乐会谱写了原创歌曲《有你有我Together》，旅英著名女高音歌唱家王蓓蓓在音乐会开始前夜，熟悉了这个新作品后，毅然决定演唱此曲来替代之前既定的《圣母颂》，艺术家们以自己的方式表达了对祖国对同胞的炙热之情。

享誉世界的旅美低男中音歌唱家李鳌和中央民族乐团青年歌唱家王紫菲带来的歌曲可谓是"曲风鲜明"，《我是中国人》被演绎得铿锵有力，气势磅礴。《中国好姑娘》则低回婉转，悦耳悠扬。

紧接着顺序而出的是四位在当地都享有盛誉的女艺术家——美国女高音歌唱家胡薇薇、意大利女高音歌唱家叶璐、加拿大女高音歌唱家陈琳、新西兰女高音歌唱家、华星艺术团团长李芬，她们分别演唱的民歌《九儿》、意大利歌曲《Mattinata》、《芦花》以及新西兰民歌《毛利情歌》，都可谓是颇具难度，实乃"经典中的经典"。

期间，主持人又连线了来自加拿大的嘉宾孙海燕、尼日利亚的卢婷婷、巴西的嘉宾李青霞，他们分别介绍了当地的疫情，并回答了主持人所提出的大家比较关心的一些问题。

当连线日本嘉宾聂二中的时候，已经是日本当地时间零时已过，在他介绍完日本的情况之后，日本著名男高音歌唱家包金钟适时唱响了那首鼓舞人心的《今夜无人入眠》，激昂的歌声划破了东方的夜空。

若问起海外华人中流传最广、唱得最多的歌，大部分人的答案是《我爱你中国》。美国旧金山女中音歌唱家宋晓花满怀深情，完美地用歌声打动了每一位观众的心。正如最后一位女嘉宾，来自菲律宾的何佩兰所说："离开祖国越久，就更加热爱我的祖国。"

随后出场的中国歌剧舞剧院男高音歌唱家李振涛，即兴改唱了一首浪漫的西班牙歌曲《Besame Mucho（无尽的吻）》，他自弹自唱，歌声感染了观众，获得点赞一片。

在节目接近尾声的时候，荷兰华人女高音歌唱家籍晓岚演唱的《中国希望》，不禁令人感慨颇多，让身居海外的中国人体会到，中国的希望就是全体海外华人的希望，海外华人与祖国荣辱与共，四海同心。

音乐会的最后，著名男高音歌唱家王宏伟唱响了作曲家栾凯作曲、小林作词，特许本次音乐会作为主题曲的《我听到了爱》。

（中国侨网2020-05-04）

新西兰华新传媒：侨界热议中国"两会"圆满落幕

据新西兰华新传媒微信公众号消息，在非常时期召开的中国"两会"引起海外华侨华人的高度关注，新西兰华人侨商纷纷发表对今年"两会"的感言，反映了海外中华儿女与祖籍国同舟共济的心声，也体现了他们在后疫情时刻关心祖籍国和家乡经济发展的高度责任感和使命感。

新西兰三公爵地产建筑公司董事长张沈峰：关注中国经济发展，从新的挑战中寻找蕴藏的新机遇

2020年，全国"两会"在中国新冠疫情防控形势持续向好、中国经济加速回暖，而全球的疫情防控依然趋紧的这个特殊节点召开，同时"两会"圆满的落幕为全世界华人增添了民族自信和精神力量。

我们希望能从复杂多变的国际形势下，谋求发展和进步，我们希望能从崭新的挑战中寻找蕴藏着的新机遇，我们渴望疫情之后回到祖国大展宏图，为中国全面建成小康社会的伟大事业添砖加瓦。

"中国经济发展""一带一路"等相关议题都是我们海外侨胞侨商关注的重点。

疫情下，中国第一季度经济发展虽然受到一定的影响，但已经开始呈现出加速回暖的趋势。因此我们认为，应聚焦科技、农业、高新技术、生物、环保、建筑、教育、文化、旅游等领域，以"一带一路"为指针，不失时机加强中新两国的合作。我们积极响应中国对外经贸政策，坚定支持多边主义和自由贸易，共同推动建设开放型世界经济体制，推动双边自贸协定升级谈判达成共识。同时，我们也会抓住机会发挥华人侨胞的纽带作用，不断促进新中两国的经济贸易协同合作共赢发展！

新西兰海南总商会会长冯平：以强烈的民族责任感和使命感，积极投入家乡经济建设

今年中国的"两会"在疫情特殊时期顺利召开并圆满落幕，具有特殊的意义。尤其是政府工作报道中提到我们海外侨胞是祖国的牵挂，是联通世界的重要桥梁，我们为此备感激动！这是祖籍国对海外儿女的高度重视！我们一定要发挥好侨胞的独特优势，不断增强中华儿女的民族凝聚力，为振兴中华尽自己的一份力量。

中国在疫情特殊背景下召开的"两会"，其充满民族精神的内容更加吸引全球的目光。面对疫情，中国采取最果断有力的措施，并正在向取得疫情防控的全面胜利迈进！这再次让世界见证了中国速度、中国效率和中国力量！中国的成效和经验，有利于世界经济的早日复苏。国际专家普遍看好中国的经济前景，也让我们海外侨胞充满信心和动力。

新西兰是"一带一路"倡议沿线国家之一，而且中新两国的经济互补性强。所以我们建议中新两国应在农副产品、旅游商务、基础建设等方面深入加强合作。新西兰海南总商会也会号召侨商，以强烈的民族责任感和使命感，积极关注和投入海南家乡经济建设的发展，积极寻求与家乡合作的可行性投资项目，我们将着眼于新西兰资源与海南资源的互补、互利、互赢，不失时机地抓住一切机遇，促进新中两国的经济合作不断取得丰硕的成果。

新西兰侨商总会秘书长钱坤：要着眼每一项有助于中国市场和中国经济发展的实际项目

今年中国召开的"两会"，是在全球新冠病毒疫情蔓延背景下举办的，这彰显了中国的强大管理能力和世界大国的影响力，也给海外华人树立了坚强的信心。

作为专注于新西兰和中国之间的国际贸易侨商，我们希望将新西兰优良的原生态产品供给国人享用，不断增强国人的体质和提高身体免疫力。

目前祖籍国正在进一步加大企业复工复产、恢复物流体系等。作为新西兰侨商公司来说，我们一定要从每一项有助于中国市场和中国经济发展的实际项目着眼落实，不断使新中两国的经贸合作共赢取得新成果，见到新成效！

新西兰国际商会荣誉会长周杰祥：新西兰侨胞将继续跟随祖国发展的步伐

今年的全国政府工作报告中数次提及海外侨胞，称"海外侨胞是祖国的牵挂"，这充分肯定了海外侨胞对抗击新冠肺炎疫情的贡献。

我们相信，待疫情结束后，中国完全有能力让社会秩序恢复正常，让经济发展再上一个新台阶。新西兰侨胞将继续跟随祖国发展的步伐，促进中新经贸往来。

我们对中国的发展充满信心和希望，相信中国的未来会更加美好。我们将继续发挥好侨胞的独特优势，当好联通世界的桥梁载体，不断增强中华儿女凝聚力，同心共创辉煌。

今年"两会"期间，十三届全国人大三次会议以高票表决通过《全国人民代表大会关于建立健全香港特别行政区，维护国家安全的法律制度和执行机制的决定》，新西兰华人界全力支持此决定，坚决维护香港的和平稳定！

（中国侨网2020-05-31/张晶岩）

创新表演形式　传递战"疫"力量　华人艺术家绽放别样魅力

指尖在黑白琴键上跳跃，《埃斯特庄园水的嬉戏》旋律如水般流淌，美妙的庄园喷泉美景仿佛就在眼前……对德国华人钢琴家张海鸥来说，这是一次非同寻常的

演奏。来自20多个国家的上千名听众，正通过网络直播欣赏他的钢琴演奏。

近日，张海鸥参与了由德国古典音乐线上直播平台Classic At Home举办的全球线上音乐会。"希望在特殊时期传递抚慰人心的正能量。"张海鸥说。

新冠肺炎疫情在全球蔓延后，多国华人艺术家"花式出招"，或创新排练及演出形式，或从战"疫"经历中汲取创作灵感，用艺术作品凝聚战"疫"力量，传递信心与勇气。

艺术创作不停步

"一声简单的问候，温暖便涌上心头。我们同住地球村，永远是朋友……"这是澳大利亚悉尼华星艺术团最近推出的一首原创歌曲。柔美的女声合唱展现出人与人之间的珍贵情谊。谈起这首歌的灵感来源，艺术团团长余俊武描述了这样一幅景象：一天清晨，阳光熹微，几位在公园散步的老人悠闲自得，微笑着互相问候祝福。

"最近还好吗？"——这声平凡又动人的问候，让余俊武灵光乍现，他马上联系词曲作家创作歌曲。两个小时后，歌曲《问候》诞生了。

"疫情发生后，悉尼华星艺术团的48个团队都停止了聚集性训练和演出，但大家也没闲着。"余俊武说，"我们创作了《问候》《为你点赞我的朋友》《让我用爱拥抱你》《把爱传递》等一大批原创歌曲，体现海外华侨华人与祖（籍）国同心同德抗击疫情的赤子之情。"

巴西圣保罗华星艺术团同样忙碌。据团长李青霞介绍，在不久前举办的"大爱有声　四海同心"全球华人线上音乐会上，艺术团献上开场节目《手牵手》及歌曲《让世界充满爱》。此外，艺术团青年舞蹈队发挥独特创意，设计了一组快闪舞蹈训练视频，展现青年艺术家们居家隔离期间的别样风采。

"虽然我不知道你的名字，但我知道千千万万个你，谱写的英雄赞歌，铭刻在历史的丰碑里。"随着中国国内疫情防控形势持续向好，旅欧作曲家朱培华以激昂的旋律，将歌曲《你》献给所有抗疫斗争中的英雄。

"歌曲中的'你'是医护人员，是小区保安，是环卫工人，是一线民警，是每一个安心宅家、用实际行动配合疫情防控的千千万万普通人。"朱培华说。

从赞颂支援湖北医疗队的《出征，出征》，到献给武汉人民的生命颂歌《樱花雨》，再到充满坚定斗志的《我们是荆门》，朱培华笔下的串串音符正化为千钧力量，振奋人心。

云端舞台也精彩

"音乐家通过演奏传递情感，与观众产生磁场互动。这些效果只有现场演出能实现。"首次参与线上直播音乐会的张海鸥，对这种新的演出形式曾有不少担忧和疑虑。

经历线上演出"初体验"后，张海鸥对观众们的积极反馈既惊又喜。"1000多名观众全程听完了音乐会，他们用英、德、俄三种语言热情留言。"张海鸥说，"我是首位收到Classic At Home平台演出邀请的华人音乐家，也是此次演出中收获观众留言最多的一位，我倍感自豪。"

如今，越来越多的华人艺术家在云端舞台绽放别样魅力。线下转线上，形式虽变，精彩不减。

最近，余俊武在为6月13日举行的"五洲同心　四海一家"爱乐之声云端音乐会做准备。"悉尼华星艺术团推荐了3个作品，通过3种不同的艺术风格呈现。"

"我们的舞台更大了！"余俊武感叹，与过去单纯的舞台表演不同，线上演出更重视音视频拍摄及剪辑效果。各种艺术手法的运用将进一步增加作品感染力，营造更具特色的表演氛围。这对团队的专业化水平提出了更高要求。

"全新的表演模式吸引了许多年轻艺术家参与进来，他们充分发挥艺术创造力及技术水平，进一步丰富了艺术作品的表现形式。"余俊武说，后疫情时代，文化艺术的多元形式为华人艺术家提供了更多的创作空间。海外文化艺术团体不断发展，聚集具备多元化、专业化素质的各方人才，将进一步丰富和增强品牌的综合魅力。

除参与线上演出外，李青霞还带领圣保罗华星艺术团开展各类线上训练。"声乐组和青年舞蹈队打头阵，通过视频连线开辟交流平台；艺术培训班开展舞蹈、小品表演的视频教学，培养孩子们独立模仿及适应视频学习的能力，学员每周上交视频作业；此外，我们还组织所有队员参加线上健身训练，被其他侨社点赞、效仿。"李青霞说。

多元文化相辉映

张海鸥对一个画面印象深刻：奥地利布鲁克纳音乐厅内座无虚席，人们在听完他演奏后，纷纷起立鼓掌，请求加演。

"那是2月份我的最后一次线下演出。当时，中国国内疫情形势严峻，欧洲一些国家出现了个别借疫情歧视华人的事件。我一度担心自己的演出会受到影响。"张海鸥说，"事实证明，我的担心是多余的。那场演出门票全部售罄，观众们给予热烈的掌声，我又加演了中国民乐《浏阳河》，受到观众们的欢迎。"

"让爱回家"——这是余俊武正在筹备的一台大型原创音乐会的主题。"经历疫情考验，人们应该认识到，爱能够超越国界和种族，成为全人类永恒的力量。"余俊武说，"在舞台设计上，我们构思的一个场景是，人们在战胜疫情之后走出家门，在美丽的大自然中放声合唱，表达对未来的信心。"音乐会将由当地交响乐团演奏，由华星艺术团演唱原创歌曲，着重体现多元文化的和谐交融。

前不久，朱培华收到了来自中国和卢森堡听众对《出征，出征》这首歌的反馈，这让他备感欣慰——浙江人民医院的两位年轻护士唱着这首歌，踏上了支援湖北的征程，她们从歌声中获得更多战胜疫情的力量；卢森堡的一位外国友人虽然听不懂歌词，但他从MV画面和音乐旋律中，"感受到中国人民战胜疫情的决心和众志成城的力量"。

"我一直在思考，如何借音乐创作更好地讲述中国的历史和文化，表现中国人的精神风貌。"朱培华说，"我计划尝试用中英双语创作歌曲，为希望学习中文、了解中国的外国朋友提供便利；同时，我还想尝试用西方乐器演奏中国的民族风曲调，为传播中国的民族音乐、促进中西艺术交流贡献自己的力量。"

（《人民日报海外版》2020-06-12/李嘉宝）

阿拉伯国家华侨华人点赞中阿合作走深走实 中阿风雨同舟造福双方人民

中国–阿拉伯国家合作论坛第九届部长级会议近日以视频方式举行，阿盟所有成员国的外长和部长级官员以及阿盟秘书长盖特与会。中国国家主席习近平向会议致贺信表示："当前形势下，中阿双方比以往任何时候都更需要加强合作、共克时艰、携手前行。希望双方以此次会议召开为契机，加强战略沟通协调，稳步推进抗疫等各领域合作，推动中阿命运共同体建设不断走深走实，更好造福中阿双方人民。"

新冠肺炎疫情发生以来，中国与阿拉伯国家持续展开抗疫合作，展现了风雨同舟、守望相助的深厚友谊。作为中阿合作的参与者、贡献者和受益者，阿拉伯国家华侨华人对中阿深化合作有着亲身体会。中阿合作走深走实，为阿拉伯国家华侨华人带来新的发展机遇。

抗疫合作接连获赞

埃及中国和平统一促进会会长陈建南最近正忙着给当地侨胞派发来自中国的爱心健康物资。"当地朋友说起中国抗疫，都要竖起大拇指。"陈建南告诉本报记者，埃及官方和民间对中国抗疫成果十分关注，也始终非常支持。"在中国疫情较为严重的时期，埃及在金字塔等埃及标志性地点点亮中国红，为中国打气加油，传递了中埃深厚友谊。近期埃及疫情较为严重，埃及民众也希望通过学习中国抗疫经验，加强埃及防疫工作。"

"有感染新冠肺炎的侨胞朋友康复后和我们说，医院开的治疗药物是中国生产的，药盒上的字都是中文。"沙特阿拉伯华商联合会创会会长林大旺对沙特侨胞的防疫情况十分关心。随着防疫措施的逐渐放开，沙特疫情出现反弹，但死亡率较低。"其中有一大原因是，沙特与中国展开了深入的医疗合作。"林大旺分析，一方面沙特政府组织从中国采购大量抗疫药物，另一方面中国政府向沙特派遣医疗专家组带来许多抗疫经验和具体指导，另外许多中国企业也为沙特抗疫出力。林大旺说，作为旅沙侨胞，他深刻感受到沙特对中国的信任以及中沙友好关系在抗疫合作中发挥的巨大合力。

阿联酋河南商会暨同乡会创会会长李松涛在接受本报记者采访时说，在迪拜疫情严重时期，海外侨胞为加深中阿友谊的深度和广度，把中国发来的口罩、消毒液及时发给阿联酋普通工人，得到当地政府的赞扬。经过携手抗疫的洗礼，中阿战略伙伴关系基础更加牢固，人民友谊更加深厚，合作前景更加光明。

"阿曼和中国的抗疫合作，在阿曼新闻上经常能看到。"阿曼山东儒商会会长包有增接受本报记者采访时说，阿曼包机从深圳拉回中国援助阿曼的医疗物资、中国驻阿曼大使在阿曼主流媒体上发表讲话等中国支援阿曼抗疫相关新闻，在阿曼获得积极反响。"阿曼当地的朋友都说，中国政府防疫很有一套。最近阿曼疫情处于爆发期，民众也意识到对疫情的重视和严格防控十分重要。"

经贸机遇越来越多

新冠肺炎疫情在全球肆虐，阿拉伯国家也深受影响。在阿拉伯国家从事国际贸易的华侨华人，是承受疫情冲击最为明显的群体之一。

在埃及从事钢铁、食品行业生产的陈建南直言，埃及疫情的蔓延对他的产业造成巨大冲击。"疫情发生以来，我们的工厂就已经无法正常运作了，一开始我们采取全封闭式管理，但随着疫情的不断蔓延，疫情对当地员工的影响较大，我们只能选择暂时停工。6月27日起，埃及政府宣布复工复产，但受疫情影响，复工进展并不顺利。"陈建南说，尽管餐饮业、旅游业、制造业等行业的华商受到很大冲击，短期内恢复仍然困难，但中国与埃及的友好关系是华商经营发展的坚实基础，疫情在带来危机的同时，也提供了新的契机。

包有增在阿曼投资建设的阿曼中国批发城项目，因为疫情已搁置近半年。原本计划4月开业的批发城，如今已全面停工。但包有增并没闲着，随着疫情防控出现常态化趋势，批发城配套的物流中心成了"香饽饽"。

"阿拉伯国家电商行业尚处于起步阶段，疫情促进了阿曼以及众多阿拉伯国家电商的发展，这也为当地华商提供商机。包有增的中国批发城，一方面打造中国商品的展览中心，为阿曼顾客提供线下体验服务；一方面配套建设了中国海外仓储物流中心，为电商发展提供物流服务；此外，积极开发手机客户端等电商平台，让批发城的货物走得更远。"包有增说。

李松涛和包有增一样嗅到了当地电商发展的商机。在阿联酋从事服装批发行业的李松涛，最近每天都居家办公。"疫情对服装批发行业的影响非常大，有部分店铺都被迫关闭。但与此同时，中国与阿联酋企业在服装行业电商板块的合作日渐增多，中国的一

些电商平台抓住商机扩大海外仓规模，这都得益于两国经贸合作的不断加强。"

疫情期间，林大旺在沙特合伙经营的大型商城中国城停业，自己经营的其他企业也受巨大冲击。受疫情影响，整个海湾地区消费能力降低、订单需求骤降，从中国运来的物资，物流配送都受到影响，经营成本增加。林大旺期待着疫情早日控制，社会逐渐恢复正常运转，中国城能恢复往日的繁华。

未来前景值得期待

"对于在沙特的华商而言，沙特好像一块处女地。"林大旺说沙特作为中东地区最重要的国家之一，拥有很大的领土面积和人口基数，有巨大消费潜力。沙特逐渐开放的政策环境也为华商长期发展提供了空间。沙特近年来不断扩大开放，沙特政府提出的"2030愿景"与中国提出的"一带一路"倡议密切吻合。"随着中沙在抗疫过程中不断加深合作，两国政府间全方位合作更加深化，中沙企业间的往来一定会更加密切深入。我相信，未来的沙特对华商而言将是一片可以畅游的蓝海。"林大旺说。

李松涛说，阿联酋的疫情得到了较好的控制，在阿拉伯国家里走在前面。迪拜酋长国已经全面开始恢复生产生活秩序，并于7月7日开放迎接来自世界各地的游客。迪拜世博会将于2021年10月1日开幕，将会给阿联酋经济的快速恢复带来强大动力。"我们都非常期待，相信在阿侨胞的生意将会很快恢复到疫前水平。"

"中国的抗疫经验和成效世界有目共睹，中国对阿拉伯国家的医疗援助送来实际帮助，授人以鱼不如授人以渔，未来中国与阿拉伯国家更应深入开展医疗合作，如推动口罩等医疗物资在埃及建厂生产、进行中医推广等，让中国的医疗技术和经验通过埃及辐射到非洲大陆。"陈建南说。

"阿曼与中国的友好往来源远流长。郑和下西洋时就曾在阿曼停留，现在阿曼民众的家里还有年代久远的中国瓷器。阿曼在经贸方面与中国也往来十分密切，在电力、石油化工等行业都有合作，此前宁夏与阿曼政府合作建设中国工业园，吸引了许多中国公司前来阿曼发展，有许多从事国际贸易的华商已从中阿合作中尝到甜头。阿曼的工业基础较为薄弱，与中国产业结构具有互补性，中阿深化合作必然为华商带来更多机遇，吸引更多中国人来到阿曼，共享时代机遇。"

（《人民日报海外版》2020-07-17/高乔）

中医药助力疫情防控　增进世界民众健康福祉

中医药已经传播到全球183个国家和地区。中国与40多个外国政府、地区主管机构和国际组织签订了专门的中医药合作协议。中医药在抗击疫情中的有效性得到了有力证明。中国愿根据需要与国际社会积极分享中医药参与疫情防控的经验与做法，支持中医药走向世界。

俄罗斯——精湛医术提升民众信任度

在俄罗斯圣彼得堡，与康斯坦丁宫隔街相望，坐落着一排古色古香的二层楼房。正门上方的牌匾上分别用中俄两种文字写着"北京中医药大学圣彼得堡中医中心"和"传统东方医院"。这是俄罗斯第一所获得当地法律认可、具备医院资质的中医医院。自成立以来，中医中心凭借着精湛的医术，吸引不少患者慕名而来。

圣彼得堡市民斯韦特兰娜经常感到头晕、头痛、乏力，肩膀和胳膊也疼得厉害。当地神经科医生给她开了一些口服药，配以静脉注射，但效果不明显。丈夫建议她到中医中心去看看。起初对传统中医疗法将信将疑的斯韦特兰娜很快便"尝到了甜头"。中心医生给她拔了火罐，并配以针灸和艾灸疗法。"仅接受3次治疗后，我的病情就有了明显好转。第六次治疗过后，头不晕了，疼痛大幅缓解，心情也舒畅了。"

不久前，圣彼得堡中医中心还收到了一条来自市民伊琳娜的感谢短信。患有偏头痛、三叉神经痛等病症的伊琳娜对天气十分敏感，每当天气剧烈变化时，她的头痛就开始发作，血压降低。伊琳娜辗转多家医院，却始终没有效果。然而，仅仅到圣彼得堡中医中心就诊一次后，她的头痛和疲劳感就都消失了，让她由衷感叹中医的神奇。

俄罗斯地处高纬度地区，常年阴冷潮湿、日照少，抑郁症、皮肤病、肥胖症、心脑血管疾病、糖尿病并发症等疾病在该国很常见。来自中国的中医专家辨证施治，利用头针、火针、热敏灸、推拿等特色疗法，以当地传统草药为补充，治愈了一大批疑难杂症患者，获得了当地民众的认可和高度评价。自2016年7月3日揭牌以来，圣彼得堡中医中心共接诊4000余名病人、治疗1万余人次，针对颈肩腰腿痛、IgA肾病、特异性皮炎、重症肌无力、脑瘫等30余种疾病的治疗取得显著成效。

新冠肺炎疫情在全球蔓延，俄罗斯当前疫情防控形势依然严峻。北京中医药大学依托圣彼得堡中医中心，积极开办以预防新冠病毒感染为主题的在线讲座，录制科普视频，并在线下培训中医医师。北京中医药大学还制定了中俄文版《在俄新型冠状病毒疫情下的健康管理中医药方案》，由中国驻圣彼得堡总领事馆发布，为俄罗斯民众和华侨华人提供专业的中医抗疫指南。圣彼得堡总领馆辖区内，华侨华人无人感染。

4年来，圣彼得堡中医中心与俄罗斯多家医疗、医学教学及科研机构形成了良好的交流合作关系。圣彼得堡中医中心受邀并作为协办方连续3年参加了金砖国家民族医学大会、全俄医学大会、俄罗斯紧急情况部医学大会、全俄神经反射医师大会、

俄罗斯军事医学科学院医学论坛等大型医学论坛。中心先后到列宁格勒州政府、圣彼得堡大学孔子学院、俄罗斯紧急情况部急诊及放射医学中心开展了多次包含中医基础理论、太极气功等内容的讲座，加深了当地民众对中医传统文化的认同感。中心还定期与俄方医疗、医学教学及研究机构共同开展中医技法、理论知识的培训，建立联合门诊中心，以中西医结合的方式治疗当地疑难症患者，通过权威医学机构及联合科研验证中医疗效等。

匈牙利——近 600 名当地医师开设中医诊所

"从 2010 年起，匈牙利塞梅尔维斯大学就与黑龙江中医药大学合作培养中医人才，2017 年两校开始共建中国—中东欧中医药中心（匈牙利），多年来为匈牙利培养了一大批本土的中医人才，为在匈牙利推广和传播中医药文化发挥了独特作用。"中心中方负责人于福年说，匈牙利目前约有 3 万名西医，其中 3000 多人经过了针灸培训，有近 600 名匈牙利医师开设了自己的中医诊所。

不久前，匈牙利政府向塞梅尔维斯大学投资 59 亿福林（约合 1.3 亿元人民币），用于加强该校的传统中医药学科研究，同时支持中国—中东欧中医药中心的建设。从建立第一家符合欧盟标准的中药厂到成为欧盟内第一个为中医药立法的国家，从建立欧洲第一所中医特色的孔子学院到成立中东欧地区第一家中医药中心，匈牙利的中医药发展一直走在欧洲前列。

今年 6 月，在塞梅尔维斯大学，一栋新的教学楼破土动工。塞梅尔维斯大学卫生科学院院长多尔乃伊·高比介绍说，这是中医药中心的新家，大楼占地 4000 平方米，建有中医教室、中医实验室、中医临床实习基地等中医教学配套设施，塞梅尔维斯大学将打造一个全方位的中医药培训中心。

"中医药在匈牙利的医学界得到了广泛认可，匈牙利和中国都有很长的使用植物类药物治疗疾病的历史，屠呦呦提取青蒿素的重大成果更是让世界看到了中医药的科学价值和神奇功效。今天，在匈牙利的任何一家药店都能买到中医药产品，这充分说明了匈牙利人对中医药的信任，中医药在匈牙利有着广阔的发展前途。"塞梅尔维斯大学卫生科学院前院长梅萨罗什·尤迪特说。

36 岁的莉拉是中医的"铁粉"，年轻时就深受胃病的困扰。5 年前，她在朋友的介绍下第一次到访匈牙利的中医诊所，医生通过针灸和药熏等方式，很快就让她的病情得到了缓解。莉拉发现，"中医更注重对身体整体的调理和治疗"。

新冠肺炎疫情防控中，匈牙利中医界积极行动，多方筹备防疫物资，分享中国抗疫经验。华人中医师在布达佩斯"煮大锅中药"，免费提供增强免疫力的汤药，受到当地民众欢迎。在中医药中心和匈牙利多家中医药协会的协调下，一批以中药产品为主的抗疫物资运抵匈牙利。匈牙利前总理迈杰希表示："中国抗击疫情成绩有目共睹，一个重要原因就是把传统中医与西医治疗很好地融合在一起。"

于福年说："匈牙利成为欧洲最早立法支持中医药行业发展的国家，离不开匈牙利独特的社会文化环境，也离不开几代中医人深耕社区的不懈努力。在携手打造'健康丝绸之路'的进程中，中医药将发挥独特的文化优势，为匈牙利乃至整个中东欧民众提供健康服务。"

毛里求斯——患者对中医疗效赞不绝口

中国—毛里求斯中医药中心于2019年底建成运营，成为非洲首个展示推广中医药的平台。该中心由上海中医药大学附属岳阳中西医结合医院（简称"岳阳医院"）与毛里求斯城市医疗集团共同创建，来自岳阳医院的主任医师胡炳麟、王晓素以及来自上海蔡同德药业的药师薛仁彦3人，成为中医药中心的首批开拓者。

中心运营后，寻医问药的患者络绎不绝，甚至有远在南非的病人专程前来。新冠肺炎疫情防控期间，中医药中心与岳阳医院本部和武汉一线抗疫的医疗队员实时连线，学习抗疫一手经验，制作防控新冠肺炎的医学讲座课件。在当地封城的70多天里，中心专家克服疫情带来的防护和生活物资短缺等困难，坚守岗位，维持门诊正常运作，开展数场医疗防控讲座，每天解答数十个远程医疗咨询，为当地民众、中资机构和企业、华侨华人提供医疗支持。

胡炳麟医生曾在中国援摩洛哥医疗队工作过两年，还曾为中国国家女足队员服务，针灸推拿医术高超。一位当地赛马运动员阿卜杜拉腰椎间盘突出症严重，只能弓腰行走。经过胡医生一个月的针灸推拿治疗，阿卜杜拉的疼痛明显缓解，腰也直了起来。3个月后，他彻底恢复，重新参加赛马比赛。"如果不是亲身经历，真的难以置信！"阿卜杜拉激动地说。

王晓素与毛里求斯的当地同仁一起收集国内外关于中医药防治新冠肺炎的文献和报道，整理成提案交给毛里求斯政府。毛里求斯总统鲁蓬感谢中方各部门对毛方抗疫工作的大力支持，认为中方的善举彰显了团结合作的精神。王医生是中西医结合治疗脾胃病的资深专家，除了深厚的中医功底外，还精通胃肠镜诊疗技术。一位35岁的男性病人奥迪亚，反复腹痛半年，吃药也无效。王医生马上联系手术室，安排胃镜检查，诊断为胃溃疡病，中医称之为胃痛病脾胃虚寒证，处方给予黄芪建中汤合左金丸。药物迅速见效，患者对疗效赞不绝口。

中心刚起步时，由于煎药机和灌装机未能就绪，所有的煎药过程必须人工处理。薛仁彦严格按照工序一步步手工煎药，为当地民众熬制纯正的中药煎汤。现在，机器安装好后，煎药效率大大提高，一般2小时内病人就可以拿到全部的剂量。

毛里求斯华人、城市医疗集团主席徐惠霖表示："中医药中心专家尽心尽责，医术高超，深受毛里求斯人民的欢迎。"胡炳麟医生对记者说，作为共建"一带一路"的健康使者，希望能对毛里求斯抗疫尽一份力量。

（《人民日报》2020-07-21/张光政等）

海外华文教育：挑战与机遇并存　面临人才匮乏等困境

"我非常喜欢看中国电视剧《还珠格格》，当时看的是配音版。我就想如果懂汉语就好了，就能直接理解小燕子在说什么！"来自泰国暖武里的华裔学生陈素欣谈起最初学习汉语的动因，仍然按捺不住兴奋。

华裔学汉语热情高

12岁开始接受汉语教育，高中开始自主报班进行"一对一"语法学习，大学主修中国研究专业，研究生阶段选择来华攻读硕士学位的陈素欣汉语听说读写能力非常强。参观了不少中国名人故居的她，最近又在学习中国文言文。

谈及对中国的了解，她说："中华文化上下五千年，我还有很大的学习空间。"

在泰国等东南亚国家，有许多像陈素欣这样的"中国迷"，他们大都受过良好的华文教育。

菲律宾红烛华文教育基金会咨询委员张杰有7年教龄，他在接受采访时介绍，华文教育的内容主要包括中国汉字教育、汉语语言教育以及中华文化教育。最初的教育对象是海外华人及其后代，现在，很多非华裔的本土学生也加入进来。这主要是由于东南亚国家与中国在政治、经济和文化上都有非常友好和密切的交往，也从侧面体现了中国软实力的大幅度提升。

面临人才匮乏等困境

学习一门陌生的语言和一种全新的文化并非易事，如何让学生积极参与并且真正学有所得呢？这也是海外华教老师面临的最大难题。

张杰认为，关键在于"激发学生的学习兴趣"，他解释道，学生缺乏相应的语言环境，加上选修课的课程定位，导致学生的自主性不够强。另一方面，很多国家和地区的教学设施不够发达，老师不得不采用传统的教学方式，这也在一定程度上限制了教学水平的发挥。

针对这种情况，张杰提出"以兴趣为前提，以课堂为抓手，以考核为导向"的教学理念，鼓励教师讲述更多现代中国的故事以调动学生兴趣，通过课外活动进行开放式考核，使学生获得成就感。

从大环境来讲，张杰为海外华教的人才匮乏感到担忧："年轻人不愿意当老师，海外相关的财力人力支持也有所欠缺。"

可以看出，人才匮乏和流失、资金投入小、管理不当等是目前海外华教面临的困境。

如何解决这些问题，张杰认为可以参考菲律宾的"造血计划"：将本土人才送到中国进行教师培养，学成之后回国开展华文教育。

"在这方面，中国政府是大力支持的，也投入了大量资金和资源。"张杰补充说。

传统教学方式亟待改进

新冠肺炎疫情在全球范围内暴发，使海外华教不得不采用线上授课的形式。

张杰认为："疫情带来的波动既是挑战，也是机遇。"在东南亚的一些国家，网络技术的应用远没有国内这么便捷和发达，这对以传统授课模式为主的华文教育是一个不小的挑战，面临受课群体心理变化和外在技术环境的双重考验。同时，张杰也表示，中国政府"生命第一"的态度和迅速有效的抗疫行动，得到了海外华人的广泛点赞。

受困于此次疫情，目前居家学习的陈素欣希望可以早日返校，回到中国："我父母相信中国政府在疫情时期一定可以有效解决我们的学业问题，提供帮助，这也是他们大力支持我学习汉语和中华文化的重要原因。"

文化是联结不同民族的坚实桥梁。"如何让中华文化在世界文化大花园中盛放？如何用当地人喜欢的方式讲好中国故事？新侨如何接受华文教育？"张杰表示，这些应该是海外华教工作者思考和努力的方向。

（《人民日报海外版》2020-07-24/睿加，马媛慧）

成功的电影背后，华裔导演们都经历了什么？

9月19日，第45届多伦多国际电影节落幕，旅美华人导演赵婷的影片《无依之地》参加了电影节展映，并获得了"人民选择奖"。此前，《无依之地》已经斩获2020年威尼斯电影节最佳影片金狮奖。

其实，不管是商业片领域还是文艺片领域，优秀华裔导演的身影随处可见。然而，许多人记住的往往是影片本身，不会过多关注导演。

今天，就跟小侨来认识几位优秀的海外华裔导演吧！

玩转商业大片

"这次能带着这部作品回来，我太开心了。"电影《海王》的导演温子仁这样说。在《海王》的中国首映式上，他直言自己是中国人，但生在海外，这次"回家"让他非常兴奋。

2015年执导《速度与激情7》，全球票房15.16亿美元；2018年执导《海王》，全球票房11.48亿美元。这个瘦削的华裔青年看上去十分普通，却早已是好莱坞炙手可热的知名导演。

不过，最早成就温子仁的，却是一部匆忙拍摄的小成本电影。

11岁开始，温子仁就迷上了电影，尤其偏爱恐怖片。大学时，温子仁认识了同样喜爱恐怖片的好友雷·沃纳尔，两人曾梦想拍一部属于他们的电影。

然而，毕业后，两人只能勉强维持生计，沃纳尔常常头痛到以为自己得了绝症。痛苦带来了不一样的灵感，两人就此写了一个剧本。

筹拍5天，拍摄18天，所有演员都没彩排，成本只有120万美元。谁也没想到，这部粗糙的小成本电影会在全球收获1.03亿美元的票房。《电锯惊魂》就此诞生，温子仁的名字也开始为大众熟知。

之后，温子仁陆续拍摄了《招魂》《死寂》《潜伏》系列，部部都是小成本高票房，打造了一个独特的"恐怖宇宙"。如今，他已经成为国际知名的"恐怖片之王"。

虽然以执导恐怖片见长，温子仁也表达过对主流商业大片的喜爱，而《速度与激情7》就是其中一部。而正是《速度与激情7》的成功，给温子仁带来了执导《海王》的机会。

说起《速度与激情》系列，还有一位华裔导演不得不提。

《速度与激情》3~6部、《终结者5》《星际迷航3》……华裔身份曾一度令林诣彬在好莱坞举步维艰，但也成就了他独特的风格。

在第一代华人移民里，大部分父母都会要求孩子从事医生、律师等体面的工作，但林诣彬的父母很宽容，鼓励他追求自己的电影梦想。

从加州大学洛杉矶分校毕业后，林诣彬怀着导演梦来到好莱坞。但当时好莱坞几乎没有亚裔工作者，在这个靠人际关系运转的体系里，一个初来乍到的年轻华人只能四处碰壁。

尽管如此，林诣彬对电影的热爱也从未改变。电影经费告急时，他用信用卡筹款来拍电影，曾经一度刷爆了十张信用卡。

好在2006年上映的《速度与激情3》成功了。曾经给林诣彬带来阻碍的华裔身份，也变成了他极具辨识度的"活名片"。此后，他陆续执导《速度与激情》4、5、6等多部商业大片，一跃成为好莱坞知名导演。

作为一名华裔导演，林诣彬从未忘记自己从哪里出发。

在其他好莱坞导演认识到多元文化的重要性前，林诣彬早已在电影中将亚洲角色正面化，并适当地传递亚洲文化。在很多人看来，他给《速度与激情》系列带来了新的生命力，开辟了崭新的视角。

后来，再谈起这段经历，林诣彬表示："我为今天的成绩骄傲，这都是我努力的成果。我真的为自己骄傲，也为和我一起共事的人们骄傲。"

关注人与自然

"那一次，我拍摄了各行各业的人，了解了很多关于他们的事情。虽然我没有那么丰富的人生经历，但还是和他们产生了共鸣。"

旅日华裔导演张时伟拍了很多纪录片，也获过许多国际奖项。然而，在刚开始拍电影的那段时间，他曾经一度很困惑。

刚开始拍电影时，张时伟曾认为电影的"美"就是神话元素的堆砌，离生活很远。为了追求电影的"完美"，他去了美国攻读电影导演专业，毕业后又拍摄广告片和音乐短片。

然而，生活的朴素与影片的美感之间的落差，让张时伟感到疑惑。直到他接了一个工作：拍摄一部关于在日中国人的纪录片。

歌剧演员、摄影师、画家、餐饮店经营者、企业家……张时伟的拍摄对象遍布各行各业。他认识了他们的家人和朋友，了解他们对未来的梦想和期待、不安和烦恼。他们的艰苦奋斗让他想起了父母，他们孩子的经历也令他感同身受。

张时伟懂得了生活中的美，也重新认识了曾经认为普普通通的自己。

后来，张时伟又拍了一部关于丰浜文化的新片。为了拍好这部片子，他在丰浜町住了下来，与当地人同吃同住了一个月。

这部《魂的共鸣——丰浜太鼓台祭》入围了中加国际电影节，并在加拿大创作国际电影节上公映，而张时伟是唯一一个获奖的华裔导演。如今，他依然在忙于拍摄表现中日文化的影片。

"电影是一双眼睛，让更多人看到不一样的生活视角。"提到作品《非洲遇见你》，加拿大华裔导演崔燕这样说。

作为华裔，崔燕的作品题材涉及广泛，多关注海外华人生活中的故事。她的作品曾获德国柏林国际影展"艺术大奖"、美国棕榈泉国际影展"最佳导演"奖。

这部在非洲全实景拍摄的影片，聚焦中国反盗猎志愿者的故事，呼吁人们保护动物。而在拍摄过程中，有时为了得到一个满意的镜头，剧组成员会工作十几个小时。

影片播出后，《非洲遇见你》又作为第二届中非电影节的开幕影片，在南非进行了全球首映。崔燕说："希望这部电影能带观众走进反盗猎志愿者的世界，认识他们，支持他们，变成他们。"

聚焦华人文化

前有《别告诉她》，后有《幸运的奶奶》。华裔导演们的镜头下，华人文化是必不可少的主题。

对美国华裔导演王子逸来说，2018年拍摄的《别告诉她》不仅是用来纪念奶奶、分享家庭故事的，还呈现了她对不同族裔文化的思考。

王子逸生在北京，6岁随家人搬迁到迈阿密，但从小与奶奶的关系很好，出国后也常与奶奶联络。《别告诉她》这部电影，很大程度上还原了她自己的真实经历。

影片中，碧莉因为不得不向奶奶隐瞒病情，感到十分为难，这也是王子逸面临过的困境。

"作为二代移民，我与我的长辈们有着截然不同的想法。"王子逸说，"但生活在一个多元文化的社会，我们有权利发出自己的独特声音。我渴望尽自己的一份力量，去讲述华裔家庭的故事。"

如果说王子逸带给观众的是华裔家庭的温情，胜思席礼（音译）展现的就是海外华人乐观态度背后的心酸。

同样以奶奶为主角，《幸运的奶奶》是一部喜剧片。然而，电影中引人深思的细节却随处可见：年轻人讨论新老移民处境、独居老人与家人的隔阂、孙子说不利落的普通话等。

对于海外华裔导演来说，华裔身份带给了他们不一样的观察视角。而正是不同文化碰撞擦出的火花，赋予了他们的电影独特的魅力。

希望有更多华裔导演勇敢追梦，为世界创作出更多好电影！

（中国侨网微信公众号2020-09-24/刘立琨）

探索华文教学模式　2020海外华校管理讲座"云"开讲

为了探索研究华文教学模式，交流海外华校管理经验，由法国华文教育协会和法国奥罗阿大区华文教育联盟主办的"2020海外华校管理讲座法国专场"于近日"云端"开讲。

日本横滨山手中华学校校长张岩松就海外华文教育教学模式以及华校管理经验和体会，通过网络云平台与近百名来自法国、英国、德国、荷兰、意大利、西班牙等多国的华文教师及华校校长进行了交流对话。

在讲座中，张岩松强调，华文教育要培养"以中华文化为根基，掌握双语或多语，了解多文化、多元价值观的华侨华人"。华文教育的根本任务就是"育人"，海外华校要立德树人、留根筑魂。

张岩松认为，华文教育要强化学生的归属感。把中国文化的种子种在学生的心里，终有一天会生根、发芽、开花、结果。华校有目的、有意识的教育至关重要。他说，传承中华文化，就是培养学生的民族归属感和自豪感，这是华校的生命线。他还从"海外华校校长领导力要素、教师团队管理和建设、学生理解指导和家校共育"等方面，就华校管理进行了阐述。张岩松的真知灼见得到了与会的华校教师和校长的欢迎和共鸣。

瑞士日内瓦华文教育基金会中文学校的褚峻表示，张岩松校长的讲座，令人受益匪浅。虽然在欧洲办学，国情不同，但是很有举一反三的效果。澳大利亚同心中文学校的陈蕾谈到，张校长的讲座让自己重新审视校长生涯，并且重新规划学校的未来。法国斯特拉斯堡中文学校的孙倩表示，听完讲座，受益匪浅，深切感受到了肩上的责任，也看到了努力的方向。

法国华文教育协会、欧洲时报中文学校的徐嘉蓉和法国奥罗阿大区华文教育联盟、法国小熊猫学校校长罗坚代表主办方感谢张岩松校长精彩的讲座，也感谢各地华校同仁积极参与聆听。

徐嘉蓉和罗坚表示，张校长丰富的教学和管理经验，为广大海外华文教育同仁指明了一个努力方向，希望有更多的机会与华校同仁交流学习，共同为海外华文教育事业作出更大的贡献。

（［法国］《欧洲时报》2020-12-01/欧文）

国际中文教育的未来之路：持续升温　科技赋能

第13届"汉语桥"世界中学生中文比赛全球总冠军甜甜是土生土长的加拿大人，但她从小有一个中文梦，3岁起便开始在中文学校学习，至今已坚持了12年。她是自己所读中文学校不断壮大的亲历者，用她的话说，"现在，我们的中文学校可是当地响当当的知名品牌"。

"中文学校的学习让我对中国十分向往，这些年我和父母去过中国很多地方，我见识过它美丽的山川河流，领略过它隽永的文化气息，体验过它纯朴的风土人情，感受过它那令人惊艳的时尚和令人震撼的科技力量。中国就是这样一个充满活力和创造力的地方，让我十分着迷。"甜甜的愿望是将来能到中国学习，"因为那里是离我梦想最近的地方"。

据粗略统计，目前中国以外正在学习中文的人数约2500万，累计学习和使用中文的人数近2亿。甜甜的故事正是众多海外中文学习者的缩影。

持续升温，大有可为

世界汉语教学学会会长、天津师范大学校长钟英华表示，语言是了解一个国家最好的钥匙，也是促进民众相知相通、交流互鉴、消除障碍、弥平鸿沟、达成心灵共鸣、实现发展共赢、构建人类命运共同体的重要抓手，"国际中文教育在当今时代大有可为"。

切实的数据为钟英华的判断提供了有力的支撑。"目前全球已有70多个国家将中文纳入国民教育体系，4000多所国外大学开设了中文课程。"在日前在京举办的"2020国际中文教育交流周"启动仪式上，教育部副部长田学军透露的这组数据从侧面印证了国际中文教育拥有广泛而坚实的基础。

作为欧洲中文教育开展较早、基础较好、规模较大的国家之一的英国，近年来将中文列为中小学外语选修课程，纳入素有"英国高考"之称的A-level考试，还于

2016年启动"中文培优项目",计划到2020年培养5000名流利使用中文的中学生。"对英国年轻人来说,了解中国、学习中文以及中国文化极其重要。"英国驻华大使馆文化教育公使包迈岫说。

当地时间2020年9月7日,中国驻埃及大使与埃及教育与技术教育部长共同签署谅解备忘录,将中文纳入埃及中小学课程。对国际中文教育关注者来说,这不仅标志着埃及正式将中文教学纳入该国中小学教育体系,还标志着国际中文教育又迈出新的一步。数据显示,中文教学纳入埃及国民教育体系后,预计将覆盖埃及约1200万中小学生。

埃及驻华大使馆文化教育参赞乌麦伊麦·迦尼姆还介绍了另一组数据作为埃及中文教育蓬勃发展的补充——目前埃及已建成两所孔子学院、多所孔子课堂,同时有16家大学开设中文系或者中文课程。

相关专家认为,随着外国民众对中文及中国文化的热情持续升温,国际中文教育将会继续升温。

"线下搬家,做不好线上教育"

对国际中文教育界来说,2020年是充满新变化的一年。一场突如其来的新冠肺炎疫情席卷全球,给各国教育造成了不同程度的冲击,国际中文教育也面临巨大挑战。

在疫情倒逼之下,国际中文教育教学模式从线下学习为主转向线上学习为主,教育生态发生了改变。这种改变对教师和学生将带来怎样的改变,线上教育能否接过国际中文教育未来发展的接力棒……都是待解题。

"对国际中文教育来说,线下搬家是做不好线上教育的。"北京语言大学中国语言文字规范标准研究中心主任李宇明强调的是线上教育和线下教育的协调。在他看来,线上中文教育需要技术支撑,需要整合教育资源,需要建立现代化的教学团队,需要新的教学管理,"做好协调非常重要"。

在线上线下融合发展方面,北京语言大学做了积极探索。据北京语言大学校长刘利介绍,除了利用中文联盟等网络平台将中文课堂搬上"云端"以外,北京语言大学还举办了一系列线上学术活动和文化项目。"同时利用本校学科优势,支援了多所海外高校的中文专业建设,承担的合作授课项目总量超过18 000课时。"

英国汉语教学研究会会长施黎静认为,疫情之下,要解决国际中文教育面临的冲击,需要很多创意。"比如,英国的很多学校开展了项目式的学习方式、任务性的教学模式等,都是积极的探索;再比如国际中文教师能不能和计算机、心理学等领域的专家合作,将他们的最新研究融入自己的教学当中。"但她同时强调,不仅要拿出应急的解决方案,而且需将眼光放长远,"要关照到国际中文教育的持续发展,未来5年、10年,甚至更长的时段,我们需要什么"。

科技赋能，未来已来

"两个月前，我出席了全球首个网络中文课堂——希腊爱琴大学网络中文课堂在线启动仪式。网络中文课堂采用班级制，实行'远程直播+群组辅导'的教学形式，一批有经验的教师提供远程教学服务。两周前，我见证了'全球中文学习平台'落户中国美丽的海滨城市青岛。全球中文学习平台利用智能语音和人工智能技术为全球中文学习者提供服务，旨在打造适应面广、权威性强的中文学习门户。自2019年10月上线至今，平台注册用户已超过200万，覆盖160多个国家。"在国际中文教育交流周启动仪式上，田学军所举的这两个例子正是因疫情而加速新技术应用、推动语言学习变革的诠释。

对国际中文教育从业者来说，无论做好准备与否，都必须面对新科技为国际中文教育领域带来的改变。正如首都师范大学国际文化学院教授王春辉所言："国际中文教育需要新科技助力，新科技正蕴育着国际中文教育的新生态。"

为了应对疫情，相关中文教育学校、机构等利用互联网、人工智能等技术努力开拓新模式、打造新平台。比如由北京市人民政府侨务办公室主办、北京语言大学中华文化国际传播中心和汉语速成学院承办的2020海外华裔青少年"魅力北京·多彩华夏"中华文化体验线上夏令营，借助新技术和多种网络媒体搭建线上文化教学模式，让营员们可以足不出户，在线领略中华文化之美；中国华文教育基金会实景课堂的推出，利用现代科技手段为海外华裔学生提供了打开中华文化大门的钥匙……都是有益的尝试。

早在20世纪20年代，老舍先生在英国伦敦大学东方学院任教，参与过编纂《言语声片》系列对外汉语有声教材。但在那时没人能想到，不到百年，国际中文教育已能跨越时空。如今，我们同样无法精确预料未来国际中文教育的模样，但改变正在发生却是事实。

（《人民日报海外版》2020-12-18/赵晓霞）

 洲

报告：马来西亚收入最高的 1% 中　华裔仍占最大比例

近日，《马来西亚收入差距与种族鸿沟》报告显示，在马来西亚，收入最高的1%的人群中，华裔仍占最大比例。

据了解，这份报告基于马来西亚国民账户等各种数据进行了分析，进而得出结论。该研究显示，虽然马来西亚的成长是包容性的，但在顶端10%富人中，原住民的平均收入增幅为5.4%，比华裔1.2%和印裔4.6%来得高，而成长不均的情况在顶端1%更严重。

相较之下，在底层50%，土著的平均成长率为5.4%，比华裔4.9%和印裔4.7%微高。"虽然底层和中层阶级从经济成长中受惠，但处于顶端的原住民受惠最多，而顶端华裔的收入占比就减少。"

马来西亚理科大学社会科学（经济）系副教授赛妲都表示，根据她以往研究的家庭收入及支出调查报告，也发现相较于各种族之间，族群内的收入悬殊更严重，特别是原住民之间，这也与研究结果吻合。

赛妲都分析，这必须要回顾马来西亚历史背景。在殖民时期，马来人多数在农村，印裔在园丘，华人经商和采矿，导致各族之间的收入差距很大。

后来，政府推出了许多乡村转型计划，也出现专注扶持原住民的新经济政策。许多乡村人都是马来人，也打造了许多马来人中产阶层，缩小了贫富悬殊。

"这群人之后在政府的收入重组议程中获得更多好处，因此顶端10%原住民的收入增幅比其他族群来得高，并不出奇。"

她认为，虽然华裔的增幅因此有所下降，但他们的实际收入依然比各族高，因为他们以往的收入较高，所以增幅就比较慢，收入原本较低的土著，收入增幅就会比较高。

目前，马来西亚的政策已提升各族之间的收入。但赛妲都认为，为了解决贫富悬殊问题，政府在拟定政策和财富分配方面必须更透明，经济成长也应提升人民的生活素质，以带来更平均的收入分配。

（［马来西亚］《东方日报》2020-01-02/黄俊南）

柬埔寨潮汕商会举办2019年度总结大会

日前，柬埔寨潮汕商会举行2019年度年终总结大会，常务副会长兼副秘书长郑泽鹏作了2019年工作总结报告，常务副会长兼财政负责人罗玉堂作了2019年商会财务总结报告。

会长陈烈豪总结说，商会自成立以来，在大家的共同努力下，取得了不小的进步，没有出现重大失误，在柬埔寨社团中有了一定影响力。目前还有很多不足的地方，秘书处和各职能部门、轮值领导必须加强协助。希望在新的一年里，商会能孵化出自己的直属经济投资项目，干出实效，真正体现敢作敢为的精神。

此外，商会和旅柬潮汕乡亲还举行了迎接2020年新年团拜会，陈烈豪发表致辞，他说，商会成立以来，已经迎来第二个新年。2019年，商会全体成员为潮汕人在柬埔寨开拓创业、联络乡情、整合资源，携手共谋发展等方面做出了努力。

2019年一年来，商会成员不断扩大，对外交流活动及接待来柬埔寨的商务考察团数量不断增加，共举行了50多场活动，增强了商会的凝聚力和影响力。此外，商会还积极参与社会各项公益救助活动，扶危救难，回报社会，并得到了柬华理事总会、潮州会馆的多次赞许。

2019年，商会虽然取得了一些新发展，但还面临着很多没有解决好的问题。毕竟还是个年轻商会，而且大多数人都刚从国内来柬埔寨创业发展，积累的人脉等社会资源还有限，需要大家继续共同努力。在新的一年里，柬埔寨潮汕商会会继续和大家在一起，共同寻找新的机遇和商机。

（［柬埔寨］《柬华日报》2020-01-03）

马来西亚峇株巴辖举行华团新年庆典　65个华团参与

近日，第20届马来西亚柔佛州峇株巴辖华团新年庆典"庚子纳福迎新岁"之新春大游行举行，超过5000名民众聚首峇株巴辖市区街头，提前感受农历新年气息。

本次游行由峇株巴辖华团联合会主导，峇株巴辖中华总商会轮值主办，也是全马唯一一个在农历新年前举办的大型游行新春庆典。

据了解，本次共有65个来自峇株巴辖的华团组织积极参与游行活动，队伍循例从天后宫出发，途径大马路中华总商会，再步行至帆加兰广场的检阅台集合，各单位也轮流呈现表演，一展才华。

游行队伍包括各醒狮团和舞龙队的锣鼓齐鸣，增添农历新年热闹气氛。各华团联合中学和小学队伍参与。因为是鼠年，不少小学生以小老鼠的可爱造型现身，吸睛指数"爆表"。

本次大会亦筹划"老鼠娶亲"系列表演活动，以及结合跆拳道、武术、扯铃与廿四节令鼓的舞台剧演出，为传统活动注入年轻活力。

峇株巴辖中华总商会会长郭耀通表示，峇株巴辖华团能在过去20年连续举办新年庆典，皆有赖峇株巴辖各大华团的努力与坚持。

他承诺，该会未来将继续秉持塑造包容及多元共存的社会价值观，在发扬华族文化的同时，亦不忘邀请马来族与印裔参与其中，增进各族文化交流，促进种族和谐。

此外，他期望州政府能够更关注峇株巴辖的基本建设与居住环境等，并期盼隆新高铁尽快复工，同时原本规划设在峇株巴辖四加亭的高铁停靠站能被保留，以利峇株巴辖的发展。

柔佛州副议长、州议员颜碧贞代表柔佛州务大臣沙鲁丁致开幕词时宣布，将拨出3万林吉特给大会。她表示，2020年对全州子民来说都是特别的一年，柔佛州政府承办了2020年马来西亚运动会，同时迎来柔佛州旅游年。

"柔佛州政府挑选的旅游景点与具备国际水平的节目活动中，峇株和永平仅各占一个名额，但是相信依靠社区力量，我们仍能向外推广峇株美景与特色，峇株巴辖华团新年庆典就是其中一个。"

（［马来西亚］《东方日报》2020-01-13）

泰国四地孔院联动举办春节大联欢 万名师生共庆庚子新春

泰国东部经济走廊、普吉、清迈和孔敬四地孔子学院（课堂）及汉语教师志愿者11日至19日举办2020年春节大联欢系列活动，近万名师生与当地各界人士代表共庆庚子新春。

孔子学院总部驻泰国代表处称，此次四地联动的春节大联欢在泰国诗琳通公主学习中文40年之际举办，旨在鼓励泰国学生以诗琳通公主为榜样，努力学习中文，促进中泰友谊。

出席活动的中国驻泰国大使馆文化参赞常禹萌表示，2020年恰逢中泰建交45周年，随着两国政治、经济、旅游、教育等领域交流合作持续深化，泰国社会对中文的需求日益增加。孔子学院、孔子课堂已成为中泰两国人文交流的综合平台，为提高泰国中文教学水平、培养中文专业人才发挥了重要作用。

泰国总理府事务部助理部长萧汉铭表示，春节大联欢活动通过精彩的文艺汇演、创新的民俗科技体验区、丰富的教育文化资源展等活动，让广大泰国师生及民众切实感受到浓郁的中国年味。

此次春节大联欢活动设置中国特色文艺汇演、中国科技体验区、中国教育资源展、中国新春民俗体验区和中国品牌泰国行五大板块，通过汇演、展览、游园会、招聘会等多种形式形成四地联动，成为当地师生及民众了解中国的一次盛会。其中中国科技体验区让观众既能体验到无人机、机器人、电动平衡车等高科技产品，又能在"书法宝"触摸屏上尝试中国书法，通过互动式体验，感受中国科技的魅力；新春民俗体验区则通过展示非物质文化遗产，如书法、中国结、中国美食、中医针灸与拔火罐等，让观众感受深厚的中华传统文化。

（中国新闻网2020-01-19/王国安）

中缅各界人士高度评价习近平对缅甸进行国事访问
——生动展现胞波情谊 擘画未来崭新蓝图

1月17日至18日，国家主席习近平对缅甸联邦共和国进行国事访问。本报记者第一时间采访了中缅各界人士，大家高度评价习近平主席的访问，表示中缅两国人民世代友好，中缅各项合作将达到新高度，让"胞波"情谊焕发出新的生机与活力。

缅甸归侨幸广元：访问必将增进中缅互信

"我从一大早就开始找哪里可以看直播，想第一时间了解到习近平主席访问的内容。"在云南生活的缅甸归侨幸广元说。幸广元长期从事促进滇缅友好的相关工作，他说，习近平主席这次访问缅甸意义深远。近几年来，中缅经贸合作日益增强、发展迅速，双方在民生、民心领域的合作也越来越多，两国人民的心越走越近。相信习近平主席此次访问缅甸能进一步增进中缅互信，为两国经贸合作、民心相通奠定坚实基础。

临清高速公路建设指挥部指挥长刘朝成：早日建成临清中缅友谊大通道

两天来，临（沧）清（水河）高速公路建设指挥部指挥长刘朝成一直关注着习近平主席访缅的相关新闻。"这次访问，极大地鼓舞了临清高速公路全体参建人员的士气。"刘朝成说，高速公路建成后，将是临沧近期直达中缅边境的唯一一条高速公路。刘朝成表示，项目建设指挥部将以推动中缅经济走廊建设为契机，进一步强化项目建设管理，精心组织、周密安排、加强监管。

南方电网云南国际公司中缅联网项目工作组组长周波：推动中缅电力合作使命光荣

"南方电网云南国际公司主导并参与到中缅联网这样的重点互联互通项目中，我们感到使命光荣，责任重大。尤其是该项目刚在中缅两国领导人的见证下交换了合作文件，对我们来说更是莫大的激励和鼓舞。"周波介绍，在全力推进电网互联互通，开展中缅电力贸易的同时，公司还积极与缅甸电力同行开展多种形式的交流培养等工作。未来，公司将贯彻落实共建中缅经济走廊的重要共识，全力推动中缅电力合作。

缅甸工商联合会副主席吴貌貌雷：访问将为缅甸注入发展动力

习近平主席为了促进缅中友谊发展、"一带一路"建设和缅甸和平进程而来，我们非常高兴。缅中经济走廊以铁路建设为纽带，促进相关基础设施建设的同时，带动昆明、曼德勒、仰光等地区合作发展，将为缅甸经济注入强劲动力。另外，皎漂深水港将发展成国际性港口，这些实实在在的访问成果激励着我们，让我们对缅中友好下的共同发展更有信心。

缅甸旅游协会副主席翁敏：中国游客赴缅将迎来新高潮

习近平主席到访，启动缅中文化旅游年，将掀起中国游客赴缅新高潮。尤其是《"胞波"缅甸》视频的广泛传播，更好地介绍了缅甸丰富的旅游资源。如今，越

来越多的游客到缅甸旅游，而缅中两国毗邻而居，中国是主要客源地之一。中国游客到缅甸，在增进缅中两国人民相互了解的同时，更促进了缅甸旅游业发展。我们同中国尤其是和中国云南省达成了多项旅游合作，希望缅中世代友好，缅甸与云南的旅游合作更加深入。

缅甸记者协会中央执行委员会委员、曼德勒新闻周刊责任编辑、胞波网总编辑巴乌：发挥媒体作用促进民心相通

我们媒体人将抓住机遇，在两国交往中发挥更好的桥梁纽带作用，为缅中友谊谱写新篇章。近年来，以"澜沧江-湄公河国家新闻官员及媒体记者培训班"为代表的缅中媒体合作交流项目成效显著，为两国媒体合作提供了多元化平台，两国媒体人在相互了解的同时深化媒体合作、促进澜湄国家民心相通。我将在曼德勒新闻周刊和胞波网上报道好习近平主席访缅的成果，用真实的文章记录"胞波"友谊的发展历程。

缅甸华文作家王崇喜：书写"胞波"友谊新乐章

习近平主席访缅，对缅甸汉语教育界、文学界的发展具有积极重要的意义。这让人不禁想起那首广为流传的歌曲："我住江之头，君住江之尾，彼此情无限，共饮一江水。"它贴切又深刻地反映了缅中"胞波"的情谊源远流长。我相信，习近平主席访缅将更全面地促进两国发展，深化"胞波"情谊，而我们将用手中的笔书写好"胞波"友谊的新乐章。

云南大学副校长、云南大学缅甸研究院院长李晨阳：云南迎来历史性机遇

李晨阳表示，此次中缅两国签署了一系列谅解备忘录及协议，其中不少与云南相关。云南需要尽快推动上述相关协议落地，在此过程中，既要发挥自身的优势和主观能动性，积极直接参与中缅经济走廊的建设，也要为其他省（区、市）参与中缅经济走廊建设搭建平台，形成合力，为云南经济高质量跨越式发展提供更大的支撑。

腾冲市猴桥镇胆扎村傈僳族外事界务员蔡新装：希望两国人民共享幸福生活

连日来，守护着"共和国1号碑"即中缅1号界桩的保山市腾冲市猴桥镇胆扎村傈僳族外事界务员蔡新装时刻关注着习近平主席访问缅甸的报道。蔡新装希望此次访问能带动猴桥口岸进一步加快发展，推动中缅两国边民的经贸往来更加繁荣，人文交流越来越多，两国边民和睦相处，共同发展。

孟连海关关员闫洁：为打造命运共同体贡献力量

习近平主席此次访问缅甸会带动中缅经贸迈上新台阶，闫洁对此格外关注。闫洁说，去年孟连口岸中缅边民互市贸易总量达136万吨，同比增长1.5倍。今年，孟连海关将主动服务中缅经济走廊，扎实推进各项改革业务，深化"放管服"改革，优化营商环境，为打造中缅命运共同体搭桥铺路。

曼德勒保山缪达工业开发有限公司董事长吴学明：主动建设经济贸易合作区

习近平主席2020年首次出访选择缅甸，吴学明作为保山市市民心情很激动。他说，此次访问大大提振了保山市企业与缅甸加强经贸合作的信心和决心。近年来，保山市主动服务和融入"一带一路"建设，提出"一线两园"举措。中国保山-缅甸曼德勒缪达经济贸易合作区项目是"一线两园"的重要载体，合作区建成后，预计可为缅甸当地上万人提供就业机会，将为增进中缅"胞波"友谊作出积极贡献。

云南省旅游规划研究院暨中国旅游研究院昆明分院副院长蒙睿：积极参与"中缅文化旅游年"

习近平主席访问缅甸的成果必将推动中缅边境旅游试验区、中缅跨境旅游合作区建设。蒙睿认为，在文化旅游方面，昆明、西双版纳、德宏、临沧、大理、丽江、保山、怒江等地可围绕"中缅文化旅游年"做好开放促发展的大文章。研究院将积极参与相关工作，另外，利用好云南文化旅游人才培养体系，携手缅方开展高层次文旅人才培养工作。

云南大学工商管理与旅游管理学院教授赵书虹：为中缅经济走廊建设赋能

云南在中缅经济走廊建设中发挥着重要作用，德宏、保山等地与缅甸已在多个领域开展了深入合作。赵书虹期待通过此访，推动两国在通关便利化、口岸开放、金融结算、企业投资许可等方面取得进展，更有效地推进中缅经济走廊沿线的基础设施、服务设施等建设，真正带动沿线地区经济社会和谐发展，造福中缅两国人民。

云南师范大学旅游产业研究院副院长李庆雷：推动旅游成为先导产业

习近平主席访问缅甸启动"中缅文化旅游年"，为滇缅旅游发展打开了广阔空间，云南大有可为。李庆雷希望滇缅以"中缅文化旅游年"为契机，推动文化和旅游产业成为中缅经济走廊的先导产业，推进跨境旅游合作区、无障碍自驾线路等

的建设，加快滇缅在旅游人才培养、行业管理、市场拓展、资源开发等领域的深入合作。

（云南网2020-01-20/刘子语等）

异国最美"敬业福"：我在雅万高铁过大年

春节是万家团圆的日子，在印度尼西亚的雅万高铁建设工地，中国铁路设计集团有限公司（简称"中国铁设"）雅万高铁项目设计团队坚守工作岗位，在异国诠释了最美的"敬业福"。

雅万高铁连接印尼首都雅加达和西爪哇省首府万隆，线路全长142.3km，最高设计速度350km/h。雅万高铁项目是中国高铁全系统、全要素、全生产链走出国门的"第一单"，也是中国与印尼战略对接、"一带一路"倡议务实合作的标志性项目。

中国铁设印尼雅万高铁项目部副经理管健安，已经跟随这一项目走过了第7个年头。今年，他继续在项目上过年，并表示："目前雅万高铁各项工作按照计划有序推进，虽然过年不能回家和亲人团聚，但能够参与到这么一个重大的项目中来是非常荣幸的。"

项目部地质专业工程师王军桥，主要负责施工现场基坑开挖和地基处理的地质核对验收工作。他从2015年起就参与雅万高铁项目的勘察设计，今年是他第一年在当地过年，"在印尼过年，年味要比国内冷清"。

王军桥的妻子芦洋在一所学校任教，放寒假之后，便来印尼陪他。芦洋很有感触："现在孩子三岁半，他确实很少能有陪伴孩子的时间，有时候他刚跟孩子'混熟'了，就又要出国了。作为家属还是能够理解，我这次来这主要是为王军桥做好后勤工作，在一起过个团圆年。"

不同于春节国内工地的冷清，这里的工地热火朝天，现在正值印尼的雨季，工程一刻都不能停歇。由于部分工程师轮休回国，坚守在印尼的8名工程师就要承担起所有日常工作，工作量也增长到平时的2～3倍。

线路专业工程师孙少伟、桥梁专业工程师吴楚鹏，积极与当地咨询公司对接，落实公共设施迁改方案；路基专业工程师曹佳宁、隧道专业工程师韩华轩，深入现场检查雨季路基、隧道工程施工，与承包商详细对接施工现场存在的技术问题。

今年春节，项目部组织现场的外籍员工和中国员工一起打扫卫生、贴福字、窗花，包饺子、聚餐。"你们在中国最隆重的春节选择留下来建设雅万高铁，我们非常感激！"中国铁路设计集团有限公司印尼籍员工吴蜜激动地说。

除夕夜，大家一起举杯，共同祝愿雅万高铁早日顺利建成通车。王军桥说："等到项目通车那天，一定要让妻子再来印尼共同见证。"

（中国新闻网2020-01-25/张道正等）

日本华人企业再夺 IDS 设计大奖　桐木折叠床广受欢迎

2月20日，在匠人的国度日本，创新设计领域的重要奖项之一——"新潟IDS设计大奖2020"于众人的翘首期待中揭开谜底。华人企业家吴达仁的登台领奖，引起日本社会各界的极大关注。

"新潟IDS设计大奖"由新潟产业创造机构主办，设计专家、高端采购以及媒体专家组成评审团，从参赛作品的策划力、工艺造型和可能性三方面考核评价，遴选最优秀的参赛作品予以表彰，以鼓励新潟县内企业提高商品开发能力，培植当地产业。IDS由Integral（综合的）、Designing（为提高生活品质的一切创造行为）、System（集结举县之力的战略系统）这三个单词的首字母组成。

"新潟IDS设计大奖"于1990年起每年一办，今年已是第30届，获奖难度逐年提高。本届大赛上也集结了众多新潟匠人的精心创造、妙想构思，吸引了海内外设计界人士的观摩与重视。桐建材株式会社社长吴达仁，携其自主研发设计的桐木折叠床，斩获了"新潟IDS设计大奖2020"特别奖，由审查委员会委员长土居辉彦亲自颁奖。

据悉，本次是吴达仁第三次喜得"新潟IDS设计大奖"，其在2018年还曾斩获"日本Good Design大奖"。

"新潟IDS设计大奖"主办方介绍，桐木折叠床自研究开发、制作贩卖以来，已有9年的岁月。在受到日本国内市场消费者好评的同时，也不断听取吸收消费者的意见，不断改进，逐渐完善，已是日本国内市场中经久不衰的产品和品牌。它以轻便实用的特性迎合了各个层次的消费者，特别贴合高龄化时代的需求，为日本社会做出了特殊贡献。因此，决定授予2020年度新潟设计评审会的IDS设计特别奖。

在现场，记者实际看到，吴达仁设计的桐木折叠床折起后仅有18厘米厚，铺设时高度为35厘米，床重仅为15千克。桐木的特征是轻便，但吴达仁利用特殊的力学设计，使其承重达到200千克以上，单手可折叠，并装有万向轮，方便移动。

目前，除个人消费者外，日本北海道、东京都、群马县、新潟县、三重县、和歌山县、鸟取县、香川县、冲绳县等全国23个都道县内的温泉旅馆、酒店都已在使用吴达仁设计的桐木折叠床。

吴达仁社长在接受《日本新华侨报》记者采访时表示："桐木是非常温和、环保的经济木材，轻便且舒适，它之于人类生活，如同棉之于人类肌肤。桐木折叠床在日本社会受欢迎有多重因素，比如适合日本人的传统生活习惯；日本住房面积较小，注重空间利用率；高龄社会中，老年人更需要轻便柔和的家具，等等。我们一直致力于

将自然温暖的桐木灵活运用在人类的生活空间内，创造冬暖夏凉的舒适环境。今后，我们还将继续将源于中国的桐木更深入地介绍、推广到日本乃至全球。"

（［日本］日本新华侨报网站2020-02-23/倪亚敏，张桐）

马来西亚 3000 学生参加第 37 届全森中小学挥春比赛

当地时间2月22日，"第37届全森中小学挥春比赛"在马来西亚森美兰州芙蓉振华中学举办，近3000名学生参与活动。

第37届全森中小学挥春比赛于早上开始，森美兰州芙蓉振华中学校长欧阳满妹致词时坦言，校方曾考虑取消这次比赛，但在县教育局及州教育局的建议下，校方决定如期举办比赛。

华小参赛人数增 51%

让她感到庆幸的是，这次的参赛人数增至2816人，华小参赛者人数增加了51%。

她说："参赛学生来自全森的各源流中小学，甚至还有柔佛州的学生，加上观赛学生、家长及各校校长，今日约有3500人出席。"

她强调，振华中学注重学术的同时，更大力推动学生课外活动及技能发展，并在月前派出学生参与国际发明赛事，成功夺得3项最高荣誉国际奖项，共取得一银一铜，为校增光。

出席活动的嘉宾有罗白州议员周世扬、拉杭州议员玛丽约瑟芬、董事长叶国强、校方董家教成员、活动赞助商代表及当地各社团代表。

马来西亚沉香州议员：挥春赛推动各族和谐

代表马来西亚交通部长陆兆福主持开幕仪式的沉香州议员吴金财致词时说，挥春比赛是中华文化活动，能培养个人自律及耐力。而这场比赛参赛者不乏马来裔及印度裔学生参与，因此，他觉得，这场挥春比赛更是推动了三大种族的"希望"。

他表示："获得友族同胞的参与，证明华人的传统文化获得大马各族的认同，推动各族文化和谐，与新政府一直迈向的方向一致，冀望各族人民继续与政府一同努力，打造更和谐的社会。"

吴金财在会上也代表陆兆福宣布拨款1万林吉特给校方，作为上述活动的部分经费。

代表学校董事长叶国强致词的法律顾问黄觥发指出，挥春拥有悠久历史，从汉朝至今约2000年，而这次比赛获得近3000名参赛者参与。他感谢大家对传承中华文化的努力和支持。

（［马来西亚］《星洲日报》2020-02-24）

老挝侨领宋杰锋：护航战"疫"物资国际通道"生命线"

"目前来看，疫情防控形势持续向好。在共同迎战疫情这场大考面前，同祖（籍）国血脉相连的广大海外侨胞，用实际行动发挥了重要作用，交上了一份满意答卷。"自疫情发生后，熬夜是宋杰锋的家常便饭。接受记者采访时，已是5日凌晨1时，刚踏入家门的他煮了一碗饺子当晚餐。

与中国一衣带水的老挝，有10万湖南人在当地淘金。2000年，宋杰锋退伍返乡后，也前往老挝经商。从最初的摆地摊贩卖小百货、生活用品做起，经过十余年发展，他的业务范围覆盖房地产、文化旅游和进出口等方面，成为一家跨国公司的掌舵人，现为老挝湖南商会永久荣誉会长、老挝湘锋公司董事长和中国侨联青委会常委、湖南省侨联海外顾问。

事业稳定后，深知在异国他乡打拼不易的宋杰锋开始利用自身人脉资源等优势，积极帮助老挝华侨华人，为老挝招商引资不遗余力奔走，并不断推动湖南与老挝在商贸、教育、文化、技术等领域的交流与合作，包括协调中老国家间职业教育基地落户湖南、促成湖南省与老挝万象市缔结为友好省市和老挝在长沙设立总领事馆等。

面对突如其来的疫情，正在老家过春节的宋杰锋立刻电话到老挝公司，通知留守员工在老挝和泰国紧急采购20余万只医用外科口罩，并迅速把这批医用物资运回湖南抗疫一线。

"个人力量实在是杯水车薪，我决定寻找东南亚国家有防护物资的库存和供应商，还联络海外侨领侨胞、侨社团，发动自己的海外朋友圈协助政府打通海外采购渠道和国际运输通道，帮助协调和解决湖南防疫物资的短缺。"宋杰锋告诉记者。

随着疫情不断变化，各国通往中国、湖南的航线收紧，老挝航空公司也相继停飞了通往中国的各条航线。宋杰锋经营的两条国际航线也收到了老挝航空公司的"商请取消航班函"。

"还有很多医用紧缺物资要通过航班运回湖南，我们深知在防疫物资紧缺的关键时刻，国际运输通道畅通就意味能挽救更多生命。虽然航班处于亏损状态且形势复杂严峻，但大疫当前，还是要顾大局，就算亏损也绝不停飞。"态度坚决的宋杰锋组织公司管理层召开了微信会议。

经宋杰锋极力协调，老挝交通部终于同意保留万象飞长沙航线，并督促老挝航空加强对出入境旅客的筛查和检测工作。该航线成为疫情期间老挝航空通往中国唯一保留且没有减少班次的国际航线。

"我们优先保障多批在老挝、泰国和越南等地采购的防疫物资及时装运发往湖南，我全程担保和办理在老挝机场的有关文件并缴纳相关手续费，累计免除所有防疫物资的国际运输费用20余万元（人民币，下同）。"宋杰锋说，2月底，老挝万象市委

市政府和老挝湘锋公司联合向湖南省捐赠的111箱价值39万元的医疗物资运抵长沙。

截至目前，宋杰锋携旗下老挝湘锋公司和湖南湘锋国际航空代理服务有限公司累计向湖南捐赠价值约130万元的防疫物资，运输护送120余万只各类口罩、40多万副医用手套和近17万个医用帽、部分护目镜等防护物资。

翻阅宋杰锋的微信朋友圈，几乎每一条信息都与捐助医疗物资和国内疫情动态相关。"现在国外疫情开始暴发，我多次建议老挝有关方面加强出入境人员检测，防止境外输入性风险。老挝也采取了及时有效措施，目前尚无确诊病例。"宋杰锋说，他要为老挝防疫做点贡献。

（中国新闻网2020-03-06/唐小晴）

马来西亚华总妇女部主席：新内阁女性比率待提升

日前，马来西亚华总妇女部主席林火莉指出，新内阁阵容中，女性正副部长共有9名，比率占新内阁总体人数不到13%，与马来西亚拟定"至少30%女性领导人"的目标相距甚远。

她说，虽然国盟政府内阁里有5名女性部长和4名副部长，和此前希盟政府的1名副总理、4名部长和4名副部长人数一样，但由于这次内阁成员是70人组成，比希盟政府的50人还要多出20人，导致男女正副部长占比的差距被拉远。

她说，这次内阁的女性正副部长占了12.8%，还不及"30%女性领导人"目标的一半。

林火莉表示，新内阁由女性（部长）掌管的部门包括妇女及家庭发展部，房屋及地方政府部，高等教育部、旅游、艺术和文化部，以及国家团结部；副部长则包括妇女及家庭发展部、企业发展部、首相署（沙巴与砂拉越事务）以及首相署（特别事务）。

她说，如果是以女性部长人数来作比较，2018年全国大选之前国阵时代内阁成员有35人，女性占3人（比率是8.5%），大选过后由希盟政府执政时，内阁成员减至29人，女部长包括副总理在内共5人（比率19.2%），是史上最高的一次。

她说，这一次内阁阵容被扩大，正副部长人数从之前的50人增至70人，如果维持之前的比率，女性正副部长人数应该增加。

（［马来西亚］马来西亚星洲网2020-03-12）

马来西亚中华总商会：政府振兴计划应加速落实

日前，马来西亚中华总商会（中总）促请政府加速落实200亿林吉特的振兴经济计划，按时发放资金给受影响的商家及个人。

中总于2019年12月开始至2020年2月中旬，进行了2019下半年及2020上半年预测马来西亚商业和经济状况的调查（M-BECS），该调查在新冠肺炎疫情升级前已截止，中总在2月12至16日再次进行快速调查，评估新冠肺炎疫情对马来西亚本地企业造成的影响。

民调：政策对商业表现影响最大

调查结果显示，从业者认为影响及冲击商业表现的五大因素是政府政策（51.5%）、马来西亚竞争（47.3%）、马币波动（39.5%）、马来西亚政治局势（38.8%）及人力短缺（31.3%）。

其中，"政府政策"最受企业界关注，调查结果显示投资者和企业需要清晰、一致及持续性（3Cs）政策，以拟定更明确和更好的规划。

政府目前正起草新经济和工业发展计划，以绘制马来西亚未来的经济方向和发展道路。中总表示，这些计划除了要宏观，也必须能务实地落实，避免政策朝令夕改，以减少对企业造成伤害及引起投资者的担忧。

中总还认为，政府需加强马来西亚经济及金融的韧性，以抵制外部不利因素的影响，解决生活和经商成本问题及纠正影响马来西亚竞争力的结构性弱点。

对下半年经济渐趋悲观

另外，商家对于2019下半年的经济状况预期愈加悲观，持悲观态度的人数从上次调查的33%上升至37.8%，对商业状况预期持悲观态度的人数也从之前的29.6%升至39.3%。

对于2020上半年，对经济前景持悲观态度的人数从之前的20.3%上升至37.4%，对商业前景持悲观看法的人数也从之前的19.0%升至35.6%。

此外，调查显示2020上半年商家增加资本开销的百分比与2019下半年相比减少了3%，40.6%则会维持资本开销。

调查也显示，72.2%的回复者认为，如果不在3年内进行数字化转型及迈向工业4.0，其商业将会受影响。

缺预算和熟练员工阻碍数字化转型

他们认为阻碍数字化转型及自动化的3个原因是"缺乏预算或资金""缺乏熟练和具备才能的员工"及"在投入高额固定成本后，不确定投资的正面影响和回报"。

企业界人士促请政府降低重型自动化机械设备的进口税和销售税，以及加强城乡网络基础设施互联互通，让企业打开自动化及数字化的潜力。

对于制造业和建筑业分别有约62.7%和60.9%的回复者面临外劳短缺问题，中总

认为马来西亚需要一个良好的外劳管理制度，也建议由一个部门或一站式机构全权处理所有与外劳相关的问题。

（［马来西亚］马来西亚星洲网2020-03-17）

日本启动紧急事态下的华人百态

日前，日本首相安倍晋三宣布，基于防控新冠肺炎疫情蔓延的修改版《特别措施法》（新冠特措法），东京、神奈川、埼玉、千叶、大阪、兵库、福冈7个都府县进入紧急事态。之后，又有许多地方自治体独自宣布进入紧急状态，要求人们尽量"宅"在家里，不要外出。

在这种情况下，在日华人怎样度过疫情中的生活呢？日本《中文导报》专题报道组采访了一些在日华人，他们谈了自己的生活和想法。

华人出租车司机闭关休养

"11点进入东京站排号，用了两个半小时总算到了第一号，拉了一位客人，挣了1380日元，一共用了3个小时。"

"昨天晚上7点45分开始了后半的工作，按原计划，去了品川站排号，没承想排了2个小时，拉了一位客人挣了660日元。感觉不对，改变计划，去了六本木，没客，又转到了新宿，还是没客，最后又回到了池袋，等了2个多小时，半夜1点40分回到营业所，历时6个小时的收入仅仅是在品川站挣的660日元。我现在宣布，放假一个月！"

4月6日、8日，华人出租车司机蒋常宝在微信朋友圈写下上述文字。

新冠肺炎疫情在日本呈加速蔓延态势，各行各业受到了严重冲击，客运业作为维系社会正常运转的重要行业首当其冲。出租车司机，更要同时面对防疫风险与需求暴跌两方面的压力。

蒋常宝是一位"个人自营"出租车司机，不隶属某家出租车公司，完全独立自主营运，出勤自由的同时，也要独自承担各种风险。这次疫情来袭，也意味着他要独自渡过困境。

蒋常宝在日本有28年的出租车驾龄，其中有14年是供职某出租车公司，14年前独立单干。"在日本开车这么多年，今年这种状况是头一遭。"蒋常宝说。

2月13日，有新闻爆出东京的一名出租车司机被确诊感染了新冠肺炎。此后蒋常宝出勤就格外小心，戴上了口罩。但是面对形形色色的客人，无论戴不戴口罩，有没有防护措施，都不能拒载。2月收入虽然影响不大，但压力倍增。

3月以来，新冠肺炎疫情持续扩大，民众减少外出的状态呈现长期化，搭乘出租车的客人锐减导致销售额大幅下滑。

"平时一个月营收大概五六十万日元，除油钱、车辆养护、税金、保险等成本外，每月有三四十万日元净收入。3月中旬明显感觉形势不妙，4月初这几天常常跑一天也没有一万日元进账。"蒋常宝说。

4月疫情在东京快速蔓延后，出租车整个行业停摆，司机面临客源减少、收入暴跌的问题。东京的Royal Limousine出租车公司4月8日宣布，由于受疫情影响业绩大幅下滑，解雇约600名员工，陆续暂停东京地区的出租车业务。

而"个人自营"出租车司机，风险把控只能靠自己。"好在政府有补贴，虽然收入少一点，但日子总能过得去。政府已经颁布了'新冠肺炎感染症特别融资办法'，三年免息，实在不行就去贷款。"蒋常宝说。

蒋常宝对于未来依旧乐观，最近他花六百万日元购买了一辆丰田阿尔法。"之前的那辆车太旧了，空间也不够大，很多客人接不了，这辆新车有七人座，游客加行李都能容得下。这段时间在家休养好身体，等疫情过后就可以开新车上路载客啦！"

华人餐厅受重创　转换运营思路

新冠肺炎疫情袭来对日本餐饮业产生了不小的打击，旅日华人经营的中餐厅更是受到重挫。部分店铺关门闭户或是缩短营业时间，有些商家则利用当前特殊形势提升能力，转换运营思路。

"目前事态非常严重，有些中餐厅的营业额下降了百分之七八十，而且大部分都暂时关店到12日。一家由华人运营的连锁中餐厅，几乎全面休业，只有一家分店做到午餐时间为止。"在日中国人厨师精英协会会长明信江告诉《中文导报》。

因此次疫情特殊，协会不方便集中开会，于是会长明信江就通过社交软件将各种有用信息传递给协会成员，他希望在日华人餐饮经营者和厨师们能群策群力渡过难关。

据悉，在疫情蔓延日本之初，在日中国人厨师精英协会成员店就按照医师及政府指导的标准，积极展开了各种防疫抗疫措施。但随着疫情逐渐扩散，日本各地"封城"力度加大，客人仍然愈来愈少。

厨师协会专务理事林强说："现在饭店经营者们担心的是新冠肺炎到底要持续多久，前景非常不明朗。餐厅厨师则担心老板会无预警地解雇自己，基于现在的情况又害怕找不到工作，对今后的生活问题产生了极大忧虑。即使可以在店里继续工作的人，也因为生意大不如前，面临降薪危机。"

关于餐厅自救方式，林强表示："充分利用外卖或自提手段，减少堂食是大家的共识。可是其中涉及一些操作层面的问题。有些店之前从来没有做过外卖，这次突然跟风做，效果欠佳。"

林强还认为："趁疫情空档期提升业务水平和能力，是饭店经营者应当考虑的

关键，待疫情之后餐饮业才能更好地服务于社会。"

不过，亦有华人商家在疫情发生之前就经历营业转型，未受冲击。

东京"香辣妹子"餐厅的经营者王女士，早在多年前就将自家餐厅制作的食品与网络结合，坚持走外卖和自提道路，另外还在中华物产店内开设店中店，多点开花，既拓宽了经营渠道又迎合了新消费趋势。王女士在接受《中文导报》采访时表示："店铺营业额照旧，并没有受到太大影响。"

华人主妇宅家少出门

紧急事态宣言发布后，很多公司都在家办公，操心一家人饮食起居的华人主妇也进入了紧张状态，大多数主妇都在这时候听从政府呼吁，待在家，少出门。

东京都华人小芳是一位兼职主妇，她告诉记者，为了减少外出，她每两天出门去超市买一次菜，为了节约口罩，出去时集中购物，有时候将超市的东西买好了放进家门口，立即转身再去药妆店买生活用品。

华人主妇陈宜的工作是IT行业，在家也可以办公，上小学的儿子六岁，还有一个是本来上保育园，但最近也休息在家的四岁女儿。陈宜说，最大的问题是小孩子没法出去，积累了很多能量，总是一言不合就打起架来，为此坐在电脑前的陈宜和同样在家工作的丈夫必须分配一个人出来，随时去安抚精力旺盛的小兄妹。

（［日本］《中文导报》2020-04-14）

华人担任菲律宾国家经济发展署署长

菲律宾国家经济发展署署长佩尼亚日前宣布辞职。菲律宾华人、财政部副部长卡尔·肯德里克·蔡（Karl Kendrick Chua）将接管国家经济发展署（NEDA），负责制定菲律宾长期发展政策。

由于疫情肆虐，菲律宾经济发展停滞，国家经济发展署署长佩尼亚日前宣布因个人原因以及与其他内阁成员"意见分歧"提出辞职。

佩尼亚说："经过圣周（Holy Week）期间不断反思，并与家人和关系亲近的同事商量后，我已经决定辞去国家经济发展署署长一职。一部分是我个人原因，一部分是因为我与部分内阁成员在发展理念上存在分歧。"

自2016年杜特尔特总统上任以来，佩尼亚就开始担任国家经济发展署署长。

佩尼亚在声明中表示："我感谢总统任命我担任该职。近四年里，能一直在其领导下为国家服务我倍感荣幸。"

佩尼亚宣布辞职不久，菲总统府便表示，前世界银行经济学家、财政部副部长卡尔·肯德里克·蔡将接管国家经济发展署，负责制定菲律宾长期发展政策。

（［菲律宾］《世界日报》微信公众号"菲岛快讯"2020-04-20）

疫情下的印度华商：扛过去，终将守得云开见月明

截至4月29日，印度新冠肺炎累计确诊人数已破三万。据报道，位于孟买的塔拉维贫民窟28日新增42例确诊患者，累计确诊病例达330例。这是印度最大的贫民窟，也是亚洲最大的贫民窟之一。

人口密度高，卫生条件有限，新冠病毒检测能力不足，确诊病例持续高位攀升，有13.5亿人口的印度会成为全球疫情的下一个"震中"吗？外界不无担忧。

疫情也冲击着印度华侨华人的生活与工作。在居家避疫的这段日子里，印度华商陈风琼内心五味杂陈。有对疫情蔓延的担忧、工厂无法开工的焦虑，也有同胞之间守望相助的温暖，以及坚守当地扛过疫情的决心。

3月24日晚，印度总理莫迪宣布从当天午夜起在全国范围内实施为期21天的"封城"措施，规定"每个村庄和每条小巷都将严格实施封锁"，并要求民众取消一切社交活动，除购买生活必需品等特定情况外一律不要外出。4月14日，封锁期延长19天。

据媒体报道，由于担忧封锁后购物不便，不少民众听到莫迪的讲话后走出家门，去附近的市场抢购食品等物资。不少在孟买等地拉车或经营小店谋生的印度人开始返乡。

陈风琼介绍，"封城"并未引起侨胞们的慌乱。在中国和欧洲相继出现疫情后，大家已经提高了警惕，提前购置了口罩、消毒水等防疫物资，并储备了大量食品放置在家中。"我从3月15日便开始储备物资，购买的米、油能吃到6月份。此外还买了不少的土豆、水果，并提前做了一些泡菜、咸菜。"

她介绍，封锁之下，蔬菜等生活物资仍可在超市及流动商贩处购买，但一些印度不常见的食品如蘑菇、豆腐等涨价明显，肉类供应减少且价格翻番。

"买肉需要抢购，晚上十点半电商平台开通购买，限量供应，且仅限市区送货。羊肉原来一公斤550卢比（约51元人民币），现在一斤就需750卢比。鸡肉之前一公斤220卢比，现在一斤的价格涨到了500卢比。"

不过，由于春节前做了不少腊肉，此后又储备了一些肉类，陈风琼的餐桌目前并未受到太大的影响。居家期间，她和旅印中国妇女联合会的姐妹们一起，研究厨艺，并发到微信群里互相交流。

为了避免受病毒感染，陈风琼尽量一周只出门买一次菜。她每次出去都全副武装，戴好口罩、帽子及护目镜，回到家后立刻洗澡换衣服。

不过时间一长，家里烹饪中国菜所需的调料逐渐减少。陈风琼担心，疫情再持续下去，这些调料无处可买。

印度疫情初期，印度人几乎没人戴口罩。陈风琼介绍，由于防范意识较强，侨胞们很早便养成了外出戴口罩的习惯，这引来一些当地人异样的眼光。

据她了解，"封城"初期，曾有少数同胞被拒绝进入小区居住。也有嫁入印度家庭的中国媳妇带着孩子在小区公园玩耍时，遭到旁边的人取笑。随着疫情持续发展，印度政府规定居民在所有公共场所都必须佩戴口罩，侨胞们遇到的"特殊"对待有所减少。

"我们尽量减少外出，言行也很谨慎，要确保自己不受病毒感染。"陈风琼说，到目前为止，没听说在印华侨华人中有疑似、确诊病例。

疫情之下，在印同胞守望相助，中国驻印度使领馆也提供多种服务，成为侨胞们的坚强后盾。

陈风琼介绍，印度侨团、商会组织一起建立了多个互助微信群，大家在群里及时分享疫情动态及各自的经历，提醒同胞做好防范。由于"封城"后需要特别通行证才能出行，有少量侨胞拿到了通行证，他们也会帮助其他人采买物资等。有中国留学生因为学校关闭没有住所，侨胞们也热心帮忙解决困难。

疫情发生以来，中国驻印度大使馆组织了多次视频会议，为在印同胞答疑解惑，提醒大家做好防范，还分批发放了"健康包"，确保大家有必要的防疫物资。

"疫情开始后，我手机里的讯息就没有停过。大家互相提醒互相鼓励，有问题一起想办法解决。可以说，印度侨胞没有一个人是孤单的。"

陈风琼从事印刷包装生意。她的公司位于印度北方邦诺伊达，这里是印度手机生产加工基地，也是华侨华人、中资企业聚集地，距印度首都新德里约一个小时车程。

2017年，陈风琼来到印度打拼。前几年时间，她装修厂房、安装设备、拓展客户资源，一步一步为企业发展打好基础。在她设定的计划中，2020年被寄予了厚望。但疫情显然打乱了她的节奏。

她介绍，印度"封城"一个多月以来，自己的工厂无法开工，正在洽谈的业务也全部中止，但工资、厂房租金等仍需要支出，内心难免焦虑。

"印度现在的疫情形势并不明朗，如果能很快控制住，大家还能扛过去。如果疫情持续时间很久，可能很多华商都没法支撑下去。"

当前的形势下，也有不少华商内心波动，考虑撤回国内。陈风琼则没有犹豫，要留在当地扛过这次疫情。

"我的客户没有撤走，我也不会撤走。虽然疫情对今年的业务影响很大，但印度市场机遇还是很大，目光要放长远一些。"

她说："现在不止是印度受到疫情影响，全球的状况都不太好，没有必要埋怨，也不能逃避问题。先让自己冷静下来，等待机会顺势而为，一定会守得云开见月明。"

（中国侨网微信公众号2020-04-29/冉文娟）

全球战"疫"：探访解封后的泰国最大周末市场 欢乐与生活重回

随着近期境内新冠肺炎疫情趋缓，泰国政府宣布解禁部分营业场所。5月9日时值周末，闻名遐迩的曼谷乍都乍（Chatuchak）周末市场在关闭近两个月之后于当天开始安全有序开放，顾客感叹"欢乐与生活又回来了"。

周末市场是泰国乃至东南亚最大的周末市集，占地0.14平方公里，拥有约1.5万间店铺和摊位。这里提供的商品五花八门，手工艺品、服饰、箱包、鞋帽、收藏品、食材、盆栽、宠物等应有尽有，人们徜徉其间，眼花缭乱，成为当地民众和世界各地游客的周末购物圣地。

按照"限量、禁酒、错峰"的开放要求，乍都乍市场严格执行顾客测温、登记等防控措施。市场关闭了多扇侧门，只开放3个入口，便于管理进出人流，并在每个出入口做到"人人测体温，车车做登记"。笔者看到，顾客们都戴着口罩，井然有序地排队进入市场。

5月的曼谷，骄阳似火，但这丝毫不影响顾客们高昂的购物热情。他们有的与商家讨价还价，有的在特色摊位前拍照留念，逛累了便在路边咖啡厅坐下，点一杯冰饮，欣赏DJ播放的动感乐曲，休闲而惬意。

Viva 8是乍都乍周末市场里一间颇有特色的咖啡厅。服务员乔伊说，在5月3日曼谷政府宣布开放部分营业及活动场所后，咖啡厅就开始为重新开业做准备，配了全新的艺术画装饰，推出新的餐单。由于不能贩卖酒精饮料，调酒师准备了多款不含酒精的饮料供客人选择。"我们早上10时开始营业，到中午就已经接待了好几桌客人。"他说。

来自澳大利亚的山姆与他的泰国太太正在店内品尝咖啡。他说，他和太太以前几乎每个周末都要来这里逛一逛，购物、喝酒、听音乐。"过去的两个月，快把我'憋坏了'，今天听说周末市场重开，我们一早就跑来了，感觉快乐和生活又重新回来了。"

位于市场中心位置的一家手工香皂店内，店主傲依正忙着招呼客人。她告诉笔者，她家在北碧府开了一间小作坊，专门制造手工香皂，主要销售给游客。平日里她都在北碧府生产，只有周末才到乍都乍周末市场来开店。"过去两个月，生意全部停摆。现在市场终于重新开放了，虽然顾客还不是很多，不过以目前的行情看，业绩也还算不错。"傲依笑着说。

目前，乍都乍周末市场暂未全面开放，包括按摩店、酒吧等一些摊档仍未获准重新开业。泰国新冠肺炎疫情应对管理中心表示，将会对重新开放部分营业及活动场所进行14天结果评估，如果出现疫情反弹，上述场所可能再次关闭。

"希望疫情早日过去，市场能够恢复往日的繁荣。"傲依说。

（中国新闻网2020-05-10/赵婧楠）

日本三大中华街遭疫情重创　商家自救

受新冠肺炎疫情影响，日本三大传统中华街遭受重创，当地商家纷纷采用各种方式，积极探索新出路。

横滨中华街新推"得来速"方式打包订餐

疫情在日本蔓延以来，横滨中华街便客流量锐减，之后政府发布紧急事态宣言，并呼吁人们避免外出。横滨中华街各商家不得不另辟蹊径进行自救行动。据了解，部分店铺决定推出顾客不用下车就能打包带走预订餐食的"得来速"方式。

成员包括400家店铺的横滨中华街发展会合作社介绍称，有约20家店铺将采用"得来速"方式。中华街在位于东侧朝阳门附近的停车场内用餐桌设置了临时车道，提前向各家店铺打电话订餐的顾客坐车抵达后，店员送去刚做好的餐食。

合作社介绍还称，1月神奈川县出现日本首个新冠肺炎确诊病例后，"感染者是中华街的人"的谣言传出，游客减少。3月游客仅为往年的1成左右，4月包含神奈川县在内的7个都府县发布紧急事态宣言后，成员店铺约8成停业。紧急事态宣言延长后，已有4家店铺关门。

中餐厅"吉兆"的负责人鹤冈毅称，"每月亏损额较大，必须在接下来的时间里提高营业额，合作社一起讨论后想到的就是'得来速'方式"。

合作社理事长高桥伸昌强调，"应着眼于后新冠时期，探索新的商业模式"。

神户南京町"居家太极拳"助放松身心

在日本继续实施紧急状态的情况下，兵库县神户市中华街"南京町"的商户们上传视频，介绍了可以在家中轻松练习、融入了太极拳招式的体操。

视频名为"居家太极拳"，由南京町商店街振兴行会策划，视频介绍了融合太极拳招式的中国传统健康体操，时长约10分钟。

兵库县太极拳同好会会长麦兆民身着黑色武术服在镜头前示范动作。这套体操舒缓易学，没有激烈动作，在家中也可以轻松练习。视频中还附有日语字幕对动作进行说明。

麦兆民表示："长期闭门不出，会导致身体发胖。希望大家能通过这一视频在家里活动一下身体，保持身心健康。"

长崎新地中华街老店便当物美价廉受关注

受疫情影响，长崎新地中华街自1月以来游客人数便降到往年一半，到4月几乎所有商铺闭户歇业。长崎县虽在5月6日结束休业邀请，但大部分商家仍未有营业打算。

"会乐园"中餐馆是位于长崎中华街的一家老店，5月7日起率先启动午餐便当销售。该店负责人林慎太郎称，如此长的休业期，为创业来首次，难关当前要勇于面对。

便当一经面市就受到顾客好评。首日的销售额达预计的4倍之多，次日要增加供应量才能满足需求。

林慎太郎称："便当的销售与平日有异，注重物美价廉，所涉及菜品售价低于往日。"他还表示："望通过该形式让更多人体验到正宗长崎中华街美食的魅力。"

（［日本］《中文导报》2020-05-14/吴言）

文莱华校：自强不息　致力推广中华文化

文莱目前共有8间华校，全为非政府学校；其中，5间华校只提供小学教育，包括位于都东县的都东中华学校以及九汀中华学校，位于马来奕县的双溪岭中岭学校和那威中华学校，以及淡武廊县的淡武廊培育小学。另外3间华校则提供从幼儿园至中五的华文教育，包括斯里巴加湾市唯一的华校——文莱中华中学以及位于马来奕县的诗里亚中正中学、马来奕中华中学。

改善教法　活学活用

从1974年就在中正中学服务，至今已长达46年的沈仁祥校长，可以说见证了华文教育在文莱独立后的整个发展。在他看来，只要改变教学方法、理念和教育态度，文莱华文教育的未来就有一片非常广阔的天空。

沈仁祥透露，文莱的华文教育已有接近100年的历史，"早期的华校，是纯华文教育的学校，除了英文和马来文科目，教学语言都是华文、书写也是华语；所以，当时的华文是比较扎实的"。

随着文莱全面独立，并实行新的教育政策后，英语成了主要的教学语言。沈仁祥坦承，由于英语、马来文和爪夷文都是文莱教育体系的必修科，若学生还要学习华文，无疑将进一步加重孩子的负担。"在没有官方力量的帮助下，学习华文对于学生而言是一种很辛苦的事。"

一旦再遇上华文程度不好的家长，就会忽略孩子的华文教育，导致华文环境越来越坏。"无形中，华文的使用程度越来越少，孩子的日常用语，已经变成英语。"

由于文莱华人人口比率极低，导致目前华校的非华裔学生甚至比华人更多，华文渐渐被冷落。

不过，随着政策逐渐宽松，一些过去不教华文的私立学校、政府学校也允许开设华文课。

"尽管如此，这些学校教导的都是简单的华文课，毕竟在人力、方法上还是比

较缺乏，学校领导本身也不懂华文，推广华文教育还是相当辛苦。"

"面对这些困境，很多学校使用的方法，是通过各种活动，如舞蹈、歌唱、舞狮等，来加强对中华文化的认识。"

沈仁祥表示："教育方法不能像过去一样只是读和写，要灵活运用，通过各种方法让孩子喜欢华文。"

不遗余力　保存华校

文莱的华校与马来西亚的独中情况一样，并不被纳入国家教育体系，所有的经费皆需自理，或由私人企业、热心人士筹款办校。

文莱8所华文学校中，规模最小的那威中华学校目前只有20多位学生。该校董事长杨谦胜坦言，一旦关闭了华文学校，可能未来就再也没有办法申请办理校准证，这也意味着，文莱的华文学校未来将越变越少。因此，文莱华社再辛苦，也必须努力将现有的华校继续保存下来。

杨谦胜称，只要那威中华学校还有学生，自己就会将学校坚持办下去。他表示，那威中华学校每年的办校经费开销约为13万至14万文莱币左右，主要用于支付教师薪金和水电等杂费。

"由于政府没有任何津贴或资助，我们每年都是依靠筹款来筹集办校基金。所幸，文莱华社还是很支持（华校），所以每年的筹款足以应付学校全年的开销。"

（［马来西亚］马来西亚星洲网2020-06-01/陈孝仁）

全球战"疫"：马尼拉在"两难"中顽强复苏

6月7日，菲律宾新冠肺炎累计死亡人数破千，达1 003例，新增确诊病例555例，累计确诊21 895例。

当天也是菲律宾首都大马尼拉地区实施"一般社区隔离"后，部分行业复产复工的第一个周日。

当地知名民调机构"社会气象站"周末最新民调显示，菲律宾有40%的家庭因近80天的隔离措施遇到严重的生活困难；商场和私人企业的关闭，令43%的家庭生活受到影响。菲统计署调查显示，4月份全菲失业率创新高，达17.7%；第一季度政府批准的境外投资总额下降了36.2%；能够为菲律宾提供外汇的海外劳工也将有100万因疫情失业。

各种因素，使得"防疫抗疫"与"复产复工"同步推进，成为菲律宾的必然之选。

整个周末，中新社记者见证了马尼拉主要市区、多个行业正在"两难"中顽强复苏的场景。

6月7日，是首都马尼拉地区理发业获准复业的首日。在CBD马卡蒂绿带商圈，知名的连锁美发沙龙"FIXBENCH/SALON"，顾客采用前一天登记预约的方式进店，同时在店中理发的顾客不超过3人。记者看到，已有顾客如约前往，美发师身着苹果绿色防护服，戴面罩、口罩提供服务。店中两排座椅，各排只服务一位顾客。

绿带商圈内的Greenbelt 5是菲律宾顶级商城，多家全球知名连锁品牌入驻。当天是马尼拉取消禁酒令首日，在全球连锁的马莎商店内，记者遇到多名顾客选购进口葡萄酒，他们都按照"新常态"规定，进店接受体温枪检测，店内戴口罩、保持距离，并按照指引单向行走选购、付款。

比邻的Greenbelt 1是社区商城。这个周末，除了疫情期间始终坚持营业的生活超市、货币兑换店、快递接收点以及服装修补、配钥匙、修鞋的店铺也陆续复工，但都用塑料膜隔离店员与顾客。在连锁店屈臣氏内，女店员将数百款口红一一摆上货架，静候顾客的回归。

商城内的餐饮业少量复工，全球连锁中餐厅鼎泰丰、菲律宾餐名店Mesa开始提供外卖，马尼拉连锁咖啡店The Coffee Bean & Tea Leaf允许顾客在店外露天咖啡桌隔着社交距离进餐。整个绿带商圈的餐饮名店大多尚未复业，其中不少已用装修施工木板隔离，表明不会再续租；也有少量饮品摊档复业，尽管生意并不好，但饮品一如既往精心制作，让人感受到店主对未来的信心。

商城外围的绿带花园周末开放，园中的天主教堂尚未被允许举行周末弥撒，但有不少菲律宾民众在教堂外默默祷告。

在BGC新城，从未间断营业的中国银行马尼拉分行，在马尼拉"解封"后优化了防护措施。顾客进入营业厅前，登记姓名、电话，以及回答一个健康问卷，并拍照存档，以确保一旦有疫情可以快速追踪。

新城内的S&R大型会员制连锁超市货品种类已经基本恢复到封城之前：手工蛋糕上架，本地和进口水果丰富，中国山东的大花生、苹果、水梨以及韩国的水饺"复出"，确保了马尼拉的市场供应。

（中国新闻网2020-06-08/关向东）

列国战"疫"："客"居狮城生死劫

"狮城"新加坡面积不大，却交汇着来自世界各地的声音。繁忙的樟宜机场，为全球投资者迎来送往；好客的鱼尾狮，迎接一拨又一拨游客……

然而，数月来，在新冠疫情冲击下，原本热闹的新加坡，人迹寥寥、倍显空寂。疫情在当局宣布受控后，出现二次暴发。截至目前，确诊病例升至4.1万多，其中超九成都是客工，达3.9万余例。

被称为"抗疫优等生"的新加坡，在对付新冠病毒上，经历了怎样的起伏？

"请让他活着回家"

"让我们一起为这个小男孩祈祷，他能很快健健康康、开开心心地与父亲见面。"

3月底，新加坡客工援助组织在社交媒体上发布的一张新生儿照片，牵动着无数新加坡人的心，就连总理李显龙也献上了祝福。

孩子的父亲萨卡尔是新加坡第42例确诊病例，也是首例客工确诊病例。由于新冠病毒引发的并发症，40岁的他自2月8日入院后，就被送入国家传染病中心的加护病房，直到孩子出生当天仍病情危急，处于昏迷。

得知萨卡尔确诊的消息后，他还在孟加拉国的妻子难掩悲伤。此前每天通话时，丈夫都嘱咐她当心别染病，结果自己却中招。她哭求："请让他活着回家。"

萨卡尔所在的加基武吉Leo Dormitory宿舍区，共有365个房间，每间住有12人。尽管宿舍采取了消毒、加强人群密集接触区清洁等防疫措施，但仍让人忧心，类似这样高密度的客工宿舍，如何才能避开病毒传播的风险？

毕竟，在新加坡，超过20万客工分散在43个集体宿舍区中，还有约10万客工住在工厂改建宿舍和在工地建造的小型宿舍，通常是10至20人蜗居在一个房间里。

"第三条战线"的脆弱

对于不少客工来说，虽然疫情形势严峻，但他们对新加坡的防控和医疗充满信心。为了支撑家人的生活，他们历险过后，仍选择留在这里工作。

初期，新加坡很快控制住了疫情走向。

早在1月初，新加坡卫生部就向所有医疗机构和医生发出警报；1月23日出现首例确诊病例后，不断收紧入关政策；2月7日，将疾病暴发应对系统应对级别从黄色调高至橙色；2月17日，发布"居家隔离公告"，进一步加强防控隔离措施……

2月18日，世卫组织总干事谭德塞称，对新加坡为发现每个病例并追踪接触者以阻止传播所做的努力，留有深刻印象。多国媒体也把新加坡称为"抗疫优等生"。

然而，新加坡公共卫生专家杰里米·林认为，政府很努力地抗击着社区传播和输入病例，但它忽视了"第三条战线的脆弱"。他指出，新加坡对客工及客工宿舍的管理一直存在"偏见盲点"。

新加坡总理夫人何晶后来也在社交媒体上坦言："我们低估了新冠疫情，并为此付出代价。"

谁也不知道，何时会被病毒盯上

除了工作外出，印度客工莫汉3月起不再和朋友出门闲逛。"我只在3月8日去买了蔬菜，我避免与任何人有身体接触。"毕竟，谁也不知道，自己何时何地会被病毒盯上。

小心翼翼的莫汉却没想到，3月30日，他所在的S11榜鹅客工宿舍有4人感染了病毒。不到一周时间，这里成了新加坡本地的最大感染群，有63人确诊。

4月5日，S11榜鹅和Westlite客工宿舍被列为"隔离区"。两天后，新加坡全国开始实施病毒"阻断措施"——提供非必要服务的企业停工。这意味着多数客工不得不停工，需要待在宿舍。

隔离开始后，莫汉很担心。因为S11榜鹅客工宿舍"既不干净又不卫生，就像一颗随时会爆炸的定时炸弹"。这里，也被评为"新加坡最便宜的宿舍"。这处四层建筑占地约5.8万平方米，却容纳了多达14 000名客工。

由于宿舍清洁人员不够，莫汉主动帮忙清洁了他所在楼层的厕所。到了第四天，他开始感到不舒服："我感觉有点发烧，当我检查体温时，是37.4摄氏度。"

而在Westlite客工宿舍，客工们要想保持一米的社交安全距离，也几乎不可能。住满12人的房间，双层床靠得非常近，还堆着炊具、水桶等物品。隔离开始不过两天，这里就传出救护车的鸣笛声。

到了4月21日，43个客工宿舍中，已有19个被列为隔离区。其中，S11榜鹅宿舍近2 000人感染，占新加坡总病例近四分之一，包括莫汉和他的几名室友。

10 000例！4月25日，客工宿舍累计确诊病例突破5位数，之后每日新增病例介于400至900余例之间。

20 000例！截至5月10日，短短两周时间，客工总病例数又翻了一番。

疫情"炸弹"被再次引爆。专家分析称，有的客工可能在工作场所感染了新冠病毒，在休息时与不同宿舍的客工聚集，病毒由此在各宿舍间传播。

这个国家的"隐形支柱"，并不孤单

疫情暴发后，被称为新加坡"隐形支柱"的客工群体，以这种特殊形式，走入了人们的视线。

"新加坡人能拥有优质的政府组屋、世界一流的机场和四通八达的地铁网络，他们（客工）有很大的功劳。如果您是客工的家人，并正在观看视频，我想对您说，我们非常感谢您的儿子、父亲和丈夫，对新加坡做出的贡献。"

新加坡总理李显龙在一个视频中，对客工致以感谢，承诺让他们健康、安全地回到家人身边。

为防控疫情，新加坡政府的措施不断加码。4月7日，即S11榜鹅和Westlite客工宿舍开始隔离两天后，人力部表示，已成立跨部门工作小组改善两宿舍条件，包括发口罩和消毒液。一周后，政府客工疫情工作组表示，将在新加坡所有43个客工宿舍派驻医疗团队。

与此同时，重症患者被送往医院；轻症患者被送到由展览馆改建的方舱医院；

病毒检测呈阴性的健康客工，则陆续被安置在军营、海上浮动宿舍、体育场、游轮等场所。

康复后，孟加拉客工塔吉尔就被转移到了"双子星号"游轮上。这里共搭载了约1 500名原本染病但已康复，并从事非必要服务的客工。

在船上，塔吉尔除了定期检测体温，还会和新朋友聊天，锻炼身体。每隔三到四天，他和其他客工会轮流到甲板上，享受约40多分钟的阳光和新鲜空气。

新加坡各行各业的人们也积极行动。有雇主大量订购口罩和药物发给客工。有民间组织专门成立网上平台，帮助客工提升技能，排忧解闷。许多人发起了捐款捐物活动。

"在这次疫情中，新加坡并没将我们赶走。"看到各界纷纷伸出援手，5月28日，孟加拉客工扎星忍不住在社交媒体上感叹道。

扎星在5月初因感染新冠病毒入院。染病期间，他远在家乡的孩子迎来了1岁生日。"我告诉护士这一天是我儿子的生日后，人们进（病房）时，总会让我把他们的生日祝福转告给我儿子。我感动得哭了。"

扎星在这个国家工作了近9年。"我们离开了自己的家庭和梦想，来到这片异国土地上工作，但在这个国家，我们并不孤单。""当新冠病毒进入我们客工的生活时，新加坡政府的支持犹如黑暗中的曙光。新加坡政府以及新加坡人给予了我们支持、关爱、尊重与温暖。"

"我也希望到新加坡来工作"

新加坡国家发展部长兼财政部第二部长黄循财日前指出，客工宿舍内的抗疫工作已取得良好进展。新加坡政府表示，将在疫情较严重的宿舍专设护理和康复设施，兴建新宿舍让健康和康复的客工入住，与雇主合作保障客工安全复工。

而首例确诊客工萨卡尔的新冠病毒检测，也已转阴。日前，他特地录制了视频，感谢各界对他的帮助。

视频中，他一再感谢新加坡人为他祈祷，也感谢政府为他提供免费治疗。他还呼吁客工遵守相关条例：生病的话不必担心，因为政府"一定会提供帮助和照顾"。

谈到出院后的计划，在新加坡工作了10年的萨卡尔说："我要回去看看我的家人，我也希望到新加坡工作。"

6月19日起，新加坡进入"阻断措施"解封第二阶段。滨海湾畔，鱼尾狮雕像依旧矗立，见证着这座"花园城市"逐步重焕生机。

（中国新闻网2020-06-20/甘甜）

马来西亚服装设计师作品融入中华文化　获国际大奖

"长大后发现，原来有很多华人都不会说华语，甚至连自己的中文名字也不会写……"来自马来西亚柔佛州新山的年轻服装设计师陈婉仪（27岁）对于马来西亚有越来越多的华人不谙中文感到惋惜。毕业于独中的她，看到本地一些华人对母语和华人文化的忽视，决心通过自己的设计，展现华人文化的风采。

她设计了一系列蕴含马来西亚华人元素的服装，并荣获2020年A'国际设计大赛的金奖。她也因此成为马来西亚第一位金奖得主。

华人文化激发创作热情

毕业于宽柔中学的陈婉仪，生长在一个说华语的家庭，"华人说中文"对她而言，是再理所当然不过的事情。

陈婉仪表示，她是在前往吉隆坡The One学院念服装设计系的时候才发现，原来吉隆坡有很多华人都无法说母语，甚至连自己的中文名字也不会写。

这样的情况激发了陈婉仪的设计热情，她在毕业设计展中设计了一系列富有中国传统特色与马来西亚华人元素的服装，希望借此弘扬中华文化。

"这个系列名叫'崩溃的公主'（Broken Sovereign），整个系列共有5件设计，作品是关于我自己的故事，想要让人们知道我是谁。"

融合中华文化和马来西亚元素

她介绍，设计中黑色的部分，是以水墨画方式呈现的竹子，其实是在比喻甘蔗，代表了马来西亚福建人在年初九拜天公的故事，因为从小家中的长辈就不断提醒，年初九才是福建人最注重的日子，所以她也希望其他福建人不要忘了年初九的文化习俗。

其中一件白色外套的设计，则是融入了中国传统元素与现代风，外套的设计融入了双手作揖的形状，看起来像是在古代礼仪的请安动作，是为了提醒华人不要忘了礼义廉耻等传统美德。

除了"崩溃的公主"系列之外，陈婉仪也在服装设计中的细节处融入一些马来西亚的元素，推广马来西亚独特的文化。

"像是今年推出的新年系列中也融入马来西亚的元素，使用峇迪布的花纹搭配旗袍的设计，反响还不错。"

自创品牌限量独特

去年9月，陈婉仪创立了自己的品牌，目前在Instagram上开设网店，售卖自己设

计的服装，店内所售卖的服装都是限量设计。

她希望，自己所设计的服装都可以让穿上的女性增添自信。

（［马来西亚］马来西亚星洲网2020-06-22/林雪晴）

柬中友好协会主席赞誉陈新华为柬医疗发展做出不可磨灭的贡献

当地时间6月29日，柬埔寨的中国同胞和高棉人民一起以中柬两国传统礼仪高规格送别知名侨领柬埔寨中国商会副会长、河北总商会会长、金边宏恩医院院长陈新华。

柬中友好协会主席艾森沃赞誉陈新华是一位无私奉献的人，是柬中人民共同的朋友，扎根柬埔寨20多年，为柬埔寨医疗事业做出不可磨灭的贡献。

中国驻柬埔寨大使馆、柬华理事总会，以及在柬涉华团体和涉华地方商会纷纷送花圈或参加追悼会以表哀思。

在柬20年来，陈新华治愈的中柬患者成千上万。26岁的当地姑娘中文名叫苏梅，是陈新华的柬埔寨"干女儿"，她既按中国习俗为过世的父亲披麻戴孝，又按当地习俗赤脚地在现场搀扶身旁的"干母亲"。

童年时期，苏梅得了"脑膜炎"，久治无果，就在亲生父母准备放弃时，她和家人遇见了在金边行医的陈新华。苏梅逢人就说，是干爸救活了自己，免去了她的所有费用。从6月22日起，苏梅日夜守候在干爸的灵堂。苏梅说，干爸恩重如山。

柬华理事总会常务副会长方灿成勋爵在慰问家属时还动情地回忆起二十年前的往事，方灿成勋爵说，因为一起交通事故他昏迷了一个星期，是陈院长无微不至的照顾和高超的医术挽救了他生命，称陈新华是自己的救命恩人。

6月22日上午，陈新华刚忙完一台患者手术，当晚23时30分就"走了"。其生前被誉为来自中国的好医生，亦是在柬中国同胞眼中的"国民大哥"。1958年8月，陈新华出生于中国内蒙古，1997年2月，他随河北省第五人民医院副院长一行到柬进行医疗考察，设想在柬建立一家中资综合性医院，并带来了部分医疗设备。

陈新华生前曾接受记者采访说，最终让他留了下来的原因是柬埔寨缺医少药，在他的奔走下，第一家被中柬两国政府认可的中资医院——龙华医院1999年在金边挂牌，并出任首任院长。

陈新华生前告诉记者说，初来柬埔寨时政府不承认中国的医生资格，是凭借自己高超的医术和其团队的过硬医疗技术，不断与柬卫生部的沟通，最终才让中国医生的资格认证落地柬埔寨。

来自中国广东的陈女士向记者念道，因公在柬工作3年，陈院长的是典型的医者仁心，从不大声说话，看病还讲解病因，总是在千方百计安慰患者，是一个好医生，更是一个好大哥。

陈新华和他的宏恩医院是中国驻柬大使馆的领事保护单位，协助处理意外事件、救助困难同胞。6月28日上午，中国驻柬埔寨大使馆李杰参赞、张为宁领事慰问陈新华家属时，肯定了陈新华院长为中柬友谊和柬埔寨医疗事业做出的贡献。

为让中国传统瑰宝中医走出国门，陈新华始终坚持自己的信念，在他的努力下，目前宏恩医院与中国内地三甲医院——广西国际壮医医院建立合作机制、健全网络设施，实现医疗信息化管理，是首家把中国中医中药、民族医学疗法引进到东盟国家的医院。同时，牵头组建了"柬埔寨国家医疗互联网"和"全球优质医疗单位远程会诊"两个落地项目。

柬埔寨卫生部副部长班·伯塔曾表示，宏恩医院开办15年来已得到柬民众广泛认可，受当地华人影响，柬埔寨民众对中国传统医药非常感兴趣。他期待与中国加强医疗领域的全方位合作，特别是在人才培养和交流方面，希望未来能通过人员互派，提升两国民族医药的交流合作。

（中国新闻网2020-06-29/黄耀辉）

庆中泰建交 45 周年　全球少年书画艺术大会启动式在泰举行

近日，庆祝中泰建交45周年暨第五届"全球少年书画艺术大会"泰国启动仪式举行，中泰两国少年儿童共同创作了4.5米书画长卷。

中国驻泰国大使馆前侨务参赞、泰国中华文化促进会顾问方文国讲话指出，2020年上半年，新冠肺炎疫情将世界凝聚起来，中国与泰国同舟共济、守望相助。共同推进"一带一路"建设，打造命运共同体，建交45年的中泰两国已经并将会继续成为不同社会制度国家发展睦邻友好与互利共赢的典范。

泰国国务院长助理部长，教育部副部长梭拉信·岱扎嘎颇先生代表泰方讲话时说，随着"一带一路"倡议发展，中泰两国各个阶层对双语人才的需求日益旺盛。

他高度认可全球少年书画艺术大会是一项非常有意义的公益活动，号召泰国教育界对活动全力支持，并邀请中国书画老师和获奖少年儿童朋友们在金秋时节，到泰国访问、交流、采风、写生，共同描绘中泰友谊的美丽画卷！

泰国移民总局第一副局长伊提蓬·伊提汕罗纳猜警察少将讲话认为，通过写中国字、画中国画这样生动新颖的形式，拓展两国交流，在少年儿童心间播下两国友谊的种子，为共同建造中泰友好大厦打好基础。

中泰建交见证者常媛和中国驻泰国第一批外交官李明亮用中泰两国语言共同宣布"第五届全球华人少年书画艺术大会"泰国活动启动。

大会播放了电视连续剧《海棠依旧》片段，活动还播放了中央广播电视总台

《晚间新闻》节目向全球少年征集书画作品的征集令。

小童星李铄、李卉和中泰两国少年儿童表演了大会主题歌《中国字 中国人》，大家共同创作了一幅4.5米书画长卷。书画长卷中间部分是诗琳通公主曾题写的"中泰一家亲"书法和水墨画"象"，两侧为勤、任、端、进四个醒目的汉字和孩子们的绚丽梦想。侨界人士、老师、家长祝贺孩子们的创作完成，纷纷在长卷前合影留念。在旅泰男高音歌唱家王敬玮演唱的歌曲《我和我的祖国》优美旋律中，总导演赵京辉带领全场观众挥动中泰两国旗帜，将活动启动仪式推向高潮。

在"守护童真·放飞梦想"的活动主题下，写好中国字，画好中国画，大会号召全球华人少年拿起笔来，做书画传播小使者！

（中国侨网2020-06-30）

华人下南洋不忘初心　《小娘惹》现文化追远内涵

由中央电视台、爱奇艺、长信传媒、一佐一佑影视联合出品的电视剧《小娘惹》正于每晚7点半黄金档在央视电视剧频道（CCTV-8）首播，爱奇艺、优酷网络同步播出。该剧由洪荣狄担当故事人，郭靖宇任总导演，谢敏洋、黄光荣担任特邀导演，肖燕、寇家瑞、岳丽娜、戴向宇领衔主演。开播当晚便收视破1，并在同时间登顶微博、抖音、爱奇艺、优酷四平台站内榜单第一，引发强烈热议。

战火的锤炼、时代的更迭让南洋华人经历了离散。随着剧情的发展，战后陈黄两家的回归，以及月娘等新一代主角人物上线，也使得南洋三个华人家族的纠葛更加复杂深刻。

南洋华人"闯""守"兼得　文化传承篆刻于心

娘惹是明朝"下南洋"大迁徙下衍生的结晶。同时期还出现了"走西口"和"闯关东"，三个方向的人口迁移使得生活在各地的百姓带着本地的文化风俗来到新的土地，各地的文化得以进一步融合。下南洋的"闯劲"同样沿袭在南洋儿女身上，而有"闯"更有"守"。电视剧《小娘惹》中，南洋华人因战事流奔东西，可走得再远，也不忘寻根追远。战火一平，大家族们便举家搬回南洋，住回自己的大宅。剧中黄家老爷黄元（张黎明饰）见天兰（涂凌饰）带月娘（肖燕饰）、阿桃（房程程饰）留守原地，感念三人守住家族祠堂和祖宅，正体现了华人对宗族观念以及家族基业的重视。祠堂中"追远"高悬，这正是华人在他国真正得以人丁兴旺、维系并传承的关键。

文化追远，即身为流淌着中华民族血液的炎黄子孙，走得再远，也将祖先传承下来的中华传统文化铭记于心。《小娘惹》展现的华人的婚礼风俗、传统思想中的家族观念、南洋华人的人际关系、为人处世法则等，都体现了历经百年也依旧明晰的中华传统文化印记。南洋华人作为海内外中华儿女的一个缩影，对本源的坚守也展现了他们传承并发扬传统文化的决心。

去粗取精守正创新　南洋华人以追远展现原则

剧中不同的华人家庭的确存在不同的价值选择。在利益驱使下，查理张（牛宝军饰）不愿祭拜祖先，让陈老太（向云饰）嗤之以鼻。电视剧《小娘惹》通过"文化追远"体现了华人家族对传统文化坚守的原则性。正是这样一代代岿然不动的坚守，使得中华传统文化源远流长。

与此同时，以陈锡（寇家瑞饰）为代表的年轻一代身上虽有新式教育的影子，但身为华人，他们承载了家庭延续兴盛的期望。追远绝对不是死板地守旧、墨守成规，也不是全盘西化，而是去粗取精，守正创新，适应时代的发展。让中华传统文化的根扎得更深，成长为更能荫庇子孙后代的参天古树。这也是像黄家、陈家一样数以万计海外华人家族的夙愿。

陈锡能否承载着振兴家族产业的重任，带领陈家在南洋逆风翻盘？电视剧《小娘惹》正于每晚7点半黄金档在央视电视剧频道（CCTV-8）三集连播，网络平台爱奇艺、优酷网络同步更新，精彩不容错过。

（北青网2020-07-08）

马来西亚武吉波浪最大华人夜市重开

日前，马来西亚武吉波浪合作花园夜市恢复营业，约80档小贩重回生意轨道。

合作花园夜市有逾30年历史，是武吉波浪最大的华人夜市，日前获得汉都亚再也市议会批准，交由武吉波浪乡委会（JPKK）管理，疫情时期需遵守标准作业程序（SOP）经营。

开业首日，该乡委会主席黄允禄、行动党爱极乐州议员郭子毅及前乡理会成员，到场关心夜市运作情况，并与小贩交流，市议会也安排执法官员到场巡视，确保SOP流程的进行。

许秀燕：需时恢复逛夜市信心

面食小贩许秀燕表示，其顾客有超过50%是大学生，但基于大学生尚未复课，生意量肯定有限，因此她只准备了平时的一半分量。

"昨天我到另一个夜市开档，生意量同样只有50%左右，我想需要一段时间来恢复大家的信心。"她说，有些顾客依然担心安全，没有外出消费，自然也不会来逛夜市，这些都是预料之中。

"虽然在夜市做生意戴口罩很热，但为了彼此的安全，我会坚持戴着。"

黄锦明：市场反应冷淡

菜头糕小贩黄锦明表示，经历4个月的行管令，可能大家已忘记了逛夜市的文化和乐趣，第一天的生意量预计只有20%。

他说，夜市首日开业，他下午3时30分就来场地准备，几个小时下来，发现市场反应非常冷淡，显然顾客还是缺乏信心。

他认为，市场及顾客之间需要一些时间来衔接，所以他会继续在夜市开档做生意，希望一起来"唤醒"大家对夜市的记忆。

吴先生：开档胜过在家闲着

水果小贩吴先生表示，开业首天感觉一切相当顺利，身为夜市档口业者，只要有开档就有机会，无论如何都胜过在家闲着。

"今日夜市的SOP工作做得不错，有安排人员驻守，访客也配合，这就已经很好了。"

他表示，自己抱着正能量看待，不埋怨疫情带来的影响，反而希望大家做好防疫工作，有信心来夜市逛一逛。

他说，在行管令期间也学会直播卖货，争取更多生意机会，所以今日来开档也不忘进行网上直播，为水果生意宣传一番。

黄允禄：市议会制定的夜市小贩 SOP 条例很严格

黄允禄表示，市议会制定的夜市小贩SOP条例很严格，每个摊位之间距离必须达到8英尺。

他表示，首日开业，还无法确定夜市共有有多少摊位，需要重新进行整顿及安排。

（［马来西亚］马来西亚星洲网2020-07-10）

马来西亚统计局：数据显示华裔预期寿命较长

马来西亚统计局指出，根据最新的数据显示，华裔族群的预期寿命比土著和印裔更长。

该局总监莫哈末乌兹尔23日在文告中说，根据《2018年至2020年马来西亚人口平均寿命统计》，2020年华裔的预期寿命，依然是各族群中最高的（77.6岁），其次是土著（73.7岁）和印度人（72.1岁）。

（［马来西亚］《星洲日报》2020-07-24/朱运健）

吉尔吉斯斯坦企业中国员工捐资支持当地抗疫

自6月中旬以来，吉尔吉斯斯坦（简称"吉国"）新冠肺炎疫情出现强反弹，日新增确诊人数不断攀高。急剧恶化的疫情给已经持续作战数月有余的医疗系统再添重负，保障医疗系统的正常运转成为所有人关心的焦点。

捐一日工资　献一份大爱

"建议每个人拿出一天工资，捐给阿拉布卡区中心医院，他们是守护我们家人生命健康安全的最后一道屏障。"最近，由吉国富金有限责任公司外籍员工提出的倡议迅速在该公司传开。

富金有限责任公司位于吉国贾拉拉巴德州阿拉布卡区和恰他卡尔区，阿拉布卡区中心医院是该区域内一家大型医院，服务两个区约10多万居民。

"公司得知这一捐款倡议后，迅速作出决定，以公司名义向全体员工发出倡议，号召大家积极参加'捐一日工资'活动，助力周边村民和政府抗疫，倡议发出后，很快也得到了中方员工的大力支持。"富金有限责任公司董事长李耀辉说。

据了解，捐助活动得到中、吉方员工积极参加，共募集善款257 800索姆。所有善款都将捐给阿拉布卡区中心医院，帮助该地区村民防疫抗疫。

富金有限责任公司外联办主任、吉方员工埃尔努尔说，这次疫情对所有人都是一个打击，公司也在尽全力维持生产，保持正常的运转。为医院捐款仅是为了表达他们对医护人员的感谢，为抗击疫情尽一份力。"中国兄弟们积极响应这次倡议，这一点我们没有感到意外，因为平日里大家都生活在一起，工作在一起，就像一家人一样，现在我们遇到了困难，相信中国兄弟一定会伸出援助之手。"

中国朋友再次伸出援手

据悉，这已不是富金有限责任公司第一次向阿拉布卡区中心医院伸出援手。自疫情暴发以来，该公司已多次组织捐赠活动，与当地民众同心抗疫。

阿拉布卡区中心医院院长坤杜扎勒·图尔季耶夫说："感谢的话已经不足以表达我们的心情，现在我们医院遇到了有史以来最大的困难，来自中国的朋友一次次向我们伸出援手，这份情谊我们医院每一个人都不会忘记。"

图尔季耶夫说，近期医院面临的压力还在不断增加，接诊的患者人数越来越多，医院的医护人员也一直在满负荷工作。"但大家要守护的都是我们最亲近的人，我们不会退缩，相信我们一定能携手渡过难关。"

（［吉尔吉斯斯坦］吉尔吉斯斯坦新观察微信公众号2020-07-27/陈鑫）

首尔中国文化中心举办中韩合作抗疫展

"守望相助、共克时艰——中韩合作抗疫展"近日在首尔中国文化中心举办。这是在疫情防控期间，首尔中国文化中心举办的首场线下活动。

展览现场，"中韩携手抗击疫情图片回顾""中韩及世界各国携手抗疫视频放映"等板块以图片、视频等方式展现了中韩两国政府及社会各界互帮互助、同舟共济的友好情谊。墙上悬挂着中韩各界互相援助物资的捐赠牌，大屏幕循环播放着中韩民众守望相助的感人故事。

中国驻韩国大使邢海明表示，在两国人民携手抗击疫情的同时，两国文化艺术界也开展合作，用艺术作品谱写抗疫的感人篇章，极大鼓舞了英勇抗疫的两国人民。"希望中韩文化艺术界开展更多紧密合作，加强人文交流互鉴，促进民心相知相通。"

韩国艺术文化团体总联合会会长李范宪表示，此次展览彰显了韩中交流合作的重要意义。希望今后两国文化艺术界能进行更广泛的交流，携手共同发展。

（《人民日报》2020-08-04/马菲）

中国驻清迈总领事与当地华侨华人社团代表座谈

日前，中国驻清迈总领事馆吴志武走访清迈中华商会，与华侨华人社团代表座谈。

清迈中华商会主席曾昭淳热烈欢迎吴志武履新，感谢总领馆长期以来积极助力泰北华社建设、促进华文教育、推动清迈及泰北各府与中国的友好合作，盛赞祖（籍）国近年来在各领域取得的巨大成就，重申愿同总领馆一道，为增进中泰关系、加深两国人民了解和友谊继续努力，祝愿海峡两岸和平统一、中华民族伟大复兴早日实现。

吴志武高度评价清迈华侨华人扎根当地、团结互助、热爱泰国和祖（籍）国，热心公益和华文教育。尤其是在抗击新冠肺炎期间，以捐款捐物，制作视频、标语等各种方式支持祖（籍）国抗疫工作，可敬可佩。希望清迈广大华侨华人继续做中泰友好关系的促进者、和谐华社的建设者、中华文化的传播者、反"独"促统的践行者。强调总领馆将一如既往地做华社的贴心人，为华侨华人做好服务工作。

（中国驻泰国清迈总领事馆网站2020-08-11）

菲律宾"中国大使教育基金"颁发年度奖助学金 新增华校教师奖

菲律宾碧瑶爱国中学蔡锦慧、北黎刹育仁中学许敏顺，17日出席菲律宾华教中心筹办的2019—2020学年度"中国大使教育基金"奖学金和助学金网上颁奖仪式，接受了中国驻菲律宾大使黄溪连颁发的获奖证书。

黄溪连大使在致辞中表示，中国驻菲使馆一直高度重视菲华文教育，并于2014年设立"中国大使教育基金"奖助学金，奖学金激励勤奋好学、德才兼备、全面发展的学生，助学金资助学习刻苦、品行良好、家境清寒的学子。迄今这个项目已连续实施6年，累计使用基金330万元人民币。截至目前，全菲累计有90多所华校的400多名学生获得奖学金，500多名学生获得助学金。

黄溪连大使表示，华语教师是支撑华文教育的核心力量。今年"中国大使教育基金"首次增设"华校华语教师奖"，将在9月10日教师节向首批30名华文教师颁发，向甘于奉献、孜孜不倦在菲传承中华文化的华校老师们致以节日问候。希望通过使馆的行动，进一步推广华文教育，激发华文学校办校热情，激励同学们奋发向上，为未来播下希望的种子。

黄溪连表示海外华文教育是一项系统工程，离不开社会各界的关心和支持。中国驻菲律宾使馆希望激发整个华社对华文教育的热情，推动华社与使馆一道，不断加大对华文教育的关心和投入，实现菲华文教育长期可持续的发展。

菲律宾华教中心主席黄端铭介绍，今年"中国大使教育基金"奖助学金拨款达40万元人民币，获奖学生范围遍及全菲各地，包括来自大马尼拉地区、吕宋地区、米沙鄢地区、棉兰老地区99多所华校的165名学生。

黄端铭表示，当今，人类已经进入构建命运共同体的新时代，菲律宾华文教育已经逐步从保留民族语言，传承民族文化的单一功能向不同文明交融并举的复合功能转型，面向全国各族群开门办学，承担起更多的社会责任和历史使命。

来自三宝颜中华中学的郑信品同学和怡郎华商学院的甄恩惠同学分别作为获得奖、助学金的学生代表发言，感谢中国驻菲使馆资助他们的学业，表示将为促进菲中友好交流贡献力量。

（中国新闻网2020-08-18/关向东）

他们为建设最大援外医院项目而坚守在老挝

每天午饭后和晚上休息前与怀孕的妻子视频通话时，而立之年的魏盟盟都深感内疚。"我希望守在妻子身边，尽量分担一些她在孕期的困难，哪怕是为她倒一杯水。"

2020年初，北京住总集团项目经理魏盟盟只身前往老挝，与同事们一起承担中国援助老挝玛霍索综合医院项目的建设任务。放弃春节假期是海外工程人的常态，但随后暴发的疫情还是让他措手不及。

疫情导致人员往来受阻，魏盟盟只能留守异国。6月底，国内的后援力量到达老挝，但终于有机会申请回国的魏盟盟再次留了下来——因为项目图纸是他做的，施工现场他最熟悉。坚守在海外工作，将使他错过孩子降生这个特殊时刻。"回去探亲估计最早也得到明年春节了，那时孩子应该4个多月了。"

项目总负责人韩旭介绍说，中国援助老挝玛霍索综合医院项目是中国为老挝援建的民生领域标志性项目。玛霍索综合医院总建筑面积约5.4万平方米，有600个床位，是中国目前对外援助中规模最大、床位最多、投资最大的医院项目，也是老挝规模最大、科室设置最全的综合性医院和最重要的医学教学基地。

自新冠疫情发生以来，中老双方守望相助、同心抗疫。老方第一时间通过领导人致电、各界捐款捐物全力支持中方抗疫；中方及时向老方派出两个医疗专家组并提供多批防疫物资援助，有效助老提升防控科学化、规范化水平，为老方在较短时间内控制疫情发挥了重要作用。

医院项目老挝员工坎萨利对记者说："这个工程建设完工后，将会极大解决（老挝）公共卫生事业方面的困难，使我们老挝人民对当地医疗服务更有信心。"

项目于2018年12月开工，目前主体建筑在老挝首都万象市中心已初具模样，时时引得路人驻足观望。

项目党支部书记信祺兴说，为了在狭窄的作业区域内用36个月建成5.4万平方米的现代化医院，住总建设者们攻坚克难、精心施工，"5+2"（一周7天）、"白加黑"成为工作常态。信祺兴说："一定要保质保量地建成这所医院。"

万象市全年气候较炎热，工地基槽内温度可高达45℃。战酷暑，北京住总管理人员带头坚守一线，发挥表率作用。52岁的生产经理王海军患有糖尿病、高血压等慢性病，曾多次因血糖低出现晕厥症状，但他仍坚持每天巡视作业面……

行胜于言，老挝员工耳濡目染，钦佩之余也更加积极主动地投入到项目建设中。老挝员工柯赛参与技术组的行政和后勤保障工作。在老挝出现新冠病例时，正值老挝新年前夕，亲朋都盼望柯赛回家团聚，但他看到中国同事们全部奋战在一线，自己的工作对疫情防控又十分关键，就说服父母，和中国建设者们战斗在一起。

"这所医院建筑标准很高，还将引进高质量的医疗设备，我们老挝百姓对此寄予厚望，"柯赛说，"中国朋友来为我们修建医院，能亲身参与其中，我感到很自豪，中国建设者们的忘我付出让我感动，我们感谢中国和中国建设者。"

有序推进施工的同时，北京住总集团随时关注疫情发展情况，严格落实玛霍索综合医院建设现场的防疫规定，不断调整防控等级和措施，确保所有工作人员的健康安全。

"这所医院按照咱们国家三甲医院的标准进行设计,我们的目标是把它建成精品工程,造福老挝人民。"项目技术组组长王志刚说。

(新华网2020-08-21/章建华,杜大鹏)

汉语水平考试首次在缅甸政府部门设立考点

日前,汉语水平考试(HSK)在缅甸中央消防学院举行。这是汉语水平考试首次在缅甸政府部门设立考点,共有40余名考生参加。应主办方和承办方的邀请,中国驻曼德勒总领事陈辰对考点进行了巡视。

在缅甸中央消防学院院长觉杜亚警准将、曼德勒福庆学校董事长林文章、校长李祖清等陪同下,陈辰巡视了考场,并同考生们进行亲切交流。

陈辰还向中央消防学院捐赠了部分防疫物资。

(中国驻缅甸曼德勒总领事馆网站2020-08-27)

印尼中国商会举办"线上象棋赛"丰富抗疫生活

29日,由印尼中国商会总会主办、该会轨道交通分会承办的"中国路桥杯"棋牌赛之"线上象棋赛"在雅加达成功举办。来自印尼中国商会28家会员单位的48名象棋爱好者通过网络参加比赛。

中国驻印尼使馆经商处公参王立平出席开幕式并致辞。印尼中国商会总会主席张朝阳、理事会主席张伟、轨道交通分会会长李惠、中国路桥印尼办事处总经理魏文分别致辞。

王立平说,本次活动对丰富印尼中企员工业余文化生活、保障健康心理、保持精神状态有重要意义。在印尼抗疫形势日益严峻的时刻率先组织此类活动,值得点赞和肯定。希望其他行业分会多举办此类活动,让广大会员企业广泛参与,在抗疫和复工复产中给中企员工带来更多丰富多彩的文化生活。王立平寄望印尼中国商会会员企业,面对日趋严重的印尼疫情,严格防疫,措施到位,争取零感染,确保员工健康和企业正常运转。

张朝阳表示,在目前疫情蔓延情况下组织这样一次线上象棋比赛显得尤为可贵。相信本次比赛一定会成为疫情中一道亮丽的风景线。

张伟表示,此次活动对恢复企业战胜疫情信心、全力复工复产有重要助推作用,也增强了商会的凝聚力和战斗力。

李惠希望本次比赛能为中企员工增添快乐、缓解压力。争取早日打赢印尼疫情防控阻击战。

经过当天7轮对弈，中国能建葛洲坝集团朱攀勇、中国电建郭威、中国铁建国际集团刘孟睿分获冠亚季军。

当前，印尼疫情正呈日趋严重之势。印尼卫生部当天下午通报，该国当日新增新冠肺炎确诊病例3 308例，累计确诊169 195例。新增死亡92例，累计死亡7 261例。这是继27日新增2 719例、28日新增3 003例后，印尼连续第三天刷新单日新增确诊病例数。

自3月2日印尼疫情发生以来，此间中资企业在做好自身防疫的基础上，还积极捐款捐物、出钱出力出点子助力当地抗疫，并在确保安全情况下全力复工复产保经济、保就业，为印尼疫情防控和经济复苏做出积极贡献。

（中国新闻网2020-08-30/林永传）

中国首个海外全日制学校迪拜中国学校正式成立并开学

9月1日，迪拜中国学校成立仪式暨2020学年开学典礼在杭州和迪拜两地采用视频连线的方式同时进行。

迪拜中国学校是中国教育部首批在海外设立的中国学校，是教育部委托浙江省杭州市承办、杭州第二中学领办的中国教育"走出去"第一所海外基础教育中国国际学校。

迪拜中国学校按照中国基础教育学制，开设中国课程，使用中国教材。学校以为迪拜华侨华人子女提供优质中国基础教育办学为宗旨，规划在校生规模800人，2020年招收小学1至5年级学生，未来逐年扩展学段，是一所覆盖小学、初中、高中的12年制学校。

中国教育部副部长田学军为开学典礼发表视频致辞，祝贺迪拜中国学校正式开学。他指出，中国和阿联酋是全面战略伙伴，近年来，两国教育交流合作进展顺利，各层次各领域交流取得积极成果。

田学军表示，迪拜中国学校作为中国海外国际学校首批试点之一，是中国加快和扩大教育对外开放的重要举措，将致力于为在阿中国公民、广大华人及当地民众提供最优质的中国教育资源，为两国政治互信、经贸往来和人文交流搭建互利共赢的友好平台，为中阿"一带一路"合作树立新时代的成功典范。

中国驻迪拜总领事李旭航表示，在当地拥有一所中国人自己的学校，是近30万迪拜侨胞的梦想。

迪拜知识与人力发展局局长阿卜杜拉·卡拉姆表示，在疫情肆虐的困难时期，中阿双方携手并肩，迎难而上，成功创立迪拜中国学校，是双方亲密友谊的最好见证。

（中国新闻网2020-09-01/江杨烨）

菲律宾北吕宋第一个大学汉语角在马科斯国立大学揭幕

当地时间9月3日，中国驻拉瓦格领事馆馆长领事周游斌、菲律宾马科斯国立大学校长雪莉·阿格鲁比丝、北伊罗戈省议员索罗·拉左，在巴达克市共同为马科斯国立大学（以下简称"马大"）图书馆汉语角揭幕。这是菲律宾吕宋岛北部第一个大学汉语角。

周游斌表示，很高兴在新学年开学之际见证马大图书馆汉语角的启动。语言是沟通的桥梁，汉语角不仅是学生学习汉语的平台，也是了解现代中国和中菲友好历史的平台。青年是中菲友谊的未来，期待越来越多的年轻人通过学习中文了解中国，成为中菲友谊的使者。

周游斌介绍，今年菲律宾发生新冠疫情后，山东省第一时间为友好省北伊罗戈省捐赠疫情防控物资，近日两省就后疫情合作举办了视频交流会，充分体现了中菲守望互助，团结合作。拉瓦格领事馆今年也为包括马大在内的本地学校提供了抗疫物资支持。

阿格鲁比丝表示，汉语角的启动是马大发展的又一个里程碑。马大与中国合作历史悠久，自2003年与中国驻菲大使馆建立友好合作关系后，马大一直与中国驻菲使馆和驻拉瓦格领馆保持密切合作。今年在中国驻拉瓦格领事馆大力支持下，马大首度招聘了本土汉语教师，未来将发挥优势，为北吕宋地区培养懂汉语的人才，促进中菲文化交流。

拉左议员代表北伊罗戈省长蒙诺托克祝贺汉语角的成立。他表示，马大是该地区享有盛名的高校，汉语角可以帮助更多人了解中国。北伊罗戈省将继续加强与中方的合作，促进更富有成效的伙伴关系。

马大首位本土汉语教师艾美丽感谢中国驻拉瓦格领事馆圆了她的大学梦，表示将做一名中国文化和中菲友谊的使者。

2016年起，中国驻拉瓦格领事馆与北伊省教育局合作设立奖学金，资助抱威国立高中有一定中文基础的学生赴中国学习海外中文教育专业，成绩优异的艾美丽是幸运儿之一。今年6月，艾美丽从闽南师范大学毕业，回拉瓦格后周游斌馆长领事勉励她不忘初心，学有所用。8月，艾美丽成功通过面试被马大录用，成为了该校首名本土汉语教师。

（中国侨网2020-09-04/关向东）

"丝路云端"中文歌曲大赛成功落幕　相关作品获数万"点赞"

庆祝中华人民共和国成立71周年"丝路云端"中文歌曲大赛和"光明丝路"网络知识竞赛成功落幕，当地时间9月27日举行线上颁奖仪式。

"丝路云端"中文歌曲大赛共收到参赛作品65首，参赛选手最小的9岁，年龄最长的73岁。经专家评审和网络投票，最终有15名选手获得一、二、三等奖及优秀奖、最佳创意奖。"光明丝路"知识竞赛吸引了120余名来自全哈萨克斯坦各个城市的选手参加，最终角逐出10名获胜者。

活动由中国驻哈大使馆主办，哈5所孔子学院承办。中国驻哈大使张霄出席当天颁奖仪式时表示，本次活动吸引了哈萨克斯坦广大中文歌曲和中国国情知识爱好者踊跃参加，远超预期。两场比赛的成功举办再次说明，"我们没有因疫情而彼此疏离，相反，联系更加紧密，朋友圈不断扩大"。

张霄说，新中国即将迎来71周年华诞。71年来，中国创造了一个又一个奇迹，取得了一个又一个突破，已跃居世界第二大经济体，中华民族迎来了从站起来、富起来到强起来的伟大飞跃。实践证明，中国选择了符合自身国情的正确发展道路。

张霄指出，当前中哈关系蓬勃发展，成果丰硕。去年，中哈两国领导人共同宣布将两国关系提升至永久全面战略伙伴关系的崭新水平。中哈人民毗邻而居、世代友好。今天，两国青年学习对方语言文化的热情日益高涨。参加本次"光明丝路"知识竞赛的选手最小的年仅14岁。

张霄介绍说，两场活动还吸引了众多观赛者，相关视频在各网站播放量超6万，点赞超2万。主办方将把活动优胜者的作品上传至B站，希望这成为中国民众了解哈萨克斯坦和增进两国民心相通的独特窗口，相信将会走出更多"迪玛希"。

（中国新闻网2020-09-28/文龙杰）

第二届日本华侨华人博士协会青年论坛召开

日前，第二届日本华侨华人博士协会青年论坛线上会议圆满召开。本次论坛的主题为"对抗焦虑：新冠疫情下日本灾难片的记忆建构"。日本博协事务局副局长、博协青年联谊会会长徐荣主持论坛。

日本博协副会长储仁才代表日本华侨华人博士协会理事会致开幕辞。他表示，日本博协已经有二十多年历史，老一辈博协会员的博协精神需要年轻一辈会员传承。博协青年论坛是发挥年轻会员聪明才智、实现自我价值的平台，期待博协青年论坛越办越好，为博协增添更多年轻的力量。

本次博协青年论坛的主讲嘉宾陶赋雯，系南京大学文学院博士毕业、复旦大学新闻传播学院在站博士后、副研究员，曾赴东京大学教养学部短期访学，主要研究亚洲二战电影史、影像记忆理论。陶赋雯博士就新冠疫情下日本灾难片的记忆建构进行了精彩演讲。

在接下来的讨论环节中，与会者从具体的电影内涵理解到灾难电影应该担负的社会责任等进行了深入的多角度讨论。

日本博协副会长黄礼丰表示，青年联谊会开办的青年论坛活动从社会可持续等各个方面开展探讨和引导。这是一个很好的开端，希望继续保持下去。

日本博协会长葛宗涛表示，从新冠疫情发生至今，日本博协一直关注着疫情发展变化。此前曾联合其他日本团体捐款捐物，为抗击疫情做力所能及的贡献。疫情需要人类共同面对。

（［日本］日本新华侨报网2020-09-29/乔聚）

印尼华裔新生代企业家助推中印尼农业与乡村振兴等多领域合作

连日来，印尼华裔新生代企业家代表分别造访印尼地方代表理事会主席、总统办公厅主任等官员，商讨印尼与中国在农业、乡村振兴及智慧城市建设等领域的合作，促进疫情过后印尼经济的复苏。

在受邀造访印尼地方代表理事会主席拉·尼亚拉·马塔利蒂（La Nyalla Mattalitti）时，身兼印尼侨胞中国联合总会总主席的印尼华裔新生代企业家联盟创会人兼辅导主席的钟家燕，介绍了中国农业农村发展情况及正在进行的乡村振兴行动。她表示，印尼地大物博，土地肥沃，广大农村地区如果能加强与中国合作，引进中国先进农业技术，一定能获得双赢，造福占全国人口绝大多数的印尼农民。

印尼华裔新生代企业家联盟总主席吴运辉介绍了他与中国合作开发适合农村地区的简易木屋项目进展；中国东盟信息港（东信）印尼总负责人钟文庄介绍了该公司即将在印尼开展的包括智慧城市建设等情况。

马塔利蒂对华裔新生代企业家致力印尼与中国各领域合作表示高度赞赏，称将组织专门小组与该联盟对接，仔细探讨与中国在农业农村及乡村振兴领域的合作。他希望印尼与中国各领域合作不断加强以造福印尼人民，并祝两国友谊万古长青。

在拜访印尼总统办公厅主任穆尔多科时，钟家燕、吴运辉介绍了印尼华裔新生代企业家联盟在疫情期间通过各种渠道加强与中国经贸合作、推动中小企业发展情况及疫情过后加强两国多领域合作、促进印尼经济复苏的计划。穆尔多科表示高度赞赏。

适逢中秋佳节，钟家燕还向穆尔多科赠送了华裔新生代企业家生产的月饼、麻薯丸，让他感受中华传统节日中秋佳节的习俗与喜庆氛围。

（中国新闻网2020-10-02/林永传）

疫情中"逆行" 中企印尼投建小家电产业园开工

5日下午,由中国上海中建海外公司承建的博菱科技印尼小家电产业园项目在印尼三宝垄肯德尔工业园区开工。这是在严重新冠疫情下,中资企业"逆行"促进印尼经济建设的又一范例。

肯德尔工业园主席斯达尼(Staney)、建设方印尼代表穆萨(Musa)、承建方项目负责人赵业保等参加开工仪式,项目设计单位和管理公司、园区中资企业代表等出席。

穆萨代表博菱电器中国总部表达了在印尼疫情防控常态化形势下,该项目按期完工、高质量履约的期许。

斯达尼对该项目在疫情防控常态化情况下的高速推进高度赞赏,并表示将尽最大努力支持项目各项工作。

赵业保代表承建方承诺将克服困难、积极作为,在保证项目质量、安全基础上确保项目按期交付;并表示项目部将积极推进属地化,最大限度为属地民众创造就业机会,回馈周边社会。

中企博菱电器是中高档品牌厨房小家电出口型生产企业,历经10多年发展,已经成为具有产品设计、研发、生产、销售等综合能力的大型专业小家电制造企业;上海中建由中国建筑与中建八局共同发起,具有30多年海外发展历史,是中国建筑海外业务拓展的重要力量,于2014年进入印尼市场,先后承建了"印尼一号"双塔、伊利乳业、巴厘岛酷乐酷乐等一批标志性工程。

博菱科技印尼小家电产业园位于印尼中爪哇省三宝垄肯德尔工业园区,建筑面积约8.26万平方米。项目建成后将成为博菱电器在海外首个小家电生产基地,可为当地提供数千人的就业机会。

该项目今年9月4日在博菱电器总部中国宁波签署总包授标函。上海中建印尼公司中方员工随即"逆行"而上,在疫情仍十分严重情况下第一时间赶赴印尼,在做好防疫同时迅速组建属地管理团队推进项目各项准备工作,为项目顺利开工及后续顺利履约打下坚实基础。

据赵业保介绍,该项目是上海中建印尼公司在中爪哇地区承接的首个项目,也是该公司在印尼承接的第二个高端工业厂房项目。

(中国新闻网2020-10-05/林永传)

中柬联合培养柬埔寨本土汉语师范教育硕士

记者14日从柬埔寨皇家科学院了解到,中国与柬埔寨两国相关机构合作共建柬埔寨本土汉语师范专业(硕士),计划招生名额为30人。

该项目采用"1+1"柬中联合培养模式，首年培养任务由柬埔寨皇家科学院承担，次年培养任务则由中国华东师范大学承担，学生在华学习期间享受国际中文教师硕士奖学金。两年学制完成后，由柬埔寨皇家科学院与华东师范大学向毕业生共同授予汉语国际教育专业柬中双硕士学位。

据柬埔寨皇家科学院介绍，该项目旨在服务柬埔寨社会实际需求，培养高端中文师资人才，一经推出，便吸引了众多中文爱好者的关注，在柬埔寨社会引起较大反响，项目咨询热线不断。经皇家科学院院长索杜批准，柬埔寨皇家科学院孔子学院柬方院长苏碧娜报名攻读该项目硕士学位，成为了柬埔寨本土汉语师范专业（硕士）第一位被录取的学员。

苏碧娜表示，因为工作原因，中文成了她生活中不可分割的一部分，为提高自己的中文水平，更好地履行院长职责，攻读柬埔寨本土汉语师范专业（硕士）是一次提升自己的绝佳机会，此项目由柬埔寨最高科研机构——柬埔寨皇家科学院与中国最好的师范大学之一——华东师范大学联合培养，学位含金量非常高，是柬埔寨首个中文硕士点。

"学习语言文化是了解另一个国家和民族的最佳窗口，语言不通便切断了沟通的桥梁。"苏碧娜说，中柬两国长期以来保持着友好关系，近年来，随着两国政治、经贸、文化、教育等交流日益频繁，"中文热"在柬埔寨迅速升温，学习者与日俱增。柬埔寨中文教育如果想有更进一步的发展，更加向国民教育体系靠拢，朝着规范化、本土化方向迈进，没有一批高端的中文师资人才是办不到的。

（中国新闻网2020-10-14/欧阳开宇）

中国赴黎巴嫩维和官兵：见证贝鲁特从废墟走向复苏

截至10月15日，中国赴黎维和多功能工兵分队官兵援助贝鲁特港灾后重建任务已完成总体计划的80%。从9月30日进入任务区展开作业起，中国维和官兵进行了14个工作日的援助任务。在这期间，中国援助分遣队原定任务点贝鲁特市区古拉玛街道的废墟清理、文物遗迹搜寻、可用物资回收和遗迹加固保护等任务已全部完成，临时新增的2条街道废墟清理和文物遗迹搜寻也已完工，贝鲁特港10号区域废墟清理、可用物资回收、钢架拆除、建筑垃圾转运4项任务全部结束。目前，还剩下黎巴嫩外交部大楼和贝鲁特港口6号和9号区域的钢架切除、建筑垃圾清理转运以及修缮加固等任务未完成。

中国维和官兵在一个个任务点高标准、高效率完成任务。在中国与多国维和部队的共同努力下，贝鲁特这座被爆炸阴霾笼罩了60多天的城市，正在世人见证下逐步重现光明。

8月4日，贝鲁特港因2700多吨硝酸铵引发的一场大爆炸，给贝鲁特这座城市带

来了严重的灾难，导致200多人死亡，近6000人受伤，大量房屋、建筑物倒塌损坏，近30万人无家可归。

"这场爆炸仿佛世界末日，粉色的蘑菇云和滚滚浓烟腾空而起，大地剧烈摇晃，门窗、玻璃等大量物品往下掉落。"现场目击者这样描述。

贝鲁特市区古拉玛街道一家店铺的店主哈劳特说："虽然这场灾难很可怕，但我还算幸运。"哈劳特的店铺在地面一楼，没有遭到这次大爆炸严重的破坏，但离他不到10米的一栋100多年历史古建筑就没这么幸运，爆炸冲击波把它从房顶到地面垂直削成两半，一半还颤颤巍巍地矗立，另一半全部倒塌掩埋了通行的公路。该公路被截断。

这条被倒塌遗迹掩埋的街道，废墟下有150多年历史的珊瑚岩、黑古砖等古迹文物、金银首饰和锅碗瓢盆等物品，现场空间狭小使机械难以进入，且上方随时可能有掉落物，街道不长但难度不小。

包括哈劳特在内的附近市民，迫切希望在最短时间内恢复这条公路的畅通，期间他们不止一次找到中国维和官兵提出加速抢通的请求。

"为了防止文物受到二次破坏，大部分搜寻清理工作需要徒手完成，不能直接用机械作业，要想加快速度单纯依靠人工作业组很难做到。"市区作业组组长王虎年分析道。

为保证进度，王虎年同混编作业的法国维和分队、黎巴嫩政府及政府军代表、文物保护单位等多方进行协商，经详细评估考察，提出机械人工相结合的作业方式展开任务。

"中、法、阿几种语言的人在一起交流很麻烦，语言不通是个不小的障碍。"王虎年说，每次交流都很困难，光凭英语讲不通，需要拿手机把关键信息翻译成对应的语言来交流，一句话要用手机翻译好几次，来自三个国家的人相互传递手机查看内容。依靠肢体语言和手机翻译齐上阵的交流，中国维和官兵提出的方案获得认可，并正式投入到援助任务中去。

经过多方合作，从受领任务进入作业区到任务结束，仅仅用了4天时间，这条封堵了60多天的街道重新恢复通行。当街道抢通那一刻，哈劳特和他的邻居们冲着中国维和官兵竖着大拇指激动地喊着"China Good"。"两个月了，这条因为大爆炸被掩埋的街道依旧还是一片废墟，直到中国维和军人的到来才得以改变，我谨代表个人向你们表达崇高的谢意和敬意。"哈劳特感激地说，他亲眼见证了中国维和官兵为这座城市复苏所做的努力。

市民巴萨姆一家也住在古拉玛街道附近，他家祖传4代的房屋因为这次爆炸损坏严重，屋顶被砸穿了一个直径约3米的大窟窿，不少红色瓦片都已掉落，房屋墙体撕裂发生倾斜，窗户全部脱落，阳台也仅存一小块未掉落，阳光穿过缝隙和破洞照进屋内，屋内一片狼藉、破烂不堪。

街道清理任务完成后，中法两国维和军人迅速帮助巴萨姆一家转运家具、加固房屋、修缮窗户，并对屋顶做防雨措施。"China I Love You!"在屋顶即将封盖完成时，巴萨姆的家人对中国维和官兵说。一位40多岁的中年男子激动地对官兵说："这些本是我们贝鲁特市民自己的工作，素不相识的你们却帮我们做了那么多，我很感谢你们，我会记住你们的帮助。"

贝鲁特港灾后重建援助任务接近尾声，谈起这次任务的感受，切割作业组四级军士长杨兴树说："虽然每天都很疲惫，皮肤晒黑了许多，手脚也被飞溅的铁水烫出不少伤疤，但看着这座城市在我们的努力下逐渐恢复生机，看到当地市民对我们投以感激的笑容，听到他们喊出中国真棒、中国真好，我觉得这一切都值了。"

（人民网2020-10-19/赵文环，丁文栋）

马中总商会总会长：疫情不减马中企业合作热情

"这一次马中企业家大会能够吸引创纪录的2万多人参与，确实出乎意料。"马来西亚-中国总商会总会长陈友信20日在吉隆坡接受中新社记者采访时表示，这体现了在疫情影响下马中企业家对马中经贸合作的热情。

举办已至第十届的马中企业家大会，今年因疫情影响，于20日首次以"视频连线"结合线下会场方式"云办会"。作为联合主办方马中总商会的负责人，陈友信说，根据马中总商会统计，大会吸引2万多人参与，16万余人次分享。

陈友信说，大会能取得创纪录的参与人数，一方面体现了科技的威力；另一方面也展现出，面对疫情等不确定因素影响，商界迫切希望通过本次大会，寻找企业发展新思路，接触更多新商机。

他告诉记者，此次大会仅在马来西亚就获中国-东盟商务协会总会、马来西亚伊斯兰商会、马来西亚福建总商会、马来西亚福建社团联合会（福联会）-福236

联企业家协会、马来西亚中小企业公会、马来西亚创业促进会、中国马来西亚商会、马来西亚连锁协会、大马旅游同业协会等社团机构共襄盛举。企业界参会热情由此可见一斑。

在陈友信看来，马中经贸合作要上新台阶，需要开拓新合作对象、寻觅新合作领域、探索新合作模式。而本届马中企业家大会正是聚焦先进制造、跨境电商、金融服务等热门领域，两国企业在会上"云签约"多个合作协议、意向。陈友信说，从会议举办方式、会议主题到成果都充分体现了马中企业合作聚焦高科技领域的"新"气象。

疫情影响和全球经贸环境的恶化给后疫情时代企业发展带来诸多不确定因素。陈友信表示，马中加强经贸合作，可以从多个方面为马来西亚企业走出疫情影响提供助力。陈友信说，首先，包括电子商务、云计算在内的高科技产业及其上下游产

业的发展，肯定有助于马来西亚企业在后疫情时代提升竞争力，而这正是马中经贸合作也是马中企业家大会的重要主题。其次，中国鼓励青年创新创业的经验也值得马来西亚借鉴。最后，中国正在形成"国内大循环为主，国内国际双循环相互促进"的新发展格局，为马来西亚企业发展提供了新的机遇。

陈友信表示，大会虽已落幕，马中总商会仍将继续创造马中企业交流的平台，促进两国企业从理论到实践经验的交流，推动两国企业直接洽谈合作，为两国企业创造出更多新商机。

（中国新闻网2020-10-20/陈悦）

印尼雅万高铁项目的战"疫"英雄　在平凡岗位上成就不平凡

印度尼西亚雅加达-万隆高速铁路（简称"雅万高铁"）项目是中国与印尼战略对接、"一带一路"倡议务实合作的重大标志性项目，是两国人民友谊的象征。今年3月2日，印尼确诊第一例新冠肺炎病例。中国电力建设集团有限公司雅万高铁项目部实行封闭式集中管理，不愿接受集中管理的当地雇员可以选择回家休假，但多名当地雇员选择留守项目营地，与中方员工共同战"疫"。

"战疫先锋"陈康乐

Bangun Septiawan是名印尼华人，中文名字叫陈康乐。疫情发生后，他始终坚守在战"疫"第一线。

印尼疫情暴发初期，口罩、测温枪、酒精等防疫物资极度匮乏，防疫物资的存量不足令许多中方员工惶惶不安。陈康乐发动当地雇员，以及同学和亲戚，多渠道联系防疫物资，最终采购到200个N95口罩和5000个一次性口罩，让员工们的情绪稳定下来。

受生活习惯影响，大部分当地雇员在疫情初期并没有意识到新冠肺炎疫情的严重性。陈康乐认真领会防疫要求，上网查看中国疫情资讯，引导当地雇员正确认知新冠肺炎，逐渐养成了佩戴口罩、保持安全距离的习惯。

凌晨3点接收医用酒精和84消毒液，布置隔离房间，安排新进场和返场员工入住隔离房间，分发防疫物资，测量体温和消毒，盯控医院到营地开展核酸检测，组织抗体检测……几乎每一个防疫场景都有陈康乐不辞辛苦的身影，24岁的他展现着与其年龄不符的老成，防疫工作尽职尽责，一丝不苟，他总是出现在防疫第一线，是不折不扣的"战疫先锋"。

李佳的"高铁梦"

22岁的Kadijja Arum Nur Octaviani曾经在中国扬州工业职业技术学院留学三年，学习计算机网络技术专业，在校期间老师给她起了一个与她名字第一个单词发音相近的中国名字：李佳。

3月，项目部实行集中管理后，李佳没有回家，选择留守项目营地。营地缺少翻译，她主动协助翻译；缺少帮厨，她主动去厨房帮忙，洗餐盘、切菜、包包子、打饭、打扫卫生都不在话下，任劳任怨。

为了宣传防疫知识，李佳制作了防疫宣传漫画，设计了多个防疫展板，布置在营地和施工现场，时刻提醒大家遵守防疫要求。

李佳始终以饱满的热情投入到工作中，当问到高强度的工作压力下为什么能坚持下来，李佳说："我想回家的时候不用坐18个小时的大巴，而是坐自己参与建设的高铁。"雅万高铁规划的二期工程万泗高铁通往李佳的家乡泗水。在自己家门口修高铁，李佳憧憬着自己的"高铁梦"。

Tania 小身板蕴藏大能量

瘦瘦的Yovana Nathania是项目部的安全官，大家都叫她"Tania"。在铺轨基地的施工现场，大家总能看见Tania穿着红色制服，头戴红色安全帽，在到处观察记录着什么。铺轨基地现场存在多家分包商，且与线下单位交叉施工，人员繁杂，流动频繁，存在较大的安全和防疫风险。

Tania总是在分包商上班前早早到达施工现场，用铿锵有力的声音对各家分包商的员工进行班前安全和防疫教育，监督体温监测和消毒执行情况。施工开始后，Tania又进行安全巡查，发现安全隐患后记录在册，并要求施工管理人员立即整改。同时，她还时刻提醒现场人员要保持安全距离，降低疫情风险。

烈日当头，尘土飞扬，Tania每天奔波在施工现场，被晒得黝黑，但从不喊累。回到办公室，她整理发现的安全隐患，做内业资料，每天的工作都安排得井井有条。一名中方施工队长赞叹道："23岁的小姑娘能有这样的工作作风难能可贵，真是小身板蕴藏着大能量。"

雅万高铁项目中还有很多像陈康乐、李佳、Tania这样坚守营地数日不回家的当地雇员，比如守卫营地大门第一道防线的保安、身兼数职的司机、每天配发隔离餐的帮厨、勤勤恳恳的保洁……他们都在平凡的工作岗位上，做着不平凡的事。

（中央广电总台国际在线2020-10-22/桑军阳）

联合国驻黎巴嫩临时部队军事性别顾问赞赏中国女军人

联合国驻黎巴嫩临时部队（联黎部队）司令部军事性别顾问、荷兰军官布丽吉特·费尔赫芬近日走访了中国赴黎维和部队，与中国女军人进行座谈。

费尔赫芬先后走访了中国第19批赴黎维和医疗分队和多功能工兵分队等，参观了中国女军人的工作、训练、娱乐、生活场所。她对中国维和女军人饱满的工作热情和奉献精神表示赞赏，高度肯定中国对联合国维和事业的支持以及中国维和女军人在维和行动中发挥的重要作用。

座谈会上，中国女军人积极发言。医疗分队的牙医李玮玮说："女性维和人员可以弥合社会和文化鸿沟，通过工作我们可以真正了解黎巴嫩妇女的生活状况，为她们的利益、需求而尽我们最大的努力。"护士李莉说："联黎部队强调女性军人在预防和解决冲突、建设和平和维持和平中的重要作用，我将尽力为联合国维和行动贡献自己微薄的力量。"

多功能工兵分队的卫生员张文萍说："我希望能够在维和任务的国际舞台上展示好中国女军人的风采，让更多人看到中国维和女兵的战斗力。我们也会继续努力完成好每一项任务，积极响应联合国军事性别平等倡导，利用女性优势，架起与当地妇女儿童沟通交流的桥梁。"

随后，结合前期关于"女军人参与维和行动"问卷调查部分情况，费尔赫芬还与参加座谈的人员深入交谈并解答个别疑问。她表示，联黎部队将针对女军人在维和行动中面临的问题不遗余力地提供帮助。

为积极响应联合国号召，中国近年来加大了维和人员女性比例。据悉，中国第19批赴黎维和部队420名官兵中包括22名女军人。

（新华网2020-10-29/丁文栋，余巍）

泰中深圳总商会会长郑楚标：架起深圳与泰国之间"彩虹桥"

2020年2月，突如其来的新冠肺炎疫情袭击了全国，泰中深圳总商会先后在泰国筹集了100万只口罩，想方设法带回国内，并且捐赠到了一线，大大缓解了彼时医院、街道办事处、城管等多个岗位口罩紧张的现状。此外，泰中深圳总商会利用会员企业的力量，在深圳临时建立口罩生产线，满足社会各界的口罩需求。

口罩虽小，彰显的却是泰中深圳总商会跨越泰国和中国的大爱。泰中深圳总商会会长郑楚标说："疫情无情人有情，这是我们应该做的。在疫情防控最吃紧的时候，做出小小的贡献，我们感到非常开心。"

作为泰国与深圳沟通的桥梁，口罩捐赠只是泰中深圳总商会发展过程中的一个缩影。该商会是在深圳市委统战部、侨办、侨联指导和支持下，于泰国相关政府部门登记注册的社会团体。

郑楚标说："成立4年来，我们作为深圳与泰国之间交流的枢纽和桥梁，为两地的交流和发展做出了积极贡献，对两地会员企业的招商、产业投资起到了积极作用。在危难之际，我们积极参与公益慈善，践行社会责任。面对未来，我们有理由更加团结，架起两地的'彩虹桥'，在促进深圳和泰国之间的交流上发挥更大的作用。"

"80后"高票当选泰中深圳总商会会长

在办公室看到郑楚标，一口潮汕口音的普通话暴露了他的籍贯。个子不高，但是人很精神，而且看起来非常年轻。仔细一问，他竟然是一个"80后"。由于疫情原因，本该在泰国的他此时还在深圳办公，这也让笔者有机会和他进行了一次访谈。

泰中深圳总商会的会长，竟然让一个年轻的企业家来担任？

仔细交谈后发现，"80后"的郑楚标，社会资历已经很深。上世纪90年代，十几岁的他就跟着家人从汕头来到了深圳坪山，并且开始帮着家人做小生意。他回忆："那时候，一边上学，一边帮着家人送货。"在兼职的过程中，勤奋好学的他，一个人兼任采购、财务、现场管理等多个职务，锻炼了一身本领。

2004年毕业后，他选择离开家人，自己独立接工程。由于讲信用、工程质量好，他收获了许多回头客。经过了多年的积累，2011年，他在深圳建立了深圳市金万佳装饰集团，开始公司化经营。如今，深圳市金万佳装饰集团获得了国家建筑装饰工程一级资质单位，拥有了一大批行业精英，承揽了30余项各类大中型工程，年产值达5亿元左右。

在深圳站稳脚跟以后，郑楚标并不满足。2014年，在朋友的介绍下，他去泰国考察投资的过程中，在当地找到了商机，并顺利把生意的版图扩张到了泰国，跟当地的华人建立了比较良好的合作关系。

与此同时，随着深圳与泰国在经济、贸易、文化、教育等方面交往日益密切，越来越多的深圳籍华侨、华人在泰国居住发展，在泰国成立深圳总商会的需求变得越来越迫切。

因为常年往返于深圳和泰国两地，对两地的文化有比较深刻的了解，郑楚标得到深圳和泰国两地企业家的普遍认可。2017年，泰中深圳总商会成立的时候，他高票当选会长。

郑楚标发自肺腑地说道："当选之后，感谢各位领导的信任，但同时也深感肩头的责任重大。"

架起"彩虹桥"，为深圳与泰国的友谊出力

2019年10月28日至29日，泰国曼谷，第五届国际深圳社团大会如期召开，泰国副总理威萨努出席了开幕式，来自全球的深圳籍华侨华人社团领导、华商企业家500多人参加了此次盛会。

深圳社团大会为全球深圳人、海外侨胞搭建商务合作与资源共享平台，宣传推介深圳建设中国特色社会主义先行示范区带来的新机遇，引领广大侨胞参与"一带一路"和粤港澳大湾区建设，推动中泰两国及世界各国间多边务实合作与创新发展。

大会能够顺利举行的背后，离不开泰中深圳总商会的努力。此次社团大会，顺利地让深圳的城市形象和文化在泰国得到了很好的宣传。

据悉，泰中深圳总商会的会员主要为在泰国或有意向前往泰国投资、发展的深圳籍企业家个人和企业、有意前往深圳发展的泰国企业，是泰国、深圳两地沟通、合作、发展的桥梁。

目前，泰中深圳总商会的工作得到了官方、民间等的共同认可。泰中深圳总商会在泰国的总部，主动担起了对泰国有兴趣的深圳企业及企业家与当地企业的沟通交流工作；在深圳设的办事机构，承担起了泰国企业来深圳沟通交流的工作。

在促进深圳与泰国的交流方面，总能看到泰中深圳总商会的身影。郑楚标说："成立以来，商会通过各种各样丰富的活动，架起国内外创业者、企业家交流的桥梁，架起了文化交流、人才交流的桥梁。此外，我们还整合泰国、深圳两地企业家的资源，进行一些对接。我们也帮助深圳市政府进行招商引资，吸引泰国企业来深圳落地。"

2020年是深圳经济特区建立四十周年，深圳经济特区站在了新的起点。作为深圳的社团，泰中深圳总商会要最大限度地团结海外侨胞，发挥好桥梁纽带作用，在宣传推广深圳、举荐优秀人才及项目落地深圳等方面发挥积极作用，为推动深圳与世界各国的交流合作架起越来越多的"彩虹桥"。

重任在肩不放松　带领商会乘风破浪

今年疫情期间，泰中深圳总商会向广东省、湖北省捐献口罩等防疫物资，为抗击新型冠状病毒疫情一线雪中送炭。除了捐赠口罩以外，郑楚标还带领会员企业在深圳自建口罩生产线，驰援社会各界。

业内人士都知道，泰中深圳总商会的表现并不让人意外。一直以来，泰中深圳总商会的慈善举动在深圳、泰国两地进行，温暖着两地人的心。在突发事件当中，泰中深圳总商会也尽心尽力。

2018年7月5日下午，两艘载有中国游客的游船在泰国普吉岛发生沉船事故，多名同胞下落不明。事故发生后，在郑楚标会长的提议下，商会成立了志愿者服务队，第一时间到达现场，协助各方共同开展救援工作。商会志愿者服务队还为死难者家属提供了人力、物力的援助和支持，使他们感受到异国他乡的同胞情。

郑楚标道出了自己的心声："做企业，社会责任一定要承担。对于商会来说，慈善是应尽的义务。我们只是在助力泰中两国友好交流的过程中尽了一份绵薄之力。"

作为一个"80后"的会长，郑楚标深感责任重大，并且丝毫不敢懈怠。"以前只负责一些协调工作，成为会长以后，大家都看着你，更多考虑的是方向性的工作，要思考商会的未来。"

对郑楚标来说，带领商会不断壮大是他一直在思考并为之努力的事情。"我们要坚持以商养会，不断发展壮大。同时，我们要与时俱进、转变思路，进行创新改革，适应泰国、深圳两地的变化情况。"

前路漫漫，但相信泰中深圳总商会将在郑楚标的带领下继续乘风破浪。

（《南方日报》2020-10-30/王春艳）

新加坡举办本地首个潮州方言文字比赛

潮州方言有"音"也有"字"。日前，新加坡醉花林俱乐部和新加坡潮州文史学会联合主办本地首个潮州方言文字比赛"来拼潮州话啦！"带领大家"寻音觅字"。

潮州方言和华语一样是有音有字的汉字语言，例如"$ziah^8$ $pung^7$"写出来应该是"食饭"而不是"吃饭"，但很多人对此并不熟悉。醉花林和潮州文史学会希望通过轻松有趣的比赛形式，让参赛者从中认识和了解潮州文化和学习潮州古字。

醉花林总理张建安接受《联合早报》访问时说："我们向来积极推广各类潮州文化活动，包括潮州好声音、潮剧和潮语班、潮语讲演会等。潮州文化不只有会话，还有文字，这是很珍贵的文化资产，值得我们去学习和弘扬。"

潮州文史学会是由一群爱好潮州文化人士组成的兴趣小组。成员之一的陈嘉琳指出，很多人以为潮州方言"有音无字"，更不知道平日交谈的潮州话其实包含了中古汉语词汇，因此希望用比赛加深大家对这方面的认识。

因为疫情关系，比赛初赛将通过线上进行，决赛则会在醉花林俱乐部现场举行。醉花林正司理陈可成说，醉花林今年3月完成扩建工程后有更多场地，目前已开放给符合规定的活动使用，疫情缓解后欢迎各籍贯人士善用这些空间。

"来拼潮州话啦！"初赛将于11月21日举行，决赛定在12月12日，所有进入决赛的参赛者都会获得奖金。

（［新加坡］《联合早报》2020-11-03）

马来西亚中总总会长：中国"双循环"发展格局将提供更大市场

马来西亚全国总商会总会长、中华总商会（中总）总会长戴良业2日在吉隆坡接受中新网记者采访时表示，中国正在加快形成以国内大循环为主体、国内国际双循环相互促进的新发展格局，这不仅仅有利于中国自身持续发展，也将为其他国家和地区提供更大市场，对马来西亚企业而言"极其重要"。

中国共产党第十九届中央委员会第五次全体会议甫在北京闭幕。戴良业介绍，中总的经济专家研究会议所揭示的中国"第十四个五年规划"和"2035年远景目标"。在他看来，这传递出中国未来的发展主要目标，中国正在加快形成以国内大循环为主体、国内国际双循环相互促进的新发展格局尤其值得关注。

在戴良业看来，在此前的"十三五"规划期间，中国已经在脱贫、绿色经济发展、"一带一路"建设上取得很大成就，也增强了国际社会对中国发展的信心。

他认为，这是中国顺应新冠肺炎疫情发生后国际环境、形势的变化，同时立足中国本身的基础条件所提出的规划，"不仅作为经济修复的应对之策，更是中国发展的长远之计"。

戴良业对记者表示，消费是经济增长持久动力，从需求层面来看，中国首先具备了超大的市场规模优势，可以说是全球最有潜力的消费市场，若能有效地提振中国内需及提高中国国内企业的创新能力，并以消费复苏带动生产复苏，可形成中国国内市场及国际市场的良性互动。

展望在此规划下的马中合作前景，戴良业说，中国国务委员、外交部长王毅不久前刚刚访问马来西亚，中国表示将支持马来西亚抗击疫情、协助马来西亚经济复苏。"这给马来西亚企业界捎来了好消息。"戴良业说，马来西亚商界乐见马中合作关系增进及经贸合作前景得到拓展。

他向记者介绍，中总已经着手布局，正在推动和规划众多对接平台，促进马来西亚企业对接中国发展机遇。

今年9月初，中总与中国机电产品进出口商会举办了一场在线视频对接会，共同为马中商家搭建对接平台。由于对接会反馈良好，两会预计将在12月份"乘胜追击"加办一场视频对接会。此外，中总也继续组团参加即将举行的第三届中国国际进口博览会。

戴良业表示，希望能在后疫情时代，继续全力推进马中两国之间的交流及经贸发展。"作为马来西亚华裔商会的联合总机构，中总将继续发挥自身在商贸网络、资源等方面的优势，为大马企业开拓中国市场，同时也为中国企业在马发展搭桥铺路。"

（中国新闻网2020-11-03/陈悦）

日本京都府颁发第一张外国人创业签证

日本面向计划创业的外国人实施了创业签证政策，该政策面向计划创业的外国人，作为特例发放最多可延长1年的在留资格。日前，京都府发表府内首位获选适用创业签证的外国人，来自中国台湾的张舜智因开发餐厅App获选。

张舜智毕业于日本立命馆大学，与5名同间大学毕业的中国人，正在共同开发让餐厅能快速点餐、结账的App，目前在京都、大阪与神户约20间店家进行实验。

日本政府2018年度在部分地区开设了留学生大学毕业后可以停留1年准备创业的特例。这一制度现在可以在10道府县市使用，但应用实例仅有20人。

根据京都府与日本经济产业省官网的说明，通常要在日本创业的外国人，若要取得居留资格，必须符合在日本设有办公室、雇用2名以上职员、资本额500万日元以上的条件。

京都府今年3月获认定可实施这项政策，4月起接受外国人创业计划面谈与提供共同工作空间等，半年来约面谈50名外国人。

（［日本］《中文导报》2020-11-04）

菲华侨领热议中国共产党十九届五中全会

菲华侨领热议中国共产党十九届五中全会，畅谈对中国"十四五"规划和2035年远景目标的建议之感受。

菲华商联总理事长林育庆表示，中国共产党十九届五中全会制定了"十四五"规划和2035年远景目标的建议，为中国开启全面建设社会主义现代化国家新征程绘制一幅宏伟的新蓝图，显示中国领导人对国家未来方向和长远发展的高瞻远瞩。对以国内大循环为主体、国际国内双循环相互促进的新发展格局做出重要战略部署，将有效提高中国经济核心竞争力，推动经济高质量发展，提升其在全球供应链中的地位，重塑中国在国际合作中的竞争优势。新发展格局是一项长期战略，它不是中国国内经济的单循环，而是开放的国内国际双循环。中国将把科技自立自强作为发展的战略支撑，把扩大内需作为战略基点，明确了发展的主攻方向和重要着力点，对中国和全世界而言，都具有深远意义。

菲律宾华商纵横传媒社长黄栋星是著名国际时事评论人，他分析指出，今年欧美经济大幅负增长已成定局，中国成功控制疫情，凸显了制度的优胜之处。当今，即使全球经济在疫情冲击下充满高度不确定性、国际形势错综复杂、美国全方位打压、逆全球化风潮兴起，也难把中国压倒。事实证明，"中国式"规划是成功的。中国人口多，市场大，只要内部运转正常，就可以在逆境下增长。

菲律宾中国和平统一促进会副会长、秘书长、《联合日报》总编辑董拔萃表示，看到中国共产党十九届五中全会公报表示"要保证香港、澳门长期稳定，推进两岸关系和平发展和祖国统一"，非常振奋，也感到责任重大。

（中国侨网2020-11-04/关向东）

印尼高校办中国语言文化节献礼两国建交70年

由印尼泗水国立大学孔子学院与该校中文系联合主办的第五届中国语言文化节4日结束。线上持续两个多月的该文化节为中印尼两国建交70周年献上一份青春厚礼。

因新冠肺炎疫情仍在印尼肆虐，该文化节于8月27日在线上启动。疫情阻挡不了印尼学生对中国语言文化的热爱，来自10多所学校的147名学生提交了136件参赛作品参与文化节活动。

文化节活动分为大学组和中学组两个组别，其中大学组设唱歌、演讲、中华才艺、摄影、写作和中印尼建交70周年寄语6个项目比赛；中学组设唱歌、才艺、抖音拍摄、汉语演讲和摄影5个项目比赛。参赛选手们用视频方式充分展现了艺术才能。古典舞、古筝、武术、书法、吉他弹唱中文歌曲等节目表现了他们在疫情隔离期间汉语学习和生活的状态；摄影作品展现了对中印尼文化的认识；演讲、写作和寄语内容则表达了对中印尼两国关系的期待与祝福。

来自三一一大学的塞安娜拍摄了一张身着中国旗袍、肩披印尼国旗，端坐于大雄宝殿前的人物照，获得最高人气奖；泗水国立大学的马一诺则舞出一段刚柔并济的中国古典舞，获得才艺比赛一等奖。

（中国新闻网2020-11-05/林永传，田琛）

马来西亚大山脚日新国民型中学获国家科技竞赛总冠军

日前，马来西亚大山脚日新国民型中学的学生首次晋身国家科技竞赛（2020 National Science Challenge）全国总决赛，击败另5所学校，夺得全国总冠军。

比赛日前在线上进行，大山脚日新国民型中学3名就读中四班的学生林文豪、罗鸿升及洪毅晋（皆16岁），以"体温及人身距离徽章"（temperature，distance awareness badge）的设计，勇夺全国总冠军。总冠军队伍获首相杯一座、教育成就奖每人6000林吉特及笔记本电脑各一台。日新中学除了荣获该项比赛总冠军，其上传至网上的讲解短片也获人气奖。该校的带队者是负责老师刘艳婷及课外活动副校长林国权。

洪贵蕊：团队合作表现杰出

日新中学校长洪贵蕊接受访问时说，该校上下，对学校首次晋级总决赛即荣获总冠军，感到非常兴奋。"比赛须以英语讲解，华校生能得奖非常具鼓励性。"她说，这项成绩得来不易，她要感谢学生及教师们的付出，这是一个团队合作取得的杰出表现。

罗鸿升："体温身距徽章"加强防疫

罗鸿升是学生辩论队队员，他在比赛中担任讲解。林文豪及洪毅晋是数理学会会员，他们分别负责编程及计算／精算。他们设计的"体温及人身距离徽章"，可以让人们在佩戴并与手机蓝牙系统连接后，人身距离小于1米或体温超过37.5摄氏度时，收到相关提醒。罗鸿升说，他们的设计是要加强民众防范疫情的意识。人们通常会忘了保持一米距离或不清楚是否有一米距离，因此他们设计了这种功能的徽章。

（［马来西亚］马来西亚星洲网2020-11-11/林昇春）

新加坡小贩文化获国际评估团推荐"申遗"

近日，负责审核申遗项目的国际评估团，建议将新加坡小贩文化列入联合国教科文组织的"非物质文化遗产代表名录"，正式结果下个月中旬揭晓。

联合国教科文组织（UNESCO）保护非物质文化遗产政府间委员会（IGC）委任12名专家组成的评估团，日前在法国巴黎提呈报告，做出上述建议。共有42个申遗项目争取列入今年的"非物质文化遗产代表名录"，其中25个项目获评估团推荐，包括新加坡的小贩文化。目前共有463个项目列入"非物质文化遗产代表名录"。

下个月宣布申遗结果

IGC会在下个月14日至19日于线上召开第15届会议宣布最后决定。一般来说，由评估团推荐的项目，成功申遗的机会相当高。

评估团在报告中指出，小贩文化是新加坡人生活的一部分，在新加坡城市化发展进程中，为当地人提供了身份认同感和延续性。评估团表扬新加坡以各种创意方式，发动社会各方参与申遗过程。国家文物局设立的网站显示，支持小贩文化申遗的人数目前超过190万。

新加坡总理李显龙表示，疫情对小贩的生意带来严重冲击，但许多食客都大力支持他们喜爱的摊位，支持小贩渡过难关。希望这个消息能鼓舞小贩和他们的支持者。

新加坡文化、社区及青年部长兼律政部第二部长唐振辉表示，申遗项目获评估团的积极推荐令人欣慰，但申遗过程还未结束。"这仍然是好消息，也是一个良好的预示。让我们继续支持我们的小贩，向他们表达我们的感谢！"

新加坡国家文物局局长章慧霓在文告中说，希望小贩文化能成功申遗，进一步提升大家对保护非物质文化遗产的意识。

新加坡国家环境局局长陈明锐说，小贩是小贩文化的核心，该局会继续吸引新

小贩入行，同国人合作维护和提升小贩文化。

牛车水大厦小贩商联会主席林玉铭（69岁）受访时说："如果申遗成功，小贩这个行业也会更加受到大众认同。"

（［新加坡］《联合早报》2020-11-18/许翔宇）

纪念诗琳通公主学中文40年　泰国中文教学研讨会成功举办

由中国驻泰国大使馆、泰国高等教育科研与创新部、中国教育部中外语言交流合作中心联合主办的2020年"纪念诗琳通公主学习中文40年暨泰国中文教学未来发展在线研讨会"日前成功举办。研讨会依托华为云会议系统连线曼谷和北京，邀请中泰两国嘉宾在云端欢聚，共同致敬诗琳通公主勤勉研习中国语言文化的精神，探讨泰国中文教学未来发展。

诗琳通公主专门为研讨会录制视频致辞表示，中国是世界文明的摇篮，对各国产生了深远影响。随着两国关系不断深化，泰中高校学术交流不断拓展。泰国高校逐步开设学习中国语言文化的孔子学院，泰国学生赴华进修学科更加多元。

诗琳通表示，两国政府始终致力推动泰国中文教育。如今，来泰学习的中国学生越来越多，很多中国学者泰文造诣颇深，两国间相互了解不断加深。从语言学习到各方面、多层次的交流与合作相得益彰，进一步深化了两国间的友好关系。希望能在各领域为泰中两国和两国人民作出积极贡献，未来将继续坚持学习，更加深入了解中国。

中国驻泰使馆临时代办杨欣表示，此次在中泰建交45周年和公主殿下学习中文40年之际举办纪念活动，是为了共商泰国中文教学未来的发展，鼓励更多泰国的青年学子以公主殿下为榜样，学好中文，了解中国文化，成为两国交流的桥梁。

研讨会上，泰国高等教育科研与创新部高等教育委员会秘书长桑攀·叻缇德、中国教育部中外语言交流合作中心主任马箭飞、泰国朱拉隆功大学校长班迪·厄阿鹏、北京大学副校长陈宝剑及公主的中文老师张英等与会嘉宾热情回顾了40年来诗琳通公主悉心研习中国语言文化、支持泰国中文教学、推动两国人文交流的卓越贡献，交流了对于诗琳通公主深受中泰两国人民爱戴的深切体会，共同讨论中泰两国中文教育领域的密切合作，展望了未来泰国中文教学的发展，并对未来进一步深化中泰两国人文交流传达出信心与共识。

此次在线研讨会既是致敬诗琳通公主学习中文40年的纪念活动，也是纪念中泰建交45周年的重要人文活动之一。研讨会全程视频近期将在中国驻泰国大使馆脸书账号进行录播。

（中国新闻网2020-11-25/王国安）

2020 日本"华文小姐和中华太太"决赛落幕

日前，2020日本华文小姐&奇迹杯中华太太全国总决赛落幕。本届大赛受疫情影响，除东京赛区外还增加名古屋和冲绳两个网络分赛区，为特殊时期的赛事注入了崭新元素。

华文小姐&中华太太大赛日本赛区创始人、本届大赛组委会执行主席吉田健子在赛前致辞时表示，期待在今天的比赛中选拔出拥有独特气质、智慧独立、充满爱心、健康自信的女性。

整场比赛围绕"情韵中华，艺心战疫"的主题，三个分赛场的佳丽们，用视频形式与现场审查委员、观众进行了互动。大赛评委从仪表形象、现场表现、个人才艺、口才等方面对参赛选手做出评判。经过三个多小时的比赛，各奖项名单最终全部确定。

主办方统计，共有7万人同时在线收看了本届比赛的现场直播。审查委员长颜安在赛后对活动进行了总评。他表示，旅日华人女性的自信与美丽在这此刻汇聚，感染着每一位观众。

据悉，中华太太大赛迄今已经走过了5年。5年来，共接到日本全国将近3000名中日女性的报名，120多名选手进入总决赛；从这里走出了许许多多优秀的华文小姐与中华太太。本届大赛从筹备以来，得到了社会各界人士、在日华人华侨社团、在日企业的多方支持与协助。

（［日本］《中文导报》2020-12-01/吴言）

华裔被委任为马来西亚绿色科技及气候改变中心董事

日前，马来西亚生物质工业联合会总会长梁健文被委任为马来西亚绿色科技及气候改变中心（MGTC）董事局成员，也是唯一的华裔代表。MGTC是负责策划及发展绿色经济的政府机构。

同时，梁健文也被委任为大学联盟及生物质工业网络联合主席。

今年48岁的梁健文是马来西亚国库控股主催的环境保护与创新中心有限公司董事局成员。他是马来西亚2002年十大杰出青年（政府事务、政治及法律），于1996年毕业于马来西亚工艺大学估价及产业管理系，并获得大学当局颁发金牌领袖奖，于2000年再获大学颁发工大杰出校友奖（青年企业家）。

2004年至2013年，他担任欧盟亚洲经济项目顾问长达10年。2018年，梁健文被马来西亚永续能源发展机构（SEDA）委任为联合国开发计划署UNDP的低碳公共交通及地方政府绿色经济转型项目顾问。2019年，他被马来西亚原产业部橡胶出口理事会（MREPC）委任为绿色基金（生物质）技术评估主席兼中国厦门大学（马来西亚分

校）的工业咨询顾问成员（IAP）。

（［马来西亚］马来西亚星洲网2020-12-01）

新加坡兴安会馆与附属宏文学校庆祝成立百年

日前，新加坡兴安会馆与附属宏文学校举行庆典，庆祝成立百年，以及会馆扩建大楼落成。庆典邀请到新加坡国防部长黄永宏担任主宾，为扩建的大楼剪彩。

黄永宏在致辞中表示，兴安会馆是新加坡早期成立的华人宗乡会馆之一，兴安会馆在1920年创办的宏文学校，虽然曾两次停办，但在学校管理委员会、校长和校友的领导和支持下，至今仍然屹立不倒。

"今天，我们一起见证重建后的会所，这是我们保留与推广兴化文化的另一个重要里程碑。只要会馆和学校的领导者与成员上下一心，坚持信念，我们的子孙会在这里庆祝下个100年，即200周年。"

黄永宏是兴化人，他在致辞时提及，和许多家庭一样，他和他的兄弟姐妹会听兴化方言但不会讲。但兴化面线和兴化米粉是新年和特别节日时，家中必备的美食。至今，他仍认为兴化面线是最美味的汤食，而细幼的兴化米粉则比其他米粉都要好。

他也谈到，他的许多亲戚是开脚踏车和轮胎店的，也有从事建筑业和房地产开发的。早期兴化移民当人力车夫和苦力，后来成为三轮车夫、出租车司机、公交车司机、技工，之后发展为脚踏车和轮胎店，以及金融和建筑业的老板。他说，大家必须像先辈们一样与时俱进，才不会被时代淘汰。

兴安会馆会长黄金春致辞时说："兴化子弟是吃苦耐劳、勤劳勇敢、同心同德的优秀族群，为联系乡情乡谊，帮助有需要的乡亲、先辈齐心协力于100年前创办了兴安会馆，同年附设宏文学校，为国家和社会培育出栋梁之材。会馆和学校要长期稳健发展，需要大家的齐心协力与共同呵护。"

此外，兴安会馆也捐赠了10万新加坡元给两个选区福利基金——大巴窑中公民咨询委员会社区发展与福利基金及黄埔社区福利基金，以帮助区内贫困老人。

此外，会馆也配合百年庆印制了逾270页的精美特刊，主题是"薪火相传，承先启后"。

（［新加坡］《联合早报》2020-12-07/陈爱薇）

马来西亚"光盘"倡导者：以餐桌新规范"修身"　弘扬中华传统文化

"思想兴革运动"是马来西亚中华大会堂总会（华总）长年积极推进的移风易俗活动。任华总思想兴革委员会主席已逾11年的陈达真告诉中新社记者，以"光盘"为代表的餐桌新规范便是思想兴革运动中很重要的一项内容，因为"这是中华民族传统美德"。

陈达真说，马来西亚华社众多，各种聚会活动十分丰富，这固然是联络情谊的重要纽带，但长期以来存在一些不好的习俗，"餐桌浪费就是其中一大问题"。

生长于马来西亚、年逾七旬的陈达真说，和早年相比，如今的物质条件丰富很多，此前很多华社聚餐唯恐"慢客"，"食物越丰盛越好"，于是往往出席宾客吃到第三、四道菜就吃不下去了，"剩下的只能浪费掉"。

她介绍说，据联合国2013年相关报告显示，全球每年有三分之一食物被浪费。在马来西亚，一般餐宴10道菜肴中也有三成左右浪费，并在丢弃食物过程中造成环境污染。

于是，华总思想兴革运动在所倡导的"宴会守则"中，专门加入"吃清光方离席，有剩余则打包"的内容，倡导"光盘"。同时，华总也提倡减少餐宴菜式到六样。陈达真和同事们走遍马来西亚各地，发表演讲，倡导餐桌新礼仪。2014年一年，陈达真就在马来西亚全国举办了17场讲座，听众达到数万人。

"刚开始的时候，很多人不习惯，会觉得'打包'在面子上不好看，互相推辞无人愿意打包。"陈达真笑言，作为宴席上的"长者"，她往往会摆出"老资格"，直接指点说："某某你家有小朋友，把这个带回去给小朋友吃。"

据陈达真介绍，经过几年努力，"光盘"在马来西亚华人社会渐成风气，"打包"也渐成寻常事。在陈达真看来，要让"光盘"理念深入人心，除了以具体行动积极提倡以外，关键的是要做好对下一代的宣导工作。她告诉记者，自己和同事近年先后来到数十所中小学举办讲座，和小朋友们畅谈包括"光盘"在内的思想兴革重要性。她更于6年前餐桌新规范初倡之际，就在自己担任副董事长的坤成中学首倡开展校园"光盘行动"。

"除了谈'光盘'，餐桌新规范还有更丰富的内容，简而言之就是'守时、精简、光盘'。"陈达真说，其中包括提倡守时、提倡嘉宾简洁致辞以提高餐会效率、尽量采用公筷公匙等。"今年新冠疫情的发生，就证明了引入公筷公匙是十分必要的。"她并认为，这些餐桌新规范也可让青少年学生于生活中养成良好的礼仪和习惯。

近年来，中国社会同样在积极倡导"光盘行动"。陈达真对此感到十分欣喜和认同。她说，中国目前经济日益成长，民众生活水平也提高很多，但勤俭惜物仍是中华民族的优秀传统。马来西亚华人和中国社会都关注到这个议题，正说明中华传统文化生命力不减，在当今世界依然被传承和发扬光大。

教师出身的陈达真说，教育讲究"树木树人"，思想兴革运动是从中华传统文化"修身、齐家、平天下"出发，从个人修养着手，进而和谐华人家庭，提升华社整体文化素养。"因此，不要把'光盘'当成小事，个人修养的精进，才能带来社会整体改善，进而发扬中华传统文化。"

（中国新闻网2020-12-11/陈悦）

新加坡华乐比赛四十年：培养多名华乐人才

新加坡的华乐比赛，始于1980年的新加坡全国音乐比赛（华乐组），1998年更名为全国华乐比赛。40年来，华乐比赛一直是培养华乐人才的摇篮。

日前，2020年新加坡华乐比赛落下帷幕。紧张激烈的比赛除了历练出一批华乐新星外，也勾起许多人的青春记忆。

新加坡华乐团行政总监何伟山就是其中一位。1985年，在二胡高级组获得冠军的他，当即被新加坡青年交响乐团的音乐总监吴世勉看中，邀请他随团赴伦敦演出，独奏二胡名曲《江河水》。与他同组的亚军林傅强，如今是华乐团的副首席，同届比赛的笛子公开组冠军李新桂，目前是华乐团的唢呐演奏家。何伟山说："团里的本地音乐家们，至少八成以上都有过参赛经历，华乐比赛无疑是我国华乐人才的摇篮。"

从全国音乐比赛到全国华乐比赛，前文化部公务员蓝美莲，对于当年的何伟山印象十分深刻。"那时的比赛大多在国家剧场举办，伟山总是早早就来练琴，一练就是大半天。"

全国华乐比赛的前身——全国音乐比赛（华乐组）于1980年首次举办，蓝美莲当时作为文化活动组的成员署理协办，直到1990年代交由艺理会主办，可以说是见证了华乐比赛的"活历史"。

她记得，1980年到1983年连续办了四年比赛，1985年开始才改为两年一度。当时刚刚抵新就任人民协会华乐团指挥的顾立民，十分投入地选曲、找评委，为比赛出了不少力。比赛一开始只有笛子、二胡、古筝和琵琶四样乐器，1983年加入扬琴、笙和小合奏，1989年加入中阮和三弦。

1987年，比赛首次请到来自中国的评委，正是中国民乐界的泰斗彭修文，在当地引起轰动。两年后，二胡大师闵惠芬也出现在了评委席上。

大赛从1998年开始由艺理会接手，正式更名为全国华乐比赛，成为专注于华乐的专业赛事。此后更多来自中国的民乐名家，如刘德海、高韶青等受邀访新担任评委，华乐比赛也成为新中两国民间文化交流的重要活动。

为了让华乐艺术和事业得到更深入的发展，艺理会今年将赛事交由新加坡华乐团主办，并更名为新加坡华乐比赛，希冀主办方以更专业的视角发掘、培育未来的华乐人才。

近日，《联合早报》邀请四位来自不同领域的音乐家和本地新锐华乐室内乐团体鼎艺团，讲述当年参加华乐比赛的故事和各自专属的人生收获。

陈德庆：因比赛选择人生道路

陈德庆，1995年扬琴中级组冠军，现为歌剧男中音歌唱家，40岁。从小喜欢唱歌的陈德庆一早就打定主意，升中学后要加入合唱团或华乐团。在迎新活动上，颇有盛名的德明政府中学华乐团深深地打动他，让他觉得学一样乐器是个不错的选择。

本来他想学习二胡，因为弦乐独有的旋律线条和人声很像。但学长看他体格较大，让他在倍大提琴和扬琴中选一样，因为能扛起这两样乐器的新生不多。1995年，刚学扬琴两年半的陈德庆，首次参加全国华乐比赛一鸣惊人，夺得中级组冠军。这样的经历对当时读中三的他产生深远的影响。

"首先，比赛真的很磨炼人的意志和心性。打磨技术的同时，也要兼顾乐句的处理，这不仅需要毅力，也需要良好的心态。"陈德庆说，"拿到冠军是很惊喜的事，让我相信只要肯付出热情和汗水，就一定会有收获。"

大学在美国修读会计和金融的一天，陈德庆路过音乐楼时，被里面传来的歌声吸引，唤起少年时的梦想。

陈德庆还记得，他敲开过每一位声乐教授的门想要拜师，屡屡碰壁，直到一位女高音请他入门，愿意听他演唱。一曲《奇异恩典》唱罢，老师当下决定教他。经过三年的学习，陈德庆不但拿到金融会计学位，更收获数所音乐学院的录取通知和奖学金。2005年，他正式成为旧金山音乐学院的科班学生。

如今他是一名活跃于舞台的歌剧演员，由他参演的歌剧《骗婚记》去年被《海峡时报》评为年度最佳古典音乐会。他认为，华乐比赛的经历，让他有信心面对人生选择。

倪恩辉：二胡老师教导传统品德

倪恩辉，2002年二胡公开组亚军、2004年合奏组冠军（鳌乐团），现为新加坡华乐团助理指挥，35岁。如果口号营销真有效的话，倪恩辉学华乐的故事绝对是一个经典案例。

他半开玩笑地回忆，1998年刚升入义安中学时，听到校团"参加华乐，绝不后悔"口号就加入华乐团。或许他早就向往二胡，因为他觉得那么细的两根弦就能演奏出如此生动的声音，是件很神奇的事。但无论如何，时隔多年他仍记得那句打动他的口号，并以此为他华乐人生的起点。

那一年中国二胡名家张玉明刚刚移居新加坡。倪恩辉与他在中学相识，并在私下跟他学艺，一学就是12年。让倪恩辉印象最深的，是恩师的言传身教："张老师是位严师，不光是在琴技。他教导我很多华人的传统价值，比如经常强调要孝顺父母等。"而且在学琴的过程中，他的华语水平显著提升，也为他日后赴中国音乐学

院进修指挥系硕士打下基础。

和陈德庆一样，倪恩辉认为比赛是非常好的历练。"你有一个很想要的目标，才会拼命去争取，让自己变得更好。"

前几天，倪恩辉再次站在华乐比赛的舞台上，以新加坡华乐团助理指挥的身份，在得奖者音乐会担任指挥。他说："今年是很困难的一年，但我们依然坚持举办比赛。因为学艺的路上不可懈怠，比赛是件严肃且重要的事情。"

许凯翔：传统是创新的根基

许凯翔，2000、2002、2004年笛子初、中、高级组冠军，现为长笛演奏家，31岁。

许凯翔是长笛演奏家，他的音乐短片充满现代感和时尚的跨界风。若非了解他本人，很难将他和传统的华乐联系在一起。事实上，许凯翔是个不折不扣的多面手。

他毕业于南洋艺术学院华乐系，主修竹笛，随后获得全额奖学金，进入杨秀桃音乐学院主修长笛，目前正在纽约皇后学院的科普兰音乐学院，修读爵士乐表演硕士课程。此外，他曾在2011年全国印族音乐比赛的印度笛公开组获得季军。

出身于音乐家庭的他，自幼师从笛箫大师詹永明。詹永明是位享誉世界的江南丝竹乐大师，在传统的丝竹乐训练下，许凯翔从小就学会即兴演奏；他也认为，演奏中音长笛时会有吹箫的通感，让他的音色与众不同。

所谓不破不立，许凯翔深知创新的前提还是扎实的基础，否则"破"便无从谈起。回头来看，扎根于江南丝竹乐的基本功，让他善于即兴演奏，印度音乐的训练让他对节奏的掌握得心应手。当他把一切串联起来，如今在爵士乐中找到自己内在的声音，仿佛是件顺理成章的事情。

高程锦：创作内涵来源于华乐

高程锦，2012、2014年扬琴青年组和公开组冠军，现于美国茱莉亚音乐学院修读作曲硕士，24岁。

本科和硕士都就读于世界顶尖音乐学院作曲系的高程锦在入学前并没有系统地学过作曲，也没有专门的授业老师。有人说她是天才，她却认为，这和她出身华乐的经历密不可分。

高程锦曾是新加坡艺术学院扬琴专业的学生，却在一门作曲通识课上被当时的艺术系主任、作曲家董叶明发现创作天赋。"当时董老师让我们在课上随心创作音乐，我就用诺基亚手机铃声的旋律写一小段赋格，很简单的那种。"高程锦回忆，课后董叶明单独找到她，肯定她的天赋，并鼓励她要多创作。

当时从没科班学过作曲的她，认为自己的创作能力来源于大量阅读的乐谱，也得益于华乐作品中固有的歌唱性和故事性。

虽然在母亲的引导下，高程锦小时候也学过钢琴和小提琴，但她更喜欢在扬琴上演奏华乐作品。《阳光照耀在塔什库尔干》《林冲夜奔》这些作品的名字充满画面和故事感，让她忍不住走进那个世界。

在申请茱莉亚音乐学院本科时，她提交的作品之一就叫做《定风波》。她认为，故事感至今依旧是她创作的核心内涵。

（［新加坡］《联合早报》2020-12-14/张鹤杨）

新一届马中商务理事会董事局出炉　冀创马中商贸合作新高

记者19日从马来西亚-中国商务理事会获悉，其新一届董事局名单已于近日产生，由马来西亚总理对华特使、马中商务理事会主席张庆信领衔。

此外，杨德胜任董事局执行董事，吴添泉、陈建顺、刘官金、刘梅英、马汉坤、方天养、范利宜、李晓静、杨秋立、黄益隆、贝建安、蔡林龙、郑源炳出任董事，李泰康出任总执行长，涵盖各领域专业人士和业界精英。14位董事也分别领军下属教育、双边政策、"一带一路"建设、文化旅游、马中粤港大湾区发展规划等14个委员会。

据介绍，新一届董事局成立后，马中商务理事会将凝聚各方力量，深化马中两国经贸合作，积极共建"一带一路"，实践区域互联互通，进一步扩大马中双边贸易与投资往来。其当前首要任务则为发挥平台影响力，为马中往来商务创造更多的机会，刺激两国贸易市场，加速马来西亚后疫情经济复苏。

张庆信在董事局会议上亦介绍，理事会近期为中国在马多个投资项目协调投资过程中遇到的困难与挑战。

他期待未来能以马中商务理事会为渠道，协调马来西亚政府各部门机构，强化马来西亚亲商环境，确保"一带一路"倡议之下的"五通"概念真正落地，且加以实践。

张庆信并表示，希望透过理事会平台，促进马来西亚东部沙巴、沙捞越地区对中国经贸往来，提升其竞争力。

马中商务理事会成立于2002年，旨在促进马中两国双边合作，为两国企业家提供准确的资讯，掌握市场局势先机，并利惠两国的商贸投资社群。

（中国新闻网2020-12-19/陈悦）

日本税改给旅日华侨华人带来红利

12月10日，日本联合执政的自民党和公明党两党正式决定了2021年税制改革大纲。受新冠肺炎疫情的冲击，在当前经济严重低迷的情况下，减税成了税制改革的

"重头戏"。旅日华侨华人自然可以享受其中的"红利"。

从总体上看，这次改革的大目标定位在刺激经济增长需求的同时避免增加民众的生活负担。其重点聚焦在三个方向：第一，促进"后新冠肺炎疫情时期"的经济再生；第二，构建"二氧化碳零排放社会"；第三，实施提高企业信息处理标准化和兼容性水平的"数字化转型"战略。

值得注意的是，在这三个方向实施的具体政策，对旅日华侨华人的企业和家庭以及个人有着不同的影响。

第一，对企业方面的减税政策有：①对实现二氧化碳排放大幅减少的企业扣除10%的法人税；②对导入云端数据处理的企业，在其投资份额中扣除5%的法人税；③对引进海外金融专业的高端人才企业在继承税、法人税、所得税上享有优待；④对并购（M＆A）的中小企业，在新设备投资和雇佣方面享有优待。

构建"二氧化碳零排放社会"和促进企业"数字化转型"作为菅义伟政府的主打政策备受关注，这次的税收优待政策，有望对碳中和技术创新起到极大的推动作用，也"倒逼"企业的业务不得不加快向数字化"云端"的靠拢。同时，对企业在投资方面的减税也达到了日本各业界普遍的希望，这也是"后新冠肺炎疫情时期"经济构造转型时必要的措施。此外，为提高中小企业的竞争力，这次改革"鼓励"了中小型企业重组的税收制度，从而减轻了进行并购（M＆A）时的税收负担。旅日华侨华人企业在其中，更应关注其中的税制变化。

值得关注的是，菅义伟政府为吸引海外投资和资金方面的人才而大幅降低其报酬所得税，这不仅为日本打造"国家金融都市"奠定良好的基础，也为华侨华人在日本的发展拓宽路径。

第二，对于个人或家庭来说：①凡在2022年末前入住，且住宅面积在40平方米以上的居民，都可享受住宅贷款的减税；②凡在2023年4月底前购买电动车或混合动力汽车，都可享受减税政策，原定在2021年末前的税减轻措施也继续实行；③对婴儿保姆的补助金不得课税，产后护理的委托金部分也不加收其10%的消费税；④祖父母赠与给孙辈用于教育或结婚等育儿费用不属于课税范围；⑤商业用地或住宅用地等土地的固定资产税不增加。

房子、车子、孩子、票子，是旅日华侨华人在日本追求高质量生活时都要涉及的。这次的减税，在一定程度上有助于旅日华侨华人生活追求的提升。

（［日本］日本新华侨报网2020-12-22/王雪）

柬华理事总会成立30年　为柬中友谊搭建桥梁

今年12月26日是柬埔寨最大华侨华人社团——柬埔寨华人理事总会成立30周年纪念日，柬埔寨首相洪森和中国驻柬埔寨大使王文天分别致信祝贺。

洪森向柬华理事总会会长方侨生致贺信表示，柬华理事总会由全柬华侨华人共同组织，是在柬埔寨团结保卫和建设祖国统一阵线（现为柬埔寨祖国团结发展阵线）的旗帜下于1990年12月26日成立的，旨在团结全柬华侨华人积极参与建设和发展国家。30年以来，会务迅速发展壮大。

洪森说，柬华理事总会已是五大会馆（柬埔寨潮州会馆、客属会馆、广肇会馆、福建会馆、海南会馆）、姓氏宗亲会、省市县理事会、华文学校、庙宇、商协会等社团单位的联合体，通过发扬中华优良传统文化、兴办华校为国家培养人才、同外国进行商务与投资交流合作，共同为国家建设与社会发展作出积极贡献。特别是柬华理事总会还举办有数千华侨华人参加的团结盛宴、举办吸引上百家外资企业参加的商务与投资峰会，为柬埔寨人民和中国人民的友谊搭建桥梁，给柬埔寨经济社会发展带来好处。

王文天说，作为柬埔寨最大的华侨华人社团，柬埔寨华人理事总会在历届理事会领导下，始终秉持"弘扬中华文化，发展华文教育"的创会宗旨，团结服务广大在柬华人华侨，传承弘扬中华传统文化，恢复发展华文教育，坚定支持祖（籍）国统一大业，积极参与和推动柬经济社会发展，在柬各界赢得广泛肯定和崇高声誉。他说，希望柬埔寨华人理事总会始终秉持创会宗旨，不忘初心，与时俱进，奋发进取，为服务柬埔寨华社、促进柬经济社会发展和深化中柬两国友好合作事业作出新的更大贡献。

（中国新闻网2020-12-26/欧阳开宇）

北 美洲

"中国智造"闪耀美国消费电子展 创新产品引关注

1月7日至10日，美国国际消费电子展（CES）在拉斯维加斯举行，全球5000多家企业携带各自的最新产品和先进技术参展，前来参展的业界人士和观众超过17万人。包括华为、联想、TCL、海尔等1000家中国企业，展示了包括5G、人工智能、智能家居、电动汽车等领域的诸多创新技术和产品，吸引了大量观众和媒体的目光。

拉斯维加斯国际消费电子展由美国消费技术协会主办，是世界上最大、影响最广的消费类电子产品和技术展，被认为引领着全球消费电子领域的"风向"。在今年的展会上，最为热门的技术和产品涉及5G、人工智能、大数据、区块链、自动驾驶等领域。美国消费技术协会总裁兼首席执行官加里·夏皮罗表示，本届展会上展

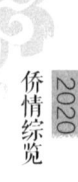
出的创新技术和产品，充分体现了技术推动企业发展、促进全球经济增长所发挥的巨大作用。

5G、人工智能等新技术成为最受关注的科技趋势

5G、人工智能等新技术日益走进普通民众生活，成为本届展会最受关注的科技趋势。众多参展企业在本次展会上使出浑身解数，展示自己融合了5G、人工智能技术的新奇产品，令人大开眼界。

高通发布了支持5G技术的骁龙8系和7系平台，平台可应用于手机和笔记本电脑。高通的Cloud AI 100系列产品采用7纳米制程工艺，AI算力可达到350TOPS（1TOPS代表处理器每秒钟可进行一万亿次操作），主要应用于数据中心、5G云计算、自动驾驶等领域。

亚马逊把新款兰博基尼跑车摆上了展台，展示了其最新的车载Alexa系统。亚马逊计划借助自动驾驶汽车、车联网等技术，进军电动汽车以及汽车制造领域。

三星推出虚拟人Neon，其外观和行为高度模仿人类，并具有表达情感和智慧的能力。Neon可成为虚拟新闻主播、虚拟接待员，甚至电影明星。

美国亚马逊网络服务公司的首席执行官安迪·贾西说："今后十年，新技术将实现万物互联，通过海量的数据分析，为人们提供更智能的服务。"

中国企业以强大阵容亮相，创新产品引起广泛关注

在本次展会上，众多知名中国企业以强大阵容亮相，向国际客商展示了众多领域的创新产品，"中国智造"引起广泛关注。

在5G领域，TCL、酷派等企业推出了各自品牌的首款5G智能手机。联想发布了全球首款5G个人电脑，首次将5G连接功能从智能手机领域拓展到了高端计算机领域。

海尔集团现场搭建了智慧厨房、智慧客厅、智慧衣帽间等场景体验区。一位女士在海尔智能试衣镜前轻点几下，镜面上便显示出她试穿各种款式衣服的效果。她一边看一边惊呼："这面镜子真是太酷了。"海尔还展示了全面实现物联网、语音控制和主动服务的卡萨帝C7系列产品，及包括传感器、网关、摄像头等在内的全套小家电，吸引了不少参观者的目光。

在华为展区，电子消费产品琳琅满目，手机、平板电脑、智能穿戴，样样都有。一名加拿大观众认真体验了Mate30 Pro 5G手机后说："这款手机设计精美，功能超前，让人爱不释手。"

柔宇科技公司推出的"柔树"成为亮点。"柔树"高约5米，别致的"树叶"由近千片全柔性屏组成。全柔性屏叶子不仅像真实树叶一样摇曳生辉，每片"叶子"还能单独显示图片、视频等高清内容。用户可以通过手机App远程无线上传图片和视

频，组合式呈现创意效果。

优必选科技公司展出了全新大型仿人服务机器人Walker，具有推餐车、瑜伽互动、开瓶倒水、写字画画等技能，实现了运动性能、柔性交互、环境感知等方面的算法迭代和功能提升，吸引了不少观众驻足观看。

众多企业表达加强国际协作、强化对华合作的意愿

在全球化的时代，自我封闭没有出路。众多企业纷纷表达加强国际协作、强化对华合作的意愿。

美国的约翰迪尔公司是世界最大的农业机械企业之一。该公司展出的8RX拖拉机号称是"轮子上的办公室"，集成了人工智能、物联网等多种技术，可以通过卫星定位和计算机技术来校正路线，大大提高了生产效率。该公司工作人员马科斯·霍尔说："我们公司在中国有好几家工厂，生产的机械很受欢迎，这对我们公司、中国用户以及其他国家的用户都大有好处。中国是一个农业大国，我们希望新型的拖拉机能卖到中国去。"

深圳潜行创新科技有限公司展出了专业观察级水下机器人"潜鲛Ⅱ"，该机器人最深可下潜100米，可满足水下科考、渔业养殖、船体检查、水库大坝巡检等多种专业场景的应用需求。该公司负责人表示，他们的产品目前在欧洲、日本很受欢迎，在美国、东南亚也有不少用户，公司期待加强国际合作，进一步拓展国际市场。

和往届展会一样，今年展会也专门开辟一个"尤里卡公园"。1200多家小企业汇聚于此，展销产品、建立网络、寻求合作。这里展出的产品从家居用品、办公用具到健身器材、美容用品，无所不包。来自美国加州的Trifo是一家扫地机器人公司，本次在展会上推出高端旗舰机型Trifo Lucy，在完成清扫工作的同时，还具有视觉导航、自动识别、自定义巡逻路线等功能。该公司负责人说："我们公司研发在加州进行，生产在中国完成，销售面向全世界。如今许多行业都已走向国际协作，这样不但能使企业利润扩大，而且对有关各方都有利。"

（《人民日报》2020-01-13/王如君）

中国企业 2019 年在美获批专利增速最快

美国商业专利数据库14日发表的2019年度发明专利报告显示，去年中国大陆企业在美获批专利数量同比增长超过34%，增速居全球主要经济体之首。

报告显示，2019年美国、日本和韩国企业在美获批专利数量位居前三，中国大陆排名第四，首次超过德国。中国大陆企业在美获批专利数从2018年的约1.26万件增至2019年的1.69万件，增速为34.14%。相比之下，美国企业的增速为15.95%。

从企业获批专利数量排名看，中国华为、京东方等企业排名靠前。2019年，华为从第16位升至第10位，同比增长44%；京东方从第17位升至第13位，同比增长33%。

该机构高级分析师拉里·卡迪告诉新华社记者，中国企业在美申请的专利大多集中在技术领域，获批专利数量已连续多年增速最快。

卡迪认为，这反映出中国企业对未来美国市场持乐观态度，它们相信两国间的贸易问题最终能够解决，而开拓美国市场需要知识产权保护。

报告显示，2019年美国专利商标局共批准超过33万件发明专利，较2018年增长15%，数量创历年来新高。

报告还显示，CRISPR基因剪刀技术、杂交植物、汽车仪表、3D打印和癌症疗法等相关专利数量增速最快，反映出2019年的技术发展趋势。

（新华网2020-01-15/周舟）

纽约高中毕业率创新高　亚裔毕业率领先其他族裔学生

纽约市长白思豪（Bill de Blasio）和教育总监卡兰扎（Richard A. Carranza）1月16日宣布，2019年全市高中毕业率达到77.3%，连续六年创新高；根据教育局数据，各族裔学生毕业率也都上升，亚裔达到88.2%，领先其他族裔学生。

纽约市教育局提供的数据显示，亚裔高中生毕业率稳居所有族裔榜首，达88.2%，比2018年再增0.1%；位列第二的白人学生，毕业率85%，比2018年增加0.8%；非洲裔学生毕业率名列第三，为73.7%，比2018年增加1.6%；西语裔学生虽然排名垫底，毕业率72%，但也比2018年增加2.1%。

此外，亚裔与白人学生的高中退学率也为全市最低，仅4%；非洲裔学生退学率为8%；西语裔高中生退学率最高，为11%。

纽约州高中毕业会考各科成绩超过65分的学生，可拿到高级高中文凭（Regents Diploma with Advanced Designation）；亚裔获颁高级高中文凭的比率为全市最多，达49%，位列第二的白人学生为35%，第三是西语裔学生，为12%，非洲裔学生则只有8%获得该文凭。

全市五区中，高中毕业率最佳的为史泰登岛，82.7%的高中生按时毕业，其次则为皇后区，为80.7%，曼哈顿位列第三，为78.3%，布鲁克林紧随其后，为77%，布朗士排名垫底，仅70.2%；不过，五区的毕业率比上一年均有不同程度的进步。

英语学习生（ELLs）2019年的高中毕业率也有增加，从前一年的57.4%上升为61.7%，但与全州整体高中毕业率比仍大幅落后；残障学生的高中毕业率，则从前一年的50.4%增至52.6%。

（［美国］《世界日报》2020-01-17）

40 人入围美国"少年诺贝尔奖"决赛　华裔占至少 11 人

当地时间1月22日，被称作"少年诺贝尔奖"的雷杰纳隆科学奖（Regeneron STS）揭晓前40名决赛入围名单，其中华裔高中生占了至少11人。

已知入围的华裔学生中，纽约州2020年入围人数最多，有3人。加州、南卡州、佛州、俄勒冈州、内华达州、科罗拉多州、麻州、密苏里州各有一名华裔学生入围。入围学生们所做的研究领域包括X光、增进光合作用、治疗心血管疾病等。

前40名决赛学生从659所高中的1993名参赛者中脱颖而出，将于3月5日至11日，到华盛顿特区接受选拔委员会的最后一关科展与面试，入围决赛的每名学生至少获得2.5万美元奖学金，前10名胜者名单将于3月10日在华盛顿国家建筑博物馆（National Building Museum）的晚宴宣布，奖金从4万到25万不等。

据报道，该科学奖是美国历史最悠久的高中生科学竞赛，距今已有73年历史。1942年"西屋公司"（Westinghouse）成为该竞赛首个冠名赞助商，1988年英特尔公司（Intel）接棒，直到2015年9月宣布停止赞助，2016年5月雷杰纳隆药厂接手。

（［美国］《世界日报》2020-01-23）

保护华埠文物　旧金山中华总会馆恢复历史文物小组

日前，美国旧金山中华总会馆总董及宁阳会馆主席李殿邦，在主持中华会馆会议时提出，应恢复过去曾设立的历史文物小组，系统处理中华总会馆及华埠拥有的各类宝贵历史文物。

拥有上百年历史的旧金山中华总会馆，除了由七大会馆的主席组成主席团外，属下再按照事务的性质而分为不同小组，包括楼业小组等，分别执行相关事务。

李殿邦指出，过去中华总会馆属下设有历史文物小组，负责处理各项有关中华会馆及相关的历史文物，但该小组已于1990年代停止运作。随着华埠的发展，许多物品已成为华埠的重要历史文物，需要有系统处理及保留，以保存重要的华埠文献。

由于这是中华总会馆原已设立的一个小组，李殿邦表示，不需中华总会馆与会的商董表决就可执行。中华总会馆属下各会馆可推荐合适人选加入历史文物小组，人选将在稍后举行的会议中决定。

（［美国］《世界日报》2020-01-23）

华裔在美国女子花样滑冰赛二度封后　史上最年轻

来自湾区列治文市的美国女子滑冰华裔选手刘美贤（Alysa Liu），24日晚上在北卡罗莱纳州绿堡（Greensboro）举行的美国2020年女子花样滑冰锦标赛中再度封后，成为美国有史以来最年轻的两次花样滑冰冠军得主。

14岁的刘美贤说："我赛前并没有对成绩抱有任何期待,只希望能有完美的演出,这一直都是我的目标,希望一次比一次更好。"

虽然刘美贤当晚的勾手四周跳(quadruple lutz)因旋转不足失分1.58,但是她跳出八次三周跳(triple jump),其中包括两次少有人敢尝试的三周半跳(triple axel),使她如同去年在底特律一样,名次从短项目的第二名跃升为第一名,成为美国有史以来最年轻的两次花式滑冰冠军得主。

获得亚军的是贝尔(Mariah Bell),她的总分落后刘美贤10.31分,不过,刘美贤说:"她的表现让我赞叹,我不禁跟着群众一起鼓掌。我想,她的情感和愉悦感染了我,让我只专注在当下那一刻,开心放松地完成演出。"

刘美贤的父亲刘俊(Arthur Liu)在比赛开始前三小时表示,刘美贤没有感到任何压力。刘俊说:"如果她能胜出,那当然很棒,如果没有,那就明年再来。"

另一名华裔选手陈楷雯(Karen Chen)在这次比赛中获得第四名,这是她脚伤痊愈后首次回归。她说:"我对这个成绩有些失望,因为我比过去更积极进行训练,自觉状态比以前更好。"

来自东湾佛利蒙的陈楷雯现在是康乃尔大学大一新生,医预科的她表示,准备花一年的时间为2022年的北京冬奥做准备。

([美国]《世界日报》2020-01-28)

美国华裔总统竞选人杨安泽宣布退出总统竞选

美国民主党华裔总统参选人、企业家杨安泽宣布,他将退出总统竞选。

据报道,杨安泽的这个决定是其在艾奥瓦州初选失利后做出的。此前,他在艾奥瓦州初选竞选活动中投入了数百万美元,但却仅获得了1%的支持率。

目前,他尚未决定是否要转为支持另一位候选人。他说:"如果我确信有人能够击败特朗普,那我一定会考虑支持他。"

杨安泽出生于纽约,是一名企业家。他的主要政见之一是推行针对美国成年人的无条件基本收入,以应对自动化快速发展对劳动力市场的挑战。

([美国]美国有线电视新闻网2020-02-12)

纽约华侨学校多位学生义工获得总统志工奖

为了感谢学生及家长志工的付出,纽约华侨学校日前向相关单位提出申请,颁给该校符合资格的志工"美国总统志工服务奖"(The Presidents Volunteer Service Award)。校长王宪筠表示,经审核后,有多位志工一年服务时数满百、符合资格,指出该奖将对学生未来申请高中、大学有很大的帮助。

王宪筠表示，为了鼓励及感谢多年以来为该校提供志工服务的家长及学生，日前该校主动向相关单位提出申请，最后有8至10名获奖，其中包括纠察队的Menyi Weng、Sara Ren，以及Jefford Lam等小组长及队员。

王宪筠说，拥有111年历史的侨校，多年来致力于小区服务，且为非营利学校，能获此认证殊荣，是肯定志工奉献及表示感谢之意的最好礼物。

一般来说，只要年满12岁、且符合服务时数要求，就可提出申请，但王宪筠表示，该校偏重15岁以上的青少年、青年，以对学生未来申请高中、大学有帮助。同时在该校服务的大学生及妈妈志工，也可比照办理获此殊荣。

"美国总统志工服务奖"是美国政府为鼓励美国公民或拥有永久居留权者参与志工服务所创，根据志工一年内的服务时数而决定是否获奖，如志工在一年内服务超过250小时将可获得金奖，175至249小时获得银奖，100至174小时则为铜奖，得奖者将可获得奖章、证书，以及一封总统的贺信。

（［美国］《世界日报》2020-02-19）

美移民公共负担新规生效　华社：已领福利者不受影响

美国国土安全部（DHS）移民局（USCIS）在2月24日开始执行公共负担新规，即"公共负担不得入境最终规则"。

在新规则下，持有合法身份证件的移民，经常使用医疗补助"白卡"（Medicaid）、粮食券（SNAP）或住房补助等公共福利，在一定条件下被判别为公共福利依赖对象，就有可能被列为公共负担，被列为公共负担的对象将被禁止获得永久居留权（即绿卡）。同时移民局将根据法律的要求，调查非公民的年龄、健康、收入、教育和技能等因素，以确定这些非民是否可能在任何时候成为公共负担。新标准也为移民官审核绿卡申请提供应考虑的正面和负面因素，负面因素包括当事人失业、没有念完高中、英文不好等。

新法规一出就在全国各地引发官司，一些地区法官也下达了全国禁制令。政府提出反对，而大法官戈萨奇在1个月的裁决中表示，全国禁制令已经失控。

他说，动不动就发布全国禁制令根本不可行，会对两造、政府、法庭，以及所有受到这些互相抵触裁决影响的人制造混乱。

但是，大法官萨多马友反对这种说法，并批评保守派大法官迎合缺乏耐心的政府，阻止正常的法庭程序进行。

有批评者认为，新规针对来自非英语为母语的低收入移民群体，将为这个群体制造更多负担。纽约州、佛蒙特州、康州和纽约市等多地曾就公共负担新规，对特朗普政府提出起诉。联邦法官还曾签发命令，规定公共负担新规在诉讼期间不可在纽约州、伊利诺伊州等地生效。但美国最高法院已经于1月为特朗普政府执行这项新规则开了绿灯，9名大法官以5比4的票数，驳回纽约联邦法官的命令。

批评者还表示，新规会危害移民家庭的健康和安全，包括在美国出生并拥有美国公民权的孩子，也可能对州和地方政府、企业、医院、粮食银行造成数百万美元计的紧急医疗开支和其他费用。

针对公共负担新规，纽约移民联盟（NYIC）、华策会（CPC）等机构日前发布解读信息，强调持有绿卡的移民不要过度恐慌，民众过去依法享有的粮食券、健保等福利并不会受影响。已持有绿卡的个人及其家属、家暴受害者、犯罪受害者，也都不受新规影响。若担心申领福利会对移民身份有影响，应及时咨询专业人士，小区组织和市府有免费法律援助。

据美国中文网获悉，纽约移民联盟建议，如果会受到影响的公共福利使用对象的子女是美国公民，这些对象可以代表自己的子女申请这些公共福利，以减少使用这些公共福利带来的风险；公共负担新规没有追溯性，仅适用于2月24日之后提交的公共福利申请，在此日期前已在移民局提交等待处理的申请，或在规则生效日期前加盖邮戳寄走的申请，不受公共负担新规的约束。民众也可拨打新美国人（New Americans）热线获得免费移民法律援助。

华策会也公开发文表示，纽约市亚裔中有70%为移民，纽约市总人口中也有40%为移民。公共负担新规不会改变移民使用公共福利的资格，若民众已经获得医疗补助"白卡"或粮食券等福利，公共负担新规不会剥夺这些民众使用公共福利的权力，民众不需要退出公共福利或避免获得医疗保险补助来规避公共负担新规，如果提交移民申请的人的确需要公共负担范围内的福利，移民官会查看申请人的收入、年龄和其他要素等，全面评估该申请人将来是否可能需要公共福利。同时华策会建议有疑问的民众可咨询市府机构市政311热线接"ActionNYC"，也可以联系社区组织。

（［美国］《世界日报》2020-02-24）

推动恢复族裔平权法案　美国加州侨领为亚裔答疑

有关名校录取亚裔学生的标准是否合理这一议题，近年来在美国一直受到高度关注。目前，在加利福尼亚州，"族裔平权"的运动又一次兴起。

1996年，加州公投通过立法，禁止在招生、招聘中考虑族裔、性别因素，即禁止"族裔平权"的实施。24年后，要求恢复平权法案的运动也在州议会和民权界中展开。

目前，南加州的议员正在州议会推动立法，然后再寻求通过11月公投推翻1996

年的法案，最终恢复族裔平权在公立教育、公职招聘以及政府合同三个方面实施。但是在公立教育中，招生若考虑族裔因素，也让不少亚裔家长担心。

旧金山华人权益促进会行政主任潘伟旋（Vincent Pan）就是推动族裔平权的委员会共同主席。作为哈佛大学的毕业生，潘伟旋表示自己就是"族裔平权"的受益者，因此他希望亚裔社区能够认清，族裔平权的实践，并不会损害亚裔学生的权利。

潘伟旋举例说，在加州大学的两所名校之中（加州大学伯克利分校与洛杉矶分校），在禁止族裔平权法之后，亚裔学生的录取率其实是降低的。所以他认为，如果在加州再次实施族裔平权，亚裔学生在这两所名校中的录取率、人数会上升。

哈佛毕业的州议员邱信福，同样支持解除族裔平权法的禁令。除了公立教育之外，他也强调，族裔平权法会帮助亚太裔获得更多公职招聘机会以及政府合同。

目前，恢复族裔平权法仍然还在初步审议中，如果获得参众两会三分之二的议员同意，该法案就能进入2020年11月的公投选票。

（［美国］《世界日报》2020-03-16/李晗）

2020全美华人青年创业精英评选结果揭晓

备受全美华裔青年和留学生群体瞩目的全美华人"30位30岁以下创业精英"（AACYF Top 30 under 30）年度评选活动，获奖者名单18日在洛杉矶公布。这是在全美、也是在海外唯一一个专门面向华裔青年和留学生的青年精英评选活动。

主办单位特别提出向在近期支援中国抗击新冠状病毒疫情中发起各类公益组织和活动的留学生群体表示致敬。

今年的30名入榜者分别入选七大类别。入榜率为3.7%。

时尚、传媒、体育类（5名）

夏嘉欢，北美规模最大的限量款球鞋寄售品牌店Solestage联合创始人，在国际潮流圈内被誉为"北美中国小鞋王"。

区俊炫，美国大学运动联盟（NCAA）篮球一级联盟的加州大学北岭分校男子篮球队主力中锋队员。

黄泳健，服装高级定制设计师、制版师，高阶潮牌创始人。

刘家成，JC体育创始人。

王家成，AdinEasy易聚传媒联合创始人。

科技、文化、艺术个人类（5名）

刘旭，绿色产氨初创公司联合创始人。

华芮，深圳市华嘉生物智能科技有限公司创始人。

崔睿，青年导演、编剧、制片人。

吴建楠，雕塑家。

郭沁雅，LumiereVR联合创始人。

企业、制造、消费者科技企业类（4名）

吕骋，RCT Studio创始人。

赵昊喆，全民外快创始人兼首席执行官。

罗易，新材料技术公司Mi Terro创办人。

张泷元，O BOTTLE Inc. & eBATTERY Inc. 创始人。

社会公益类（2名）

陈紫楠，非营利公益组织世界青年价值协会发起人。

赵一恒，恒星公益理事长，2020年1月组织策划"星系湖北"项目，联合多所美国大学的中国学生会与各地华人社团组织进行募捐，购置医疗物资输送至湖北疫情严重的地区相关医院。

金融及投资服务类（4名）

刘秋滢，盛安集团创始人，万众地产责任有限公司创始人。

唐三强，IF资本创始人。

刘高昊，派拉创投创始合伙人。

孙显浩，优基金的联合创始人以及管理合伙人。

电子商务类（4名）

任杨，硬库科技创始人兼CEO。

徐丽阳，北京正道立世科技有限公司创始人，今年2月发起爱心公益活动"防疫助农—全民帮卖菜"。

范宇阳，中国咖啡电子交易平台YCE America和老佛爷咖啡公司创始人。

唐韬，成几科技创始人。

教育、消费者服务类（6名）

张育维，易维教育科技集团创始人。

林承瑜，大学无疆教育科技的创始人。

高云翰，绿萝医疗首席执行官。

邢颖，美国EnlightCareer创始人。

薛笑，微笑读书会创始人。

肖靓亮，艺桥国际艺术教育创始人。

2020年度全美华人30岁以下创业精英评选活动由全美中华青年联合会、美国华人公共外交促进会、英文《洛杉矶邮报》联合主办，旨在鼓励和助力华人青年以及留学生创新创业，目前是全美创业圈中最具影响力的奖项之一。

（人民网2020-03-19/王如君）

纽约特殊高中录取放榜　亚裔学生再次占主导地位

2020年，亚裔和白人学生再次主导了纽约市特殊高中的招生，这一数字可能会重新引发有关特殊高中入学标准的争议。

据纽约邮报报道，纽约市教育局局长卡兰扎（Richard Carranza）在一份声明中说："我为本周开始适应远程教育的学生、教职工和家长们感到骄傲，我很高兴能与大家分享今天收到高中录取通知的喜悦。我们特殊高中的多样性仍然停滞不前，因为我们知道，一次考试并不能充分发挥学生的潜力。希望明年我们能朝着更公平的制度迈进。"

亚裔学生被特殊高中录取的比例从去年的51.1%上升到54%；白人学生的录取率第二高，为25.1%，略低于去年的28.5%；西裔学生的入学率持平，为6.6%；而非裔学生的入学率则从4.0%小幅上升至4.5%。

亚裔学生在特殊高中的录取率在史岱文森高中尤为明显，占了766个名额中的524个，占68%。白人学生的录取率位居第二，为17%，有133名申请者被录取。

根据教育局的数据，总共有20名西裔学生和10名非裔学生进入了史岱文森高中。

近年来，围绕纽约特殊高中招生制度的激烈辩论变得越来越激烈。

纽约市府和教育局支持了废除现有的考试结构，并根据多项成绩衡量标准来录取。该计划预计将会把亚裔学生的入学率削减一半，也引发了亚裔社区的争论。

招生改革的支持者认为，单一考试体系过于狭隘，无法发现学生的才能。反对者认为，这项考试本质上不会参考肤色，才造就了美国顶尖的学术高中。

白思豪和卡兰扎承认，在这个问题上未能充分调动亚裔社区的积极性，誓言要重新发起运动，修改录取条件。

（［美国］《侨报》2020-03-20）

美国华裔精神健康联盟邀中国心理健康专家办网络讲座

当地时间4月19日，美国华裔精神健康联盟（MHACC）执行长彭一玲（Elanie Peng）表示，新冠肺炎疫情蔓延，不少华人出现心理健康问题。有华人女生自从"居家避疫令"实施以来，不停关注疫情新闻和讯息，出现焦虑恐慌，半个月失眠、头痛，家人打电话求助。

在疫情蔓延的困难时刻，该联盟邀请深圳市康宁医院院长刘铁榜和专家团，分别在20、22日和27日三天时间，举行"安心行动"系列讲座网络直播，为海外华人提供帮助和支持。

彭一玲表示，在美华人正经历前所未有的挑战，社区心理防线变得脆弱，有情绪障碍的病友们和家庭更加雪上加霜。疫情发生后，有人感到绝望、焦虑、恐惧。美国华裔精神健康联盟热线电话接听到的求助案例，比以往增长三分之一。

有华人母亲在电话热线中求助说，女儿自从居家避疫以来，不管上洗手间、吃饭，还是睡觉，手机不离手。女儿的睡眠质量下降，胃口不好，从性格开朗的人，变成了"热锅上的蚂蚁"，被恐慌情绪笼罩，体重下降了六磅多。

"我们觉得这是疫情下的应激反应障碍。义工建议母亲不要和女儿冲突，去寻求专业帮助，目前症状得到缓解。"彭一玲说。

彭一玲特别感谢深圳市抗击新冠肺炎疫情海外华人安心行动项目负责人刘铁榜院长等精神病学专家学者，为在美国面临严重疫情的华人举办讲座和辅导。

第一场讲座为"疫情下的心理防护"，于美西时间4月20日下午举行。第二场为"疫情下的患者保健"，将于22日下午5时30分举行。

（［美国］《世界日报》2020-04-21/刘先进）

墨西哥侨领发起抗疫捐赠活动　与当地民众共渡难关

首批墨西哥侨胞捐赠抗疫物资于4月12日抵达墨西哥。此批捐赠物资包括55万个口罩和1 000套防护服。物资抵达墨西哥后受到了墨西哥媒体的广泛关注。在墨西哥红十字会POLANCO总部物资捐赠仪式上，墨西哥本土知名媒体也对此次活动进行报道，在墨西哥民众中引起反响。

2020年3月，为帮助墨西哥抗击疫情，墨西哥众多侨领发起"同舟抗疫中墨情（Alianza Mex-China AntiCovid19）"活动，旨在团结在墨华侨华人帮助墨西哥共同应对新冠肺炎疫情，加深中墨人民的友谊，树立华人在墨的良好形象。

活动组委会成立以后，于3月18日晚召开视频会议连夜成立抗疫小组。

资金筹备小组发起捐款倡议后，墨西哥侨胞纷纷响应，从慷慨解囊的企业家到发动亲朋捐款的匿名捐赠者，无不展示了在墨同胞们的爱心善举。在48小时内筹集到了1 370 378.51元人民币。

物资采购小组不间断地与国内防护物资生产厂家联系，经过多方沟通，最终选择了可靠厂家为我们提供货源。并特地设计了"同舟抗疫中墨情"的包装盒。

物流清关小组为了让物资尽快到达墨西哥，综合多方考虑后，决定与墨西哥红十字会合作。最终，在墨西哥红十字会的帮助下，第一批抗疫物资得到快速免税清关。

物资抵达后，志愿者小组第一时间将口罩发送到在墨西哥的华侨华人手中。鉴于目前墨西哥外州侨胞口罩资源缺乏，志愿者特地联系了各州的侨胞，准备了100份口罩分别寄给他们，由他们将口罩转发给当地华侨华人。华夏孔院主动提出捐赠邮费，并组织志愿者打包邮寄。发放给墨西哥民众的口罩也在相继安排中。活动组委会也通过与墨西哥地方政府联系，分别与墨西哥政府的外交部、参议院、众议院、移民局、公共安全部、墨西哥警察局举行了部分捐赠物资交接仪式。

在墨西哥外交部接受捐赠仪式上，副部长Martha表示，这是疫情暴发后该部门召开的第一次新闻发布会，也是她第一次戴口罩召开新闻发布会。她说，墨中两国的关系将更加稳固。她感谢此次疫情中国政府所给予的巨大支持。并衷心感谢中方"同舟抗疫中墨情"小组在关键时刻送来这15 000只口罩。她还表示，除了外交部自用的一部分以外，剩余部分将由外交部捐赠给墨西哥国家社保局基金会，并由该基金会捐赠给墨西哥有需要的人。

针对此次活动，媒体宣传小组建立了活动官方网站以及Facebook账号。团队翻译转载了大量抗疫防护文件，帮助墨西哥医生民众获得更多的防护知识、治疗方案、在线诊断、中墨抗疫活动报道等。目前已拥有84 000个粉丝，910万点击量，以及59.2万次分享。

活动组委会经过努力，邀请到了国内两位抗击疫情领域的专家，组建了援墨抗疫中国专家网上指导小组。墨西哥第一例华人感染病例，已经获得了专家们的治疗指导，目前患者病情好转，正在逐渐康复中。同时，专家组将为旅墨华人举行在线培训和讲座，帮助大家更好地抗击疫情。

在墨西哥通过此次援助行动结识的同胞们也紧紧团结在一起，互帮互助。在知道有急需药物同胞时，虽不相识，都愿将自己手里有的药物匀出来送给有需要的人。疫情在改变生活的同时，在增进人与人之间的信任与珍惜之情。

（［墨西哥］《华文时报》2020-04-27）

调查显示：美国亚裔选民人数 20 年激增 139%

根据皮尤研究中心（Pew Research Center）5月7日发布的一份报告显示，随着美国11月大选的临近，符合条件的亚裔选民数量将创下历史新高。

据NBC报道，这份报告调查了包含1 100多万名合格选民的亚裔选民群体。研究指出，在过去20年间，亚裔选民人数激增139%，与其他所有主要族裔相比，亚裔美国人成为合格选民中增长最快的群体。相比之下，同期白人选民只增加了7%。

非营利组织亚太裔投票促进会（APIAVote）的执行理事陈（Christine Chen）说，这个群体已经积累了足够的影响力，可以在一些种族和摇摆选区产生深远的影响。

她说："如果候选人努力接触我们的社区，并努力推动他们关心的事务，我们肯定能在11月看到影响。"

亚裔选民虽然多元化，但绝大多数都是由6个原籍群体构成的——华人、菲律宾人、印度人、越南人、韩国人和日本人。这些合格选民的独特之处在于，他们是唯一一个大多数由入籍移民组成的群体。从2000年到2018年，入籍移民的人数翻了一番，占全体选民的2/3。

这个选民群体的另一突出特点是，大约71%的选民在家中说英语，或者称自己英语说得"非常好"，这一比例低于其他所有主要族裔。然而，如果继续分类，各族群的英语熟练程度差别很大，91%的日裔称他们英语说得"很好"，但只有不到一半的缅甸裔如此表示。

亚裔美国人大多数倾向于民主党。但根据 AAPI Data在2018年的研究证实，各族群的政党倾向存在很大差异。印度裔更倾向于认为自己是民主党人，比例为50%，而越南裔更倾向于认为自己是共和党人，比例为42%。

亚裔美国人的受教育程度最高，约有一半人获得学士或更高学位。然而，各群体之间也存在显著差异。印度裔拥有学士学位的比例最高，为65%，柬埔寨裔只有19%。亚裔选民的收入也因种族而异，印度裔合格选民的家庭收入中位数最高，为13.9万美元，缅甸裔收入中位数最低，为6.9万美元。

陈说，尽管调查结果显示出了一些"令人兴奋的"增长，但这并不意味着投票率也能如此。在参与度方面仍然存在差距，因为缺乏母语的选举信息，接触亚裔选民的活动也不多。

"2018年，我们在选举前接触了加州橙县一些英语水平有限的越南裔选民。他们想投票，但不知道谁在参选，显然没有任何一个政党接触他们。"陈说，"亚裔选民已经反映，来自两个政党的接触都很少，但是我们知道，这种接触可以产生很大影响。"

陈还说，倡导公民参与的亚太裔社区组织和非营利组织仍然缺乏投资。

她说："过去10年间，亚太裔非营利组织才开始有资金来实施选民参与计划。与其他社区相比，我们的投资仍然很低。"

陈还表示，考虑到当前的事件，亚裔美国人可能将成为议题选民。新冠肺炎疫情在许多方面影响着这个群体。

陈表示，她希望看到一个积极的趋势。"看到更多的人参与2020年的选举，我不会感到惊讶。"

（［美国］侨报网2020-05-09）

美国联邦运输部长赵小兰发表演讲　关注在美亚裔发展

5月是美国的亚太裔传统月。日前，美国联邦运输部长赵小兰受全美亚裔总商会和白宫亚太裔发展计划之邀，在线上发表演讲，探讨未来在美亚裔如何发挥自己的领导力。

赵小兰表示，目前亚裔人口约占美国总人口8%，是美国的主要少数族裔之一。多年以来，亚裔在学术界、高新技术产业、工商界和政界都取得不俗成绩。今天的亚裔社区既有遨游太空的宇航员和赢得诺贝尔奖的物理学家，也有为民请命的民选官员和角逐商场的工商精英。亚裔在美国取得的成就，不但代表了美国正在成为一个更加多元化的国家，也凸显了少数族裔在美国社会和经济领域起到的重要作用。

赵小兰表示，作为联邦运输部长，目前她关注的首要问题就是保证疫情下美国运输系统的高效运转。目前，运输部的三项主要职能为：保证美国运输系统的安全性；积极推动各地运输基础设施的发展与更新；鼓励对未来现金运输系统的研究和生产，以上职能已经得到白宫全力支持。

作为前劳工部长，赵小兰对疫情下美国的失业状况表示担忧。她指出，亚太裔的失业率从疫情前约3%上涨到今天的14.5%，上涨幅度惊人。多数亚裔都是靠小企业或家庭生意维生，因此在疫情期间受到的打击更为沉重。

对此，联邦政府在过去几周帮助许多中小企业偿还了大量债务，并推出许多补助项目，帮中小企业和失业者渡过难关。随着30个州的陆续重启，她有信心美国可以在恢复经济的同时，保证美国人的健康安全。

在谈到帮助亚裔进一步发挥其在美国社会的领导力时，赵小兰表示，尽管在美国社会影响力与日俱增，在走向领导岗位时，亚裔依然面对着各式各样的阻碍。为了提升亚裔在美国社会的领导力，联邦政府已经扩展了亚裔参与、了解政治经济事务的新渠道。在各级政府中也有许多领导力课程，可以帮助亚裔雇员提升自己的眼界和管理水平。在这种情况下，亚裔特有的跨文化特质可以成为他们走上领导岗位的巨大优势。

赵小兰表示，重视教育一直都是亚裔社区的核心价值观和竞争力之一。优质高等学校的录取是基于学生个人的素质与品行，也是现任政府的核心观点之一。现任政府支持亚裔继续通过自身的刻苦努力，获得高质量的教育。

（［美国］《世界日报》2020-05-12/郑敖天）

维护自身合法权益　美国华人对种族歧视勇敢说"不"

当地时间5月25日，非洲裔美国人弗洛伊德遭遇明尼苏达州阿波利斯市白人警察暴力执法，随后身亡。弗洛伊德之死再次揭开美国种族歧视的陈年疮疤，引发国内外舆论哗然。连日来，大规模抗议活动在全美50个州、包括首都华盛顿特区在内的数百个城市蔓延。

在接受本报记者采访时，多位在美华人谴责美国社会的种族歧视现象，呼吁保护少数族裔权益，维护社会公平正义。

"种族歧视是美国癌症"

"由弗洛伊德案件引发的全美反种族歧视抗议活动，是根植于美国历史中的种族主义累积多年后的一次大爆发。"纽约罗斯·里根律师事务所合伙人孙澜涛表示，美国是一个移民"大熔炉"。经过上世纪60年代的民权运动，虽然明面上的种族歧视言行不多了，但实际上少数族裔在就业、求职等方面依旧面临着各种"隐形歧视"。

失业、贫穷、曾感染新冠病毒……弗洛伊德生前的种种遭遇可以说是美国弱势群体的真实写照。在美国华商总会顾问蔡文耀看来，种族歧视现象在美国由来已久，弗洛伊德之死如同一个引子，引爆了疫情下的多重社会矛盾。"新冠肺炎疫情持续蔓延，许多美国人失去了工作，广大中下层低收入群体及少数族裔生活更加困难，民众借弗洛伊德案件宣泄愤怒与不满情绪。该事件通过社交网络平台进一步发酵，引发广泛反响，这是美国社会的巨大创伤。"

"经济水平跌至新低，社会矛盾达到新高。"美国波特兰州立大学教授李斧指出，"新冠肺炎疫情给美国经济社会发展带来很大冲击，失业率创下几十年来新高，最近由抗议活动引发的骚乱如同雪上加霜。美国社会正面临重大挑战。"

"在美国，歧视华裔的事件也时有发生。"美东华人社团联合总会会长梁冠军说，新冠肺炎疫情发生后，美国部分地区发生了借疫情针对华裔甚至亚裔的歧视现象，尤其在华人集中的加州和纽约地区较多。除言语骚扰外，还有推搡、肢体攻击、禁入场所甚至打砸等极端事件。"一些美国政客将'中国病毒'挂在嘴边，起到了推波助澜的负面作用。"

李斧指出，亚裔和华裔群体分别约占美国总人口的3%和1.5%，是名副其实的少数族裔，但美国针对少数族裔的一些保护和扶助政策很少包含亚裔和华裔。

"种族歧视是美国社会的癌症，多年来种族矛盾一直未得到有效调和。"美中经贸科技促进总会首任理事长徐德清说。

"团结起来保护自己"

当前，美国部分地区的反种族歧视示威抗议演变成骚乱，一些店铺遭到纵火和抢劫，华人社区也受到波及。梁冠军介绍说，纽约华埠一些临街商店被暴乱分子砸毁，店内物品被洗劫。李斧也关注到，他所在的俄勒冈州波特兰市，一家开业不久的中餐厅被暴力破坏。

面对困难，团结是最好的武器。近期，纽约、芝加哥和洛杉矶等地华人自发组织起来，成立巡逻队应对骚乱冲击，为华人社区撑起安全保护伞。疫情发生以来，许多华人社团纷纷行动起来，或自发建群互助，或组织各种活动联名请愿抗议歧视及污名化言行。

孙澜涛表示，"对一个人不公，就是对所有人不公"，我们要记住这句话。反对种族歧视不是一个人或一个团体的小事，而是整个华裔、亚裔等少数族裔群体在美争取生存空间的大事，每个人都不能坐视不管。

据梁冠军介绍，目前，美国许多华人聚居地区成立了"SOS互助微信群"，大家承诺共同应对风险。纽约皇后区森林小丘等地的华人还组织成立志愿者巡逻队，发现违法犯罪行为立即报警或介入制止。"经历危机后，华人将更加团结。我们更认识到手中选票和积极参政的重要性，以更好地保护自身权益。"

"长期以来，华裔不够团结、参政意识不强、投票率不高且选票分散，在美国社会影响力较弱，这种状况在近几年有了一定改善。最明显的表现是，2016年全美多个城市华人同时发起示威游行，呼吁公正审判华裔警官梁彼得案件。"李斧表示，在美华人形成一股团结的政治力量至关重要。

徐德清指出，从过去忍气吞声到如今抱团发声，华人在应对种族歧视上有很大进步。如今，生活在美国的600万华人需进一步团结起来，让主流社会听到华人的声音和诉求。

"与其他各族平等相处"

近日，美国华人华侨联合总会发布的倡议书指出，华人不仅要消除族裔歧视，还要帮助弱势群体，多多开展文化交流活动，共建和谐社区。同时号召在美华人团结其他族裔居民，共同应对当前困难，保卫各地家园。

对此，徐德清深有感触。不久前，由美国华人组织的"全美华人爱心中餐日"活动在美国50个州100多个城市举行，向美国医护人员、社区弱势人群捐赠免费食物或提供热餐，徐德清也参与其中。此外，他还向自己居住的北海文镇政府和警察局捐赠口罩，帮助当地民众抗击疫情。

"华人不仅要保护自己的利益，也要保护社会的公平正义，与其他族裔民众加强团结，平等友好地相处。这是华人的根本利益所在。"徐德清说，"面对疫情挑战，越来越多人意识到反对种族歧视的必要性。只有超越种族，互相帮助，才能渡过难关。华人要落地生根，为当地经济社会发展作出积极贡献，一定会得到当地民众的公正评价。"

李斧表示，疫情期间，许多华人团体向当地公共服务部门捐赠口罩等防疫物资，不少中餐馆向贫困人群派发免费餐盒等，这些善举为树立华人的良好形象发挥了作用，也是华人对当地社会作出的实实在在的贡献。

"我们要对种族歧视'零容忍'。"蔡文耀指出，华人社区要了解其他少数族裔的历史和生活，关心、支持他们的生存与发展。"在美少数族裔要团结在一起，勇于发声，向种族歧视说'不'。"

（《人民日报海外版》2020-06-15/李嘉宝）

五名华裔入围美国布拉瓦尼克国家青年科学家奖

当地时间18日，纽约科学院（New York Academy of Sciences）和布拉瓦尼克家族基金会（The Blavatnik Family Foundation）公布2020年度布拉瓦尼克国家青年科学家奖（Blavatnik National Awards for Young Scientists）入围名单，31名入围者中有五名华裔；化学、生命科学和物理科学与工程三大领域都有华裔科学家入围。

主办方表示，2020年共有来自全美41个州、161个学术和研究机构提名的305名候选人，通过专业评审，31人入围最终候选名单。

主办方将在7月22日公布从31人中选出的生命科学、化学和物理科学与工程三个领域各一人的最终得奖者，每人可得25万美元奖金；但因新冠肺炎疫情，2020年的布拉瓦尼克国家青年科学家奖颁奖典礼及晚宴取消，将顺延一年至2021年9月27日，两届颁奖典礼和晚宴届时将一起在纽约自然历史博物馆举行。

2020年31名入围者中，包括五名华裔，分别为入围化学奖的芝加哥大学教授董广彬（Guangbin Dong）、哥伦比亚大学教授闵玮（Wei Min）和圣地亚哥加州大学教授Joel Yuen-Zhou，入围物理科学与工程奖的马里兰大学帕克校区教授胡良兵（Liangbing Hu），以及入围生命科学奖的普林斯顿大学教授颜宁（Nieng Yan）。

布拉瓦尼克国家青年科学家奖是美国最重量级的青年科学家奖项之一，在2007年设立，表彰在全美顶尖高校及科研机构工作、42岁以下的青年科学家。

华裔科学家一直是该奖项常客，2017年还出现最终三名得奖者中两人为华裔，包括获得生命科学奖的麻省理工学院教授张锋，和夺得化学奖的斯坦福大学教授崔屹。

（［美国］《世界日报》2020-06-19/洪群超）

"又工作了，真好！"　美国华商复工笑与泪

最近，美国各地陆续解封，各州重启经济、恢复公共活动。

当地华商逐步复工复产。因为从事行业不同，各地疫情形势不一样，复工的华商有喜有悲，有人满怀希望，有人已悄然离场……

复工，希望越大，失望越大

在旧金山华埠，全新悬挂的大红灯笼与落寞街头和无人问津的小店铺形成强烈的反差。

华埠街坊会主席李兆祥表示，虽然不少小店陆续重启，但到华埠的顾客并不多，有些店铺开门也没顾客，店主很受打击。

原本对经济重启充满期待的环宇旅行社老板蔡艺峰回到店铺匆匆处理了几笔顾

客退票手续后，又无奈地离开。他说："希望越大，失望越大。"

赌城拉斯维加斯华商的情况也并不乐观。

旅游业发达的拉斯维加斯每年都有来自世界各地和全美的游客。但因为疫情，国际航线暂停，游客没了。

这里的大型酒店、连锁餐馆、购物中心、路边摊，门前冷落。

在这里做生意的刘澄宇表示，政府已经允许重新开门，而且鼓励商家开门，但因为没有游客，商家们还是选择继续歇业。

在黄金地段经营服务性商铺17年的华人商家咬紧牙交了几个月的无生意房租后，告别当地商场。

由于客源切断，当地华商的生意完全成了无米之炊，连政府的"薪资保护计划"也杯水车薪，帮不上大忙。

"重新工作的感觉，真好！"

对从事理发业和美甲业的华商来说，复工后却是另一番热闹的景象。

疫情期间，华人美发业者已歇业三个多月，很多民众迫不及待地要剪头发，几家发廊复工几天后的预约已经排满。

纽约法拉盛不少华人美发业者一开店，预约的客人便迫不及待地入店。

尽管预约已经爆满，但大多数店家都没有冒险多接订单，他们将严格履行预约制度，做好防控。

纽约缅街理发店的经营者王子荣也开始复工，他的店铺内只有发型师及助手回店上班，上午时段分次服务了十名预约客人。

虽然忙得没时间吃午饭，但王子荣感慨："重新工作的感觉，真好！"

美甲店主们复工后的预约也接到手软。

洛杉矶的美甲业者表示，有老客人在疫情期间无法照顾好指甲，一直在询问何时重新开业。

回归第一天预约就排得满满当当。不过这名美甲业者指出，为了配合防疫措施，不管是工作人员或是顾客，都要佩戴口罩。

华裔美甲店业者陈女士也打算7月1日恢复营业。她表示，为了做好防疫措施，将在营业前购入隔离板，对店面消毒，为重新开店做好万全准备，迎接顾客回归。

积极尝试　不能放弃

复工后生意立即火爆的行业并不多，对大多数华商来说，要想早日恢复元气，还要积极尝试，做出新的改变。

疫情暴发，民众经济来源减少，顾客到超市买东西较以前更为理性，特价品受消费者青睐。

纽约多个华人超市调低了商品价格，推出特价商品，新世界超市经理黄彼得（音译）表示，"海鲜类产品价格平均下降了25%左右，每周的特价商品都不同"。

针对受民众青睐的口罩、手套与酒精等商品，华人超市也加大了折扣力度。

受疫情影响较大的中餐厅同样做了不同的尝试。

在美国经营连锁餐饮的陈洁群（Michael Chen）说，此次疫情大幅改变美国顾客的餐饮习惯，许多传统室内餐饮业被迫向外卖转型，营销会比更依赖网络科技与社交媒体。

纽约市政府与市交通局推出"户外餐厅"（Open Restaurants）计划帮助受疫情影响的中餐厅。

华埠中餐馆"武昌好味道"的老板王晓东就申请加入了这项计划，并把3张桌子摆在了餐厅门口。

虽然客流量不大，但王晓东看来，餐桌外摆至少能给自己打打广告和聚拢人气，有总比没有好。

根据纽约华埠商改区的统计，华埠300多间商家中，至6月21日已有近200家商家复工，达到三分之二。

随着越来越多的商家复工，律师也提醒华商，要关注政府发布的复工指南，做好安全措施之后再有序复工。

在这里，小侨也希望海外华商们挺过这段艰难的日子，安安全全地回归到疫情前的正常生活。

（中国侨网2020-06-27/徐文欣）

110万名外籍留学生　对美国经济有哪些贡献

美国政府6日称，如果外籍生在大学的所修课程全数为线上授课，这些留学生将必须离开美国。这将让成千上万名学生的未来堪忧，那些在疫情期间努力重新开放的学校可能财务更加吃紧。

根据美国国务院和美国国际教育研究所（IIE）公布的报告，在2018—2019学年度，约有110万名外籍学生就读于美国高等教育机构，占美国整个高等教育入学人数的5.5%。

大多数美国大学尚未决定在秋季重新开课时是否要全面线上授课、面对面教学或采取某种混合式做法。

该移民命令可能只影响一小部分的学生。尽管如此，还是有两所顶级大学在8日向法院提起诉讼试图阻止。

一些院校和社区能强烈感受到外籍留学生对经济的贡献，这些留学生支付比一些本地学生更高的学费，并支撑房地产市场和当地就业。

就业和房地产

IIE的报告引述美国商务部的数据指出，2018年，外籍留学生对美国经济的贡献达447亿美元。

美国国际教育工作者协会（NAFSA）估计，2018—2019学年，留学生为美国提供了约46万个就业岗位。这些工作岗位主要集中在高等教育领域，但住宿、零售、交通和医疗保险等领域也受益。

IIE的报告指出，这110万名留学生的经济支持大部分也来自海外——57%的留学生称他们的主要经济来源是他们个人或家庭，另外5%表示来自外国政府、外国大学或海外赞助商。

令美国学生受惠的收入

美国的国际学生支付的学费通常高于当地学生，包括在公立资金资助的州立学校就读需缴付"非本地生"学费，外国学生还需交额外费用。

普渡大学一位教务长2015年曾对高等教育研究所（Institute of Higher Education）表示，这些费用每年为该校带来逾1000万美元的额外营收。

美国教育理事会（American Council on Education）负责政府及公共事务的高级副主席Terry Hartle说，那些家喻户晓的大学校等待入学的学生名单可能很长，有许多可以取代国际学生的人。该理事会代表华盛顿特区内的学校。

但是，他说："众所周知，许多国际学生支付了全额学费，这是学校向学生提供奖助金和给其他学生优惠折扣的一项收入来源。"

（［美国］美国中文网2020-07-09）

美华人社团侨领伸援手　助留学生解决生活就医等困难

在2019—2020学年，约有40万中国留学生在美国学习。新冠肺炎疫情今年3月在美国多处暴发后，远在中国的留学生家长更是夜不能寐，心急如焚。许多美国华人社团和侨领纷纷伸出援手，帮助留学生解决生活、看病和办理身份证件等问题，让家长们放下心来。

美东安徽文教交流协会会长陈梅律师说，许多家长非常关心美国的疫情新闻，因此，她主要是向家长们介绍美国疫情情况，提供信息，安定他们的情绪，给孩子提供咨询，帮助他们找人。新泽西华商虞中仁动员20多位朋友成立一个"志愿援助群"，敞开家门，为40多位留学生提供免费吃住；美东辽宁同乡会则先是为留学生提供网络电商信息，让他们能买到蔬菜，后是为他们寻找律师与义工，帮助转换签证。

举办讲座　让学生家长安心

陈梅说，3月中旬，美国新冠肺炎疫情开始暴发，纽约更是美国疫情的中心。纽约学校在3月中旬陆续关闭。当时，纽约疫情特别危急，每天几千人住院，上千人死亡，令人恐怖。

留学生无法回国，因此留学生家长很焦虑担心。她说，纽约及附近几个州的大学，中国留学生众多，而纽约总领馆只有一两个领事保护号码，每天被打爆。于是，纽约总领馆决定动员华人侨团和侨领的力量，解决这个难题。陈梅指出，总领馆建立了一个名为"纽约留学生群"的微信群，把纽约各个社团和侨领组织起来，群里共有90个同乡会等社团及侨领，大家分工，每个同乡会负责本省市的留学生工作。来自安徽的她，就负责美东学生安徽家长群，"我像一个协调者，负责发送信息，为家长介绍纽约疫情，并通过纽约总领馆为遇到困难的留学生提供帮助。"她说。

陈梅一共加入了四个家长群，她说："家长们问问题，我来回答。"家长们关心的问题包括孩子疫情期间的生活、安全、身份等问题。

陈梅指出，主要的矛盾是：家长希望孩子回去，紧张得夜里睡不着觉；而孩子担心回不了美国，不愿意回去。她向家长们解释她就住在纽约市，是美国的疫情中心，但也会去超市买东西，去办公室取信，并没有像家长想象中那样恐怖。她说，家长们问的问题，都是学生们面临的重要问题。如果一个个回答，不知能回答到什么时候，于是她就在微信上举办微信讲座。她告诉家长，只要孩子待在家里，感染可能性很低。

后来，有人把陈梅的讲座内容整理成文字稿，发到网上，稳定了这些家长的情绪。此后，北京同乡会也开始举办网上讲座。

她说，到了3月中旬，美国疫情进入紧张阶段，而中国已经控制了疫情。于是，中国驻美国使领馆开始向留学生发放健康包。

帮助学生　解决生活大小事

陈梅说，纽约州实行居家令以后，家长们非常关心孩子在哪吃饭、学校宿舍关闭后住哪，及孩子在美国是否安全等。5月疫情好转后，家长们开始担心子女的学生签证问题，如实习期（OPT）找不到工作、抽到工作签证（H-1B）却被公司解雇等法律问题。

她表示，当时流言很多，年龄大的留学生家长要孩子回家，但学生就可能被迫放弃学业。"我就要家长把孩子的电话告诉我，我再联系他们的孩子。"

例如，纽约大学（NYU）一名女生本来和另外一名留学生住在一起，但另外一名留学生4月底回国了，于是这个留下来的留学生慌了。当时，这名学生发烧，父母得知后根本睡不着觉，给陈梅打电话。陈梅就打电话给这名学生，介绍一位纽约中医师，中医师在网上诊断。

陈梅说："这个女生住在皇后区的长岛市，我建议她去找住家附近的急救中心，女生找到急救中心，但急救中心不给检测，要检测就要有新冠肺炎症状和体温达39摄氏度。"她建议学生与其学校联系，由学校安排她做病毒检测，纽约大学有责任给学生安排检测新冠病毒，而且是免费的。最后女生顺利做了检查，报告为阴性，大家都放心了。

陈梅指出，从3月中旬到5月上旬，她每天都要做这样的咨询。

打开家门　欢迎留学生入住

新泽西华商虞中仁说，1月份的时候，他的家乡浙江宁波的余姚市缺口罩，于是不顾脚伤，石膏都未拆，就开着车外出买口罩，甚至跑到宾州去买，共买到3000多个口罩，分三批寄回余姚。

因为捐口罩，虞中仁认识了余姚市侨联的工作人员。3月初美国疫情暴发，迅速蔓延，纽约市成为重灾区。余姚市侨联工作人员又和他联系，说许多余姚人的孩子在美国留学，他们的家长都很担心，建议把他拉入家长群，和群里的家长谈一谈。

他说，这是一个美国留学生家长群，共有270个孩子分布在全美各地，而纽约及周边的比较多。家长们主要担心美国不安全。这些家长没有时差概念，常常在夜里两三点打电话，他告诉家长不要紧张、不要慌张，但电话还是一个接一个打来。于是，他用两个手机交换接听，一个接电话，一个充电。

后来入群的家长不仅有余姚市的，也有宁波市的，群里的家长增加到400多人。于是虞中仁建议成立一个学生群，这个群里没有家长，一共有两三百个孩子。虞中仁说，他在这个群里指导孩子，内容多且琐碎。例如，告诉他们待在家里，不要出去、帮他们找超市买食物等。

一名纽约大学（NYU）的女生住在曼哈顿的学生宿舍，食物只剩一个蘑菇，但她只会使用国内购物网站，订了食物一周后才能送来。她妈妈联系虞中仁，希望帮帮她女儿。于是，他告诉她到美国的网上超市买，价格便宜且疫期不涨价，于是女生的吃饭问题得到解决。

虞中仁表示，住在美东地区的宁波籍学生有100多人。在地图上，他从康州耶鲁大学开始，往南画线，途径纽约、新泽西、马里兰州，并称之为"援助热线"。他把附近的朋友都拉进一个志愿援助群，群里有20多位华人，都是志愿者。当时，他有了三个群，分别是家长群、学生群和援助群。

他在学生群里发布公告，劝孩子们不要回国，因为被感染的风险大。但是，有三个孩子因学校关门、学生毕业，没有地方住，虞中仁就把他们接到他的山区度假屋，免费提供吃住。"我们志愿者共有20多人，一共收留了40多个孩子。"

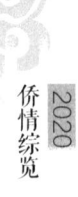

寻找资源　解决学生签证问题

许多美国的华人组织参加了救助留学生的活动。美东辽宁同乡会创办人冯洁表示，该会共接触了275名中国留学生，其中30人在疫情期间返回中国。"有一个妈妈带孩子来考茱莉亚音乐学院，学校考上了，因为疫情，他们也回不去了。"她说。

冯洁说，同乡会曾在疫情初期为滞留纽约的中国留学生提供网络电商的信息，让他们在各大超市关闭期间也能买到蔬菜。在疫情趋缓后，许多留学生面临学生签证过期问题，该会就寻找律师与义工，帮他们在境内转换签证。

美东辽宁同乡会的义工、刚从纽约理工学院毕业的李明哲表示，由于学校关闭，处理"实习证"的部门也没上班，原本60天到90天就可以获批的实习证，现在过了90天仍未获批，只能在境内转换身份。他说，一些中国留学生还面临住宿、心理健康等多方面问题。他们就通过微信群互相打气，熬过最难的时期。

6月20日，美东辽宁同乡会在法拉盛图书馆前为留学生与侨胞送出爱心包。爱心包由中国辽宁省侨联寄出，留学生的健康包有两包口罩与辽宁省中医医院提供的中药颗粒。24岁的王新彤当日领取了健康包。

王新彤说，她刚从哥伦比亚大学精算专业研究生毕业，选择留在纽约对抗疫情，过去三个月，她都不怎么敢出门。当时，她未找到一个转换成工作签证的工作，面临极大压力。她说，在疫情渐缓后，能收到一份来自祖国的健康包，让她感到安心。

（［美国］《世界日报》2020-07-13/韩杰）

美国奥克兰市议会通过分级商业税法案　华埠商户担忧

当地时间7月14日晚，美国旧金山奥克兰市议会全票通过市议员励琪（Nikki Fortunato Bas）等人提议的分级商业税法案（Equitable Business Tax Update），将在2022年公投。不过，奥克兰数个华人商户及华埠商会主席陈锡澎均在15日对新法案提出质疑，认为表面上造福小商业，实际减少的商业税只有几十到几百元，但负面影响很大，可能导致大公司因为税负过高而迁移，具有消费能力的公司职员离开，会影响华埠生意。

分级征税：小企少缴，大企多缴

根据新法案，年总收入在25万以下的商家，将不再缴税，只需要交100元相关商业费用。以杂货商为例，目前税率为0.06%，总收入在25万到100万之间，税率不变。收入在100万到250万的，税率提升到0.1%；250万到2500万的，税率增加到0.135%；2500万到5000万的，税率增加到0.16%；5000万以上的，税率涨到0.335%。

零售商、批发商目前税率为0.12%，总收入在25万到100万间的，税率降低到0.075%；收入在100万到250万的，税率降低到0.1%；但收入在250万到2500万的，税率增到0.135%；2500万到5000万的，增到0.16%；5000万以上的，税率涨到0.335%。

商户：杯水车薪，恐无助经济

奥克兰15街蒙福楼餐厅东主Sharon表示，餐厅主要经营外卖，自从新冠肺炎疫情后，生意减少80%。她往年的毛收入约为36万，如果按照上述调税法案，少交的商业税额度为162元，这点钱对于餐厅运营来说，是杯水车薪。

华埠Webster街T4奶茶店东主Cyril·吴表示，按法案定义，店铺属于零售商一类，自己毛收入在100万以下，商业税略为降低，但法案的综合影响，却不能低估。首先，用总收入这种数字去决定商业税的高低，并不妥当，因毛收入高不代表利润高，刨除租金、人工等成本，所剩无几。"更何况，大企业若交了太多税负，会衡量留下来或搬迁的成本，万一搬走，对华埠消费是大损失。我的奶茶店顾客，很多在市中心公司、写字楼工作。这些公司搬走了，谁来买东西？"

商会：大公司若走，影响华埠

奥克兰华埠商会主席陈锡澎说，并不反对调整商业税，而是要通盘考虑商业税对整体经济、尤其是华埠经济的影响。根据奥克兰大都会商会（Oakland Metropolitan Chamber of Commerce）的统计，依法案调税，有5至6万小商业，减税80万，平均减少15元。这种幅度的减税，对商户影响较小。而且，华埠一些杂货铺，销售额为100万以上都不困难，但并非实际利润很高，总收入包含了人工、租金等支出，却都要面临加税。反过来，若大公司担心税负过高迁走，造成白领等华埠消费的主力军流失，却会影响商业发展。

陈锡澎表示，法案在后年公投，也希望议员多听取商户声音，对税收幅度做出调整。

（［美国］《世界日报》2020-07-17/刘先进）

纽约州亚裔积极参政　政界影响力有所上升

知名政治杂志*City & State*日前公布2020年"纽约州政坛最有影响力百名亚裔"，前三名分别为国会众议员孟昭文、州参议员刘醇逸和前民主党总统参选人杨安泽；前十名中，有五人为华裔。

这是*City & State*首次公布亚裔政界最有影响力榜单。该杂志表示，亚裔近年来在纽约州政坛不断崛起，不仅孟昭文在2013年成为纽约州首位亚裔国会众议员，刘醇逸2018年也成为首位华裔州参议员，再加上金兑锡、牛毓琳等年轻亚裔州众议员崛起，亚裔对纽约政坛的影响力愈来愈大。

然而亚裔在政坛的代表却仍然不足，经常在制定政策时被忽略，白思豪政府意图废除特殊高中考试就是一例，再加上新冠疫情让亚裔民众成为种族主义者攻击的目标，未来仍然需要更多亚裔在政坛为小区发声，因此首次推出"纽约州政坛最有影响力的百名亚裔"榜单，激励更多亚裔走入政坛。

高居首位的孟昭文是纽约州首位亚裔国会众议员，基本确定在此前结束的民主党初选中获胜的她，目前担任众院拨款委员会（House Appropriations Committee）委员，任民主党全国委员会副主席。

排在第二的刘醇逸创下纽约华人参政的众多第一。他是纽约市议会史上首位亚裔市议员，同时也是首位亚裔主计长，2013年也作为首位亚裔参选人参选市长；他在2018年重回政坛，成为州参议会首位华裔参议员，目前担任州参议会纽约市教育委员会主席。

位居第三的杨安泽是近两年蹿红的政坛新星，开始不被看好的他通过其自由红利的主张，在民主党初选中引起巨大关注；凭借此前积累的声望，此前有消息称杨安泽在2021年有可能参选纽约市长。

排在第四到第十位的分别是纽约移民联盟（NYIC）执行总监崔庆汉（Steve Choi）、民主党政策专家科瓦特拉（Neal Kwatra）、州众议员金兑锡、牛毓琳、市议员陈倩雯、长岛铁路主席伍华伟和纽约电力局主席基尼奥内斯（Gil Quiniones）；市议员顾雅明排名第十二，华策会执行长何永康排名第十五，市青少年与小区发展局（DYCD）局长商自来排名第十六。

（［美国］《世界日报》2020-07-28/和钊宇）

跟着纽约唐人街"老炮儿"一起守护 Chinatown

新冠肺炎疫情在美国暴发以来，华人团体受到很大的影响。因疫情而引发的歧视现象、对病毒的误解让居住着几代华人的唐人街成为了舆论的"暴风眼"。

纽约曼哈顿唐人街，目前是西半球海外华人最大的居住地和商业区，近期因为疫情滋生的针对华裔不公正待遇事件频频发生，为此，有着40年历史的民间组织"守护天使（Guardian Angels）"开始在华埠区域展开巡逻，保障华人的安全，并用中文印发传单，号召更多华人加入该队伍。

而在这群"天使"中，有一位年轻的中国女孩儿，叫王小绿。王小绿是生活在纽约的自由制片人，她在看到"守护天使"的宣传之后便决定参加，并记录他们的故事。而就是这次跟随拍摄的机会，她结识了另一个唐人街华人组织——"社区守望者（Chinatown Block Watch）"的成员老陈（Karlin Chan）。

两个组织，同一个目的，这才有了王小绿的短纪录片《守护Chinatown》。而在纪录片中，最让人印象深刻的，就是老陈和他的"社区守望者"的故事。

老陈和他的唐人街

在纽约曼哈顿唐人街，老陈的名字可以说是家喻户晓。不管谁家有什么问题，找他总能解决。

今年5月初，唐人街的一个海鲜市场因为只在门口张贴了中文"戴口罩入店"的标识而引发一场巨大的误会。一对男女进入海鲜市场内的时候并没有看懂中文标识，所以没有佩戴口罩进入店内，店员因此跟他们发生了言语冲突，以至最后升级为肢体冲突。

老陈因为受到这件事儿的刺激，创立了"社区守望者（Chinatown Block Watch）"团队，决定亲自上阵，守护自己的街道。

疫情期间，老陈带着他的队伍走街串巷，为唐人街的住户发放双语防疫政策宣传单，还为商户发放双语的"请佩戴口罩入内"标识。除此之外，纽约市逐步"解封"后，餐馆被允许提供户外用餐，唐人街哪家需要向政府申请户外用餐，老陈都会帮忙。

为了改善街道环境，吸引更多人来唐人街户外用餐，老陈和志愿者们每周六一大早就起来，打开消防栓，用水冲刷街道，给之后开门的商户提供更好的经营环境。

此次疫情导致唐人街许多商家的生意都受到了影响，老陈和他的队伍尽全力收集各类经济帮扶政策，翻译成中文，发放给唐人街的商户们。

老陈说，住在唐人街附近的部分成员手里会有一个对讲机，遇到紧急情况时，可以很快地把大家聚集起来。6月初，因为唐人街发生了火灾，他们还收到了50个匿名捐赠的灭火器，分发到各个商家手中。

对于生活在唐人街的华人来说，有老陈这样一个熟悉的面孔存在，就仿佛是身边多了一个"守护神"，为他们的生活提供了足够的安全感。

老陈说，"社区守望者"是由唐人街的街坊邻居组成的，对于生活在这里的老人和商户来说，有熟悉的面孔照应能让他们更加安心。

中国姑娘和唐人街"老炮儿"

在王小绿眼里，老陈就像唐人街的"老炮儿"。通过拍摄期间与老陈的相处，王小绿不仅了解到唐人街的历史，也意识到保护中国城，不只是安全问题，还要守住这里的历史和文化。

在跟随拍摄的这段时间，王小绿还结识了一位叫Sara的华裔女性队员。Sara不仅参加了"守护天使"，还参加了"社区守望者"。王小绿说，每次跟随队伍去发放传单的时候，Sara都会很细心地跟店家交流，张贴海报时也不会错过任何一个电线杆。对于Sara来说，守护唐人街，就是自己"片儿内"的事情……

王小绿说，在"社区守望者"和"守护天使"的队伍里，年轻人占极小一部分，队伍中大多都是老一辈华人。对于年轻一代的移民来说，华裔移民史是既熟悉又陌生的，因为对这段历史了解甚少，唐人街在他们心中也就仅仅成为了一个坐标。

拍摄《守护Chinatown》，王小绿最希望的就是能够呼吁新一代移民去了解历史，并守护这段历史。王小绿说："我希望更多的人能够看到老陈他们身上这种守护家园的精神，但更重要的是，想要让更多的年轻华人看到唐人街的重要性，并加入到守护它的队伍中来。"

纽约的唐人街载满了华人的奋斗历史，但如今却面临绅士化的危机。作为每一代移民的落脚点，纽约唐人街从最初的贫民窟，发展到如今充满生气的社区。

今年开年以来，唐人街经历了疫情、歧视、经济危机的连环打击。纪录片中，王小绿说："从老陈等几位'老炮儿'的身上，我了解到，其实，公共安全远不止是人身安全，更多的是社区的保障，尽管前路艰辛，我们还是要捍卫我们的社区。"

影片的结尾，老陈坐在唐人街的路口说道："我们来这里不仅仅是为了巡街，我们更想鼓励大家主动举报犯罪，我们不是城市别处来的人，跑到其他社区巡逻，我们关心的是自己的居民。"

（中国侨网2020-07-31/曾小威）

疫情冲击下　美国华人电商以变应变加速发展

7月31日，世卫组织第193号新冠肺炎疫情报告发布，截至欧洲中部时间7月31日10时（北京时间16时），全球报告新冠肺炎确诊病例近30万例。世卫组织总干事谭德塞称，未来10年新冠肺炎疫情将与人类长期共存。

从疫情暴发到防疫常态化，海外华人也乘势而动，加速电商发展，促进转型升级。

近日，本报采访了几位美国华人电商从业者、美籍华人和中国留学生，请他们讲述美国华人电商逆势发展的故事。

企业受疫情影响严重

据法律服务企业埃贝公司数据显示，截至2020年6月30日，上半年共有超过3600家美国企业申请破产保护，同比增加26%。特别是6月以来，美国大小企业出现破产潮。

从最开始的餐饮业、服饰业到健身业、汽车业、旅游业、航空业、能源产业等各个行业，美国企业破产风险波及范围越来越广。

面对来势汹汹的疫情，首当其冲的是个体商户，营业额骤降导致资金链断裂，关门成为无奈之举。社会是紧密联系的有机体，产业链的各个环节遭到连锁性破坏。大规模裁员使成千上万人陷入失业，只能依靠政府救济。

美国各地"居家令"也限制了居民消费。在佐治亚州亚特兰大定居的华人赵女士谈到疫情期间的诸多不便，"不能出去聚餐、理发，居家学习和工作会带来许多交流上的困难"。

面对危机，美国联邦政府在3月份通过了经济刺激方案，例如为企业提供紧急贷款并延长还款期限、为个人发放失业补助、出台相关法律政策等，刺激经济复苏，却又遭到疫情冲击。

华人电商优势突出

很多行业受困于疫情在破产边缘挣扎之时，美国华人电商发展却如火如荼。

"对线上的生意来说，不但没有太大影响，反而销售额有所增长。以6月、7月的销售额来看，是去年同期的5到6倍，疫情期间平均每日有1万多订单。"美国最大的亚洲商品购物网站亚米网创始人兼CEO周游在接受本报采访时介绍。

跨境电商的蓬勃发展首先得益于庞大的消费市场。亚米网面向美国2500万亚裔人群，包括700万华侨华人，并进一步瞄准其他族裔。"华侨华人人口基数不断扩大，就会对主流群体的消费行为产生影响。"周游说，吃中餐已经成为美国人日常生活的一部分。

周游认为，消费群体增加的背后是多元文化的互生互动。"亚洲文化对美国主流文化影响越来越大，像日韩的流行文化、中国的传统文化，对青少年影响很大。"

与美国本土电商相比，美国华人电商的最大优势在于商品属性和定位。

目前在北卡罗来纳州留学的杨茹说，自己的家具、生活用品会在本土网站或实体店购买，而特定的商品，如日韩化妆品、中国小吃等则一定会去华人电商平台。赵女士则表示，逛华人电商可以缓解思乡之情："在华人电商平台上可以买到来自家乡的、华人喜欢的商品，逛起来特别开心。"

美国华人电商专注于亚洲商品，这在一定程度上增强了消费黏度。同样的商品种类为什么不去选择亚马逊等本土网站？周游分析说，"很多美国人也在寻找正宗的'味道'"，消费者越来越注重全新的消费体验和感受。

除了特定的文化因素，线上运营的独特优势在疫情期间凸显出来。

赵女士家旁边就有很多超市，但是她并不常去，"因为很多人不戴口罩或者戴得不规范"。

杨茹则分享了她最近才开始使用的一个华人线上购物平台。很多中国商家在居家抗疫中看到商机，开始涉足电商领域。

"在华人电商平台可以买到很多亚洲的东西，可以省掉我们跑中国超市的时间，很少有中国超市开在学校附近。"洛杉矶中国留学生王利说道。比起线下，线上消费极大节约了时间成本。

解决痛点求新共赢

自3月份以来，亚米网上卖得最火爆的商品是食品、调料、厨房电器、餐厅用具。

大量门店关闭和停业，使得美国日常生活消耗品供不应求，电商平台以其成熟的网络技术和完整的商品供应链缓解了市场压力，促进了市场的平稳运行。

线下劳务市场停摆，线上用工需求井喷。周游谈到，目前亚米网工作量和工作强度成倍增加，一些之前从事旅游运输业的人员转向了电商物流和包裹配送。其中除了华人，更多的是其他族裔。

华人电商"迁移"了大量劳动力，减缓了失业人口的生活压力。

英国《金融时报》6月30日消息说，德国亚马逊部分员工因不满疫情期间工作的安全防控和薪酬问题而罢工。如何保障员工的健康安全和合法待遇，成为电商在疫情期间面对的重要问题。

针对以上问题，亚米网会对仓库进行每日病毒消杀，进入仓库者必须佩戴口罩。仓库员工实行昼夜两班轮班制，保证员工的基本作息。每人时薪增加2美元，并提供相应补贴。办公室员工则全部居家办公，最大限度确保员工安全和权益。

伴随着消费市场的突变，华人电商也暴露出一些相应问题。"亚米送货很快，但东西经常脱销，能不能买到基本看运气。"王利无奈地说。

进口产品供应链较长，加上订单激增，华人电商经常会出现货品供不应求的情况。

对此，周游回应："我们每周都会与供货商沟通数据，并分析销售情况。希望尽可能把供应链的影响降到最低，保证每个客户的需求。"

杨茹则烦恼线上购买生鲜食材不便挑选，坦言即使疫情期间也会优先选择线下超市。考虑到食品对存放和运输都有很高的要求，亚米网目前正积极与线下超市展开合作，力攻生鲜市场，满足客户需求。

"疫情对于电商而言是一个很好的机会，希望华人电商能够把便捷的生活方式带来美国，真正改变一部分人的生活习惯。"赵女士非常看好华人电商的未来发展。

此次疫情极大地改变了消费者的消费行为。周游表示，下一步会继续优化服务，为疫情期间更多人带去便捷和实惠。

（《人民日报海外版》2020-08-05/杨宁，马媛慧）

美国百人会推出"升华"项目　诠释华人历史贡献

为了让美国社会各界更好地了解华人在过去200年来为美国的发展与繁荣所做出的贡献,由贝聿铭等著名华人在30年前发起的百人会不久前与《经济学人》研究部门合作,推出"升华"项目(Project Elevate)。该项目旨在通过详细的数据和案例来诠释华人自1800年以来对美国的贡献。

据百人会会长黄征宇介绍,"升华"项目将是一个历史性的研究项目,目的是通过详细的数据来量化和展示华人在过去200年来为美国的强大所做出的许多不为人知的贡献,无论是修铁路还是研发半导体,以及二战期间参加美军捍卫世界和平,这其中都有华人的血汗与智慧的付出。

据悉,这一项目将具体由《经济学人》的研究团队负责,通过搜集和整理各方面的历史数据,以及典型的个人故事,最后整理成报告,以白皮书的形式于今年9月中旬发布。

整个研究将分为三大部分:第一是从GDP、就业和收入提升方面来制作一个华人在美的经济影响力模型;第二是制作以数据为基础的互动项目,来展示华人为美国经济发展与繁荣做出贡献的各种方式;第三则是挖掘12个典型但却鲜为人知的个人故事,以此来诠释华人在美国的经历。

整个项目的结果将被发表在《经济学人》官网(Economist.com)平台的子网站上。除了向美国各界展示华人的历史贡献,该项目也将为华人自己的历史教育及文学创作提供素材,让未来的华裔下一代更好地了解自己族群在美国的历史,激发荣誉感和责任感。

（［美国］《侨报》2020-08-06/管黎明）

广东中山与哥斯达黎加侨胞共抗疫情

跨越万里的情谊

进入8月,拉丁美洲国家哥斯达黎加的确诊病例,以每日300至700余例的速度增长。截至8月5日,哥斯达黎加累计确诊超2万例。

在地球另一端,相隔14个小时时差、相距超过1.4万公里的中山,不少人正为哥斯达黎加疫情奔走忙碌。

今年年初,中国发生新冠肺炎疫情,一箱箱医护物资、一长串行李托运单,由哥斯达黎加华人华侨发出,源源不断地汇向中国、抵达中山。

在海外疫情蔓延后,中山同样全力支援海外抗疫。

"从3月下旬到现在,我们走访了口罩厂、物流公司、侨资企业等50多个厂家,不仅有中山的工厂，还有广州、东莞、佛山的工厂。"中山市侨务局局长谭文辉如今已成为采购口罩的"专家"，口罩有哪些类型、材料质量怎样、可以在哪儿购买、如何运送通关，他都了然于胸。

事实上，中山与哥斯达黎加历来交流紧密，165年前第一批到达哥斯达黎加的华人便是中山人。多年来双方一直保持着经济、社会各领域的友好互通。疫情之下，哥斯达黎加的中山籍华人华侨与故土中山，再续一段跨越万里的情谊。

手机一天充三次电　顶着时差联系海外

3月下旬，哥斯达黎加华侨华人华裔协会会长翁翠玉在哥斯达黎加华侨与中山政府部门的沟通联络微信群中，发来求助信息：新冠肺炎疫情在当地扩散，哥斯达黎加已进入全国紧急状态，防护物资短缺，当地已无法采购，希望得到中山市的援助。当地的一些华人华侨店铺也因防护装备不足，不得不暂时歇业。

收到翁翠玉的函件，中山新冠肺炎疫情防控指挥部迅速跟进，市侨务局负责对接落实物资捐赠。与此同时，中山更大规模的"海外中山人疫情防控关怀支持行动"也已启动。

了解需求、联系工厂、沟通运输……从3月下旬开始，侨务部门工作人员开启了用"脚"寻找物资的路。中山市侨务局侨务科科长江丽清，全程见证并参与了支援哥斯达黎加的行动。

"一刻也不能拖！"江丽清告诉记者，当时物资紧张到只要发现符合资质的公司，再初步比价后，马上付钱先购买了再说。

江丽清还负责与海外侨胞们的沟通。中山与哥斯达黎加时差14小时，为配合哥斯达黎加时间，江丽清除正常工作外，每天凌晨一两点还要与侨胞对接。

那段时间，谭文辉的手机一天要充满三次电，大大小小的对接联络微信群中消息不断跳动。在白天密集沟通、频繁开会的情况下，晚上谭文辉还要抽出时间跟同事一同跑厂家订物资，因为"亲眼看到才安心"。

将援助哥斯达黎加的物资及时运送到侨胞手中，这一路也十分曲折。江丽清回忆，为了抢时间，一部分从其他地市购买的物资不会寄到中山，直接寄往深圳立马运出，再辗转多地运到哥斯达黎加。

一同参与了此次援助侨胞行动的中山市红十字会常务副会长简海燕告诉记者，为了筹集捐赠物资，市红十字会想了各种办法，"比如运输费高，我们使用备用金支持运费，他们所需要的，我们尽量协助"。

支援哥当地抗击疫情　10万件物资捐往医院

从中山送抵哥斯达黎加的物资不仅支持了当地华人华侨，也为当地抗击疫情提供了支援。

不久前，2台来自中山捐赠的红外线热像仪，由哥斯达黎加—中国友好协会转赠给哥斯达黎加民航总局，它们将被安放在哥斯达黎加最主要的国际机场——胡安·圣玛丽亚国际机场。

在6月30日，中山市政府还向哥斯达黎加公立墨西哥医院捐赠了包括外科口罩、防护服、红外额温计等共约10万件医疗物资。

墨西哥医院是哥斯达黎加社保局旗下医疗水平最高的公立医院之一，也是哥新冠肺炎病患定点收治医院。"这批物资是医院当前最急需的，将在救治患者和保护一线医务工作者方面发挥关键作用。"该院副院长乌加尔德说，将永远铭记中国人民对哥人民的友好情谊。

哥中友好协会会长邓煦平告诉记者，数月以来，他们联合哥华协会将中山市捐赠给两个协会的两批20多万件抗疫用品及时转捐给墨西哥医院、机场以及哥公安部和司法部等。哥斯达黎加华侨华人以及侨团的积极行动，受到当地媒体和民众好评。

另一边，中山市三乡镇政府也密切关注该市的疫情。三乡镇统侨办联合三乡商会发出倡议书，发动民间企业家踊跃捐款，迅速筹得善款4.5万元，委托给哥斯达黎加卡尼严斯市华人总会。

"一些工厂无法运作，不少商店也开不了门。我们和市长接触沟通，得知部分家庭缺少食物和生活物资，所以马上联络行动起来。"该会会长容宝权介绍，在中山方面的支持协助下，当地华人华侨社团购买粮油等食品，捐赠给卡尼严斯市政府，派发给当地家庭，与市民共渡难关。

"四海之内皆兄弟，"翁翠玉说，"病毒不分国界，我们必须互相帮助。"

侨胞向家乡伸出援手　下血本购物资寄回国

在中山援助哥斯达黎加侨胞之前，国内新冠肺炎疫情开始的时候，哥斯达黎加华侨华人华裔首先向家乡伸出了援手。

"当时得知国内缺乏医疗物资，我们组团在当地寻找口罩。早期是捐到武汉，家乡出现病例后，我们也往中山发货。"容宝权告诉记者。

翁翠玉说，大家对祖籍国都很关心，踊跃捐钱捐物，寻找运输渠道，"当时不少人哪怕只买到一两盒口罩，也想寄回国"。

当时因为疫情，国际航线已经大幅减少。翁翠玉回忆，经过辗转沟通，侨胞们最终确定用DHL物流将物资运回中山。"2695公斤的防疫物资，加上包装超过3000公斤。当时运费支出比购买口罩的费用都高，但是祖国有难，大家都尽自己的本分，有钱拿钱，有力出力。"

中山海关业务一处业务二科科长刘旋告诉记者，当时有部分华人华侨团体和企业选择以货物贸易方式进口通关，"哪怕全额打税，也要尽快把口罩捐回来"。

这期间，一批单价228元的防护服，让中山港海关综合业务一科副科长蔡惠婷印

象深刻，"一般防护服的进口价格才50～60元/件"。

这批侨胞捐赠的1000件防护服于2月19日抵达中山港，当天向中山港海关申报报关放行。防护服由中山市慈善总会接收，并全部用于医院抗疫。

海关总署对进口防疫物资统计数据事后复核发现，228元/件的价格不在合理范围内，中山港海关立即知会市慈善总会了解具体情况。

2月21日，中山市慈善总会为此发来说明："因疫情发生后，防疫物资需求急剧上升，当地的防疫物资也被炒作抢购，华侨购买防护服时的价格比炒作前已上升了4～5倍，但考虑国内一线医疗机构防护服十分紧缺，也只能下血本购买。"

这样的答复，让蔡惠婷十分动容。

百年情谊血浓于水　盼疫情过后再相聚

165年前，第一批中国劳工从广东抵达哥太平洋海岸港口城市蓬塔雷纳斯。随后，从经贸交流、投资推介，到华裔研习班、社团骨干培训班，再到华裔新生代夏令营，以及本将举办的世界中山同乡恳亲大会，联系从未间断。时至今日，在哥斯达黎加的中山侨胞据不完全统计约有3万多人。

勤劳上进的中山籍侨胞也为当地社会发展贡献着力量。当地华人多以经营餐馆、杂货店等为生。华裔青年则多受过高等教育或专门技术训练，毕业后担任当地政府公职或会计师、律师、医师、工程师、教师等。

这次抗疫中，奔走联络的邓煦平，于上世纪70年代初期自中山来到哥斯达黎加求学，毕业后投身商界。他开过服装店，做过进出口生意，积累了不少从商经验。

1978年，他与太太翁翠玉开了一家高档中餐馆；1983年，邓煦平又将目光投向了具有广阔发展潜力的旅游业，并成立了旅行社。随着事业越做越大，他开始涉足金融业等多个行业。作为哥斯达黎加著名企业家，他在打拼事业的同时，也一直在为促进中哥两国友谊而努力。

今年66岁的容宝权则是在1974年来到哥斯达黎加。如今，在正常情况下，每年他都会飞回中山，列席参加中山市政协会议为家乡建言献策，同时也把家乡的信息带回哥斯达黎加。他说："这次疫情里，我们支持了祖国，祖国也帮回我们，内心有一种安慰和温暖。"

哥斯达黎加中山同乡会会长林健斌23岁来到哥斯达黎加，经营餐饮铺位和旅游酒店已有18年。他说，华人华侨在哥斯达黎加经营自己的生意或企业，遵守当地法律和秩序，同时乐于助人、贡献社会，在当地受到较高评价。

虽然受疫情影响，第十二届世界中山同乡恳亲大会暨纪念华人到哥斯达黎加165周年活动目前无法举行，但两地之间大家的心却更近了。他们期盼疫情过后，互相能好好地坐在一起，回顾诉说这段时间印刻于内心的感受。

（《南方日报》2020-08-07/廖冰莹等）

弘扬中华民族文化　美国奥克兰华裔师傅推广武术

近日，在美国奥克兰，一家武馆在华埠9街正式开张。院长邹先生表示，在疫情中练习功夫能强身健体，增强对新冠病毒的抵抗力。同时，他也希望弘扬中华民族文化，振兴华埠。

邹先生表示，近期有不少华人反映，奥克兰华埠治安不好，教授传统功夫也可以强身自卫。"虽然我们教授功夫，但不是鼓励练习者好勇斗狠、和人打架斗殴。"邹先生说。

作为"邹家八卦棍"的传人，邹先生精通多种武术。他表示，武馆每天从下午1时到9时开放，他也会每周到武馆来一次，现场教授。

邹先生说，疫情之下，多练功夫应可以强身健体，增强对病毒的抵抗力。比如说，一些内家气功会训练人的呼吸，而病毒容易从人的呼吸系统进入，呼吸系统健康了，自然能增强抵抗力。

考虑到防疫的需求，武馆目前没有大规模接收会员，教习中也注意让学员戴口罩、保持社交距离。"教授功夫时，人与人之间的密度不高，本来就要保持一定距离，这点不用担心。"

此外，邹先生还提醒说，因为疫情原因，民众多数待在家中。山火导致外面空气差，外出锻炼身体比较困难，但可以在室内练习武术强身健体，有不少功法简单易学，效果也不错。

（［美国］《世界日报》2020-08-25/刘先进）

美国华人研究员手机预警地震新思路获 Google 采用

近日，美国加州大学伯克利分校地震学研究室华人研究员孔庆凯表示，他参与的地震预警系统"My Shake"的研究，可利用安卓手机自带的加速传感器传来的数据计算地震数据，从而预警。

目前，此想法已被Google采用。该研究的原理是手机自动记录震动，将数据输入网络并即时分析，和所有搜索地震关键词的人分享地震规模、位置和估计的震动区域。Google的长远目标是，即使某国家没有地震预警网络，也能利用手机的迷你地震仪预警。

据了解，孔庆凯参与地震研究9年，其地震学博士学位导师正是加州大学伯克利分校地球与行星科学系教授、地震学实验室主任Richard Allen。Allen领导了手机移动程序"My Shake"的研发，2019年联合州长应急服务办等部门发布，成为全美首个州级范围内的地震预警系统。透过地质调查所运营的地震早期预警系统，"My Shake"可以提供警报。

地震早期预警系统检测地震的第一个震波（称为P波）来预警，震波的传播速度快于破坏性更大的S波。而用于通信的无线电波远快于地震波，接受者离震中越远，P波和S波之间的延迟就越大，"My Shake"发出的预警时间越长。

孔庆凯说，"My Shake"预警系统主要为两部分，一是已启用的手机App，透过地震早期预警系统预警；二是利用手机本身加速传感器来探测地震并预警，目前正在研发，并已经和Google合作。只要是安卓智能手机，即使没有装App，也能利用内嵌的加速传感器检测地震。

手机加速传感器能感知不同方向的加速度，进而记录、测量甚至预警地震。研究者的职责，是利用手机现有的硬件传感器，开发算法和软件，把硬件的用途变成测量地震的装置。传统地震台利用大型传感器测量地震波，而手机相当于小型传感器。系统算法较智能化，可分辨手机人为晃动和地震震动的区别，将数据发回给数据中心，推算震中、震级等数据。

孔庆凯表示，研究之初曾面临质疑。有人认为，传统地震台的大型传感器灵敏，造价不菲，在加州能测量到日本的6～7级地震，而手机传感器只需2美元一个，能否真正预警？

对此，孔庆凯和团队在地震后，利用采信数据进行模拟时发现，2016年南加州博雷戈泉5.2级地震中，在强震到达棕榈泉前，手机预警6秒钟。2018年伯克利4.4级地震中，在旧金山湾区，手机预警时间也有数秒不等。

孔庆凯说，目前用手机测算、预警地震，还在研发阶段，并未大量投入使用。除Google外，凡是安装有移动程序"My Shake"的手机用户，也会采集震动数据，并上传到柏克莱加大实验室分析。

（［美国］《世界日报》2020-08-26/刘先进）

纽约61年历史华人洗衣店关店　牛皮纸包衣物独一无二

位于纽约市曼哈顿下城、拥有61年历史的华人传统手洗洗衣店"Sun's Laundry"因店主年事已高，再加上受到新冠肺炎疫情的影响，于当地时间8月29日正式关店熄灯。84岁店主李洪森（Robert S Lee）的子女和亲友都前来共同度过在店里的最后一天，许多20多年的老顾客也纷纷前来道别，表示："这么多年来每次收到用牛皮纸整齐包裹好的干净衣服，都像是拿到圣诞礼物一般，李洪森的洗衣店是独一无二的，再也找不到第二家。"

这间位于曼哈顿14街最东端的洗衣店，是李洪森与父亲李道新（Dow Sun Lee）于1959年所开，当时他们从波士顿搬到纽约，从朋友那里以4300美金的价格买下这间店，之后61年里，李洪森全心投入洗衣店工作，再也没时间回台山老家。

从19世纪移民到美国，到20世纪中期，开洗衣店一直是早期华人最主要的维生手段之一，20世纪30年代的纽约市就有3500多家洗衣店，遍布大大小小的街区，早期竞争也较为激烈。

李洪森回忆，开店最初十多年他们面临很多竞争，单单在曼哈顿14街上，就有近十家洗衣店。不过，到了20世纪70年代，随着不少店面的关门，"Sun's Laundry"的生意开始兴旺，每周都能收到三四百件需要清洗的衣物，虽然收费低廉但一周能赚350美金。

然而生意好也意味着庞大的工作量，作为传统洗衣店，李洪森每天将接到的脏衣服送到长岛和布鲁克林的华人洗衣作坊，浆洗干净的衣服被送回后，他和妻子要进行大量的熨烫、折叠和打包工作，有些衣物二人则直接在店内手洗。多年来他们一直保持每周7天、每天15小时的工作，由于工作量太大，家里的亲戚也经常来帮忙。

但近十年随着自动洗衣房的兴起，很多公司允许员工以商务休闲服替代传统西服，人们不再需要熨烫每一件衣服，大家对传统洗衣店的需求也随之下降，因为店内无法安装自动洗衣机，李洪森也就没有加入自动洗衣生意的队伍。

对李洪森来说，每天从皇后区搭乘地铁来上班，已经成为一种生活习惯，虽然十年前家人就希望他退休，但他仍坚守这份工作，对于很多住在这条街道、每周都光顾其洗衣店的人来说，每周拿到熨好、折好、并包裹在牛皮纸内的衣物，也成为他们生活中必不可少的一部分。与很多顾客相熟的李洪森还经常承担起看门人的责任，帮顾客接收包裹，人们的每一句"谢谢"，都能让他展开笑颜。

从1996年就开始光顾洗衣店的Ken Luymes，29日专程来和李洪森道别，虽然近年来街上开了很多自动洗衣房，但他仍每周将衣物送到李洪森的店里。"传统洗衣店提供的洗衣质量是最棒的，每次拿到被熨得整整齐齐的衣物，都让我非常开心，甚至感动，这里是独一无二的，任何其他店都无法取代李先生的店。"

但今年的疫情打破了李洪森不退休、继续工作的坚持，因为年事已高且染疾风险较大，加上人们送来洗衣的次数也减少，3月21日洗衣店不得不暂时关门，直到8月初才重开。在家的几个月里李洪森每天坐立难安，有时接到顾客电话仍专程提供洗衣服务，不过在家人的劝说和疫情的影响下，他最终不得不做出关门退休的决定。

李洪森感谢几十年来顾客的厚爱，也感谢多年前新房东做出维持洗衣店800元租金不变的决定，在很大程度上帮助店面继续维持生计，退休后他希望不久后能回台山老家看看。

（［美国］《世界日报》2020-08-31/金春香）

加拿大华侨华人：纪念历史反思战争　更须跳出"零和"思维

今年9月3日是中国人民抗日战争暨世界反法西斯战争胜利75周年纪念日。加拿大多地华侨华人表示，在当今的国际形势下纪念历史、反思战争，正是为了携手共

克时艰，跳出国际交往中的"零和"思维，更好地珍惜与维护来之不易的和平。

蒙特利尔华侨华人促进中国和平统一联盟主席、蒙特利尔华人联合总会主席邵礼平对中新社记者回忆说，日本侵华造成数千万中国同胞罹难，无数人家破人亡，这其中也包括他自己的家庭。邵礼平3岁时，父亲便不幸遭日军杀害。他说，这是中国积贫积弱时的惨痛历史。如今中国国力日益强盛。美国为维持霸权，在经济、外交、科技和军事等各领千方百计阻碍中国发展。但美西方政客低估了当今中国的国力和中华民族的坚强意志。今日中国早已不是一百多年前的中国，海外侨胞也将一如既往支持祖（籍）国维护国家主权和领土完整。他深信，正义必胜、和平必胜。

埃德蒙顿加中友好协会副会长马麟说，海外华侨华人始终与祖（籍）国心连心、根连根，也为75年来祖（籍）国翻天覆地的变化感到振奋，为民族复兴的光明前景感到骄傲。在纪念抗战暨世界反法西斯战争胜利75周年之际，人们需要谴责侵略者的残暴，牢记历史经验和教训。但铭记历史并非为了延续仇恨，而是要唤起善良人们对和平的向往和坚守，更好地以史为鉴、面向未来。

多伦多华人团体联合总会3日举行纪念抗战胜利75周年座谈会。该会永久荣誉主席魏成义及其他与会者表示，观历史、看现实，华侨华人与各国民众携手抗击疫情，展现出家国情怀和勇敢的担当的力量。面对当今世界变局和新冠疫情这场没有硝烟的战争，全世界人民都应不忘历史，共同维护和平与正义。

加拿大和枫会近日举办纪念抗战暨世界反法西斯战争胜利75周年线上讨论会。加拿大和枫会会长余承璋表示，回顾那段历史，不能忘记为了和平而牺牲的先辈们，他们为民族赢得生机，后人须感恩珍惜，铭记和平来之不易。新冠病毒是人类的共同敌人。全世界各国应携手抗疫、互助互勉、共克时艰。"和平"不能仅停留在口头上，更要付诸行动。

和枫会成员、多伦多华人学者张生表示，铭记历史，是为了纪念为当今世界和平贡献生命的先烈，更是为了提醒世界各国的领导人牢记战争的残酷与野蛮，争取和平。美好的世界要靠各方共同建造。人类社会已进入高速发展的21世纪，应当有足够的资源、财富和智慧，跳出"零和"思维的狭隘与仇视，和平地处理好各种矛盾与问题。

（中国新闻网2020-09-04/余瑞冬）

纽约华埠壁画"麻将社交"亮相　冀助社区走出阴霾

由"华埠壁画项目"制作的第二幅街头壁画13日在纽约曼哈顿华埠的果园街上落成，该项目并同日在众筹网站GoFundMe上启动筹款，通过制作更多壁画和举行拍照抽奖等活动，美化社区环境，为华埠吸引更多人流，帮助社区早日走出疫情带来的阴霾。

"华埠壁画项目"发起人陈家龄表示，第二幅壁画作品"麻将社交"位于坚尼路和地威臣街上的果园街路段上，经取得房东同意之后，由他与青年艺术家陶晋设计，创作出大型壁画作品。这是继8月初在近勿街的莫斯科街上完成"生肖面店"壁画之后的第二幅作品。

陈家龄称，壁画是展现一个社区生活气息和文化特点的最直观形式之一，从"生肖面店"到"麻将社交"，所选取的题材都与包括华埠在内的下东城社区息息相关。以麻将为例，虽然这种牌类游戏起源于中国，但随着不断有华裔移民来到下东城定居，也将这种游戏带进当时以犹太裔居民为主的下东城社区，并受到犹太裔妇女的喜爱，展现文化和族裔的融合。而在莫斯科街上的第一幅壁画"生肖面店"，通过描绘兔子和老虎两种代表性生肖在面店内忙碌的情景，活色生香地描绘了华埠的日常景象。

受疫情影响，华埠社区遭受严重冲击，透过制作壁画，在美化社区环境的同时，有望为华埠吸引更多人流。陈家龄表示，13日在众筹网站上发起了筹款，旨在为"华埠壁画项目"筹集资金以制作更多壁画。

（［美国］侨报网2020-09-16/刘依玲）

调查显示：亚裔成 2019 年全美家庭收入中位数最高族裔

近日，美国人口调查局调查显示，2019年疫情暴发前，在撇除通胀影响后，全美家庭收入中位数达1967年以来最高位，其中亚裔高居各族裔榜首。

综合美媒报道，2019年全美家庭收入中位数为6.87万美元，比上一年度上升6.8%，原因在于疫情前就业率和薪金水平双双上涨，但不同族裔之间仍有极大差距。亚裔及白人家庭的收入中位数，分别为9.82万美元及7.61万美元，但西裔及非裔家庭，分别只有5.61万美元及4.5万美元。

此外，贫穷率也连续5年下降。2019年跌至10.5%，为1959年以来最低位，比2018年同样减少了1.3%。这个比例代表全美约有3400万贫穷人口，较前一年度减少420万人。所有主要族裔的贫穷人口比例均有所下跌，非裔的贫穷率跌至18.8%，西裔跌至15.7%，但两者仍然比白人的9.1%贫穷率高出不少。

但是，疫情造成的沉重打击却为这一切画上句点。2020年，美国就业率出现历史性跌幅。虽然部分州重开令就业机会增加，但截至8月，全美失业人口仍高达1360万。

2019年约有2960万人没有购买医疗保险，占全美人口9.2%，相比之下，2018年共有2860万人没有受保，一年来人数上升100万，背后的主要原因是援助低收入人士的"医疗补助"计划受惠人数下跌。

医疗保险覆盖率减少后，意味着更多人需要面对庞大的医疗开支，其中西裔及非裔人士的影响比例超出预期。近17%西裔及近10%非裔人士，在2019年没有投保医疗保险，比例远超白人及亚裔。而西裔的未投保人口比例也开始上升，由2018年的17.9%升至去年的18.7%。白人及亚裔的升幅少于0.5%，非裔则没有显著变化。

（［美国］《星岛日报》2020-09-17）

纽约布鲁克林多个华社欢迎62分局华裔局长上任

近日，纽约华裔警监陈韬（Captain Tao Chen）正式走马上任布鲁克林市警62分局局长，成为该警局有史以来第一位亚裔局长。当地时间9月24日，陈韬在与当地华社代表见面时，他强调将进一步密切警民关系，继续打击罪案，保护辖区内的各族裔民众安居乐业。

24日下午，多个华人团体负责人前往62分局欢迎陈韬上任。在与社区代表畅谈和听取建议后，陈韬表示，62分局是布鲁克林南区最大的警局，他将在前任局长打下的良好基础上，进一步密切警民关系，继续打击和减少罪案，保护各族裔民众安定地生活和工作。

陈韬也希望亚裔民众遇到罪案时一定要报警求助，同时市警总局也专门成立了亚裔反仇恨犯罪工作小组并将它永久化，这都显示了警方对亚裔歧视案件的重视。

另外，在见面会上陈韬还感谢在当前特殊时期亚裔社区对警察的支持，尤其在疫情严重期间，很多华人团体向警局送上餐食和防疫物资，令人感动。

出生于广东肇庆的陈韬16岁时移民赴美，在纽约州立大学主修计算机，后来加入警队，第二年被调到布鲁克林72分局，在那里他当了4年警察，凭着自己流利的广东话和普通话为华人做了许多事情。2009年，陈韬晋升为警佐，调到史坦顿岛120分局工作了2年。"9·11"恐怖袭击发生后，他被分配到史坦顿岛轮渡安全组。2013年陈韬获擢升为警督，调回布鲁克林66分局任职。2015年，陈韬调任市警总局内务部。2017年，他晋升为警监，随后回到曾经服务过的72分局当副局长。2018年，调到皇冠高地71分局当副局长。

在24日的活动中，华社代表还特意带来欢迎礼物，其中松柏之家社区服务中心行政总监周慧珠向陈韬送上该中心耆老制作的一个珠编骏马，取"马到功成"的吉祥之意，布鲁克林华人社区服务中心则送上一盒月饼，祝他和警员们中秋快乐。

（［美国］侨报网2020-09-25/崔国其）

加拿大侨界人士点赞中国成就 期待当好"桥梁"和"黏合剂"

中华人民共和国71周年华诞到来之际，加拿大东西部两位侨界人士接受中新社记者采访时表示，中国的发展建设成就以及抗疫成果都令海内外中华儿女骄傲，华侨华人未来更应发挥好"桥梁"和"黏合剂"的作用。

蒙特利尔华侨华人促进中国和平统一联盟主席、蒙特利尔华人联合总会主席邵礼平说，今日的中国早已告别任人宰割、备受欺凌的苦难日子，代之以大国威严，更让海内外炎黄子孙感受到自豪、自信、自尊、自强。

邵礼平说，一个国家的崛起和一个民族的复兴从来都不会是轻而易举之事。中国的快速发展使美国等一些西方国家产生焦虑和恐惧。某些西方政客带着冷战思维和意识形态偏见，企图以种种手段阻断中国经贸发展，形成孤立中国的包围圈；在自身处理新冠疫情不力的情形下，对中国造谣、抹黑、丑化，无所不用其极。

邵礼平表示，爱国爱乡、爱自己的民族是海外华侨华人一直以来的光荣传统。历史无数次证明，当祖（籍）国有困难、有危难时，海外华侨华人都会坚决、无私地提供支持和帮助。新冠疫情期间，侨界筹款支援抗疫工作再度印证了这一点。

他说，海外华侨华人要团结，只有团结才能促进华人社区繁荣发展，才能防范和抵御未来可能出现的种种冲击。他亦表示，加拿大华人要支持住在国发展，多与其他族裔民众沟通，增进团结和友谊，并希望各级政府的华人政界人士发挥各自影响力，为解决目前中加关系面临的困难做些力所能及的工作。

身在温哥华的加拿大中国（友好）和平统一促进会会长王典奇说，祖（籍）国以人民至上、生命至上为原则，举全国之力，有效控制住了疫情，充分体现了制度优越性。疫情肆虐时，祖（籍）国也没有忘记海外游子，通过各种渠道送来防疫物品，帮助解决困难。"伟大的祖（籍）国始终是我们最坚定的靠山。"

王典奇近日与加拿大和平与发展交流协会会长胡培峰及加拿大中国（友好）和平统一促进会、北美浙江台州总商会和"特别关爱小组"部分成员等探望、慰问了生活在大温哥华地区的高龄华人老兵、两岸问题专家以及年迈乡亲，为他们送上中秋月饼和口罩，并向大家讲述了中国有力有效抗击疫情的故事。

王典奇说，中国正全面做好疫情防控和推动社会经济发展，用实际行动促进世界经济稳定和全球贸易繁荣，彰显了推动构建人类命运共同体的大国担当和大国风范。加拿大华侨华人作为连接祖（籍）国和住在国的"桥梁"和"黏合剂"，更需进一步发挥熟悉语言、法律和风俗人情的优势，通过各种实际行动，真正扛起责任，为促进中加民间友好交流、双边互相理解作出更大努力。

（中国新闻网2020-10-02/余瑞冬）

加拿大华人影星刘思慕成为联合国儿基会加拿大大使

作为漫威"超级英雄"系列影片中首位担纲"男一号"的华人演员,加拿大男星刘思慕现已成为联合国儿童基金会加拿大大使。

刘思慕于10月6日通过社交网络平台宣布了这一消息。他形容这一新"角色"令人兴奋。他表示,相信每个孩子都有享受童年的权利,他为能够借助自己的声音和经验来帮助各地需要帮助的儿童而感到自豪。

他将于11月20日(世界儿童日)出席联合国儿童基金会加拿大办事处举行的一个虚拟庆祝活动,与年轻人一起交流。

刘思慕出生在中国的哈尔滨,5岁时随父母移民加拿大,在多伦多长大。大学商科毕业的他曾短暂供职于一家会计师事务所,后投身影视事业。他身兼演员、编剧、导演和制片人多个角色,曾出演美剧《飓风营救》等作品,并获加拿大银幕奖提名。凭借近年在加拿大热播电视剧《金氏便利店》中的演出,刘思慕受到观众瞩目。2019年7月,美国漫威影业宣布敲定刘思慕出演新片《上气和十戒传奇》(暂译)的男主角。

(中国新闻网2020-10-08)

洛杉矶汉庭顿图书馆流芳园新馆开放　勾起华人思乡情

日前,美国洛杉矶汉庭顿图书馆流芳园扩建新馆已面向大众开放,11日馆内游人如织,不少人是专程来欣赏流芳园的新景点,且和亲友一起欣赏中西融合的园林美景。对碍于疫情没有回家乡的华人,更是来此解乡愁。有华人表示,站在望星楼上,下面小桥流水,绿荫如画,远处如黛远山,恍惚中仿佛在家乡。

汉庭顿图书馆受疫情影响,馆内实施预约入场,以此控制人数。人人不仅要佩戴口罩,在门口处还要量体温和登记,目前只开放户外区域,室内区域还属于关闭状态。11日上午,来自四面八方的人们聚集在这里,不少人都是专程为流芳园新馆而来。

流芳园扩建工程历时数年,从最初3.5英亩扩建到15英亩,成为世界级的中国古典园林之一。焕然一新的流芳园让人豁然开朗,除有新增的亭台水榭楼阁,又有未来进行展览表演艺术交流的场所,各个族裔的人们纷纷在长廊、如意门、花窗等地合影留念。并有人在位于湖南端的最高点望星楼登高望远,感叹中式园林之美。翠玲珑内则集合各式中国盆景,在黑瓦白墙的映衬下,中式盆景更是宛如一幅中式山水画。

橙县李先生专程来欣赏流芳园。他说,他是苏州人,从小看着苏州园林长大,如今因疫情已一年多没有回家乡,看着这里的一亭一景,唤起思乡之情,一时间不知道是身在异乡还是家乡。

华人黄太太和先生一起来参观。她说,不少新景点旁标记着华人家族或基金会的捐赠支持，听说流芳园扩建也获得苏州园林艺术家和工人的帮助，这里是两国友谊和文化的结晶。

（［美国］《世界日报》2020-10-12/张宏）

全美亚裔总商会开展调查　了解疫情对亚太裔企业影响

日前，全美亚裔总商会和美国工商策略联盟合作，首次在全美展开调查，了解新冠肺炎疫情对美国亚太裔小企业的影响。这一调查将提供重要数据，以便有关机构制定为亚太裔小企业社区提供所需资源的长期计划。2020年10月16日前，亚裔企业皆可上网填表参加调查。

迄今为止，美国关于亚太裔小型企业状况的数据非常少。全美亚裔总商会希望借由这项调查，帮助政策制定者更好地了解全美亚太裔企业社区所需要资源。调查结果将在企业、非牟利机构、政府制定重要的长期计划时，作为投放资源的参考依据。

全美亚裔总商会会长暨执行长董女士表示："我们的使命是为亚太裔社区企业的利益提供强而有力的支持，在增强、提升亚太裔企业主的目标上，促成积极改变。对亚太裔小企业社区来说，参加全国性调查极其重要，因为我们知道，额外资源对他们来说攸关生存。"

目前，美国工商策略联盟方面的领袖和全美亚裔总商会合作，已制作出一份全面调查，以了解亚太裔企业主从全球疫情大流行开始以来的状态。

美国工商策略联盟负责人表示："不幸的是，现有的可用数据不能反映亚太裔小企业主的关键需求。缺乏小企业主的分类数据，也减弱了亚太裔取得所需资源的可能，正确辨识他们的需求真的是个挑战。"

全美亚裔总商会董事会主席吴女士说："疫情暴发以来，我们和遍布全美的60多个相关商会和合作伙伴保持着非常紧密的合作，以确保亚太裔企业社区的重要资源，并收到最正确、最新的资讯。调查正在进行中，希望每一个级别的许多亚太裔商会、企业组织、企业主及企业家，都能参与并协助收集数据。"

（［美国］《星岛日报》2020-10-14）

顾客数量无明显回升　美国中餐馆未来路如何走？

新冠肺炎疫情重创美国的餐饮业，最新报告显示，2020年每三家餐馆中，恐将有一家面临永久关闭。作为餐饮业的中坚力量之一，中餐业也承受着巨大的生存压力，专业人士预测，2020年美国可能有25%左右的中餐馆会永久关闭，如果疫苗不能问世、顾客数量也无明显回升，那么2021年上半年的经营状况将和现在没有区别，届

时永久关闭的中餐馆或达到40%之多。

餐馆数量不增反减

根据一全球餐饮企业顾问公司日前提供给彭博社的数据，美国共有约66万家餐馆、数百万名员工，其中超过8 000家因有员工染疫而受到直接影响，多达231 000家在2020年很可能会永久关闭。过去20年来，美国的餐馆数量持续增加，2020年由于突发的疫情，将首次创下餐馆数量只减不增的纪录。

餐饮业一向是美国经济的基石，也是各族裔民众就业和创收的重要来源，预测反映出美国的餐饮业正在经历一场根本性的变化，且因最早重开堂食的几个州确诊病例再度飙升，而将继续面临新的挑战。

营销数据分析公司Zenreach的统计显示，如果民众前往餐馆用餐的频率增加，确诊的人数就会随之增加，但当确诊病例上升到一定程度后，去餐馆的人又会开始下降；虽然外出用餐的频率和确诊人数的上升不一定有绝对关系，但却与民众外出的意愿以及对餐厅环境的安全感息息相关，当疫情开始升温，顾客的行为也将跟着改变。

餐饮业恢复到疫情前需要几年

密西根大学的经济学者Richard Curtin研究消费者行为长达数十年，他表示，要让餐饮业恢复到疫情之前的经营状况，可能需要好几年的时间。埃默里大学的经济学者Tom Smith自3月至今还没去餐馆吃过一次饭，他认为，急着重启经济从一开始就不现实，疫情就像灾难性的风暴，想在其过境期间让一切恢复正常根本不可能。

疫情笼罩下，遍布各州的中餐馆都在苦苦支撑，尤其是以堂食为主要收入来源的餐馆，所受冲击特别严重。美国中餐联盟总顾问陈善庄表示，自疫情发生后，因为无法堂食，很多餐馆暂停营业；每个人都居家避疫，就算提供外卖，客人的数量也锐减；与此同时，餐馆的租金每个月照样得支付，员工要么担心家中老小、不敢外出上班，要么满足于领600美元的失业补助，方方面面都给业者施加了巨大的压力。

自助中餐面临"死路"

这其中，又以占全美中餐馆总数三分之一的自助餐受到的挑战最为严峻，甚至面临"死路"。陈善庄解释，自助餐的食品区通常是开放性设置，由顾客自行取用，过程中如果有任何人因为没戴口罩，讲话、咳嗽或不小心打喷嚏时产生飞沫，就会制造相当程度的卫生隐患。

所以，美国中餐联盟早在疫情初期便发出通告，呼吁自助餐业者为了自身、家人和顾客的安全健康，慎重考虑是否继续以往的经营方式，如果可以，应尽量转型，从做自助餐改为做套餐。外族裔最爱点的菜其实就是左宗鸡等几种，目前这种情况下，最好是停掉自助餐，转而精选几样热门菜，以一次性餐具、独立包装的便当盒形式出售。

尽管如此，顾客数量整体上大幅减少，使餐馆的收入极其有限，难以支撑各方面的总支出，不得不继续停业甚至永久关闭。佛州就有家占地几千平方英尺、可容纳200多人的中餐自助店，疫情前的生意很不错，但疫情后却一落千丈，重开时平均每天只有三四名顾客，而每月需要支付的房租却高达1万多美元。

无奈之下，华裔业者只能停掉自助、改做套餐，将菜品集中到十几道菜上，并重新印制了菜单。刚开始确实有起色，生意恢复到之前的三分之一，甚至一半，但随着佛州的疫情重新抬头、新增确诊病例数过万，又一次吓退了客人，最后被迫做出永久关闭的决定。

再以纽约市布鲁克林8大道的华人小区为例，陈善庄表示，截止到9月底，小区内部共七家大酒楼中仅有两家重开，而每家的月租都起码在四五万美元以上，可是生意又能做多少？没人出来消费，想维持经营实在是太难。

亚裔顾客对疫情最谨慎

除了大环境之外，相较其他族裔，中餐馆难恢复的另一个重要原因是，大多数中餐馆的主要顾客群都是亚裔，而亚裔、尤其华人又恰好是对疫情最小心的群体。暂且别说开放堂食，仅户外用餐就已进行了数月，但有的人到现在都没到街上吃过一顿饭，还有的中青年虽然自己不怕，可家中老小非常谨慎。

陈善庄说，为什么烧烤店、火锅店重开后能有这么多消费者，就是因为这类餐馆吸引的主要是年轻人，年轻人觉得自己有本钱、有优势，外族裔的餐馆恢复得比中餐馆快，也是因为所吸引的主要是外族裔，他们的防范意识远比华人和亚裔薄弱。有的店现在的生意甚至比疫情前还好，户外用餐的座位不断增加，很大程度在于他们的客人不担心。

所以说，如果疫苗不出来，到2021年上半年，中餐馆的经营情况将和现在没有区别，永久关闭的中餐馆数量可能会从现在的25%增长到40%。陈善庄认为，在现有条件下，为了尽可能地创造生存空间，中餐馆应充分利用户外用餐这一政策吸引客流，根据现实状况灵活调整经营模式，尤其是要把好卫生这一关，给顾客到店里来消费的信心，哪怕没有疫情，卫生方面也不能松懈。

中央厨房透明作业

比如同样是在重灾区佛州，一家以开放式中央厨房作业、使用透明环保便当盒、客人可全程见证食品准备过程的中餐馆，不仅没受疫情影响，甚至在同行都纷纷歇业、甚至倒闭的过去几个月，还拓展了13家分店，目前店面总数达到近60家，其目标是2021年能上市。

陈善庄表示，这家中餐馆的业者是一名30多岁的年轻人，敢于创新和思变，认识到顾客除了味道，更注重卫生和健康。他的餐馆主打外卖套餐，荤素搭配，最重要的是便当盒的底和面全部透明，厨房里的冰箱等设备、食品的储存和搭配过程也全透明，是客人亲眼可见的干干净净、有质量保障，每种套餐价格在10美元上下，取餐后回家用微波炉简单加热即可享用。

这种设置了中央厨房、流水线制作的餐馆不需太大的面积，600至800平方英尺（约55至74平方米）就够用，所以房租不会很贵；员工也无需太多，通常一家店五个人，不用担心厨房突然有人离开、不好去找新人；整体的投资成本相较其他配型的餐馆要低，但利润却非常可观，再加上严把卫生关、完全符合现阶段消费者的需求，平安渡过了疫情期。

疫后更加讲究健康

美国烹饪学院的教授成蜀良日前在中餐国际论坛上提醒中餐业者未雨绸缪，重新思考消费模式，进而改变经营方式，强调餐馆和食品卫生安全至关重要，疫情之后相关标准不会放松，只会更加严格。

统计显示，55%的消费者认为放有干洗手液的餐馆更安全，56%的消费者看到餐馆整洁、使用一次性菜单和餐具、员工戴手套会更放心。所以已经重开或准备重开的中餐馆，应做好放置干洗手液、消毒剂，使用一次性菜单、一次性餐具，严格遵守政府卫生指南，使用无接触付款方式等工作。

经济学者预测，2020年美国餐饮业的营业额将有一半来自外卖，所以还在坚持不做外卖的餐馆，应顺势改变才能存活下去。成蜀良鼓励中餐业者积极申请政府可能提供的资金补助，通过精简业务来控制成本，条件允许的话还可以调整菜单，原则是容易烹煮、价格合理、消费者喜欢。

"疫情发生后，餐饮业想走出困境，一两年内都会面临相当大的压力，但如果不改变，压力会更大。"陈善庄认为，业者可以趁机思考，要如何改变才能让后疫情时代更讲究健康的消费者接受，上世纪六七十年代，吃是很大的投入，现在吃不成问题，反而健康成了问题，要为客人提供符合自身健康需求的菜品。但改变也并非所有餐馆都能马上做，比如夫妻店，多请人根本负担不起，所以希望有规模的中餐馆能率先改变并带动其他业内人士。

（［美国］《世界日报》2020-10-19/刘大琪）

美华博物馆推新展 "华埠之窗"展华社历史变迁

日前，美国华人博物馆（MOCA）为庆祝建馆40周年，推出新展"华埠之窗"（Windows for Chinatown），以橱窗展览展现不同主题下的华人历史及故事，希望在疫情期间为民众提供安全的观展平台。与此同时，今年初在茂比利街（Mulberry Street）70号火灾中受损的数万件珍贵馆藏，经辗转各地修复后已被安全送回，并在位于霍华德街（Howard Street）3号的新馆藏空间内保存。

美华博物馆展览部主任谭海俊介绍，受疫情影响，博物馆因场地和容量限制无法重新开放，但通过利用博物馆在中央街及拉菲逸街（Lafayette Street）橱窗进行展览，则能让民众在馆外以安全和便捷的方式观展，同时也希望帮助疫情期间萧条的社区恢复往日的活力。

谭海俊称，此次展览共分五部分，主题涵盖"如何在疫情期间回应种族歧视行为""谁曾坐落于此""中国城在哪里""抗议运动在我们的社区中扮演了什么角色"以及"什么时候开始商铺变得不再只是商铺"。

其中，华人社区在疫情期间为对抗种族歧视所做的努力及斗争，通过照片、海报、诗歌等形式展出，并以今年爆发的"黑人的命也是命"（BLM）运动浪潮为切入点，探讨华裔社区的维权历史，以及华裔、非裔等少数族裔的团结性抗争。此外，展览中也介绍了美华博物馆的建筑历史，以及华埠传统商业及华人聚居区的发展变迁。

开展当日，美华博物馆馆长姚南薰、馆藏研究中心主任马越及百人会共同创办人邓兆祥等为新启用的"MOCA工作坊"（MOCA Workshop）剪彩。邓兆祥同时还代表其弟弟向博物馆捐赠一台拥有百年历史的中文打字机，这台古董打字机也是目前西方仅存的三部中文打字机之一。

姚南薰表示，1月发生的大火让博物馆的85 000件珍贵馆藏处于危险中，经过数月的努力和修复，其中95%的藏品被完好取出和恢复，并将陆续放置在新启用的占地4 000平方英尺的"MOCA工作坊"内。她说，华裔为美国丰富的历史及文化发展作出卓越贡献，但有关华裔的故事及榜样人物却鲜少被提及。希望工作坊可以集藏品、体验、活动及研究为一体，吸引更多群体对华裔历史的关注，并为博物馆注入新的可能。

据悉，"华埠之窗"免费向公众开放，感兴趣的民众可预约门票。

（［美国］《侨报》2020-10-19/杨澄雨）

纽约皇后区服务中心正式运行　致力维护华人权益

美国亚裔社团联合总会、亚裔维权大联盟于当地时间10月25日于纽约法拉盛宣布成立"亚裔社区皇后区服务中心"，该中心在布鲁克林亚裔社区服务中心总部的基础上，拓展选民登记、移民身份和意外伤害等服务，旨在服务华人、捍卫华人权益、加强华人与各界合作与互动、助力华人发声。

国会议员孟昭文、纽约州金融监管厅副总监孙雯、市议员顾雅明、曼哈顿民事

诉讼法官李昌永、州民主党委员会委员黄敏仪、皇后区区长候选人尹导以及众多侨团代表等出席"皇后区服务中心"新办公室开张剪彩仪式。

美国亚裔社团联合总会主席、亚裔维权大联盟召集人陈善庄表示，亚总会自2013年成立，总部设于布鲁克林，常年开放给民众求助、咨询，以解决民众的燃眉之急。同时也积极推动与华人相关社会议题，团结社区力量为华人发声。随着华裔移民不断增加，尤其是皇后区法拉盛已然成为纽约市最大的华人聚居地，为更好、更便捷地为华人服务，他们决定增设皇后区服务中心。

该会皇后区执行总监陈熠表示，自3月份疫情暴发，他们协助了众多华人求助者申请商业补助、失业金和处理商铺关门等多方面问题。前来的求助者还有不少是来自纽约上州、长岛和康州的华人，设立皇后区办公室为他们节省了往返布鲁克林的时间。

总部原有的服务会扩展至皇后区服务中心，并拓展选民登记、移民身份、意外伤害等其他服务。目前，该公司有近20位义工和员工，其中不乏年轻一代，他们希望通过服务社区培养新一代华人。

由于新冠肺炎疫情影响，皇后区服务中心目前需致电预约服务。

（［美国］侨报网2020-10-26/张晶）

古巴华裔追寻舞狮文化记忆

"舞狮是我们的家庭传统，也是华人在古巴的重要文化印记。"日前在哈瓦那中国城举办的《舞狮在古巴》一书的推介会上，作者之一、古巴南派功夫总馆主席邓颖旭对读者表示，希望通过这本书推动舞狮和其他中国传统文化在古巴的传承与传播。

今年62岁的邓颖旭生于哈瓦那中国城，那里曾是南美洲最大的华人聚居区之一。大批广东移民带来了舞狮舞龙的习俗。

邓颖旭告诉记者，自己儿时总去中国城里的"金鹰"和"新大陆"电影院看香港电影，片中经常出现舞狮舞龙的画面，"我就和小伙伴爬到桌上模仿狮子叼白菜"。稍长后，邓颖旭便跟着父亲、华人区有名的功夫师傅邓国旋学武术，舞狮成为邓家每年春节必不可少的"仪式"。

然而在家庭之外，邓颖旭却很少见到舞狮。1959年古巴革命胜利后进行国有化，许多经商的华人选择离开古巴，华人区的舞狮队逐渐解散。此外，从1961年起，包括舞狮在内的武术表演被禁止上街，只能在华人社团内进行。

直到上世纪70年代末，古巴政府着手编撰民间文化图志，舞狮才得以"正名"。当地民俗学家劳尔·西曼卡斯了解到华人舞狮文化几近消失后，有意开展拯救工作，得到众多华人积极响应。

当时参与拯救舞狮工作的哈瓦那城市电台华裔记者、本书的另一位作者吴回仍清楚地记得1983年的10月23日，在中国城附近的加利亚诺画廊门口，他和邓颖旭在内的四个年轻人在三位师傅的带领下，为观众带来了一场久违的舞狮表演。"这场表演标志着舞狮文化在古巴的重生。"

今年60岁的吴回回忆起这一幕仍感慨万分。他告诉记者，西曼卡斯和华人们与多方协调，终于在1985年夏天将舞狮表演搬到了一年一度的哈瓦那狂欢节上。当时，100多名华人沿着7公里的海滨大道为当地民众带去舞狮表演，并荣获当年狂欢节多个奖项。

从上世纪90年代起，舞狮舞龙开始频繁出现在古巴各地文化活动中，也越来越为当地民众接受和喜爱。不久前，在古巴武术学校庆祝建校25周年活动上，15岁的古巴少年阿尔达伊尔·雷戈也加入了舞狮队伍。

"我知道舞狮是中国传统文化，"雷戈告诉记者，"我们经常在各地演出，为人们带去欢乐。"

（新华网2020-10-27/朱婉君）

纽约市 900 名预备警员宣誓入职　13% 为亚裔

当地时间11月2日，纽约市警在皇后区大学的纽约市警察学院举行新冠肺炎疫情暴发后的首次预备警员宣誓入职典礼，900名预备警员中，13%为亚裔。

本届预备警员宣誓入职典礼距离上届已有10个月之久，期间有两届由于疫情被取消，也导致此次学员人数大增；当日的活动严格执行防疫措施，地点改为更宽敞的室内运动场，每名学员隔开就座且全部戴口罩。本届宣誓入职的900名预备警员中，有686名男性（76.2%）、214名女性（23.8%），平均年龄25岁；亚太裔有117人，占13%。

纽约市警总局局长希尔代表警方欢迎新学员，他说："你们来自各行各业，有着不同的人生经历，但今天，因为有着同样的理想走到了一起，加入市警大家庭。"希尔表示，纽约市警正处于困难时期，警察如何执法在全国引起热议；他给新学员的建议是，"对待每个人就像对待自己的家庭成员一样；当你接到报警电话时，永远不要低估你对报警者会产生的影响，你的所作所为很可能会改变他们的生活"。

据悉，接下来的六个月里，学员将接受沟通技巧、刑法、安全策略以及小区警务知识培训，获得新技术和战术知识；学员还会走入警局、小区进行实地训练。

（［美国］《世界日报》2020-11-04/朱蕾）

"双11"购物更便宜　美国南加华人享受"海淘"乐趣

中国的"双11"购物节也受到海外华人的关注。在美国，因为时差优势，不少南加华人一早起床就开始蹲点买买买，半价的视频年费会员、半价的羽绒服、零食、玩具和书等统统加入购物车。不过也有民众调侃"双11"折扣算法复杂，为省钱都变成了数学家；还有民众认为当天所谓的一些折扣价反而比平时贵，并不真正划算。

华人王小姐说，中国的花盆、花架便宜又好看，所以她早早把想买的产品加入购物车，就等到点结账。除此之外，她还买了一件半价薄款羽绒服和孩子的玩具，前后花了1000多元人民币。她的物品会统一寄到转运中心，然后拼团海运到美国，运费一公斤才16元人民币，比在美国买划算。

也有人趁"双11"充中国视频网站的会员。华人张先生说，每年这个时候会员充值都是半价，父母在美国还是喜欢看中文节目。现在中国视频网站节目多，还有自制网剧质量都不错，一年不到100元人民币相当划算。

华人李小姐在"双11"前也是把想买的东西加入购物车，就等当天打折结算。她说，给在中国的爸妈和公婆买了海参、坚果、牛奶、保暖内衣等，本来还打算给孩子买童装，结果发现"双11"前满600减200，"双11"满300减40。第二波折扣力度竟然不如第一波。留学生孙同学说，她妈妈让她等零点拍几样东西，她提前加入购物车还领了券。零点后发现之前的券都失效，价格比零点前还贵。

也有民众觉得"双11"折扣算法太复杂。华人Tina江说，为了省个百十块人民币，搞得要和数学家一样，太多弯弯绕，感觉脑子跟不上。但看很多年轻人好像特别享受，各自分享怎么买到各种划算的组合。

还有民众等着"双12"，华人薛女士表示，衣服鞋子"双12"买更划算，因为年底要清库存。

（〔美国〕《世界日报》2020-11-12/张宏）

美国救济补助将停发　失业华人面临断炊挑战

受到新冠肺炎疫情的影响，美国失业率居高不下。靠着领取失业金度日的族群，近日却可能面临断炊的严峻挑战。一份报告显示，美国联邦纾困方案中的"联邦大流行病失业协助"（简称PUA）与联邦提供额外13周失业金补助的"大流行紧急失业补偿"（简称PEUC）均将在12月26日到期，这也意味着，目前领取这两项补助的约1200万民众，过完圣诞节将无钱可领。

早在3月份就已经暂停开优步网约车的华人陈良俊说，伊利诺伊州的PUA申请直到5月上旬才开通，他好不容易拿到每周415美元的补助，"5月下旬我开始领到此补贴，失业局因故无法追溯既往，我到年底只领了七个月，竟然就要停发了"。

50多岁的陈良俊表示，他每个月领到的失业金一半都拿去缴交房屋贷款，一家三口靠剩下来的收入过活，"很想回去开车，但自己有糖尿病，担心感染新冠病毒"，一想到接下来没有收入，他难掩忧虑地说："虽有些存款，但这样下去，迟早坐吃山空。"

据报告指出，受到疫情影响失业的打工族，大多数从今年3月、4月开始领取各州政府的失业金，一般州府失业补助期限为26周。数据显示，约有300万名失业者在今年秋季9月已经达到补助期限，另外超过400万名失业劳工的补助期限也在10月份到期。

报告提到，失业劳工在领完州府提供的26周普通失业金（UI）后，接着可自动获得联邦额外提供的13周失业补助（PEUC）。不过，统计指出，尽管失业津贴总计发放39周，但由于许多人早在2月初就已经失业，目前已有350万劳工领完总共39周的失业补助，而根据纾困方案规定，此额外13周补助12月26日到期，届时估计会有460万名工人虽然还没领满39周补助，仍将在年底前失去此津贴。

另一项PUA补助影响更是巨大，报告指出，这项从今年2月9日施行的福利，大概有94.5万名工人在12月前就已经用满期限，而12月26日该补助到期后，估计将有多达730万名工人失去津贴。

据悉，许多从事美甲、按摩、网约车工作的华人领取了补助。

（［美国］《世界日报》2020-11-20/黄惠玲）

美国华人历史学会纪念李小龙　多名嘉宾线上怀念

2020年11月27日是美国华人演员李小龙诞辰80周年。日前，美国华人历史学会举行一场名为"李小龙生日快闪"的线上活动，放送关于李小龙的视频，并邀世界各地的李小龙影迷、特别嘉宾，以短视频形式分享他们对李小龙的热爱。

特别嘉宾、演员吴彦祖表示，他一生痴迷李小龙，视其为偶像。小时候母亲觉得武打片暴力不许他看，他就躲进衣柜静音看李小龙的电影。武术爱好者伊先生表示，李小龙是他的老师亦是朋友。李小龙对各派武术都有兴趣研究，不把自己规限于一式，他也从李小龙身上学会研究、实验和创造。喜剧演员贝尔表示，李小龙对他一生有很大的正面影响。他从李小龙身上学会一个道理：只要愿意付出努力，并成为自己最大的支持者和最严厉的批评者，就能实现梦想。

据了解，2021年秋季，美国华人历史学会还计划举办"我们都是李小龙：同一星空下的一家人"大型展览。学会表示，该展览将纪念李小龙，以及他对世界文化的影响。该活动将由李小龙基金会、李小龙女儿李香凝以及世界顶级的李小龙纪念品收藏者合作，展出李小龙生前的部分物品，包括图纸和手写信件、历史照片等。

（［美国］《星岛日报》2020-11-30/李兆庭）

加拿大侨社悼念南京大屠杀死难者　祈愿和平

南京大屠杀惨案发生83周年之时，加拿大侨社以不同方式悼念大屠杀死难者，祈愿和平。

多伦多华人团体联合总会和加拿大洪门民治党多伦多支部等华人社团的代表于当地时间12月13日在多伦多的南京大屠杀遇难者纪念碑前举行追思仪式，在纪念碑前默哀、献花。期间遵循当地防疫要求。该纪念碑由当地华侨华人筹资修建，2年前揭幕。

加拿大和枫会在纪念日前夕以网络视频连线方式主办了一场以"祈愿和平共筑未来"为主题的历史文化教育论坛。与会的中、加、美等各界人士共同为南京大屠杀死难者默哀，并有多位学者从不同角度作专题报告，问史思今。

曾推动加拿大安大略省省议会设立南京大屠杀遇难者纪念日的安大略省前省议员黄素梅表示，自己近年关注慰安妇历史，愿为在二战中遭遇迫害和侮辱的妇女发声。

和枫会会长余承璋表示，无论哪个族群、身处何地，牢记历史都是一个族裔的使命和文化传承基础。举办纪念活动是为了更好地延续历史教育，传播积极的文化价值观。

加拿大全国性的华人团体全加华人联会在加各地多家华文媒体刊文，悼念南京大屠杀死难者，呼吁毋忘历史，铭记教训，警醒世人，珍爱和平。全加华人联会表示，支持经历南京大屠杀的幸存者争取公平公正的对待，并向美籍华裔作家张纯如等为南京大屠杀受害者发声及伸张正义的仁人志士表达敬意。

"昭昭前事，惕惕后人。永矢弗谖，祈愿和平。"全加华人联会的文章说："我们不是要延续仇恨，而是要唤起每一个善良的人们对和平的向往和坚守。我们必须从中记取教训，绝对不能让南京大屠杀这样的悲剧以任何形式重现。一个人不忘来路才能走得更远，一个民族、一个国家、一个世界不忘历史才能更加强盛。"

（中国新闻网2020-12-14/余瑞冬）

美国新泽西李文斯顿华人协会抗疫表现突出获政府表彰

美国新泽西李文斯顿华人协会（LCA）因抗疫成就突出，受到当地市政府表彰。100多个华人家庭日前通过网络，召开首次年终总结大会，感谢成员积极参与。

据介绍，协会联合李文斯顿华夏中文学校、立石教会等机构发动募捐，持续两个月，173个家庭和两个商家参与美元捐款，40个家庭参与人民币捐款，共募得2万多美元、22 581.59元人民币。三个组织用这些善款购买了16 550件防护用具，加上一些公司和个人捐赠的5 138件，共21 688件个人防护装备陆续送到22家医疗机构和19间商家，展现华人关心公共事务，受到社区好评和市政府表彰。

协会考虑居家寂寞，举办了11次在线和线下活动，包括报税、精神健康、牙齿保健等讲座、网球初级班等；组织83个家庭团购，利润全数捐出，向消防队和急救中心各捐赠380元。

总结大会上，史颖舞蹈学校及其他个人表演舞蹈。协会也计划联合华夏中文学校李文斯顿分校、立石教会、李文斯顿中文学校、李文斯顿高中举办网络春晚。

协会董事长沈小乐介绍，协会成立于1970年，是注册的非营利机构，宗旨是传播中国文化、包容多元文化、参与社区活动和维护合法权益。每年主要活动包括庆祝中国传统节日、夏日野餐联谊、捐赠中文书籍给图书馆等。

（［美国］《世界日报》2020-12-17）

 欧 洲

在俄华侨华人：习近平新年贺词充满朝气　显示开放的大国气度

新年前夕，中国国家主席习近平发表的2020年新年贺词在俄华侨华人中引起热议。近日他们在接受中新社记者采访时表示，贺词充满了朝气和力量，显示了中国开放的大国气度。期盼中俄关系2020年再上新台阶，让更多人受益。

俄罗斯中国和平统一促进会秘书长吴昊说，自己已习惯于在新年前夕的当地时间下午（与北京5小时时差）第一时间观看新年贺词，然后再参加朋友聚会。我从贺词中能感觉到国家的朝气和力量，能体会到中国开放的大国气度。2020年是具有里程碑意义的一年，中国将全面建成小康社会。作为在俄侨领，自己愿继续发挥桥梁和纽带作用，为中俄各领域交流贡献力量。

俄罗斯华侨华人青年联合会执行会长朱余克说，能从新年贺词中感受到国家继续开放的信号。得益于这一倡议，2019年自己和身边朋友均从俄罗斯找到了更多和国内对接机会。中国继续开放有利于在俄华侨华人事业发展，希望新的一年里两国关系能再上新台阶，让更多人受益。

位于符拉迪沃斯托克的中俄经济文化交流中心主任陈刚表示，看完新年贺词后感觉心情澎湃，中国2020年"还要继续火"。这几年来，自己亲眼看到中国在远东地区的合作项目不断增加，为当地带来了更多就业机会。现在中国已成远东最主要投资国。不难看出，中国的开放与俄罗斯密切相关，中国国力的提高也让当地华侨华

人感到振奋和自豪。

在莫斯科大学访学的上海外国语大学俄罗斯东欧中亚学院副教授高少萍说，自己对新年贺词中的"中国继续张开双臂拥抱世界"印象深刻。如其所说，中国国际进口博览会在上海举行，包括我在内的上外不少老师和学生都参加了进博会的对俄筹备、翻译工作。其间，我能感受到中国经济发展的巨大影响力和市场号召力。中国的朋友遍天下，相信第三届中国国际进口博览会将取得更大成功。

山东科瑞控股集团俄罗斯公司总经理李金旭说，自己第一时间组织了全公司中国员工观看了贺词，大家都感觉非常振奋。尤其是2020年中国将实现第一个百年奋斗目标，让自己非常期盼。作为一家石油企业在俄负责人，这些年来深刻感觉到了中俄在能源领域的密切联系，也感到俄罗斯商业伙伴开拓中国市场的迫切心情。自己将把贺词的俄语版拿给本地员工和公司商业合作伙伴看，让他们感受到中国的开放和成功，希望能在2020年为两国经贸合作做出贡献。

（中国新闻网2020-01-02/王修君）

法国亚餐转型升级求突破　华人餐饮发展任重道远

近日，《欧洲时报》刊登文章称，华人经营的餐厅，究竟怎么样才能在法国、在欧洲发展壮大，这始终是广大法国华人亚洲餐饮业从业人士所关心的，也是大家对各自餐饮企业转型升级所面临的思考。

文章摘编如下：

融合菜系　中央厨房打造"口味标准"

对于一间餐厅而言，口味和菜品质量是第一位的。而作为餐饮企业，规模化、品牌化、标准化则是企业成功不可或缺的。

"做餐厅，要做出特色，要保持个性，保持特点。但是做餐饮企业，就不得不考虑集约化规模效应，要注重品牌的打造，以及企业标准化的管理。"法国餐饮业者白泉如是说。

白泉所就职的公司致力于提供亚洲各地的美食：中国的水煮鱼和水煮牛肉、日本寿司、韩国拌饭、越南拌米粉、泰国海鲜冬炎汤、柬埔寨牛肉饭、印度尼西亚炒饭。

据介绍，目前，该公司的中央厨房每天都为巴黎三家亚洲菜餐厅提供10多个品种的半成品菜品，然后由各餐厅在食客点单后，进行二次烹饪供应上餐。

中央厨房提供的半成品与一般超市售卖的速冻菜品最大的区别，在于新鲜度和保鲜度的不同，保质期短。加热方式亦不尽相同。中央厨房提供的半成品需要二次烹饪或者烘烤加热，超市速冻菜品更多的是利用微波加热等方式。

　　白泉的目标很明确，要做标准化的亚洲美食。具体来说，就是将量化标准生产的常态半成品菜品，通过现代化物流配送到各门店，利用企业标准化管理方式，形成规模化品牌经营，让该品牌成为法国人和欧洲人心中泛亚美食的标志。

　　这样的企业经营，关键在于半成品标准化生产的把关。菜品的口味、质量和保鲜度在中央厨房的生产过程中已经加以规范，做到菜品口味和规格的标准统一。

　　对于快餐连锁企业来说，口味的统一是检验标准化生产的重中之重。像"麦当劳""汉堡王"这类快餐巨无霸连锁企业，首先解决的也是口味的统一的问题，而且其口味的统一更是以食材量化的简单规范操作来实现的。

　　"麦当劳""汉堡王"这样的企业，从来不需要大厨。任何一个人，只要通过一个星期甚至更短时间的强化培训，就能上岗。因为"麦当劳"和"汉堡王"的口味，是在标准化的生产过程中实现的。统一标准的汉堡，加上一块牛肉饼，一片"起司"，加热50至90秒，就可以了。

　　标准化生产大大节约了生产成本和管理成本。

　　众所周知，中餐的好坏，关键在大厨手艺的好坏。相信很多人有这样一种体会，同样的一道菜，哪怕自己按照菜谱一步一步很规范地做，烧出来的菜，总觉得和一个大厨、名厨烧出来的味道不一样。中餐的烹饪和厨师个人的经验等有密切关系。

　　不少有关美食的影视作品中，刻画强调的也往往是厨师个人的表现。所以，中餐的规模化、标准化经营，在口味统一的把控上，具有相当大的难度。

　　而该公司的中央厨房所要解决的就是口味统一的难题。按照一定配比烹制的半成品菜品，再到门店经过标准化的二次规范烹饪，就能达到菜品的统一口味。

　　或许，这样的目标难度很大，还需要走一段很长的路。

　　白泉的理想还在路上奋进，而大洋彼岸的"熊猫快餐"已经席卷整个美国，并扩张至墨西哥、加拿大、阿联酋、韩国、日本、危地马拉、阿鲁巴、俄罗斯、沙特阿拉伯和菲律宾等地。目前，熊猫快餐在全球的门店超过2200家，年收入超过30亿美元。

　　对于美国人而言，"熊猫快餐"是与"麦当劳""汉堡王"一样的存在。

　　资料显示，"熊猫快餐"是一间美式的中餐快餐连锁企业，其标志就是一只憨态可掬的大熊猫。"熊猫快餐"所有连锁店，统一供应17至20道菜品。其中，"陈皮鸡""左宗棠鸡"和"李鸿章杂碎"是招牌菜，占营业额的三成以上。

　　"熊猫快餐"的中餐标准化，餐厅信息化管理，门店之间信息互享，库存自动追踪，食材自动添购，资产、厨余控制等，为白泉和Panasia的标准化经营提供了一个良好的范本。

　　但是，"熊猫快餐"的经验能不能复制到法国、复制到欧洲，也需要餐饮业者们在奋进中不断检验。

素食简餐　把握法国年轻一代喜好

"谁能想到，一对法国年轻人居然选择我的小店作为他们订婚的庆祝餐厅……"在巴黎3区拥有两家"夏威夷美食餐厅"的陈小姐，至今也没有搞清楚法国年轻人的想法。

不过，有一点可以肯定，来自夏威夷的一种简餐"Honolulu Poke"（夏威夷碗）已经渐渐成为法国年轻人的热选之一。

"Honolulu Poke"是一道传统的夏威夷菜，历史悠久。最传统的Poke由海盐腌制的新鲜捕获的鱼、海藻和石栗果碎或夏威夷坚果Kukui组成。

而在法国，"Honolulu Poke"则以蔬菜、果粒等素食居多。

"Honolulu Poke"简餐厅的形式类似于法国的中餐外卖店，所有的新鲜菜品放在橱柜的各个大盘中，食客按照喜好，将各种菜品装入一个大碗中，再配以各式调料即可食用。

陈小姐介绍说，夏威夷素餐的流行，符合了许多法国人的健康饮食观念。他们认为，类似的新鲜蔬菜粒、果粒、生鱼粒等更加富有营养，而且每个人可以根据自己的爱好，随意选择搭配出一大碗色彩鲜艳、新鲜诱人的菜品。

根据调查，"Honolulu Poke"简餐厅与中餐厅以及其他餐厅最大的区别在于，其厨房无须动用明火烹饪，不需要有餐厅专用的排气烟道。这样的话，对于没有多少启动资金的人士来说，10万至25万欧元的餐饮经营权证费用比动辄数十万上百万欧元的常规餐饮经营权证则便宜了许多。

因此，开设"Honolulu Poke"简餐厅也日益成为留法学子、华侨华人投资创业、转型发展的一个不错的选择。

当然，"Honolulu Poke"简餐厅菜品复制性极强，而且也没有太多的独门绝技可以傍身，加上初期投资成本比传统的餐馆要低许多，所以，"Honolulu Poke"简餐厅会不会步入中餐外卖店的后尘，这也是所有想要进入该领域投资创业或转型发展的人士值得考虑的。

面食点心　不断增进法国民众食欲

巴黎美丽城街区的一间专门供应温州各种小吃点心的餐馆，多次被法国主流美食报刊采访，许多法国人慕名而去，认识了温州咸菜饼、麻球、敲鱼汤等温州小吃点心。

2008年2月，巴黎9区开了一间中国面馆。一名来自兰州的大姐在临街的面台上用手拉出一条条长长的面条，直接放入大锅中煮，一会儿配上牛肉、鸡蛋等各式浇头，加入味道浓郁的汤底，一碗热气腾腾地道的中国拉面端到食客面前，引得过往行人不断驻足观看，法国美食报刊，也相继前往采访报道。

仅仅一年，这位大姐已经挣了100万欧元，并且相继开了多家连锁店，每碗面条的价格也从最初的5欧元左右涨到现在10欧元多。

香榭丽舍大街东侧、蓬皮杜展览中心附近、夏特莱莱阿勒喷泉西面、蒙日广场周边、巴黎13区、巴黎3区、共和国广场旁、美丽城街区等地，先后开了多间中国面馆，这些面馆以手工拉面为主，现场制作极具观赏性，汤底多以口味辛辣著称，越来越受到法国民众的喜爱。

记者在一间面馆看到，四名法国顾客一边喝着汤，一边不停发出"嘶嘶"的声音，头上渐渐渗出丝丝汗珠，却还是忍不住喝汤吃面。很多法国顾客还在面馆门前排队等候堂食或外卖。

中国面馆的异军突起，为法国华人亚洲餐饮业吹来了一阵春风。这是在法华侨华人、留学生从事餐饮业的一条发展之路。

不过，拉面师傅的短缺是中国面馆在法国发展的一大制约。

饮品甜点 中国口味赢得法国民众

2019年12月16日，刚刚揭晓的"2019法国华人青年创业家风尚人物"中，有一位名叫周媚的风尚女孩，她在5年时间里开出多家甜品连锁店。

一个简简单单的念头，就是法式甜点实在"齁甜"，中国人受不了。于是她想自己开一家甜品店，让更多的中国人在法国尝到符合中国人口味的甜品。

除了周媚的甜品店，巴黎18区、巴黎美丽城、欧拜赫维利耶市等地也有多家华侨华人开设的甜品店，这些甜品店除了制作出售传统法式甜品以外，还会根据中国的风俗习惯，在特定的节日推出中国特色甜品，像中秋节的"冰皮月饼"等。华侨华人开设甜品店，大多会根据中国人的口味降低甜品的甜度。而且，其经营者大多是华侨华人年轻一代或者是中国留学生。现在，越来越多的法国顾客开始光临。

中国口味的甜品受到华侨华人欢迎的同时，一批以奶茶为代表的饮品店在巴黎地区雨后春笋般地涌现。

巴黎最早的奶茶店，可能是位于巴黎歌剧院附近一条僻静小巷中的"珍珠茶馆"（ZEN ZOO），至今已经有16年的历史了。

而近两年，受到法国民众喜爱的奶茶之一是"萌萌呆"（Moment tea）。据其创始人——法国亚洲餐饮联合总会第一副会长徐轶介绍，"萌萌呆"（Moment tea）系列不完全算是奶茶，更像花式茶饮系列。

"萌萌呆"（Moment tea）在保留几款传统奶茶的同时，研发调制了多款各式花香果味型的茶饮，在包装设计上使用法国民众特别是年轻人喜爱的颜色和风格，让法国民众接受度更高。

转型升级　华人餐饮发展任重道远

从致力打造亚洲餐饮口味标准的"中央厨房"，到把握法国年轻一代喜好的"夏威夷碗"，再到以中国口味赢得法国民众的中式甜点饮品，这些都是法国华侨华人、中国留学生在探索亚洲餐饮业发展转型的道路上砥砺奋进的一个缩影。

在巴黎，还有多家诸如"东红饭店""中华乐园"和"美丽华"等多家"老字号"中餐馆，这些"老字号"还遵循着多年的经营传统和方式。特别是"东红饭店"，曾经是淮扬菜和上海菜的经典所在，有一名法国顾客透露，他们一家四代都是"东红"的拥趸。

法国餐饮业者白泉曾表示："希望华人餐饮业越来越专业化。作为餐饮职人和海外华人，我们代表的是不仅是一个行业，更是一个民族团体。"

（中国侨网2020-01-03/欧文）

意大利普拉托华人移民占当地外籍移民半数以上

日前，意大利普拉托发布《2019年人口报告》指出：近年来普拉托市镇人口持续增长，这一增长主要是因为当地的移民，尤其是华人。

根据统计，截至2019年12月31日，普拉托市内共有195 089人，与2018年相比增加了499人，同比增长约0.26%，其中外籍移民共有42 371人，与2018年相比多了1 835人，同比增长约4.53%；这一增长对普拉托人口的总体增长具有决定性意义，因为普拉托市内意大利人的数量减少了1 336人，超过2018年1 039人的负增长数据。

从移民数量来看，普拉托华人共有24 906人，单是注册户籍的华人就增加了2 009人，占当地外籍移民的半数以上。其中，Macrolotto Zero地区是移民居住最多的地方，约有6 000人，其次是Strozzi路段和Montalese路段，有超过3 000个移民居住，之后是Valentini和Repubblica路段，有1 856人居住。与2018年相比，阿尔巴尼亚人维持在4 287人，罗马尼亚人为3 339人，有所减少，摩洛哥人减少了17人，巴基斯坦人则增加了62人，变成2 090人，此外还有中非各国的居民，共有6 293人，比2018年减少了127人。

事实上，普拉托不仅是意大利华人密度最大的地区，而且也是全欧洲最大的华人社区之一。普拉托华人轻纺业是旅意华人经济体量的重要支撑。不久前，意大利托斯卡纳大区工业联合会发布数据显示：与此前相比，2019年上半年普拉托华人服装产值下滑明显（第一季度为-4.6%，第二季度为-5%）。当地"华人制造"出现二十年来的首次萎缩，让意大利人也十分关注。

（［意大利］《新欧洲侨报》微信公众号2020-01-13）

法国大罢工影响华商：生意遭重创盼早日恢复正常

近日，法国工会继续罢工，并组织了大游行。虽然从游行的人数来看，这场运动正走向式微，但是否结束还看不到边际。

当地时间1月15日，法国总理爱德华·菲利普召开部长会议，坚定了废除特殊退休制的态度。他坚持"为了退休体系的财政收支平衡，法国人必须工作更长时间"。法国部长级会议将于24日对退休制度改革方案进行审议，法国总工会（CGT）、法国工人力量总会（FO）、法国职员工会（CFE-CGC）、统一教师工会联盟（FSU）、团结工会联盟（Solidaires）、法国学生联盟（UNEF）、高中学生工会（UNL）、中学生独立及民主联合会（FIDL）等呼吁届时举行大规模"全法总动员"以迫使政府撤销议案。法国总理府15日发布报告称，反对退休制度改革罢工以来，交通系统损失已超过10亿欧元。其中，法国国家铁路公司（SNCF）损失8.5亿欧元，巴黎大众运输公司（RATP）损失2亿欧元。而对其他商家、企业造成的损失和困扰还没有统计。

罢工风潮下的华商又是怎样的呢？记者随机走访了几家华商，他们讲述了自己的看法。

酒店业受冲击　员工通勤难

在法国希伯泰（Hipotel）酒店集团旗下位于巴黎共和国广场附近的酒店，酒店集团总裁吴秦在繁忙地工作。吴秦无奈地说："没办法，员工被堵在路上了，我先替她一下。"

在这种特殊时期，员工晚到2～3个小时是常事，吴秦对员工们也表示理解。

酒店的经理纳比尔说，他住在市区，是一大早提前起床，走路过来的。他笑着表示，自己很爱这个企业，并不想要罢工。

吴秦表示，这次罢工给很多工薪族的生活带来很大的不便。有些员工住得很远，也都想方设法来上班，有时每天上下班要多花4个多小时的时间。他说，在这种困难情况下，员工晚来早走，都按正常出勤算，大家在这么困难的情况下，能够坚持来，他很感动。

谈到酒店的收入，吴秦表示，他们在巴黎市区和郊区共有15家酒店，150多名员工。他来法国30多年，第一次遇到这么长时间的大罢工，非常震惊。他们的营业情况和所有巴黎商业网点一样，处于非常困难的时期。

酒店2019年的营业额与2018年相比，下降30%～50%，比2017年下降40%～60%。基本符合大巴黎酒店旅游业的统计。比如这间处在巴黎市中心的酒店本来应该是生意最好的，现在成了交通最不方便的了。广场上还经常有示威游行，遇到打砸抢，就更危险。生意十分惨淡。

罢工带来的困难也催生了空前的团结。吴秦说，现在生意不好，酒店空房多，员工有时走不了或者不愿意走的，都让他们住下来。周围的商店、企业，也有员工因为交通不便选择住在这里，酒店只是象征性地收点费。希望困难时期大家携手共渡难关。

牛仔裤被"困"在货架上

在以批发著称的欧拜赫维利耶市华商批发城的大街上，很多店主在倚着门框聊天，或者站在门口抽烟。

店主张常豹一边叹气一边说："本来生意就越来越难做，大罢工更让我们雪上加霜啊。"

张常豹说，本来现在正是订夏天货的最好时机，现在很多客户被困住，来不了。因为现在交通一罢工，客户都不来了。因为销售不佳，很多经销商觉得批发了货品也卖不出去，就不进货了。还有一些其他国家的批发商，知道法国大罢工堵车、治安状态不佳后，就更不愿意来了。

张常豹表示，虽然也有一些老客户选择在网上订货。但是大多数客户还是想要亲自摸一下样品，感受一下布料的质感。

他认为，罢工把警察力量都吸引过去了，那些暴力抢劫、入室盗窃的歹徒越发猖獗。华侨华人深受其害，他表示担忧。

张常豹希望这样的局面可以尽快结束，不要让老百姓再受苦。

旅行社频被"退单"

法中文旅董事长周建防表示，法国的大罢工对旅游行业的冲击是巨大的。有些客人面对法国这种混乱情况就不敢来了。到了欧洲就转移了。甚至有些6月份的团也要退团，直接去德国和瑞士了，要绕开法国。

他认为，罢工给社会和经济造成的损害是巨大的。据统计，创纪录的40多天的罢工给法国铁路公司造成的损失已有八九亿欧元了。间接给商家带来的损失也是巨大的，特别是在圣诞节新年期间，这是往年的消费高潮。

周建防说，自己去参加一个聚会，7公里的路，开车开了一个半小时。可见罢工给法国造成的影响之大。他希望2020年的法国可以尽快重回正常轨道。

餐饮业损失大量客户

在巴黎13区位于意大利广场不远的医院大道上的"老山东"餐馆，老板薛超青正坐在窗前的桌子边，一个人郁闷地看书。虽然正是饭点，可是餐厅里空荡荡的。

"老山东"餐馆因为做正宗山东菜而远近闻名，不但受中国游客和当地华侨华人的喜爱，也深受法国人的喜爱。这个网红明星餐厅，常有华文和法文媒体报道。

在平时，"老山东"生意繁忙，中午时间常常需要排队。现在看到门可罗雀的情况，大罢工造成的损失不言而喻了。

"现在罢工的罢工，来不了的来不了，能来的也没钱了，哪还有客人？"薛超青无奈地说。

他表示，这是从2004年在这一片开餐馆遇到的生意最差的时候，客人不到平时的五分之一。

大罢工对餐饮业的伤害很大。"现在员工无法来上班，每天都是上午我开车去接，晚上再开车去送。无形中增加很多的工作，多花很多时间。"薛超青表示，他听说很多人都把餐馆关了，因为厨师、服务员都无法上班。

"老山东"位于通向巴黎13区意大利广场的大道，经常有示威游行队伍经过这里。每次风潮都对生意有影响。

"现在就只有几个老熟人来吃吃饭，这样下去，我们也不知道能撑到哪一天。"薛超青叹道。

薛超青也对罢工的人群表示同情：他们都是工薪阶层，罢工期间没有薪水，工会的合作机制也无法支撑如此旷日持久的停工，他们的生计也很困难。

（［法国］《欧洲时报》2020-01-19/黄冠杰）

法国对留学生吸引力不减　但仅 10% 留下工作

根据法国内政部数据，2019年，法国发放的学生居留证数目首次超过"家庭移居"居留证，达到9万余张，留学生因此成为法国最大居留证发放对象。法国媒体称，这种持续存在的趋势印证了法国高等学府对外国学生的吸引力。

《费加罗报》报道，2019年，学生签证持有者的国籍排名变化不大，排在第一的是摩洛哥，其次为中国、阿尔及利亚和突尼斯。而印度首次超过塞纳内尔，排在第五位。美国、韩国和巴西也在前十名的行列中。关于具体学生人数，内政部尚未公布。

但是根据法国高等教育署（Campus France）披露的一份文件，在法外国留学生人数2018年已经达到34万，其中约有10万人来自北非和中东，8.6万人来自欧洲其他国家，7.2万人来自撒哈拉以南非洲地区，5.4万人来自亚洲和大洋洲，来自美洲的学生大约有3万人。

内政部表示，这些数据证实了法国大学对于外国留学生的吸引力，以及法国始终希望从海外吸纳优秀人才的意愿，这与法国总理菲利普于去年秋季发起的"欢迎来法国"（Bienvenue en France）计划一致。致力于改善国际学生的接待条件及法国高等学府的国际知名度，"欢迎来法国"计划设立了一项500万欧元的"种子基金"，来提高法国学校的影响力。

即便如此，完成学业后留在法国工作的国际学生仍然较少，法国高级公务员Michel Aubouin认为仅占总数的10%。他认为，很多在法国完成学业的留学生具有硕士学历，他们的流动性很大，更加愿意到别处找工作。

（［法国］《欧洲时报》2020-01-24/夏莹）

中法友谊互助协会第八届与第九届会长团交接仪式举行

第八届与第九届会长团交接仪式

中法友谊互助协会第八届与第九届会长团交接仪式于当地时间9日晚在巴黎举行。

中法友谊互助协会第八届会长吴时敏在致辞时表示，今天在中法友谊互助协会办公室简单举行交接仪式，协会的会务工作由第九届会长姜学峰接手。

吴时敏说，相信在第九届会长姜学峰的带领下，会长团精诚团结，扎扎实实做好会务工作，把协会继续做强做大，再创佳绩；同时希望全体会员同心协力，团结一致，服务侨胞，服务侨社，大力支持第九届会长的会务工作。

中法友谊互助协会第九届会长姜学峰在致辞时表示，由于新冠肺炎疫情发生导致的不确定性因素，为了广大侨胞的安全着想，旅法侨界纷纷取消了一些大型活动，我们也取消了原定于9日举行的第九届会长团就职典礼。

姜学峰说，特殊时期，协会也做出了特殊安排，为了使第九届会长团的会务工作更好开展，我们决定在协会的办公室举行庄重简单的第八届与第九届会长团交接仪式。

姜学峰表示，感谢协会全体兄弟姐妹的信任和大力支持，感谢吴时敏会长及历届会长的关怀与厚爱。他表示将牢记创会宗旨，集思广益，同心同德，努力提升与创新会务工作。

据了解，中法友谊互助协会时刻关注新冠肺炎疫情，已向中国国内发送多批医用防护口罩、防护服等重要物资。吴时敏会长和姜学峰会长表示，中法友谊互助协会在疫情发生的第一时间就开始募集采购医用物资，协会会员积极主动利用各方资源寻找货源，以尽快将口罩运送到奋战在一线的医护人员手中。

中法友谊互助协会自1998年成立以来，坚持"团结、友谊、互助"的宗旨，发扬爱国爱乡精神，多次为国内灾区及贫困地区捐款。协会还率先成立了"青年委员会"，促进华二代发挥自身优势，为中法友好做出贡献。

（中国侨网2020-02-11/李洋）

希腊侨胞支援祖国回馈当地两不误

"建设祖国你都在，万里驰援你最快。"疫情之下，这应该是大多数"打满全场"的海外侨胞最真实的写照。

希腊侨胞当然也不例外。自新冠肺炎疫情暴发以来，在希腊的中资企业、华侨华人、新移民和留学生团体积极投身两国抗击疫情的战斗。在中国防控形势最为吃紧之际，他们慷慨捐赠、支援国内。面对希腊日益严峻的防控形势，他们又秉持守望相助的精神，四处奔走、多方采购，筹集医疗防护物资捐助和回馈当地。在2020年的这个"多事之春"，谱写了一段"万里互驰援，同心共战疫"的佳话。

希腊华侨华人历史与现状：发展历史较短，危机后创新重生

希腊，地处欧洲东南角，西临爱奥尼亚海，东濒爱琴海，由3000多座岛屿共同构成，全国人口约1100万，是连接欧亚非的战略要地。

由于希腊语言比较难学以及当地政府早前限制外国移民入境定居等原因，在历史上中国移民人数屈指可数，华人大规模移居希腊从20世纪末才开始。1998年到2004年，是中国移民的起步和创业立足阶段；2004年到2009年，是华商在希腊高速发展的时期；而2009年末至2018年，旅希华人则与希腊人民一道，经历了八年漫长债务危机。直至近两年，随着该国经济触底反弹、逐渐复苏，华侨华商才再次启动了"创新重生"模式。

迄今，希腊华侨华人已经走过了二十年风雨历程。在最高峰时，旅希侨胞总数一度达到3万人左右。而目前，加上2014年希腊"购房移民"黄金签证政策颁布之后进入希腊的新移民，总数大约1～2万人。

疫情上半场，希腊侨胞驰援祖国：武汉加油，中国加油，我们在一起！

从1月下旬开始，新冠肺炎疫情持续蔓延，时时刻刻都在牵动着希腊华侨华人的心。他们虽身在异乡，但仍与祖国休戚与共。面对疫情，希腊侨胞立刻开展捐赠活动，大家纷纷伸出援手，捐资捐物，为抗疫尽力，为同胞祈福。

一封封为抗疫捐赠款物倡议书从不同的侨团、机构发起；一个个微信群、朋友圈的捐款接龙，不断出现在侨胞们的手机屏幕；在当地药店中，华人频繁进出采购；在华侨社团里，捐款登记、物资打包，人人忙得不亦乐乎；在当地华媒《中希时报》社，编辑们每日加班，为读者第一时间奉上最新资讯；从国内返回希腊的侨胞也纷纷主动居家隔离，不走亲访友、不与外人接触。

希腊华二代踊跃捐款

在雅典中文学校，2块、5块、10块……不断投入捐款箱内，华二代孩子们用他们自己的方式献出微薄爱心。有一位学生这样说道："这是我的零花钱，只有5欧元，但我希望可以帮助有需要的人多买几个口罩，让病毒不要再伤害他们了。"一方有难，八方支援，希腊侨界用实实在在的行动架起了爱的桥梁。

疫情下半场，华商回馈"第二故乡"：数十万医疗物资打"飞的"支援希腊

阳春3月，国内的新冠肺炎疫情有所缓解，与此同时，海外很多国家却不容乐观。随着意大利疫情大规模暴发，欧洲邻国也不可避免地接连"中招"。当地时间2月26日，希腊出现了该国第一例新冠肺炎患者。

疫情除了令当地旅游和商业大受打击外，希腊华商店铺、中餐馆等也受到了很大程度的影响。希腊各大侨团立即调配物资、同心互助、携手抗"疫"，数十万个口罩、消毒液等医疗物资分次分批打"飞的"抵达希腊，向当地华侨华人、留学生、商区店铺、教会、餐馆、旅行社、中文学校等免费发放。这些无私的爱心行动，赢得希腊华社高度赞扬。

更重要的是支援"第二故乡"希腊社会。当地时间3月19日，中资企业和华侨华人捐助希腊政府防控物资仪式在中国驻希腊大使馆举行。中国驻希腊大使章启月向出席仪式的希腊卫生部部长瓦西利斯·基基利亚斯转交了捐助清单。

捐赠物资包括医用口罩、防护服、额温枪等抗击疫情急需的物品。此次捐赠体现了在希腊疫情防控形势日益严峻之际，中资企业和华侨华人回馈当地社会、服务当地建设、助力中希关系发展的友好情意，也是两国友谊的真实写照。

希腊"全民禁足"之下：华侨华人"宅家"生活丰富多彩

疫情之下，华人的生活方式悄然发生着变化。希腊颁布"全民禁足令"之后，待在家、多洗手、勤消毒、囤物资、戴口罩已成为大家的"标配"。

3月中旬起，希腊所有学校和培训机构纷纷发布通知，宣布立即停课，以在线课程取代。留守希腊的华二代孩子们，普遍和家人待在一起，每天课程安排得都比较满，英文、希腊文、数学、科学、机器人、体育、音乐一个也没有少，其上课的时间已经超过了在学校时。

学校的课程还不算够，各色培训学校纷纷推出在线课程。希腊的中文学校也在疫情发生的第一时间采取了停课措施。非常时期，雅典中文学校携手北京四中网校，利用互联网智慧教学平台，把中文课堂"搬回家"。

在这段时间里，练习书法也成了近百名旅希侨胞的选择。他们组建了微信群，

由书法老师在线指导，大家互相学习点评。

受新冠肺炎疫情的影响，很多人居家自行防护，由于有了更多空闲的时间，而且春天也来了，有些人开始利用起自家的花园种花种草，更有人开始种菜，一方面是打发时间，另一方面绿油油的植物也能给人生机勃勃的希望。

（［希腊］《中希时报》2020-03-30/汪鹏）

疫情下的普拉托："中国街"关闭　华人互助支援当地

"中国街"关闭近两月　华人互助支援当地

意大利医疗卫生部门通报，截至3月30日18时，意大利确诊病例增至101 739例，累计死亡11 591例。普拉托是意大利中北部的一个城市，在这座20万人口的城市中，有5万名华人，其中以温州人居多。来自温州的刘若超在这里已经生活了超过20年。31日，本报记者连线了刘若超。他表示，现在走在街头，有一半人没有戴口罩，因为买不到。但由于华人社区采取了积极的防疫和居家隔离措施，现在当地华人零感染。除了积极响应政府的防疫措施外，华侨华人还积极捐赠物资协助当地抗疫，也赢得了当地政府和民众的称赞。

"现在意大利疫情比较严重的是伦巴第大区，普拉托距离那里有300多公里，总体状况还好，街头没有出现恐慌性抢购，除了街头没什么人，其他和平时没什么不同。"刘若超在电话中说。刘若超的父母春节前已经回到国内，现在看到国内的疫情已经基本被控制住了，刘若超也安心多了。

"中国街"商店全关门　华人已在家蛰居近两月

普拉托是意大利著名的毛纺织中心，同时也是欧洲著名的纺织中心。从20世纪80年代开始，就陆续有华人从国内到意大利定居，其中很多人都是在这里开成衣工厂。如今在普拉托生活的华人中，不少是在当地开着服装厂，向欧洲其他国家供应服装。刘若超说，这次疫情对意大利当地民众和生活在当地的华人的生活都带来很大影响。

刘若超和妻子在普拉托开着一家日用品商店。从今年2月开始，当地政府便已经要求餐饮企业、小百货店等一律停业，约两公里长的"中国街"现在也全部暂停营业了。疫情至今，刘若超和妻子、两个孩子已经在家里"蛰伏"了一个多月。他一个星期出去一次，去采购一些必要的生活物资。其他时间都在家里和妻子一起看电视剧。

"最近这一个多月，我已经把中国国内上映的一些新剧都看得差不多了。"刘若超笑着说。刘若超有一个9岁的女儿和8岁的儿子，这段时间学校也封闭了，孩子们都在家上学。不过，和中国学生们在家上"网课"不同，意大利这边的做法是，老师布置作业让学生们去做，然后交给老师。孩子们已经在家待了一个多月没有出去了，每天晚上人少的时候，刘若超会把孩子们带到阳台上玩耍一会儿，其余时间，两个孩子都在家看手机、玩游戏。两个月在家宅着，没有收入，刘若超也很无奈。"那些开工厂的，因为疫情面临的压力更大，很多工厂可能都要倒闭了。"

华侨华人捐赠物资给当地赢得尊重

刘若超说，尽管这次意大利疫情严重，但普拉托的华人居住区却没有中国人感染。疫情还未在意大利蔓延时，普拉托的温州籍华侨华人就已经自发组织起来互相帮助、防控疫情。此外，他们还积极帮助当地政府抗击疫情，帮助意大利的民众，这也赢得了当地民众的尊重。

3月初，普拉托华人社区向"红区"科多尼奥市捐赠1万只口罩。3月22日，普拉托侨团拿出了储备的医用物资，包括口罩、手套、防护衣、护目镜等医疗物资3万件，捐赠给普拉托市政府。3月25日，普拉托温州商会再度捐出包括2万个口罩以及5000瓶消毒酒精等物资给普拉托的医院以及部分物资短缺的温州华侨华人。此外，还有温州华侨华人拿出自己储备的口罩、蔬菜，送给意大利邻居，当地人也深表感激。

普拉托市长马戴奥·毕弗尼通过视频盛赞普拉托是华人模范社区，他表示，之前疫情在中国暴发的时候，意大利当地媒体曾断言，普拉托将成为重灾区，然而时至今日，普拉托病毒感染率比意大利其他地区要低很多，且没有一个中国人被感染。

口罩等防护物资非常稀缺

"现在尽管火车站没有封闭，但通常一个人都看不到。"刘若超看新闻了解到，现在普拉托确诊的病例有230例。"最近一名确诊的病例是一个到米兰看音乐会的小伙子，他在一家养老院做护理工，他回来后把这家养老院感染了。"

刘若超说，意大利的"封城"要依赖民众自觉。"封城"并不是说禁止所有人外出，只是禁止了城市与城市之间的流动，人们下楼买东西、遛狗都是没问题的。"公交车还是开着的，行人也随便走动。"

刘若超说，现在走在街头，至少有一半人没有戴口罩。"当地人没有戴口罩的习惯，在他们看来，只有生病了才需要戴口罩。还有很多年轻人认为，只有老年人才会被感染，自己抵抗力强，不会被感染。当地人的重视程度的确不如中国那么强，很多年轻人没有把新冠肺炎当成一回事。"刘若超表示，当地人不戴口罩的另外一个原因是现在在普拉托当地买不到口罩，口罩等防护物资在意大利成了稀缺物资。

（《广州日报》2020-04-01/肖欢欢，李祥）

西班牙确诊人数破 11 万　当地侨胞、留学生还好吗?

西班牙政府4月3日公布数据显示，在过去24小时内，该国新增新冠肺炎确诊病例7 472例，累计117 710例。

受疫情影响，西班牙已在3月14日宣布全国实施"封城"措施，规定除工作、就医或购买生活必需品等特定情况外，民众禁止走出家门。

就在3月30日，西班牙又实行了新的措施。按照规定，从3月30日至4月9日，所有非核心产业工作人员必须留在家中，不得外出工作。

疫情下，西班牙侨胞和留学生的工作生活都受到了影响，大家过得还好吗?

民众：生活受影响　感谢"逆行者"奉献

新冠肺炎疫情影响西班牙社会生活，当地民众面临如何加强防护措施，保证家人朋友生命安全的考验。

西班牙进入国家紧急状态之后，在西生活近30年的黄夏燕，立即和丈夫开车去采购日常用品，多买一些以尽量减少不必要的出门。"以前很少有机会一家人待在一起，现在倒是觉得很充实。"她说。

住在巴塞罗那的青年湛子良说，目前巴塞罗那只有超市、烟店、面包房和药房等商铺开门营业，超市门口也设立了保安人员控制进门人数，结账时大家须间隔1.5米远。

华裔 Beatrice Ye Zhu 是一名医学专业在读生，在疫情暴发之时，她毅然加入抗疫队伍，成为西班牙一家医院重症监护室（ICU）的一名护士。"值完班回家已是天亮，胸口透不过气，不过我还是选择坚守。"她说。

西班牙一位华侨介绍，为了感谢战斗在一线的医护人员、警察、服务人员等群体的贡献。当地居民连日来每晚八点，都会自发在阳台上鼓掌致敬。

侨团：积极行动　助力当地防疫

疫情在西班牙蔓延之时，一些侨团也积极开展行动，发放防护物资、宣传防疫知识，为当地防疫工作贡献力量。

此前，西班牙各华助中心和侨团负责人都发布通知，建议自中国返回的所有人员，都要居家隔离14天。

西班牙青田同乡会还联合当地侨团，向侨胞宣传国内的防控经验，提醒他们做好自我防护，做到少出门、不聚集、勤洗手。

西班牙多家侨团也联合成立了"守望相助、保安华人"志愿者队伍，主要服务在西华侨华人、留学生以及中国游客。他们不仅统筹规划防疫物资的分配和使用，还要对侨胞群体进行安抚、引导和宣传工作，对有特殊困难的华侨华人开展精准

帮扶。

侨团不仅帮助侨胞，还不忘帮助住在国的民众。面对西班牙医疗资源短缺的情况，侨团向部分医院和警察局捐赠了口罩、防护服、护目镜、酒精洗手液等医疗防护物资。同时他们也发起活动，让侨胞们将自己家储存的口罩送到身边的警察局和医院。

西班牙华侨华人协会主席陈建新说："所有的捐赠物资均由旅西侨胞筹集，大家没日没夜地忙碌，打通绿色通道驰援西班牙。只要当地有需要，我们就捐！"

华商：生意入"寒冬"　帮扶不止步

自从新冠肺炎疫情发生以来，西班牙华人区商家和中餐馆经营者受到了不小的影响，部分店家被迫停业，生意一夜之间跌入"寒冬"。

马德里乌塞拉的多家中餐厅暂停营业，老板们表示，顾客因为新冠肺炎疫情不敢来吃饭，另外还有不少工作人员都自觉在家中隔离，只好牺牲餐馆利润主动停业。

即便他们经济受到损失，华商还是会无私地帮助当地民众，并且自发建立抗疫微信群服务侨胞。

马拉加市物资紧张，口罩脱销，很多华商决定为有需要的当地民众，免费赠送口罩和消毒液。

华侨陈乔巧加入了侨商组建的抗疫微信群，她说，只要有物资需求的人在群里呼叫，基本都能及时得到帮助。

西班牙温州商场负责人也支援抗"疫"，为同胞提供了412份爱心物资包，缓解大家非常期间外出采购的需求。

中国留学生：学校陆续停课　去留难抉择

随着西班牙疫情形势的不断恶化，各大高校纷纷发布通知宣布停课，一些留学生选择回国，但还有一些留学生决定留在当地自学。

看着西班牙确诊数字不断增长，留学生谢奕帆感到焦躁。当她收到学校停课通知的时候，是否要结束交换学习成了摆在她面前的艰难选择。看着周边同学回国，她开始动摇。考虑再三，最后她决定结束交换回国。

留学生杨泽民和李柯瑶已经停课两个星期，因为想到回国的旅途时间较长，交叉感染的风险较高，他们选择留在西班牙。

在西班牙读博士的卢赫囤了一些可长期保存的食物后，就很少出门了。"目前当地的防疫措施更加严格，超市会限制人数、民众如无特殊需要不能出门，大家都在适应这些新的措施。"卢赫说。

经过跟几个同学商量，留学生陈庆也打算继续留在西班牙。虽然她看到不戴口罩、大声说话的人时，自己会条件反射似的屏住呼吸，但回国途中也存在被感染的风险。她准备疫情期间，先做好自学的计划，尽力做到停课不停学。

驻西班牙使领馆：提供多方支持　助力侨胞抗疫

疫情来势汹汹，驻西班牙使领馆积极开展各项工作，如汇总解答疫情相关问题、为海外侨胞提供科学的防疫建议等。

中国驻西班牙大使馆发布科学防疫的相关信息，为当地同胞送去第一手抗疫资料；大使馆还对侨胞、留学生关注的问题进行答复，并推送网上医疗咨询平台，向身处海外的同胞提供免费在线问诊和心理疏导服务等。

疫情无情人有情，相信在各方的努力下，在西侨胞、留学生一定能够渡过难关，打赢这场疫情阻击战！

（中国侨网微信公众号2020-04-03/王嘉怡）

怡海集团向塞尔维亚捐赠防疫物资

4月3日上午，第五期"石榴行动"——向塞尔维亚捐赠防疫物资行动在北京顺义举行。北京市侨联副主席苏泳，北京市侨联海外联谊部部长曹江河，丰台区侨联主席洪鑫，中华全国归国华侨联合会常委、北京侨商会轮值会长、怡海集团董事局主席王琳达，北京侨商会轮值会长张立群，北京怡海公益基金会副会长、怡海集团助理董事长辛迪灏以及央企中国建筑一局（集团）有限公司董事、党委常委、副总经理魏炎等相关领导参加了本次捐赠行动。

本次捐赠行动由北京侨商会、北京怡海公益基金会发起，中国华侨公益基金会、北京海外联谊会、北京市侨联、北京华商会、中国建筑一局（集团）有限公司、北京灿烂阳光慈善基金会、北京丰台区侨联、北京东城海外联谊会等多家单位支持。该批防疫物资将送达塞尔维亚，除了支援兄弟国家人民，也非常关心在塞华侨华人和留学生们的健康。这次捐赠援助行动不仅表达了慰问与关怀之情，还坚定了大家携手抗疫、共渡难关的信心和决心。

自疫情发生以来，怡海集团一直在积极筹集防疫物资，本次对塞尔维亚的捐助也是怡海集团及怡海社区首次针对新冠肺炎疫情向其进行的捐赠行动。

自新冠肺炎疫情发生以来，怡海集团在持续抓好自身疫情防控和援助国内的同时，也始终密切关注国外疫情动态及海外华侨华人、留学生们的健康。

为了能够准确地了解塞尔维亚防疫物资需求，王琳达从3月17日起通过中塞两地多种途径了解物资需求、出口资质及物流途径等情况。3月30日，王琳达与辛迪灏特地前往塞尔维亚驻中国大使馆，就疫情发展及物资问题与塞尔维亚驻华大使米兰·巴切维奇进行交流，并表示一定会竭尽全力协调筹措物资进行捐助。米兰·巴切维奇对怡海集团为塞尔维亚及其人民抗击新冠肺炎疫情提供声援与帮助表示深切感谢，称其为两国人民之间的友谊作出了宝贵贡献。

在得知塞尔维亚目前所面临的情况后，王琳达立刻同侨界及各兄弟友好单位进行联系，紧急协调落实口罩、手套及防护服等紧缺物资。鉴于目前国内外防疫物资需求大，各类物资较为紧缺，王琳达迅速带领怡海集团展开行动，一边梳理整合国内资源，严格把控物资标准；一边落实相关出口资质和物流途径，及时与大使馆保持联络，叮嘱各部门协同审慎沟通合同条款和细节，实时了解防疫物资出口"运输关"，为物资能够顺利出关做充分准备。

在各单位的共同努力下，这批承载着众多爱心与关怀的物资已于北京时间4月4日19：50从首都国际机场起飞，北京时间4月5日将抵达塞尔维亚，用于支持塞尔维亚国内防控疫情的需要。

塞尔维亚政府得知后，给王琳达回信道：Dear Linda，You are an angel！There are no words to explain our gratitude！（亲爱的琳达：您是天使，无法用言语表达对您的感谢！）

辛迪灏表示，十分感谢侨届及各友好单位对本次捐赠活动的大力支持。目前全球疫情持续蔓延，中国和塞尔维亚是好兄弟、好伙伴、好朋友，面对困难和疫情，中塞同舟共济、共克时艰。现如今，面对病毒这个无形的敌人，将和塞尔维亚携手应对，并肩作战，期盼塞尔维亚早日战胜疫情，共同迎接抗疫的胜利。

相知无远近，万里尚为邻。在近十年友好频密的交往过程中，怡海早已与塞尔维亚建立了深情厚谊和深度互信，王琳达也是被塞尔维亚乌日策市授予"终身成就奖"的中国企业家第一人。

早在2013年，王琳达就开始带队到中东欧各国考察。七年来，怡海集团积极响应国家号召，35次走进中东欧，并建立起以塞尔维亚为核心地，辐射周边各国的地理合作模式。她曾33次到访塞尔维亚，并积极推动"一带一路"及中东欧国家教育、文化与经济的往来合作。

2014年5月，塞尔维亚遭遇洪灾，怡海集团第一时间向当地居民捐款进行救助；2015年6月，怡海集团又出资援建塞尔维亚乌日策幼儿园，并被当地政府命名为"怡海–王妈妈"幼儿园，这是塞尔维亚整个巴尔干地区唯一一所在幼儿园阶段就提供中文教学的学校，怡海将先进的教学理念、创新的教育模式和高品质的教学经验带到塞尔维亚，让当地的孩子享受更好的教育，为中塞两国友谊种下长青的种子和希望。

"坚持在'一带一路'上讲好中国故事，做好中国宣传员，发出自己的声音，脚踏实地地投入到'一带一路'的建设中去。这就是怡海集团的决心！"王琳达曾多次坚定地表示。

此次对塞尔维亚的捐赠是怡海集团响应"构建人类命运共同体"的号召，是用积极务实的行动诠释一个中国企业的使命与作为，也是怡海集团履行企业社会责任，危难时刻与塞尔维亚携手并肩、共克时艰的责任与担当。

未来，怡海集团将继续发挥"桥"的作用力，积极开展多边经贸文化，助力"17+1"合作机制下的中东欧国家发展！

（中国侨网2020-04-05）

欧洲华侨华人的心理战"疫"

随着疫情在全球暴发，不少海外华侨华人这样形容自己的心态转变："中国打上半场，海外打下半场，海外华人打全场。"中国疫情日趋平稳后，海外疫情暴发，多国开始实施严格的隔离封锁措施，航线被切断，媒体被疫情消息占领，民众的日常生活由此改变。一些欧洲国家已经开始研究疫情对普通民众心理健康的影响。

记者采访了来自意大利、西班牙、澳大利亚、瑞典的几位华侨华人，了解他们在疫情中心态的变化。

上半场到下半场的"转场"

"当时看到世卫组织宣布，疫情成为突发公共卫生事件之后，我真的眼泪一下子就出来了。"回忆起1月30日疫情转为"全球事件"的第一个节点时，赵筱这样形容自己的情绪，"刚刚刷完这条消息，孔特（意大利总理）就宣布中国和意大利的直航航班全停。"

对中国的共情，对自身处境的忧虑，是华侨华人在这场疫情中的典型心态。

赵筱是因为疫情被"困在"意大利的北京姑娘。2019年12月底，她出差到意大利进行业务交流，原定3月中旬回国，由于航班不断生变，至今滞留罗马。4个月多的时间里，她经历了从担忧国内疫情到自己身处"疫区"的心态转变。

疫情"上半场"，赵筱的家族微信群里信息不断，家人们互相询问酒精、口罩甚至生活物资买不到的情况，这让她产生了恐慌情绪："会觉得中国疫情好像很严重，影响到全国各个地方的生活。"

进入"下半场"以后，赵筱又开始为自己的处境恐慌。3月初，看着意大利的病例每天几百几百地涨，赵筱真的"有点慌"。

相比之下，已经旅居西班牙30年的华侨张医生的"转场"心态则较为平静。"在西班牙发出疫情预警前，一些华人商家已经开始采取戴口罩、消毒、柜台处遮挡隔离等措施，可以说在防疫方面做得非常好，感染比例也比较低，面对疫情没有太慌张的情绪。"

张医生曾在中国的医院工作十余年，因此说到感染情况、治疗手段等，他都能明白，"不会说完全是外行的状态，这对我个人的心态稳定肯定是有帮助的"。

媒体"滤镜"下的认知差异

受疫情影响，赵筱没能如期回国，因为越来越多国家取消了与意大利的航班，其中就包括她的转机地点阿联酋。

"回不去了，我的心态反而静下来了，因为现在意大利人都开始重视起来了，包括封城、戴口罩。"不过，中国的亲朋好友却开始为她担心，"我爸妈现在都知道意大利的行政区划了，天天盯着拉齐奥大区（罗马所在的大区）的数字。"

赵筱的家人每天在媒体上看到的，是不断增加的确诊和死亡病例。可身在罗马的她看到的是，街道虽然空荡荡，但超市食物充足，人们也开始注意防护和保持距离。她自己会对信息"断舍离"来调节情绪："我现在就少看疫情新闻，做别的事情转移注意力。"

正在西班牙留学的法学博士生段炼也持类似观点。"自媒体时代，说什么的都有，为博人眼球，以讹传讹的不实消息也有很多。"他认为，这造成很多留学生家长在焦虑情绪下给在外留学的儿女带来心理压力，"希望媒体多报道一些留学生身边正能量的事情，国内的一些舆论其实很能影响海外留学生的心态。"

海外"宅家"生活的愁与乐

意大利全境封锁后，开启"宅酒店"模式的赵筱发现一个细节，就是自己听到救护车声音的频率突然变高了："我有一天特意数了一下，2小时之内听到6次。我在想，到底是救护车变多了，还是我变敏感了？"

与在罗马认识的华人朋友聊天时，她发现对方也有同感。"我觉得有可能是以前街上很热闹，车水马龙的，一辆救护车开过你也不会关注。但现在整个街道都很安静，一辆救护车从你家门口经过的声音就十分明显。"赵筱分析道。

"宅家"生活的副作用已经引起比利时几所大学的关注。荷兰、比利时、法国等均展开心理调查，了解封锁措施对民众生活和情绪的影响。荷兰研究人员公开发布网络问卷的链接，邀请人们连续7天记录自己的居家生活，包括工作日与周末是否有明显区别、如何放松自我、如何安排工作与家务等。

对于赵筱来说，不能出门的生活并没给她造成什么压力。"我平常在家也属于可以一个假期都宅着不出门的人，只要有网。有网就可以看视频、看小说、跟朋友聊天。好多人都会问我：你自己一个人在酒店里，会觉得很孤独吧？我觉得不孤独啊！不是有网吗？"

赵筱正在追一部每周更新一集的泰剧，总共14集，目前已经播到第七集。"我现在就拿这部剧的更新情况来算我回国的时间。我希望等我追完这部剧，就能回去了。"

与赵筱这样酷爱"宅家"生活的选手相比，Sim觉得"宅家是挺难受的"，但因为并不是完全不能出门，所以对心情影响不大。"主要还是担心（疫情），希望日子早点恢复正常。我在家会找点事情做，学学网课之类的，另外适当运动。"

张医生则表示，因为他是退休人员，所以封锁措施对他的生活基本没什么影响。"最多是平常去公园遛弯的习惯不能再保持了，开始是有些别扭，但也没那么严重。"在西班牙，出门购物、去银行甚至遛狗都是被允许的。"这些基本社会活动的维持也让我感到没有那么紧张。我基本两星期出门购物一次，只选择同一家超市，把购物车装得满满的。"

他也看到，有新闻报道西班牙人为了出门作出各种"奇葩"尝试，比如网上流传着一名男子扮成恐龙上街的视频。"这个确实是有的，但当地华侨华人还是比较谨慎，认为没必要冒这样的风险。"另一段流传甚广的视频则显示，西班牙警察为了鼓励民众"快乐宅家"，吹号打鼓，在街道上开起音乐会来。

赵筱在意大利的华人朋友们也能宅家欣赏音乐会。"每天晚上6点有自发的阳台音乐会，我住的酒店周边没什么居民区，但朋友们的邻居都会放音乐，有的直接自己弹唱。这些对放松心态肯定也有益处吧。"

在瑞典，倪东主动选择了宅家模式。"不管瑞典采取什么抗疫措施，我们华人自己还是要小心。"他从3月初就不让孩子去学校了，虽然瑞典的小学并未停课，但不去也不算旷课，"这一点相对灵活"。

"钱袋子"和"控疫情"不可兼得？

对于倪东来说，疫情带给他最大的精神压力是对事业的冲击。"疫情在中国暴发时，我就很警惕，因为我是在瑞典从事旅游行业的，所以对这个方面很敏感。当时同行还认为熬过四五月份，六七月份就会恢复正常。我认为这是最乐观的估计，但我的判断更悲观一些，我估计这一年旅游业可能就够呛了。"

倪东从事的旅游业是这次受疫情影响最大的行业之一。"好在瑞典的福利是很好的，所以我现在能拿到以前报税工资的80%。虽然没有以前收入高，但基本生活保障没有问题，再加上中国人本身就有储蓄的习惯，相对来说也会好一点。"

在经济状况比瑞典更脆弱的意大利和西班牙，从事餐饮、旅游行业的华人数量更庞大，也更忧心收入、生意受影响。

不过，多数华人还是认为当下控制疫情比恢复经济更重要。有读者在意大利的华文媒体留言称："表面上现在复工可以短暂舒缓经济，实际上疫情一旦重新暴发，得不偿失。所以除了必要的商业运作，其他的工作尽量在家进行，千万不要鼠目寸光、前功尽弃！"

"我们退休人员没有经济方面的担忧，"张医生说，"但部分旅西华人确实压力比较大。不过据我所知，西班牙政府在税收、居民收入方面采取了一些应急保障措施，这也能缓解人们的担忧。"

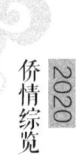
暖心互动　提供物资、心理支持

华社内部很早就开始了互助活动，不仅互相支援口罩、药品等物资，也包括精神层面的支持。比如，西班牙的留学生组织建立了远程心理咨询平台，由学长、学姐们充当"心理咨询师"的角色，点对点地给一些心理出现负面情绪的学生打电话沟通，每天进行"话"疗。同时，许多中国驻外使领馆也通过视频连线等方式，对留学生等进行心理疏导。

赵筱还提到，一次，她出门采购食品时正好遇到隔壁房间的意大利小哥，见他只能用围巾遮住口鼻，赵筱便拿出自己为数不多的口罩，分给他3个，还叮嘱他正确的佩戴方法。"我感觉他当时眼睛里真的有喜悦的光芒。"

在意大利的阳台音乐会快闪活动中，罗马美术学院留学生段延曾拍下意大利邻居一边说"谢谢中国"一边播放《义勇军进行曲》的视频，在旅意华人的朋友圈被大量转发，鼓舞了不少人。邻居此举正值中国向意大利派出援助医疗队的时候。"那一刻我真的非常自豪，非常感动，眼泪都要流下来了，手都在抖。"段延说。

"如果再年轻10到20岁，我也一定会报名参加西班牙的医疗志愿者服务。"今年70岁的张医生说。

（［法国］《欧洲时报》2020-04-14/汤梦磊，葛璐璐）

法国"解禁"首日　华人进出口批发商圈全面复业

5月11日，法国"解禁"首日，巴黎北郊欧拜赫维利耶市的华人进出口批发商圈的商户全面复工营业，但未出现报复性消费。

当天上午，记者前往欧拜赫维利耶市的华人进出口批发集散地的巴黎时尚中心和附近的两个批发市场。

在巴黎时尚中心的进口处，安保人员为每一个进出中心的人员喷洒消毒洗手液。巴黎时尚中心每一家商户的大门上都张贴了防护新冠肺炎疫情的"勤洗手、戴口罩"等注意事项，商家的工作人员也都佩戴了口罩。

记者观察到，不少商家忙着进货整理，往来的批发客户三三两两，整个时尚中心显得还是比较安静的。记者询问了几位商户业主，复工营业情况怎样，得到的回答都是生意不好，再等等看。

在巴黎时尚中心西侧的另一批发市场，记者碰到了法国华人服装业总商会的徐晓鸥，他告诉记者，他的几位老客户上午已经来拿货了，但是数量不多。

对于复工营业后的预期，徐晓鸥表示，自己不认为法国会出现报复性消费，今年夏季款的服装是否能够批发出去，自己也不能确定。

徐晓鸥透露说，很多华商现在很为难，还在犹豫，到底要不要预定今年冬季款服装的进出口批发计划。

徐晓鸥说，很多人都担心，万一法国新冠肺炎疫情出现反复，势必造成经营复苏的延期，所以，很多商户都在等待，希望逐步解禁之后出现一个良好预期，那样的话，华商们对进出口批发的恢复前景才有信心。

在欧市维克多雨果大街的一间批发商店，记者见到了中法友谊互助协会的阿莱克斯。他告诉记者，自己的许多客户没有来，因为逐步解禁的规定之一就是活动范围只有方圆100公里，所以，许多外省和欧洲其他国家和地区的客商根本无法前来选货。

阿莱克斯说，现在，他的不少老客户都开始在网上订购，再通过货运配送。

在CIFA批发商城门口，记者遇到了刚刚采购完正准备回家的菲奥娜。

她告诉记者，自己在95省一个露天集市设摊，以前经常来CIFA商城批货。但是新冠肺炎疫情暴发之后，华商批发市场不营业了，所以这两个月就没有来，今天解禁，她就想来看看，采购了一些裙子、T恤什么的，数量也不多。

菲奥娜说，不管怎么样，生活还要继续，希望一切尽快好起来。

（［法国］《欧洲时报》2020-05-12/欧文）

意大利华人企业受产业结构制约　复工路艰难

从当地时间5月18日起，在新冠肺炎疫情趋于缓和的情况下，意大利各行各业正式开启了复产复工之路。然而，复工一周以来，华商复工企业却寥寥无几。华商复工企业鲜少，固然有担心疫情的因素，但归根结底华人企业无法快速恢复生产经营，其主要原因更多的则是受制于华人企业的产业结构。

意大利华人经济快速发展到今天的鼎盛时期最多不超过20年的历史。正是这20年，华人企业从家庭作坊式经营，走上了规模化经营之路。由华商经营的大型纺织品企业及中国轻工产品批发企业、餐饮和零售企业，开始占据了华人经济的主导地位，成为了华人经济的排头兵，华人从事的其他行业则成为了附庸于占主导地位的经济体。

纵观意大利华人企业的产业结构，排在第一位的是纺织品服装业，主要生产和销售时尚服装；排在第二位的是以中国轻工产品为主体的批发企业；第三位是以大型自助餐饮为主的大型餐饮企业；第四位则是以义乌小商品为主体的大型零售企业。其它则是生产加工企业、餐饮、旅游、中介和各种服务型企业。

意大利普拉托是华人最集中的城市，也是具有代表性华人经济的缩影，该地区的华人支柱产业为快时尚女装产品。普拉托是快时尚女装的欧洲集散地，华人同类商品市场份额，保守估计约占该地区的70%以上。

通常情况下，普拉托的快时尚女装为中低档商品，是欧洲女装时尚商品的重要补充，在欧洲地区占有极其重要的市场地位。而眼下受疫情影响，欧洲各国尚未打

开国门，即使意大利政府松绑禁令允许华人企业复工，但商品无处销售，复工对华人企业而言，无任何实际意义。

普拉托快时尚女装产业，除部分固定客户外，更多的产品仰赖客户上门采购。在当地经营一家时尚设计和销售企业经营成本十分昂贵，通常转让一家500至800平方米的经营场所，转让费就高达40万至80万欧元，且每月承担的房租价格平均每平方米约为18欧元。当然，拥有一家如此规模的经营场所，每年的利润也非常可观，至少也能赚上50万欧元。

根据意大利时尚业者预测，欧洲人作为具有透支和提前消费习惯的群体，两个多月的禁足令，大部分家庭已经掏空了积蓄，而且意大利政府承诺的各项补助，至今领到补贴的人尚不足5%。未来意大利人非生活必须消费将大打折扣，而受疫情影响最大的将是时尚产业。因此，普拉托快时尚女装市场同样前景黯淡。

就华人餐饮业而言，受疫情影响最大的应该是华商经营的大型自助餐馆和大型中餐馆。根据政府防疫社交距离规定，自助式餐馆属于限制经营的范畴，如此大型中餐馆要恢复昔日的繁荣，绝非一朝一夕，且大型中餐馆经营成本高昂，华商也难以长期支撑下去。

受疫情冲击，华商经营的批发业和大型零售业同样面临保本经营问题，开与不开仍陷入两难之中。而华人家庭式的生产加工企业，受市场严重疲软影响，也将面临着订单短缺问题。

穆迪公司（Moody's Corporation）最新发布的一份报告中指出，受新冠肺炎疫情影响，未来12至18个月内，意大利企业的信用状况将会继续恶化。

在意大利企业信用状况继续恶化的市场环境中，华人经济同样也无法回避市场大环境。意大利24小时太阳报报道称，上周米兰很多当地人经营的商店已经陆续开门营业，但华人商店却是一个例外，许多华商至今都没有开门的打算。走在米兰华人商业街上，人们可以看到大部分华商经营的餐厅依然大门紧闭，只有少数几家华人酒吧营业，少量顾客在户外用餐，另有几家中餐厅提供外卖服务。

意大利AGI通讯社25日报道，意大利坎帕尼亚大区大约有4000家华人企业，其中50%在那不勒斯市或周边地区。此次疫情让该地区的许多华人商店，最终选择了永久性停业。

一位在罗马经营小商品零售店的华商，近日在和欧联社记者微信聊天时说，意大利刚刚暴发疫情时，他已经把租的住房退掉和全家人回国，暂时不再想回意大利。并且已经和房东达成协议，商店内的货物由房东自行处理折抵房租，他今后不再继续经营，何时返回意大利还不清楚。

意大利南部一位拥有多家大型自助餐馆的华商上周告诉记者，今后他所有的餐馆均不再继续经营，餐馆的房租押金、装修和设备等全部归房东所有，直接经济损失大约150万欧元。虽然失去了餐馆，但总体算下来要比每个月继续付房租划算。

意大利华人企业由于产业结构单一化，数十万华人捆绑在少有的几个行业内打拼，导致抵制风险能力变得尤为弱势，自然复工之路更加步履艰难。从长远计，海外华人经济产业的发展，应时刻牢记非典和新冠肺炎疫情的惨痛教训，未来企业应考虑朝着多元化、技术性和抵御风险能力高的方向发展，不断增强抗击意外风险的能力。

（［意大利］欧联通讯社2020-05-25/博源）

全英华人汽车工程师协会举办在线技术研讨会

日前，全英华人汽车工程师协会以英国为主场，举办了一场主题为"汽车产品创新趋势和挑战及车企的战略选择"的在线技术研讨会。

共有来自海内外150多位相关领域的专家及企业代表参加了此次研讨会。

线上会议全程3个多小时，与会专家就目前汽车产业有关数字化、自动化、电气化、网联化等前沿技术问题，以及改变汽车工业界格局、中英汽车合作潜力、电动汽车市场、特别是新冠肺炎疫情给汽车行业带来的挑战和机遇等业界现实问题，进行了广泛深入的交流讨论。

全英华人汽车工程师协会筹创于2002年，2019年在英国伦敦正式注册成立，目前拥有成员近350人。协会主席徐宏明博士表示，作为英国第一家华人汽车工程师协会，希望把握机遇，尽力为中英汽车业的合作发展添砖加瓦。

（［法国］《欧洲时报》 2020-05-26）

俄罗斯华侨华人举行视频座谈会 纪念《反分裂国家法》实施十五周年

俄罗斯华侨华人31日举行视频座谈会，纪念《反分裂国家法》实施15周年。

此次座谈会由俄罗斯中国和平统一促进会组织，俄罗斯中国和平统一促进会秘书长兼常务副会长吴昊主持。莫斯科、圣彼得堡、科斯特罗马、沃罗涅日、罗斯托夫、克拉斯诺达尔、索契、伏尔加格勒、加里宁格勒和皮亚季戈尔斯克等多个地区的侨团负责人和代表出席了此次座谈会。

座谈会期间，俄罗斯中国和平统一促进会会长虞安林表示，此次座谈会意义重大。《反分裂国家法》是坚持"一国两制"、推进祖国和平统一制度体系的重要组成部分，是反"独"促统政治责任和使命要求的重要遵循。这部重要法律深得民心民意，契合历史大势，受到海内外爱国统一力量的热烈拥护，得到国际社会的广泛支持、理解和尊重，极大震慑了"台独"分裂势力，维护了中华民族的根本利益，影响至深至远。

俄罗斯中国总商会会长周立群表示，世界上只有一个中国。《反分裂国家法》表达了全体中华儿女的心愿。作为在俄华侨华人，要进一步加强对俄合作，不断扩大朋友圈，构建你中有我、我中有你的紧密联系，阐述中国的大国担当，用实际行动讲述中华民族对和平的热爱，同时清楚传达出海外华侨华人捍卫国家和民族核心利益的坚定决心。

俄罗斯华侨华人青年联合会执行会长刘军说，《反分裂国家法》实施15年来，对遏制"台独"分裂势力、维护两岸关系和平发展发挥了重要作用，蕴含反分裂、护发展、促统一的制度功能。

当天，与会侨团负责人在发言中均认为，重温和纪念《反分裂国家法》具有十分重要的意义，充分表明祖（籍）国有坚定的意志、充分的信心、足够的能力来捍卫国家主权和领土完整。全体在俄华侨华人将一如既往地坚决反对"台独"分裂，一如既往地坚决反对外部势力干涉台湾问题。俄罗斯侨胞呼吁包括台湾同胞在内的海内外中华儿女共担民族大义，为推动两岸关系和平发展、推进中国和平统一和实现中华民族伟大复兴而共同奋斗。

（中国新闻网2020-06-01/王修君）

疫情下的英国各行业华人群像

英国自5月起疫情进入下行，禁令逐步解封。英国抗疫一路走来，华人各行业在经历"寒冬"之余不乏竭力调整、奋力反击：餐饮业旅游业韬光养晦，线上服装和物流小范围内逆流而上；中超华社撑起华人疫时生活半边天；建筑业遵守防疫规定，坚持工作；华文媒体加班加点，充分发挥信息桥梁作用；华人也逐步适应在家办公。从普通人的故事里，可以窥见英国疫情之下华人行业之一斑。

华人餐饮业重创　转战线上"疫"中求新

说起饮食，中餐总是在英国的美食榜上牢牢占据着不可撼动的地位，但封城期间，中餐业遭到巨大打击。在伦敦利物浦街附近的一家米粉店老板陈先生，也跟记者分享了疫情期间餐馆的经营状况。

陈先生在2019年初创办了这家米粉店，让他引以为傲的是，经过不断研发食谱和提高食品质量，这家年轻的小店在短时间内就成为附近留学生之间口口相传的"网红店"。"我们店在英国出现第一例死亡病例的时候，华人顾客骤减，第二天直接少了一半。"陈先生说，疫情直接影响到这家店的核心客源。

面对现状，陈先生还算冷静："疫情期间或许还有生意做，一旦解封大批留学生会立刻回国，在国内的留学生可能短期内也难以再来英国，语言课取消和新生不来报到也是很大的问题。再加上暑假本身就是淡季……"他还向记者透露，有一家熟识的中餐厅，受疫情影响也面临即将倒闭的困境。

但谈到疫情过后的未来发展，陈先生不无乐观地表示，作为80后90后的创业者，他相信通过平时对市场的敏锐洞察，及时调整可以快速恢复。由于之前留学生群体数量骤减，他计划今后从口味开始更偏向本地化，吸引以本地顾客为主的多样化客户群，同时英国政府提供的"反弹贷款"（Bounce Back Loans）和企业员工工资补贴等援助计划也为渡过难关提供了一定帮助。

虽然陈先生在疫情期间堂食和外送均被迫叫停，但外卖整体而言成为了疫情期间餐饮业的顶梁柱。不仅炒饭和菜肴等纷纷搬到线上，火锅也在此期间大面积开展外送业务。

海底捞在英国开业虽然还未满一年，但自疫情开始流行，便迅速根据形势调整，开展了外送服务。海底捞负责人告诉记者，1月23日该集团就成立了防控小组，在中国和新加坡等地邀请专家顾问，成立防疫专家顾问团，协助建立防疫组织架构、按防护标准照顾门店员工。

海底捞总指挥部借助防疫专家指导意见制定了相应的防范要求，如顾客到店需进行体温测量并喷洒医用酒精消毒、所有员工每天需量体温、环境设备等需要进行严格的消毒、员工佩戴口罩上岗等。

在封城前期的3月20日，海底捞英国门店根据英国政府防控部署停止堂食供应。不过在3月初，海底捞就逐步将火锅"送"到了有需求的客人家里——通过"无接触配送"，消费者可通过海底捞微信小程序和送货软件预定。

基于顾客居家烹饪的需求，海底捞英国门店还推出了方便菜肴，将一道菜的主料、辅料和酱料包制作成半成品分别包装，让消费者进行简单的加工即可食用。

旅游产业遇"寒冬" "休眠"同时涨知识

旅游业是在英华人主流产业之一，这次疫情中受到打击较为严重。海诺旅游副总经理张宇告诉记者，海诺主营英国目的地B2B（企业对企业）地接社业务和英国市场B2C（企业对接消费者）组团社业务，分别服务于国内的组团社客户和在英华人及留学生。

旅游业需要一个非常稳定的社会环境来保持运作，一方面是出于安全问题的考虑，另一方面是报团客人的顾虑和出游意愿的降低，海诺停止了英国市场的所有组团社业务。

旅游业是这次疫情受影响行业的重灾区，而像海诺这类做英国地接和英国组团的旅游公司则是重灾区中的重灾区，当疫情发生后，海诺第一时间分别与客户和供应商进行沟通，采取取消、延期、退款等措施。同时，在安排员工在家工作和休整期间，他们也安排了线上培训，并努力寻找副业机会，尽量弥补收入损失。此外，公司根据疫情的发展情况每个月调整一次计划安排。

张宇认为，新冠肺炎疫情在英国境内"清零"前，公司很难恢复正常业务。鉴于目前疫情的不确定性，不排除在可预见的未来极长时间内继续会是"旅游寒冬"。

张宇说："只要疫情一过我们马上就能重振队伍投入工作，恢复以往的正常运营。在疫情期间，我们也会保持对团队的针对性培训，并继续深挖目的地资源和研发新产品，争取在恢复正常后给客户带来更好的服务和旅游体验。"

张宇谈到，英国疫情防控是一场持久战，对在英的中资企业特别是旅游企业的影响是相当大而且非常持久的，希望英国政府能持续关注这类企业并继续提供帮助。

华人物流业谋转型、求突破

疫情期间华人各行业普遍都受到了巨大冲击，唯一"反其道而行之"的似乎就是物流业了。当大批留学生希冀将行李运送回国或是寄存，物流业仿佛一夜之间成为众人眼中的"香饽饽"，但从事物流业多年的海龙国际物流运输集团负责人Andy却向记者道出了自3月中旬就开始的华人物流业辛酸故事。

和陈老板的饭店一样，海龙国际90%的顾客都是留学生，因此当大批订单涌来时他们也面临着最主要的两大挑战——海关清关和人手不足。首先，临时增加的大量行李单都需要跟海关沟通，加之由于航班限飞等客观因素导致空运价格上涨，两倍到三倍价格也是常有的事情，整个物流行业的时效性也有大幅度下降。

"今年情况特殊，往年留学生比较稳定，从4月起到7月都是旺季，但今年从三月中旬，尤其是英国封城前和疫情达到高峰前两星期，众多留学生回国需要寄运行李，人手根本不足，"Andy说，"不少员工小孩停课需要在家带孩子，还有很多顾客由于航班变动也是不停联系客服，当时我每天早上起来从9点到12点片刻不停，微信每天都有一千多条未读信息，压力非常大。"

由于主要客源是留学生，Andy说秋季入学及之后的情况也并不乐观，对比英国本地物流，华人物流不可避免地受到了更大冲击和影响。从宏观角度看，物流业的确在疫情期间快速发展，据Andy观察，英国本地物流公司业务激增，亚马逊等购物网站和生鲜及杂货店的外送服务业非常火爆，"许多英国人原本不是很热衷于线上购物，现在也全都转战线上了"。

因此，以行李运送为主的华人物流业也不得不思考疫情后的转型问题，Andy告诉记者，目前计划拓展业务多样性，考虑与当地华人超市合作开展配送业务，英国政府的援助资金虽然起到了一定帮助，但之后希望能开发更多样的客户群体。

不想打价格战的线上服装品牌

在英国创业11年的英国复古服装Miss Patina创始人汪雅婧也向记者展示了疫情期

间服装业面临的窘境。特别的是，Miss Patina以电商销售为主，在疫情期间反而逆流而上，争取到相对更多的生存空间。

汪雅婧说，整个时装零售业都受到重创，大量服装在仓库积压，许多品牌取消订单，也有拖欠甚至拒付订单尾款的现象发生。幸运的是，作为主营线上销售的品牌，尽管在实体店的销售无法进行，但线上却得以保持，再加上通过新旧款搭配和主推适合在家上班的经典款式，Miss Patina可以灵活地应对疫情带来的打击。

但因为时装有应季的限制，春季款式积压无法在夏季上货，是大家共同面临的困境，汪雅婧坦言，为了减少压力她也取消了10%左右的订单。

网络在疫情期间成为各行业不约而同开展阵地的主战场，深谙在线运营的汪雅婧也通过在社交媒体上与顾客互动有了意想不到的收获。她说："本来电商在社交媒体上就需要和大家多互动，此时更是如此，在我看来，品牌不仅仅是卖东西那么简单，承担社会责任也是我们必须要做的事情。"

猫咪是Miss Patina最具代表的特色，汪雅婧笔下的小猫们也化身宣传大使，英国国家医疗服务体系（NHS）的提示以小猫的形象出现在Miss Patina的各个社交平台和网站上。同时，为了鼓励大家待在家里，Miss Patina还抽取部分将自己"宅家"活动展示出来的顾客，为他们提供优惠折扣。不少参与的用户说穿着可爱的猫咪在身上感到十分治愈。

强调客户黏性是汪雅婧一直以来秉持的重要经营理念，尽管这次疫情为数字营销带来了巨大机遇，但她并不想打"价格战"，她说："我知道自己的市场和目标客户群在哪，作为非大众商业街的独立设计师小众风格品牌，我不想做第一，但我想做那个唯一。"

因此即使担心疫情过后多数服装公司都会通过减价、打折等促销手段"回血"，挤压其他价格坚挺品牌的生存空间，汪雅婧还是始终想以赋予设计文化内涵，让每一个设计背后的故事赋予服装生命，和穿着者产生连接来获得大家对衣服发自内心的喜爱。

中国超市为方便华人加大线上业务

优西网络商城（UKCNSHOP）是一家成立超过十年的大型网上商城，公司货源来自全球各地，货物主要销往全英境内及部分欧洲国家，主营产品包括来自中国的热门流行零食与传统中国食品。

自3月底英国实施"封城"措施以来，优西商城的订单大幅增长，送货频率增加，导致送货速度有所减缓。原本只需要2~3天的送货时间，在疫情期间要4~5天才可以送达。

此外，大量留学生归国、供应商涨价及运输费用的提升均导致商城部分商品价格合理上浮。不过，自英国封城以来，公司员工并未出现缩减情况，甚至还有新员

工加入。对此，优西商城的客服"跳跳糖"解释道："疫情期间，公司在德国、法国等欧洲国家开拓了新的业务，有了更大的市场，因此需要更多人员的加入。"

5月初，在英国的防疫措施放宽后，优西商城的订单量有所下降，但送货效率取得了大幅提升，货物在两天之内即可抵达英国各地。对于疫情后期的恢复计划，"跳跳糖"称，公司近期开始成立市场部门，力图在各大媒体平台对公司做更多的推广与宣传工作。"在疫情期间，我们看到了英国及欧洲各国市场的潜力，打算在知名度上面下工夫，让更多的客户了解到我们。"他补充道。优西商城的官方账号已在微信和微博上线，目前正筹划扩展至小红书、抖音等平台。

对于商城品牌的优势所在，"跳跳糖"称，优西精选的产品种类多，面向群体不仅有留学生和在英华人，还有英国本地人，这些皆有助于公司在恢复期的发展。然而，"跳跳糖"也提到了一些未来需要克服的不足："公司的仓库在南安普顿市，除了这一城市可当日运输，其他地区需要发物流，送达效率就不及一些本地的中国超市或英国本土超市了。"

何老板自1994年起旅居英国，目前在谢菲尔德经营着一家名为德益行的中国超市。疫情期间，德益行也像大多数中超一样，转向了线上订购送货。有时，一些订购的顾客也会建议何老板放心开店，表示在中国人的店里面，大家防护做得都很好，所以没有问题的。"（顾客们说）我要进去挑，慢慢选东西。想了想，前两天我还是又开门了。"何老板说。

何老板分享了一个让他哭笑不得的囤货故事："刚开始听说（封城）的时候，人们都来抢购。过了一段时间，有一个人在买太多了以后，又问能不能退回来。"虽然退回的货品不能再次被出售了，何老板还是回答说："那好吧，那就退一点。"

"再后面呢，学生少了，陆陆续续回国。目前货压得很多，卖不掉的半年以后就会过期，损失很大，所以开始打八九折了。不求赚钱，（只求）能够全部卖出去吧。"对于英国来势汹汹的疫情，何老板表示，中国超市的客源主要是留学生，英国本地顾客很少。因此对德益行这样的在英中超冲击非常大。

好在英国政府也颁布了一些政策，来支持德益行这样的小商铺。"原本有一万镑的地税，现在全免除了。另外，因为平时缴纳了地税等，现在英国政府给我派发两万五英镑，无条件支持我，继续把店面开下去。"

此外，疫情期间，德益行申请了英国推出的"工作保障计划"，由原本的四名员工减少到两名。临时停职的两名员工工资由英国政府支付80%，雇主承担20%。"这个待遇是真的挺好。这两个（临时停职的）姑娘，疫情过后我还会雇她们的。"对此，何老板说道。

对于未来的打算，何老板表示："如果疫情稳定或者疫苗研发出来，学生们慢慢回来，店就继续开着，大不了再重新进货。如果疫情仍然不乐观，学生都回国了，我就把东西都卖了，把店关了，休息个两年也无所谓。"他补充道："就跟着英国政府的政策走吧。"

对于2020年，何老板原本是有很多愿景的，他早在邻街盘下了一个新的店面，办了很久手续，计划开一个专门面向中国留学生的多功能商铺。除了品种丰富的中国食品，还将开设小吃、奶茶等手作档口。而如今，这家已经进行到七成装修的新店铺只能被迫暂停。

在英华人社团与疫情"博弈"

新冠肺炎疫情在英国甚至全球都有极大的影响，伦敦依士灵顿华人协会的中心经理冯兆雄说，英国的华人社区在政府的限制令下，不仅所有的社区中心需要暂时关闭，中餐馆及华人超级市场也要强制关闭。不能在酒楼餐馆用餐，华人超市也只能提供有限度的送货服务，对华人生活有着不少的冲击。

作为有34年历史的华人社区中心及慈善志愿服务机构，在新冠病毒还未扩散的时候，依士灵顿华人协会中心内已进行一系列的清洁防疫工作，包括提供所有来访人士可使用的免费消毒洗手液、纸巾，如有需要，也会免费送给来访人士面罩；每次午餐时也会宣布、更新有关英国疫情的消息及要注意的事项，以提醒大家避免社区感染。

新冠肺炎疫情下，受到影响最严重的要数老年人，作为服务于华人的组织，伦敦华人社区中心主席丘玉云和伦敦依士灵顿华人协会的中心经理冯兆雄均告诉记者，中心有专门安排负责定时给老年人打电话沟通的员工，尽全力满足老年人的心理及物质需求，若有长者反映需要物资，中心会第一时间派人前往帮助。

冯兆雄说，即便中心两月前便暂停开放，但所有中心办公室的职员也继续在家工作，并设有手机热线，以便让会员、公众及外界能紧密接触协会，能提供适时的帮助。协会的职员各尽其职，每星期提供中心各职员所分享的讯息，名为"一笺牵心"的双语通讯，让会员了解中心的近况之余，亦能与中心有密切的联系。

此外，尽管线下活动纷纷遭到取消或延期，但华人社区中心和依士灵顿华人协会在疫情期间不间断组织文化艺术、强身健体、语言等方面的线上教学班，延续服务社群的需要，丰富会员的居家生活。

依士灵顿华人协会还制作了一段由协会职员及会员所提供的资料、感受及分享的信息，制作名为"明天会更好"的视频。一方面，表扬在前线工作的人员，包括医护人员、送货司机、垃圾收集工人等幕后英雄；另一方面，也表示依士灵顿华人协会众人上下一心，对抗疫情的决心，以及提醒如何做好防疫设施等。

疫情过后，冯兆雄表示，将更加重视中心公共健康卫生，继续配合政府指引，避免疫情卷土重来。疫情必将给社会带来变化，"协会未来的规划，也要按照现时疫情的发展趋势，才能好好计划"，冯兆雄说，有需要时，或许会向政府及有关拨

款机构争取资助，让协会的发展更到位、更实在、更趋完善。

华人雇员：疫情或让在家办公成为未来主流

在英国汽车行业工作多年的鲁先生也跟记者分享了他的观点。他说，英国汽车行业整体在疫情期间受到重创，4月的销售量同比去年减少九成。鲁先生负责汽车产品开发，他认为，尽管科研开发受到客观限制有所降速，但如果能够保持最大的机械化和全自动化操作，那就能在尽量保持大家安全的基础上稳步进行现在的工作。

鲁先生提到，自从疫情开始蔓延，大家都通过网上会议交流，在家工作，时间和工作方式都是全新的模式，需要适应，找出最佳的节奏。如何重新管理和规划十分重要，这样才能有效率地、保质保量地完成工作。

同时，这也让他不禁开始思考许多工作是否都可以在家完成。"这次疫情让我们不得不在无形中大规模地践行了在家工作，除了负面影响，能得到哪些积极的信号和反馈也是疫情期间的收获。"鲁先生说，即使疫情过去，可能很多工作也可以延续现在的形式。

在线选车就是企业与个人同步调整的重要一环，鲁先生告诉记者，现在顾客不用亲自到店挑选，在线选车不仅在特殊时期方便顾客，也减少了对销售的影响，让大家可以在保持社交距离的情况下满足顾客需求。

谈到疫情后行业如何反弹恢复，鲁先生认为，汽车作为居民生活的主要交通出行方式之一，其需求量与供需规律高度相符，因此即使有短期促进消费的调整，长期来看还是有待大环境与生产消费都向好后，更有恢复的潜力和动力。

鲁先生说，很感谢大使馆和各个华人组织带来的帮助，让大家在疫情期间更踏实地继续生活。英国政府的指导方针和意见也为个人适应现状和企业未来反弹提供了重要方向。

华人建筑业：我们还在奋战，就是更会保护自己

来英超过15年的陈师傅拥有一家华人建筑施工队，客户里华人占比很大。承接的项目包括商业和住宅，队伍长期驻扎在伦敦，业务范围也经常延伸到几百公里以外的威尔士、英格兰中部甚至北部。

陈师傅告诉记者，对于华人建筑业来说，疫情总体来说影响没有特别大，因为在建项目大部分无人居住。加上中国疫情开始时，很多建筑施工队也已经提前休工，隔离了一段时间，也减少了一些新项目的承接。"我们还是很注意的，工地上有业主的项目已经基本停工了，大部分空的工地，工人也是有距离地作业。不过还是希望疫情能尽快过去，因为不少客户已经取消了今年下半年的一些施工合同。"

而封城之后的影响更多在于各种建材的供货延迟，导致工期延迟。屋主李女士

对记者透露，自己家里扩建的项目2月份开始，找了华人施工队伍，原本计划8周内完成的，可是已经到了5月末，整个扩建项目才完成一半。

在英华文媒体：疫情中充分发挥媒体信息桥梁的作用

当地华文媒体《欧洲时报》英国分社负责人李强介绍，在英华文媒体包括纸媒及线上媒体。由于封城，华人普遍很少出门，取阅报纸的频率降低，因此纸媒受疫情影响严重。此外，在英国，旅游、餐饮等华人支柱型产业受影响较大，对线上媒体而言，广告收入缩减。

虽然英国封城，但该分社的所有工作还在按部就班地进行，包括纸媒、线上媒体以及线上活动都在持续进行。李强说："其实我们在疫情之前就开始做调整，由线下向线上转型。"英国分社在中外各社交及媒体平台都非常活跃，包括微信、微博、Facebook、Twitter等传统线上平台，还有近些年流行的短视频平台抖音、Tiktok等。

英国政府近日开始放松封城措施，谈到恢复公司运转，李强认为分为短期和长期。从短期来讲，随着英国政府逐渐对疫情部分管控的放松，人们逐步开始复工，英国分社原有业务可以更加自如地运作。从长期来看，作为媒体行业，还是应该要更加积极地去面对，疫情所造成的经济影响短时间内难以恢复，各行业的运作模式需要作出相应的调整，积极面对变化。"作为媒体行业，起到信息桥梁的作用，疫情下我们更需要发挥这样的功能，帮助大家一起渡过难关。"李强表示。英国分社面向中西方两个市场，因此对比其他媒体，优势在于不受单一市场限制。"如何在疫情的大背景下做好一家媒体"是疫情给英国分社出的一道"考题"。疫情期间，英国分社全面报道在英华侨华人的抗疫故事，在海外媒体平台推动居家线上活动，鼓励海外人民积极面对疫情。

（［法国］《欧洲时报》2020-06-01/余梁意等）

中法家庭联合会与暨大华文学院合作开展"华文水平测试"

5月14日，暨南大学华文学院与法国中法家庭联合会"小熊猫学校"达成协议，双方同意合作实施"华文水平测试"（简称"华测"），并成功完成网络签约，在法国设立考场。

此次签约，双方就华测的设计理念、试卷结构等方面进行了深入的沟通，并达成共识。暨南大学华文学院王汉卫教授向法国小熊猫学校罗坚校长提供了华测的大纲标准和试题样卷，解答了罗校长的相关问题。双方对此次合作充满了信心和期待，表示将共同推进华测的实施，为华文教育贡献自己的力量。

华裔青少年华文水平测试系统以华文能力标准为依据，以汉字大纲、词汇大纲、语法大纲、任务大纲和文化大纲等五个大纲为主体内容，设计了五个等级的考试框架，全面测查海外华裔青少年的华文能力，理念先进，结构合理，特色鲜明，具有很强的科学性、实用性和可操作性。

小熊猫学校希望通过测试及时了解教学工作的成效和不足，从而有针对性地作出调整和改进，提高教学质量，"以考促学、以考促教"，这与华测的理念和设计不谋而合。

（中国侨网2020-06-10）

法国华人旅游界人士谈疫情　对未来充满希望

新冠肺炎疫情对世界各地造成深远的影响，对于闻名世界的法国旅游业更是带来了不可挽回的损失。

随着新冠肺炎疫情的防治和控制在法国逐步加强，法国和欧洲其他国家开始逐渐解除各项禁令，法国政府开始拿出多项措施和政策来推动旅游业的恢复。法国政府鼓励人们在即将到来的传统夏季度假期间正常出行，选择在法国境内及欧盟和英国各地自由度假，并给予法国低收入家庭一定的假期补助，扶持航空、交通、餐饮等与旅游息息相关的行业复苏等，借此最大程度地推动法国旅游业的复兴和发展。

对于新冠肺炎疫情对法国旅游业的影响，对于生活的改变以及法国旅游业的未来发展前景，法国华人旅游界人士都有各自不同的观感和认知。

疫情让欧洲华人旅游业基本清零

"此次新冠肺炎疫情对旅游行业影响巨大，旅游基本按了暂停键，使得我本人与旅游相关的业务全部归零。我们是服务中国旅游客户的，受到疫情影响，可想而知，作为服务这样的客户群的相关工作人员，业务归零也是意料之中。"欧洲中文导游学院巴黎360文化空间讲师、资深导游杨怀勇对于疫情的影响非常悲观。

杨怀勇认为，疫情对旅游的影响是巨大的，时间越长，影响越深。时间长，可能很大程度会改变旅游客户的出行习惯，旅游从业人员无从判断将来会怎么样。虽然疫情的防控好转会有相应的恢复，但杨怀勇并不认为会有大规模的报复性旅游。因为，人们的安全心理不会一下子就恢复的，这需要一个过程。其次，各国之间需要有一个协调策略，如果掺杂种种政治因素，那这个过程也会很漫长和无法判断。另外，如果疫情在旅游出行恢复期间出现反复，那么将给旅游行业带来更深层次的打击。最关键的一点，在没有收入、业务归零的情况下，旅游从业者究竟能够挺多久？这也是需要认真思索的问题。

凯撒旅游巴黎分公司总经理廖青认为，这次疫情的严重性几乎超过了以往任何一次危机事件对旅游业造成的影响。当前全球疫情态势仍旧不容乐观，各行各业都受到前所未有的冲击。尤其是全球旅游业面临严峻的挑战，旅行社、航空公司、酒店、餐馆、景点等都遭受损失。从目前情况来看，出入境旅游市场的全面恢复时间可能长于预期。

欧洲华语导游联盟主席龙学武认为，疫情对于旅游行业的影响是历史性的。导游业作为旅游行业的末端，更是受疫情影响最为敏感的。疫情暴发以来，导游业和法国社会的情况基本一致，处于停滞状态。

法国华人旅游协会名誉会长袁玲谈到，新冠肺炎疫情对于和旅游业息息相关的餐饮业造成了重大的影响。袁玲开设的天府酒家紧邻巴黎老佛爷和春天百货，是巴黎颇具知名度的中国游客定点餐厅，地理位置得天独厚，很多光顾老佛爷和春天百货的中国游客都会慕名选择天府酒家就餐，吃完之后继续购物。

疫情一来，中国游客不见踪影，天府酒家和其他所有的餐厅一起遵照法国政府的规定停业。现在，法国已经解禁，但是中国游客依然不见踪影，天府酒家的生意与疫情之前天壤之别。

疫情催生旅游业云变化

对于疫情是否改变旅游业的现状，廖青认为，此次疫情或将驱动旅游市场环境变革，带来旅游产业商业模式转型。一是，在线直播、5G技术升级等都将改变旅游体验方式。疫情期间，更多游客将通过手机、电脑等方式，足不出户也能欣赏到世界各地的美丽风景；二是，旅行方式改变了旅游体验，安全、健康、亲情将是未来旅游需求的新方向。戴口罩乘飞机、保持社交距离、用非接触支付方式取代现金支付方式、采取严格的卫生措施等也将成为旅游业的一种"新常态"。

廖青谈到，这次疫情催生了一些新的生活方式、消费方向和消费方式。对娱乐、艺术和文化而言，很多艺术及文化场馆都开放了"云直播""云观展""云旅游"等，通过在线方式即可实现便捷、多样化的文化享受。

廖青强调，旅游的脚步虽然暂停，但丰富的精神文化供给却并没有缺位。凯撒旅游疫情期间也相继开设了多节茶文化、非遗文化等直播课程，并与法国旅游业协会共同举办"360文化空间"的导游培训线上课程，凯撒云游，各种文化社会经济类主题的凯撒直播，开通上线了抖音、小红书、头条号等社交平台的在线分享，吸引了众多喜爱传统文化的"看客"，通过直播搭建起一座与文化沟通的桥梁。新的尝试也带给用户另外一种体验，满足多样化的旅游需求。

杨怀勇认为，就目前的情况来看，旅游业将会进入一个新的状态。疫情好转得越快，恢复到以前的状态的可能性越大。疫情拖的时间越长，旅游形式的改变就会越大，很多改变是不可逆的。比如目前很多旅游相关工作人员为了自救，已经开始转战网络，比如直播，比如网上开店去卖货。如果这些新的行为效益足够好，即使恢复到疫情前的状态，也会因此而流失很多旅游行业的人才。即便疫情完全结束，期望旅游业恢复到以前的状态完全是不可能的。因为，任何事物都是发展的，疫情对旅游行业影响是巨大的，不会随着个人的意志而转变，很无奈。

杨怀勇坦言，这场全球性的疫情，让人们之于旅游业及相关的娱乐、艺术和文化方面的参与度发生了根本的变化。以前网络参与可能占比不是很大。一般参加活动，比如艺术讲座之类，还是以当面交流和听课为主，这样比较直观，也有利于人与人之间的交流，或者说是人们熟悉的形式。而现在，这样直接面对面的参与基本上归零。目前，他本人对文化、艺术、历史等方面的交流，或以直播会议的形式，或以录播的形式，已经全部转到网络，这样的形式和以前的形式相比有利有弊。这也是疫情影响下旅游行业内交流的一个方面。

龙学武觉得，此次疫情可能是大自然对人的一次训诫。他说，疫情令人们的生活节奏慢了下来。以前，常常疲于接团带团的旅游从业人员，在此次疫情中慢慢地整理一下自己，静下心来回味一下，将与之相关的各类知识更新学习拓展一下，让自己从原先的行业接引者变成一个体验者，会发现不一样的感受。

龙学武说，这次很多华人旅游业人士通过互联网的交流和培训突然发现，那些耳熟能详、了然于胸的法国和欧洲的旅游景区和艺术作品的认知，有了非常多的新的和不同的认识。"也许，这也是疫情给人们带来的一次反思。"龙学武这样说。

增强体验度精细化　挑战旅游未来

新冠肺炎疫情的暴发，推动了旅游业和互联网的深度融合，但是也对传统旅游行业提出新的挑战。

龙学武表示，疫情之前，很多来法国、来欧洲旅游的中国游客往往热衷于跑到著名景点景区合影留念。很多人对景点景区的历史和文化背景了解不多。但是，随着旅游业与互联网的融合，未来人们可能在实地旅游之前，就会先在网上了解很多相关的背景内容和知识，甚至利用互联网进行云旅游，做足功课，那样的话，到了实地，就对导游提出了更高的要求。因此，更加精细化的旅游或靶向旅游可能成为旅游业发展的趋势。导游和其他与旅游相关配套的行业究竟能为游客提供怎样的优质服务，让游客更加满意，不虚此行，这需要广大旅游从业者共同研讨和思考。

廖青认为，未来，随着人们对旅游景点和景区的知识背景的认识提高，对于旅行社的服务要求也会越来越高，旅行社将面对的是准备充分、具有相当知识面的游客，那就要提供更具深度的配套服务，深度挖掘各种文化历史背景和民俗知识，要站在游客的立场，想方设法满足游客的需求，这也是对旅行社未来发展的挑战。只有更细致、更全面的服务才能赢得未来旅游市场。这也是凯撒旅游巴黎分公司在疫情期间，协同集团多项产业、多元化布局，提升服务品质，创新产品形态，为整体业务提供更加强大的赋能支持，不断修炼内功，储备新动能的原因之一。

杨怀勇觉得，旅游从业者应该不断加强自身的学习和培养，以应对更加严峻的未来旅游发展形势。他认为，互联网固然能够提高游客对景点景区背景知识的了解，但是实地旅游的体验度，和网络虚拟云旅游还是存在巨大的差别，这或许要求广大导游和其他旅游业人士掌握更加全面系统的知识和灵活的应变能力，以期增强游客的体验度。感同身受，娓娓道来，让游客身临其境，充分融入现实和历史，体验文化发展及文明的传承，是每一个旅游从业者争夺未来旅游市场的法宝。

冀望未来越来越好

尽管疫情给旅游业造成不可逆转的损失，但是，华人旅游业人士对于法国、欧洲和世界各国的旅游业发展前景仍然充满希望。

廖青相信，在各国加紧疫情防控和助推旅游产业复兴的背景下，旅游业依然会像以往一样渡过危机，浴火重生，韧性增长并持续发展。

龙学武表示，疫情让自己更加珍惜生命，提醒自己关注旅行途中所见所闻，更细致地去观察各个旅游景区景点的博物馆，欣赏各类艺术品，更加热爱生活。

袁玲坚信，随着疫情的防控越来越严，法国和欧洲以及世界各国的解禁程度越来越高，餐馆的生意也一定会越来越好，法国旅游业的复兴是肯定的，华人旅游业的发展也一定会越来越好。

（［法国］《欧洲时报》2020-06-13/欧文）

在俄华商搭起中俄合作抗疫桥梁

近日，俄罗斯晋商总商会会长高先中在接受记者专访时表示，在这特殊的时期，中俄两国人民再次坚定地站在了一起。

在俄华侨华人守望相助

"以前大家都在忙各自的事情，但在疫情期间华侨华人凝聚得像个大家庭一样，真的是守望相助。"

高先中为记者讲述了两段抗疫经历。

高先中介绍，在俄罗斯的新冠肺炎疫情开始严重后，莫斯科华侨华人组织了不少互助微信群，免费为有需要的人提供帮助。曾经有一位微信群成员出现了高烧状况，他非常焦虑悲观，群里有志愿者立即帮他联系救护车并同医生沟通，直到他痊愈出院为止。

这期间，在俄罗斯经商已近30年的高先中也不断接到求助信息，这让他意识到，有不少华侨华人需要帮助，应该通过网络把他们组织起来。于是高先中建立了两个微信群，分别叫"旅俄山西同乡守望相助群"和"留俄山西学生守望相助群"。

"因为我们和中国驻俄罗斯大使馆、社团、中医药协会都有联系，可以帮助他们。"借助这些微信群，成员们分享医疗防治知识、介绍当地政策法规、把大家的需求传达给中国驻俄罗斯大使馆方面。群里的成员也互相赠送口罩、蔬菜等物资。

也有留学生的家长联系到高先中。"人在这个时候，精神上的鼓励超过物质层面，"高先中说，"我们就像是留学生们的代理监护人一样，给他们想办法、出主意，让他们感觉在俄华侨华人是一个大家庭，感受到大家庭的温暖。"

疫情面前搭起中俄友谊桥梁

高先中说，疫情期间他深刻感受到了两国官方和民间的互相支持和深厚友谊。在中国国内疫情严重时，有不少俄罗斯友人录制了视频，鼓励中国人民坚强抗疫，俄中友好协会第一副主席也通过媒体向中国人民表达了真挚的慰问，也有俄罗斯友人向中国捐赠了抗疫物资。

"如今，俄罗斯境内疫情形势严峻，我看到中国驻俄罗斯大使馆录了视频支持俄罗斯人民，也有一些华商企业向俄方捐助。"高先中说。

同时作为山西省驻俄罗斯（莫斯科）代表，高先中也见证了中俄一些省州、城市之间的友好互动。

据高先中介绍，由于山西省与乌里扬诺夫斯克州是友好省州关系。乌里扬诺夫斯克州向山西省提出借鉴中国防疫经验及协助提供医疗防护用品的请求。目前，山西省捐赠给该州的2万个口罩正在发往俄罗斯途中。

这样的例子还有不少，山西省外事办同俄中友好协会也曾互相致函，双方对两国抗击疫情表示支持。山西晋城市同友好城市乌里扬诺夫斯克市也互相发过信函慰问。

"这些大家都看在眼里，这场疫情的到来虽然不幸，但也让我感觉到中俄两国之间患难见真情的友谊。"高先中说。

（［俄罗斯］《龙报》2020-06-15/勉征）

西班牙华侨华人志愿者为各国医生交流抗疫搭建平台

一本104页的中西双语对照手册，根据新冠肺炎防护、诊断和治疗等专题分类汇总，记录着553条中国一线医生的抗疫问答。这是旅西华侨华人和留学生与当地医学界合作的成果，为当地抗击疫情发挥了重要作用。

3月初，疫情在西班牙迅速蔓延。很多华侨华人自发向当地医院捐赠医疗物资。"在同当地医护人员交流过程中，对方提出，希望我们可以帮助联系中国一线抗疫专家，咨询疫情防控和诊治相关信息。""全球抗疫志愿者联盟"发起人、西班牙IESE商学院博士生李成程介绍，成立该组织的初衷就是为西班牙等国的抗疫医生提供一个交流平台。

志愿者们最初的主要工作是收集西班牙医生的疑问，翻译后联系中方专家解答，再译成西语，并经当地华侨华人医生核对后，反馈给提问者。经过一段时间口口相传，越来越多西班牙医生成为志愿者，积极向需要者推介该平台。更多亚洲、非洲和中东地区懂英文的医生也闻讯参与进来……截至目前，已有近40个国家超过1200名医生加入该联盟平台，累计回答各国医生咨询超过550次。

巴塞罗那医生玛丽埃亚·卡玛是最早受益者之一。卡玛表示："最初我们不太了解新冠病毒的传播方式和诊治方法，中国医生在联盟平台为我们答疑解惑，提供了很大帮助。"负责西语翻译组协调和组织工作的安琪说："最紧张的时候，一天要翻译回复二三十个问题。尽管很辛苦，但我们只有一个念头，就是利用自己所学所长为抗疫尽一份力。"

为了让更多人获取疫情防控和诊疗信息，联盟从3月底至今已举办8场在线讲座和研讨会，邀请中国医生分享抗疫经验，最多时吸引了600多名医生同时在线观看。

曾参加线上讲座的西班牙重症专科医生劳伦特表示："在联盟志愿者的帮助下，我们得到很多中国医护工作者无私分享的宝贵经验，非常感谢！面对疫情，世界各国只有团结一致，才能取得最终胜利。希望联盟未来可以开展更多讲座和经验交流活动，为世界各地的医护工作者提供相互学习与合作的机会。"

目前，联盟已与巴塞罗那大学临床医院达成合作协议，邀请该院相关专家通过联盟平台向全球推出疫情专题讲座，并配有中、西、英三语种字幕。志愿者们表示，期待更多医生和志愿者加入联盟，"使其成为一个无国界的信息交流平台，为抗疫合作搭建桥梁"。

（《人民日报》2020-06-21/姜波）

法国市镇选举落幕　7华人当选各市、区议员

2020年法国市镇选举大幕徐徐落下，巴黎市及巴黎大区（大巴黎）各市、区的议员名单基本敲定。7位华人参选者，将进入巴黎所在区和所在城市的议会，成为当地的议员。还有两位华人参选者，距离当地议员位置只有"一步之遥"，需要等待"替补"机会。

由于这一届选情复杂，华人进入各市、区议会的人数，总体比6年前有所减少。

在华人参政实力最雄厚的13区，虽然彭昌华（Changhua PENG）带领的华裔右派团队整体不敌左派，但是由于他获得9.6%的选票，在左派拿下当地一半选票之后，在剩余的位置中他又得到了其中一半，因此，他得以进入13区议会。跟随顾梅团队参选的华人无党派人士陈家辉进入了区议员名单。

在巴黎美丽城街区，参加过上一届市镇选举的现19区副区长王立杰以无党派人士身份再次进入区议会，最后担任何种职务、负责什么领域还要等待下一步决定。

在11区，华人曾永革在沃格兰（Frédérique Vauglin）的社会党竞选团队中表现

出色，这个团队也顺利战胜了对手，但是由于社会党与绿党的结盟，让最终的区议员名单非常庞杂。曾永革只差两个位置就能进入区议会，但沃格兰已经将其列入最优先候补名单。一旦有其他议员辞职或离开，曾永革便可以获得机会。

在大巴黎地区的93省，华人斩获较多。早在法国市镇选举第一轮，华人律师韩博所在的大巴黎勒布朗梅尼勒（Le Blanc-Mesnil）市梅涅（Thierry Meignen）的团队，就以优势票数击败了对手。韩博也成了该市的一名华人议员。同时，他还被选为由当地相邻的8个城市共同组成的城市联合体议会（Paris Terre d'Envol）的一名议员。

法国华裔青年协会创始人王瑞（Rui WANG）参加了庞坦（Pantin）市长候选人伯特兰·科恩（Bertrand Kern）的社会党（PS）与绿党（EELV）联合团队，也在第一轮就胜出了。王瑞成为了该市的市议员。

在93省欧拜赫维利耶市，代表法国独立民主联盟（UDI），法国共和党（LR），法国执政党共和前进党（LREM）和民主联盟党（MODEM）4个党派联合体参加欧拜赫维利耶市长选举的卡丽娜·芙兰克莱（Karine Franclet）团队胜出，田玲在市议员排名中名列第二，按照惯例，很有可能被选为常务副市长。

而93省居民委员会会长何林涛只差一个位置，就可以进入市议会，目前选出39名市议员，而他排名第四十。照以往经验，由于派系斗争，一般会有议员因故退出，所以何林涛依然有希望实现他的"治安梦"。他是以无党派人士身份参选的，目前刚刚加入了共和党（LR），他如果能进入市议会，将与同为共和党党员的田玲"并肩作战"。

在巴黎大区77省碧西圣乔治市（Bussy-Saint-Georges），华人无党派人士、现任副市长刘志伟连选连任，他在竞选团队中排名第二，不出意外，仍将继续担任负责城市规划、建设的常务副市长。

在巴黎大区其他各市、区，由于还有我们通常所说的"第三轮"选举，不少华人参选人依然有机会进入当地的市、区议会。一位华人参选者说，参加选举就是一次参与政治生活的经历，能选上更好，选不上也积累了经验，更重要的是了解法国的政治生态，这对个人和华人整体在法国的发展都是有积极意义的。

（［法国］《欧洲时报》2020-07-02/孔帆）

华人在法花 812 万欧元　竞得两册《永乐大典》抄本

明代珍贵古籍《永乐大典》其中的两册一共四卷嘉靖年间的手抄本7月7日在法国巴黎拍卖，以640万欧元的价格落槌，加上佣金，以812万多欧元成交，买家是一名华人女性。

故宫博物院研究员、古籍版本专家翁连溪此前曾撰文称，"此物乃古籍中之白眉，收藏家梦寐以求，经眼手触都深感荣幸，定要争取回国……"而尤为难得的是此两册四卷与国家图书馆藏"湖"字、"丧"字册均相连，并且此"湖"字册的出现，使得目前发现的"湖"字卷全部相连（2260—2283）。

此次拍卖的两册《永乐大典》是在法国博桑–勒费福尔拍卖行（Beaussant Lefèvre）举办的亚洲艺术品拍卖会上释出的。拍卖会于北京时间7月7日晚上8点在巴黎公开举行，共计277件拍品，以瓷器、佛造像、书画为主，其中最令人瞩目的就是这两册罕见的明嘉靖抄本《永乐大典》。

北京时间晚上11时许，现场以5 000欧元起拍，两分钟内价格就直冲到70万欧元，最终以640万欧元落槌，含佣金成交价为812.8万欧元。由一名华人女性竞得。

当天竞拍成功的女士从200万欧时开始竞价，最终以640万欧元拍得。她在事后接受媒体采访时表示，自己是应中国内地的买家委托，专程赶来竞拍的。对于640万欧元的拍卖净价超出预期。因为她的委托买家心理预期在500万欧元左右。

《永乐大典》编撰于明朝永乐年间，初名《文献大成》，是由解缙、姚广孝等担任总纂修，历时六年（1403—1408年）编修完成的旷世大典。全书22 877卷，目录与凡例60卷，分装11 095册，共约3.7亿字，汇集了古今图书七八千种。永乐年间修订的《永乐大典》为正本，嘉靖年间抄写的为副本。但《永乐大典》正本不知去向，亦未曾发现正本实物存世，副本屡遭厄运。截至目前，《永乐大典》副本仅发现有400余册、800余卷及部分零叶，分散于多个国家和地区公私藏家手中。

据拍卖公司介绍，这两册拍品来源于法国私人藏家，其家族成员曾于19世纪后半叶被派往中国，任至上校军衔，19世纪70年代在中国与一些官员相交颇深，获赠了很多东西，其中便包括这两册《永乐大典》。新发现的这两册《永乐大典》分别为卷二千二百六十八、二千二百六十九（2268，2269）"模"字韵"湖"字册；卷七千三百九十一、七千三百九十二（7391，7392）"阳"字韵"丧"字册。

北京故宫博物院研究员、中国资深古籍版本专家翁连溪此前曾撰文《新出现的两册〈永乐大典〉趣闻》，他在文中称，《永乐大典》的重要性和珍稀程度自不必多言……此两册四卷与国家图书馆藏"湖"字、"丧"字册均相连，并且此"湖"字册的出现，使得现在发现的"湖"字卷全部相连（2260—2283），实属难得。

翁连溪提及称："此物乃古籍中之白眉，收藏家梦寐以求，经眼手触都深感荣幸，定要争取回国，遂与著名藏家金先生联系。因先生资金雄厚且对古籍至爱，又乐于公事，曾捐宋版于浙图、敦煌卷子于栖霞寺，另有捐复旦、国图之计划已定实施中，真乃可信、可靠、可交之人。电话与先生沟通后他欣然接受并开始筹备，万事俱备只看运气了。这期间国内机构和同行也来咨询和商议，但都讲不要对外宣传，我心知肚明，也不敢讲与朋友，信誉还是重要的。"

新发现的两册《永乐大典》在法国落槌的消息传来，引起国内古籍界的多方关注，其珍稀程度也可见一斑。"满屏遥盼。终于花落有主，可喜可贺。"一位多年从事古籍拍卖领域的业内人士说。

据最新统计，海内外已知存世的《永乐大典》总计418册、800余卷及部分零叶，分散于世界8个国家和地区的30多个公私藏家手中。中国国家图书馆先后入藏《永乐大典》224册。目前欧洲共收藏59册《永乐大典》，其中英国51册，德国5册，爱尔兰3册。上一次发现《永乐大典》是在6年前的2014年8月，在洛杉矶汉庭顿图书馆新发现的1册《永乐大典》，卷次为10270和10271。

（澎湃新闻2020-07-08）

化歧视为力量　奥地利华人女孩积极参政为华裔发声

回忆起自己中学时代在奥地利著名的私立贵族学校Theresianum时的经历，维也纳新奥地利党议会候选人、奥地利药剂师、"华二代"胡靓告诉《欧洲时报》记者，歧视无所不在，哪怕只是你和他们长得不一样，都可以成为他们歧视你的理由。

"但歧视对我是一种动力"，胡靓坦言在刚开始的伤心、难过之后，她渐渐意识到这不是她的错，而是对方的问题，于是不再耿耿于怀、纠结于此，反而更积极地争取，活成自己想要的、他们羡慕的样子。

1985年，胡靓刚出生，爸爸就离开家到奥地利打工，妈妈也在她一岁时离开中国到了奥地利。胡靓和爷爷奶奶在中国生活了四年半后，被爸妈接到了奥地利。

落地奥地利的第二天，都还没适应，小胡靓就被爸妈送进了幼儿园。

"在国内都是上蹲厕，这里是坐厕，我不知道怎么上，只能尿裤子；幼儿园的午饭是Cevapcici，给我的刀叉我不会用，只能饿肚子……"当时胡靓所在的奥地利幼儿园只有她一个外国孩子，老师也不知道怎么和她沟通，不会德语的中国小女孩，初来乍到，因为各种文化和生活习惯的差异受了不少委屈。

所幸，父母这时为小胡靓介绍了一位他们的朋友，至今，胡靓依然和家人一起，亲切地管这位奥地利老人叫Opa（爷爷）。

胡靓刚到奥地利那段日子，父母两人正处于创业起步期，工作繁忙，日子过得也不宽裕，母亲把什么都不懂的小胡靓交给了Opa照顾。从如何用刀叉到说德语，小胡靓努力地跟Opa学习，想要尽快地适应、融入奥地利社会。也许是天资过人，加上勤奋好学，仅仅用了两年时间，胡靓6岁参加奥地利小学入学考试时，她的德语水平已经和其他奥地利孩子一模一样。

小学毕业后，上什么初中？父母想把她送去奥地利最好的学校——Theresianum，奥地利最出名的贵族学府。

尽管父母也知道这所贵族学府学费高昂，孩子一个学期的学费相当于餐馆大厨一整个月的工资。但仍在创业期手头并不宽裕的父母宁愿自己省吃俭用，也要给孩子优越的成长环境。

学校那么好，门槛自然低不了。好在胡靓自幼就是个学霸，"什么都要第一名，做不到就会很伤心"，她从小就不服输。

考学当然难不倒胡靓，不仅如此，因为成绩优异，她还得到了Theresianum的奖学金。

数年后，胡靓成为了从Theresianum毕业的中国人。

在Theresianum学习的这几年，成了她人生重要的转折期。同学们都是非富即贵，有很多还是世界各国外交官的子女。相形之下，不穿名牌的唯一一个中国人成了很多同学冷嘲热讽的对象。

"我伤心难过了就去跟Opa说，Opa告诉我外面穿什么衣服不重要，重要的是一个人的人品。"可当胡靓把这些话照搬给她的同学们听，他们的反应却是："这个人说的是什么怪里怪气的话……"

好强的胡靓偶然发现，她的奥地利同学们看到电影里的中国功夫都觉得很厉害。她心生一计。看电视学了点功夫的造型，每当再有同学嘲弄她，她就摆出一副自己会功夫的样子。

久而久之，同学们之间流传开了："这个中国人好像会功夫，不好惹！对她我们要小心点……"

渐渐地，欺负她的人居然真的变少了。

与此同时，在学业上胡靓也从来不甘人后，爱说话的她还参加了演讲培训，学校有一些在全奥地利选10个人参加青年欧盟议会活动的机会，她也都积极争取并被选中……

"高中毕业时，我就想从政，但当时奥地利支持蓝党的人很多，我觉得于我并不是一个合适的时机。"胡靓表示。因此尽管她已经被法国一所名校的政治学系录取，但考虑到当时奥地利的政治环境，她觉得读出来也没有前途，只得暂时放弃了理想。

尽管在Theresianum遭遇了同学的歧视，但精通德语、英语、法语、日语和中文五种语言的胡靓对学校至今依然充满感恩："老师很好，在那里可以学到在别的学校学不到的东西，比如演讲技巧，各种讲座、比赛的机会也很多，学校对语言的教学很好、要求很严格。"胡靓说，这也是她在毕业后雅思考取高分，直接被伦敦大学学院（University College London，UCL）录取并授予奖学金的一个重要原因。

2004年到了英国，胡靓才真正感受到了什么才是国际化的生活。"在英国没有排外的感觉，我们大学班上只有3个英国人，其他都是外国人。"在伦敦，胡靓接触到了不同国家的文化习俗。"小时候只知道对或错，那以后才知道世界有很多不同

的可能性。很多时候，真相不止一个。"

胡靓在伦敦求学四年后，从UCL药学院获得了药剂师硕士学位。由于实习期间她就得到了雇主赏识，破格让她提前参加经理的培训和考试，胡靓在毕业后就顺利成为了英国大型连锁药店Boots一家旗舰店的经理。

眼看在英国有着大好的前途，但同样是奥地利"华二代"的男友从伦敦国王学院硕士毕业后在奥地利找到了一份不错的工作，因为爱情，胡靓决定追随男友回到奥地利。

这位当时的"男友"，现在已经成为了胡靓的丈夫，她一双儿女的父亲。

在英国写了两千多封邮件才得到一个实习的机会；一家一家药店地跑，跑了两百多家才找到一个工作机会的胡靓，本以为在奥地利从头开始，一切也会很艰难。

没想到机缘巧合，她在网上看到维也纳16区一家药房想开拓中药业务，寻找这方面的专业人才，就直接从伦敦飞回维也纳参加面试。虽然当时的胡靓还不会中医，但老板因为赏识她，决定出钱送她去培训，依然邀请她加入他们的团队。

感恩老板的信任和栽培，胡靓在那里一干就是八年。

这期间，她在维也纳中医学院学习了三年，也在中国福建中医药大学拿到了中医证书，她的外公、舅舅在中国也都是中医，每次回国也都跟着他们当学徒一样学，"跟舅舅坐诊一天，就能学到很多东西"，胡靓深感实践出真知。

如今，身为两个孩子母亲的胡靓在维也纳16区奥地利最早的中药店Adler Apotheke担任经理，每周二、周三上午9点到下午3点还在药店坐诊开方，每月还要去维也纳中药学院授课，还在维也纳Seestadt同友人合伙经营着一家中餐馆Pingpong（乒乓），Pingpong社交媒体的运营都是她亲力亲为……

换作旁人，也许早已忙得焦头烂额，但胡靓却仍行有余力，在新奥地利党2013年成立之后，胡靓对他们的观点和追求深感认同，这重新唤醒了她从政的梦想。

"新党有很多国际化、自由、务实的观点，都是我认同的。"胡靓坦言为什么她小时候会遭遇歧视，其实歧视她的人是对中国不了解，"这都是可以通过教育来改变的，所以新党非常重视教育"，比如支持对奥地利的学校进行数字化建设、关爱学校中属于社会边缘人群的学生，要求社工介入关爱他们……

与此同时，要求帮助疫情下更多并没有得到政府援助的工商业人士、呼吁奥地利增加更多儿科医生、社区诊所，支持可以在药店里打预防针、支持男女平等、反对家庭暴力、理性对待移民、不盲目排外……在胡靓看来，新奥地利党对待社会问题的态度非常务实，不是空喊口号，一切出发点是为了解决实际的社会问题。

正因为新党自由、开放、务实，所以维也纳议会候选人的选举只要是16岁以上、在维也纳生活并有户口登记的人都可以参加。选举也很公平，得票多的候选人就一定会排名靠前、参加选举，不存在其他的操作空间。

"可惜的是，很多华人浪费了自己的权利，从不参加投票。"看到土耳其人在奥地利国会、各州议会都有自己的代表，阿拉伯人、黑人等也都有，唯独亚洲人没有，胡靓一直感到痛心。"其实中国人在奥地利的移民史可以追溯到清朝。"胡靓说。然而由于大家政治意识相对淡薄，华人的声音一直很难让奥地利主流社会听到，华人的诉求一直很难上升成为奥地利国会、议会讨论的议题。"我们应该开始改变这样的状态！"胡靓说，她愿意成为奥地利华裔社群的代表，为大家发声，把华人的诉求带到奥地利的国会、议会，为华裔在奥地利更好地发展贡献力量。

（［法国］《欧洲时报》中东欧版微信公众号2020-07-15/脩脩）

中国电信在意大利移动"一卡双号"服务正式开通

当地时间7月15日，中国电信（欧洲）有限公司庆祝意大利代表处成立2周年，并在线举行意大利移动"一卡双号"服务正式开通新闻发布会。

中国驻米兰总领馆参赞舒骆玫，中国电信（欧洲）有限公司总经理曹力、中国电信意大利代表处负责人林小凯，意大利WindTre电信公司销售总监毛里齐奥·塞迪塔（Maurizio Sedita），以及当地政工商界代表，中资机构、华商代表和新闻媒体逾200位嘉宾在线出席了相关活动。

报道指出，中国电信在意大利的移动业务主要服务于在意华侨华人、中资企业和中国留学生。旨在为全球商务旅行人士提供移动业务支持与服务，致力于满足海外华侨华人移动通讯的需求，并通过灵活的套餐和服务为客户提供量身定制的产品与服务。

中国电信（欧洲）有限公司与意大利最大的电信运营商WindTre合作，将为客户提供意大利最广阔的网络覆盖、语音、流量、短信套餐，以及中意英三语全天候的客服热线，随时解决客户需求。并提供"一卡双号"服务，让客户在一张卡上同时拥有一个意大利主号码和一个中国副号码，便于接收来自中国的短信验证码，并与中国的亲朋好友轻松拨打长途电话。

中国电信（欧洲）有限公司总经理曹力表示，中国电信（欧洲）有限公司将通过与意大利电信运营商紧密合作，依靠中国电信在中国和欧洲的通信和数字化经验，为客户提供更好的产品和更高效的服务。中国电信（欧洲）有限公司将进一步发展多方位的通信服务，包括5G、物联网和大数据，旨在为全球范围内的企业和客户提供最优质的通信产品与服务，并进一步加强中欧在信息技术领域的交流合作。

舒骆玫参赞对中国电信意大利代表处成立两年来取得的成绩表示祝贺。

舒骆玫表示，中国电信意大利代表处积极开拓业务，取得长足进展，与意大利主要电信运营商开展多项合作，与伦巴第、威尼托等大区和许多城市建立良好的业

务合作关系，并积极服务中资企业，获得了一致好评。

舒骆玫指出，中国电信意大利代表处积极履行社会责任，在中意抗疫合作中努力贡献力量。中意是互利合作伙伴，今年是中意建交五十周年，希望疫情过后双方企业加强对接、深挖潜力、开辟空间，为两国经济复苏和务实合作发挥更大作用。

（［意大利］欧联通讯社2020-07-16/博源）

团结融合锻炼身体　旅法侨界首届射击友谊赛举行

法国当地时间7月26日中午，旅法侨界首届射击比赛在位于91省le Coudray-Montceaux的井仪枪会圆满落幕，吴长虹、朱晓凤分别摘得男女组桂冠。

本届射击友谊赛，由法国外籍兵团退伍华人协会、法国华侨华人会和井仪枪会联合主办，旅法侨界各大参与协会协办。

当天上午8点刚过，报名参加本届友谊赛的旅法侨界各大协会的会长和代表就赶到了井仪枪会比赛靶场。

在主办方专业人员的安排下，参赛选手被分为7组。经过枪支使用知识、场地安全以及法国枪支使用法规的基础讲解，参赛选手开始进行了手枪10米20发射击体验。

随后，手枪20米射击比赛正式开始。根据规定，选手们在最短的时间里射击10发子弹，中靶环数高者为优胜。

结果，在男子组比赛中，来自华人街报的吴长虹和欧洲浙江华人联谊会会长陈旭东都击中72环，但是吴长虹以10发25秒的时间比陈旭东的10发32秒时间快了7秒而胜出，勇夺男子组冠军。陈旭东屈居亚军。法国文成联谊会的常务副会长朱洪建则以71环的成绩夺得季军。

获得女子组比赛前三名的选手分别是中法妇女商会会长朱晓凤、法国欧拜赫维利耶市华人融入安全协调委员会的蔡景瑞和Gellé Frères的谭湘斐。

比赛结束，法国华侨华人会主席任俐敏向获奖选手和参赛的旅法侨界各大协会会长和代表表示祝贺和感谢。任俐敏表示，当天的比赛，充分体现了旅法侨界团结融合、积极奋发的精神面貌。任俐敏希望旅法侨界各大协会的侨领代表们，继续积极发扬优良传统，为创建和谐侨社、为促进广大旅法华侨华人不断融入法国主流社会而不懈努力。

法国外籍兵团退伍华人协会会长徐大玉感谢旅法侨界各大协会对此次射击友谊赛的支持。徐大玉说，新冠肺炎疫情的暴发让大家意识到，强身健体的重要性，只有一个强健的体魄，才能让大家在自身事业发展的同时，为社会多做更加有益的事情。徐大玉呼吁与会侨领和选手，要不断加强锻炼，为更好地服务旅法侨界、促进中法友谊打下良好的身体基础。

（［法国］《欧洲时报》2020-07-27/欧文）

意大利普拉托移民企业占总数超三成 华商企业最多

根据意大利普拉托市商会最新发布的统计资料显示，截至2019年，普拉托移民企业数量已达到了全市企业总数量的30%。华商企业在移民企业中表现尤为突出，并已由纺织品单一产业发展向多元化发展。

据报道，统计资料显示，截至2019年12月31日，普拉托全市注册企业为28 470家，移民企业数量为9 554家，占全市企业总数的33.6%，较上一年度同比增长3.3%。在2019年注册的新企业中，其中1 503家为外国移民企业，占新注册企业总数的54%。

截至2019年，普拉托华商企业总数为6 263家，占比22%，较上一年度同比增长3.9%。华商企业829家为股份制企业，此类企业同比增长15.8%。此外，普拉托移民企业从业领域主要包括贸易、制造业、餐饮、酒店和建筑业。

普拉托华商企业多以制造业为主，从业企业为4 688家，占同业总数的58.2%。此外，从事服装产业的华商企业3 807家，约占同业总数的88.4%；从事纺织业的华商企业为419家，约占同业总数的22.1%。

2019年，普拉托从事餐饮和酒店业的华商企业已达269家，约占同业总数的21.1%，较上一年度同比增幅为17%；此外，华商在房地产行业和服务行业的企业数量也都有所增长，增幅分别为14.1%和16.5%。

报告指出，在普拉托商会注册的外国移民企业中，女性业主占36.7%，其中意大利女性业主占比29.4%，华商女性业主占比44.3%。

（［意大利］欧联通讯社2020-07-28/林朱庆）

调查：中国姓氏"胡"成意大利米兰使用最多姓氏

据欧洲时报意大利版微信公众号"意烩"编译报道，2020年，中国姓氏"胡"成为意大利米兰使用最多的姓氏，Leonardo和Sofia是在新生儿中使用最多的名字。

综合意大利《共和国报》、米兰市政府网站、Virgilio网站报道，米兰户籍登记管理部门关于市民姓氏使用人数统计数据显示，今年，中国姓氏"胡"（4664人，其中男性2454人，女性2210人）超过了当地姓氏Rossi（4006人，其中男性1873人，女性2133人）成为米兰使用最多的姓氏，排名第三的为Colombo（3375人，其中男性1543人，女性1832人），第四为Ferrari（3226人，其中男性1506人，女性1720人）。

据统计，今年1月1日至6月30日，米兰4856名新生儿中，使用最多的男性名字为Leonardo，女性名字为Sofia。同时，越来越多的移民父母给自己的孩子取意大利名。

排名前五的男性名字依次为：Leonardo（213人）、Tommaso（153人）、Riccardo（123人）、Alessandro（122人）、Lorenzo（120人）。

排名前五的女性名字依次为：Sofia（108人）、Giulia（106人）、Ginevra（90人）、Alice（84人）、Camilla（79人）、Beatrice（79人）。

（中国新闻网2020-08-14/俞一）

德国中国商会2020年"中国日"线上举行

记者1日从德国中国商会了解到，由德国中国商会与德国工业联合会（BDI）、德国工商大会（DIHK）联袂举办的第五届"中国日"活动当天以在线形式举行。

活动以"后疫情时代：中德经济合作的未来战略"为主题，聚焦中德两国合作的热门行业——移动出行与数字化，并专门邀请行业内的知名专家和企业家对中德双方未来在相关行业的合作进行探讨。受疫情的影响，本届"中国日"活动以线上播出的方式进行，中德经济、政治、媒体等领域近五千名观众通过媒体网络齐聚一堂，共商中德两国在国际政治、经济"新常态"以及后疫情时代所带来的影响下的合作与发展。

中国驻德国大使馆经商处公使王卫东出席大会并致辞。他强调，制定新版外资准入清单、进一步放宽市场准入，疫情非但没有让中国动摇，反而更加坚定了中国政府扩大开放、推动合作的决心。反观目前德国对外国投资的审查制度，完全由主管部门来做出审查决定，给外国投资者带来了极大的不确定性和过高的投资成本。王公使呼吁德国政府为外国投资者创造更加透明、法制和可预见的投资环境。在全球化发展的今天，国际社会应该携起手来，以更开放的态度来交流、思考和合作探讨国际合作的正确方向，为全球合作共赢共同努力。

德国联邦经济事务和能源部对外贸易促进司司长安德烈·尼科林博士（Dr. Andreas Nicolin）表示，"并肩携手，让欧洲再次强大"是德国作为本次欧盟轮值主席国的口号与目标，德国将与各成员国携手，发展经济，创造新的就业岗位，而中国在此间扮演了重要角色。针对两国合作，他表示：达成中欧投资贸易协定，对两国企业在对方国家的生产经营活动具有重要意义。而为了使谈判取得成果，需要中国以及欧盟各国政府在谈判过程中做出积极的政治参与，中欧之间已经释放出强烈的合作信号，中德两国应继续共同努力促进双方更加深入的发展。

在"三方对话"环节中，德国中国商会总干事长段炜，德国工业联合会总干事长约阿希姆·朗博士（Dr. Joachim Lang），德国工商大会管理层成员沃尔克·特莱尔博士（Dr. Volker Treier）就疫情对企业经营已经产生了怎样的影响、疫情形势下中德经济如何发展以及两国的贸易投资协定的一些问题发表了各自观点。

第一场圆桌讨论围绕热门话题"中德两国未来的电动汽车产业，聚焦新动能、新科技、新商业模式"展开。第二场圆桌讨论则由华为德国首席代表王承东、中国移动国际公司西欧区总经理成岚、热巢网络科技有限公司联合创始人费边以及SAP公司副总裁胡安德围绕"数字化"这一热点话题展开。

（中国新闻网2020-09-02/彭大伟）

欧洲旅游业复苏乏力　侨胞尝试开展新业务渡难关

"因为最近旅游行业不好做，不少同事跳槽，或者去其他行业工作了。"近日，西班牙某华人旅游集团负责人朱宇表示，目前欧洲疫情再现反弹，公司业务无法开展，整个欧洲旅游行业的复苏之路走得异常艰难。

"只恢复了一条旅游线"

"瓦伦西亚是欧洲知名的度假城市，旅游市场在这个地方占有很大的市场比重。"朱宇说，公司主要对接华人团体，跟中国几家较为知名的旅行服务公司均有合作。

据他介绍，公司现在只有一条北爱尔兰旅游路线正常运行，这也是目前唯一一条恢复运行的旅游路线，由于该路线以风景为主，接触人群较少，所以能够正常运作，该路线的全部收益用来支付瓦伦西亚地区公司十几名员工的薪水。朱宇说，早前他个人还管理着30多处房产，用来配合旅游业务，目前形势也不容乐观。

"现在这边的办公室我们也换了，换到稍微便宜点的地方。"除了减轻房租压力，朱宇说，西班牙政府对企业的补助津贴只发放到9月底，早前一共发放了6个月。

"之后要报失业，因为没有救济金了，没有救济金他们就报失业。"朱宇坦言，不止他们公司面临困难的挑战，整个旅游圈都过得很艰辛。

谈到员工们，朱宇希望他们能够去领取政府补助金，"企业帮员工交税，他们有这个权利再拿一部分补助金，但是可能会越来越难，因为现在确实没有什么业务。"

直播带货度过收入危机

世界旅游城市联合会发布的《新冠肺炎疫情下世界旅游业的恢复与发展报告》显示，全球每十人就有一人在旅游相关产业就业，而这场史无前例的新冠肺炎疫情将导致1至1.2亿个旅游业直接相关工作机会消失。

据世界旅游组织预测，2020年全球国际游客人数预计将结束正增长，出现1%至3%的下降，同时国际旅游业收入预计将整体下滑58%至78%。

面对疫情反弹的窘境，从事旅游行业的人们该何去何从？

李蓓是一名华人导游，到今年为止，她来到法国已经11年了，拿到了法国"绿卡"，也在法国组建了自己的家庭。

"下半年先不做导游了，在朋友圈里代购，以后还会继续做导游。"李蓓的微信朋友圈里有不少代购商品，化妆品、箱包、海产品各色各样。据她介绍，自己以后会尝试直播带货。李蓓说，中国留学生和来法旅游的中国年轻人们会在一个软件上寻找名牌商品的开箱介绍和上身效果。另外，该软件带有直播功能，不少粉丝数量较多的网络红人都会直播带货，这也是她以后想尝试做的方向。

"现在我的活动范围都是家附近，今年旅游不好做，但也不能过于悲观就放弃了生活。"李蓓说，自己身边不少导游朋友都在带货，这也是他们上手较快的业务之一。

尝试推动赴华旅游项目

2020年旅游行业遇冷，但留学行业却异常火爆。朱宇认为，旅游行业早晚会恢复，但现在他要做的事情是赶上火热的留学项目。"我们打算开创留学这个新项目，我们在国外有足够的经验，能帮助中国学生来欧洲或者留在欧洲。"朱宇还有另外一个想法，作为多年从事华人及中国旅游团项目的负责人，他希望以后推动更多外国人去中国旅游的项目。

近年来，中国旅游业发展迅猛，中国境内旅游及出境旅游业发展均取得较好的成绩。相比之下，中国入境旅游发展却较为缓慢。"中国人出境游非常多，外国人去中国旅游的人数却很少。从中国的出口创汇数据上就能看出，我们希望推动这个新业务。"朱宇表示，下半年公司已经跟中国的机构进行联系，中国留学生项目及外国人到中国的旅游项目两手都在抓。

（［法国］《欧洲时报》2020-09-14/陈贯之）

家国情怀，中国知识分子的生命底色

讲述人：中华全国青年联合会常委、法国唯勤国际有限公司总经理　李洹

我是一名旅法华侨。我的家国情怀，来自家族记忆。我是陕西西安人，姓名中的"洹"字，来自河南安阳一条河的名字——洹水。我的爷爷奶奶是1943年从河南逃难到陕西的，爷爷给我起这个名字，就是让我不要忘了故乡，不要忘了国破家必亡的道理。

我从小就知道"两弹一星"元勋，听过邓稼先、钱学森、钱三强等闪光的名字。当年，这些先辈抛弃了海外的优厚待遇，回到一穷二白的祖国，远离家庭的温暖，走进荒漠高原，在没有条件中创造条件，把不可能变为可能。他们用牺牲和奉献，诠释了"小我"和"大我"的关系；用青春和生命，换来了国家的尊严与和平，换来了中国的国际地位和人民的幸福生活。

"两弹一星"精神所蕴含的家国情怀、爱国主义，是中国知识分子的生命底色。我和很多留学生一样，身在海外、心系祖国。2008年北京奥运火炬传递开始后，

受到部分法国媒体恶意攻击。我主动对这些媒体的失实报道进行澄清，并印发传单在各大高校发放，给各大媒体和全体议员发邮件，指出这些报道歪曲事实。同年3月19日，我受邀参加法国电视二台《仲裁人》电视辩论，引起轰动。法国人表示，"终于听到了中国人的声音"。我和旅法的华侨华人、留学生们集体动员，用了10天时间，组织了欧洲历史上最大的华人集会。活动的口号是"支持北京奥运，反对媒体不公"，上万名华侨华人、留学生参加了集会，取得了很好的效果。

十几年来，我坚持直面偏见，积极在法国媒体与社交网络平台发声，讲述中国故事，为中国道路和中国制度正名。大学时，我还积极参加中法交流年活动，兼职商业考察翻译。2013年，我成立了法国唯勤国际有限公司，跟随"一带一路"建设步伐，为中欧、中法有需要的企业提供服务，积极促进中外民间经贸交流活动。2017年，我们成立了法国陕西联合会，在法国帮助和团结陕西的华侨华人、留学生，介绍中国文化，宣传"一带一路"，逐渐成为法国最具影响力的中国北方侨团之一。

新时代的中国，希望和世界各国一起构建人类命运共同体。生逢此时，中国青年更要秉持爱国精神，为实现伟大梦想而携手同心、共同奋斗。

（摘自《光明日报》2020年09月15日07版《青年一代的心声，老一辈科学家——矢志奋斗、奉献祖国，让青春无悔、人生闪亮》）

（《光明日报》2020-09-15）

西班牙华商寻"电商"转机　考察工业区欲拓展商务规模

西班牙瓦伦西亚大区在新冠肺炎疫情的冲击下，经济状况日益下滑。近日，瓦伦西亚大区议会主席邀请西班牙华侨华人商业联合会到克西里韦利亚（Xirivella）政府会议室参加投资招商引资会议。

这次参加投资座谈会的西班牙华侨华人商业联合会的代表有会长陈慧、常务副会长林庆木、叶丰豪等。代表团首先在克西里韦利亚政府会议室研究投资可行性报告，该报告涉及清洁能源企业、电力绿色环保企业，及进出口仓储多个投资项目。

最后，市政府代表和华人商会代表参观了正在完善配套设施中的仓库区，西班牙华侨华人商业联合会代表为市政府振兴经济提供了很多宝贵意见。

另一方面，据西媒报道，市长介绍克西里韦利亚工业区（该区占地73万平方米）具备了足够的开发优势：功能布局合理，适应现代化需求，且不像附近其他工业区发展已经饱和，不会受此影响；而且从地势来看，靠近港口和机场等大型基础设施，因此是物流、技术、工业投资的不二之选。

而此次华商将目光投向克西里韦利亚工业区，也是抱着在这里拓展商务规模，发展新的存储和分销从中国进口商品的基地，为未来的电子贸易作铺垫的美好愿景。这对市政当局而言，也是一次难得的机会，克西里韦利亚市政府希望通过新的

投资，重振当地经济。

从最初的单一性中餐厅业到多元经济贸易，侨界始终在机遇与挑战中寻求突破，实现事业转型。此次华商的"重新定位"让人看到的是他们一直以来的审时度势、开拓进取。

近年来，随着电子商务的发展成熟，旅西华人也在寻求消费升级、生产力升级的转机，跨境电商也逐渐成为自我发展的重要途径。与此同时，考虑到疫情和国际局势，华商在机遇面前，还需要考虑的是深度的本地化。相信通过每一次的交流与发展，旅西华商能够刷新好的"品牌形象"。

（［西班牙］《欧华报》2020-10-09/懿弘，鄂渊）

全球首家"网络中文课堂"落户希腊爱琴大学

希腊教育和宗教事务部部长妮基·凯拉梅夫斯、中国教育部副部长田学军、中国驻希腊大使章启月、希腊爱琴大学校长克丽丝·维齐拉基等出席线上启动仪式。

凯拉梅夫斯致辞表示，希腊政府及教育和宗教事务部秉持教育国际化理念，高度重视与中国的教育交流并不断拓展合作领域，积极推动双边高校和机构合作、学生和人员交流，以及包括中文在内的外语教学工作和生物等科技领域交流合作。

田学军致辞表示，新冠肺炎疫情改变了人们的生活和学习方式，但各国民众学习彼此语言、增进相互了解的愿望没有改变。中方愿在共建"一带一路"框架下，与希方共同推进学生学者交流、语言教育、人才培养和院校科研等领域务实合作。

章启月表示，希腊爱琴大学"网络中文课堂"的启动，是两国教育界努力克服新冠肺炎疫情挑战，坚持推进合作交流取得的突出成果，也是中希秉持文明互鉴精神、深化拓展人文交流、不断丰富中希全面战略伙伴关系内涵的生动体现。

今年9月，中国教育部中外语言交流合作中心发布了"中文联盟"云服务、"汉语桥"俱乐部App、"网络中文课堂"项目、"中文学习测试中心"项目等四个中文学习平台，其中"网络中文课堂"项目通过"中文联盟"数字化云服务平台，为全球中文学习者提供班级化、标准化的高质量在线中文教育服务。

希腊爱琴大学"网络中文课堂"2020—2021秋季学期中文课程将于10月26日正式开始，目前该校已有1600多名师生报名参加学习。

（新华网2020-10-16/于帅帅，李晓鹏）

中国农民在俄罗斯阿斯特拉罕州种植出 1000 多吨蔬菜

俄罗斯阿斯特拉罕州国际关系局新闻处发布消息称，今年年初以来中国农民已经在该州种植出1000多吨蔬菜。

俄罗斯企业与中国公民从2015年开始在阿斯特拉罕州沃洛达尔区的温室中种植蔬菜。中国工人对20多年未被使用的荒废土地进行开垦，并建造大棚，5年来其数量已经接近60个。

消息中称，中国农民今年在31.5公顷的温室内种植出1000多吨的蔬菜。

俄罗斯企业负责人尚捷米罗夫称，中国人热爱劳动，能够很好地安排工作，不怕累，他们在劳动期间没有早、晚以及周末的概念。

俄罗斯消费者监督局和农业监督局定期对温室的土壤进行测量。此外中国农民也将其产品送检。监管机构对这些产品没有意见。

（［俄罗斯］俄罗斯卫星网2020-10-22）

西班牙税务改革对旅西华人有何影响？律师解析

日前，西班牙财政部发给布鲁塞尔一份2021年的财务预算计划。这份财务预算计划提及将对西班牙的税务进行调整。如果通过，明年预计将比前一年增收70亿欧元的税。

这份预算计划会在哪些方面增税？增税的方面是否与旅西华人有关？《欧洲时报》采访了西班牙中国律师事务所主任季奕鸿律师。他针对本次财务预算，详细解读了会对旅西华人造成影响的部分。

将提高绿色税和含糖饮料税

财政部的这份计划预计明年将在国家经历经济危机之际再多征收70亿欧元。再加上谷歌税和托宾税的征收，政府预期明年可以通过增设税款使财政收入达334.47亿欧元。

季律师表示，总体而言，西班牙此次的财政计划的目标就是要增加税收。

首先，与旅西华人比较相关的就是绿色税和含糖饮料税。绿色税，指的是为保护环境而收的税。单就这一项预计将为财政部增加13.11亿欧元的收入。

政府认为，由于目前西班牙的柴油车数量远多于欧洲平均数量，为了减少污染，财政部计划明年起对柴油征收30%的税。如果预算通过，这意味着明年汽油和柴油的价格将拉平，两者都需要缴增值税30%。这项建议在国际上已被提出多年，但是在很多国家却一直未通过。

还有一部分的绿色税是指要对不可循环使用的塑料包装提高税率。季律师表示，不要小看这一部分，预计可以让财政部多征到4.81亿欧元。

其次，为促进公众饮食健康，政府将含糖饮料增值税增加。含糖饮料的增值税从原本的10%升到21%。对含糖饮料的征税将能为政府增加3.4亿欧元的收入。季律师表示，对于含糖饮料和塑料包装的加税都与旅西华人有直接的关系。如果都通过的话，相关产品会变贵，民众肯定就买得少了，食品店的生意一定会受到影响。

严查偷税漏税现象

10月13日通过了反偷税的草案，现在已交给国会讨论。值得华商引起注意的是，此次的草案提到，关于使用电脑程序报账、做假账的处罚会加重。

季律师表示，旅西侨胞中有不少都是做生意的。用电脑软件报税，有些软件可以直接少报50%的税。近年来，税务局已经注意到了这一情况，已查到的偷税漏税总额高达30亿欧元。因此，财政部计划在明年加大检查力度，严查电脑软件。如果发现有对电脑报税系统做手脚的情况，会加重处罚。此外，还会对设计电脑程序的人进行登记，对参与设计偷税漏税电脑程序的人进行问责。反偷税草案除了会处罚违法的程序员、设计软件的公司，还会让销售软件的人承担相应的责任。

另外，此次提出的草案中还提到要进一步控制现金交易额度。季律师表示，截至目前，西班牙现金交易的额度依然是2500欧元。其实西班牙从2016年就已经几次提出要收紧现金交易额度，要降到1000欧元。但是这项提议一直都没有通过。

具体来说，限制现金交易的1000欧元的对象并不局限于普通消费者。企业或者个体经营者的经济往来也将受限，如进货卖货、装修、提供私人服务等。如果所涉及的金额超过1000欧元，那么多出来的部分需要银行转账或者是电子支付。财政部认为通过这样的方式可以有效打击地下经济和偷税漏税行为，预计将为西班牙的年度税收额外增加8亿欧元。

另外，如果不是西班牙的长居人士，只是到西班牙短期旅行，可以使用的现金交易额度是1.5万欧元。也就是说，凡是1.5万欧元以下的交易，非居民都可以用现金支付。但在此次草案中提出，要把1.5万欧元降至1万欧元。

控制现金交易是为了进一步加强税务控制。

季律师表示，他注意到的一个现象是，限制现金交易的大部分国家都在南欧。比如，葡萄牙的现金交易额度是1000欧元，希腊为1500欧元，法国近年也从3000欧元降到了1000欧元。意大利的政策则更为多变。意大利在2011年规定现金交易额度不能超过1000欧元，之后又把现金交易额度升至3000欧元，从明年开始又将降至2000欧元。意大利对现金交易的规定多次变化，可以看出这一政策一定会对经济有所影响。然而，在德国、荷兰等东欧、北欧国家，并没有现金交易的限制。在马耳他、塞浦路斯也没有限制。

为何西班牙要增税？

与欧洲其他大部分国家选择减税以促进消费的趋势相反，西班牙的这份预算计划是在国家经历经济危机之时还要再多征收70亿欧元的税款。为何在经历了疫情危机后，欧洲其他国家都在减税，西班牙却要增税？

季律师表示，这与执政党的派别有关。左派政府的思路是，只有通过加税，才能让国家有更多的收入。这些税收会用于公共投资，能为民众提高福利。右派认为，先要减税，让资本家去投资。

季律师表示，如果财政计划全部通过，将会对国家经济造成较大影响。但现在仍在讨论阶段。季律师认为预算计划不可能全部通过，但总体而言，这会是比较大的一次税务改革。

他指出，旅西华人大多经商。加税的大环境其实对经商者是不利的。这可能意味着明年、后年的经营环境会更差。对于打工者来说，如果企业无法维系，只能辞退员工，将导致失业率增加。当然，并不能说如果右派党执政，颁布的经济政策就一定是好的。

西班牙目前是由左派和极左派联合执政，所以加税的大趋势不可避免。

还有一些较引人瞩目的调整包括，准备把陪产假从12周逐步增加到16周，使其可以等同于产假。这项措施代表"西班牙朝男女平等又迈进一步"，意味着父母将首次实现享有同等的照顾婴儿时间。

文件还提到了对最低收入人群的影响。由于疫情对于收入较低的人士有着更为直接的影响，政府预计，将在明年帮助最低收入人群，增加他们的福利。政府还计划对退休金进行重估，预计让900万名养老金领取者的退休工资增加0.9%，以确保退休人员的购买力。

根据2019年底西班牙社会学研究中心（CIS）发布的调查结果，有一半以上西班牙居民认为在西班牙缴税很多，持这一观点的人达到52.9%，只有5.4%的人认为自己在西班牙所缴的税很少。如果能够改善公共服务和社会福利，有24.3%的受访者表示愿意支付更多税款，而7.2%认为最好少缴税，即使这意味着延缓社会进步。

与欧洲其他国家进行比较时，30%的人认为在西班牙缴的税更多，有24%的人认为西班牙缴税较少，有12%的人认为西班牙与欧洲其他国家的税率相近。但是，欧盟统计局最近的一项研究表明，西班牙在税收负担方面低于欧洲平均水平：个人所得税占西班牙GDP的35%，而欧洲平均水平为40%。

（［法国］《欧洲时报》2020-10-26/唐奕奕）

爱琴海地震部分华商受损失　侨团积极援助受灾侨胞

当地时间10月30日，希腊北部萨摩斯岛西北发生6.6级地震，包括首都雅典在内的多地震感明显。此次强震对旅居当地的华商造成了不小的影响。

在萨摩斯岛经商的华人妮子（化名），在当地从事零售行业。据她描述，地震发生后半小时引发了小规模海啸，店内地面被涌入的海水浸湿，随后海水涨过膝盖，沿海路面的商铺有的甚至直接被淹没。此外，强烈的震感导致店铺外墙部分墙砖脱落，街道部分交通也一度被中断。

　　另一位生活在萨摩斯的侨胞表示，地震发生后余震不断，为了保持警惕，当天一宿基本没睡。好在所在的位置没有大的损失，还能正常营业。

　　化名"时间流逝"的华商在微信群描述说："当天一晚上我们都不敢睡太沉，基本每半小时或一小时就发生一次余震。"想到当天的场景，这位女士表示："我孩子独自留在店里，幸好当时有一位客人把我女儿救出来。我看到很多人都在车上来不及逃离，商店里的物品也都在水上飘着，店里服装全毁了。"

　　希腊华侨华人总商会会长徐伟春在得知萨摩斯岛华商受灾情况之后，马上展开行动，在"希腊健康防疫答疑群"积极询问当地同胞需要什么帮助和支持物资，希望能帮助他们解决燃眉之急。

　　希腊新冠肺炎疫情形势严峻，因此希腊华侨华人总商会组建了两个"健康防疫答疑群"，覆盖千名侨胞。徐伟春还特邀温州市人民医院副院长姜文兵为希腊侨胞普及防控知识，开展专业医疗指导，只要在群里同胞有咨询需要，姜文兵及团队及时作答，为同胞们排忧解难。

　　徐伟春表示，这个"健康防疫答疑群"没有特定的服务范围，很多信息都可以在这里共享交流，只要同胞们有需要随时发声留言，在他们力所能及范围内就会尽力去帮助大家。希望这个团队能继续壮大，为更多人排忧解难，也让有困难的华侨华人感受到来自同胞的善意和爱心，一同战胜困难。

　　这个微信群每天都非常活跃，在很多群友看来，群里发布的不仅是信息指导和物资援助，更是战胜病毒的信心。曾有位轻症患者康复后感动地说"在异国感受到了家乡的温暖"。

　　新冠肺炎疫情让希腊华商的生意受到了严重影响，房租、人力成本不减，客源却大大缩水。面对经营困难，不少华商在选择奋力坚持的同时，还通过各种各样的方式为社区贡献力量，奉献精神难能可贵。

（［希腊］《中希时报》2020-11-04）

荷兰瑞安教育基金会：扶贫助学　反哺桑梓情意深

　　瑞安是著名侨乡，现有海外侨胞15万多人，分布在世界100多个国家和地区。瑞安侨胞发扬特别能吃苦、特别能创业的精神，创出辉煌的业绩。他们虽身在异乡，却心系故园，回报桑梓，反哺家乡。

　　为迎接中国共产党成立100周年，进一步弘扬瑞安华侨爱党爱国精神，瑞安市侨联、瑞安市融媒体中心联合开展"侨心向党！迎接建党百年，追寻百年侨史"大型采访活动，讲述瑞安百个侨团和百位侨领的奋斗发展历程、辉煌业绩和爱党爱国、情系家乡、回报桑梓的感人故事。本期推出的瑞安侨团是荷兰瑞安教育基金会。

　　在荷兰，有一个以捐资助学为成立宗旨的华人社团——荷兰瑞安教育基金会，该基金会成立20多年来，先后为国内近2000名贫困学生捐助了900多万元人民币，扶贫助学足迹遍及浙江、云南、广西、安徽、甘肃、山东等省贫困地区，该教育基金会多次受到有关领导与政府部门的关注和表彰。这是一个怎样的华人社团？是什么让这个社团20年如一日坚持捐资助学？

二十多年心系教育不忘使命，七千日情牵扶贫砥砺前行。瑞安是我省乃至全国的重点侨乡之一，瑞安人移居海外的历史源远流长，有史可追溯至清光绪二十年（1894年）。瑞安华侨人数众多，主要分布在以欧洲为主的100多个国家和地区。

"改革开放以来，祖国经济社会迅猛发展，但是这种发展并不平衡，还有贫富差距。不少贫困地区的孩子因为家庭困难升不了学，他们都是祖国的未来，身为海外华人，我们有责任也有义务为中华民族的振兴做出贡献。"这是荷兰瑞安教育基金会第三任会长黄其昌在接受媒体采访时说的话。而这也是该基金会成立之初，所有会员共同的想法。

1996年，邵作洪和胡克勋等10多位旅荷瑞安籍知名人士商讨筹建荷兰瑞安教育基金会，以支持家乡教育事业发展，几经努力，基金会于1998年注册成立，历届会长分别是邵作洪、黄其昌、潘世锦、董贤构、郑贤领、王志成、张光木、胡志新和林德芳。在历届会长和全体会员共同努力下，会员已发展到300多人，且不限于瑞安籍侨胞，广泛吸收旅荷广大侨胞捐款，基金资本从最初的10万元荷兰盾发展到近40万欧元。基金会成立以来，先后为国内近2000名贫困学生捐助了人民币900多万元，扶贫助学足迹遍及浙江、云南、广西、安徽、甘肃、山东等省贫困地区。

该教育基金会成立以后，一直将"扶贫助困，捐资助学"视为己任。该教育基金会每两年换届，2019年4月第十届理事会诞生，林德芳出任会长。仅2019年一年累计捐款就达70万元人民币：2019年4月，赞助荷兰德伦特中文学校2000欧元；6月，向瑞安市山区留守儿童夏令营捐5万元人民币；8月，通过中国驻荷兰大使馆向外交部扶贫项目捐助1.5万欧元；同月，浙江沿海遭受"利奇马"台风袭击，基金会筹集18万元人民币赈灾款，通过浙江省侨联帮助灾区重建，并按惯例向瑞安市贫困生发放每年一次的10万元人民币助学金；9月，基金会扶贫代表团赴云南扶贫调研，由云南省纪委牵头，为广南县教育局捐赠23.5万元人民币助学金等。今年9月，该教育基金会一如既往关注家乡教育事业，捐助10万元人民币，资助贫困生上大学。

一笔笔善款，汇聚了旅荷华侨的拳拳爱国之心。"二十多年捐资助学，帮助了很多人，也让基金会声名在外，这是我们全体会员的光荣。"荷兰瑞安教育基金会现任会长林德芳表示，"'教育兴则国家兴，教育强则国家强'。我们一定会一如既往地秉承创会宗旨，不忘初心，再接再厉，为家乡教育事业发展和慈善公益事业作出更大贡献。"今年9月，瑞安市人民教育基金会授予荷兰瑞安教育基金会"杰出贡献奖"。

不忘初心，扶贫助学。欧洲当地时间2020年1月，荷兰瑞安教育基金会举行20周年庆典，中国驻荷兰大使徐宏应邀出席并讲话，旅荷侨界400余人出席了庆典。

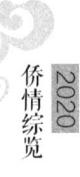

在会上，林德芳回顾基金会二十多年的发展历程，并号召广大会员不忘初心、再接再厉，为祖（籍）国教育事业发展和慈善公益事业作出更大贡献。荷兰瑞安教育基金会旨在"团结乡亲，服务侨胞；热心公益，反馈桑梓"。多年来，基金会广泛吸收旅荷侨胞的自愿捐资，除每年向家乡发放10万元人民币助学金外，还通过其他各种方式助学扶贫，为祖国教育和扶贫事业做出了重要贡献。

值得一提的是，该基金会过去每年都会与荷兰人的机构"世界儿童基金会"一起举办慈善活动，为中国的残疾孤儿筹款。荷兰瑞安教育基金会的影响力远不止为家乡教育出钱出力，更多的会员及家属都积极投身公益事业，连荷兰欧洲侨爱基金会，其发起人也是瑞安教育基金会的会员与会员家属。

该基金会多次受到国内重要部门与中国驻荷兰大使馆的高度赞扬。中国驻荷兰大使徐宏向荷兰瑞安教育基金会表示祝贺，肯定了基金会秉持中华民族爱国爱乡优良传统，支持关心祖（籍）国发展，为促进侨社繁荣进步、推动中荷友好作出了积极贡献。徐宏赞扬基金会团结旅荷侨胞，发扬大爱精神，把扶持中国贫困地区教育事业视作已任，积极推动国内教育公益事业发展。他对基金会给予外交扶贫工作的支持表示感谢，并向旅荷侨胞致以新年祝愿。

庆典大会上，中国侨联、全国政协、国内有关省市部门和荷兰华人社团都发来了贺信。2010年时任中国外交部副部长兼外交部扶贫工作领导小组组长宋涛也发来贺信，信中特别赞扬了瑞安教育基金会在扶贫工作中作出的贡献。

今年新冠肺炎疫情牵动着全国人民和全球华侨华人的心，海外华侨积极响应，捐助善款，万里驰援，荷兰瑞安教育基金会先后捐赠抗疫善款6万多欧元，筹集口罩32万余个、防护服400多件，彰显了在外华侨心系故乡的浓浓之情。

"多年来，瑞安教育基金会发挥了与众不同的影响力，把荷兰侨民的爱心传递给国内，赢得广大侨民的尊重。"林德芳表示，基金会将秉持创会宗旨，致力公益慈善，以期为国内的慈善事业做出新的贡献。

（浙江新闻客户端2020-11-09）

德国侨胞淡定面对"严厉禁足令"

从11月2日起，德国开始实行"严厉的禁足令"。酒吧、剧院、电影院、健身房等场所暂停营业，餐饮业只保留外卖服务，公共场所禁止超过两个家庭、10人以上的聚会，德甲等专业体育赛事则可以在没有观众的情况下举行。封锁措施将持续一个月。严厉措施之下，身在德国的华侨华人生活现状如何？

"危机来了，我们一起扛"

"德国政府应对第二波危机的态度和措施都比上次更强硬。"德国汉堡华人华侨协会副会长张禹华说，"3月，德国总理默克尔将新冠肺炎疫情称为'德国自二战后面临的最严峻的挑战'时，很多人不以为然。事实证明，形势的严峻程度正如默克尔所言。"

严厉的措施随处可见。"对戴口罩的要求更严格了：公共场合的警力明显加强，目的就是监督人们戴口罩；之前，对学校的孩子们是否戴口罩管控比较松，现在严格了；学校的小食堂也禁止开放。超市的抢购又开始了，卫生纸、白面、洗洁剂、消毒剂……又开始限购了；而且，现在要求25平方米的范围内只能有一个人，所以很多商店前都要排队，100多平方米大的地方每次只能进两三个人。"张禹华说。

疫情对经济的影响是显而易见的。严峻的形势面前，互帮互助成为令人温暖的选择。

"此次疫情对餐饮业和旅游业的打击是致命的。这次'禁足令'规定，餐饮业只保留外卖服务，违者以犯法论。为了帮助从事餐饮业的侨胞，我们就隔三岔五地去打包外卖。为此，很多餐厅推出了外卖菜单。比如，有一家淮扬菜餐厅推出了真空包装的盐水鸭、卤肘子等，买回来在冰箱里能保存一两个礼拜，很方便。"张禹华说。

从事汽车零配件行业的张禹华对汽车业尤为关注："前几天我去给车做保养。看到宝马车行的样车比之前少了一半，很多新车只能在网上查阅。相关机构预计，欧洲市场今年汽车销量将创纪录地下降25%，今年德国汽车产量也将下降25%。这无疑是德国汽车业的'严冬'。我听到很多德国汽车业的同行都很感激中国，因为疫情期间，德国汽车的中国市场销量不断提高。"

为了应对疫情影响，德国政府对小企业进行了补贴。"5月，我拿到了联邦政府补贴的2万欧元和州政府补贴的5000欧元。这一次，据说政府还会有补贴，不过主要针对餐饮业和旅游业这样的重灾区。据说补贴的标准是按照企业去年每月平均销售额的75%，补贴3~6个月。"张禹华自己在德国的生意也受到了影响，营业额下降了15%~20%。幸运的是，公司还在正常运转，"我的仓库比较大，按照政府的要求，员工可以一半到岗一半在家办公。有两名员工是必须到岗的，但是不会开车。我就安排另一个员工每天接送。此外，按照德国政府的规定，失业人员可以申请政府补助其75%的工资。"

"困难的时候，我们总能感觉到来自祖国的温暖。上周，中国驻德国汉堡总领馆还委托这边的妇女会给大家发放了爱心小包。"张禹华说，"此次德国的封锁措施会持续一个月，希望在12月初能把疫情控制在每10万人少于50个确诊病例。大家都不容易，无论是我们侨胞之间，还是老板与员工之间，或是国家与国家之间，危机来了，我们一起扛。"

"推动线上与线下教学"

"又开始在家办公了。"德国易北中文学校校长王燕蓉说，"社团工作停滞

了。在新的'禁足令'生效之前，我们汉堡体育协会还可以分批次组织羽毛球活动，每次允许10人参加。但是，现在，所有的娱乐和体育活动都取消了。"

不过，对于中文学校，王燕蓉感触就深了。"从2月6日开始，我们学校的中文班开始全面网课，部分兴趣班随后也跟进开展线上教学。原本计划11月1日返校，但是现在只能继续网课。部分不适合网课的内容，比如羽毛球、篮球等教学活动也都被迫取消。"

德国易北中文学校于2008年9月创办，2017年获得"海外华文示范学校"称号，目前设有23个中文班和20个兴趣班，还有6个成人兴趣组织。疫情袭来，学校授课由线下转为线上。

"不能面对面上课，我们就搭建网络课堂，教师停课不停教，学生停课不停学。"王燕蓉说，"很多老师都是第一次接触网课。我们用一周时间，加班培训，给所有中文老师传授网络授课的知识。刚开始，大家还是很慌乱，但是很快就可以做到井然有序了。"

"网络授课有很多优点，比如，不受时间、空间限制，节省了家长接送孩子上下学的时间；可随时通过平台进行交流，释疑解惑。"不过，在王燕蓉看来，网课始终不能尽如人意，"线上和线下授课最显著的差别就是，老师和学生隔着屏幕，很难随时监督学生的状态和进度。而且，学生在家中上课，注意力难以集中。为了解决这些问题，老师们就努力增加课堂的互动性。比如，一年级的老师就设计了'连一连''配对''一字开花'等互动环节，活跃课堂气氛，吸引学生注意。"

学校还组织了各项网上活动。"疫情之初，我们组织全校师生为疫情最严重的湖北医院捐款7万多元人民币。我们还组织全校学生参加了中国侨联举办的'华裔青少年网络夏令营''第三届曹灿杯世界华语朗诵比赛''我是演说家''第十届水立方杯全球歌咏大赛''第二十一届世界华文作文大赛'等丰富多彩的活动。"王燕蓉说，"有些活动还在进行中，希望能取得好成绩。"

"我们希望疫情尽快过去，大家能尽快返回宽敞明亮的教室上课。但是，我们也明白，病毒可能会同人类共存，抗疫会变成生活常态。今后，我们会把线上教育作为学校教育的有机组成部分，推动线上与线下教学融合发展，构建'实体学校+虚拟学校'相结合的教育新格局，打造'人人皆学、时时能学、处处可学'的学习新体系。"王燕蓉说。

"疫情隔不断中德交流"

"'禁足令'对我的生活影响其实没那么大，无非是不能去饭馆吃饭，无法出门旅行。但是，疫情对我的工作影响就大了。"德国克劳斯塔尔工业大学中国能力中心主任侯正猛教授最近很忙，"我们的'中国周'活动刚好是从11月2日开始，突然改为线上，工作量非常大。我的团队不得不加班加点，所幸一切顺利。"

侯正猛口中的"中国周"活动指的是克劳斯塔尔工业大学"中国周"活动,从2018年开始,由德国联邦教育和科技部资助,每年举办,目的在于增进德国民众对于中国文化、科技、教育等领域的了解,促进中德交流合作。"我们本来还在大学礼堂安排了中德音乐会,现在被迫取消了。"侯正猛还清楚地记得去年的情景,"去年7月,我们首次把中德音乐会搬到了中国。我们一行20多人从德国到中国,在8所合作大学举行了7场音乐会。我们还在昆明理工大学举办了德国啤酒节,大家都非常兴奋。"

受到影响的不止"中国周"活动。侯正猛很遗憾地说:"我所在的德国克劳斯塔尔工业大学和国内多所大学开展了大学生夏(秋)令营交流和青年教师培训活动。比如,去年,克劳斯塔尔工业大学有30多个德国大学生去四川大学和北京航空航天大学参加了夏(秋)令营,并为60多位来德的大学生提供了夏令营活动。从2012年开始,四川大学每年会有20~30个青年教师来这里培训和交流4周。昆明理工大学2018年加入这个培训和交流项目,2018年和2019年分别有18和20个青年教师来这里进行了6周的培训和交流。可惜,今年都无法成行了。"

疫情给中德学术和文化交流带来了显而易见的困难和挑战,不过,各种交流合作项目仍在持续推进。

"今年'中国周'期间,郑州大学校长刘炯天院士和我们校长签署了一个意向协议,发起共建中国—下萨克森州科教文联盟。明年,如果疫情形势允许,下萨克森州的科教文部长会带队前往中国,签订正式合作协议,成立中国—下萨克森州博士研究院。根据规划,郑州大学、北京航空航天大学、四川大学以及同济大学等中国高校与德国克劳斯塔尔工业大学、哥廷根大学、汉诺威大学以及布伦瑞克工业大学等将加入联盟并采用双导师制联合培养博士。"说起合作项目,侯正猛如数家珍,"我们正在和四川大学推进成立中德国际学院,通过双校区方式培养双学位本科生。我们和华东理工大学、东北石油大学、四川大学等多个国内院校都有合作培养本科生的2+2双学位项目;10月底中国教育部刚刚批准了四川大学与德国克劳斯塔尔工业大学合作举办3+1电气工程及其自动化本科双学位项目。此外,中德双方牵头大学正在推动和落实去年中德对话论坛提出的共建中德青年科学院。"

"疫情形势严峻,但是疫情隔不断中德交流。"侯正猛说,"之前,我每年大概回国六七次。今年一次都还没有。不过,我已经买好了12月10日回中国的机票,直飞成都,在国内停留5周,希望能顺利成行。"

(《人民日报海外版》2020-11-09/张红)

英国再封城　华人与留学生讲述面临的冲击与困境

适逢大学秋季开学,英国二次疫情来势汹汹。英国自10月起实施3级疫情警报系统,而后新的封城措施将全面取代3级疫情警报系统,直到12月2日"禁足令"结束为止。封城期间内所有酒吧、健身房及非必要商店都必须关闭。记者深入采访在英华侨华人与留学生在二次封城下所面临的冲击与困境。

二次封城民众警惕性下降 餐饮服务业将再次成封城"重灾区"

英国湖南商贸总会会长熊鹏告诉记者，虽然政府提出了封城政策，但感觉并没有像上一次封城那么严肃，宽松很多。政府提出的封城政策中保持了学校、工作场所的开放，大部分受到封城影响的场所集中在餐饮等服务业。熊鹏说："科学家们其实也做过调查，真正在这些场所感染的可能性比较小。从包括自己在内以及周边人的反应能够看出，对于病毒的重视程度远远不如第一次封城那么高。"

另一方面，对于餐饮等服务类行业来讲，是又一次比较大的冲击。熊鹏透露，上一次封城，如果政府没有给出一定补贴的话，很多餐馆已经很难再维持和经营下去。二次封城，政府还未出台对于企业的相关补贴政策，熊鹏坦言，如果政府没有补贴，房东也没有一定的房租减免的话，餐饮行业的第二波"倒闭潮"又会到来，会有很多餐馆停止营业。作为米齐临餐厅合伙人，他告诉记者，第二次封城来临后，米齐临在唐人街的门店很难再维系下去，有计划把这个门店关闭，只保留在霍尔本（Holborn）那一家。

除餐饮外，米齐临生鲜配送平台在第一次英国封城期间应运而生，熊鹏坦白讲，对于第二次封城，生鲜配送方面他们期望有一个小高峰，会发展一些新的顾客，并期望原有顾客的订单量会有一定增长。据此，米齐临生鲜配送在第一次封城积累的经验中提前做了准备，在库存、与供应商沟通、增加司机派送等方面有提前规划。

但熊鹏也表示，这只是对封城后生意额上的增长预期，实际上从他个人感觉来看，这一次的封城应该不会像第一次那样，民众可能还是会愿意出门，在做好防护措施的前提下去超市购物。照此一来，生鲜配送这一方面的业务量可能稍有增长，但不会像第一次封城时那样呈爆发性的增长。

认真生活 佛系待在"风暴"处

小文（化名）是今年十月从中国赴英国伦敦的大二学生，她告诉记者，学校在新学期开始时发邮件称，将会在六周后安排线下实践课程。考虑到自己的专业属于实践性质，需要积累外出拍摄作品的经验，最终她决定顶着疫情的压力赴英国。

然而现阶段英国疫情的加重，加之二次封城的情况着实为她的学习生活造成了一定困难。小文的小组原计划外出利用街景或者租借工作室进行拍摄，但封城的政策使这些想法全部泡汤。专业老师和教授也只能改变策略，举出案例，激励学生们用有限的资源和空间，发挥最大的创意去完成自己的作品。

小文觉得，虽然困难问题层出不穷，自己的作品设计需要随着现实因素一改再改，但这也是一段宝贵的经历，在如此多不可抗的因素和困难下去尽力完成作品，也是一件让人充满成就感的事情。对于疫情，小文感觉，在经历了第一波疫情封城后，现在已经能够调整好心态从容应对了，或者可以说相对"佛系"一些了，她不再去每天关注增长的数字，也没有急着"逃离"的想法。小文的父母也认为，不要被疫情追着跑，在"风暴"处安全过好自己的生活很重要。

虽然可能又要封闭在自己的小宿舍里，但是学校不关闭，还可以提供一些教学资源，也给了小文一些心理安慰。

目前，小文认为，只能每个人自己多加小心做好防护措施，认真生活，保持良好的心态去挺过这段难熬的时光。

封城让时间静止　疫情阻挡不了勇闯未来的心

过完暑假赴英国开启新学期的小婉（化名），在看到英国新增病例破万后就萌生了回国的想法，她购买了十一月底的直飞机票。她向记者表示，因为自己的身体较弱很容易感冒，所以在看到疫情加重后就坚定了要回国的想法。她还提到，英国的疫情虽然愈发严重，但老师们给予了很大的支持和帮助。由于疫情，学校很多职员都是远程办公，自己专业所需的设备器材很难预约借到。专业老师在得知情况后表示，会帮助同学们向学校借设备器材。此外，教授们也会时刻提醒学生注意安全，并且课上也要求学生们佩戴口罩。外国同学和朋友也认为积极遵守政府的防疫规定非常重要，并批评那些不戴口罩、不遵守规则的人。

晓晨是英国威斯敏斯特大学2019届的学生。即将于12月回国的她，在听到第二次封城消息后，是满脸的无奈。

"当初没有选择一毕业就回国就是想利用有限的时光多感受伦敦的美好。"晓晨有些失望地表示，自己机票定在12月10日，如今封城政策让她只能在家里度过。"两次封城的经历磨炼了我许多。"晓晨说，"我是一个很爱出门采风，和朋友相约旅游的人。但是现在现实教会我要随遇而安，迎难而上。"

她决定不再消沉，而是最大程度地利用好在家隔离的时光。"我为自己制定了三个'每天计划'：每天学做一道菜；每天打卡健身一小时；每天学习英语一小时。每天都要活得充实，不浪费一分一秒，利用空闲时间奋起直追。古话说得好，塞翁失马，焉知非福。"晓晨说。

现在已经离开校园生活的晓晨没有同学和朋友相伴，时常感到内心孤独。"可能这就是留学生的常态吧。"她表示，此次疫情也让她嗅到了"线上"的机遇。她和同一批刚毕业的同学们会时不时谈论未来就业。因为这次疫情来势汹汹，可能是困境，也可能是机遇。她和周围的朋友都有意转型线上相关的工作，比如网络店铺、直播、新媒体运营等。晓晨认为，年轻人越来越注重"线上"，都看到了"线上"的好处。学媒体出身的她想到利用社交媒体的线上平台获得资源，探索一条现阶段看似更为可行的创业之路。

"疫情阻挡了我们当下的出行，但是阻挡不了我们勇闯未来的心。我们会用行动让人们看到年轻一代的担当和勇气。"晓晨说。

（［法国］《欧洲时报》2020-11-09/陈斯睿等）

新一波疫情凶猛　西班牙华侨华人：同胞守望缓解无助感

自从西班牙暴发了第二波疫情，巴塞罗那青田同乡会会长周建虹经营的"大海自助餐厅"已经快一个月没开张了。

"不知道什么时候才能再开门，只能等待政府的解禁法令。"谈起餐馆的经营情况，周建虹很无奈，"原本经过一个夏天，餐馆的生意已有起色，结果10月中旬疫情突然加重，加泰罗尼亚大区要求餐饮业全部停业。"疫情的反复也使西班牙华人经济再次受到沉重的打击，周建虹告诉记者，目前有80%的中餐馆关门，只有少数外卖店被允许营业，从事超市、美发等行业的华人也纷纷叫苦，更有不少人永久关闭了店面。

近期西班牙新冠肺炎疫情快速反弹，截至当地时间11月9日，累计确诊病例超138万例。日前全国将紧急状态延长至明年5月，各大区实施了宵禁、边界封锁等措施。

"第二波疫情来得太凶猛了，华侨华人的感染情况比较严重。"周建虹说，与第一波疫情相比，此次华人感染者中无症状的多，聚集性感染的案例也频繁出现，前不久巴塞罗那就有一家华人制衣工厂出现群体感染。

周建虹告诉记者，两天前青田同乡会收到一位同胞求助，他们一家六口人全部确诊，包括两个不满五岁的孩子，都在家中隔离，他们很害怕，也很恐慌。"类似这样的求助我们每天都能收到，在西班牙，轻症患者无法入院治疗，也没药可吃。"周建虹说，接到求助后，他们就会开车把药物送到生病同胞的家门口，"其实送药只是一方面，更重要的是缓解无助感"。

为何这波疫情华侨华人感染者这么多？在西班牙华侨华人协会主席陈建新看来，这和民众防疫心态松懈有一定关系。"疫情持续太久，许多人对保持社交距离等防疫措施产生'疲态'，再加上做餐饮、酒吧、美甲、理发、百元店等传统服务业的华人很多，这些服务性行业接触的人多，感染风险也很大。"陈建新说。

他说，很多华人出现症状后完全不知所措，怎么检测就医？去公立医院还是私立医院？语言不通怎么办？"于是我们组织了一个志愿服务小组，随时为大家提供远程的帮助和指导。"

志愿服务小组由十几位成员组成，都是年轻的侨二代、侨三代，华裔姑娘吴蓓蓓就是其中一员。"我们不仅为确诊同胞提供就医指导，他们生活中遇到的各种困难我们也是能帮就帮。"吴蓓蓓谈到帮助过一个病情较重的华人小孩，"他一个人住在医院很害怕，我帮他的父母写证明、办通行证、向医院申请探视，最后他们终于能在病房外看看孩子。"

吴蓓蓓告诉记者，志愿小组里还有几名华人中医师和西医师，专门为在家中隔离的轻症患者做网上问诊和康复指导。"我们还把中国的防疫手册翻译成西语，不仅提供给侨胞，还会送到当地的医院和政府，供他们参考。""上周我们收到了浙江侨务部门寄来的5000份新冠肺炎治疗中药，最近正在忙着分发、邮寄到西班牙各地的侨团，再由他们发给确诊的华侨华人。"吴蓓蓓说。

吴蓓蓓表示，第二波疫情以来，已经收到了很多漂洋过海而来的健康食品包和防疫爱心包。"这些来自家乡的关心安抚了侨胞们恐慌的情绪，也让大家树立起了战胜疫情的信心。"

（中国新闻网2020-11-10/吴侃）

旅欧作曲家朱培华：是"侨"，也是"桥"

手指在黑白琴键上翻飞，悠扬的音符从指间流淌，一曲《我的祖国》回荡在屋内。

这是一双弹琴作曲的手，也是一双曾在中餐馆端过盘子的手，更是一双连接起中欧经济文化交流的手。这双手的主人就是朱培华。1988年，浙江青年作曲家朱培华，从杭州出发登上了飞往欧洲的班机。此后30多年，他在卢森堡的中餐馆跑过堂，自己开过中餐馆，创办过横跨咨询服务、生物医药健康、餐饮等多领域的跨国公司……靠着一双勤劳的双手，朱培华在异国他乡打拼创业。

2013年底，他响应"浙商回归"的号召，将工作重心转向国内。故乡的山水、祖国的发展，激发了他的创作灵感。《劳动托起中国梦》《九月杭州桂花香》《最爱你清清的浙江》……重拾熟悉的音符，朱培华为这片多情的土地谱写出一首首动听的歌曲。

离家越远　乡愁越浓

"华侨的'侨'换个偏旁就是桥梁的'桥'。"做中外经济文化交流的桥梁，是有着30多年海外生活经历的朱培华，对自己身份的一种理解。

20世纪90年代，中欧间的交流并不像现在这样广泛、深入。彼时，朱培华的中餐馆经营生意红火，但他并没有满足于此，而是看准了中欧交流的前景，成立了卢森堡和协国际咨询公司。因为团队熟悉东西方，业务随之而来。世界上最大的钢铁公司之一阿赛洛与中国莱芜钢铁的合作洽谈，就是和协国际从中牵线。以卢森堡为起点，朱培华的生意越做越大，还控股了德国一家生物医药公司。

朱培华觉得，海外华侨华人有着得天独厚的优势，一方面他们熟悉中国，另一方面他们在居住国长期工作、生活，因此可以在中国与居住国之间搭起一座桥梁，增进彼此的了解与合作。

1995年，朱培华出资创办了卢森堡当地第一所中文学校。办校初衷很简单——身边华侨总是担心自己的孩子空长中国脸，不会说中国话、看中国字，何谈中国心？后来时间长了，当地人也逐渐对教学内容感兴趣，开始主动上门学习中华文化。

"离家越远，乡愁越浓。这是我真实的感受。"2013年底，一直心系祖国、情系家乡的朱培华响应"浙商回归"号召，把工作重心转回国内，将德国公司的业务拓展到了杭州。如何更好发挥中欧经贸合作的桥梁纽带作用，助力祖国发展？朱培华一直在思考。他发现，品牌打造和产品的设计创新等方面，是一些中国企业的弱项，而德国等欧洲国家则在这一方面领先世界。

2018年11月，经过多番洽谈，德庐品牌设计（杭州）有限公司与德国品牌设计委员会签署合作伙伴协议。这是该委员会在中国的第一份合作伙伴协议。委员会帮助更多的中国企业在品牌建立、产品设计等方面与德国企业和专业协会进行密切交流。

朱培华说，公司取名德庐，是想做一家有德的企业，而这两字也取自德（国）和卢（森堡）的音。"我希望尽自己所能，帮助中国企业走出去，打造国际品牌。"事实上，不管是做餐饮、做健康产业，还是做音乐，朱培华都用心对待每件事："做人要有情怀、有功力、不浮躁。"除了搭建经贸交流桥梁外，他以音乐为媒，做中外文化交流的民间使者。

2016年，婉转悠扬的歌曲《九月杭州桂花香》飘荡在杭州的大街小巷。中国风的曲风勾画了古都杭州的气质韵味，西洋管弦乐的伴奏增加音乐厚度和气势，曲风中西合璧、构思精巧。朱培华正是曲作者。这首献礼G20杭州峰会的原创歌曲被刻录成光盘，作为礼物送给出席峰会的外国国家元首和嘉宾。

近些年，朱培华又多了一个身份——国际说唱艺术联盟副主席兼秘书长。就在去年10月，联盟在卢森堡举办了首届国际说唱幽默艺术节，将中国传统的曲艺带到国际视野中，并为从事传统艺术形式的全球说唱艺术家建立起联系纽带。

跨越全国的创作　致敬逆行者

"你就这样走，在这万家团圆的时候。你就这样走，在这高举酒杯的时候。热泪心底流，心贴背影走，越是危险的地方，就是你奔赴的关头……"一首名为《出征！出征！》歌曲在今年大年初四上线，致敬逆行者。

"完成于今天凌晨3时，我和歌唱演员、词作者录音时多次流泪。中国加油！"1月28日上午10时，朱培华在朋友圈转发了第一条带有歌曲视频的推文并写下这段感言。此前3天，朱培华只睡了8小时。

今年春节前，朱培华退掉了回卢森堡的机票，独自留在杭州。"我想留在国内，看看能做些什么。"在电视上看到医疗队驰援武汉的报道，朱培华深受感动，萌生出了强烈的创作欲望——"我要写歌，为这些英雄们壮行。"正巧，词作者耿德迎也深有同感，送来了歌词。朱培华一气呵成地写成曲谱，过程中数次落泪。然而，词曲只是创作的第一步，后续还有很多事。朱培华和女歌手、录音师身在杭州，男歌手远在甘肃张掖，编配师回东北过年身边只带着一台电脑，伴奏制作团队在北京远程协助。于是，一次跨越中国南北东西的合作开始了。从开始作曲，到编配乐队、组织歌手录音、歌曲制作，再到视频推出，朱培华和他的团队仅用了72小时。

曲谱中饱含朱培华的情感。歌曲开头缠绵婉转的曲调蕴含着"逆行者"挥别"小家"的依依不舍，高潮部分雄浑有力的旋律、军鼓铿锵的伴奏，表达的是献身"大家"的坚定决心。歌曲传开来后，朱培华收到一条医院朋友发来的微信消息："这首歌在我们医院顷刻刷屏，'出征'时大家都在唱，我也在心里默默地唱。谢谢您！"这条信息，让他备受感动。

"抗击疫情是一场众志成城、排除万难的战争，希望歌声能鼓舞大家的斗志。"那段时间，朱培华先后创作了《出征！出征！》《樱花雨》《你》等四首抗疫歌曲。

用音符向世界展示奋进的中国

朱培华是科班出身的作曲家，土生土长的杭州人。他12岁开始学习作曲，后毕业于上海音乐学院，曾师从"人民音乐家"施光南先生。相比事业有成的企业家身份，他更愿意被称为作曲家。

其实出国前，朱培华在作曲方面就已小有名气，但出国后他的音乐创作中断了20多年。直到回国发展，沉睡的音乐细胞才再次被唤醒。"可以说2015年至今，是我创作的高峰。这片土地又让我焕发出创作音乐的激情。"朱培华说。在朱培华看来，艺术工作者要有时代担当。这些年，他在工作之余回归音乐怀抱，重新开始谱曲创作。所幸技巧功底都在，而多年的海外经历让他的眼界愈发开阔、情感愈发浓郁，作品也获得越来越广泛的认可。

歌以咏志。《劳动托起中国梦》传达了劳动者的奋斗精神，也是海外侨胞出国打拼、从无到有的真实写照；《浙商之歌》赞颂了改革开放大潮中敢为人先的浙商精神；《最爱你清清的浙江》饱含浙江儿女对家乡的眷恋……朱培华将深情谱成曲，讴歌祖国和家乡的美好，也唱出中华儿女的赤子之心。多年后，乡音未改、赤子之心未变。"多少回我面朝东方，衷心地祝福你，祖国我爱你……"朱培华轻声吟唱起歌曲《祖国，祝福你》。这首歌曲作为2016年世界华侨华人春晚的主题曲，引发了海外侨胞的强烈共鸣。"感谢这个伟大的时代，带给我创作的灵感。我想用音符记录中国砥砺奋进的每一个脚步。"朱培华说。

【人物名片】

朱培华，浙江省侨界"十杰"、旅欧作曲家、卢森堡—中国经济文化交流协会会长、欧洲杭州总商会会长。

（《浙江日报》2020-11-26/沈吟）

华媒：律师回应西班牙教育法改革将对华人有何影响？

日前，西班牙在国会全体会议上通过了对教育法的改革。之后，西班牙境内就有五十多座城市发起汽车大游行。为何教育法改革会引发如此激烈的讨论？教育法改革会对旅西华人群体有何影响？《欧洲时报》采访了西班牙中国律师事务所主任季奕鸿律师。他介绍了西班牙教育法改革的历史成因，并分析了西班牙教育法对于移民群体的影响。

强调公立教育平民化

11月19日在国会会议上通过的教育法被称为"Lomloe法"，也被西班牙媒体称作"塞拉法"，是以现任教育大臣伊莎贝尔·塞拉为首，由社工党、"我们能"党和加泰罗尼亚共和党共同批准的修正法案。

律师季奕鸿表示，如果悉数西班牙历次的教育法，可以编出一部小史。西班牙实行民主制四十多年以来，已经历了八次教育法改革。结合西班牙的政治环境分析，改革节奏非常频繁。一般来说，西班牙执政党的任期是四年，有时同一届执政党可能会连任，那么八次改革意味着几乎每次有新的执政党上台，就会对教育法进行改革。而且，西班牙每次改革教育法都会在社会上引起轩然大波。此次改革也不例外。新的教育法为何会引起如此激烈的反应？律师季奕鸿介绍，上一次教育法改革是在2013年，由当时执政的人民党推动，被称为"提高教育质量法"，距今仅7年时间。如今联合政府又推出了教育法改革。宏观来看，本次教育法改革的核心就是要求教育更平民化，将精英教育变成平民教育。

首先，本次改革强调公立学校是西班牙教育最重要的组成部分。其次，是加强对半公半私学校的管理。"Lomloe法"通过以后，即使民众有需求，西班牙也不再开设新的半公半私学校。此外，半公半私学校将无法获得资助费用。由于新法案禁止公共资源的转移，因此，将会对半公半私学校的管理更加严格。季奕鸿表示，这可能意味着很多半公半私学校将无法继续运作。对半公半私学校的限制引发了西班牙的大规模游行。西班牙50多座城市发生反对"塞拉教育法"改革的游行抗议活动。他们表示，这威胁到了教育制度的多元化，还限制了父母为孩子选择学校的自由。

降低西班牙语的重要性

教育法改革最具争议的一点是关于西班牙语，即卡斯蒂利亚语，将不再是教学场所的交流语言。季奕鸿介绍，这里需要引入的概念是，西班牙语，即卡斯蒂利亚语是西班牙的官方语言。西班牙有一些地区可以使用一种以上的语言，即当地语言和卡斯蒂利亚语。如加泰罗尼亚、巴斯克等地区既可以使用当地语言，也可以使用卡斯蒂利亚语。因此，许多西班牙人拥有数个身份认同，包括对国家的认同，和对自己地区的认同。此次"Lomloe法"的改革意图降低了西班牙语的重要性，这引起激烈反对。西班牙境内大规模示威游行，要求捍卫西班牙语在西班牙公共教育中的地位。

对华人群体的影响

律师季奕鸿表示，如果法律生效，难以想象西班牙的教育会变成什么样子。也许学校会把西班牙语课程变得像英语一样，只是一门语言、一门学科。另外，此次教育法还提出，在使用一种语言以上的地区，学生可以只参加一种语言和文学的测试。即可以不用参加西班牙语言和文学的考试。对于移民群体来说，降低了西班牙语的重要性可能会引发其他问题。假设学生在巴塞罗那接受基础教育，那么老师上课可以不用西班牙语，而是使用加泰罗尼亚语讲课，甚至教材都可以是加泰罗尼亚语写的。设想如果有华人的孩子刚从中国到西班牙来接受教育，但老师上课却使用当地语言讲课，这意味着孩子跟上学校的教育进度变得更困难。

虽然现在许多加泰罗尼亚自治区的大学有部分课程是使用加泰罗尼亚语教学的，但按照目前的法律并没有违规。因为加泰罗尼亚自治区的情况是，必须有25%的以上的教学时间使用西班牙语。并且现行法律规定，学生必须以西班牙语作为官方语言完成义务教育。

探究"Lomloe法"对语言的改革，背后的原因可能是地方政府、地方党派在给中央政府施加压力。西班牙党派之争的最大受害者将是孩子和其父母。同时，旅西华人移民群体也难免受到西班牙社会环境的影响。

因此，季奕鸿认为，这项法案如果通过，就像潘多拉魔盒被打开，难以预测会引发什么样的震动。对此，西班牙的最大在野党人民党已经提出会向宪法法院申诉。人民党表示，如果未来人民党执政，将立即废除"Lomloe法"。

当然，从另一个角度说，这可能会让首都马德里对国际移民来说更有吸引力。要知道西班牙吸收外资、吸收外来高素质移民的主要地区是在巴塞罗那和马德里。如果此政策不修改，意味着一些国际移民在考虑到语言因素后，会聚集到马德里来。

教育法改革还有一些内容，比如此次教育法放宽了学生升级的条件。如果学生有一门到两门科目挂科，在教学团队进行评估后，依然有可能升级。这一做法也遭到许多人质疑。学生升级的条件变宽松了，意味着西班牙公共教育的质量会下降。

律师季奕鸿表示，此次教育法改革的核心理念就是促进公立教育、促进平民教育。另外，教育改革还要求男女平等，不允许以性别将男女学生分开，这些做法都与左派执政党的风格相契合。

（［法国］《欧洲时报》西班牙版微信公众号2020-11-29/唐奕奕）

法国将发行农历牛年邮票　旅法华人艺术家三度操刀设计

记者从法国邮政获悉，法国邮政将于2021年2月8日在全法各地邮局公开发行销售一套农历辛丑牛年邮票，并暂定于2月6日在位于巴黎9区的法国邮政集邮公司墨方厅举行设计师签售仪式。

法国邮政即将发行的辛丑牛年邮票，还是由旅法华人艺术家陈江洪设计。自2019年起，陈江洪已经设计了农历己亥猪年和庚子鼠年的两套生肖邮票。法国邮政辛丑牛年邮票是其设计的第三套生肖邮票。

从法国邮政提供的辛丑牛年邮票样张来看，该套邮票含两张小型张。每张小型张各由一枚33×40毫米的单票和单枚29×35毫米四方联组成，邮资分别为5.40欧元和7.50欧元。单枚邮票面值分别为绿色平邮1.08欧元和国际通邮1.50欧元。

单枚绿色平邮上绘有一个手持梅花的男童，骑在一头戴着大红花的大公牛背上，仿似在默念。而国际通邮上则绘有一头昂首的大公牛，精气神十足。

根据法国邮政的安排，辛丑牛年邮票将于2月5日和2月6日10：00至17：00在墨方厅首发。届时，如果法国新冠肺炎疫情控制稳定，2月6日10：30至13：00，14：00至15：30，法国邮政将邀请设计师陈江洪为法国集邮爱好者签售。

与此同时，巴黎造币局辛丑牛年生肖金银币已于11月30日接受预定。该套牛年金银币分别为面值10欧元和20欧元的银币，以及面值50欧元的1/4盎司金币各一枚。面值10欧元的牛年银币溢价69欧元，面值20欧元的银币溢价99欧元，面值50欧元的1/4盎司金币溢价650欧元。

（［法国］《欧洲时报》2020-12-10/欧文）

欧洲时报评疫情下华商转型：身处严冬　春意可期

《欧洲时报》近日刊发评论文章，对2020年欧洲华商在疫情下的生存发展和转型情况进行了综述，并对华商未来的发展进行展望。

文章摘编如下：

在疫情下的2020年，我们感受了生命的脆弱和坚强，也经历了人情的冷暖与善良，更体会到了生活的颠簸和激荡。因为这次突如其来的疫情，有的行业停滞，有的行业崩溃，有的行业重新洗牌……值得庆幸的是，在这场浩劫面前，人类没有屈服、没有懦弱。经过一年的阻击战，我们依稀看到这场"战疫"的曙光。

在防疫抗疫上，旅欧华侨华人打了一场漂亮的疫情防控阻击战。但在"发展"这条命运共同体的大船上，却无法独善其身。长期以来，华侨华人赖以生存的基础大多集中在旅游行业、餐饮业和国际贸易这三大支柱行业上。而这次疫情受打击最大的就是这三个行业。旅游业几乎停滞，特别是跨国旅游则完全停滞；餐饮业也是风雨飘摇，几次关停，即使开放也怕聚集感染而生意惨淡；国际贸易几乎中断，除了与抗疫有关的物资的运输，其他货物的物流都是断断续续，一仓难求，这也让运输成本飙升，与此相关的华侨华人的批发行业也进入大萧条期，难以为继。

这些行业都面临着营业场所的房租、人工、赋税等消耗，虽然法国政府为减少企业损失出台了一些临时救助措施，但这些措施对于一些小微企业来说，都是杯水车薪。当然，也有一些商业领域逆势上扬，如食品批发零售业、一些互联网企业巨头、一些网购企业等，但是相对于大量的华侨华人来说，从事这类行业的太少，不足以改变整个华人经济的面貌。因此，华侨华人经济面临着巨大的考验和挑战。

但是，华侨华人并未坐以待毙，而是在防疫的大背景下积极开展自救。

在旅游业，一些旅行社开始转变经营方向，开展了当地人的旅游业务；有的则苦练内功，开展或参加"云课堂"，以积极姿态等待春暖花开；有的积极发挥"互联网+旅游"作用，开展了线上旅游；有的疫情期间没有客人，他们就开启了法中文化交流活动，通过线上向法国人介绍中国传统文化，包括书法、绘画、茶文化等，得到法国客人的欢迎和肯定；有的组织文化引进和项目交流活动，开办线上旅游及文化产品推广交流会；有的夯实自己的行业基础，努力发挥桥梁作用，从文化旅游延伸到招才引智，或为中法企业的合作牵线搭桥等。

这些措施除了可以让旅行社与客户的联系不至于中断外，有的还带来了意想不到的收入，更重要的是为旅游行业的重启做好了准备。对于从事导游行业的人来说，有人自我完善、读书、健身、回国走访客户，或开展网上直播业务，加强与客户的联系；有的则做起了"买手""代购"的业务，由于国外来的导游没有了，本地的代购业务风生水起，有人还从个人代购发展到组建了公司，成为名正言顺的电商。有的导游则利用自己的优势，加入餐饮等行业，成为这些行业的"直播带货"者，也取得了不小的收益。

在餐饮业，大家开始注重外卖业务，因此华人很少涉足的外卖平台也开始建立起来，并在激烈竞争中站稳脚跟。有的餐饮协会帮助会员接洽当地有名的外卖平台，培训餐饮企业开展外卖业务。

在国际贸易上，有些华商敏锐察觉行业动向，在疫情之初，就转向做医疗物资的贸易，逆势而上，取得了很好的经济和社会效益。有些过去从事医疗器械行业的华商，抓住时机拓展了业务，打出了自己的抗疫品牌。有的则利用这个空档，加大对中国生产基地的业务培训和提高，为企业的转型升级做好准备。一些电商的试水者，则利用平台优势，扩大了自己电商的业务范围，让企业的发展逐步走上正轨，并与国内的电商企业实现接轨或并轨。一些物流企业，则更加重视国外仓和本地仓的建设，充分夯实行业基础，打造自己企业的抗风险能力。这些都成为这个严酷的疫情"冬天"中温暖的"阳光"。

但是，我们也应该清醒地看到，华商的这种坚守与改变，还只是零打碎敲的拆拆补补，还没有根本性的行业革新。这一方面是因为技术和人才的储备不足，华商一直从事的行业中，具有前瞻性的、高技术的行业很少，在当今不断的技术革命浪潮中，始终有一种先天性的不足，因此难有大的突破。另一方面，华商过去一直以来的经商环境良好，在当时的历史环境下，难以促使华商产生根本的转变。现在疫情按下了行业发展的暂停键，这让华商有机会和时间认真思考企业的发展前景和趋势，厘清目前社会对产业的需求，明白如何打造和强化自己的独特优势，查短补齐。

而年轻一代的华商，尽管在紧跟时代发展的观念上比其前辈具有优势，面对变局也必须审时度势，加紧转型创新，否则疫情之后也会步履维艰。

毋庸讳言，新冠肺炎疫情改变了世界，也给未来带来了巨大的不确定性。这无疑也给华侨华人带来了更大的风险和挑战。但我们相信华侨华人凭自己的能力和韧性，没有过不去的火焰山。加缪说："虽处严冬，但人心中的春天所向无敌。"新年的钟声就要敲响，这个世纪的第三个十年就要开始。曾经创造无数奇迹的华侨华人，也一定会创造后疫情时代新的辉煌。我们坚信并期待。

（中国新闻网2020-12-11）

意大利侨团在米兰举办国家公祭日纪念活动

2020年12月13日是第七个南京大屠杀死难者国家公祭日。意大利江苏总商会携手意大利意中交流协会联合意大利（江西、川渝、陕西、徽商）等旅意商协会共同举办了纪念活动，与祖国人民共同追忆那一段困难深重的历史，传递出海外华人热爱和平、开创未来的坚定信念。

12月13日的米兰，寒风凛冽，尽管疫情当前，但丝毫没有影响各大商协会会员代表们参加活动的积极性。下午2：00，会员代表们如约来到意大利江苏总商会米兰办公室，"线上"会员们也准备就绪，大家各自身着深色服饰，活动在肃穆的气氛中正式开始。

首先，"线上""线下"各商协会会员及代表们共同观看了南京大屠杀纪录片，全场充斥着沉重的气氛，与会人员的神情中无不表达出无尽的哀思与悲愤。大家表示，我们生活在幸福年代，更需要珍惜和平，努力耕耘，为祖国的强大贡献自己的一份力量。

意大利江苏总商会会长、意大利意中交流协会主席朱裕华说："今天是南京大屠杀纪念日。在这第七个国家公祭日里，我们旅意华侨华人与全国人民一起，以史为鉴，铭记历史，勿忘国耻，珍爱和平，努力奋斗，开创中华民族新的更加辉煌的未来。"

意大利江苏总商会第一副会长马晋、意大利江苏总商会副会长董大鹏、意大利江苏总商会副会长孙铭泽、意大利陕西总商会副会长俞澍轶等纷纷发言。

最后，各大商协会会员代表们共同点亮了被寄予和平期望的"祈愿"蜡烛，全体低头默哀。纪念活动结束后，与会者一起走上街头，在米兰杜奥莫大广场合影留念。

参加活动的还有意大利江苏总商会秘书长李碧荷、意大利意中交流协会活动部部长周莉、意大利第一代老华侨留光远及其夫人夏翠梅、意大利《华人街》主编赵建斌等会员代表。

此外，捷克中欧工商联合会秘书长胡世隆、捷克华侨华人妇女联合会会长陈金妹、捷克华商联合会常务副会长钱亨通等也在线上参加了本次活动。

（中国侨网2020-12-14）

 洋洲

百年浮沉　澳大利亚唐人街记录华人移民拼搏血泪史

唐人街也被称作华埠或中国城，常指华人在其他国家的城市中聚居的地区。唐人街是中华文化在海外最具标志性的符号之一，走在唐人街上，你能感受到强烈的民族认同感和自豪感，这里不但积淀着中华文化的精华，也记录着早期华人移民在海外拼搏的血泪史。

位于悉尼最繁华地段中央车站与达令港（Darling Harbor）之间禧市（Haymarket）的悉尼唐人街，是全澳大利亚乃至全南半球最大的唐人街。悉尼唐人街并非只是一条街，而是由莎瑟街（Sussex Street）、佐治街（George Street）、发多利街（Factory Street）等多条街道围成的一片区域。

唐人街的主街是一条叫做德信街（Dixon Street）的步行街，街道两端各立着一座中国式牌坊，禧街（Hay Street）一侧的牌坊外、内两面各书"四海一家"和"澳中友善"，发多利街一侧的牌坊上则写着"通德履信"和"继往开来"。德信街上遍布的各式挂有中文招牌的店铺记录着岁月的痕迹，华人餐厅中飘出的阵阵菜香则会在不经意间勾起你浓浓的思乡之情。

提到唐人街，就不得不提悉尼著名的侨领方劲武，自1946年随父亲来到悉尼，此后的七十余年间他便一直扎根在唐人街，对这里的熟悉程度无出其右，可以说是当之无愧的唐人街"活历史"。

据方劲武介绍，在他小的时候，悉尼大约只有三千多名华人，那时的德信街就已经成为了悉尼唐人街。但在此之前，其实悉尼曾有过两条唐人街。第一条可追溯

至19世纪中期，那时，随着悉尼和墨尔本陆续发现金矿，1851年，住在中国南方沿海城市的居民开始从广东出发，途径香港和澳门，坐船来到澳洲，成为了最早的一批中国移民，并在现在的岩石区（the Rock）附近建立了第一条唐人街。

但进入19世纪后半叶，房租不断上涨，华人开始逐渐搬离岩石区，来到了现在的莎莉山（Surry Hills）附近的金宝街（Campbell Street）定居，金宝街也成了悉尼的第二条唐人街。那时，金宝街上的国会大厦剧院（Capitol Theatre）还是一座巨大的市集，整条金宝街热闹非凡。但后来由于这条街上店铺太多，过于拥挤，悉尼市在20世纪初期又建造了一座新的市集，也就是现在的帕迪市场（Paddy's Market）所在地。

方劲武展示的唐人街早期图片

方劲武说，彼时的德信街上到处都是储存木材的仓库，这些木材从达令港运来，用于城市建设。而到了20世纪中叶，这些仓库终被移至市郊外。而由于德信街的租金较低，加之建起了新市集，金宝街上居民便逐渐移至这里。正是同一时期，澳洲的"白澳政策"开始瓦解，中国文化在澳洲逐渐被人们接受，德信街变得越来越热闹，成为新的唐人街，华人在这里生活、开店、庆祝春节，一个新的商业区逐渐形成。

转眼70年过去了，来悉尼的华人越来越多，而唐人街也在发生着微妙的变化。唐人街周边住进了越来越多的泰国人、韩国人、日本人、马来西亚人，国会大厦剧院旁甚至出现了泰国人聚居的泰国街。一家家泰国、韩国、日本、马来西亚餐厅陆续开张，好不热闹，这情景与德信街形成了鲜明的对比。

在德信街上，不少店铺早已关门大吉，门上贴出了一张张招租的广告，最近几年，几家在德信街上开了几十年的小店也纷纷关店，整条街都变得越来越冷清。有越来越多的人开始问这样一个问题：悉尼的唐人街是不是在衰落？

唐人街变得冷清的原因众说纷纭，有人归咎于市区轻轨的修建，有人认为是更现代的达令广场（Darling Square）的开放，也有人表示租金过于高昂，还有人认为是其他国家移民的到来冲淡了唐人街的中国味。其实不只是悉尼，全世界范围内的唐人街当下都在发生着变化，一座座中国城正在变为亚洲城。

翻看澳大利亚近二十年的人口普查数据，我们似乎可以找到一些端倪。数据显示，在2001年唐人街所处的禧市地区中，出生在中国大陆的居民只有365人，约占当地总人口的7.2%，而在2006年、2011年和2016年，这一数据分别为665人、981人和2866人。而在中国大陆出生的居民人口不断上涨的同时，说普通话的人口从2001年的

413人激增至2016年的2478人，但说粤语的人口却仅仅从496人涨至615人。

尽管这些数据仅仅来自禧市地区，但仍具有代表意义。建立唐人街的早期中国移民，多来自诸如广东、福建、香港等沿海城市，甚至还有大量来自马来西亚和越南等国家的华裔。但在进入21世纪后，来澳华人早已不局限在这些地区。这些新移民、留学生、外来游客来自中国的各个省份，他们的方言、生活习惯都各不相同。

比如在饮食方面，新移民的口味就与老移民之间存在区别，过去唐人街上较为主流的粤式、港式餐厅，早已无法满足所有人的需求，而最近几年在德信街上新开的一家家火锅、奶茶、酸奶店，似乎也侧面印证了这一点。此外，不少老店铺的老板年事已高，不愿子女像自己当年那般在店内早起晚归、忙碌吃苦，也干脆关店退休，安享晚年。

此外，在过去十几年间，悉尼市郊部分地区出现了许多卫星唐人街，这其中包括素有"小上海"之称的艾士菲（Ashfield），有被戏称为"小台北"的车士活（Chatswood），还有宝活（Burwood）、好市围（Hurstville）等。

悉尼也像许多其他拥有唐人街的城市一样，逐渐进入了"后唐人街"时代。华人们不用像一百年前"白澳政策"中的先辈们那样被限制在一块特定的区域中生活，而是拥有了更多的选择，可以住进更好的地区。

也许唐人街并非衰落了，而是在经历一场转变，如今每到周五晚上，唐人街夜市都会开张，德信街附近也迎来了每周最热闹的一段时间。而在悉尼市政府的各项未来政策规划中，始终都能见到唐人街的名字。加之附近的轻轨建成，也必将为唐人街注入一些新的活力。

不过，唐人街可能不再是新移民的庇护所，而是一种文化符号、成为海外华人的精神寄托。它在变得更加包容和多元，也在努力完成从老移民向新移民的代际转变。老一代人的付出绝不会被遗忘，但新一代人也应该建设属于自己的唐人街。人们常说：当一个华人只身来到异国他乡闯荡时，他第一要去的地方一定就是唐人街。一百多年前是这样，一百年后，应该也是如此。

1818年，广东人麦世英（Mak Sai Ying，后来起英文名字John Shying）乘船来到澳大利亚，成为了已知的最早的澳洲华侨。200多年以后，华人正在这片土地上书写着新的传奇。唐人街不会衰落，因为有华人的地方就有唐人街。

（［澳大利亚］澳洲新快网2020-01-13/胡欣同　文/图）

澳大利亚华人社团：展现龙舟魅力　传扬中华文化

悉尼鱼市场附近的黑檀湾海面上，谈笑声、喊号声不绝于耳。侨青社龙舟队的队员们正在岸边做热身运动，为接下来的训练做准备。

为参加悉尼市政府主办的2020年龙舟竞渡比赛，每个星期二下午和星期六早上，侨青社龙舟队的成员都会聚在一起训练，希望能以最好的状态迎接比赛。

2020年悉尼龙舟竞渡比赛于2月1日正式在悉尼达令港开赛，这是悉尼市政府庆祝农历新年的传统庆典项目之一。每年这一比赛都会吸引众多龙舟团队参赛，侨青社龙舟队便是其中一个。

侨青社是澳大利亚历史最悠久的华人社团之一，致力于开展舞蹈、粤剧、武术、乒乓球、舞龙舞狮和龙舟赛等弘扬中国优秀文化的活动。1984年首届悉尼龙舟竞渡比赛举行时，侨青社就率先参与其中。此后侨青社每年都会组织参加这一龙舟赛。此外，该龙舟队还在其他州级和国家级的龙舟比赛中获得优异成绩，硕果累累。

高杨是龙舟队的一名中国女队员，加入龙舟队近三年。她笑容明亮，充满活力。"每条龙舟可以坐22个人，船头一人打鼓，船尾一人清除障碍，中间20人是主力。赛龙舟时和其他人保持动作一致是最重要的，因此我们会有许多培养默契和锻炼动作一致性的训练。"高杨介绍道。

高杨说，赛龙舟这项运动在她的朋友中非常流行，她有两个同事在侨青社龙舟队已经有七八年的时间，也是他们介绍她加入侨青社。虽然训练地点离工作单位并不近，但她仍坚持参与训练。"参加赛龙舟活动让我在远离家乡时，情感上得到慰藉，对中国文化有了更多的了解和实践。"

侨青社龙舟队女队队长珍妮佛说："我认为中国人，即使是出生在澳大利亚的中国人，对祖先留下的一些传统仍感到自豪。我们做的事就是为了继续传承这些优秀传统文化。"

龙舟队经理米歇尔也表示："赛龙舟起初非常小众，但随着我们和其他社团、俱乐部坚持推广，赛龙舟便慢慢流行起来。文化和传统就是这样，刚开始可能是很小的事情，但越来越多人知道后，这种传统文化慢慢累积壮大。现在来自各地的人都来观看我们的比赛。"

比赛当日，伴随着铿锵有力的鼓声，侨青社龙舟队的选手们奋力划桨，取得了公开组赛第一名、男女混合赛第四名以及女子赛第七名的好成绩。

（人民网2020-02-07/庄丽婷）

第四届澳大利亚华侨华人恭拜黄帝大典在悉尼举行

第四届澳大利亚华侨华人恭拜黄帝大典，21日在悉尼费尔菲尔德市会议中心举行。

澳大利亚华侨华人恭拜黄帝大典组委会荣誉主席、澳大利亚著名侨领周光明，澳大利亚中国和平统一促进会会长李国兴，悉尼费尔菲尔德市议员、副市长黄冠勋，与当地华侨华人代表一同出席仪式，共同纪念中华文明始祖黄帝，祈愿疫情早日结束，祈福世人安康、世界和平。

"三月三，拜轩辕"是中华民族文化传统，每年的农历三月三，炎黄子孙纷纷在世界各地举办与河南郑州市新郑黄帝故里拜祖大典遥相呼应的恭拜黄帝活动。

"同根同祖同源，和平和睦和谐"是拜祖活动永恒的主题。受疫情影响，今年澳大利亚的拜祖活动一改前几届的隆重，调整为精简仪式和网络直播相结合的形式。

87岁高龄的侨领周光明致辞时说："中华民族有数千年的优良文化传统，忠孝仁爱、礼义廉耻、恭敬祖先、慈善为怀的仁风义举世代相传。在多元文化的澳大利亚大地上举办的拜祖活动，更是名扬四海、中外同庆。疫情之下，我们决定以同根同祖同源的亲情，虔诚地拜祖祈福，祈求祖先保佑全人类战胜疫情。"

澳大利亚中国和平统一促进会会长李国兴致辞时表示，拜祖大典具有中华文化的深刻内涵，已经被海内外中华儿女所认可，公认为世界性的圣典。祈愿中华文明与世界文明紧密地联系起来，和睦和谐，坚如磐石，共同构建人类命运共同体。

悉尼费尔菲尔德市长弗兰克·卡伯恩的代表、市议员、副市长黄冠勋表示，今天也是费尔菲尔德市传统的"和谐日"，在这个日子里迎来以"同根同祖同源，和平和睦和谐"为主题的拜祖活动，将为费尔菲尔德市多元文化增添重要元素。他还呼吁观看活动直播的人们团结起来，树立战胜疫情的信心。

按照议程，奠帛进馔、行施拜礼、恭读拜文、高唱颂歌、乐舞敬拜、祈福中华、天地人和等环节陆续进行。由澳大利亚黄河合唱团演绎的《黄帝颂》，唱出了炎黄子孙的心声。

第四届澳大利亚华侨华人恭拜黄帝大典由中国国际文化交流协会、澳大利亚中国和平统一促进会、澳大利亚爱而思文化协会共同主办。

（中国新闻网2020-03-23/赵文静）

全球战"疫"：悉尼"斜杠青年"捐口罩助社区抗疫

几天前的一个下午，在悉尼Wentworth Point，一位戴着口罩和手套的华人向路人免费发放口罩。短短一个小时，1万多个口罩分发完毕。这个精壮的小伙子叫向兴宇，来自湖南。

"新冠肺炎疫情在澳大利亚蔓延以来，我看到，悉尼的药房很难买到口罩。一些当地媒体也时有报道歧视华人的现象。我想，作为居住在这里的华人，我们把澳大利亚当作第二故乡，那么我们能为澳大利亚抗疫做些什么呢？就我个人来说，帮助周边的人，为自己的社区尽一些力量，这是切实可行的。"向兴宇告诉中新社记者。

事实上，这不是向兴宇第一次做善事了。去年年底，澳大利亚山火肆虐期间，他在公园里组织了一次健身训练，希望通过运动的方式唤起大家对山火的关注，为受灾居民募捐。他自己带头捐款，共筹集2600多澳元捐给慈善组织。

向兴宇是悉尼希尔顿健身房Fitness First3级私教、营养师、雅思和社区口译老师，还是高级翻译。因为有好几个身份，他笑称自己是"悉尼斜杠青年"。

从3月中旬开始，随着澳大利亚采取各种限制措施，向兴宇所在的健身房关门了。以前，他每周在健身房工作6天，每天12个小时，收入当然也不错。而现在，除了必要的外出购买生活用品，他几乎不出门。

禁足在家的向兴宇并没有闲着。他利用自己翻译的优势，建立了新闻翻译群，将当地的疫情相关新闻翻译成中文，提供给华人参考。短短一个月就有8个群将近2000人参加，新闻翻译志愿者中有他的同传翻译老师、师姐和同学，还有五六个帮助排版的。同时，他还每周安排4个晚上，通过视频，带领大家在线健身。

"一开始，会有些心理落差。现在看，大家都这样。以前天天早出晚归忙忙碌碌的，现在反而安静下来了。而且，我所做的这些事还能帮到别人，也蛮好。"向兴宇说。

不久前，向兴宇从中国运来1万个口罩，快递到悉尼后，他在自己的社区群发布了免费发放口罩的消息，希望大家能来领取。

然而，刚开始一些本地人留言对此持怀疑态度，并且担心这一举动违反了"社交距离"禁令。于是，向兴宇向警察局报备，多次沟通。警局负责人表示，此次活动非常有意义。只要排队不要太长，活动是可以开展的。

让向兴宇感动的是，有一对华人夫妇得知消息后，专门驱车赶来，捐献了420个口罩，希望一起分发。

派发当天，向兴宇特地准备了一个小白板，上面用英文写着："免费派发口罩，每人20个，活动已报备，请保持1.5米安全距离。我是Andrew（向兴宇的英文名字），我是PT&Natti笔译、口译员。"

出人意料的是，这一活动效果特别好。向兴宇说："有些领口罩的澳大利亚人提出要付钱，也想尽一份力。有些路过的澳大利亚人拍了视频上传到本地社区'脸书群'，有两百多人点赞。我觉得，其实大家都可以在能力范围内做一些实事。"

疫情下的向兴宇，暂时失去了工作，不过他自信，有赚钱的技能，过日子还是没问题的。现在正好可以利用这个机会，多学习、多积累。他想结合自己的英文所学，加上对健身的理解，将欧美健身行业最前沿的知识和理念做专业的翻译和分析，为缩短中国与欧美在健身方面的距离做一些贡献。"总是要想办法丰富自己的'闭关'生活吧。"他笑言。

（中国新闻网2020-04-18/陶社兰）

悉尼华裔孩子学中文：从抗拒到喜爱　品味酸甜苦辣

学中文是澳大利亚许多华人家庭的一个关注的话题。在这学习过程中，许多华人家庭可谓酸甜苦辣尝了一个遍。

日前，悉尼的一个华裔家庭——李霞（Lisa Lee）一家分享了她的两个孩子学习中文的历程。

Lisa的两个孩子，大儿子李一丁（Aiden Ramsey）目前在悉尼读小学6年级，小女儿李天天（Tiana Ramsey）读小学3年级。兄妹俩从小就一直在学习中文。

不同文化中的选择和坚持

Lisa的先生是澳大利亚本地人。说到为何坚持学习中文，Lisa表示，孩子有一半的华裔血统，她希望孩子能够学好中文，并且考虑到孩子将来的发展，希望其拥有更多的优势。而非常难得的是她的先生也非常支持孩子学习中文，并且一直坚持。

虽然此前Lisa的儿子在小升初毕业班，面临着学业的压力，但是学中文的步伐一直没有停下来。

一些华人家庭的孩子，在学习中文的过程中总会碰到一些取舍，比如到了小学3年级的时候，因为要准备4年级的英才班（OC班）的考试，学业紧张，于是就放弃了中文的学习；到了小学5年级，因为要准备6年级的小升初的入学考试，在学业压力下，又放弃了中文的学习。有的中文学校反映，每年中文学校里会有小学3年级和小学5年级的生源流失。

"我认为对孩子的学业并没有影响，所以一直坚持着。"Lisa说。而Lisa自己所开办的中文教育机构也会遇上一些这样的学生和家庭的选择。

而在自己的学习和工作的经历中，Lisa认为，孩子如果学会多一门语言，将来的人生也更加有竞争力。"我觉得多会一种语言，长大之后机会是非常多的，根据自己的经历尤其深有感受。后来工作的时候我曾经去学过日语几个月，后来太忙了就暂时放下，但是基础的东西还掌握着。所以孩子现在学日语时我还可以帮忙检查一下作业。所说的东西我还是知道的。"

孩子的学习和一家中文学校的开办

Lisa开办火烈鸟中文教育机构，和孩子的中文教育有关。Lisa谈到，两个孩子以前是逢周末的时候去到其他区的中文学校学习，家里离原中文学校比较远，来回很是折腾。当时两个孩子一起去学，女儿年龄又小，自己得陪着一起上课。孩子有时坐不住，有时又会睡着。这种情况下，大人孩子都很累，也没有时间和家人一起度周末。

由于自己所住的地方并没有中文学校，当时Lisa问起孩子日间学校的老校长，为

什么我们学校没有像其他学校一样开办各种语言兴趣班呢？老校长回答："是啊，我们没有，但是你可以开一个中文学校啊！"这便成为Lisa开设中文学校的一个契机。Lisa马上召集了几位热心家长，经过几次沟通后开始申请注册火烈鸟中文学校，中间也走了一些弯路，不过最终顺利注册成功。之后Lisa的两个孩子便在她自己的中文学校里上课了，也就免去了之前周末上中文课的路途奔波。

从一度比较抗拒到喜爱

谈到孩子学习中文的兴趣，Lisa认为这与家长、家庭环境和老师都有很大的关系，以及老师在教学的过程中是否能够注意到并满足学生个体的需求。

Lisa的儿子曾经一度比较抗拒学中文。Lisa分析这和孩子的个体学习需求有关。"如果一个班的学生的水平都比较高，进度走得很快，那么水平较低的学生基本上就很难跟上。跟不上的时候可能就会产生排斥的心理，人也会比较急躁。"

Lisa觉得小班的教学比较适合照顾孩子个体化的需求这一教学理念，如今也体现在她的中文学校的教学上。"我们现在的班级都是5到10个学生，这样老师能够照顾到每个学生。"

学习中文的酸甜苦辣

这些年来学习中文的历程中，孩子们可算是把其中的酸甜苦辣体会了个遍。

Lisa提到，中文学校组织参加朗诵比赛等很多和中文有关的活动。有时朗诵比赛大家都背古诗，去年儿子希望能够向更高的难度挑战，于是就放弃了背诵古诗，而是选择了讲一篇比较长的故事。

"孩子就拿了一本小人书。这本小人书他曾经读了很多遍，非常熟悉；但要一个字一个字念下来的时候，就发现有难度。而他在念的时候妹妹也在旁边学着。结果是他念不下来的时候妹妹反而念下来了。这种情况让他觉得很崩溃：妹妹都会了，自己还不会。"

但是还是要继续坚持下去，Lisa每一天都带着儿子练习，这样差不多练了有四五十遍，之后儿子就能够念得非常流利了。而妹妹后来因为没有继续跟着练，再重新拿出来读的时候反而就有磕磕巴巴的情况。

今年儿子又向另一个更长的中文故事挑战，这本书有20多页，最初的一次自己读下来用了一个半小时，因为中间多次想放弃；第二次读用了半个小时，后面也就更有学习经验了，不再需要妈妈一直跟着。"他自己练习，有时拿手机录像，有时用电脑录像，现在读完这本书只需要8分钟。每次自己录像，录完之后，有时说错话，也会着急，又要重录，也是录了很多遍，终于有令自己满意的结果。"

Lisa提到了孩子学习中文的进步。这真的是台上3分钟，台下10年功。

"小小中文老师"不简单

说到女儿学习中文，让Lisa比较惊喜的是虽然她在女儿学习中文方面所花的工夫没有对大儿子的那么多，但是在耳濡目染地学习下，女儿学起中文来另有自己的方法，并且有很好的效果。

之前有一个澳大利亚小女孩，同样也是3年级，和Lisa的女儿是同学，在火烈鸟中文学校非母语班学习中文两年，每周都有一天到Lisa家里和女儿一起玩，Lisa会带孩子们一起学中文和做游戏。有一天女儿说："妈妈这些中文我会，我来教她。"于是女儿自己制作了小小的中文教材。

"当时教的一些内容是关于各种水果。结果女儿把这些水果画出来，标上水果的英文和拼音。她画得很可爱，那位小女孩很愿意去学。我已经把这些东西留起来，和大人的教法还是很不一样的。"Lisa说。

就这样，Lisa的女儿"教"了这位同龄的小朋友几次后，这位小女孩的中文学习因为2020年初搬到墨尔本而中断。在间隔了2个月后因为疫情的关系全部中文课转到网上后，两个孩子又开始了线上中文教学。每周六早上九点通过ZOOM会议视频系统教学，小老师把在中文学校老师那里学到的东西自己制作PPT来教课。

"孩子愿意去和别人分享学习的成果，这就代表她了解了、学会了。"Lisa说，"这让孩子也感到很有成就感。儿子也非常羡慕，说妹妹可以做小老师教别人了。"

而通过这一段小经历，Lisa也和中文学校的老师交流和探讨关于孩子们学习模式的问题，是否可以采取"大帮小"的这种方式促进孩子们的中文学习。

学习中文的挑战

谈到学习中文所面临的挑战，Lisa认为还是中文书写的问题。

"现在孩子已经克服了这个问题。以前因为孩子不会写，就写得很慢，写一页写很久都写不完。现在写一页就要开始计时，什么时候开始和什么时候结束，自己写上。基本上都是在三五分钟内就写好了。不像以前，一个下午都在写一个作业。"Lisa说。

而这当中也关乎一个作业量的问题，Lisa认为，在学习中文的过程中，对孩子作业量的把握很重要。

"我也和学校的老师沟通过，如何能够让孩子更容易接受中文书写的问题。如果布置很多作业孩子会有逆反心理，本来就不愿意学，现在还有这么多作业。写了很多，最后也不知自己在写什么。所以我让孩子每天最多学5个字，然后组词造句，这个量孩子就比较能够接受。然后再换一种方式，如以诗绘画的形式，让孩子们将学过的古诗或诗歌以自己理解的方式绘画出来，同时配上原文，这样既练习了写字，又理解了字的意思，到最后会很开心、很愿意去做。"

此外关于中文学习的时间，Lisa认为一方面要激发孩子学中文的兴趣，另一方面家长要起到非常重要的主导作用。如果没有家长的坚持和督促，孩子很容易放弃，所以两方面都要进行。Lisa表示，目前孩子学习中文的方法是每天读或画一篇中文古诗或儿歌，相信长期的坚持会有一些词汇的积累和质的飞跃；孩子同时也在学日文，学习日文是他们的兴趣，所以中国的传统文化如何能和当代孩子的喜好结合到一起很重要，能够让孩子自发地开始学习一种语言。

（［澳大利亚］"澳洲新快网"微信公众号2020-06-04/Yu Kuai）

瓦努阿图华侨华人纪念《反分裂国家法》实施15周年

瓦努阿图中国和平统一促进会（以下简称"瓦和统会"）日前举行座谈会，纪念《反分裂国家法》实施15周年。瓦和统会会员以及在瓦主要侨领参加。

瓦和统会会长黄观有在发言中表示，《反分裂国家法》展示了中国政府捍卫国家主权和领土完整、持续推进国家统一进程的坚定决心，受到海内外爱国统一力量的热烈拥护。瓦和统会坚定支持祖（籍）国实施此法。祖国统一是包括台湾同胞、海外侨胞在内的全中国人民的根本利益所在。少数"台独"分子及外部势力的分裂行径，必将遭到包括海外侨胞在内的全体中华儿女的坚决反对。

与会代表一致认为，《反分裂国家法》颁布实施15年来，在遏制"台独"分裂图谋、推进祖国和平统一方面发挥了重要作用，为维护台海和平稳定、促进两岸关系和平发展、维护广大台湾同胞福祉提供了坚实法治保障。

应邀参会的中国驻瓦努阿图大使馆参赞林镔表示，民族复兴、国家统一是大势所趋、大义所在、民心所向。希望并相信瓦和统会和侨领们将继续发挥自身优势和作用，坚决反对和抵制任何形式的"台独"分裂行径，坚决维护一个中国原则，共同推进祖国和平统一进程，为中华民族的伟大复兴做出新的贡献。

（新华网2020-06-09/张永兴）

"海外华商谈抗疫"澳专场：如何转"危"为"机"

2020年，澳大利亚遭受了山火和新冠肺炎疫情的双重打击，海外侨胞为澳大利亚经济和社会发展做出了卓越贡献。新冠肺炎疫情牵动着澳大利亚华侨华人的心，他们将如何应对疫情的挑战，转"危"为"机"，本场活动连线澳大利亚，一同分享他们的感人故事与真知灼见。

北京时间2020年6月11日，清华大学华商研究中心、中国华侨华人研究所共同主办了海外观察在线系列"海外华商谈抗疫"之澳洲专场。本次会议邀请了四位嘉宾，分别是澳大利亚华人金融专家协会会长曾毅，澳中商业峰会主席杨东东，澳大利亚瑞能资源有限公司董事欧志亮，墨尔本大学亚洲研究所教授、文学院助理院长高佳，就疫情下澳洲华侨华人抗疫面临的社会形势和困难、抗击疫情中的实践和社会责任、新冠肺炎疫情下澳洲可能的经济前景与华人社区的未来发展等话题，与观众朋友们展开探讨与分享。

中国华侨华人研究所张春旺指出，目前，中国已经进入疫情防控常态化的阶段，经济恢复势头良好，欧美国家也在逐步解封，疫情之后世界的经济恢复依赖各国间的相互合作。但澳大利亚发生了一些针对华侨华人的歧视现象，在澳华人当前的生活、健康、商业经营、留学生学习生活等现状令人关注。

澳大利亚华人金融专家协会会长曾毅介绍了澳洲华侨华人的分布和行业。澳大利亚华商经营的行业有国际贸易、房地产、制造业、旅游业、餐饮业和杂货业等。从去年7月份以来澳大利亚发生的历史上最严重的森林火灾和今年爆发的新冠肺炎疫情等情况，这些灾情令澳大利亚民众猝不及防，人们都陷入恐慌沮丧之中，目前封城令已进入有条件限制解禁的第三阶段。

她指出，"澳大利亚川渝科技文化交流委员会"在此次疫情中成立了跨越国界和地域的"海外川侨、留学生疫情应对援助中心"，开展了留学生应对疫情的公益帮扶工作，疏导他们的焦虑与恐慌情绪；最后，她指出暴发的新冠病毒不是某个国家或族群的病毒，而是全人类的共同敌人，需要科学冷静地看待。她呼吁海外华侨华人应利用自媒体平台传播正能量，不造谣、不信谣、不传谣，以智慧的方式与居住国政府沟通，加深相互尊重与信任，表达华人的诉求，提升华人的尊严。通过加强与居住国民间的交流，增进相互理解，养成客观、理性判断事物本质的思维模式。

澳中商业峰会主席杨东东表示，澳洲华人社区在疫情控制中做出的贡献得到了莫里森总理的多次赞扬与肯定。首先，他分享了在澳洲抗疫中海外华侨华人驰援祖国的感人故事。如澳洲湖北籍侨领邝远平通过海外湖北社团合作联盟向全球78个国家的湖北籍侨团发出倡议，号召大家积极捐款捐物、奉献爱心。2月24日，澳洲碧桂园集团、华人集团、澳洲万玮集团等华商企业自费包机将采购和捐献的价值约8000万元人民币的医用及生活物资从悉尼跨洋运回武汉等。由40多位华商会长和善心人士参与组建的捐献医用防护用品微信群，成为当时悉尼华人华商中最大的捐献信息平台。

其次，他介绍了澳洲华人参与本地抗疫的一些情况和特点。比如，邀请张文宏等专家与澳洲医生视频分享经验，侨领组建有全科医生、心理学家、留学专家参加的留学生关爱群，解答学生签证等问题。华人自发向当地捐款捐物，并在每个箱子上标有中英文的"共同抗疫，共克时艰"的祝福语等，捐赠给当地警察局、养老院、医院；再次，他提到在此次疫情中华人也注重在主流社会和媒体上扩大影响。如3月25日华人与澳大利亚新州多位政要汇聚唐人街，商讨如何与华人社区携手抗

疫。华商的一些捐款仪式也邀请政要参与，并通过市政府的媒体发布，宣传了华人社区对澳洲抗疫的积极参与和贡献。

最后，他指出这次抗疫中华人遭受误解、歧视和抹黑等情况，澳洲华人在压力下坚持捐款捐物，参与主流社会抗疫，践行社会责任。

澳大利亚瑞能资源有限公司董事欧志亮，对澳洲华商在此次疫情下的处境有很深的思考。他从澳洲不同行业的华商情况切入，分析经济衰退、失业率攀升等问题。以欧志亮博士所处的能源资源领域为例，政府的扶持政策基本无法享受。

墨尔本大学亚洲研究所高佳教授以"新冠肺炎疫情后澳洲可能的经济前景与华人社区"为题，分析了疫情下澳洲经济宏观情况、华人社区困境，以及中澳未来发展的方向。他从二战后世界经济结构的变化入手，梳理了澳洲的经济结构特点。近二十年来，由于技术移民和商业移民政策的引入和人数的增加，华人移民呈现中产化，使得主流社会出现了比较强烈的反华倾向，这一问题致使澳大利亚在2019年最终通过了两项反外国干预的法案。澳大利亚经济的三大支柱产业资源出口、教育出口、旅游业在此次疫情中受到沉重打击，尤其是教育和旅游，而这些产业也是澳洲中产地位华人的主要产业。

清华大学华商研究中心主任龙登高从三个方面进行了总结：第一，深刻感受到侨胞与祖国同呼吸、共命运。世界各国的华商克服困难，援助国内抗疫的行动令人感动，后疫情时期依然在想办法购买受灾区的产品。第二，经济全球化使各国紧密连接，全球产业链与供应链不可分割。华商突破国家、制度、文化的障碍，推动了全球财富创造和国际合作，华商跨国网络在疫情期间对冲了国家保护主义，推动携手合作，具有不可替代的作用，如78个国家的湖北籍侨团的联合行动，5个国家的四川侨社促进跨国资源配置等。第三，华侨华人在当地主流社会中支持抗疫的积极作用，展现了华侨的责任与担当，树立了华人新形象，得到澳大利亚总理等政府官员的赞许。同时，华侨华人致力于对话而非对抗，克服偏激，相互理解，缓和中澳关系。澳大利亚专场作为最后一场，因为澳大利亚已经走出疫情，这样大家也能更加理性、客观地分析问题，进行学术探讨与交流，感谢四位嘉宾的精彩互动。

中国华侨华人研究所副所长张秀明、世界海外华人研究学会主席李明欢、南洋理工大学南洋公共管理研究生院院长刘宏、暨南大学国际关系学院教授陈奕平、江苏师范大学教授张秋生、昆士兰大学教授黎志刚、清华大学澳研中心执行主任王敬慧等，以及来自澳洲及多个国家和地区侨界人士与学者参加连线，分别就华人如何应对国际疫情影响之下澳洲经济衰退，中澳关系如何实现缓和向好，华人华商如何推进中澳对话，澳大利亚的"地摊经济"与中国有何异同，如何看待澳洲的华人和其他族裔与主流社会的关系，疫情对国家、民族乃至社交的边界将产生何种影响等问题展开交流与讨论。

自2020年3月30日至今，"海外华商谈抗疫"在线观察已相继举办了西班牙、美国、德国、加拿大、意大利、非洲、东南亚、法国、俄罗斯、巴西、日本、澳洲十二个专场，五大洲二十多个国家的学者、华侨华人、留学生群体热切关注与积极参与，成为疫情期间跨越地域、跨越商界、学界与政界的多元化国际交流平台。

（中国侨网2020-06-12/邢菁华）

粽是故乡情——悉尼华侨华人疫情下品粽过端午节

两三个月前，在澳大利亚悉尼南部伍伦贡市经营超市的张鹏就开始为端午节备货。

"由于新冠肺炎疫情，前一阵子什么东西都缺，物流问题挺大的，过端午节，怎么也得有粽子。"张鹏说。

澳大利亚华裔人口众多，中国传统节日深受民众喜爱。新冠肺炎疫情之下，往年常有的龙舟竞渡等庆祝活动无法举行，但一颗饱含家乡味的粽子却不可或缺，形状各异，不论甜咸，都是慰藉乡愁的美食。

悉尼南郊一家超市的经理严哲也提前半个多月就开始张罗进货。为了方便疫情下无法购物的顾客，他还和员工们搞起了送货上门——顾客线上预订粽子，食品加工厂做好后给客人送上门。原本是为应对疫情的权宜之计，没想到效果还不错，有的品种还没到端午节就销售一空。

"我们一周会集中送两到三次。刚开始主要在附近区域送，后来远一点的地方也送。现在逐步解禁了，有时还忙不过来。"严哲说。

除了买成品粽子，还有不少人自己包粽子，不论是为了消磨居家时间，还是为了感受传统技艺，都给疫情下的生活增添了一份温馨。

张鹏告诉记者，今年他店里成品粽子的销量较往年下降了大约四成，但粽叶、糯米、红豆等原料的销量却明显上涨。"好多人在朋友圈里晒粽子，有带着孩子包的，还有带着'老外'包的，甭管包成什么样，就是图个开心。"

家住北悉尼的安妮今年是第一次试着自己包粽子。她带着儿子在澳大利亚上学，丈夫在国内工作。因为疫情一家人无法在一起过节，她特意去超市买了原料带着儿子一起包粽子。

"往年没时间，我也不会包，都是买现成的。今年想着就两个人过节，还是要有些气氛，就决定自己包，其实也不是很难。我们俩还把包粽子的视频发给孩子的爸爸，爷儿俩都很开心。"安妮说。

饱满软糯的粽子，带来了节日必不可少的仪式感，更让疫情下的华侨华人在熟悉的故乡味中感受到温暖。

江阿姨的儿子在悉尼北部华人区经营一家餐馆。江阿姨每年都自己包粽子，坚

持了十几年。她的粽子个头大、馅料足，是很多客人的心头好，尽管从备料、炒料到包制，要花上一天多时间，但江阿姨一直亲力亲为。

疫情期间，餐馆和他们在社区集市的摊位都受到影响，但江阿姨还是没有放弃。"老客人很喜欢我们的粽子，说这是故乡的味道，就为这个我也要坚持做下去。"

严哲也打算将送货上门的业务继续做下去。"身在海外大家都不容易，我们送货过去他们也挺感激的，这也算是互帮互助吧。"

（新华网2020-06-25/郝亚琳，郭阳）

新西兰Pakuranga华人协会：传播正能量获当地民众点赞

在新西兰奥克兰市，一个有着18年社龄的华人群体——Pakuranga华人协会，受到当地华人侨胞们关注。这个协会聚集着近千名来自各国的退休长者，他们心往一处想，劲往一处使，团结华人和不同族裔的民众，服务社会，努力奉献，以满满的正能量赢得了当地主流社会的良好评价和认同。

建会18年来，为了在海外传承和弘扬中华文化，促进各族裔的和睦相处和文化交流，这个协会每年都和当地市、区政府合作，举办庆祝中国新年的文艺演出和中秋多元文化节联欢活动。

8年前，协会倡导并发起了6月"华人植树日"的公益活动，如今，该社团的华侨华人年复一年的在这个播种绿色的季节里，挥洒汗水、栽下"希望"，他们向这个多元化社会展现了华人的热情和向往，携手各族裔的民众一道把这蓝天白云下的美好家园装点得更加美丽。

长期与当地主流社会保持密切的联系，是这个华人协会的一个突出特点。会员们积极参政、议政颇受各级政府的重视，每当政府相关部门审查年度财政预算案和建设发展规划时，都会到该协会来听取意见。而会员们也都会认真地听取介绍和参与讨论，并集思广益、献计献策。

今年3月，奥克兰市政府安排专门会议听Pakuranga华人协会会员对年度财政预算案的意见。6月初，协会组织会员们再次参加奥克兰市政府的紧急财政预算案现场评议，在短短一天内，征集到200多位会员通过网上填写表格的形式对市政府紧急财政预算案所表达的谏言和意见。

今年新冠病毒在全球暴发，协会上下时刻关注和牵挂着祖（籍）国和故乡的疫情动态，积极组织会员们进行爱心捐助活动，大家先后踊跃捐款共计18 483新西兰元，以表示对抗疫的支持。

而在新西兰疫情初发之际，该协会会员们同样地表达了华人群体对居住国的万分关切。该协会率先联络了20多个华人社团，向新西兰总理和卫生部长发出紧急呼吁，请求政府立即采取入境限制措施、对患者以及与其有过近距离接触的人都实行隔离；停止大型群集性的活动；同时开设专门门诊收治疑似病人，以保护一般诊所的医护人员和候诊病人等。

很多会员就疫情发展的各个阶段提出了各种意见和建议，由协会整理后提交政府。其中有些合理化建议已被政府采纳。他们还将会员所捐的部分善款，捐助给了新西兰医疗急救慈善机构。

在防控疫情、禁足"宅家"的日子里，Pakuranga华人协会为了帮助以年长者为主体的会员们克服"宅家"时期的烦闷、抑郁和可能产生的消极、恐惧心理，在开展生活互助的同时，积极举办基于网络、跨越时空的丰富多彩的文化娱乐活动，给华人侨胞们带来许多欢乐，展现了华人群体乐观自信的精神风貌。

两个月来，Pakuranga协会连续举办了八次"居家抗疫，跨越时空"网上互动系列文艺娱乐活动，包括文艺汇演、摄影作品展、手工艺作品展、书法绘画作品展、家常厨艺展等，让会员们大开眼界，回味无穷。

一系列活动在新西兰华人社区创下先河，在许多不同族裔的社区产生了积极的社会影响。通过网络空间里的热情互动和协同参与，增进了会员们的心灵契合与精神愉悦，让人印象深刻。应邀参与部分系列活动的新西兰国会议员杨健博士深有感触地说："在这个群体里，我感受到了满满的正能量。"

近日，Pakuranga华人协会新一届理事会组成，在原有成员的基础上，增加了4位新理事。

（［新西兰］新西兰中华新闻通讯社2020-07-05/赵华，朱琳琳）

海外买家悉尼购房热升温　中国买家偏爱大学附近房产

海外购房者对悉尼房产的搜索同比增长20%。而伴随墨尔本再次被封锁，搜索可能进一步增加。

数据显示，来自新西兰和中国的投资者搜索活动位列前5名，与中国买家偏爱购买大学附近的房产相比，美英买家更喜欢海滨旅游目的地，但大多数海外买家通常会把目光投向存在大量本国人的郊区。

（［澳大利亚］澳洲网 2020-07-13/杨雅乔）

新西兰司机的"华社情结"：与乘客互相尊重收获友谊

日前，新西兰奥克兰东区Te Tuhi艺术中心热闹非凡，一场温馨的欢送仪式在这里举行。Pakuranga华人协会近百名会员怀着难以割舍之情，欢送协会的荣誉会员——一位普通的新西兰司机琳达女士退休离职，告老还乡。

琳达女士是奥克兰当地巴士公司一位资深的大巴司机，曾作为军人一员的她把自己最美好的青春奉献给了新西兰的国防事业。

这样一位土生土长的新西兰人是怎样与奥克兰华人社团结下不解之缘的呢?

中西方文化的和谐相融,不同族裔民众的友好相处,往往是从人与人彼此间的礼貌相待和互相尊重开始的。

四年前,琳达女士第一次接受公司的指派,为当地这个华人协会组织的旅游活动驾驶大巴。开始或许由于语言沟通上的障碍,加之对华人群体缺乏了解,司机琳达在有意无意之中给华人乘客们留下了几分冷漠和傲慢的印象,相互间的不和谐也难免让彼此有些误解与隔阂。

该华人协会的洪会长曾当过英语教师,是一位德高望重的"热心人"。每次组织会员们外出旅游,他既是旅行团的领队,又是旅途中娱乐活动的主持人兼导游。洪会长用流利的英语与司机琳达女士进行亲切的沟通和友善的互动,适时转达了团友们对驾驶员辛勤付出的感谢和尊敬,也让司机琳达女士关于安全旅行的一些建议变成了团队成员们的自觉行动。

在旅程中,团友们互相关心、互相体贴、互相照顾,遵守主流社会文化习俗,文明礼貌的素质表现、乐观的精神面貌和友好的交流互动,给琳达女士留下了难以忘怀的美好记忆。

从那以后,琳达女士一直期待着能与这些可亲可敬的华人朋友们一路同行。她甚至主动向所在的巴士公司请求,专门担当Pakuranga华人协会旅行群体包车的"特定驾驶员",由此她也成了这个华人协会快乐旅行团队中的一位特别的新西兰"成员"。

几年来,在该协会组织的十多次团队旅游活动中,琳达女士娴熟规范的驾驶技能、严谨认真的职业操守和确保安全的责任意识,受到了众多华人朋友们的交口称赞,而这个华人社团会员们的文明礼貌和真诚友善也赢得了琳达女士的敬重。

琳达女士很快就要退休离开奥克兰了。Pakuranga华人协会得知消息后,专门为她组织了一场别开生面的欢送活动。

会场上,会员们把座椅摆放成一辆巴士车内的布局,琳达女士在"司机座位"上接受"华人乘客们"的祝福与道别。能歌善舞的会员们,穿上了漂亮的民族服装,打着腰鼓,载歌载舞,吹拉弹唱。作为回应,琳达女士在"巴士车的驾驶位置"上深情地为大家弹奏了一首动人的钢琴曲《地久天长》,以此表达她的依依惜别之情。一些会员还向她赠送了自己手工编织的"同心结",希望琳达女士能把这份浓浓的"华社情结"以及她与华人朋友们建立的这份纯真的友谊永远珍藏在心里。

面对华人朋友们真诚友善的目光,这位平时神情有些庄重的大巴司机热泪盈眶,激动万分。琳达女士一再表示,她已经告诉公司里接任她工作的同事:"Pakuranga华人协会的会员是最棒的,你一定会成为他们的好朋友。"

([新西兰]新西兰华新传媒微信公众号2020-07-27/赵华)

墨尔本华人区成迁居热门城区　想迁入者增加94%

根据澳媒先驱太阳报的一则数据新闻，在历经疫情时，许多澳大利亚维州人开始想逃离热点区甚至兴起搬家念头。

结果，墨尔本的华人区成最热门城区，想迁入者增加94%。

文章引用了创业网站Muval的数据，工作限制、家庭动力或生活方式的改变是人们搬家的一些原因。

该网站的数据显示，随着越来越多的人寻求地区变化和低价格地区，澳大利亚人希望离开新冠肺炎疫情热点地区，也对大自然风景像是"海洋"或"树木"感兴趣。

以疫情最严重的墨尔本来看，有27%的人希望去昆州，从4月到7月的最新数据来看，Richmond是维州人最希望逃离的城区，与疫情前期相比，希望迁出的人数增加了91%，而Clayton则是人们最想要迁入的城区，想迁入者增加了94%。

新州的人们也普遍有兴趣搬出传统上受欢迎的城区，包括Randwick、Alexandria、Chatswood、Waterloo、Dee Why、Mosman、内城区，搬到西悉尼。

（［澳大利亚］澳洲网2020-07-31）

中文学习"空中课堂"在南太岛国受欢迎

"我们喜欢妙语连连的中文学习，喜欢'空中课堂'老师的精辟讲解，感谢他们在疫情期间为我们送来了知识与欢乐！"这是总部位于斐济首都苏瓦的南太平洋大学孔子学院（以下简称"南太孔院"）及其下辖三个南太岛国孔子课堂的学生们对疫情期间网上教学的积极评价。

南太孔院由北京邮电大学与南太平洋大学（以下简称"南太大学"）共建于2012年。依托南太大学这个区域性大学有14个校区的优势，南太孔院还在斐济、库克群岛和瓦努阿图三个国家的校区设有孔子课堂。今年以来，新冠肺炎疫情肆虐，老师们及时调整教学方式，制定线上教学大纲，在最短时间内成功地完成了从线下面授到线上教学的转换。

"为了使疫情期间中文学习'不断线'，我们与外方院长积极沟通，合理安排。孔院的老师们也是'八仙过海，各显神通'，利用多媒体手段，不断完善在线课程教学系统与内容，讲解力求简练，突出重点，诙谐有趣，且注重与学生们的实时互动，得到了学生的一致好评。"南太孔院中方院长杨慧近日在接受新华社记者采访时说。

据介绍，南太孔院及三个孔子课堂的线上课程资源丰富，形式多样。既有视频课件供学生像正常上课一样学习听讲，又有音频资料，便于学生下载，随时随地复习；既有语音测试插件，供学生上传语音作业以便老师点评，又有中文书写插件供学生练习笔画顺序……老师们的辛勤付出，使"空中课堂"顺利完成了由面授到线上教学的"接力"，南太孔院及三个孔子课堂迄今没有流失一位学生。

南太孔院的李敏乐老师发现学员们对近义词容易搞混，就特意录制了近义词辨析小视频，很受学员们欢迎；针对斐济网络费用高且网速慢，志愿者老师孟昭君制作了《一分钟汉语小课堂》系列视频，既方便下载，又简单易学，适合初学者学习基础日常对话；孔子课堂的李艳梅老师通过社交媒体，为学生们上传了很多文化课的内容，其中包含中国人文地理、古典诗词鉴赏等，她还通过线上"小贴纸"给学生反馈，这些"小贴纸"有的是动物头像、有的是花草，可爱卖萌，一下子拉近了老师与学生们的距离。

坚持学习中文8年的南太孔院校友会主席摩西认为老师提供的小视频"非常有趣，也很实用，对掌握近义词很有帮助"；来自斐济的卡里什玛表示，"课程令人满意，老师关注每一位学生，提供很多帮助，课上的解释和例子都很清晰"；来自瓦努阿图的阿妮塔说，"面对疫情，网课不失为一种很好的学习途径。中国老师的授课证明，网课可以取得与面授一样的效果"。20岁的琳迪在北京上大学，趁寒假回斐济的她因疫情滞留至今，"我非常喜欢中文，也喜欢孔院这些令人暖心的中国老师。中文学习不仅能增长知识、开阔视野，也有助于促进中国与南太岛国人民的相互了解与友谊"。

南太大学文法学院院长兼南太孔院外方院长阿克卡尼西对南太孔院网上教学活动十分赞赏，她还将南太孔院的教学视频和案例，作为典型分享给其他科系参考学习。

（新华网2020-08-18/张永兴）

澳大利亚华裔企业家趁年轻创业　促中澳经济交流

澳大利亚悉尼大学1日发布和澳大利亚毕马威（KPMG）联合进行的《新澳中创业》调查报告（The New Chinese Australia Entrepreneurs），称这些年轻的创业者是澳中两国经济交流的桥梁。

68家企业创始人平均年龄仅27岁

悉尼大学官网报道称，报告内容基于对100多位澳大利亚中小企业华裔创建者的深度采访得出。结果发现，这一团体在年轻时创业。45%的人是在40岁之前创业，26%的人是在40多岁时创业。71%的人初到澳大利亚是为了学业，超过50%的人在创业前拥有在澳大利亚的工作经验。

对此，报告联合作者之一李伟博士（Wei Li，音译）说："这一代新兴的华裔企业家是我们当地商业布局的重要部分，为澳大利亚带来了巨大的经济和社会效益。"

报告还发现，尽管企业建立时资金有限（仅有11%的人表示他们的创业资金超过50万澳元），68家企业被列入高速增长企业，复合年增长率超过20%。而这些企业的创建者平均年龄只有27岁。

报告另一位作者，悉尼大学商学院中国及商业管理教授亨得利斯克（Hans Hendrischke）表示："从零开始创业需要极大的毅力。华裔企业家证明了这一点。我们的报告反映了这些年轻、有创意的企业家获得的成功。他们也告诉我们，成功的大部分因素源于他们对澳中市场的深刻认识。"

大多数企业家在商业中都加入了某种形式的创新，包括为市场带来新产品和服务、创新商业模式、改变管理和运营或进行技术升级等。14%的企业家从中国带来了之前澳大利亚市场没有的新兴技术，用于他们的商业运营或消费者身上。

对疫情后复苏持乐观态度

报告还发现，新冠肺炎疫情对参与调查的华裔企业家也造成了严重影响。近50%的公司今年1月至3月的营业额减少了30%以上。尽管如此，企业家仍在努力留住雇员，57%的企业没有解雇任何人，25%的企业减少了员工工作时间和薪水。

超过50%的人相信，大约1至2年，经济活动能够返回到原有水平。约1/3的人表示，他们相信疫情结束6个月后，经济活动能够恢复。

"华裔企业家为澳中搭建重要桥梁"

据悉，该报告被认为是首份关注在中国出生、在澳大利亚创业的企业家的报告，提供认识新一代华裔创业者的新视角。

毕马威亚洲及国际市场主管弗格森（Doug Ferguson）评论说："目前为止，有关年轻一代华裔创业者建立中型企业的了解仍有限。这份报告会改变这一现象。我们的调查发现，有许多非常成功的企业是由澳大利亚华裔创办并领导的。他们在中国出生，但大部分是在澳大利亚高校接受教育，被澳大利亚的商业环境塑造。他们的公司覆盖澳大利亚各行各业，贡献了重要的经济收益，为澳大利亚商业环境带来了多元化的思维、创意和发展，也为澳中搭建了重要的桥梁。"

（［澳大利亚］澳洲网2020-09-01/孙诗诗）

多重身份表达　澳大利亚华裔设计师诠释"中国风"

近些年来，中国风逐渐在世界时尚圈内拥有了一定的地位，越来越多的设计师喜欢将中国风融入进自己的设计中。同样的，也有更多的海外民众开始去欣赏和喜爱中国风的衣服、饰品等，他们对中国风的追捧又进一步激发了设计师们的创作热情。华裔作为澳大利亚最大的少数族裔之一，他们一代代传承而来的中国文化也逐

渐被澳大利亚社会所认同，而越来越多的澳大利亚华裔设计师，也加入到了这场时尚的中国风潮里，为跨文化理念贡献着自己的力量。

万物归一，珠宝中蕴含的东方哲学

根据Mirage网站的报道，澳大利亚当代华裔珠宝设计师田贝克（Bic Tieu，音译）所设计珠宝和容器的灵感都来自亚洲文化，她使用苗条的外形和复杂的纹理向澳大利亚展示着东方哲学，即万物都可包含在微小事物中。

田贝克表示，她的设计也不仅仅是东方文化，还加入了跨文化身份。作为移民后代，她希望能够在设计中表达跨文化理念。田贝克说，她的设计结合了她的移民经历和当代澳大利亚的环境。"我们很大程度上将自己的身份和文化联系在一起。我设计珠宝和物件是为了体现跨文化的价值和视角。这也是一种有关记忆留存、历史捕捉、材料技术、手工技能和视角的翻译形式。通过混合的方式，用设计语言连接了过去和现在、东方和西方、古老和新颖。"

田贝克自小就在悉尼长大，是一位不折不扣的澳大利亚华裔。她的祖辈从中国大陆移民到越南再到澳大利亚定居，他们的经历也给田贝克带来了很大的影响，也让她对中国文化产生了浓厚的兴趣。她家的房子是按照中国传统风水设计的，屋内种满了兰花和多肉植物，也装饰了一些当年从中国和越南带到澳大利亚的饰品。

作为同时接受中西方文化影响的华裔，她的设计就探索了这种跨国文化的美学，并通过使用多种形式、技术和视觉语言，体现了跨文化身份的复杂性。田贝克说，中国的文化信仰深深地影响了她。"作为一个拥有东西方文化体验的亚洲移民后代，我将通过自己设计出的作品，来向所有人展现不同文化的交融。而在创作时，我也将从我的跨文化视角出发，让所有我设计出的珠宝和物件都能表达出华裔群体共同的移民经历。"

"让服装讲述中国之美，中国文化≠旗袍"

对于许多的华裔设计师而言，时尚设计不仅是一门技艺，还是一种生活态度的尖锐表达。

根据SBS的报道，曾在墨尔本皇家理工大学（RMIT University）学习服装设计的华裔女生Betty，就带着自己的服装设计作品参加了2018年的墨尔本时装周（Melbourne Fashion Week）。对5岁就随父母移民到澳大利亚的Betty来说，她想通过服饰来打破西方社会对中国文化的刻板印象，即中国文化不一定只能是通过旗袍来展现，而旗袍也并非一定是妖艳修身的。最有意思的是，Betty所设计的衣服上的花纹是仿造中国最常见的红白蓝条纹蛇皮袋，而这些条纹是由一些中英文词组组成的，英文是"Made in Orient"，中文是"东方特产"，Betty说，她想透过这样的方式来表现，现在西方社会对中国文化的理解偏差。

另据澳广网报道，4岁随父母移民至澳大利亚的陈远荣（Rong Jake Chen）在一个时装项目中偶遇从马来西亚赴澳读书的彭总企（Jason Pang），二人随后一同创建了以男性街头时尚为主打的男装设计品牌。而以华裔身份在澳大利亚长大的二人，在历时4年的合作中将设计的基调锁定在东西方文化的差异上。他们起初采用大胆鲜明的印花设计，呈现个性十足的潮流质感，随后便深入研究具备代表性的社会风俗，并将之融入服饰的概念。陈远荣说："我们的创作融合了我们的东方血统和在西方受到的熏陶，这一点在我们的很多系列中都有所体现。"此外他还表示："我们认为因为我们都有华人血统，所有我们的作品都带有独一无二的中国与澳大利亚特有的融合品味。"

从澳大利亚刮起来的中国风，要吹向世界

随着诸多华裔设计师致力于将中国元素加入到自己的设计中，他们的作品也被越来越多的澳大利亚顾客认同，中国风的时装设计已成为众人瞩目的焦点，并开始在国际舞台建立和传达中国品牌文化与价值观。

据《澳洲金融评论》的报道，华裔设计师刘旻开创了自己的服装品牌，并将中国风融入自己的设计中。如今，在许多世界顶级商场都有这个品牌的服装。店铺里，中国和西方的顾客都纷纷试穿该品牌的中国风刺绣夹克、设计巧妙的现代旗袍和宝石色调的天鹅绒鞋等。刘旻说："现在的时尚确实不存在审美障碍了。我的一些外国顾客就曾表示，'这是中国风格的衣服，但它却是如此现代，如此时尚，与我息息相关，这真是太好了'。"

另据Forbes网站的报道，澳大利亚华裔设计师黄益波（Bowie Wong）就曾赴巴黎高级定制时装周，展示自己设计的时装系列。他说，他近年的目标就是自己的作品能从澳大利亚的时尚"天桥"，跃到巴黎高定时装的舞台上，他希望自己的作品能被更多人看见、被更多人欣赏。黄益波出生于中国香港，自小便接触舞台服装，对设计及时装产生兴趣。而后他移居悉尼，专注于时装设计，并于2000年成立本地品牌。因其对澳大利亚时装界的贡献，黄益波曾被澳大利亚旅游局委任为澳大利亚亲善大使（Friend of Australia），也担任过悉尼农历新年的亲善大使。

这些华裔设计师用自己的奇思妙想构造了与众不同的"中国风"设计，这一股自澳大利亚刮来的中国风，更为传统为西方主导的世界时尚圈带来了不一样的新风潮。

（［澳大利亚］澳洲网2020-09-02/魏惟）

统计显示：新西兰华人超24万　女多男少聚居奥克兰

9月3日，新西兰统计局公布了2018年人口普查的族裔数据。该数据显示，目前新西兰的亚裔人口占总人口的15.1%，是新西兰人口比例增长最快的族裔。

根据统计局的统计，欧裔人口依然占新西兰的最大比例，为70.2%，但这个比例比2013年统计时的74%降低了3.8个百分点。

毛利裔人口占新西兰总人口数的16.5%，比2013年人口普查数据增加2.4个百分点。

人口比例增长最快的就是亚裔人口，从2013年人口普查的11.8%增长到2018年人口普查的15.1%。

此外，太平洋岛裔的人口比例从2013年的7.4%增加到了2018年的8.1%。

中东拉美和非洲裔的人口比例增加了0.3个百分点至1.5%。

在亚裔人口当中，新西兰华人的数据情况如下：

目前，新西兰华人人口共计24.77万人，平均年龄为33.1岁。其中，女性为13.15万人，男性为11.62万人。

华人大部分住在奥克兰地区。奥克兰的华人比例为69.1%。

有73.3%的新西兰华人都不是在新西兰本地出生的，可见新西兰的华人群体以新移民居多。

此外，人口普查当中也显示出新西兰华人有较高的英语水平，有78.5%的新西兰华人可以讲英文，能够讲双语的华人占全体华人的43.5%。

有12%的华人是从事技工工作，11.5%的华人从事销售工作。也就是说，10个华人当中，大概有一个是干销售的。

新西兰华人的收入中位数为21 600新西兰元。其中，海外出生的华人的收入中位数为21 700新西兰元，而新西兰本地出生的华人收入的中位数为20 900新西兰元。

作为对比，新西兰欧裔的收入中位数为34 600新西兰元。其中，海外出生的欧裔的收入中位数为36 800新西兰元，而新西兰本地出生的欧裔收入中位数为34 100新西兰元。

（［新西兰］新西兰天维网2020-09-03/Sally）

华人科学家获澳大利亚 2020 年总理科学奖

郝晓静

日前，澳大利亚2020年总理科学奖获奖者公布，其中，澳大利亚新南威尔士州的华人副教授郝晓静获得马尔科姆·麦金托什年度物理科学家奖，奖金为5万澳元。

在过去的十年中，郝晓静专注太阳能薄膜电池科学研究，致力于将太阳光直接转换为电能，并在该领域有所成就。本次郝晓静获奖，是因为她以创新方法，用一种硫铜锡锌矿材料，研发出了新型的太阳能薄膜电池。

据了解，郝晓静的研发任务是使用环保材料，大规模制造对环境更友好的太阳能电池。而这些高效太阳能电池有望参与到众多产业中去，在减少二氧化碳排放的过程中起到重要作用。

在此之前，郝晓静还曾凭借在无毒太阳能薄膜电池领域的研究，当选澳大利亚最具创新力的30名科学家之一。

郝晓静学习冶金专业，2004年来到澳大利亚。那时，太阳能研究刚刚进入人们的视线，郝晓静认为这是个朝阳产业，因此决定放弃钢铁冶金，转而投向新能源领域。

（［澳大利亚］澳洲新快网 2020-10-29）

华裔谈与澳式足球联盟的不解之缘　助力多元文化融合

在澳式足球联盟（Australian Football League，AFL）总决赛后，华裔们讲述了与AFL的不解之缘，并呼吁华裔加入到AFL赛事中，为多元文化贡献力量。

澳广网31日报道，20年前，当华裔刘先生（Arthur Liu）第一次踏上墨尔本时，他遇到的第一个人就给了他如何成为一个"真正的澳洲人"的建议，那就是，看AFL并支持一支球队。今天，他已经是两个男孩的父亲。他不仅成为了AFL的铁杆球迷，还把他对AFL的热爱传递给了他的两个儿子。

同样的，韦肖（Vescio）是AFL的多元文化大使之一，她的父亲是意大利人，母亲是中国人，而她自小在澳洲长大。韦肖是少数几个有中国血统的AFL球员之一。她说："AFL主办方肯定已经意识到这场赛事对澳洲社会的巨大影响力。因此如果AFL想成为澳洲最具包容性的运动，那么他们需要做一些事情。"

根据AFL的数据显示，2020年，大约15%的AFL球员出生在海外，或者父母中有一人出生在海外。这一比例高于2019年的13%。

AFL与中国的渊源由来已久。早在1892年8月27日，就有中国血统的球员参加了比赛。对此维州大学（Victoria University）的体育历史学家赫斯（Rob Hess）称："我认为，澳洲体育界最令人难以置信且鲜为人知的故事之一，就是19世纪中期时，中国社区对AFL的接纳。"另外AFL球员协会（AFLPA）的球员经纪人皮先生（Pi）表示，他希望吸引更多的中国和其他亚洲球员，来改变这项运动单一文化的刻板印象。皮先生表示："现在我们的赛场上已经有越来越多的移民面孔，不仅是亚洲背景。"同样的，他还说，AFL也在努力改变制度，让更多的少数族裔加入到这项运动中来，他表示，这肯定会带来回报。他说："我相信在未来10年内，将会有越来越多的、有着多元文化背景的精英选手出现。"

（［澳大利亚］澳洲网2020-10-31/魏惟）

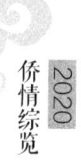

为庆祝2021年中国农历春节　澳铸币厂推出牛年纪念币

为了庆祝2021年中国农历牛年春节，澳大利亚皇家铸币厂近日推出了一系列备受追捧的收藏硬币。

第七新闻9日报道称，该系列收藏币包括50分面值14边形非流通硬币、1元面值磨砂纯银非流通硬币、5元面值的银质圆顶金币和100元面值的金质圆顶金币。据悉，在铸币局网站上，新硬币的价格为12.5元到3630元不等。其中100元的硬币卖到了3630元，1元硬币卖到了70元，5元硬币卖到了125元，50分的硬币卖到了12.5元。

澳大利亚皇家铸币厂首席执行官麦克迪尔米德说："这些硬币的设计非常复杂，以农历新年为主题，是对2021年的美好致敬。在农历十二生肖中，牛排在第二位，硬币上印有牛站在柳枝间的图样，正面则印有'农历'字样。"

澳大利亚皇家铸币局钱币设计师金也表示："牛的姿态忙碌而积极，意志坚定而执着。且柳树和牛一起被用作谦逊的象征。这与牛年出生的人所拥有的诚实耐心的性格非常契合。"

对于这套纪念币，麦克迪尔米德说："全世界都在庆祝中国农历新年，而硬币则被认为是传统和幸运的礼物。"他还说："这些设计精美的硬币将是庆祝2021年农历新年的一件有品位和吉利的礼物。"

据悉，这些硬币在澳大利亚是法定货币，可以在铸币局的网站上购买。

（［澳大利亚］澳洲网2020-11-09/魏惟）

中华文化艺术节在新西兰奥克兰东区中国城举办

当地时间11月28日，位于新西兰奥克兰东区的中国城内洋溢着喜庆热烈的节日气氛。首次作为东区主流社会文化艺术节的组成部分、由当地政府出资筹办的中华文化艺术节闪亮开场。

以展现中华文化元素和当地华人群体艺术才能的本次艺术节活动，由当地Pakuranga华人协会组办。这个以年长者为主的华人社团，由来自海内外泛华语地区的近千位华人侨胞组成，他们当中不乏曾为各行业的精英和多才多艺的贤能，相聚在新西兰多元化社会中这个温馨的华人大家庭里，大家和谐共处、幸福满满、焕发着青春的活力。

这次中华文化艺术节活动受到主流社会的关注，得到了当地华人侨胞们的热情支持。开幕仪式上，新当选新西兰国会议员的陈耐锶上台致贺词，数位来自新西兰工党、国家党的国会议员、奥克兰市议会议员以及当地政要和社会名流到场祝贺。

文艺演出在器乐合奏中国乐曲《男儿当自强》音乐声中拉开了帷幕。欢乐腰鼓

《希望》、男声独唱《You Raise Me Up》、中国古典舞蹈《一湖清水》、京剧选段演唱《空城计》、笛子独奏《枣园春色》、中国舞蹈《与爱同行》等15个节目陆续闪亮登场。

在这次文化艺术节的现场，除了文艺节目的演出外，组办方还列展了部分由该会会员制作的摄影、美术、书法和小手工作品，许多精美别样的艺术作品，让观众们目不暇接、啧啧称奇。

本次中华文化艺术节活动，又一次向新西兰主流社会展现了旅居新西兰的华人群体美好丰富的生活追求和乐观积极的精神风貌，也表达了他们对于鼓舞全社会凝聚共识、战胜疫情，全力恢复后疫情时期新西兰经济发展和社会进步的殷切期待。

（［新西兰］新西兰中华新闻通讯社2020-11-29/张宁）

西澳政府承诺为中华会馆拨付经费　造福南部华裔移民

近日，西澳州长麦高恩、工党Riverton选区候选人克里希南和西澳自由党党魁基尔卡普都做出承诺，宣布将会在明年的州预算中拨款500万澳元给中华会馆，建造首个中华会馆名下的珀斯南部社区活动中心，给南部地区的华裔移民打造一个活动场所，造福人群。

据《澳洲人报》报道，西澳两个主要政党近日做出承诺，承诺为中华会馆在珀斯南部郊区的新社区中心提供资金，拟议的活动中心位于Riverton的选区内，是2021年3月的州选举中关键的战场。据悉，中华会馆于1909年正式成立，是西澳历史最悠久的少数族裔团体和最大的华人非营利机构。多年来，该机构致力于推广中文教育、宣扬多元文化、举办大型文化活动、开展慈善捐赠、提供社区和养老服务、丰富华人社交活动等。

西澳州长麦高恩在发言中称："西澳是澳大利亚最包容多元文化的州之一，我们为此感到骄傲。多年来，中华会馆给社区人士贡献许多，缺的就是在南边的一个家，今天我宣布将会在明年的财政预算中拨款500万澳元，给中华会馆用作买土地和建中心的经费。"克里希南也称："这个未来的社区中心，可以让中华会馆延续和继续发展目前提供给社区的服务，也可以提供中文语言培训给下一代，大家可以好好利用这个社区中心。谢谢大家今天让我们有机会给华人社区付出。"

对此，中华会馆对于西澳政府体恤华人社区的需要表示非常感激。会长陈挺说："作为中华会馆第三十一届的会长，我对西澳政府给予中华会馆这笔500万澳元拨款的承诺，感激不尽。这对中华会馆来说，是我们110周年庆最好的礼物，这也是华人社区来西澳190年以来最具代表性的里程碑之一。"

（［澳大利亚］澳洲网2020-12-17/高嘉文）

华侨华人相互扶持　共同走过 2020

2020年即将过去，新西兰天维网发表了年终总结稿件，对2020年新西兰华侨华人一年来经历的酸甜苦辣进行了回顾。文章摘编如下：

2020这一年，我们经历了太多的魔幻、太多的不确定、太多的悲欢离合。疫情、封城、关闭边境，竟然成了今年最常用的词语。曾经有那么一瞬间，我们对未来有着前所未有的恐惧和无助，但生活中那些星星点点的光芒，那些勇于在最艰难的时刻伸出双手的人们，让我为新西兰华侨华人的温暖互助感动。

华人企业助力残疾人就业

在新西兰奥克兰，有一家华人参与创建的社会企业，他们是做饼干的。而他们的员工，都是残障人士，有的有认知障碍，有的是唐氏综合征患者，有的有自闭症，有的是盲人，但他们在做饼干的时候，却非常认真和开心。这些残障人士在以前很难找到工作，但在这间饼干工厂，不仅可以拿到法定最低工资，还能实现自我价值，为社会创造更大的价值。

从2018年到现在，这个名为Cookie Project的饼干工厂，已经为残障人士创造了2680个小时的就业时间。而且，他们的饼干用的都是最贵、最好的材料，都是工人手工制作的。其中一位盲人烘焙工说，自己眼睛在一次事故中全盲，本来已经对生活绝望，但这份工作让他重新找回了自己。即使在疫情封城期间，工人们还一起线上交流，大家互相扶持，渡过了封城的艰难日子。前两天，奥克兰警局的警员还带着一群华人朋友，去饼干工厂给工人们送圣诞礼物。工人们拿到礼物时，每个人脸上都洋溢着纯粹的笑容。

华侨华人助力祖（籍）国抗疫

2020年初，中国的疫情突然严重起来，牵动着新西兰华侨华人的心。不少华人社团与志愿者行动起来，发动一切力量，为祖（籍）国的防疫工作做贡献。各个华人商会、华人社团、同乡会、校友会纷纷发出爱心倡议。新西兰华人们想尽办法，通过各种渠道，为祖（籍）国募捐，支援医务工作者和患病同胞。

新西兰少女合唱团的女孩们还唱起了专门为武汉谱写的中文歌曲，传达爱与希望，表达了奥克兰和武汉人民之间的团结。

歌曲作者、新西兰著名音乐家Leonie Lawson对中国有很深的感情。她说："我知道，中国人民在面对困难时有强大的斗争精神，我用明亮的曲调为他们送出力量，我们在遥远的新西兰为他们加油鼓励，他们并不孤单。"与此同时，在新西兰本地，一支支华人社区志愿者队伍也组建起来。华人义工跑腿团的志愿者们，为从中国返回新西兰的居家隔离者提供志愿服务，为老人和出行不便的人买菜送药。封城之后，华人社区也体现出了坚韧不拔的精神。志愿者们积极奔走分发口罩，帮助弱势群体。为确保大家平安渡过封城时期，华人社团纷纷开展网络活动：网络聚餐、网络会议、在线演唱、网络分享、网络运动、网络课程……丰富了人们的封城生活。

中国工人新西兰患病　华人献爱心

疫情下，普通人的生活都面临着巨大的压力。而对于在新西兰务工的中国人来说，就更加艰难了。很多人没有医疗保险，生病也得不到有效的治疗。

疫情期间，中国工人王先生在新西兰查出肺癌晚期，很多华人朋友伸出了援手。在网上，本地华人慈善基金会为王先生发起了捐款。捐款链接发出后，大家的捐款源源不断。7天之内，就有223名爱心人士捐出了1万余新西兰元的善款。在大家的帮助下，王先生得以顺利回国治疗。依靠捐款，王先生在国内得到了及时的化疗，目前病情得到了一定控制。对于帮助了自己的新西兰华侨华人，王先生也十分感谢。

生活终将更美好

生活总有诸多不完美，也有很多坎坷。新西兰华人社区在不断成熟、不断发展，不断出现新鲜的力量和思想，大家都十分可爱善良，都在奉献着、关注着、守护着彼此。熬过去了2020年，还有什么困难是熬不过去的呢？

（中国侨网2020-12-25/Sally）

 美洲

中华文化大乐园活动在阿根廷开营　当地200名师生参加

由福建省侨办主办，阿根廷华人企业家协会、阿根廷华助中心、阿根廷富兰克林中文学院承办的"中华文化大乐园"阿根廷布宜诺斯艾利斯营1月6日开营。

中国驻阿根廷大使馆领事陈志军，阿根廷华人企业家协会主席、阿根廷华助中心主任严祥兴，阿根廷富兰克林中文学院院长毛亦丰等旅阿侨胞以及来自福建的12名优秀教师出席开营仪式。

出席人士们纷纷表示，孩子是中华民族的未来，大家要共同努力，将中华文化深深植入孩子们的心田，希望通过"中华文化大乐园"系列活动，增进阿根廷华裔

子女对祖籍国的情感。

来自福建省的12名优秀教师，现场进行了武术、舞蹈、朗诵、歌曲演唱等表演。他们希望通过寓教于乐的形式，使孩子们对中华文化有更形象的了解，增加孩子们学习中华文化的兴趣。

接下来，来自阿根廷富兰克林中文学院等华文学校的200多名师生，将在12名福建优秀教师的辅导下参加为期10天的活动，学习绘画、书法、武术、舞蹈等课程。

据了解，福建省侨办与福建省海外联谊会组织的"中华文化大乐园"活动已先后奔赴马来西亚、印度尼西亚、美国、匈牙利等国。近日，他们首次组织教师踏上南美土地，走进阿根廷。

（中国侨网2020-01-10）

大疫当前　巴西里约侨团倾力援助

连日来，在抗击新冠肺炎疫情的斗争中，全球华侨华人纷纷开展捐助活动，为抗疫贡献力量。相隔万里之遥的巴西名城里约热内卢（以下简称"里约"），当地主要侨团也迅速作出反应，倾己所能向祖国提供支援。

作为里约六大侨团之一，巴西中国和平统一促进会（以下简称"巴西和统会"）在了解到国内疫情形势后，会长王俊晓组织巴西和统会44位理监事展开捐资活动。全体理监事共筹集了10.5万巴币（折合约17万元人民币）的款额，捐助给浙江省龙游县红十字会，重点帮扶该县沐尘畲族乡缓解抗疫压力。王俊晓会长表示，海外侨胞无论身在何地，都有爱国爱乡的赤子之心，都会尽己所能贡献绵薄之力。相信全国人民同心协力，必将取得抗击疫情的最终胜利。

捐资的全体理监事包含了21名台湾同胞。他们在侨领陈碧云女士的带领下踊跃捐款，为抗疫加油鼓劲，充分体现出"两岸一家亲"的深厚民族情感。

巴西和统会前任会长尹楚平是一位在当地闯荡35年的老侨领。倡议提出后，他迅速与国内联系协调捐赠事宜，并积极参与到捐资活动中。除此之外，尹先生还以个人名义分别向北京和浙江丽水侨联捐款。巴西和统会副会长魏贵德也在疫情来临之际，联系安徽籍侨胞为家乡捐款捐物。

里约另一侨团里约和平统一促进会，也在第一时间展开捐助活动，将6.2万巴币（折合约10万人民币）汇回国内。里约和统会前会长詹慧华女士在参加会内集资捐款后，又以个人名义向北京市慈善协会捐助专款。

据悉，里约各大侨团及个人在疫情发生后，都迅速采取了各种行动，积极支援祖国人民抗击疫情，充分表达出海外侨胞深厚炽热的爱国情怀。

（中央广电总台国际在线 2020-03-03/谢海天）

中智文化艺术中心：让智利青少年爱上中国文化

据南美侨报网编译报道，受从小学习武术的启发，胡安·卡洛斯·拉米雷斯（Juan Carlos Ramírez）十几年前创立了中智文化艺术中心（Centro Artísticoy Cultural China Chile），希望在智利儿童和青少年中推广中国文化。如今，他的梦想实现了。

智利《三点钟报》报道，在圣地亚哥市中心的云盖街区（Yungay），有一栋老房子，其外表并不引人注意，但当人们走进它后会发现，这是一个难以想象的地方：这就是中智文化艺术中心，由拉米雷斯创办。在他的带领下，很多感兴趣的智利儿童和青少年跟着经验丰富的教练学习中国功夫。

拉米雷斯在接受采访时表示："在这里学习有三项原则：纪律、尊重和传统。学习功夫并不只是学习拳脚。首先，一个人要知道如何面对自己、如何认识自己，知道自己可以付出多少。"

由于流露出的喜悦和热情，卢安娜·莫拉（Luana Mora，8岁）吸引了记者的注意。她向记者展示了几个复杂的动作，肢体表现协调，并说："这是我一个月的学习成果……我在这里交到了许多朋友。"

莫拉的父亲杰拉尔多·莫拉（Gerardo Mora）对女儿取得的进步感到惊讶，他说："我看到她在这里学会了友善、诚实、尊重、纪律和毅力。"

据了解，中智文化艺术中心总部设在圣地亚哥，在智利多个大区设有分支机构，是中智两种文化交汇的地方。常年开展武术、舞蹈、音乐和戏剧等课程，经常举办有关普通话、中医等文化活动，此外，也会教授太极拳、气功等。

（中国新闻网2020-03-19/谭欣）

巴西将成下个疫情重灾区？那里的华侨华人还好吗？

巴西卫生部当地时间18日宣布，当天巴西新增新冠肺炎确诊病例13 140例，累计确诊254 220例；新增死亡病例674例，累计死亡16 792例。巴西卫生部称，巴西新冠肺炎确诊总数已超过英国，居全球第三位，仅次于美国和俄罗斯。

疫情持续发酵，巴西是否会成为下一个全球疫情重灾区？在那里生活的30多万华侨华人、留学生以及中企员工都怎么样了？

巴西是否会成为下一个全球疫情重灾区？

据了解，巴西首例病例是在2月下旬从欧美地区输入，自3月上旬开始，当地疫情开始蔓延。近一个多月，特别是最近一周，出现了加速蔓延的趋势。南美侨报报道称，巴西新冠肺炎死亡病例数量从0升至1万，花了53天时间。而从1万到1.5万，只用了一个星期。也就是说，一周内巴西新冠肺炎死亡病例增加了50%。

5月12日，圣保罗市医学专家阿泽韦多发出警告："巴西正在成为全球新冠肺炎疫情的新震中，可能会有近10万巴西人因此丧生。"

回顾病毒降临南美初期，巴西的应对速度并不算快，周边个别国家从一开始便拿出强硬的防控措施，而巴西却以确诊病例均为境外输入为由静观其变。

目前，约20座巴西城市处于"封城"状态，另有部分州市即将把"封州""封城"提上日程。巴西是联邦制国家，各州市有权自行决定防疫措施。总统博索纳罗反对全面隔离，他认为全面隔离损害国家经济，然而两任卫生部长和大多数州长都认为全面隔离是目前控制疫情最有效的措施。

4月16日，巴西卫生部部长路易斯·曼代塔被博索纳罗解职；5月15日，履新不足一个月的卫生部部长内尔松·泰奇（Nelson Teich）也宣布辞职。两任卫生部部长接连离职，皆因无法与博索纳罗总统在防疫政策上达成一致。

巴西媒体人士评论称，连续两位卫生部部长的离职，使巴西的防疫工作难以系统展开，这将加剧巴西新冠肺炎疫情失控的风险。

助力巴西战"疫"，华侨华人顶着风险往前冲

巴西华侨华人时刻关注着当地的疫情发展状况。实际上，他们很早就行动起来，当起后援，助力当地政府和民众抗疫。

疫情期间，当地不少医院面临医疗防护物资紧缺的难题。190位华侨华人自发走到一起，向圣保罗最大的接收新冠肺炎患者的公立医院——克利尼卡斯医院捐赠价值约16万雷亚尔（折合约人民币19.4万元）的防护物资。

为了筹集这批物资，华侨华人志愿者东奔西走，冒着被感染的风险往前冲。有侨胞表示，虽然家里人很支持捐赠，但家人们内心深处还是非常担忧。志愿者们顶着压力做慈善，为的就是帮助巴西抗疫，想要保护一线医护人员，为共渡难关尽一份力。

面对严峻疫情，巴西各地的华侨华人社团，还向当地卫生局、医院、教堂、警察局、贫民区、孤儿院、难民收容所等捐赠口罩、酒精、洗手液、防护镜等防护用品，以及大米、面粉、食用油、白糖、咖啡等基本生活用品。

里约侨领尹相丛在巴西生活了二十多年，巴西已然成为他的第二个故乡。尹相丛说，早在2月底，巴西疫情初期，十几名侨商就已经着手操办向当地捐赠防疫物资事项。

除此之外，一些巴西侨胞还主动承担起中国医生与巴西医生的"牵线人"角色。3月18日巴西最大医疗集团之一的圣母院医疗集团相关负责人提出请求，希望能与中国医生进行视频交流，了解中国在新冠肺炎治疗方面的先进经验。

最终，巴西华人协会副会长和致公党湖北省委会协助牵线促成了视频交流会。据了解，交流以后，巴西圣保罗州和里约热内卢州开始着手把体育场改建成方舱医院。

留守侨胞抱团"自救" 中国留学生无人确诊

面对日益严峻的疫情，留守在巴西的华侨华人抱团互助"自救"，成为当地一个特色。

巴西湖南同乡总会在圣保罗市成立志愿者组织，发动20名湘籍志愿者，参与防疫宣传热线接听、人员排查登记、心理咨询、疫情辟谣、临时救援等工作，志愿者电话保持24小时畅通。

巴西中国和平统一促进会在会员内部通过电话、网络等方式，互相叮嘱加强自我防护。积极宣传中国防疫的有效方式，呼吁侨胞们自觉配合巴西卫生部门对抗新冠肺炎疫情。

在防疫物资方面，巴西的各大侨团积极采购，分发给华侨华人。

特殊时期，侨胞出现身体不适该怎么办？当地华人医学专家还发挥自身优势，组成专业社团为旅巴侨胞提供中医角度的新冠肺炎防治咨询服务。

日前，中国驻巴西大使杨万明接受央视专访时表示，对于巴西约30万华侨华人以及300多家企业的2000多名中方员工，大使馆也都保持着密切的联系，并采取一系列措施来帮助他们进行疫情防控。

杨万明大使还表示，目前在巴西的留学生状态非常好，没有新冠肺炎确诊病例。大使馆同留学生保持着密切的、日常性的联系，并开通了留学生的关爱热线，发放留学生健康包。

愿疫情早日过去，祝福巴西！

（中国侨网微信公众号2020-05-19/韩辉）

南美侨胞战"疫"进行时："我们和住在国一起并肩战斗"

世界卫生组织日前表示，南美洲已成为全球疫情新的重灾区。身处其中，南美洲各国华侨华人和住在国风雨同舟、命运与共。在接受本报记者采访时，4位旅居南美洲国家的侨胞表示，作为中国和住在国之间的桥梁纽带，旅居南美洲的侨胞在做好自身防护的同时，参考中国抗疫经验，携手住在国同心抗疫，积极为全球合作战"疫"贡献力量。

助力当地战"疫"

"巴西华侨华人虽身处疫情中心……但多次向巴西当地缺乏防护设施的医院等机构捐赠防护用品，向巴西的贫困民众捐赠生活必需品，受到当地政府和民众称赞。"5月22日，巴西最大的侨团组织——巴西华人协会发布一则"致全体巴西华侨华人"的公告，在提醒侨胞加强防疫的同时，充分肯定当地侨胞的战"疫"贡献。

巴西华人协会执行会长兼秘书长张立群表示，面对巴西复杂严峻的防疫形势，巴西侨胞在做好自身防疫的同时，一直在当地政策法规允许的范围内积极做一些善事。

5月29日，阿根廷基尔梅斯华人超市商会携手阿根廷教皇基金会，向基尔梅斯市疫情严重地区捐赠了大量防疫物资和10货板基本生活物资。这是阿根廷侨界抗疫委员会支援当地抗疫的系列活动之一。

3月份以来，旅阿侨胞发起成立阿根廷侨界抗疫委员会，筹款840余万比索，采购防疫物资，支援当地抗疫。阿根廷布宜诺斯艾利斯市亚洲战略事务协调部部长、旅阿侨胞袁建平介绍，连日来，旅阿侨胞尽己所能支援当地战疫，已向阿根廷多省市政府部门、疫情严重地区的贫困民众捐赠了大量防疫和生活物资。

保护好当地侨胞安全，也是为住在国战"疫"做贡献。在南美洲，侨团和华文媒体一直在行动。

"持续发布防疫公告、为侨胞提供防疫口罩、请当地的医疗机构为侨胞提供防疫指导、连线国内医疗专家为侨胞线上问诊答疑、为疑似或确诊侨胞安排检查和就诊……"张立群表示，在中国驻圣保罗领事馆的指导下，巴西华人协会为侨胞抗疫开展了大量服务工作。"巴西华人协会是侨胞在巴西温暖的家，无论发生什么，都要让侨胞放心、安心。"

"疫情下，餐馆的生存法则""在秘鲁，中企员工如何抗疫？""秘鲁中华通惠总局第一批抗疫物资正在派发中"……翻看秘鲁《秘华商报》总经理邓振棠的微信朋友圈，关于秘鲁疫情防控和社会各界的动态信息一览无余。作为秘鲁最大华文媒体的负责人，邓振棠表示："自秘鲁进入国家紧急状态以来，我们坚持第一时间为侨胞推送疫情信息、政府新规等侨胞关心的资讯。侨胞安康是我们的最大愿望！"

在智利，侨团的温馨提示不断更新。智京中华会馆主席李红光表示，3月18日，智利政府正式宣布首都地区实施紧急状态。智京中华会馆在第一时间发布"告同胞通知书"，呼吁侨胞们遵守当地法令，减少外出，避免去人群密集的场所，尽量不要开门做生意；提供各侨团侨领的联系方式，为侨胞在遇到紧急情况时提供帮助。

重视疫情防控

5月27日，邓振棠参加了一个由中国驻秘鲁大使馆组织的视频会议——中国援秘医疗专家组与秘鲁侨团及华文媒体视频交流会，认真聆听了医疗专家组就新冠肺炎疫情的传播、治疗和预防等方面做出的详细解释，邓振棠随即在媒体上报道了自己的学习心得。"希望大家都受益。" 邓振棠说。

"阿根廷是南美洲防疫措施和成效相对较好的国家，目前已有10个省份实现确诊病例清零。现在，在阿根廷街头几乎看不到不戴口罩的人。疫情在全球多点暴发后，阿根廷也是最早采取严格居家隔离措施的国家之一。"袁建平说。

"由于当地民众一开始并不接受戴口罩，旅智侨胞就在各自的商铺张贴醒目的温馨提示，说明员工佩戴口罩是为了大家公共安全着想。现在，自觉戴口罩已逐渐成为当地人的共识。"李红光介绍，"智利政府非常重视疫情防控，封区封城，呼吁民众居家隔离，出门戴口罩，命令军队配合警察部门上街执勤。"

张立群介绍，巴西很多州政府也采取了严格的居家隔离政策。

加强国际合作

"携手合作，坚忍不拔，努力战胜一切困难。"5月29日，邓振棠在朋友圈转发了一条新华社消息并配上一条斗志昂扬的评论。这条消息是，"习近平同秘鲁总统比斯卡拉就抗击新冠肺炎疫情合作互致信函"。"中秘两国元首互致信函，强调加强两国在抗疫等各领域务实合作，为秘鲁早日战胜疫情注入信心。"

"中阿合作紧密，已多次举行疫情防控视频会议。此外，阿根廷布宜诺斯艾利斯市和法国巴黎、德国柏林、西班牙马德里、中国北京等城市保持密切沟通，分享抗疫经验，及时调整防疫措施。"袁建平表示，"阿根廷跟巴西、乌拉圭和巴拉圭的边境线很长。未来，阿根廷仍需加强边境控制，严防境外输入风险。同时，南美洲作为一个共同体，各个国家和城市之间应加强沟通，互通信息。阿根廷已开始大量生产口罩和核酸检测试剂盒，未来可以为南美洲提供大量防疫物资。"

"南美洲各国应加强疫情防控国际合作，分享抗疫经验，加强多边合作，共同面对这一全球性挑战。"李红光认为，当前，疫情在南美洲不断加剧，智利在未来应采取更多、更强、更有力的抗疫措施。例如，继续加强与周边国家边境进入的限制措施，严格执行进出人员的医疗检测工作，防止更多的输入性病例，发现病例立即统一到隔离酒店进行医学观察。

"作为一个发展中国家，巴西未来疫情防控依然任重道远。"张立群说，新冠肺炎疫情是全人类共同的敌人，没有一个国家可以独善其身。"华侨华人在保护好自己的同时，力所能及地帮助一些当地贫困民众，这将对树立华侨华人的良好形象和促进中巴务实合作发挥重要作用。"

（《人民日报海外版》2020-06-02/贾平凡）

拉美战"疫"，华媒人没有缺席

自6月以来，拉美地区新冠肺炎疫情严重。确诊病例不断增加，经济遭遇严重冲击，身在拉美地区的华侨华人与当地民众一样，面临艰难挑战。

如何鼓励同胞在困境中做好防护、坚定信心，如何支持当地政府和民众抗击疫情、携手战胜病毒？拉美各国的华媒人一直在行动。报道疫情信息、介绍防疫知识、

分享抗疫经验……在接受本报记者采访时，巴拿马、巴西、智利、秘鲁、阿根廷等国家的多名华媒人不约而同地感叹：工作量大了，加班成了常态，但这份忙碌值得！

"在战'疫'中做好'后卫'"

近3个多月，秘鲁《公言报》总编孟可心暂时放下了熟悉的纸媒编辑工作，开始试水新媒体。他开通了微信公众号，还建立了一个拥有数百名群友的微信群。第一时间发布来自秘鲁卫生部的最新疫情信息、介绍有效的防疫知识与经验，成为他每天必做的"规定动作"。

"3月中旬以来，秘鲁因疫情蔓延进入全国紧急状态。我们的报纸无法及时印刷、派送。为了继续向读者报道新闻，我申请了微信公众号。"孟可心"转战"新媒体平台源自现实环境的无奈，但他很快发现，在迅猛传播的疫情之下，微信公众号信息发布的快速有效以及隔空互动的媒介形式更能满足受众需求，许多当地侨胞以及中资企业员工纷纷成为他的"粉丝"。

巴拿马《拉美侨声报》董事长周健经历了一次相似的转型。3月13日，鉴于新冠肺炎病例数持续增加，巴拿马内阁会议通过决议，正式宣布巴拿马进入全国紧急状态。周健与报社同事不得不改为居家办公。

"没法把报纸送出去了，我们只能改做电子版。"周健坦言，疫情给报纸运营带来了不小的冲击，不过他和同事的新闻热情并未因此消减。周健粗略算了算，巴拿马暴发疫情之后，仅当地侨社积极参与抗疫的报道，他就已经采写了60多篇。《拉美侨声报》一周6天、每天16个版的纸媒内容也几乎原封不动地被"搬"上"云端"。

"在这场战'疫'中，我们华媒尽管打不了'前锋'，但可以做好'后卫'嘛！"这是周健给自己的定位，也是他的工作动力。面对陌生而凶猛的病毒，侨胞身在异国他乡，难免担心甚至恐惧。周健希望通过在电子报上介绍中国国内有效的防疫经验，增强侨胞抗击疫情的信心。

"给侨胞安慰与鼓励"

"工作量明显增加了，时效性更强了。"华人头条巴西站站长林筠感叹，"马上发""赶快发"成了最近一段时间的工作常态。将巴西当地媒体有关疫情的消息译成中文、报道侨团积极参与当地抗疫的各类活动、及时转发中国驻巴西大使馆的防疫提醒……林筠每天的工作时间表十分紧凑。

争分夺秒的"抢发"，有时是为了让侨胞充分掌握疫情信息，多一份安心；有时则是为了给侨胞加油鼓劲，让他们身在海外也能充满底气。

林筠记得，疫情暴发之初，巴西国内一度出现歧视华侨华人的现象，甚至侨胞佩戴口罩都会遭到嘲讽。不过，没过多久，巴西卫生部部长在一次电视讲话中呼吁，不应将病毒同种族、地域等联系，不应歧视中国人。看到新闻之后，林筠立即决定，当晚便将卫生部部长的这份讲话译成中文，刊发在华人头条的客户端上。"我们希望以此给巴西的华侨华人安慰与鼓励。"

还有不少华媒人通过各种方式，安抚侨心，让面对疫情冲击的侨胞不至于惊慌失措。

"疫情在智利蔓延已有3个多月，其间确诊病例数与死亡病例数一度飙升，一些侨胞出现了恐慌心理，还有一些侨胞觉得看不到头，感到灰心丧气。"生活在智利的南美新闻网执行总编王雪琰敏锐感知到身边侨胞的情绪变化。她一方面通过媒体平台，不间断地发布智利以及全球各地的疫情信息，劝告大家就地居家隔离，降低感染风险；一方面发挥自己的人脉优势，从中国采购侨胞所需的防疫药品，并且组织建立免费问诊的微信群，为有需要的侨胞答疑解惑。

阿根廷华人网董事长刘芳勇还向侨胞专门介绍了中国超市复工复产的经验。"在阿根廷，许多侨胞都以开超市、做零售为生，需要经常面对顾客。我们在报道中介绍了中国超市要求员工佩戴口罩、定时消毒、设'一米线'拉开安全距离等防疫措施，为当地华商做好日常防护提供参考。"

"与当地朋友分享经验"

疫情是全人类共同面对的挑战，抗疫不是一人一国之事。在拉美抗疫的"战场"上，华侨华人始终与当地民众站在一起，努力贡献着自己的力量。拉美各国华媒同样积极行动，利用融通中外的优势，在侨胞与当地民众以及中国与拉美国家之间搭起一座"连心桥"。

"我们既要通过报道，服务侨胞，凝聚侨心，也要向当地主流社会展现侨胞的乐善好施。"智利智华新闻社社长兼总编辑徐一评在海外生活多年，与不少当地媒体人成了朋友。疫情发生之后，他会经常与这些智利朋友交流，邀请他们关注并报道侨胞为当地政府、警察局、医院捐赠口罩等各类活动，用当地媒体的镜头定格侨胞支援当地抗疫的善举与爱心。

孟可心会定期将中国国内有关抗疫举措、复工复产进程的相关报道译成西班牙语，发给安第斯通讯社、《秘鲁人报》等秘鲁的主流媒体，与更多秘鲁民众分享中国的战"疫"故事与战"疫"经验。

"疫情发生之后，中国政府和在秘鲁的中资企业为秘鲁捐赠了大量防疫物资，提供了很多帮助，让秘鲁人民深受感动。目前，秘鲁进入了经济复苏第三阶段，面临平衡疫情防控和复工复产的难题。在疫情防控常态化的背景下，中国经济有序恢复对秘鲁来说是一个利好消息，也能为秘鲁提供值得借鉴的经验。"在孟可心看来，这些中秘合作战"疫"的好故事，都值得华媒人用心讲述。

刘芳勇也致力于将中国媒体有关抗击疫情的报道翻译转发给阿根廷的主流媒体。"阿根廷作为拉美地区疫情控制相对较好的国家，一个重要原因是借鉴了中国

有效的抗疫经验。我们希望通过与中国国内媒体的合作，将更多关于中国抗击疫情和恢复经济的好故事、好经验分享给阿根廷朋友。"

（《人民日报海外版》2020—07—15/严瑜）

苏里南华人社团举办华人定居 167 周年纪念活动

据中国驻苏里南大使馆网站消息，日前，中国驻苏里南大使刘全应邀出席苏里南华侨华人社团联合总会（以下简称"苏华总会"）在首都帕拉马里博市友谊公园举行的华人定居苏里南167周年纪念活动并致辞。苏里南总统单多吉的代表，经济事务、创业与技术创新部部长萨斯基亚·瓦尔登、国会议员王传瑞、文化局局长罗斯琳、苏华总会会长何振雄及各侨团代表出席活动，并向首批华人抵苏纪念碑敬献花环。

大使刘全在致辞中表示，167年来旅苏华侨华人顽强奋斗、艰苦创业，为苏里南的经济社会发展做出了重要贡献，为后代华人的生存与发展奠定了牢固基础。助人为乐是中华民族的优良传统，新冠肺炎疫情发生以来，旅苏华侨华人秉持互助互爱的理念，纷纷慷慨解囊，支持苏里南和祖（籍）国抗击疫情。国内侨务部门关心、关注旅苏侨胞，多次捐助抗疫物资，共克时艰。希望旅苏侨胞严格遵守苏防疫规定，加强防护，中国驻苏大使馆将一如既往为侨胞们提供更好的服务。

创业与技术创新部部长瓦尔登表示，很高兴代表单多吉总统出席活动并致辞，总统本人非常重视华人定居苏里南167周年纪念活动。1853年以来，华人族群充分融入当地社会，中华文化已成为苏多元文化的组成部分。2019年苏里南—中国"血脉相连"活动成功举办，不仅体现两国人民的血脉联系，也彰显共同的情感联结和友好情谊。当前华人群体遍布各行各业，为苏里南经济社会发展做出了积极贡献，促进了苏中友好交流和两国关系发展。感谢中国驻苏里南大使馆在苏中贸易、人力资源培训等方面提供的大力支持和帮助。

国会议员王传瑞、文化局局长罗斯琳、苏华总会会长何振雄致辞时回顾华人在苏奋斗历程，赞赏华人族群为苏经济社会发展所作突出贡献，表示要继承和发扬华人先辈优良传统，为促进苏中友谊、建设美好的苏里南而奋斗。

苏里南ATV电视台、中文电视台、ABC新闻、10分钟新闻等多家主流媒体和节目对活动进行了现场报道。

（中国侨网2020—10—26）

苏里南共和国总统举办华社新年招待会　赞扬华人贡献

当地时间12月10日晚，苏里南共和国总统单多吉在总统府为当地华侨华人举办辞旧岁迎新年招待会。苏里南总统伉俪，该国财政部部长、建设部部长、国防部部长、农业部部长、劳工部部长，华人国会议员王传瑞，中国驻苏里南大使刘全，苏华总会会长何振雄，各华人侨团领导、中资企业代表、工商界代表等出席招待会。

单多吉总统在致辞中强调苏里南与中国关系密切，两国之间交往频繁，双方在互利共赢的基础上发展关系，苏中牢固的友好关系为两国的合作奠定了基础。苏里南将一如既往地奉行一个中国政策。同时他特别感谢中国政府、在苏华侨华人为苏里南抗击新冠病毒提供大量的物资捐赠。单多吉总统高度赞扬华人族群为苏里南作出的重大贡献，欢迎中国企业来苏投资兴业，一起建设苏里南。

中国驻苏里南大使刘全在致答辞中表示，华人族群是苏里南多元社会的重要组成部分，长期以来为苏里南经济社会发展做出重要贡献。此次活动开创了先例，充分彰显了苏政府对华人族群的重视和所作贡献的肯定。他指出，明年是中苏建交45周年，对中苏关系发展具有重要意义。苏里南是首批同新中国建交的加勒比国家之一，两国相互尊重，相互信任，相互支持，堪称大小不同、文化背景不同国家间友好交流和南南合作的典范。2019年，中苏建立战略合作伙伴关系，两国政治互信不断加强，"一带一路"建设不断深入，各领域务实合作成果丰硕。中方赞赏苏方高度重视发展对华关系，为中国公民和企业在苏工作生活提供良好环境。中方鼓励中国企业来苏投资兴业，希望华侨华人作为桥梁和纽带，为中苏友好做出新的更大贡献。

刘全大使强调，中国政府高度重视对苏抗疫合作，积极提供物资援助，毫无保留地分享抗疫经验，中国无偿援助的瓦尼卡医院在抗击新冠肺炎疫情中发挥了重要作用。

华人国会议员王传瑞、苏华总会会长何振雄先后致辞，感谢总统的热情招待以及政府对华人群体在苏里南给予的肯定和重视。

苏里南共和国位于南美洲北部，东邻法属圭亚那，南接巴西，西连圭亚那，北濒大西洋，是一个种族、语言、宗教极为多元化的国家，华人与其他族裔和睦相处。

（中国侨网2020-12-12）

 **非洲**

落地生根　岭南文化在毛里求斯展现魅力

路易港跑马场旁，毛里求斯南顺会馆静静伫立，面朝远方的海岸。会馆内的关帝庙外墙贴着鲜红纸条，上面写有不同的人名和"100""200""500""4500"的

捐款数字，还有"烧猪一只"的字样。

"每年农历六月廿四是关帝诞，大家都会来到会馆的关帝庙聚会。"正如南海乡亲陆笑闲所说，关帝诞这样在南海常见的民俗传统，在毛里求斯的南顺华侨华人们依然传承着。

关帝庙昭示着华侨华人与岭南文化之间的联系。北京大学国际关系学院教授李安山指出，毛里求斯通常为华人登陆非洲的第一站。因此，这里也成了岭南文化乃至中华文化登陆非洲的首站。在遥远的非洲，早期的华侨华人以家乡庙宇为模板建起了漂泊异乡的"身份坐标"与"精神殿堂"。历经百载沧桑后，1988年海外首个中国文化交流中心在毛里求斯成立。

从原乡到他乡，从民间交流到官方合作，岭南文化的种子在经历跨越万里的旅程后，在非洲大地上落地生根，展现了无比的生命力。

重要的"他者"　在传统文化里找到身份依归

"我带你们去关帝庙看看吧！"2019年11月底，南方日报"寻访全球南海会馆"调研组抵达毛里求斯首都路易港，首站拜访南顺世袭大厦。在结束大厦的采访后，南顺会馆会长霍裕壮驱车带领调研组前往南顺会馆的旧址——路易港跑马场旁的关帝庙。

白色的清真寺，彩色的印度教寺庙，还有大红色的关帝庙……一路驱车，这些不同宗教的庙宇，错落有致地分布在路易港的大街小巷，给这座城市增添了多彩的魅力。而车上，正在播放香港歌手汪明荃的歌曲《勇敢的中国人》："做个勇敢中国人，热血唤醒中国魂，我万众一心，哪惧怕艰辛，冲开黑暗……"

事实上，车窗外的清真寺、印度教寺庙以及关帝庙等庙宇，正清晰地反映出毛里求斯族群多元、文化多样的国家生态。而在当地的多元环境中，听中国歌、拜关帝庙、舞岭南狮等文化习惯，都有着独特的意义。

相关统计数据显示，如今毛里求斯约有3万华人，约占毛里求斯总人口的3%。虽然华裔在毛里求斯国民构成中占比不大，但岭南文化乃至中华文化却在很多地方留下了鲜明印记，彰显出蓬勃的文化影响力。

在毛里求斯国际机场，有着中文标识，出入口处还有佛山产品的广告；在路易港的唐人街，南顺世袭大厦成为当地的地标性建筑，周边有着许多华人开的商店，可以买到各类中国商品；在中餐馆里，可以品尝到正宗的湘菜、川菜、粤菜，菜单上还有中文介绍；在华人开的武馆中，各种肤色的人群一起切磋和交流。

同样令人印象深刻的，还有毛里求斯政府对华人的重视，对中国文化采取鼓励发展的政策。毛里求斯已成为唯一将春节列为法定节日的非洲国家。"包括春节在内，每年毛里求斯会举办许多与中国文化有关的活动，我们都会去参加，中国人真的很团结，非常注重传统文化教育。"毛里求斯教育部高等教育科学技术司助理司长比默克夫人说。

华人会馆、关帝庙以及唐人街这些文化符号，都反映了毛里求斯岛华人在文化上的影响力。"在毛里求斯，说起广东人，人们就会竖起大拇指。"中国驻毛里求斯大使夫人、参赞王菊说，对于很多毛里求斯人来说，广东人豪气，做生意有人情味。

这种文化影响力源自百年的辛苦耕耘。当19世纪时的毛里求斯岛侨领陆才新倡建海唇关帝庙时，南顺、客家、福建三个族群的华人纷纷响应。后来，三个族群又建立了关帝庙轮值制，各自组成值理会负责一年庙宇的管理。"时至今日，即便福建人只剩下20多人，轮值制仍然继续着。"海唇关帝庙的庙祝陈念炉说。

而在南顺人内部，依托南顺会馆的传统节庆活动依然搞得有声有色。每年的关帝诞和天后诞，所有南顺人会来到旧南顺会馆的关帝庙和天后庙一起聚餐。"厨师在大厨房里炒菜，会馆里一口气摆了十来二十桌，大家热热闹闹一起吃饭。"在毛里求斯岛出生、祖籍南庄上淇村的陆笑闲说，除了两个诞会外，春节、元宵、端午、中秋等中国传统节日，大家还是按着传统习俗过。

公平而团结，坚守与传承，让华人得以在异国他乡生存、繁衍，生生不息。经历百年的辛苦耕耘，海唇关帝庙依然香火旺盛。"每年大年初一，毛里求斯岛华人都聚集在关帝庙内进行拜祭。"陈念炉说，当日甚至会有毛里求斯的文化部部长、路易港市市长和中国驻毛大使等要员前来庆贺。

香港中文大学历史系教授蔡志祥在研究中曾指出，海外华人重视中国传统节日，是希望通过这些节日和仪式，让自己在异国成为一个重要的"他者"，重要的少数群体。

从这个意义上，不论是毛里求斯华人的春节、马达加斯加华人的春秋二祭，还是非洲大陆各地华侨华人保留的中国生活方式与中华传统，均是在塑造一种关于"中华"的身份认同，以传统文化为滋养，找到在异国他乡的生存之道。

价值的认同　南海功夫带来了中国式生活哲学

在尊重族群文化多样性的毛里求斯，华侨华人及那股"少数而顽强"的中国文化影响力，如今已然超越族群界限，由华人圈内部向更宽广的层次传播了。

路易港的普济寺旁，有一个华人社区，其中一栋楼的黄花开得正艳，小花从二楼阳台倾泻而下，茂盛得如同瀑布。从花影中，传来了饱含深情的歌声："在那桃花盛开的地方，有我可爱的故乡……"

仔细一看，唱歌的人并不是华人，而是一名黑皮肤的当地人。他用地道的普通话告诉调研组，他的名字叫做周润发。

周润发介绍，他从小就在这个社区里长大，对中国文化十分喜爱。除了《在那桃花盛开的地方》，他还会唱《月亮代表我的心》《上海滩》等脍炙人口的歌曲，还在中国文化中心举办的华语演唱比赛上拿过奖。兴之所至，周润发又继续开唱：

"你问我爱你有多深，我爱你有几分……"

除了一副好歌喉，周润发还有一副好身手，他师从南海功夫教头梁东升，学习咏春已有多年。

1984年，梁东升作为南海唯一一名功夫师傅出访毛里求斯，受到当地人的热烈欢迎。近36年过去，他的徒弟已经遍布这个非洲岛国。

在毛里求斯路易港的唐人街上，一栋名叫Jade House的小楼挤在两座高楼之间，如果不仰头张望，很容易错过那块印有"咏春武馆"四个字的招牌。每天晚上，在Jade House顶层的天台上，都会有一群人身穿黑色练功服在比划招式。

调研组探访这一咏春武馆的当晚，这些"黑衣人"正在两两作对，双手像是黏在对方手上，来回挥摆。他们训练的，是咏春拳的经典招式——黐手，而梁东升正在一旁悉心指导。

在徒弟们看来，师傅梁东升所教授的，不仅仅是南海功夫，更是一套中国式的生活方式，其中所蕴含的价值观，令他们非常认同。

"学习功夫之后，自己的心态更平和了。"当地土生土长的华人温更新，跟随梁东升习武已经有11年。他说自己从前脾气暴躁，与人一言不合就会上前争执甚至动手，习武之后却变得心平气和、温文尔雅。他认为，这是中国武术让自己的人生观发生了重大改变，"学习功夫是为了不用打架，不打才是高级的境界。"温更新说。

穿黑衣的习武者正在天台上练功，而在天台旁的大厅里，毛里求斯人Joya正带着她10岁的女儿Anya坐在沙发上静静地注视着窗外，她的另一个女儿——16岁的Ria正在与大家一起练拳。

Joya多年前毕业于美国斯坦福大学，曾先后在美国和加拿大工作过，如今返回家乡毛里求斯定居。她非常认同中国文化的理念，5年前便送两个女儿学习咏春拳。"除了强身健体，学咏春还能提升她们的自律性。"Joya说。

交往的通道　岭南文化纽带跨越万里

调研组在毛里求斯采访期间，恰逢中华文化大乐园毛里求斯营举行闭营仪式。活动中，中国文化变得活灵活现：星海音乐学院附属中等音乐学校副校长张帆的葫芦丝演奏、原汁原味的粤剧戏曲……中国风在会场内飘荡。会场后面，当地青少年的书画作品被陈列起来，梅兰竹菊、威武门神颇有神采。

"毛里求斯有许多华侨华人来自广东，所以这次夏令营我们带来了许多广东元素。"中华文化大乐园毛里求斯营代表团团长、广东省侨办外联处副处长侯瑜说，这些文化活动正在加深华裔新生代对祖籍国的了解，引导他们主动成为中华文化的传承者和中毛友好交往的使者。

"没想到中国的文化如此博大精深。"19岁的毛里求斯少女Catrina参加了夏令营，学习了中国舞蹈。在她印象中，来自广东南海的侨胞们都说一口流利的粤语，让她感到新鲜又好奇。"中国是一个开放、包容的国家，希望将来有机会能去中国发展。"

中国文化大乐园在毛里求斯热闹办起，再次将中毛之间那条跨越印度洋的文化空间通道展现。从早期的民间传承，到如今的民间与官方交融，这条文化纽带正递进演变着。

在通道的彼端，百多年前，登陆非洲的南顺人依靠对家乡传统在异域的操演，维系着一道历史与文化的记忆。从兴建南顺会馆，到举办关帝诞、天后诞等节庆仪式，南顺先侨的文化自觉，让岭南文化早于百年前便扎根毛里求斯岛。

民间交流畅旺，官方相互交往也日渐增多

"1984年，我受南海政府的委派来到毛里求斯做交流，成为来非洲的第一个南海武术师傅。"凭借着习武所积攒下来的精湛医术，梁东升治好了前总统卡萨姆·乌蒂姆的脚疾，被后者赞誉有加。

落地生根后，梁东升开设了咏春武馆和医馆，慢慢变成了毛里求斯人心目中的"Sifu"（即粤语"师傅"发音）。"我最开始是中国大使馆委派过来的，但我始终觉得自己肩膀上有一种责任，就是要随时随地为中国文化作出贡献。"

就在梁东升抵达毛里求斯4年后，中国文化中心也在这里落成，这是中国第一个海外文化交流中心，具有重要的示范意义。成立多年，中心发挥国情宣介、文化交流、思想对话、教学培训、信息服务五大功能，成为当地人了解中国文化的窗口，连接民心的纽带。

民间与官方的交融，让这条文化通道显得更生机勃勃。一方面，成为民间教练的梁东升依旧在开班授徒，南顺会馆关帝诞、天后诞等传统节庆依然举办。另一方面，通过中国文化中心，普通话汉语教学、中国各地艺术团体交流、文艺晚会、艺术展览等活动不断在当地举办。

百年岁月之后，当初南顺人带到他乡的岭南文化依然传承着。在中非合作交流日益增进的当下，中国文化亦通过这条文化通道抵达远方，与在当地早已生根的岭南文化合璧，谱写出新的故事。

现场：百年关帝庙来了一群年轻人

傍晚时分，路易港海唇关帝庙内的宁静突然被打破，一阵锣鼓声从园子一角的凉亭传来。循着锣鼓声看去，竟是几个十来岁的少年。未几，一金一白两头南狮在关帝庙门前亮相。随着点点鼓声，狮子时而昂扬，时而低首，时而一跃而起抬起前爪，看其步法与架势便知平时训练有素。

另一边厢，在"关帝庙"牌匾下，十几名肤色各异的姑娘，在悠扬的音乐中转动彩色纸伞，翩翩起舞。

庙前醒狮，在南海是每逢传统节庆的例牌活动。不过，这一场景却像穿越时空在万里以外的非洲岛国毛里求斯出现。这让人倍感亲切的一幕，其实源于百多年前华侨先民播下的种子。

史料记载，1842年，在福建籍侨领陆才新倡议下，移居毛里求斯的闽、粤及客籍华侨集资在路易港海唇街兴建这座关帝庙。而在关帝庙出现前，这块土地就已经是华人登陆毛里求斯的第一站，他们在这里搭起棚屋，度过了登陆的最初岁月。关帝庙内地板上一个黑色方块，就是当年华人取水的井口。庙宇建成后，人们特意标记此处，以作纪念。

177年过去了，当年庙宇门前能看到开阔的海面，如今被一家工厂挡住。二楼的关公像，却仿佛依旧在凝视前方，寻找海的踪迹。百年以来，这里香火不断，毛里求斯华人把这里视为精神殿堂，也是一个历久弥新的公共空间。

说其历久弥新，是因为中国传统文化在延续着。来自故土的醒狮技艺，被一名南海人带到了关帝庙：咏春师傅梁东升于1984年参加中国文化交流团到毛里求斯交流，最终留在当地传授咏春、醒狮与中医，被当地人尊称"Sifu"。

如今，海唇关帝庙成为了毛里求斯岛华人醒狮练舞的地方。每周三和周六下午6时到8时，年轻人便聚集在关帝庙前训练，这一习惯已经持续了20多年。

关帝庙前的这群少年是Thierry Chueng的学生。Thierry现年38岁，祖籍广东梅县，12岁起就拜师梁东升，学习舞龙舞狮。"我虽然不会说中文，但热爱中国文化。"Thierry说。

"我爸爸是中国人，我刚出生不久就被爸爸带到了毛里求斯。"少年Terence说，自己来到关帝庙学舞狮已经有5年时间，他认为学习舞狮的目的是为了保留这些中国文化。

从师傅梁东升到徒弟Thierry，再到现在的一群徒孙们，薪火相传的百年关帝庙，正在见证一段中华文化在异国他乡的师承关系。

这样一群在庙里舞狮、跳中国舞的年轻人，有着不同的肤色，讲的是英语、法语和当地土话克里奥语，不太会说汉语，却不妨碍他们爱上中华文化，操演着岭南民俗，让古老的关帝庙洋溢着青春气息。

为什么关帝庙前的文化传承如此有活力？从少女Irene的回答中或许能找到启示："我们华人在毛里求斯岛不是多数族群，所以我觉得华人更要去学习、传承中国文化，我学中国舞就是方式之一。"

特写：南海功夫教头在非洲

一说起"Sifu"，就知道是梁东升

唐人街Jade House 5楼的天台上，前一刻钟，咏春教头梁东升还是头顶墨镜身着休闲装，待学员们集结在一起时，他已换成一身太极图案的练功服，抄起两支双截

棍，蓄势待发。

学员们自觉让出天台中央位置，音乐响起，梁东升马上挥舞起双截棍。铁棍如灵蛇缠绕躯干，却从不"咬"到本人，其速度之快让人目不暇接。

梁东升是非洲第一位南海功夫师傅。在非洲的近36年间，他一直作为"传道者"将咏春拳、醒狮和中医传递到非洲各国，至今已是"桃李满非洲"。

如今，在当地，人人看到梁东升都会尊称一声"Sifu"。

南海师傅的"宝芝林遗风"

中华武术各个流派都讲究师承，咏春也不例外。成长在老佛山镇一带的梁东升，他的师承就是当地有名的"彭南咏春"。在未出国之前，梁东升是一名学校老师，不仅在学校教授功夫，还常在南海大沥、狮山教拳。

1984年，梁东升受南海县政府委派随中国驻毛里求斯大使馆的文化交流团来到毛里求斯，成为来到非洲第一个南海功夫师傅。

一开始，这本来是一趟短期的文化交流之旅，但一个偶然的机会改变了梁东升人生的轨迹。"由于我也懂得中医针灸，治好了时任总统的脚疾，被他极力挽留，我就留下来了。"

自此，梁东升从最开始的中国文化交流中心特邀教练，变成了民间的中国功夫教头，开启了在非洲的咏春之路。三十多年间，他足迹遍布毛里求斯、马达加斯加、南非等非洲国家。"现在我手下有1000多名弟子了。"梁东升说，这些弟子肤色各异，语言也不同，但都在将咏春传播到世界各地。

而毛里求斯自然是他的大本营。在路易港，他创办了自己的咏春武馆，建立了毛里求斯龙狮联合会，全岛有8支龙狮队伍均出自梁东升之手。他还开设了中医馆，以针灸等中医技艺悬壶济世。

就像一代宗师黄飞鸿以"宝剑出鞘，芝草成林"为宗旨创办了宝芝林药店一样，在万里之外的异国他乡，梁东升的故事颇有宝芝林遗风的意味。渐渐地，人们称呼梁东升从一开始的梁教练、梁师傅，到后来为方便发音变成"Sifu"，这也成了梁东升的英文名和对他的尊称。

每一声"Sifu"背后都是责任

如今，年过六旬的梁东升已把拳馆交给徒弟们打理了，自己日常则多在医馆里活动，平时经常有弟子登门拜访，利用医馆内的木人桩与梁东升交流切磋。

"我从前学过空手道，但后来发现中国功夫更'柔'，也更喜欢中国的文化。"毛里求斯徒弟Patrick跟随梁东升学咏春拳已经20年了。他说法语，梁说汉语，两人虽语言不通，却丝毫不妨碍彼此的授受："师傅教一招，自己就学一招。"谈到这位中国师傅的风骨，Patrick张开双手，笑着说："He is a little man but very big."个子虽小，形象却伟岸。这一评价对于多年来在非洲传授咏春的梁东升来说，可谓

十分贴切了。

他就像是中非文化交往的一个先行者和拓荒者，在非洲土地上辛勤耕耘。"我来毛里求斯岛的时候，中毛两国还未建交。国人也对毛里求斯不了解，我甚至被问'毛里求斯有可口可乐吗？'"梁东升切身体会到两国交流的从无到有，从少到频，"现在中国元素在毛里求斯岛有很大的体现，国人也正在改变对毛里求斯、对非洲的看法。"

30多年过去了，官方的使命虽早已完结，但梁东升仍时时刻刻感到使命在身。"我始终觉得自己肩膀上有一种责任，就是要弘扬武术文化，随时随地为中国文化做出贡献。"

（《南方日报》2020-01-08/卢浩能等）

中保华安南非安全服务中心启动仪式在南非举行

据南非当地媒体消息，1月19日，南非华人警民合作中心与中保华安南非集团公司战略合作签字仪式暨中保华安南非安全服务中心启动仪式在南非约翰内斯堡隆重举行，中国驻南非大使馆警务联络官俞圆参赞、中保华安南非集团孔宪明董事长，豪登省警民合作论坛马塞勒拉主席，南非华人警民合作中心李新铸主任等出席并致辞。

孔宪明致辞时表示，中保华安南非集团公司与南非华人警民合作中心结成战略合作关系，共同在南非爱侨护侨，助力"平安南非"建设，保护华侨华人、中国公民和企业机构的安全，为促进中南友好关系以及治安秩序改善做出努力和贡献。

孔宪明表示，中保华安南非安全服务中心启动运行后，将正式建立一支专业化、职业化的保安机动巡逻、突发事件快速处置的队伍，携8辆安防巡逻车为豪登省华侨华人商业区、生活区以及中资企业机构开展巡逻防控。南非玛菲肯地区、罗斯滕堡市、库鲁门市、北开普省金伯利市、伊丽莎白港、新堡市、布隆方丹等七个省、市或地区的华侨华人警民中心合作，搭建智慧安防指挥平台，组建武装安保队伍，助力建设"平安南非"。

李新铸致辞时说，在中国驻南非使领馆的倡导下，一批热心公益的侨领组织于15年前成立了南非华人警民合作中心，致力于提升南非华侨华人安全防范意识和自我保护能力，改善旅南华侨华人的生存发展环境。

李新铸说，南非华人警民合作中心和南非警方、南非CPF保持着友好的往来，协助驻南非使领馆为侨胞服务，积极响应驻南非大使馆林松添大使的号召，打造"平安南非"，为中南各领域务实合作营造安全、稳定、和谐的大环境。南非华人警民合作中心与中保华安南非集团公司务实合作，一定能够成为"平安南非"的参与者、建设者、贡献者和受益者。

俞圆参赞表示，南非华人警民合作中心与中保华安南非集团公司战略合作，以及中保华安南非安全服务中心的正式启动具有特殊意义。中保华安作为国内外知名的保安公司，多年来在人防、技术防等层面经验丰富；南非华人警民合作中心成立15年来，为保护华侨华人做出了重要的贡献。双方强强联合，一定能够将"平安南非"推向更高的层面。

马塞勒拉主席对南非华人警民合作中心长期以来协助当地警方、当地警民合作论坛做出的突出贡献予以充分肯定，他也充分强调了在目前的预防犯罪、打击犯罪中，高科技手段所发挥的作用至关重要。他希望中保华安南非公司与南非华人警民合作中心的合作，能够进一步为南非警方、南非警民合作论坛提供支持。

在与会领导和嘉宾的见证下，孔宪明董事长和李新铸主任签订了战略合作备忘录。孔宪明董事长还向李新铸主任、朱怡苑常务副主任颁发了顾问聘书。俞圆参赞、孔宪明董事长、李新铸主任、李乘龙主任、索毕亚少将、马塞勒拉主席还一同为中保华安南非安全服务中心揭牌并授旗。

据介绍，中保华安集团成立于2007年底，是中国一家专业化、国际化、综合型的现代安全服务企业。目前在中国国内18个省（市、自治区）有18家专业保安公司，服务网络遍及120多个城市，雇员超过2万人。同时还建有智能化工程、特种犬服务、保安培训、安全咨询顾问、安全技术与产品开发与销售等专业公司和学校。

（人民网2020-01-22/王磊）

中国413名维和官兵被联合国授予"和平荣誉勋章"

中国第七批赴马里维和部队的413名官兵25日被联合国授予"和平荣誉勋章"，以表彰他们为联合国维和事业做出的贡献。

联合国秘书长马里问题特别代表、联合国马里多层面综合稳定特派团（以下简称"马里稳定团"）团长安纳迪夫，中国驻马里大使朱立英，马里稳定团东战区司令朱劲松等出席了在中国维和部队驻加奥警卫分队营区举行的授勋仪式。

安纳迪夫充分肯定中国维和部队为马里和平事业做出的努力。他表示，中国维和部队克服重重困难，给困境中的民众带来希望，为加奥做出巨大贡献，是联合国维和部队的骄傲。

朱立英在讲话中表示，中方将继续履行大国责任和担当，在力所能及范围内为维护非洲和平、促进非洲发展做出努力和贡献。

中国第七批赴马里维和部队由警卫、工兵、医疗三支分队组成。自2019年5月部署到任务区以来，出色地完成了警戒执勤、超营外围巡逻、工程保障、施工抢修、伤员救治、医疗保障等任务，得到了马里稳定团总部、马里稳定团东战区的肯定。

（新华社2020-02-25/邢建桥）

赞比亚华侨华人同心聚力　全力抗击新冠肺炎疫情

据非洲华侨周报微信公众号消息，当前，新冠肺炎疫情在全世界蔓延，部分国家疫情加剧。随着海外确诊人数急速上升，非洲大陆的形势也变得十分严峻。

赞比亚公共卫生基础较为薄弱，面临的输入性风险也越来越大。在中国国内疫情暴发之初期，中国第21批援赞医疗队在中国驻赞大使馆领导下，配合制定了《中国驻赞比亚大使馆新型冠状病毒感染的肺炎可疑病例和疑似病例报告、评估和处理方案》《中国驻赞比亚大使馆国内回赞/来赞人员居家医学观察方案》等疫情防控方案，向华人同胞发放了《中国援赞第21批医疗队医疗建议书》，指导华人同胞科学防控，配合使馆承担中国返赞人员排查、可疑病人医学筛查、评估和医学指导工作。

针对华侨华人在疫情之初产生的各种不安情绪，医疗队开拓性地建立网络宣传培训平台——"援赞第21批医疗队新冠防治群"，积极开展科普教育活动，得到了华人同胞一致欢迎。通过两个微信群，医疗队向在赞华侨华人、中资企业就新型冠状病毒肺炎预防和诊治、传播途径、临床表现、口罩规范使用、居住地消毒等问题，开展在线微信健康大讲堂14场次，近千华人参与到微信交流活动之中。医疗队还利用微信平台，及时提供专业的医学咨询和帮助，实时回应侨胞的疑问，辟除谣言，平复恐慌情绪。

援赞医疗队积极参加赞比亚当地媒体节目，通过电台、电视台、报纸和社交媒体等，及时向赞比亚当地民众宣讲疫情防疫知识，培养公众正确认识新冠肺炎疫情，科学防治新冠病毒，避免产生不必要的恐慌和错误的抵制情绪。

同时，医疗队认真做好现有药品及防护器械盘点，在中国驻赞比亚大使馆、当地侨社、华人同胞的支持下，想方设法采购必要的防护装备，并积极落实防疫工作和防控流程，配合中国驻赞比亚大使馆与赞比亚卫生部门联系，配合大使馆做好赞比亚输入性疫情风险防范工作，努力促进赞方科学有序开展防控工作，建立符合要求的新冠肺炎病人隔离救治设施。

新型冠状病毒肺炎疫情时刻牵动着全国人民和全球华侨华人的心，在赞华侨华人和各侨社组织也不例外。当地侨团侨社海格客车、赞比亚华人华侨总会、赞比亚中国和平统一促进会、赞比亚中国妇女联合会纷纷捐款，用实际行动为中国国内相关医疗机构和在赞医疗队的抗疫工作提供了有力支持。

赞比亚华侨华人总会执行会长吴明呼吁在赞华侨华人遵守驻赞大使馆的防疫工作要求，理解、支持、配合驻赞大使馆和医疗队做好疫情防控工作，返赞华人在到赞14日内自觉做好自我隔离观察，努力把疫情挡在赞比亚之外。在赞华侨华人应密切关注世卫组织和驻赞比亚大使馆发布的相关信息，不信谣、不传谣，广泛转发疫情防控科学知识，科学理性地防控疫情，如有任何疑问和健康问题，应第一时间跟大使馆和医疗队沟通，做到早发现、早报告、早隔离、早治疗。

吴明会长对疫情期间在赞企业所面临的困难提出建议，疫情是危也是机，既给部分企业带来了短期的压力，也给部分企业迎来了机遇。疫情之下，各企业领导者要将危机视作学习的过程，在积极应对困难的同时，主动思考危机背后可能蕴藏的潜在机会，探索企业发展的第二曲线。各企业不要陷入等待，而需要创造性地利用既有资源来想方设法解决当下的一些问题，将挑战转化为机遇。

（中国侨网2020-03-11/刘欢）

安哥拉中国城旧服装行业代表与安消费者保护局座谈

日前，安哥拉中国城旧服装的行业代表与安哥拉商业部国家消费者保护局（INADEC）副局长Anta Webba召开座谈会，就当地消费者对旧服装业主投诉进行了探讨。

会议上，旧服装业主对当地消费者给该部门投诉的问题给予了回复，针对一些货品等级、服务态度问题，作出承诺更改。同时，就旧服装更换退货问题，业主已与该部门达成共识，定于下周到中国城实地考察，详细了解相关问题的原因与解决办法。

Anta Webba副局长在会上也非常认可中国城对当地人民的影响力，同时，对各行各业为安哥拉当地青年创造的就业表示感谢。

据Anta Webba副局长介绍，该局将出台一本宣传册，宣传主题是中国各行企业对安哥拉当地的影响。中国城也在其中，这无疑会加大对中国城各行各业的宣传。

（［安哥拉］安哥拉华人网微信公众号2020-03-20）

津巴布韦华人企业改造当地隔离医院　展示中国速度

目光转向非洲，随着新冠肺炎疫情的蔓延，非洲国家的确诊病例正在持续增加，对于原本医疗基础设施薄弱的非洲国家来说，防控疫情的任务十分艰巨。为此，津巴布韦华人企业快速行动展示"中国速度"，将在10天内帮助津巴布韦升级改造当地定点隔离医院，助力津方做好新冠肺炎疫情的应对准备。

3月19日，津巴布韦威尔金斯传染病医院改造项目正式启动。作为津巴布韦政府指定的疑似新冠肺炎病例隔离医院，威尔金斯传染病医院设施陈旧、建筑老化，隔离条件不足。面对津巴布韦日益严峻的防控形势，当地华人企业决定率先行动起来，对威尔金斯传染病医院进行升级改造。在当天举行的启动仪式上，津巴布韦卫生和儿童福利部部长莫约称赞了华人企业的社会责任感，并感谢中国政府在新冠肺炎疫情袭来之前向津巴布韦人民伸出援手，"我们非常感谢中国政府，以及中国大使馆给予津巴布韦的帮助。我们知道，得益于中国全力实施的一系列科学防控措施，新型冠状病毒肺炎疫情在中国得到控制。但是这种病毒正在蔓延，对欧洲、非

洲国家来说，病毒是全新的。对津巴布韦来说，我们与中国大使馆保持密切联系，我们在应对新冠肺炎疫情时将得到中方帮助。目前津中双方已经在展开合作，全力做好应对准备。"

据了解，威尔金斯传染病医院升级改造项目包含维修病房、诊室等硬件设施，修建救护车消毒平台、水塔，并整改符合要求的污水生化处理系统。整个工程造价约350万元人民币，来自华人企业的施工队将24小时不停工，力争在10天内完工，以应对津巴布韦日趋严峻的新冠肺炎疫情防控形势。同时，华人企业还将向津方捐赠价值100万元的防护服、护目镜、中西药等医疗物资。

津巴布韦首都哈拉雷市副市长埃诺克在视察施工现场后对华人企业展示的"中国速度"表示惊叹。他说："哈拉雷市政府非常感谢中国企业的捐赠，我们被告知医院的升级改造项目将在10天内完成，这么短的时间，这一速度是非常令人惊叹的。我和同事前往医院观看他们前期的准备工作，项目已经取得了进展，令人惊喜。"

出席当天启动仪式的中国驻津巴布韦大使郭少春表示，在中国遭受新冠肺炎疫情时，津巴布韦政府和人民给予了中方大力支持，中方也将致力于帮助津方共同抗击新冠肺炎疫情。"作为津巴布韦的好朋友、好兄弟，中国从一开始就与津方密切合作，共同维护津巴布韦的安全。我们之所以这样做，是因为我们相信人类是命运共同体，这是中方对非洲福祉的坚定承诺，也是中津特殊友好关系的体现。"

（中央广电总台国际在线2020-03-20/李修莉，高俊雅）

9个镜头记录中非抗疫感人瞬间

新冠无情，人间有爱，中国与非洲共抗疫情的故事正是一部"更加紧密的中非命运共同体"的生动写照。在残酷现实背后，还有更多美好的故事、温暖的情谊、可爱的人民。借几篇日记，记住瞬间感动和永恒友谊。

2月4日 "疫"笔捐款

2月4日，赤道几内亚政府决定向中国政府捐款200万美元抗击新冠肺炎疫情。这个人口仅130万的非洲小国在中国汶川地震后也曾作出慷慨善举。类似的倾囊相助还有很多。2月10日，一家科摩罗媒体在推特上发布消息称，科中友好协会向中方象征性捐助了100欧元以抗击疫情。对这个世界最不发达国家而言，捐出的是无法用数字衡量的对中国人民的深重情谊。

2月7日 "疫"张字条

"I can't write good Chinese but hope to understand little of it. This is my little support to China in war against coronavirus. I love CHINA."这是一名在广东佛山的非洲留学生留

下的字条。2月7日，这名非洲留学生向警察留下这张字条和500元钱，用中文说了一句"我爱中国"后便离开。虽然没有留下姓名，虽然500元并不是个大数目，但他用并不漂亮的汉字写下的一句话温暖了疫情下的中国人："我捐出我所有的，我希望它能帮助拯救更多人的生命。这是我对中国抗击新冠肺炎疫情的支持。"平实的语言，正如中非人民质朴的友谊。

3月18日"疫"次连线

隔离病毒，不隔离爱。3月18日，中国同非洲国家首次就新冠肺炎疫情防控举行专家视频会议，24个非洲国家和非洲疾控中心的近300名官员和专家通过网络参会。中国专家详细介绍了中方在疫情防控等方面的经验做法，并回答了非方近50个各类问题。这场持续了3个半小时的视频会议是一次抗疫经验的专业连线，也是一次中非友谊的暖心连线。

3月22日"疫"句名言

"When people are determined, they can overcome anything."当地时间3月22日，满载马云公益基金会和阿里巴巴公益基金会援非抗疫物资的埃航包机降落非洲大陆，物资包装上印有南非前总统曼德拉的这句名言，中文翻译过来就是"人心齐，泰山移"。2020年的春天，因为一场疫情，这句话再次被中非人民提起。相信在物资包装上看到这句话时，语言不再是障碍，因为情谊是共通的语言。

4月3日"疫"通电话

"中国发生新冠肺炎疫情后，您展现出卓越领导力，赢得国际社会赞誉和钦慕。这次疫情不分阶层、不分国界，世界各国需要携手应对。"纳米比亚总统根哥布对习近平主席如是说。4月3日，国家主席习近平应约同纳米比亚总统根哥布通电话。在中国同纳米比亚建交30周年、新冠肺炎疫情在全球多点暴发的关键时刻，习主席同撒哈拉以南非洲国家元首的首次通话为中非共同抗疫注入了定心之力。患难时分老朋友间的一通电话，不只是寒暄问候，更是彼此打气。

4月6日"疫"架包机

当地时间4月6日，一架满载中国援助中西非国家医疗物资的包机降落在加纳首都机场，在停航期间寂静的天空中划出一道爱的连线。医用口罩、防护服、额温枪、呼吸机等物资以加纳为转运中心，通过联合国人道主义应急仓储渠道，进一步分送至其他中西非国家。中国援助东南非国家物资也正陆续抵达。中非友谊之所以坚固，就是因为在一方遇到困难时，总有另一方的"包机"满载支持与关心而来。

4月12日"疫"路返程

这是一段特殊的回乡之路。4月12日，山东援鄂医疗队队员张静静的丈夫韩文涛乘飞机抵达西安咸阳国际机场。4月6日，张静静结束援鄂任务即将隔离期满时突发疾病不幸逝世，丈夫韩文涛远在西非塞拉利昂工作，因疫情停航被困万里之外无法见到妻子最后一面。经中国驻塞拉利昂大使馆和塞多部门协调，韩文涛终于辗转回到祖国。这是一段特殊的返程，于韩文涛是痛失爱人，于国人是致敬英雄，于塞拉利昂是对中国的理解和协助，于中塞两国是患难真情。

4月16日"疫"场逆行

驰援万里，逆行战"疫"。当地时间4月16日，中国政府派遣的两支抗疫医疗专家组分别抵达埃塞俄比亚、布基纳法索。两支队伍分别由四川省、天津市选派，是我国首批派往非洲支援抗疫的专家队伍。飞机落地埃塞后，医疗专家组与前来迎接的埃塞政府官员共同举出了"同舟共济，守望相助"的横幅，非洲屋脊灿烂的阳光打在这八个字上。那一刻，口罩遮住了面庞，但遮不住这些逆行者的美丽，遮不住中非人民的患难真情。

4月19日"疫"封"家"书

广州作为中国国家中心城市、国际商贸中心和综合交通枢纽，是国内各省和世界各国人民长期创业发展和生活居住的一大热门选择，也逐渐成为不同肤色在穗人员的第二个"家"。4月19日，广州市新冠肺炎疫情防控指挥部办公室向所有在穗人员写下一封"家"书，提出无论国籍、肤色、性别，采取疫情防控措施一视同仁，呼吁大家团结一心、同舟共济、共克时艰。这封家书更像是一声凝聚人心的号角，无论是怀着"广州梦"的中国人，还是揣着"中国梦"的外国人，疫情面前唯有凝心聚力才能把梦想延续。

"我们愿同非洲人民心往一处想、劲往一处使，共筑更加紧密的中非命运共同体，为推动构建人类命运共同体树立典范。"2018年，习近平总书记在中非合作论坛北京峰会上如是说。2020年中非抗疫的故事，为"更加紧密的中非命运共同体"又增添了一个温暖的注解。

（人民网2020-04-26/王泽非）

捐赠物资　派遣专家　援建医院　中国站在驰援非洲战"疫"最前线

当前，全球仍在紧张应对新冠肺炎疫情，非洲大陆日益成为国际社会关注的焦点之一。从事全球市场研究的益普索集团与非洲疾病预防控制中心、世界卫生组织以及其他伙伴合作撰写的最新报告指出，非洲各国迅速出台政策以遏制新冠病毒的快速传播，但它们需要在减少传播的同时兼顾防止社会和经济混乱。报告指出，非洲国家在这场疫情中面临特殊的障碍，原因是非洲国家的脆弱人口占比很高、保障措施有限且医护人员极度缺乏。毫无疑问，非洲战"疫"，离不开全球的支持与帮助。而正如非洲多国驻华大使指出的，中国始终站在驰援非洲的最前线。

"非洲兄弟加油！"

近日，驻非洲大陆各地的德国之声记者都在报道，来自中国的集装箱里装满口罩、呼吸机和防护服。目前，非洲几乎每个地方都收到了来自中国的援助。德国之声援引伦敦大学亚非学院政治与国际关系教授史蒂芬·陈的话指出，中国的这种援助努力正是急非洲之所急。

4月23日，中国政府援助非洲12个国家的抗疫物资转运仪式在埃塞俄比亚首都亚的斯亚贝巴博莱国际机场举行。此批中国政府援助物资包括防护服、护目镜、体温检测仪、口罩等，将陆续转运至安哥拉、喀麦隆、中非、乍得、吉布提、莱索托、马达加斯加、纳米比亚、尼日尔、卢旺达、索马里和坦桑尼亚。

这是进入4月以来中国政府第二批集中运送的援助非洲国家医疗物资。4月6日，中国政府援助非洲18国抗疫物资运抵加纳首都阿克拉，已陆续被转运分送至加纳、尼日利亚、塞内加尔、加蓬、塞拉利昂、布基纳法索等18个中西非国家。

正如尼日尔驻华大使伊奴萨·穆斯塔法所说："当疫情在全球蔓延时，中国没有置非洲于不顾。"

路透社、美联社等媒体还报道了中国民间对非洲的捐赠。"非洲兄弟加油，愿非洲安好！"4月20日，马云公益基金会和阿里巴巴公益基金会与非盟合作，为非洲提供第三批应急物资。这批物资直接捐赠给非盟，由非盟和非洲疾控中心根据疫情发展和当地情况统筹物资分发。许多在非中资企业也慷慨解囊，向所在国家捐款捐物。非盟主席穆萨·法基·马哈马特表示："这些至关重要的物资将增强非洲疾病预防控制中心的战略库存，以协助成员国进行防疫战斗。"

"中国政府和人民在本国抗疫斗争取得重要成效的同时，始终关心着非洲疫情形势，中国始终站在驰援非洲最前线。"莱索托驻埃塞大使玛法代表受援国和非盟常驻代表委员会，衷心感谢中方及时提供医疗物资援助："在这一重大挑战面前，中国的无私援助充分体现出非中之间从官方到民间的深厚友谊，非洲各国战胜疫情的能力和信心正不断增强。"

"提振战胜疫情信心"

在非洲大陆，中非人民正在并肩战"疫"。

这里有远道而来的中国专家组。4月30日，中国政府派往非洲的首批抗击新冠肺

炎疫情医疗专家组之一抵达吉布提安布利国际机场。该专家组刚刚在埃塞俄比亚完成为期两周的工作，将继续在吉布提与当地医疗机构合作抗疫。

吉布提青年与体育国务秘书卡米勒代表吉布提政府表示，中国抗疫医疗专家组的到来，是中国政府支持吉方抗疫的又一实际行动。中国政府和企业已经通过捐赠款物向吉方提供有力的物质支持，此次医疗专家组来吉分享抗疫经验，贡献中国智慧，必将进一步提振吉方战胜疫情的信心。

这里有"云端"分享的中国经验。中国政府先后组织医疗专家，与24个撒哈拉以南非洲地区国家和16个西亚北非地区国家政府官员和卫生专家召开视频会议。4月28日，由非洲疾病预防控制中心、马云公益基金会、阿里健康联合组织的新冠肺炎医学交流会在"云端"召开。此前，该交流会已为埃塞俄比亚、卢旺达、南非、津巴布韦、加纳5个国家的医护开办了线上专场培训。

这里有为非洲医院改善条件而辛勤劳作的中国企业和员工。5天完成埃塞俄比亚爱菲医院隔离病房改造，10天升级改造津巴布韦威尔金斯传染病医院，对竣工不久的塞内加尔妇幼医院进行改造……面对新冠肺炎疫情在非洲蔓延的严峻形势，中国企业积极帮助非洲国家改建新冠肺炎患者收治定点医院。

埃塞俄比亚《每日观察报》报道称，中国企业用最短的时间帮助埃塞俄比亚完成了定点医院改造，"困难时刻，中国向我们伸出了友谊之手。中国是埃塞俄比亚最值得信赖的朋友"。埃卫生部部长利娅·塔德塞表示："中国向我们分享了翔实可靠的疫情信息和防控经验，并提供了具有针对性的建议，我们将把这些方案和建议运用到下一步防控工作中，并将继续与中国政府紧密合作。"

塞内加尔总统萨勒表示："塞方感谢中方对塞防疫工作的大力支持。中方为我们援建并升级改造了医院，万里迢迢送来防疫物资；在塞中国企业、华侨华人为当地慷慨捐助……我们将永远铭记在心。"塞内加尔《太阳报》在报道中称："在抗击疫情的关键时刻，中国企业及时改建医院，充分体现了塞中两国人民之间的深厚情谊。"

"我们正同舟共济"

德国之声文章指出，中国当前对非洲提供的援助措施正在传递一个有关中国的清晰形象：非洲大陆一个心心相通且乐意伸出援手的伙伴。此外，鉴于中国经济亦因新冠肺炎疫情遭受挫折，中国也对非洲发出一个明确信息：我们正同舟共济。

中国在防疫期间为非洲提供支持，被视为中非长期伙伴关系的持续，以及中方释放出的一种善意信号。南非国际事务研究所专家范斯塔登表示，这场疫情危机已促使非洲大陆比以前更密切地与中国开展合作。

面对疫情，非洲正努力学习中国经验。南非最大媒体集团独立传媒外事主编香农在集团旗下《星报》《比陀新闻报》和全国第二大新闻网站发表《非洲大陆需学习中国五大抗疫举措》的评论文章指出，非洲需学习中国迅速高效的防控措施、先进的新冠病毒检测技术、短时间内高效调配医疗资源应对疫情的经验、利用大数据和信息技术应对疫情的经验以及利用先进医疗基础设施及科研能力应对疫情的经验。

阿尔及利亚驻华大使艾哈桑·布哈利法也指出，如果有一个模式要效仿，那就是中国人民面对这次疫情的严谨、奉献和纪律。国际社会应该一起努力，赋予"共同"这个词真正的意义。

面对一些美国西方政客、媒体对中国的恶意攻击和公开抹黑，非洲国家纷纷进行批评。正如布隆迪驻华大使马丁·姆巴祖穆蒂马所说：现在不是试图政治化这场全球疫情的时候，也不是试图离间大家的时候。相反，应该鼓舞大家团结一心，共同寻找更有效的办法来应对这场正在全球肆虐的疫情。

中国有序复工复产，非洲看到了希望。坦桑尼亚《公民报》指出，毋庸置疑，非洲和中国已变得相互依赖。如今，非洲急需中国经济从疫情中成功反弹，以重启该大洲经济。文章指出，有迹象显示，中国经济已开始在一定程度上恢复到疫情前的状态。尽管或将修订其经济增长目标，但中国政府坚定地认为国家经济增速仍将保持在合理区间。对诸多非洲国家来说，中国引领的经济复苏将是个好消息。

尼日尔驻华大使伊奴萨·穆斯塔法指出，疫情结束之后，我们和中国的关系会更加紧密。俗话说患难见真情，大家将会明白，全人类都需要携起手来，共同前进，确保我们的世界、我们的人民拥有良好的福祉。

（《人民日报海外版》2020-05-11/张红）

博茨瓦纳中国和平统一促进会举行 2020 年理事大会

当地时间6月13日，博茨瓦纳中国和平统一促进会（以下简称"和统会"）举行第四届理事会2020年第一次理事大会暨2019年年会。因受疫情影响，大会通过网络视频会议形式举行。中国驻博茨瓦纳大使赵彦博、政务参赞王帮富、和统会理事、驻博茨瓦纳中资企业代表及华侨华人社团代表近40人出席会议。会议由和统会会长南庚戌主持。

会议首先由南庚戌会长做2019年度工作报告并提请大会审议，报告中回顾了2019年和统会暨慈善基金会所做的各项工作和产生的影响。他说，过去一年多时间，和统会暨华人慈善基金会不断发挥理事优势，为团结在博侨胞、提升侨胞在博形象、帮助侨胞融入当地社会、加强两国民间交流、促进中博友谊、开展慈善公益事业及促进祖国和平统一大业等方面做出积极努力，取得一定成绩，受到来自各方的广泛赞誉。

对于2020年下半年及2021年工作展望，南庚戌说："和统会将继续秉承创会宗旨，结合以往工作经验，开展各类有助于团结侨胞、促进侨胞发展、促进祖国和平统一等方面的活动；发起有助于帮助当地社会、提升华人形象等慈善捐助倡议；视疫情情况，继续组织回国参访、与各国兄弟组织交流等活动。"同时他强调，2021年将迎来博茨瓦纳中国和平统一促进会成立20周年，同时也是和统会换届之年。南庚戌表示，和统会必定为祖国繁荣富强，实现中华民族伟大复兴的"中国梦"作出努力，与协会全体理事共同开创中华民族更加辉煌的未来。

中国驻博茨瓦纳大使赵彦博出席当天的会议并发表讲话。他对会议召开表示热烈祝贺，充分肯定和统会一年半来在促进祖国统一、纪念《反分裂国家法》实施15周年、广泛凝聚侨胞力量、传承中华民族优良传统等方面所做的工作。特别是对新冠肺炎疫情暴发以来，和统会带动博侨界抗击疫情、促进中博关系发展做出的积极贡献表示感谢。

他深刻分析了当前百年未有之大变局下的国内国际形势、博当前严峻的疫情形势及在博侨胞面临的风险与挑战，对和统会的工作提出了四点希望。

会上，和统会执行副会长邱小兴做2019年至2020年上半年财务报告并提请审议。

博茨瓦纳中华福建同乡会会长、和统会常务副会长陈建飞，博茨瓦纳华侨华人总商会会长胡中文，博茨瓦纳华人妇女协会会长、和统会副会长王亚丽等分别在会上发言。他们纷纷回顾了和统会及所属侨团在2019年所做的工作，对疫情期间和统会的工作表示感谢，并结合自身事业发展发表了自己的观点，并表示祖国统一是海内外中华儿女的共同心愿，旅博侨胞将与海内外同胞一道，坚决做好反"独"促统工作。并表示博侨界将继续大力支持使馆各项工作，共同赢得抗疫斗争的最终胜利。

（［博茨瓦纳］《非洲华侨周报》2020-06-15）

全非洲华人妇女联合总会向南非华人养老院捐款

当地时间9月29日上午，在国庆和中秋佳节来临之际，全非洲华人妇女联合总会会长朱怡苑携几位主要干部，前往南非华人康宁安老院，向老人们送上了最美好的节日祝福，并现场捐赠20万兰特和赠送了月饼。

全非洲华人妇女联合总会会长朱怡苑、荣誉会长许文新、常务副会长赵建玲、秘书长王俊，中保华安南非公司经理谢宇航，南非华人康宁安老院荣誉主席潘国伟、主席梁永健、副主席陈锦源等参加了当天的捐赠活动。

朱怡苑介绍说，她特别感谢妇女会的姐妹们对这次爱心捐赠活动的大力支持，短短三天的时间便筹集了20万兰特。2020年是非常特殊的一年，大家不仅要面对突如其来的新冠肺炎疫情，身在异国他乡还要经历各种各样的困扰，此次捐赠养老院的活动中他们无私奉献的大爱精神更加显得难能可贵。尊老爱老是中华民族的优良传统，多年来，全非洲华人妇女联合总会每年都会去养老院探望老人并捐赠相应的生活物资和资金。妇女会的姐妹除了支持协会对养老院的捐赠，每年也都以个人名义向养老院给予各种形式的捐赠。

南非华人康宁安老院荣誉主席潘国伟、主席梁永健、副主席陈锦源等在捐赠仪式上，各自表达了对全非洲华人妇女联合总会慷慨解囊、无私奉献的感激之情。

南非华人康宁安老院是该国唯一一家华人养老院，今年受到新冠肺炎疫情的影响，个别老人和工作人员不幸感染病毒，导致生活物资和日常开支出现短缺，得知这些情况后，包括全非洲华人妇女联合总会在内的南非华人社区组织和个人纷纷捐款捐物，帮助他们渡过难关。

（［南非］《非洲时报》2020-09-30/孙想录）

新冠肺炎疫情下的中国援非医疗队：经历了不平凡的"战斗"

"来到卢旺达后，刚刚适应了环境，又迎来席卷全球的新冠肺炎疫情，这对非洲来说是雪上加霜，而对于我们援非医疗队，遇到的任何困难都在计划之外。"19日，第20批中国（内蒙古）援非医疗队队员李占飞发回国的邮件中这样写道。

中国援非医疗队为马萨卡医院捐赠抗疫物资

近日，记者从第20批中国（内蒙古）援非医疗队获悉，受全球新冠肺炎疫情影响，该批医疗队的返程日期仍未确定。

李占飞是内蒙古医科大学附属医院手术室的一名护士。他说，这是他平生第一次远离祖国和家人，也经历了一场不平凡的"战斗"。

中国援非医疗队是中国政府无偿派往非洲给予医疗支援的医疗队。1963年1月，中国第一个向世界宣布派医疗队赴阿尔及利亚，开创了中国援外医疗队的历史。1982年，内蒙古首批医疗队派驻卢旺达共和国，对口支援当地救治工作。

2019年10月，在埃博拉、黄热、疟疾等传染病疫情肆虐下，李占飞与内蒙古其他14名队员主动请缨，奔赴1万多公里外的卢旺达开展援非医疗工作。

李占飞是这批医疗队里唯一的护士，肩负着所有与护理有关的医疗工作。

他回忆道，初到手术室，便被当地简陋的手术环境震惊了，除了一台像样的麻醉机（中国捐赠）外，几乎所有的仪器、物品都在尽量"凑合"。

"无影灯是古老的手推式的立式灯，而且'四只眼'只有两个亮；吸引器只能和麻醉师吸痰的装置交替使用；仅有的一台电刀早已超年限使用，为了能多使用一次，我们会把一次性负极板小心翼翼地粘上去再剥下来……"李占飞说，手套、纱布、缝线、消毒液、无菌包布捉襟见肘，甚至外科洗手都必须由同事提着水桶协助完成。

2020年初，新冠肺炎疫情席卷全球，缺少医疗物资、缺乏防护用具……中国援非医疗队遇到前所未有的挑战。

第20批中国（内蒙古）援非医疗队队员、内蒙古自治区人民医院骨关节科副主任医师王永祥介绍，卢旺达地处非洲内陆，烈性传染病较多，医疗资源不足，防护条件有限。"疫情暴发初期，医务人员的普通口罩都很难保障。"

随即，内蒙古新冠肺炎医疗救治专家组远程连线中国援非医疗队，医疗队员进行新冠肺炎诊断培训，并陆续为医疗队邮寄N95口罩、护目镜、防护服等防护用品。

记者了解到，3月下旬，卢旺达确诊新冠肺炎病例已逾10例时，医护人员仍达不到三级防护。

李占飞说，新冠肺炎疫情时期，医疗队边抗疫边正常开展医疗工作，在现有的条件下尽可能满足诊治需求，并为大使馆经商处等在卢旺达的中资机构进行义诊及体检。

据李占飞介绍，援非期间，医疗队在卢旺达完成500多例外科手术，且无一例感染；新冠肺炎疫情暴发至今，医疗援助工作井然有序，无一例队员感染。

李占飞表示，他们会珍惜在卢旺达的每一天，争取救治更多病患，帮助更多当地群众。

中国国家卫生健康委员会数据显示，截至目前，中国先后向非洲、亚洲、欧洲、美洲、大洋洲的逾70个国家累计派遣援外医疗队员近3万人次，诊治患者2.8亿余人次。

（中国新闻网2020-10-19/张玮）

安哥拉国家医院事务局长：中国医生敬业奉献令人敬佩

在安哥拉完成抗击新冠肺炎疫情医疗援助工作后，中国政府抗疫医疗专家组日前启程回国。在安哥拉期间，专家组走访了当地多家新冠肺炎救治定点医院、核酸检测机构、方舱医院，对当地300多名医务人员进行线上培训，并向在安中资机构和华侨华人进行疫情防控指导。

"社区应如何进行病例排查？""如何对不同程度患者进行分类处理？""中医药在防疫中的应用效果怎样？"……20日，专家组同当地卫生官员和医疗机构代表开展座谈，交流抗疫经验。安哥拉卫生部部长卢图库塔表示，中国专家无私分享抗疫经验和做法，让当地医务人员学习借鉴到先进的抗疫措施，"在专家组悉心指导下，安卫生部门有效提升了疫情防控和救治能力，为民众提供更好的卫生健康保障"。

在对安哥拉疫情形势和国家卫生防疫体系进行评估的基础上，专家组向安卫生部门提交了《新冠肺炎疫情防控国家建议书》，从社会隔离、社区排查、核酸检测、疫情监测、诊疗救治等方面给出具体建议，并提供了发热门诊平面图、发热门诊流程图、重点人群追踪管理、分区分级分类防控等方案。专家组组长刘争说，在安哥拉期间，专家组进行了详尽调研，根据当地实际情况，就存在的问题提出具体建议，"我们都希望能尽己所能帮助当地民众"。

中国政府援安抗疫医疗专家组是应安哥拉政府邀请，由中国国家卫健委组建，湖北省卫健委选派，于10月7日完成在莱索托的工作任务后，赴安哥拉继续开展抗疫援助工作。10名专家组成员分别来自外科、呼吸科、重症医学科、感染科、检验科、中医内科等领域。安哥拉国家医院事务局长若维塔表示，中国举全国之力快速控制住疫情，"专家组的到来坚定了我们战胜疫情的信心，中国医生的敬业奉献令人敬佩"。

安哥拉卫生部公共卫生国务秘书穆芬达表示，中国政府和人民通过抗疫援助、物资捐赠、经验分享等方式为安哥拉抗击疫情提供了重要帮助。在中国企业大力支持下，安哥拉建成"火眼实验室"，全面提升了病毒检测能力，"我们对中方一如既往的支持和帮助铭记于心"。

中国驻安哥拉大使龚韬表示，专家组成员不辞辛劳、连续奋战，为当地带来了急需的专业知识和宝贵经验，用实际行动践行了人类命运共同体理念。

（光明网2020-10-26/吕强）

驻南非大使与旅南华人学界科技界代表视频座谈

日前，中国驻南非大使陈晓东到任后首次同旅南华人学界科技界代表举行视频座谈会并发表讲话。

陈晓东充分肯定旅南学界科技界人士全力支持国内和南非抗疫，克服困难做好疫情防控和教学科研工作、增进中南人民理解和友谊，并对大家支持驻南使领馆工作，以实际行动助力中南关系发展表示感谢。

陈晓东着重介绍了中共十九届五中全会情况，并表示，建交22年来中南关系实现跨越式发展。中方愿与南方积极对接，不断探索扩大合作的新领域、新模式，共克时艰，造福双方人民。

陈晓东希望旅南学界科技界人士继承和发扬爱国报国的光荣传统，积极推动中南教育合作交流及科技创新合作，当好促进中南友好交往的民间大使，讲好中国故事，同时做好疫情防护和安全防范，确保自身安全。

南非科学院与工程院两院院士、比陀大学夏小华教授等学界、科技界代表发言，热烈欢迎陈大使履新，并介绍了各自教学、科研、开展活动情况。大家纷纷表示，陈晓东的讲话令人深受鼓舞和激励，感谢使领馆关心爱护、指导帮助旅南学界科技界人士全面做好疫情防控和安全防范，表示将克服困难，团结协作，在各自岗

位上为推动中南教育、文化和科技等领域合作贡献力量。

中国驻南非大使馆负责科技文化教育合作的外交官以及旅南专家教授、学生学者和孔子学院（课堂）教师志愿者等90余人线上参会。

（中国驻南非大使馆网站2020-11-16）

南非侨领李杰发在约翰内斯堡因病逝世

南非侨领李杰发先生于2020年12月9日在南非约翰内斯堡因病去世。南非华人警民合作中心对他的辞世表示沉痛哀悼，望其家人节哀顺变。

唁电全文如下：

惊悉南非华人社区杰出的老华侨李杰发先生，于2020年12月9日在南非约翰内斯堡因病去世，南非华人警民合作中心对他的辞世表示沉痛哀悼，望其家人节哀顺变。

李杰发先生是南非著名爱国侨领李铿发先生的弟弟，他生前曾在南非华人警民合作中心、全非洲中国和平统一促进会、南非客家联谊会、南非华侨联卫会所、南非杜省中华公会等侨团担任重要职务，为促进构建和谐侨社、平安侨社，促进中南两地各领域交流，传承中华优秀文化以及帮扶济困等方方面面作出了重要贡献，深受南非华侨华人的尊敬和爱戴。

李杰发先生虽然驾鹤仙逝，但其精神和风范长存，他的逝世是南非华人社区的一大损失，我们失去了一位尊敬的老人，让我们再一次表达对他的无限哀思，希望李先生的家人们节哀顺变。

李杰发先生千古！

（［南非］南非华人警民合作中心微信公众号2020-12-10）

侨务信息

本栏目汇集2020年度国内各级侨办、侨联等侨务机构的重要工作动态，内容涉及侨务政策、招商投资、人才引进、华侨农场、公益慈善、海外联谊等方面，按媒体报道时间的升序进行排列。

综合信息

中国侨联第六期海外联谊研修班参访上海青浦

据上海市侨联网站消息，近日，中国侨联第六期海外联谊研修班一行来到上海青浦区进行参访，上海市侨联副主席陶勇陪同。中共青浦区委常委、统战部部长王凌宇，区侨联党组书记、主席杭萍以及区发改委、区侨联分管领导接待参访团一行。

王凌宇在致辞中表示，青浦的发展离不开海外侨胞、侨团的关心和支持，希望各位侨胞继续关注青浦、推介青浦、支持青浦，把握长三角一体化发展等重大机遇，实现共融、共通、共赢，并更好发挥融通海外的优势，当好桥梁纽带，传播好中国声音，推动青浦、上海与海外开展全方位、多层次、广领域的合作与交流，促进海内外联络联谊。

青浦区发改委副主任陈小玉为来访嘉宾作了区情介绍。在青浦期间，参访团一行赴绿地贸易港、哈工大人工智能产业园、朱家角古镇进行了参观考察。

（中国侨网2020-01-02）

海外侨界高层次人才为国服务活动总结会在京召开

日前，第十九届海外侨界高层次人才为国服务活动（以下简称"为国服务活动"）总结会在北京召开。中国侨联副秘书长、经济科技部部长赵红英，中国侨联经济科技部副部长夏付东，北京市侨联副主席苏泳，天津市侨联党组成员、二级巡视员李华生，河北省侨联副主席任卓平等领导出席会议。北京市丰台区侨联，中国技术交易所等单位有关同志以及来自美国、加拿大、日本、西班牙、芬兰等国家的

第十九届海外侨界高层次人才为国服务活动总结会现场

专家学者参加会议，苏泳同志主持会议。

会上，海外专家学者充分肯定了侨联组织开展"为国服务活动"的重要作用和取得的成绩，并为做好"为国服务活动"积极建言，有关协办单位对活动期间的工作也进行了总结并提出了意见建议。

天津市侨联经济科技保障部部长李卫新代表京津冀三地侨联对第十九届"为国服务活动"进行了总结，主要归结为以下五个特点：一是中国侨联、京津冀省市统战部领导重视，大力推动了引才引智工作；二是借助"创业中华"和"华博会"的平台优势，深度提升了活动影响力；三是全力服务中心大局，尤其是服务创新驱动发展和京津冀协同发展等国家战略；四是共享资源为侨服务，形成了京津冀目标同向、措施一体、优势互补、互利共赢的协同发展新格局；五是增强宣传力度，与新媒体宣传相结合，社会效应显著提升。

北京市侨联海外联谊部部长曹江河汇报了下一届"为国服务活动"的设想和整体安排，并提出"四个一"的工作安排，即举办一场展览、一个启动仪式、一次面对面对接和一个高端论坛。

京津冀三地侨联一致认为，"为国服务活动"是服务京津冀协同发展的重要举措之一，多年来取得了很大实效，深受海内外专家学者的欢迎，下一届"为国服务活动"要突出二十年来的项目落地和人才引进成果，要在加强宣传、精准对接和常态化服务上下功夫。

夏付东同志对第二十届"为国服务活动"提出了三点要求：一是要提高站位，将"为国服务活动"与各省市的重点工作、重点活动相结合；二是要精心谋划，尤其在学者的邀请方面，要以初次参加活动的学者为主，做到新老兼顾；三是要加强联动，"为国服务活动"不能自娱自乐，要与相关部门联动，同时充分发挥基地作用。

赵红英同志在讲话中对本届"为国服务活动"的成功举办和京津冀三地各级侨联组织的协同配合予以肯定。她说，此项活动作为"创业中华"品牌下的一项活动连续举办了十九届，每年都有新特点，每年都有新经验，在发挥省市侨联优势、助力京津冀协同发展等方面发挥了重要作用，中国侨联经济科技部也将一如既往的支持"为国服务活动"。

赵红英同志对举办好下一届"为国服务活动"作出了明确指示，一是要做好统筹谋划，要将活动与"为大局服务"和"为侨服务"紧密结合起来，细化工作思路，将具体方案在京津冀主席联席会上进行讨论；二是要做到精细化、精准化，注重做好活动前期设计，筛选出高层次、高质量的项目，找好项目对接点，确保活动实效；三是要整合各方资源，借助各级政府举办的平台活动，精准对接地方经济社会发展和侨商事业发展各自的需求和优势，积极促成合作共赢。

（中国侨网2020-01-07）

2020冰雪文化行及海外华裔青少年冰雪文化体验营闭营

1月7日，由中国华文教育基金会和中华海外联谊会海外事务部联合主办、北京华文学院承办的"2020冰雪文化行冬令营及海外华裔青少年冰雪文化体验冬令营"闭营仪式在美丽的冰城哈尔滨举行。中国华文教育基金会办公室主任熊志远，中共黑龙江省委统战部副部长、省台办主任赵新宇，北京华文学院副院长张德瑞等出席了闭营仪式。

熊志远在致辞中介绍了中国华文教育基金会与北京华文学院合作了十五年的冰雪文化行活动。他希望通过银装素裹的北国风光让营员们感知丰富多彩的中华文化，感受中国人民的热情，并能够成为祖（籍）国与住在国之间友好交流的使者。

赵新宇表示，通过观看"活动集锦"，感受到了营员们此行满满的收获，并对冬令营的圆满举行表示热烈祝贺。来自泰国、瑞士、法国、美国等15个国家的113位营员参观了世界上最大的东北虎饲养和繁育基地——东北虎林园，欣赏了具有百年历史的老街中央大街和世界最大的冰雪大世界，他们还到中国红松之都伊春市看漫山红松林，在低于零下20℃的天气里，体验了滑雪、滑冰、冰上划龙舟等独具特色的冰雪活动。

（中国侨网2020-01-09）

中国侨联、全国总工会联合慰问组到广西华侨农场走访

日前，中国侨联基层建设部副部长刘景春、全国总工会中国农林水利气象工会农业工作部部长王秀生带领慰问组一行5人到广西华侨农场开展2020年度元旦、春节期间"送温暖　献爱心"走访慰问活动，把党中央、国务院的关心关怀和中国侨联、全国总工会的温暖送到归侨侨眷和困难职工当中，并向广大归侨侨眷致以新年的美好祝福。

慰问组先后来到了南宁市宾阳县的广西农垦国有东湖农场和南宁市浪湾华侨农场走访慰问，转达了中国侨联和全国总工会对广大归侨、侨眷的惦念并致以节日的

问候。慰问组通过集中慰问、入户慰问的方式，共慰问困难归侨侨眷30人，向30户困难归侨侨眷送上慰问金共计3.5万元。慰问组每到一户，都仔细询问归侨侨眷基本情况，积极鼓励他们面对困难要树立信心，紧紧依靠当地党委和政府的领导，走出困境，摆脱贫困，并预祝他们过上一个欢乐祥和的新春佳节。

期间，慰问组与华侨农场领导班子、侨联工作者、工会干部们座谈，就如何提高困难职工和归侨侨眷收入水平，解决职工社会养老保险问题，提高侨界群众自治能力等情况进行调研。慰问组对华侨农场改革发展取得的成绩给予充分肯定，希望他们往后要多关心、关注侨界群众，尤其是他们当中的弱势群体，密切和有关部门联系沟通，为侨界群众排忧解难，解决他们的实际困难。

中国侨联和全国总工会联合走访慰问始于2013年，每年各安排5万元共计10万元经费，对广西华侨农场和农垦农场的困难归侨侨眷职工进行慰问。

中国侨联高度重视和关心广西的困难归侨侨眷，安排15万元慰问经费用于慰问广西散居的困难归侨侨眷。在2020年度元旦、春节期间全区共走访慰问了300多户困难归侨侨眷。

（中国侨网2020-01-16）

拳拳赤子心（微言）

近日，"2019全球华侨华人年度评选"在北京圆满落幕，陈永栽、方李邦琴、贝聿铭、谷建芬、丘成桐等大家耳熟能详的侨界人士获奖。

他们或为传承弘扬中华文化不遗余力，或在某一领域不辍耕耘、取得突出成绩，或为维护华人形象和权益四处奔走，展示了归侨侨眷和海外侨胞的时代风采。他们的共同之处、也是最让人感动之处在于，不管身在何地，心中始终保有那份对祖（籍）国的赤子深情。

贝聿铭1935年赴美留学，后成为享誉世界的建筑大师，他设计的建筑遍及世界许多国家和地区，但他始终认为，"自己还有深深的根，就在中国"；方李邦琴捐出自己的私人住宅，筹建了首个海外抗日战争纪念馆，并捐赠千万元，支持中国高校发展，她说，海外华人的命运与祖（籍）国的成长紧密相连，无法分割；丘成桐创办了香港中文大学数学研究所、清华大学丘成桐数学研究中心等机构，设立了丘成桐科学奖等奖项，他坚信，帮助中国发展数学事业是自己的责任……每一位获奖者都在用自己的方式讲述与祖（籍）国的动人故事，故事背后都是拳拳赤子心。

桑梓情深，赤子心诚。华侨华人在世界各地以不同方式关注、支持着祖（籍）国发展建设，他们的感人事迹与精神共同串联成全球华侨华人的年度记忆，也成为激励每一个奋斗着的中华儿女稳步前行的强大力量。

（《人民日报》2020-01-19/禾立）

中国侨联举办 2020 年新春联欢会

1月17日下午，中国侨联举办2020年新春联欢会。中国侨联党组书记、主席万立骏，副主席李卓彬、隋军，中国侨联顾问庄炎林、董中原、李祖沛、陈兰通、朱添华、唐闻生、林淑娘、乔卫、王宏等参加。

联欢会在青春喜庆的舞蹈《团团圆圆》中拉开帷幕。中国侨联党组书记、主席万立骏代表党组向大家致以新春祝福。

万立骏表示，2019年，中国侨联的工作得到了中央书记处充分肯定，每一分成绩的取得都是侨联全体干部职工共同努力的结果。中国侨联承载着中央的殷切嘱托，进入崭新的2020年，全体侨联系统干部要在新时代的伟大实践中，作出更大贡献。随后，万立骏、李卓彬、隋军代表会领导班子共同向大家拜年，送上2020年美好的祝福。

2020年新春联欢会由中国侨联直属机关工会、团委、妇委会、侨联共同主办。机关各部门、直属企事业单位干部职工和离退休老同志踊跃参与。

联欢会现场，中国侨联直属机关党委和直属机关工会、团委、妇委会、侨联发出"百人捐百元　助力冬奥会"倡议，号召全体干部职工在参与冬奥、服务冬奥、宣传冬奥方面发挥积极作用，得到了大家的积极响应。

（中国侨网2020-01-19）

市场监管总局为华侨使用出入境证件注册企业提供便利

1月21日上午，国家移民管理局召开2020年首场新闻发布会，通报国家移民管理局牵头会同15个部门推进出入境证件便利化应用工作进展和取得主要工作成果情况。

针对市场监管部门在为港澳居民、华侨使用出入境证件登记注册企业方面提供了哪些便利。市场监管总局企业注册局二级巡视员肖芸表示：2019年3月15日，十三届全国人大二次会议表决通过了《中华人民共和国外商投资法》；2019年12月12日，国务院常务会议审议通过《中华人民共和国外商投资法实施条例》，并于12月31日公布。条例明确，香港特别行政区、澳门特别行政区投资者在内地投资，参照外商投资法和条例执行。

肖芸表示，为贯彻执行2020年1月1日起正式施行的《中华人民共和国外商投资法》《中华人民共和国外商投资法实施条例》相关规定，市场监管总局研究起草了《市场监管总局关于贯彻落实〈外商投资法〉做好外商投资企业登记注册工作的通知》（国市监注〔2019〕247号），并于2020年1月1日起正式施行。明确对于香港特别行政区、澳门特别行政区自然人使用来往内地通行证、定居在国外的中国公民

（华侨）使用护照申请登记注册的，可以通过全国企业登记身份管理实名验证系统进行实名验证，无需线下核实相关证件。

肖芸表示，目前，市场监管总局企业注册局已经完成注册登记身份验证App并发布到各应用市场，完成向地方市场监管部门的联网查验接口改造，各地市场监管部门进行了对接和登记系统改造，支持通过网上登记和窗口登记的港澳居民使用来往内地通行证、相关自然人使用华侨持用护照进行实名验证。1月前半月（1月1日—14日），已有港澳居民持用来往内地通行证1 073人、华侨持用护照23人完成实人验证，注册企业127户。

下一步，市场监管总局企业注册局将按照《关于推动出入境证件便利化应用的工作方案》要求，认真做好企业登记相关工作，加强政策宣传解读和登记服务，为港澳居民、华侨持用出入境证件办理企业登记注册提供便利。

（中国侨网2020-01-21）

中国华文教育基金会开展"停课不停学"直播活动

受中国发生的新型冠状病毒肺炎疫情影响，部分海外华校为确保安全暂停集中上课。为解华校师生的燃眉之急，中国华文教育基金会携手国内教学合作伙伴，开展温暖五洲-庚子二月"停课不停学"直播活动，为有需要的华文学校提供网络课程及资源，与各国华校同心携手、共渡难关！

由北京四中网校提供的本轮直播课程，以《中文》教材1至7册前四课为主要内容，针对每册教材，每周安排1节直播课程。考虑到学生的年龄，每次直播课程30～40分钟。课程开始前，已经有25个国家近130所华文学校的近12 000名学生申请听课。这些直播课程，作为中国华文教育网"教师培训"栏目的《中文》教学示范课，同步面向全球华文教师开放。为保证非常时期直播课程的顺利实施，北京四中网校的老师们加班加点，不分昼夜为大家答疑解惑。

北京时间2月8号，第一周的4节直播课顺利上线，受到了全球华文学校的热烈欢迎。第一册、第二册的直播课程由北京四中网校优秀教师王莉娜老师主讲，王老师课堂教学亲和力十足、语言简洁、生动活泼。第三册、第四册的直播课程由北京四中网校教学主管王秀环老师主讲，王老师拥有十六年的一线教学经验，课堂教学生动活跃、深入浅出，带领学生们零距离体验了中文网络课堂的神奇世界。截至目前，《中文》教材第一册《识字一》共有2 896次观看，《中文》教材第二册《在中文学校》共有3 394次观看，《中文》教材第三册《红绿灯》共有3 281次观看，《中文》教材第四册《给爷爷的信》共有3 771次观看。

本次直播课，孩子们不仅听得认真，课后还认真完成了作业。老师和家长们也对直播课赞不绝口。除了直播课，北京四中网校特别精选了一批专门为"中国外交部驻外外交人员随居子女"制作的人教版小学《语文》录播课，1至6年级，每年级6节课。以上这些课程，已在中国华文教育网、华文教师远程培训平台专题上线。

感谢海外华校多年来对中国华文教育基金会的信任与支持，我们愿与大家一起打赢这场特殊的战"疫"！

（中国侨网2020-02-12）

中国侨商联合会会员累计约捐款物7.29亿元人民币

记者从中国侨商联合会获悉，据不完全统计，截至2020年2月20日，中国侨商联合会会员以个人或企业名义，累计约捐款物7.29亿元（人民币，下同），其中现金6.31亿元。

据介绍，全国各省、直辖市、自治区、副省级城市的侨商组织（团体会员）有40家向中国侨商联合会通报了会员捐款捐物信息，其中会员累计捐款物超过1000万元的侨商组织有13家，100万到1000万元之间的侨商组织有15家（为避免统计数字重复，中国侨商联合会会员捐赠没有核算地方侨商组织数据）。还有部分物资捐赠无法统计金额。

此外，中国侨商联合会与各地180家侨商组织团体会员和2万多家侨资企业一道，借助海外联系渠道，建立全球抗"疫"网络，购买、捐赠防疫物资，为各地打赢防疫战贡献海内外侨界的爱心和力量。

据了解，近日，中国侨商联合会向800多家会员企业、180多家各地侨商组织发出调研问卷，深入了解各地侨商、侨资企业复工复产中遇到的问题和存在的困难；同时，积极协调各地侨联、政府有关部门，对侨资企业复工复产中出现的问题及时协调解决。

截至2月20日，侨商会已收到500多家侨商会员和广东、上海、北京、天津、辽宁、陕西、江西、浙江、安徽、湖南、宁夏、黑龙江、青岛等地数十家侨商组织反馈的全国数千家侨资企业复工信息，各地侨企都在当地政府的安排下，逐步进行复工。

（中国侨网2020-02-21/马秀秀）

中国华文教育基金会给广大海外侨胞的一封感谢信

为感谢此次抗击疫情工作中，广大海外侨胞给予的爱心资助和积极支持，中国华文教育基金会特发表感谢信，全文如下：

新年伊始，疫情突发，中国人民万众一心，奋起抗击。1月26日，中国华文教育基金会联合中华医学会倡议海外侨胞捐款捐物支持中国抗击新冠病毒肺炎疫情，

得到华校师生、华人社团和华商企业的积极响应。侨胞们迅速行动起来，或组织捐款，或分头找寻货源采购物资。当前，中国的疫情防控取得了阶段性重要成果，疫情蔓延扩散势头得到基本遏制，防控形势逐步向好。这是全中国人民共同努力、团结奋斗的结果，其中也有海外侨胞鼎力相助的一份功劳。

疫情防控仍然是当前工作的重中之重。中国华文教育基金会将按照管理规定，继续把凝聚着侨胞情意的每笔捐款、每份物资都落实到抗疫最需要的地方，并通过相关媒体公示，接受社会监督。请大家放心！

病毒无情，同胞有爱。一桩桩一幕幕，感人泪下，催人奋进。募捐活动虽已截止，侨胞们在此期间展现出的赤子之心和家国情怀，中国华文教育基金会全体同仁将永远铭记。

在此，中国华文教育基金会向提供捐助的海外侨胞、华文学校、华人社团和华商企业表示衷心感谢！

（中国侨网2020-03-11）

全球华人线上线下同拜轩辕黄帝：炎黄子孙心相连

三月三，拜轩辕，炎黄子孙心相连。26日，庚子年黄帝故里拜祖大典如期在河南新郑举行。与往年不同的是，今年的拜祖大典以现场仪式简约庄严、全球华人"网拜"、电视连线等线上线下、大屏小屏互动交互的形式进行，别有一番景象。

庚子年黄帝故里拜祖大典仍以"同根同祖同源，和平和睦和谐"为主题，以"长江黄河共战'疫'，轩辕黄帝佑中华"为主旨。

当日，黄帝故里的旗幡依旧在风中招展。受新冠肺炎疫情影响，拜祖形式有所改变，广场上并无往日的喧嚣。外广场取消了大规模群众表演参与；能容纳万余人的内广场也一改以往的观礼方式，在疾控专家指导下，按照人员间隔左右2米、前后3米的标准安排人员位置。

"受疫情影响，今年更多的炎黄子孙不能到现场拜祖，但是我们炎黄子孙心相连。"黄帝故里当地民众李晓华认为，这种线上、线下同步进行的拜祖方式非常好，可以不受地域的限制，让更多人能够参与其中。

上午9时34分，庚子年黄帝故里拜祖大典正式开始，大典延续九项仪程。随着盛世礼炮、敬献花篮、净手上香、行施拜礼、恭读拜文等环节的完成，现场人员面向黄帝像三鞠躬，表达炎黄子孙对文明始祖的无限尊崇。

同时，现场播出了美国、澳大利亚、法国、英国、赞比亚等地华人和香港、澳门、台湾同胞行施拜礼画面。

"大风起兮云飞扬，吾土吾心吾欢畅，四海之内皆和谐，吾思吾梦吾向往……"现场播放的云合唱《黄帝颂》视频，是由郑州少儿合唱及成人合唱人员、港澳台同胞和海外侨胞组成的一个庞大的"云合唱团",通过视频拼贴剪辑完成的。肃穆的旋律、悠扬的节奏和经典的歌词,唱出了炎黄子孙的虔诚之心,唱出了全球华人同拜始祖,血浓于水、团结一心的凝聚力。

"众志成城"是今年大典一项特殊的仪式。己亥末,庚子春,新冠肺炎疫情肆虐。全民抗击疫情凝聚起磅礴的中国力量。

国医大师唐祖宣讲述中医抗疫;港澳台同胞和海外侨胞祈愿"武汉加油""疫情早日结束";澳门恭拜黄帝大典在"众志成城"仪式中向澳门特区政府捐赠抗疫物资……现场播放的一个个视频短片,彰显着中国力量,传递着必胜信念。

"中华民族特别具有凝聚力和向心力,通过拜祭我们伟大的祖先,获得这种族群的凝聚力和全民的向心力。"受邀参加访谈节目的文化学者、南京师范大学文学院博士生导师郦波教授认为,有一种力量叫作凝聚力、叫作向心力,特别是疫情当下,更需要这种力量。

据介绍,黄帝故里拜祖大典是国家级非物质文化遗产,自2006年以来,吸引数以万计海内外炎黄子孙前来寻根祭拜。此次拜祖大典开启全球华人多种参与方式的网上拜祖平台,承载全球华人精神寄托。

(中国新闻网2020-03-26/阚力)

庚子(2020)年清明视频公祭轩辕黄帝典礼举行

桥山启明,神州复旦;沮水扬波,国泰民安。4月4日,由陕西省人民政府、国务院台湾事务办公室、国务院侨务办公室联合主办的庚子(2020)年清明视频公祭轩辕黄帝典礼在黄帝陵祭祀广场举行。

今年的公祭典礼采用"视频祭祖"的方式,突出"抗击疫情 福佑中华"等主题,在西安、台湾分别设立了清明公祭轩辕黄帝典礼视频连线点。共同追念人文初祖万古流长的洪恩浩德,表达中华儿女追远怀祖的拳拳之情,增强全国人民和海内

公祭典礼现场

外中华儿女同舟共济、众志成城战胜疫情的信心和决心,为全面建成小康社会、决战决胜脱贫攻坚、实现中华民族伟大复兴凝聚力量。

清明的桥山,分外庄严,苍苍古柏,气度不凡。黄帝陵祭祀广场上庄严肃穆,

56面黄色仪仗旗纵向排列开来。

中共陕西省委书记、省人大常委会主任胡和平，陕西省省长刘国中，陕西省政协主席韩勇，中共陕西省委副书记贺荣，省委常委徐新荣、牛一兵、杨志斌、卢建军，省人大常委会副主任刘小燕，省政府副省长方光华，以及陕西省抗击新冠肺炎疫情一线人员代表，陕西省脱贫攻坚工作先进集体和先进个人代表；陕西省优秀科技型国企及民营企业家代表；在陕的港澳同胞、台湾同胞、海外侨胞代表以及黄陵县各界群众代表等在黄帝陵祭祀广场参加公祭典礼。公祭典礼由省委常委、常务副省长梁桂主持。

由于疫情影响，当天专门在西安、台湾分别设立了清明公祭轩辕黄帝典礼视频连线点。在西安参加视频公祭的有，省委常委张广智、王兴宁、庄长兴、姜锋、王浩，省人大常委会副主任梁宏贤、郭大为，省政府副省长徐大彤，省政协副主席李晓东、李冬玉、王卫华、刘宽忍、王二虎，西安市市长李明远等；在台湾视频连线点参加公祭典礼的嘉宾有新党荣誉主席郁慕明等。

上午10时9分，公祭典礼正式开始。全场肃立，击鼓鸣钟。鼓声雄浑，钟鸣悠远，击响的34通鼓声象征着全国34个省、自治区、直辖市，香港、澳门特别行政区和台湾地区以及海内外中华儿女心手相连、驰援湖北、团结一心、战胜疫情的坚定信念和共同心声，9响钟鸣代表了中华民族传统礼仪的最高礼数，更表达了炎黄子孙衷心期盼九州太平、国泰民安的美好祈愿。

中共陕西省委书记、省人大常委会主任胡和平代表中共陕西省委、省人大常委会、省政府、省政协和陕西各界敬献花篮；省台办主任杨勇代主办单位国务院台湾事务办公室敬献花篮；省委统战部常务副部长陈光明代主办单位国务院侨务办公室敬献花篮；西安交通大学教师蔡昀廷、中国平安陕西分公司经理陈亦骐、西安市大学南路小学分校马宸希同学代台湾新党荣誉主席郁慕明敬献花篮；香港特别行政区政府驻陕联络处副主任孙学英、侨资企业代表于长清、美国大华府地区陕西国际商会会长柳奇代表港澳同胞、海外侨胞敬献花篮；抗击新冠肺炎疫情一线人员代表、全省脱贫攻坚先进集体和先进个人代表、全省优秀企业家代表、捐资助建黄帝陵单位代表向轩辕黄帝像敬献花篮；中共陕西省委常委、延安市委书记徐新荣，省委黄帝陵文化园区工委书记孟中华代表守陵儿女敬献花篮。

黄陵公祭现场，郁慕明以及港澳同胞、海外侨胞纷纷发来祭祖祈福视频表达美好祝愿。

陕西省省长刘国中恭读公祭轩辕黄帝的祭文，之后，全体参祭人员向轩辕黄帝像行三鞠躬礼。

公祭典礼结束后，参祭人员依次瞻仰轩辕殿，拜谒黄帝陵，并在陵园中栽种桥山柏。

（《陕西日报》2020-04-05）

中国侨界捐赠物资 医学专家线上介绍经验助各国战"疫"

中国多地涉侨机构近日向海外捐赠防疫物资，中国医学专家还通过网络视频会议介绍防控经验，助力美国、英国、日本、韩国、南非等国家抗击新冠肺炎疫情。

记者6日从山西省侨联获悉，山西省侨联指导山西省华侨公益基金会积极筹集KN95口罩、中药制剂等防疫物资，万里驰援疫情较为严重的30余个国家和地区的友好侨（社）团，用于支援当地华侨华人、留学生防疫。

湖南省侨联、湖南省侨青委亦向坦桑尼亚、比利时、意大利等国家的多个侨团捐赠防疫物资，并根据海外侨胞的不同需求，对现有物资进行合理分配，分别寄往疫情较为严重的国家。侨务大省浙江多地也陆续开展驰援海外行动，捐赠了包括护目镜、口罩和医用手套等在内的防疫物资。福建省医疗企业也开足马力保障防疫应急物资的充足供应，并向海外捐赠了大量口罩。

英国内阁大臣迈克尔·戈夫（Michael Gove）近日发布信息称："300个新的呼吸机从中国运来，我要感谢中国政府。"戈夫是在主持英国新冠肺炎疫情简报发布会上发布这一消息的。戈夫称，英国也已向包括德国和瑞士在内的国外合作伙伴购买了呼吸机。同时，英国企业正在加紧生产呼吸机。

中国驻南非大使馆日前组织"中南抗击新冠肺炎疫情专家视频交流会"，邀请上海市新冠肺炎疫情防控工作组的医学专家与南非卫生系统官员及专家分享中国抗击新冠肺炎疫情的经验。

会议设中国驻南非大使馆、上海市和南非卫生部三个主会场。中国驻南非大使馆临时代办李南、上海市疾控中心副主任孙晓冬、南非卫生部部长穆凯兹、世卫组织驻非洲代表莫伊迪（Mathshediso Moeti）博士等人应邀参会。

孙晓冬介绍了中国抗疫的"上海经验"。四名来自上海的医学专家分别从新冠肺炎疫情的病毒检测、流行病学特征、防控策略、密接者追踪、临床诊治、疫苗研发、医院基础设施建设、遗体处置及医务人员感染预防等九个方面介绍了中方经验做法，并就南方提出的十多个问题进行解答。

穆凯兹表示，南方感谢中国驻南非大使馆和上海市的雪中送炭。这次交流积极而有效，专家们的见解为南非乃至整个非洲抗疫提供了很有价值的参考镜鉴。南非将会积极吸收中国的宝贵经验，尽全力抗击新冠肺炎疫情。

（中国新闻网2020-04-07/杨杰英，张平，王曦）

中国华侨历史博物馆向侨胞征集抗疫实物资料

"在全球抗击新冠肺炎疫情中，海外侨胞和归侨侨眷作出了宝贵贡献。"中国华侨历史博物馆馆长臧杰斌10日表示，目前该馆正向海外侨胞和归侨侨眷征集抗击

新冠肺炎疫情相关的实物资料。"希望通过这样的形式永久记录下这段历史，共同传递抗疫的正能量。"

区别于以往的实物资料收集工作，这是一个"动态变化"的收集过程。中国华侨历史博物馆希望完整地记录下侨界的努力。臧杰斌解释道，这里的"完整性"，一方面是指疫情防控从应急处置到常态化的变化；另一方面是指侨胞从驰援中国抗疫，到积极回馈住在国的变化。

馆址设在北京的中国华侨历史博物馆目前已经收到来自美国、意大利、日本、法国、南非、印尼和韩国等国家，以及中国北京、重庆、福建和浙江等地的捐赠线索。这其中确定捐赠的实物包括：防疫物品、"侨爱包"、感谢信、倡议书、华人画家义卖山水画等作品。征集过程的主要挑战在于海外运输；工作人员很难前往当地，只能通过网络等形式进行沟通等。

在博物馆已经收集到的实物资料中，两封感谢信让人印象深刻。一封是福建南平市政府写给旅意福建华侨华人同乡总会的感谢信，感谢他们捐赠的钱和医疗物资；另一封是韩国檀国大学医院院长写给韩国华侨华人联合总会的感谢信，感谢他们捐赠的医疗物资，同时还提到他们的暖心举动会给当地医务人员带去力量。

看到这些实物资料，臧杰斌很受触动。他坦言，面对疫情，华侨华人"无论身在哪里，他们都爱国爱乡、回报桑梓，并愿意与住在国人民共克时艰，共担风雨"。

此外，还有一件实物让臧杰斌印象深刻，那是一个中国"福"字。他介绍说，美国东部时间3月6日14时，美国福建联合总会荣誉主席李贵明手持"福"字的形象展现在纽约时代广场的大屏幕上，希望借这个"福"字为正在抗击新冠肺炎疫情的中国同胞和其他国家民众加油鼓劲。

据了解，中国华侨历史博物馆本次征集活动长期有效。在征集基础上，博物馆将适时举办专题展览。征集具体内容主要包括：刊发反映侨界参与抗疫相关典型事迹报道的媒体原件或照片；侨界抗疫物资实物样品或图片；物资包装的原始标签、发货单、银行汇款单等票据；接受单位出具的证明、荣誉证书等。具体捐赠途径、事宜可以联系江振仕、王晓靖（010-64030790、15210903389）。

（中国新闻网2020-04-10/凌云）

新冠肺炎中医药居家防护方案将译成四种语言发布　助力全球抗疫

"新冠肺炎中医药居家防护方案英文版推出初期，主要在海外的华人圈流传，而现在许多非华人圈里也有人使用。"住川全国政协委员、成都中医药大学针灸推拿学院院长曾芳15日接受中新网记者专访时介绍，目前新冠肺炎中医药居家防护方案已经有了中文、英文两种版本，这周将完成韩语版的翻译工作，接下来该防护方案还将被翻译成日语、葡萄牙语版本，以助力全球抗疫。

据了解，在抗击新冠肺炎疫情过程中，成都中医药大学的专家总结出穴位按压、艾灸、针刺、皮内针、功法等行之有效的防护方法，并归纳为简便易学的中医防护方法。这套向全球发布的视频方案包括"针灸疗法"和"中国传统养生功法"两个部分。

作为牵头编制该方案的中医药专家，曾芳介绍，在中国新冠肺炎疫情防控过程中，中西医密切协作、联合攻关，推出了一批有效方药和中成药，针灸等中医药特色疗法也发挥了积极的作用。其中，艾灸不仅能提高免疫力，还有助于室内空气消毒；皮内针在武汉雷神山医院、北京小汤山医院使用，在新冠肺炎重度患者恢复期治疗和轻症患者治疗方面取得良好效果。

"境外疫情暴发初期，卡塔尔卫生部部长联系我们求助，于是我们开始思考，如何向全球分享中医药防治方案。"曾芳表示，目前新冠肺炎中医药居家防护方案已在海外多地传播，不少海外中医药从业人员在诊所循环播放。前不久成都中医药大学还收到了加拿大某中医药学校的信息，他们在观看视频方案后希望能与成都中医药大学共建"网上方舱医院"。

（中国新闻网2020-04-15/贺劭清）

侨企、华商广聚侨力 深耕中国不停步

聚侨力，深耕中国不停步

春满神州，万物繁茂。看国内，无论是华侨华人资源根深叶茂的沿海省份，还是近年来用心筑巢引凤的内陆地区，大大小小的侨企忙复工、抓生产、扩投资，有声有色，不负春光。

看海外，在北美、南美、大洋洲等地区，许多国家的华商搭桥梁、做"红娘"，力促中外经贸往来"不打烊"，另是一番动人景象。

当中国经济奋力走出疫情阴影，国内侨企、海外华商也与中国发展脉搏同频共振，积极贡献力量。

铆足干劲，侨企复工蹚新路

益海嘉里（武汉）粮油工业有限公司大米生产车间最近昼夜通明。每天，经过除杂、去石、碾磨、色选、抛光、打包等一系列流程，500吨晶莹透亮的大米从这里发往湖北各地超市卖场。

"防疫期间，我们对大米生产线进行内部挖潜、技术改造与科学排产，降本增效，成品米日产量比疫情前提高了20%。"谈及复工复产，公司贸易部高级经理陈明说，粮源充足，员工心齐，产能提升，"保质、保价、保供没问题"。作为中国粮油生产领军企业之一，侨企益海嘉里集团分布在全国26个省份的100余家生产企业已全面复产，一句"我在，粮管够"的承诺，为居民"米袋子""油瓶子"助力。

各地侨企铆足干劲，释放着攒了数月的能量。

浙江宁波，侨（留）企整体复工率超过95%；安徽合肥、湖南长沙等地侨梦苑，超九成侨企恢复正常运营；中国侨商联合会发出"加强疫情科学防控、有序推动恢复生产"倡议，得到正大、世茂、金光等众多知名侨企踊跃响应。

疫情冲击侨企，如何化危为机，踩实迈稳发展步子？

靠未雨绸缪的"先手棋"。凭借多年国际化经营积累的丰富经验与敏锐洞察，一些侨企在疫情初期便早做应对，多手准备，将负面影响降到最低。

复工复产两个多月来，作为外贸出口占90%以上的外向型侨企，浙江泰普森实业集团有限公司把2.3亿美元订单守得稳稳的。

"打出提前量"这是董事长杨宝庆的诀窍。提前部署，赶在春节前夕将2500个集装箱、价值5000万美元的海外订单全部发货，减小后期库存压力；提前沟通，给各国客户逐一录视频、做直播，告知货物生产进度，做好线上销售；提前订舱位、沟通车队，确保货物出运通畅。在这场保订单、抓生产战役中，泰普森灵活应变，从容不迫，化被动为主动。

靠求变求新的"巧心思"。疫情之下，新业态、新场景崭露头角。一些侨企思路活、点子多、人脉广，顺势而为蹚新路。

银川德胜工业园内，刚复工十几天，宁夏荣光科技集团董事长梁少荣已忙得不可开交，全国各地的订货电话一个紧接一个，几乎都是奔着公司新近研发的小型智能数字化投影仪而来。

疫情催热"云课堂""云会议"。梁少荣头脑活络，很快在"云端"嗅到商机。他发挥自身侨商优势，联手多位国内外专家合力研发，推出一款可与手机智能联网的护眼小型投影仪。

"新产品已交付的订单超过5000万元，刚又初步确定了8000多万元的订单。"梁少荣向记者感叹，创新力是硬功夫，打开"脑洞"，总能从阴霾中寻得阳光。

靠细密周全的"保障网"。连日来，一系列优惠政策密集出台，给侨企解烦纾忧；各级涉侨机构频繁走访调研，对侨商问寒送暖。

浙江多地侨联提供"保姆式"精准服务，发布优惠政策汇编材料，安排车辆接回外地员工，协助侨企化解"招工难"；江苏省侨联主动穿针引线，协调各方，让侨企不再为物流运输受阻、供应链不畅等犯愁；海南省委统战部开通"云端热线"，建立多个微信群，收集侨企诉求，及时回应解决。

英国经济学家阿富塔布·希迪齐认为，疫情过后，中国经济动能将会快速反弹。而在中国经济加速恢复的这波大潮中，侨企身影跃然其间，展现出别样风采。

牵线搭桥，经贸往来渐升温

3月下旬，巴西圣保罗，一场线上新闻发布会如期举行，拥有590万家中国供应商的"中国制造网"亮相巴西市场。

屏幕这端，巴中经贸交流中心总裁方激点开"中国制造网"葡文网站及手机客户端界面，用一口流利的葡萄牙语，生动介绍页面呈现的产品信息，尤其是巴西市场青睐的电子产品、装修建材；那端，一批巴西企业及政府部门代表，纷纷被这个中国B2B跨境电商平台圈了粉。

"真诚邀请你们来巴西的科技中心再做推广。"圣保罗州坎皮纳斯市政府代表当场向方激抛出"橄榄枝"。会后，"中国制造网"南京总部的后台数据显示，葡文网站来自巴西的访问量增长45%。

"这是我们与巴中经贸交流中心首次合作。海外华商凭借对当地市场需求的精准把握和积累多年的深厚资源，可以为中国制造业、中国供应商深入海外市场提供很大帮助。""中国制造网"买家运营总监李婉月告诉记者，这样的"内外联动"未来会更频密。

面对挑战，国内侨企积极谋变，勇于突围；海外华商同样各施其能，想方设法牵线搭桥，帮国内企业打通"出海"通道。

对内传递信息，让中国企业把握国外市场变化，出口更合国际需求

"3月，美国电商平台上，服饰品、餐厅与酒吧用品零售额大幅下跌，食品与饮料、个人护理用品零售额大增25.6%……"近来，美国华商蒋勇和同事定期将eBay、亚马逊等美国各大电商平台发布的销售数据，通过微信群分享给国内中小外贸企业。

2016年，蒋勇参与创办了一家电子商务平台，为中国中小企业出口美国提供销售、物流、客服等资讯。疫情暴发后，美国市场需求疲软一度让这些企业非常焦虑。

因势而谋！蒋勇利用身在美国的信息优势，为国内合作伙伴送上"锦囊"。在受疫情影响严重的美国消费市场，哪些货走俏，看看蒋勇分享的各大电商平台一手数据，中国商家心中就有了底，备货自然就有了方向。

对外传递信心，向国外企业宣介中国消费活力，激发更多合作火花

前不久，一场萌芽于第二届进博会的合作"结果"了。新西兰亿贝通有限公司

执行董事王思维与新西兰唯一国有食品公司兰德农场签订战略合作协议，双方将联合向中国消费者输送新西兰优质有机奶源。

"疫情发生后，我们依托中国分公司，迅速进行摸底调查、梳理消费渠道，并将中国政府的防疫举措和实际成果告知合作伙伴。"王思维说。及时准确的信息沟通增强了新西兰企业对中国市场的信心，也推动合作顺利落地。

这两周，王思维还在忙着将另一款新西兰果糕品牌引入中国市场。作为一名"80后"华商，他对近来国内大火的短视频、电商直播、社区团购等线上销售模式跃跃欲试。"防疫期间，中国的线上市场井喷式发展，我们也打算为这个果糕品牌做两场线上社区团购。初步估计，两个货柜的产品在1小时内就能卖空！"受疫情影响，品牌商无法来华实地考察，但王思维对中国市场新业态、新机遇的描述，让他们心动不已。

"作为中国与世界各国发展经贸关系的一座桥梁，海外华商秉持合作共赢的理念，发挥对中国与住在国都较熟悉的优势以及自身在海外长期经营的经验，在推动中外经济互利互惠中扮演重要角色。"中国华侨华人研究所所长张春旺说。

扩大投资，同心同行更坚定

最近，得知中国银行汕头分行发放的1500万元贷款已全额到账，侨企宏俐（汕头）电子科技有限公司董事长张优胜立马开始了一轮大采购。

宏俐生产的高精密多层线路板，广泛应用于医疗器械领域。自复工复产以来，国内外订单爆满，这让回乡投资10多年的张优胜又喜又愁：订单排到了5月下旬，生产已处于满负荷状态。可是，没有充足的流动资金，哪来钱买更多原材料？

"现在，有了真金白银，我的胆子就大啦！"张优胜打算把这笔贷款全部用于购买原材料，同时投入资金买设备，加快实施企业的智能智造改造升级项目。"不但要把一季度产能在二季度补回来，更要扩大投资，乘势而上。"

近期，一系列项目"云"上签约，许多侨企加大在华投资，深耕中国市场的决心有增无减。

为什么？因为感情深、信得过！

改革开放40多年来，广大侨企投身中国经济发展，是参与者、贡献者，也是受益者。

"益海嘉里在华投资超过30年，一直快速成长。母公司丰益国际集团能从早年的一家小型贸易公司，壮大到跻身世界500强行列，很大程度上也得益于中国发展带来的机遇。在集团的全球布局中，中国板块已成为一个标杆。"益海嘉里集团总裁穆彦魁告诉记者，疫情发生前，集团就已制定在华扩大投资计划，未来3到5年内的新增投资额将超过以往30年的投资总和。

"原先计划不变，而且正在考虑扩大投资！"穆彦魁表示，经过这次疫情，企业再次感受到中国政府的社会治理能力及经济调控能力。"大家都觉得，信心比以往更足。"

还因环境优、利好多！

回望侨企新加坡金鹰集团在华投资20余年历程，金鹰企业管理（中国）有限公司副总裁赵勇很感慨，他们能够放开手脚发展，离不开中国各级政府一直给予的大力支持、创造的宽松环境。

"这次疫情发生后，相关部门出台措施减税降费，地方政府也落实落细中央关于减轻企业负担的各项政策。"赵勇表示，政府的暖心与给力，让金鹰集团扩大在华投资的脚步更坚实。目前集团旗下多家子公司在江西、广东等地投资的多个项目已有序"开张"。

商务部出台20条举措，进一步推进改革开放；地方版优化营商环境条例密集推进；各地"放管服"改革持续深入……利好消息接踵而至，侨企在华投资意愿愈益强烈。

更因市场广、空间大！

投入1.5亿元人民币，建设国际标准的口罩生产线；再投1.2亿元人民币，研发、制造高速全自动口罩机。侨企德迈国际信息产业集团董事长施乾平向记者透露，这些只是一个铺垫。

"等疫情过去，我们打算分别在口罩及口罩机生产线的已有基础上，再投近4亿元，转型生产医疗器械和工业机器人。"施乾平将今年定位为公司的加大投资年，瞄准大健康、智慧农业等领域，并已吸引多国的华商合伙人。大家的想法不谋而合，"困难是暂时的，中国市场与消费者购买力的潜能是无限的，中西部及农村市场的潜力尤其值得挖掘。"施乾平说。

"侨企已全面融入中国经济肌体，留下深刻烙印。如今，疫情带来挑战，也蕴藏机遇，侨企持续扩大投资，为中国经济注入更多活力，也将从中获得更好的成长。"清华大学华商研究中心主任龙登高说。

同心同行，在中国经济发展的每个重要阶段，广大侨企、华商从未缺席，表现始终抢眼。疫情终将结束，中国经济有韧性，风雨无惧；侨企华商有信心，深耕不辍。

（《人民日报海外版》2020-04-23/严瑜）

"华大云课堂"助力泰国华文教师培训

受新冠肺炎疫情影响，海外华文教育面临着"教"和"学"的诸多挑战。华侨大学华文学院26日透露，由华侨大学和泰国华文教师公会联合主办的"华大云课

堂"第一期泰国华文培训班已正式开课，并收获好评。

"华大云课堂"第一期泰国华文培训班由华侨大学华文学院承办，泰华通讯记者协会提供媒体支持，泰华通讯社提供技术支持。在25日的首次课程中，全泰国400多位老师在线观看直播学习，5000多位老师观看了重播，近2万人关注培训活动。

作为华侨大学在泰国开展华文教育的新尝试，"华大云课堂"培训模式也是泰国华文教师公会的新创举，被誉为"泰国华文教育的又一里程碑"。

疫情期间，泰国华文教师公会学习中国"停课不停学"，通过多次尝试和摸索，探索出一种将中国在线教学平台和泰国本土中文教师习惯的社交平台结合起来的"直播+录播"培训模式。

泰国华文教师公会相关负责人表示，如果将以前开展的各种线下教师培训活动比成是教师们学习的"第一课堂"，那这种新的线上培训模式就是"第二课堂"。"第二课堂"能够即时精准把握教师们的课程需求，可以快速高效推进培训，具有减少聚集、节约成本、实时互动、无国界地区限制、在线永久保留、无限次播放等优点，非常适合于疫情期间的教师培训。

针对疫情期间泰国华文教师对线上教学工具及使用方法的迫切需求，华侨大学专门设计出"第二课堂"之"华大云课堂"第一期培训课程的内容，并与泰国华文教师公会一起完成前期测试、做好直播培训准备。

中国驻泰王国大使馆侨务参赞张东浩在为"华大云课堂"发来的贺函中称，新冠肺炎疫情当前，泰国华文教师公会积极开拓思路，努力克服困难，建设了在线课堂这一便捷的培训和学习渠道，为教师们"足不出户、获取资源、提升技能"创造了条件，解了教师们的燃眉之急。

"华大云课堂"将于5月2日为泰国华文教师举行第二次在线培训。

（中国新闻网2020-04-26/沈玲，郭晓辉）

中国侨联创办"亲情中华·为你讲故事"网上夏令营

受新冠肺炎疫情影响，海外华裔青少年难以前来中国参加夏令营。近日，中国侨联推出"亲情中华·为你讲故事"网上夏令营活动，旨在帮助广大海外华裔青少年在疫情期间继续学习中文、了解中国国情和中华文化，并获取防疫、抗疫知识。

此次活动中国侨联文化交流部与"凯叔讲故事"等专业机构合作，将精选一批适合海外华裔青少年的故事内容，如说文解字、姓氏起源、成语寓言、名著名人、人文地理、风景名胜、历史溯源以及当代中国故事、防疫知识等，以视频、动画等形式，陆续在开问网、中国侨联门户网站等平台发布。并将通过各级侨联联动，向夏令营海外组团单位（中文学校、侨团等）转发推送，组织和引导海外华裔青少年收听收看，鼓励青少年撰写观后感或创作讲述小故事。

据介绍，本次活动为公益活动。为吸引和鼓励海外华裔青少年和相关机构积极参与，组织方将向积极参与活动的海外华裔青少年、华文学校和侨团，以及创作提供音视频故事作品的个人和组织颁发荣誉证书。

（《人民政协报》2020-04-29/李寅峰）

复工蹚新路　侨企深耕大健康产业

目前，国内疫情防控形势持续向好，侨资企业有序复工复产之余，积极寻觅商机，拓展新业态，持续深耕中国市场不止步。

健康需求无国界。疫情催生大众对健康生活方式的重视与对健康产品的需求，医疗保健、康养旅游、户外运动等广受大众关注，也成为侨资企业发力点。

早在2月初接受记者采访时，华彬集团董事长严彬就曾表示，疫情将为企业如何发展健康产业和健康产品、民众如何提升健康意识和培养行为习惯等带来许多思考，"这些思考将推动中国的发展进程"。

5月1日，华彬健康产业东盟示范区建设项目在北京"云启动"。北京华彬中心、华彬泰国曼谷总部作为主会场，通过云视频互联，连接北京华彬生态园、云南大理、湖北金桂湖、新加坡、中国香港等全球近800个分会场，同时进行了云签约、云表彰等活动。

据介绍，借助泰国在"一带一路"上的地理优势，以及在东盟的重要地位，该项目将率先在泰国曼谷建立"华彬健康产业（东盟）示范区"，通过旅游融合、养老融合、科技融合，打造集国际学校、特色度假、健康养生、户外休闲运动、国际文化交流于一体的全域化健康产业园。作为分会场，北京华彬生态园已借五一小长假提前发力，不仅将升级后的文旅产品集中亮相，还安排了各类户外休闲活动。

"健康是未来，更是一份社会责任。"华彬文化基金会秘书长沈珠介绍，华彬集团秉持"主动健康"理念，积极参与国家康复医疗方案的制订与传播，携手中国体育科学学会，创新研发了"肺部疾患运动康复方案暨新型冠状病毒肺炎患者恢复期居家康复训练方案"，共同助力健康中国行动。

"华彬集团深耕大健康产业数十年，具有集市场、品牌、科研力量于一身的优势。"沈珠表示，在疫情防控常态化条件下，华彬集团正尝试以新科技、新产业、新业态，加快大健康产业升级，满足疫情后期人民对高品质美好生活的需求。

（中国侨网2020-05-02/马秀秀）

"明信片上的旧金山唐人街"特展亮相华侨历史博物馆

"千年沧桑皆姓唐"——明信片上的旧金山唐人街特展开幕

中国华侨历史博物馆于5月15日起恢复对外开放，"千年沧桑皆姓唐"——明信片上的旧金山唐人街特展同日开幕。

唐人街是华人移居海外成为当地的少数族群，面对新环境新挑战，选择同舟共济、抱团取暖、群居在同一个区域内的产物。唐人街不仅是建在世界各地城市中的独特街区，更是筑在海外华侨华人心上的永恒记忆。

展览以"梦回中国城""唐人街风情""唐人街众生相""今日中国城"四个单元200余件珍贵展品，还原美国华侨华人在唐人街的生活和文化场景，引领观众穿越时空见证华侨华人的拼搏奋斗，感受其相互扶持的同胞情谊与回馈社会的奉献精神。

展品包括美籍华人林凯斌收藏的发行于二十世纪初的百余张反映美国旧金山唐人街历史文化和风俗人情的明信片，以及百余件中国华侨历史博物馆收藏的与美国唐人街相关的明信片、实物展品。

中国华侨历史博物馆馆长臧杰斌在开幕式致辞中表示，海内外华侨华人积极行动，为全球打赢抗击新冠肺炎疫情战争贡献出自己的力量，是推动构建人类命运共同体的真正践行者。中国华侨历史博物馆将继续深入挖掘世界各地唐人街丰富的文化资源，持续做好相关藏品征集、收藏和展示工作，深化唐人街及海外侨史研究，更好地凝聚海外侨胞的情感和力量。

收藏人林凯斌以视频形式致辞。他表示，美国华侨华人对美国的建筑业、农业、渔业、酿酒业、水利等作出了重要贡献。他希望观众通过此次展览，对百年前华侨在美国的生活和漂洋过海的奋斗史有更深刻的认识。

中国侨联顾问唐闻生、中国侨联副主席齐全胜出席开幕式。展览将持续至7月19日。

（中国新闻网2020-05-15/冉文娟）

"云课堂"成华文教育新潮流 化危为机探本土落地生根

疫情之下的海外华文教育迎来了诸多新的挑战与契机。"互联网+"的教育模式化解了"教"与"学"的危机，让"线上课堂"提速发展，并催生出"微学位"、网络"寻根"夏令营、"中华云课堂"、海内外双渠道直播等花式方法，探路华文教育多元化提质升级，冀在本土落地生根。

深处中国内陆的西北师范大学与相隔万里的泰国华文教师公会"云中牵手"，合作举办的"华文云课堂"近日上线。16日，西北师范大学国际文化交流学院教师李乐正在和同事准备"汉字文化与汉字教学"系列课堂的讲解教案。

2012年，中国国务院侨务办公室西北师范大学华文教育基地在兰州成立，致力于海外华文教育的研究与人才培养。该校每年向泰国派遣国际汉语教学志愿者，承接泰国华侨华人子女来中国进行寻根之旅的文化体验活动。

去年10月，李乐还给前来兰州参加寻根之旅的泰国学生上过书法课。从线下到"云课堂"的转变，李乐接受中新社记者采访时说："实际课堂中，孩子们可以通过他的眼睛、手脚来感受所见所闻，及时给老师反馈所不理解的问题；线上课堂是疫情之下的应急之举，并将日渐成为潮流，如何将线下互动感与线上新媒体传播有效结合，是未来华文教育努力的方向。"

无独有偶，中国华侨大学也加入到助力泰国华文教师培训的队伍中，并创新地将中国在线教学平台和泰国本土中文教师习惯的社交平台结合起来，进行"直播+录播"线上授课模式。

为让海外华裔青少年能在疫情期间继续学习中华文化，江苏省官方向海外30多所华文学校开通中华文化"云课堂"，教授武术、剪纸、古诗鉴赏、书法等课程。中国侨联推出"亲情中华·为你讲故事"网上夏令营活动，将成语寓言、人文地理、防疫知识等制作成视频或动画，用讲故事的形式推送给海外华校。

"此时的线上培训课程对全球华文教师们来说显得尤为重要和急需。"85岁的泰国华文教师公会主席罗宗正通过网络说，"公会以前开展的各种线下培训活动好比是教师们学习的'第一课堂'，我们将这种新的线上培训模式命名为'第二课堂'。该模式能够精准把握教师们的课程需求、快速高效推进培训、节约成本、减少聚集、网罗名师和精品课、实时互动、无国界地区限制、在线永久保留、无限次播放等，为海外华文教育发展注入动力和活力。"

互联网还加快了海内外社会各界间合作，化危为机，各种网络教学基础设施和教学平台飞速在云端"开花"，华文教学信息化已成为世界华文教育发展的大趋势。

"面对快速发展的线上教育，如何提质是未来该思考的重点，探索在教学方法、理念、技术支持上改进。"西北师范大学国际文化交流学院院长武和平说，该

校将创新开发"线上课堂+线下本土教师辅助"的新模式，在寻求华文教育多元化发展的同时，因地制宜推出"微学位"等授课方式，推动华文教育走向个性化、智能化新阶段，实现在本地华校落地生根。

（中国新闻网2020-05-16/丁思，李亚龙）

中国留学人才发展基金会发布《全球抗疫英雄谱》

新冠肺炎疫情在全球肆虐，给世界公共卫生事业带来巨大挑战。中国留学人才发展基金会作为国家级全球性公益组织，在国际交流与合作中发挥着特殊的桥梁纽带作用。

2020年3月30日，基金会开设"全球抗疫英雄谱——奋战在国际抗击新冠肺炎一线的医护人员"栏目，通过编辑、翻译国际媒体刊发的人物报道稿件，以官网官微为舆论主阵地，积极宣传疫情期间全球医护人员的英雄事迹，传递国际合作抗疫的正能量。

从奋战挽救患者生命，到全力攻克疫苗研发；从创建共享数据库到积极向民众传递抗疫知识；从国家医疗队中的"逆行英雄"到守护苍生的"无双国士"……全球抗疫英雄坚守抗疫一线，用血肉之躯构筑起生命安全防线，用生命践行医者的责任与担当，赢得了全世界人民的敬佩与尊重。

《全球抗疫英雄谱》电子书收录了80篇人物报道，记录全球医护人员救死扶伤，无私奉献，维护世界公共卫生安全的英雄事迹，集中反映国际社会团结合作精神。截至2020年5月12日，完成编辑整理、翻译校对等工作，集结成册，呈现社会。登陆中国留学人才发展基金会官网即可阅读。

（中国侨网2020-05-19/中国留学人才发展基金会）

"全球中文学习平台"用户已覆盖 152 个国家和地区

教育部语言文字信息管理司司长田立新2日在教育部新闻发布会上介绍，"全球中文学习平台"上线以来，吸引了大量中文学习者，截至5月31日，平台用户数量已经达到64.7万，覆盖152个国家和地区。

语言传播能力是国家语言能力的重要构成。2019年，"全球中文学习平台"正式上线，充分利用人工智能等先进技术手段，汇聚各类中文学习资源，打造能够随时随地、自主学习中文的网络学习环境。平台聚焦海外中文学习者，完成国际版手机移动端App研发并于今年4月正式上线。

"在当前新冠肺炎疫情挑战下，国际版App上线可以说更好地发挥了网络教育优势，服务海内外用户'停课不停学'。"田立新介绍，平台通过沉浸式人机交互学习方式，帮助学习者在角色扮演中掌握地道中文表达。国际版App目前支持中、英、日、韩、俄、泰六种语言，接下来还将不断增加语种。

（新华网2020－06－02/胡浩）

第二届华文教育互联网教学研讨会召开

日前，中国华文教育基金会主办的第二届华文教育互联网教学研讨会以视频会议形式召开，来自24个国家32所华文学校的代表，以及国内华教领域专家学者和互联网教学机构的代表共39人连线参加会议。为照顾不同时区的与会者，会议在6月8日上午和9日下午各举办一场。

中国华文教育基金会理事长赵阳为会议录制视频致辞，他对海外华校师生为支持中国抗击疫情所做贡献表示感谢，希望与会人员深入交流，为海外华校在疫情期间所面临的困难以及在疫情之后的可持续发展探讨解决方案。

与会海外华文教师介绍了疫情对所在学校教学的影响，以及学校在网络教学方面所采取的应对举措。教师们感谢中国华文教育基金会"停课不停学"项目为解学校燃眉之急所提供的帮助，希望国内相关部门有针对性地为海外华校开发更丰富的互联网教学资源，对学校提升互联网教学能力给予支持。与中国华文教育基金会合作的互联网教育机构展示了基于国侨办主干教材打造的智慧课本初步效果，引起海外华校的浓厚兴趣。

与会人员围绕5G环境下华文教育发展趋势、新冠肺炎疫情对华文教育的影响及应对方案、网络教学与课堂教学的协同发展等议题各抒己见。大家普遍认为，互联网教学为面临师资、教材、校舍等诸多条件制约的海外华文教育带来了实现跨越发展的新机遇，疫情的发生倒逼海外华校更快采取应对举措，以适应新环境。互联网教学不会完全取代课堂教学，但是对学校的教学组织提出了更高要求。在疫情防控常态化和后疫情时代，学校要实现可持续发展，必须作出深刻变革。

中国华文教育基金会秘书长于晓和项目部主任李晓梅分别主持两场会议。研讨会以直播方式开放，共有3万余人扫码观会。

（中国侨网2020－06－11）

新科技蕴育国际中文教育新生态

以人工智能、虚拟现实、量子通信等为代表的第四次科技革命已然成为重塑人类教育与学习的变革性力量。如同历史上的每一次科技进步那样，当前的新科技亦将产生惠益与挑战的双重影响。语言教育是新技术易"开花结果"的领域，新科技正在迅疾而深刻地改变着国际中文教育的生态格局。

首先，具备高速率、低延迟、移动性、低功耗和广覆盖等特点的5G技术，正在改变国际中文教育的理念、环境、模式等，展示着个性化、情景化、人机交融、大数据驱动等智能化教育特征。

其次，在经历了远程化教育、信息化教育的发展之后，在线教育成为新技术发展的最新形态，尤其是新冠肺炎疫情的暴发使线上教育得以加速成长。未来的国际中文教育应然是线上与线下两种模式的优势互补和深度融合。

最后，近些年，得益于计算机硬件、大数据技术特别是神经网络技术的发展，机器翻译的水平和质量大幅提升。这必将对中文学习者的来源、数量、学习态度、学习动机等方面产生一定程度的影响，也会给中文国际使用的领域和场景添加更多元素与变量。

面对上述新趋势和生态新格局，国际中文教育事业亟须顺势而为、因应定策，以便能在大变局和大疫情双重叠加的当下抓住机遇，从而为下一波的大发展积蓄力量。

提高站位，加强顶层设计和战略谋划。国际中文教育事业是助力国家治理和人类命运共同体建构的重要部分，其经过几十年发展成绩斐然，但是目前也存在着研究定位细碎化、顶层设计薄弱等困境。面对诸种机遇和挑战，更需洞见历史的战略定力和系统长远的事业规划。这是国际中文教育事业行稳致远的坚实保障。

创新探索，优化赋能"三教"。教师、教材、教学法这"三教"是国际中文教育之根本，教师作为一种职业短期内应不会被机器人等新科技所替代，但未来的中文教师宜更专注于高技能服务，需进一步融会线下和线上两种能力；教材、教学方法等方面也需要探索新形式和新内涵。"三教"的更新赋能和优化升级是国际中文教育新生态建构的中流基石。

抓住风口，打造国际中文教育"新基建"。历经几十年奋斗，国际中文教育的线下资源创制和配套建设成就非凡。未来一段时间，应抓住当前在线教育的风口，实施线上资源的"新基建"，包括分层分类的在线教学及管理资源、多语种高精度的在线中外语翻译系统等。近期上线的"全球中文学习平台"等就是有益尝试。

精准细化，升级教育供给与管理。大数据与人工智能的特性，决定了教育的采购与供给、管理和政策规划的特征。面对新科技条件下国际社会对中文教育的新需求，利益攸关方需要在供给侧和管理侧进行相应升级改造，需要与教育技术产业开展更多元、更根本的合作。

3个空间，增强中文国际供给。中文是一种公共产品，增强中文的国际供给，需要在外语角色、学术含量、功能体系、知识表达等诸方面用力，需利用新科技来增强中文在虚拟空间和智能空间中的比例和地位，但亦不能忽视语言的器物化视角，亦更需增强中文在物理器物世界的供给。比如出口商品上的中文标识与说明、技术输出中的中文指导与培训等。

共同体理念，提升国际中文语言生活品质。语言学习的最终指向和检验标准在于使用，国际中文语言生活共同体的建构是国际中文教育的内生动力之一。在新科技助力下，建构起线上-线下、虚拟-现实、国内-国际相结合的更便捷、愈多元的练习和使用场景，无疑会提升国际中文语言生活共同体的品质与体验，进而增强其吸引力和内生力。

国际中文教育需要新科技助力，新科技正蕴育着国际中文教育的新生态。未来已来，未来可期。

（作者系首都师范大学国际文化学院教授）

（《人民日报海外版》2020-06-12/王春辉）

2020中国华文教育基金会陈家榕奖学金颁发仪式举行

7月8日，"2020中国华文教育基金会'一带一路'国家华裔学生陈家榕奖学金"颁发仪式在广西华侨学校举行。受新冠肺炎疫情影响，海外华裔学生无法按时返校，仪式改为线上举行，广西华侨学校党委委员覃志坚、校长陈进超及该校华裔学生、学生家长、教师代表近300人参加。今年的20万元奖学金由来自伊朗、老挝、泰国、越南、韩国、印尼的103名海外华裔学生获得。

中国华文教育基金会秘书长于晓为颁发仪式录制了贺词。他表示很遗憾不能亲手把奖学金发放到同学们手里，但是中国华文教育基金会对大家的祝福与以往一样真诚。新冠肺炎疫情深刻改变了人类社会的发展进程，也切实影响着每个人的生活。面对复杂多变的外部环境，同学们需要通过自身努力，学习知识、培养技能，以一个更强大的自己应对未来的各种挑战，大胆追求心目中的美好生活，同时为所在国与中国的友好交流、弘扬中华文化等做出贡献。于晓向关心华文教育、为本次奖学金项目慷慨捐赠的陈家榕先生表示感谢。

中国华文教育基金会自2012年起在广西华侨学校设立海外华裔高中学历教育奖学金项目，旨在帮助学习成绩优异、家庭经济困难的海外华裔学子顺利完成高中学业，截至今年累计资助金额已达492.38万元，受助学生达1113人次。

（中国侨网2020-07-10）

中国侨联举办青委会海外委员代表视频交流座谈会

日前，中国侨联举办青委会海外委员代表视频交流座谈会。中国侨联副主席、中国侨联青年委员会会长程学源出席座谈会并作交流发言。来自日本、泰国、韩国、英国、意大利、南非、美国、巴西、澳大利亚等国家的近20名中国侨联海外青年委员代表参加了视频会交流。

程学源向侨青代表介绍了中国抗击疫情的概况和中国侨联抗疫工作有关情况。他充分肯定了海外侨界青年驰援祖（籍）国和支持住在国抗疫所作的努力和贡献，代表中国侨联和中国侨联青年委员会向海外侨界青年致以"娘家人"的亲切问候和衷心感谢，鼓励海外侨界青年代表充分发挥侨青的作用，宣传好抗疫知识，讲好中国抗疫故事，积极配合住在国防控疫情，与住在国人民并肩战"疫"，为推动构建人类命运共同体不懈努力。

来自泰国、英国、南非、巴西、美国、澳大利亚的代表介绍了所在国家和侨团防疫、抗疫的有关情况。表示中国侨联、中国侨联青年委员会在这抗疫的特殊时期通过视频会议，"面对面"传递来自祖（籍）国的关怀问候，使人倍感温暖亲切；他们表示，将进一步发挥表率作用，为祖（籍）国和住在国抗击疫情尽心出力，努力讲好中国故事，展现新时代中国侨民形象，积极融入住在国主流社会，为构建人类命运共同体贡献力量。

中国侨联联谊联络部副部长、青委会副秘书长桑宝山主持，联谊联络部副部长、青委会副秘书长朱柳中回应了侨胞关切的问题，并就更好发挥青委会作用同与会人员进行了交流。这是中国侨联青年委员会在新冠肺炎疫情期间首次以线上形式举行的座谈会，受到与会者的欢迎。

（中国侨网2020-07-13）

"暨南大学华文考试院"揭牌　将强化华文教育标准化建设

7月14日，"暨南大学华文考试院""国家语言文字推广基地"揭牌典礼在暨南大学华文学院举行。典礼上，暨南大学党委书记林如鹏教授被敦聘为暨南大学华文考试院院长。

"暨南大学华文考试院"是暨南大学在新时代面向海外开展华文教育，彰显侨校办学特色的重要平台。2019年底，暨南大学获批成为教育部首批60所"国家语言文字推广基地"之一，具体承担国家通用语言文字推广与海外传承传播的工作任务。

暨南大学党委副书记孙彧表示，华文考试院作为暨南大学国家语言文字推广基地建设中的重要科研抓手和业务支撑，将能更好地发挥基地面向海外传承传播中华语言文化的作用；基地建设亦为华文考试院提供了一个更为广阔的发展平台。

暨南大学华文学院院长邵宜介绍说，暨南大学华文学院是专事华文教育的语言学院，多年来，华文教育工作一直处于业内领头羊地位。近年来，该校"华文水平测试"和"华文教师证书"的"两个标准"建设工作，填补了海外华教界的长期空白，成为支撑新时代华文教育发展的两个重要支柱。这也是学校贯彻落实海外华文教育"专业化、规范化、标准化"发展目标的具体实践。

暨南大学是中国第一所由国家创办的高等华侨学府，学校非常重视华文教育在中华语言文化海外传承传播中的重要作用，近年来，"两个标准"建设取得了较好的成效。2017年，"华文水平测试"项目在澳大利亚、美国、意大利、英国等13国家面向30多所学校的3 000多人开展了试测工作；2018年底顺利通过项目结项；2019年面向全球推广。截至目前，华文水平测试在海外已设有41个考点，遍布五大洲16个国家。华文教师证书是由中央统战部侨务事务局面向世界各地华文教师和华文教育工作者颁行的职业能力认证证书，于2013年在全球开展培训和考试、认证工作。截至目前，华文教师证书考试已在印度尼西亚、泰国、缅甸、英国、日本、加拿大、韩国等20多个国家185个考点开考，10 486人参加考试，6 089名考生获得华文教师证书。

（中国新闻网2020-07-14/郭军）

暨南大学建设立足湾区、联接世界的人才"孵化池"

肩负独特使命　创新三类人才培养

2018年10月24日，习近平总书记考察暨南大学时同部分港澳台同胞和海外侨胞学生交流，鼓励他们好好学习，将来为社会作出贡献，并勉励暨大坚持自己的办学特色，把学校办得更好，为海外侨胞回祖国学习、传承中华文化创造更好的条件。

近两年来，百年暨南交出了一份优秀的时代答卷：进入ESI全球排名前1%的学科上升到11个；18个专业获批国家级一流本科专业建设点；QS排名屡创新高，2021年QS世界大学排行榜位列内地高校第33名……

"暨大始终肩负华侨高等教育的重要使命，也是湾区青年梦想起航的地方。"暨大校长宋献中说，随着综合办学实力持续增强，暨大将进一步创新内地生、港澳台侨生及留学生三类学生的人才培养模式，重点建设成为立足湾区、联接世界的人才"孵化池"，更好地服务国家"一带一路"倡议、粤港澳大湾区建设，精心擦亮百年侨校的金字招牌。

一流专业赋能梦想　助力学生高位起航

不久前，暨大与广州市力鑫药业有限公司签约科研成果转让，以1亿元转让化1类创新抗肿瘤药项目JND32066成果的全球市场独家开发权利。"未来3年，我们计划产出五六个全球首创的1类新药项目。"药学院院长丁克说。

药学成为国家"双一流"建设学科、药学专业入选国家级一流本科专业建设点，是暨大综合实力提升、一流创新人才培养的生动缩影。

2019年度国家级一流本科专业建设点名单中，暨南大学有18个专业上榜，经济学、新闻学等金牌专业纷纷入选，还有9个专业入选省级建设点。

"暨大是粤港澳大湾区创新人才培养的'智高点',接下来要继续强化科研教育教学力量,搭建人才梯队,在药学等学科争做单项冠军。"宋献中说,学校按照提质量、调结构、稳增长"三步走"的专业建设思路,动态调整本科专业设置,主动布局人工智能、预防医学、应急管理等新工科、新医科、新文科专业建设,促进专业交叉融合,集中力量建设一批特色明显、实力雄厚、契合粤港澳大湾区发展和"一带一路"倡议的学科专业群。

暨南大学将利用率先在全国探索粤港澳共建联合实验室的优势,在生物医药、未来光子技术等前沿领域持续发力,助力打造国际科创中心。发挥医药、生态、食品相关学科平台优势,为"健康湾区""休闲湾区"赋能。围绕绿色发展、社会治理等领域开展合作研究,打造高端智库。

今年暨大和华侨大学两校联招将于近期在广州、厦门、香港、澳门四地同时举行。虽然招生因疫情影响推迟,但香港学生报名依旧踊跃,人数比去年更多。

暨大是香港、澳门的"人才库",分别培养了6万和2万多名高素质人才。香港的暨大校友活跃在政界、商界、新闻界、纪律部队及公务员等领域,成为"一国两制"繁荣稳定的重要建设者;澳门八成传媒人、七成医生和四成金融行业人员毕业于暨大,为澳门的繁荣稳定发挥了主力军的作用。12万暨大校友活跃在广东地区,成为各行各业的中坚力量,是中国经济腾飞、广东改革开放的参与者。暨大成立了"暨南大学粤港澳大湾区校友会联盟",广泛团结校友,争做粤港澳合作的重要参与者、促进者和践行者。

把中华优秀传统文化 传播到五湖四海

暨大创办于1906年,被誉为"华侨最高学府"。她从南京薛家巷蹒跚起步,历经三次停办、五次播迁,到今天的广州、深圳、珠海三地五校区,已经培养来自世界170多个国家和地区的30多万人才,并有"有海水的地方就有暨南人"的说法。

暨大因侨而建、因侨而兴,也因侨而强。目前,暨大以侨为特色,搭建更多的平台,把中华优秀传统文化传播到五湖四海——

国家级文科研究基地"铸牢中华民族共同体意识研究基地"落子暨大,将系统探讨铸牢中华民族共同体意识的实践方案,为早日实现中华民族伟大复兴的中国梦贡献力量。

暨大首个海外校园日本学院正式启动合作筹建,将开设中文教育、新闻、中医及经济管理等专业,努力打造境外办学的暨南"金字招牌"。

由暨南大学担任理事长单位的粤港澳大湾区高校在线开放课程联盟,在疫情期间为10万名注册学生提供超1600门优质慕课……

暨大石牌校区南门教学楼边的万国墙,是校园最具国际化特色的标志性建筑,刻有上百个国家和地区的名字。来自五湖四海的青年人汇聚暨南园,学思践悟、成长成才。

"我们采用内外联培和分类教学的方法，帮助青年人创新创业、成长成才。"宋献中说，暨大要把来自不同国家和地区的学生，都培养成为人格健全、基础宽厚、视野开阔，专业能力和社会责任感强的高素质创新型人才。

比如，针对境内和港澳台侨学生实施"通识分流+专业技能课合班"的教学组织模式，帮助港澳台侨学生了解中华文化和中国国情，开阔境内生的国际视野，在交流和对比中接受熏陶。

"暨大的特色是侨校，更要办成高水平的名校。"暨大党委书记林如鹏说，学校要抓住"部部省"共建的契机，加快建设"双一流"大学，更好地服务国家"一带一路"、粤港澳大湾区建设，助力广东实现"四个走在全国前列"、当好"两个重要窗口"。

宏教泽而系侨情　传播中华优秀传统文化

对话

作为中国第一所由政府创办的华侨学府，暨南大学素有"华侨最高学府"之称。在"双一流"建设、"部部省"共建等机遇叠加的窗口期，暨南大学如何发挥特色优势，为粤港澳大湾区乃至全球培育更多一流人才，把中华优秀传统文化传播到五湖四海？记者专访了暨大校长宋献中。

南方日报：作为百年名校，暨大的人才培养使命是什么？

宋献中：暨大的校名源自《尚书·禹贡》："东渐于海，西被于流沙，朔南暨，声教讫于四海。"所谓"声教讫于四海"，结合今天的实际，我认为就是做好立德树人，培养一流人才，讲好中国故事、发出中国声音，沟通中外、表达共识，做好文化交流的引领者、实践者，完成暨大百年以来一以贯之的"宏教泽而系侨情"的办学使命。

南方日报：对暨大而言，学生的哪些特质、哪些关键词最为独特？这两年来暨大在人才培养方面，有哪些主要的变化？

宋献中：暨大学生的特质，我认为主要有几个方面：一是忠信笃敬、爱国爱校的精神；二是开放，学生来自五湖四海，相互交融、相互启发，凸显出开放的特性；三是包容，来自五湖四海的学生和而不同；四是务实，闷头做实业的很多。

我们着眼于培养人格健全、基础宽厚、视野开阔，专业能力和社会责任感强的创新型人才。我希望的本科生的知识体系是"梯形"的，宽口径，牢基础；硕士、博士生则应该是"T形"的，有深厚的知识储备，并在某个领域深入钻研。

对内地生，我们承担立德树人的根本任务，培养德智体美劳全面发展的社会主义建设者和接班人；对港澳台侨学生，要把他们培养成拥护"一国两制"，为港澳长期繁荣稳定、祖国和平统一作贡献的坚定的爱国者。而对于华人和留学生，我们

希望将其培养成爱华、友华、挺华的文化使者。

南方日报： 暨大在粤港澳大湾区布局了五个校区，将如何发挥侨校特色以及不同校区的优势，吸引学生主动融入湾区发展和"一带一路"建设？

宋献中： 一方面，我们计划对学生结构进行调整，进一步扩大港澳台侨和留学生的招生规模，三年内力争把港澳台侨和留学生在校生比例从现在的33%提升至40%，同时也将加大研究生的招生规模。"十四五"期间，暨大招生规模大概在45 000人左右，其中将有1.5万至1.8万的港澳台侨学生。

另一方面，通过提质量、调结构、稳增长的"三步走"专业建设思路，预计到2024年将原有129个本科专业调整为85个左右，形成专业结构合理、多层次协调发展的综合性大学本科专业体系。

数读暨大

● 11个学科进入ESI全球前1%

● 2021年QS世界大学排行榜位列内地高校第33名

● 18个专业入选国家级一流本科专业建设点，9个专业入选省级一流本科专业建设点

● 近三年本科毕业生升学率约30%，国内升学和出国（境）留学约各占15%

● 超过90%的毕业生在重点地区、重点行业就业，前往世界500强、中国500强企业就业的人数占比超过35%

（《南方日报》2020-07-15/钟哲等）

暨南大学华侨大学"两校联招"今日开考　四地同时举行

2020年暨南大学、华侨大学联合招收香港、澳门、台湾、华侨、华人及其他外籍学生入学考试（简称"两校联招"）于7月18日至19日在广州、厦门、香港、澳门四地同时举行。

"两校联招"考试科目包括语文、英语、生物、数学，此外还需在物理、化学、历史、地理中择一科选考。

暨南大学招生办公室发布的通知称，考生须在规定时间持准考证原件、有效身份证件原件入校并接受健康检测。其中，港澳考生持港澳居民身份证和港澳居民来往内地通行证、台湾考生持台湾居民来往大陆通行证、华侨考生持中华人民共和国身份证和护照、其他外籍考生持外国护照。证件不齐或者健康检测不达标的考生，不予入校。

该通知规定，体温低于37.3℃的考生方可入校，在考试时考生必须佩戴口罩，仅在核验身份证件时可摘脱口罩。发热考生凭准考证、身份证件和核酸检测阴性证明

等材料，经卫生专业人员评估后，具备条件的，由专人引导，前往备用隔离考场参加考试。考试过程中出现疑似症状者，将被安排在备用隔离考场考试。

暨南大学素有"华侨最高学府"之称，华侨大学是中国第一所以"华侨"命名的高等学府，每年均吸引大量华侨华人学生就读。2020年"两校联招"原定于5月9日至10日举行，受疫情影响延迟。

（中国新闻网2020-07-18/冉文娟）

纪念归侨侨眷权益保护法颁布 30 周年系列活动举行

"归侨侨眷权益保护法所称侨眷包括哪些？""外国人具备哪些条件可经申请批准加入中国国籍？"近日，由中国侨联、全国普法办主办的第二届"侨商杯"法律知识竞赛线上开赛，邀请归侨侨眷、华侨、外籍华人等参赛。

值此《中华人民共和国归侨侨眷权益保护法》（以下简称"归侨侨眷权益保护法"）颁布30周年之际，本次法律知识竞赛也是"纪念归侨侨眷权益保护法颁布30周年活动"之一，旨在加大侨界普法力度，增强侨界群众的法治观念。

竞赛从7月13日持续至10月31日，活动组委会每周一至周五发布试题，每日发布5道单项选择题，连续发布16周。参赛选手可以在"中国侨联普法办""中国普法"微信公众号上进行答题。

据中国侨联权益保障部相关负责人介绍，竞赛题库由中国侨联法律顾问委员会编写制定，以法条为基础制作单选题共1000道。"题目分为三类，中华人民共和国宪法相关的题目、归侨侨眷权益保护法相关题目，以及《民法典》《国籍法》《护照法》等与侨息息相关的法律的题目。"

"同时，各省级侨联也积极参与活动，他们广泛联系省内的归侨侨眷以及海外的侨团侨社来参赛。"相关负责人告诉记者，统计数据显示，竞赛开展4天以来，已有约6万人次在线上答题。

她说，竞赛的目的是向普通民众普及法律知识，因此试题的难度并不高，主要以涉法的基础知识和法律条文为主，参赛者根据自己的知识储备都可以答对。"从这4天的统计数据来看，大家答题的正确率也是比较高的。"

除了举办法律知识竞赛，中国侨联还制作了侨法宣传的图解和视频，向民众普及归侨侨眷权益保护法。

"华侨是指定居在国外的中国公民，归侨是指回国定居的华侨……"近日，归侨侨眷权益保护法"云课堂"在线上开讲，用动画的形式和通俗易懂的语言来讲解侨法知识。

中国侨联权益保障部相关负责人说，归侨侨眷权益保护法"云课堂"将推出20期，配合10期的"侨法30年图解"，可以使民众对侨法的内容、侨身份的认定、涉

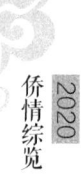

侨政策等有一个较为全面的认识。

据了解，中国侨联官网还推出纪念归侨侨眷权益保护法颁布30周年活动专题页面，通过法条解读、立法进程、图说普法、系列视频、普法动态等栏目，纪念宣传归侨侨眷权益保护法颁布30周年。

（中国新闻网2020-07-17/吴侃）

中医药国际合作持续推进　240多所孔子学院设相关课程

记者近日从国家中医药管理局了解到，2019年中医药国际合作持续推进，中医药文化通过孔子学院和中医药高校等渠道走进更多国家。

来自国家中医药管理局的数据显示，截至2019年12月，全球建有15所中医孔子学院和孔子课堂，78个国家240多所孔子学院开设了中医、太极拳等课程，注册学员3.5万人，18.5万人参加相关体验活动。

全国高等中医药院校积极开展多途径、多形式、多层次的中医药国际教育合作，每年招收逾万名中医药专业留学生。部分国家开设了全日制中医药课程，目前海外有中医药业余教学机构约1500所，每年向全球输送约3万名中医药技术人员。

此外，据介绍，中国在"一带一路"沿线国家和地区开展了30个高质量中医药海外中心的建设工作，为满足海外民众多元化健康需求发挥了积极作用，增强了国际社会对中医药的认可和对中华文化的认同。"一带一路"中医药针灸风采行活动已走入沿线35个国家和地区。

目前，中医药已经传播到全球183个国家和地区，我国与40多个外国政府、地区主管机构和国际组织签订了专门的中医药合作协议，中医药全方位、多角度、宽领域、高层次对外合作格局正在形成。

数据显示，截至2019年12月，中医药海外中心和国内基地与近90个国家开展了合作，累计建立跨国合作项目388项。培训外籍专业人员超过1.3万人次。在中国积极推动下，国际标准化组织成立中医药技术委员会（ISO/TC249），截至目前已陆续制定颁布了53项中医药国际标准。

（新华网2020-07-27/田晓航）

2020（第六届）中国海归创业大赛正式启动

2020（第六届）中国海归创业大赛4日在北京宣布正式启动报名。

第六届中国海归创业大赛以"创新驱动·海创中国"为主题，继续聚焦海归创业，以项目为评选对象，主要面向高新技术产业和现代服务业领域，企业和个人均可以项目团队或个人形式报名参赛。

大赛要求参赛项目持有人或团队中，至少有1人在海外或港澳台取得学士及以上学位，出国进修硕士以上学位或做访问学者半年以上，或为来华的外籍人士。大赛评委会将重点从团队、技术、市场、财务四个能力指标上对参赛项目进行评估。

主办方称，本届大赛将提升奖金总额，扩大奖励范围，惠及更多创业项目。大赛设一等奖1名、二等奖3名、三等奖6名、优胜奖10名，分别给予10万元（人民币，下同）、5万元、1万元、3000元奖金奖励。此外，中国技术创业协会留学人员创业园联盟联合投资机构，设立规模10亿元的大赛专项基金，对参赛项目给予投资支持。

大赛自即日起开启报名通道，参赛者可登录网站www.osechina.com进行报名，报名截止时间为9月20日。经项目初筛和专家评审后进入复赛的项目团队，将于10月下旬参加复赛、决赛和对接交流活动。

中国海归创业大赛是在科技部、教育部、人力资源和社会保障部、致公党中央的共同指导和支持下，由中国技术创业协会留学人员创业园联盟发起举办的活动。自2015年首次举办以来，五届大赛共吸引2277个海归项目团队参赛。

（中国新闻网2020-08-04/冉文娟）

"雏鹰归巢"热度不减　华侨华人子女竞相回中国求学

近日，中国高考录取分数线陆续公布，有一群特殊的求学者成功入读中国大学。

作为华侨华人子女，他们自世界各地回到中国接受大学教育。近年来，"雏鹰归巢"的趋势一直热度不减，已形成新的风向。

学生已有3000多名

作为接收华侨华人子女归国学习的典型代表，华侨大学于此有着相当丰富的经验。

据该校招生处处长洪雪辉介绍，自2018年至今，在校华侨华人学生数量已从不到2000人增长至目前的3000余名。

之前，这些华侨华人子女主要来自马来西亚、泰国、印度尼西亚等东南亚国家，但近年来，"随着数量的上升，覆盖的面也越来越广了"，洪雪辉表示，目前华侨华人学生来自全球50多个国家和地区。

持续的全球疫情是否对华侨华人子女今年归国读书计划产生影响？

洪雪辉表示，事关国家防疫大局，一些影响如无法归国参加考试的情况确实是难以避免的，但整体工作仍保持正常节奏。"我们的录取工作当前正在进行，基本上跟往年大致持平并保持略有增长的状态，目前为止，我们已经发放了几百张录取通知书。"

众多考量下的合理选择

"我儿子在去年回国实习，而我身边的很多学生家长也都送孩子回去。我有一个好朋友，她的女儿在国内读完了学士文凭，现在要继续攻读研究生了。"

在毛里求斯任教18年的资深教育界人士丘金莲表示，无论是站在教师还是家长的角度，送孩子归国念书是她一直以来非常鼓励的方向。

她提到，归国的安全与回家的亲切、中国的教育理念文化与本身的华人身份，都推动着家长们做出这样的决定。"我们作为华人，要知道我们的根，在我看来，这很重要，也是很基本的东西。"

面对这样的趋势，洪雪辉分析指出，近年来我国学校办学条件的优化、生活水平的提升等因素，都使得华侨华人家长开始倾向于做出这样的选择。"说到底，还是中国越来越繁荣富强，大家回来求学的积极性也就因此越来越高。"

他同时指出，相对于其他学生，华侨华人子女原有的基础不同，因而会存在一定时间的适应期，但是与此同时，他们的学习目标相对更明确。如果做好了归国学习的打算，也要注意随时了解国家政策，注重中文的学习。

讲中国故事的新生力量

谈及这一部分学生毕业后的发展，洪雪辉表示，就目前来看，华侨华人子女在归国接受教育后，具备深入了解两国文化习惯的优势，无论是创业经商，还是进入海外企业发展，都备受青睐。他说："这两年提出这方面人才需求的企业明显越来越多。"

"其实，这些学生之中的很多人，最终还是要回到原本生活的国家或地区发展。"洪雪辉表示，在自身发展的同时，他们当中的许多人也会自发地成为当地讲述中国故事的新生力量。

"他们本身对中国带有一份特殊的感情，在中国读书的时间里真正地了解中国，很多人也因此真正爱上中国。他们回到原本住在地后，由于有在中国生活的经历和见闻，可以与当地人交流得更直接。"

对于未来，正如洪雪辉所言："面对当前复杂多变的国际形势，我们可能会面临很多新的挑战，但相信只要国家够强、够好，还是会有更多的华侨华人子女愿意回国学习，甚至也有更多的外国人愿意来中国学习，这种趋势越来越明显。"

（《人民日报海外版》2020-08-05/睿加，董雅惠）

"侨法"悉心守护侨胞合法权益　宣传"侨法"活动启动

今年是《中华人民共和国归侨侨眷权益保护法》（下文简称"侨法"）颁布30周年。由中国侨联、全国普法办主办的第二届"侨商杯"法律知识竞赛近日线上开赛，邀请归侨侨眷、海外华侨华人、全国各级侨联干部、关心"侨法"和侨务工作的社会各界人士等参赛。在中国侨联官网，纪念归侨侨眷权益保护法颁布30周年活动专题页面上线，通过新闻速递、法条解读、立法进程、图说普法、知识竞赛、系列视频、普法动态等栏目，纪念宣传"侨法"颁布30周年。

"侨法"颁布的30年，也是中国不断深化改革开放的30年。在这30年间，侨联组织与各级侨务部门为宣传"侨法"作出各种实践尝试，国内归侨侨眷与海外华侨也在学习"侨法"、运用"侨法"的过程中，更好地保护自身权益。

知识竞赛宣传"侨法"

手机打开中国侨联普法办微信公众号，点击页面下方"侨商杯法律知识赛"按钮，进入答题页面进行答题……今年的法律知识竞赛以微信公众号为平台，参与者通过简单的线上操作即可轻松加入竞赛。

在7月13日至10月30日的16周活动期间，中国侨联普法办微信公众号周一至周五每天发布一次试题，一次5道题，题目均为以法条为基础制作的单选题，题库由宪法、归侨侨眷权益保护法、归侨侨眷权益保护法实施办法、国籍法以及民法典等与归侨侨眷关系密切的法律法规组成。当天全部答对者进入抽奖池，每周日从抽奖池中随机抽取获奖者，并予以公布。每周抽出250名获奖者，16周抽取共4000人次。

"归侨侨眷权益保护法是一部涉侨基本法律，今年是归侨侨眷权益保护法颁布30周年，值得隆重纪念。在全面推进依法治国的大背景下，我国今年新颁布了民法典，社会各界对学法、知法、用法的认识有新的提高。这次推出法律知识竞赛，就是为了深入宣传'侨法'，增强侨界群众的法治观念，推进法治社会建设。"中国侨联权益保障部政策法规处处长徐友佳接受本报记者采访时表示，受新冠肺炎疫情影响，许多往年开展的线下活动不便进行，中国侨联这次通过线上形式，让海内外华侨华人和更多了解关心华侨华人群体和侨务工作的人也能参与进来，共同学习"侨法"。

截至7月31日，知识竞赛答题人次已超过5万，关注人次达30万，中国侨联普法办的微信公众号在3周内快速增加了6万多粉丝。"在微信公众号后台，我们每天都能看到粉丝们的留言。"徐友佳说，"有人留言说，在这个时候大规模地宣传纪念'侨法'很有必要，很有意义；也有人留言说，通过活动第一次了解到涉侨权益保护方面的法律知识，觉得线上知识竞赛的形式很新颖；还有海外华侨华人留言说，看到国内能够重视归侨侨眷和海外华侨在国内的合法权益保护，他们感到心里很温暖。"

日常讲座学习"侨法"

对于浙江省温州市瓯海区丽岙街道侨联秘书长孙芸苏来说，"侨法"知识竞赛的形式并不陌生。2018年，浙江省人大常委会通过并公布《浙江省华侨权益保护条例》（以下简称"保护条例"），温州市为此举办保护条例知识竞赛活动，丽岙40

多名归侨侨眷参与活动，还获得了荣誉奖项。"为了参与这个竞赛，丽岙侨联专门组织了学习活动。"孙芸苏透露了丽岙侨胞的获奖秘诀。像丽岙侨联这样的基层侨联组织，在动员归侨侨眷学习"侨法"方面，起到了重要作用。

宁夏回族自治区银川市西夏区侨眷杨殿东对前不久参加的归侨侨眷权益保护法知识讲座记忆犹新。银川市的200余名归侨侨眷一起参与讲座，学习"侨法"。"'侨法'是维护归侨侨眷合法权益的法律，虽然我们平时遇到的相关法律纠纷很少，但学习'侨法'让我感到国家对我们归侨侨眷的重视。"杨殿东告诉本报记者。

"文昌路街道办曾经举行过一次归侨侨眷权益保护法讲座，西夏区侨联工作人员来为我们讲解具体法条，给我们每人发了本'侨法'小册子，我现在还留着呢！"和杨殿东一样住在西夏区文昌路街道的康怡德，也记得学习"侨法"的故事。归侨侨眷有哪些财产和权益是受"侨法"保护？权益受到侵犯时应该怎么应对？听完讲座，康怡德心里有数了。"我有次偶然听说老家有归侨侨眷的房产被单位占用，最后通过向当地侨联和有关部门反映，在与单位协调后获得赔偿。"康怡德说，当地侨联多次组织"侨法"学习活动，这既增强了归侨侨眷的法律意识和知识储备，也丰富了归侨侨眷的日常生活。"知法、懂法才能更好地用法！"

多方协作运用"侨法"

帮忙处理丽岙归侨侨眷的大事小情，是孙芸苏的日常工作之一。常住人口仅2.3万的丽岙，有2万多名海外华侨华人，1.2万归侨侨眷。近年来，归国华侨多了，华商回国投资多了，丽岙归侨侨眷遇到的种种生活问题也多了。

"之前有个丽岙华侨，人在国外，把村里老家的房子租给了邻居。后来华侨回乡，准备把房子收回来，重新装修一番，给家中老人居住。邻居不愿意，就是不交出房子来。"孙芸苏说，为了调解两户人家的矛盾，孙芸苏和同事们反复和双方沟通，"邻居一开始就是不愿意交房，我们就拿出归侨侨眷权益保护法的小册子，翻给他看，告诉他，他的行为属于侵占归侨侨眷房产。"在侨联工作人员和地方干部的共同协调后，两家人都做出了让步，邻居交出房子，华侨修缮好房屋后把小楼二层继续租给邻居使用。

"有这个法律，归侨侨眷维护自身权益就有了依据，更有了底气！"孙芸苏说，目前在侨乡农村，出现问题最多的是土地承包、房屋侵占、外汇兑换、华侨子女国内教育等。"我们要多组织大家深入学习'侨法'，结合实践情况认识'侨法'，让归侨侨眷更懂得运用法律规定，更好地保护自身权益。"孙芸苏说。

"归侨侨眷权益保护法保护的是归侨侨眷在国内的合法权益，还涉及部分华侨在国内的合法权益。归侨侨眷权益保护法贯彻了我国侨务工作'一视同仁、适当照顾'的基本原则。"徐友佳介绍，华侨华人群体容易遇到的法律问题主要集中在涉侨投资、侨房拆迁、土地征收、国企改革后社会待遇转移接续等方面。近年来，随着越来越多的新侨选择回国创业工作，新归侨在投资创业、子女落户就学等方面遇到的问题相继出现。中国侨联与国家有关部门正积极推进对"侨法"的修改完善，提高其适用性，使其跟上时代发展的步伐，更好地发挥对归侨侨眷权益保护的作用。

（《人民日报海外版》2020-08-07/高乔）

"亲情中华"网上夏令营全球闭营仪式

为让海外华裔青少年在疫情期间坚持学习中文、了解中华文化，中国侨联于4月30日推出"亲情中华·为你讲故事"网上夏令营，共举办8期，每期15天，目前参营人数已达6.3万人。为了重温"亲情中华·为你讲故事"网上夏令营的精彩瞬间，回顾营员们在夏令营中的成长与收获，汇集营员们在参营期间的才艺展示，倾听海外负责人、班主任和营员家长的感想和感受，展现中国侨联对海外侨胞的挂念，中国侨联定于2020年8月27日下午16点（北京时间）以现场直播形式举行"亲情中华"网上夏令营全球闭营仪式，届时将有来自五大洲近50个国家的营员在线观看此次全球闭营仪式。本次直播活动的主办单位是中国侨联，承办单位是中国侨联文化交流部，协办单位是人民网强国论坛，直播地点为人民网1号演播大厅。欢迎海内外观众届时收看！

（中国侨网2020-08-27）

第六届侨交会招商启动　三大展区向全球企业邀约

第六届华人华侨产业交易会（简称"侨交会"）将于9月21日至25日在侨交会线上平台ITOE广东国际贸易数字博览馆（www.itoegd.com）举行。目前，展会招展工作已正式启动。

第六届侨交会以"促进内外双循环，探索出海新路径"为主题，将设置进口区、出口区、城市及产业园三大区域。其中，进口区主要展示美妆母婴、特色食品、玩具礼品、家居日用四类产品；出口区主要展示日用消费、电子消费、工业产品三类产品；城市及产业园区则为生产（智能）制造型园区、商办型园区、高新园区、保税物流仓储园区、文化创意园区、医疗产业园区、粤港澳大湾区城市群园区等提供展示平台。线上展会将通过图文、视频等形式全面展示企业和产业的综合情况，实现"云参展""云洽谈""云对接""云签约"，推动海内外经贸往来。

据悉，参展企业可通过在线平台实现线上直播、产品演示，同时还可以通过网络形式开展线上会议及论坛活动。此外，展商和注册观众可以通过线上平台实现实时在线洽谈，通过大数据匹配和智能搜索，实现买卖双方的精准对接。

（《深圳侨报》2020-08-28/柯东波，陈景瑜）

归侨侨眷知识分子国情考察活动在吉林举办

由中央统战部主办、吉林省委统战部承办的归侨侨眷知识分子国情考察活动于8月23日—29日在吉林举办，20多位归侨侨眷知识分子代表赴长春、白山等地进行了学习交流和参观考察。

代表团参观了吉林大学黄大年纪念馆，学习习近平总书记对黄大年同志先进事迹作出的重要指示，缅怀黄大年至诚报国的感人事迹；赴长春新区进行参观考察，为新区发展积极建言献策；赴靖宇县杨靖宇将军殉国地进行拜谒并敬献花篮。活动期间，还为代表进行了健康体检。

29日，归侨侨眷知识分子国情考察代表团在长春进行座谈交流。中国科学院院士、清华大学化学系教授李景虹表示，参观黄大年纪念馆后，对黄大年的事迹有了更全面深入的了解，作为归侨侨眷知识分子，要学习黄大年淡泊名利、无私奉献、勇于创新的精神，把自己的专业技能、所学所长融入国家发展的伟大事业中。参加座谈会的归侨侨眷知识分子纷纷表示，要以归侨楷模黄大年同志为榜样，发挥个人专业优势，在本职岗位上不断取得新的成绩，为实现中华民族伟大复兴作出应有的贡献。

归侨侨眷知识分子国情考察活动已连续两年在吉林举办，活动旨在体现党和政府对归侨侨眷的关心关爱，引导归侨侨眷知识分子深入学习黄大年先进事迹，体验吉林省风土人情，同时为吉林省经济社会发展提供咨询意见。

（中国新闻网2020-08-30/郭佳）

6.5万华裔青少年参加"亲情中华"网上夏令营活动

由中国侨联举办的2020"亲情中华"网上夏令营全球闭营仪式近日举行，众多海外华裔青少年收看闭营仪式直播。此次活动自4月30日启动，为期120天，共吸引了50多个国家的6.5万名海外华裔青少年参加。

作为此次活动的承办方之一，福建侨联推出了以"亲情中华·为你讲故事"为主题的活动，先后有16个国家34个海外侨社团和中文学校参加活动，分8期组建了56个营，建立了82个微信学习群。

活动期间，福建侨联录制了《云游福建华侨主题馆，致敬华侨先贤》视频，向营员介绍陈嘉庚、黄乃裳等一批爱国华侨的事迹；同时，还制作了介绍闽菜、闽茶、熊猫巴斯、永春白鹤拳、福建剪纸等体现福建地方特色和文化的系列节目，受到营员们欢迎。

（《福建日报》2020-09-01/吴洪）

华侨大学校企联合打造智慧华文教育平台

近日，"智慧华文教育产教融合创新中心"揭牌，将整合校企优势资源，建设智慧华文教育平台，融合AI、3D、VR、AR等新技术，打造寓教于乐的全球华文教学服务平台；借助新媒体，建立全球内容分享传播平台；建设"人工智能+华文教育"线下研学基地，努力打造为服务全球华文教育的产业创新基地。

当日，华侨大学与云知声智能科技股份有限公司签署战略合作协议。协议指出，双方将发挥各自优势，在人工智能+华文教育、大数据应用等方面开展积极合作，共同成立"智慧华文教育产教融合创新中心"，联合开展各级各类项目申报，并建设智慧华文教育平台等，为海内外提供华文教育云服务。

厦门市委常委、统战部部长张毅恭，厦门市委统战部常务副部长、市侨办主任何秀珍，集美区区长胡旭彬，云知声智能科技股份有限公司董事长梁家恩，华侨大学党委书记徐西鹏、校长吴剑平等出席签约仪式，并共同为"智慧华文教育产教融合创新中心"揭牌。

"此次战略合作协议的签署，实现了人工智能技术与华文教育的有机结合。"徐西鹏表示，华侨大学将依托云知声人工智能、大数据等先进技术，探索华文教育新路径，改变华文教育传统教材和教学方式，为学校的华文教育插上信息化、智能化的翅膀，助力学校更好地将中华优秀传统文化传播到五湖四海。

华侨大学自创办以来，肩负着"为侨服务，传播中华文化"的使命。作为国务院侨办华文教育基地和教育部批准的"支持周边国家汉语教学重点院校"，学校始终积极开展海外华文教育及其研究工作，设立华文教育研究院，制定华文教育发展规划，开设汉语国际教育、华文教育等相关专业，创办了"外国政府官员中文学习班"等一系列华文教育品牌项目，形成了完善的华文教育体系。

（中国新闻网2020-09-03/吴江辉，黄咏绸）

2021年泰晤士世界大学排名　华侨大学上榜

近日，泰晤士高等教育发布了2021年泰晤士高等教育世界大学排名，华侨大学位列中国内地高校第76位（并列），这也是华侨大学连续第五次上榜该世界排名。

据了解，此次共有全球93个国家和地区的1527所高校上榜，比去年增加了130所。其中有137所中国高校上榜，包括91所大陆高校、6所香港高校、2所澳门高校和38所台湾高校。泰晤士世界大学排名是由《泰晤士高等教育》独立发布，与QS世界大学排名、上海软科世界大学学术排名一道被公认为最具影响力的全球性大学排名之一。

（泉州网2020-09-08/殷斯麒）

中国侨联副主席赴张家口调研华侨冰雪博物馆建设

9月8日至9日，中国侨联党组成员、副主席程学源到河北省张家口市调研华侨冰雪博物馆建设和侨企复工复产情况。

8日，程学源一行赴崇礼区考察冬奥场馆、冰雪博物馆建设情况，并出席华侨冰雪博物馆援建工作座谈会。会上，程学源指出：2019年11月，中国侨联发出"海内外侨胞助力冬奥"倡议，发起援建"华侨冰雪博物馆"活动。今年以来，华侨冰雪博物馆筹款和建设工作努力克服疫情影响，按计划稳步推进，这离不开张家口市、崇礼区干部群众、设计施工方以及广大侨胞和侨界企业家朋友们的支持，在此表示敬意和感谢。

程学源表示，中国侨联将按照项目合作备忘录的要求，继续落实好相关条款，并发挥侨联优势，积极协助张家口市、崇礼区做好华侨冰雪博物馆藏品征集工作。希望张家口市、崇礼区政府和相关部门单位，一是提高政治站位，注重利用先进科技手段，科学合理规划，注重实用、保护生态、节约资源；二是重质量、讲安全、保进度，在守好质量和安全底线的前提下，确保如期完成博物馆的建设工作；三是尽早研究提出华侨冰雪博物馆的后续管理体制机制和运营方案，规划好博物馆未来发展；四是抓紧推进博物馆藏品征集工作，同步推进展陈筹备和藏品征集工作，提升华侨冰雪博物馆的全球影响力。

9日，程学源一行深入侨企河北冈大生物科技有限公司、河北百亚信息科技有限公司、张家口中非国际投资有限公司、怀来县艾伦葡萄酒庄有限公司进行调研，详细了解侨资企业在人才引进、科技研发和疫情防控常态化下复工复产、市场拓展等情况，与企业负责人、归侨科技人员代表等座谈交流。

程学源强调，各级侨联组织积极发挥侨联优势，做好疫情防控工作，关心和服务好侨资企业，协调推动惠企政策落实落地，重视做好海外归国人员创业就业服务工作，积极搭建人才创业就业对接平台，在助力经济社会发展中展现侨联作为，贡献侨界力量。省侨联、张家口市侨联有关同志参加调研。

（中国侨网2020-09-11/杜小正）

第24届全球华人计算机教育应用大会在西北师大开幕

9月14日，第24届全球华人计算机教育应用大会（GCCCE2020）在西北师范大学开幕。

本届大会以"技术赋能教育创新与变革"为主题，参会专家学者齐聚西北师大，探讨如何利用技术创造新的范式、流程、结构和业务形态，推动其在教育需求、方式、内容、评价、教育治理和教师队伍等领域进行一系列变革和创新，构建新的教育体系，并让技术更快、更好为教育赋能，实现平等、个性、终身教育的新格局。

全球华人计算机教育应用大会（Global Chinese Conference on Computers in Education，GCCCE）是全球华人计算机教育应用学会（Global Chinese Society for Computers in Education，GCSCE）主办的国际学术会议。

全球华人计算机教育应用大会是一个信息技术结合教育应用领域内全球华裔学者和教育工作者的双语（中文、英文）学术聚会，旨在汇聚世界各地教育政策制定者、学者、教育工作者、校长及一线教师，分享有关计算机教育应用的实践方法及成功经验，以推动教育信息化的发展、促进教育创新。

据介绍，大会开幕当天，西北师大还举办了纪念南国农先生诞辰100周年暨塑像落成揭幕仪式。南国农是我国电化教育事业奠基人，也是我国电化教育理论与实践的教育家。

第24届全球华人计算机教育应用大会将从9月12日持续至9月16日，大会由全球华人计算机教育应用学会主办、西北师大承办。

（新华网2020-09-16/程楠）

"中国侨联基层组织负责人培训班"开班　16省市近百人参加

9月20日，"中国侨联基层组织负责人培训班"在山西省长治市太行干部学院开班，来自全国16个省市区基层侨联组织负责人近百人参加培训。

中国侨联党组成员、副主席程学源，山西省委常委、统战部部长徐广国，长治市委书记孙大军，山西省侨联党组书记、主席王维卿出席开班仪式。中国侨联基层建设部部长张毅主持。

此次培训的主题是落实中国侨联"十代会"部署，围绕"素质提升年"要求，着力提升基层侨联干部能力水平，推动侨联基层组织建设迈上新台阶。

"对侨联组织来说，我们的优势在基层，活力在基层，生命力在基层，侨联工作的重点也在基层。"程学源指出，要通过培训，引导帮助基层侨联组织以提升组织力为重点，创新工作方式方法，更好地发挥侨联组织作为党和政府联系广大归侨侨眷和海外侨胞的桥梁纽带作用。每个地区具体侨情各不相同，要通过培训，引导基层侨联干部扎根一线，深入了解归侨侨眷所急所需，真正成为"知侨、懂侨、爱侨、助侨"的侨联干部，当好归侨侨眷和海外侨胞的"贴心人"，侨务工作的"实干家"，凝聚侨心、汇聚侨力，发挥好侨联的优势，凝聚起侨界的蓬勃力量，为实现中华民族伟大复兴的中国梦作出侨界的贡献。

徐广国在致辞中首先向中国侨联长期以来对山西工作的支持表示感谢，并对参加培训班的各位学员表示欢迎，随后介绍了山西的经济社会发展情况。他表示，当前山西正努力在转型发展上率先蹚出一条新路来，希望全省各级侨联组织共同努力，凝心促发展、聚力促转型，为山西的转型发展作出贡献。"我们生活、工作在新时代，要有新作为，要将侨务工作做新、做活、做实。山西的发展，潜力无限，活力无限。"

孙大军介绍，近年来长治吸引了一批海外华侨华人回国创业，海外华侨华人正在成为长治转型发展的重要力量。中国侨联在凝聚海外华侨华人方面有着巨大的组织优势和资源优势，希望以此次培训班为契机，吸引更多海外华侨华人，助力革命老区的经济高质量转型发展。

近年来，全国基层侨联组织建设取得了长足进步，截至2019年12月，全国侨联基层组织总数达20 868个，相比2017年8月的统计数据（18 319个）增长了近15%，全国"侨胞之家"总数达7 920个，比2017年8月（5 388个）增长了近47%。

此次为期四天的"中国侨联基层组织负责人培训班"，设置了主题突出、内容丰富、形式多样的培训课程，包括涉侨法律法规、全球侨情、海外联谊和基层组织建设等内容。

（中国新闻网2020-09-21/杨杰英）

2020海外华人华侨双招双引推介会在烟台举行

9月20日，以"创业中华·筑梦烟台"为主题的2020烟台海外华人华侨双招双引推介会在烟台高新区隆重举行。中国侨联副主席、山东省侨联党组书记、主席李兴钰，中国侨联经济科技部副部长夏付东，烟台市委常委、统战部部长金志海，烟台高新区工委书记、管委主任刘森，烟台市侨联党组书记、主席郭强，致公党烟台市委主委、市人防办主任王成华，烟台高新区工委委员、管委副主任于红绫，德迈国际产业集团有限公司董事长施乾平等出席活动。

中国侨联创新创业联盟代表、山东省创新创业联盟代表、国内侨商代表等约60人现场参加活动，同步邀请来自五大洲27个国家和地区的海外华侨华人社团侨领、侨商近200人进行线上交流。

金志海在致辞时指出，烟台是全国首批沿海开放城市，当前，烟台正以海陆空铁项目为抓手构建通达四方的交通枢纽，以八大战略性新兴产业为先导培育优势产业集群，以"四园两区"为载体打造全省对外开放新高地的"桥头堡"，以九大片区开发建设为引领崛起现代化城市新组团，迎来了高质量发展的关键时期，也为广大海外侨商来烟投资兴业创造了新的机遇。希望新时代海外侨胞的优秀代表，与烟台各界共同开展真诚务实、亲密友好的交流合作，在高质量发展新的征程中，共享发展机遇、共创美好未来。

李兴钰在致辞中表示，近年来，烟台抢抓自贸区建设新机遇，大力推动改革开放再出发，正处在加快新旧动能转换、实现高质量发展的关键期、机遇期、黄金期。本次推介会，是凝聚侨心、汇集侨智、发挥侨力，吸引海内外人才建设家乡的实际举措，是落实"双招双引"工作布局、凝聚各界共识协力谋划发展的有效途径。相信以此次活动为契机，一定会搭建起海外华人华侨与烟台交流合作的桥梁和纽带，助力烟台高质量发展。

推介环节，烟台高新区工委委员、管委副主任于红绫围绕烟台高新区产业发展现状、产业基础、营商环境及招商优惠政策等内容，作招商引资宣传推介。她表示，高新区坚持以新发展理念为指引，大力实施创新驱动发展战略，特色产业快速发展，创新活力持续激发，高层次人才加快集聚，发展环境不断优化，经济社会各项事业呈现出蓬勃发展的良好态势，希望与各界客商携手合作、互利共赢，共享发展机遇、共同谱写烟台海外交流合作新篇章！

视频连线环节，海外嘉宾中国侨商联合会常务副会长、步长制药股份有限公司董事长赵涛先生，中国侨商联合会副会长、美国华尔街投资集团董事长王国金先生分别致辞。现场与来自英、美、日、韩四国的国际招商大使连线签约并颁发高新区国际招商产业园海外招商大使聘书，日本华商经济文化促进会会长、日本东洋商事株式会社社长王志刚先生作为新聘任招商大使代表发言。此外，现场的签约仪式中，德迈国际产业集团旗下金恒丰科技集团与爱普生签署战略合作协议，五家烟台高新区德迈国际双创产业园入驻企业签署了入园协议。

会后，与会领导、嘉宾前往烟台德迈国际双创产业园和蓝色智谷考察。烟台德迈国际侨商创新创业产业园以"智能制造、海洋生物医药、高端产业研发总部、侨商总部、高端工业打印、高端产业孵化平台"为主要业务板块，聚合科技优质产业资源，为华人华侨搭建创新创业平台和交流空间，为海外侨胞和归国留学生创造优质的创新创业环境。

此次活动，充分凝聚海内外侨联侨界人士力量共同探讨新格局中的发展趋势与产业升级，充分发挥烟台市在产业资源、产业基础、科研创新和人才集聚等方面的优势，充分利用侨界专家智库和国内外华人华侨产学研经验资源，推动烟台实现高质量发展。

高新区目前正在大力推行"党工委（管委会）+"体制，围绕管委会+公司、管委会+基金、管委会+科研、管委会+公共平台，全力打造公司化、市场化特色园区，全力打造改革创新的先行示范区。烟台德迈国际双创产业园是高新区在智能制造领域的特色园区，通过产业引领、上下游产业集聚，倾力打造高端产业招商平台，聚合科技优质产业资源，为海内外科技人才、华人华侨搭建创新创业平台和交流空间。烟台高新区将全力打造服务一流、国内一流、接轨全球的营商环境，诚邀广大

海外华人华侨来区发展，打造各界客商事业发展的新空间、投资兴业的新舞台、耕耘收获的新天地。

（胶东在线2020-09-21/王向荣，陈丽艳，杜晴晴）

华侨历史博物馆与华侨博物院、江门市博物馆签约合作

9月18日，中国华侨历史博物馆、华侨博物院、江门市博物馆战略合作协议签约仪式在中国华侨历史博物馆举行。三方将在华侨华人历史文化的研究、传播与交流等领域展开合作，发挥各自资源优势，共同发展。

在签约仪式上，江门市博物馆馆长黄志强表示，整合涉侨类博物馆资源，有利于拓展提升各馆的文化内涵，更好地服务全球华侨华人。华侨博物院院长刘晓斌表示，中国华侨历史博物馆和华侨博物院均由陈嘉庚倡建，渊源深厚，希望与侨博共同弘扬嘉庚精神，借中国博协华侨博物馆专委会使涉侨类博物馆的事业发展更上一层楼。

江门市博物馆，又称江门五邑华侨华人博物馆，国家二级博物馆，是江门市文化广电旅游体育局直属的公益性事业单位，主要职责为收藏、研究和展示江门五邑华侨华人文物藏品兼展示江门地方历史文化，现有馆藏文物藏品4万余件（套）。华侨博物院，国家二级博物馆，是我国第一座由华侨集资兴建的文博机构。华侨博物院是中共厦门市委统战部直属的公益性事业单位，也是全国爱国主义教育示范基地和全国社会科学普及基地，主要展示华侨华人历史和业绩，现有馆藏文物6000余件（套）。

中国华侨历史博物馆馆长臧杰斌表示，三家博物馆签署战略合作协议意义重大。南司徒北嘉庚并称为爱国华侨的双子星，是爱国华侨的杰出代表。三馆应整合力量，加强对他们生平事迹和崇高精神的研究，进一步讲好华侨故事，进一步弘扬华侨精神。臧杰斌还表示，虽然全国博物馆总数已有超过五千五百家，但是涉侨类博物馆数量并不多，三馆围绕藏品征集、合作办展、网络直播、联合编书、学术研究、信息化建设等方面展开合作，利用侨乡的独特资源优势共同策划活动，有利于不断扩大涉侨类博物馆的影响力，把为侨服务、为社会服务真正落到实处。

（中国侨网2020-09-27）

"水立方杯"中文歌赛选手助中文歌曲海外"圈粉"

日前，2020年"水立方杯"海外华人和港澳青少年中文歌赛在北京落下帷幕。参赛选手中有出生在海外的华裔新生代，也有离家几十载的老华侨，他们都热衷在海外推广中文歌曲、传播中华文化。

把经典诗词唱成歌

当传统诗词经典遇上现代流行音乐，会碰撞出怎样的火花？本届"水立方杯"冠军歌手石睿琪就做了这样的尝试。

石睿琪今年13岁，出生在美国田纳西州纳什维尔市，却能说一口流利的中文。她喜爱中国的古诗词，平日里不仅读诗、背诗，还会给诗谱上曲、唱成歌。

"远看山有色，近听水无声……"在石睿琪给记者传来的视频中，她演唱了一首王维的《画》，悠扬婉转的旋律、质朴纯净的音色，将听者带入诗中描写的画境。

石睿琪说，给一首诗谱曲要花一个多月时间。"今年端午节我给屈原的《橘颂》谱了曲，最近也尝试给《望庐山瀑布》《江畔独步寻花·其六》谱曲。"

石睿琪和姐姐石睿娜还组建了一个"纳城ABC中文歌俱乐部"，成员都是当地的华裔孩子，每逢节假日孩子们就聚在一起，跟石睿琪学唱中国诗词。

在石睿琪看来，用流行歌曲的演唱方法演绎经典诗词，可以帮大家学古诗词。"俱乐部的朋友们中文水平都提升很多，我想把这件事一直做下去。"

让法国人爱上中文说唱

"说唱音乐起源于西方，但中文独有的韵律、抑扬顿挫的声调以及丰富的内涵赋予这种音乐形式新的魅力，我热爱中文说唱，也想在法国推广中文说唱。""水立方杯"亚军歌手王小龙说。

2009年，王小龙来到法国读研究生，毕业后留下当了一名摄影师，工作之余他创作了不少中文说唱歌曲。"背井离乡十余年，说唱成了我表达情感的方式，对家人的想念、对疏于联络好友的愧疚、在异国打拼的艰辛……我把这些都写成了歌。"

2019年底，王小龙和三个华人朋友一起成立了巴黎中文说唱团体NOASH。"我们中有金融系的毕业生，也有在公司上班的白领，大家因为热爱说唱走到一起。"

王小龙介绍，NOASH自成立以来已经创作了18首说唱歌曲，在音乐平台上发布后广受好评，四个人还经常在巴黎的酒吧和小舞台上演出，把中文说唱唱给当地听众。

最近，有一位痴迷中文说唱的法国人找到了王小龙，想加入他们的团队。"他中文说得非常好，也很会写中文说唱歌曲，他的加入给团队带来了新鲜血液，相信会有更多外国人爱上中文说唱。"

在英国街头唱中国民歌

"我是一个普通的家庭主妇，两个孩子的妈妈，我喜欢唱中文歌，不管在大街上、公园里，还是在广场上，我总会唱上几句。""水立方杯"冠军歌手、英国华

侨段贞珍说。

她告诉记者，外国人常对她演唱的中国民歌表示震撼，尤其当她站在空旷的广场上放声歌唱《青藏高原》时，总能引来行人驻足，他们会竖起大拇指说"I like it"。

段贞珍在英国生活了15年，和丈夫一起经营餐饮生意，每当社区里有联欢活动时，她总会去唱中文歌。"《我的祖国》《映山红》都是常唱的曲目，没有舞台、没有伴奏、没有麦克风，就是面对面唱给大家听。"

段贞珍说，她在民族唱法中融入了通俗和美声的元素，这种唱法总让外国听众惊叹，他们把民歌形容成"来自中国的美妙声音"。

"在中国传统文化中，融入国际化的音乐元素，外国听众会更容易接受。"段贞珍表示，她会继续在英国推广中国民歌，用音乐架起中外沟通的桥梁。

（中国新闻网2020-09-27/吴侃）

归侨侨眷权益保护法颁布三十周年座谈会举行　白玛赤林出席并讲话

归侨侨眷权益保护法颁布三十周年座谈会20日在北京举行。全国人大常委会副委员长白玛赤林出席并讲话。

在听取了国务院侨务办公室、致公党中央、中国侨联等单位负责人发言后，白玛赤林指出，归侨侨眷权益保护法颁布30年来，中国侨务立法工作不断推进，依法护侨成效进一步显现，涉侨法律法规的宣传和普及力度不断加大，归侨侨眷在参与管理国家事务中的作用不断增强。进一步做好新时代侨务工作，要以习近平新时代中国特色社会主义思想为指导，坚持党的全面领导，始终把牢正确政治方向；坚持依法护侨，不断推进侨务法治建设；坚持开拓创新，充分发挥侨务资源优势；坚持协同合作，推动形成大侨务工作格局，不断开创新时代侨务工作新局面。

（中国新闻网2020-10-20）

国家海外人才离岸创新创业基地落户横琴

10月28日下午，中国科协在广东省批准设立的第二家国家级离岸创新创业基地——"国家海外人才离岸创新创业基地（珠海横琴新区）"（简称"横琴离岸基地"）在横琴举行揭牌仪式。

澳门大学副校长许敬文表示，澳门大学合作基地将在各方大力支持下，与全球链接枢纽相互融合，借助全球专业力量，打造多元化平台体系，推动项目资源节点整合，助力粤港澳大湾区国际科技创新中心建设。

据了解，横琴离岸基地由中国科学技术协会于今年6月18日批复成立，旨在构建有利离岸创新创业的政策支撑体系、人才服务体系、信息平台体系；将依托横琴现有创新创业载体和澳门高校、科研机构，设立澳门大学、澳门科技大学、横琴澳门青年创业谷、横琴国际科技创新中心首批4个合作基地，共同构建多点布局跨境协同运营模式；将借助澳门中葡交流平台优势，打造"粤港澳创新高地"和"高水平对外开放门户枢纽"，携手澳门推进粤港澳大湾区国际科技创新中心建设，打造广深港澳科技创新走廊的重要支点。

（《广州日报》2020-10-30/陈治家）

中国唯一旅俄华侨纪念馆：全新风貌再现百年历史

在中俄边境城市黑河，坐落着中国唯一一家以旅俄华侨、留苏（俄）学生历史为陈列主题的纪念馆。2020年，已有114年历史的黑河旅俄华侨纪念馆在经过改建扩容后重焕生机、广纳来客，于近日迎来欧美同学会留苏分会考察团。

黑龙江省黑河市是中国首批边境开放城市之一，与俄罗斯布拉戈维申斯克市隔江相望，被称为"中俄双子城"。自19世纪至今，大批旅俄华侨往返于中俄两地，对两国政治、经贸、人文等领域交流影响深远。

1906年的黑龙江畔上，一座由旅俄华侨毕凤芝投资修建的欧式建筑破土动工。现如今，此建筑为黑龙江省级文物保护单位"通济当铺"旧址，也是中国唯一一家以旅俄华侨、留苏（俄）学生历史为陈列主题的纪念馆。

百余年来，这栋红白相间的二层欧式建筑安静守候，见证了中俄两国交往的风云岁月。2007年9月22日，经过多年精心筹备的黑河旅俄华侨纪念馆正式开放，向世人翻开一部旅俄华侨史和中俄（苏）友好史的立体教科书。

伴随信息化时代深入，黑河旅俄华侨纪念馆于2019年3月改建扩容。在空间优化方面，展厅面积扩充了近400平方米，增加了临时展厅、多功能会议室，另建有库房面积540平方米、教育空间面积200平方米、实验修复室面积80平方米、公共服务空间面积1800平方米。

在展览形式方面，原有展览内容丰富、资料翔实，但以图版信息为主，存在展陈方式较为单一、欠缺美观的问题。本次设计增强了展览的客观性、趣味性和互动性，在用色、灯光、设计元素、平面排版等方面均融入俄罗斯文化元素，以投影、触屏、场景复原等方式营造沉浸式参观体验。

优化后的纪念馆囊括序厅以及"闯俄国跑远东的岁月""旅俄华工与十月革命""探寻真理的革命先驱""中苏共同抗击日德法西斯""希望寄托在你们身上""中俄友谊之桥"六大部分，并在原有陈列基础上增加了展品数量。该馆现有馆藏文物共3810件（套），包括唐铎将军获得的列宁金质奖章、华侨领袖刘泽荣使用

的打字机等"镇馆之宝"。

黑河市侨联党组书记、主席许基一兼任黑河旅俄华侨纪念馆馆长,他介绍:"本馆每年迎接15万人次,改陈后的展览将在开展党史教育、红色教育以及深化中俄友好关系等方面发挥更积极的作用。目前,这里已经发展成为中国侨联爱国主义教育基地、中国华侨国际文化交流基地、黑龙江省统一战线同心协力基地等。"

近日,欧美同学会留苏分会考察团到访黑河旅俄华侨纪念馆,会长熊健在参观结束后表示:"这个馆从展线系统到展览内容都相当成熟与翔实,展出的历史资料和文物特别丰满珍贵,为由欧美同学会留苏分会发起的'百年建党,百年留苏'展览提供良好借鉴。"

（中国新闻网2020-11-01/王琳）

中国华侨历史博物馆推出VR网上展馆 便利海外观众"云"看展

中国华侨历史博物馆11月4日正式推出VR网上展馆,馆歌《侨爱中华》同日发布。

据介绍,该VR网上展馆历时3个多月打造,运用720度VR全景技术,完整呈现侨博风貌,生动还原了四个基本展厅。展馆通过视频加图文直播功能、"特邀主播带你线上观展"、中英双语解说、手绘故事、有声卡片等形式及展示专题展览,让海内外观众通过网络身临其境感受侨博风采。

中国华侨历史博物馆馆长臧杰斌表示,VR网上展馆将坚持服务观众、服务侨胞,用互联网思维打造博物馆传播展示模式,讲好华侨故事,凝聚广大侨胞。

中国华侨历史博物馆馆歌《侨爱中华》同日发布。歌曲以艺术形式展现了侨博魅力和华侨爱国、爱乡、爱家人的精神。

（中国新闻网2020-11-04/冉文娟）

中国侨联确认第八批中国华侨国际文化交流基地

近日,中国侨联确认了第八批中国华侨国际文化交流基地。确认工作紧密结合习近平总书记重要讲话、重要指示精神,突出反映侨联文化交流工作的新进展和新成就。此次确认后,中国华侨国际文化交流基地总数达到363个。

中国侨联要求,各级侨联要认真学习贯彻党的十九届五中全会精神特别是提高国家文化软实力的相关部署,充分发挥交流基地的平台作用和资源优势,积极组织归侨侨眷和海外侨胞开展丰富多彩的文化交流活动,传播中华文化,讲好中国故事,为进一步提升中华文化影响力、增强海内外中华儿女凝聚力作出贡献。

第八批中国华侨国际文化交流基地名单如下：

1.	北京	朝阳	北京奥林匹克公园
2.	北京	朝阳	北京中医药大学中医药博物馆
3.	北京	朝阳	中国电影博物馆
4.	北京	东城	北京出版集团十月文学院
5.	河北	石家庄	正定古城
6.	河北	廊坊	北华航天工业学院航天博物馆
7.	河北	张家口	泥河湾博物馆
8.	河北	遵化	王国藩"穷棒子"村史馆
9.	河北	衡水	全国第一个农村党支部纪念馆
10.	山西	临汾	山西省帝尧文化区
11.	山西	太原	太原市博物馆
12.	山西	太原	太原市晋祠博物馆
13.	山西	阳泉	平定县娘子关古村落
14.	山西	晋城	陵川县棋子山
15.	内蒙古	赤峰	赤峰博物馆
16.	内蒙古	呼和浩特	乌兰夫纪念馆
17.	内蒙古	鄂尔多斯	鄂尔多斯市成吉思汗陵
18.	内蒙古	通辽	奈曼旗王府博物馆
19.	内蒙古	巴彦淖尔	内蒙古五原抗战纪念园
20.	内蒙古	锡林郭勒盟	锡林郭勒盟元上都博物馆
21.	辽宁	抚顺	抚顺雷锋纪念馆
22.	辽宁	沈阳	中国锡伯族博物馆
23.	辽宁	沈阳	沈阳大学
24.	辽宁	本溪	辽宁东北抗日义勇军纪念馆
25.	吉林	珲春	珲春市防川爱国主义教育基地
26.	吉林	辽源	东北沦陷时期辽源矿工墓陈列馆
27.	黑龙江	大庆	大庆市艺林花儿艺术培训学校
28.	黑龙江	黑河	黑河市瑷珲历史陈列馆
29.	黑龙江	泰来	泰来县江桥抗战纪念馆
30.	江苏	南京	南京中国科举博物馆
31.	江苏	南京	南京草圣书乡文化园
32.	江苏	宜兴	无锡市宜兴陶瓷博物馆
33.	江苏	苏州	苏州翁同龢纪念馆
34.	江苏	连云港	花果山大圣文化传播研究基地

35.	浙江	温州	温州大学
36.	浙江	湖州	钱山漾文化交流中心
37.	浙江	温州	温州华侨职业中等专业学校
38.	安徽	淮北	淮北市刘开渠纪念馆
39.	安徽	安庆	安徽中国黄梅戏博物馆
40.	安徽	芜湖	芜湖赭山铁画博物馆
41.	安徽	池州	东至县周氏家风馆
42.	福建	三明	沙县小吃国际文化交流中心
43.	福建	厦门	鼓浪屿华侨文化展馆
44.	福建	漳州	东山关帝庙
45.	江西	萍乡	安源路矿工人运动纪念馆
46.	江西	鹰潭	中国血防纪念馆
47.	江西	赣州	王阳明展览馆（崇义县博物馆）
48.	山东	枣庄	台儿庄大战纪念馆
49.	山东	费县	费县颜真卿纪念馆
50.	山东	淄博	齐文化博物院
51.	山东	聊城	聊城山陕会馆
52.	山东	枣庄	薛城区铁道游击队纪念馆
53.	河南	洛阳	龙门石窟世界文化遗产园区
54.	河南	永城	永城芒砀山汉文化产业园
55.	河南	长垣	中国烹饪文化博物馆
56.	河南	禹州	中国钧瓷文化园
57.	河南	洛阳	炎黄科技园
58.	湖北	宜城	张自忠将军纪念馆
59.	湖北	黄冈	李四光纪念馆
60.	湖北	鄂州	鄂州市博物馆
61.	湖南	长沙	湖南省博物馆
62.	湖南	株洲	株洲市炎帝陵
63.	湖南	长沙	隆平水稻博物馆
64.	湖南	永州	月岩—周敦颐故里
65.	广东	珠海	珠海市香洲区容闳博物馆
66.	广东	台山	台山市大江镇
67.	广东	汕头	潮汕历史文化研究中心侨批文物馆
68.	广西	柳州	柳州白莲洞洞穴科学博物馆
69.	广西	百色	百色起义纪念馆

70.	广西	百色	中国工农红军第七军军部旧址
71.	广西	玉林	容州古城
72.	重庆	荣昌	荣昌陶博物馆
73.	四川	广安	邓小平故里
74.	四川	乐山	郭沫若故居纪念馆
75.	四川	内江	内江市张大千纪念馆
76.	四川	绵阳	中国两弹城
77.	四川	攀枝花	攀枝花中国三线建设博物馆
78.	四川	自贡	中国彩灯博物馆
79.	四川	宜宾	宜宾市翠屏区李庄镇
80.	贵州	铜仁	朱砂古镇
81.	贵州	平塘	中国天眼科普基地
82.	云南	腾冲	和顺图书馆
83.	云南	保山	梁金山故居
84.	云南	昆明	国立西南联合大学旧址
85.	云南	德宏州	畹町南洋华侨机工回国抗日纪念公园
86.	云南	玉溪	聂耳纪念馆
87.	陕西	宝鸡	凤县革命纪念馆
88.	陕西	西安	西安外事学院
89.	甘肃	天水	麦积山
90.	宁夏	固原	六盘山红军长征纪念馆
91.	新疆	乌鲁木齐	新疆师范大学
92.	新疆	和硕	马兰红山军博园
93.	新疆	昌吉	新疆新辉红色记忆博物馆

（中国侨网2020—11—11）

中国侨联"第八届新侨创新创业成果交流活动"在京举行

中国侨联"第八届新侨创新创业成果交流活动"12月1日在北京举行。全国人大常委会副委员长白玛赤林，全国政协副主席万钢，中国侨联党组书记、主席万立骏等出席活动并为第八届"中国侨界贡献奖"获得者代表颁奖。

会上，万立骏发表讲话。他首先向受到表彰的侨界人才表示祝贺，向奋斗在科技和产业一线的广大侨界创新创业者致以问候。他表示，海内外侨界人才是我国科技创新的一支重要力量。改革开放特别是进入新世纪以来，一大批海外学子学成归国，奋斗在科研一线，活跃在产业前沿，为推动我国科技发展和经济转型升级作出了积极贡献。

万立骏指出，中国侨联积极贯彻创新驱动发展战略，着力推进"创业中华"品牌建设，着力壮大侨界人才队伍，着力为侨界人才提供服务，着力打造创新创业平台，为推动新侨创新创业做了大量工作，取得积极成效。

本届"中国侨界贡献奖"共表彰获奖者125名，其中一等奖59名，二等奖66名。本届贡献奖突出侨界人才在科研攻关和科技创新方面取得的成就，专业领域涵盖了物理、化学、生物、天文、医学、教育、经济、人工智能、电子通信、地球科学、海洋工程等30多个门类。

颁奖之后举行了"科技创新赋能发展"主题论坛。"中国侨界贡献奖"一等奖获得者、国家纳米科学中心主任、中科院院士赵宇亮和"中国侨界贡献奖"一等奖获得者、中国科学院沈阳自动化研究所研究室总工程师刘开周分别作主题报告。

据了解，"中国侨界贡献奖"由中国侨联于2003年设立，每两年评比一次，在中央组织部、人力资源和社会保障部、中国科学院、中国科协等单位的支持下，至今已成功举办八届。

（中国新闻网2020-12-01/吴侃）

暨南大学"华侨华人历史文化展览馆"开馆

12月11日，暨南大学"华侨华人历史文化展览馆"开馆仪式在暨南大学世界华侨华人文献馆（简称"世华馆"）举行。该展览馆以"侨连四海，华章远扬"为主旨，力图"活化"华侨华人历史文献，讲述好华侨华人与中国、华侨华人与世界的故事。

据介绍，展览馆由华侨华人、华商经济、华文教育、华文传媒、华文文学五个单元构成。展览馆结合现代化多媒体手段，以简笔和微场景多层面、多维度勾勒华侨华人艰苦创业、开拓进取、融通中外，参与人类命运共同体建设的宏阔历程。展览馆的建成，将进一步增加侨校学子品读侨文化的渠道，成为百年侨校暨南大学向外展示华侨历史文化的又一窗口。

暨南大学校长宋献中表示，一百多年来，暨南大学始终秉承"宏教泽而系侨情"的办学使命，在新时代，暨南大学将以创设华侨华人历史文化展览馆为契机，继续做好华侨华人教育事业，服务于国家统战侨务工作大局，同聚侨梦、凝聚侨心、汇聚侨力、以侨为桥，致力将中华优秀传统文化传播到五洲四海。

广东省委统战部副部长、省侨办主任庞国梅指出，广东是中国第一大侨乡，吸引众多华侨华人投身粤港澳大湾区建设，发挥他们在支持祖（籍）国发展中的积极作用，是侨务工作的重要主题。华侨华人历史文化展览馆立足于全国最大的侨乡，落户"华侨最高学府",必将有广阔和美好的发展前景。

暨南大学"华侨华人历史文化展览馆"

暨南大学世华馆长期致力于华侨华人文献的综合性收集、整理与研究,目前已收藏各类型纸质文献近5万册(件),是海内外同类文献收藏最为集中的机构之一。作为"馆中之馆"的华侨华人历史文化展览馆,是传播侨史、侨情、侨文化的重要媒介,是华侨华人爱国、爱乡、爱家人的中国文化和精神的见证。

会上,还举行了"益海嘉里文化展览馆"冠名与揭牌仪式。据悉,知名华商企业益海嘉里捐资3000万成立"世界华侨华人文献馆建设基金",用于在世界范围内收集、整理与保存涉侨文献资料,致力于将世华馆建设成为一所集文献收藏、阅览、展示、教育、交流、体验、研究与资政为一体的综合性、多功能的涉侨文献信息机构。

(中国新闻网2020-12-11/郭军)

海外侨胞潜心科研助抗疫:小小设备贡献巨大力量

"搞科研,既要脚踏实地,也要放眼世界。"荣获第八届"中国侨界贡献奖"的江浩川近日接受中新网记者专访时如是说。

归侨侨眷和海外侨胞是中国改革开放和现代化建设的宝贵资源和独特优势。多年来,广大侨界人士秉承中华民族优秀传统,艰苦创业、拼搏进取,成为创新创业大潮中的"弄潮儿"。

江浩川从小在中国长大,20世纪90年代中期赴海外深造之后定居美国。据介绍,其曾在美国一家世界500强的医疗公司就职10多年,参与研发高端CT系列产品,并实现每年超3亿美元的CT销售。"那时候,我的个人梦想已经实现了,在美国的日子也过得很安逸。"转折在2012年,江浩川回忆,"当年,我看到了中国医学影像设备技术力量缺乏的现象，以及中国广阔的发展空间，同时重新审视了自己未来的方向。和家人商量好以后，我决定回中国一搏。"

基于长三角活跃的创新创业环境和浓厚的文化氛围，江浩川选择了浙江。2013年5月，江浩川担任位于浙江绍兴的明峰医疗系统股份有限公司总裁兼研究院院长，并组建了一支近200人的研发团队，专注研发高端医学影像设备。这些年来，其率领团队研发的设备不仅填补了中国高端医疗设备的空白，小小的设备还渐渐打开国际市场，走向东欧、东南亚、非洲。

2020年初新冠肺炎疫情突如其来，作为医疗界一员，江浩川意识到医疗器械会有用武之地，非常时期应该挑重担。"那段时间我正好在美国，我就通过网络连线中国团队，进行线上沟通。"中国的白天正好是美国的夜晚，为了让团队能在白天顺利进行研发，江浩川选择夜色中坚守，将交流探讨时间定在晚上，"那段时间，我的心每天都是紧绷的。"

"2月份开始，武汉地区的方舱医院陆续启用，但是方舱医院由体育馆、会展中心等非医疗机构改建而成，紧急搭建的空间里根本无法实现CT机房的严格屏蔽防护要求，极易发生交叉感染。"医疗器械就是生命力，江浩川回忆，他们迅速研发了车载CT捐赠至武汉，但担心没有车，所以又另谋他路，"一周左右的时间，我们又创新研发了方舱式CT，它不仅含有医用CT、辐射防护、独立扫描间、强紫外线消毒装置等，还可独立于医院或放射科之外，避免交叉感染。"

2月5日，其所在团队研发出第一台方舱式CT，8日便被运往武汉投入使用。设计好了，运输又是一大问题。"如此大体积的设备，怎么减震、如何防水，每个细节我们都讨论了很久。"江浩川回想起来无不自豪地说，"湖北省中西医结合医院、武汉日海方舱医院等多家医院，都有方舱式CT的影子，小小的设备为防疫贡献了巨大力量。"

"疫情以来，我所在的企业联合其他爱心联盟企业一道，向中国各医院共计捐赠了26台方舱式CT、车载CT，价值1.3亿元人民币。"江浩川介绍，不仅在中国国内，这一贴有"中国制造"的"救命设备"已陆续销往欧洲、中东等地。

正因一点一滴的耕耘，近日，江浩川荣获第八届"中国侨界贡献奖"一等奖。据了解，该奖是面向中国侨界创新创业的重大奖项，今年共有125人获奖。

"人生中获得过很多奖项，但'中国侨界贡献奖'对我来说是最珍贵的，这是对我们侨界人士投身创新创业的最大肯定。"专注科研多年的江浩川谈及，在科技创新领域，侨界人士具有视野开阔、融通中外的独特优势，侨胞应该积极发挥自身优势，用全球视野推动科技进步，他举例，"在高端医疗设备研发上，美国、德国、日本等发达国家一直走在前列，近些年，中国正花大力气提升国产化水平，而且中国在这一领域的市场空间很大，未来可期。"

（中国新闻网2020-12-19/项菁）

第二届"侨商杯"法律知识竞赛总结颁奖活动举行

"纪念归侨侨眷权益保护法颁布30周年暨第二届'侨商杯'法律知识竞赛"总结颁奖活动24日在北京举行。来自全国各地的获奖者汇聚一堂,共叙学法护侨心声。

据介绍,适逢《中华人民共和国归侨侨眷权益保护法》(简称"归侨侨眷权益保护法")颁布30周年,系列活动从7月13日正式启动,至11月底结束,答题采用线上形式开展,吸引了广大侨胞和社会公众积极参与。参与者涵盖各年龄段、各行各业共84万余人次,其中4000名参赛者中奖,河南省侨联、江西省侨联、天津市侨联等32家单位获组织奖。

受中国侨联党组书记、主席万立骏委托,中国侨联副主席李卓彬在讲话中对活动效果及中国侨联接下来普法工作思路进行了介绍。

个人奖获得者、北京市东城区侨联常委何家龙表示,通过参加答题活动,不仅体会到了学习乐趣、学到了法律知识、拓宽了知识面,还在自律和坚持中获得了成长。

他说,作为一名侨务工作者,要继续坚持学习,学以致用,为凝聚侨心侨力侨智、营造全社会依法护侨氛围,为构建和谐社会多作贡献。

据介绍,系列活动由中国侨联、全国普法办联合主办。除举办法律知识竞赛外,活动还借助线上线下多种媒介,对涉侨法律政策进行了全方位、多维度宣传解读。

（中国新闻网2020-12-24/马秀秀）

地 方信息

韶山市侨联举办"喜迎新年·缅怀伟人"联谊活动

12月30日晚,湖南省韶山市火车站社区四楼热闹非凡,全市侨胞、侨眷、归国留学生代表等齐聚一堂,参加由韶山市侨联和火车站社区举办的"喜迎新年·缅怀伟人"——毛主席诗词诵读联谊活动。韶山市委常委、统战部部长李长新到场观看了活动。

晚上七点,活动在六名小朋友带来的歌曲《国家》中拉开序幕。紧接着,表演者们一个个饱含深情地朗诵着《吟天井》《七律·到韶山》《沁园春·雪》《七律冬云》等一首首耳熟能详的诗词。活动中，还有写春联、古筝表演等节目。归国侨胞用英语、意大利语等多种语言朗诵毛主席诗词，更是将现场气氛推向最高点。

意大利侨胞王凤阳用中文和意大利文深情朗诵了毛主席诗词《沁园春·长沙》，她深有感慨地说："我们的祖国越来越强大了，我们祖国人民生活水平、幸福指数越来越高了，特别为祖国感到开心。祖国越强大，我们在海外的华人也更安心、更踏实。"

据介绍，今年，韶山市侨联承接了"创业中华·兴业湖南"湖南省第五届侨商侨智聚三湘、"亲情中华"湘籍海外华裔青少年湖南夏令营、"海外侨胞故乡行"等一系列活动，成功申报毛泽东同志纪念园为中华国际文化交流基地，并在火车站社区建设了"侨胞之家"，为韶山经济社会发展贡献了积极力量。

（红网2020-01-02/熊君）

首届"无锡侨界慈善之星"授荣典礼召开

据江苏省侨办网站消息，日前，由无锡市委统战部、市侨办、市侨联主办的首届"无锡侨界慈善之星"授荣典礼暨侨界迎新联谊会正式召开。

江苏省侨联副主席陈锋、无锡市统战部部长陈德荣、香港无锡商会创会会长丁午寿等海内外嘉宾出席活动。

无锡市人大工委、市政协专委会、市委统战部、市侨办、市侨联有关负责人，海外侨胞、港澳同胞、归侨侨眷、新侨人才代表，市侨商会会员企业家代表等200余人参加活动。

此次活动旨在褒扬与宣传侨界热心公益、造福桑梓的义举，加强侨界联谊交流，进一步做好华侨华人、归侨侨眷和港澳同胞的团结引领工作。

活动授予唐英年，荣智健、荣鸿庆、荣智权、荣康信祖孙三人，丁午寿、丁天立父子，华季平，谢菊宝，戚浩明，费玉樑，姚微明等爱心人士"无锡侨界慈善之星"人物奖；授予荣毅仁教育基金、江南大学君远学院、陈氏满珍林、唐翔千卓越工程师奖、唐鹤千卓越青年文化创意人才奖等5个慈善项目"无锡侨界慈善之星"项目奖。

无锡市委常委、统战部部长陈德荣在致辞中指出，广大海外侨胞、港澳同胞积极支持、参与无锡现代化建设，充分发挥侨智、侨力独特优势，为无锡产业升级、科技创新、经贸合作、人文交流、慈善公益等各领域发展作出了积极贡献，谱写了奋进篇章。

他表示，改革开放以来，众多无锡籍海外乡贤，捐赠捐建项目上千个，在教育、文化、卫生、体育、公共设施建设等诸多领域产生了积极而深远的影响。

同时，他就深入贯彻党的十九届四中全会精神，更广泛地凝聚海内外侨胞的爱心、智慧与力量，进一步做好新时代统战侨务工作，服务社会发展提出了三点希望：

一是提高政治站位，推进华侨捐赠工作制度化、规范化。要结合无锡市情与华侨捐赠工作实际，不断完善相关的工作机制，推动侨界慈善公益事业和海外资源服务有机结合。

二是服务中心大局，为高水平全面建成小康社会添砖加瓦。2020年是我国全面建成小康社会、我市高水平全面建成小康社会的收官之年。要秉承"以人为本、为侨服务"的宗旨积极鼓励、支持广大侨胞、港澳同胞和侨资企业通过参与慈善公益事业，多为我市做实事、谋善举、促发展，为高水平全面建成小康社会添砖加瓦。

三是坚持守正创新，开创统战侨务工作新局面。全市统战侨务工作者要弘扬知侨、懂侨、爱侨的朴素情怀，在守正创新中不断提升工作水平。

在授荣典礼上，无锡市荣誉市民、香港金轮集团董事局主席王钦贤捐赠200万元人民币，用于梁溪区黄巷街道社区卫生服务中心中医馆建设。

（中国侨网2020-01-02）

广西出台外派教师管理新规　促进华文教育发展

广西壮族自治区侨务办公室2日介绍，该办日前与广西教育厅联合修订印发《广西壮族自治区外派教师管理办法》（以下简称《办法》），规范外派教师管理工作，促进华文教育发展。

新修订的《办法》从外派教师的基本条件、主要任务及职责、任教时间、选派和管理、假期安排、在外纪律、待遇、工作巡视、表扬奖励等方面，对原办法内容进行了极大补充和完善，并根据外派教师工作管理要求和广西实际，对有关内容进行重新明确。

其中，为提升外派教师质量，《办法》提高了外派教师选派门槛，增加"原则上从县级（含）以上城市选派"的条款。

同时，为满足海外华文教育发展需要，《办法》在学历、年龄和选派范围上，对外派教师基本条件进行适当放宽。规定"符合海外聘方学校要求的专业知识及相应的学历，普通话水平需达二级乙等以上"的教师可参与选派；"公立和民办学校在职教师，男教师原则上年龄不超过60岁，女教师不超过55岁。根据规定延长退休年限的具有副高级以上职称的中小学教师及优秀大学毕业生和研究生经考核合格，也可酌情适量选派"。

在任教时间方面，《办法》规定："初次赴外任教时间一般为一至二年，根据海外学校要求和教师国内单位许可，可延长任教时间，原则上不超过三年"。

《办法》还要求外派教师在外期间不得从事电商、代购等与教学无关或违背社会公德的活动，并对出国手续办理、到任后注意事项等做出具体指导。

广西侨办提供的数据显示，2019—2020年度，在外执行外派任务的广西籍华文教师人数达142人，分布在菲律宾、泰国、老挝、柬埔寨和印度尼西亚等国家的39所华文学校。他们不仅为当地带去先进教学理念和科学教学方法，还传播了中华文化，成为海外华校的"活招牌"。

（中国侨网2020-01-02/林浩）

香港华侨华人总会会长一行到访江苏省侨联

日前，香港华侨华人总会会长陈进强一行专程到访江苏省侨联。江苏省侨联副主席宫琳、省纪委省监委派驻省委统战部纪检监察组组长刘顺生会见了来宾一行。

宫琳对香港华侨华人总会在共同举办第五期"心手相连、青春有约"苏港澳青少年交流活动中给予的大力支持，以及在她率团访问香港期间给予的热情接待表示感谢。她表示，省侨联今后将继续联合香港侨界力量，通过多种形式推动苏港澳青少年交流，为增强港澳青少年对中华传统文化和祖国大家庭的认同与热爱作出应有努力。

陈进强介绍了香港华侨华人总会参与"心手相连、青春有约"苏港澳青少年交流活动以及近期工作开展有关情况。双方还就在苏投资企业纠纷处理有关事宜进行交流。

12月23日至29日，第五期"心手相连、青春有约"苏港澳青少年交流活动在常州市武进区前黄高级中学举办。来自港澳的40名学生与内地同龄学生共同学习、共同活动，通过随班就读、学习中华传统文化、参观名胜古迹和新侨企业以及入住结对家庭等形式，体验江苏的学校教育、城市发展与民风民俗。活动受到各界好评。

（中国侨网2020-01-02）

2019江苏省侨联侨界专家联合会年会在南京举行

日前，2019江苏省侨联侨界专家联合会年会暨"侨之声——智助科技新侨创新创业"活动在南京举行。中国侨联兼职副主席、江苏省侨联主席、党组书记周建农出席并讲话，南京市栖霞区委副书记、区长王生出席并致欢迎辞，省侨联侨界专家联合会副主任蔡宝昌、胡效亚、史生才，以及部分委员等近70人参加。省侨联副主席兼秘书长陈锋主持会议。

周建农在讲话中，充分肯定了江苏省侨联侨界专家联合会一年来的成绩，介绍了省侨联2019年重点工作情况，对省侨联侨界专家联合会2020年及今后一个时期的工作提出四点希望。她说，2020年是全面建成小康社会和"十三五"规划收官之年，更需要我们充分发挥省侨联侨界专家联合会的优势，为助力高质量发展和实现中华民族伟大复兴的中国梦作出更大贡献。

一是要提高政治站位，体现侨界政治水平和责任担当，自觉增强"四个意识"、坚定"四个自信"、做到"两个维护"，在新一轮科技革命和产业变革大潮中，勇挑重担、乐于奉献，矢志不渝地把个人理想融入国家发展伟业。

二是要正确把握形势，积极投身创新型国家建设，围绕经济竞争力提升的核心关键、社会发展的紧迫需求、国家安全的重大挑战，当好科技创新工作的带头人、关键核心技术攻关的主力军，多出突破卡脖子的关键核心技术成果。

三是要放大独特优势，积极发挥侨界高端智库作用，创新研究方法和手段，积极建言献策。

四是要加强自身建设，高质量搭建"两个服务"平台，科学设计组织架构和运行机制，最大限度地扩大侨界人才覆盖面，增强侨专联的吸引力、凝聚力。

胡效亚代表江苏省侨联侨界专家联合会作工作报告。他说，2019年，省侨联侨界专家联合会紧紧围绕国家战略和江苏中心工作，发挥独特优势，求真务实、开拓创新，积极开展活动，各项工作都取得了一定的成绩。2020年，省侨联侨界专家联合会将围绕中央精神和江苏经济社会发展实际，积极建议献策，发挥好高端智库作用；通过举办"侨界专家讲堂"、创新创业项目大赛，评选推荐"侨界贡献奖"等活动，扶助新侨创新创业；召开第三届会员大会，修改章程、调整组织架构设置、改选委员会，加强专业委员会建设，提高委员服务质量。

会议期间举办了"侨之声——智助科技新侨创新创业"活动。与会人员实地考察腾讯众创空间、南京泛太克文化产业发展有限公司、栖霞高新区新侨驿站，听取栖霞高新区负责人关于园区基本情况、区位优势、平台建设方向以及引资引智情况的介绍。侨界专家们从电子信息、生物医药、经济、农业、遥感等不同专业领域，为智助科技新侨创新创业建言，提出了许多建设性的意见建议。

（中国侨网2020-01-02）

海南省侨联法顾委开展法律知识学习培训活动

日前，海南省侨联法顾委2019年年会暨法律知识学习培训活动在海口召开。省侨联副主席苏燕出席会议并讲话，省侨联法顾委副主任、律师团副团长符琼芬作法顾委2019年工作报告并部署2020年工作。省侨联法顾委委员及律师团成员、省侨联宣法部等有关人员约40人参加了会议。

会上，苏燕代表省侨联充分肯定了法顾委一年来所做的工作。她指出，海南省侨联法顾委不忘初心、牢记使命，牢牢把握法顾委工作的正确方向，坚持服务海南发展大局和为侨服务的中心，发挥自身优势，锐意进取，主动作为，为维护侨益做了大量卓有成效的工作，取得了可喜的成绩，深受侨界群众好评。

苏燕对做好海南省侨联法顾委2020年工作，努力开创新时代侨联法顾委工作新局面提出四点意见。一是要以习近平新时代中国特色社会主义思想为指导，认真学习贯彻党的十九届四中全会精神，坚持法顾委工作正确的政治方向。二是要紧密结合海南自贸港建设发展的新要求，充分发挥法顾委律师团作为省侨联"智囊团"和"思想库"的作用，汇聚法顾委和律师团智慧和力量，在海南自贸港建设中彰显新作为。三是要充分发挥法顾委和律师团在涉侨纠纷多元化解机制中的积极作用，推进涉侨纠纷多元化解试点各项工作，切实维护侨益、凝聚侨心。四是要主动为侨发声，积极反映侨界诉求，主动适应当前法治建设深入推进带来的侨界新诉求、新挑战，推进法顾委工作创新发展。

会议听取了海南省侨联法顾委副主任、律师团副团长符琼芬作的工作报告。2019年，省侨联法顾委主动适应新时代侨情变化，运用法治思维和法治方式帮助侨界群众解决利益诉求，不断增进侨界群众法治获得感，为维护侨益作出了积极贡献。2020年将继续努力，更进一步扎实推进法顾委工作，在助力海南自贸港建设中彰显法顾委和律师团新作为。

海南省侨联法顾委律师团4个片区基层法律咨询服务站的负责人也分别介绍了各自的工作情况，并提出了具有针对性的意见和建议。

会议还专门邀请了海南大学法学院刘云亮教授作《优化营商环境条例》专题讲座。刘云亮教授从优化营商环境的新理念和法理基础，制定《优化营商环境条例》法律价值认知、基本原则、主要内容及自由贸易港新营商新环境新梦想等八个方面对我省的营商环境进行了全面、系统的讲解，受到与会人员的高度好评。

（中国侨网2020-01-03）

贵州安顺黄齐生故居"华侨文化基地"揭牌仪式举行

据贵州省侨联网站消息，日前，黄齐生故居"中国华侨国际文化交流基地"揭牌仪式在贵州省安顺市经济技术开发区举行。贵州省侨联副主席陈新伦出席揭牌仪式并讲话。省、市侨联和安顺市经济技术开发区有关部门负责人以及黄齐生小学的少先队员代表60余人参加揭牌仪式。

据介绍，黄齐生先生一生投身于进步教育事业，培养进步知识青年，建立统一战线，壮大党的力量。自1904年执教达德学校开始，到1917年倡议私费留学，之后率领学生到日本留学，始终激励学生为国家而刻苦学习。1919年黄齐生将从日本回国滞留上海的留学生组成"贵州教育实业参观团"，赴各地考察教育，参加爱国行动。同年，率领贵州学子6人赴欧洲勤工俭学，在深入接触并学习马克思、恩格斯著作后，毅然回国投身到国家和平、民主、团结、统一的事业中来，切实展现了何为团结一切可以团结的力量，调动一切可以调动的积极因素的爱国主义统一战线观，被毛泽东同志称赞为"共产党最艰难的时候，党外人士同情爱护党的第一人"。

陈新伦在讲话中指出，"中国华侨国际文化交流基地"是侨联组织对文化特色鲜明、引领作用突出、社会广泛好评、广大侨胞向往的各类文化场所予以确认的展示窗口，旨在弘扬中华优秀文化，促进中外文化交流，是侨联组织整合社会资源、推进优势互补、合力开展海内外文化交流活动的重要平台，对推进中华文化传播、展现真实、立体、全面的中国具有十分重要的意义。

他说，2019年贵州获批"安顺市黄齐生故居""贵阳市中国阳明文化园""毕节市迎丰村"等3家单位为中国华侨国际文化交流基地，标志着我省又增加了一批向海内外推荐展示贵州文化和加强与海内外侨胞交流的重要窗口，满足侨胞文化需求又多了一个重要阵地。希望安顺市侨联以此次揭牌为契机，进一步加强基地的监督管理，完善和发挥文化交流基地的社会功能，为海内外侨胞和社会各界人士参观考察提供优质服务，依托基地组织开展丰富多彩的文化活动，因文化聚侨心，以文化引侨力，讲好中国好故事、传播贵州好声音，为加快建设服务贵州经济社会发展，为促进中华文化走向世界作出积极贡献。

揭牌仪式结束，与会人员参观了黄齐生故居。

（中国侨网2020-01-03）

四川省委统战部赴侨资企业走访调研

记者3日从四川省委统战部获悉，四川省委统战部副部长、省侨办主任文甦于1月2日下午赴侨资企业——成都龙潭裕都实业有限公司走访调研。

文甦一行实地考察了龙潭水乡项目园区，并与中国侨商联合会副会长、成都龙潭裕都实业有限公司董事长张钧等公司负责人进行座谈交流，深入了解企业发展情况和生产经营过程中遇到的问题、困难，听取对促进侨资企业健康发展的意见建议。张钧对四川省委统战部长期以来对企业的关心支持表示衷心感谢。

文甦说，为贯彻落实中央、四川省委关于促进民营经济健康发展的政策举措，四川省委统战部通过座谈会、走访调研、协调解决困难问题、举办在川侨资企业高管研修班、组织侨资企业市州行等活动及措施，着力为侨资企业健康发展赋能。

文甦说，四川省委统战部作为侨资企业的"娘家"，将一如既往履行好自身职责，始终坚持为侨服务，进一步支持侨资企业发展壮大。希望公司进一步坚定投资信心，融入中央、四川省委发展大局，为四川开放发展做出新的贡献。

四川省委统战部侨务事务处有关同志、省侨商投资企业协会办公室工作人员参加调研。

（中国侨网2020-01-06/岳依桐）

青海"侨胞之家"搭建为侨服务新平台

近期，青海省侨联结合实际，直面基层组织建设薄弱问题，以"侨胞之家"创建活动为抓手，积极探索基层侨联组织建设工作的新模式、新机制。2019年，相继建成西宁市侨联、民和县侨联、省民族大学侨联、省师范大学侨联和青海大学侨联5个"侨胞之家"，并陆续揭牌运行、发挥作用，使基层侨联工作焕发出了新的生机和活力。

青海省侨联就进一步发挥好"侨胞之家"作用提出四点要求，包括当好侨胞贴心人、创新工作方式方法、拓宽宣传服务功能等。

下一步青海省侨联将以"侨胞之家"为平台，依托侨界人才荟萃、智力密集、联系广泛的特点，通过载体和平台进行联动协作，互相交流，为侨联工作建言献策，促进全省侨联工作和"侨胞之家"的共同发展，为全省发展大局贡献"侨"的力量。

（中国侨网2020-01-07）

甘肃聘华侨华人作顾问"桥接"海外资源

"如今，在澳大利亚已知的甘肃籍华侨华人大概有1500人，他们也想尽自己所能，'桥接'资源帮助家乡。"澳大利亚甘肃同乡总会会长魏小龙7日接受中新社记者采访时说。当日，甘肃省第七次归侨侨眷代表大会在兰州召开，大会聘请了包括魏小龙在内的32名优秀代表为甘肃省侨联第七届委员会港澳及海外顾问。

魏小龙说，甘肃同乡总会将在餐饮、教育、中医方面为家乡的发展"牵线搭桥"，同时组织侨领以及澳大利亚的客商走进甘肃，感知敦煌文化艺术，感受甘肃的经济发展，从而挖掘更多合作潜能。

甘肃省侨联主席闫鹏勋在作工作报告时提出，接下来，将依托"中国侨联新侨创新创业基地"，探索建立基于在甘高校、科研院所、创新企业的侨界人才联系服务平台和"联系、沟通、引进、服务"海外人才工作体系，组建特聘专家委员会，主动做好人才智力引进、重点华侨华人创业团队扶持、海归创业创新跟踪服务、技术成果转化等工作。

近年来，甘肃"侨（爱）心工程"得到了中国华侨公益基金会等机构的捐助，所筹集的1亿多元人民币，用于甘肃贫困地区学校及教学设备援建、学生救助、爱心水窖建造等项目，同时兴办"侨（爱）心小学"37所，建立爱心图书室54间，开设"珍珠班"10个，资助贫困学生万余名。

甘肃省委常委、统战部部长马廷礼表示，广大归侨侨眷和海外侨胞是介绍中华文化、增进对外往来交流的民间使者，希望他们发挥熟悉中外文化、融通中外的天然优势，促进文化交流、贸易畅通和民心相通，用丰富的事例、鲜明的视角、切身的感受、生动的语言，在世界各地讲述好甘肃故事、传播好甘肃声音、塑造好甘肃形象。

马廷礼说，甘肃要发掘和整合优秀传统文化资源，用足用好"伏羲大典""兰洽会""敦煌文博会"等大型节会平台，深入开展"亲情中华""寻根之旅""创业中华""文化采风"等文化经贸交流活动，帮助华侨华人新生代增进对家乡的了解和认同，提升甘肃在海外的知名度、美誉度和影响力、吸引力。

（中国新闻网2020-01-07/徐雪）

河南"两会"首邀海外侨胞列席

河南省政协十二届三次会议8日下午在河南郑州召开，标志着一年一度的河南"两会"启幕。

与往年不同的是，今年河南"两会"首次迎来9名海外侨胞列席，这是该省第一次邀请海外侨胞列席政协会议。

当日列席的海外侨胞分别是俄罗斯中国和平统一促进会常务副会长原毅，美国美东河南同乡会会长张富印，加拿大魁北克河南同乡会会长孙瑞娟，俄罗斯孔子文化促进会会长姜彦彬，新西兰中华青年联合会创会会长高晓月，西班牙河南同乡会会长韩启立，巴西河南同乡会创会会长董洪宣，阿联酋河南商会暨同乡会名誉会长李松涛，澳洲河南同乡会会长、澳洲河南商会执行会长胡鲲鹏。

除了首邀海外侨胞之外，今年河南省政协十二届三次会议期间，还将开展"首次举办界别协商座谈会""首次组织网络议政""首次举办提案办理协商座谈会"等五项创新性工作。

其中，"首次举办界别协商座谈会"将以"讲好黄河故事、弘扬黄河文化"为主题。

2019年，黄河流域生态保护和高质量发展、粤港澳大湾区建设等并列为重大国家战略。故而，黄河也成为今年河南"两会"的热门话题。

河南省政协委员、黄河水利委员会信息中心副主任寇怀忠受访时表示，黄河连续20年不断流，为流域经济社会发展和生态文明建设作出了重要贡献。未来将推进"智慧黄河"建设，利用5G、大数据等技术，为让黄河成为造福人民的幸福河保驾护航。

河南省政协主席刘伟在政协工作报告中也提及，2019年该省政协不断为黄河流域生态保护和高质量发展助力，并冀望政协委员就加强黄河流域生态保护、黄河流域文化遗产保护和传承等建言献策。

（中国新闻网2020-01-08/李贵刚）

北京统战社团共享基地资源　联合活动促交流融合

为贯彻落实北京市委统战部关于建设统战社团创新发展共享活动基地的精神，创新活动形式，扩大活动影响力，1月8日，叶青大厦与北京侨商会党支部联合主办嘉年华活动，邀请200余名来自商务楼宇的党外知识分子、新的社会阶层人士和在京侨届人士走进石景山，在北京统战社团基地郎园park文化艺术园区举办以"扬帆新征程　共筑中国梦"为主题的诗歌朗诵音乐会及义诊等活动。

本次活动一是发挥统战社团人才资源优势，根据不同领域统战人士的特点和需求，把握新时代楼宇党建工作和统战工作的新要求，提升统战社团凝聚力；二是发挥统战社团基地资源优势，因地制宜打造特色活动，加深统战人士对郎园改造升级老旧厂房、增加公共服务功能的成功经验的了解，提升统战人士参与区域发展的意识；三是发挥统战社团创新发展机制优势，增强联系覆盖，将统战社团基地打造成为支持全市统战社团开展工作的综合性平台。

（中国侨网2020-01-09/北京市委统战部）

"侨梦苑"：万侨创新正当其时　侨胞圆梦正当其势

"'侨梦苑'为海外优秀侨胞和华裔提供了创新创业的广阔舞台，能最大限度发挥侨资侨智优势。在这个平台上，侨胞们有信心把梦想变成现实。"巴拿马中华民族委员会委员陈国基参观完长沙"侨梦苑"后如是说。

正在长沙参加2020年"四海同春"全球华侨华人春节大联欢电视晚会的嘉宾代表来到长沙"侨梦苑"参观考察，了解侨胞在"侨梦苑"的创新创业情况。

在国家实施区域发展总体战略的精华地带设立的"侨梦苑"，是发挥侨务优势服务国家创新发展战略的重大举措，也是实施"万侨创新行动"的重要平台。

全国第九家"侨梦苑"2016年落户长沙国家高新技术产业开发区（简称"长沙高新区"），独具国家级新区、国家"两型"（资源节约型与环境友好型）试验区、国家自主创新示范区的"三区叠加"优势。

长沙"侨梦苑"自成立以来，共接待各类华侨华人考察团200余批次3000余人次，累计引进各类高层次人才100多名，引进侨资企业10多家，与中国旅美科协、旅英高新科技商业协会等35家涉侨协会签订合作协议，在湖南省率先引进德国、瑞典、西班牙等20个国家和地区前来设立商会或协会，为侨企搭建合作桥梁。

"让华侨华人有舞台、进得来、干得好、留得下，是长沙'侨梦苑'一直在做的'四篇文章'。"长沙高新区相关负责人告诉记者，长沙"侨梦苑"建设了创业大楼、孵化器、加速器及各类配建设施等多种业态，为入驻侨胞和侨企提供全方位的系统服务，同时打造科技金融服务平台、开发众创孵化服务平台和完善技术创新服务平台，并注重环境营造、日常服务与感情联络。

据了解，长沙高新区财政还每年安排1亿元（人民币，下同）设立"侨梦苑"建设专项资金，对华侨华人领衔的创业项目，最高给予2000万元资金支持，助推"万侨创新"。

这一举措获新西兰中外企业家联盟副主席周全清"点赞"。"没想到'侨梦苑'的引才力度这么大，还有金融扶持和人文关怀措施，能让侨胞愿意扎根在这里，我觉得非常温暖，有家的感觉。"周全清愿意为长沙"侨梦苑"在信息化、环保和智能化等领域"牵线搭桥"。

为"侨"而定的政策红利吸引了诸多华侨华人前来"侨梦苑"创新创业。据不完全统计，长沙"侨梦苑"目前有海外人才1万多名，侨企近400家，产值400多亿元，侨商创业正酣。侨资企业绝大多数是海外回国的高层次人才领办创办的，主要分布在电子信息、生物医药、新材料、节能环保、先进装备制造等领域。

美籍华人科学家许小曙创立的华曙高科是全球唯一集3D打印设备生产、材料制造和加工服务于一体的3D打印解决方案提供商，自主研制出全球首款开源可定制化金属3D打印机。"'侨梦苑'给了我厂房代建优惠政策。"许小曙说，"侨梦苑"是侨胞实现自身价值与梦想的福地，已成为华侨华人创新创业的热土，并得到越来越多侨界人士乃至创新创业群体的关注。

未来五年，长沙"侨梦苑"将着力打造成中国知名的华侨华人创新创业中心、高端制造研发转化基地、创新创意产业集聚区和华侨华人圆梦的地方。

（中国新闻网2020-01-11/唐小晴，刘曼）

重庆举办全市侨联系统侨情报告专题会

日前，重庆市侨联邀请中国侨联联络联谊部副部长朱柳到重庆以"全球侨情与新时代海外侨务工作"为题作侨情报告专题培训。重庆市侨联委员、各基层侨联负责人、部分市侨联海外顾问、特聘专家委员会委员、法顾委委员及港澳顾问参加培训。重庆市侨联党组成员、专职副主席、秘书长陈瑛主持培训会。

朱柳重点介绍了新时期海外侨情的重大变化和特点、侨胞在全球的分布、侨界人才在科技艺术工商等领域的成就、全球华人参政以及中华文化在海外的影响等情况。对做好新时代海外侨务工作，朱柳表示首先要围绕服务国家大局和侨胞长期生存发展，加强顶层设计，深入谋划工作；加强海外侨情调研，严把侨务政策；推动构建海外和谐侨社，夯实传统侨团基础，积极拓展新侨工作，涵养华裔新生代资源；创新工作平台，传播中华传统文化；与世界互动，讲好中国故事；强化风险意识，破解海外华社和涉侨工作难题；加强业务培训，打造一支高水平的侨务工作干部队伍。

重庆市侨联海外顾问、加雄集团总裁、加美旅游总裁陆炳雄全程聆听了专题讲座，他表示：“非常荣幸在聘任为市侨联海外顾问后就有机会出席侨情专题讲座，听了朱柳副部长的讲座受益匪浅，丰富的侨情信息对于侨胞更快更好融入当地生活、开创事业十分实用，同时，我也从中找到了发挥海外顾问作用，助力重庆开展对外文化交流的重点和着力点。”

重庆市侨联常委、涪陵区侨联主席蹇玲表示：“朱柳副部长的讲座深入浅出，分析深刻。做好新时代侨务工作，必须要充分了解、准确掌握侨情发展变化，今天的讲座为侨联干部带来了准确、实用、新鲜的侨情信息，让我们深感侨务工作意义重大，也增添了大家做好侨务工作的信心和决心。”

（中国侨网2020-01-19）

助力冬奥　浙江华侨华人捐资援建冬奥冰雪博物馆

日前，在中国侨联发出捐建“华侨冬奥冰雪博物馆”倡议书后，浙江省侨联根据中国侨联的统一安排，向全省各级侨联组织、归侨侨眷，浙籍海外社团、华侨华人发出倡议，积极参与捐建，携手同心，共襄盛举。截至1月17日，浙江省华侨华人已累计捐款近500万元人民币。

1月17日，浙江省侨联九届九次全委会议上，举行了“华侨冬奥冰雪博物馆”捐建款项捐赠仪式。会上，15位个人和企业代表为该援建项目捐款，中国侨联副主席、省政协副主席吴晶，省侨联党组书记、主席连小敏接受捐赠牌。

加拿大华侨、上海正新食品集团有限公司董事长陈传武捐赠了100万元，他希望华侨冬奥冰雪博物馆早日建成，向全世界展示侨界人士的凝聚力，宣传各界爱心人士的深情厚谊。

嘉兴市侨商会捐赠了50万元，会长戴其丰表示，他们在嘉兴发展，红船精神一直激励着他们奋楫扬帆、奔跑逐梦、勇担责任、走在前列。他们要以侨商之力，为侨界添彩，为红船增辉。

省侨联副主席、浙江侨缘会执行会长、浙江泰普森控股集团董事长杨宝庆认为，跟奥运健儿一样，援建冬奥冰雪博物馆，也是一项为国争光的行动。

“侨联是我家，一定全力支持建设，”中翰盛泰生物技术股份有限公司董事长周旭一说，“援建行动可以激发更多华侨华人的家国情怀，借此向全世界传播中国的冰雪文化。”

“奥运不仅是体育界的盛事，也是架起了中国与世界各国人民经贸与友谊的桥梁。”宁波侨商、欧洲华商会会长傅旭敏说，“相信华侨冬奥冰雪博物馆不仅能成为地标性建筑，更能成为华侨华人爱国的丰碑。”

青田捷克华侨陈金妹一句“用侨界的行动讲好冬奥故事，共同点亮侨爱之光”，道出了众多华侨华人爱国爱乡的深情厚谊。她说：“尽管是微薄之力，我也很荣幸能参与其中。我不仅自己参与还要发挥侨界的影响力、呼吁更多的侨胞积极参与，为冬奥添砖加瓦。"

提起此次捐赠，西班牙侨商会会长金浩难掩激动之情："2022北京冬奥会，是中国的大事，也是世界的大事。为祖国的大事出份力，是我们回馈社会、报效祖国的最好方式之一。"

（中国侨网2020-01-19）

"荟中医"国际中医远程教育平台启动会召开

据江苏省侨办网站消息，日前，由江苏省中医院、世界中医药学会联合会和江苏省侨办联合举办的"荟中医"国际中医远程教育平台启动暨国际标准全球发布会在江苏省中医院召开，省侨办副主任杜伟出席并致词。省中医院院长翟玉祥、世界中医药学会联合会秘书长助理秦树坤分别代表省中医院和世界中医药学会联合会讲话。省中医院束雅春主任做了项目立项和文件起草的情况汇报。中国移动江苏公司副总经理刘京奎等相关领导及相关新闻媒体出席启动仪式和发布会。

2017年以来，江苏省侨办和江苏省中医院联合建立的全国首个中医惠侨基地不断加强国际交流与合作及中医惠侨工作力度，已通过海外华侨华人与法国、英国、美国、匈牙利等16个国家在中医远程医疗、在线教育、健康商城、中医药服务贸易等方面开展合作，带动惠侨工作高质量开展。

"荟中医"国际中医远程教育平台的推出是服务海外侨胞的又一项新的重要举措。该平台响应国家"一带一路"倡议，精心打造云集国内外中医药大师的线上远程教育，为海外中医药从业人员、中医药爱好者及希望获取中医药养生知识的海外侨胞提供涉及健康公益讲座、国际中医药在线教育精品课程等内容的中医药在线服务。平台的建立将进一步推进江苏省中医药国际化进程，也将使中医惠侨工作在"互联网+中医药"服务新模式下得到进一步的拓展。

与此同时，由江苏省中医院牵头起草组织海内外专家共同研制的《国际中医远程会诊服务规范》（SCM 0051-2019）、《国际中医远程教育服务规范》（SCM 0050-2019）两项国际标准在世界中医药学会联合会的指导下也于今日正式发布，参与两项规范制定的有多位来自美国、加拿大、英国、澳大利亚、瑞士、荷兰、奥地利、巴西、智利、泰国的海外侨胞及多家中医药教学和医疗机构。

（中国侨网2020-01-21）

安徽凤阳县小岗村揭牌"中国华侨国际文化交流基地"

据安徽省侨联网站消息，日前，"中国华侨国际文化交流基地"——凤阳县小岗村举行揭牌仪式。安徽省侨联党组书记李世蕴、滁州市政协副主席王成山出席

揭牌仪式并为基地揭牌,省侨联党组成员、办公室主任毕清,凤阳县政协主席杨登峰,县委常委、统战部部长常昕,县直有关单位、小岗村村"两委"干部、大包干纪念馆工作人员及部分归侨侨眷代表参加揭牌仪式。滁州市侨联主席曹之淮主持揭牌仪式。

李世蕴代表省侨联对凤阳县小岗村被认定为"中国华侨国际文化交流基地"表示祝贺。他指出,"中国华侨国际文化交流基地"是弘扬中华优秀文化、促进中外文化交流的重要窗口,是侨联组织合力开展海内外文化交流活动的重要平台。加强国际文化交流基地建设,对于增强广大人民群众的文化自信,提高国家文化软实力具有十分重要的意义。

李世蕴强调,凤阳县小岗村挂牌"中国华侨国际文化交流基地",标志着滁州市又增加了一个向海内外推介展示中华文化的重要窗口和平台。希望挂牌以后,滁州市及凤阳县党委、政府和各有关部门按照中国侨联和省侨联的要求,注重完善和发挥文化交流基地的社会文化功能,搭建为侨服务的平台。

王成山代表滁州市对中国侨联、省侨联给予滁州市的支持表示感谢。他说,凤阳县小岗村在省侨联的积极推荐下,被中国侨联确认为"中国华侨国际文化交流基地",这是一项难得的荣誉,更是滁州的骄傲,滁州市将以交流基地揭牌为契机,大力弘扬小岗精神,努力把交流基地打造成滁州市一张靓丽的名片。

在滁期间,李世蕴还看望慰问了归侨侨眷和侨联干部,向他们致以新年祝福。专门听取了滁州市侨联工作汇报,与滁州市政协主席汪建中,市委常委、统战部部长葛建荣就基层侨联组织建设、侨联作用发挥等交流了意见。

（中国侨网2020-01-22）

重庆在第二十届世界华人学生作文大赛中喜获佳绩

日前,重庆在第二十届世界华人学生作文大赛中喜获佳绩,荣获一、二、三等奖佳作878篇,重庆市侨联以及渝中区、江北区、沙坪坝区、九龙坡区、渝北区、巴南区、璧山区、开州区、忠县10个侨联组织荣获"优秀组织奖"。

第二十届世界华人学生作文大赛由中国侨联、全国台联、《人民日报海外版》、《快乐作文》杂志举办,共吸引34个国家和地区的近300万名学生参赛,参赛学生以各自独特的视角,紧紧围绕中华人民共和国成立70周年,讲述中国故事、传播中国声音、弘扬中华文化,增进了中国与世界的民心相通,向中华人民共和国成立70周年献上一份厚礼。

（中国侨网2020-01-23）

厦门"十八条"税务措施助企业战"疫"

厦门市税务局7日晚出台包括全力支持疫情防控、全力支持困难企业渡过难关、全力优化纳税服务三大方面内容的18条措施，助力该市推进新冠肺炎疫情防控工作。

这些措施旨在落实厦门市政府日前推出的支持企业共渡难关15条扶持政策，强化税收支持，切实帮助企业解决实际困难。

该局党委书记、局长张曙东表示，厦门市税务系统将主动作为，尽锐出战，切实保证支持抗击疫情的各项政策措施落实到位，最大力度支持打赢疫情防控阻击战。

梳理这18条新推出的举措可以发现，税务部门首先全力支持疫情防控，对疫情防控企业给予多项税收政策"加持"：通过积极落实相关增值税、企业所得税、房产税、城镇土地使用税等扶持政策，加快办理增值税留抵退税，核定其增值税发票领购数量和最高开票限额，简便捐赠税前扣除凭证，暂缓开展参加疫情防治工作的一线医务人员2019年度个人所得税汇算清缴等举措，全力支持疫情防控物资生产企业开展科研攻关、扩大产能和复工复产、支持医疗机构开展疫情防治工作、支持一线抗疫医护人员。

其次，全力支持困难企业渡过难关，困难企业最长缓缴社保费6个月。这方面的措施将重点落实好小微企业普惠性减税（费）等政策，受疫情影响较大的困难行业企业2020年度的亏损结转年限延长到8年，对暂时性生产经营困难的企业和个体工商户，最长可缓缴社会保险费6个月，对疫情期间减免租金的大型商务楼宇、商场、市场和产业园区等出租方，可申请减免房产税、城镇土地使用税，对因疫情影响无法在法定时限内办理的涉税事项，依法延长相应办理期限，可依法办理延期申报缴税，最长不超过3个月。

第三，全力优化纳税服务，大力推广"非接触式"办税，允许"容缺受理"。各项涉税业务通过网上办、掌上办、邮递办、热线办等方式，实现"不见面，也能办"。

对于必须现场办理的特殊事项，开通"预约办"绿色通道，12366热线提前了解纳税人诉求，让纳税人即来即办、即办即走。对影响到纳税人社保待遇或后续生产经营的业务事项实行容缺受理，纳税人后期可通过邮寄方式补齐办理资料。取消出口退税申报期限。

（中国新闻网2020-02-08/杨伏山，肖雨）

海南省侨联律师团律师编制疫情防控法律政策汇编

新冠肺炎疫情防控形势严峻，海南省侨联法顾委律师团结合多年为侨服务经验和海南疫情防控的实际工作需求，组建法律服务团，开展疫情防控相关文件的法律

审核，整理疫情防控常见法律问题和法律政策汇编。

据介绍，海南省侨联法顾委律师团多名骨干律师参加编印《2020年新型冠状病毒疫情防控法规政策文件汇编（海南版）》，对疫情相关的法律法规和政策文件进行梳理和摘要，并分别对卫生健康、医疗、应急管理、民政、交通运输、教育、人力资源和社会保障、市场监督、海关、公安、生态环境、住建、商务、税务、金融、文旅、财政等相关部门的文件予以分类，第一期共计汇编文件150多份，17万多字，方便各级政府部门和各相关单位在当前疫情防控工作中查阅使用，为依法做好疫情防控工作提供法律支撑。

海南省侨联法顾委律师团副团长符琼芬表示，将积极引导广大侨界群众深入了解与疫情防控相关的法律知识，维护自身合法权益，目前正在紧张编制《新冠肺炎疫情防控法律政策文件汇编（海南版）（海口版）》（第二期）。

（中国侨网2020-02-14/莫洪）

广西－东盟经开区新年首批项目投产　总投资逾8亿元

2月28日，广西－东盟经开区（武鸣华侨农场）举行2020年第一次重大项目竣工仪式，共有6个项目竣工投产，总投资金额约8.23亿元人民币，其中3个项目为南宁市层面统筹推进重大项目，涉及环保新材料、纸质品、食品等行业。

据悉，此次竣工投产的项目分别是：南宁侨虹新材料股份有限公司战略新兴项目暨高科技纾纺新材料项目、金红叶纸业（南宁）有限公司年产3.5万吨生活用纸项目、广西南宁中健包装有限公司环保新材料包装膜项目、南宁市汇林纸制品有限公司纸制品包装项目、广西平惠农产品供应链有限公司食品中央厨房配送项目和广西福赛食品添加剂有限公司食品添加剂生产项目。

其中，南宁侨虹新材料股份有限公司新建纾纺新材料项目总投资3.75亿元，其生产线是亚洲第一条纾纺高分子吸附新材料生产线，项目建成达产后每年可产高分子吸附材料8500吨，年平均产值可达3亿元。

在今年疫情防控全民行动中，该企业研发团队加班加点开展研发工作，成功研发出适用于口罩生产的滤材产品并通过最终产品检测，目前侨虹已经成为广西首家具备生产医疗级熔喷布能力的厂家，也同时被列为广西防疫物资重点生产企业。现在每天可生产供应2吨医疗级熔喷布材料，有效缓解了广西生产医用口罩的原材料紧缺的局面。

总投资1.6亿元的金红叶纸业（南宁）有限公司年产3.5万吨生活用纸项目是金红叶纸业集团有限公司在广西的生产基地，该项目在原来的9条生产线基础上又新增3条现代化生产线，可为企业增加产能5000吨左右，目前工人们正在抓紧生产，确保满足广西纸制品市场供应需求。

另一个总投资1.5亿元的广西南宁中健包装有限公司建设的项目，预计年产环保新材料包装膜3 500吨，高科技纸箱包装材料20 000万平方米，年产值10 000万元，预计年利税650万元。

此外，南宁市汇林纸制品有限公司纸制品包装项目，作为富士康配套项目目前已竣工投产，预计年产纸制品5 650万吨；广西平惠农产品供应链是一家专业为各大型工厂食堂及学校食堂配送果蔬、肉类、粮油等产品的企业，是广西重点菜篮子工程项目，也是广西–东盟经开区颇具规模的综合性专业现代服务公司，项目投产达产后预计年产值1 200万元；广西福赛食品添加剂有限公司食品添加剂生产项目，产品将广泛应用于制糖发酵、食品饮料、日化制药、造纸制浆、污水处理和锅炉水处理行业，预计年产值5 000万元。

（中国侨网2020-02-29/常丽莹，潘志安，林浩）

2020年上海市"侨法宣传月"在网上正式启动

2020年上海市"侨法宣传月"3月1日在网上正式启动。宣传月期间，中共上海市委统战部、上海市侨办、致公党上海市委会、上海市侨联、上海市欧美同学会、上海市华侨事务中心、海燕博客等沪上统战侨务网站、微信公众号等媒体平台将同步推出今年"侨法宣传月"各项网上活动。

据悉，网上活动的内容包括：开展网上侨务法律法规和涉侨政策解读，举办"'侨侨'你知道多少"侨法知识网上挑战赛，宣介2020版"涉侨身份讲解"微视频、涉侨生活和创新创业服务指南，展示全市各级统战侨务部门维护侨益优秀案例及涉侨宣传作品等。欢迎全市归侨侨眷和各界群众在认真做好新冠病毒肺炎疫情防控工作的同时，积极参与今年上海市"侨法宣传月"的网上活动。

自2004年起，上海市"侨法宣传月"于每年3月在全市范围内举行，以加强相关涉侨法律法规政策的宣传，在全市范围内营造"知侨法、懂侨法、用侨法、护侨益"的良好氛围。目前，在中央和市委市政府的领导下，全市人民正在全力抗击新冠病毒肺炎疫情。记者从中共上海市委统战部获悉，经研究，中共上海市委统战部、上海市侨联决定，今年上海"侨法宣传月"活动以网络形式统一实施开展，东方网上线《2020年上海市"侨法宣传月"》专栏。

此外，为进一步贯彻落实《关于上海统一战线开展"同舟共济、抗击疫情"工作的意见》文件精神，中共上海市委统战部要求全市各级统战侨务部门、涉侨单位和团体以开展"侨法宣传月"活动为契机，不断提升为上海经济社会发展和为归侨侨眷、海外侨胞服务的能力和水平。

（中国侨网2020-03-01/童舟）

福建省三家机构获评"中国华侨国际文化交流基地"

近日，泉州华侨革命历史博物馆、厦门老院子、晋江五店市传统街区等3个机构被授予中国侨联第七批"中国华侨国际文化交流基地"。

目前，全国中国华侨国际文化交流基地共有270个，福建占有21个。除3个新授予的中国华侨国际文化交流基地外，福建有闽清县黄乃裳纪念馆、福建省档案馆、厦门青礁慈济祖宫、华侨博物院、陈嘉庚纪念馆、古田县临水宫、莆田湄洲妈祖祖庙、中国闽台缘博物馆、安溪清水岩清水祖师庙、南安市诗山凤山祖庙、泉州华侨历史博物馆、泉州少林寺、芗城区林语堂纪念馆、福建土楼博物馆、胡文虎纪念馆、长汀县汀州客家研究中心、宁化县客家祖地文化园、武夷学院朱子学研究中心等18个单位或机构被先后授予中国华侨国际文化交流基地。

日前，福建省侨联转发了《中国华侨国际文化交流基地管理办法》（以下简称《办法》），要求各设区市侨联及平潭综合实验区侨联结合当地实际，协助做好辖区内文化交流基地的申报、考察、管理和建设工作。

中国侨联主席办公会去年审议修订的《办法》，旨在加强中国华侨国际文化交流基地的管理和建设，充分发挥交流基地作用，最大限度地团结凝聚侨心侨力，为弘扬中华文化、讲好中国故事、促进中华文化走向世界，为实现"两个一百年"奋斗目标和中华民族伟大复兴中国梦而努力奋斗。

（中国侨网2020-03-05）

湖州、安吉"为侨服务法律工作站"助企业复工

为深入贯彻浙江省侨联"助企抗疫情、联企复生产"服务侨企专项行动和市委市政府"深化'三服务'、助企开复工"专项行动部署要求，浙江省湖州市侨联、安吉县侨联针对企业各方面法律困扰，尤其是复工中存在的法律问题，早谋划、早部署，积极组织省侨联法顾委安吉工作站律师骨干为核心的"为侨服务法律工作站"，精准开展"三服务"，为企业复工复产保驾护航。

疫情发生以来，为切实帮助解决企业用工、合同等方面法律困扰，由"为侨服务法律工作站"通过网络办公方式深入开展"三服务"活动，通过电话、微信等方式抽样调查县内50余家企业，收集梳理4个方面20个企业关心的重点法律问题，找准了服务方向。

"为侨服务法律工作站"抽调4组共8位精干律师，结合各类法律、法规，各级应对疫情的政策文件以及相关案例开展针对性研究，用通俗易懂的表述汇编问题和答案，于1月31日发布《企业在防控疫情期间可能遇到的法律问题及应对措施》文章，阅读量共计6.5万余人次，为企业化解疫情期间的法律风险提供了有益参考。

"为侨服务法律工作站"通过微信、云办公、电子邮件等网络方式，将《问题及应对措施》点对点推送给县内100多家企业。同时，以志愿团提供在线答疑、现场个别查勘等方式，帮助解决停工、复工、合同解除和延迟履行等各类问题近百个，涉及金额近1.3亿元，为企业科学防控疫情、稳步有序复工复产、减少经济损失发挥了侨界特殊作用。

（中国侨网2020-03-09/湖州市侨联）

第四届北京市华侨华人"京华奖"评选工作正式启动

3月10日，市委统战部、市政府侨办、市人力资源和社会保障局联合印发《关于组织开展第四届北京市华侨华人"京华奖"评选工作的通知》，标志着第四届北京市华侨华人"京华奖"评选工作正式启动。

北京市华侨华人"京华奖"于2013年设立，是北京市委、市政府为表彰和奖励在首都经济社会发展中做出突出贡献的华侨华人、归侨侨眷和港澳同胞而设立的荣誉称号，是北京市授予华侨华人、归侨侨眷和港澳同胞的最高荣誉。"京华奖"评选表彰工作每两年开展一次，每届评选表彰人数原则上不超过10人。至今已举办三届，共评选出了30名"京华奖"获得者和19名特别荣誉奖（仅首届设置），分别来自经济建设、科技创新、社会管理、生态文明、社会公益事业和慈善事业等领域。

本届"京华奖"评选采取自下而上的方式，秉承公平公正、实事求是、从严掌握、保证质量的原则，突出重点，优中选优，确保评选出的"京华奖"获得者资质过硬，体现先进性、代表性、时代性。今年，还将考虑为抗击新冠肺炎疫情做出突出贡献的华侨华人、归侨侨眷和港澳同胞。最终将评选出10名"京华奖"获得者，由市委统战部、市政府侨办、市人力资源和社会保障局联合印发表彰决定，并于9月底由市委、市政府举行颁奖仪式。

（中国侨网2020-03-11/北京市委统战部）

万里"云问诊" 青田"青小医"在线服务华侨万余名

"医生，我在比利时，我女儿班上有同学确诊了新冠肺炎，她和确诊者没有密切接触，学校只让我们测量体温，我认为要居家隔离，您觉得呢？""还是需要居家隔离，隔离期间一个人一间房，和家人分餐。"连日来，在比利时"守望列日"微信群里，"青小医"不断接收并回答着华侨们关于新冠肺炎疫情的相关问题。

为帮助海外侨胞共同抗击疫情，青田县第一时间抽调30多名医疗和心理咨询专家组成"青小医"问诊团队，通过线上"云问诊"的方式，为侨胞们提供健康咨询、远程诊疗、心理疏导、解答新冠肺炎疫情防控知识等服务。

除了群内咨询外，医生还会根据华侨华人的实际情况进行一对一远程问诊。这些天来，青田县中医医院医务科科长姚旭东经常利用上班的间隙，远程接诊有就医需求的华侨。

"有位华侨自述有感冒、发烧等症状，已经持续了一段时间。经过仔细问诊，得知患者没有乏力，精力充沛，根据临床症状可排除新冠肺炎。"姚旭东介绍，该华侨属于慢性咳嗽，但因为恐慌造成的心理负担，怀疑自己得了新冠肺炎。

"经过详细问诊及心理疏导，她的心理包袱一下子就放下了，其实像这样的情况每天都能遇上，所以我们在做好答疑接诊的同时，更要宣传疫情防控知识，减轻华侨的恐慌心理。"姚旭东说。

截至目前，"青小医"问诊团队已进驻青田人比较集中和疫情比较严重的56个城市微信群，在线服务华侨万余名。

接下来，青田县人民医院还将推出网络问诊平台，24小时在线服务华侨，目前平台已进入设备调试阶段，预计下周上线开放。

（浙江在线2020-03-12/黄玲晓，孙云弋，邬敏）

甘肃侨办致侨胞"暖心家书"：铭记抗疫善行　牵挂海外乡亲

13日，甘肃省人民政府侨务办公室发出《致甘肃籍海外侨胞的一封家书》（以下简称《家书》），向海外甘肃籍侨胞助力家乡抗击疫情的善行义举表达感激，同时又叮嘱他们做好个人防护，共同抗击疫情，共建美好家园。

吉尔吉斯斯坦甘肃商会会长许林收到《家书》后说："目前当地还未发现疫情，祖国的疫情牵动着每位侨胞的心，我们积极组织参与了当地华侨社团的捐赠活动，成立了专门应对疫情的组织机构，准备了隔离地点。我们会听从使馆和当地政府的安排，保护好自己的，请家乡放心。"

"新冠肺炎疫情暴发以来，全国上下同心同德、众志成城，构筑起群防群治的严密防线。广大海外甘肃籍侨胞千方百计寻找国内急需的医用物资，一箱箱承载着海外侨胞对家乡人民牵挂和祝福的医疗物资，从世界各地运至家乡，为一线抗击疫情的医护人员提供了强有力的支持。"甘肃省侨办通过这封电子《家书》说，"广大侨胞们的善行义举令人感动，我们将铭记于心。"

近期，新冠肺炎疫情在海外蔓延。甘肃省侨办发出的家书暖心提醒："我们无时无刻不牵挂海外乡亲。请广大侨胞积极配合住在国疫情防控规定，少出门，少聚餐，少外出，减少乘坐公共交通工具，避免发生交叉感染，保护好自身安全。如您近期确需返回国内，请在全程做好防护措施的同时，按照入境地和居住地的要求，配合做好检验检疫工作和防控措施。如需要帮助，请及时与我驻当地使领馆联系。"

北京时间13日深夜，远在南非的甘肃籍侨胞孙想录收到了这封电子家书。作为

《新时代非洲》杂志总编辑的他，疫情发生后，时刻发布各类疫情资讯，让在南非的30万华侨华人时刻了解疫情最新消息，并提醒当地侨胞做好必要的自我防护措施。

"收到家乡的问候，让我们很温暖。"孙想录说，"这份来自家乡的信和叮嘱，让我们无比欣慰。我们也相信，当侨胞遇到困难时，强大的祖国就是我们坚强的后盾，我将继续在自己的工作岗位上，为南非华侨华人提供最新、最全的疫情资讯，让大家做好必要的安全防护，我们也将与住在国、与祖国共克时艰，排除万难，为战胜疫情而继续努力。"

在这封《家书》发出的当天，甘肃省人民政府外事办公室、甘肃省对外经济技术合作协会也先后致信于侨胞、经贸企业海外工作人员，对他们助力家乡的情意表达感谢，同时又叮嘱他们做好个人防护，共同抗击疫情，共建美好家园。

（中国新闻网2020-03-14/丁思）

江苏省侨联采用微课视频形式开播"侨界专家讲堂"

日前，江苏省侨联探索采用微课视频形式组织"侨界专家讲堂"。今年首讲嘉宾是中国工程院院士、江苏省侨联侨界专家联合会副主任、南京医科大学校长、流行病学教授沈洪兵先生，他演讲的题目是《抗击新冠疫情　共守健康安全》。

据悉，江苏省侨联侨界专家联合会自2017年与有关设区市侨联、在宁高校侨联联合开设"侨界专家讲堂"以来，目前已开讲24场，涉及政治经济、科技教育、生物工程、健康养生等多个领域，现场观众近万人，得到了侨界群众和社会各界的一致赞誉。

（中国新闻网2020-03-16）

浙江青田：为旅外华侨"云"代办涉侨社保费业务

近日新冠肺炎疫情在意大利等欧洲国家形势严峻。作为中国著名"侨乡"，浙江丽水市青田县目前约有10万人在意大利生活。为降低人员跨国流动、减少境外疫情输入风险，国家税务总局青田县税务局推出涉侨社保费业务"不见面"代办服务，方便海外华侨以"网络递申请材料+本人视频认证"方式联系代办员办理参保登记和社保卡签约缴费等业务。

"谢谢你们，你们帮了我大忙了。我现在在意大利，这里疫情严重，回来旅途中又危险。我正为缴纳社保费这事发愁时你们就推出了'不见面'代办服务，真的太方便了！"身在意大利的华侨何玲珠日前说。她使用手机，在青田县税务局社保窗口代办员的帮助下，成功办理社保费缴费协议签约业务。

每年清明节前夕，很多与何玲珠一样旅居国外的华侨会返回家乡祭祖，同时顺便来税务局窗口处理一些国内事务，缴纳社保费是其中重要一项。然而，受今年国内外疫情影响，为避免人员大幅流动、让旅外华侨安心，青田县税务局推出"远程认证+国内代办"模式以服务海外侨胞。

"目前，由税务和人社各抽调3名业务骨干专门为全球华侨提供代办服务。"青田县税务局社会保险费和非税收入股负责人金丽鸿介绍，团队日均提供代办服务30余次。截至目前，团队共办理服务300余次，获广大华侨认可。

此外，青田县税务局积极加强线上办税力量，借助"侨海通"平台24小时在线为旅外青田华侨提供税收、社保费咨询等服务，引导海外华侨尽量选择浙江省电子税务局、浙里办App等非接触式途径办理税务业务。

（新华社2020-03-21/林伟建，杨慧）

西宁市搭建服务平台 圆了海外侨胞回国定居创业梦

近年来，在西宁市委的坚强领导和省侨办的大力支持下，市委统战部围绕架好连心桥、建好朋友圈、画好同心圆的宗旨，积极发挥桥梁纽带作用，主动搭建为侨服务平台，通过组织归侨侨眷、海外侨胞和我市侨资企业家参加"青洽会""城洽会""海外侨胞故乡行"等途径，加强经贸合作、拓展人文交流，促进引资引智，吸引更多的海外侨胞回宁实现回国定居创业梦。

今年初，美籍华侨李海涛主动联系市委统战部，咨询回宁定居创业有关事宜。根据《青海省华侨来青定居办理工作规定》，市委统战部安排专人主动对接联系，协调有关部门，依法依规为其办理相关手续。近日，李海涛如愿以偿拿到恢复国籍的公函，激动地说："回国定居是我多年的愿望，在市委统战部的重视和协助下，心愿得以实现，足以体现西宁开放包容的宽广胸怀，回来后一定竭尽全力为家乡的建设贡献力量。同时，对相关部门和工作人员的办事效率和热情服务表示衷心感谢。"

今后，市委统战部将依托市侨联、市海联会等平台，不断加强海外统战工作，进一步发挥好桥梁纽带作用，引导广大海外统战人士贯彻落实好党的海外统战政策，积极投身家乡建设，凝心聚力讲好中国故事、传播中国声音，共同谱写"中国梦"西宁篇章。

（《西宁晚报》2020-03-21/徐顺凯）

深港澳青年创新创业基地发起"云"植树活动

日前，深港澳青年创新创业基地发起"云"植树活动，向全球征集献给祖国、深圳及坪山抗疫一线的祝福，让大家在这个特殊时期为坪山家园添绿，同时以这种特别的方式祝福战"疫"早日胜利。

活动精选了来自海外华侨华人和国内创业青年代表的30条祝福，由坪山区委统战部、区群团工作部、石井街道、深港澳青年创新创业基地及区产服公司相关负责人和工作人员共10人代表祝福留言者在位于金龟社区的"同心林"种下30棵树苗，并悬挂祝福卡片。

据悉，自新冠肺炎抗疫工作开展以来，为了关心关爱战"疫"一线的工作人员，坪山区深港澳青年创新创业基地积极响应区委区政府号召，多形式为疫情防控贡献力量。如"青春勇担当，携手战'疫'情"送咖啡活动，组织志愿者将508杯爱心咖啡送到南布社区、汤坑社区、老坑社区、高铁站义工队、京基物业、创新广场等6个一线防疫点。一杯杯暖心咖啡，为值守在一线的战"疫"先锋们送去了温暖和祝福。此次的"云"植树活动也吸引了众多海外华侨华人和国内创业青年的参与。

此外，深港澳青年创新创业基地还开展了爱心捐赠、驰援荆楚大地活动，第一时间积极协调筹集了总价值19 600元的口罩（2 000个）和医用手套（5 000双），捐赠给湖北地区人民，用满载着坪山人民深情厚谊的爱心物资，诠释着"一方有难，八方支援"的大爱互助精神。

（《深圳侨报》2020-03-23/刘雯琪，宋宛臻）

北京市委统战部为海外华侨华人开设免费心理咨询专线

为了更好地分享中国国内防疫的做法和政策，加强与海外侨胞的沟通，增强他们必胜的抗疫信心，北京市委统战部特联合北京大学、清华大学、北京师范大学、首都师范大学，开设了4条专门针对海外华侨华人的免费心理咨询热线。

心理咨询热线共设有60余接线席位，有600余名心理咨询专家参与其中，为海外华侨华人提供心理疏导、政策咨询等服务。这些专家除了具备专业的资质与素养外，都生活在北京，对防疫工作特别是做好个人防护有亲身的实践和切身体会。同时，很多专家有海外学习工作的经历，对海外的情况比较熟悉。为做好咨询，他们进行了精心准备，将提供24小时值守服务，现将热线号码公布如下：

1. 清华大学海外心理咨询热线：（86）400-680-6101，服务时间：24小时；

2. 北京师范大学海外心理咨询热线：（86）010-86409146（拨通后根据语音提示按0#）（可通过Skype拨打），服务时间：北京时间9时—24时；

3. 北京大学海外心理咨询热线：（86）010-53466977，服务时间：北京时间13时—22时；

4. 首都师范大学海外儿童心理咨询热线：（86）400-900-5335，服务时间：北京时间9时—21时。

上述海外心理咨询热线将通过各种海内外媒体平台广泛传播和推介，为缓解同胞心理压力，为科学防疫、理性防疫提供实实在在的服务。

（中国侨网2020-03-23/北京市委统战部）

海归助力甘肃两县脱贫攻坚：摆脱贫困，迈向新生活

"摆脱贫困，我们迈向了新生活！"

近日，好消息从甘肃传来，包括渭源县和文县在内的31个县退出贫困县行列，整体脱贫。其中，渭源县北寨镇和文县范坝镇由欧美同学会（中国留学人员联谊会）定点帮扶，两县的脱贫"摘帽"，意味着北寨镇与范坝镇整体脱贫。

从2018年开始，欧美同学会主动对接渭源县和文县，多次组织海归专家服务团深入基层，在昔日被称为"苦瘠甲于天下"的土地上，助力两县脱贫攻坚。

精准帮扶　重点发力

去年年底，老范一家四口终于住进了窗明几净的新房。

范得川是渭源县北寨镇郑家川村的建档立卡贫困户，因为凑不齐钱，他改建房屋的计划一次次落空，全家人一直住在危房里。2019年，得益于欧美同学会爱心海归的资助，他改建新房的计划终于得以实现。

"渭源县实现脱贫'摘帽'，这其中凝结了各位海归学长的真诚帮助，渭源人民将永远铭记！"甘肃省定西市人大常委会副主任、渭源县委书记吉秀的话语里满是感动。

若是在渭源县和文县走一走，很多地方都能见到海归专家的身影。取水的打井机、剥皮的核桃加工机、为山区妇女提供就业岗位的编织车间、让当地中药材走出大山的中草药网络销售平台……精准帮扶、有效对接、分析研判、重点发力，一次次深入田间地头，就是为了找准贫困的根源在哪里。能够"摘帽"只是第一步，如何进一步探索乡村振兴的新思路，从脱贫到致富，是海归们现在关注的焦点。

在渭源，欧美同学会组织海归专家服务团先后12次前往，开展定点帮扶交流，捐赠物资、现金累计逾1120万元，签订帮扶意向协议32个，主要涉及产业、教育、卫生、种养殖等，大部分已见成效。

对于张家港英华材料科技有限公司董事长、留美博士李键来说，响应号召、加入海归专家服务团的这3年，于他而言意义非凡。他同其他海归一道，走入北寨镇和范坝镇的帮扶第一线，采购老乡们的农产品，将当地需求与江苏企业积极对接。

"能切实帮助乡亲们解决问题，我和江苏欧美同学会的学长们都十分高兴。我们会继续把海归的报国使命与社会服务实践相结合，为乡村产业振兴与区域发展贡献自

己的力量。"得知两县脱贫消息后，李键感慨地说。

"四路并进" 拔掉"穷根"

两年多的时间里，一场"输血变造血"的深度变革在渭源县、文县两县上演。欧美同学会秘书长王丕君在接受本报记者采访时表示，留学人员对于渭源县和文县的帮扶主要围绕产业扶贫、医疗扶贫、就业扶贫与教育扶贫四方面展开。

"当地贫困户主要还是经营传统种植业和养殖业，而留学人员可以帮助当地劳动力完善职业技能，从而提高传统产业效益。同时，为当地引入一些新的种植业、养殖业项目，并通过与农科院合作提高技术水平。除此之外，留学人员还帮助农户因地制宜搞产业，比如渭源县的特产之一是地达菜，有的海归通过引入食品烘干技术与设备，使地达菜易于保存和销售，也提高了产品附加值。"王丕君介绍说。

甩掉贫困帽子的关键，还在于帮助贫困户不让"病根"变"穷根"，破解因病致贫、因病返贫的难题。

新博医疗技术有限公司董事长赵磊毕业于美国哈佛大学，他所捐赠的救护车和医疗设备可以在渭源县辐射到周边几个镇，使当地医疗资源得到了有效补充。同时，他还与海归医疗专家面向北寨镇居民开展疾病筛查，预防重大疾病的发生。

授人以鱼不如授人以渔。通过搭建人工智能远程医疗平台，来自大医院的科室专家可以为县医院医生进行培训。不仅如此，参与帮扶的海归医生还针对当地的多发病、常见病对基层医生展开培训，以提高当地的整体医疗水平。

为了帮助当地贫困户提高职业技能，增强竞争力，实现就业扶贫，江苏欧美同学会还通过"启明星行动"，将两县的致富带头人请到江苏，进行跨省技能培训。在帮助其提高技能的同时，海归们还在线上帮农户销售蜂蜜等农特产品，这种"育才""带货"两不误的方式也为农户的土特产寻到了更好的销路。

扶贫扶智 任重道远

文县地处秦巴山地，是甘肃省的南大门，素有"陇上江南"的美誉。然而，由于石多土薄、地质灾害频发，这里成为甘肃的深度贫困县区之一。

2018年，海归专家服务团来到这里开展实地考察与项目对接。前后几趟，签订了25项对接项目协议，为文县捐赠了价值近330万元的科技教材、产业加工设备。

得知文县脱贫摘帽的消息后，欧美同学会留苏分会青委会副秘书长、北京亿康佳联科技有限公司总经理陈海嬿非常振奋，因为这好消息里包含着自己的一份付出。

扶贫必扶智。让贫困地区的孩子接受良好教育，是扶贫开发的重要任务，也是阻断贫困代际传递的重要途径。陈海嬿深知这一点，在文县，她联系捐赠智慧教室、与当地企业建立销售意向协议并捐款。几年来，她的身影常常出现在海归专家服务团队伍中，从陇南到黔西南，捐赠智慧教室是其中的重要一项。

事实上，提高当地教育水平，正是教育扶贫中的重要方面。在文县，陶行知智慧助学基金、睿创优学教育集团、乐宝教育控股集团等都曾向当地捐赠过教育信息化设备，并参与建设智慧教室实验班与教育信息化实验点，以期让孩子们接受更好的教育。而现在，基于信息化设备所搭建的在线教育平台，正越来越成为渭源县和文县两地孩子们学习生活中最重要的部分之一。

而对海归们来说，这仅仅是开始。"脱贫'摘帽'只是第一步。"陈海嬿说，"帮助老乡们在乡村振兴中走向富裕，对我们海归来说任重而道远。"

（《人民日报海外版》2020-03-25/孙亚慧）

武汉雷神山医院专家为 29 个国家侨胞等普及防疫知识

武汉雷神山医院多位专家28日通过5G网络连线，为29个国家的近600名华侨华人、留学生、中资企业境外工作人员普及新冠肺炎基本知识，传授降低感染风险经验。

当天参加连线的近600人，主要来自欧洲的意大利、西班牙、德国、法国、英国等15个国家及亚洲的日本、韩国、泰国等14个国家，由中国工商银行国际业务部召集组织。连线中，利用5G网络，通过视频会议平台实现实时对话。

"他们身处异乡，面对疫情更容易出现恐惧、焦虑情绪，而我们经历过疫情，有很多经验、教训，希望通过普及专业防疫方法，引导他们正确面对，少走弯路。"武汉大学中南医院呼吸与危重症科主任程真顺表示。

"如何做好办公室防疫？""超市送货上门的塑料袋和物品表面是否安全？是否可以通过喷洒酒精消毒？""工业N95口罩是否可以防病毒？口罩静置于阳光下两三天后，是否可以重复使用？""是否有必要戴护目镜出门？"……面对众多问题，专家一一解答。

四川大学华西医院院感专家乔甫表示，新冠肺炎可防可控，防控要点在于保持一米以上社交距离；做好个人防护，戴口罩、勤洗手、常消毒；做好个人健康管理，不串门，避免聚集性活动，保持房间清洁通风等。

程真顺认为，新冠肺炎传染性强，但是如果防护到位，也没有那么可怕，且绝大部分患者是可治愈的。他提醒，轻症患者若居家隔离，要注意监测体温和身体变化。一旦发烧时间太长，尤其是高烧38.5摄氏度以上，出现呼吸困难或胸闷等症状，要尽早住院治疗，避免演变为重症。

（中国新闻网2020-03-29/马芙蓉，李晗）

陕西省侨联与工商银行陕西分行开展战略合作

日前，陕西省归国华侨联合会与工商银行陕西省分行战略合作协议签约仪式在西安举行。陕西省侨联党组书记程勉贵，省侨联副主席余劲、于长清，工商银行陕西省分行党委书记、行长高志新，省侨商会会长吉兴镇等50余人参加了本次签约仪式。

程勉贵在签约仪式上致辞。他对工商银行长期以来全力支持归侨侨眷和海外侨胞的投融资需求，助推侨商侨企快速健康发展表示感谢。

程勉贵指出，侨联将更加团结、发动和凝聚海内外侨胞的力量，发挥其独特的优势，推动侨商侨企助力"三个经济"发展，服务侨商侨企融入"一带一路"建设。

他强调，"侨银联姻"意义深远。通过双方实施战略合作，充分发挥各自的资源优势，共同搭建信息互联互通平台，为陕西侨商和银行牵线搭桥，深入推进企业资源与金融资本的有效融合。希望双方在今后的工作中，进一步深化融资合作，不断巩固和扩大合作成果，努力开创侨银合作新局面。

工商银行陕西省分行党委书记、行长高志新承诺，工商银行将以领先的业务系统、丰富的管理经验、优秀的专业团队和强劲综合金融服务实力，切实为侨商侨企提供全面、安全、高效、便捷的金融服务与支持。

陕西省侨联副主席余劲与工商银行陕西省分行副行长王军峰代表双方签约。

（中国侨网2020-03-30）

侨界书法名家苏宝源创作抗疫汉风隶书颂汉医文化

广东侨界书法名家苏宝源日前创作隶书作品，颂扬中医药在抗新冠战"疫"中的成果，该作品将在广州中医药大学图书馆举办的"致敬抗疫岐黄战士"中医药文化书法、篆刻、国画作品展中展出，并由该馆抗疫纪念馆永久收藏。

据悉，苏宝源活跃于海内外华人书法界，他的书法曾在美国、澳大利亚、东南亚多个国家和港澳台地区的书画联展中受邀展出。他分别被欧洲中国书法家协会、比利时世界文化艺术交流中心等华人艺术团体聘为顾问。法国书画家协会主席陈秉奎还在到访广州期间聘请他为该协会特邀副主席。

苏宝源称，中医史和书法史均在东汉晚年一同出现了影响至今的巨献，而书法在汉代以隶书作为鼎盛标志。被尊为医圣的东汉末年著名医学家张仲景广泛收集医方，撰写了传世巨著《伤寒杂病论》，确立的辨证论治原则，成为中医临床的基本原则，是中医的灵魂所在。同是在东汉末年，书法史上诞生了隶书名作《张迁碑》，位列今人推崇的史上最美八大隶书碑帖之首。该碑书法古朴淳厚，雄强大气，通篇运笔多采"方笔"，用笔棱角分明，厚重感、体积感较之其他汉代隶书尤为明显。

作为已故当代隶书宗师关晓峰的嫡传弟子，苏宝源少时随关晓峰研习隶书各个名碑，入门第一碑便是《张迁碑》。

苏宝源对记者表示，鉴于书法和中医在历史上同期璀璨的关联，他选择了隶书来创作作品参加这次"致敬抗疫岐黄战士"书画展，书写作品为"历克瘟魔，国医伟绩千秋颂；再攻冠疫，中药奇功万众安"。

苏宝源精于隶书、楷书、行书等书体，尤以隶书最得称誉。所作楷书《千字文》被中国第一古刹洛阳白马寺收藏。他赠藏广州大佛寺新殿弘法大楼的隶书《心经》，于2016年1月该殿开光启用前夕由该寺方丈耀智大和尚在大雄宝殿前的赠交仪式上接收。

此前，苏宝源已创作了多件抗疫题材书法，在海内外多个专题展示活动中与各国各地华人书法家一道展示抗疫必胜的信念，他还向湖北致公书画院义捐书法，参加抗疫书画义捐慈善拍卖活动。

（中国侨网2020-03-31/索有为）

开平推动"粤菜师傅"工程与侨旅产业融合建设

打造"侨"风味菜创业品牌

江门市于3月23日印发了《江门市深入推进"广东技工""粤菜师傅""南粤家政"三大培训工程工作方案》（以下简称《方案》），提出结合侨乡文化特色深入推进"粤菜师傅"工程，着力建立"粤菜师傅+市场培育+旅游+农业+文化+养生"模式，促进粤菜师傅就业创业和文旅、农餐行业融合发展，形成"粤菜师傅"工程江门特色品牌。

为迅速落实《方案》，开平市人力资源和社会保障局近日联合开平市赤坎镇政府，举办开平市粤菜师傅创业基地共建协议签约暨粤菜师傅"彩虹计划"企业项目启动活动。以开平赤坎镇侨小馆为载体，共同建设以粤菜烹饪传承和特色餐饮进驻为主题的粤菜师傅创业基地，打造江门侨乡特色风味菜创业品牌，加快"粤菜师傅"工程与旅游、文化产业融合建设。

设开平粤菜师傅创业基地　创业者最高补贴10万元

弘扬"侨"风味，打造特色创业品牌。为助推粤菜师傅创业致富，拓宽农餐旅产业链条，弘扬江门特色美食文化，江门市人力资源和社会保障局着力实施粤菜师傅"彩虹计划"创业项目，鼓励经过技能培训的新晋粤菜师傅结合江门风土人情和美食特色，开设江门侨乡菜系标准化创业店，对创业者予以最高10万元补贴。

据了解，开平市依托侨乡特色建筑群——赤坎镇侨小馆建设粤菜师傅创业基地，为"彩虹计划"创业项目提供集约化发展平台，通过引进专业的第三方运营机构，为创业者提供场地保障、创业咨询辅导、创业培训、落实粤菜师傅就业创业扶持政策等多维度、多层次的公共服务，并结合农村电商项目拓展特色开平菜品，带动更大规模就业、刺激消费增长，着力建成"粤菜师傅–开平菜"侨乡创业标杆示范项目。

特色粤菜展现开平华侨文化

开平市赤坎镇是我国极富文化底蕴的侨乡古镇，赤坎镇侨小馆是粤港澳大湾区首个建筑景观一体化的庭院式骑楼组群商业综合体，其独特的砖雕、灰雕双色砖砌风格与周边"非遗"碉楼相映成趣。

开平市充分运用地利优势，在侨小馆建设餐饮创业基地，吸引一批优秀粤菜师傅、有创业意愿和能力的优秀人才开展餐饮创业就业，以本地特色粤菜为媒介，多维立体展现开平华侨文化，将有效促进粤菜餐饮消费、创新文旅项目、传承侨乡文化共同发展，打造特色文化品牌。

完善"粤菜师傅 + 旅游 + 农业"产业链

另外，开平市运用"侨"资源，打造特色乡村品牌。开平市赤坎镇有着国内最完整的骑楼群和深厚浓郁的岭南风情，侨乡饮食文化底蕴深厚、特色农产品资源丰富。开平市粤菜师傅创业基地将重点扶持以经营开平菜系、采用本地特色食材为主、能凸显侨乡文化元素的粤菜师傅创业店经营发展，完善"粤菜师傅+旅游+农业"产业链建设，鼓励粤菜师傅创业店吸纳本地乡镇居民就近就地就业，推动技能扶贫、技能致富、扶志扶智，构建具有开平特色的乡村经济发展格局。

（《广州日报》2020-04-03/黄文生，江轩）

潮汕传统糕点朴籽粿：连结海内外乡亲的亲情纽带

潮汕地区有"清明食叶"的民俗，清明节期间人们有用新鲜的朴籽树嫩叶来制作朴籽粿的习俗，流传至今已400多年。朴籽粿不仅是潮汕地区独具特色的糕点，更包含着浓浓的乡情，是连结海内外潮籍乡亲的亲情纽带。

记者5日巡城看到，当天汕头各肉菜市场、生活超市、传统粿品店内的朴籽粿都十分热销。汕头吉祥面包店店主许少鹏告诉记者，潮汕人有"时节做时粿"习俗，一年中只在清明节前后才有。这几天朴籽粿非常热销，一个仅3元人民币，每天能卖300多个。朴籽粿还有清热去火、消食健胃的功效。

该店四名店员正忙着赶制朴籽粿，他们将新鲜的朴籽树嫩叶切碎后搅成浆汁，加上米浆、发酵粉、白糖拌成粉浆，发酵后倒入专用模具，大火蒸25分钟。出炉后的朴籽粿，既有朴籽叶特有的清香，又带着微微酵酸。

潮汕地区是中国著名侨乡，目前在海外的华侨华人有1000多万人。往年清明节，潮汕地区回乡过节、祭祀先人的人数众多。

归侨余佩恩老人告诉记者："清明朴籽粿最应时，还记得儿时母亲总会自己做朴籽粿。现在都是买的比较多，这么多年味道没有变。"

在汕头从事糕点培训的薛冬最近免费开网课教人们制作朴籽粿，还成了当地小小的网红。薛冬5日接受记者采访时说，如今，很多年轻一代的潮汕人对潮汕传统糕点制作技艺一知半解。此次她特地通过视频直播教授，每班有25个学生，希望把潮汕传统特色美食传承下去，让更多人了解潮汕传统文化。

澳大利亚乡亲陈思燕是薛冬网课的学生，她对记者说，小时候奶奶做的朴籽粿非常好吃，甘甜可口，有朴籽树叶特有的甘芳。平常自己喜欢在家做糕点，现在正好澳大利亚学校延期开学，就和朋友一起报名向薛老师学习做朴籽粿。

今年，汕头不少糕点店用潮汕传统朴籽粿原料结合西方蛋糕方式烘焙，传承创新制作的"朴籽粿蛋糕"受到众多年轻人的喜爱。

（中国新闻网2020-04-06/李怡青）

甘肃涉外、涉港澳台居民及华侨婚姻登记网上预约系统启用

甘肃省民政厅8日披露，甘肃涉外、涉港澳台居民及华侨婚姻登记网上预约系统现已启用，旨在"疫"下维护涉外婚姻登记当事人和工作人员健康。

如此一来，实现了非中国内地居民（外国人士，香港、澳门、台湾居民及华侨）通过该系统实现结婚、离婚网上预约、查询和撤销。该系统要求男女双方当事人必须一方为中国内地居民，另外一方为非中国内地居民。

据甘肃省民政厅介绍，进行网上预约登记的当事人，必须一方户籍地为甘肃省，男女双方均达到法定结婚年龄，否则将不予受理。预约当事人可以在电脑端或者移动端访问预约系统（http://fmb.mca.gov.cn:9797/marry_book/）进行网上预约，并根据相关提示完成"结婚登记"或者"离婚登记"，预约成功后可查询和撤销。

其中，香港、澳门和台湾居民办理结婚登记应当提交：港澳居民来往内地通行证或者港澳同胞回乡证；台湾居民来往大陆通行证或者其他有效旅行证件；香港、澳门和台湾居民身份证；经香港、澳门和台湾委托公证人公证的本人无配偶以及与对方当事人没有直系血亲和三代以内旁系血亲关系的声明。

华侨办理结婚登记则需要提交本人的有效护照；居住国公证机构或者有权机关出具的、经中华人民共和国驻该国使（领）馆认证的本人无配偶以及与对方当事

人没有直系血亲和三代以内旁系血亲关系的证明，或者中华人民共和国驻该国使（领）馆出具的本人无配偶以及与对方当事人没有直系血亲和三代以内旁系血亲关系的证明。

甘肃省民政厅指出，与中国无外交关系的国家出具的有关证明，应当经与该国及中国均有外交关系的第三国驻该国使（领）馆和中国驻第三国使（领）馆认证，或者经第三国驻华使（领）馆认证。

值得一提的是，外国当事人须向婚姻登记机关提交"本人无配偶证明"，并提交3张2寸双方近期半身免冠合影照片，另外材料是外国语言文字的，应当翻译成中文。当事人未提交中文译文的，视为未提交该文件。婚姻登记机关可以接受中国驻外国使（领）馆或有资格的翻译机构出具的翻译文本。

（中国新闻网2020-04-08/崔琳）

福州为海外同胞推出"云诉讼"服务

4月初，福州市中级人民法院通过搭载电子诉讼平台、相关App、小程序等，为海外同胞推出"云诉讼"服务及相关指南。

据了解，该服务针对疫情防控形势下，身处海外、港澳台的同胞如何在内地进行诉讼的各种现实问题，建立海外同胞申请立案、缴纳诉讼费、调解、身份确认、授权委托、举证质证、参加庭审、送达文书、申请执行全流程服务机制，并编发详尽贴心指南，确保海外侨胞顺畅参与诉讼，实现在线完成诉讼。

其中公证认证"云面签"、在线当庭宣判、在线签订调解协议等多项举措都属首创。

福州市侨联积极对接，通过"榕籍侨胞服务群""闽都侨声"网站、公众号，向海外侨胞积极推送福州市中级人民法院"云诉讼"平台；同时适应形势需要，将每周二开展的涉侨免费法律咨询和纠纷调解轮值活动，调整为线上轮值，通过电话联系、线上解答，推动涉侨诉求有效解决，护侨维权不停歇。

（中国新闻网2020-04-10/唐宜）

江苏省委统战部开通中华文化云课堂　服务华裔青少年

近日，为贯彻落实江苏省委省政府决策部署，在支援海外侨胞抗"疫"的大战大考中交出亮眼的江苏统战答卷，应众多海外华文学校的要求，江苏省委统战部面向德国、西班牙、波兰、葡萄牙、比利时、澳大利亚、爱尔兰等十多个国家的三十多所华文学校开通了中华文化云课堂，通过传授古诗鉴赏、趣味汉字、剪纸、武术、书法、国画等课程，满足海外华裔青少年进一步了解和学习中华文化的需求，引导海外华裔青少年不忘祖籍国，推动中华优秀传统文化的海外传承。海外华裔青少年们可通过网络云课堂收看中华文化系列课程的在线教学。近期还将邀请本省疫情防控专家和名师一起开展防疫知识科普讲座、国情乡土教育等线上活动。

国内疫情初始，海外华文学校随广大海外侨胞一道慷慨解囊，筹款筹物，支援国内抗击疫情，海外疫情发展持续升级后，海外华校纷纷停课以应对疫情。面对疫情在海外蔓延的现实，江苏省委统战部传达了省委省政府主要领导慰问海外侨胞的精神，对海外侨胞经受新冠肺炎疫情威胁表示了惦念和忧心，要求全力谋划和做好支援海外侨胞防疫抗疫工作，真正把手中掌握的资源凝聚到具体援助行动上来，协调和调动统战资源，有力、有序、有效地帮助海外侨胞解决实际困难，切实做好支持、支援海外侨胞抗击疫情的工作，做好"江苏侨爱援助行动"。面向海外华裔青少年开设中华文化云课堂是"江苏侨爱援助行动"内容之一，海外华校纷纷提出开设云课堂的需求后，省委统战部精心落实，迅即设计课程方案、甄选优秀教师、合理安排时间，切实抓好落实。

中华武术入门是云课堂开设的第一节课，来自常州的沈灵芸老师表演的一套长拳如行云流水，海外小朋友们纷纷竖起大拇指，在电脑前有模有样地跟着操练起拳法和步法。家长们纷纷留言，疫情期间学习中华武术，是孩子们强身健体、增强体质、抵抗疾病的好方法。海外学生参与踊跃，反响热烈，据线上统计，共有1500多位学生和家长参与学习。

"太及时了，现在疫情严重，学校全部停课。中华文化云课堂充分体现了'娘家人'对我们海外侨胞的精神援助，为我们抗击疫情提供了坚强后盾，帮助提升欧洲、大洋洲华文教育水平的同时也将富有特色的江苏地域文化通过华校传播到世界。为侨服务，江苏省委统战部一直走在前列。"澳大利亚悉尼华夏文化学校张晋校长如是说。

"云课堂非常好，既是对停课期间的孩子文化学习的一种督促，又得到了祖国专业老师的指导，机会难得。老师讲解深入浅出、引人入胜，非常好！"西班牙华裔学生苏敏的妈妈连声赞好。

全德中文学校联合总会周开雾会长表示，江苏省委统战部开展一系列中华文化云课堂，是江苏精准支援海外侨胞共同抗疫的切实举措，既彰显了对海外华校的关心和爱护，增加新生代侨胞对民族的认同感；也让海外华裔青少年感受到来自江苏具有丰厚底蕴的文化艺术，进一步了解中国历史、体验并学习中华文化和艺术；还可以在助力侨胞同心抗疫的同时，让他们切实感受到家乡政府和人民对他们关怀，增强海外侨胞的向心力、凝聚力。

（中国侨网2020-04-15）

安徽省阜阳市外办开展国家安全日宣传活动

4月15日是中国第5个"全民国家安全教育日"。当日上午，安徽省阜阳市人民政府外事办公室组织人员在清河路广场开展以"切实维护海外公民安全"为主题的全民国家安全教育日宣传活动。

随着疫情在全球蔓延升级，海外公民领事保护工作尤为重要。本次宣传活动印制并分发了《致海外同胞及其亲友的一封信》，提醒阜阳市海外公民配合当地政府执行疫情防控措施，如近期非十分必须，建议暂缓回国和前往新冠肺炎疫情高风险国家。向市民宣传海外公民入境如何使用防疫健康码国际版小程序，做好自身安全保护。

活动现场，共接受群众咨询100余人次，发放各类宣传单200余份，取得了一定的社会反响。

（中国侨网2020-04-17）

广西统战部召开全区统战系统侨务工作会议

据广西统战部网站消息，日前，广西壮族自治区党委统战部以视频会议形式，召开全区统战系统侨务工作会议，总结回顾2019年全区侨务工作，深入分析海外统战工作面临的新形势、新任务、新要求，对2020年工作作出具体部署，推动全区侨务工作实现新发展。自治区党委统战部常务副部长、自治区侨办主任林怀勇出席会议并讲话，自治区党委统战部副部长陈洁主持会议。

林怀勇指出，2019年全区各级统战部门积极调整思路、转变职能、创新举措、完善机制，围绕凝聚人心和为侨服务，扎实推进各项侨务工作取得了新成效：一是侨界代表人士队伍建设有力加强；二是海外联谊得到拓展深化；三是侨务引资引智成果丰硕；四是华文教育和文化宣传影响力提升；五是为侨服务扎实有效。

林怀勇强调，2020年是全面建成小康社会和"十三五"规划收官之年，全区各级统战部门、各有关单位要认真贯彻落实习近平总书记关于加强和改进统一战线工作的重要思想和全国、全区统战部长会议精神，准确把握世情、国情、侨情的发展变化，准确把握凝心聚力的方式方法，准确把握侨务工作职责，坚持围绕中心、服务大局，坚持为侨服务、凝心聚力，推动新时代广西侨务工作实现新发展。

重点要抓好以下工作：

一、密切关注海外疫情发展，坚持真诚关怀，及时了解海外侨胞尤其是疫情严重国家侨胞的情况，传达关切、加油鼓劲、掌握诉求、提供帮助。

二、建立健全制度机制，加强对侨务工作的集中统一领导，落实统战部门侨务工作职责。

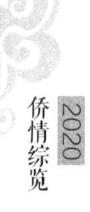
三、加强代表人士队伍建设，密切与侨界各阶层、各领域代表人士的联系，最大限度凝聚人心。

四、发挥侨务资源优势，组织举办第二届"一带一路"侨商侨领交流合作大会等重大品牌活动，服务经济社会高质量发展。

五、深化华文教育和文化宣传，继续选派高素质的优秀华文教师赴海外支教，组织举办"在桂留学生中华文化体验营"等活动，面向海外讲好中国故事、广西故事。

六、扎实做好为侨服务工作，以《归侨侨眷权益保护法》颁布实施30周年为契机，组织开展系列宣传活动；做好涉侨行政事务工作，关心关爱困难归侨侨眷。

七、加强侨情和政策调研，推动形成侨务理论创新成果。

自治区党委统战部涉侨业务处室全体同志、直属涉侨单位主要负责同志和中国铁路南宁局集团有限公司侨办负责同志在自治区主会场参加会议。各市、县党委统战部分管侨务工作同志和相关侨务干部在市、县级分会场参加会议。

（中国侨网2020-04-17）

河北秦皇岛市侨联开通"海外公证线上直通车"服务

近日，"秦皇岛市海外公证线上直通车"服务在秦皇岛市第三公证处正式挂牌设立，在河北省侨联系统率先实现了通过线上方式为海外侨胞提供全天24小时、全年无休息的在线公证服务，减少海外侨胞跑办成本，降低疫情防控期间国际行程风险，进一步提升为侨服务质量、优化营商环境。

在座谈中，秦皇岛市侨联党组书记、主席胡玉英表达了对开发区政策法制局和市第三公证处对侨联事业支持的感谢，希望直通车服务在今后的实践中不断适应侨胞的公证需求，在法律程序范围内为侨胞提供更加便捷的服务。

随后，秦皇岛市第三公证处主任赵凤梅详细介绍了目前海外公证应该注意的一些事项和公证范围、程序，她表示将不断提高公证员业务水平，专人专办，不断探索线上服务模式，对可查询证件类公证、不是处分重大财产委托类等公证事项进行线上操作，尽最大努力做到让"数据多跑路，群众少跑腿"，满足海外侨胞和广大归侨侨眷的法律需求，让他们感受到家乡人民的关心和温暖。

（中国侨网2020-04-20）

福建省扶贫协会会长赴华侨主题馆参观　座谈扶贫工作

日前，福建省政协原副主席、省扶贫基金会、扶贫开发协会会长叶继革一行到福建华侨主题馆参观并与福建省侨联专题座谈扶贫工作，省扶贫"两会"常务副会长兼秘书长王敏、副会长游祖勇、副秘书长肖伦添，省侨联党组书记、主席陈式海，省侨联二级巡视员、秘书长吴武煌等参加。

叶继革一行参观了以"初心与使命——福建省侨联成立60年"为主题的图片展，参观了"领袖与侨"展示厅、"海丝今古·砥砺前行""华侨历史·波澜壮阔"长廊、"华侨精神"展示厅、"百国百侨风物展"等专题展厅，听取讲解员详细介绍海外华侨华人对祖（籍）国的贡献、对祖国亲属同胞的血肉之情以及在关心和建设祖国的过程中舍己为国的忘我精神的小故事，通过展览了解福建华侨历史、华侨文化、华侨精神和侨联的为侨服务工作。

参观后，福建省扶贫"两会"与省侨联进行座谈。叶继革介绍了扶贫"两会"的工作概况和近年来海外侨胞大力支持助学、助困精准帮扶活动的工作细节，感谢海外华侨华人对祖（籍）国的贡献。陈式海表示，我国的经济社会发展和福建省侨联的工作离不开海外及港澳侨团、侨领、侨商的大力支持，省侨联一直以来都非常重视扶贫助困工作，特别是脱贫攻坚战以来，省侨联以"百侨帮百村——联村助户"精准帮扶为抓手，力争从2018年起，在三年内发动侨界爱心人士在全省范围内结对帮扶3000户贫困户。

座谈中大家就群团组织如何对接政府相关部门，发挥社团组织的社会工作优势，协助做好政府扶贫项目和资金的跟踪服务工作，力争将更多政策落地和帮扶项目做实畅谈了工作思路。陈式海还介绍了省侨联承接香港仁善扶贫基金在贫困地区开展产业扶贫的情况，建议携手动员共同为打赢脱贫攻坚战、全面建成小康社会作出新贡献。

（中国侨网2020-04-21）

陕西省侨联副主席开展亲情中华网上夏令营调研活动

4月21日，陕西省侨联党组成员、副主席兼秘书长尚小红等一行就开展"亲情中华·为你讲故事"网上夏令营活动赴恒坐标集团调研。

受海外疫情影响，今年海外华裔青少年无法来中国参加夏令营，为帮助海外华裔青少年在疫情期间继续学习中文、了解中国国情及中国文化，并获取抗疫知识，中国侨联对夏令营进行创新，近期推出了"亲情中华·为你讲故事"网上夏令营活动。陕西省侨联作为夏令营的承办单位，去年圆满承办了2600余名华裔青少年营员的夏（冬）令营活动。今年受领任务后，陕西侨联早动员、早部署，积极筹划夏令营的各项准备工作，确保把夏令营办出特点、办出成效。

近年来，恒坐标集团以网络校际协作为切入点，实施信息技术与教育教学深度融合的教育信息化2.0行动计划，与侨务部门合作，携手开发"伟大的中华文化"系列实景课程，向全球198个国家，近2万所华文学校及广大海内外学子传播中华文化，

激发海外华裔学生学习中华传统文化的热情。尚小红认为，公司发展的方向与陕西侨联"亲情中华·为你讲故事"网上夏令营活动的目标不谋而合，双方就开展合作进行了充分交流。

调研期间，尚小红还就中国华侨国际文化交流基地的宣传报道，陕西文化走出去，向海内外宣传陕西、推介陕西与恒坐标集团进行了交流，双方就下一步合作事宜达成初步意向。陕西省侨联文化交流部一级调研员邓成平、文化交流部副部长雷波、陕西联侨教育集团董事长门大正等参加了有关活动。

（中国侨网2020-04-22）

巴彦淖尔市侨联积极推动华侨文化交流基地申报工作

日前，为进一步弘扬和传播中华优秀传统文化，讲好中国故事，讲好内蒙古故事，内蒙古巴彦淖尔市侨按照自治区侨联的工作部署，积极组织申报"中国华侨国际文化交流基地"。

按照"文化基础"的认证范围和基本条件，巴彦淖尔市侨联决定推荐五原抗战纪念园和河套农耕文化博览园为"中国华侨国际文化交流基地"。其中，五原抗战纪念园是集爱国主义教育、抗战烈士纪念、红色旅游、人文休闲为一体的综合型纪念园区。河套农耕文化博览园是将河套农耕文化、民俗民风文化与现代农业产业发展完美集合，同时将农业特色产业与乡村旅游融为一体的现代农业科技园区。

"中国华侨国际文化交流基地"是对承载中华文化、富有侨的特色、广大侨胞向往、社会广泛好评，旨在弘扬中华优秀文化、促进中外文化交流的各类文化场所予以确认的展示窗口，是整合社会资源、推进优势互补、合力开展海内外文化交流活动的重要平台。将上述两个园区申报为"中国华侨国际文化交流基地"，对宣传传播河套文化，促进巴彦淖尔市对外文化交流具有重要意义。

（中国侨网2020-04-24）

海南省首家"侨胞创新创业服务联系点"挂牌

海南省侨联23日在万宁市兴隆咖啡谷举行"侨胞创新创业服务联系点"和"侨胞之家"挂牌仪式。

海南省侨联党组成员、副主席苏燕在讲话中表示，海南省侨联通过在兴隆咖啡谷设立"侨胞创新创业服务联系点"和"侨胞之家"，体现对侨资企业、侨界人才创新创业的鼓励和支持，努力营造鼓励创新、支持创业的良好氛围，发挥示范带动作用。希望通过搭建服务、合作和交流平台，发挥侨联组织的桥梁纽带作用，团结凝聚一批侨界人才骨干和侨企，通过持续开展各类活动，推动形成"活动吸引人才、基地留住人才、组织凝聚人才"的良好局面。

为充分体现各级侨联组织对海南援助湖北医护人员的关心关爱，海南省侨联联合万宁市侨联、万宁市人民医院组织万宁市援鄂医护人员参加此次挂牌仪式，并参观游览咖啡谷和兴隆热带花园。

兴隆咖啡谷地处归侨侨眷聚居的兴隆华侨农场区域内，现有职工190多人，其中归侨侨眷130人。经过多年的投资建设，咖啡谷基础设施完善、经营规范，成立了咖啡谷侨联，组织各类侨界活动，有效发挥团结、凝聚侨心的作用。

（中国侨网2020-04-25/吴晓婧）

深圳开展同心战"疫"直播 吸引8万多名海内外企业家观看

由深圳市侨办、市侨联举办的"同心战疫——新冠肺炎疫情防控全球播出"活动第二场于北京时间4月25日20:00开播，全国工商联礼品业商会会长、私董会金牌教练董辉在线上作"企业在疫情下如何化危为机？"主题讲座，吸引了8万多名海内外企业家在线观看，点赞量超1.1万。

"企业的成功，永远是企业的内生动力在起决定作用，外力最多是锦上添花。在顺境时我们要正常开展业务；在逆境时，我们要练好内功，增强免疫力，把握新机会。""线上基础设施诸如云计算、数字化服务、5G等的成熟，在线经济已然崛起，例如在线办公、在线教育、在线医疗等开始普及。经此一疫，如何把传统经济与在线经济相结合，是全球企业共同面对的新一轮机遇……"当晚的讲座中，董辉围绕"审视、降低、聚焦、开源、节流、夯实、转型"七个关键词支招，助力广大企业打响战略、业务、资金、员工四大保卫战，实现转危为机。

"讲座内容实用性强，为海内外企业解答了当下最紧迫的疑问，求分享PPT。""听完后，我更加确定企业需要做调整，需要练好内功，紧跟大势。"……董辉的讲座给广大海内外企业家带来了诸多启发，大家一边观看，一边在各个微信工作群交流，畅谈体会。大家纷纷表示，深圳市侨办、市侨联精心准备的这场线上讲座及时、针对性强、内容丰富，干货满满，有助于海内外企业家进一步认清形势，坚定发展信心。

（《深圳侨报》2020-04-28/柯东波）

侨乡文成"网上华文学校"上线 点亮小华侨文化生活

书法授课、中华歌曲学唱、剪纸教学……近日，在侨乡浙江文成，由当地侨联、侨界爱心协会依托网络平台联合开设的"网上华文学校"正式上线。连日来，

这所"空中学校"推出的一系列文化内涵丰富、深接地气的线上课程，深受当地小华侨群体喜爱。

当下，受境外疫情影响，部分旅居海外的华侨选择提前申报回国，而随着住在国当地的大部分学校停课停学，许多小华侨也和父母一道，踏上了回国的旅程。

截至目前，文成自境外返回的华侨（华人）青少年人数已有280人之多。其中，许多人是出生或久居在海外，而在这段特殊时期内，接受当地人文风貌、融入当地生活成了摆在他们面前的一道难题。

为丰富归国小华侨们的文化生活，进一步增强其家国情怀和文化自信，文成县侨联、侨界爱心协会联合开设的"网上华文学校"，邀请了文成当地优秀教师，为8～18周岁的华侨（华人）青少年开展线上教学活动。

4月26日，该县举办"网上华文学校"开学典礼之后，该校教师随即与华侨子女进行互动，为未来更好地开展教学做好准备。

文成县侨联相关负责人介绍，"网上华文学校"课程主要包括中文教习、书法授课、中华歌曲学唱、剪纸教学、民俗音乐欣赏、乐器入门学习等。直播授课时间为4月27日至6月30日，每周一至周五，一天两节课程，每节时长为半小时。

学员根据教学计划和学习要求，只需在家里利用电脑、手机等终端，即可足不出户收看和学习相关课程内容。

"'网上华文学校'是我们侨联为侨服务的一个载体，主要是为受疫情影响回文成的华侨华人子女开办的，他们可以通过收看网络教学的形式，学习中文和中华文化。"文成县侨联副主席刘双燕表示，这一举措既丰富了小华侨的居家生活，又能提高其中文水平，感受中华文化的熏陶，从而进一步增强家国情怀和文化自信。

（中国新闻网2020-04-28/周悦磊，魏为强，吴郑洁）

创新创业　浙江侨企把握经济发展新窗口

日前，为深入贯彻落实浙江省委关于"两手都要硬、两战都要赢"有关决策部署，结合"三服务"活动要求，浙江省侨联党组书记、主席连小敏，中国侨商联合会常务副会长、浙江省侨商会会长廖春荣一行联合开展侨企复工复产专题调研活动，走访了5家杭州的侨企，掌握了解实际发展情况，并就当前疫情形势下推进侨企高质量复工复产、招才引才、打通全产业链条等方面交流了具体意见。

浙江是侨务大省，也是开放大省，连小敏在走访中表示，侨企在推动浙江经济社会发展中做出了重要的贡献。一直以来，浙江省侨资企业继续保持良好发展势头，投资总额达4100多亿美元，侨资企业数和投资额占到全省外资企业总数和外资总额的60%以上，成为推动全省改革开放和经济社会发展的重要力量。

新消费　新场景　侨企闯出新赛道

疫情之下，新业态、新场景崭露头角。一些侨企思路活、点子多、人脉广，疫情之下也有很多亮眼表现。

连小敏和廖春荣联合走访的第一个侨企是杭州宗盛智能科技有限公司（以下简称"宗盛智能"），由娃哈哈创始人宗庆后与其胞弟、美国杭州商会创会会长宗泽后联合投资设立，宗庆后亲任公司董事，宗泽后任董事长。

在宗盛智能的展厅，陈列了很多智能售货机，可售卖咖啡、营养早餐、各种饮料，还有无人超市的样板间。连小敏和廖春荣一行还现场体验了无人超市的"黑科技"。

在听取侨企负责人宗泽后介绍后，连小敏评价："产业很有前瞻性，符合浙江省多年来提倡的'机器换人'的要求，也符合浙江从数字经济向数字生活转型的战略部署。"

浙江制造的低成本人工优势已经不再，而"机器换人"，正是当前侨企易学易用、见效较快的升级捷径，而智慧化、智能化更是大势所趋。

在人工成本日益高涨的背景下，借助人工智能、移动支付、物联网等技术手段，无人售货机作为全新的零售模式，一方面通过智能设备与电商相连；另一方面节省空间和人力成本，占尽当下零售行业发展之先机，将成为一个潜在的巨大产业，继百货商店、超市之后掀起第三次零售业革命，其前景非常广阔。

疫情下，这种无接触模式更符合市场需求，市场占有率不降反升。新消费、新场景让侨企跑出了新赛道。宗泽后介绍说，公司汇聚了一群在各行各业有创意、有互联网思维的有志人士，凭借娃哈哈三十年来构筑的强大的品牌影响力和渠道优势，正在构建全国性、开放性的智能化零售网络。

以娃哈哈体系的支持为起点，2016年成立的宗盛智能在渠道、资本等多个层面对外开放，已面向中国各省市地区，铺设智能终端近30 000台，获取大客户数据3.18亿人次，累积销售金额10.86亿元人民币，搭建了一站式智能终端后台管理系统。

转型升级　浙江侨企勇立潮头

侨企已全面融入中国经济肌体，留下深刻烙印。如今，疫情带来挑战，也蕴藏机遇，侨企转型升级，多元化经营，为中国经济注入更多活力，也将从中获得更好的成长。

连小敏和廖春荣当天还走访了浙江杭开控股集团有限公司，这家以装备制造业为基础、跨行业经营发展的综合性现代化企业集团，前身是源于1958年成立的杭州开关厂。其从传统制造业起家，在2008年以后，通过二元组织创新引进行业人才，组建新兴公司，加大科研力度，曾获得国家自然科学二等奖，具有多个专业研发中心、

制造业生产基地和境内外分支机构。

10多年来，杭开集团通过主动"走出去"，与创客加速公司及在美国从事企业孵化深耕多年的海投全球公司合作，在现有孵化平台基础上打造融合更多研究方向、更多专业门类，与国际最新高新技术紧密接轨的综合产业孵化平台。

2020年，杭开集团将有三家企业申报A股市场，其中一家申报创业板，两家申报科创板。

企业多元化经营，是好还是不好？疫情下，杭开集团的发展给出了一个漂亮答案。廖春荣总结说，旅游业、餐饮业受疫情影响严重，这说明，在出现危机时，单一的产业经营是有风险的。"企业多元化经营让企业的避险能力大大提高。"

连小敏则感谢杭开集团为浙江省侨联提倡的"一模式"（地方搭台、部门协同、侨联导流、人才唱戏）、"两矩阵"（长三角地区高校院所侨留联联盟"地方侨联+高校侨联+校友会"矩阵以及海外浙籍专家校友留学生联盟的"海外孵化器+引才工作站+引才大使"矩阵）提供了很好的案例模板，并希望杭开集团在"基地+基金+基业"和"名企+民资+海智"人才孵化模式中再立新功。

此外，连小敏和廖春荣领衔的三服务调研团还走访了浙江汇盈电子有限公司（以下简称"浙江汇盈"），这是一家由海归人才团队组建，新湖创投联合投资的高科技公司。浙江汇盈拥有超过6年以上的光伏电站自营开发经验，以自主开发投资和EPC合作模式致力太阳能光伏电站建设，具有光伏电站设计及优化经验。

连小敏指出，这次"三服务"走访，一方面是了解企业实际发展情况，另一方面也是听取相关意见。浙江省侨联将不遗余力沟通协调帮助企业解决发展过程中遇到的各种难题，同时希望企业家们保持努力拼搏的优良作风，继续勇立潮头、勇挑重担。

数字经济引领高质量发展　侨企永不缺席

2020年初，浙江省省长袁家军在浙江省十三届人大三次会议上作政府工作报告时指出，浙江省将制定实施数字生活新服务行动，促进生活性服务业数字化、传统零售企业数字化、夜间经济数字化，推进街区（商圈）数字化改造等。

近年来，浙江抢抓工业互联网机遇，深入实施数字经济"一号工程"。在推进浙江经济高质量发展的过程中，数字经济日益成为全省经济增长的主引擎。发挥数字经济领先优势，打造全国数字经济创新高地和全球数字贸易高地，是浙江在长三角区域一体化发展中应当发挥的重要功能和作用。

连小敏和廖春荣当天还一同走访了浙江华坤道威数据科技公司（以下简称"华坤道威"）和杭州安恒信息技术股份有限公司（以下简称"安恒信息"）。这两家侨企在引领浙江数字经济和数字生活方面都有不俗的成绩表现。

华坤道威是中国领先的数据智能服务商，公司目前已获百余项软著证书及专利，且在"2019人工智能企业TOP100"榜单中荣登第七，近三年营业收入分别为2.14亿元、3.79亿元和4.2亿元，净利润分别为1.03亿元、1.79亿元和1.82亿元，是一家高速增长的企业。

安恒信息成立于2007年，2019年11月5日正式登陆上交所科创板股票上市。作为一家数字经济公司，安恒信息始终坚持将每年营收的20%作为研发投入，自2015年起均被美国著名网络安全风险投资公司（Cybersecurity Ventures）评选为全球网络安全创新500强，参与了众多国家与行业标准的制定。

疫情期间，安恒信息迅速整合各方数据资源，快速迭代疫情复工排查平台，进行复工企业的员工健康监测，分析员工复工过程中途经地址、身体状况、是否具备复工条件等信息，以此来保障员工和企业的健康安全。建立了健全的复工复产统计监测协助企业安全、有序地展开复工复产工作。平台会随企业报送的数据实时更新，及时掌握疫情发展动态，实现防控疫情和有序复工"两手抓"，让杭州复工复产的企业吃下一颗"定心丸"。

连小敏、廖春荣在走访这两家侨企后认为，浙江以数字经济助推制造业高质量发展，侨企在这个过程中奋力跑出高质量发展加速度。改革开放40多年来，广大侨企投身中国经济发展，是参与者、贡献者，也是受益者。

重要窗口，侨有担当。在中国经济发展的每个重要阶段，广大侨企、华商从未缺席，勇于担当。疫情终将结束，中国经济有韧性，风雨无惧；侨企华商有信心，深耕不辍。

（中国侨网2020-04-29）

湖南评选优秀侨界青年人物凝聚新侨智慧

5月4日，2020"五四"湖南优秀侨界青年人物评选结果在长沙揭晓。经过资格推荐、审查、名单公布等严格考察环节，廖振、王浩之、王海龙、李殊、邱超、王路、周明尧、谭佳林、毛律、刘兴华、周靖杰11人获得殊荣。

此次评选活动以"侨界精英·助力湖湘·智赢时代"为主题，由湖南省侨联指导，湖南省侨联青年委员会主办，株洲、湘潭、衡阳、常德、张家界、益阳、娄底、郴州、永州等地欧美同学会、海归协会、归国人员联谊会等共同协办。考虑到疫情因素，今年所有评选环节采取线上方式开展，历时近一个月。

主办方表示，很多侨界青年为抗疫作出了突出贡献，评选旨在发掘、选拔一批业绩突出、具有标杆和榜样作用的侨界青年群体，激励广大侨界青年艰苦创业、无私奉献、开拓创新，引导广大侨界青年为推动湖南经济社会发展贡献青春力量。

国内新冠肺炎疫情蔓延初期，从事图书出版的海归王浩之带领26名员工发起《新冠肺炎预防手册》公益制作活动，把专业性强、不够直观的科普材料变成通俗易懂、老少皆宜的图解版内容。

"海外疫情暴发后，手册被翻译成英语、德语、法语、日语等多国语言在全球发布，帮助海内外学生做好防控科普教育，让世界看到了湖南侨界青年的正能量。"王浩之告诉记者。

海归廖振回国后一直致力于慈善事业，从2017年至今共资助长沙第一福利院80余名孤残儿童。疫情期间，他发动海外同学捐款捐物，多次组织向抗疫一线款赠口罩、酒精、防护服等医疗物资，并参与发起成立"守护白衣天使慈善信托"，致敬奋斗在抗疫一线的白衣天使。"希望自己的行动能带动更多人关注慈善公益。"廖振说。

随着华侨华人社会的内部演变和代际交替，新华侨华人、华裔新生代正成为华侨华人社会新兴的中坚力量，他们拥有高学历，视野宽阔、想法新颖。在美国学习金融专业的"90后"邱超回国后一头扎进了农业领域，现是湖南衡阳市西园农副产品批发大市场的负责人。

"如今，青年海归们回国后更加务实地参与到祖国建设当中。"作为年轻一代侨界人物代表，疫情期间，邱超一直坚守一线，保障衡阳市蔬菜等农副产品物价平稳供保，同时携公司及市场经营者多次向湖北黄冈对口捐献农产品物资。

中国中部地区侨务资源大省湖南现有6万余名新侨与海归人士。主办方负责人说，自2016年以来，"五四"湖南优秀侨界青年人物评选活动在湖南省侨联等部门的指导下，已成功举办五届。湖南侨界青年充分发挥资金、技术、智力等资源优势，为建设富饶美丽幸福新湖南献计献策、添砖加瓦，让社会看到了侨界青年群体的正能量。

（中国新闻网2020-05-05/唐小晴，佘佳莉）

华侨作家姞文创作的历史小说《范公堤》在盐城首发

日前，加拿大华侨作家姞文创作的以描写千年捍海堰范公堤为主题的长篇网络历史小说《范公堤》在盐城首发。

997年前（公元1023年）的春天，北宋"宰相"范仲淹在盐城任盐官时，为阻挡海潮侵袭主持修建捍海堰，全长180公里。后人因感激范仲淹，称此捍海堰为"范公堤"。2023年将迎来范公堤开挖1000周年，为策应市委、市政府提出的"四新盐城"战略，今年年初盐城市充分挖掘地方历史文化和旅游资源，创新旅游宣传形态，拓宽文旅融合渠道，联合江苏凤凰文艺出版社，倾力打造长篇网络历史小说《范公堤》。

该作品由曾获2019中国优秀网络文学原创作品奖、第九届全球华文文学星云奖、扬子江网络文学原创作品大赛特别奖的旅居加拿大华侨、中国网络作家姞文精心创作。小说一经推出，就受到大量读者关注，在出版同时，已在红薯网平台全球上线。自网络发布以来，已有916.67万网民点击关注，其中3.27万名书友收藏。

小说以宏阔的结构、生动的故事、精彩的文字多角度再现范公堤开挖历程，尤其是北宋著名政治家、思想家、文学家范仲淹任西溪盐仓监期间，心怀社稷，造福百姓，倡议并主导修建捍海堰的历史故事。小说描写了唐宋时期盐业生产仓储流通的各个环节，充分展现了历史名人范仲淹的博大胸怀和刚方正气，浓墨重彩地再现了盐城沿海盐业的繁荣兴盛、塑造了个性鲜明的盐民形象，将精彩的"盐城故事"和范仲淹的"忧乐思想"，以网络文学形式，分享给海内外读者。

首发式现场，中国作协副主席、书记处书记吉狄马加为《范公堤》的出版专门发来视频，预祝小说在国内外出版发行取得成功。中国作家协会网络文学中心主任何弘在贺信中表示，姞文努力把中国故事、中国文化向海外传播，推动"中国故事海外讲"，对促进中国文化海外传播有着重要意义。河南大学历史文化学院博士生导师、宋史研究专家程民生和加拿大西蒙弗雷泽大学终身教授、原加拿大驻华大使馆文化参赞王健博士等也都对小说的正式发布表示了祝贺。

据了解，随着《范公堤》实体书的出版和红薯网的网络发行，盐城市还将整合优质文化资源，对小说进行再创作，运用淮剧、动漫、实景演出、诗歌剧等多种形式，把小说中的文学形象搬到海内外各大舞台，让历史文化融入现代生活，让盐城形象走出中国、走向世界。

（中国侨网2020-05-21）

2020年海外琼籍侨团骨干国情研习班开班

2020年海外琼籍侨团骨干国情研习班26日在海南省中华文化学院正式开班。来自15个国家22个琼籍侨团的35位侨领及骨干参加本期研习班学习。

据介绍，此次研习培训旨在让海外琼籍侨团骨干了解海南华侨历史文化和琼崖革命历史，感受侨乡改革开放所取得的巨大成就，了解海南自贸港建设新政策、新发展、新机遇，共叙乡情、敦睦乡谊，加强和谐侨社建设，讲好中国故事和海南故事，架起侨胞住在国和家乡之间的交流桥梁，为"一带一路"建设和海南自贸港建设作出新贡献。

在开班仪式上，海南省委统战部常务副部长王琼珠赞扬了广大海外琼籍侨团和侨胞为年初海南抗击新冠肺炎疫情积极捐款捐物、奔走援助的赤子爱心，对琼籍侨胞一直以来心系家乡、为支持家乡改革开放和建设事业作出的贡献表示衷心感谢，并向学员们介绍了海南自贸港建设的有关情况。王琼珠提出，希望海外琼籍侨胞发挥经济基础好、智力资源厚、商业人脉广的优势助力祖国和海南发展，同时积极融入和回馈住在国当地社会，特别是在当前与新冠肺炎疫情防控斗争中配合住在国政府做好抗疫工作等。

开班仪式后，海南省委人才局和省委深改办相关代表给学员们进行了海南自贸港人才政策、制度设计与创新发展方面的专题授课。

在为期5天的研习期间，学员们还将赴海口江东新区展示中心、海南省史志馆、海南省博物馆海南解放70周年展会、澄迈生态软件园、母瑞山革命历史纪念园、琼海博鳌乐城先行区、沙美生态文明村、南海博物馆等进行现场教学活动。

（中国侨网2020-05-27/黄文慧）

海南省侨联积极参与消费扶贫"春风大行动"活动

日前，海南省侨联积极响应省打赢脱贫攻坚战指挥部关于消费扶贫"春风大行动"的有关要求，已多次组织发动机关党员干部职工在海南广场办公区、省政府国兴办公区、定点扶贫村及海南爱心扶贫网站，开展集中消费扶贫活动，进一步激发党员干部职工参与扶贫工作的主动性、积极性。省侨联领导班子亲自参与、积极认购，起到了很好的带动示范作用。

海南省消费扶贫"春风大行动"活动开展以来，海南省侨联制定了具体可行的工作方案，广泛发动侨界群众、侨资企业和下属社团，为消费扶贫贡献力量，助力贫困户渡过因疫情导致农产品滞销的难关。据统计，省侨联机关党员干部职工已累计购买扶贫农副产品总额达3万多元，人均超过1000元。

海南省侨联主席、党组书记黎才旺表示，省侨联认真贯彻落实中央和省委脱贫攻坚的决策部署，积极响应和参与消费扶贫"春风大行动"，开展消费扶贫促销，为决战决胜脱贫攻坚作贡献。

（中国侨网2020-05-27）

"问祖炎帝·寻根高平" 海内外炎黄子孙网上拜祖

5月30日上午，"问祖炎帝·寻根高平"第五届（庚子年）海峡两岸神农炎帝民间拜祖大典在"中国华侨国际文化交流基地"高平炎帝陵举行。

拜祖大典今年推出"云拜祖"平台，共吸引了3000多万人在网上拜祖。同时开设第二演播室，邀请专家就弘扬炎帝文化进行了专题访谈。

上午9时50分，拜祖大典正式开始。敬献花篮，恭读拜文，现场民众行施拜礼。随后，举行了"敬十献礼"，64名学子身着古代礼服敬献"八佾舞"。支援湖北抗疫英雄、脱贫攻坚代表、劳动模范代表与演职人员同台合唱《炎帝颂》。伴随着磅礴激昂的歌声，和平鸽振翅高飞、红气球迎风飘扬，在庄严祥和的气氛中，庚子年海峡两岸神农炎帝民间拜祖大典礼成。

自2018年开始，在中国侨联指导下，山西省侨联连续三届参与支持举办"问祖

"炎帝·寻根高平"海峡两岸神农炎帝民间拜祖大典系列活动，邀请近400名海外侨胞侨领现场参与拜祖大典并参加系列经贸文化旅游招商系列活动。

今年受疫情影响，海外侨胞无法亲临现场参加祭拜，来自澳大利亚、法国、日本、加拿大、马来西亚、老挝等国的侨领侨胞纷纷通过山西省侨联以视频形式进行拜祖祝福。正在参加"亲情中华·为你讲故事"网上夏令营山西营的海外华裔青少年们，通过"云端"观看拜祖大典及《炎帝故事》系列宣传片，也纷纷发来祝福小视频，并表示疫情之后渴望到炎帝故里走走看看。

（中国侨网2020-06-01）

四川省委统战部率联合工作组开展华侨权益保护立法调研

四川省委统战部副部长、省侨办主任文甦近日率由四川省委统战部（省侨办）、省人大外侨委、省侨联组成的联合工作组，先后赴内江、宜宾、遂宁，开展四川省华侨权益保护立法暨统战侨务工作专题调研。

联合工作组深入侨资企业、侨务工作社区、基层法院等，了解四川省华侨权益保护工作执行落实情况；组织召开座谈会，听取涉侨部门、侨资企业、侨界人士对四川省华侨权益保护立法的有关意见建议。

文甦表示，海内外侨界人士连续呼吁要求立法保护海外华侨在国内的合法权益，国家鼓励地方在华侨权益保护立法上先行先试。四川省人大常委会对华侨权益保护立法工作高度重视，今年将华侨权益保护立法列入立法计划，拟进一步加强对华侨的投资、财产、社会保障、捐赠、政治、身份证件等方面权益的保护。联合工作组将认真梳理、归纳、总结大家所提意见建议，确保出台一部高质量、有创新、有特色、可操作性强的地方性法规。

在与内江、宜宾、遂宁三地党委统战侨务部门座谈时，文甦指出，市县两级党委统战部门要坚持围绕中心、服务大局，为侨服务、凝心聚力，利用侨务资源为创新驱动、开放发展、乡村振兴等中央和省委重大战略服务，凝聚侨心侨力为同圆共享中国梦和构建人类命运共同体服务，同时要加强自身建设，不断提升为大局服务、为侨服务的能力和水平。

（中国侨网2020-06-01/岳依桐）

致公党福建省委会赴广东调研"洋留守儿童"情况

日前，致公党福建省委会专职副主委吴棉国一行赴侨乡广东省江门市调研"洋留守儿童"情况。

吴棉国一行走访了致公党江门市委会，并在市委会机关召开调研座谈会，与中共江门市委统战部、市教育局、市民政局、团市委、市侨联等有关单位同志座谈交流，听取江门市华侨华人基本情况介绍，深入了解当地"洋留守儿童"就学、生活现状和地方帮扶工作情况，共同探讨闽粤两省侨务工作面临的共性问题。

吴棉国指出，特别是新冠肺炎疫情后，侨胞中滞留国内的"洋留守儿童"问题愈发凸显。从为"洋留守儿童"服务这一课题切入，致公党要积极发挥自身的"侨""海"优势，发挥参政党作用，做好前瞻谋划，建言献策，与各涉侨部门一起开创"大侨务"的新格局。

吴棉国表示，长期以来，闽粤两省互相借鉴、互相促进，为全国侨务工作提供了许多新举措、新经验。而关于"洋留守儿童"，两省侨乡也都遇到了许多共性的问题，也各有独到的做法。通过先行先试，通过互相交流借鉴，可以共同提炼出好的经验做法，探索出新的思路和举措，继续发扬侨务大省、著名侨乡的传统和优势，为促进全国侨务事业的新发展作出应有的贡献。

调研组一行还考察调研了广东中加柏仁学校，与校领导、老师和留守儿童代表进行交流访谈，了解该校关于"洋留守儿童"的办学模式、培养方式和开展中国国情教育、传统教育等情况。

（中国侨网2020-06-01）

以侨为"桥" 成都侨界人士助力城市对外开放新格局

"讲好成都故事、传递成都声音，这是每个成都侨界人士都需要去思考、实践和不断努力的事情。"1日，成都侨商协会副会长、成都金海洋教育集团董事长王云在接受采访时表示，近些年成都的现代产业发展有了很大变化，城市越来越有国际范儿，但成都要进一步扩大影响力，一定要坚持走国际合作的道路，不拘一格开展国际合作，不断为成都对外开放添砖加瓦。

改革开放以来，成都全市广大归侨侨眷和海外侨胞一直是城市不断发展的参与者、推动者、亲历者、实干者。他们中各类人才众多，作为传播成都声音、讲好成都故事的"传声筒"，他们普遍具有国际化视野与良好综合素养，许多人掌握前沿技术的发展动态和管理经验。

据了解，王云于1997年创办成都金海洋教育公司，以高等教育投资、高等教育管理服务及IT国际认证为主要业务，长期与美国硅谷保持合作联系。2013年，为响应国家"走出去"号召，在成都相应政策的支持下，王云开始着手在美国建立金海洋硅谷教育研究院，主要目的便是把硅谷的技术人才培养创新模式复制到成都。

王云认为，成都不断提高国际化水平，重要的是营造好相应的产业生态氛围，其中关键便在于人才的培养。"下一步，我们规划在成都建立学院基地，将公司在硅谷实践的人才培养创新模式在成都进行系统化推广。希望以我们侨商的力量，能够助推成都尽快成立起海外市场发展联盟，打造出一个专业的海外合作平台，为成都高质量发展贡献智慧。"

如何最大化发挥"侨"的力量，助推成都对外开放也是成都市侨联第五届委员会副主席（提名）、天府新区商会会长王麒一直关心的问题。她说，海外华侨华人是中国"走出去"的先行者，他们深入了解不同国家的法律法规、民生人文，是助力城市对外开放的天然载体，"华侨华人是最好的桥梁和中介"。

"成都虽然地处中国内陆，但正在不断加大对外开放力度，随着'一带一路'倡议、成渝地区双城经济圈建设等的提出，优势正逐步扩大。"王麒表示，作为四川天府新区商会会长，她将积极发挥商会的作用，为成渝两地企业搭建桥梁。同时，希望在政府的支持下，能够充分发挥"侨"的力量和作用，促进民营企业进一步"走出去"。"相信我们一定能走得更远、走得更稳。"

新津县侨联委员高慧兰作为四川省民间艺术（剪纸）优秀传承人，长期致力于推动天府文化的对外交流，依托一张张无声的剪纸向世界传递成都声音。近年来，高慧兰先后前往法国巴黎、美国洛杉矶、纽约等地举办多场个人剪纸艺术展，并为当地民众和学生免费提供剪纸教学，她的一些作品也被国外多家美术馆收藏。

高慧兰表示，大熊猫、太阳神鸟、川剧、火锅等成都标志性元素经常出现在她的作品中，对成都环境发展变化的日常观察也会被她剪进作品中去。"我去国外，别人看的不是我的人，他们看的是我们中华优秀传统文化。能通过剪纸的方式向海外介绍自己的家乡，对我而言也是一件很荣幸的事情。"

（中国侨网2020-06-01/起钰婷，岳依桐）

甘肃省侨青委举办书画创作交流活动

日前，由甘肃省侨青委文化艺术专委会和省侨青委书画研究院举办的书画创作研讨交流活动在兰州举行。省内书画家济济一堂，就进一步弘扬侨界青年文化艺术，搭建侨界青年文化艺术交流平台，推动甘肃传统优秀文化"走出去"，扩大甘肃书画艺术海外影响力建真言、献良策。创作研讨交流活动气氛热烈，发言踊跃。省侨联主席闫鹏勋出席活动。

甘肃省侨青委文化艺术专委会和省侨青委书画研究院去年成立以来，开展了一系列富有意义和成效的活动。2019年10月，在由省委统战部举办的"风雨同舟共携手、同心共筑中国梦"全省统一战线庆祝中华人民共和国成立70周年书画展中，省侨青委选送的10幅作品入选，展现了侨界青年书画家的不俗实力。

闫鹏勋向长期以来关心支持省侨联建设和发展的书画家们表示感谢。在充分肯定了省侨青委文化艺术专委会和省侨青委书画研究院成立以来所取得的成绩后，闫鹏勋对省侨青委文化艺术专委会和省侨青委书画研究院提出三点希望。

闫鹏勋表示，甘肃省侨联将一如既往地关心和支持省侨青委工作，着力为省侨青委书画研究院工作创造更好条件。

兰州大学原党委副书记、兰州大学书法研究所所长、甘肃省书法家协会副主席李恒滨，兰州大学图书馆原馆长、甘肃省书法家协会副主席秦理斌，资深媒体人、书画评论家杨重琦，兰州画院党支部书记、兰州市书法家协会副主席、省侨青委书画研究院院长胡云鸿，省侨青委执行主席王沂彦、副主席蔡忠顺等参加研讨交流活动。

（中国侨网2020-06-02）

首届天津"海河英才"海外人才创业大赛启动

首届天津"海河英才"海外人才创业大赛2日正式启动。参赛团队代表、海外人才代表等500多人在现场和"云端"参加活动，海内外120多万人在线观看直播。

本次大赛主题是"天下英才，津等你来"，目的是深入实施"海河英才"行动计划，对冲疫情影响，抢抓海外引才机遇，聚焦新动能引育重点领域，着力吸引一批具有原创性、独创性、引领性的海外"项目+团队"来津创业发展。

据介绍，此次大赛特等奖可获得现场奖金10万元（人民币，下同）、落地奖金30万元，符合条件的直接认定为"项目+团队"重点培养专项B级创业团队，给予团队建设资助60万元。同时，获奖团队还享受创业担保、金融授信、子女就学、配偶就业、人才公寓等一揽子"育苗""护苗"政策支持。

大赛总奖项设置为45个，分为5组进行决赛，每个分组赛将分别评选出一、二、三等奖共9个，在一等奖中还将产生1个特等奖，参与决赛的创业团队获奖率高达40%。

天津市人力资源和社会保障局相关负责人称，大赛按照人工智能、生物医药、新能源新材料等天津市新动能重点领域进行分组，各区将邀约与本区产业发展契合度高的团队参赛，团队落户后，各区还将匹配扶持政策，助力企业快速成长壮大。

大赛将历时3个半月时间。大赛公告在中国留学网、中国驻100多个国家使领馆教育处组官网等平台同步发布。天津市海外侨团、海外人才工作站、招才引智专员，天津大学校友总会、南开校友总会的海外分会等50多个机构参与海外推广报名。

下一步，天津市人力资源和社会保障局将面向全球创业精英，通过云报名、云选拔、云邀约、云峰会（决赛）等赛程环节，引进一批符合天津市产业发展方向、技术成果领先、拥有较好产业化市场前景的创业团队。

（中国新闻网2020-06-02/张道正）

四川省人大来蓉开展华侨权益保护立法工作调研

6月10日，全国人大常委会委员、四川省人大常委会副主任陈文华率由四川省委统战部（省侨办）、四川省人大外侨委、四川省侨联等单位组成的调研组，来蓉开展华侨权益保护立法工作调研，并召开座谈会。

四川省人大常委会党组成员、秘书长焦伟侠，中国侨联副主席、四川省侨联主席刘以勤，四川省委统战部副部长、省侨办主任文甦参加调研。

此次调研重点围绕华侨在川发展情况、遇到的困难和问题等，华侨权益保护工作开展情况，华侨权益保护工作中存在的主要问题，对四川省华侨权益保护的立法建议等情况展开。

调研组一行先后到侨资企业四川麦马汉贸易有限公司和成都国星宇航科技有限公司进行了实地调研。陈文华详细了解企业复工复产情况，以及企业在川发展情况，生产经营面临的困难和问题等。

陈文华对两家企业在疫情防控措施、努力复工复产等方面给予了高度评价，并鼓励他们坚定发展信心，把握发展机遇，助力家乡建设和发展，引领广大侨商在积极参与区域经济创新发展的同时，实现自身事业的更大发展。

在随后召开的座谈会上，成都市人大民宗侨外委、市政府侨办、市侨联、市教育局、市公安局、市民政局、市人社局等涉侨部门围绕侨情发展变化情况，从开展华侨权益保护，落实涉侨法律法规等方面进行了汇报，对华侨权益保护地方立法提出了建议。

成都市委统战部副部长、市政府侨办主任卢伟良在汇报中总结了近年来华侨在蓉发展情况，详细汇报了在蓉华侨权益保护工作开展情况。同时，提出了华侨权益保护工作中存在的主要问题，以及出台相关引领侨务力量新政策、拓展涉侨服务载体和平台等华侨权益保护立法的有效建议。

随后，在蓉侨资企业、侨商组织、华侨专业人士代表先后发言，感谢党和政府关心关怀的同时，纷纷表示将一如既往地为治蓉兴蓉穿针引线、铺路搭桥、献计出力，为成都建设全面体现新发展理念的城市战略贡献侨界的力量，并立足自身现实体会，围绕推动华侨权益保护及立法工作，提出了意见建议。

陈文华对成都市侨务工作和落实侨法情况给予了充分肯定。他说，要全面提升对做好新时期侨务工作重要性、紧迫性的认识，大力增强责任感、使命感，积极回应海外侨胞和归侨侨眷的呼声和关切，加强涉侨问题调研，推进侨务法治建设，不断提高为侨服务的能力和水平。

陈文华强调，制定《四川省华侨权益保护条例》是提高政治站位、落实国家华侨战略的重要举措，是维护华侨权益、加快法制进步的有力抓手。为确保制定一部高质量的《四川省华侨权益保护条例》，一定要在广泛征求社会各界意见的基础上提出立法建议，新条例应当及时反映新时代侨情新变化，能解决实际问题，能体现以人为本的执政理念，能切实维护华侨的合法权益。做到在政治上有高度，在沟通上有温度，在调研上有广度，在立法上有深度。

成都市人大常委会主任唐川平参加座谈会，副主任陈建辉全程陪同调研。

（中国侨网2020-06-11/韩金雨）

深圳致公党党员助力首家名师工作室成立 落户广西

日前，由致公党市委会委员、致公党福田总支副主委，支教教师钟雄主持的"环江毛南族自治县'自主学习+合作探究+信息技术应用'（三位一体）课堂教学模式小学数学名师工作室"在广西环江毛南族自治县揭牌，这是环江县首个名师工作室。工作室将以点带面，充分发挥名师的引领示范和辐射带动作用，推动该县教育教学改革，围绕提高课堂教学质量，努力探索课堂教学新模式，推动信息技术、人工智能与课堂教学的深度融合。

广西河池市环江县是福田区对口帮扶的地区，通过申请并经组织批准，深圳致公党党员、福田区百花小学副校长钟雄于2019年8月底到环江川山镇都川小学支教一年。工作室揭牌当天，主持人钟雄率先在支教点都川小学和环江二小给全县数学骨干教师上了一节五年级"折线统计图"公开课。该课结合当下疫情变化折线统计图，让学生学会收集信息、处理信息和分析数据，围绕"三位一体"课堂教学模式，通过当下发生的事件与教材内容相融合，实现了数学来源于生活，又为生活服务的价值理念。钟雄还给全体数学老师分享了争做"四有"好老师的体会。钟老师课堂上风趣幽默又严谨的数学推理、与同学们同伴式的互助交流、整合教材的能力以及驾驭课堂能力折服了听课教师。大家表示，在工作室的引领下收获满满，既有理论学习，又有实例操作，将把所学收获运用到实际工作中，争做一个"四有"好老师。

据悉，该名师工作室的成立，将为环江教育发展赋能，提高该县小学数学教师综合素质，助力环江教育迈上一个新台阶。

（《深圳侨报》2020-06-16/谢青芸，钟雄）

"闽侨之窗" "新福建新女性"电视专区上线

由福建省侨联、省妇联分别与福建广电网络集团合作共建的"闽侨之窗"与"新福建新女性"电视专区6月18日下午在福建高清互动云电视正式上线。

福建广电网络集团党委书记、董事长张远在启动仪式上致辞，他表示，两个电视专区建设工作进展迅速，仅两个月就实现了正式上线运营。接下来，该集团将不断加强与省侨联、省妇联的沟通，持续注入新的内容与活力，并为专区运作提供有效支撑服务，真正做到讲好新福建新女性故事和闽侨故事。

在上线仪式现场，记者看到，"闽侨之窗"电视专区包括华侨人物、闽侨之星、文化交流、侨乡新貌、侨界民生等内容。福建省侨联主席陈式海表示，"闽侨之窗"电视专区，是进一步密切联系侨界群众、深化为侨利侨惠侨服务的重要渠道，也是省侨联继创建"福侨世界总网"之后的一个重要宣传平台。

据介绍，该专区设置的七大版块，内容比较丰富，已征集880多条涉侨电影、电视剧、纪录片、新闻报道等各类题材内容，初步建立起华侨题材的数据库，为福建省内几百万户涉侨家庭和关心海内外侨情人士提供资讯服务，也是抗疫宣传的窗口。

此次"新福建新女性"电视专区也同期上线。福建省妇联主席徐姗娜认为，此次与省广电网络集团联手打造的"新福建新女性"电视专区，依托广电网络传播力强、影响力大、覆盖面广的优势，以妇女家庭为切入点，紧扣"引领、服务、联系、家庭、改革"这五个关键词，为妇女儿童和家庭提供全天候、全方位的资讯和服务，对于进一步健全妇联宣传平台，强化引领、有效服务、广泛联系，将发挥重要的促进作用。

"新福建新女性"电视专区开设了妇联新闻、指尖课堂、女性发展、巾帼护航、我爱我家、百年妇运等七大板块。

据介绍，"指尖课堂"为广大女性同胞拓宽学习渠道，主要以点播的形式，开展全省妇联干部等妇联系统的培训课程及普及婚姻法课堂、维权指导等，整合全省各级妇联"百千万巾帼大宣讲"的优秀微课，提供优质的在线教育资源。其中，特别推出的"闽姐姐"课程，提供各类公益培训，以专业内容服务全省女性文化生活，提高其生活技能与品质。

"女性发展"板块则通过福建省妇联、广电网络整合各级党政、社会和企业资源，囊括励志女性扶贫致富类栏目，以百姓视角解读身边的巾帼创业明星，盘点涉农经济发展过程中涌现出的新女性经验和创新做法。

据悉，两大互动电视专区将借助福建广电网络集团党媒政网的大平台属性，覆盖福建省高清互动电视用户，可以随时点播收看。

（中国新闻网2020-06-18/叶秋云）

全球华侨华人网络厨艺大赛新闻发布会举办

日前，"亲情中华·魅力江苏"2020全球华侨华人网络厨艺大赛新闻发布会在江苏餐博会服务平台成功举办。中国侨联兼职副主席、江苏省侨联主席、党组书记周建农，副主席宫琳、张霓，省文旅厅、省商务厅、省餐饮行业协会、省中医院惠侨基地、洋河股份以及在宁海外侨胞代表出席发布会。

本次大赛是江苏省侨联贯彻落实省委省政府"心心相连、共克时艰"精神和推进"江苏侨爱"援助行动组织的系列活动之一，是助力海外侨胞居家抗疫的有力举措。最终，大赛评审组在近千份报名作品中遴选百道菜品进入本次大赛投票环节。大赛依据票数在6个赛区共评出一等奖9名，二等奖18名，三等奖71名，优秀组织奖16名，网络最高人气奖3名、特别创意奖1名。

周建农表示，本次大赛引起广大海外侨胞的强烈共鸣，特点鲜明。一是参与面广，邀请了五大洲江苏籍侨胞相对集中的国家34个侨团共同参与协办，参赛对象不分男女老少，不论专业业余。二是响应度高，短短的两周时间内收到近千份作品，参赛者年龄最大近70岁，最小的8岁。在网络投票环节，仅一周时间浏览点击量超过271万，有效投票达86.3万。三是影响力大，此项活动引起中国侨联相关领导的重视，指示有关部门密切关注，安排中国侨联微信公众号发布信息，开通投票通道，并亲自参与互动。赛事启动以来，世界日报、欧洲时报、中国侨声网、华人头条等海外40多家媒体跟踪报道。下一步，江苏省侨联将持续落实"亲情中华·魅力江苏"中餐文化海外推广计划，进一步整合资源，开展更多对侨胞而言有获得感的交流活动，为促进民心相通发挥应有的作用。

江苏省餐饮行业协会执行会长于学荣表示，本次大赛是前两期药食同源中餐菜品海外推广活动的延续，是助力全球华侨华人居家抗疫生活的有力举措。他说，全球华侨华人网络厨艺大赛将作为常规赛事持续推广，以品牌化、专业化、标准化的方式推动中餐海外繁荣，以中餐文化传承和创新的方式助力海内外饮食文化交流合作。

（中国侨网2020-06-19）

业务"一网通办"江西省外事综合服务管理平台上线

江西省委外办、江西省政府外办主任赵慧2日表示，新上线的江西省外事综合服务管理平台是管理与服务并重的平台，对推动该省外向型经济发展，服务江西对外开放具有重大意义。

她进一步说，江西省外事综合服务管理平台强化了因公临时出国（境）的事中、事后监督管理工作，实现了因公出国（境）任务报批、护照申办、签证办理、领事认证、邀请外国人来赣、APEC商务旅行卡等外事业务"一网通办"，"可以说是全流程、全业务通办的信息平台"。

赵慧称，江西省外事综合服务管理平台是该办建设"五型政府"、推进"互联网+政务服务"，着力打造数据集中、管理集成的"智慧政府"的创新。"平台的建成，将真正做到让大家少跑腿、信息多跑路。"

当日，上线仪式结束后，江西省外办召开了平台运用及业务解读专题培训会，有关负责同志分别就因公出国、因公赴港澳、邀请外国人来赣、申办APEC卡、办理领事认证等模块进行了业务培训。

平台上线得到了参会人员一致好评。不少人表示，平台上线减少了往返办事的周折，简化了办事流程，提高了办事效率，尤其是处以下人员因公出访审批实现了"一次都不跑"，对于外地办事单位来说是最大利好。

（中国新闻网2020-07-03/吴鹏泉）

海南"侨爱心·助力脱贫攻坚光明行"公益项目启动

海南省"侨爱心·助力脱贫攻坚光明行"公益项目3日在定安县正式启动。该公益项目计划在2020年底前免费为海南的1000名贫困白内障患者实施复明手术。

海南省侨联党组成员、副主席苏燕表示，"侨爱心·助力脱贫攻坚光明行"公益项目由中国侨联支持、海南省侨联承办，是侨联组织助力脱贫攻坚，精心打造的一项民心工程。希望各市、县侨联用实际行动践行"以侨为本、为侨服务"的宗旨，共同把该项目打造成侨联组织助力脱贫攻坚的品牌工程。

定安县委常委、统战部部长陈明永要求，该县侨联要主动对接各镇、各相关职能部门，确保活动有序推进。同时要继续加大宣传发动，确保贫困眼病民众都能够享受到惠民好政策。

"侨爱心·助力脱贫攻坚光明行"公益项目走进定安活动将分别在定安县的定城镇、黄竹镇、新竹镇为贫困眼病患者开展术前筛查。

此次活动由海南省侨联、定安县委县政府、海南省侨爱公益基金会、海南爱尔新希望眼科医院联合举办。

（中国侨网2020-07-04/翁成文）

青海省人大常委会副主任强调依法维护归侨侨眷合法权益

为加强和改进新形势下侨务工作，维护归侨侨眷合法权益，7月2日至3日，（青海）省人大常委会副主任刘同德带队赴黄南藏族自治州开展归侨侨眷权益保护法律法规贯彻实施情况执法检查。

执法检查组先后深入同仁市青年路社区、金菩提热贡文化发展有限公司和加毛书苑侨法宣传角进行了实地检查，走访慰问了困难侨眷索菲亚，听取了黄南州政府贯彻归侨侨眷权益保护法律法规的情况汇报。

刘同德指出，要提高政治站位，贯彻落实好习近平总书记关于侨务工作的重要论述。依法加强归侨侨眷权益保护，为他们提供服务保障，真正起到温暖侨心、发挥侨力的作用。要强化责任担当，切实做好我省侨务工作。通过创新工作模式，向境外侨胞宣传国家经济社会发展成就，宣传党和国家民族宗教和侨务政策，不断铸牢中华民族共同体意识。要发挥侨务资源优势，促进经济社会发展。注重发挥广大海外侨胞的广泛影响力，引导他们以侨为桥，大力实施侨爱工程，开展侨务引智，积极为家乡建设做出贡献。

（青海新闻网2020-07-06）

福建侨联访宁　续写闽宁对口协作"佳话"

7月9日，由中国侨联副主席，福建省侨联党组书记、主席陈式海率领的福建省侨联"闽宁对口协作"访问团抵达银川，展开为期四天的考察访问。

1996年9月，中共中央、国务院做出了东部比较发达的13个省市结对帮扶西部10个省区的战略部署。同年11月，福建省与宁夏回族自治区签署开展对口帮扶协议书。24年来，11批180余名福建干部来宁挂职，2000余名支教支医支农工作队员、专家院士、西部计划志愿者来到宁夏展开多方位帮扶。目前，宁夏的贫困发生率从2012年的22.9%下降到2019年的0.47%；贫困地区农民人均可支配收入从2012年的4856元增长到2019年的10415元。福建与宁夏的对口帮扶，创造了东西部协作帮扶的"闽宁模式"。

福建是中国著名侨乡，在与宁夏对口帮扶后，许多原福建籍的侨胞、华侨也纷纷扎根宁夏，开展产业扶贫。此次访问团第一站便抵达位于银川市的闽宁镇，考察宁夏菌鑫盛菌业有限公司及贺兰神（宁夏）国际葡萄酒庄有限公司，了解侨资企业在宁夏的发展情况。

纯移民乡镇闽宁镇地处贺兰山东麓，全镇建有葡萄酒庄13家，葡萄酒产业成为该地脱贫致富的一大支柱产业。贺兰神（宁夏）国际葡萄酒庄有限公司董事长陈德启是一名祖籍福建的泰国侨商，2007年投身闽宁镇的戈壁滩，开发的10万亩有机葡萄产业园，向当地生态移民提供1200余个就业岗位，助力决胜脱贫攻坚。访问团成员福建省宁德市侨商会执行会长、英国宁德商会会长陈勇参观完深受震撼，他说："正是有了千千万万扎根两地热土的奋斗者，才有了闽宁协作的'佳话'。我也将在此次访问考察中寻找合适的对口项目，为闽宁协作贡献自己的一份力量。"

陈式海表示，闽宁镇是闽宁两省区互学互助、携手发展的真实写照。福建省侨联作为闽宁扶贫协作单位，将进一步密切与宁夏侨联的联系，相互协作配合，积极发挥侨联组织优势，共同为闽宁对口协作贡献侨界智慧和力量。

据悉，该访问团还将前往固原等地进行扶贫项目帮扶捐赠和慰问农村困难侨眷。宁夏回族自治区党委常委、统战部部长白尚成会见访问团一行。

（中国新闻网2020-07-09/李佩珊，王帅）

福建省侨联"闽宁对口协作"访问团在固原开展扶贫帮困

7月10日至11日，由中国侨联副主席，福建省侨联党组书记、主席陈式海率领的福建省侨联"闽宁对口协作"访问团在宁夏固原考察访问。访问团先后参观了闽宁协作产业扶贫项目、出席扶贫捐赠仪式并走访慰问建档立卡困难侨眷。

在固原市原州区头营镇，访问团实地考察了园区建设，详细了解了疫情防控、园区经营以及带动贫困群众就业情况，并参观了肉牛养殖大棚。陈式海说，产业扶贫是促进贫困地区发展、增加贫困农户收入的主要途径和重要抓手，作为在宁侨资企业，融侨（丰霖）肉牛生态产业园要通过不断提高示范带动能力，努力将肉牛养殖发展成为推动固原经济发展的支柱产业，在创造就业、带动群众增收方面充分发挥作用。

在西吉县硝河乡新庄村小学，访问团出席了新庄村小学"福建侨心图书室"、大岔村太阳能路灯、偏远村级小学校服、贫困大学生助学金四个项目的捐赠仪式。本次活动共捐赠新庄村小学"福建侨心图书室"项目30万元、大岔村太阳能路灯项目15万元、西吉县贫困大学生助学金项目10万元、偏远村级小学校服项目12.4万元。

在彭阳县，陈式海一行分别走访慰问了13户困难侨眷。每到一处，陈式海与他们亲切交谈，详细询问他们的生活、工作和家庭情况，并送上慰问金。居住在草庙乡草庙村的意大利侨眷常金花今年76岁，独居丧偶，身体患病长年吃药，家中无劳力、无固定收入，是建档立卡贫困户。陈式海关切地询问她的生活和身体情况，还请她向身边的侨胞和远在海外的亲人转达侨联组织的问候和祝福。

访问团成员、福建省侨商代表还参加了由固原市委统战部等单位和部门组织的经济合作交流促进会。侨商代表认真听取了固原市特色农业产业发展情况和原州区推介发言，并围绕各自领域就下一步开展合作进行交流洽谈。

宁夏回族自治区党委统战部副部长、侨办主任柴建国，宁夏侨联副主席郑大鹏，固原市政府有关领导等陪同参加了相关活动。

（中国侨网2020-07-13）

江苏无锡侨联推进"一带一路"海外发展服务平台工作

近日，江苏省无锡市侨联专程邀请在锡的"一带一路"海外发展服务平台菲律宾战略合作单位——菲律宾JLC国际旅行社董事长邢平、菲律宾江苏商会副会长曹征权等到单位，就如何发挥平台作用进行实质性的探讨交流。

侨联党组书记李镇国指出，无锡的产业优势与菲律宾的快速发展有着很多融合互补之处，菲律宾华人有着雄厚的经济实力，双方可以多方面合作，实现共赢。

曹征权表示将与无锡市侨联建立友好合作关系，互通经贸信息，为助力"一带一路"倡议在菲律宾的务实开展作出贡献。

邢平在交谈时，介绍了从菲律宾总统办公室经济顾问黄先生处了解的一些信息，疫情过后，黄先生拟带队来锡考察有兴趣合作的企业。他希望能借助平台，加强双方合作。

无锡市侨联为充分发挥"一带一路"海外发展服务平台的功能作用，成立了专门领导小组，分别与平台海外战略合作侨社就合项进一步进行了对接，努力通过系统、精准对接，真正把为侨资企业的服务工作落到实处。

（中国侨网2020-07-13）

《魅力侨乡行》第二季在广东顺德启动拍摄

近日，由中国侨联信息传播部和北京电视台共同策划出品的大型电视节目《魅力侨乡行》（第二季）在广东省佛山市顺德区启动拍摄。

2020年7月至9月，《魅力侨乡行》节目组将赴广东顺德、东莞、中山，福建福州、宁德、石狮等地进行采访拍摄。《魅力侨乡行》系列节目积极助力中国侨联"追梦中华"主题宣传活动，宣介侨胞助力地方决战决胜脱贫攻坚，向海外华侨华人讲好家乡故事，宣传华侨华人爱国爱乡的桑梓情怀，反映新时代侨乡的沧桑巨变，展现侨乡的"美丽"和"魅力"。

2019年，《魅力侨乡行》系列节目在中国侨联信息传播部指导下启动拍摄，节目组采访拍摄北京、泉州、济南、汕头、潮州、晋江等侨乡，并结合为侨乡发展做出积极贡献的侨界人物，讲述新时代侨乡的历史变迁和发展历程，展现侨乡的独特魅力。节目播出后引起侨乡的积极反响，受到华侨华人高度赞誉。

（中国侨网2020-07-15）

江苏省侨联召开"新侨创新创业基地"专家评审会

7月15日，江苏省侨联召开2020年"江苏省侨联新侨创新创业基地"专家评审会议。省委组织部、省发改委、省教育厅、省财政厅、省科技厅、省工信厅、省人社厅、省商务厅、省民政厅、省科协等单位的10名专家参加评审会。省侨联副主席兼秘书长陈锋出席会议。

会上，在专家组组长丁夕平、副组长李炳龙的主持下，每位专家评委认真审阅今年申报"江苏省侨联新侨创新创业基地"的42家单位资料，按照评分细则，逐单位逐细项进行评分；在汇总每位专家评委评分数值的基础上，对42家申报单位进行先后排序，讨论提出命名"江苏省侨联新侨创新创业基地"单位名单意见。为更好地发挥省侨联"新侨创新创业基地"为新侨创新创业服务的作用，评审会上，专家们还对进一步加强省侨联新侨创新创业基地建设提出了建设性意见建议。

"江苏省侨联新侨创新创业基地"评审命名工作始于2012年，命名对象为江苏省新侨聚集的各类园区、科研院所、侨资侨属企业，目前已命名88家。新侨基地在聚集新侨人才、促进地方经济发展、推动产业转型升级等方面，发挥了积极的示范引领作用。在省发改委的支持下，今年拟遴选10家"江苏省侨联新侨创新创业基地"参加省"双创周"活动。

（中国侨网2020-07-16）

内蒙古侨联开展"侨界专家为民服务"活动

近日，内蒙古自治区侨联联合内蒙古大学党委统战部、内蒙古农业大学党委统战部、赛科星研究院、内蒙古生物工程学会、包头市侨联组织侨界专家服务团，走进正蓝旗开展"侨界专家为民服务"活动。

日前，自治区侨联"侨界专家送科技为民服务"活动养殖技术理论培训班在正蓝旗党校开班。自治区侨联主席、自治区派驻正蓝旗脱贫攻坚工作总队总队长、旗委副书记史晴，正蓝旗旗委副书记聂晓峰出席开班仪式并分别讲话；自治区侨联副主席、赛科星研究院院长李喜和出席开班仪式并代表赛科星研究院向正蓝旗捐赠了价值6万元的良种牛羊冻精2000支和畜牧业养殖技术书籍；畜牧业专家团成员和正蓝旗苏木产业指导员、致富带头人、养殖户代表及牧业公司负责人近50人参加开班仪式。

培训班期间，李喜和教授等3位畜牧业专家聚焦牧业提质和牧民增收，围绕牛羊养殖及疾病防控等方面知识，为参训人员进行了理论授课。授课结束后，6位畜牧业专家还赴上都镇黄旗嘎查王国华家庭牧场和黑城子示范区昕元牧业公司对牛羊养殖企业及部分参训人员进行了现场教学指导。

此外，自治区侨联副主席、包头市侨联主席田来怀还代表自治区侨联和包头市侨联向正蓝旗医院捐赠了药品，医疗专家服务团的2位医疗专家与医院医护人员围绕儿科和妇女常见疾病防治知识进行了深入探讨和交流，分享医疗救护心得。

本次活动，共邀请到了来自内蒙古大学、内蒙古农业大学、赛科星研究院、自治区农牧业科学院等单位的6位畜牧业专家和2位医疗专家参与。活动中，专家们坚持精准帮扶，充分发挥专业优势，根据基层需求开展技术指导，有效解决了畜牧企业、牧民群众和医疗工作者在工作实践中遇到的困难和问题，对加快转变正蓝旗养殖业发展方式，全面提升养殖水平、经济效益和医疗诊疗水平，促进农牧民增收、提高妇女儿童健康保障水平具有重要意义。

自治区侨联文化经济联络部部长孙忠华，锡林郭勒盟委统战部副部长、侨办主任、侨联主席郝俊华，正蓝旗旗委常委、统战部长李汉芬及盟、旗两级侨联负责同志参加活动。

（中国侨网2020-07-17）

上海海外联谊会推动海外华商服务进博会工作启动

中共上海市委统战部近日发布消息称，上海海外联谊会推动海外华商服务第三届中国国际进口博览会工作已正式启动。

据介绍，中共上海市委统战部、上海市政府侨办、虹桥商务区管委会、上海市公安局境外非政府组织管理办公室16日联合在虹桥海外贸易中心举行上海海外联谊会入驻虹桥海外贸易中心暨海外华侨华人服务进博会启动仪式。

这也标志着上海海外联谊会推动建立海外华侨华人服务上海"三大任务、一大平台"建设的平台正式运营，也标志着海外华侨华人服务第三届进博会工作的正式启动。

当天，中共上海市委常委、统战部部长郑钢淼，上海市副市长、虹桥商务区管委会主任许昆林出席启动式，并为新西兰中国国际贸易促进委员会、智利中华总商会上海办事处揭牌。上海市政府副秘书长尚玉英，中共上海市委统战部副部长、市政府侨办主任王珏，虹桥商务区管委会常务副主任闵师林，上海市公安局副局长蔡田，虹桥商务区管委会副主任金国军等出席。

仪式结束后，郑钢淼调研了入驻虹桥海外贸易中心的上海市台湾同胞投资企业协会、新加坡中华总商会。

虹桥海外贸易中心是虹桥商务区承接进博会溢出效应、服务虹桥国际开放枢纽和国际贸易中心新平台建设的重要创新举措，也是上海第一个专门为海内外贸易机构服务的功能性集聚平台。

上海海外联谊会在虹桥商务区管委会和上海市公安局境外非政府组织管理办公室的支持下，积极推动海外华人商协会入驻虹桥海外贸易中心，打造"虹桥海外华商会进博及贸易促进中心"，集聚海外华侨华人形成合力，共同支持海外华商协会和华侨华人服务进博会及虹桥国际开放枢纽建设。

目前，除新西兰中国国际贸易促进会、智利华商联合总会正式在虹桥海外贸易中心设立办事处外，英国上海商会、北欧商贸投资促进会、肯尼亚上海商会也正在虹桥海外贸易中心筹备设立上海办事处。

（中国侨网2020-07-20/童舟，许婧）

天津面向海内外引进紧缺人才 岗位需求共1.8万个

为加快集聚海内外高层次人才、助推经济社会高质量发展，天津市18日面向海内外发布2020年高层次和急需紧缺人才引进需求，本次岗位需求共1.8万个，覆盖科技、教育、卫生、金融等多个行业，涉及人工智能、生物医药、新能源新材料、新一代信息技术、高端装备制造等战略性新兴产业。

在需求岗位方面，包括了面向海外高层次和急需紧缺人才招聘的金融业务岗、数据服务岗、PO/SM生产技术专家、云计算专业教师岗、水产养殖开发、超级电容器研发岗位等1520类岗位，面向国内高层次和急需紧缺人才及优秀高校毕业生招聘的造价审核岗等2557类岗位。

（《人民日报海外版》2020-07-20）

广西柳州市举行新侨创新创业经验分享会

广西柳州市新侨创新创业经验分享会日前在柳州城市职业学院举办，新侨创业者及海归代表齐聚一堂，分享创新创业经验，推动新侨人士沟通合作。

新侨创新创业经验分享沙龙活动由柳州市归国华侨联合会举办，主要是搭建政企、校企以及企业之间多方交流平台，加强彼此沟通与联系，为凝聚侨界创新创业力量提供支持。同时，进一步了解侨界人士在创新创业过程中的需求及瓶颈问题，提供针对性的服务措施。

柳州市侨联主席杜新权表示，希望大家主动利用侨界优势，发挥新侨和海归人士贯通中外、思维活跃、开拓创新、善于联合合作等特点和优势。积极为柳州经济社会发展聚焦问题、坦诚建言、务实献策。通过此次活动，分享创业经验，共聚创新梦想，为创业助力，为创新添彩。

广西侨联秘书长李开伟表示，侨联组织要在服务新侨创新创业工作中展现作为。希望柳州市侨联为新侨创新创业做好服务，营造好氛围，加大对典型经验和突出人才的宣传力度，大力弘扬创新创业文化和精神；做好竭诚服务。积极为新侨牵线搭桥，多解决实际性的问题；积极协调，落实好政策，让新侨创业者都能"用其智、得其利、创其富、圆其梦"。

（中国侨网2020-07-20）

海南省侨联积极服务侨商考察洽谈投资项目

海南省侨联充分发挥联谊联络海外华侨华人社团的职能优势，近日通过浙江省侨联，联系对接葡萄牙、奥地利、澳大利亚、阿根廷等海外华侨华人社团代表到海南开展商务考察。

由葡萄牙华人企业联合会执行主席、平湖国际进出口商品城董事长陈坚，奥地利奥中友协华人委员会名誉主席路明，澳大利亚浙商总会澳洲分会副会长张维钢等华侨华人企业家组成的商务考察团日前到海口、定安考察投资项目，深入了解海南自贸港产业发展、税收政策、营商环境等方面情况，并就拟投资建设的相关项目进行交流洽谈。

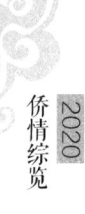

定安县委书记刘峰松介绍了定安的产业发展、区位优势和营商环境等，欢迎侨商来定安投资。海口综合保税区管委会副主任熊文佳着重介绍海南自贸港的优惠税收、融资政策和产业发展政策，希望加强与侨商合作，引进侨商投资项目参与自贸港建设。

在期间海南省侨联组织召开的座谈会上，海南省侨联主席黎才旺表示，希望浙江侨商充分发挥资金、人才等资源优势，抓住机遇、找准项目、洽谈签约，争取投资落户海南，带动以侨引侨、以侨引资、以侨引智，为海南自贸港建设作出侨界贡献。

（中国侨网2020-07-22/陈苏琤）

北京市侨联党组书记一行赴中医药博物馆调研

日前，北京市侨联党组书记赵宏生一行前往中医药博物馆调研。

赵宏生详细了解了博物馆的基本情况，中医药博物馆于1990年建馆，2015年起免费对社会开放，设有2个展厅，展览展示总面积1 500平方米，是一座收藏丰富、内容系统的专业性博物馆，是全国中医药文化宣传基地、北京市科普教育基地、北京市爱国主义教育基地、北京市中医药文化旅游示范基地及北京市青少年外事交流基地，博物馆深入挖掘基地资源及其思想内涵，借助一味中药、一件文物、一个医家故事，激发参观者的爱国热情，弘扬社会主义核心价值观，让民族精神和以改革开放为核心的时代精神在中医药博物馆得到传播，增强文化自信。

博物馆馆长卢颖详细介绍了博物馆的机构设置、运行模式和工作内容，演示了数字博物馆和"北中医博物馆"官方微信平台，网络和新媒体平台的运用进一步扩展了博物馆的社会教育功能。

北京中医药大学党委副书记靳琦代表学校欢迎赵宏生书记的到来，全面介绍了学校和博物馆成立、发展和运行情况。学校是新中国最早成立的高等中医院校之一，被誉为中国中医药领域的首善院校和最高学府，为世界87个国家和地区培养了14 000余名中医药专门人才。先后与27个国家和地区的92所知名大学和研究机构建立了良好的合作关系。博物馆坚持动静结合、一专多能，做到学校教学、科研和社会服务相结合，在国内外中医药交流中发挥了重要作用；致力于传承中华文化，主动走进课堂、深入社区，在宣传普及中医药知识和养生文化中发挥了重要作用。

北京市侨联副主席李登新介绍了市侨联开展文化交流活动情况和中国华侨国际文化交流基地申报范围、申报条件以及认证工作，希望建立合作机制，把中医药知识推向世界，弘扬中华优秀文化。

赵宏生说，中医药博物馆内容非常丰富，从收藏的历代医药文物、善本医籍和各类中药标本中，感受到深厚的中华文化和中国医药发展史，再现了包括少数民族医学在内的祖国医学成就，是文化自信的真实体现。从原始社会到新中国成立、建设、发展，中医药文化均贯穿其中，是文化传承的平台，是文化交流的窗口，是国内国际文化展示的阵地。从老师追求卓越、止于至善，人心向学、传承创新的工作态度和爱岗敬业上，感受到了老师身上的文化精神、文化气息和对中医药文化的热爱。

赵宏生希望北京中医药大学中医药博物馆能申报中国华侨国际文化交流基地，为发展中医药事业、传承中医药文化、开展海内外文化交流活动提供平台，共同为北京"四个中心"建设做出努力。

北京市侨联二级巡视员刘峰参加调研座谈。

（中国侨网2020-07-27）

"广西三月三·乡音播全球"网上民族服饰大赛"云端"举行

"广西三月三·乡音播全球"第二届网上民族服饰大赛近日在"云端"举行，吸引众多侨胞通过网络，体验精彩的广西少数民族文化视听盛宴。

中国驻英国大使馆参赞卢海田通过网络致辞，他说，疫情虽然阻挡了人们身体上物理的接触，但挡不住感情、心理和文化交流，此次活动节目内容丰富，展示了广西壮乡独特的服饰文化，对促进文化交流，系紧亲情纽带有特殊的意义。

广西侨联副主席潘伟红向旅居英国的广大海外桂籍乡亲和父老们致以诚挚的问候，她希望通过此次活动，展示优秀的广西民族文化，为在英侨胞送去乡音，抚慰乡愁。

"希望各侨团继续秉持爱国爱乡、服务侨胞的宗旨，积极搭建广西与英国民间经济文化文流合作平台，引导旅英桂籍侨胞，增进中华文化认同感。"潘伟红说。

据悉，此次活动由英国广西华人华侨社团联合总会主办，英国中华工商联、英国广西侨商总会等协办，旨在提升广西壮乡文化在海外的知名度和美誉度。

（中国侨网2020-07-28/林浩）

浙江成立"侨连天下"云平台

为更好地传递侨音、展示侨情、凝聚侨心、汇集侨力，更全面地服务海外侨胞，7月28日，由（浙江）省侨办、省侨联、《浙商》杂志联合打造的"侨连天下"云平台和侨音融媒体中心在浙江日报报业集团正式成立。

据悉，作为浙江侨务传播迈入"合而为一、融合传播"发展新阶段的重要标志，"侨连天下"云平台和侨音融媒体中心聚合《侨音》杂志、侨音云阅读平台、浙江省侨联微信公众号、浙江省侨联网站、全省各级侨联微信公众号，以及海外华文媒体、海外华文学校、海外侨团等机构和组织的新媒体平台，构建立体化、多样化、融合化发展的现代传播体系，在智库、培训、会展活动、技术等方面为浙江侨界提供更精准、更个性、更高效的服务。

当天，由省侨办、省侨联联合温州大学共同筹建的浙江华侨网络学院正式授牌成立。

（浙江在线2020-07-29/万笑影，赵加慧）

海口市侨联举办涉侨纠纷多元化解工作培训班

海口市侨联日前举办全市侨联系统海南自由贸易港政策解读及涉侨纠纷多元化解工作培训班。

培训会上，海南政法职业学院副院长朱绵茂结合国际国内形式，从出台背景、政策优势、制度体系等方面，深入浅出地解读《海南自由贸易港建设总体方案》，让参训人员有了更加深入的认知和理解。海南省律师协会副会长程晓东、海口市中级人民法院民三庭副庭长傅萍从法律法规的角度结合具体案例，为参训人员解读《中华人民共和国民法典》和涉侨纠纷调解相关政策法律法规。

海口市侨联党组书记、主席陈文培表示，海口市侨联今后将通过多种途径深化侨务工作者对海南自贸港政策相关知识的学习，更好地服务海南自贸港建设。

会上还举办了海口市侨联青年委员会全体大会暨疫情期间优秀人员表彰大会，对新冠肺炎疫情期间表现突出的青年委员进行表彰。

（中国侨网2020-08-02/陈德壮）

"侨团商务考察"系列活动在海南自贸港重点园区开展

以"激发当好自贸港建设宣传员、参与者和推动者的热情"为主题的琼籍海外侨团商务考察活动日前在海南自贸港重点园区开展。

为吸引海外琼籍侨胞参与到海南自贸港建设中，海南省委统战部（省侨办）组织来自14个国家18个侨团的侨胞到洋浦经济开发区、三亚崖州湾科技城、海棠湾亚太金融小镇等进行贸易投资考察交流活动，寻求合作商机。考察团一行听取了规划发展介绍，到洋浦港码头实地参观建设情况，并分别与各园区招商引资等部门以及金融小镇负责人进行座谈，开展有关政策咨询交流。

考察团成员表示，通过考察交流进一步深化对《海南自由贸易港建设总体方案》的理解，亲身感受到各园区、各单位加快推进海南自贸港建设速度，很好地与园区等服务人员建立联系沟通渠道，为今后项目引进奠定良好基础。其中一些侨团侨商初步达成投资意向。

据了解，此前，"侨团商务考察"系列活动已在海口江东新区、海口综合保税区、澄迈海南软件园、博鳌乐城国际医疗旅游先行区、定安县塔岭开发区等多地进行。下一步，海南省委统战部（省侨办）将结合实际继续组织开展好侨团商务考察活动。

（中国侨网2020-08-04/黄文慧）

福建南安首条华侨精神文化长廊亮相

"老师老师，这里什么时候多了这么一条长廊呀，有好多华侨伯伯呀！"福建省南安市英都镇良山小学的部分同学（坂埔古厝宣讲志愿者），近日在老师的带领下，来到英都镇云从古室参观，惊叹不已。

同学们发现这里设立了一条35米长的"南安华侨精神"主题文化长廊，在长廊图板前仔细阅读，眼中满是崇敬。

英都镇是侨乡，拥有海外侨胞和港澳台同胞1.9万多人，归侨、侨眷1.1万多人。多年来，广大华侨华人虽旅居异国他乡，却始终坚守一份笃定的中国心、故乡情。

新加坡侨胞洪恭兰一生热心公益，捐资支持家乡的教育、卫生事业建设，其子洪永裕也多次慷慨捐资，创立了教育基金会。新加坡侨胞洪恩惠多次捐资助学、修建公路，在英都镇良山村捐资建设的南安市恩惠中学，解决了附近6个村孩子的小学升初中的入学问题。印尼侨胞洪桂林为英都的教育、医疗、交通等多项事业做出了诸多贡献，他认为，"一切皆可改变，唯有爱国精神不能丢"。

为进一步弘扬好南安华侨精神，英都镇充分利用辖区内云从古室旁闲散空地，结合闽南建筑特色架墙立柱，依墙建设了这条华侨精神文化长廊，居民们在散步时就能感受到南安侨胞的正能量。

此次带领学生参观长廊的洪老师说，良山小学这几天正开展坂埔古厝宣讲志愿者公益夏令营活动，花点时间带同学们到长廊，既能陶冶情操，也能趁机让大家了解南安华侨精神、了解英都乡贤、感受正能量，很有教育意义。

（中国侨网2020-08-05/陈晓龙，林颖，曾金珠）

山东省侨联举办山东产业经济质量发展座谈会

8月5日下午，山东省侨联在济南举办了"山东产业经济质量发展——品牌核心驱动力"座谈会。座谈会由省侨联党组成员、副主席卢文朋主持，来自粤港澳大湾区品牌研究院的首席品牌战略专家李远辉教授和全省十余家侨资企业的负责人参加会议。

会上，与会嘉宾紧紧围绕山东省产业转型升级、新旧动能转换、双招双引等工作，结合企业发展现状和所在地区产业规划、企业品牌建设发展等进行了广泛而深

入的交流。李远辉就大家关心的品牌建设热点、难点问题进行了互动交流，并介绍了粤港澳大湾区品牌研究院的基本情况。

大家一致表示，应当高度重视品牌建设，全面提升品牌核心驱动力，进一步明确发展目标、做好长远规划、加大必要投入，力争品牌建设工作取得实际成效。要加强与粤港澳大湾区等经济活跃地区的联系与对接，借力发力、增强合作，为我省优化品牌结构，提高品牌竞争力，提升品牌国际化水平，建设品牌强省做出积极贡献。

（中国侨网2020-08-06）

"百侨同心送百福"书法笔会为世界抗疫祈福

由致公党福建省委会主办的"百侨同心送百福"书法笔会，7日在福州三坊七巷古街区内的"中华福馆"举行，来自16个国家和地区的21位闽籍侨领参加活动。

本次书法笔会是庆祝中国致公党成立95周年暨致公党福建省委会成立40周年系列活动之一。活动期间，与会嘉宾及侨领手执"福"字合影，共同为全世界抗击疫情祈福祝愿。

福建省政协副主席、致公党福建省委会主委薛卫民在笔会中指出，40年来，致公党福建省委会立足福建侨乡优势，与闽籍侨领亲密互动，以中国传统文化为桥梁纽带，不断增进侨台同胞的文化认同、民族认同和国家认同，创建多个中国传统文化研习基地，切实增强了海外华侨和华裔青少年的文化认同、心灵契合。

薛卫民称，举办此次"百侨同心送百福"书法笔会，以写"福"送"福"为正在抗击新冠肺炎疫情的中国同胞和各国民众祈福呈祥。

薛卫民表示，写"福"送"福"是中国传统民俗活动，就是要把"福"气传递给世界各国人民，传递爱心、温暖人心、坚定信心，共同传递抗疫的正能量。

据美国福建联合总会荣誉主席李贵明介绍，疫情紧紧牵动着他的心，今年3月6日他手持亲笔"福"字榜书，亮相美国纽约时代广场纳斯达克大屏上，通过这一具有世界影响力的传播平台，为正在抗击新冠肺炎疫情的中国同胞和各国民众祈福呈祥、加油鼓劲，喊出"我们一定赢"的最强音。

李贵明表示，以独具中国特色的"福"字书法作品，传达"有'福'与世界人民共享"的美好祝愿，展示中国人在抗击世界性灾难中的责任担当，与全世界人民共进退、同奋进的大国风范和大爱情怀。

俄罗斯福建联合总商会执行会长李立勇在活动现场也写了个"福"字。他表示，今全球疫情蔓延较为严重，希望把中国的"福气"传递到全球每个地方，为正在抗击疫情的海内外同胞和世界人民祈福呈祥，同时祈福新冠病毒早点消除。

（中国新闻网2020-08-07/张金川）

鄂尔多斯市侨联举办社会组织管理专题培训班

为推动侨联基层组织建设纵深发展，8月6日，鄂尔多斯市侨联在东胜区举办"凝聚侨界力量 共谋时代发展"社会组织管理专题培训班。鄂尔多斯市侨联党组书记、主席胡日嘎主持开班仪式并讲话，鄂尔多斯市纪委监委派驻市委统战部纪检监察组组长耿涛出席开班仪式。

本次培训为期2天，各旗区侨联干部、市侨联所属社团和"侨胞之家"负责人以及部分社会组织工作人员共100多人参加培训。培训班特邀了上海卓越公益组织发展中心理事长、重庆卓越社会组织服务中心主任徐本亮作主讲老师，围绕社会组织的治理、社会组织的项目管理以及社会组织参与政府购买服务等内容进行专题辅导。

（中国侨网2020-08-07）

海南省侨联涉侨纠纷人民调解委员会挂牌成立

今天上午，海南省侨联涉侨纠纷人民调解委员会在省侨联服务中心挂牌成立，并为25名人民调解员颁发证书，致力为归侨、侨眷和海外侨胞及时化解矛盾纠纷，切实维护侨益。

海南省侨联相关负责人在挂牌仪式上表示，省侨联涉侨纠纷调委会要积极配合省侨联做好维护侨益工作，配合人民法院及有关方面做好涉侨纠纷调解化解工作，努力做好涉纠纷侨胞的教育引导，指导应诉等法律服务，促进矛盾及时化解调解。要充分发挥省侨联法顾委、律师团作用，争取人民法院、司法行政部门和其他调解组织的指导，利用侨联海外联谊联络的职能优势，加强与海外仲裁、调解机构交流合作，不断提高涉外调解化解能力水平。

据了解，海南是著名的侨乡，海外侨胞人数众多，在加快建设海南自由贸易港的背景下，将吸引越来越多的侨胞回琼投资兴业，成立涉侨纠纷调委会为维护侨胞权益起到保障作用。

（《海口日报》2020-08-08/蔡佳栩）

西安侨联调研"中国华侨国际文化交流基地"建设

日前，市侨联有关领导带队到"诗经里小镇"和西安城墙景区，考察调研"中国华侨国际文化交流基地"建设发展情况。

在"诗经里小镇"，市侨联实地考察了小镇建设发展情况，并就下一步加深经济文化合作、做响做硬"中国华侨国际文化交流基地"品牌与相关企业负责人深入交换了意见。在西安城墙景区，市侨联希望能持续推进侨联与"中国华侨国际文化

交流基地"的合作建设，充分发挥基地在拓展海外宣传、增强国际影响力方面的品牌效应，讲好西安故事，传播中国声音。

据了解，"中国华侨国际文化交流基地"是中国侨联以"侨与中国梦"为主题，以中华文化为核心，以民族文化、地域文化为特色，以华侨文化为纽带建设的交流平台，是丰富"亲情中华"主题活动内涵、服务社会主义文化强国建设的重要载体。目前，全国各省、市、自治区共有270个单位已入选为"中国华侨国际文化交流基地"，其中，西安市侨联分别于2018年、2019年申报西安城墙景区、"诗经里小镇"成功获批"中国华侨国际文化交流基地"，并在之后进行了多次友好互动与合作，进一步提高了西安在世界华侨华人中的认知度和好评度，对于宣传西安和提升西安的国际影响力起到了不可或缺的积极作用，为西安乃至中华民族的文化复兴注入了源头活水。

（西安新闻网2020-08-10/朱雪娇）

四川省妇联、侨联共建"侨界妇女之家"

为搭建四川和海内外侨界妇女间交流合作的平台和载体，团结凝聚更多的海内外川籍侨界优秀女性，近日，中国侨联副主席、四川省侨联主席刘以勤，四川省妇联党组副书记、副主席吕芙蓉共同为"四川侨界妇女之家"揭牌，并出席"灼灼其华木兰情 朗朗书声伴侨行"读书会活动。

四川省侨联主席刘以勤回顾了何香凝、唐闻生、郎平等女性侨领，号召侨界女性向侨中翘楚学习。省妇联副主席吕芙蓉向"四川侨界妇女之家"的成立和受聘的8名"妇女之家"家长表示热烈祝贺。她说，"侨界妇女之家"大有可为，希望"家长"们当好侨界妇女的贴心人、思想的领路人、就业的引路人和权益的守护人。

读书会上，西华大学党委书记、省侨联特聘专家委员会副主任委员边慧敏，成都阅读协会会长、成都女企业家协会会长米瑞蓉，中国侨商联合会副会长、四川万汇文化投资有限公司董事长宋汶栗，全国"三八红旗手标兵"、四川大学华西医院新药临床前安全性评价中心主任王莉，全国人大代表、启阳投资管理有限公司董事长王麒，国家"梅花奖""文华表演奖"获得者、成都市川剧研究院常务副院长陈巧茹，奥运冠军、四川省排球中心主任张山，中国话剧"金狮奖"获奖者、四川省人民艺术剧院国家一级演员董凡等八位侨界知名女性被聘为首批"四川侨界妇女之家"家长并发表入驻感言，纷纷表示要用爱和责任为四川侨界女性建造一个温暖的家。

美国南加州华人社团联合会会长陈慧碧、美国知名华人记者高娓娓、澳大利亚川渝科技文化交流委员会主席曾毅博士等海外杰出川籍侨界女性代表纷纷发回视频，对"四川侨界妇女之家"落成表示祝贺。

一直以来，四川省妇联、省侨联按照"资源共享、阵地共建、合力服务群众"的要求，整合四川侨界和妇女界的资源，联合打造"四川侨界妇女之家"，依托"侨之家"开展侨界女性主题活动，将其打造成联系服务侨界妇女群众的窗口和展示侨界妇女风采的国际化交流平台，并助力四川形成"四向拓展、全域开放"对外开放新格局。

（中国侨网2020-08-11）

北京市侨联举办2020年港澳和海外侨领国情研修班

8月18日，北京市侨联与北京社会主义学院联合举办的2020年港澳和海外侨领国情研修班正式开班。此次研修班采取网络教学的方式，学员由北京市侨联、天津市侨联、河北省侨联共同邀请。共有来自五大洲29个国家和地区的47位侨领参加。

北京市侨联党组书记赵宏生在开班动员讲话中讲到，今年年初，突如其来的新冠肺炎疫情，改变了我们的工作和生活方式，我们对侨胞的挂念比以往任何时候都更加强烈，我们同侨胞的情谊也比以往任何时候都更加坚固。感谢各位侨胞在国内疫情暴发之初就伸出援手，为国内疫情防控工作贡献了侨界的特殊力量。

赵宏生书记对学员们提出了三点希望：一是希望侨胞做好个人防护，发挥侨团作用，配合我驻外使领馆开展工作，积极参与当地疫情防控，树立良好形象；二是希望侨胞当好民间大使，在海外积极介绍中国的现实国情和发展状况，让世界充分了解一个全面真实立体的中国和迈向国际一流和谐宜居之都的北京；三是希望侨胞继续支持侨联事业，在自身事业发展的同时，一如既往地关注和支持北京市侨联，广泛参与侨联的各项工作，与北京市侨联一起，共同开创侨联事业的新篇章。

研修班为期三天，开设"疫情冲击与中国宏观经济""民法典——开启中国法治新时代"等课程。主讲教师均为国内在此研究领域的著名专家学者。此次研修班是北京市侨联在疫情防控常态化下的积极尝试和探索，是开展联谊联络工作的新方式方法。报名阶段就得到了港澳和海外侨界的积极响应，大家都非常期待这一次网上相聚，希望通过学习进一步增强对祖（籍）国的认知。

（中国侨网2020-08-21）

山东省侨联办民法典专题讲座　冀侨界群众提高法律素养

日前，山东省侨联举办讲座，邀请省侨联法律服务中心北京德恒（济南）律师事务所尹芳律师对民法典进行专题辅导。山东省侨联党组成员、副主席卢文朋主持讲座，省侨联机关全体干部职工及省侨联"双报到"社区千西社区部分干部职工和社区群众参加了讲座。

尹芳律师的讲座内容丰富、深入浅出，得到了在座干部群众的一致好评。

卢文朋表示，希望大家以本次讲座为契机，把民法典作为当前和今后一段时间的重点学习内容，努力提高法律素养，在侨界群众中带头营造办事依法、遇事找法、解决问题用法、化解矛盾靠法的法治氛围，为促进侨界和谐、建设法治山东作出应有的贡献。

（中国侨网2020-08-31）

广东中山侨界群众文化节开幕　中山新侨服务中心启动

近日，由广东省侨联和中山市侨联主办的"风韵南粤　人文湾区"2020中山侨界群众文化节开幕式暨"侨连四海"信息矩阵点亮仪式在中山市博览中心举行，"中山市新侨服务中心"在中山市行政服务中心正式启用。

广东省侨联副主席邵瑾，中山市委常委、统战部部长梁丽娴，中山市政协副主席郭惠冰，中山市侨联主席刘志巍等出席开幕式，点亮"侨连四海"信息矩阵，并为"中山市新侨服务中心"揭牌。

邵瑾充分肯定了中山侨界群众文化节自创办以来取得的成绩。在中山市侨联的坚持和努力下，中山侨界群众文化节不断创新发展，进一步增强了各级侨联的组织力、影响力和凝聚力，已成为全省侨联系统的文化品牌活动。希望侨界携手共同致力于弘扬中华文化、讲好中国故事、讲好中国制度故事、传播好中国声音，为推动"一带一路"建设和构建人类命运共同体作出侨界应有贡献。

梁丽娴希望中山市侨联不断提升中山侨界群众文化节的影响力、传播力、引导力，以更加强劲的正能量、更加高昂的主旋律，激励广大侨界群众听党话、跟党走，为建设"湾区枢纽、精品中山"，为实现中华民族伟大复兴的中国梦作出新的更大贡献。

刘志巍介绍，作为2020中山侨界群众文化节开幕式的一大亮点，"侨连四海"信息矩阵正式成立，这是中山市侨联进一步凝聚侨心，搭建中山与世界的侨界信息平台。除10个市侨联直属团体、24个镇区侨联、22个侨界人文社区加入外，全球共23个国家和地区55个侨团也加入阵营，成为世界了解中国、了解中山的重要桥梁。尤其是在新冠肺炎疫情全球蔓延的环境下，信息矩阵更成为乡情联系的纽带，体现家乡对中山海外侨胞、港澳同胞的牵挂。

中山侨界群众文化节创办于2010年，吸引了五大洲数十个国家和地区逾十万人次海外侨胞、港澳同胞和侨界群众的广泛参与，为丰富侨界群众的精神文化生活，引领侨界群众坚定文化自信，广泛凝聚海内外中华儿女力量发挥了积极的作用。

2020中山侨界群众文化节将陆续开展"童心绘英雄"侨界儿童百米长卷绘画

活动、第五届华侨华人"中山文学奖"颁奖典礼、"聚焦湾区法治发展 助力中山重振虎威"粤港澳大湾区侨界青年法治论坛、只"筝"朝夕奔小康——中山市侨界·香山筝乐团线上音乐会、"共同见证——中山侨界群众走在全面小康的道路上"影像与艺术展演等主题活动。

（中国侨网2020-08-31）

湖南省人大民侨外委赴省侨联调研"一法两办法"实施情况

近日，湖南省人大民侨外委主任委员龙朝阳一行到省侨联调研"一法两办法"贯彻实施情况，并参观了机关文化长廊。湖南省侨联党组书记黄芳，省侨联党组成员、副主席孙民生、李祖元参加。

座谈会上，孙民生就湖南省侨联贯彻实施归侨侨眷权益保护"一法两办法"情况作了汇报，并结合工作实际提出实施过程中存在的问题及建议。与会人员围绕纪念《中华人民共和国归侨侨眷权益保护法》颁布实施三十周年座谈会筹备事项进行了交流，并对下阶段工作进行部署。

龙朝阳对湖南省侨联贯彻落实"一法两办法"工作给予充分肯定。他指出，做好侨务工作，要深入学习贯彻习近平总书记关于侨务工作的重要论述，进一步提高做好侨务工作的责任感和使命感，推进侨务工作再上新台阶。要深入分析侨务工作国内国外环境新变化，找准工作的聚焦点和发力点。要加大侨法宣传力度，提高依法护侨水平，结合工作实际开展调研工作，为下一步湖南省人大常委会立法提出意见建议，切实维护好归侨侨眷合法权益。

（中国侨网2020-08-31/聂伊岑）

广东省侨联启动"云行动"搭建双"侨路"

广东省侨联全面推进侨联工作创新发展，启动"云行动"搭建线上线下双"侨路"，进一步凝聚海内外华商、侨胞力量，助力后疫情时代广东经济复苏，助推"一带一路"和粤港澳大湾区建设。

近日，"2020海外华商南粤行"暨"侨路天下"云行动出发仪式在广州举行，广东省侨联党组书记、主席黎静，清远市副市长李丰，美国美东华人社团联合总会主席梁冠军，美国潮商总会主席林辉勇，深圳侨商智库研究院理事长郑汉明，澳洲中华经贸文化交流促进会永远名誉主席吴飞鹏，广东国际华商会监事长盛宇宏等，以及80多位杰出华商和青年华商出席了活动。广东省侨联党组成员、副主席邵瑾主持仪式。

黎静介绍，面对国内外新形势，该活动进一步发挥侨界的特殊作用，更好凝

聚海内外数千万粤籍华侨华人的智慧和力量，尤其是对培育侨界年轻一辈的家国情怀，具有重要的现实意义。

"侨路天下"系列访谈是广东省侨联"云行动"其中一项，是与深圳市侨商智库研究院合作，聚焦分享当下全球经贸资讯、探讨疫情防控常态化下行业商机的系列访谈节目，每期节目以海外一个国家为主线，针对中外商界关注热点，发挥广东海外华商遍布全球的优势，用线上"云"的方式进行跨国访谈，为中外商界国际经贸合作，打造一条信息资讯互通的线上"侨路"。节目将在广东省侨联和广东国际贸易数字博览馆（ITOE）等线上资讯平台与商界和公众分享。

广东省侨联紧紧围绕统筹推进新冠肺炎疫情防控和经济社会发展等中心工作，紧跟形势发展，创新工作方式方法，线上与线下双轨驱动，在开展一系列"云行动"同时，推出一系列线下"侨路"活动。以"侨创南粤　走进清远"为主题的2020海外华商南粤行，组织了海外杰出华商、广东国际华商会企业家以及2020青年华商研习活动的青年华商们，赴清远市开展为期3天的经贸投资考察和交流，助力广清一体、入珠融湾、育新机、开新局。

"这是我第一次去清远，心里很是期待，希望能在深交老朋友的同时，广交一批新朋友。"梁冠军表示，该活动有助增进华商群体对祖（籍）国的了解，激发侨界二代、三代热爱家乡的热情，凝聚侨心、汇集侨智、发挥侨力；同时他们还是"民间大使"，是世界了解中国、了解广东、了解清远的重要桥梁。

长期热心捐助家乡农村各项公益事业发展的林辉勇，十分关注清远当地乡村振兴发展："每个村的地理位置、资源禀赋、产业结构、风俗习惯各有不同，通过此次走访，我希望找到一两个村做示范点，为清远山区农村发展出一份力。"

广东省侨联自今年4月起启动"云行动"，先后举办了"侨连五洲·同心抗疫"新冠肺炎科普"云讲座"暨全球连线、"亲情中华·为你讲故事"海外华裔青少年网上夏令营等，通过一系列"云行动"服务全球海外侨胞。省侨联将在疫情防控常态化的形势下，继续推出系列线上线下互动活动，通过线上线下双"侨路"，进一步凝聚侨界力量，在促进区域协调发展，加快构建以国内大循环为主体、国内国际双循环相互促进的新发展格局中，实现更大作为。

（中国侨网2020-09-01）

武汉市侨联推出系列电视专题片《侨英荟》

近日，武汉市侨联推出40集系列电视专题节目《侨英荟》，采访近50位武汉市侨界杰出代表，他们来自各行各业，代表老中青三代人，讲述了新中国成立70年来广大归侨侨眷和海外侨胞在祖国建设、武汉发展过程中的感人事迹和伟大贡献。

《侨英荟》共有老侨情怀、新侨先锋、侨商巨献、侨界新秀、凝心助侨、侨通四海6个系列。老侨情怀系列以"报国赤子"为主题，配合新中国成立70周年宣传重点，以老归侨的视角讲述武汉的发展和变迁，宣传老归侨为武汉建设发展作出的贡献以及他们与武汉的血肉之情。

新侨先锋系列以"创新先锋"为主题，重点聚焦近年回汉的新华侨华人创新创业发展的故事和成果，兼顾服务军运主题。

侨商巨献系列以"投资典范"为主题，重点聚焦成效显著、贡献突出的华侨华人及侨商在汉投资创业发展的故事和成果。

侨界新秀系列以"敢做勇为"为主题，重点聚焦承继华侨华人投身武汉发展热潮，创新创业取得新成效的新侨二代的故事和成果。

凝心助侨系列以"为侨平台"为主题，结合武汉市侨联成立60周年宣传，聚焦武汉市各级侨联工作基地在促进侨界交流、扩大合作共赢方面发挥的作用。

侨通四海系列以"交流使者"为主题，重点聚焦海外侨领，反映海外武汉籍华侨华人在促进武汉市与海外经济科技文化交流方面的工作动态和成效。

6个系列专题从纵横两个维度对武汉市侨联成立60年来所做的工作，对武汉市侨界涌现的优秀典型人物进行了全方面立体的呈现，内容丰富、体量庞大。40集专题片《侨英荟》，彰显了武汉市侨界人士爱国爱乡的情怀，弘扬他们的创新创业精神和报国兴邦志向，记录广大归侨侨眷、华侨华人投身武汉建设、改革和发展的感人事迹。《侨英荟》专题片的播出，激发了全市广大侨界群众建设"现代化、生态化、国际化"大武汉的巨大热情，产生了良好的社会效应。

在湖北省委宣传部举办的"礼赞新中国成立70周年——2019网络视听作品大赛"中，《侨英荟》从100多部作品中脱颖而出，荣获网络科教人文栏目类最佳作品奖。

（中国侨网2020-09-03/武汉市侨联）

学者谈南侨机工对抗战胜利贡献

"南侨机工回国抗战对中国抗日战争胜利和世界反法西斯战争胜利做出了独特重要贡献。"时值中国人民抗日战争暨世界反法西斯战争胜利75周年纪念日，云南师范大学华文学院华侨华人研究所副所长夏玉清博士接受了中新网记者采访。

南侨机工，全称"南洋华侨机工回国服务团"。1939年，先后有9批共计3193名南侨机工响应爱国华侨陈嘉庚发出的"南侨总会第六号公告"，回国担负起滇缅公路抗日军运任务。此外，还有由马来西亚士乃华侨社团自发组织回国的机工，由缅甸、泰国、越南、菲律宾社团直接派往中国的机工参与抗战。日机轰炸、车祸、疾病夺去了许多南侨机工的生命。据档案记载，有三分之一的南侨机工牺牲在滇缅公路上。

541

"从南侨机工回国抗战的背景来看，其对中国抗战的贡献尤为显著。"夏玉清介绍，1939年中国抗战形势极为严峻。为切断国际援华路线，日军封锁东南沿海港口，中国从国外购买的军事物资不得不从仰光经滇缅公路转运至中国境内，大批军事物资囤积在仰光待运，而由于国内严重缺乏汽车驾驶等技术人才，中国抗战前线所需军需不能及时补给。

"南侨机工的到来使中国抗战最大的军事运输机构'西南运输处'得以及时运转，他们将军事物资及时运至国内，并转运至兵工厂或前线，确保了正面战场的军需补给。"夏玉清表示，可以说，南侨机工在中国抗战中发挥了不可替代的作用。

"另一方面，南侨机工对世界反法西斯战争胜利、维护世界和平做出了重要贡献。"夏玉清介绍，抗战时期的"滇西战场"是中国、英国和美国联合作战的汇合点。1942年5月，滇缅公路中断后，中美开辟"驼峰航线"运输军事物资，南侨机工不仅在印度机场装运军事物资，而且将抵达昆明的物资运送到前线。一部分南侨机工则以其语言、技术优势服务于盟军军事机关；在中国远征军入缅作战期间，南侨机工还曾担任翻译、文员，协助盟军作战，"他们的卓越表现也得到了英美盟军的肯定和赞赏"。

"南侨机工回国抗战是中华民族面临外敌入侵之时，海外炎黄子孙为拯救祖国的无私奉献和伟大行动，是海外华侨支持祖国抗战的重要史实和历史记忆。"夏玉清表示，他们所代表的战胜困难的坚定信念、对祖国的认同，以及困难面前勇于创新的宝贵精神财富在当今时代依然具有重要价值和意义。

夏玉清说，以史为鉴，在当今时代，我们首先要坚定中华民族伟大复兴信念，脚踏实地做好本职工作；其次要以南侨机工精神激励"技术创新"，提高自身能力和水平，提升国际竞争力。

他同时认为，应加强宣传和弘扬，让包括海外华侨华人在内的更多人铭记华侨先辈的这段历史，亦让更多华侨华人参与到祖（籍）国建设发展中来。

（中国新闻网2020-09-03/马秀秀）

海南举行现场交流会推动归难侨住房改造

海南省侨联和海垦控股集团4日联合在屯昌县召开海南全省归难侨住房改造现场交流会。海南省自然资源和规划厅、海南省住房和城乡建设厅等部门以及海南农垦垦区涉难侨农场、华侨农场和市县侨联等单位代表参会。

会议介绍，海南省的归难侨集中安置在海南农垦垦区涉难侨21个农场公司和5个华侨农场。目前，海南省农垦垦区和华侨农场的归难侨总人数约3.4万人。由于各种原因，归难侨住房困难问题较突出。

对此，海南出台《海南省垦区建房管理办法》等相关规定。海南省侨联等部门多次组织开展专题调研，海垦控股集团还专门制定解决归难侨问题的意见。

据介绍，举办此次现场交流会旨在推动海南省归难侨住房改造工作深入开展，带动和促进解决归难侨住房改造问题，增强侨界民众的获得感、幸福感和安全感，助力海南自贸港建设。

屯昌县中建农场和白沙黎族自治县龙江农场代表在会上就推进归难侨住房改造作了经验介绍，会议还对归难侨建房相关政策进行解答。此外，与会代表还到中建农场侨二队和侨三队归难侨建房改造现场进行考察学习。

海南省侨联党组书记、主席黎才旺在讲话中指出，海南省委省政府一直以来高度重视归难侨住房改造工作，海南省侨联将按照要求持续关注归难侨的住房等民生问题，与海垦控股集团、省住建厅、省资规厅、省安难办等有关部门共同努力，在归难侨建房土地规划报建、学习推广先进经验做法、加强归难侨思想教育引导、筹措建房资金等方面加强工作、形成合力，积极推动解决归难侨住房改造问题，解决归难侨的利益诉求。

海垦控股集团党委副书记、工会主席邢帆在讲话中介绍了该集团为推进归难侨住房改造所采取的系列措施和取得的成效。他表示，接下来将总结经验，积极配合省及市县政府部门，进一步提升做好垦区归难侨住房等民生工作水平，努力改善归难侨群体的生活条件；同时还将结合产业帮扶，增加归难侨职工的就业机会，提高经济收入。

（中国侨网2020-09-05/张茜翼）

厦门首个"侨批展厅"二期展览开馆

"侨批展厅"又更新了！厦门首个"侨批展厅"带着全新的主题和展品如约而至，日前在厦门侨批广场举行二期展览开馆暨侨批文化铜雕揭幕仪式。

本期展示了1884年的侨批（迄今福建省发现最早的盖有水客印章的侨批），以及来自全球五大洲、有着鲜明时代印记的40余件特色侨批及回批实物。

本期展览由知名侨批收藏与研究者黄清海先生和林南中先生协助，以"侨批中的家国情怀""下南洋与侨批业""侨批与网络"为主题，通过侨批实物、多媒体和文创图片等方式融合150多件侨批实物和电子资料，从更丰富的角度和层面展示"世界记忆遗产"古老而又年轻的魅力。

思明区侨联苏枫红主席表示，去年侨批展厅建成后与毗邻的侨批广场，记载着悠长的历史、灿烂的文化和厚重的情怀，彰显福建及厦门侨乡文化特有的魅力，引起了前来参观的市民和来自五湖四海游客的热烈反响。

厦门市侨联副主席洪春凤指出，中山路的建设、繁荣、发展与侨"密不可分"，这里承载并记录了多年来华侨们的记忆与身影，要把侨批展厅这个小小的展

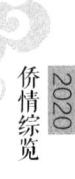

厅，作为对外展示的大大的窗口，更好地保护、宣传侨批文化，将爱国爱乡、包容奉献的华侨精神发扬光大。

在现场，知名侨批收藏与研究者黄清海先生为来宾们做了详细的讲解，一段段尘封的历史逐渐浮现。来宾通过参观陈列柜摆放的珍贵侨批实物和互动交流，深切感受侨乡新貌、侨乡文化和海外华侨华人的奋斗史，以及华侨先辈对厦门社会、文化、经济发展所做出的重要贡献。

（中国侨网2020-09-07/林晖琳）

江苏省侨青会举办侨界青年双创发展交流活动

为加强对侨界青年的思想引领，营造"大众创业、万众创新"的浓厚氛围，日前，江苏省侨青会在常熟市举办"创青春——江苏侨界青年双创发展分享"苏南片区交流实践活动。省侨联二级巡视员李发勇，苏州市侨联主席沈晋华，常熟市委统战部副部长、市侨联主席、市侨办主任王小民，中国侨联青年委员会副会长、省侨青会会长、香港九龙集团董事长孙曦以及省侨青会省直单位和苏南五市侨青委员代表近50人参加活动。常熟市委常委、统战部部长张建强看望与会人员。

侨青委员们在"创青春——江苏侨界青年双创发展分享"交流会上积极互动。孙曦发表讲话，分析了侨界青年的发展机遇与时代担当，勉励侨界青年以创业创新为价值追求，发挥融通中外的优势，加快新产业、新技术、新业态、新模式创新步伐，为新江苏建设贡献侨力侨智。

侨青代表徐振凯、唐冠玉、姚中彬、赵惠丹作了专题发言，围绕共建侨界创新生态、把握后疫情时代企业机遇、探索创业投资路径、构建数字产业链供应链等话题，分享了创业经验与体会，对侨界青年创业创新提出建议。

受省侨联周建农主席委托，李发勇代表省侨联讲话，充分肯定交流会取得的成效，希望侨界青年高扬创业创新主旋律，为新江苏建设贡献新动能。全省各级侨青组织要立足侨青特点，构筑支持创业创新的服务体系，发挥产学研合作的枢纽作用，释放"地方侨联+大学侨联+校友会"机制优势，推进人才资源向发展动力转化；搭建侨青创业合作的机制化平台，让共建、共享、共赢成为侨界青年的自觉行动；积极打造深受侨界青年信赖欢迎的服务品牌，为侨界青年创业发展持续不断赋能。

沈晋华在讲话中表示，愿与侨青朋友共同拼搏奋进，以双创精神推动苏州市侨联事业新发展，当好贴心实干的侨青"娘家人"。王小民在欢迎辞中介绍了常熟的人文历史和投资环境，产业发展的特色优势以及新侨企业发展情况，热情欢迎侨青朋友到常熟寻找实现梦想的发展机遇。

活动期间，侨青代表们还赴新侨创业平台常熟国家大学科技园和新侨企业江苏亨睿碳纤维科技有限公司现场观摩体验，进行创业创新实践交流对接。侨青代表们还专程赴省爱国主义教育基地、省华侨文化交流基地沙家浜革命历史纪念馆参观学习，接受思想洗礼，筑牢侨青理想信念，更好地传承侨界爱国爱乡的赤子之心。

（中国侨网2020-09-08）

第四届海外华侨华人中医药研修班在北京举行

9月7日，北京市中医管理局、北京市人民政府侨务办公室在北京海外华侨华人中医药培训基地共同举办了第四届华侨华人中医药研修班暨北京名医"新冠肺炎"中西医结合预防治疗及康复专家研讨会。

北京中医药大学东直门医院主任医师姜良铎、中国中医科学院广安门医院副院长刘震和中国中医科学院西苑医院呼吸科主任苗青等9名在新冠肺炎防治一线的北京知名中医与美国国际中医药研究院院长王守东、日本康佳针灸接骨院院长李红岩、毛里求斯中医协会会长李明等20名来自美国、日本、毛里求斯等9个国家和地区的华侨华人中医师参加了研讨，还有1000余名海内外中医师通过在线平台参加了会议。

北京市人民政府侨务办公室调研员李峰就侨办如何发挥优势、积极传播中医药文化提了三点意见：一是继续保护海外中医人的热情，搭建中医药海内外交流传播平台，及时把国内中医药成果和政策传播海外，不断提高中医药的关注度和影响力；二是继续丰富既有的华侨华人中医药人才库，在海外中医药人才挖掘上下功夫；三是继续推动海外中医药领域优秀人才和精湛技术回归，为海外中医药技术和人才在国内的传承创新、交流合作创造条件。

北京市中医管理局局长屠志涛首先提出推动中医药服务贸易现代化、产业化和国际化的五点倡议：打造国家品牌、推动服务贸易创新、完善中医药服务贸易统计体系、扩大中医药国际市场准入、促进国内健康服务业转型升级。

这次研讨会，现场20名、线上3名海外中医师交流了在所在国的抗疫体会，同时分别提出运用中医药在"新冠肺炎"的预防治疗及康复中遇到的难点、疑点、弱点等一系列问题。9名北京名医分享了在北京、武汉及某些国家一线使用中医、中西医结合手段治疗突发传染性疾病及"新冠肺炎"的体会。海外中医师表示借助北京海外华侨华人中医药培训基地这个平台，通过与国内知名专家面对面的沟通，借鉴中医及中西医结合的经验，为人类健康命运共同体做出更大贡献。

本次研修班还由中国工程院院士、国医大师、北京中医药大学教授王琦团队代表李英帅博士作了《体质与防疫》的报告；陈虹樑指尖易经疗法传承人、北京朝阳中西医结合急诊抢救中心特色疗法科主任秦子舒交流北京海外华侨华人中医药培训基地中医特色技术。

（千龙网2020-09-09/吕坤胜）

"海科杯"全球华侨华人创新创业大赛决赛举行

第六届"海科杯"全球华侨华人创新创业大赛决赛19日在四川成都举行。亚太赛区项目"基于热流建模和材料的液态散热"拔得大赛头筹。

本届"海科杯"全球华侨华人创新创业大赛首次通过线上模式开展，自2020年上半年启动以来，共征集了来自26个国家和地区的705个高新科技项目，涉及生物医药、电子信息与互联网、先进制造、新材料与节能环保等行业领域。大赛分为北美、欧洲、亚太三个海外分赛场，经过初赛、半决赛层层选拔，最终决出9个项目进入19日的决赛。

决赛采用"8+3"模式进行，每位参赛选手提前录制8分钟的项目陈述视频，随后，评委与参赛选手通过网络连线进行3分钟问答。大赛最终评出一等奖1名、二等奖2名和三等奖3名。

"基于热流建模和材料的液态散热"项目夺冠；"基于AI人工智能的仿生假肢系统""螺壳科技"两个项目获得二等奖；"智能温控激光软钎焊装备""低功耗物联网无线供电系统""成都2020克隆化精准治疗"三个项目获得三等奖。

本届大赛参赛选手、来自美国的杜恩鹏通过视频表示，本以为今年没有办法推进项目，但第六届"海科杯"全球华侨华人创新创业大赛给了团队新的机会。杜恩鹏透露，自己所在的团队已经通过大赛平台找到了心仪的合作伙伴。

在大赛评委、盈创资本董事总经理易宇看来，今年参赛项目普遍质量较高，尤其是欧洲及亚太两大赛区的项目质量较往年有所提升。"希望选手能通过本次大赛，在四川找到落地合作伙伴。"易宇说。

截至目前，第六届"海科杯"全球华侨华人创新创业大赛已有38个参赛项目与四川省相关企业通过云签约的方式签署了合作协议，包括电子信息、生物医药、新能源、新材料、节能环保、先进智造、文创与现代服务、现代农业等8大领域。

据了解，"海科杯"全球华侨华人创新创业大赛依托"中国西部海外高新科技人才洽谈会"平台，着力营造鼓励创新、支持创业的环境，助力一批国际高精尖的科技项目落地西部、一批高科技人才落户四川，不断促进四川经济转型升级和提质增效。

（中国新闻网2020-09-20/岳依桐）

华文媒体走进万宁兴隆华侨农场　感受归侨文化

9月20日，"追梦中华·走进自贸港"海外华文媒体海南采风团走进万宁兴隆华侨农场，感受、了解兴隆归侨文化，并参观了兴隆热带花园、兴隆华侨农场咖啡厂、兴隆咖啡谷等地。

兴隆华侨农场位于万宁市西南部，自1951年创建以来，先后安置了21个国家和地区的归难侨13 000多人，现有归难侨6 515人，侨眷9 907人，现有常住人口3.6万人。如今，兴隆华侨旅游经济区年接待国内外游客300多万人，接待游客数量位居全省第三，是全国最大的华侨农场之一。

采风团首先参观了兴隆华侨农场展览馆。该展览馆建于2011年，展出有500余张图片和300余件实物，全面记录和展现了万宁归侨报效祖国、艰苦奋斗、创建家园的历程。

随后，采风团参观了兴隆热带花园。兴隆热带花园由印尼归侨郑文泰个人出资规划设计建设。在27年的时间里，郑文泰投入上亿身家，将沙化贫瘠的上万亩荒地野坡改造成了鸟栖虫鸣的绿色乐园。目前，园内种植热带观赏植物4 000多种，其中珍稀濒危植物有65种，同时还成为野生动物的放生点和重要保护区，各种候鸟的栖息地。

2002年，兴隆热带花园被中国侨联命名为"科教兴国示范基地"；2003年，被中国政府向联合国推荐为"全球环境500佳"和"热带雨林恢复"国家级引智推广基地；2008年，被国务院侨办列入"侨爱工程项目"。

由中国新闻社主办的"全球华侨华人年度评选"从2017年开始评选年度人物，郑文泰获评"2018全球华侨华人年度人物"，并参加了颁奖典礼。

75岁的郑文泰老先生与采风团进行了交流座谈，其不计名利、为生态环境保护默默耕耘的精神感动了采风团的每一个人。

采风团还参观了兴隆华侨农场咖啡厂、兴隆咖啡谷等，了解咖啡从种植到加工的全过程，感受归侨侨眷艰苦奋斗、建设祖国的决心。

"追梦中华·走进自贸港"海外华文媒体海南采风行活动由中国侨联支持、海南省侨联主办，来自马来西亚、美国、加拿大、英国、阿根廷、瑞士、匈牙利等国家的10家华文媒体走访海口、文昌、万宁、三亚等地，开展为期9天的采访。

（中国新闻网2020-09-21/李明阳）

山西临汾举行民间祭拜尧帝大典　60余侨商拜谒尧帝陵

9月22日，秋分时节。2020第三届尧都民间祭拜尧帝大典在山西省临汾市尧都区尧帝陵举行，60余位侨商代表拜谒尧帝陵。

临汾是中华民族发祥地之一，是中华文明的重要源头，"五帝"之一尧定都于此，钦定历法，敬授民时，划定九州，把帝位禅让给舜，开启禅让制的先河。

据史料记载，从西晋开始，每年农历四月二十八日，在尧的出生地（临汾市尧都区尧庙镇伊村），民间自发举行祭尧活动；自唐朝以来，每年正月初一在尧庙，清明节在尧帝陵举行祭祀活动，一直延续至今。

上午9时50分，全体肃立，开启圣门。击鼓4通，鸣钟9响，寓意九州同祭，四海膜拜。大典主要包含敬献花篮、恭读祭文、躬礼祭拜、乐舞告祭等环节。

因新冠肺炎疫情影响，众多台湾同胞、港澳同胞、海外侨胞通过视频形式，向本届尧都民间祭拜尧帝大典表达华夏子孙浓浓亲情、殷殷之意。

"这里就是我们中华儿女的根。昨天听到一句话，'所有旅行都是出发，到了临汾尧都咱是回家'，我的感触特别深。"对于第一次参加祭拜尧帝大典的香港华侨华人总商会理事伏明月而言，来到山西有种"回家"的感觉。尤其是在祭拜大典现场时，那份思乡情愈发浓郁。

此前因工作需要，伏明月去过许多国家，深切体会到海外华侨华人对祖（籍）国的那份感情。"我们都是炎黄子孙，中华儿女。中华文化重在传承，我下次要带女儿来看看。"

中国侨商联合会理事何劭告诉记者，尧都文化底蕴丰厚，地灵人杰，人民德行为先，这是临汾高质量发展的根基，也是尧帝赋予这里的先天根基。

中国侨商联合会理事、法国法籍亚裔协会会长林鹏表示，此行最感兴趣的是尧帝实行禅让制。"尧帝的禅让直接影响到了之后华夏文明的发展。这种制度在历史和当今世界仍有着积极意义，是中华民族对世界政治文明的贡献，其科学性和现实意义值得我们深入研究。"

本次祭拜活动由山西中华文化促进会、山西省海峡两岸经济文化交流协会、三晋文化研究会共同主办。活动得到了中国侨商联合会、山西省委台湾工作办公室、山西省归国华侨联合会的大力支持。

（中国新闻网2020-09-22/杨杰英）

致公党上海市委召开庆祝中国致公党成立95周年、上海组织建立40周年大会

9月24日，致公党上海市委召开大会，庆祝中国致公党成立95周年、上海组织建立40周年。

致公党中央副主席、上海市政协副主席、致公党上海市委主委张恩迪出席会议并讲话，要求全市致公党员不忘合作初心，弘扬致力为公、侨海报国优良传统，推进自身工作不断创新，为实现"两个一百年"奋斗目标和中华民族伟大复兴的中国梦而继续奋力谱写致公党的崭新篇章。中共上海市委统战部副部长、上海市工商联党组书记黄国平到会祝贺并讲话。

民革中央副主席、上海市人大常委会副主任、民革上海市委主委高小玫代表上海各民主党派和市工商联致贺词，上海市政协港澳台侨委员会主任沈敏代表上海各涉侨单位致贺词，南部非洲上海工商总会会长李林国代表南非华侨华人工商业者致

贺词。

大会由致公党市委专职副主委邵志清主持,致公党上海市委副主委袁雯、任忠鸣、马进、许复新、童丽萍出席大会。

张恩迪重温了中国致公党95年的光荣历史,指出长期以来,中国致公党始终坚持与中国共产党"长期共存、互相监督、肝胆相照、荣辱与共"的方针,高举爱国主义和社会主义两面旗帜,带领广大致公党员投身实现中华民族伟大复兴中国梦的宏伟实践,做出了积极的贡献。他强调,实践证明,中国共产党是中国革命、建设和改革当之无愧的领路人,为侨而生、以海为兴的中国致公党要在国家富强、民族振兴、祖国统一的伟大事业中发挥出更大作用,必须始终如一地坚持中国共产党的领导,这是长期革命、建设和改革实践中形成的最宝贵精神财富。

张恩迪深情缅怀了为中国致公党做出贡献的党内先贤,全面回顾了致公党上海组织建立40年来走过的不平凡历程。他说,致公党上海组织大力加强自身建设,认真履行参政党职能,积极开展海外联络,在服务上海经济社会发展、促进我国对外友好交流等方面取得了巨大成绩。特别是面对突如其来的新冠肺炎疫情,致公党市委团结各方力量开展疫情防控,组织致公党员通过各种渠道捐款捐物,并为早日战胜疫情、复工复产献计献策,广大致公党员对国家、对民族的热爱,在每一次共克时艰中都得到了充分体现。

张恩迪强调,致公党上海组织的发展,与改革开放同行,与上海发展共进。站在实现"两个一百年"奋斗目标、实现中华民族伟大复兴中国梦的新的历史起点上,全市各级致公党组织和广大致公党员要坚定不移地拥护中国共产党的领导,坚定不移地走中国特色社会主义道路,增强"四个意识"、坚定"四个自信"、做到"两个维护",永固思想之基,常谋兴邦之策,广交四海之友,勤建进步之党,在今后创造更大的辉煌。

黄国平在讲话中充分肯定了中国致公党的爱国革命光荣历史和优良传统,指出95年的革命、建设和改革实践充分证明,中国致公党作为中国共产党久经考验的亲密友党和中国特色社会主义参政党,是中国从站起来、富起来到强起来伟大征程中的一支重要力量,是决胜全面建成小康社会、夺取新时代中国特色社会主义伟大胜利的一支重要力量,是实现中华民族伟大复兴中国梦的一支重要力量。他高度赞扬了致公党上海组织建立40年来在自身建设、参政履职、海外联络、社会服务等各方面所取得的长足进步,希望致公党市委增强"四个意识"、坚定"四个自信"、做到"两个维护",夯实团结奋斗的共同思想政治基础;切实发挥好致公党内人才荟萃、智力密集、侨海联系广泛的优势,充分履行参政党职能,大力开创侨海报国的新局面。

民盟市委专职副主委杨德妹、民建市委专职副主委汪胜洋、民进市委副主委余岚、农工党市委副主委张怀琼、九三学社市委秘书长朱红、台盟市委秘书长李海

泳、市侨联副主席徐大振、市欧美同学会常务副会长桂永浩等出席大会。

会上，与会同志观看了致公党市委"双庆"宣传片，致公党员中的文艺工作者和群文骨干表演了歌曲、二胡、木偶、朗诵剧等精彩节目。

（中国侨网2020-09-25/童舟，许婧）

宁波市第九届侨界英才创新创业峰会开幕

据浙江省侨联网站消息，近日，由宁波市委、市政府主办，宁波市侨联承办的宁波市第九届侨界英才创新创业峰会开幕。浙江省侨联副主席张维仁，宁波市人大常委会副主任、市委统战部部长胡军等出席开幕式，来自海外20多个国家和地区的150余位侨界英才代表与会。

张维仁代表浙江省侨联对峰会的举办致以热烈祝贺。他表示，峰会作为中国侨联"创业中华"旗下品牌活动和"中国浙江宁波人才科技周"的重要组成部分，旨在汇聚侨智侨力，引领创新发展，必将有力助推宁波高水平创新型城市的建设。

他向与会嘉宾提出了"增强'窗口'意识，搭建人才'大舞台'""强化'窗口'担当，凝聚侨心'磁力场'""树立'窗口'形象，打造侨界'小窗口'"三点希望，并鼓励广大侨界英才继续发扬爱国爱乡、求真务实、开拓进取的发展理念，不断攀登创新的高峰、书写创业的传奇，为宁波当好浙江建设"重要窗口"模范生贡献侨界力量。

胡军向在疫情防控工作中做出重大贡献的广大侨界群众和海外侨胞表示感谢，并着重介绍了宁波市大环境重视人才、大发展需要人才、大舞台成就人才等三方面的独特优势，鼓励海内外工商巨子、专家学者、青年才俊来宁波投资兴业、创新创业，共同助推宁波高质量发展。

开幕式上，举行了中荷创新产业园、宁波华侨大厦等6个合作项目的签约仪式，涉及资金11.8亿元人民币。成立了由侨联组织、招商及人才部门、海外侨团、涉侨商协会（校友）等110家单位组成的"宁波侨界招商引才服务联盟"。海曙众创空间、镇海329创业社区等6家单位被授予第二批"宁波市侨联侨界创新创业基地"称号。

在随后举行的主题论坛中，华鑫证券首席经济学家、副总裁、华鑫期货董事长何晓斌围绕在"大循环、双循环"新发展格局中，企业如何实现创新发展，作了主旨演讲；中科院宁波材料所副所长杨桂林、锦浪科技股份有限公司董事长王一鸣、宁波东元创业投资有限公司副总经理张健华、宁波市发改委副主任詹荣胜等4位嘉宾围绕"科技赋能、智制未来"主题进行了创新创业访谈与分享。22日下午，还举行了"海外英才项目路演"和"宁波侨界招商引才服务联盟第一次会议"两场分论坛活动。

据悉，"侨界英才创新创业峰会"旨在团结凝聚海内外侨界英才，积极参与宁波发展建设，促进宁波与世界各地在科技、经贸、人文等多领域携手发展，合作共赢。活动自2012年创办迄今已历经九届，累计有来自全球120多个国家2500余位侨界英才参与相关活动，促成众多资金、项目成功落地宁波，为宁波的经济社会发展作出了重要贡献，也增进了海内外侨界英才的交流沟通、合作共赢。

（中国侨网2020-09-27）

四川修订华侨权益保护条例

9月27日下午，四川省十三届人大常委会举行第二十二次会议，《四川省华侨权益保护条例（修订草案）》（以下简称《修订草案》）提请大会审议。

四川省人大外事侨务委员会副主任委员闫登成就《修订草案》作说明时介绍，据不完全统计，川籍华侨华人约130万，归侨侨眷约130万，另有100余万来川投资创业的外省籍海外侨胞和归侨侨眷。随着越来越多的华侨将工作生活重心放在四川，他们在川的身份认定、参政议政、购产置业、投资兴业、慈善捐赠、社会保障、子女教育等方面遇到的实际问题日益突出，合法权益被侵犯时有发生，急需地方立法给予保障，以有效服务国家和全省开放发展大局。与此同时，我省于2000年颁布并于2011年修订的《四川省华侨投资权益保护条例》已不能满足华侨权益保护的现实需求，通过对《四川省华侨投资权益保护条例》进行补充、修订、完善，形成《四川省华侨权益保护条例》，将进一步加强我省侨务法治建设。

据了解，此次修订特别注重权益保护的全面性。《修订草案》在原有投资权益保护的基础上，汇总了有关政治、社保、财产、捐赠、教育、生育等方面权益的保护，规定了华侨的参政议政、列席两会、选举与被选举等方面的权益，华侨的投资权益及知识产权的保护，以及捐赠、社会保障、财产、教育等权益。

《修订草案》在鼓励和支持华侨参与我省经济社会发展方面，侧重的是公平公正的"国民待遇"。在公平待遇方面，规定了"华侨投资企业可以依法参加政府采购，依法参加各级政府组织的招投标，享有与其他企业同等待遇"，避免了对华侨投资企业实施差别待遇。规定了"华侨可以按照国家和我省有关规定参加专业技术人员考试或者专业技术资格的评审，境外从事专业技术工作的年限和成果可以作为评定专业技术任职资格的依据"，立法认可华侨专业人士境外从事专业技术工作的年限。在政务环境方面，为收集华侨的意见和诉求，帮助解决涉侨矛盾纠纷，规定了"各级归国华侨联合会按照其章程开展活动，积极发挥桥梁和纽带作用，反映华侨的意见和诉求，做好涉侨纠纷调解化解工作和法律服务工作，维护华侨的合法权益"。为打造诚信政务，营造更好的投资环境，规定了"地方各级人民政府和有关部门不得向华侨投资者和华侨投资企业作出违法、违规承诺；对承诺的事项和签订的合同应当依法履行，不得失信或者违约"。同时，为使华侨各项权益充分得到保障，《修订草案》还增加了一种侵权救济的情况，规定了"华侨认为行政机关制定

的规范性文件使其合法权益受到侵害或者发生争议的，可以向制定机关、制定机关的上级行政机关或者本级人民代表大会常务委员会提出审查处理意见或者建议"。

另外，在《修订草案》中，针对华侨长期在海外，对维护国家安全、塑造良好国际形象有重要意义的特点，明确提出了"应当履行宪法和法律、法规规定的公民义务。自觉维护国家统一和全国各民族团结，保守国家秘密，维护祖国的安全、荣誉和利益"。

（四川在线2020-09-28）

第七届海归论坛举办项目路演　海内外29个项目亮相

9月28日上午，第七届海归论坛项目路演活动分别在岳麓山国家大学科技城——岳麓科创港和长沙高新区国际科技商务平台——离岸基地同时举行，现场互动气氛浓厚，吸引了观众的关注。

本届海归论坛共收到海内外55个项目报名，经过组委会前期线上筛选，选择了3D汽车自动驾驶激光雷达产业化、纳米智能+养老护理机器人及三维智能跟踪识别系统等29个具有代表性、高质量的项目参加当天的路演，涉及人工智能、生物医药、新材料等10多个领域。经过洽谈对接，目前，已经有"阿拉丁教育"项目等8个项目达成落地意向。

致公党湖南省委会相关负责人表示，习近平总书记在湖南考察时，明确了湖南着力打造国家重要先进制造业高地、具有核心竞争力的科技创新高地、内陆地区改革开放高地的目标定位。项目路演洽谈，旨在通过"论坛+产业+资本"的叠加模式，推动归国留学人员带来的技术、产品、项目与国内资本的有效对接，构建重要创投平台，促进湖南人工智能、生物医药、新材料等产业发展和聚集。致公党湖南省委会始终秉持"致力为公、侨海报国"的宗旨，积极促进归国留学人员来湘创新创业，在谱写新时代中国特色社会主义湖南新篇章中，积极贡献"致公"新路子、新作为、新担当。

致公党湖南省委会专职副主委向佐谊，副主委王国海、谢资清、刘丹军，秘书长田宗之，湖南省侨联青年委员会执行会长陈森林，归国留学人员、相关园区、企业代表300余人出席路演活动。

（红网2020-09-29/卢欣，王进文，曾帅）

广西柳州首个侨务主题公园揭牌　增强侨胞凝聚力

9月28日，广西柳州市侨务主题公园揭牌仪式在该市五菱公园举行。该公园是柳州市首个侨务主题公园。

该侨务主题公园由柳州市委统战部指导，柳州市柳南区委统战部和柳南区河西街道承建。公园以"寻根""追梦""中华情""同心"四大主题区域为核心，将侨文化、中华民族传统文化、侨务工作整合融入公园的各景点，是一个侨色彩浓厚、代表性强的侨务主题公园。

仪式上，柳州市柳南区委统战部部长韦菲菲介绍，柳南区积极探索社区为侨服务、侨为社区做贡献的双向服务工作新思路，全力推进河西街道五菱社区侨务示范点和侨之家的建设，实现侨务服务覆盖全区的目标。侨务主题公园的揭牌，进一步完善侨务工作主阵地的设施，为归侨侨眷组织联谊提供新的活动场所。

据了解，柳州有侨胞侨眷约20万人。近年来，柳州市为"三侨生"高考生办理加分、大学新生发放助学金，为生活陷入困难的归侨侨眷发放生活和医疗救助金，组织开展侨法宣传活动，更好地为归侨侨眷服务。

柳州市委统战部常务副部长、市侨办主任覃立新表示，为进一步做好侨务工作，柳州要充分利用好柳州市侨务主题公园这个新的宣传阵地，依法维护归侨侨眷和海外侨胞的权利和利益，坚持为侨服务、凝心聚力，团结引导广大海外侨胞和归侨侨眷，为建设经济高质量发展凝聚人心和力量。

（中国侨网2020-09-29/黄恋）

"吉隆坡王"叶亚来文化展示馆开馆

9月29日，"吉隆坡王"叶亚来主题文化展示馆在广东惠州市惠阳区秋长街道周田村叶亚来的故居开馆，并正式接待海内外游客。

叶亚来，原名叶茂兰，又名叶德来。清道光十七年（1837年），出生在周田村的农民家庭，年幼时家境贫困。1854年，17岁的叶亚来为了谋生，跟随乡人从澳头乘小船至香港，再乘大桅船至马六甲上岸，开始了在南洋的奋斗史。

1870至1873年，叶亚来三次建设吉隆坡，被称为"吉隆坡王"。1883年，清政府授予叶亚来"例授中宪大夫叶茂兰敕赠三代"的荣誉。至今，吉隆坡仍保留"叶亚来街"及他的塑像。

叶亚来故居，是其出生、成长的地方，占地面积1493平方米。2010年7月，叶亚来故居被惠阳区政府列为区级文物保护单位。

与叶亚来故居相隔三四十米的碧滟楼，是叶亚来发迹后出资捐建的，建筑占地面积3797.66平方米。2004年8月，碧滟楼被列入惠州市文物保护单位；2010年5月，由广东省人民政府公布为广东省文物保护单位。

去年以来，惠阳区以叶亚来故居为载体，建设叶亚来主题文化展示馆。2019年7月，马来西亚雪隆惠州会馆访问惠阳区，向惠阳区慈善总会捐资100万元用于叶亚来主题文化展示馆的修缮和陈列布展等。

据了解，叶亚来主题文化展示馆位于叶亚来故居内，布展面积622平方米，展览内容分11部分（前言；官厅陈设与叶亚来生平大事年表；童年磨砺，终生受益；勇闯南洋，头角崭露；巴生河畔，云起霞晖；风云突变，守土保家；当仁不让，绝地重建；纵横捭阖，因势利导；发展实业，关注民生；打拼南洋，心系桑梓；鞠躬尽瘁，功业永存），共有17个展室，92块展板。

据不完全统计，海外惠州籍侨胞和港澳同胞达300万人，遍布马来西亚、新加坡、泰国、印尼、美国、加拿大、英国、法国、日本、澳大利亚等60多个国家和地区。

（中国新闻网2020-09-29/宋秀杰）

河北省首届"侨商杯"侨联系统法律知识竞赛决赛举办

近日，河北省首届"侨商杯"侨联系统法律知识竞赛决赛在石家庄举行。

中国侨联兼职副主席、河北省侨联党组书记、主席包东出席并讲话。他指出，今年是实施"七五"普法规划的收官之年，首届"侨商杯"全省侨联系统法律知识竞赛，是省侨联为纪念《中华人民共和国归侨侨眷权益保护法》颁布30周年和省侨联成立60周年开展的活动之一。希望各市侨联组织和广大归侨侨眷以此为契机，做中国特色社会主义法治的宣传者、推动者，为河北省法治建设贡献力量。

中国侨联权益保障部部长张岩也发来视频祝贺。长城新媒体集团党委副书记、总编辑赵兵，河北省政协港澳台侨和外事委员会一级巡视员肖丽萍等相关部门负责人出席现场，省侨联法顾委副主任齐燕律师对比赛情况及选手表现做现场点评。

本次全省侨联系统法律知识竞赛本着公开、公平、公正的竞赛原则，各参赛队认真组织、精心准备、积极备战竞赛。经过现场决赛激烈角逐，邢台市侨联荣获一等奖、唐山市侨联荣获二等奖、石家庄市侨联荣获三等奖、承德市侨联荣获优秀奖、方艳华等4人分别荣获个人表现突出奖。

参加决赛的成员纷纷表示，通过此次法律知识竞赛学到了很多法律常识，在日常生活和工作中提高了学法、用法、懂法、守法的意识和依法维护侨益的能力。

据悉，此次活动由河北省归国华侨联合会主办，河北省国际华商联合会、长城新媒体集团承办，河北省侨联法律顾问委员会、各市侨联、河北外国语学院、石家庄科技职业学院协办。

（中国侨网2020-09-29）

新侨创新创业潍坊联盟成立

日前，新侨创新创业潍坊联盟成立大会在山东天瑞重工会议室隆重举行。潍坊市侨联党组书记、主席刘兴成出席并讲话，联盟成员70余人采取线上线下结合方式参加会议。

大会介绍了筹备工作情况，表决通过了《新侨创新创业潍坊联盟章程》和《新侨创新创业潍坊联盟选举办法》，聘请侨创联盟顾问，并选举产生了侨创联盟理事长、常务副理事长、副理事长、秘书长、副秘书长。陈江波当选理事长，张凌云当选海外理事长。刘兴成同志为山东敬姜恒昌农业科技有限公司、山东潍水田园农业发展有限公司、山东天瑞重工有限公司、山东华晨集团、中国·中药谷、昌邑市青阜农业综合体共6处新侨创新创业联盟实践基地授牌。到会成员介绍了企业基本情况、自身优势及发展需求。

新侨创新创业潍坊联盟旨在贯彻落实市委、市政府深化改革创新，打造对外开放新高地的有关要求，发挥侨联"为大局服务、为侨服务"作用，充分利用海内外侨界资源优势，深入推进"大众创业、万众创新"，更好激发广大新侨创新潜能和创业活力，汇聚新侨及各界创新创业创造蓬勃力量，服务广大新侨的创新创业创造实践，为潍坊建设现代化高品质城市贡献侨界力量。目前联盟单位会员达到20个，个人会员77名。

刘兴成在讲话中，首先对联盟成立和新当选的同志表示热烈祝贺，对长期以来大力支持侨联事业发展和新侨创新创业的社会各界表示衷心感谢，并对侨创联盟下步工作提出希望：一要围绕中心，服务大局；二要创新创业，敢于争先；三要求实务实，合作共赢；四要团结和谐，创树品牌。各成员要增强集体观念，强化团队意识，经常沟通，团结协作，共建新侨创新创业大家庭。要及时总结经验成绩，加强信息交流，互相借鉴学习，扩大联盟品牌影响，示范引领新侨创新创业蓬勃发展。

（中国侨网2020-10-14）

第十一届"海洽会"开幕　专家为山东吸引亟需人才"支招"

来自20多个国家和地区的1000余名海内外人才14日线上线下汇聚第十一届中国·山东海内外高端人才交流会（以下简称"海洽会"）暨首届人才发展大会。与会专家为山东吸引海内外高端人才来鲁创新创业"支招"。

本届"海洽会"设置了引才宣讲、人才高峰论坛、人才对接洽谈活动、高端专家服务基层等4大板块，聚焦新旧动能转换、海洋强省、5G、新基建、人工智能等山东省"十强"产业发展需求，搭建山东与海内外高端人才、技术项目的交流对接平台。

当天，山东省留学人员协会组织38个海外协会和社团组织，超4000人通过智慧云平台观看启动仪式，范围涉及美国、德国、瑞士等13个国家。

山东省社科院院长袁红英在发布《山东省人才发展蓝皮书》时表示，山东处于京津冀、长三角两个区域的夹心位置，人才引进面临挑战。但新旧动能转换综合试验区、中国（山东）自贸试验区、中国–上合组织地方经贸合作示范区等国家战略的集成叠加，将有利于山东区域经济发展和人才聚集，尤其是山东着力发展的"十强"产业正加速聚集人才。

"创新人才需要创新治理理念，人才资本将成为现代经济增长的主要源泉。"中国人事科学研究院原院长、中国行政体制改革研究会副会长吴江表示，人才引进已进入全球化状态，人才流动性带来创新机会，引领高质量发展。所以中国要培育具有"韧性"的人才治理能力，将治理模式开始从营商环境向营智环境转变。

中央组织部人才工作局原巡视员、副局长李志刚也认为，中国需要加快培育发展现代人力资本产业这一服务性、创造性产业，确立人才引领发展的战略地位。

山东省人民政府副省长任爱荣在主旨演讲中表示，山东将发挥市场主体作用，建设智能化网络信息云平台，常态化开展人才对接交流活动，健全完善山东省内高校、科研院所、企事业单位与海内外高端人才信息交流、资源共享、项目对接的长效机制，打造永不落幕的"海洽会"。

山东省"海洽会"于2001年开始举办，已举办十届，山东通过该平台引进留学人才5000余名，高新技术项目3500多个，落户留学人员企业800多家。截至目前，山东共有住鲁院士86人，国家杰出青年人才85人、优秀青年人才68人，研究与试验发展人员约53万人。

（中国新闻网2020–10–14/李欣）

广东省贸促会携手深圳市侨商智库研究院打造双线展会平台

广东省贸促会和深圳市侨商智库研究院14日在广州签署战略合作框架协议，双方协定围绕"ITOE广东国际贸易数字博览馆"以及"ITOE海外采销中心"开展深度战略合作。同时，在广东省贸促会的推动下，深圳市侨商智库研究院与阿联酋广东商会深化"中国—阿联酋采销中心"合作，共同推动广东企业数字化转型，拓展对外贸易渠道，培育外贸新业态。

据了解，今年2月以来，在广东省贸促会、广东省侨联、深圳市人民政府侨务办公室、深圳市侨联的推动指导下，深圳市侨商智库研究院积极探索创新办展模式，建立"ITOE广东国际贸易数字博览馆"，为企业提供"云参展、云洽谈、云对接、云签约"等服务。平台采用"数字云展+海外采销中心"新模式，推动中国与"一带一路"沿线国家供应商、采购商的贸易交流与合作。

双方将发挥各自资源优势，搭建全领域、技术先进、多功能的线上展会服务平台，一方面，联合举办线上线下优质会展活动，共同培育打造会展品牌；另一方面，为企业提供全方位的国际贸易配套服务，全面提升展会数字化、智能化水平，共同打造数字化会展新基建。

记者了解到，未来，"ITOE广东国际贸易数字博览馆"将线上线下双轮驱动，延展出更多创新服务。线上平台于今年7月、9月成功举办了"广东国际贸易精品展览会——家居生活""第六届华人华侨产业交易会"两场线上展会，并定于10月19日至23日举办"广东国际贸易精品展览会——礼品文具"。平台启动365天全年展示交易服务，助力全球进出口贸易信息互通、商机撮合。

广东省贸促会会长方利旭，副会长崔爽、范新林，秘书长敖妍；深圳市侨商智库研究院理事长郑汉明，执行院长林小斌；阿联酋广东商会会长张钦伟共同见证本次签约。

（中国侨网2020-10-16/郑小红）

北京市人大常委会开展侨法实施办法执法检查

（原标题：市人大常委会就本市实施归侨侨眷权益保护法办法情况开展执法检查　李伟参加）

10月15日上午，北京市人大常委会执法检查组赴海淀区和西城区，就本市贯彻实施《北京市实施〈中华人民共和国归侨侨眷权益保护法〉办法》情况开展执法检查。市人大常委会主任李伟参加。

中关村互联网教育创新中心搭建了基础服务、创新创业、融资助飞三大服务平台，集聚了一批归侨侨眷和留学归国人员，已累积孵化教育创业项目和科技企业超过200个。执法检查组察看入驻企业科研发展情况，与晓羊教育、停简单、一维弦科技等企业负责人深入交流，了解他们在创新创业中遇到的困难和问题。随后，检查组来到西城区普天德胜科技园，走访诺亦腾科技、赛微电子等侨资高新技术企业，察看法律法规宣传落地、海外人才引进、华侨华人创业服务等情况。

李伟在检查中说，开展侨法实施办法执法检查，是贯彻落实党中央和市委关于侨务工作决策部署的重要举措。要提高政治站位，充分认识侨务工作的重要性，增强法治观念，加强组织领导，进一步完善相关法律法规和政策体系，切实维护归侨侨眷的合法权益。要聚焦法律法规核心条款，扎实有效开展执法检查，通过法律法规的全面有效实施，更加有针对性、创造性地解决好归侨侨眷和留学归国人员关心的政策宣介、签证办理、创新支持、教育医疗服务等问题，努力形成凝侨心、聚侨力、谋发展的良好社会氛围。要充分利用侨务资源优势，积极拓展沟通渠道，主动做好服务，把广大海外侨胞和归侨侨眷紧密团结起来，把引资和引智更好地结合起来，助力首都经济高质量发展。

市人大常委会副主任李颖津、秘书长刘云广参加。

（《北京日报》2020-10-16/高枝）

历时三载　南京私企员工"挖出"华侨村村史

"这一路走来，太难了！"20日上午，当记者点赞戎善豹的顽强毅力时，这位（南京市）江宁区某私营企业的员工发出了感慨。

事情说回到9月23日，《人民日报海外版》刊登了《传承百年侨村良好家风村风》的文章，这是华兴村这个南京唯一的华侨村，第二次出现在国家级刊物上，昔日美丽的华兴村再次为天下人所知。

人们不知道的是，这篇文章中大部分村史素材，均来源于戎善豹的不懈挖掘。他从2017年起，持续追踪华兴村村史资料，最终揭开了南京唯一的华侨村神秘的面纱。

20世纪20年代，几个年轻华侨回到祖国，在南京板桥镇购置田地，创办了华兴农业股份有限公司，推广先进的农业技术，而这个记载着中国人兴国之梦的小村子，则有一个寓意深长的名字——华兴村。

作为一名文史爱好者和写作者，我市一家私营企业员工戎善豹利用业余时间，于2017年撰写了第一篇关于华兴村的文章《一座字碑背后的故事》，引起多方关注。《中国统一战线》《南京统战》先后刊发该文后，通过网络流传到海外，引起不少华兴村华侨后裔的关注。

随后，他们通过多种渠道联系到戎善豹，提供了大量华兴村的珍贵资料。华兴村创始人李殷宏的孙女、远在澳大利亚悉尼的李美龄更是发动整个家族来为其提供历史资料。

此后，戎善豹又撰写了一系列关于华兴村故事的文章，其中有抗日传奇英雄铃井先生、中国第一批女司机陈雪芳、抗战时期奋战在滇缅公路运送抗战物资的梁炳恩、华兴村创始人之一的李端伟等。古雄社区将这些文章编辑成册并印制为《百年华兴百年风雨》，同时邀请戎善豹作为华兴村侨史馆的撰稿人，参与侨史馆的建设。

兴建华兴村的几个华侨中，有一个叫"铃井"的让戎善豹印象深刻。他最初以为这是个日本人，因为百家姓中并没有"铃"姓，其实他是广东人。戎善豹翻阅了《板桥文史》，找不到线索。

这是华兴村历史的一个空白，戎善豹决心填补它。经过多方找寻，戎善豹得知侨眷梁寿胜是铃井的多年老友。他跑到南湖找到了梁先生家。年近八旬的梁寿胜讲述了和铃井交往的点点滴滴，并提供了一些珍贵史料，包括铃井撰写的《岁月留声》回忆性文章集锦。

为了完整介绍铃井的一生，戎善豹两次请假，到南京图书馆和南京档案馆查询资料。查资料是件苦差事，一天查下来，眼睛长时间盯着电脑屏幕、幻灯片、影印本，感觉"快要瞎了"。就这样，前后用了四个多月时间，戎善豹终于把铃井传奇的一生写了出来。

之后，他又大费周折，找到了铃井先生的孙女，以及铃井先生的长子铃华宁。当戎善豹和古雄社区工作人员及摄影师赶到河西的铃家拜访时，铃华宁拉着戎善豹的手，感慨道："作为铃井的长子，我对父亲的了解还没有你多，真的很惭愧。"

在所有介绍华兴村的文章中，旅美华侨李殷宏是村创始人，但对李殷宏的记录却少之又少，戎善豹下决心要挖出这段历史。远在北京的侨眷刘慧娴联系到戎善豹，并把她的好友、远在澳大利亚的李殷宏孙女李美龄介绍给了他。李美龄发动整个家族来为其提供图文照片等资料后，戎善豹再次踏进南京图书馆和南京档案馆，历时三个多月，终于将李殷宏的生平事迹记录了下来。

李美龄女士及家人读完初稿后，联名给戎善豹写了一封感谢信："感谢戎先生！承蒙戎先生用时考据，修编撰写，使曾祖元第公（李殷宏）之生平得以完成……曾祖事业不致被我辈埋没与遗忘，感激不尽。"

"三载艰辛，没齿难忘。但想到通过我的努力，让南京唯一的华侨村再次被世人所知悉，一切的辛苦，就都值得了。"回忆追寻华兴村历史的点点滴滴，给自己起笔名"过客"的戎善豹，言语中充满了自豪和满足。

他说："华兴村曾有无数拓荒者留下的痕迹，这里也是一代广东人实业报国的历史丰碑。愿我们永远能记住他们的名字，李殷宏、李雨洲、李云龙、邓仙石、李元平、李端伟……"

（《南京日报》2020-10-21/于洁尘）

首批"南粤侨创基地"名单公布　35家单位入选

记者10月22日从广东省侨联获悉，第一批广东省侨联和各级侨联组织、基地方共建的"南粤侨创基地"名单公布，共35家申报单位入选首批名单。

近年来，广东省各级侨联组织积极践行新发展理念，围绕创新驱动发展战略，充分发挥侨联组织联系广泛、资源丰富的优势和侨界人才荟萃、智力密集的特点，着重加强以高层次留学回国人员为主体的新侨人才联系服务工作，聚焦新侨人才创新创业，建立健全新侨人才服务平台和创新创业扶助平台，创建侨界创新创业示范基地。

根据《广东省侨联关于开展侨界创新创业活动有关事宜的通知》（粤侨联发〔2019〕29号），经对共建申报方申报和各地级以上市侨联、省侨联有关直属团体推荐的"南粤侨创基地"申报点开展调研、考察，结合工作安排，省侨联确定广州归谷科技园等35个单位为第一批省侨联和各级侨联组织、基地方共建的"南粤侨创基地"。

据了解，各共建方将充分发挥"南粤侨创基地"的平台载体作用，凸显侨界优势和特色，依托基地积极组织开展侨界创新创业产业投融资、人才交流引进、技术转化推广、项目合作对接等活动，凝聚侨界创新创业力量，把"南粤侨创基地"打造为我省侨界创新要素聚集空间和创新创业服务阵地，共同助力我省经济高质量发展。

第一批"南粤侨创基地"名单（共35家，排名不分先后）

1. 广州　　　广州归谷科技园
2. 广州　　　独角兽牧场
3. 广州　　　广州市3D打印产业园
4. 广州　　　十二工作室·Studio Twelve孵化器
5. 广州　　　ATLAS寰图办公空间
6. 广州　　　广东技术师范大学
7. 广州　　　紫泥堂文化科技新材料产业园
8. 深圳　　　深圳市留学生创业园
9. 深圳　　　美生创谷
10. 深圳　　　香港青年大湾区三业服务中心
11. 深圳　　　美年广场文化产业园
12. 深圳　　　澳亚视文化产业园
13. 深圳　　　金荣达科技工业园
14. 珠海　　　欧比特科技园
15. 珠海　　　蓝海金融中心
16. 汕头　　　潮创智谷创业产业园
17. 汕头　　　汕头工业设计城
18. 汕头　　　潮汕文化创意产业园
19. 汕头　　　龙湖科技创新中心
20. 佛山　　　佛山工合空间
21. 河源　　　华汇智谷产业园
22. 梅州　　　壹号创业孵化基地
23. 汕尾　　　汕尾市华侨管理区
24. 东莞　　　东侨智谷产业园
25. 东莞　　　江夏国际·华商云谷
26. 东莞　　　海青创业基地
27. 中山　　　中山留学人员创业园
28. 中山　　　中联创嘉华核心区
29. 中山　　　中山市南区国际青年科创谷
30. 江门　　　新会中科创新广场

31. 阳江　　　广东省织篢农场
32. 湛江　　　广东海洋大学寸金学院创新创业学院
33. 湛江　　　南方海谷海洋科技产业孵化中心
34. 肇庆　　　肇庆高新技术产业开发区
35. 潮州　　　中山-潮州（枫溪）产业创新中心

（《羊城晚报》2020-10-23/谭铮）

海外侨胞看好广西新商机

10月的南宁，绿意盎然，花果飘香。10月20日至22日，第二届"一带一路"侨商侨领交流合作大会（下文简称"侨交会"）在广西壮族自治区南宁市举行。侨交会由致公党中央、中国侨联、广西壮族自治区人民政府联合主办，以"共建共享'一带一路'新商机　谱写广西开放发展新篇章"为主题，并举行西部陆海新通道建设产业发展专题会议、广西海外华侨华人社团负责人专题会议、广西重大招商政策和重大招商项目推介会及现场考察等系列活动。侨交会开幕式现场签署14个投资合作意向协议，总额超过1200亿元。

感受广西发展变化，挖掘广西各领域商机，共话"一带一路"建设前景，广大海外侨商和侨务工作者纷纷表示，要积极为绿水青山的广西发展输送生机活力，为中国与东盟国家等"一带一路"相关国家的合作注入侨商力量。

云参会，组团来——"都想看看广西的机遇"

10月20日，南宁市荔园山庄，绿树碧水掩映中的国际会议中心喜迎八方来客。在侨交会现场入口处，会议海报上有许多显眼的二维码：大会直播、云上洽谈会直播、会议微信交流群、投资广西电子书……与会嘉宾只需手机扫码，即可通过直播平台同步"云参会"。

现居日本冲绳县的日本广西同乡会会长赵云茜通过微信直播页面收看大会直播。"今年受疫情影响，不少侨商朋友像我一样，无法回家乡参会，但网络拉近了我们和家乡的距离。通过直播平台和线上会议，我和参会嘉宾也能顺畅交流。"收获满满的赵云茜表示，"线上会议的形式促使大家更加用心地准备材料，会议信息量大增。"

与往年线下会议不同，今年侨交会通过线上线下结合的形式，在南宁设主会场，在北京、上海、广州、深圳等区外12个重点城市和区内14个区市设视频分会场。来自全球五大洲30多个国家和地区的3500余名侨商侨领、企业代表和有关人士通过线上线下参会，超过12万人次观看云端大会直播。

从北京回到家乡广西参会的怡海集团董事局主席王琳达，此次带着一批侨商侨

领和企业代表组团参会。"我们队伍中的很多人是第一次来广西，大家都想看看这里的发展机遇。"王琳达说，"疫情发生后，大健康相关产业成为热门投资领域。广西在生态环境方面资源优势显著，与大健康产业有天然的契合之处。这为企业来广西投资兴业提供了机遇。"

广西壮族自治区党委统战部副部长陈洁表示，今年的侨交会通过系列活动，帮助广大侨商侨领更加深入地关注广西、了解广西。"我们希望与海外侨商侨领携手，共享广西在西部陆海新通道建设、中国—东盟开放合作发展、广西产业转型升级、跨境产业链供应链构建等方面的新机遇。"陈洁说。

新通道，好环境——"广西区位优势得天独厚"

"广西是个福地！"说起自己在广西投资兴业的经历，意大利摩德纳华商会会长留伟勇赞不绝口，"我在广西投资建材产业有些年头了。广西有西部陆海新通道建设的政策支持，营商环境公平透明，政府工作人员务实肯干，服务周到，对侨商非常重视。我在广西能放心投资兴业。"

来参加侨交会广西华侨华人社团负责人专题会议的美中东盟总商会会长韦家伟风尘仆仆。会议开始前2个小时，他刚结束在广西玉林的投资项目考察。"这几天，我们重点考察了南宁、玉林、钦州和柳州四地，可以说是满载而归。"韦家伟说，广西是中国面向东盟的重要门户，区位优势得天独厚。中国在基础设施、科学技术等方面的优质资源可以通过广西与东南亚国家分享，东南亚丰富的矿产资源和农产品等可以经由广西进入中国市场。双方通过资源互补，正在实现合作共赢。

"一湾相挽十一国，良性互动东中西。"广西独特的区位优势，吸引侨商们的目光。如今，广西已拥有中国—东盟博览会等多个国家级战略开放平台，是西部陆海新通道的关键节点和陆海交汇门户，在大健康、大数据、大物流、新制造、新材料、新能源等产业，展现出巨大发展潜力。

在老挝深耕多年，老挝广西同乡会会长邓良慧见证了中国与老挝在农业和数字信息等领域的务实合作：将香蕉、玉米、芒果等农作物的先进种植技术和行业标准分享到老挝；在通信、卫星等高新技术方面与老挝展开深入合作；中国东盟信息港第一个海外分中心落地在老挝；位于南宁的北部湾产权交易所在老挝设立服务中心……邓良慧感慨："有中老两国政府间的密切往来作为基础和支撑，在老侨商积极融入当地社会，正成为中老交流合作的桥梁纽带。"

常来往，多交流——"把海外的资源带回来"

"广西是海上丝绸之路的重要节点，意大利是古丝绸之路的终点。两地交流有历史渊源，更有现实需求。"留伟勇说，他曾陪同意大利曼托瓦、克雷莫纳两省省长来广西考察，促成双方政府层面的友好往来。像这样的"牵线搭桥"，他还会继续进行。"近年来，我到广西的次数越来越多了。广西一年比一年好，我还要带更多的意大利朋友来看广西美丽的绿水青山和巨大的投资价值！"

广西在"一带一路"建设中的特殊地位让海外侨商看到了广阔的发展前景。近年来，广西特产六堡茶在东南亚国家备受欢迎，推介六堡茶成为很多侨商看准的商机。"泰国王室也喜欢喝六堡茶。"成功敲开泰国市场的大门后，泰国广西总商会执行会长黄志乾又准备在梧州筹建六堡茶生产基地，把六堡茶推介到更多东南亚国家。

缅甸广西总商会会长陈荣的企业今年参与了缅甸两个大型光能项目建设。他认为，企业的发展受益于中缅两国在"一带一路"倡议框架下的交流合作。"今年1月，习近平主席对缅甸进行国事访问，见证签署达成29项各领域合作文件。中缅两国政府务实合作取得累累硕果，为在缅侨商提供了巨大发展机遇。"陈荣表示，在缅侨商通过依法开展营商活动，将持续为促进中缅友好交往贡献力量。

去年1月，美国广西侨商联合总会创办了"一碗油茶敬亲人"活动，计划每月最后一周的周六，在纽约法拉盛新世界大酒店举行。"以茶会友，以歌会友，我们希望借此促进海外乡亲的感情联络，增进当地侨商对广西的了解，调动海外侨商到广西投资的热情。活动得到了不少非广西籍侨商和当地外国友人的大力支持，人气很旺。今年因为疫情，活动中断。希望疫情过后，我们能再聚起来。"身兼该侨团会长的韦家伟说，"常年旅居海外，我们人脉广、门路多、渠道宽。我们最大的心愿是：把广西的文化带出去，把海外的资源带回来。"

（《人民日报海外版》2020-10-23/高乔，贾平凡）

纪念北京市侨联成立 70 周年座谈会在京举行

10月27日下午，以"辉煌七十载·建功新时代"为主题的纪念北京市侨联成立70周年座谈会在北京举行。

中国侨联党组成员、副主席隋军，中共北京市委统战部常务副部长周开让，北京市政协港澳台侨和外事委员会主任赵会民，北京市侨联原主席李昭玲、林其珍，北京市侨联党组书记赵宏生、主席荣洋等出席座谈会。

赵宏生回顾了北京市侨联70年来的发展历程，并从发挥侨联独特优势、在服务首都发展中贡献侨界力量，广泛密切联系群众、在坚持为侨服务中践行侨联宗旨，全面深化侨联改革、在加强自身建设中实现创新发展等几个方面，介绍了进入新时代，特别是党的十八大以来北京侨联工作开展情况。

隋军代表中国侨联，对北京市侨联成立70年来取得的优异成绩表示热烈祝贺。她指出，希望北京侨联更好地服务侨胞，建设归侨侨眷和海外侨胞可信赖的温暖之家，增强侨联组织的影响力和凝聚力，广泛团结动员归侨侨眷和海外侨胞同圆共享

中国梦。

座谈会上，与会代表们还观看了纪念北京市侨联成立70周年专题片，中国侨界贡献奖获得者、北京市"京华奖"获得者、侨联社团代表等分别做了相关发言。

据了解，北京市侨联的前身是北京归国华侨联谊会，于1950年10月成立，是新中国第一个侨联组织，1956年8月更名为北京市归国华侨联合会。

（中国新闻网2020-10-27/吴侃）

2020年厦门市陈嘉庚教育基金会颁奖仪式举行

（原标题：陈嘉庚教育基金会颁奖）

10月27日，2020年度厦门市陈嘉庚教育基金会颁奖仪式在集美福南堂举行，公布了2020年度陈嘉庚奖学金录取情况，并为集美学村奖教奖学金获奖代表颁奖。

据了解，2017年，（厦门）市委统战部、集美校委会牵头设立陈嘉庚奖学金，用于资助"海丝"沿线国家华侨华人学生和港澳台地区集美校友后裔来厦学习深造，增进他们对祖居地的情感、对"中国梦"的认同。

陈嘉庚教育基金会理事长何福龙介绍，2020年陈嘉庚奖学金项目共收到来自泰国、柬埔寨、老挝、马来西亚、新加坡、斯里兰卡等12个国家的460份报名申请材料，其中368份申请材料符合基本要求，有效的申请国别较去年新增了斯里兰卡。

本着"宁缺毋滥、确保生源质量"的原则，基金会经严格审核、层层筛选，最终录取了来自泰国、缅甸、印度尼西亚、马来西亚、柬埔寨、越南、老挝、斯里兰卡共8个国家的145名海外华侨华人学生，其中，学历生125人（含20名硕士），语言生20名。

今年，受全球新冠肺炎疫情影响，陈嘉庚奖学金留学生暂时无法入境，目前采用网上注册的方式进行报到，同时配合网络媒体进行远程教学管理。

"集美学村奖教奖学金"是陈嘉庚教育基金会为表彰集美学村各校的优秀师生，于1989年设立的专项奖教奖学金。今年，集美学村各校共有4名老师获得集美学村奖教突出贡献奖，65名优秀教师获得集美学村奖教金，另有458名优秀学生获得集美学村奖学金。

（《厦门日报》2020-10-28/林桂桢，康美璇）

2020东北亚餐饮国际论坛在辽宁沈阳举行

10月24日，由世界中餐业联合会、沈阳市侨商联合会联合主办，沈阳市和平区侨联承办的"2020东北亚餐饮国际论坛"在沈阳举行，世界中餐业联合会监事会主席武力，沈阳市侨联党组书记、主席张梅，辽菜专家刘敬贤等海内外侨界餐饮企业代表参加。

本次论坛的举办，旨在集结海内外侨界餐饮行业领军人物，共同加强海内外中餐行业联系，共议机遇与挑战。

俄罗斯辽宁华人华侨联合会常务副会长、金龙饭店董事长林喜宝表示，这次论坛让世界各地的中餐业者打开交流之窗、合作之门。俄罗斯中华文化促进会主席、莫斯科皇朝饭店董事长张舜表示，旅俄中餐业者愿做民间外交使者，为推动中俄友谊和"一带一路"建设贡献力量。

塞尔维亚中国"一带一路"贸促会副秘书长、因吉亚悟空中国餐厅董事长田野表示，会让中餐服务通过"一带一路"走出去、走得远，让外国人通过中国饮食了解中国文化。

泰国辽宁总商会副会长、泰国大连饭店董事长洪元昌表示，中餐要坚持和发扬中华传统文化，在交流互鉴中营造各自特色。

日本东京龙祥轩中国餐馆董事长苗伟表示，作为辽菜专家刘敬贤的徒弟，自己会做好中餐文化的传播者、中华文化传播的使者，树立华侨华人和中餐业的良好形象。

张梅代表侨联组织向海外侨胞表达了牵挂和慰问。她表示，在中餐业对外发展的过程中，特别是在后疫情时期，在整合侨界资源、建立创新创业联盟、促进资本、技术、人才、信息等要素资源集聚等方面，侨联组织将给予世界中餐业联合会全力配合。

张梅还表示，希望世界中餐业联合会会员单位能讲好中国故事、传播中华文化，搭建归侨侨眷、海外侨胞民间友好交往的平台，服务"一带一路"建设，助力沈阳营商环境持续改善，让餐饮产业集群成为东北和沈阳振兴的新引擎。

武力对本次论坛的成功举办给予肯定。他从多个方面对中国餐饮行业的发展趋势进行了解读，指出餐饮业已经不仅仅是居民服务业，还是承载国家战略目标与核心利益的综合产业。

武力鼓励与会侨界餐饮人积极应对挑战，凝心聚力，不断创新，加强合作。他还介绍了世界中餐业联合会在大型活动、教育培训、行业研究、品牌建设等方面的开展情况，希望世界中餐业联合会与沈阳市侨商联合会以本次论坛为契机，未来开展更多深度的合作。

（中国侨网2020-10-28/沈阳市侨联）

"创青春——江苏侨界青年双创发展分享"活动在宜兴举行

10月30日至31日，由无锡市侨联、江苏省侨联青年委员会主办，宜兴市侨联、无锡市侨青会、无锡市侨商会承办的"创青春——江苏侨界青年双创发展分享"暨

"新侨菁英创享无锡·宜兴行"交流实践活动在江苏宜兴举行。

活动期间，举行了新侨陶艺菁英联盟启动仪式和"侨界青年陶艺文创实践基地"授牌仪式。仪式中，中国陶瓷艺术大师、全国"十大能工巧匠"徐安碧与8名新侨陶艺菁英代表共同启动新侨陶艺菁英联盟；江苏省侨青会会长、香港九龙集团董事长孙曦向江苏紫玉金砂茶艺有限公司授予"侨界青年陶艺文创实践基地"牌匾。

"希望广大侨界青年锐意创业创新，矢志奋斗圆梦，为实现中华民族伟大复兴的中国梦贡献青春力量。"江苏省侨联党组书记、主席周建农在活动开幕式发表讲话，勉励侨界青年志存高远，做心系家国的追梦者。

周建农寄语侨界青年，要传承心系桑梓、心系祖国的侨界传统，在勠力报国中铸就最美青春；要勇往直前，永葆抢占新一轮科技革命制高点的志气，迈向产业链、创新链中高端的视野，深化基础科学研究的坚韧，奋力做创新江苏的攀登者；要不气不馁，做大众创业的奋斗者，在危中求机中凤凰涅槃，在新发展格局下好先手棋，在转型升型中建设美丽江苏；要携手发展，搭建更多创新联盟，共建共享"创青春"主题活动，做共创共赢的合伙人。

"侨青组织要成为侨界青年创业创新的'加速器'，构建全天候的'创业创新生态圈'；侨联组织要提升侨青创业的支撑力、服务力，促进侨青工作提质增效。"周建农说。

无锡市委常委、统战部部长陈德荣在活动期间看望与会侨界青年，他希望侨界青年在逐梦江苏、聚力无锡中放飞人生梦想。

实践活动中，无锡市委副秘书长曹国光还代表无锡市委、市政府致欢迎辞，生动宣介无锡城市特点、人才政策和太湖湾科创带建设成就，热情邀请侨界青年将事业追求与无锡发展紧紧相连，在创业创新中实现人生价值。

"我们要传承侨界传统，弘扬'嘉庚精神'，将爱国报国精神薪火相传；要坚持聚力创新的工作导向，促进侨青创业融合，优化侨青创新服务，营造侨青创业生态，让侨界青年创业创新之火越烧越旺。"孙曦代表江苏省侨青会致辞时如是表示。

在活动的分享交流环节，上海文化研究中心首席专家何建华、太湖学院商学院院长徐立青分别就"从特区的发展看区域经济的未来""新冠肺炎疫情对中国经济社会发展的影响与对策"作主旨演讲，分析侨界青年创业创新的新机遇、新趋势，鼓励侨界青年敢为人先、勇立潮头，阔步走好创业创新之路。

交流实践活动凸显了"侨青海归逐梦江苏"主题，进一步激励侨界青年融入新发展格局，在创业创新大潮中携手合作。无锡市侨联主席毛加弘表示，将以此次活动为新的起点，聚焦发展大局，找准自身定位，整合侨青资源，分享成功经验，扩大交流合作，让创业创新成为侨界青年的鲜明底色。

（中国侨网2020-10-31/孙权）

海南最后一位南侨机工张修隆离世　享年 102 岁

海南省最后一位南侨机工张修隆于10月29日在文昌家中离世，享年102岁。在最美好的青春年华，21岁的张修隆告别国外优越的生活，和战友奔赴战场，挽救民族危亡。

11月2日下午，海南省委统战部副部长、省侨务办公室主任陈健娇受海南省委常委、统战部部长肖杰的委托，专程前往文昌抱罗镇张修隆家中，对老先生的离世表示深切哀悼，对家属表示诚挚慰问。

张修隆孙子张业文介绍，爷爷8月下旬刚刚度过102岁生日，逝世前身体还不错，但9月不小心摔了一跤，床上躺了一个多月，"爷爷安详地走了"。

张修隆祖籍文昌市抱罗镇里隆村。1939年，年仅21岁的张修隆报名参加第九批"南洋华侨机工回国服务团"抗战。抗日战争结束后，张修隆回到新加坡，1949年新中国成立后回家乡（文昌）居住至今。

据了解，从1939年2月起，在"南洋华侨筹赈祖国难民总会"和侨领陈嘉庚先生的号召下，先后有3193名南洋华侨青年组成南洋华侨机工回国服务团，分九批回到祖国。其中琼籍南侨机工有800多名，有400多名牺牲在滇缅公路上。他们为中国人民抗日战争和世界反法西斯战争胜利作出了不可磨灭的贡献。

在张修隆的记忆里，往返无数次的盘山公路有多惊险自可想象，但更令他记忆深刻的，是随时可能出现在头顶的日军轰炸机。"我在车队负责运输的是汽油，这比其他军用物资更加危险，只要有弹片火星，汽油随时会爆炸。"

1949年新中国成立，张修隆回到魂牵梦绕的故乡文昌，成为一名普通的农民，过着平淡农耕生活。张修隆木工手艺高，是当地有名的木匠。他为人低调，乐于助人，和村民相处融洽。对于自己曾经参加南洋华侨机工回国服务团的这段经历，张修隆守口如瓶，连妻子和孩子都不知道。2010年，一次偶然，张修隆的南侨机工身份被披露。此时张修隆已经92岁，看着"赤子功勋"的牌匾，那段记忆好像上辈子的事。

张业文说，爷爷晚年生活幸福，政府一直为爷爷发放生活补贴，并常来看望慰问。家里四世同堂，温馨和睦，爷爷生前也乐善好施。

（南海网2020－11－04／吴岳文）

云南又有五地上榜"中国华侨国际文化交流基地"

中国侨联近日确认第八批"中国华侨国际文化交流基地"。93家机构成为第八批"中国华侨国际文化交流基地"入选单位，其中，云南省共有国立西南联合大学旧址、和顺图书馆、聂耳纪念馆、梁金山故居等5个机构和单位入选。

国立西南联合大学旧址是抗日战争时期北大、清华、南开三校合组在昆明办学八年的校本部所在地，是抗战时期中国教育史上重大历史事件的见证，是具有代表性的近现代教育遗存和抗战历史遗存，体现联大师生在民族危亡之际的坚定和担当。目前，西南联大校友及其亲属遍布世界各地，为世界经济、科技、文化事业发展做出突出贡献。

和顺图书馆位于云南著名侨乡和顺古镇，建于1928年，是旅缅华侨为振兴家乡文化教育而捐资创办的乡村图书馆。全馆现有藏书11万余册，典藏文献较为丰富，1980年被纳入国家公共图书馆建制。和顺图书馆建成以来始终与海外侨胞保持着密切联系，成为维系海外华侨华人与家乡情感的纽带。

梁金山故居坐落于保山市隆阳区蒲缥镇，总体建筑保存完好。近年来，故居大力开展纪念爱国侨领梁金山先生系列活动，挖掘梁金山先生的爱国事迹，多渠道宣传梁金山先生的爱国精神，已成为中国侨联干部培训教育基地，在展示华侨历史和侨乡文化中发挥了重要作用。

畹町南洋华侨机工回国抗日纪念公园是为纪念抗战时期响应祖国召唤从南洋回来，在滇缅公路上抢运抗战物资的3200多名南侨机工而修建的主题公园。纪念馆占地13.6亩，建筑面积5000余平方米，坐落在滇缅公路上。近年来，南洋华侨机工回国抗战主题纪念公园围绕爱国主义主题举办了大量活动，得到社会各界的广泛好评。

聂耳故居纪念馆是人民音乐家聂耳的祖居，位于玉溪市红塔区，现为云南省省级爱国主义教育基地和云南省省级重点文物保护单位。聂耳故居纪念馆自开馆以来，积极宣传聂耳音乐文化，弘扬聂耳时代精神，在继承和发扬爱国主义精神中发挥重要作用。

据悉，"中国华侨国际文化交流基地"是侨联组织弘扬优秀中华文化，展示侨界特色的重要窗口。截至目前，"中国华侨国际文化交流基地"总数达到363个，云南共有8家机构和单位先后入选。

（中国侨网2020–11–12/唐磊）

广东各界人士举行孙中山先生诞辰154周年纪念仪式

11月12日上午，广东省、广州市各界人士在广州中山纪念堂举行仪式，纪念伟大的民族英雄、伟大的爱国主义者、中国民主革命的伟大先驱孙中山先生诞辰154周年。

在庄严肃穆的纪念活动上，广东省和广州市政府、政协、统战部、民革向孙中山先生铜像敬献了花篮。参加纪念活动的各界人士在孙中山先生铜像前三鞠躬，瞻仰铜像并绕行一周，共同缅怀先生的不朽功勋，表达对先生的怀念之情和崇高敬意。

广东省、广州市民宗委、参事室（文史馆），省、广州市各民主党派、工商联、侨联、省台联，省黄埔军校同学会、中山大学、省社会科学院等单位负责同志，以及部分社会知名人士参加纪念仪式。

（《广州日报》2020-11-13/龙锟，张佳屏）

炎帝陵被评为"中国华侨国际文化交流基地"

继2020年7月被湖南省侨联确认为第一批"湖南省华侨文化交流基地"之后，近日，炎帝陵又传喜讯。11月中国侨联公布确认的第八批"中国华侨国际文化交流基地"名单中，炎帝陵光荣在列。

据悉，"中国华侨国际文化交流基地"是侨联组织整合社会资源、推进优势互补、合力开展海内外文化交流活动的重要平台。此次全国共有93家机构和单位被评为第八批"中国华侨国际文化交流基地"，其中湖南有4家，而炎帝陵是株洲市唯一一家。

藉此，炎帝陵目前已有"中华全国归国华侨爱国主义教育基地""中国华侨国际文化交流基地"两个中国侨联确认的基地称号。通过炎帝陵"中国华侨国际文化交流基地"的建设，将以侨为"桥"，进一步扩大炎帝陵在全球华人界中的传播力、影响力，有利于炎陵县以"炎帝陵"为特色，打造侨界文化品牌。

（中国侨网2020-11-13）

"华人老家"山西洪洞大槐树举办庚子年寒衣节祭祖大典

"问我祖先在何处，山西洪洞大槐树。"15日（农历十月初一），洪洞大槐树庚子年寒衣节祭祖大典在景区祭祖广场举行，海内外大槐树移民后裔、研学团队齐聚祖地，共祭移民先祖。

以"游山西·读历史·敬先祖·兴中华"为主题的祭祖大典，首先进行的是"迎请神主"，由主祭人将"大槐树移民先祖之神主"请到祭祖大典仪式现场，登台享祭；接着，依次进行"敬香通神""典帛安神""敬献供品""奠酒献礼""敬致祝文""敬献乐舞"等传统仪程。

在"敬献供品"环节奉上三牲、五谷、百果、肴馔、面点及五色寒衣，以示恭敬，不忘根源；在"敬献乐舞"环节，通过舞祭、歌祭、鼓祭三种形式表达大槐树移民后裔传承孝德、开拓创新的精神。

整个祭祀流程在展现国家级非物质文化遗产——大槐树祭祖习俗的同时，还囊括了非物质文化遗产威风锣鼓、中华传统礼教的重要组成部分八佾舞、传统风俗祭祀用品油角和五色寒衣等。此次祭祖大典为来自五湖四海的大槐树移民后裔奉上了

一道祭祖怀乡的文化盛宴。

洪洞是中国历史上规模最大、时间最长、范围最广的官方移民起源地，洪洞大槐树更是见证了明朝洪武、永乐年间的大移民。600多年来，回大槐树下寻根拜祖的移民后裔络绎不绝。

（中国新闻网2020-11-16/刘小红）

海南首家"海南省华文教育实践基地"挂牌

海南首家"海南省华文教育实践基地"16日在海南省技师学院挂牌。

据介绍，海南省华文教育实践基地在海南省技师学院成立后，将承担起面向华侨华人的华文教育实践培训、技能教育、交流活动等工作。这是海南省侨务办公室根据海南省侨务资源优势，结合海南省技师学院的职业技能培训特色，首创海南省华文教育实践基地，实现了华文教育与职业教育的深度融合发展。

2019年，在海南省侨务办公室的大力支持下，经海南省人社厅和省教育厅批准，海南省技师学院与泰国南部华文民校联谊会等几所海外华文教育示范学校达成合作共识，启动面向泰国华裔学生的"一带一路·汉语+"高技能人才学历生培养项目。该项目现已招收两届泰籍华裔留学生共40人入校就读旅游服务与管理专业，重点学习"汉语+职业技能"等课程，该项目反响良好。

海南省技师学院院长石磊表示，疫情原因，针对泰国学生不能返校开展现场教学的特殊情况，该学院制定线上教学工作方案，开设"汉语听说""汉语读写""中国文化""旅游英语"等线上课程，严格授课管理，稳步推进留学生教育工作。在今年6、7月份的汉语水平考试中，中泰国际班有2人顺利通过HSK5级考试，16人顺利通过HSK4级考试，4人顺利通过HSK3级考试，这为他们今后继续申报中国高校和奖学金创造了条件。

石磊说，今后该学院将逐步扩大国际招生专业，加深与"一带一路"沿线的东南亚国家的技工教育合作，为华侨华人子女的技能求学求职提供良好平台。

当天还线上举行了海南省技师学院"一带一路·汉语+"高技能人才学历生培养项目颁奖典礼。

（中国新闻网2020-11-16/张茜翼）

湖南省侨联"涉外法律服务中心"揭牌仪式举行

11月15日，湖南省侨联法律顾问委员会"涉外法律服务中心"的揭牌仪式在瀛启律师事务所举行。湖南省侨联党组成员、副主席孙民生出席并讲话。省侨联法顾委主任李利君主持揭牌仪式。

孙民生指出，在瀛启律师事务所设立"涉外法律服务中心"，是推进法治湖南建设在侨界的实践。希望瀛启律师事务所在涉外法律咨询、涉外风险提示、涉外商事纠纷调解、涉外案件的代理诉讼等方面发挥积极作用，为湖南的对外开放提供优质的法律服务。同时通过设立"涉外法律服务中心"带动涉外法律人才的培养，为湖南的对外开放搭建法治平台。

省侨联法顾委副主任朱国祥介绍了湖南省侨联法律顾问委员会"涉外法律服务中心"的成立背景，并详细讲解了"涉外法律服务中心"的主要职责以及提供的具体服务内容。他说，设立"涉外法律服务中心"旨在努力维护广大海外侨胞的合法权益，真正发挥省侨联法律顾问委员会维护侨益、服务侨界的职能，对进一步加强和改进新形势下侨联工作具有重要意义。

香港周启邦律师事务所内地联营所管委会主席、省侨联法顾委涉外法律服务中心主任潘传平向大家介绍了港澳与内地联营律师事务所项目的情况。他表示，"涉外法律服务中心"将以为侨服务为宗旨，依托瀛启律师事务所的资源优势，服务于海外的华侨华人及其社团。

"涉外法律服务中心"在瀛启律师事务所的落地，标志着湖南加强维护侨益机制建设迈上新台阶，同时为加强建设湖南涉外涉侨法律服务开创新局面。

揭牌仪式后，省侨联法律顾问委员会还召开了主任办公会，讨论了法顾委2020年的年度工作暨ADR调解中心挂牌仪式的相关问题。

省侨联法顾委副主任刘献华、陈刚及瀛和律师机构相关负责人参加揭牌仪式。

（红网2020-11-17/吴丽群）

陕西省归侨侨眷法律服务工作站正式揭牌

11月16日，陕西省侨联与京师（西安）律师事务所联合成立陕西省归侨侨眷法律服务工作站大会在京师（西安）律师事务所举行，同时，陕西省归侨侨眷法律服务工作站正式揭牌，这是陕西省首家律所侨联法律服务站，也是陕西省第一个行业性侨联组织成立的法律服务站。

出席本次大会的领导分别是陕西省侨联副主席余劲、组织权益部部长王绪生，京师（西安）律师事务所主任李豪、执行主任刘彩玲、党支部书记张映雪、党支部副书记罗妍、管委会主任付保萍、CEO丁伟、矿业法律事务部主任赵少宁等参加了本次大会。

首先，由京师（西安）律师事务所主任李豪致辞，他表示将不负众望，高度重视涉侨法律服务这一业务板块，认真履行律师职责，做好咨询服务工作。

接着，由律所CEO丁伟介绍陕西省归侨侨眷法律服务工作站筹备工作情况及工作规划，从工作站的服务理念、服务对象及范围、服务流程、工作计划以及发展愿景

等方面做了细致的汇报。

最后，由陕西省侨联副主席余劲致辞，余劲表示，很高兴见证了陕西省第一家归侨侨眷法律服务工作站诞生，他代表省侨联向京师（西安）律师事务所归国华侨联合会表示热烈的祝贺，京师（西安）律师事务所侨联法律服务工作站的成立，是做好归侨侨眷法律服务的保证，也是服务站各项工作的开端。他也向工作站提出了宝贵意见：

一、服务站成立后，侨联要组织要引导律所认真学习侨联章程，提高对侨联组织的性质、作用的认识，提高对侨联工作地位、作用的认识，明确工作任务，为侨界提供更加全面、专业、精准的法律服务。

二、希望充分发挥律师事务所自身法律资源丰富的优势，配合各级侨联组织和侨联法顾委认真开展维护侨益工作，积极为侨界群众服务，同时探索建立"涉侨多元化纠纷解决机制"。

三、希望京师侨联积极创新，扎扎实实，一步一个脚印地把律所的工作做好，积极探索两新组织侨联法律服务站的运行模式，为加强归侨侨眷法律服务站建设探索出更多、更好的经验和办法。

（中国侨网2020-11-17）

第七届"华创杯"决赛：海外华侨华人10个项目获奖

第七届"华创杯"创业大赛决赛18日在武汉举行。本届大赛仅面向海外华侨华人，重点聚焦高科技领域，共收到来自23个国家和地区140个项目报名，最终10个项目获奖。

经线上初赛、复赛和线下决赛，来自美国的"'无屏触控'智能机器人技术在阅读和教育领域的应用"项目斩获一等奖，"机甲新世代"等3个项目摘得二等奖，"ELEC AI边缘计算终端研发及产业化"等6个项目夺取三等奖，分别获得60万元（人民币，下同）、10万元、5万元现金奖励。

据大赛组委会介绍，除现金奖励外，获奖项目落地后还可获得当地政府相关产业、人才等政策支持，优先向相关创业园区、创业投资引导基金、天使投资、创业担保贷款等推荐。大赛期间，还举办了成果转化、投融资对接、人才交流、招商引资、招才引智等活动，推动海外华侨华人优质项目落地湖北。

一等奖项目获得者顾嘉唯介绍，其公司于2016年在美国硅谷成立，当年年底回到中国发展，团队中有不少海归人才。这是他首次参加"华创杯"创业大赛，除了希望借此获得更多用户和市场关注外，更希望建立与国内市场的连接，获取资源和人才。顾嘉唯表示，武汉有百万大学生，人才储备丰富；武汉地处华中腹地，交通区位优势显著，"希望在武汉落脚"。

二等奖项目获得者、团队成员林娟介绍说，其公司销售市场目前主要集中在华南地区，准备向其他地区进军。希望借助此次大赛实现该公司线下体验店在武汉的落地，以此拓展华中市场，并获得资本和人才的加持。

"华创杯"创业大赛是依托华创会而举办的大型创业赛事。第七届"华创杯"创业大赛颁奖仪式将于11月19日在2020年华创会开幕式上进行。

（中国新闻网2020-11-18/马芙蓉，肖瑞红）

"华创会"专场活动聚焦湖北与俄罗斯科技合作新进展

由湖北省人民政府、国务院侨务办公室、武汉市人民政府主办，湖北省科技厅承办的湖北科技走进俄罗斯专场活动19日在武汉举行。

本次专场活动是2020华侨华人创业发展洽谈会（以下简称"华创会"）重要系列活动之一，采取线上线下同时进行的方式，来自中俄两国科研院所、企业代表进行主题发言，分享两国在科技领域合作新进展。

2020年是中俄科技创新年的首年。随着中俄两国科技合作的不断深入，湖北的科技企业、科研院所与俄罗斯在科技创新领域的合作愿望越来越强烈，科技企业、科研院所希望"走出去"，与俄罗斯开展切实有效的科技合作。

湖北省科技厅副厅长杜耘介绍，近10年来，湖北与俄罗斯交往密切，双方在激光制造、精密测量、生物医药、航空、航天、卫生健康等多个领域开展了高水平合作，取得了实质性的丰硕成果，其中在俄罗斯的华侨华人发挥了重要的桥梁和纽带作用。他表示，此次专场活动，既是在当前国际疫情形势下开展国际科技合作新模式的积极探索，也是搭建华侨华人创新创业对接洽谈网络平台的全新尝试。湖北省科技厅愿意为俄方科研和企业人员来湖北交流合作，创造更多便利条件，推动中俄两国科研院所和企业开展全方位、多层次、宽领域的交流合作。

会上，激光、钢铁材料、钻探工程、纺织机械、通信、生物医药等优势领域的代表纷纷进行主题演讲，分享在俄罗斯发展的成功经验和与俄罗斯科研合作的进展，为其他有与俄罗斯开展科技合作的科技企业、科研院所提供经验。此外，来自俄罗斯企业、科研院所的代表从俄罗斯角度介绍了中俄合作的感想和体会。

（中国新闻网2020-11-19/梁婷）

2020"一带一路"交汇点华商大会在南京召开

11月18日上午，"创业中华·筑梦江苏"2020"一带一路"交汇点华商大会在南京举办。江苏省委常委、省委统战部部长杨岳出席大会并致辞，中国侨联顾问王永乐出席大会并讲话。中国侨商联合会会员、中国侨联新侨创新创业联盟理事，长三角地区省市和四川省、陆桥沿线城市等地华商，江苏省级机关有关厅局领导、长三角地区省市侨联和四川省、西安市等地侨联领导等，共约240人现场出席大会开幕式，以"一带一路"沿线国家和地区为主的约300名海外侨领、华商网上参会。中国侨联兼职副主席、江苏省侨联主席周建农主持会议。

江苏省委常委、省委统战部部长杨岳说，今年以来，江苏省委省政府统筹推进疫情防控和经济社会发展，各项指标总体上好于预期、好于全国。"一带一路"沿线国家和地区是华侨华人重要的聚居区，广大华商是"一带一路"建设的重要参与者和积极贡献者，衷心希望广大华商朋友当好"一带一路"交汇点建设的"生力军"，抢抓江苏发展机遇，为助力江苏经济稳中求进发挥更大作用；衷心希望广大华商朋友架起"一带一路"交汇点建设的"彩虹桥"，发挥商业渠道多、熟悉国际规则等优势，为助力江苏主动融入国内国际双循环发挥更大作用；衷心希望广大华商朋友成为"一带一路"交汇点建设的"智囊团"，发挥具有国际视野、见多识广的优势，为助力江苏成为具有全球影响力的"一带一路"交汇点发挥更大作用；衷心希望广大华商朋友唱响"一带一路"交汇点建设的"好声音"，面向全球讲好江苏精彩故事，为助力江苏扩大"朋友圈"发挥更大作用。

中国侨联顾问王永乐表示，2019年，江苏省侨联举办了首届"长三角"华商大会，今年又举办"一带一路"交汇点华商大会，影响大、效果好，深受各方欢迎，体现了江苏省侨联发挥桥梁和纽带作用，围绕"两个服务"，凝聚侨心侨力，以实际行动贯彻落实中央决策精神的决心。在实现"两个一百年"奋斗目标的历史交汇点上，华侨华人在推动"一带一路"建设方面将会发挥更大作用。希望广大华商当好民间使者，积极讲好中国故事，深耕细作住在国民生，在促进民心相通上有新作为；希望广大华商发挥融通中外优势，积极参与"一带一路"重要合作项目建设，对接国际创新资源，助力中国企业"走出去"，在铺就合作共赢之路上有新贡献；希望广大华商抢抓"一带一路"倡议及其所展现的巨大发展红利，共享中国发展机遇，支持住在国经济发展，在自身事业发展上有新突破。

中国侨联兼职副主席、江苏省侨联主席周建农表示，6000万华侨华人分布在海外200多个国家和地区，他们融通中外，在推动"一带一路"建设中具有独特优势，也是中国企业"走出去"的优选合作伙伴。江苏的发展，离不开华侨华人的努力和贡献；江苏优质的营商环境，也是华侨华人发展的机遇。

开幕式上，省发展改革委副主任王显东以《高质量建设"一带一路"交汇点促进构建双循环新发展格局》为题介绍了江苏推进"一带一路"交汇点建设成效及下一步发展重点；金光集团APP（中国）副总裁翟京丽介绍了集团在江苏的发展情况；意大利对外贸易委员会投资促进部代表Tommmso Matteo Lazzari介绍了意大利发展环境；东南大学建筑学院教授、"一带一路"建设研究专家王兴平作了《华商与江苏"一带一路"交汇点建设：机遇与路径》演讲；中阿产能合作示范园、马达加斯加华商总会会长蔡国伟分别通过视频方式，推介了园区、住在国的营商环境。

本次会议成果丰硕。为助力江苏企业"走出去"，促进"走出去"企业和海外侨团互助共赢，福隆控股集团有限公司等10个"走出去"企业现场与新加坡江苏会等9个国家的侨团线上签约，有11名华商与相关单位现场对接了投资意向。

18日下午，出席大会的嘉宾还前往南京江北新区参访，并参加"一带一路"交汇点华商南京招商推介会。

（中国侨网2020-11-19）

2020年浙江省侨界青年跨境电商培训班落幕

日前，2020年浙江省侨界青年跨境电商培训班在省团校举行结业仪式，浙江省侨联副主席姚君明出席结业仪式并致辞。

姚君明指出，参加此次培训的侨界优秀青年代表，已经在科技、环保、贸易等领域崭露头角，是浙江"重要窗口"建设的新生力量，更是浙江侨界最为宝贵的资源。电商之路，任重道远，未来可期。

她寄语侨青学员：一要"博观而约取，厚积而薄发"，通过此次跨境电商培训班，认真领会国家大力推动电商产业发展的战略部署，从中国、住在国和海外侨胞三方共赢的视角，提升智能化程度，以自身实践推动国家和浙江跨境电子商务的壮大和发展。二要"与子同泽，与子偕作"，希望侨界青年能珍惜此次平台，精诚团结、并肩而战，充分发挥自身熟悉跨地域双重文化、与住在国社会深度融合等天然优势，积极助力"双循环"发展格局，在海内外重构产业链和价值链，在"一带一路"建设中深化国际人文交流，为构建人类命运共同体展现新一代侨界担当。三要"逆水行舟用力撑，一篙松劲退千寻"，希望学员们在今后坚持学习新知识、新模式、新路径，着眼于自身的专业领域，善用资源、敢于创新，进一步增强自身战略思维和实战能力。

在为期五天的培训过程中，主办方精心组织，邀请到杭州跨境电商综试办、阿里巴巴、字节跳动、天猫、亚马逊等著名电商行业的精英讲师，为学员们传道授业解惑。学员们从跨境电商的理论、政策出发，进一步了解到电子商务的发展趋势、熟悉跨境电商业务。

为了让更多的侨界青年能够参与跨境电商培训盛宴，除正式参训的66名学员之外，此次培训活动还第一次开展了同步网上直播和在杭学员"走读"等多样学习培训活动，据统计，5天的直播课程线上点击量超18万人次。学员们纷纷表示，此次培训班，学习氛围轻松活泼、学习热情高涨，特别是培训课程干货满满，大家受益匪浅，对跨境电商有了从理论到实践的更深认识。

来自意大利的雷海珍作为学员代表在结业仪式上发言，她表示："感谢浙江省侨联，让一个短短5天的培训班课程如此丰富、全面、务实。从理论到实践，从战略到技术，从平台到个体把跨境电商这个新领域给我们分析得如此透彻。这几天的课程不仅传授了丰富的知识，更是向学员们提供了资源的对接和匹配，让大家对全球化的跨境电商行业充满信心。"

结业仪式上，浙江省侨联领导、省团校领导为学员颁发了结业证书。在全体学员齐唱《侨联与你心心相连》的歌声中，此次培训活动圆满结束。

（中国侨网2020-11-24/张翀）

广西"侨胞之家"数量达192家　成亮丽名片

广西华侨学校"侨胞之家"24日在南宁市揭牌成立。

广西侨联副主席林振龙在揭牌仪式上表示，建设"侨胞之家"是侨联组织直接联系和服务侨界群众的重要抓手，希望广西华侨学校"侨胞之家"开展形式多样的为侨服务和联谊活动，为归侨侨眷、海外侨胞及留学人员搭建相互交流、增进感情的平台。

广西华侨学校校长陈进超表示，接下来，在建设"侨胞之家"过程中，该校将不断增强为侨服务意识，凝聚广大归侨侨眷力量，助推学校事业实现新发展。

当天，广西侨联主席谭斌与广西华侨学校党委书记张七文共同为广西华侨学校"侨胞之家"揭牌。谭斌表示，"侨胞之家"的建立，是广西侨联参与社会治理能力大提升的具体表现，顺应广大侨胞的需求，也使侨联工作得以向基层有效延伸。

谭斌介绍，目前，广西"侨胞之家"数量已达192家，实现进社区、进农场、进学校、进企业的目标，"侨胞之家"开展了丰富多彩、健康向上的活动，深受广大侨胞的称赞，为构建文明、健康、和谐的侨界社会发挥出应有的作用，成为亮丽名片。

（中国侨网2020-11-26/康乔）

广东基本形成涉侨法规政策体系　保护归侨侨眷权益

广东省十三届人大常委会第二十六次会议26日在广州举行，听取和审议广东省人大常委会执法检查组关于检查《中华人民共和国归侨侨眷权益保护法》《广东省归侨侨眷权益保护实施办法》实施情况的报告。

报告指出，广东省涉侨法规政策体系已基本形成，有效规范了各级政府及相关部门的涉侨行为和职责，为归侨侨眷权益保护工作提供了重要的制度遵循。

广东是全国的侨务大省，省内约有8.8万归侨、3000多万侨眷。

上述报告指出，保护法出台后，广东省先后制定了实施办法及城镇华侨房屋租赁规定、拆迁城镇华侨房屋规定等涉侨地方性法规，并出台了落实私改和代管侨房、促进华侨农场改革发展、扶助贫困归侨、"三侨生"高考加分录取、华侨回国定居等多项涉侨政策文件，广州、深圳、汕头等重点侨乡也相应制定了多部涉侨地方性法规、规章和政策。

其中，广州市自20世纪80年代以来陆续出台涉侨法规政策共40多份；江门市将侨捐项目保护管理条例列入市立法预备项目，今年已启动前期调研工作。

报告显示，针对落实政策发还的侨房和用侨汇购建的侨房，广东适当提高征收补偿标准，切实维护好侨房业主的合法权益。广州荔湾区政府对上述两类侨房，明确产权登记为住宅用途的，在补偿标准基础上增加5%；产权登记为非住宅用途的，在补偿标准基础上增加10%。

新冠肺炎疫情发生以来，广东各级涉侨部门积极开展助侨暖企活动。截至目前，广东省共有侨资企业超6万家，占全省外资企业总数六成以上，累计投资近2600亿美元。

此外，广东省及各地相继出台政策，加强归侨侨眷在养老、医疗、工伤、失业等方面的权益保障力度。省财政设立扶持贫困归侨救助补助资金，2010年至2019年共投入1.48亿元，惠及归侨及其家庭成员逾7.4万人次。

（中国新闻网2020-11-26/程景伟）

华人艺术家夏阳福建首档个展"渲写·行变"在厦展出

中国首个抽象艺术团体"东方画会"创始人之一、华人艺术家夏阳福建首档个展"渲写·行变"，29日在厦门夫美术馆展出。

夏阳亲临现场分享其艺术创作心路历程，并与各界来宾一同展开零距离对话交流。

记者在展览现场看到，展览共分三个展厅，作品创作年份横跨1971—2020年。第一展厅挑高12米展示了大尺幅山水作品及大型雕塑；第二展厅为全黑空间，展出作品以"毛毛人"系列和中国民间神话系列为主，为观者带来不一样的东西方文化冲击；第三展厅悬挂小尺幅多媒材画作，则以夏阳上海工作室为原型进行场景设置，同时设立互动体验区，带来多元素观展呈现。

夏阳在接受记者采访时说，画家最重要的是初心，而不是非要求变、求新。他认为，应让孩子从小接触中国艺术，从幼儿园开始，装饰、剪纸、泥娃娃等原汁原味的民间艺术，"只要接触到，就会有心，有心才能交流，让文化在心里面流动"。

1932年出生的夏阳，年少经历战乱，先后前往台北、巴黎、纽约追求艺术理想，晚年重归故乡，目前定居上海。身为中国第一个抽象艺术团体"东方画会"创始人之一，夏阳让中国传统艺术语言更具世界性；找寻传统艺术在世界艺术中的个性与地位，成为夏阳的艺术探索方向。

这是厦门大美术馆筹划展出的第三档以二战前后华人艺术家为对象的展览，展览展出二十余件夏阳作品，其中的大尺幅山水画作《山水六》，尺幅高达五米，是艺术家以本次展览为契机在今年创作的，也是其首次在公开展览上展出。

馆长林定义说，美术馆从成立到现在已办了三次二战后华人艺术家的展览，此前，曾推出常玉与林寿宇两位华人艺术家的展览；希望通过展览，让更多从事艺术工作的人了解二战后华人艺术家的重要性。

（中国新闻网2020-11-30/杨伏山）

中国海归创业大赛在厦门举行

近日，2020（第六届）中国海归创业大赛复赛、决赛暨第21届全国留学人员创业园网络年会在厦门举行。来自南京楚航科技的"基于77GHz毫米波雷达的高级辅助驾驶与自动驾驶系统"项目，获得大赛一等奖。

本届大赛共有超过100支入围项目团队参加复赛、决赛和对接洽谈活动。最终，22个项目获得了一、二、三等奖以及优胜奖。

据悉，中国海归创业大赛是一项专门面向海归人员的全国性创业活动。受疫情影响，今年大赛将活动主题变更为"创新驱动·海创中国"，同时，在大赛的组织管理、奖项设置、服务支持、资源结合等方面进行优化升级。

（《福建日报》2020-12-01/廖丽萍，郭文晨）

西安侨联海外委员汇聚一堂　为当地发展积极建言献策

12月8日，（西安）市侨联召开海外委员座谈会，邀请住在国在加拿大、美国、德国、马来西亚、哈萨克斯坦、法国、南非等国家的海外委员们，汇聚一堂，座谈交流，为侨联工作以及西安经济社会发展建言献策。

会上，市卫健委工作人员首先向海外委员们通报了国内外疫情发展情况和防控注意事项。随后市侨联副主席传达了习近平总书记在广东汕头考察时肯定华侨贡献的重要讲话精神，介绍了西安经济社会发展总体情况以及市侨联文化交流、经济联络等方面工作取得的进展。

在座的海外委员们结合住在国的社会形势交流发言，王云珍、宗文涛、何诚、白皓阳、胡楠、吉延伟六位海外委员畅所欲言，积极为大西安发展建言献策。大家纷纷表示，爱国、爱乡、爱自己的家人，是广大华侨的情怀，要团结更多海外华裔，为西安的经济社会的繁荣发展作出点滴贡献，进一步讲好西安故事、陕西故事、中国故事。

市侨联表示，将进一步发挥侨联对广大归侨、侨眷和海外侨胞的桥梁和纽带作用，当好"娘家人"，不遗余力地夯实工作基础，为中心工作服务、为侨界服务、为侨界群众服务，增进海内外联谊、扩大对外影响力，凝侨之心、聚侨之力、汇侨之智，为大西安发展作出新的更大贡献。

（西安新闻网2020-12-09/朱雪娇）

华侨华人投资创业峰会在广东汕头举行

"创业中华·'十四五'中国发展与华侨华人投资创业峰会"（下称"峰会"）11日在广东汕头开幕。

来自海内外的知名侨领、侨界企业家、创新创业人士、中国侨联特聘专家委员会和双创联盟代表等近300人参加此次峰会。

中国侨联党组书记、主席万立骏在讲话中表示，作为著名的侨乡，汕头市应充分利用汕头华侨文化经济合作试验区的"侨"字特色优势，营造切实有利的投资环境和人文环境。希望大家借此次峰会的契机，深入交流分享、促进合作洽谈，推动更多高水平产业和项目在广东、在汕头落地生根、开花结果。

广东省委常委黄宁生表示，希望各位华商朋友加强与各级侨联组织沟通联系，热情参与广东建设、共享发展机遇、共谋合作共赢，为广东走在前列、创造新的辉煌，为中华民族伟大复兴作出新贡献、增添新光彩。

活动期间，中国侨商联合会与汕头华侨试验区管委会签订合作协议，共同推进汕头华侨试验区高质量发展。汕头侨批文物馆被授予"中国华侨国际文化交流基地"称号，将成为弘扬中华优秀文化、促进中外文化交流的展示窗口。还举行南粤侨创会成立揭牌暨侨界创新创业成果展启动仪式等。

"创业中华"是中国侨联倾力打造的一项重要品牌活动。汕头是中国著名侨乡，汕头华侨经济文化合作试验区是唯一一个以"华侨"和"文化"为核心概念的国家级发展战略平台。

（中国新闻网2020-12-11/李怡青）

展示华人华侨风采　西安"最美窗外"摄影作品选落幕

历时两个多月，由英国陕西联谊会联合西安交通大学英国校友会举办的"最美窗外"摄影作品评选活动日前落下帷幕。

本次摄影作品评选活动由英国陕西联谊会理事王阳策划，颁奖典礼上，她在发言中回顾了本次活动发起、征稿、初选、网络票选、专家评审等各个阶段的历程，并为与会代表简明扼要地讲解了赛事规则及评选结果。最终入围作品共计24幅,经过网络票选、专家评审加权平均后,共有10幅作品分别摘取一、二、三等奖和优秀奖。评审专家分别由原陕西省侨联副主席、中国侨联摄影家协会理事高俊峰,英国皇家摄影学会会员李达庆,西安交通大学签约摄影师黄浩翔,哈尔滨艺术与视觉学院客座教授张翼飞担任。组委会四位评审不仅认真细致地为24幅入围作品评审打分,还为获奖作品准备了极具人文关怀的推荐理由,从构图、色彩、故事性等多方面给出点评。评审团代表英国皇家摄影学会会员李达庆揭晓了各个奖项,并对获奖作品进行了专业解读。

部分获奖代表也在颁奖典礼上分享了拍摄心得和照片后面的故事。这些照片有旅途中的精彩瞬间,有生活中的妙手偶得,也有机缘巧合的馈赠,不论哪一个角度、哪一个瞬间,都是热爱生活、热爱生命的作者对生活的感悟。心美一切皆美,在光影搭建的时空隧道里,独属于你们的美丽正悄然绽放。

（西安新闻网2020-12-17/朱雪娇）

北京海归创新创业导师委员会在京成立

为依托首都科技成果转化平台,创新机制模式,强化创业辅导的核心功能,更好地吸引海归人才来京开展项目落地和成果转化,日前,北京海归创新创业导师委员会成立大会暨"海归—创新簇"创新创业研讨会在京召开。

会上正式成立海归创新创业导师委员会,发布《北京海归创新创业导师和创业服务管理暂行办法》,并针对完善海归导师辅导水平及素质建设管理进行讨论。同时,探索疫情防控常态化下创新簇创新创业服务新模式,形成不被自然突发事件影响的长期有效的创新创业交流机制。此外,针对国内海归新形势,从导师专家自身经验出发,给予海归科协关于海归创新创业服务建议,推进海归创新创业大数据平台建设。据悉,自2020年第8批次导师公示后,海归创新创业导师队伍已拥有超200位行业精英。

（《人民日报海外版》2020-12-30/孙亚慧）

江门台山华侨创新创业中心启用　鼓励更多华侨回乡创业

日前,台山华侨创新创业中心(以下简称"侨创中心")揭牌启用。该中心旨在发挥侨资侨智集成发展、集约创新优势,吸引海外华侨及专业人士到台山创新创业,服务大湾区协同发展,推动台山产业转型升级,擦亮侨乡品牌。

为更好地链接海内外人才资源,引导更多华侨归国回乡创新创业,台山市成立了侨创中心,为有志创业的台山人、台山籍海外侨胞及愿意为台山作出贡献者提供配套设施及支援服务。侨创中心位于台城街道西南路22号，由原来的百年老侨房改造而成。步入其中，迎面而来的是浓浓的台山侨味。该中心的装修融入新宁铁路台山站、华侨照相馆等历史街景，让人仿佛穿越时空。同时，内部摆放了一系列台山元素创意产品，让人感受到台山时尚活力的一面。

目前，侨创中心已有4支创业团队进驻，涵盖咖啡烘焙、传统工艺、电影视频、文创开发等多个项目。墨西哥归侨余劲钊是其中一名创业人员，他在侨创中心打造了一个咖啡体验馆，销售各类咖啡，向台山市民推广咖啡文化。余劲钊表示，希望在这个具有台山特色的侨房里，打造咖啡文化学习交流平台。

当天的揭牌仪式现场，台山市侨务局与侨创中心运营方签订框架协议，相关部门就配套政策进行沟通研究。

侨创中心负责人李伟年表示，台山有丰富的华侨资源，通过打造创业平台，鼓励更多华侨甚至侨二代、侨三代回到家乡创业。他希望有意创业的台山籍华侨华人可前来咨询，评估达标者可获进场孵化资格，侨创中心将提供多元化、专业化的支援服务。

（《江门日报》2020-12-31/陈素敏）

江门开平碉楼巧用侨批家书诉说华侨文化

广东省江门所辖开平市借侨批家书，不仅展现了华侨华人的移民史、创业史，还立体展现了他们勇于开拓、守信重义、爱乡爱国的精神。

从2000年起，开平碉楼与村落开始申报世界文化遗产工作，走进一座座久未打开的碉楼，人们竟然发现了一批又一批遗落的家书、汇款单据，数量十分可观。此为银信，也叫侨批，曾长久地存在于沿海侨乡社会。2013年，广东和福建两地保存的16万多件侨批档案入选《世界记忆遗产名录》。

五邑大学广东侨乡文化研究院教授刘进说，侨批是海外华侨通过民间渠道寄回国内的侨汇凭证和家书的一个统称，并通过这种形式把钱寄给家乡、寄给家人。

关翊春是台山银信侨批收藏家。他说，以往，华侨将大量侨汇和家信源源不断地输入祖国，用以赡养家眷、维系感情、沟通信息。在信中每每对家人、长辈进行问候，有对家庭关系的维护、有对女儿出嫁的叮嘱，也会嘱咐钱物如何分配、叮咛孩子要好好读书等。

一封封银信、一件件侨批，跨越万水千山，回到故土，传递着亲情、爱情和乡情，讲述着华侨先贤敢于冒险、远赴异国他乡拼搏奋斗的感人故事，记录着华侨华人历尽艰辛、艰苦创业、回馈桑梓故土的历史记忆。

（新华网2020-12-31/魏蒙）

热点时评

本栏目选录2020年度境内外主流媒体中具有一定关注度、影响力、代表性的有关华侨华人的深度评论性文章，按新闻发布的时间进行升序排列。

海外侨胞为中国外贸加分

据世界贸易组织预测，受疫情影响，2020年全球贸易将缩水13%至32%。世界各国面临经济下行重压。随着国内防疫形势基本稳定，复工复产有序进行，中国在承受外贸下行压力的同时，为提振全球经济注入正能量。在此过程中，海外华侨华人成为这场全球贸易"保卫战"的独特力量。

面对海外防疫物资需求的巨大缺口，华侨华人是中外抗疫物资贸易的"急救员"。

疫情发生以来，千千万万华侨华人驰援中国、支援当地，始终处于"全球战疫进行时"。在为采购防疫物资、快速运送物资、及时捐赠物资而奔走忙碌的同时，华侨华人快速汇集防疫物资市场需求、中外进出口程序等方面的信息、知识与经验。对于许多深耕国际贸易多年的海外华商而言，他们既了解住在国政府、企业的物资需求，又熟悉中国生产企业，同时谙熟双方各自的贸易规则。在与时间赛跑的战疫过程中，海外华商既能为住在国需求方做"参谋"，又能给中国供给方做"督导"，成为协助中外双方顺畅沟通需求、搭建信任关系、快速达成交易的桥梁。正因有华侨华人的帮助，在海外防疫物资紧缺的关键时期，中外双方才能更高效快捷地拉起一条跨越国界的"生命补给线"。

面对因疫情停滞的贸易和项目，华侨华人是中外贸易沟通的"润滑剂"。

突如其来的疫情，打乱了无数企业的正常经营。小到歇业的中餐馆、华人商超，大到停滞的中外合作基建项目，小微企业可能面临生死考验，大型项目可能面临巨额亏损。面对严峻挑战，有侨胞运用法律知识，为同胞企业普及住在国疫情期间扶助政策，帮助申请住在国经营补贴；有侨胞帮助中国项目与海外资本沟通对接，推动在华项目；有侨胞为国内外贸公司寻找海外新订单……华侨华人运用自己的专业技能和资源，克服困难，保障企业生存，化解合作摩擦，维持项目运行，开拓全新业务。正因有华侨华人的坚持，在疫情严峻的艰难阶段，中外贸易往来多了几分相互理解，少了一些矛盾纠纷。

面对国际贸易的不确定性和不稳定性，华侨华人是中外贸易合作的"推进器"。

为海外企业提供更多中国市场信息和中国法律政策解读，向国内企业传递更多海外市场信号和海外项目资源，华侨华人一直是中外贸易的桥梁。经历疫情的考验与淬炼，华侨华人将赢得更多中外合作伙伴的信任和认可，为中外贸易贡献更多信心和力量。

信心源自实力。在华侨华人的身后，有中国产业的强大支撑。中国拥有联合国产业分类中所列全部工业门类，拥有出口数量占全球生产规模70%以上的口罩生产能力，拥有世界第一制造大国的基础和实力，拥有令全球惊叹的电子商务发展速度。

全球疫情形势仍然严峻，国际贸易面临的挑战前所未有。打赢贸易"保卫战"，需要世界各国共同努力。在中国政府和企业共同努力和华侨华人的给力支持下，中国的对外贸易终会渡过难关，迎来新的发展！

（《人民日报海外版》2020-05-13/高乔）

留学生的大账和小账：经过疫情考验　留学到底还值不值

都知道当前归国机票一票难求。想必很多留学生是单程机票，归国不再离去。同时又有很多孩子收到欧美大学的offer，正在两难之间。有道是，有人漏夜赶考场，有人辞官归故里。而更多的人则在备战高考。

2020年过一小半，我们的行为方式正从"疫情前"切换到"疫情后"。有时摘下口罩反而感觉在裸奔，总觉得缺点啥。就像《肖申克的救赎》里讲的高墙，一开始你痛恨它，然后你习惯它，等相当的时间过去后，你就会依赖它。这就叫体制化。

这边口罩还没摘利索，那边世卫组织就警告说，疫情秋后还会再来。看来今后只有两个季节：戴口罩的季节和不戴口罩的季节。

比口罩更严重的改变是"新冷战"。2014年，一位领导人在中美高层对话时说过一句话：中美是全球经济的伙伴，而主导体系和规则的是美国。但现在，时过境迁，美国正式把中国列为主要竞争对手。贸易战之后的是舆论战、科技战、金融战，还有人才战。特朗普政府下令驱逐部分中国留学生和研究人员，并声称今后对中国留学生的学科将严格限制。那我们还送孩子出去干吗？最近一位朋友终于决定不打算送孩子留学了，尽管孩子是物理尖子生。很多粉丝问我到底是移民爱尔兰好还是希腊好，主要考虑的还是哪个更利于孩子教育。

为什么要留洋？这个问题中国人恐怕思考了一百年，从当初的看世界、师夷之长技，到现在的学习人家的思维方式。为什么美国低水平的基础教育却能支撑世界一流的高等教育？陈志武提醒说：我们应该清醒地认识到，人生不是一场由他人设计好程序的游戏，只要投入时间和金钱、配置更强大的"装备"就可以通关。如果看做一场通关游戏，那一旦通关完成，游戏结束，人生就会立即面临无路可走的境地。人生应该是一段发现自我的旅程，路要靠自己一步一步走出来。认识到自己未来要成为一个什么样的人，就像是远方的一座灯塔，能够不断照亮前方的道路。而中国教育的悖论是：一方面，学生普遍被认为基础扎实，勤奋刻苦，学习能力特别是在数学、物理等学科领域超乎寻常；另一方面，中国科学家在国际舞台上的表现又乏善可陈，难怪有钱学森之问：为什么我们的学校总是培养不出杰出人才？而欧美的教育重点就是让你认识到自己想成为一个什么样的人，并建立自信心。这正是我们的应试教育所缺乏的。

据教育部门统计，我国海外留学生总人数160万人，目前尚在国外的留学生大约140万人，其中在美国的就有41万人。一直以来，中国留学生远涉重洋、负笈求学多是为了报效祖国，可如今一些人却说什么"建设国家没有你，千里投毒你第一"。但他们不是祖国的包袱而是宝贵的财富。50年代初，先后搭克利夫兰总统号邮轮回国的就有钱学森、梁思礼、华罗庚、朱光亚、王希季、师昌绪、郭永怀等24位大师级人物。今天回国避难的几十万留学生有没有未来的钱学森、华罗庚？可能未来很多年里，在一些高精尖技术领域，还需要很多批留学生背井离乡去海外取经。这是留学生对这个国家的贡献，也是关乎全民族利益的大账。

此外还有每个留学生家庭的小账：到底留学值不值？花一两百万卖房的钱供小孩出去，现在有的孩子只落得个"去中专、学面点"之类的职业生涯，看起来当然不值，但不少家庭还是让孩子出去。因为除了中国，这个世界还有其他60亿人，他们和你的行为习惯和思维方式不一样，而你要与之共同繁荣，知己知彼。这些，不走出去，你就永远学不到。

（《中国新闻周刊》总第951期2020-06-15/闫肖锋）

"后疫情时代"，国际中文教育如何转型？

2020年伊始，一场突如其来的新冠肺炎疫情席卷全球，给各国教育造成了不同程度的冲击，国际中文教育也面临短期的下行压力与挑战。但危机中往往孕育着新机，我们更要有在变局中破局的勇气和自信。

为有效应对疫情，许多国家采取了关闭学校的防疫措施，教学模式从线下学习为主转向线上学习，教育生态发生了改变。这种改变也给国际中文教育带来了长期影响和挑战。目前看来，面临的主要挑战包括中文教师的信息素养亟待提升，数字化教学资源建设亟待加强，传统的教育教学模式亟待改革，现行的教学管理模式亟须创新等。

面对挑战，如何才能化危为机，推动国际中文教育实现高质量内涵式发展？

在笔者看来，首先，师资队伍由传统的国际中文教师向专业化、全能型教师转变。比如着力提升国际中文教师的信息素养，通过出台相关标准细则，推动信息素质培养纳入专业核心课程，采取线上线下"双轨"并进的举措，提升国际中文教师信息化教学意识和能力。同时，要加强教师在线教学技能培训，帮助国际中文教师掌握所选用平台的使用方法，增强线上教学设计能力。

其次，教学资源建设由传统媒介的教学资源向数字化教学资源库转变。要加快对国际中文教育的原有课程体系进行升级改造，大力发展国际中文网课，打造一批优质的中文线上精品课程，以适应"后疫情时代"的线上教学特点和新时代国际中文教育人才培养的多元化需求。同时，要加强国际中文教育网络数字化资源库建设，积极推动中文教材数字化，推进中国传统文化书籍的数字图书馆建设。值得关注的是，需主动推进中文教学平台及资源库与各国中文学习者用户的有效对接，开通网上答疑服务，在线解决中文教学资源应用中的各种问题。

第三，教学模式由以线下教学为主向线下线上相结合转变。新冠肺炎疫情的常态化，在客观上推动了现代智慧教育技术与国际中文教育的有机融合，倒逼教学模式的变革。因此，要抓住这一时机发展线上教学。同时，针对全球教育发展不平衡的状况，积极探索线上教学的替代性方案，如运用社区电台和电视节目教授中文等方式，保障中文教学的连续性。

最后，管理模式由以学校管理模式为主向弹性化、精细化管理模式转变。要进一步完善国际中文教育质量标准体系建设，根据线上语言教学的特点和海外各国中文教育的实际情况，制定有针对性的课程标准、学习标准、教材标准以及考试大纲等。同时，要完善国际中文教师工作评价考核机制，激发国际中文教师的创造性和主动性。

（作者系辽宁师范大学文学院／国际教育学院教授）

（《人民日报海外版》2020-07-03／李宝贵）

华文媒体纷纷转型探新路

新冠肺炎疫情给海外华文媒体的生存经营带来巨大压力，也带来新的转型契机。疫情期间，海外华文媒体传递祖（籍）国抗疫资讯，分享中国抗疫方法与经验，及时反映当地疫情形势和防疫相关动态，通过持续报道，获得更多关注和认可。华文媒体经历了传统媒体集体萧条的挫折，更专注于向新媒体转型，也尝试向其他领域拓展，探索多元经营之道。

在艰难经营的过程中，华文媒体搭建起海内外抗疫信息交流的桥梁，让海外华侨华人更安心，也让中国抗疫故事传得更远，声量更大。

书写侨胞抗疫故事

奋战在西班牙抗疫一线的华人医生，帮助华人处理疫情带来的商务问题的当地律师，驳斥污名化中国言论的旅意侨胞……疫情期间，意大利欧华联合时报推出许多关注欧洲华侨华人抗疫故事的报道。

作为一份意大利华文周报，欧华联合时报影响力范围覆盖意大利、法国、西班牙、荷兰等欧洲国家，在重大活动期间除了中文报道外，还推出英文、意大利文等语种报道。意大利受疫情影响严重，疫情期间，欧华联合时报成为连接中意信息的独特桥梁。

1月25日，从意大利起运的第一批物资运往中国，欧华联合时报对此进行了专访报道。"旅意侨胞第一时间在意大利购买防疫物资，想尽办法以最快的速度运往中国，其中有很多感人的故事。我们作为华文媒体，也是怀着激动和感动，对这些故事进行了全面报道。"欧华联合时报社长吴敏告诉本报记者。

随着疫情在意大利的蔓延，欧华联合时报不得不减少纸质版印发次数。"报纸印刷的成本高，疫情严重时企业停产停工，报纸的广告收入骤减，当地民众不愿意接触邮递员派送的报纸，看报的读者少了，纸质版报纸遇到困难。"吴敏说，尽管纸质版停印，报社的网站和微信公众号等新媒体平台发挥起更大的作用，报社的报道工作始终在继续。

欧华联合时报编写的
《2020疫情下的世界温州人》图书封面

"我们不单是做媒体，也起到为侨服务的桥梁作用。"吴敏介绍，疫情初期，欧华联合时报引导当地华侨华人积极捐助中国抗疫，鼓励当地侨领"争做领捐人"。疫情期间，吴敏起草报告，向中国驻意大利大使馆提出希望中国派专机到意大利接送旅意侨胞和留学生回国的建议。

最近，吴敏和他的同事忙着编写一本记录旅意侨胞助力抗疫的书——《2020疫情下的世界温州人》。这本书即将在中国出版，吴敏还希望，未来能将它翻译成意大利语。"今年是中意建交50周年，我们原本计划了几场纪念中意建交和'一带一路'中国品牌世界行走进欧洲等大型活动，因为疫情不得不搁置。"吴敏说，"期待疫情早日过去，我们还有很多事要做！"

提升媒体品牌知名度

阿根廷华文媒体阿根廷华人在线是拉美地区创办时间最长的华文媒体之一，影响辐射范围覆盖拉美多国。

疫情发生后，由于物流系统停工，订阅报纸的企业用户歇业，阿根廷华人在线与《南美侨报》合作的《阿根廷周刊》暂停发行。广告数量骤减，往年定期举办的活动搁置，媒体旗下的定制商务平台也基本停工。但阿根廷华人在线网站和旗下的阿根廷中文资讯等微信公众号、今日拉美客户端等新媒体平台的报道量大大增加。

"我们的新媒体每天都在大量翻译和报道中国疫情情况、阿根廷当地疫情形势和全球抗疫活动，几乎24小时不停地在各个新媒体平台不间断推送。这些报道的阅读量都远大于平常。"阿根廷华人在线副总编万学栋介绍，阿根廷华人在线拥有一批较为稳定的华侨华人读者。尽管疫情期间，阿根廷华人在线的广告数量骤降，但阅读量的大幅提高，也是媒体影响力提高的一大表现，能通过疫情相关报道，进一步提高阿根廷华人在线的品牌知名度，是阿根廷华人在线疫情期间的一大进步。

此外，疫情发生后，阿根廷华人在线不断推出西班牙文报道，讲述中国抗疫故事，分享中国抗疫经验，反驳污名化中国的谣言，传播科学防疫知识。阿根廷当地关心中国发展的读者，对疫情期间的报道尤其关注。

在中国疫情最严重的时期，万学栋频频接到阿根廷当地读者的电话。"最开始有当地读者问我，怎样帮助中国抗疫，他们能提供什么力所能及的帮助。"万学栋告诉他，中国需要口罩，而这位朋友正好与生产口罩的厂商有商业合作，在市场上口罩已几乎售罄的情况下，这位朋友向阿根廷华人在线提供了1万只口罩，万学栋通过当地侨团的渠道将口罩全部运回中国。"当地读者对中国的关切和真诚的帮助让人感动。"万学栋说，随着中国疫情防控形势逐渐好转，当地读者又打电话来咨询中国抗疫的具体经验。

如今，阿根廷华人在线周刊正尝试恢复印刷，尽管目前每期只印刷几百份，但万学栋对纸媒仍然有信心。"经过疫情的考验，阿根廷华人在线的权威性提高了，影响力增强了。随着社会逐渐恢复正常秩序，我相信，纸质版的发行量会比之前更大。"

加速媒体转型步伐

"我网站的经营状况还可以维持。"美国环球新闻网总编辑王绘沣告诉本报记者，美国环球新闻网主要通过网站、微信公众号和海外社交平台发布新闻。受疫情影响，美国经济下滑严重，大量中小企业停工停产，华商产业也受到严重冲击。作为华文媒体，美国环球新闻网的广告收入也因此大幅下降。

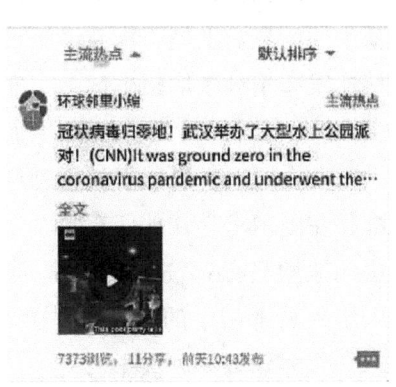

美国环球新闻网"主流热点"栏目截屏

"疫情促使我们打开了另一扇传播的窗户。我们通过英文报道，能够影响到更多当地民众，也增强自己对主流媒体的影响力。"王绘沣说，疫情期间，原本专注于中文报道的美国环球新闻网开始尝试中英文双语报道。针对疫情，美国环球新闻网推出中英双语的"主流热点""邻里播报"等专栏，及时报道疫情相关动态，实时跟踪美国感染病例数据。

在"主流热点"专栏中，网站通过转载、编译美国主流媒体对疫情较为客观中立的报道，帮助华侨华人了解疫情真实形势，平复华侨华人紧张焦虑的情绪。此外，网站还对中国抗疫行动进行报道和转载，更新中国防疫进程，传播科学防疫经验，让海外华侨华人及时了解祖（籍）国家乡的情况，增强防疫意识。

"疫情期间，海外华侨华人比平时更需要了解新闻动态，对疫情相关消息关注更多，美国环球新闻网许多报道的浏览量上升明显，影响力逐渐加大。"王绘沣说。

与此同时，王绘沣和同事们"危中求机"，在艰难经营中寻求转型。"疫情逼着我们转型，我们想沿着移动互联网化、科技化的转型思路走下去。"此前一直有接触软件开发项目的王绘沣，准备开发一款满足美国第一代少数族裔群体需求的多语种即时通讯客户端，为旅美华侨华人、越南裔美国人提供更加定制化的网络社交和新闻推送服务。如今客户端已完成开发，进入测试阶段。

"疫情加速了我们的转型步伐。疫情期间，我们加派更多技术人才进行软件开发。目前，整个项目还在不断投入资金，但我们愿意为科技化转型作出尝试。"王绘沣期待着在不久的将来，自己开发的即时通讯软件功能与美国环球新闻网的新闻报道深度融合，让科技助推网络媒体进一步发展。"网络传媒加科技开发，那时候的华文媒体会更有活力、更接地气、更有影响力和效益。"王绘沣说。

（《人民日报海外版》2020-08-24/高乔）

建立海内外求学衔接机制迫在眉睫

9月初是大多数高校新生入学的时间，然而近期多所高校却重新发布了扩招本科新生的信息。上周，宁波诺丁汉大学、西交利物浦大学等多家中外合作办学的高校接连发布增额录取招生信息，向持有国外优秀大学录取通知书的中国籍学生敞开入学大门，学生毕业后直接获得海外高校的学位证书。

今年原准备出国留学且已经拿到国外大学录取通知书的学生，因受疫情影响，准备在国内求学，他们有什么选择？按照目前的高考制度以及高等学校学籍管理办法，他们只有3个选择：一是通过参加高考，被全日制高校录取，当然也可报考纳入统一高考招生的中外合作大学或中外合作项目，毕业时可以获得国内高校文凭和合作办学的海外大学文凭。二是不参加高考，选择教育培训机构的"2+2"或者"3+1"等项目，即计划外非学历的中外合作项目，完成学业，获得海外高校文凭。三是不参加高考，选择一些大学（包括中外合作办学大学）举办的没有纳入计划内招生的中外合作办学项目，这类项目不需要考生填报高考志愿，只需提出申请，与纳入计划招生的学生不同，计划外招生的学生将只有"单证"，即海外合作高校的文凭，中外合作大学之前在招收这类学生时通常也要求提供高考分数，把高考分数作为录取的参考。

以此分析，中外合作办学高校的"扩招"，并非政策突破，不过是在此前招生基础上，扩大计划外招生项目的人数。而且，此次"扩招"，不要求提供高考成绩，选择根据被海外大学录取情况招生。这让放弃海外留学的学生多了一个选项，这种处理很人性化。

这也是现行高考录取制度和高校学籍管理制度之下所能作出的符合政策的调整。而从应对疫情给学生带来的学业发展影响看，这还不够。比如，一名在国外大学留学的大三学生，中断海外学业想回国求学，根据目前的高考制度与高校学籍管理制度，他们回国后如果要接受全日制高等教育，必须参加高考，填报志愿，才能获得全日制教育机会。否则，就只能选择计划外的中外合作项目，或者选择成人高校、自考助学。进一步说，一名常春藤高校大三学生若想回国求学，将没有一所全日制高校能接受其进行全日制学习。

计划招生、计划培养与计划管理体系，维护了整体高等教育的招生培养秩序，但也越来越不适应高等教育的发展趋势。要提高高等教育质量，就绕不开提高淘汰率这个话题。而现实是，学生退出机制不健全让提高淘汰率遭遇巨大阻力。

再举例来说，若一名清华大学的学生在大三时被淘汰，想要继续接受全日制高等教育，只能重新参加高考并填报志愿，而不能根据当年的高考成绩、大学求学表现申请转学到另一所高校。而在发达国家，这一制度是实行大学教育宽进严出的重要制度保障。

在疫情影响下，这一问题更为凸显。国外的学生受疫情影响，可重新申请转学，但中国的留学生想转学回国内，却没有衔接机制。从近期看，我国有必要结合高职扩招，实行注册入学、申请入学，允许有高中毕业证或高中同等学力者直接进高职求学；同时，探索本科院校的插班生制度，让准备回国求学的学生参加插班生考试，录取进相应年级求学。从长远看，则需要探索全面的"申请—审核制度"，改变全日制高校单一入口、单一评价体系，破除"唯分数"论，建立多元评价体系。这是让中国高等教育融入国际竞争的选择，也是提高教育培养质量的选择。

（作者系21世纪教育研究院院长）

（《光明日报》2020-09-15/熊丙奇）

广东：凝聚侨心侨力侨智　同圆共享中国梦

（原标题：习近平总书记重要讲话、重要指示精神在我省统战侨务系统引起强烈反响——凝聚侨心侨力侨智　同圆共享中国梦）

10月13日，中共中央总书记、国家主席、中央军委主席习近平视察汕头经济特区，调研汕头开埠文化陈列馆、侨批文物馆、小公园开埠区等地，就侨批文化保护与传承、做好"侨"的文章等发表了重要讲话、作出了重要指示，在我省（广东）统战侨务系统引起强烈反响。

大家纷纷表示，总书记的重要讲话饱含深情，寓意深远，充分肯定了华侨华人的历史贡献，并为新时代的侨务工作、进一步推动改革开放指明了方向、提供了根本遵循，要牢记总书记的谆谆嘱托，以更大的决心和力度，传承家国情怀，延续开放基因，凝聚侨心侨力侨智，为同圆共享中国梦汇聚起更加磅礴的力量。

立足家国情怀　传播侨批文化

"侨批"记载了老一辈海外侨胞艰难的创业史和浓厚的家国情怀，也是中华民族讲信誉、守承诺的重要体现。要保护好这些"侨批"文物，加强研究，教育引导人们不忘近代我国经历的屈辱史和老一辈侨胞艰难的创业史，并推动全社会加强诚信建设。

——习近平

侨批，是近现代海外华侨寄给国内亲属家眷的书信与汇款的合称，它是富有情感的金融产品，蕴含着忠义孝悌的中华传统文化价值。"侨批档案"于2013年6月19日成功入选《世界记忆名录》。

"习近平总书记的重要讲话，充分肯定了侨批的历史作用和当代价值，让我们非常感动。"汕头市侨联新马归侨联谊会会长林绍真说，当年，正是远在新加坡的爷爷用侨批（"番批"）帮助抚养其姐弟长大，所以他们自称"番批仔"，汕头侨乡有很多"番批仔"。"今天祖国已经强大了，'番批''番批仔'已成为历史，我衷心希望能够讲好侨批故事，见证华侨的海外奋斗史和侨乡的历史变迁，激发新生代们的爱国爱乡之情。"

"一纸侨批，家国情怀。总书记走进汕头侨批文物馆，了解侨批文化和华侨先辈回报桑梓的历史，还在小公园开埠区发表了饱含深情的重要讲话。作为一名侨批研究人员，我备感自豪，深感使命光荣。"中国华侨历史学会副会长、暨南大学教授张应龙难掩兴奋。他说，在国际上，将书信与汇款合二为一的侨批形式，可能只有中国才有。侨批是中国华侨历史的独特文化遗产，是华侨文化的瑰宝。我们要进一步加强专业机构和民间收藏家的合作，不断推进侨批的收集、整理、研究和宣传工作；同时，注重推进侨批文化的大众化传播工作，立足家国情怀，让侨批文化走出博物馆，走进大众。

"总书记同时强调要推动全社会加强诚信建设，寓意深远。"张应龙表示，在过去交通不便、信息不灵的年代里，侨批之所以能够顺畅运转，靠的是诚信二字，而侨批的诚信建立在中华优秀传统文化基础之上。在经济全球化的今天，诚信依然十分重要，它是市场规则的重要支柱。

全力打好"侨牌" 携手共谋发展

汕头经济特区要根据新的实际做好"侨"的文章，加强海外华侨工作，引导和激励他们在支持和参与祖国现代化建设、弘扬中华文化、促进祖国和平统一、密切中外交流合作等方面发挥更大作用。

——习近平

作为全国著名侨乡，汕头特区因侨而立、因侨而兴。

"习近平总书记的重要讲话，与他的一系列对侨务的重要论述一脉相承，不仅体现了对侨界的深情厚意、对华侨华人历史贡献的高度肯定，还为新时代的侨务工作提供了根本遵循。"汕头市侨联党组书记、主席林健表示，将认真学习领会总书记的重要讲话精神，更好地发挥侨联组织联系归侨侨眷和海外侨胞的桥梁纽带作用，团结动员他们投身改革开放和社会主义现代化建设；全力打好"侨牌"，为推动汕头改革开放再出发，加快建设省域副中心城市，打造沿海经济带重要发展极和活力特区、和美侨乡、粤东明珠贡献侨界力量。

广东是中国第一大侨乡，据不完全统计，目前旅居海外的粤籍侨胞有3000多万人，分布在世界160多个国家和地区。广大粤籍华侨华人不但为住在国的经济和社会发展作出了巨大贡献，而且热心祖（籍）国的发展，在广东的改革开放进程中发挥着重要作用。

"习近平总书记的重要讲话让广大海外华侨华人和侨务工作者备感温暖、备感振奋、备受鼓舞、倍增动力。"省委统战部副部长、省侨办主任庞国梅表示，全省统战侨务系统将认真贯彻落实总书记重要讲话精神，紧密围绕凝聚侨心侨力同圆共享中国梦的新时代侨务工作主题，突出"根、魂、梦"的新时代侨务工作主线，坚持发挥侨务大省资源优势，着力打造华侨华人粤港澳大湾区大会品牌，全力配合建设汕头华侨经济文化合作试验区及汕头"侨梦苑"，引导侨胞参与"一带一路"建设、粤港澳大湾区建设和支持深圳建设中国特色社会主义先行示范区；坚持建立健全团结引导广大海外侨胞和归侨侨眷的工作机制，引导广大海外华侨讲好中国故事、广东故事、华侨故事，发挥他们在支持祖国发展、促进和平统一、传承中华文化、助力对外交往中的积极作用。

江门有"中国侨都"之称，侨胞也遍布世界各地。

"习近平总书记的重要讲话直抵人心，既是对华侨贡献的肯定与赞扬，更是

对新时代华侨的鞭策与鼓励。作为一名侨联干部，我倍感鼓舞与振奋，也深感工作之光荣、责任之重大。"江门市侨联党组书记、主席林春晖说，江门市侨联将广泛凝聚侨界力量，全面加强与海外侨胞的联动对接，做好稳人心、暖人心、树信心工作，引导海外侨胞积极参与"一带一路"、粤港澳大湾区建设。

当好友好使者　讲好中国故事

我国改革开放和经济特区的建设同大批心系乡梓、心系祖国的华侨是分不开的。

今年是经济特区建立40周年，我特地来汕头经济特区考察调研，就是要向国内外宣示，中国共产党领导中国人民将坚定不移走改革开放道路，奋发有为推进社会主义现代化建设，锲而不舍实现中华民族伟大复兴的中国梦。

——习近平

开放的基因和文化，成就了广东今时今日的发展。

四十载波澜壮阔，新征程催人奋进。广东省侨联党组书记、主席黎静表示，情系桑梓、关注家乡发展是华侨文化的显著特质。长期以来，广大海外侨胞和归侨侨眷秉承中华民族优良传统，热情支持中国革命、建设、改革事业。特别是改革开放以来，广大海外侨胞和归侨侨眷从"引进来"到"走出去"，从支持家乡经济社会发展到参与经济特区建设，从传承中华优秀传统文化到促进中外文化交流，发挥了不可替代的独特作用。广东40余年改革开放所取得的伟大成就，离不开广大海外侨胞和归侨侨眷的倾力奉献。"接下来，广东全省各级侨联组织将深入学习贯彻习近平总书记重要讲话、重要指示精神，发挥侨联组织的独特优势和作用，凝聚侨心侨力侨智，为广东实现'四个走在全国前列'、当好'两个重要窗口'作出侨界新的更大贡献。"黎静表示。

"总书记说，华侨的一个最重要的特点就是爱国、爱乡，爱自己的家人，这就是中国人、中国文化、中国人的精神、中国心。这说到了咱们的心坎上。"汕头海外交流协会荣誉会长、新加坡知名华文作家蓉子深有共鸣地说，海外侨胞是中华民族的一分子，有责任也有义务为实现中国梦添砖加瓦。她将一如既往地活跃于中新两国间，为在东南亚弘扬中华文化、潮汕文化，以及促进中新各领域务实合作尽一份心。

巴拿马侨商邱志军说，身为一名从小移民国外的海外游子，听了总书记的重要讲话，他的心情非常激动。华侨华人以前主要是为了生活离乡别井远走他国，如今都已扎根当地立业开果。现在，越来越多人主动走出国门融入乃至引领世界潮流，随着中国的不断发展，海外华侨华人的地位也不断提高。"让我们不忘初心，把浓浓的家国情怀代代相传，讲好中国故事，当好中外友好共进的桥梁纽带！"

新形势需要新担当、呼唤新作为。

欧洲人文和自然科学院院士、爱尔兰皇家科学院院士、华南理工大学教授孙大文表示，将认真学习总书记重要讲话精神，并将其化作日常工作动力，充分利用自己在海外多年所学，带领华南理工大学现代食品工程研究中心团队，加速解决国家食品工业发展的"卡脖子"难题，为我国全面建成社会主义现代化强国、实现中华民族伟大复兴作出一名中华儿女应有的贡献。

"总书记的重要讲话，向国内外宣示中国坚定不移走改革开放道路的决心，为广大留学归国人员指明了报效祖国、实现人生价值的方向。"广东欧美同学会副会长、广东亚太经济研究院理事长李志坚表示，将紧紧围绕党和国家的工作大局，继承和弘扬留学报国的爱国主义传统，将爱国之情、强国之志、报国之行融入到新时代中国特色社会主义建设的具体实践中去，紧紧围绕新时代、新发展格局下的重大理论和实践问题，为社会主义现代化建设提供更多具有前瞻性、全局性、战略性的智力成果。

（南方网2020-10-18/胡良光等）

侨文化在"侨"文章中的分量有多重？

汕头因侨而立、因侨而兴。在汕头的历史文脉中，"侨文化"浓墨重彩。

对于汕头来说，要做好新时代"侨"字文章，不仅要进一步加强海外华侨工作，团结广大海外华侨共同实现中国梦，深入开展潮汕历史文化、华侨历史文化研究，亦是"应寻之路"。

侨文化在"侨"文章中的分量有多重？在汕头大学潮汕文化研究中心30周年活动暨首届潮汕历史文化高端学术论坛上，全国侨联中国华侨华人研究所所长张春旺的一句话点出要义："海外侨胞无论走到哪里，身上都传承着中华文化的基因，潮汕文化是灿烂中华文化中亮眼的那颗星，海外侨胞从潮汕走出去，他们传承潮汕文化，就是对中华文化的弘扬。"

以传统文化为牵引　加强华侨工作，服务国家战略

"侨批"作为潮汕华侨史重要的历史见证，具有特殊的地位。广东省政府参事、国际潮学研究会学术委员会主任委员林伦伦表示，作为海外侨胞通过民间渠道寄给家乡眷属的连带家书或简单附言的汇款凭证，侨批是潮汕人，尤其是在海外潮汕人诚信的最好的证物，它不断提醒着现代的潮汕人，诚信不会因为历史而过时，而是每个人都应该继承的优良品德，这是其现实意义。同时，侨批背后隐含着华侨华人漂洋过海、在异地艰苦创业的精神品质，同样也是当下需要被关注与弘扬的。

汕头大学商学院教授胡少东对此也非常认可，他说，潮汕侨批网络就是以乡族关系建立起来的合作，以保证商业的有效运行，现实中也有很多企业走出去，在华侨团体的帮助下实现对外投资。如今，海外华人社会已经到了第三代、四代，未来要依托同乡联系，加强与海外华侨华人的经贸合作，则需要我们加大力度对近代海

内外合作的史料挖掘、研究和宣传弘扬。

如何利用好汕头的侨乡优势，打好"侨"牌，讲好"侨"的故事？广东华侨历史学会会长、暨南大学华侨华人研究院教授张应龙以及独立学者李宏新在接受记者采访时都提到不能局限于本地域、更不能局限于当下，必须要眼光长远，发扬特区精气神，大胆考虑、打造可持续的项目，久久为功。

李宏新直言，汕头应抓住机遇做好"侨"文章，或可借助举办诸如"世界华侨华人大会"等活动，广邀全球华侨华人莅临汕头，打响汕头侨乡的知名度。同时建议，汕头可以考虑打造顶级的潮剧院，走高精尖路线，演绎者及观众门槛要高，要打造潮剧乃至中国传统戏剧的"地标"。"顶级剧场，是新时代侨乡的展现，也是中国特色社会主义发展成就的体现，更是涵养侨情的具体落实。"李宏新说，一方面可扶持潮剧这项非遗项目的传承发展，另一方面可塑造成潮籍华侨华人返乡的"打卡点"，在促进经济发展的同时联络乡情乡谊。

以侨乡文化为纽带　实现与华侨华人的精准对接

在当天学术活动上，与会的嘉宾学者们都戴有象征潮汕人敢闯敢拼、开拓进取精神的"水布"，对此，汕头大学潮汕文化研究中心主任、图书馆馆长陈景熙解释道，水布作为潮汕侨文化的一种纽带象征，在东南亚当地社会仍有广泛使用，此次选择将水布作为礼物赠送给嘉宾，是为了展现出潮汕侨文化的世界性，以此加深文化传播和认同感。

如何利用侨文化加强和华侨华人的联系？陈景熙认为，当前海外华人社会已经更新换代，立足长远的话，势必需要密切和新生代的关系。"我认为一方面还是要保持和老一辈之间的密切联系，另一方面也要重视侨乡文化资源的保育，作为进一步发展与海外华侨华人社会新生代联系的重要资源。"

陈景熙分析道，一方面可以把海外华人新生代"请"进来，通过邀请他们来侨乡社会体验祖辈所生活的环境来了解自己文化的根源，增强他们作为华人的文化自信，以及对中华文化的认同感；另一方面还可以主动地"走"出去，通过海外表演、学术研究等丰富多彩的活动，来密切与海外华人新生代的联系。"在这方面，汕头大学以及潮汕文化研究中心作为专业化学术机构，可以在学术研究和文化传播方面提供学术支撑。"陈景熙说，利用侨文化加强和华侨华人的联系是一项系统工程，需要政府、高校以及海外华人社会、团体来共同协作努力。

而在当前探讨如何传承侨文化的话题中，张应龙认为首先要弄清楚到底要传播什么文化的问题。在他看来，海外潮人看待侨文化的内涵与我们不尽相同，他们更重视传承潮汕家乡文化。侨文化是历史发展的产物，具有不同的历史年轮。老移民重视潮汕传统文化，新移民践行潮汕现代文化。侨文化对海外移民的影响会随着时代而变化，应该采取传统与现代相结合的方式传播潮汕侨文化。

张应龙对如何把海外华侨华人"请"进来也表达了自己看法。在他看来，侨文化也存在不同时期之分，对待不同时代、年龄的华侨华人，需要针对性地向他们传递同时代的侨文化，才能更好地引发他们的共鸣和认同。"事实上，现在生活在海外的华人，他们接触到的家乡文化不是我们自以为的华侨文化，我们应该用他们所熟悉的家乡文化去跟他对话，才能达到精准对接。"张应龙举例，针对年龄较小的华人新生代，就应该揣摩他们的心理，在传统文化传承的基础上，去策划一些孩子们当下会感兴趣的活动，这样才能让他们在玩乐中潜移默化地被熏陶。

以文化传承为目的　推动文化和旅游深度融合

经过保育活化的小公园开埠区，近年来成为市民游客品味潮汕文化的旅游打卡聚集地，今年为期一个月的汕头小公园国庆中秋嘉年华活动更是吸引了近百万的客流量，充分展示了汕头文化和旅游融合的硕果。

这么一片具有丰富的文化、历史、经济价值的"宝地"，如何继续将其转化为可以触摸的文旅产品，从而激活旧区、推动汕头文化历史不断发展，近年来也成为不少专家学者们研究的课题。此前，中山大学历史学系主任、博雅学院院长、博士生导师谢湜和中山大学地理科学与规划学院博士后欧阳琳浩曾运用地理信息系统技术，绘制小公园数字化地图，这对小公园片区的保育活化有一定的借鉴作用。

谢湜认为，小公园片区的保育活化除了在空间立面、外立面上进行古建筑的修复和保护之外，最重要的是要发掘建筑和街区的故事、文化、内涵。数字化地图背后，其实就是小公园片区一个个连接在一起的"点""线""面"。他补充道，"线"和"面"在地图上比较容易分辨，但是"点"的发掘需要透过地图，进一步找到其历史文化信息，这需要研究人员进行更充分的档案和史料发掘工作。"这样的工作，对于我们以后充实历史文化街区的保护、文化保育都具有重要意义。"谢湜说，这同时能让公众更多地领略到老建筑的历史底蕴和文化，唤起大家对这座城市的记忆、文化认同和思考。

在如何推动文化和旅游深度融合方面，独立学者李宏新的观点则更"接地气"。今年国庆节前，有一个关于汕头小公园国庆中秋嘉年华活动的H5作品，获得高达35万的浏览量，他初步估计，近300名文艺青年受此吸引，来汕旅游。这更加坚定了他在"文旅融合"方面的见解。

"如今一个美誉度远比一百个知名度要更实际，文艺青年笔下的汕头，有着独具特色的解读，对汕头也是一种侧面的宣传。"李宏新说，文化与旅游的结合需要有外力的助推，更需要口口相传的口碑，因此"文旅融合"要懂得借助文艺青年的力量，利用他们的号召力，才能吸引更多外地游客来汕头旅游，传播汕头声音，讲好汕头故事。实际上，应该眼光长远，以文艺情怀吸引天下客，而不要仅仅局限潮汕、粤东。李宏新分析道："对比整个大陆腹地，汕头的原生态海韵、架构齐备

的民国建筑群，以及中西融会底蕴深厚的族群、地域文化——潮汕文化，是文艺氛围、文艺情怀的基础。"

侨文化作为一种文化资源，短期内的确可以成为开展旅游业等相关产业的现实资源，但陈景熙认为"文旅融合"最根本的还是要立足文化传承的角度。"我们之所以重视侨文化，是因为侨乡是连接着东南亚海外华人社会与中国内地之间重要的纽带和平台，实际上是服务于国家'一带一路'倡议的民心相通大业，也有助于推动中华文化的海外传播，以及中华文化软实力在国际社会上的提升。"陈景熙说，从这一层面上来说，侨文化传承的意义是更加长远、更有价值的。

专家论道

中山大学党委书记、国际潮学研究会学术委员会主任委员陈春声：

打好"侨"牌，首先要树立文化自信

中国东南沿海有上千年海外贸易传统，跨国活动早已成为老百姓日常生活的一部分。上千年来，潮汕的先辈就是在这样复杂的制度环境中，充满智慧地协调和利用各种制度，在不同国家和不同社会之间，游刃有余地发展着自己的事业和文化传统。

中山大学党委书记、国际潮学研究会学术委员会主任委员陈春声指出，在中国东南沿海的社会文化传统里面，有很多地方的文化制度和风俗习惯，包括讲求商业信用的传统、互相帮助的传统，利用地缘和血缘等各种脉络来维系文化的传统，依然存在某种跟现代商业制度、现代国际关系、现代国际政治关系相适应、相契合的因素，"也就是说，即使是被认为传统的时代，我们的文化根基里也含有大量可以跟一个现代社会相适应的因素。这些因素称为本土现代性"。

陈春声认为，21世纪全球化时代，特别是到了中国发展成为世界第二大经济体的时候，我们实实在在地可以从这样的本土现代性中汲取到文化的养分。不但对中国人民有好处，对周边国家的人民也有好处，这就要求学界做好人文社会科学中国化的工作。

他表示，首先最重要的，是要树立文化自信。其次，要认认真真地回到中国文化本身的脉络中去，熟读中国的经典著作，了解中国自己的历史、制度，特别是中国人物质生活跟精神生活的精髓，需要细致入微地做很多具体的研究。

"在研究过程中，还要努力跳出教科书的框架，努力地葆有回归中国文化本位，建立本土学术规范的初心，并为此不懈努力。"陈春声说，人文社会科学的思想需要团队的集体智慧，但是最后能提出真正有突破性、有长远历史影响的思想的，一定是极少数的思想大师。他期待21世纪中国人文社会科学界，也能出现像孔子这样可以产生长远的世界性影响的思想家。

专家论道

广东省政府参事、国际潮学研究会学术委员会主任委员林伦伦：

创新创业要传承好华侨精神

"侨批的产生和发展史就是一部微缩的中外交流史，它是潮汕社会发展史的物证，折射出海外潮汕人的诚信品德。"广东省政府参事、国际潮学研究会学术委员会主任委员林伦伦近期正在做关于"侨批（银信）的保护、活化利用现状及其改善建议"的调研课题，在学术报告会上，他直言，当下研究侨批，就是要挖掘其背后的诚信内涵。

林伦伦解释道，侨批历史从有文献记载的清朝，一直到1993年，中间从没有发现过误投或者漏投的现象。"有一些侨批只是简单地写上寄批人的名字和老家的村名，再写上'贤妻收'，侨批员就会送到他的家中。"他指出，这种信用是非常特殊的，诚信不会因为历史而过时，这就是侨批在现代的指导意义。

除此之外，林伦伦表示，现代创新创业，也可以从华侨身上获得启发。"潮汕人优秀的人文性格，在华侨华人身上体现得尤为深刻。"林伦伦说，潮汕俗语"吃到无，背起沙包过暹罗"，体现的是老一辈华侨华人为了改变贫穷的命运，漂洋过海去谋生的故事，在那样艰苦的创业环境下还能打拼下一番事业，练就了潮汕人在海外敢创业、能创业的精神，这种精神是最具有现代意义的。如今，全国各地有200多个潮商会，在上海、北京都有潮汕人创业的身影，他们传承的是过去老一辈潮汕人的精神。

林伦伦认为，要想把这种精神传承好，每个城市的侧重点应该不同。例如汕头作为具有海洋文化意义的对外开放的城市，就要主打"侨"牌。"这也是汕头拥有全中国唯一的华侨经济文化试验区的原因，其意义就在于必须让汕头和过去一样，利用好全世界华侨华人，特别是一千多万潮籍华侨的力量，在这片热土投资来共谋发展。"

此外，林伦伦建议既要做好"走出去"和"引进来"的工作，利用学术研究和文化教学进行交流传播，同时也要发挥好商界的作用，更多地进行商业合作，让海外华侨华人看到中国经济发展的大好形势，吸引他们回到家乡投资做生意，这才能加强华侨华人子女和祖籍国的联系。

林伦伦还列举了一个案例，一位华侨，其三代都为家乡一所学校捐资。去世前，老华侨立下遗嘱，要求把自己的骨灰埋葬在家乡。儿子不解，老华侨回答道："我的骨灰如果葬在家乡，你们就得去看我，就还会回到家乡。"原来，老华侨希望通过这种方式，来保持子女和家乡的联系。林伦伦说，这个案例非常生动地体现出华侨对家乡的眷恋，以及对子孙后代与家乡保持联系的期盼，因此，学界、业界要多方面地建立和华侨华人的沟通和联系，不论是政府层面、学术层面、民间层面，还是学校层面，各种渠道都可以。

（《南方日报》2020-11-17/余丹，王涵琦）

在创新创业中展现侨界作为

悠悠天宇旷，切切故乡情。侨界人才在我国革命、建设和改革开放时期，都作出了不可磨灭的重要贡献。大批海外赤子负笈求学的足迹和筚路蓝缕的创业史，投射着中华儿女追寻民族复兴的伟大梦想，一代代华侨华人将深厚的爱国情、高远的强国志，转化为笃定的报国行。新中国成立之初，一大批海外赤子毅然回到祖国怀抱，在极其艰苦的条件下呕心沥血、顽强拼搏，为新中国各项事业发展奠定了坚实基础。

山与水、海与岸，虽远尤近。改革开放以来，大批侨界人才带回先进教学、科研、管理经验和技术成果，成为我国科技进步、创新发展的重要力量。他们积极投身社会主义现代化建设，积极推动我国同其他国家各领域交流合作，为我国经济社会发展作出了重要贡献。

随着中国日益走近世界舞台中央，侨界人才的向心力、凝聚力不断增强。《华侨华人蓝皮书：华侨华人研究报告（2020）》统计显示，2010年后，我国留学人员回国率近80%，海外人才回国发展蔚然成风，并成为各行各业领军人才；侨界人才创新创业创造的先锋作用十分突出，集中在战略性新兴产业。他们不仅有效弥补了国内高层次人才缺口，还带动了大规模的海外人才归国潮。据不完全统计，海外侨胞等捐赠中国公益事业累计近1000亿元人民币，为我国教育文化、医疗卫生、民生改善等事业发挥了重要作用。特别是新冠肺炎疫情期间，广大海外侨胞、归侨侨眷纷纷捐款捐物，积极投身抗疫斗争第一线。

今年是新中国历史上极不平凡的一年。在党的坚强领导下，全国人民勠力同心，交出了一份人民满意、世界瞩目、可以载入史册的答卷。面对即将开启的全面建设社会主义现代化国家新征程，应发挥好侨界人才作用，发挥攻坚克难、推动发展的强大能量。

侨界人才既具国际视野，又熟悉国内情况。他们站在国际前沿，在大力推动自主创新、加快科技自立自强方面具有独特优势。"十四五"时期，应更好地激发他们积极投身创新创造实践，引导他们找准专业优势和社会发展的结合点，找准先进知识和我国实际的结合点，真正使创新创造落地生根、开花结果，在构建新发展格局、推动高质量发展中展现担当作为。同时，加强新侨、海外留学人员的联谊和服务工作，拓宽与各新侨组织的联动合作，培育发展更多文化层次高、思维理念新、经营思路宽、事业发展快的侨界新生力量，为中国的海外人才资源和侨务事业持续发展提供强劲动力。

不论树的影子有多长，根永远扎在土里。在中华民族几千年绵延发展的历史长河中，爱国主义始终是激昂的主旋律，始终是激励我国各族人民自强不息的强大力量。广大侨界人才应心怀国家，积极贯彻新发展理念，积极参与推进数字经济、智能制造、新材料新能源等新兴产业，主动融入新发展格局，在创新创业的热潮中展现侨界作为，使个人成功的果实结在爱国主义这棵常青树上。

目前，海外华侨华人已经超过6000万人，分布于近200个国家和地区，涵盖商贸、企业、科技、文化、政界等各个领域，已经形成了覆盖全球的华人网络。对此，应加强侨务、侨情研究，通过血缘、地缘、业缘关系建设好共建"一带一路"的华侨华人网络，畅通民间组织的合作交流渠道，不断提高他们对祖国的归属感，传承好中华民族的精神基因。

（《光明日报》2020-12-23/巫喜丽）

侨胞的2020：这一年很艰难，但我们很努力

再过两天，2020年就将画上句号。对海外华侨华人而言，新冠肺炎疫情带来的冲击仍在持续，但海外华侨华人并未因此停下前进的脚步。

2020年很艰难，但侨胞很励志

疫情在海外暴发，华侨华人随时关注疫情动态，及时做好防疫措施。大量统计数据和媒体报道显示，从欧洲到美国，华人群体感染率低，因病死亡率低。在华人人数占25%的意大利普拉托，华人感染率一度是平均水平的一半。

在做好防疫的同时，华侨华人也积极复工复产。餐饮业者花重金搭起户外用餐区，美容业者购入隔板保证"安全距离"，旅游业者用"云旅游"展现美丽景色，零售业者为顾客送货上门……华侨华人对自己负责，也对他人负责。

借助线上购物潮流的兴起，西班牙华人连锁超市推出线上平台，集供应、物流、销售于一体；意大利普拉托华人企业推出App，成功实现线上转型……从普通民众的"反向海淘"到企业、政府的外贸订单，华侨华人凭借敏锐观察与果断行动逆势突围。

2020年很坎坷，但侨胞很乐观

疫情持续蔓延，多国出台"居家令"。华侨华人在线上"云相聚"，将居家防疫的日子过得有滋有味。

侨团建立线上互助群，为侨胞们架起交流防疫知识、寻求帮助的通道；侨胞参与线上课程，与同好切磋厨艺、武术，交流兴趣也提升自己……疫情挡住了华侨华人走出家门的脚步，却改变不了他们热爱生活、乐观向上的心。

如今，新一波疫情正在持续，华侨华人已学会把面对疫情的焦虑转化为应对行动，提高自身的适应能力。

在采访中侨胞们还谈到，持续已久的疫情亦引发了其对人与自然关系以及人生

意义的深度思考，他们更懂得精神富有的快乐，懂得享受与亲人相处的时光，更加注意身体健康，更加欣赏自然世界的美，也更加敬畏生命。

2020年很动荡，但侨胞释放着暖意

面对陷入困境的同胞，华侨华人及时伸出援手，用爱心、热心互相扶持，继续前行。

"居家令"下，许多华裔老人、残障人士生活不便，中餐馆主动送上热汤热饭；有侨胞因地震、火灾遭受损失，侨团华社为受灾同胞募款、发放物资；同胞在海外打工时查出癌症，当地华侨华人纷纷捐款捐物、送上关怀。

华侨华人还出钱出力，积极参与和支持住在国抗疫，展现担当奉献、共克时艰的良好形象。

新西兰华人社团联合会向慈善机构捐赠救护车，全美浙江总商会向洛杉矶警局赠送5万只口罩，南非华人商城向贫困社区捐赠4万兰特物资，多伦多"旺市小餐馆"老板娘为邻里提供爱心中餐……这些点滴善举承载了华侨华人对"第二故乡"的爱心和责任，也为战"疫"注入了一股温暖力量。

疫情就像一块试金石，磨去了顺风顺水的平静日子，但也让华侨华人更加坚韧。挥别2020，相信华侨华人会有更多勇气和力量面对明天。

（中国新闻网2020-12-31/刘立琨）

侨史钩沉

本栏目选取2020年度主流新闻媒体中有关华侨华人的史料性文章，涉及华人先贤防疫、华人采矿、百年侨房、广府人出洋、东江纵队、侨批故事等主题，部分史实配以图片，融史料性、研究性以及普及性为一体。

华人防疫专家伍连德与新加坡的故事

领导跨国医卫团队抗鼠疫

伍连德出生于1879年，年少就已出类拔萃，曾赴英国剑桥大学学医。1903年学成归来后，他活跃于当时的马来亚社会，除了在槟城执业行医外，还积极领导戒烟运动，并在怡保召开禁烟群众大会，向英殖民政府施压禁烟。

1908年，伍连德前往中国天津，担任陆军医学堂副监督。1910年秋冬之际，中国东北发生严重鼠疫，数万居民染病死亡。伍连德临危受命，领导跨国医卫团队抗疫，1911年初成功扑灭鼠疫，声名大噪，获得国际知名"鼠疫斗士"的美名。

伍连德

伍连德在中国30年，期间创办20余所医学院和现代化医院，并成立医学团体，发行医学刊物，完善了中国的医学教育、防疫系统和公共卫生制度。他在防疫医学上的贡献，使他于1935年成为诺贝尔医学奖候选人。

在马来亚推行社会改革

在人生的三个阶段中，伍连德曾与新加坡结缘。在前往中国之前，伍连德与其他新马华人得奖人建立了友谊。自林文庆成为第一个获英女皇奖学金的华人子弟后，陆续还有新加坡的宋旺相、

1915年开始，伍连德负责筹建北京中央医院，于1918年1月落成，任此医院的第一任院长，这是中国人自己兴建的第一所综合型大医院

槟城的洪木火、辜立亭和伍连德获奖。

伍连德与林文庆和宋旺相交情很好。1903年伍连德自英国学成归来，停留新加坡期间拜访林文庆，并暂住其家中，因此首次见到林文庆妻子的妹妹，并对她一见倾心。两年后，二人在新加坡的美以美教堂结婚。

伍连德也深受林文庆的影响，以槟城为基地，在马来亚各地推行社会改革运动，尤其是戒烟和禁鸦片运动。伍连德曾和林文庆及宋旺相合作，共同主编在新加坡出版的英文刊物《海峡华人杂志》。

多次在新加坡发表演讲

1908年，伍连德前往中国发挥他的医学专长，不久便奠定了他在防疫和医学界的国际地位。但他和新加坡的缘分并没有了断，而是进入了第二个阶段。这个阶段的伍连德主要是借助公务出差的机会，与新加坡保持关系。

伍连德在中国服务的30年间，经常出席世界各地举行的医学大会和相关学术活动，其间停留或过境新加坡十余次，往往为受邀演讲或访谈。1930年3月伍连德出席在荷属爪哇举行的国际卫生会东方评议局会议后，在新加坡停留了几天，并接受同济医院的邀请发表演说。

伍连德的演讲内容，主要是鼓励新加坡的医师和研究者不停吸取新知，并要勇于创新。他还特别阐述了自己对医学的看法——"今日医学上，只有新学、旧学之分，无所谓中医、西医之别。盖学有新旧，新者即是一种进步之表现。试观今之世界，事事须有新的思想，新的创作，方能争存于世界，造福于人群"。

伍连德还观察到，当时新加坡的医疗和卫生情况并不理想，建议医疗卫生行政的任务及评估，应以降低死亡率为首要目标。

1931年，伍连德参加于日内瓦举行的国际联盟会卫生委员会会议，当年7月伍连德返回中国途中在新加坡停留一天。当地报章记者抓住机会，对伍连德作了一次访谈。伍连德提到他在日内瓦的会议上报告了中国的卫生建设情况，特别介绍了由他倡议，并由胡文虎独资捐建的南京中央医院。

与会的各国医生和代表对胡文虎的善行极为赞赏，并对中国卫生事业的发展感到满意。伍连德认为胡文虎的慈善义举，对中国的国际地位提高不少。由于得到这些赞誉，胡文虎之后更慷慨行善，并于1935年宣布，要在中国各地捐建1000所小学和100座医院。

鼓励华人进入中国市场

伍连德在新加坡的演讲，不限于讨论医学专业的议题。例如，1936年1月伍连德在新加坡对华人公开演说，讲题是"过去与现在中西文化之关系"。特别引人瞩目的内容是，他呼吁华人要重视与中国特有的血缘关系，开拓在中国的商机。

但华人要如何进入中国的庞大市场呢?

伍连德认为首先要学习华语,他举例说:凡有一地货物之推销员,如不通晓该地语言,他的推销业绩一定受到很大的打击。伍连德当年的一席话,在今天听起来有历久弥新之感,可见其高瞻远瞩。其实,"土生华人应学习华语,新客移民应学习英语"一直是伍连德在新马各地演讲所强调的一个重点,也是他认为海外华人最基本的安身立命之道。

捐赠艺术品予马来亚大学

1938年,伍连德从中国退休后回到马来亚,在怡保继续行医和参加社会活动。二战结束后,伍连德往返新加坡和马来半岛的次数增加,这期间他因为家人的关系,与新加坡结下因缘。

伍连德定期到新加坡,探望就读于马来亚大学(校园在新加坡,即新加坡大学的前身)的长女伍玉玲。1949年,马来亚大学举行正式成立典礼,伍连德穿着博士礼袍应邀盛装出席。伍玉玲于1955年在新加坡定居,从事语言教育工作。伍连德常常来新加坡探望长女,也因此有更多机会参加新加坡故友和学界的活动,并将一些重要的艺术收藏品和书籍长留新加坡。

马来亚大学艺术馆于1956年4月开幕时,陈列的展品中就包括伍连德捐赠的艺术品。第二年,伍连德将1000本左右珍贵书籍、自己编著的医学专著和报告书,赠送给南洋大学图书馆,南大和新大合并后,这批书籍典藏于新加坡国立大学图书馆。

1958年,伍连德在新加坡有两场演讲,那是他在本地的最后两场公开演说。9月18日,应南大文学院的邀请,伍连德主讲"研究的问题"。演讲内容分为两部分,第一部分他先分享了在中国30年从事卫生和防疫工作的经验,第二部分则专题讨论从古至今马来亚和中国在文化和贸易方面的交流史。

两天后,伍连德应邀到南洋学会演讲,题目是"中国古代的旅行家",他介绍了从秦代到明代的20位旅行家,有大家比较熟悉的张骞、班超及郑和等,也有著名的西行取经者法显和玄奘等,还有女性平民孟姜和出塞宫女王昭君等,伍连德以轻松的语调叙述他们的远行,但更偏重于论述这些人物在中外文化交流上作出的贡献。可见伍连德不只医术高明,其他知识也很渊博。

1960年1月21日,伍连德因中风病逝,其骨灰坛被安置在峇都眼东公冢。

([新加坡]《联合早报》2020-01-16/黄贤强)

铁船华人老船长见证马来西亚采矿历史

距离马来西亚霹雳州贞德隆新村1.5公里的湖上,有一艘名为"丹绒督亚冷5号"(TT5铁船)的采矿铁船,它已成为马来西亚著名的历史文物,由政府接管,并对外开放，让民众前来参观，使民众在拍照打卡的同时，也能够了解马来西亚采矿的历史。

船长傅谭春在锡矿业奉献了五十多年，他由劳工做起，学习并了解铁船的操作，一步一脚印地坐上了工头和船长的位子。

讲起从事铁船采矿工作的经历，傅谭春表示，当年还未满18岁的他，在英国殖民统治时代担任矿工，负责项目很多，包括清理杂草、维修篱笆等，工资一天仅有4林吉特27仙。

满18岁后，他被安排负责补炉（Boiler maker）、拆卸器械等需要技术或是较为繁杂的工作，薪金也从原本的4林吉特27仙涨至6林吉特左右。正是在这个时候，他有机会接触到铁船工作，学习如何维修及操作铁船、接驳电器等等，为日后的工作打下了基础。

有了对铁船的认识，他从甘榜牙调派到"丹绒督亚冷5号"（TT5铁船）工作，并晋升为工头，还担起带领多名劳工一同执行工作的重责。在这里工作了好几年之后，傅谭春被上司推荐考取船长一职，成功担任铁船船长。

傅谭春介绍，一艘铁船需要24小时日夜操作，员工们需要分成三班制度，夜以继日地轮班工作。每个班次约有14个人工作，一艘铁船会有多达70位员工轮流工作。当中除了操作铁船的员工外，也包括督工。此外，铁船会被泥浆弄脏而影响运作，因此铁船一个星期会暂停运作两日，以便维修和清洗。

傅谭春表示，铁船工作相当危险，里头都是重机器，员工们在执行任务时要特别谨慎，有时不可避免的会出意外，所以在这里工作都要打起十二分的精神。

在这里工作的员工以华人和马来人居多，早班一般是打磨（fitter）和焊接工作，而做这类工作的以华人员工居多。除了操作机器，为铁船添油也是员工的日常工作之一。

询及这一带的铁船，傅谭春表示，当年最高峰期时这里曾有5艘铁船，分别为"丹绒督亚冷1号"（TT1铁船）、"丹绒督亚冷2号"（TT2铁船）至"丹绒督亚冷5号"（TT5铁船）。可惜的是，经历了多年的岁月流逝，至今，马来西亚国内硕果仅存、保留至今的采锡铁船就只剩下"丹绒督亚冷5号"（TT5铁船）。

锡矿业终究逃不过市场需求量降低，从昔日辉煌的高价而渐渐走入低迷。在傅谭春心目中，人生中最快乐的时光就是从事锡矿工作。"当年初入行的我，走路可以挺着腰，但经历了多年岁月洗涤，现在走路已不如当年般，能够挺直腰板了。"

如今，傅谭春仍然为TT5铁船效力，担任维修铁船的重责，以确保铁船能够继续保存下来。

（［马来西亚］星洲网2020-03-31）

百年侨房墙上石碑　见证华侨家国情怀

比正常门牌大一点，目测为花岗岩材质，黑色的表面镌刻着清晰可辨的白字。这样一块小小的石碑，镶嵌在镇邦路一幢老房子的窗户上方，如果不仔细找寻，很难被发现。它就像一个大隐隐于市的"老者"，见证着诸多历史，等待着发现他的人。

连日来，本报"申名"系列报道引起市民广泛关注，许多文史研究者积极提供线索，展示厦门的多元文化元素。近日，厦门海沧政协文史委员会委员魏宁当给本报提供了一条有趣的线索——在镇邦路一幢老房子的墙壁上镶嵌着一块石碑，上面刻着"海沧三都联络局公业不得私相授受"的字样。这块小石碑到底是何来头，海沧三都联络局是什么机构，这块小石碑背后又有什么样的历史？对此，本报记者进行了走访。

距今至少83年　碑上文字引出"三都局"历史

这块小石碑是如何被发现的？魏宁当介绍说，2018年底，她要编写一本关于石碑上所提到的"海沧三都联络局"（以下简称"三都局"）的书。当时，海沧华侨三都联谊会（以下简称"联谊会"）的工作人员告诉她，联谊会位于镇邦路90号、104号、108号三幢侨房的墙壁上有两块这样的小石碑，可能对她编撰这本书有用。魏宁当前去考察，但只看到了这一块，于是，便用手机拍了下来。

这里有一个背景，石碑上的"三都联络局"，简单来说，是海沧的一个民间华侨团体，历史悠久且曲折，现名为"厦门海沧华侨三都联谊会"。而"三都"的全称是"海澄三都"，是旧时海沧的名称。

"当时并不能看出这块石碑的历史，也不知道它是谁在什么时候镶嵌上去的。"魏宁当说，幸运的是，同年晚些时候，在联谊会装修位于海沧的办公点并清理老物件时，她发现了一本珍贵的"账本"——《沧江业产契据汇刊》（以下简称《汇刊》），这是曾任三都局局长的邱廑兢在1930年编制的。

《汇刊》中记载着这样一段话：抗战前，华侨苏壶冰到厦门即镌石刊明"海沧三都联络局公业不得私相授受"字样。"从《汇刊》中的文字可以推断，这块石碑至少有83年历史。"魏宁当推测。

《汇刊》还整理记录了当时三都局在厦门、海沧购置的房产清单，其中便包括镇邦路四栋房子，而购置时间也写得清清楚楚——最早购置时间在清咸丰八年（1858年），最晚的是1913年。由此可得知，这批侨房都有超百年的历史。从石碑和侨房历史可见，三都局已有超百年历史。

海外华侨向海沧捐款　逐渐形成正式社会团体

魏宁当还向记者介绍了三都局的起源。她说，据已故三都局老前辈周科文记述，1851年（清咸丰元年），由于政局动乱，百姓纷纷逃往海沧避难。海沧地方乡绅为安顿难民，发起捐助难民活动，但因本地财力有限，三个月后，捐资无法继续下去，遂写信向马来西亚槟城的邱、谢、杨三大家族的公司求助。接到求援后，他们马上联络槟城海沧华侨组成筹捐组，并积极向附近东南亚国家的海沧籍华侨通报情况，请求支持家乡难民救济工作，得到华侨的热烈响应，踊跃向槟城筹捐组捐款。筹捐组把募捐来的钱陆续寄回海沧。

次年，时局有所缓和，难民大部分返回厦门岛内，但马来西亚等地华侨捐款方兴未艾，槟城筹捐组为检查海外华侨捐献救济款落实情况，派代表回海沧查账和商量处理救济后期工作事宜，双方商定，将两地筹捐临时机构改为正式社会团体，以当时海沧行政区划三都为名成立三都联络局。

联谊会原董事长林中鸿介绍说，三都局华侨曾在不同时期参与过家乡的社会建设。如在筹资兴建漳厦铁路时，负责南洋募股的海外人员中，三都局华侨就有十多人。而在嵩屿开埠时，三都华侨林文庆、庄银安、邱廑兢等参加了嵩屿商埠促成会的筹建工作。不仅如此，在捐资助学、扶贫济困等社会公益以及保护侨产维护侨益方面，三都局同样做了很多工作。

在魏宁当看来，早期海外华侨募捐在厦购置房产，其房租收入从用于救济灾民、扶助贫困、成立保安守护家乡安宁、投资家乡公益事业、兴学助教，到后来用于参与国家建设等，都充分展现了海外华侨浓浓的家国情怀。

（《厦门日报》2020-05-12/邬秀君）

广府人出洋第一港　华侨史悲欢承载地

海外华人华侨寄回的银信已成为全人类的珍贵历史记忆

清咸丰三年（1853年），在台山大同河与端芬河交汇处，附近梅、黎等姓联合组织筹建了"海口埠"，又称"十户墟"。

此后百年间，海口埠成为五邑地区华人出海谋生的重要口岸。海口埠见证了一代代华侨漂洋过海的艰苦奋斗史，被称为"广府人出洋第一港"。

现如今，海口埠成为"南粤古驿道出海口纪念地""世界记忆名录银信纪念地"。登临海口埠，眼前的端芬河和大同河依旧奔流不息；驻足银信纪念广场，那一封封银信仿佛跨越时空，诉说着华侨悲欢离合的故事……

百年古埠

台山古驿道线路属于广东六大古驿道文化线路中北江–珠江口古驿道文化线路的重要组成部分，是广东古代海上丝绸之路的重要节点，包括了陆上驿道和海上驿道。台山古驿道以县城为中心，向外延伸至开平、新会、恩平、鹤山和阳江，并通过南部广海、川岛等地区出海，开启了五邑移民的出洋大门。海口埠是南粤古驿道的出海口，也是台山古驿道最核心的一段，是海上丝绸之路的重要节点。

在今天的海口埠入口处，一篇《南粤古驿道海口埠建设记》记录了海口埠的前世："海口古埠，建于清朝咸丰三年（1853年）。时由梅、黎、吴、李、关、阮、黄、江、陈、何等十姓氏谋而共建，称'十户墟'……"

在中国古代，墟市多设在村落密集及水陆交通方便的地方。在台山市端芬镇，依河建墟的就有梅家大院、汀江墟、西廓墟、墩寨墟、山底墟、成务墟、上泽墟和庙边墟等，而能以"埠"命名的墟多数是立于水路便利的出海口。因海口埠地处大同河与端芬河交汇的出海（经斗山河）口处，河面宽阔，河床深邃，当地人习惯称之为海，故命名"海口埠"。

海口埠繁荣时期有店铺126间，各行各业，一应俱全。其中以西隆街最为兴旺，仅银号就有10多家。

1931年冬，海口桥建成，从此南北两岸变通途，海口桥成为台海（台城至广海）公路的交通咽喉，大大促进了海口埠商贸经济发展。受港澳及西方的商业管理模式影响，当时海口埠的商户们成立了"联合商会"，共商共管海口埠的商业运营，使之繁荣鼎盛，闻名遐迩。

抗日战争期间，日寇多次出动战机在海口埠投下炸弹，炸死百姓、炸毁商铺，海口埠逐渐走向衰败。抗战胜利后，当地政府修复了海口桥，海口埠重现经济活力。

中华人民共和国成立后，1953年实行"三大改造"，全行业公私合营；1956年取消墟期，农村活跃的墟市经济交流被迫中断。后来，台海公路改道，经大同桥往广海，海口埠昔日的繁荣景象终成历史。

移民通道

一百多年间，海口埠的码头经常上演着这样的场景——台山的先侨们背上行囊"下南洋""去金山"，一步三回头，依依不舍登上客船，挥手与亲人们再次告别。他们心里思量着：此次离乡别井，不知归期是何年。

海口埠不仅是乡村的一个墟镇，更是当地先侨的移民通道。

台山人出国可以追溯到清乾隆三十九年（1774年），距今已有240多年历史。当时台山人主要是通过水路出海，而海口埠由于水上交通十分便利，有香港恒兴渡、

江昌渡来往海口埠至香港和澳门，因此，有不少五邑及周边地区的先侨是在海口埠这里搭乘轮渡到香港，然后再从香港转道世界各地。

"作为五邑地区最重要的先侨移民通道，这条古水道具有鲜明的文化属性。它的兴起与衰落，折射出了近一个世纪的移民历史，是台山乃至中国东部沿海独特的'侨乡'文化缩影，被誉为'广府人出洋第一港'等。"朱英炀是"海口埠至梅家大院"古驿道示范段打造的见证者、参与者、推动者、实施者，他在文章《海口埠：古道有梦，梦想成真》里如此评价海口埠的地位。

历史上，台山人经历四次移民潮，其中第三次移民潮是最大的一次，主要是在鸦片战争之后（1842年）到中华人民共和国成立前（1949年）。统计数据显示，迄今为止，台山旅居海外乡亲人数多达160多万，分布在90多个国家和地区。

近百年来，一代又一代的海内外台山人中，涌现出前任美国驻华大使骆家辉、加拿大前总督伍冰枝、中国驻澳大利亚第一任总领事梅光达、中国第一条民办铁路——新宁铁路创办人陈宜禧和新加坡宁阳会馆创始人曹亚志等名人，书写了可歌可泣的华人传奇。

记忆遗产

"爸爸去金山/快快要寄银/全家靠住你/有银就好寄回。"这是一首脍炙人口、家喻户晓的台山歌谣，寄寓着一家老幼对出洋华侨的依赖和期望。与这首歌谣相关的，还有银信文化。

"银信"是"外洋书信银两"的简称，是清末及民国时期包括五邑地区在内的粤语方言区民众对海外谋生的华侨华人寄给家人的汇款凭证（"银"）和家信（"信"）的俗称。在广东潮汕、梅州地区和闽南地区称之为"侨批"。朱英炀介绍："便利的条件，催生了发达的银信业。最繁荣时期，海口埠银号有10多家。如今在海口埠还能找到当年银号的店铺。银信是海上丝绸之路的重要文物，许多历史故事、中华传统美德都包含在银信里面。"

在海口埠银信纪念广场上竖立的20根银信柱引人注目。这些银信柱贴有648块烧制的银信瓷片，艺术性地展示海外华侨银信的前世今生。银信里说的多是家长里短，包括要求妻子儿女要照顾好老人小孩、提醒出国要注意的事项，甚至子女的婚姻大事，也说得明明白白。

据统计，从1864年至1949年这85年间，江门五邑地区的侨汇总额超过7亿美元，成为侨乡亲人生活的主要依靠和来源。这些资金主要用于子女教育、支付欠款、赡养老人、建造房屋、公益事业等。

"这些银信（书信和汇款）具有重要的价值，其档案的构成丰富多样，文献与实物结合，充分展示了记忆遗产的完整性、真实性。其文献链以及实物等，全面记录了华侨在侨居国的生活，完整、真实地组成了华侨家庭生活的历史画卷。"广东侨乡文化研究中心主任张国雄认为，银信还是中外文化传播的重要工具，是华侨推动中国乡村社会、文化发生重大转变的见证。

银信承载着一代代华侨的记忆。2013年6月，包括五邑银信在内的广东、福建两省的"侨批档案：海外华侨银信"入选世界记忆遗产名录，从而成为全人类共同珍视的重要文化遗产。

蝶变新生

历经160多年，几度兴盛消沉。近年来，随着古驿道保护利用工作开展，海口埠迎来了蝶变新生。

2016年起，广东省住房和城乡建设厅联合省体育局、省旅游局等部门正式开展古驿道保护利用工作，并计划将海口埠纳入2017年全省重点打造的8处古驿道示范段之一。随后，台山市人民政府开展多次专项调研、座谈会和实地走访，听取专家、老华侨、当地居民等各界人士对海口埠古驿道示范段项目建设的意见和建议，邀请五邑大学华侨文化专家全程指导，编制总体规划。

随着海口埠银信博物馆、银信纪念广场等工程竣工，古驿道"海口埠—梅家大院"示范段建设日益完善。2017年海口埠有机更新项目还被评为"2017年广东省宜居环境范例奖"。建成后的海口埠银信纪念广场、古码头、西洋亭、临水观景平台、六角亭等已成为网红打卡地；海口埠还成功举办了"2017年南粤古驿道国际定向大赛（台山海口埠站）暨中国南粤古驿道文化之旅活动"等多项活动；2020年6月，首批广东省粤港澳大湾区文化遗产游径发布，海口埠成为江门台山侨墟与洋楼游径中重要的华侨华人文化遗产资源点之一。

海口埠这一南粤古驿道上的明珠，不仅传承了优秀的地域历史文化，而且成为乡村振兴、创建全域旅游示范区的新标杆。

【访谈】海口埠是南粤古驿道连接海上丝路的重要节点

曹劲　南粤古驿道历史遗存修缮指导委员会委员、广东省文物考古研究所所长

羊城晚报：作为南粤古驿道历史遗存修缮指导委员会委员，您如何看待海口埠的历史价值和文化价值？

曹劲：台山是著名的侨乡。据说，在海外的台山华侨与在国内的台山人一样多。当年，他们背井离乡、出洋打工都是将海口埠作为最后一站登船。所以，从某种意义上讲，海口埠的旧街和码头，都是华侨对于故乡的最后一点印象。因此，海口埠的文化价值非常高，寄托了海外游子的乡愁。

海口埠作为文物的建筑价值也比较高，其中的旧街保存得很完整。通过古驿道的活化利用，把它们保护下来，融入当代社会，能焕发新的光彩。

羊城晚报：海口埠在南粤古驿道处于什么位置，与古驿道有什么关系？

曹劲：南粤古驿道一个非常重要的特点在于它不仅是广东省内的交通古道，它其实还向北翻越五岭，接通长江流域，甚至通过京杭大运河，与北方发生关联；向南放洋出海，连接海上丝绸之路，包括更遥远的东南亚、南亚，或者与更加遥远的文明发生一种持续的文化、经济上的交流。对于南粤古驿道，海口埠就是南行放洋出海的重要关键的节点，也是南粤古驿道连接海上丝绸之路的重要节点。因为有了这个出海口，岭南从偏安一隅发展成为国家的门户之地。

羊城晚报：在海口埠的修缮过程中，有什么经验可值得借鉴？

曹劲：海口埠是2017年南粤古驿道8个示范段之一。在修缮海口埠时，除了把一些重要的老建筑修缮外，还把其中蕴含的历史文化挖掘出来，并通过适当的形式进行表达，这个经验是值得我们借鉴的。到海口埠参观的游客，会对那里的南粤古驿道银信纪念广场印象深刻。银信是当年出海谋生的华侨寄回国内的信件和金钱。修缮海口埠时，在这个重要节点上，把银信烧制成瓷片做成银信柱，通过这样的形式，能让大家非常直观地认识银信这个珍贵的世界记忆遗产。

羊城晚报：我们在修缮古驿道历史遗存时，需要遵循哪些原则？

曹劲：古驿道历史遗存的修复，首先是文物文化遗产的修复，要遵循真实性、完整性原则，不要过多地去干预，要最大限度地保留原有"老"的东西，保留它的完整性。其次，在修缮古驿道的时候，我们还要考虑它的生态性、安全性。比如，修缮时不破坏古驿道周边的生态，以及要保证行走的安全。第三，修缮时还要考虑它的可持续性。我们希望在修完之后，古驿道有一个良性的循环。

【延伸】樟林古港——古驿道粤东出海口

樟林古港是南粤古驿道四大出海口纪念地之一。它处于江海交汇处，上行可与韩江中上游密如蛛网的淡水河道相连，直达平原腹地，下行则外通汪洋大海。这也是历史上粤东的第一大港。

樟林港埠的兴旺始于清康熙年间，清康熙二十三年（1684年），正式弛海禁，樟林港埠商人纷纷造船出海。到了康熙末年，又准与暹罗（即泰国）进行大米贸易，远洋航海事业应运而生，由渔港转商业港，著名的"红头船"就从这里出发。

开禁通商后，海内外货品、各地商船纷至沓来，常年在樟林港穿梭聚集，蔚为壮观。每年夏季，商船或北上苏州、天津，贩回棉布、色布、干果、药材，或南下暹罗、印度尼西亚、马来西亚等南洋诸国，运回大米、木材等。

潮州、澄海、饶平、南澳四县（市）在樟林交汇，这种得天独厚的地理位置使樟林古港成为南粤古驿道通海的重要出口，繁荣兴盛达百年以上。

当时国外的来信只要写有"中国樟林"即可送达，20世纪初樟林还被标入了英国出版的世界地图。它也自然而然地成为粤东乃至毗邻诸省移民出国的重要口岸，沿海各省商贾渔船，来往更加频繁。早期往南洋群岛诸国的华侨先辈，半数以上都是从樟林港埠出发的。

如今，樟林古港被列入广东省南粤古驿道保护利用工作的8处示范段之一。近年来，在樟林古港新兴街发现的古码头遗存和古石碑，更是汕头作为海上丝绸之路起源地重要的佐证之一。樟林古港作为"海丝申遗"的新增遗产点，正受到越来越多的关注。

（金羊网2020-06-29/黄宙辉，冯嘉兴）

重访东纵故地：港澳同胞华侨子弟齐上阵　护得文脉垂青史

6月底的岭南，正是荔熟蝉鸣的季节。因苏东坡"日啖荔枝三百颗，不辞长作岭南人"而名动天下的广东惠州罗浮山，不仅有中国著名道教理论家、医药大家葛洪的诸多遗迹，更坐落着展现广东人民抗日游击队东江纵队（下称"东江纵队"）辉煌功勋的东江纵队纪念馆。

东江纵队是中国共产党在广东省东江地区创建和领导的一支人民抗日军队，他们远离八路军、新四军主力，孤悬敌后开辟华南敌后战场、坚持华南抗战，被中共中央誉为"广东人民解放的一面旗帜"。

6月30日正是东江纵队北撤74周年纪念日。中新网记者在纪念馆内采访时了解到，抗战初期的东江敌后抗日武装为了利于生存发展，不公开使用中共领导的名义，而是以爱国青年和华侨港澳同胞自发组织的群众抗日武装的面目出现，从香港回到惠阳的7个救亡工作队共500余人，是东江纵队司令员曾生组建抗日游击队的基本队伍和主要骨干。

据统计，先后参加游击队的港澳同胞和华侨子弟达1000人以上；1939年初，宋庆龄转交给曾生的海外华侨捐款一次就达港币20万元。1940年以前，曾生和王作尧两支部队的军需物资大部分是靠华侨和港澳同胞捐赠的。

东江纵队因在抗战中与日伪军作战1400余次、毙伤日伪军6000余人而被人们缅怀，更因为成功营救出何香凝、柳亚子、茅盾、邹韬奋等800多位文化名

被辟为营救中国文化名人陈列馆的东湖旅店

人、爱国民主人士、国际友人、盟国飞行员而名垂青史。

在纪念馆历史陈列厅的展墙上，一幅名为《秘密大营救》的油画引人注目。据解说员介绍，日军于1941年12月侵占香港后大肆搜捕、诱捕爱国人士和抗日志士，中共中央及周恩来指示，一定要千方百计把滞留在香港的几百名爱国民主人士和文化

界知名人士营救出来。时任八路军驻香港办事处主任的廖承志接到指示后，马上联系和组织中共南方工委、广东抗日游击队等立即投入秘密大营救。

东江纵队港九大队与香港中共地下组织一起，设法与全部滞留人员逐一取得联系，把他们分批从港岛偷渡过海，转送至东江抗日根据地。1942年元旦，廖承志、连贯、乔冠华等在港九大队掩护下，先行撤离香港。两条营救路线布满日军岗卡，时有土匪袭扰，险情重重。港九大队战士经过6个多月的艰难营救，800余名文化界知名人士和爱国民主人士终于逃离日军虎口，其中100余人辗转广东惠阳，大部分入住惠州东湖旅店，再沿东江而上抵达老隆、韶关各地。东湖旅店也因此成为这一重大历史事件的重要见证。

记者来到位于惠州市惠城区的东湖旅店，这一历史建筑被改建为"营救中国文化名人陈列馆"于2019年1月30日开馆，东湖旅店的门口有一面文化名人群雕，底座上镌刻着"抗战以来最伟大的抢救工作——茅盾"的字样。全馆分为"营救之路""转移惠州""党旗高扬"三大展区，全面真实展示秘密大营救历史，目前已接待游客近7万人。

更鲜为人知的是，在这些被营救的文化名人、爱国民主人士中，有不少人和中国新闻社（简称"中新社"）有着千丝万缕的联系。其中，金仲华在中华人民共和国成立后任上海市副市长、中新社社长，新闻泰斗范长江在1938年创办的国际新闻社是中新社的前身，何香凝是中新社的创办人、领导者廖承志的母亲，萨空了、司徒慧敏担任过中新社理事会理事……

"营救中国文化名人陈列馆"的放映厅里，播放着一部由周迅、霍建华、彭于晏、叶德娴、蒋雯丽等参演的电影《明月几时有》，讲述的正是以东江纵队真实事迹为蓝本，以传奇女性方姑、刘黑仔等为代表的仁人志士在香港展开生死救援的故事。

抗日战争胜利后，国共双方签订了《双十协定》，中共同意把广东、浙江等8个解放区的部队撤退到苏北、皖北及陇海路以北地区。于是，在抗日烽火中诞生的东江纵队，成为了《双十协定》中北撤部队的重要一支。

为谋求国内和平，执行《双十协定》，1946年6月29日下午，大鹏半岛沙鱼涌海滩上举行了欢送北撤部队的大会，方方代表中共中央军委写给北撤将士的信中写道：你们打了八年日本鬼，解放了大片国土，挽救了千百万同胞！然而，日本投降了，你们却不得不离开家乡……去为和平而努力，去为民主而努力，去为创造未来的新民主主义的强盛的繁荣统一民主的新中国而努力。

6月30日清晨，三艘美军登陆舰运载着2583名北撤人员从深圳大鹏湾启程，开始了5天5夜的海上航行。

中共惠州市委宣传部有关负责人称，东江纵队展现出的东纵精神包括信念坚定、百折不挠的革命英雄主义精神，报国为民、敢于担当的爱国主义精神，无私奉献、开放包容的国际主义精神，东江纵队纪念馆是一座历史丰碑，将激励着我们砥砺前行。

（中国新闻网2020-06-30/张见悦等）

马来西亚华社推广先贤创业重镇区　展现华人发展史

在马来西亚雪兰莪州巴生北区，有着不少百年古迹。疫情之后，巴生人不妨到巴生北区走一走，体验这里的历史文化，赴一趟巴生人文之旅，透过导览员的目光，重新认识一座城镇。

日前，马来西亚华人文化协会雪州分会与巴生历史户外学堂携手合作，在巴生北区小区展开"线上线下"导览活动，以让更多人了解巴生先辈在工商、教育、经济领域等方面的贡献，期盼更多人能关注巴生北区的历史文化。

华人先贤创业重镇区

马来西亚华人文化协会雪州分会顾问刘崇汉表示，巴生南区的发展历史，不但有丰富的记录，也获得政府及民间组织的认可，还被列为雪州文化遗产之地。相比较而言，巴生北区的历史记录却少之又少，历史脉络的发展历程也因此被人遗忘。

"虽然如此，我们还是必须了解，巴生北区是华人先贤创业的发展重镇区，理应获华社重视，以便将华商创业历史轨迹记录下来，让后辈了解缺失的华人发展史。"

他解释，巴生北区主要以工商业活动为主轴，是华商企业在此经营生意和开发工业活动的起点，包括板厂、铁厂、鞋厂、黄梨厂等工业，还有各种商业活动及戏院等娱乐场所。

"可惜的是，随着时代变迁，这些工商业活动渐渐走向没落，有些原址已被拆除，因此一些历史性的事物，只能透过照片来呈现与回味。"不过，大家较为熟悉的冯强鞋厂、岑良业胶厂、巴生柴埕、黄梨厂等还在，若这些历史古迹能得到记录，将有助印证历史的存在，华社在地方发展上就能有话语权。

刘崇汉指出，此次与巴生历史户外学堂合作，希望通过实地走访与考察，重现当年工商业活动面貌，让巴生历史户外学堂采用本身的创意规划，开发一条"华商创业导览路线"，让大家了解过去先贤奋斗的足迹。

盼掌握更多资料规划路线

巴生历史户外学堂创办人兼导览员周鸿辉表示，过去他都以巴生南区老街作为主打导览路线，所以一直想走出南区老街，盼能开发南区以外的导览路线。

"我们现在都在推广南区老街、班达马兰新村、吉胆岛及五条港。北区的范围

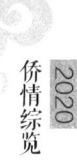

太大，加上我们现有的资料都不足，要开发北区的导览路线是有挑战的。"他希望这次与马来西亚华人文化协会配合，能从中掌握更多的资料，以便规划出较完善的北区导览路线。

周鸿辉解释，北区范围太广、事物太松散、资料有限，因此规划导览路线有一定的困难，在了解到北区历史重点在于早年华商下南洋的创业故事后，他们会沿着这一条脉络规划路线图，这将是一个新尝试。

他说，今日主要是来到历史现场，看看现有的面貌，再依据所见所闻在线上办分享会，让想要了解北区历史的巴生人和外地人，即便不出门也能了解北区过去发展的点点滴滴。

出书记录先辈创业精神

马来西亚华人文化协会雪州分会主席巫雪英表示，为了不让巴生北区的历史被埋没，他们决定出版一本名为《巴生区历史专题》的书，把北区的历史重点记录并整理出来，让华人先辈的创业精神得以延续，启发后辈。

她说，为了筹备出版该书的资金，她已致函巴生20多个华团，希望他们能给予资金上的援助。"这本书若顺利面世，相信必将成为历史教育的教材之一。毕竟受大环境的影响，现在的年轻人都好高骛远，因此希望后辈能从这本书受到启发，学习先辈们的创业精神与诚实厚道。"

巫雪英说，原本该会计划在3月份举办一场巴生北区导览活动，但是受到疫情的影响，将与巴生历史户外学堂配合，以线上导览方式进行。

（［马来西亚］《星洲日报》2020-07-01）

新加坡歌台文化：一种华人文化的前生今世

歌台是新加坡独特的文化，有其特殊意义。新加坡歌台文化可追溯至20世纪20年代末，那也是许多中国歌舞团南来献艺的年代。战乱期间，艺人都无法回国，有些选择留在新加坡，从而造就歌台文化的前身。

7月3日，新马娱乐文史研究者苏章恺将进行线上讲座，主讲"舞榭歌台，前生今世"，他将谈到1942年新加坡最早的一家歌台"大夜会"，并讲述新加坡歌台文化历史。

研究艺人而认识歌台文化

苏章恺过去除了致力于研究潮州戏曲，也持续多年收集庄雪芳、王沙、野峰等新加坡早期艺人的资料，曾经与他人联合编辑《雪霓芳踪庄雪芳》，掀起一阵庄雪芳热。2019年年底，苏章恺编著的《弟喂！做人阿甲阿甲就好》由潮州八邑会馆、南华潮剧社、杨启霖潮州文化研究中心联合出版，同样掀起新加坡本地人对"喜剧双宝"的怀旧热潮。据了解，他12岁时就开始搜集"喜剧双宝"的资料，直到2019年才将多年积累的心得整理结集成书。

苏章恺说，从旧报章的歌台演出广告等历史文物，可寻找到本地舞榭歌台的前生今世。他本身多年来致力于研究庄雪芳、王沙、野峰等新加坡早期艺人，对早年新加坡歌台的历史有一定的认识。

庄雪芳、王沙、野峰都是歌台出身，更是早年本地歌台的代表人物。庄雪芳曾在歌台演唱，十几岁就在歌台走红。王沙、野峰更不在话下，在歌台文化占有一席之地。苏章恺说，因为研究庄雪芳、王沙与野峰的缘故，为了寻找他们三人的资料，从中也找出了很多歌台的资料，很自然地接触到本地的歌台文化，也从中了解到，原来过去的歌台跟自己成长时期所认识的歌台很不一样，因此歌台也渐渐地成为自己研究的一部分。

本地首个歌台始于日据时期

一般认为，新加坡本地歌台最早始于1942年日本占领新加坡时期，第一个歌台就是日据期间在大世界游艺场设立的大夜会歌台。但苏章恺认为，由于资料的关系，大夜会歌台之前是否还有一些规模较小的歌台，目前还不肯定。

早年的歌台一般结合了茶楼、茶馆文化，听众到歌台去，在那边喝杯茶、点个饮料，而歌台有乐队和歌手演唱，客人享受歌台提供的娱乐节目。

苏章恺说，早年歌台的阵容并非很大，从旧报刊的资料可以了解到，那时候的歌台基本上都是四五个成员组成的乐队，以及三四个歌手。大夜会歌台出现之后，本地后来又出现了名为"安娜食堂"的歌台，另外还有体育馆歌台、愉园等舞榭歌台，这些歌台形成了新加坡最早的歌台文化雏形。

1945年日军投降后，大世界游艺场出现新创办的仙乐歌台，这也是新加坡在战后出现的第一家歌台。

歌台文化随时代改变

歌台演出在声色光影下一路走来，从黄金时期走到低谷，又从低谷得到转机，历经沧桑变化后，在新时代以新面貌出现。

苏章恺说，这些年来，本地歌台文化随着时代发展一直有所变化，其中经历了高低起落的发展和变迁，不同时代有不同的歌台文化。例如20世纪50年代初的歌台，文化底蕴较深，有合唱、大合唱，甚至上演曹禺名剧《雷雨》等话剧，因此吸引了很多文教界人士前去观赏，观众中就包括了报社编辑、学校校长、教师等文化人。

20世纪70年代一度兴起流动歌台，因中元会、商会的邀请而设，因为没有固定的表演场所，所以被称为"流动歌台"。八九十年代，随着甘榜（马来语：村庄）

的大量消失与组屋区的规划、形成，歌台又有了不同的变化，形成了草根性较强的表演。

为了迎合小市民，本地歌台后来渐渐走向通俗化，甚至给人低俗的感觉。21世纪初期，歌台一度走下坡路，歌台艺人在当时也被认为是"路边摊"艺人。值得一提的是，2007年，有本地导演执导了一部以歌台为题材的电影，使得人们又关注起歌台文化，也使得歌台文化有了转机，吸引了不同阶层的歌台观众。

苏章恺说，因为疫情的关系，歌台也进入了摄影棚、直播间，至于在摄影棚录制的直播秀、直播歌台会不会成为歌台的新常态或是新趋势，这就要请大家拭目以待了。

（［新加坡］《联合早报》2020-07-01/黄涓）

朝北大厝红砖白石饱含主人家国深情　传承华侨家风

朝北大厝：传承华侨醇厚家风

位于福建省泉州市的泉州港，是海上丝绸之路的起点。福建晋江人自古就冲波踏浪，出海谋生，事业有成后，就返乡建大厝。在福建省晋江市的这片土地上，分布着众多由海外华侨华人回乡建设的大厝。在晋江五店市传统街区，一座座保留完好的红砖古厝凝聚了海外华侨华人的心血，筑造了晋江市区一抹亮丽的风景线。

拳拳爱国心

位于五店市状元街7号的朝北大厝是一座非常典型的闽南"皇宫起"红砖大厝。大厝坐南朝北，占地面积870平方米，建于1935年，是旅菲华侨庄朝北的住宅。美轮美奂的朝北大厝还有一个显著特点：主人家通过图画、雕刻、文字，将文化信息传递给下一代。

20世纪初，20岁出头的庄朝北跟着兄长庄朝东一起下南洋。在外取得成功后，庄朝北为了让在家乡的亲人有一个好的居住环境，委托家乡族老为家人建造一座大厝。1935年，族老请来手艺最好的木工、石工，开工建造大厝。

然而，建造工程后期，抗日战争爆发，庄朝北暂停大厝项目，把节省的资金用来支援抗日。尽管修建项目因战争难以为继，但大厝的主体工程已经完成，庄朝北的家人得以入住大厝。为了能让子孙后代体会到在外奋斗的艰辛，庄朝北家人在朝北大厝中留下了格言警句与木雕，直至今日仍激励着前来参观的游客。

处处有良景

站在院子里观赏大厝的大门，青、白两种颜色的石材构件素雅大方，门前左右相对的墙上，一面写着"天地心从数点见"，附有浮雕梅花图案；另一面写着"臭如兰，介如石，素心人，共朝夕"，并刻有兰花。

"门口的这些格言，是主人家请当时的书法名人所写，将艺术性和思想性结合在一起。雅致的词句和精致的雕花，令人赏心悦目，流连忘返。"晋江文艺界人士粘良图介绍，这就是古厝中家训家风的魅力。

除此之外，朝北大厝的木雕工艺也是一绝。走进屋内，8幅二十四孝故事木雕是朝北大厝的另一道看点。粘良图介绍，这些木雕大多是轻浮雕，人物刻画得非常生动。主人家之所以将二十四孝的故事刻在上面，是因为过去的家庭非常重视孝道传承，二十四孝是当时的孝道典型、孝道楷模。因此，将这些图案雕刻上去，也是要让后代懂得孝顺，不忘家国情怀。

代代传家训

如今，朝北大厝已成为晋江当地知名的民俗馆，每天都有很多人来到这里参观，了解闽南人家的生活起居，大厝主人庄朝北的后人也经常回来走走看看。庄自宝是庄朝北的第四代后人，他的父亲生前就一直住在这里，老父亲对这座建筑里头的一景一物都看顾得非常用心。庄自宝回忆说，小的时候，父亲会将大厝里木雕、木作、泥雕和砖雕的故事，都详细地讲给孩子们听；长大后，他才明白，父亲是想以此教会他们为人处世的道理。

"大厝里的木雕、木作散发着人文精神的光辉。"庄自宝说，大厝门口的两个桃柱上面刻着八个字：行德、贵仁、以义、吉祥。庄自宝觉得，曾祖父对中华传统文化有很深的研究，曾祖父认为仁义道德是做人的基础，所以才会在桃柱上刻下这些字句。

朝北大厝那红砖白石，饱含着主人对家与国的深情。一砖一瓦间，流淌的是中华民族的文化血脉，传承的是大厝主人家的醇厚家风。

（《人民日报海外版》2020-08-14/张春媚）

江门先侨的报人报国

在广东几个经济发达的地市中，我独对江门陌生，为什么？在庚子夏日岭南特有的暑热里第一次踏足江门，便把心中的疑问抛了出去，当地人回答说："江门人低调。"是这样吗？行走在这片濒南海、邻港澳的热土，虽然有着广东改革开放特有的喧腾，但的确好像多了一些沉潜。

江门喜以"五邑"自谓，当涉及历史文化时更为常用，问其缘由，才知道原来所辖的新会、台山、开平、恩平，旧称四邑，鹤山并入后就合称五邑了。初识这里的历史、城乡、山水、人物、风貌、物产，自问印象最深的是什么，如用一个字概括，则非"侨"莫属。

中国南方多侨乡，江门则被公认与潮汕、闽南、梅州并称四大著名侨乡。单说人口，江门有400多万，海外的江门侨胞也有400多万，广布122个国家和地区，有"海内外两个江门"之说。人们大多知道当年横贯北美大陆的美国太平洋铁路主要由华工修建，但很少有人知道超过70%的华工来自台山和开平，并且让14年的工期一下子缩短至7年。江门先侨（对华侨前辈的尊称）就是在吃尽万般苦中创造了许多属于他们的成就。

要深入了解一个地方，我喜欢先从它的过去入手，最便捷者，莫过于去当地的历史博物馆看看。我自然首选"江门五邑华侨华人博物馆"，进得里面，气象宏博，线脉清晰，史料富赡，实物多样，于我有很强的冲击力。馆藏的桩桩件件告诉我，五邑先侨们一次次蹈海越洋的大跃迁，持续时间之长，人数之众，故事之多，事件之重，影响之深远，在中国海外史上占有相当的分量。置身于由梦想、苦难、荣耀编织的海外创业史，不时生出万千感慨，任由自己幻化、想象、演绎一段段活色生香的历史场景。

随后，在江门各地行走中，看到新宁铁路、西式别墅、各式碉楼以及充满异域风情的村镇，不禁对先侨们当年反哺家乡的盛景浮想联翩；那些精美的祠堂、富丽的侨校、雅致的书馆、琳琅满目的侨刊等等，总让我流连忘返。我知道，这些在物质财富之上绽放出的精神之花，其实更能说明一代又一代五邑海外华人伤痕累累下的奋力崛起。

或许出于职业敏感，在五邑先侨中，我竟辨认出一众出色的海外办报人，这让我很感意外，生出马上要了解的冲动。

认识事物总要追溯一下源头的。那么不妨把时间推到160多年前，据考，1856年12月，就有一位开平的旅美华侨司徒源，在美国加州的萨克拉门托，创办了一份华文报纸《沙架免度新录》，可别小瞧，它是世界上第一份中文报纸。也由此始，《美洲日报》《世界日报》《华侨日报》《金山时报》等报纸在美洲、亚洲、欧洲和大洋洲纷纷创立，一时间，华文报纸有蔚成风气之势。我发现，在这批报纸中，来自五邑的杰出知识分子，不是参与主办，就是担纲主笔，成为一大景观。

早年间的华侨通常聚居在不同国家、不同城市的"唐人街"，里面的各类社团和学校，都是为了让子弟念书成长，知晓中华文化。此外，最重要的华侨文化载体就数海外华文报纸了。不难想象，华侨们人生地不熟又缺乏资讯，需要通过报纸媒体，从祖国和家乡的语言中获知居住国和世界的消息，而牵念故乡、心属故地的他们更关注来自家乡一人一事、一草一木的信息。当然，开阔视野、增长见识等也是需要侨报的重要原因，包括借此掌握一些就业、劳务、财产等方面的法律法规指导。但如果从报纸创办者的角度看，由于当时的中国备受欺辱，苦难深重，这些五邑报界同人一定怀揣重要使命，要在当地特别是欧美强势舆论和话语霸权中为自己挣得一点发声空间。

随着对这段报人报史认识的逐渐深入，一根鲜明的红线愈益凸显了，那就是五邑先侨知识分子所创办的报纸，在带着"睁眼看世界"的渴望的同时，不仅异常关心国是，更是热心以报报国。简单梳理后，我发现有两个时间段尤为突出：一是维新运动和辛亥革命时期，二是抗日战争时期。

先说第一个时期，华侨当年在海外创办报纸可谓风云际会，那时维新运动及辛亥革命正在轰轰烈烈展开。身在异乡的五邑报人提笔而起，自觉把报纸的宣传动员当作救亡图存的武器，为国内革命志士、革命主张和革命行动摇旗呐喊，包括在募集经费等多方面做着力所能及的工作。这些侨报不仅大大加强了海外各地华侨的交流，表达和传播了华侨华人对祖国和家乡的浓浓深情和急切的报国之心，也在启蒙旧智、移风易俗、鼓动进步等方面，有着切切实实的成效。

让我们来认识这样一位曾经叱咤风云的五邑报人——陈少白。在海外华文报纸众多的杰出创办人和主笔中，他是佼佼者，早在香港西医书院读书时，就是孙中山先生的知己，与孙中山、尤列、杨鹤龄被清廷并称"四大寇"。1900年，他奉孙中山之命，在香港创办了中国民主革命派第一张报纸《中国日报》，亲任社长兼主编，"文思敏捷，辩才无碍"的他，以报纸为阵地，针砭时弊，发表了许多很有影响的文章，为初期的民主革命宣传发挥着"笔阵千军"的力量。在他亲自撰写的《中国报序》中称："欲借此一报，大声疾呼，发声振聩，中国之人尽知中国之可兴，而闻之起舞，奋发有为也。"从创刊开始就倡言："大抵以开中国之风气、祛中国人之萎靡颓庸，增中国人兴奋之热心，破中国人之拘泥于旧习，而欲使中国维新之机勃然以兴。"并力倡"救国保民""复兴中国"。在后来众多海外华文报刊和印刷品中，这份报纸被誉为"革命党机关报之元祖"，为辛亥革命打下了坚实的思想基础，也为中国新闻事业的现代化作出了重要贡献。

随着《中国日报》的揭橥，一大批由五邑先侨创办的报纸相继问世。1909年，李是男和温雄飞、黄伯耀等一批台山籍华侨青年在旧金山出版了《美洲少年周刊》，后来扩大为《少年中国晨报》，成为美国同盟会的机关报，这家报馆以其犀利的言论和鲜明的革命立场，与各种保守、腐朽的思想和势力展开论争，成为海外华侨扩大和统一民主革命思想的鲜亮旗帜，直到抗战期间财务拮据，仍由总经理个人垫支增出《抗战画报》，免费赠阅，以唤起海外华人全民抗战的决心。再来说说恩平华侨郑振秀在加拿大主办的《大汉公报》，台山华侨梁朝杰任主笔的旧金山《世界日报》，鹤山华侨陆佑出资在新加坡创办的《星洲晨报》等等，在宣传革命思想上，各展其长，可堪翘楚；台山人伍盘照则是美国旧金山《中西日报》的总经

理兼总编辑，曾免费印刷并发行民主革命家邹容的《革命军》一书；恩平人唐琼昌1902年在美国创办的《大同日报》，在后来的革命党人刘成禹主持下，表现出强烈的进步倾向……新闻史告诉我们，报纸从来离政治最近，这使我想起马克思改造世界的人生理想，就是其报刊使命观的根本由来。从这些报人来看，为了改造民族命运，那时的版面其声其势，一定如烈火烹油，在成为革命思想播火机的同时，自身也在华侨中影响日炽。

五邑报人中，不能不提到的一个重量级人物，就是维新变法运动的杰出代表——梁启超。那天在江门的新会茶坑村，天气溽热，然而身处梁启超故居，却是清风穿堂，凉爽宜人。以前看过天津等几处梁启超故居，这次回到伟人生命的起点，想象、探寻着这座墨痕斑驳的偏远之宅，何以让普通乡子一飞冲天成长为旷世才俊，早年埋下的什么种子孕育了自明代五邑硕儒陈献章以来第二位产生全国性影响的思想家、教育家和有影响力的政治家；也思考他笔意醒豁、纵论天下的思想文字与声名远播的办报办刊经历之间有着怎样的互动。茶坑故居的布展是精心的，我边看边思绪翻飞，不觉来到《清议报》和《新民丛报》的展板前，这可是梁启超海外办报的起步之作，1898年8月维新运动失败后，他东渡日本，泛游欧美，期间与华侨过从甚密，认识到宣扬新知、培育"新民"要用传播的力量才能影响更巨，于是在旅日华侨资助下创办了这两份著名的报纸，并立刻声名鹊起。后来他到檀香山游历时，作为革命报人，深感报纸宣传作用的重要，便不遗余力在华侨中大力倡议鼓动兴办报纸。不日，《新中国报》、旧金山的《文兴报》、纽约的《中国维新报》等接踵创刊，他或任主笔，或当主编，干得不亦乐乎。展室中，一张表格吸引了我，上边统计他一生用过的笔名竟多达20多个，我想，在海外办报办刊时，一定也用过其中的不少吧。虽然极想细细地从展览内容中管窥他在海外办报时的思想和文字，但时间不允许，只能留待以后到他的文集里翻阅那些灵魂狂放、血脉奔涌、挥洒恣肆的篇章了。

在华侨所立的七大功勋中，"革命报刊的创办者"赫然在列，无疑，华侨是辛亥革命宣传的主力军。仅从江门先侨来看，在美国、加拿大、英国、日本、马来西亚、新加坡、澳大利亚等国家和地区，都曾留下他们鼎力支持革命的佳话，而阵容整齐的五邑报人支持、宣传革命的事迹和渊源更是清晰可见。据不完全统计，仅从1898年到1922年间，五邑先侨创办或参与创办的报刊达26种以上。他们办报积极性高涨，参与创办的大量革命报刊，均热情宣传孙中山的政治思想和治国主张，迅速聚集起爱国热情，在动员推翻腐朽专制、追求民主进步中，其功至伟。这时我想起孙中山先生曾有一句深情的赞誉——"华侨为革命之母"，而五邑报人的报国行动不就是一个有力的印证吗？

而到了抗战期间，海外五邑先侨的报人们以笔墨爱国，以报纸报国，更是得到了淋漓尽致的体现。当日本军国主义制造"九一八"事变后，这些报人迅速将消息传递给世界各地的华侨华人，美洲、澳洲及东南亚等地的广大侨胞闻风而起，纷纷建立各种抗日团体，通电声讨日本侵华罪行，组织大规模游行。在调动广大海外华侨抗日救国热情、捐款捐物、募集救国款项、鼓动华侨青年回国参战等方面，五邑报人做了大量的舆论工作。值得一提的是，他们还在已有的华文报刊基础上，又新办了不少报刊，以适应更广泛的抗日救国宣传。

侨界有云："南洋有个陈嘉庚，美洲有个司徒美堂。"后者作为新中国成立之际受毛泽东邀请回国出席新政协和开国大典的著名美洲侨领，曾有着无数支持革命的传奇壮举。抗战时期，司徒美堂与旅美进步人士共同发起成立纽约华侨抗日救国筹饷总会，纽约"筹饷总局"募捐达1 400万美元。他也是五邑先侨报界的掌门人，仅说当年他与人一起创办的《纽约公报》：1941年皖南事变爆发，抗日民族统一战线面临分裂的危险，他发动《纽约公报》、旧金山的《世界日报》、加拿大的《大汉公报》、古巴的《开明公报》等10家华人报纸，共同发表了《十报联合宣言》，提出"反对分裂，反对内战，反对破坏抗战"的口号，号召全国人民勿忘国耻，团结起来，一致抗战，直到最后胜利。1945年他又联合美洲各华侨报界发出著名的《十报宣言》，提出"结束国民党一党专政，还政于民"的政治主张。

其实，这个时期活跃在海外报坛的五邑报人还有不少，如台山人雷石榆在日本创办《东流》月刊，开平人司徒赞在新加坡创办《新侨周报》并在雅加达《工商日报》《时报》任主编，恩平人唐明照等在美国创办《美洲华侨日报》等等，都着重宣传国共合作，坚持抗战到底，反对分裂，反对投降妥协，同时也大量报道了国内的抗战消息。不难看出，这批报人虽身居海外，却同样怀抱救国救民的政治理想，自觉站到改变中国历史命运的风口浪尖，其心其志可敬可颂。

在翻阅江门华侨故事图册时，我的目光被一块泛黄虫咬的侨报版面所吸引，字太小，需用放大镜来辨认。原来它报道了这样一段历史：当年广大华侨深切认识到孙中山"航空救国"的意义，纷纷资助在美国各地创办航空学校，包括1931年创立的波特兰航空学校、1932年创立的纽约华侨航空学校和1933年创立的旧金山航空学校等等，其中不少五邑籍学员学成后纷纷回国，服务于抗战中的中国空军。后面附有一篇《中华航空生前方杀敌记》，报道了五邑籍空军奋勇歼击日军敌机的故事，这里摘录一则："张益民君，开平人，乃自费留美航空毕业生。1934年同本校一届毕业生黄子沾、张锡庭、谭国材、林联清等，一齐归国。年前离粤北上，旋奉驻防太原，此次倭侵太原，张君驾机与倭机战于空中，不下10余次，皆能奏凯而回，其最著者，奉命炸毁津浦路敌桥，同时炸毙敌军数百。后奉令移防另线，途次遇我机三架被敌机数十架追击，张君遂迎头与倭机战，击伤敌机数架。敌怒，并舍追我三机，将张君之机包围，卒因众寡悬殊，当时殉国。"从这篇报道中，看到不少航空生牺牲时才20岁出头，唏嘘之余，不胜感慨。史料记载，正是由于这批侨报对国内战事的报道和宣传鼓动，世界各地华侨的爱国抗日情绪高涨，纷纷捐献义款，支援东北抗日义勇军和全国各地的抗日斗争，不少华侨毅然回国投身于救亡图存的洪流。由此可见当年报纸的巨大动员力、影响力，有力促动了海外中华儿女在国难当头时义无反顾地万里赴戎机，尽忠保家国。

我难以对五邑先侨的报纸、报人、报国一一尽列，围绕他们一定还有很多的故事。我在想，那个时代，是家乡什么样的种子使然，抑或出洋后由何种因子触发，才让五邑侨界拥有如此众多热爱新闻传播的海外办报人？开头提及的五邑人的低调，与报业本身的高调之间有着怎样的内在联系？这些都为我留下了众多值得深究的谜题。但有一点肯定无疑，即作为一代精英知识分子，虽处山海之远，却以报人使命为职守，以家国命运为主题，用手中之笔维护海外华侨华人以至中华民族的尊严，书写海外侨胞创业的动人篇章。尤其从维新运动、辛亥革命到抗日战争一路走来，他们见证了中国革命的特殊活动场景，提供了另类历史记录，付出了巨大的爱国热情和实际行动，彰显出"新闻救国"坚实而正义的足迹。岁月的列车呼啸而过，曾经持久辉煌的报纸，如今逐渐走向老迈、衰微，但变化的时代里总有不变的风景，办报理想和优质内容在新型媒体终将永驻。所以，那一次次与祖国心遥契、脉同搏、歌哭与共，在海外舞台发出民族声音，讲述爱国故事，实现思想动员和精神凝聚的报人报国新闻道路，在中国报纸历史光谱里闪烁着属于自己的亮点，并应当被今天的中国新闻事业时时铭记，以启来者。

这次偶尔的报海钩沉，不料成为我此行的一大收获。临别江门，面对这片土地，平添了一份尊崇，面对五邑先侨的报人报国，默默送上一名后辈报人的敬意。

（作者系光明日报原副总编辑，中国政法大学光明新闻传播学院院长）

（《光明日报》2020-09-11/沈卫星）

"侨批"纸短　家国情长

"批一封，银二元，叫妻刻苦勿愁烦。仔儿着支持，教伊勿赌钱。田园着缴种，猪仔哩着饲。待到赚有猛猛归家来团圆……"这是一封收藏在广东省档案局（馆）的普通侨批。每封侨批背后的故事大都平凡而琐碎，但将万千封批信揉碎进历史的长河中，浮现出的便是潮汕人这个富有探索和奋斗精神的群体心中悠长浓烈的家国情思。

"侨批"，是指海外华侨通过海内外民间机构汇寄至国内的，连带家书或简单附言的汇款和领取包裹的凭证，是一种信、汇合一的载体。潮汕方言中将"信"称之为"批"，学者饶宗颐曾将侨批称为"海邦剩馥"。

"从19世纪中叶到20世纪70年代，侨批历经150多年历史，形成了独特的传统。一封薄批，几句嘱言，再加若干辛苦钱，这些连接海外华侨与祖国侨眷的两地书信，内容涉及政治、经济、文化、社会生活、风土人情等各个方面，记录着近一个半世纪的社会变迁和中外文化的交流与融合，具有极高的历史和文化价值。"今年75岁的汕头侨批文物馆馆长林庆熙道。

林庆熙表示，据记载，1921年前，每年有几千万的侨批款进入潮汕经济社会；1921年后，这个数字增长到1亿元；而1931年后，每年侨批款的数额已倍增到2亿元。这段时期，有40%至50%的潮汕家庭是靠侨批过活的，因此潮汕有"食侨批""食番批"的说法。

作为全国首家以侨批为主题的文物馆，汕头侨批文物馆馆藏了约12万封侨批，开馆16年来，尤其是2013年6月"侨批档案"入选联合国教科文组织世界记忆名录后，汕头侨批文物馆为大众了解那段老一辈潮汕侨胞艰苦卓绝的创业史，提供了一个绝佳窗口。10月13日下午，习近平总书记在参观侨批文物馆时强调，"侨批"记载了老一辈海外侨胞艰难的创业史和浓厚的家国情怀，也是中华民族讲信誉、守承诺的重要体现。要保护好这些"侨批"文物，加强研究，教育引导人们不忘近代我国经历的屈辱史和老一辈侨胞艰难的创业史，并推动全社会加强诚信建设。

对于将自己称为"历史碎片的打捞者"、汕头侨批文化的"守门人"的林庆熙而言，聆听了习近平总书记的讲话，他与同事以及汕头所有热爱潮汕文化的同志们更加坚定了抢救和保护侨批文化遗产、弘扬中华文化的决心。

对于汕头侨批文物馆同样有着特殊的情感记忆的，还有华侨后人谢龙波。3年前，他陪同已是耄耋之年的父亲谢昭璧，把珍藏的本家侨批和其他涉侨文物资料近500件一次性无偿捐出，其中家族侨批有368封。这批捐赠的海外照片、番邦证书、银行汇单、海关凭证以及南洋谋生工具、远渡重洋的生活物件等涉侨文物资料，可以说填补了侨批文物馆的馆藏空白。

"总书记走进汕头侨批文物馆，深入了解侨批历史和潮汕华侨文化，充分肯定了华侨先辈的家国情怀，我和家人感到很温暖、很激动、很振奋。"谢龙波动情说道，尽管水客的身影与批局的繁荣已成为过往，尘封在侨批里的感人往事却源远流长，侨批演绎的亲情乡情仍历历在目。

谢龙波告诉记者，完成捐赠后，他就一直有一个心愿。他期待作为延续了上百年的侨乡集体记忆，侨批文化能够更多的走出家门、国门，发挥亲情乡情的纽带作用，广泛团结动员海内外侨界，为实现中华民族伟大复兴中国梦贡献力量。

"我们的改革开放和发展建设事业同大批心系桑梓、心系祖国的华侨是分不开的。华侨的一个重要特点就是爱国爱乡。他们在异乡历尽艰辛、艰苦创业，顽强地生存下来，站稳脚跟后，依然牵挂着自己的家乡和亲人，有一块钱寄一块钱，有十块钱寄十块钱。这就是中国人、中国文化、中国精神、中国心。"对于潮汕侨胞的爱国心和故乡情，林庆熙有着最切身的感受。

"迢递客乡去路遥，断肠暮暮复朝朝。风光梓里成虚梦，惆怅何时始得消。"这首以"难"为题的七言绝句是印度尼西亚陈君瑞寄给潮州侨属的侨批，写尽侨胞

出洋谋生的艰辛和对故乡的思恋。抚今追昔，林庆熙不禁感叹，今日祖国的繁盛景象，正是对这段绵延百年家国故事的最好续写。

（《光明日报》2020-10-24/王忠耀，吴春燕）

晋江安海侨史馆：馆阁铭侨功　风采励后人

（原标题：馆阁铭侨功　风采励后人　安海的华侨华人了不起）

在著名侨乡福建省晋江市安海县，有一座记录侨胞历史、讲述侨胞故事的纪念馆——安海侨史馆。虽然只是两层小楼，展览面积仅300多平方米，但自2018年9月开馆以来，它吸引了大批海外侨胞前来参观，成为展示华侨华人及归侨侨眷奋斗历程、弘扬广大侨胞爱国爱乡情怀的精神家园。同时，小小的侨史馆也成了基层侨联工作、地方特色文化的展示窗口。

记录侨胞历史

走进安海侨联大厦的侨胞之家，沿着楼梯往上走，由70张安海老照片组成的照片墙常常吸引前来参观的人们驻足观望。在这里，人们仿佛一下子走进了时光隧道，徜徉在安海籍海外侨胞悠久的发展历史中。

安海侨史馆充分利用楼宇的公共空间与房间，以"图文+实物+影像"的方式，向人们传递安海侨史，分为安海概况、华侨之家、菲律宾、新加坡、侨界翘楚等单元。其中，菲律宾和新加坡等馆的设立，是为了记录侨胞们的善行义举及爱国爱乡情怀。侨界翘楚分为两个馆，集中介绍了陈清机、倪端仪、沈慕羽、郑永丰等老中青乡贤的事迹。

侨史馆所有单元馆皆配有相关实物展示，包括生活用具、纪念书刊，荣誉证书、交流照片、互赠礼品、侨批信件等近2000件。尤其值得一提的是，众多安海籍侨胞捐赠的照片及学者捐赠的华侨资料等，大大丰富了馆藏。

安海人移民历史悠久，足迹遍布中国港澳地区及东南亚各国，现旅居国外有近3万人，港澳台地区3000多人。他们秉持爱拼才会赢的精神，致富后不忘回家乡兴学助善、修路造桥，以一己之力积极参与安海的发展建设。

在安海，从万商云集的安海古港，到长盛百年的泉安公路，"侨色彩"伴随着历史的更迭历久弥新。遍布世界各地的华侨资源、代代相承的华侨精神，使得"侨"成为安海的一种文化、一项优势和一大力量。

讲述家国故事

在安海侨史馆，一张张照片、一件件展品无声地讲述着安海籍侨胞们爱国爱乡、奉献当地社会的感人故事。多年来，他们为家乡的基础设施建设、医疗及教育事业做了突出贡献，也为住在国的经济社会发展注入活力。

在菲律宾馆，"菲华三宝"在当地捐建农村校舍、组建志愿消防、进行义务诊疗的故事令人感动。"菲华三宝"是指"菲华义诊中心""菲华志愿消防队"和"菲华捐建农村校舍"，是菲律宾华人融入当地社会的"三宝"，在当地民众中广有盛誉。

在一个展览橱窗中，珍藏着一本《安海筹办善后公所征信录》。该资料发刊于1920年，记录了1918年战乱时期，乡绅王铭新、周起特、邱而敬、蔡绍训等8人向海外各地侨商发函筹捐、海外侨胞纷纷响应的历史。此后，海内外安海籍侨胞掀起捐资助力家乡建设的热潮。

这样的故事还有很多。在新加坡馆，人们可以静静聆听海外侨胞创建商会、投资家乡及创办安平开发区的拳拳乡情；在香港馆，安海同乡联谊会想同胞之所想，急同胞之所急，不仅聘请医生实行医疗津贴制度，向会员赠医送药，还为会员子女设立助学奖学基金，鼓励会员子女就读名校；在澳门馆，从颜延龄、许健康到陈呈仁，从黄永富、苏建华到李天赏，多位安海籍乡亲以实际行动践行"爱国爱澳爱乡"的理念，为后世树立榜样。

凝聚侨心侨力

开馆以来，安海侨史馆先后接待了来自菲律宾、新加坡等地的安海籍乡亲前来参观，成为凝聚侨心侨情、汇聚侨智侨力的纽带。

如今，安海人投资家乡的热情更加高涨。据统计，安海籍乡亲捐赠晋江慈善协会的善款位居全市首位。安海镇慈善协会募集善款超过2亿元人民币；镇教育发展基金会成立后募集资金2.37亿元人民币。近年来，安海籍海外侨胞、港澳台同胞为家乡公益事业捐赠4亿元人民币。目前，全镇有200多家侨企，年税收约占全镇总税额的75%。

2016年，旅居澳门的许健康通过中央统战部光彩事业基金会向家乡安海镇溪边自然村捐资1亿元人民币，用于支持溪边村的新农村建设。2019年，许健康再捐资2500万元人民币，用于溪边村"美丽乡村"公益项目建设。许健康还带儿子亲自参与相关项目建设。他曾多次专程回乡了解项目进度，协调解决相关问题，为家乡的"美丽乡村"建设献策出力。

新冠肺炎疫情发生后，"侨力量"成为安海渡过难关的一大助力。为支援家乡战"疫"，海内外安海人慷慨解囊，捐赠大量物资。面对疫情对外贸的持续影响，侨企嘉利儿童用品公司决定将销售重点转移至为大零售商生产订单，积极与海外连锁超市达成合作意向，迎来了订单的激增。安海镇侨企不畏疫情挑战，蹚出发展新路，为家乡的经济复苏增添动力。

（《人民日报海外版》2020-11-02/张春媚）

曼谷随笔：老铺新开　留住在泰华商奋斗史

曼谷老街石龙军路是一条散发着独特韵味的街区。悠长的青石板巷道以及道路两旁分布着的古老教堂、寺庙，颇有年代感的店铺和新潮的画廊等等，令这条老街闪耀着迷人的东方风情。

70年前，泰国"百货大王"郑氏家族第一代创始人在位于曼谷石龙军路1266号的一栋小楼内开出第一家店铺。时光荏苒，在这家店铺基础上发展起来的尚泰集团，已成为泰国最大的连锁百货家族企业，不仅在泰国境内家喻户晓，而且业务扩及多个国家。近日，这栋被称为"尚泰：第一家"的红砖小楼重整开幕，勾起不少老曼谷人的怀旧之情。

"这里有我母亲家族的记忆"，"尚泰：第一家"常务董事巴荣（Barom Bhicharnchitr）说，老店经全新的设计、装修和布置后重新开业，希望它能成为曼谷一处新的人文景观。

巴荣的母亲是郑家的第三代。"从小的时候，母亲就告诉我许多郑家先辈的创业故事。对我而言，这栋小楼不仅是一间普通的老店，它见证了母亲家族乃至泰国华商的奋斗历史，也是家族年轻一代的精神家园。"

走进"尚泰：第一家"，顿感一种复古的韵味，设计师将20世纪五六十年代的人文历史融进现代流行元素，装修及摆件处处细节透露出对往日时光的怀旧情怀以及勇敢创新的现代精神。

小楼共有5层，每层楼为不同的主题功能区。位于一楼的咖啡厅及音乐俱乐部，窗明几净，绿色植物生机益然。置身其间，如水的钢琴曲中，喝一杯香醇的咖啡，随手翻阅店内的杂志，人们便可享受一段休闲宁静的时光。

拾级而上，二楼为图书馆，这里珍藏了上千册各类书籍；三楼及四楼为展览与活动空间，主要用于举办艺术展览，表演以及会议等；五楼则为餐厅，为顾客提供各种泰式佳肴。

目前，三楼正在举办题为"自1950年尚泰集团的起源"展览。巴荣说，展览主要讲述郑氏家族先辈以及一些在泰华商的奋斗故事。

他介绍说，1927年，母亲家族第一代创始人郑心平（Tiang Chirathivat）从中国海南来到泰国谋生，靠在曼谷售卖咖啡和杂货为生。1950年，有了一点积蓄，才在这里开了一间书店兼杂货铺。时至今日，经过郑家四代人的努力，尚泰集团业已成为泰国最大的连锁百货企业。

巴荣说，当年，老店不仅卖东西，而且由于多年扎根市井，已与附近居民的日常生活紧密相连。如今，重开的"尚泰：第一店"也主要突出"人情味"，力求延续与曼谷市民的深厚情谊。

巴荣认为，老字号商铺发展壮大后，不能忘了自己的根和文化使命，要兼顾创新与传承。他说："我希望我们在一步步扩展商业版图的同时，还记得先辈开店创业时最初的样子，在创新发展中传承，为社区乃至曼谷这座城市留存当时的记忆。"

（中国新闻网2020-11-15/赵婧楠，王国安）

抗战时期潮汕侨批："特殊纽带"联结侨情赤子心

（原标题：抗战时期，侨乡成田6家侨批局同时运作　"特殊纽带"联结侨情赤子心）

初冬时节，坐落于汕头小公园开埠区外马路的汕头侨批文物馆，在暖阳下静静矗立，迎接着一批批前来学习参观的党员群众。馆内，一封封侨批背后的奋斗经历和感人故事在讲解员的解说下跃然纸上，让参观人员从中汲取前行的智慧和力量。

汕头是著名侨乡。20世纪，大批潮汕人漂洋过海下南洋谋生，相隔甚远，只有通过书信与家人保持联系。"信"在潮汕话里称为"批"，侨批是海外侨胞通过民间渠道寄给家乡眷属的连带家书或简单附言的汇款凭证，具有"银信合一"的特征，因此侨批又称银信，蕴含着忠义孝悌的中华传统文化价值，是"信而有征""无征不信"的生动体现。

在汕头侨批文物馆二楼，一幅《潮汕地区侨批局分布图》亦引来不少人驻足拍照。图上显示着当时潮阳、普宁、惠来、揭阳、潮安等地的县域图，还标注着各县侨批局所在地及数量，并注有一段文字"根据1946年史料记载潮汕地区侨批局共131家"。从图中可以看出，彼时的潮阳县成田乡就有6家侨批局，在当时汕头县域内首屈一指。

一封封侨批，蕴含着旅外华侨的爱国、思乡之情；一个个侨批局，密切联结海外华侨与国内侨眷。那么，在抗战时期，缘何成田的侨批局数量就有6家之多？这些侨批局的产生反映了当时华侨怎样的血泪史？它们对于整个潮汕地区经济社会来说又意味着什么？

1. 近现代潮汕境外移民有三次浪潮

谈及汕头，必然绕不过"华侨"这一印记。汕头现有遍布世界100多个国家和地区的500多万海外华侨、华人和港澳台同胞。正所谓"海内一个潮汕，海外一个潮汕"，这一现象的背后，是一段段血泪史。

"华侨"一词的出现，大概在19世纪末。若论及潮人在境外的移民活动，则可追溯到隋唐时期，当时主要是出洋贸易为主。两宋时期，航海技术有了显著提高，促进了远洋航线的开辟，可直航至东亚、东南亚。据有关资料记载，宋元两代到南洋定居的潮人有近万人，主要侨居地是吕宋、真腊、暹罗、占城、三佛齐、爪哇等

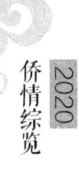

地。《汕头市志·华侨》载："宋元两朝，随着对外贸易的往来，有一部分潮汕人在通商之国居留下来。"

明代中后期，由于社会动荡不安，产生了潮人大量移居海外的现象。清朝初期延续了明末的动乱状态，并且受郑成功复台据台、以潮汕地区为抗清前线等因素影响，直接催生了潮人的移民潮。清代开海（1684年）至汕头开埠（1860年）前的这段时间里，潮汕地区逐渐出现规模空前的海外移民浪潮，移民数量不下百万。仅1782年至1868年，乘红头船移民暹罗者多达150万人。除暹罗外，潮人移民主要还分布在交趾、高棉、马来半岛、爪哇、婆罗洲等地。

1860年汕头开埠至中华人民共和国成立的近百年间，产生了规模空前的潮人海外移民潮，"海内一个潮汕、海外一个潮汕"局面真正形成。

根据史料记载，近现代潮汕境外移民有三次浪潮。第一次为汕头开埠至辛亥革命时期。据估算，1864—1911年，潮汕人远涉重洋谋生的约有294万人。第二次为1927年大革命失败后。据统计，1904—1935年，由汕头出洋的多达298万人。第三次在抗战结束至中华人民共和国成立。潮汕沦陷期间，对外交通阻断，故抗战一结束，潮人便纷纷出洋投亲靠友，谋求生计。据有关资料记载，仅1948年1月至11月在汕头侨务局办理出国手续的就达57 628人，这在同一时期的中国各口岸中居第一位。

马祯辉在其所著文章《田中央乡的批局》中如是描述："十九世纪中后期，随着外国资本主义势力对中国的入侵，国势日蹙，中国东南沿海许多老百姓纷纷赴南洋谋生。当时离乡背井走出国门者以潮汕人居多。远涉重洋的潮汕人，大部分是到泰国、马来西亚、越南。他们凭借勤劳俭朴、奋勇拼搏的精神和诚信正直的优良品质，在国外赢得了生存和发展的空间。有的人开创生意以后越做越大，甚至后来成了富户，拥有可观的资产。潮汕人在东南亚国家有了立足之地，自然就会回来或托人带其亲属到海外去，一些亲戚朋友也闻风去投靠他们，这样一来，往南洋一带谋生的人与日俱增，遍布各地。"

直到1949年中华人民共和国成立，生活在世界各地的潮人已经达到400万。其中，泰国是海外潮人最为集中的国家，马来西亚、新加坡、柬埔寨、印尼、越南也是潮人移民较多的国家。

"成田镇海外乡亲近20万人，是潮南区乃至汕头市的重点侨乡，田中央社区曾被中侨委列为全国重点侨乡之一。"郑永槟在其撰著的《走进成田》（"潮之南"系列丛书，2008年6月第一版）中写道，南宋末年，成田就开始有人离乡背井出洋谋生。

2. 抗战时期成田有六家侨批局同时运作

即便是背井离乡，根与魂也始终在潮汕。与华侨相伴相生的就是"侨批"。抗战期间，海外侨胞捐献的款项，几乎都是通过侨批局或银行寄至国内，抗战侨批也成为侨胞和家乡人民团结一心抵抗外侮的集体记忆。

对于侨批的产生，马祯辉在《田中央乡的批局》文章中写道："身在异国的潮汕人，无论经济地位高低，他们都把部分积蓄寄到家乡赡养亲属，或接济亲朋好友。起初寄批款多是'水客'代劳，水客从中收取一点佣金，但这并不保险，水客侵吞批款走人的事时有发生。这时候，设立侨批专业服务场所，张挂铺好的批局（银信局）应运而生。"

所谓"水客"，就是经常往来于海内外，专为侨胞带送侨批和小宗物品，并为侨胞眷属捎带回批或简单附言的人员。19世纪末至20世纪初是水客最盛的时期，仅在汕头就有水客800人以上，20世纪30年代还成立了汕头"南洋水客联合会"。

后来，随着潮汕地区出洋人数不断增加，水客承接侨批的能力已适应不了新的需求。为此，较有积蓄的侨胞或托寄大宗款项的侨户便改为自派专人携带回乡，同时递送亲人集中托寄的大额批款。这些承办侨批业务的户头，便是侨批局的雏形。

相较之下，侨批局比水客具有递送时间短、资费廉宜、更讲信用、有固定的局址可跟进查询等明显优势，成为了侨批业的主力。不过，开设批局要有一定的可信度，而批局的可信度又取决于开创者的经济地位、威望和服务人员的服务质量。否则，即使开办了也无人问津。

"潮汕人在国外开办批局，一般都要在汕头设立中转站，铺号大多是同一个名称。汕头中转站收到海外付来的信件和批款之后，就立即派人快速带到设在县城或乡镇的批局。"《田中央乡的批局》写到，这些批局的内勤人员随即按照信封上的地址分线路，有的人负责打上港币折算为国币或人民币的"蕃茨码"，有的人负责统计各路线的总金额，有的人则负责汇总，确认金额无差后就发给批脚（即侨批局外勤人员），让其交点银项，调理派送批信的先后分发次序。批脚前期工作调理完毕之后，他们一手提着油纸伞，一手提着一大袋批信、批款就匆匆赶路送批了。如果从汕头带来的批信批款是夜间到达，批脚就在次日清晨才出发。交点完的批信批款就暂时锁在批局的保险柜里。

该文还写到，民国时期，田中央（今潮南区成田镇田中央社区）旅外乡亲在暹罗（泰国）就开设了好几家批局，如果以抗战前后统计就有6家。这6家批局的铺号分别是永振发、永顺利、协成丰、成昌利、德顺盛、泰盛。如果以第一次国内战争时期统计，则还有永丰发、永裕源等批局。

"一个侨乡批局如此之多，在我们潮汕地区，乃至我国东南沿海各地，是绝无仅有的。在过去，批局成为田中央的特色，见证了侨批业在这个地方的辉煌历史。"马祯辉在文中如是评价。

3. 侨批局背后是侨胞深厚的家国情怀

"田中央社区现有常住人口约8000人，从清代咸丰年间起，一批批当地村民远赴东南亚谋生，如今旅外侨胞及港澳台同胞多达6万余人，是本地人口的7倍多。"

提及田中央侨胞人数，成田镇田中央社区居委会相关负责人说，田中央旅外华侨及港澳台同胞数量众多，汇款需求量大，是抗战期间产生多家侨批局的内在原因之一。

该负责人表示，华侨及港澳台同胞虽然离乡背井，但人在他乡，心仍系于家园。当时由于金融邮政机构尚未建立，家国情怀深厚的海外侨胞与家乡亲人的通讯、汇款侨批就全靠侨批局传递。

据介绍，那时的批局通常以一个礼拜为一个批期，批局收取客户的批款（信件常是批局聘请有书写能力的人为客户代写）集中起来后定期发出。信件是由批局派专人直接带到潮汕来的，银项则是通过私人钱庄汇到香港，再从香港汇到汕头中转。全面抗战爆发后，多处成为沦陷区，汇款网络也随之中断了，海外的批局有的把批款买为金条、钻石，派专人带到汕头出售，然后再付款给侨眷。那时，批局为了使华侨与侨眷取得联系，保障侨眷依然取得生活来源，他们承担着巨大的风险。

年过八旬的马陈宣是德顺盛侨批局创始人的后代，他清晰记得，德顺盛侨批局设有更楼、办公厅、银库、员工宿舍、食堂，还配有3辆自行车供外勤人员（"批脚"）送批信批款用，"在我12岁时，我时常跑到更楼（相当于现在的守卫室）上玩，楼上藏有一把长枪，那时我比较贪玩，拿着枪把玩了很久。幸好枪里没装子弹，不然很危险"。

马陈宣回忆说，当时侨批局内勤、外勤人员加起来有10多名。每领到侨批、批款，批脚们都要徒步或骑车去"送货"，"送货"地址通常是潮阳、普宁、惠来等地，也有梅州地区。这些批脚均是经过挑选的身强力壮、有责任心的小伙子，批局发放给他们的工具有一个裢裢（用于装侨批和钱财）和一把油纸伞（用于防雨、防狼狗）。

"批脚们都很吃苦耐劳，几乎都是风雨无阻地将侨批和批款递送到收信人家中。每当看到批脚进村时，村民都会热烈欢迎。"马陈宣表示，老一辈潮汕人听到"批到"，就意味着"钱到了"。

据介绍，在潮汕沦陷初期，原有的侨批邮路受阻，海外潮侨所寄侨批，必须通过一些秘密小道辗转递送，但批脚携带侨批款长途跋涉，往往险象环生。因此，为了保障递送侨批款的安全，侨批局便组织了几十人的护批队伍，荷枪实弹地押解侨批款。

田中央社区有一名百岁老人马灿英，是当年永顺利侨批局的内勤人员，小时候曾读过六年私塾，有一定的文化和算数水平。1940年，马灿英进入永顺利侨批局工作，负责整理侨批打理侨汇的内务工作。他至今依稀记得，一开始整个成田有7家侨批局（6家在田中央）。侨批通常都是晚上送到局里，他先将侨批上所写的地址和批款金额抄写下来留底，一百元港币写42.7元，两百元就是85.4元，抄完后再按照批上地址分区域归类。批脚们第二天一大早就要赶路去送批，收信人收到批款后还需要填写回批（相当于回执）交由批脚带回。

"收回批是相当重要的。收不到回批，批脚是要扣奖金的。"马灿英说。令他印象最深的莫过于过年期间，因为那是侨批局所有人最忙碌的日子，因为过年期间侨批数量暴增，他们需要连续加班加点20天才能把工作做完。

后来，直到20世纪70年代，侨批业务归口中国银行管理，批脚们也陆续随着各地侨批局的关闭告别了这一工作。

"可以说，每一封侨批，都是一部长篇小说，都承载着一个家族的辛酸家史。"长篇小说《铜钵盂——侨批局演义》作者郭小东曾在接受媒体采访时表示，潮汕侨批源于民间，并且大量收藏于民间，能够"原汁原味"地反映出大至国家、海外，小至社会"细胞"——众多家庭的具体状况，因此内容真实丰富。

在郭小东看来，侨批直到1976年纳入银行系统后才在历史上逐渐淡出。东南亚沿海多座城市都建有侨批馆，但是侨批在这数百年之中对潮汕地区的影响极大。曾有统计显示，在某些年代，侨批的金融输入总量占潮汕地区民生经济收入的百分之五六十，也就是说，曾有民生收入的百分之五六十是通过侨批而来的，它对潮汕地区在这七八百年里的文化发展、经济发展以及中西文化的交流起到非常重要的作用。

汕头侨批文物馆馆长林庆熙对此也持有相同观点。他还认为，侨批体现了身在异国他乡的华侨华人的故土情结，潮人们虽然身处异乡，但他们始终抱着挣钱回乡的信念；侨批还为解决潮汕地区外贸逆差问题，为保持经济社会相对繁荣稳定发挥了不可或缺的作用，也为侨胞报效桑梓、支持祖国的正义事业提供了方便。

（《南方日报》2020-12-01/张伟炜，黄晓杰）

学术动态

本栏目汇集2020年度境内外发布的有关华侨华人问题研究的学术著作、学术会议、科研项目、学术机构动态等信息，按媒体报道和整理时间升序排列。

新加坡研究团队通过大数据研究当地华社关系网

由新加坡国立大学中文系主任丁荷生和高级研究员许源泰率领的研究团队，近几年造访当地各大会馆、庙宇、坟场，展开了工程浩大的资料搜集和编码整理工作，目标是建立1819年至2019年八代新加坡先贤的个人和人物关系网络大数据库，以大数据谱写新加坡的华社关系网。

当地的华社研究不仅聚焦华人领袖，也放眼历史上的"小人物"，进一步通过大数据谱写华社领袖和中低层社会人物的关系网络。

2017年，团队开始利用地理信息系统（Geographical Information System）来捕捉新加坡历史。而自2019年2月，由新加坡国家图书管理局、新加坡宗乡会馆联合总会，以及新加坡国立大学中文系携手共创的"新加坡人物传记数据库"正式上线以来，数据库共收录了200位本地重要华社领袖以及由他们扩展而来的社会关系网络，把研究带到了一个新阶段。

许源泰指出，数据库的建立是从"大人物"出发，并已整理出约1 000名华人领袖的资料。他们的计划是建立1819年至2019年八代新加坡先贤的个人和人物关系网络大数据库。以每25年为一个阶段，目前团队正在整理收录于《新加坡华文铭刻汇编1819—1911》中约5万人的资料。

许源泰说，这5万人构成了一个庞大的网络，从会馆、庙宇和碑文搜罗而来，其中大多数都是名不见经传的"小人物"，"这些中层阶级和低层阶级人物，也是构成华社的重要分子，却常被学界忽略"。

从会馆特刊、坟场墓碑搜集新资料

此外，团队也在开拓新的第一手资料，包括从各大会馆收集的会馆特刊，以及从墓碑上手抄而来的死亡记录，经过团队的辨认和数码化后，从中整理出记录于1922年至1972年的62 000多个人名。

"目前学术界从来没有把这批资料列入研究范围。"许源泰说，保留下来的都是武吉布朗坟场的墓碑记录，由国家文物局提供，其中大部分人都属于福建籍贯。

丁荷生和许源泰也带着学生亲自到武吉布朗坟场寻找更早期的墓碑，目前已经找到了1 500多个清代时期的人名。而在被发现的墓碑当中，年代最久远的刻于1824年。

许源泰透露，团队这两年来已经为这批墓碑建立了独立的资料库，将来也会与"新加坡人物传记数据库"接轨，让墓碑的地理信息和人物的个人信息相结合，打开新的研究视角和方向。

团队也与新加坡族谱学会合作，收集了100多部家谱资料，主要来自福建和广东，其中也包括来自潮州的家庭。许源泰说，明朝和清朝时期有大量的移民迁徙至台湾地区和新加坡等国，通过研究家谱，可以看出离散于两地移民之间的关联和差异。

许源泰也指出，在美国和中国台湾等地的人物研究主要专注于"仕"，即知识分子，"不过新马一带早期都是商人和工人为多，他们往往通过建庙、建会馆而留名，我们研究的切入点因此很不一样。当然，量很多，困难也很大，建立这样的资料库因此不容易。"

新加坡国立大学中文系硕士生张文博（23岁）、南洋理工大学中文系二年级生邓凯恩（21岁）都是团队一员，分别参与了庙宇和墓碑的研究工作。

邓凯恩说，田野调查的过程十分严谨，墓碑上的资料须仔细分类、辨认和校对。整理后的资料还须进一步编码，才能收录在资料库以便分析。

许源泰相信，这项研究可以帮助了解华人社群在当地的活动足迹和互动过程，"新加坡的会馆和庙宇总是在不断搬迁，许多记录都在流失，许多人名也有所重复。但通过电脑的识别和编码，可以帮助我们串联出一个网络，找到人脑和肉眼所识别不了的东西，提出新的问题。"

（［新加坡］《联合早报》2020-01-06/卞和）

华侨大学华侨华人研究院入选光明日报社和南京大学中国智库索引（CTTI）来源智库

2019年12月，福建省高校特色新型智库华侨大学华侨华人研究院成功入选中国智库索引（CTTI）来源智库，也是华侨大学首个入选CTTI的新型智库。

CTTI是南京大学中国智库研究与评价中心、光明日报智库研究与发布中心联合研创、具有自主知识产权的大型智库搜索引擎与数据管理平台。该平台基于中国体制优势、凸显中国话语的自主创新，在设计理念、功能布局、数据采集机制、评价机制等方面都拥有自主知识产权。系统采用MRPA测评体系与排序算法，同时支持可定制的主客观综合评价。截至2019年12月，CTTI共收录机构848家、专家14 241位。其中高校智库是来源智库的主要类型，共572家。

华侨大学华侨华人研究院集基础研究、应用研究、华侨华人、国际安全、地区动态于一体，致力于成为具有广泛学术影响力、政策影响力、国际影响力和社会影响力的学术研究机构与智库，近些年该院连续举办了众多与华侨华人、国际关系有关的学术会议，出版有《中国与国际关系》国际期刊，智库专刊《国际安全与地区动态》研究已经连续出版36期，聘请国内外名家担任智库兼职研究员，举办"论道海丝"智库沙龙十余场。入选CTTI来源智库，既是各界对我院智库工作的充分肯定，也是该院建设新型智库的新起点。

（华侨大学国际关系学院/华侨华人研究院网站2020-01-09）

《海峡峇峇班顿书目：隐藏的文学宝藏》出版

《海峡峇峇班顿书目：隐藏的文学宝藏》于近期出版。一般人对峇峇文化的印象，仅停留在美食、习俗、服饰、娘惹瓷及古典镶贝红木家具，很少会注意到，他们最辉煌灿烂的文化遗产，其实是长期被忽略的峇峇马来文学。该书收录2797首于1912—1950年创作的峇峇班顿，是目前最丰富的峇峇文学编选集。

该书是著名马来学专家陈祖明教授十余年来研究峇峇文学的心血，除了把所有班顿按罗马字母排序、附上出处等之外，陈教授更花费许多心力，编写了一套索引系统，方便读者从一首班顿联系到另一首班顿，引领大家走进庞大、多元的峇峇华人世界。

采用原文与现代标准马来文并列对照的呈现方式是该书的另一项特色，既让读者能欣赏峇峇班顿的原貌并享受吟诵原文的乐趣，又不影响读者阅读理解班顿的内容。

班顿是马来西亚的一种诗歌。班顿（Pantun）通常是由四行组成一首，故称为马来四行诗；歌词多属抒情，又称为马来四行抒情诗。也有六行和八行的，不过为数不多。

（［马来西亚］马来西亚研究资讯微信公众号/2020-01-10）

报告称"一带一路"沿线国家华侨华人发展机会明显增多

《世界侨情蓝皮书：世界侨情报告（2019）》（下称"报告"）1月10日在北京发布。报告指出，2018年海外侨社总体发展平稳，"一带一路"沿线国家华侨华人发展机会明显增多。

报告称，中国新移民抓住国内经济中高速增长的机遇，在中外经贸交流与合作中拓展商机，海外中国商会实力增强。

随着中国经济的快速发展和"一带一路"倡议的提出，近年来国内越来越多的有实力的企业转向国外投资，为当地经济发展注入活力，带来新的中资企业和中国新移民，也为当地华侨华人带来新的工作岗位和更好的福利待遇。

报告指出，老移民和华裔新生代不断提升自身实力，加快融入所在地经济和社会。

其中，海外华人族群性意识增强，以多种方式参政，争取更多话语权；走出"华人圈"，通过关心和参与社区活动融入主流社会；本土化是华侨华人顺利融入当地的重要途径。

报告还表示，随着中国人生活水平的提高和网络时代信息的便捷化传播，中国人出国定居日趋理性，选择余地更大。微信、移动支付、快递等拓展海外市场，华侨华人受益；中餐和中餐厅成为华侨华人与当地民众交往的重要纽带。

数据显示，中国人出国定居人数呈缓慢增长态势，但近几年入籍总人数开始减少，入籍率降低。据统计，2008至2017年，总共有5 147 687名中国人移居进入美国等20个发达国家，平均入籍率约为15.13%。

本报告是中国华侨华人研究所编写的首部海外侨情年度报告，由社会科学文献出版社出版。

报告按照总报告、亚洲、欧洲、非洲、大洋洲、美洲五大洲和主要国家的地理空间分布，集中梳理了华侨华人比较集中的30余个国家的侨情信息，同时对80多个国家和地区的侨社、侨团、侨报、侨商、侨教等信息也有所涉及。

（中国新闻网2020-01-10/马秀秀）

《回家·四代人的老照片》：一位旅美作家的故土深情

四代人的故事和老照片，串联起中国百年历史，在旅美作家章珺的新作《回家·四代人的老照片》中，作者以此来展现中国人对于家国故园的深情依恋。

这是章珺在两年内推出的第四部作品。

章珺以两部长篇小说步入文坛，1997年，30岁的她成为中国作家协会最年轻的会员之一。之后她多向发展，在中国做过媒体，在美国教过书，千山万水之后，章珺带着丰富的阅历和成熟的心境重新回到写作的状态中。

章珺在2018年春天同时推出长篇小说《此岸，彼岸》和散文随笔集《电影之外的美国》，2019年出版了长篇小说《三次别离》，这三部作品都被美国国会图书馆永久收藏。

此次章珺这部共情共鸣的《回家·四代人的老照片》于2020年开年之际由作家出版社有限公司和喜马拉雅FM联袂推出。

《回家·四代人的老照片》是一部关于中国人的家国之爱、家族之爱、家人之爱、故土之爱的历史长卷。章珺通过回看老照片的形式与家人在作品中团圆，与广大读者在共同的情感中相遇，一起回家。

这本书的开篇散文《回家》发表在1999年11月20日的《人民日报》上，之后的二十年里，这篇经典散文曾被用作高考阅读文，也被很多读者珍藏传诵。

作者在《回家·四代人的老照片》中以四代人的故事和老照片，串联起中国的百年历史，四代人生命延续着的空间，形成一百年家国与家族历史的记忆、追索、倾诉与感念。书中人物的经历是几乎每个中国家庭都有可能经历过的，丰厚的记忆和情感，不只属于家族，也属于我们风雨与共的家国，作者在历史的深处，追想当今家国精神的锻造。

百年的变迁中，未曾改变的是情感。四代人走过的路程，都被中国人的情感之美和人情之美浸润过，彰显着血浓于水、家寓于国的人间至理。这部情感作品对"亲情友情爱情"还有"故乡和远方"等乡愁里的核心命题做了深刻动情的描绘，道尽了人何以回家，何以乡愁，何以不舍不弃家国乡土乡情乡音的根由。

据悉，喜马拉雅FM同步推出了《回家·四代人的老照片》的有声书，由资深主播和配音演员杨晨献声，在2020年春节即将到来之际，为读者讲述一位旅美作家细腻笔触之下的故土深情。

（中国新闻网2020-01-13/高凯）

国家社科基金重大委托项目"习近平总书记关于侨务工作的重要论述研究"开题论证会在京召开

2020年1月10日，由中国华侨华人研究所承担的国家社科基金重大委托项目"习近平总书记关于侨务工作的重要论述研究"开题论证会在中国华侨历史博物馆召开。中国华侨历史学会副会长、中国侨联副秘书长、经济科技部赵红英部长，中国华侨历史学会副会长、厦门大学教授、暨南大学国际关系学院/华侨华人研究院李明欢教授，中国华侨历史学会副会长、清华大学华商研究中心主任龙登高教授，中国华侨历史学会副会长、五邑大学广大侨乡文化研究中心主任张国雄教授，中共中央党史和文献研究院原局长任贵祥研究员，中央统战部培训中心赵健副主任，中央社会主义学院中华文化教研部刘芳彬副教授，暨南大学教务处处长张小欣教授，韩山师范学院华侨华人研究所所长黄晓坚教授等专家学者出席开题论证会。课题组成员中国华侨华人研究所副所长、《华侨华人历史研究》杂志主编、中国华侨历史学会秘书长张秀明，五邑大学广东侨乡文化研究中心石坚平教授，华侨大学国际关系学

李明欢　　张春旺

院/华侨华人研究院路阳副教授及中国华侨华人研究所的同志列席会议。会议由李明欢主持。

课题组首席专家、中国华侨华人研究所所长、中国华侨历史学会副会长张春旺从选题意义与价值、前期成果及研究优势、总体框架、研究进度及预期成果目标等方面介绍了结题的基本设想。习近平总书记关于侨务工作的重要论述集中体现了我们党和国家对新时代侨务工作的战略部署，是党和国家侨务理论的重大发展，具有丰富的科学内涵与鲜明的时代特征，是新时代我国侨务工作的根本遵循。全面系统地研究习近平总书记关于侨务工作的重要论述，是深入学习贯彻习近平新时代中国特色社会主义思想的迫切需要，对实现党的十九大规划的蓝图，指导新时代侨务工作更好地服务国家战略，都具有重要的理论价值、现实意义和紧迫性。课题组将采用文献资料整理及实地调研相结合的方法，重点研究习近平总书记关于侨务工作重要论述与习近平新时代中国特色社会主义思想体系，尤其与中华民族伟大复兴中国梦、推动构建人类命运共同体的关系，习近平总书记关于侨务工作重要论述对中国特色侨务理论的继承、发展创新，习近平总书记关于侨务工作重要论述与新时代侨务工作，等等，编纂出版资料汇编、学习读本，完成调研报告、研究论文若干，对开展新时代侨务工作提供对策建议。

与会专家学者高度肯定了课题的重要意义和价值，从不同角度为课题的下一步研究提出了建设性的意见和建议。大家一致认为，这项课题研究具有坚实的研究基础，得到中国侨联领导的高度重视，课题的立意高，现实意义强，团队实力强，协同力量实，课题设计论证较为充分。希望课题组加强调研，充实资料，完善课题规划，丰富子课题，提升站位，通过课题研究，更

会议现场

加深入地研究阐释习近平总书记关于侨务工作的重要论述，贯彻落实习近平新时代中国特色社会主义思想，并就新时代侨务工作如何更好地服务党和国家工作大局提出有针对性的意见建议。

（中华全国归国华侨联合会网站2020-01-13）

《广东华侨史》访问团在捷克收集华侨史料

2019年12月29日，《广东华侨史》访问团抵达捷克首都布拉格，在此开展为期3天的华侨史料收集工作。

捷克地处东欧，是20世纪90年代华人赴欧闯荡最早涉足的国家之一，捷克侨情有着鲜明的历史特色。在布拉格，访问团与捷克广东商会等社团进行了座谈交流，访问团介绍了《广东华侨史》编修工程和工作进展情况，以及此次来捷克收集史料的意义、目标和需求等。捷克广东商会常务副会长余奇文等一批20世纪90年代最早到捷克打拼的广东侨领结合自身经历向访问团详细介绍了捷克的广东华侨历史和当前侨情。访问团还对当前捷克唯一的一位华人全科医生、广东湛江籍侨胞温涛女士进行了口述采访，通过她的深情讲述展现和记录下一段广东人在捷克闯荡拼搏、百折不挠的生存、奋斗和发展历史。

12月30日，访问团拜访了驻捷克大使馆，与大使馆张茂明政务参赞进行了座谈交流。张茂明参赞对访问团的到来表示热情欢迎，他说广东开展《广东华侨史》编修工作是一件非常有意义的事，通过修史全面了解海外侨胞的生存发展状况，对加强国内与侨胞的关系、为相关部门制订涉侨政策及促进海外侨胞的利益等都是非常有帮助的，大使馆愿为访问团在捷克收集史料提供积极的协助。访问团团长、《广东华侨史》主编张应龙向张茂明参赞介绍了《广东华侨史》编修工程情况和近年来赴海外收集史料的进展情况，他表示，捷克等东欧国家虽然广东华侨较少，但仍然是《广东华侨史》研究不可或缺的区域，此来捷克感到捷克的侨史侨情很有特色，希望能收获丰富的一手史料，弥补当前国内对东欧粤籍侨史史料和研究方面的空白。张茂明参赞向访问团详细介绍了捷克华侨华人基本情况、捷克华社发展状况、华侨华人与当地人民关系等各方面情况。

在捷克期间，访问团还走访了华人餐馆、商铺、街区等，深入细致地了解了当地侨胞和侨社的情况。

（广东侨网2020-01-08）

海外华商史研究的新视角

改革开放以来，海外华侨华人在中国经济现代化进程中的推动作用日益彰显，国内外学术界也开始加大对海外华人经济和华商的研究力度。如何进一步提升海外华商史研究的水平，我认为应寻找新的视角，从经济全球化和比较研究的多重与多维视角，深入考察海外华商的起源、兴起、发展与变迁，分析比较世界各地区华商的不同历史发展状况，从而准确地把握海外华商发展的轨迹与特点。

首先，从西方主导的世界贸易体系的发展历程来看华商。19世纪初以来，随着资本主义生产方式向全球的传播，资本主义从商品输出过渡到资本输出，中国东南沿海的早期贸易网络也被卷入其中。鸦片战争后，中国东南沿海过剩劳动力卷入了西方列强的人口贩运浪潮，华工下南洋，赴美洲，入非洲，去大洋洲，到达欧洲，成为国际人口迁移的重要组成部分，也成为近代中国移民参与经济全球化进程的开端。而早期出国华工将所赚取的财富通过侨批业渠道转移回家乡以赡养亲人，形成了单向货币资金跨国流动的侨汇，这也成为当时中国国际收支的重要组成部分。19世纪以前的东亚、东南亚贸易网络，华商居于主导地位，西欧商业资本通过殖民据点卷入其中；在西方主导的世界贸易体系的形成和发展时期，海外华商在流通领域和产业领域充当依附性中介商角色。东南亚贸易网络中的部分华侨商人和华工中有资金积累的从商者开始逐步适应当地社会的政治、经济和文化环境，发展成为卷入主流经济与国际经济之中的华商。20世纪后期，经济全球化不断发展，生产要素组合在全球范围内进行，华商成为跨国公司资源配置的重要关联商。20世纪80—90年代以来，随着区域一体化和经济全球化的加剧，更有许多华人富商作为投资移民进入欧美为主的西方发达国家，成为新兴华商集团的组成部分。

其次，在从传统向现代发展演变的历史进程中来考察华商。华商在其历史发展进程中经历了从传统向现代转变的重大而必然的变革。从历史上看，无论东南亚还是欧美的老一代华商或老一代海外企业家，中国传统文化所形成的独特家族文化都对其产生了重要的影响。与西方企业经营理念的公开化、法制化和制度化相比，传统华商的经营理念体现的是重伦理、崇道德、讲仁义，商业交易富有人情化，人际信用关系和道德约束是重要的商业机制。华商的这一传统经营模式和商业机制在东南亚地区特定的历史和政治经济环境下取得了很大的成功。但随着经济全球化的加速和西方文化影响的加深，华商的家族观念和家族伦理发生了较大的变化，自20世纪80年代以来，传统华商开始向现代华商转变：经济全球化不断冲击传统华商的经营方式，使其逐步打破家族企业的障碍，积极参与跨国合作经营；华商企业的传统经营方式和治理机制正在不断变革，越来越多的华商企业采取了公司制和股份制形式，引进家族外人才来管理企业；知识化程度高且具有国际视野的新移民华商与传统华商中的新生代在经营理念上中西合璧，他们既保留有中国文化传统，又熟悉国际经济活动的特点，经营和投资领域不再局限于房地产、餐饮、贸易、金融等传统行业，在以信息技术、生物技术和新能源为主导的新经济领域大显身手。

再次，从世界不同地区的比较分析来研究华商。在世界不同地区和国家，华商的历史发展具有极大的差异性和不平衡性。由不同纽带与关系组成的华商网络的表现形式则是多样化的，在历史上以广东的广府帮、潮汕帮和福建的闽商为主体构成了覆盖东南亚地区的华商网络；而来自温州的华商则主导了目前西欧国家的华人经济；来自港台和闽粤的华商在澳大利亚也占有一席之地。从华商的经济实力方面来看，东南亚传统华商经济实力雄厚，世界华商500强企业约三分之一集中在东盟国家，而其他地区和国家的华商经济无论是规模还是在所在国经济中的影响都远无法与东南亚华商相比，近年来欧美国家和地区则成为新华商投资的重点。这种区域性和不平衡性不仅存在于东南亚内部，也体现在东南亚与西亚、中东、北非和欧美发达国家之间。就世界华商分布地看：一类是东南亚的华商，是传统华商的聚集地，大型企业集团发挥举足轻重的作用；另一类是新兴的华商群体，如西亚、中东、北非、欧洲等地的新移民和新华商，他们在贸易方面作用比较突出；此外，还有移民国家如美国科技型和金融型的华商。在华商经济的根据地和华人最为集中的东南亚，华商成为制造业、贸易业和金融业的主力军，他们为所在国的社会进步和经济发展发挥了不可或缺的积极作用。西方发达国家的华商经济随20世纪50年代后期西欧经济的全面恢复和发展，逐渐形成自身的特点，整体经济实力逐步增强，但发展水平仍然比较低下，所从事的行业仍集中于中餐业、服装加工、进出口贸易、食品工业等传统行业。

最后，从中国现代化发展进程中探讨华商与祖籍国的关系。海外华商与祖籍国中国的现代化进程始终保持着密切关系。1949年新中国成立之前，海外华商和华人利用侨乡商业网络，主要通过侨批汇款的方式和祖籍国发生经济联系。侨批侨汇对于繁荣侨乡经济和填补国家贸易逆差都发挥了重大作用。日本学者滨下武志指出，19世纪初居住在东南亚的约400万华人每年向家乡汇出的5700万元（银元）的汇款，对华南和东南亚的贸易提供了巨大的金融支持。据统计，1902—1936年间，中国侨汇年均为1.97亿元（银元）。也有以四大公司（永安、先施、新新、大新公司）为代表的澳大利亚华商资本同国投资、创办企业或企业集团，参与推动了祖籍国的民族经济现代化进程，他们创办的新式百货公司和企业集团成为中国近代资本主义企业的典型代表；更有怀有强烈爱国主义和民族主义精神的华商精英或华商团体和祖籍国同呼吸、共命运，创办报刊、成立爱国社团、捐款捐物，积极投身和支持中国近代民主革命与抗日战争。1911年辛亥革命爆发，南洋华侨、华商捐款近600万元（银元），马来西亚华商谭德栋更是为支持孙中山革命而慷慨解囊。海外华商还通过侨批汇款回国捐资兴办教育、赈灾修路及各种公益慈善事业，以报效祖国、反哺乡梓。20世纪70年代以来，随着东亚经济的崛起和中国改革开放的推进，海外华商纷纷回祖籍国投资贸易，推动了中国的经济发展。华商投资网络逐渐取代早期侨汇而成为中国当代侨乡与海外经济联系的重要渠道，特别是"一带一路"倡议的实施，为海外华商提供了新的历史机遇。

（作者：张秋生，系江苏师范大学华侨华人研究中心教授。本文系国家社科基金重大项目《世界华商通史》〔17ZDA228〕阶段性成果）

（《光明日报》2020-02-03/张秋生）

北美华文文学的世界视野

作为世界华文文学版图中的重镇，北美华文文学创作极为兴盛。

北美华人作家队伍，前期主要由来自台湾的留学生和移民组成，现今则以20世纪80年代以来的中国大陆新移民为主。耕耘多年的作家，有严歌苓、张翎、刘荒田、张凤、黄宗之、叶周、江岚、薛海翔等，新生代作家如伍绮诗、二湘等，他们的创作同样值得期待。

纵观这些作家的创作，可以发现两个特点：在文化内涵层面，北美华文文学通过对文化、族群和性别等问题的思考，在身份认同等议题上进行了敏锐探索；在文学性层面，他们延展旧有"中国叙事"的同时，吸纳域外文学的创作思路，逐渐建立起华人叙事的世界性视野。

对文化、族群、性别议题的反思

海外华人作家，处于文化交界地带。这一特殊的境况使他们拥有跨文化的优势，也面临着边缘化的困扰。对此，华人作家有清醒的认识。

刘荒田对海外华文文学的边缘化处境作了冷静分析，他期望的是真正有分量的新移民文学，希望这些身份特殊的作家能够写出展现公民社会全景、描述移民苦难历史、揭示文化融汇底蕴的厚重作品。

黄宗之同样意识到新移民作家面对的历史挑战。他认为，文学创作上，要突破过去创作主题的瓶颈；文化交往上，应积极展开与国内外主流文化的对话；创作心理上，要从既不属于原乡也不属于异乡的窘迫疏离状态中走出来，大踏步向融合的方向迈进。与之相近，海云用"融入"和"包容"来描述海外华文文学的时代主题，其中包含多元文化的相互包容和融合、移民作家生命体验的再反思等内容。

海外华人的写作，总体上处在蓄势开新的转折阶段。北美华人作家的思考和创作，显示出内在的潜能和活力。在他们笔下，文化、族群和性别等议题受到特别关注。

在文化议题方面，北美华人作家着眼于中西文化的交融和对话，建构起跨文化的身份和视角。刘荒田的散文写作，以小品看众生万象，经年积累，蔚为大观。最初，他受木心、余光中、吴鲁芹、喻丽清和邵燕祥启发，在欧美经典作家中则特别受惠于罗曼·罗兰、纪伯伦。接触到王鼎钧的散文后，他在文学观和世界观方面成熟起来。他评价王鼎钧：毕生奉献于文学、自甘淡泊、有宗教情怀，实则也是对自己的勉励。在身份认同上，刘荒田也初步完成蜕变，自称为"亦东亦西"的"异类"。

张凤的学术随笔，试图架起华文文学与西方主流学界的桥梁。她所勾勒的北美汉学家群像，从清末民初的戈鲲化、赵元任、裘开明等，到战后的张爱玲、夏志

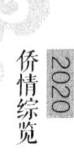
清、叶嘉莹、孙康宜、张光直、傅伟勋和杜维明等。通过这些知识人的跨文化生存体验，张凤触及传统文化的回归、文化中国的追寻等论题。这些来自中国的文人学者，凭借其在北美学界所占据的位置，在中西文化交往中发出了学术上的强音。

在族群和性别议题方面，北美华人作家的观察极为敏锐，触及到不同文化境况中弱势族群的生存难题。严歌苓以塑造女性形象著称，在她笔下的一系列角色，如小渔、扶桑和王葡萄等人身上，渗透着华人女性的生命哲学。这些天真纯朴又流光溢彩的女性，与西方女权主义倡导的"第二性"不同，凸显的是东方女性的大爱和无私。严歌苓的写作，由此跳出了拉美魔幻现实主义等创作思潮对华人写作的约束，走向原生态的、具有历史感的广阔天地。

年轻一代的华人作家，则以锐利的种族和性别反思，受到文坛瞩目。伍绮诗于2014年出版的《无声告白》描述了一个华裔女生的成长悲剧，穿透人生，刺痛人心，受到欧美媒体追捧，成为当年文学出版领域的一匹黑马。该书封面铭刻着作者的人生宣言："我们终此一生，就是要摆脱他人的期待，找到真正的自己。"但对于华人移民来说，这种自我的寻找何其艰难。成长于混血家庭的孩子莉迪亚，从一开始就不得不陷身于种族和性别造成的牢笼，并最终被外界的期盼所压垮。莉迪亚的悲剧，乃是弱势族群的一次生命控诉。与这些议题相关的作品，还有傅金的《今日为男》、王苇柯的《中国女孩》等。这一系列作家作品的出现，预示着北美华人文学新生代的登场。

深度挖掘普遍性文学主题

华人文学叙事的世界性特质，包含两方面内容：其一是从海外视角讲述中国和华人故事，拓展了题材的内涵和外延；其二是关于普遍性主题的思考，在移民与流散、战争与灾难、人性与灵性、时间与空间等议题上作深度挖掘。二者相互关联，不可分割。

在北美华人作家中，哈金是自觉思考流散问题的一位。他的第一本评论集《在他乡写作》，收录了2006年在美国莱斯大学发表的3篇演讲。其中讲述了俄国流散者身处文化夹缝之中的两难处境，他们怀念故乡，却不得不设法在移居地生存下去。生于中国东北的哈金，深受俄罗斯文学影响，他对阈限空间的感受，与俄罗斯流散者有相通之处；同时，作为华人流散作家，他传达出的是与俄罗斯流散者有别的观察和体验。在关于中国故土生活的描写中，哈金倾向于超越政治、地域和文化的藩篱，关注普遍性的生存困境；以移民为题材的小说直面移民生活困扰，剖析了追求自由的失落、无奈及其需要付出的代价。

陈河对于战争题材的钟爱，源于个人经验。他的写作视角、战争史观，具有个性化的特征和文明反思的深度。

张翎对战争的描写，则从灾难的视角切入。这与她听力康复师的职业有很大关系。她对"灾难与人性"的主题有强烈的好奇，并由此展开人性、创伤、救赎等一系列话题。

在对人性的挖掘上，如果说李彦试图高扬人性的理想主义旗帜，那么陈谦更愿意描摹高科技时代人性的复杂。李彦的《红浮萍》以自叙传的形式，书写一个家族三代女性的生命历程。她们以其抱朴含真的品质直面萧瑟飘零的命运，成为坎坷时代的精神象征。延续这种精神气质，她的非虚构作品《尺素天涯——白求恩最后的情书及其他》围绕白求恩的感情维度重新塑造了一个有血有肉的国际主义战士形象。

与之不同，陈谦的《无穷镜》感兴趣的是科技与人性的关系，由此带出作家对人生的多元理解。在她看来，人生道路往往是外部世界无数镜像的叠加，镜像叠加后会生成何种新镜像令人着迷。

施玮关于灵性问题的思考，对症现代社会的生活空洞和信仰危机。虽然灵性本身有"不及物"的嫌疑，但隐含着作家对人生的期盼，那就是在平庸的生活表层之下潜藏着鲜活的灵魂。这一写作路径的提出，或许更大的价值在于中西两种文化的精神相遇。施玮发现，在中国古代的性灵论与西方基督教的灵性话语之间，有不可言说的共通之处。在这种文化相遇、精神对话的交集中，灵性写作找到了生长的空间。

文学是时间的艺术，华人作家在时间问题上的探索体现出小说艺术上的匠心。严歌苓的《芳华》，着力点是对历史记忆的叙述。对于其中"内在时间"的嵌入，论者作了精要分析，认为打破了线性历史叙事的局限，以多元视角共建起了叙事时间链。陈河的《黑白电影里的城市》，试图捕捉"时光流逝的美感"。他受伍尔芙《时时刻刻》《到灯塔去》启发，把3个层面的时间组合在一起，形成了小说的时间网络。但体现陈河小说神髓的并不在这些表层技巧，而是如何打通时光的通道。在打通的那一刻，他捕捉到了内心"模糊的光芒"。正是在这里，小说显现出了与历史相区别的特质。

对海外作家来说，对空间的处理也是一个挑战。二湘的《暗涌》以命运为主题，讲述时间的流逝，凸显精神焦虑时代"无限的空"。引人注目的是小说中的空间感。作者以职场创业为基本架构，借人物的行踪带出喀布尔、硅谷、上海、深圳、埃塞俄比亚等地域，涉及三大洲两大洋，编织出全球化的空间网络。为这些空间注入能量的，则是作者的记忆和对城市欲望的感受。更进一步，在这些表象背后，追问的是生命的真谛和苦难的意义。这一举重若轻的处理方式，受加拿大作家迈克尔·翁达杰的《英国病人》的启发，或可称之为全球视野下的文学空间。

（《人民日报海外版》2020-02-27/张重岗）

广东首部全面系统研究侨捐兴学历史的专著近日出版

《汕头市华侨捐资兴学记述（1949—2018）》近日由暨南大学出版社出版（受访者供图）

近日，一部填补广东华侨专项史空白的专著《汕头市华侨捐资兴学记述（1949—2018）》由暨南大学出版社出版。这是第一本比较全面、系统地研究中华人民共和国成立以来广东侨捐兴学史的学术性著作。

该书由广东省政府参事、国际潮学研究会学委会主任委员林伦伦，和广东华侨历史学会常务理事、潮汕历史文化研究中心特约研究员李宏新撰著，将1949年至2018年汕头（1991年末之前包含潮汕三市）华侨捐资兴学的整体情况，作了学术化、理论化的整理记述。

该书一经出版，便引起海内外学界的广泛关注。广东华侨历史学会会长张应龙教授认为：这本书内容充实，脉络清晰，考据精当，立论持之有据，实为广东侨史专题研究的架构力作、精品之作。

广东省委党校（广东行政学院）教授、著名经济学家陈鸿宇教授，则立足于地方社会经济发展史角度撰写书评，盛赞该书宽领域、大篇幅"纵横交叉，内外因素综合分析的方法"以及厚重的学术价值，并围绕该书内容，着重介绍了其在经济学、社会学、行政学上的意义，认为其对当下侨乡政府及相关部门的"实务决策者"、对汕头的发展思路等，都有着重要意义。

汉学名家、新加坡国立大学博士生导师李志贤教授，就海外汉学视觉撰写了专业学术推介，评论这部专著，是"在历史学文献考据的基础上，结合人类学的田野考察方法、统计学的统计分析方法"，进行"定性研究和定量研究并重"的研究，"是海外华人研究的宝贵资料，对学术研究具有重要的价值"；而且，其学术意义已经"显然超越了地方侨史或侨乡文教的单向课题，还带动了对现当代海外华人、中国侨务政策及行政体系等领域的延伸思考"。

汕头是全国著名的侨乡，海外华侨华人众多，捐资兴学一直是他们最乐于从事的慈善事业之一。20世纪五六十年代的汕头地区，便以"县县有侨中"而闻名，八九十年代的汕头市，更流传着"最美的建筑都是侨捐学校"的说法。

记者了解到，李宏新和他的团队走访了汕头6区1县，搜山检海大概六七百处靶点，获得大量首次面世的一手材料，并做到文献资料与田野调查相得益彰，既是这部专著备受学界称道的特点之一，也是林伦伦、李宏新得以开展研究的基础。

林伦伦强调："我们坚持必须看到可靠材料才采信，因此，才'敢于'列出捐赠事迹表。尽管这部书只用了一年多时间成稿，但它其实是大家多年深耕潮学的结果，不谈大量内部材料的寻觅之难，仅仅就田调方面说，如果不熟悉潮汕文化、习俗，不了解各乡里沿革、民情，没有一定的人缘基础等等，恐怕会走很多学术冤枉路，即使做出来，还容易流于表面，未必理想。"

记者了解到，林伦伦、李宏新现分别担任汕头华侨历史学会的正、副会长。而这部专著正是该会"华侨史研究丛书"的第一种，丛书编委会由汕头市委统战部陈丽文部长，汕头侨联原主席谢惠蓉、原副主席李鸿钊，以及汕头华侨历史学会的学者组成，计划在8年内推出具开拓性、创新性的系列学术专著。

（中国侨网2020-03-14/郭军）

《被遗忘的人们》展现澳大利亚华人被遗忘的历史

一年一度的澳新军团日（ANZAC Day）前夕，讲述一战中澳大利亚华人将士故事的新书《被遗忘的人们》，4月24日举行在线发布会。200余人受邀参与了此次线上直播发布会。

疫情之下，这场特别的"云发布"邀请到澳大利亚总督戴维·赫尔利担任特邀推荐嘉宾。赫尔利在推荐辞中表示，《被遗忘的人们》不仅讲述了一战期间澳新军团中华人将士不为人知的英勇故事，并且让更多的人知晓、铭记并尊重澳大利亚华人的历史与贡献。他认为，本书的出版对当今澳大利亚社会有着极为深远的意义。

本书作者、军事史学家威尔·戴维斯在发言中提到，疫情冲击下，澳新军团日是最适合我们反省回望的时刻。澳大利亚应该承认并铭记包括华人群体在内的无数海外移民对澳所做的贡献与牺牲，他们是澳大利亚世代传统与集体记忆中不可或缺的一部分，而澳大利亚社会也应该包容并欢迎他们成为ANZAC家庭的一分子。

本书发起人、慈善家黄汝宁致辞时表示，如果说一战和二战分裂了世界，那么作为"另一场战争"的新冠肺炎疫情则应当让不同国家和人民更加团结。他特别提到该书对澳大利亚华裔新移民及年轻华人群体的非凡意义，并期望有人能够将目光投向华人以外的印度、斐济、埃及等其他少数族裔群体，将这些同样为澳大利亚社会做出巨大贡献的人们的勇气与精神公之于众。

《被遗忘的人们》一书已于近日以中英双语由威尔金森出版公司出版发行，经授权特别使用朱雀艺术代理中国当代艺术领军人物方力钧的重要作品作为该书封面。

（中国新闻网2020-04-24/陶社兰）

"华侨华人与全球抗击新冠疫情"线上学术研讨会成功召开

2020年4月30日，由暨南大学国际关系学院／华侨华人研究院主办的"华侨华人与全球抗击新冠疫情"线上学术研讨会成功召开。会议邀请了中国华侨华人研究

所、新加坡南洋理工大学、中国人民大学、清华大学、北京理工大学、暨南大学、五邑大学等高校及科研单位的专家学者，围绕华侨华人参与全球抗击新冠疫情及面临的挑战展开分享与研讨。会议分设地区专题、主题研讨两部分，吸引了130多名校内外师生和学者在线参与。

地区专题研讨会由学院副院长代帆副教授主持。会议设有东南亚、北美、欧洲、拉美、非洲5个地区专题，由学院任娜副教授、李爱慧副教授、文峰研究员、贺喜副教授、赵思洋副教授分别解读地区疫情概况，全面展现全球抗疫地图上华侨华人的重要贡献。自2月以来，几位老师加入专题战"疫"报告团队并整理汇总了《华侨华人援助中国战"疫"报告》，报告分九期在微信公众号推出，受到了广泛关注。

主题研讨设有上下两个半场，分别由暨南大学国际关系学院/华侨华人研究院李明欢教授、院长张振江教授主持。现阶段新冠肺炎疫情在全球多个国家和地区爆发，海外舆论环境和社会不稳定因素不断影响海外华侨华人与当地社会的关系。围绕华侨华人社会面临的艰难处境和巨大挑战，来自国内外高校及科研机构的十一位专家学者分别从各自的研究领域出发，共同探讨疫情影响下华人社会的抗疫担当及应对策略。

（暨南大学国际关系学院/华侨华人研究院网站2020-05-07）

《新西兰华侨华人史》出版发行

2020年3月，《新西兰华侨华人史》1套3卷本由社会科学文献出版社出版。该书为中国社会科学院"新西兰华侨华人史研究"课题成果，从世界史、中国史、新西兰史、中外关系史、华侨华人史等多个维度，全面考察新西兰华人社会的形成与发展，具有较高的学术价值。主编杜继东为中国社会科学院近代史研究所综合处处长，历史学博士，编审。

（中国社科院近代史研究所公众号2020-05-15）

华侨研究学者"云"集 连线海外华侨华人 抗疫信息"直通车"跨越五大洲

10场国际连线，五大洲20多国华侨华人参会，数百名观众旁听，历时近2月——清华大学华商研究中心与华侨华人研究所联合举办的"海外华商谈抗疫"活动，邀请海外侨界代表与国内华侨研究学者，通过线上视频会议"云上论道"。视频连线中，海外华侨华人讲述亲身经历的战"疫"故事，还原海外抗疫现场；海内外华侨研究学者分享学术见解和思考，挖掘现象背后蕴藏的深意。

在这条无形的海外抗疫"云"战线上，华侨研究学界以学术力量为海外侨胞送去理解和支持，也为侨界学术研究挖掘新视角，提供新议题。一辆满载世界多国抗疫信息的"直通车"，正跨越五大洲，驰向华侨研究学界。

直送海外真实信息

意大利华人社区低感染率的"秘诀"何在？德国华商经营状况面临哪些冲击？南非华侨华人支援当地有哪些感人故事？在"海外华商谈抗疫"10场专场活动中，西班牙、美国、德国、加拿大、意大利、法国、俄罗斯、巴西等国家和非洲，以及东南亚地区的华侨华人通过视频连线，向与会嘉宾和观众讲述抗疫过程中华侨华人的困境与对策。

"从学术研究的角度看，连线活动向国内学者提供了许多关于疫情期间海外华侨华人生存发展的叙述性资料，帮助学者及时获取更多的一手信息，与海外华侨华人进行直接交流。"暨南大学华侨华人研究院特聘教授李明欢在接受本报记者采访时说。

连线活动中，亲身经历海外抗疫的华侨华人代表，犹如海内外华侨研究学者的"望远镜"，跨越时空距离，还原不同国家抗疫一线的真实情况。"新加坡抗疫经历佛系抗疫到强力干预的转变，通过严明律法等方式阻断病毒传播""中俄合作抗疫受到俄罗斯主流社会肯定，中国驻俄大使馆与当地侨团为华侨华人团结抗疫服务到位"……一场场视频连线，就像一份份"产地直送"的"营养餐"，快速便捷，信息满满，为学界提供亲历者的思考和认识，同时穿越纷乱嘈杂的国际舆论环境，澄清某些海外媒体夸大扭曲的不实报道。

"这次连线活动有三大明显优点：及时、便利、节俭。"华侨华人研究所所长张春旺接受本报记者采访时说，连线活动采取线上视频会议的方式，不再受空间的限制，根据国外疫情的最新情况，对海外华侨华人的处境进行及时研讨，实现高效交流；同时免去会场、餐饮等相关费用，节约会议成本。

清华大学华商研究中心副主任邢菁华告诉本报记者："我们一直坚持将不同国家的华商组织起来，一路走来，五大洲20多个国家的华商、学者与政界朋友齐聚一堂，用低成本、高收益的形式交流，这在疫情发生以前是极少有的。"

见证侨胞抗疫辛劳

在信息丰富、气氛热烈的活动现场背后，是举办方的默默付出和坚持。

作为活动的发起人、策划人和主持人，邢菁华不仅在连线活动中倾听海外侨胞的抗疫故事，也在筹备活动、联络嘉宾的过程中见证海外侨胞的抗疫辛劳。

在4月30日举办的法国专场连线活动中，法国华侨华人协会主席任俐敏如期出现在视频连线。为了这场连线，任俐敏和活动筹备人员都费了一番心力。

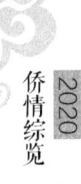
接到活动筹备组邀请后，任俐敏出了个意外——在给当地华侨华人送口罩途中，他被法国警方拘押询问，活动前期的沟通联络工作因此中断。经过筹备组与任俐敏的多次联络沟通，最终任俐敏答应继续参加法国专场连线活动。

"有人问他，经历这次意外后，他还会继续给当地侨胞捐物资吗？他肯定地说，要继续尽自己所能，关爱帮助旅法侨胞。"邢菁华说，"海外侨胞在团结抗疫中体现的责任和担当，真的令人敬佩感动。"

在连线活动的幕后，共有五六名工作人员参与活动组织策划，同时，每场连线专场都有一些协作单位参与筹备与宣传工作，还有不同国家的侨团和大学帮忙协调与会嘉宾。

"因为不同国家有时差问题，我经常需要在北京时间的深夜与海外侨胞嘉宾联络，以便在不打扰他们休息的情况下及时顺畅交流。"邢菁华说，这场跨越五大洲的连线活动，也倾注了组织策划工作人员跨越时间和距离的努力。跟嘉宾沟通会议时间、发言内容，教会年龄偏大的侨胞使用视频软件，指导与会嘉宾制作配合发言的电脑幻灯片……邢菁华和筹备组的工作人员就在一次次的跨洋电话中，和与会嘉宾一起克服种种困难，最终保证连线活动顺利举行。

"在筹备活动的过程中，我们能感受到海外华侨华人对活动的肯定。他们感觉这次活动拉近了祖（籍）国与住在国的距离，让他们感受到祖（籍）国的关注和温暖。同时，他们认为，能将自己的心声分享给更多人是一个非常好的体验。"邢菁华说。

为研究提供新议题

"新时代侨务机构如何更加高效、及时地应对突发事件的风险，更好地为海外侨胞服务，这是一个重大课题。海外侨胞在支援中国抗疫后，继续与住在国人民一起抗击疫情，在这个过程中，海外侨胞一方面弘扬中华民族的传统精神，另一方面，把人类命运共同体的理念内化为华侨华人的行动自觉，表现出新的时代特点。"张春旺认为，海外华侨华人在连线活动中传递的信息丰富多样，为华侨研究学界提供了许多可以挖掘的新议题。

"通过这次活动，华侨华人研究者对于海外华侨华人在疫情特殊时期的生存状况、应对策略、社会环境有了比较详细的了解。"李明欢分析，梳理连线活动汇集的信息，有三方面的问题值得研究者关注：海外华侨华人面临抗击疫情和反对歧视的双重压力，处境更为艰难，应当如何应对？海外华侨华人追求住在国和祖（籍）国社会的双重认可，当面对疫情两者评价体系不同时，应当如何平衡？待全球疫情形势基本控制后，面对疫情带来的经营挑战，海外华侨华人如何转型升级，继续为住在国和祖（籍）国经济复苏作贡献？这些都值得从学术和理论层面进行探究。

更多的研究成果正在形成。张春旺介绍，暨南大学华侨华人研究中国战"疫"

报告已更新第二版，同时世界华侨华人抗疫调查正在进行中；云南大学正开展相关问卷调查；华侨华人研究所也在积极组织华侨华人与抗疫课题研究，积极组织筹备后疫情时代侨务工作和华商发展研讨会。

"海外嘉宾分享了许多一线信息，其中很多事例都令人感动。下一步，在学术和理论层面，我们还有很多值得思考的议题，比如疫情对中国侨务工作提出哪些挑战，在疫情中一些工作出色的侨务部门有哪些可以总结的经验，未来侨务工作有哪些新方向。"李明欢说，海外华侨华人是中国融入经济全球化进程的贡献者和受益者，在"后疫情"时期，海外华侨华人如何成为经济全球化的坚定推动者和建设者，这值得所有人共同思考探讨。

（《人民日报海外版》2020-05-18/高乔）

《按章索局·图说厦门侨批》发行

历时两年的编撰，近日《按章索局·图说厦门侨批》终于与读者见面。《按章索局》借用成语"按图索骥"的意涵，冀望能引领读者展开厦门侨批局的历史探访之旅。与《厦门侨批》以文字为主不同的是，《按章索局》以图片为主，从搜集到的侨批、汇票等实物中，提取侨批封、汇票上的信局印戳，以及信局的用笺、信封等物品上含有的地址、经营范围、海外分支机构等信息，梳理出厦门部分侨批局的历史，探究了110家厦门侨批局的经营概况，整理了厦门侨批局历史数据表格，提供一个从微观到宏观的视角，希望读者能从个体到整体，对厦门侨批业的发展脉络有一个框架性的认识。

2018年，思明区侨联邀请厦门市著名地方史专家洪卜仁主编的《厦门侨批》面世，这是第一本厦门侨批史著作，社会反响较大，推动了厦门侨批研究，一批侨批藏品也因此浮出市面，为侨批研究提供了实物。

在《按章索局》的编撰过程中，年逾九旬的主编洪卜仁先生于2019年5月20日辞世。一年后，这部《按章索局》由执行主编叶胜伟编撰完成出版。

（中国侨网2020-05-26/林晖琳）

《近代华侨史研究资料汇编》《近代华侨史研究资料续编》近日出版

近日，《近代华侨史研究资料汇编》《近代华侨史研究资料续编》两套书由上海科学技术文献出版社分别于2020年4月、5月出版，两套书的作者均为黄显堂。

《近代华侨史研究资料汇编》（全44册）汇辑近代华侨史研究资料近百种，内容涉及华侨现状、华侨革命史、华侨动员问题、侨资与侨汇问题、华侨教材、华侨言论、华侨年鉴、华侨教育、华侨人物等方面，特别是重点收录了在中国及越南、马来西亚、印度尼西亚、美国等地出版的《侨务月报》《华侨努力周报》《南洋闽侨救乡会特刊》《南洋华侨杂志》《马华出席第七届全运会纪念刊》《巴达维亚华侨公会月刊》等侨刊三十余种，其中绝大部分为首次影印出版，对研究近代华侨史具有重要的参考价值。

《近代华侨史研究资料续编》（全43册）是《近代华侨史研究资料汇编》的续编，汇辑近代华侨史研究资料近百种，内容涉及侨汇问题、华工问题、华侨救济、侨务行政、华侨教育、南洋贸易、华侨年鉴、华侨人物等方面，特别是重点收录了在中国及菲律宾、新加坡、印度尼西亚等地出版的《侨学杂志》《侨声报》《南洋与华侨》《侨务月报》《新会沙堆侨安月报》《四邑华侨导报》《苏华商业月报》等侨刊二十余种，其中绝大部分为首次影印出版，对研究近代华侨史具有重要的参考价值。

（2020-05-30/世华馆整理）

新时代华侨华人历史、侨乡文化研讨会在江门市召开

研讨会现场

2020年5月30日，由五邑大学广东侨乡文化研究中心主办的"新时代华侨华人历史、侨乡文化研讨会"在江门市召开。中国华侨华人研究所所长、中国华侨历史学会副会长张春旺，中国华侨华人研究所副所长、中国华侨历史学会秘书长、《华侨华人历史研究》杂志主编张秀明，世界海外华人研究学会主席、中国华侨历史学会副会长、暨南大学特聘教授李明欢，中国华侨历史博物馆原馆长黄纪凯，暨南大学国际关系学院/华侨华人研究院教授、中国华侨历史学会副会长张应龙，广东侨乡文化研究中心教授刘进、石坚平，南方日报珠三角新闻部主任何又华，南方报业传媒集团江门记者站站长沈文金，南方日报江门新闻部副主任潘晓晨，以及中国华侨华人研究所、广东侨乡文化研究中心的部分人员出席了研讨会。中国华侨历史学会副会长、广东侨乡文化研究中心主任张国雄教授主持研讨会。

江门市是粤港澳大湾区重要节点城市，也是珠江三角洲西部地区的中心城市之一，区位优势突出，开发腹地广阔。江门拥有"中国第一侨乡"的美誉，祖籍江门

的华侨华人和港澳台同胞人口众多、分布全球五大洲，华侨华人与港澳台同胞在粤港澳大湾区建设中具有独特作用。而在江门市建设五邑华侨华人博物馆新馆，有利于打造粤港澳大湾区世界华侨华人文化交流重要平台，因此五邑华侨华人博物馆新馆建设成为此次研讨会的主要议题。此次研讨会旨在探讨江门五邑华侨华人博物馆新馆展陈大纲的编制工作，包括新时代如何确定博物馆新馆的战略定位、展陈主旨以及创新布展的内容与方式等。

张应龙表示，江门五邑华侨华人博物馆新馆建设应遵循三个基本原则：一是突出时间线，二是反映五邑华侨华人的特点，三是增加场景类展示，减少图片展、文字展等形式。可以考虑从人类文明交流互鉴的角度进行布展，具体体现在具有五邑地区特色的如华工修铁路、铁匠木匠泥瓦匠的"工匠精神"、五邑籍侨胞走遍世界等方面。新馆布展还应增强视觉上的冲击效果，考虑观展群众的心理需求。

张春旺表示，江门是国内著名侨乡，侨务资源丰富，江门华侨华人的历程集中反映了华侨华人在海外的奋斗史、苦难史、贡献史。博物馆的内容应明确主题，贯穿人类命运共同体的理念，既要重点突出，特色鲜明，又要系统全面，有全景式展现，让五邑华侨华人历史展现新时代的价值。

张秀明表示，江门五邑华侨华人博物馆新馆建设应当突出五邑地区的地方特色，在讲清历史脉络的同时，更要着眼于当代和未来，体现历史与现在、未来的连接和双向流动，充分挖掘历史资源的现代价值。

李明欢表示，首先，江门五邑华侨华人博物馆新馆建设既应有"共建人类命运共同体"的高度，也要"接地气"，与五邑地区的地方发展战略相结合。其次，要讲好华侨故事，注重让文物"活"起来，避免片断化地看文物，可考虑深挖几代人的华侨故事，通过故事拉近展品与受众的距离。最后，要注重动态与静态的结合。应注重展品与时代发展的结合，利用先进技术，及时更新布展的相关数据，同时又将更新的成本控制在合理的范围内。

黄纪凯表示，江门五邑华侨华人博物馆新馆建设应以开放的眼光、世界的眼光进行布展，不仅要注重对中国侨务政策的梳理，还要将其与世界移民政策进行比较分析。应将华侨华人对当地的贡献放在主要位置，过多强调华侨华人群体所受的苦难，不利于当代华侨华人融入当地。

张国雄总结时表示，江门五邑华侨华人博物馆新馆建设应当具有中国视野、世界视野、华侨华人视野、时代视野、平民视野，新馆建设尝试打破国别界限，以侨乡与"海上丝绸之路"的结合、移民之路与"海上丝绸之路"的结合为视角，以华工筑铁路历史事件为重点，通过各个国家重大事件的进程进行串联，着力突出华侨华人在世界文明交流互鉴、人类共同利益维护方面的独特作用。

（人民网2020-06-03）

马来西亚华人社团出版征文集声援中国抗疫

马来西亚华人文化协会署理总会长罗秋雁在湖北新冠疫情暴发、武汉"封城"之后，于今年2月推动发起一项征文活动。近日，集录的约130篇作品以《武汉，我们与您同在》为名成书出版。

由马来西亚华人作家协会、华人文化协会经办的征文活动，得到当地华文作家、写作人的积极响应，短时间内共收到作品200多篇。这些作品以诗歌、散文、微型小说等体裁，赞扬了中国为控制疫情所采取的果断行动，向战斗在一线的医护人员致敬，同时展现出对最终战胜疫情的信心。

罗秋雁日前在接受新华社记者采访时说，书中篇篇作品都表达了马来西亚写作人对武汉和中国同胞的关心。中国的抗疫经验是马来西亚和全球很多国家应对疫情的宝贵财富。疫情发生以来，中国一直积极参与国际合作，与世界卫生组织和其他国家分享信息，展现了中国的真诚与合作精神。

在罗秋雁看来，马中两国之间的情谊深厚。疫情在中国国内发生伊始，马来西亚各界积极伸出援手。当马来西亚的疫情进入严峻状态时，中国也积极回馈，并派医疗专家组前来指导抗疫，分享专业知识和经验。"我希望这种互相合作的精神能够继续伸延，带动更多领域携手发展。"

（新华网2020-06-06/林昊，王大玮）

《东南亚简史》第十二版最新修订
——一部引导我们回到东南亚区域史并用其历史经验理解其当下的理想读物

第一版的《东南亚简史》出版于1979年，甫一面世就获得了希望更多了解未知世界的广大旅行者和学生们的广泛关注，并满足了他们的阅读需求。后来，本书经过作者多次修订，迄今已将内容更新到第十二版。此间，米尔顿·奥斯本博士以睿智的洞察力不断更新与记录着该区域所经历的巨大变化。他在东南亚区域做了五十多年的居民、学生和痴迷的观察者，这种沉浸式的接触，成就了这部生动的、具有可读性的编年史。

本书在充分考虑到该地区的早期历史的同时，也专注于其18世纪以来发生的变化：殖民统治的影响，19世纪和20世纪的经济转型，独立运动的兴起与胜利，社会变革的影响，以及宗教、少数民族和移民群体所扮演的角色。书中还对东南亚艺术进行了相当篇幅的介绍，并对东南亚文学提供了综合指南。

第十二版的《东南亚简史》，脉络清晰，文字洗练，配有大量插图，依然是该领域的经典著作。

【作者简介】

［澳］米尔顿·奥斯本（Milton Osborne）

米尔顿·奥斯本博士是作家，亚洲问题顾问。在过去的十年里，他一直担任悉尼洛伊国际政策研究所的非常驻研究员。已出版著作包括《西哈努克：王子的光明与黑暗》（*Sihanouk: Prince of Light, Prince of Darkness*），《通向中国的水路》（*River Road to China*），《湄公河：动荡的过去和未卜的未来》（*The Mekong: Turbulent past, uncertain future*），以及《探索东南亚：一位旅行者的区域史》（*Exploring Southeast Asia: A traveller's history of the region*）等。

【译者简介】

曹耀萍，华东师范大学教育博士，英国利兹大学翻译学中心访问学者。现为岭南师范学院翻译系主任，副教授，先后承担该院高级英语、交替传译、英汉翻译等课程的教学工作。目前，主要从事翻译理论与实践研究、翻译专业教师发展研究。

杨浩浩，香港中文大学翻译硕士，现为岭南师范学院翻译系教师。目前主要从事翻译史研究和英汉口笔译教学与实践。

【推荐语精选】

南京大学历史学院国际关系研究院教授、博士生导师郑先武：本著作站在东南亚区域的整体视角，系统地讲述了东南亚的历史演进，揭示了其在此过程中所蕴含的深刻特性：变革性和连续性，确是一部引导我们回到东南亚区域历史并用其历史经验理解其当下的理想读物。

澳大利亚国立大学亚洲历史教授安东尼·米尔纳（Anthony Milner）：本书在加深我们对东南亚的理解的同时，也提醒了我们"历史本身的重要性"。

美国康奈尔大学教授埃里克·塔格里亚科佐（Eric Tagliacozzo）：它迄今仍是东南亚简史类图书的佼佼者。

（万墨轩图书微信公众号2020-06-10/吴桐）

江苏无锡市华侨研究院成立　打造侨务工作"智囊库"

6月12日，无锡市华侨研究院成立大会在无锡商业职业技术学院（下简称"无锡商院"）举行。无锡市委常委、统战部部长陈德荣在会上表示，希望研究院的发起单位和创始理事单位增强责任使命、共同努力，把研究院打造成侨务工作的"智囊库"。

无锡市华侨研究院是无锡市侨联和无锡商院共同发起、联合在无锡的相关院校和单位共建的非营利性学术研究机构。研究院秉承"开放协同、创新卓越"的发展理念，重点围绕华侨华人与"一带一路"建设、华侨华人与无锡建设、侨务理论等

无锡市华侨研究院成立大会现场

问题，开展基础性、应用性、前瞻性研究，为侨务工作实践提供理论支撑、决策参考和智力支持。

"找准定位，努力践行宗旨，突出侨的特点，体现无锡特色；围绕中心，以凝聚侨心侨力同圆共享中国梦为主题，以市委市政府的工作重点为着力点；培养人才，培育优秀学术人才，多出优质科研成果。"谈及无锡市华侨研究院的下一步的工作，陈德荣提出这几点期望。

陈德荣说，作为长三角的经济重镇，无锡对外开放和经济发展取得的成就，无不凝结着广大海外侨胞和归侨侨眷的智慧和汗水。"华侨华人无论是在文化传承、认同与情感归属，还是政治选择、经济投资及公益行为等方面，无不与中国、中华民族、中华文化有着千丝万缕的联系，这一切，都值得我们去关注、去研究。"

记者了解到，无锡商院作为无锡市华侨研究院的发起单位和驻所地，在搞好教学科研的同时，该校还积极响应国家"一带一路"倡议，大力推进国际化办学。

无锡商院党委书记杨建新在无锡市研究院成立大会致辞时提出：研究院的成立可以整合各专业的学术力量，通过开展课题研究、参与政策咨询、传播学术思想、发展教育培训、推动人才输送等各种渠道，为侨务工作探索实践提供支持，从而提升学校在学术和政策领域的影响力。

据悉，今日大会还讨论通过了研究院章程、第一届理事会单位名单，推选无锡商院副院长桂海进为研究院院长，聘请南京大学教授、博士生导师钱志新为研究院名誉院长。

（中国侨网2020-06-12/孙权）

《贸易与移民：清代中国人移民泰国历史研究》

近日，《贸易与移民：清代中国人移民泰国历史研究》一书由上海古籍出版社出版。该书作者为黄素芳，历史学博士，广东工业大学马克思主义学院讲师，主要从事中外关系史和华侨华人史研究。

历史上中泰关系源远流长，中泰贸易十分频繁。清代是中国人大量移民泰国的一个重要时期，也是泰国华人社会形成和发展的重要时期。该书以清代中泰贸易关系为背景，从贸易与移民互动的视角考察和研究中国人移民泰国的历史脉络和泰国华侨社会的形成过程。同时，探讨了中泰两国的贸易政策、出入国政策和华人政策对中国人移民泰国的影响。本书作为泰国华侨华人史的专题研究，有助于深入了解清代泰国华侨华人的历史，充分认识当今泰国华人社会的特点及其历史原因。

（东南亚民族问题微信公众号2020-06-15）

网上侨心书苑：新西兰华侨抗战史料首出版

经过澳大利亚华侨史学者、五邑大学广东侨乡文化研究中心、中国华侨华人研究所历时6年的整理，新西兰华侨抗战史料《中国大事周刊》由中国华侨出版社出版。

《中国大事周刊》是1937年8月由纽西兰华侨联合总会创办的会刊，它与中国全面抗战相始终，到1946年8月停刊，历时10年，共出版440期。论坛、中外要闻、粤省要闻、本岛消息、远东电闻、国际电闻是经常性的栏目，中国战场和世界反法西斯战场的各种报道是该刊的重点，广东抗战的情况单独予以突出，反映了新西兰以广东华侨为主体的战争舆情关注的特点。其次，纽西兰华侨联合总会各支会的捐款芳名录，几乎每期必列。当时新西兰华侨以多种方式支持祖国抗战，仅捐款就有工资捐、购机捐、献金捐、寒衣捐、药品捐、难民捐等种类，从1937年到1945年，共募得捐款24万多英镑。当时新西兰的华侨人数为3700多人，人均捐款64.8英镑。新西兰国小华侨少，但是人均捐款数可以和美国华侨相媲美。新西兰华侨的捐款不仅汇给国民政府，而且有的直接支持八路军、新四军的抗战前线。同时，他们还为新西兰和其他国家反抗法西斯的战场进行捐款，反映了新西兰华侨反抗法西斯的世界格局。《中国大事周刊》还详细报道了华侨青年组成的中华救护队回国参战的情况，他们主要活跃在华南战场。

2020年适逢世界反法西斯战争胜利75周年。75年前，在这场人类文明面临整体性挑战的艰难岁月里，华侨华人从始至终参与了反法西斯战争，是全世界参与时间最长、参与范围最广的国际民间力量。《中国大事周刊》全面记录了新西兰华侨参与世界反法西斯战争的壮举，这在华侨与反法西斯战争、二战史的研究领域，是非常少见和极其难得的完整的历史文献。

《中国大事周刊》也是纽西兰华侨联合总会的会刊，会务通告、总会公告报告、总会与支会互动、华联会对华侨社会力量的组织、华侨社会的矛盾纷争、总会财务开支等等多有记录，为认识抗战时期新西兰华侨社会运行、侨团组织运行、华侨社会结构等，都是难得的华侨历史资料汇集，也具有珍贵的文献价值。

新西兰华侨历史是世界华侨历史的组成部分，《中国大事周刊》的出版，填补

中国整理出版新西兰华侨历史资料的空白。

（中国侨联微信公众号2020-06-19）

2020年唐奖汉学奖得主王赓武：身为华人，何处为家？

2020年唐奖汉学奖颁发给王赓武教授。王赓武教授为著名历史学家，在中国的世界秩序、海外华人以及华人移民变迁等领域上具开拓性且深入的剖析。身为中国-东南亚关系的专家，王赓武教授细究中国历史上与南方邻国的复杂关系，以此独特的视角理解中国。相较于传统上从中国内在观点或由西方相对视角来观看中国，王赓武教授在丰富的学识与敏锐的洞察力之下，对华人的世界地位的诠释有新颖重要的贡献。

唐奖所奖助之"汉学"，意指广义之汉学，包括研究中国及其相关之学术，如思想、历史、文字、语言、考古、哲学、宗教、经学、文学、艺术（不包含文学及艺术创作）等领域。本奖旨在表彰汉学领域之成就，并彰显中华文化对人类文明发展之贡献。

王赓武先生贡献概要

王赓武教授（生于1930年）自20世纪50年代末期至今笔耕不辍，在中国史、中国与东南亚、东南亚华人的认同转变等领域上著书立说，直接或间接地启发了几代学者。出生于荷属东印度泗水（现印度尼西亚），父母为心怀祖国的中国读书人；又在英属马来亚及英国伦敦受教育，王赓武教授着实是一位结合了中国儒家文化与英国精英学术传统的圈内人。然而，因为他后来在马来亚、澳大利亚、中国香港及新加坡建立他的学术生涯并成为诠释中国的世界观的专家，王赓武教授却无可避免地被视为"圈外人"。但正也因如此特殊的身份，王赓武教授对中国历史有着独一无二的见解，是这个时代最具原创性与启发性的历史学家之一。美国已故知名汉学家施坚雅（G. William Skinner，1925—2008）曾指出，王赓武教授同时具有三种学术角色："中国历史学家、马来西亚事务的权威性评论者以及南洋华人问题的专家"。

王赓武教授精通东南亚各国历史，细细考究古今海外华人在地区里所扮演的角色，他的许多著作现今已成为领域中的经典，如：《南洋华人简史》（1969）（中译本，英文书名*A Short History of the Nanyang Chinese*，1959）、《社群与国家：东南亚与华人论文选集》（1981）（暂译，英文书名*Community and Nation: Essays on Southeast Asia and the Chinese*）、《东南亚与华人：王赓武教授论文选集》（1987）、《南洋贸易与南洋华人》（1988）（中译本，英文书名*The Nanhai Trade: The Early History of Chinese Trade in the South China Sea*，1958）、《中国与海外华人》（1994）（中译本，英文书名*China and the Chinese Overseas*，1991）、《社群与国家：中国、东南亚与澳大利亚》（1992）（暂译，英文书名*Community* *and Nation: China, Southeast Asia and Australia*）、《海外华人：从落叶归根到追寻自我》（2019）（中译本，英文书名*The Chinese Overseas: From Earthbound China to the Quest for Autonomy*，2000）、《切勿离家：移居与华人》（2001）（暂译，英文书名*Don't Leave Home: Migration and the Chinese*）、《海外华人研究的大视野与新方向：王赓武教授论文集》（2002）、《离乡别土：境外看中华》（2007）。

（澎湃新闻·澎湃号·湃客2020-06-21/学人scholar）

《华裔之声》新书发布会在河北涿鹿举行

6月21日，以"致敬，父亲"为主题的《华裔之声——大道君子仁孝天下》新书发布会暨华裔科学家高益槐"科海追踪，奉献社会"五十载专题报告会在河北涿鹿举行。

《华裔之声——大道君子仁孝天下》讲述的是华裔科学家高益槐教授成长、奋斗、出国、回国、奉献的感人事迹，由世界知识出版社出版发行。

高益槐是新西兰华人，祖籍福建省宁德市古田县，是世界著名真菌学家、医学营养学家、药物学家，新西兰中国科技经济促进会会长、全国政协第十一届海外代表，科研成果曾获多项国际金奖。2017年5月，高益槐教授因在推动新中两国关系、杰出的科技研究和发明促进两国经贸、科研、文化等多领域的卓越贡献，荣获"NZCTA新中关系杰出贡献——特等荣耀奖"。

《华裔之声》全面生动地描述了高益槐教授作为一个深具家国情怀和科学精神的华裔科学家的创业史。高益槐教授在"真菌多糖"领域取得的开创性成就，奠定了他作为杰出生命科学家的国际地位，而他建立的"量效关系、组效关系、构效关系"的"三效关系理论"，更是开创了中药现代化的新纪元。

书中，作者曼迪用她饱含真情的生动文笔，讲述高益槐从科学家向企业家华丽转身的传奇经历，向读者完美阐释了一个杰出华裔科学家不屈不挠、自强不息的创业精神和胸怀天下、造福人类的伟大品格。

对于高益槐教授来说，人生70载，从知青到教师，从教师到科学家，从科学家到企业家，再到世界知名侨界领袖，他始终牢记自己是炎黄子孙，一直心系祖国家乡，科海追踪，悬壶济世，不仅有大道君子的豪迈，还有仁孝天下的胸怀！

当天，《华裔之声》主人公——高益槐教授亲临新书发布会现场，并做了"科海追踪，奉献社会"五十载专题报告，介绍了其而立之年辞去高校工作回家种菇；

不惑之年出国深造，在国外创办生物科技公司；15年前，回国回乡创业，探索"科技兴农"的重要的人生抉择。对高教授而言，"把论文写在大地上"，让科研成果转化为生产力，才是真正脚踏实地的人生追求。

6月21日是父亲节，发布会上，高益槐教授的儿子高鹤，深情回忆了父亲不忘初心、牢记使命，不为名利，情系桑梓，坚持不懈、艰苦创业的历程。他表示："科研是父亲终生的事业，父亲将自己的青春献给了科学，将大半辈子的精力投身在'传承爱，传承健康'的健康事业当中。"

（中国新闻网2020-06-24）

《2019匈牙利华侨华人年鉴》在匈正式发行

据匈牙利《新导报》微信公众号报道，近日，因疫情暂缓出版的《2019匈牙利华侨华人年鉴》（以下简称《年鉴》）在匈牙利正式发行。

《年鉴》旨在传承中华文明，"讲好华人故事"，无论是对住在国还是对祖籍国来说，海外华人的历史都必须得到记载和传承。

2019年是中华人民共和国成立70周年，也是中国与匈牙利建立外交关系70周年。《2019匈牙利华侨华人年鉴》内容涵盖中匈大事记、匈牙利华侨华人发展报告、匈牙利入境指南、华商黄页、匈牙利实用资讯等，向读者提供匈牙利的一手资讯和侨界概况。

《2019匈牙利华侨华人年鉴》由匈牙利钻石文化传媒有限公司出版，匈牙利《新导报》发行，匈牙利东方国药集团赞助印刷。

（〔匈牙利〕《新导报》微信公众号2020-07-02）

暨南大学设立"铸牢中华民族共同体意识研究基地"

由中央统战部、中央宣传部、教育部、国家民委联合设立的国家级文科研究基地"铸牢中华民族共同体意识研究基地"，日前在暨南大学揭牌。

铸牢中华民族共同体意识是实现中华民族伟大复兴中国梦的必然要求，对促进中国的和平发展有着重要战略意义。据悉，该基地是服务决策、学

活动现场

术创新、培养人才的科研创新平台，将立足多学科视域，植根暨南大学"华侨最高学府"优势，围绕队伍建设、学术研究、人才培养、成果转化、平台建设等开展工作，坚持高端智库定位，为实现中华民族伟大复兴中国梦提供智力支撑。

暨南大学党委书记林如鹏介绍，基地植根于暨大作为"华侨最高学府"的综合学科优势设立，将通过港澳台同胞与国家认同、海外侨胞与民族认同、海外传播与实践路径等方面的研究，系统探讨铸牢中华民族共同体意识的实践方案，为早日实现中华民族伟大复兴中国梦贡献力量。

在同期举办的2020年"港澳台侨与中华民族凝聚力"学术研讨会上，与会专家学者展开了热烈的讨论。

北京大学习近平新时代中国特色社会主义思想研究院常务副院长孙熙国从理论的高度、生活的广度、哲学的深度，分享如何铸牢中华民族共同体意识的思考。他认为，只有把政治、经济两方面工作做好，坚持完善党的领导制度体系、人民当家作主制度体系、社会主义基本经济制度，才能真正巩固好中华民族共同体的思想基础。

暨南大学"铸牢中华民族共同体意识研究基地"学术委员会主任、云南大学教授刘正寅从中华民族多元一体的维度，围绕中华民族意识从"自在"到"自觉"的发展脉络，讲述中华民族形成的历史，指出在中国共产党领导下，中华民族取得了民族民主革命的胜利，建设了民族平等、民族团结的基础，使中华民族整体意识深入人心，升华了凝聚各族人民的强大精神。

新疆师范大学党委常委、副校长孙秀玲从理论基础、心理基础、实践基础和法律基础四个层面讨论如何铸牢中华民族共同体意识，认为需坚持习近平新时代中国特色社会主义思想指导，增强中华文化认同，加强各民族交流，进一步完善国家法律法规。

复旦大学哲学学院邹诗鹏将中华民族凝聚力研究的范围扩展到海外华侨，从世界史、地缘政治的角度看待民族国家体系，从华侨华人发展的历史去思考族群身份淡化的问题，提出海外如何定义中华民族概念，进而思考如何使中国更好地融入整个世界、整个人类社会。

"铸牢中华民族共同体意识研究基地"首席专家、暨南大学教授陈奕平指出，我国新时代建构海外侨胞共同体意识面临国际认知错位、经济全球化与疫情全球化的冲突、逆全球化的张力等挑战，需凝聚侨心、汇集侨智、发挥侨力、维护侨益，积极构筑社会共同体、中华民族共同体与人类命运共同体。

国家重点学科文艺学学科带头人、暨南大学原党委书记蒋述卓通过剖析不同文化作品中体现的民族认同精神，阐述文学艺术在铸牢中华民族共同体意识中承担的责任，认为文艺应讲好中国故事，增强民族认同感，提高、完善中国在国际社会中的形象。

铸牢中华民族共同体意识是习近平新时代中国特色社会主义思想的组成部分，

也是包括港澳台侨同胞在内的中华儿女的共同意志。近来发生的一些国际国内事件，对中华民族共同体意识带来了新的挑战。基地主任夏泉表示，学校将会把"铸牢中华民族共同体意识研究基地"打造成为暨南大学大文科建设的一个新的增长点与研究高地，希望在中央部委、各位专家学者的共同呵护下，基地成长为参天大树。

（人民日报客户端广东频道2020-07-14/贺林平）

广西外派教师出版《支教日记》　讲好中泰友好交流故事

在广西侨务办公室的指导下，广西外派教师潘凤仁撰写的《泰国支教日记》一书，近日由广西师范大学出版社出版发行。

该书记录了外派教师潘凤仁在泰国支教的生活点滴和感悟，共计20万余字。全书以轻松、愉快、温暖和充满正能量的语言，从别样的远行、别样的课堂、别样的文化、别样的成长、别样的友谊五辑，将广西外派教师海外支教的珍贵教学体会、行旅见闻以日记形式呈现出来，以沁人心脾的小故事讲好了中泰文化交流大故事，充分发挥了外派教师作为中华优秀文化以及"一带一路"倡议的传播者和宣传员的作用，积极讲好中国故事，传递中国好声音。

《泰国支教日记》作者潘凤仁老师是广西侨办2016—2017年度外派至泰国三才公学支教的教师，派出时系南宁市五一路学校语文教师，现为南宁市智兴路初级中学副校长。在泰国支教一年期间，潘凤仁除了日常教学之外，还开设了古筝、中国古典诗词朗诵、剪纸、茶艺和中华美食等中华文化课程，深受泰国学生的喜爱，通过生动活泼的互动课堂，传播了中华传统文化和孔子"仁爱"思想，讲好了中国故事。

在广西侨办的鼓励下，潘凤仁将支教生活点滴感悟撰写成40多篇随笔发表在《世界日报》《亚洲日报》等华文媒体上。回国后，潘老师作为南宁市首届师德巡讲宣讲团成员，在2018年南宁市师德巡回大讲堂中，以"春种一粒粟，秋收万颗子"为宣讲主题，将泰国支教生活感悟在南宁市二中等十多所学校进行宣讲。

2019年，潘凤仁被全国中小学教师继续教育网邀请，作为全国授课专家到湖南长沙给优秀教师们授课6场。她还将泰国支教感悟融入教学中，指导宁凯泽同学参加中考并取得了中考全A+的好成绩，参与编写三册校本课程的教材，多次带领师生和国外中学生一起交流，她的"少年茶修"课走上国际交流的舞台。

潘凤仁还荣获"广西优秀外派教师"和"南宁市我最喜爱的老师"称号。

（中国侨网2020-07-17/刘苗苗）

蓝皮书：中国企业对外投资稳步发展 "一带一路"沿线国家投资成效显著

社会科学文献出版社近日出版的企业国际化蓝皮书《中国企业全球化报告（2020）》显示，在复杂的国际局势下，中国企业的全球投资总体稳步发展，对"一带一路"沿线国家投资成效显著。

《中国企业全球化报告（2020）》由全球化智库（CCG）和西南财经大学发展研究院联合研究编著。蓝皮书总报告归纳总结了2018—2019年全球对外投资、中国企业对外投资以及外商在华投资的情况、特点与趋势。

蓝皮书表示，中国企业对外投资存量全球占比不断提升，企业海外并购行业结构更加多元，制造业、信息传输、计算机服务和软件业等行业对外投资表现亮眼。企业对"一带一路"沿线国家投资积极推进，成效显著，占中国企业对外投资的比重不断上升。

蓝皮书分析了中国企业对外投资的三大趋势。第一，"一带一路"朋友圈不断增大，孕育更多投资机会，或将重塑全球投资新格局，吸引更多中国企业加入。第二，中国企业在电子商务领域已经取得了技术优势，随着云计算、大数据等技术的发展和应用，中国企业在跨境电商行业将迎来更多投资机会与发展机遇。第三，中国企业对外投资方式将更为多元，私募股权基金、风险投资基金等财务投资者与产业类战略投资者合作进行海外并购投资的趋势明显。

蓝皮书还对中国企业如何应对错综复杂的国际局势，如何应对欧美发达国家对外资审查趋严的形势，尤其是在中美贸易摩擦下，中国企业如何在美国投资，以及"一带一路"的可持续发展、对外经贸合作区的高质量发展等问题提出了对策和建议。

（中国新闻网2020-07-21/冉文娟）

一部美国华侨堂会研究的力作——《移民、秩序与权势：美国华侨堂会史研究》出版

暨南大学国际关系学院/华侨华人研究院教授、博士生导师、海外人才研究中心主任，中国华侨历史学会常务理事潮龙起所著的《移民、秩序与权势：美国华侨堂会史研究》一书，于2019年12月由暨南大学出版社出版发行。该书共314页，约40万字，共由六章构成。该书资料翔实，论证严谨，研究视角新颖，语言简洁明晰。

该书以华人移民与美国侨社的形成为研究背景，在概述美国华侨堂会历史发展的基础上，沿着堂会系统内部

的组织要素和运行管理，堂会与侨社内其他侨团的关系，以及堂会与中国的关系这样由内到外的研究路径，详细考察了近代美国华侨堂会形成、发展到衰落的历史脉络，围绕"堂斗"治理而形成的堂会与其他侨团的冲突与合作，以及堂会支持中国的革命运动及组党参与国内政治的历程。此书的出版不但拓宽了中国会党史研究的范围，也是透视近代美国侨社的一个重要窗口。

（《华侨华人历史研究》2020年第2期）

构建马来西亚华人研究新篇章——《聚族于斯——马来西亚华人研究》评介

《聚族于斯——马来西亚华人研究》是马来西亚华人学者文平强的一部论文集，该书比较系统全面展示了马来西亚华人的各个层面，其中包括有关马来西亚华人研究的现状与走势，以及马来西亚华人在国家建设中所发挥的作用等讨论与分析。总体而言，该书有以下几个特点：

1. 全面系统展示马来西亚华人研究概貌

本书虽然是一部论文集，但是它的视角全面、内容翔实、语言平和，以不同专题构成了一部比较系统完整的研究集成，可以说是一部系统的专著。

2. 应用翔实数据丰富研究模式

全书重视数据的应用，应用了45种统计表和45种图表，涵盖大量基础数据借以支持相应的观点，反映了其学术研究的严谨性和专业性。

3. 从国家层面研究华人的地位与作用

作者把华人放在国家层面上加以研究，从国家经济发展和国族建构的视角探讨华人在国家建设中所发挥的作用，包括华人对马来西亚橡胶业发展的作用、华人在西马地区土地所有权变迁中的历史、马来西亚民族国家的构建、文化和教育与国族建构的关系和在国族构建中的作用和地位，并指出正是华人的艰苦奋斗为马来西亚国族建构奠定了基础。

从总体上看，总结、回顾与反思近年来马来西亚华人研究是这部书的主基调，很多新视角、新观点具有重要的学术价值和现实价值。长期以来，中国学术界对东南亚华侨华人问题研究，包括对于马来西亚华人的研究，往往将研究对象游离于东南亚各国的社会发展历史进程之外，研究课题主要集中于华人经济活动、华文教育、华人历史与现状等，对于华人与所在国家地区的地位与作用，包括族群知之间关系的研究涉猎不多，研究层面往往是就事论事。该书对于拓宽中国学术界关于马来西亚研究的视野具有重要的参考价值。

（本文为部分摘录，有删改）

（《八桂侨刊》2020年第1期/陈杰）

泰国、马来西亚、印度尼西亚对待华侨华人的政策比较研究（摘要）

东南亚地区集中着世界上数量最多的海外华侨华人，占到了海外华侨华人总数的八成。面对数量如此庞大的华侨华人群体，东南亚各国政府对华侨华人的政策成为国际社会关注的焦点。从国家层次来看，东南亚各国的华侨华人政策均有所不同，一些国家的华侨华人政策相对宽松，而一些国家在某些方面的政策对华侨华人较为苛刻。经过二战之后数十年的演变，至今东南亚各国华侨华人政策大致呈现出三种情况，即基本平等宽容、存在不同的限制以及倾向拒绝和排斥。本文以泰国、马来西亚、印度尼西亚为例，比较东南亚国家对待华侨华人的政策差异。

（《东南亚观察》第40期/韦凤桂）

王赓武英文著作《海外华人》译作出版

2019年10月，王赓武的英文著作 *The Chinese Overseas, From Earthbound China to the Quest for Autonomy* 由赵世玲翻译、北京师范大学出版社出版。海外华人历史是中国史和世界史研究中都十分重要的主题。海外华人群体的数量大约在2500万到3000万之间，他们到海外去冒险、确立了海外移民群体的基本价值观，但还从来没有一本书对2000年的华人历史进行概括性考察。全书分为3章，首先叙述了东南亚的华人，然后讲述了华人移居的方式，最后对多元文化主义、身份认同、商业和教育以及新移民等作了精辟地分析。该书观点新颖、行文流畅、简洁又高度概括。

（2020-07-30/世华馆整理）

全球化智库发布《世界华商发展报告（2019）》

全球化智库（CCG）8月2日发布消息称，由该机构研究编著的《世界华商发展报告（2019）》于近日出版。报告全方位对华商在全世界的现状和发展进行了梳理与分析，总结了在世界经济新形势下、在中国经济不同阶段华商的成就和贡献。

这一报告由总报告、评选篇、专题篇、案例篇和非洲华商篇构成。总报告分析了当前华商发展的全球环境，华商发展的整体情况，世界不同地区华商呈现的显著特点，以及新一代华商情况，深入研究了世界华商网络。以改革开放40年为节点，总结了华商对中

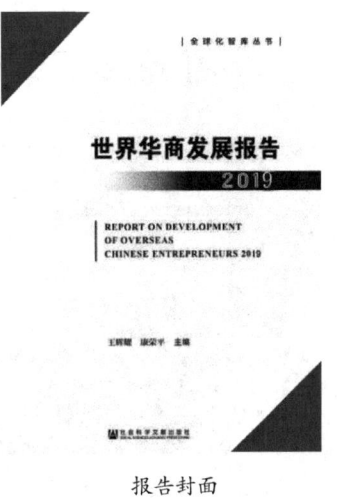

报告封面

国的投资和贡献，同时分析了中国给予华商的政策环境和机遇平台，还分析了"走出去"的中国企业融入世界华商的情况，并对新时期华商协同发展提出建议。

报告称，在世界经济整体下行和经济全球化重塑的时期，对世界华商来说，既是挑战，也是机遇。华侨华人是构成华商的庞大群体；华商在促进中国经济与世界经济的融合方面发挥了独特作用；"世界华商网络"在全球经济治理中发挥了重要作用。

在华商与中国关系方面，报告指出，华商为中国经济做出了重要贡献，中国为华商在华发展创造了不断完善的投资与营商环境，未来华商在中国发展有诸多机遇，潜力巨大。比如，中国新一轮更高水平对外开放的机遇，"一带一路"建设的机遇以及粤港澳大湾区、自由贸易试验区、自由贸易港等机遇。

值得注意的是，2019年中国营商环境较2018年提升32位，位列全球第46名。这是世界银行营商环境报告发布以来中国取得的最好名次。中国还是东亚及太平洋地区唯一进入该报告中十大最佳改革者名单的经济体。

报告认为，在"逆全球化"现象频现的形势下，华商经济和华商网络将成为新型经济全球化和全球治理体系的贡献者。在此次新冠肺炎疫情中，世界各地的华商向中国和世界各国人民积极捐赠了大量的资金和物资，为缓解疫情期间物资短缺，特别是保障医疗及防护物资的供应，发挥了巨大作用。此外，医疗、物流、制造等领域的企业更是在疫情期间发挥其专业能力，展现出了强大力量。在全球治理体系重塑时期，华商更将成为参与全球治理的独特力量。

同时，华商网络将有助于"一带一路"建设。华商网络有助于中国企业获得投资机会、减少商业风险和交易成本，同时也有利于一些在所在国遭遇竞争压力的华商获得新的机遇。

《世界华商发展报告（2019）》是继2018年和2017年报告后，CCG推出的第三本系统研究世界范围内华商及其企业经营发展的报告。

（中国新闻网2020-08-02/刁海洋）

《厦门侨乡历史文化资料汇编丛书·海沧卷》出版

赠书仪式在厦门海沧举行

近日，由厦门市侨联、海沧区侨联、华侨大学华侨华人研究院主办，市华侨历史学会协办的《厦门侨乡历史文化资料汇编丛书·海沧卷》首发式暨赠书仪式在海沧区政府举行。

厦门市侨联名誉主席王德贤、副主席洪春风，海沧区委常委、统战部部长廖凡，区侨联主席黄秋霞，名誉主席杨建良、魏宁当，华侨大学教授许金顶等出席；市侨办、华侨博物院、陈嘉庚纪念馆等48家单位代表共70余人参加。

据了解，《厦门侨乡历史文化资料汇编丛书·海沧卷》是厦门市侨联、海沧区侨联与华侨大学华侨华人研究院在抢救式收集海沧区开展侨乡社会历史文化资料的基础上整理汇编而成。目前，该丛书共6册，分为新阳篇、东孚篇、海沧篇，总计380万字，丛书主要内容包括民间文献、红榜、民俗、侨乡建筑、宗亲、姓氏家族、侨乡名人、华侨华人家书等内容。

会上，厦门市侨联名誉主席王德贤回忆见证了资料汇编丛书出版的全过程，对实地调研、书稿筹备过程中市区各部门的付出表达感谢，并希望各级侨务工作者不忘初心、牢记使命，不断提升为侨服务的意识和能力。

海沧区委常委、统战部部长廖凡表示，作为金沙书院的建设者，他将全情投入把金沙书院建成保存海沧历史文化史料的重镇，通过建设保留传统民居仓库和专题文化公园，切实维系好广大侨胞的精神血脉和感情纽带。希望未来侨务工作者能够对侨乡历史文化遗产多一点敬畏、耐心和细心，共同做好侨乡历史文化的保护与传承。

《厦门侨乡历史文化资料汇编丛书·海沧卷》调研团队负责人、华侨大学许金顶教授分享了他带领团队在调研中的故事、心得和感受。

《厦门侨乡历史文化资料汇编丛书·海沧卷》出版发行，对厦门市推进侨乡侨文化建设，引导侨胞传承中华优秀传统文化，着力培育侨胞精神家园、坚定文化自信、构筑中国精神发挥了积极作用。

（中国侨网2020-08-10/马祥军）

涉侨图书亮相2020上海书展引侨界人士关注

正在此间举行的2020上海书展暨"书香中国"上海周上，由中共上海杨浦区委统战部、杨浦区侨办、侨联等联合主编的《画说侨法》《赤子侨心——早期归侨回忆录》两本涉侨出版物同时亮相，引发侨界人士广泛关注。

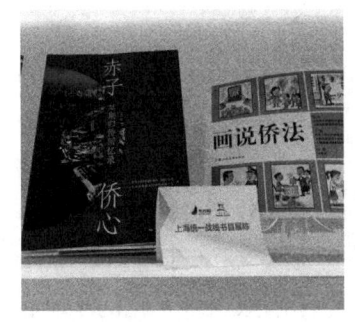

《画说侨法》于2020年7月由上海人民美术出版社出版发行，该书以漫画艺术宣传普及侨法，是侨法宣传形式的重要创新；以公开出版物形式发行侨法宣传画册属全国首例。该书以漫画形式形象生动地逐条解读了《中华人民共和国归侨侨眷权益保护法》《中华人民共和国归侨侨眷权益保护法实施办法》《关于界定华侨外籍华人归侨侨眷身份的规定》，以及44项侨务具体政策，并收录国家和上海市有关侨务法律法规全文，是一本生动可读而又实用的侨法宣传画册。

《赤子侨心——早期归侨回忆录》于2019年11月由上海人民出版社出版发行，全书共计36万余字，200多幅图片，收录75位早期归侨口述整理稿和自撰回忆录。该书为相关早期归侨保留了一份珍贵的家庭记忆，为侨界人士学习和传承早期归侨爱国奉献精神提供了丰富、翔实、生动的资料，为收集与研究华侨历史、挖掘和保护华侨文化积累了史料依据。

在2020上海书展现场，《画说侨法》《赤子侨心》在东方网展区展出。历年上海书展的涉侨出版物并不多见，近年来，借助主流媒体的宣传渠道和传播优势，更多涉侨出版物得以进入大众的视野，以生动新颖的形式展现侨联组织以侨为本、为侨服务的创新实践与积极探索，传递侨界人士的拳拳赤子情怀与坚实的责任担当。

（中国侨网2020-08-14/申海，许婧）

"侨校"携手"侨乡"，暨南大学与五邑大学谱写发展新篇章

为积极推动区域协调发展，加强高校间的交流合作，进一步促进粤东粤西粤北地区高等教育事业发展，作为具有深厚华侨教育底蕴的暨南大学和五邑大学"喜结对子"。

针对五邑大学发展需求，暨南大学明确了"1-3-5"帮扶工作思路，即1个核心目标（落实帮扶协议，促进五邑大学在科学研究和人才培养等方面显著提升）、3个工作抓手（科学研究、人才培养和对外合作）和5步走行动方案（共建平台—共育人才—共研项目—共享成果—协同创新），推动实现帮扶举措落地见效。近两年来，在两校共同努力下，五邑大学在学科建设、人才培养、教师队伍建设、科研创新平台建设、科研成果转化交流、研究生招生等方面工作取得了新进展、新突破、新成效，两校谱写了"侨校+侨乡"帮扶发展新篇章。

（南方新闻网2020-08-06/唐巧燕，世华馆摘编）

《狮城佛光：新加坡佛教发展百年史》出版

该书从历史文献和考古发现探讨新加坡（狮城）在15世纪前曾是佛教古国的可能性，分别讨论了北传、南传、藏传与台湾汉传佛教在20世纪前后于新加坡弘扬的历史背景和传播沿革。历经百年的随机调整，多支传统佛教已在这个移民社会的脉络下酝酿出多元化的本土色彩。20世纪末，狮城佛教进行了一场入世化与城市化的巨大改革，对各自的传统特质进行现代化的推进，具有更强的现代城市的适应能力和发展张力。书中一方面从纵剖面来探讨新加坡独立前后多元佛教传播的特点和模式，另一方面则从横切面来分析佛教文化在新加坡的信仰结构和具体实质。佛教在狮城发展至近现代所形成的入世化和城市化思潮，正是对这个多元移民都市的经济发展之挑战做出了回应，有了一种不同于传统佛教的时代取向。

作者许源泰，厦门大学马来西亚分校副教授、东南亚华人文献研究中心主任，新加坡国立大学中文系高级研究员，新加坡宗乡总会学术组副主任，佛光山人间佛教研究院研究员。主要著作有《新加坡汉传佛教发展概述》（2010，与能度等合著）、《沿革与模式：新加坡道教和佛教传播研究》（2013）、《新加坡华文铭刻汇编·1819—1911》（2016，与丁荷生合著）、《狮城佛光——新加坡百年佛教传播》（2020）。研究兴趣为华族文化、中国儒释道思想、新加坡佛/道教史和传播模式、海外华人史。

（［马来西亚］马来西亚研究资讯微信公众号转载2020-08-18）

华侨大学举办"新挑战·新发展——全球疫情下华文教学研讨会"

2020年8月15日晚，由华侨大学主办的"新挑战·新发展——全球疫情下华文教学研讨会"以视频会议形式在ZOOM平台召开。来自全球10余个国家的华教机构负责人与华校校长，以及国内华教领域专家学者代表参会。参会发言的海外嘉宾有：英国中文教育促进会伍善雄会长、菲律宾华教中心黄端铭主席、澳大利亚中文教师联会李复新主席、印度尼西亚三语学校协会陈友明主席、日本横滨山手中华学校张岩松校长、阿根廷华文教育基金会刘芳勇会长、加拿大温哥华北京中文学校王志光校长、泰国华文教师公会郭晓辉副主席、意大利中意国际学校李雪梅校长以及马来西亚留华同学会莫泽林会长。参会发言的国内嘉宾有：华文教育基金会于晓秘书长、北京华文学院刘香玲书记以及暨南大学华文学院邵宜院长。华侨大学原校长贾益民教授参会并作大会总结发言。研讨会以直播方式向公众开放，会议时长200分钟，海内外共有近500人同时在线参会聆听专家及嘉宾演讲。

中国华文教育基金会秘书长于晓作了大会主旨发言。于晓秘书长详细介绍了疫情开始以来中国华文教育基金会为"停课不停学"而开展的各类项目，并着重指出，在新的发展背景下，中外联合定制培训需求短期内有较大增幅，华文教育在坚持公益性这一前提下，同时也应重视商业资本引入和市场化运作，多管齐下，线上教学与线下教学两条腿走路，开创华文教育工作的新局面。

在嘉宾发言阶段，与会代表紧紧围绕着全球疫情下各国华文教学的新探索、线上教学的新案例与华文教育的新趋势等议题各抒己见，立足海外华校在疫情期间所面临的实际情况，深入探讨解决方案。在诸多问题存在共识的前提下，线上教学成为嘉宾们共同关注的热门话题，面对师资、教材、校舍等诸多基于线上教学的新挑战，有代表提出要打造一个全球华文教育共同体，以实现海内外资源互补，各国信息资源共享的新局面。与会代表一致认为，在疫情防控常态化和后疫情时代，学校和组织要实现可持续发展，就必须相应做出变革，诸如网络师资培训、电子教材研

制、线上资源整合、线上教学方法探索等举措势在必行。

最后，贾益民教授做了精彩的总结发言，他高度肯定了海外华文教育界人士在全球疫情下为应对危机所做出的不懈努力，认可各位与会嘉宾提出的大力开展线上教学、结成华文教育共同体、加大线上师资培训等具体倡议，呼吁在后疫情时代，海外华文教育应肩负起服务于中华民族伟大复兴，服务于国家战略的历史使命与责任；呼吁在全球疫情这一新的背景与环境下，华文教育愈发要重视讲好中国故事，重塑中国形象。

本次研讨会由华侨大学华文教育研究院胡建刚副院长主持，华侨大学华文学院胡培安院长致大会欢迎辞。专家的详细发言内容将陆续于华文教育研究院微信公众号推出。

（华侨大学华文教育研究院微信公众号2020-08-24/胡建刚，孙菁）

"华侨与马克思主义在中国的传播"座谈会召开

8月26日，由中国侨联、黑龙江省侨联主办，黑河市侨联承办的"华侨与马克思主义在中国的传播"座谈会在黑河市召开。

中国侨联党组成员、副主席隋军出席会议并作总结讲话。省侨联党组书记、主席郭占力，中国华侨华人研究所所长、中国华侨历史学会副会长张春旺，中国华侨华人研究所副所长、《华侨华人历史研究》杂志主编、中国华侨历史学会秘书长张秀明，省侨联原副主席曹明龙；市委书记马里，市委常委、统战部部长王淑滨；国内相关领域专家学者参加座谈。

隋军表示，座谈会的召开，对于我们"不忘初心、牢记使命"，继承革命传统、弘扬爱国精神，在新时代更好地团结凝聚广大归侨侨眷和海外侨胞很有意义。回顾历史、立足当下、展望未来，要在历史回顾中引导海外侨胞和归侨侨眷坚定"四个自信"，在世情国情侨情分析中有针对性地开展研究，在把握未来趋势中努力推动侨联工作创新发展。要进一步研究如何坚持在全方位、多层次、立体化的外交布局中寻找侨务工作定位，注意政策界限，在驻外使领馆的指导下，突出群众性、民间性特点进行联谊联络，为我国发展营造良好外部环境；研究如何把推动构建人类命运共同体作为侨联工作重点，把海外联谊工作与做好对外投资、对外援助及留学生工作结合起来，引导海外侨胞积极参与"一带一路"建设，推进中外文明交流互鉴，传播中国好声音，展现中国好形象。

马里在致辞中表示，黑河是我国北方著名的侨乡、旅俄华侨归国定居地，也是华侨华人赴苏联学习马克思主义"红色丝绸之路"的重要驿站，见证了马克思主义进入中国和革命先驱将马克思主义同中国实际相结合，建立中国共产党、建立新中国的伟大历程。改革开放后，黑河在全国沿边城市率先开展中俄边境贸易，开通中俄边境旅游，成为黑龙江省乃至全国对俄合作的重要通道和平台，促进了经济社会快速发展和人民生活水平大幅提高。特别是近年来，黑河发展势头强劲，进入了自由贸易试验区、跨境经济合作试验区、跨境电子商务综合试验区、兴边富民试点市等千载难逢的发展机遇期和战略窗口期。中国侨联和省侨联在黑河举办"华侨与马克思主义在中国的传播"座谈会，既是对旅俄华侨冲破艰难险阻、寻求救国真理的追忆，也是对马克思主义的再学习、再思考，对于深入学习贯彻习近平新时代中国特色社会主义思想这一马克思主义中国化理论创新成果，具有重大意义和深远影响。

座谈会上，参会专家学者探讨了华侨在马克思主义传播中的作用，就如何做好侨联侨务工作发表了自己的看法。

（《黑河日报》2020-08-27/穆怀平）

温州大学成为中国华侨华人研究基地

日前，经中国侨联办公厅批复，温州大学"浙江侨乡文化研究中心"升格为"中国华侨华人研究（温州大学）基地"，由中国华侨华人研究所负责联系指导。

据悉，近年来温州大学高度重视华侨华人研究并取得丰硕成果。此次获批"中国华侨华人研究（温州大学）基地"，是温州大学继成立华侨学院和华侨华人研究院、浙江华侨网络学院之后的又一华侨华人研究的重要平台。

该基地将以服务国家"一带一路"倡议和华侨华人发展为目标，以华侨华人研究领域中的重大前沿问题为导向，整合校内外资源，制定中长期发展目标，开展具有前瞻性、针对性的基础研究、应用研究和对策研究，从而更好地促进温州大学侨特色研究并发挥智库作用，进一步为该校创建以侨为特色的省部共建高校夯实基础。

（《温州日报》2020-08-30/温大萱，金叶）

一本书，揭秘华侨华人反法西斯历史

9月3日是中国人民抗日战争胜利纪念日暨世界反法西斯战争胜利纪念日。当天，由中国侨乡文化研究中心、中国华侨华人研究所编写的《丰碑：华侨华人与世界反法西斯战争》出版发行。该书以"华侨华人与世界反法西斯战争"为主题，从世界反法西斯战争的整体历史视角，阐述了华侨华人在1931年到1945年期间发挥的特殊历史作用。

参与 14 年抗战

20世纪上半叶，人类社会遭受了两次世界大战带来的巨大破坏和灾难。一战是帝国主义国家之间的掠夺战争。二战是法西斯挑起的反人类文明的战争，其持续时间之长、战争规模之大，远超一战，全球60%的国家、4/5的人口被卷入战争，战火遍及亚洲、欧洲、非洲、美洲及大洋洲，造成约6000万人死亡，财产损失超过4万亿美元，史无前例。

反法西斯战争爆发之前，全世界有871万华侨华人分布在亚洲、美洲、欧洲、非洲、大洋洲的60多个国家和地区。1931年"九一八"事变爆发后，世界各地华侨华人纷纷行动起来，投身于反抗法西斯的事业之中。他们是最早也是唯一同时参与东亚（日本侵略中国东北）和西欧（西班牙内战）战斗的国际力量。进入反法西斯与法西斯两大阵营的全球大决战阶段，华侨华人与各国反法西斯的正义力量肩并肩在各条战线战斗，直至世界反法西斯战争取得完全胜利。在这14年漫长艰难的反法西斯岁月里，华侨华人从始至终参与其间，在各个战场战斗，见证了14年世界反法西斯战争的全部历史进程。

支持多条战线

从世界反法西斯战争最初在东亚和西欧爆发，到全球反抗阶段形成东亚战场、东南亚战场、西欧战场、苏德战场、北非战场、大西洋战场、太平洋战场、大洋洲战场多条战线多个战区，华侨华人都参与其中。他们是世界反法西斯战争中活动范围最广的国际民间力量。西班牙内战时期法国华侨华人创作的《献给西班牙前线之中国战士》、全欧华侨抗日联合会发布的《告世界人民书》、加拿大华侨华人散发的《救中国与救世界和平》英文小册……华侨华人将中国的抗战与世界人民的整体利益联系起来，号召各国人民共同反抗法西斯。

他们不仅发出呼吁，更注重践行。在反抗法西斯的旗帜下，海外侨胞面对民族危亡，不分地域、不分阶级、不分党派、不分职业、不分长幼、不分性别，展现了空前的团结，支持祖（籍）国抗战成为一次全体华侨华人大规模全方位持续性的爱国教育运动。此外，华侨华人直接或间接地参加到世界各地多条战线的战斗之中，或在前线作战，或在后方基地建造维修军舰，或在农场生产军用物资，其中有部分华侨华人为世界反法西斯斗争牺牲了自己的生命。

作出多样贡献

作为世界反法西斯战争中唯一全程参与、活动范围最广泛的国际民间力量，在14年的战争岁月里，华侨华人不分前线后方，有钱出钱，有力出力。全球华侨华人捐款捐物是最广泛的贡献。一日捐、一月捐、新年捐、特别捐等多种形式，将数百万华侨华人的资源汇聚起来，滴涓成江河。华侨华人购买的救国公债、航空公债，数额巨大的侨汇和捐献的飞机、枪械、救护车、衣物等各种物质支持，为反法西斯前线源源不断地输送战略资源。

此外，华侨华人通过多种多样的宣传形式揭露日本法西斯的真实面目。旅德华侨抗日联合会出版德文版《抗战情报》《抗战报》、美国纽约衣联会发表英文的《告美国人士书》、新西兰华侨联合总会持续10年出版《中国大事周刊》等宣传方式，都努力向住在国民众开展民间攻关，推动世界各国人民看清法西斯的野心和反人类暴行。

时值全世界纪念反法西斯战争胜利75周年之际，新型冠状病毒给全人类带来了有史以来传播速度最快、感染范围最广、防控难度最大的疫情。观历史，看现实，华侨华人在这场全球抗击疫情的战斗中，再次与各国人民站在一起，展现出家国情怀与世界关怀一肩担的勇敢担当和强大力量！

（《人民日报海外版》2020-09-02/张国雄，李明欢）

《丰碑：华侨华人与世界反法西斯战争》正式出版发行　揭秘华侨华人反法西斯历史

9月3日是中国人民抗日战争胜利纪念日暨世界反法西斯战争胜利纪念日。当天，由五邑大学教授张国雄、中国华侨华人研究所所长张春旺担任主编的书籍《丰碑：华侨华人与世界反法西斯战争》正式出版发行，相关信息还登上了《人民日报海外版》。

据介绍，该书由中国侨乡文化研究中心、中国华侨华人研究所共同编写，以"华侨华人与世界反法西斯战争"为主题，从世界反法西斯战争的整体历史视角，阐述了华侨华人在1931年到1945年期间发挥的特殊历史作用。

9月2日，《人民日报海外版》第06版发表了由张国雄、李明欢所写的《纪念中国人民抗战胜利暨世界反法西斯战争胜利　一本书，揭秘华侨华人反法西斯历史》一文。文章对该书的出版情况进行了介绍，并指出，在14年漫长艰难的反法西斯岁月里，华侨华人从始至终参与其间，在各个战场战斗，见证了14年世界反法西斯战争的全部历史进程。

中国侨乡文化研究中心2015年在五邑大学成立，由五邑大学与中国华侨华人研究所共建，是一所全国性侨乡学术研究机构，也是江门侨务工作"十三五"规划中重点打造的三大文化平台之一，致力推动江门建设侨务强市和文化强市，推动全国的侨乡文化研究。

（江门新闻网2020-09-04/梁佳欣，江逸轩）

梅州市华侨历史学会设立研学交流基地

3日，梅州市华侨历史学会研学交流基地揭牌仪式在市剑英图书馆举行。该基地的设立，旨在更好开展关于梅州华侨华人的历史研究和学术交流。

据了解，梅州市华侨历史学会前身为梅县地区华侨历史学会，成立于1987年，主要是对华侨华人、归侨侨眷和侨务工作进行社会调查、学术研究。除市剑英图书馆外，市华侨历史学会还在嘉应学院客家研究院、市客侨博物馆等单位设立了研学交流基地。

揭牌仪式后，市客侨博物馆馆长、市华侨历史学会副会长魏金华分别向市剑英图书馆和嘉应学院客家研究院，捐赠了刚出版的《广东梅州文书》。据了解，《广东梅州文书》是《世界客家文库》的第一辑，收集整理了清朝至民国时期梅州地区的珍稀契约文书，由魏金华、魏洪海父子和肖文评师生组成5人团队，耗费大量时间和心血进行修复、装裱、扫描、拍照，归类整理。"我希望这套书捐给研学交流基地，让更多人有机会了解客家契约文书和客家文化的历史，并提供给有志的专业人士做进一步研究。"魏金华说。

此次活动由市归国华侨联合会指导，市剑英图书馆、市华侨历史学会主办，嘉应学院客家研究院、市客侨博物馆承办。

（《梅州日报》2020-09-04/林丽妙）

叶嘉莹文学纪录片《掬水月在手》学术研讨会在南开大学召开

"远天凝伫·弱德之美"——叶嘉莹文学纪录片《掬水月在手》学术研讨会日前在南开大学迦陵学舍召开。

中国电影家协会副主席兼理论评论委员会会长、清华大学新闻与传播学院教授尹鸿，北京大学电影与文化研究中心主任戴锦华，中国电影评论学会会长饶曙光等知名电影评论家、电影学者出席研讨会，与天津市文联主席陈洪、天津电影家协会主席方卫、南开大学中华古典文化研究所副所长张静等文化界、电影界人士展开讨论。

尹鸿表示，影片准确细腻地记录了叶嘉莹先生的一生，并始终贯穿着叶先生与故乡故土的关系。这让我们看到了这个国家与民族生生不息的文化血脉。对于今天重新理解爱国主义和树立文化自信、理解中华传统文化的传承发扬具有意义与价值。

戴锦华回忆学生时期在北京大学聆听叶嘉莹上课的情景，深深为这样一位智慧女性的诗者之美所折服。她表示，影片创作者试图寻找一种语言，一种句式的、视听组合的电影化的结构形态来进行时间与空间的双重表达。坐在银幕下，能感受到叶先生经历的种种磨难，看到她对生命的体认与接受，这种彻悟也成就她的诗意人生。

"这是一部寻找知音的电影，而不是大众化的电影。它非常准确地把叶嘉莹先生的人生境界、诗词境界表达出来。当观看者一旦被带入其中，就会感到很充实。"中国电影评论学会会长、中国电影家协会原秘书长饶曙光认为，《掬水月在手》是一部反映文学人物的高水准的人文纪录片。

北京大学艺术学院教授、北京大学影视戏剧研究中心主任陈旭光说："中国传统文化在现代转化过程中不断分化，于众生喧哗的文化热闹当中，一部分文化精髓是难以转化的，它们在一些知识分子的静心守护下，波澜不惊地、优雅地承传下来。而叶嘉莹先生所守护的正是传统的古典诗词之美。"

陈旭光认为，《掬水月在手》是一部叙事复杂的纪录电影，它以叶嘉莹先生的人生经历、心灵经历为总体框架，包含自述、他述、史料、影像、吟唱"多声部"的对话，将叶先生的个体人生跟国家命运紧密相连，用杜甫诗歌的方式、"慢美学"的特点呈现出来，意义非凡。

《电影艺术》杂志主编谭政认为，《掬水月在手》不仅是一部简单的传记片，除了人物本身魅力之外，也感受到影片的形式之美，感受到诗词之美、影像之美、人格之美相融而成的电影之美，其意境深远，穿透力极强，音画相映，久久回荡。

会上，南开大学文学院院长沈立岩，南开大学文学院教授、天津电影家协会副主席周志强，哲学院教授薛富兴，文学院副教授刘忠波，文学院讲师陈琰娇、马春靓等也围绕着影片的文化内涵、哲学高度、艺术创新等方面分享了观影体验。

活动当天，电影出品人毛继鸿、廖美立作为电影主创来到现场，他们介绍了影片的创作过程与制作推广情况，并与专家学者进行深入交流探讨。

（中国新闻网2020-09-13/张道正）

中国华侨历史学会七届六次理事会在南京召开 隋军出席并作工作报告

2020年9月13日，中国华侨历史学会七届六次理事会在江苏南京召开，中国侨联党组成员、副主席，中国华侨历史学会会长隋军出席会议并作工作报告。中国华侨历史学会副会长龙登高、李明欢、李鸿阶、张应龙、张国雄、张春旺、张振江、林宏宇出席会议，中国华侨历史学会秘书长、中国华侨华人研究所副所长张秀明主持会议。

隋军总结了一年来学会的工作，一是深入开展习近平总书记关于侨务工作重要论述研究。组织编印出版《习近平论侨务》（2019年版），推进国家社科基金重大委

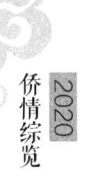

托项目"习近平总书记关于侨务工作的重要论述研究",召开开题论证会,推进中央党史和文献研究院出版《习近平关于侨务工作论述摘编》。二是发挥智库作用,提供政策建议与侨情咨询。围绕党和国家工作大局贡献侨界智慧,为有关部门做好抗疫工作建言献策;翻译《2020世界移民报告》,为相关研究提供参考;继续推进国家社科基金特别委托项目"'一带一路'战略视野下我国沿边地区侨情调研";编撰出版世界侨情蓝皮书之《世界侨情报告(2019)》,受到广泛好评。三是在疫情防控中主动作为,积极开展相关研究。举办海外华商谈抗疫在线系列观察活动,针对新冠肺炎疫情对华侨华人的影响开展问卷调查与学术研究,申报2020年国家社科基金社科学术社团主题学术活动。四是加大中国侨联课题平台建设力度,巩固和扩大华侨华人研究队伍。支持更多青年研究人员开展涉侨研究,增加了2019—2021年度中国侨联课题立项数量。五是加强海内外学术交流与合作,不断扩大学会影响力。举办了第十届"国际华商·清华论坛"、"世界海外华人研究学会"第十届国际会议、"海外华人与中国侨乡文化"学术研讨会、"华侨与新中国"论坛等学术活动。六是打造精品,编辑出版涉侨书刊。弘扬"嘉庚精神",编辑出版《陈嘉庚纪念文集》和再版《南侨回忆录》;首次出版新西兰华侨抗战史料,填补相关资料空白;编写出版《丰碑:华侨华人与世界反法西斯战争》,阐述华侨华人在这一历史时期发挥的特殊作用;精心编印《侨情快讯》;编辑出版多部学会文库书籍。七是加强学会自身建设,结合"不忘初心,牢记使命"主题教育,就学会建设开展问卷调查,征求有关方面意见建议,以改进作风、改进工作;召开会长(扩大)会,研究在新的历史起点上,学会如何谋发展、有作为。

隋军提出学会下一步工作的考虑,一是明年将举办中国华侨历史学会第八次会员代表大会,要做好学会换届筹备工作。坚持发扬民主、广泛协商、公平公正、团结和谐的原则,考虑老中青相结合,以有利于推进华侨华人研究为导向,做好会员代表、理事候选人的推荐事宜。二是完善工作机制,更好地发挥学会作用。在新形势下,要加强政治建设,坚持学术操守,遵守学术规范,把老一辈的光荣传统不断发扬光大。要充分发挥理事的主体作用,认真听取意见建议,依靠他们开展学会工作。高度重视华侨华人研究青年人才队伍建设,充分发挥学会理事的"传帮带"作用和学术骨干示范带动作用。要发挥协调推动作用,团结凝聚全国华侨华人研究力量,进一步加强华侨华人研究规划,整合华侨华人研究资源,为促进中外学术交流、提高学会研究能力、扩大学会影响力提供平台与支撑。三是推进重大课题研究。受新冠肺炎疫情影响,世情国情侨情发生了重大变化,面对复杂严峻的新形势,要进一步深入开展重大课题研究,深化习近平总书记关于侨务工作重要论述研究、疫情后的侨情重大问题研究、新时代侨务理论和工作的研究以及深化侨史和侨乡重大课题研究。

张春旺就学会换届工作和章程修改工作等有关事宜作了说明。张振江、林宏宇分别就发挥学会作用、推进疫情后侨务工作，中美关系演变对侨情和侨务工作的影响等作了发言。中国华侨历史学会理事、相关专家学者近100人参加会议。

（人民网2020-09-14）

专家学者聚首南京研讨习近平总书记关于侨务工作重要论述

由中国侨联主办，中国华侨华人研究所与江苏省侨联、南京大学、五邑大学承办的2020习近平总书记关于侨务工作重要论述研讨会14至15日在南京大学召开。此次会议聚焦"后疫情时代侨务工作面临的新形势与新挑战"，共有160多位专家学者及侨务工作者出席。

2020习近平总书记关于侨务工作重要论述研讨会在南京大学召开（中国华侨华人研究所供图）

中国侨联党组书记、主席万立骏，江苏省委常委、统战部部长杨岳，国家卫生健康委党组成员、国家中医药局党组书记余艳红，南京大学党委常务副书记杨忠等出席会议。中国侨联党组成员、副主席隋军主持会议。

讲话中，万立骏就如何深入学习领会习近平总书记关于侨务工作重要论述提出几点意见。

他强调，一要在抗疫斗争中进一步加深对习近平总书记关于侨务工作重要论述的理解。要进一步加深习近平总书记关于侨胞地位作用，构建人类命运共同体思想，侨胞融入和回馈住在国，人民至上、生命至上，"大侨务"等论述科学内涵的理解和认识，在后疫情时代，贯彻落实到侨务工作中去。

二要准确把握统筹疫情防控和经济社会发展对侨联工作提出的新挑战新要求。一是准确把握海外侨情新变化，密切跟踪疫情之下海外侨情的动态，加强分析研究，有的放矢，做好侨务工作；二是准确把握侨联工作围绕中心服务大局新要求，认真思考，找准党政所需、侨胞所急、侨联能为的结合点，在"双循环"的新发展格局中发挥作用；三是准确把握为侨服务新动向，加强联动，在服务载体上下工夫，在工作品牌上求突破，切实增强为侨服务工作的针对性和实效性；四是准确把握侨联创新工作方式面临的新课题，充分借助互联网开展工作，充分发挥群团组织体系的优势和作用，为党和国家工作大局贡献力量。

三要把学习、宣传、贯彻习近平总书记关于侨务工作重要论述不断引向深入。要提高侨联研究工作水平，加强理论性研究、实务性研究、前瞻性研究，以重大问题为导向，推动解决面临的一系列突出矛盾和问题。要建立高水平的华侨华人研究

和侨务工作研究队伍。坚持借助外力与引导培养侨联干部加强研究相结合，扩大研究人员数量，形成更多研究成果。

杨岳指出，本次研讨会对于推动新时代侨务工作开创新局面，必将起到积极推动作用。江苏将深刻理解和牢牢把握总书记关于侨务工作重要论述的丰富内涵和精神实质，团结凝聚侨界力量参与"强富美高"新江苏建设，推动江苏侨务工作向纵深发展。

会上，杨忠代表南京大学热烈欢迎各位与会嘉宾，国家中医药局党组书记余艳红、中国华侨历史学会副会长、清华大学教授龙登高，中国科学院院士、南京大学教授邹志刚做了主旨演讲。

江苏省侨联党组书记、主席周建农，浙江省侨联党组书记、主席连小敏分别就疫情防控中各级侨联的工作经验与做法进行了交流。

据悉，自2014年开始，中国华侨华人研究所与五邑大学等单位共同举办习近平总书记关于侨务工作重要论述研讨会，本次研讨会为第七届。

（中国新闻网2020-09-15/马秀秀）

《河北省志·外事侨务志》终审会议召开

2020年9月29日，《河北省志·外事侨务志》（以下简称《外事侨务志》）终审会议在省方志办召开。《河北省志》总纂龚焕文主持会议。《河北省志》副总纂、《外事侨务志》责任副总纂刘春芳，《河北省志》副总纂赵树槐、胡连生担任评审专家。省外办二级巡视员郑轶、省因公电子护照中心主任闫建红、省外办涉外管理处副处长李言晖、省外办综合处调研员刘建勋、省外办美洲大洋洲处主任科员刘涛、石家庄市外办友城处原处长杨肃、河北日报编辑出版中心原主任编辑周瑛平及省方志办有关负责同志参加会议。

闫建红主任汇报了复审后的修改情况。与会专家认为，《外事侨务志》终审稿资料丰富、体例完整、文字通畅，在总结归纳、系统概括方面比复审稿提高了一个档次，原则通过终审，但仍需作进一步修改，解决志稿中存在的问题。各位专家围绕从图照的布局及注释的规范性、概述的调整补充、大事记的入选标准及记述方法、章节目标题的设置、表格的规范表述、文体文风及附录的内容等多方面提出了修改意见和建议。

龚焕文总纂指出，省外办要继续加强领导，加大工作力度，梳理专家意见，制定修改方案，务必要做到条条有着落。龚焕文总纂强调，要统筹好时间、进度和质量的关系，解决好志稿中存在的突出问题，尤其要写好共性和综合。

郑轶主任在表态发言中指出，各位专家对《外事侨务志》终审稿审的十分细致，这种严谨的作风、敬业的精神让我们十分受益。下一步，将及时向外办党组汇报会议情况，继续加大工作支持力度，落实好人员、经费，并按照会议要求，逐条梳理汇总专家意见，对现志稿进行修改、完善，争取年内完成省政府交付的出版任务。

（澎湃新闻2020-09-30）

意大利华侨华人抗疫故事新书发布会在罗马举办

10月1日，由意大利世界中国出版社主办的《我们留下了——旅意华侨的抗疫心声》双语新书发布会在罗马 The Hive酒店举办，来自意大利新闻界、侨界等代表50余人出席。

此书由22位疫情后留在意大利的华侨书写，他们从事不同工作，居住在意大利的不同城市，分别讲述了自己在意大利疫情暴发初期所做的工作及思考，以不同角度对华侨的那段生活做了记录，书写了一段历史。

意大利人一直认为生活在这里的华侨圈封闭，但意大利疫情暴发后，以协会为单位、以家庭为单位、以个人名义，几乎所有的华人华侨都参与了赠送口罩的善举，封闭的人怎么会做出这样慷慨的举动？带着这个问号，世界中国杂志社社长胡兰波邀请了20余位华侨共同撰写了《我们留下了》一书。他们敞开心扉，向意大利人讲述了这段生活。这是第一次华侨集体向意大利社会发声，说出内心的真话。

书中有的人谈到武汉疫情暴发时这里一些人对华侨的恐惧与歧视，有的叙述了捐赠口罩的过程，有的讲述陪同中国援助医疗队的情况，有的讲中文学校的状况，有的讲述自己如何在封城时期写下日记，有的讲述中意文化的差别等等，大家都遭遇不同的困境，但整本书的字里行间都体现着中国人不屈不挠的精神及对意大利的热爱。

意大利信使报总编波奇对此书做出非常高的评价，认为如此多的中国人一起记录疫情特殊时期的生活与工作，文字中充满对意大利的情感，以作者的经历诠释了中国文化，是一本难得的好书。

（中国侨网2020-10-04）

潮龙起教授受聘为《（新编）中国通史》纂修工程《华侨华人史》分卷主编

为全面贯彻落实习近平总书记对《（新编）中国通史》纂修工程的重要指示精神，《（新编）中国通史》纂修工程近日正式启动。这是继国家《清史》纂修之后的又一项国家重大文化工程。目前，由中共中央宣传部主办、中国历史研究院承

办的《（新编）中国通史》纂修工程指导小组第一次工作会议在京举行。中共中央政治局委员、中宣部部长黄坤明出席会议并讲话。他指出，纂修《（新编）中国通史》是一项重要的政治任务和历史任务，意义重大，影响深远，是传承中华文脉、弘扬中华文化的战略之举。

《（新编）中国通史》设有断代史、专门史等共计30卷，其中《华侨华人史》卷，由我校（暨南大学）国际关系学院／华侨华人研究院潮龙起教授担任主编。承接国家重大涉侨文化工程，进一步彰显我校的侨字特色和办学实力。编纂《华侨华人史》，通过侨史书写来增强华侨华人的历史记忆，也是一项重要的留根工程，对于华侨华人传播中华文化，开展中外人文交流，具有深远的意义。

（暨南大学国关院华侨院微信公众号2020-10-06）

中国世界华文文学学会第五次会员代表大会在暨南大学召开

大会现场

10月20日，中国世界华文文学学会第五次会员代表大会在暨南大学召开。中央统战部副部长谭天星出席并讲话。中央统战部十局局长许玉明，广东省委统战部副部长、省侨办主任庞国梅，广东省教育厅副厅长那佳，暨南大学党委书记林如鹏、校长宋献中、党委副书记孙彧，中国世界华文文学学会顾问、广东省作协主席、暨南大学原党委书记蒋述卓教授等出席会议开幕式。

谭天星对学会第四届理事会工作给予了充分肯定，并寄语学会在未来发展中要加强自身建设，凝聚海外华文作家进一步坚定文化自信，讲好中国故事，助力民心相通，为实现中华民族伟大复兴中国梦作出新贡献。

庞国梅在讲话中指出，暨南大学为学会和海内外华文作家、学者提供了广泛的学术空间和交流平台，希望各位华文作家、研究者以学会为平台，以文化为桥梁，以世界视野推动世界华文文化和文学的创新发展。

那佳在讲话中表示，学会是组织开展华文文学研究与教育的国家一级学会，成立以来持续开展华人华侨文化、华文文学研究和教育工作，在海内外产生了广泛的影响。省教育厅将一如既往地支持学会发展。

林如鹏介绍了中国世界华文文学学会的发展历程及取得的成果，表示暨大愿与学会一道，致力推动华文文学的繁荣发展，为团结和凝聚海内外中华儿女同圆共享中国梦贡献力量。

开幕式后，会议总结了学会第四届理事会工作，选举产生了新一届理事会和学会领导机构，并提出学会未来发展规划。

新任会长张福贵教授表示，学会将贯彻落实上级主管机构要求，在未来发展中增强大局意识和历史责任感，创造性地开展工作，推动中华优秀文化在海外更好地传播。

来自全国各地高校、研究机构和其他专业单位的140余名专家、学者分别以线下或线上的形式参加了会议。

（暨南大学文学院网站2020-10-20/白杨）

闽侨智库福州大学、闽江学院研究中心成立

10月19日上午，福建省侨联、福州市侨联与福州大学、闽江学院共建的闽侨智库福州大学研究中心、闽侨智库闽江学院研究中心，分别在福州授牌成立，并颁发了闽侨智库成员证书。

闽江学院校长王宗华，省侨联副主席林俊德，福州大学副校长黄志刚，闽江学院党委副书记刘元芳，福州市侨联主席蓝桂兰等部门负责同志，部分高校智库成员、专家学者出席。

林俊德希望研究中心认真贯彻中央《关于加强中国特色新型智库建设的意见》，努力打造校地侨联共建的平台、涉侨信息共通的平台、新侨成果共创的平台、侨界人才共荣的平台、侨智咨政共赢的平台。

闽侨智库闽江学院研究中心授牌（闽江学院供图）

黄志刚说，闽侨智库福州大学研究中心是新时期福州大学打造"地方侨联+属地高校+智库平台"、拓展智库研究的创举。希望通过组建闽侨智库福州大学研究中心，充分发挥地方侨联和高校的各自优势，重在品牌建设、品牌效应，做特、做强、做优，为学校服务、为侨联服务、为国家发展大局服务，在新时代展现新作为、作出新贡献。

王宗华指出，闽江学院的侨资源丰富，作为一名校长，更是一名新侨，与侨联有紧密地联系。他表示将全力支持研究中心的工作，进一步发挥学校侨的优势，着力打造具有中国特色的新型智库。

刘元芳希望闽侨智库闽江学院研究中心坚持党建引领高端智库建设的正确政治

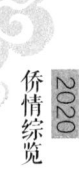

方向，以侨为"桥"，打好"侨"牌，多提供有战略性、前瞻性、针对性和可操作性的智库研究成果，为侨乡建设贡献智慧。

福建省侨联"闽侨智库"于2017年2月成立，现为第二届（2020—2022年），组成人员共164名，其中特约研究员8名、成员156名，来自17个国家和地区。现已创建了福州、厦门、泉州3个市级委员会和厦门大学、福州大学、闽江学院3个研究中心。

（中国侨网2020-10-20/吴厚才，黄新萍）

专家学者研讨世界变局中华侨华人的生存与发展

"人类命运共同体视域下的华侨华人"座谈会23日在北京举行。20余位专家学者围绕世界变局中的华侨华人生存与发展问题展开探讨。

"当今世界正经历着百年未有之大变局，华侨华人也面临着前所未有的复杂形势。"暨南大学华侨华人研究院特聘教授李明欢表示，全球疫情持续发展，海外华侨华人的处境更为艰难，他们面临着抗击疫情和反对歧视的双重压力，生产经营活动也受到沉重的打击。

李明欢说，从海外华侨华人发展的历程来看，他们一直善于危中寻机，比如在2008年的全球金融危机中，意大利、法国、西班牙等国的华商就曾逆势扩张，使南欧华商经济迎来新发展。"在此次疫情中，各国的华商也不断转型升级，提高应对风险的能力，在支持住在国经济恢复中寻找新的机遇。"

清华大学华商研究中心主任龙登高表示，作为连接中国和世界各地的桥梁纽带，华侨华人在疫情中突破国家、制度和文化的障碍，推动了生产要素与资源在全球的流动与配置。各国华商通过其国际网络，在疫情期间对冲了贸易保护主义，创新了国际合作的形式。

谈到华商如何在疫情中寻求发展，龙登高表示，疫情使全球华人经济面临着新一轮洗牌，特别是从事贸易、零售、旅游等行业的中小企业经营者面临很大的难题。华商要积极应对贸易保护主义和单边主义对全球营商环境的负面影响，主动转型升级经营业务，实现长远的发展。

中国外交学院副院长高飞表示，当前国际背景下，反全球化的声音、逆全球化的政策、去全球化的行动甚嚣尘上。作为连接祖（籍）国和住在国的桥梁，华侨华人可以在中国对接全球化的过程中发挥更大的作用。

"面向未来，华侨华人应该在构建人类命运共同体进程中发挥更大作用。"暨南大学国际关系学院副院长陈奕平认为，华侨华人应继续参与中国改革开放进程，并在推动中外经济合作、推动中外文明互鉴、促进中外友好等方面做出更大的贡献。

座谈会由中国华侨历史学会主办，中国华侨华人研究所、中国华侨历史博物馆、五邑大学承办。

（中国新闻网2020-10-23/吴侃）

中国华侨历史学会纪念世界反法西斯战争胜利暨联合国成立75周年座谈会在京召开

10月23日，由中国华侨历史学会主办，中国华侨华人研究所、中国华侨历史博物馆、五邑大学承办的"人类命运共同体视域下的华侨华人——中国华侨历史学会纪念世界反法西斯战争胜利暨联合国成立75周年座谈会"在京召开。中国侨联党组成员、副主席，中国华侨历史学会会长隋军出席会议并讲话，中国侨联顾问唐闻生出席会议。中国华侨历史学会副会长、中国华侨华人研究所所长张春旺主持会议。

隋军指出，自成立以来，联合国高举多边主义旗帜，引领和推动国际社会逐渐形成了携手合作、同舟共济的广泛共识。中国为世界反法西斯战争胜利作出了巨大牺牲和贡献，中国人民尤其珍爱和平，中国始终坚定支持多边主义，开创性提出了人类命运共同体理念，努力为世界和平与发展贡献中国智慧。当前，世界百年未有之大变局加速演进，站在事关人类前途命运的重要关头，近期，习近平总书记发表了一系列重要讲话，洞察世界大势，心系人类未来，旗帜鲜明重申坚定奉行多边主义，坚定维护联合国权威，坚定推动构建人类命运共同体等原则立场。

中国华侨历史学会副会长、五邑大学广东侨乡文化研究中心主任张国雄教授首先介绍了关于华侨华人与世界反法西斯战争的两本新书，其一是由中国侨乡文化研究中心与中国华侨华人研究所共同编写的《丰碑——华侨华人与世界反法西斯战争》；其二是新西兰华侨抗战史料《中国大事周刊》。

中国侨联信息传播部部长左志强，中国华侨历史博物馆馆长臧杰斌，中国侨联联谊联络部副部长、一级巡视员朱柳，中国侨联办公厅副主任张凌，中国华侨华人研究所副所长、《华侨华人历史研究》杂志主编张秀明出席会议。来自《求是》杂志、《旗帜》杂志、人民日报、中央广播电视总台、中国华侨华人研究所、中国华侨历史博物馆等单位的共40余人参加会议。

（本文有删改）

（中国华侨华人研究所微信公众号2020-10-23）

暨南大学菲律宾研究中心举办"中菲关系的成就与挑战"网络研讨会

2020年9月4日，暨南大学菲律宾研究中心与菲律宾中华研究学会合作举办主题为"中菲关系的成就与挑战"网络研讨会，这是本次中菲关系系列研讨会的第二场。暨南大学菲律宾研究中心兼职教授李美婷、51Talk政府事务高级副总裁Susan、菲律宾雅典耀大学经济研究和发展中心主任Alvin Ang博士、复旦大学"一带一路"及全球治理研究院常务副院长黄仁伟等出席参加研讨会并发言。

此次研讨会分设两大主题，第一个主题为"菲律宾的中国人与在华菲律宾人"，第二个主题为"'一带一路'对中菲经济、政治、文化关系的影响"。此次网络研讨会为纪念中菲建交45周年庆典活动的一部分，会议就"一带一路"、网络博彩等主题进行了深入的探讨，有助于增进中菲智库之间的交流与合作，帮助我们更好地了解当前背景下的中菲关系。

（暨南大学国际关系学院/华侨华人研究院网站2020-10-26）

历时一年多编撰《华侨大学史（1960—2020）》正式发布

10月27日，历时一年多编撰的《华侨大学史（1960—2020）》正式发布。校党委书记徐西鹏、校长吴剑平出席该书发布仪式并为其揭幕。

据介绍，《华侨大学史（1960—2020）》是华侨大学60年办学史上首部面向海内外正式出版的史书。全书分上下两卷、六个章节，共近百万字，由以庄锡福教授任组长的校史编撰组历时一年多编撰完成。

该书全面回顾自华侨大学创办以来的办学历史，系统总结60年办学经验，彰显60年辉煌成就，诠释一代代华大人的精神风貌，是一部华侨大学的艰苦创业史、发奋改革史、追求卓越史。此书以"可信、可读、规范"为追求，史料丰富，考据严密，图文并茂，学术性强又不失生动。整部书既可作为学校校史校情教育的宝典，又可以成为维系海内外校友与母校情感的纽带，还可以为学术研究、教育管理等工作提供参考。

校党委副书记刘斌主持校史发布仪式。校党委副书记、纪委书记毕明强，副校长王秀勇、王丽霞，校长助理张云波，华侨大学总裁班校友会会长林韶阳，政治系1962级老校友魏献国，学校相关职能部门负责人、校史馆建设者、校史编撰组成员，以及部分校友和师生代表参加仪式。

（华侨大学网站2020-10-28）

中国人民警察大学举办第一届国际移民论坛

10月24日，中国人民警察大学第一届国际移民论坛在学校成功举办，马金旗校长出席开幕式并致辞，国家移民管理局综合司司长胡小明、香港特别行政区政府驻京办事处入境事务组首席事务主任欧阳至威在开幕式上致辞，吴立志副校长主持开幕式。来自国家移民管理局，北京、天津、辽宁、江苏、浙江、河北等出入境边防检查总站及合作单位，以及中国社会科学院、同济大学等科研院所、高校的领导专家学者100余人出席论坛。

论坛活动现场

马金旗校长向与会嘉宾介绍了学校办学历史、办学目标、发展方向以及服务面。他指出，国际移民作为世界政治的晴雨表、世界经济的风向标、国家安全和稳定的度量衡，具有非常重大的意义。当前，我国已经不再是单一的移民输出国，而是重要的移民过境国、输入国等多重角色，也面临着难民和移民融入等棘手问题。胡小明司长指出，召开国际移民学术研讨会，既是移民管理教学科研的一场盛事，也是新时代移民管理事业建设发展的一面旗帜。欧阳至威主任表示，世界移民形势的改变，给香港特别行政区带来了严峻的挑战和重要的机遇。香港入境事务处将继续秉持以人为本的服务信念，持续优化革新出入境措施，提升出入境服务效率和执法精准度，坚守国家面向国际的南大门。

本届国际移民论坛由中国人民警察大学主办，移民管理学院、国际移民管理研究中心、国家安全战略与反恐怖研究中心承办，论坛主题为"国际移民与全球化"。开幕式后，上午主会场由曾少聪就《中国海外移民的认同》、王亚宁就《欧洲难民危机解析》、王传兴就《逆全球化背景下的跨国移民趋势》、祁进玉就《全球在地化与流动性：亚洲共同体意识及展望》、牛继承就《我国国际移民管理研究的三个共识、三个不足和三个发展》、柳华文就《在移民管理中加强国际法的研究和运用》进行了精彩的发言。下午，就"移民治理全球合作""国际移民社会融入""国际移民政策与法治建设""国际移民管理实践与创新"和"移民管理工作形势及校局（站）合作建设"等内容，分为五个分会场，进行了热烈的讨论和深入的研究。本届论坛的成功举办，为警察大学成立后在国际移民研究方面开辟了新的领域，树立了良好的品牌形象。

（本文有删改）

（中国人民警察大学网站2020-10-28）

海南万宁市侨联出版画册展示归侨侨眷奋斗史

海南万宁市侨联出版画册《岁月如歌》

海南万宁市侨联日前出版画册《岁月如歌》，以385张图片展示万宁市兴隆华侨农场归侨侨眷70年的奋斗史。该画册由万宁市侨联历时1年，多方查阅珍贵史料和收集图片资料编撰而成。

《岁月如歌》画册展示了从1951年至今，归侨侨眷在兴隆华侨农场披荆斩棘、垦荒拓土、砥砺奋进的故事。他们把一穷二白的兴隆建设成农、工、商、贸、旅全面发展的现代化侨乡，成为"全国特色旅游小镇""海南最美小镇"。画册中展现的是一代代兴隆人奋斗不止、追逐梦想的缩影。

万宁市侨联主席卢裕浪表示，《岁月如歌》画册出版后受到侨界的好评，该画册不仅推动万宁市侨联为侨存史工作，也进一步弘扬广大侨胞的爱国精神和进取精神。今后，万宁市侨联将不断引导归侨侨眷投身家乡建设，推动当地经济社会发展。

（中国侨网2020-10-28/王鑫赟）

广东省高校港澳台侨学生管理研究联盟成立　暨南大学被推荐为理事长单位

10月29日下午，广东省高校港澳台侨学生管理研究联盟成立活动召开，暨南大学被推荐为联盟理事会理事长单位。该联盟是广东省招收港澳台侨学生高校的非盈利性组织，是开展港澳台侨学生管理与服务，开展各种学生交流活动的平台。

本次会议由广东省教育厅主办、暨南大学承办，省教育厅副厅长朱超华、暨南大学党委副书记孙彧、深圳大学副校长王晖出席并讲话。广东省招收港澳台侨学生的高校代表共76人参加了会议。

朱超华对新形势下我省高校如何做好港澳台侨学生管理与服务、不断提升工作水平作了重要讲话，并转达了教育部港澳办对联盟成立的热烈祝贺及对广东省在全国范围内率先成立高校港澳台侨学生管理研究联盟的肯定。

孙彧表示，联盟的成立是对习近平总书记殷殷嘱托的务实践行，也是对党和国家坚决维护"一国两制"，大力实施粤港澳大湾区国家战略的坚决回应，更是顺应当前工作需求做出的合理布局。作为联盟首创牵头单位，暨南大学将积极响应国家和广东省的号召，与各高校一道，共同打造一个具有影响力的实质性合作平台，为更好地培养、服务、团结港澳台侨青年贡献力量。

王晖表示，联盟的成立是对港澳台侨学生教育管理工作的一次重要探索，深圳大学将充分利用学校各项资源积极参与联盟工作。

联盟为2019年度获得国家台湾学生奖学金、港澳及华侨学生奖学金的获奖学生代表颁奖。各高校代表和学生代表一起观看了以"弘扬伟大抗疫精神、擦亮时代青春底色"为主题的"特色课堂"片段。

会上还就联盟工作规则、联盟标识、2020—2021年工作计划和设想等进行了讨论和表决。经联盟成员大会通过，中山大学、广州中医药大学、深圳大学为副理事长单位，华南理工大学、华南师范大学、广州美术学院、广州大学、深圳职业技术学院为理事单位，广东省已完成港澳台侨学生招生备案的其他54所高校为成员单位。

（暨南大学新闻网2020-10-29）

福建《南安华侨史料》出版　包罗南安侨史痕迹

近日，由南安市侨联和南安侨史学会汇编的第五辑《南安华侨史料》出版。该辑共收入35篇文稿，总字数129 520字，包罗南安侨史痕迹，内容丰富，设置侨界人物、域外华族、侨史钩沉、侨事回眸、侨史研究、侨乡纵览、侨乡建筑、侨情乡俗等栏目，具有较强的资料性和可读性。

该书是南安侨史学会成立五年来的最新成果。南安市侨联扎根侨乡沃土，在全国率先成立县级侨史学会，耕耘收获了《南安华侨志》《南安华侨故事》《南安侨亲故事》《南安华侨史料》《侨乡古厝故事》等侨史研究成果，对进一步弘扬南安华侨精神，提升侨乡文化软实力，激发华侨华人新生代家乡认同感、归属感发挥了重要作用。

（中国侨网2020-10-30）

华侨华人蓝皮书发布：涉侨权益保护法律法规有待精准完善

华侨大学和社会科学文献出版社11月1日共同发布《华侨华人蓝皮书：华侨华人研究报告（2020）》（以下简称"报告"）。报告肯定中国在保护华侨权益方面取得的成绩，同时指出涉侨权益保护法律法规有待精准完善。

报告围绕"教育文化篇""经贸法律篇""企业经营篇""新移民篇"四个专题，全面把握目前华侨华人在海外的最新生存现状，并提出有价值的政策建议。

报告指出，就全球而言，近35年来华侨华人的数量增长1.6倍左右，而发达国家的华侨华人数量增长了3.6倍左右。韩国和日本是华侨华人数量增长速度最快的两个主要居住国，加拿大、澳大利亚等均为华人增长较快的国家。

报告认为，进入21世纪以后，随着经济全球化的加速和中国经济高速崛起及与海外华商的密切互动，善于把握商机的海外华商，其经济实力呈加速增长之势。

海外华商实力增长的最重要原因，是华商更勤劳更节俭，更热衷于经商以致富。此外，与中国大陆的经贸合作也是其财富更快增长的主要原因之一。

报告称，中国对华侨权益的保护，已经提供了基本的法律咨询服务，并要求各级司法系统做到司法公正。中央层级政府反复要求各级政府必须依法行政，在处理涉侨行政事务纠纷中，必须秉公执法，对于侵犯华侨人身、财产事件和扰乱企业经营的不法行为，必须坚决制止，要做到切实保护华侨人身、财产和企业的合法权益，营造一个和平安定的生活和营商环境。

另一方面，报告指出涉侨权益保护法律法规有待精准完善，现有的涉侨法律存在难以准确适用查找的问题。尤其是许多华侨的具体权益，均涉及其他一般性法律，而这些一般性法律的适用对象与规范目的均与华侨权益保护没有直接关系，这就导致了虽然有华侨权益保护的规定，但是在具体落实时，无法根据这些条例直接落实，还是得依靠一般性的法律来具体适用与操作。要廓清这些法律之间的复杂关系，理出一个清楚的秩序关系，点出其中各节的问题所在，并且提出具有可行性的完善方案，都是艰巨的挑战。

此外，报告称，2010年以后，留学人员回国率近80%，海外人才回国发展蔚然成风，留学回国人员创业的先锋作用十分明显。报告同时认为，吸引华侨华人专业人才回国的环境有仍需改善之处，比如回国专业人才与社会需求的脱节已开始显现、人才引进政策出现恶性竞争等。

（中国新闻网2020-11-01/李京泽）

"马来西亚华人的华文教育、族群认同与多元文化"国际学术研讨会在武汉大学举办

2020年11月1日，武汉大学国家文化发展研究院主办的"马来西亚华人的华文教育、族群认同与多元文化"国际学术研讨会在线举行。

马来西亚是"一带一路"上的重要国家，2020年是"中马文化旅游年"，而马来西亚华人又是世界上最多的海外华人群体之一，研究马华文化之于中马文化交流、中华优秀传统文化海外传播等重大问题皆有重要意义，本次会议正是基于此举办。马来西亚华文教育家莫泰熙，美国杜鲁门州立大学历史系教授令狐萍，国际关系学院教授盛静，武汉大学国家文化发展研究院副教授韩晗等学者担任本次会议的发起人，邀请到了马来西亚南方大学学院中文系教授王润华、中山大学国际关系学院教授范若兰、暨南大学华人华侨研究院教授陈奕平、马来亚大学中文系主任潘碧华与南方大学学院中文系主任安焕然等来自世界各地二十余位马华文化研究国际知名学者与会。

会议开幕式由武汉大学新闻传播学院肖怡星主持，武汉大学国家文化发展研究

院院长傅才武教授致开幕辞。傅才武教授表示，马来西亚是"一带一路"沿线上的重要国家，与中国互为一衣带水的友好邻邦，也是东南亚地区最早与中国建交的国家之一。而马来西亚华人是海外定居人数最多、影响最大的华人群体之一，马来西亚华人是世界公认的模范移民族群，是中华文化世界性发展的典范主体。马来西亚华人克勤克俭，敬业乐群，还是近代以来中华文化国际传播的先行者，因此，马来西亚华人值得我们尊敬，马华文化值得学界深入研究。

会议分为主旨发言与上下两个半场发言。主旨发言由韩晗担任主持人、盛静担任评议人，莫泰熙、王润华、陈奕平、范若兰四位主旨发言人分别就马来西亚华文教育、中华文化在马来西亚的传承与多元教育文化的创新以及传教士与华人移民等议题进行学术演讲。莫泰熙从自己深耕多年的马来西亚华文教育实践出发，谈到了马来西亚华人文化认同与文化自信的培育等重大问题，认为马来西亚华人今天所取得的成就，是大家不断抗争、自强不息的努力结果。王润华教授在讲座中指出，中华文化与东南亚／西方的文化交流最早发生在马六甲，他通过几个典型的中国文化新发展个案，探讨了郑和登陆马六甲之后，中华文化与多元教育文化的创新问题。陈奕平教授则指出，马来西亚是一个多民族、多语言的国家，华语相关的教育问题一直是马华学界关注的重点，他以族群政治和文化权力为核心议题，阐述了自己对马来西亚华文教育的思考。范若兰教授则以传教士和华人移民为研究对象，深入研究了基督新教在华南和英属马来亚之间的传播。

上半场发言由厦门大学人文学院副教授金美主持，陈奕平担任评议人，发言人有安焕然、广东技术师范大学美术学院副教授谢雅卉、马来西亚博特拉大学现代语言暨传播学院副教授洪丽芬、马来西亚拉曼大学中华研究院助理教授林志敏与盐城师范学院文学院马来西亚籍副教授庄蕙洁等五位学者，大家分别就郑和下西洋的"软／硬实力""海上丝绸之路"的妈祖文化产业、从博特拉大学中文课程看马来西亚中文高等教育的办学形式以及马华文学与其他文学关系史等问题进行了深入积极的探讨。

安焕然教授从满剌加（马六甲王朝）对明代中国朝贡体制的参与及建交，探析中华朝贡体制，强调软实力需要有硬实力支持，才能发挥实质效应。韩晗副教授从"华夷风"这一概念出发，论述"马华学"作为一个研究系统的可能性。洪丽芬教授则以马来西亚博特拉大学为例，对其资料进行描述和定性分析，探查马来西亚中文高等教育的办学形式和教学内容。林志敏和叶秀清教授从自己师从陆庭谕老师"马来西亚教育史"教学出发，重新省思"马来西亚华文教育"的概念界定，进而探讨在当前新形势下，如何避免俯仰随人的陋制，开创马来西亚华文教育的未来新形势。庄蕙洁教授从比较文学的研究视角出发，以法国社会理论家布尔迪厄的"场域"（field）理论为视域，来观察马来文学、马英文学与马华文学，在具有民族寓言形式的创作之下，是如何透过族群关系的叙事来言说、诠释与建构马共历史的。

下半场发言由林志敏担任主持人，范若兰担任评议人，发言人有潘碧华，马来西亚拉曼大学中文系助理教授李树枝、韩晗，闽南师范大学教授王建红、金美以及马来西亚南方大学学院中文系博士生李保康等六位学者，大家围绕马华作家林连玉的古体诗词创作、"马华学"的建构路径、马来西亚槟城闽粤华人的田野调查、厦门大学马来西亚分校以及当地独立中学的华文教育等马华文化研究各问题进行探讨，现场气氛活跃。

潘碧华副教授通过对马来西亚华文教育先驱林连玉先生文学创作的研究，展现出一个既坚强又温情的知识分子形象。李树枝助理教授透过女性、女性身体、创伤以及种族政治这四项视角辨析文学叙事并指出其背后的意涵。谢雅卉副教授探讨了21世纪海上丝绸之路妈祖文化品牌发展模式，同时梳理了东南亚妈祖庙品牌，对内积极建立东南亚妈祖文化品牌核心内涵，对外推广妈祖文化产业品牌的可行性发展方向。王建红教授从华人社区谈起，阐述了华人社区对中国原乡故里的宗族组织、民间神祇以及建筑群落等日常生活空间的"复制"，中华习俗及其价值习得使华裔幼童华人身份获得真实感，以及祭祀仪式、口述历史等，促进了文化意义的再生产，让华裔幼童华人身份认同感得到延续。金美副教授则对厦门大学马来西亚分校学生汉语方言及语言习得进行问卷调查分析，联系并对比中国和马来西亚的国家语文政策，探寻具有适应性和前瞻性的相应对策。李保康先生立足自己多年来华文教学经验，聚焦独立华文中学的华文教学，认为加强文化传承的力度是让华文独立中学得以永续经营的关键。

本次会议还专设青年学者论坛，盛静担任主持人，韩晗担任评议人。来自复旦大学、中山大学、马来亚大学、武汉大学与广东外语外贸大学的蒋明、黄薇妮、陈国伟、钱杉杉、白丹妮、袁敏菜等六位同学从思想史、民族史、文学史、政治史、民俗与语言学等不同学科背景出发，探讨了与马华文化有关的若干重要学术问题，青年学者们前沿、开阔的学术视野将这一学术领域研究向纵深推进。

韩晗宣读优秀论文名单并进行总结发言。他表示，语言与教育是一个民族文化的精髓，因此华文教育是中华文化在海外得以传承的重要脉络与根基；各位专家学者从马来西亚华人的华文教育切入，充分探讨了其背后的族群认同和文化多元化问题，彰显了学者们的家国情怀、人文关怀和现实主义精神，因此本次会议是一次马华文化研究的盛会。长期以来，因为种种原因，马华文化研究存在着"国外比国内热闹"的局面，作为中华优秀传统文化全球化的发展典范，马来西亚华人作为"模范移民族群"，在民俗、文学、艺术与中医药等文化领域都有不凡建树，为中华文化"走出去"做出了卓越贡献。作为中国学者，我们既应当对马来西亚华人同胞保持最真诚的敬意，也应当积极行动起来，与马华学者深入合作，进一步提升国内马华文化研究的总体水平。

（中国社会科学网2020-11-02/代晴，胡紫纯）

多地专家齐聚汕头研讨潮汕侨乡文化

记者从汕头大学获悉，汕头大学潮汕文化研究中心成立三十周年活动暨首届潮汕历史文化高端学术论坛15日在该校举行，来自广东、广西、福建、海南等省（区）的多位专家学者围绕论坛主题"潮汕侨乡文化及其现代意义"进行研讨。

此次论坛由汕头大学主办，由汕头大学潮汕文化研究中心承办。汕头大学执行校长王泉在开幕式上致辞时呼吁，共同深入研讨潮汕侨乡文化及其现代意义的学术课题，携手努力推动潮汕历史文化研究、华侨历史文化研究的学术发展。

论坛期间，与会专家学者围绕"本土文化资源与'侨乡'社会特质""侨批产生与发展的历史""从海外潮人的视角看潮汕侨乡文化的现代意义"等多个议题进行学术报告和交流研讨。

（新华网2020-11-17/詹奕嘉）

汕头大学举办潮汕文化研究中心成立30周年活动

2020年11月15日，在汕头大学潮汕文化研究中心成立30周年之日，由汕头大学主办的"汕头大学潮汕文化研究中心成立30周年活动暨首届潮汕历史文化高端学术论坛"在广东汕头召开。本次论坛主题为"潮汕侨乡文化及其现代意义"。全国侨联中国华侨华人研究所所长、中国华侨历史学会副会长张春旺研究员，汕头大学前党委书记、潮汕文化研究中心顾问黄赞发先生，

参加潮汕文化研究中心成立30周年活动的代表

中山大学党委书记、国际潮学研究会学术委员会主任陈春声教授，广东省政府参事、国际潮学研究会学术委员会主任、汕头华侨历史学会会长林伦伦教授，世界海外华人研究学会会长、厦门大学公共事务学院教授、暨南大学特聘教授李明欢，广东华侨历史学会会长、《广东华侨史》主编、暨南大学华侨华人研究院张应龙教授，五邑大学学术委员会主任、广东侨乡文化研究中心主任张国雄教授，广西民族大学教授、广西侨乡文化研究中心主任郑一省，海南师范大学唐若玲教授，嘉应学院客家研究所所长肖文评教授，《闽南侨批大全》主编、汕头大学潮汕文化研究中心特约研究员黄清海等出席了会议。广东省文化与旅游厅、广东省社会科学院、李嘉诚基金会的相关领导嘉宾和潮汕三市政府代表也出席了本次活动。

上午8时30分，与会专家学者领导嘉宾齐聚汕头大学真理钟下，举行庆祝汕头大

学潮汕文化研究中心成立30周年鸣钟仪式。鸣钟仪式由汕头大学潮汕文化研究中心主任、图书馆馆长陈景熙教授主持。汕头大学前党委书记黄赞发、汕头大学前副校长林伦伦、汕头大学潮汕文化研究中心前主任黄挺三位主礼嘉宾分别按键鸣钟，象征着汕头大学潮汕文化研究中心走过的三十载春秋，金声玉振，弦歌不辍。作为30年前成立研究中心的见证人之一，黄赞发在讲话中祝愿研究中心在政府部门和李嘉诚基金会的支持下、在校领导的关怀下、在陈景熙主任的带领下取得更大的成绩。

鸣钟合影过后，庆典开幕式在汕头大学图书馆报告厅举行。开幕式由汕头大学副校长陈敏教授主持。汕头大学执行校长王泉院士受党委书记、校长姜虹教授委托，代表学校致欢迎辞。王泉指出，汕头大学潮汕文化研究中心成立30周年以来，以服务潮汕区域社会与海内外潮人社会，联络海内外有关学者，推动国际潮学研究的学术发展为宗旨，持之以恒开展学术研究，组织学术活动，取得了一定的学术成果和社会影响力。他希望大家能一如既往支持汕头大学，共同助推潮汕地区乃至于粤闽赣边地区的社会文化发展，助力粤港澳大湾区发展，增进海内外侨胞联络往来，服务国家"一带一路"建设民心相通大业，促进中华优秀文化的海外传承与传播。

随后，中国华侨华人研究所所长张春旺、广东社科院副院长丁晋清等领导嘉宾，汕头市潮汕历史文化研究中心副理事长吴二持、嘉应学院客家研究院院长肖文评等兄弟单位代表先后致辞。张春旺在致辞中说："习近平总书记视察汕头，强调要深入开展潮汕历史文化、华侨历史文化研究，进一步加强海外华侨工作，团结广大海外华侨共同实现中国梦。潮汕文化研究中心根植侨乡，有深厚的历史文化底蕴，举行此次论坛恰逢其时，非常有意义。"他表示，汕头大学潮汕文化研究中心扎根侨乡，有着深厚的历史文化底蕴，希望潮汕文化研究中心能与中国华侨华人研究所及全国各地华侨华人研究机构、学会形成合力，建设华侨华人研究基地，共同推动侨乡文化研究、华侨华人研究的学术发展。丁晋清代表广东省社会科学院表示祝贺。他表示，这次活动是汕头大学贯彻落实十四届五中全会的有力举措，也是广东省哲学社会科学界的好事，可谓适逢其时、意义深远。中心成立30年来，致力于挖掘整理潮汕历史文化资源、编纂"潮汕文库"系列丛书等重要学术专著，推出了一批高质量的研究成果，在学术界产生了重要影响，在推动汕头大学学科建设、推动潮汕地区精神文明建设，推动潮汕文化走出去、讲好"潮汕故事""广东故事"等方面发挥了不可替代的作用，做出了不可替代的重要贡献。

汕头市潮汕历史文化研究中心、嘉应学院客家研究院作为兄弟单位，也对汕头大学潮汕文化研究中心成立30周年表示热烈的祝贺，并对继续与汕头大学潮汕文化研究中心开展学术合作表达了殷切的期望。潮汕历史文化中心揭阳市研究会、韩山师范学院潮学研究院也分别发来了热忱的贺函。

开幕式后，会场播放了回顾汕头大学潮汕文化研究中心创办30周年历程的短片，随后会场举办了传灯仪式——由30位汕大学生手捧象征知识带来光明的"灯书"，接连缓缓打开，寓意着汕头大学潮汕文化研究中心的薪火相传、继往开来。

会场外，布置有汕头大学成立30周年成果展览和黄清海先生荣获武汉国际邮展二等奖的《南洋家书》侨批档案展览。

上午的主题学术报告由汕头大学文学院副院长杨庆杰主持。中山大学教授陈春声、广东技术师范大学教授林伦伦、汕头大学教授陈景熙分别进行《本土文化资源与"侨乡"社会特质》《侨批与潮汕社会发展》《海外潮人社会研究学术史回顾》为题的主旨演讲。陈春声围绕本土现代性与"侨乡"的历史文化资源、近代潮汕"侨乡"的社会结构形成过程、"侨批"研究的若干问题方法讨论了潮汕本土的文化资源与社会特质。林伦伦从习近平总书记视察侨批文物馆和小公园街区并发表重要讲话引发的热门话题出发，探讨侨批产生与发展历史以及与潮汕社会发展的关系，并阐述了侨批与"过番"对潮汕文化的影响。陈景熙则以学术专著为中心，梳理了135年来海外潮人社会文化研究学术史脉络。主旨演讲过后，在场学者分别就不同问题展开深入讨论。林伦伦呼吁复办汕头大学历史学系，健全汕头大学综合性大学的学科结构，为汕头大学潮汕文化研究中心提供学科支撑，推动汕头大学，乃至于粤闽赣边地区的华侨华人历史研究、华南侨乡社会文化研究的学术发展，得到了在场汕头大学教师、文学院领导的积极呼应。

下午的会议围绕"侨乡文化及其现代意义"的主题分为"侨乡社会研究""侨批研究"和"潮剧、习俗研究"三场学术报告开展，分别由广东侨乡文化研究中心主任张国雄、汕头侨批文物馆馆长林庆熙、汕头大学潮汕文化研究中心原主任陈占山主持。在侨乡社会研究专场，世界海外华人研究学会会长、厦门大学公共事务学院教授、暨南大学特聘教授李明欢从国际视域下解读了中国独特的"侨乡文化"，指出"侨乡文化"的"国际性"是在"求同"和"存异"的博弈中发挥其特殊优势，是在跨越边界的内外互动中形塑自身的规矩，展现民间的智慧。广西民族大学教授郑一省、海南师范大学教授唐若玲、嘉应学院客家研究所教授肖文评以及暨南大学华侨华人研究院教授张应龙分别介绍了广西、海南、梅州、潮汕四个不同侨乡的类型和文化特征，讨论了华侨与本土社会的联系与对社会的发展贡献等问题。来自其他兄弟院校、研究机构的学者也分别从各个角度探讨了不同地域侨乡社会的文化特征，以及新时代侨乡文化的现代意义。《闽南侨批大全》主编黄清海、汕头大学商学院教授胡少东，汕头大学潮汕文化研究中心前主任黄挺教授、汕头大学艺术教育中心主任董学民教授、汕头大学潮汕文化研究中心特约研究员林立，分别在"侨批研究"与"潮剧、习俗研究"专场报告了各自研究成果。学者们的精彩纷呈的学术报告，引起互动环节的热烈讨论。

在由陈景熙主持的闭幕式上，汕头大学文学院院长毛思慧教授致闭幕词。毛思慧代表文学院对支持本次活动的政府机构、海内外学术研究机构、李嘉诚基金会和参与本次学术会议的全体专家学者表示衷心感谢。毛院长回顾了潮汕文化研究中心成立以来的发展历程，充分肯定研究中心在学术研究中取得的成绩，感谢四任中心主任杜经国、黄挺、陈占山、陈景熙所作出的贡献。他表示，论坛开得恰逢其时，对华侨文化、侨乡文化研究起到了积极作用。潮汕历史文化有着丰厚的内涵，学者们一致脚踏实地、精耕细作。今天在"中国梦""一带一路""新文科""新时代""复兴中国传统文化"的大背景下，潮汕华侨历史研究、侨乡文化研究以及中外文化交流研究都迎来了新的机遇，希望潮汕文化研究中心在30年取得成果的基础上，在国内外学术机构、专家学者的支持下，继续努力，"乘势而上，起而行之"，推动汕头大学的潮汕文化研究更上一层楼。

据介绍，汕头大学潮汕文化研究中心是在饶宗颐教授倡导下，成立于1990年11月15日的国际潮学研究领域中第一家专门性学术机构。以开展潮汕区域文化与族群文化研究，服务潮汕区域社会与海内外潮人社会，联络海内外有关学者，推动国际潮学研究的学术发展为宗旨。首任主任杜经国教授，历任主任黄挺教授、陈占山教授，现任主任陈景熙教授。中心创立后，在饶宗颐教授、陈春声教授、林伦伦教授指导下，开展学术研究，组织学术活动。先后完成国家社科项目1项，教育部重点项目1项，广东省社科重点项目3项，广东省社科特别委托项目1项，广东省高教社科专案1项。目前在研国家社科项目1项、省部级项目3项、省级教改项目1项。黄挺著《潮汕旅游文化》于2001年获得中国民间文学"百花奖"学术类三等奖；《潮学研究》于2002年获潮学研究优秀成果奖；黄挺、陈占山合作撰写《潮汕史》（上册）于2005年获广东首届哲学社科优秀成果奖。此外，中心还在潮剧等非物质文化遗产传承方面做出了卓有成效的成绩。

（中国社会科学网2020-11-20/武勇，曾旭波）

中国华侨历史博物馆馆长臧杰斌到潮州考察调研

（原标题：中国华侨历史博物馆馆长臧杰斌到我市考察调研 做好侨史文化研究和宣传）

近日，中国侨联信息传播部一级巡视员、中国华侨历史博物馆馆长臧杰斌带队到我市考察调研。

调研组参观了广济桥、广济楼、牌坊街、韩文公祠等，并在新建成的陈伟南文化馆与我市有关方面座谈交流，双方就举办海内外侨界抗击新冠肺炎疫情主题巡展、开展华侨历史文化研究、宣传侨乡非物质文化遗产等事项展开深入讨论。

臧杰斌指出，潮州既是国家历史文化名城，也是著名侨乡，文化底蕴深厚。当前要切实做好华侨历史文化研究和宣传，推动侨史文化交流。他表示，中国华侨历史博物馆今后将在潮州开展华侨历史研究、侨乡文化宣传、联合办展、网络直播宣传等方面给予支持和帮助。

市侨联表示，接下来，将切实推动潮州文化与侨乡文化融合发展，团结引领潮州侨界为把潮州建设得更加美丽作出应有贡献。

（《潮州日报》2020-11-22/郭博文）

广西加强侨乡文化研究力度　推动侨务工作科学发展

第四次"广西侨乡文化研究"座谈会近日在广西南宁市举行。来自北京大学、玉林师范学院、桂林旅游学院、广西艺术学院和桂林医学院等40多位学者专家参加。

与会嘉宾合影

本次座谈会由广西壮族自治区党委统战部、广西壮族自治区归国华侨联合会和广西民族大学主办，广西华侨历史学会和广西民族大学民族学与社会学学院协办，广西侨乡文化研究中心承办。旨在加强学术界对广西侨情与侨乡文化的研究力度，推动广西侨务工作科学发展。

座谈会上，北京大学华侨华人研究中心主任吴小安教授、广西玉林师范学院石维有教授、广西桂林旅游学院张坚教授、玉林师范学院华侨华人研究所李未醉教授等学者专家就相关主题进行了深入的交流与探讨。

（本文有删改）

（中国侨网2020-11-22/林浩，郑雨来，黄勤）

福建《龙岩华侨史》正式出版

据福建省龙岩市侨联24日消息，日前，由龙岩学院教授张佑周主编及其领衔的团队共同编纂的《龙岩华侨史》，由华南理工大学出版社正式出版。

龙岩市委统战部副部长、市侨办主任罗桥德，市侨联主席魏冬梅，市委统战部副处长级干部胡丰林，《龙岩华侨史》主编张佑周，以及部分编撰人员参加了《龙岩华侨史》出版验收汇报会。

《龙岩华侨史》项目于2014年12月启动，六年来，编撰人员积极努力，克服各种困难，历尽艰辛，走出国门，遍访社团，调查研究，广泛搜集资料，几易其稿，终于完成约100万字的蔚为大观的《龙岩华侨史》。

全书分"通史篇""社团篇""人物篇"三个部分,以时间为主线,描述不同时期龙岩华侨出国情况,以及对侨居地和祖籍地建设作出的贡献,论述了岩籍海外社团的特点、社会功能,以及对原乡文化的传承,史料翔实丰富,既是对闽西侨乡历史的高度概括,又是一部难得的集史料性、综合性、学术性、可读性为一体的工具书,填补了闽西华侨历史的空白。

龙岩是重点侨乡和著名的客家祖地,600多年的华侨出国史,沉淀起遍布世界60多个国家、53万多人的华侨华人群体以及20多万人的归侨侨眷,是"锡矿大王"胡子春、"万金油大王"胡文虎、"锡矿巨子"胡曰皆、原中国侨联副主席王源兴等著名侨领的故乡。

(中国侨网2020-11-24/李贵海)

《侨务政策法规问答》(修订本)和《侨务工作知识问答》出版

由中央统战部培训中心编写的《侨务政策法规问答》(修订本)和《侨务工作知识问答》近期由世界知识出版社出版。

《侨务政策法规问答》(修订本)是在2015年出版的《侨务政策法规问答》基础上,根据形势变化和新的政策法规修订而成。该书主要围绕侨胞和侨务干部关注的重点,选择涉侨法律法规、身份认定、出入境管理、民生保障、引资引智、涉侨教育、涉侨捐赠、华侨农场等方面内容,设计出291个问题并分别解答。

《侨务工作知识问答》以218道问答题的形式,对侨务基本理论进行了概括性阐释,对中国早期、中华人民共和国成立初期至改革开放前、改革开放以来等各个历史发展阶段侨务工作的发展环境、主要工作内容等进行了较为系统的梳理和解答,基本呈现了中国侨务工作的发展历程。

两本书的出版旨在帮助有关部门和侨务工作者增进对侨务基本理论、基本知识和政策法规的了解和掌握,提高实际工作能力和水平;亦有助于华侨华人和归侨侨眷了解侨务政策法规内容,维护自身权益。

(中国新闻网2020-11-25)

海南省侨联支持编撰《拓垦南荒——兴隆70年·变迁与记忆》

由海南省侨联支持编撰的《拓垦南荒——兴隆70年·变迁与记忆》书稿审定座谈会日前在万宁市兴隆华侨农场召开。

2021年是兴隆华侨农场成立70周年,为挖掘传承兴隆人70年拓垦创业、创新发展的辉煌历史,让更多人认识兴隆、了解兴隆,在海南省侨联大力支持下,海南省委党校原教授夏鲁平、兴隆华侨农场原党委书记梁森奎等收集编撰《拓垦南荒——兴隆70年·变迁与记忆》。会上，与会人员对该书稿的编撰工作提出意见建议。

海南省侨联党组成员、副主席苏燕说，70年前，来自马来西亚、新加坡、印度尼西亚等21个国家的13 000多名归难侨落户兴隆，使其成为全国84个华侨农场中接收人员分布国家最广、安置侨胞人数最多的农场。70年来，他们开荒垦殖、艰苦创业，取得了巨大成就，使兴隆成为全国华侨农场的一面旗帜。她表示，要传承好兴隆历史，发扬好兴隆精神，并就书稿完善事项作了部署安排，力争在兴隆华侨农场成立70周年前出版发行，为兴隆献上一份厚礼。

（中国侨网2020-11-28/陈苏玎）

中国华侨华人研究基地落户温大

11月28日，中国华侨华人研究（温州大学）基地揭牌仪式在温州大学举行，推动温大服务浙江经济社会高质量发展。

中国华侨华人研究（温州大学）基地于2020年8月由中国侨联发文获批成立，是在全国高校、科研机构里设立的第一个研究基地，属于省部级重点研究平台。基地在中国华侨华人研究所的指导下，以服务国家"一带一路"倡议和华侨华人发展为目标，以华侨华人研究领域中的前沿问题为导向，重点开展侨乡历史文化、跨境移民、华文教育和侨务法等领域的研究。基地现有专兼职研究人员50余人，与世界各大涉侨研究机构建立了长期的学术交流与合作。

温州大学是全国首批华文教育基地，积累了20多年的华文教育经验，侨务资源丰富，涉侨研究成果丰硕。校内建有"欧洲华文教育研究所""意大利研究中心"、浙江省温州人经济研究中心等涉侨研究平台；境外设有意大利经济研究所、中国移民研究所、媒体与网络研究所。学校成功举办六届世界温州人研究国际学术研讨会、出版专著37部、丛书两套、省部级奖项22项、批示采纳共计46项，温州大学华文教育研究团队的发文量与浙江大学、华东师范大学并列全国第12位。

（本文有删改）

（温都网2020-12-01/夏忠信）

《龙湖侨史资料》出版　系晋江首本出版的镇级侨史书籍

近日，由晋江市龙湖镇侨联编纂，龙湖镇侨联主席施能狮主编的《龙湖侨史资料》由海峡文艺出版社正式出版。

被誉为"十户人家九户侨""侨乡中的侨乡"的龙湖镇，旅居海外华侨10万多人，旅居港澳台同胞12万多人；全镇归侨侨眷6.5万多人，占全镇总人口数（8.7万

人）的75%。

"这本书是2017年开始筹备的，可以说是从零开始。"施能狮告诉记者，龙湖从未梳理过侨史的发展脉络，要出书成册，工作量非常大。"我们希望能把旅外乡贤这种拼搏的精神、爱国爱乡的情怀流传下去。既然决定要做，我们就要全力以赴。"

经过5次大修订、9次小修订，《龙湖侨史资料》终于出版，系晋江首本出版的镇级侨史书籍。全书共62.9万字，其中包括图片270幅。该书首次梳理了龙湖侨史的发展脉络，深度挖掘了龙湖侨界的杰出人物，搜寻发现了龙湖侨史的珍贵资料并系统收录了龙湖侨居的人文风貌，并且每部分内容都做到有出处。

（本文有删改）

（晋江新闻网2020-12-02/施蓉蓉，蔡奕良）

《共和国归侨（福建卷）》出版

由福州晚报记者刘琳著述的《共和国归侨（福建卷）》，日前由中国华侨出版社出版发行。全书141.8万字，集中展现了为中华人民共和国的建立和发展鞠躬尽瘁的福建籍归侨的英雄风采。

福州晚报记者刘琳长期在工作之余致力于海军家族史、两岸关系史和华侨史研究，至今已出版专著近800万字。《共和国归侨（福建卷）》是刘琳继《辛亥革命时期福建华侨报人史》《福建华侨抗日名杰列传》（上中下三卷）之后，又一部福建华侨史研究专著。

《共和国归侨（福建卷）》是国内第一部以人物列传形式全面记录一个省（市、自治区）归侨为中华人民共和国创立、发展、壮大做出历史贡献的专著。本书以扎实的采访、翔实的考证，为截至1966年归国的200余位闽侨优秀分子立传，其间讲述了许多归侨鲜为人知的历史故事，揭开了一些历史之谜，在努力确保史实准确性的同时，兼具通俗性、故事性、史料性，具有较强的可读性。

原中国侨联副主席、福建省侨联主席王亚琼为此书作序。她在序中说："《共和国归侨（福建卷）》，不仅是华侨断代史的精彩篇章，也是中国政治史、军事史、科技史、工业史、卫生史、教育史、文学史、美术史、音乐史、电影史等不可或缺的一页，具有较高的存史价值，填补了福建华侨史研究的空白，也丰富了中国专门史的研究。"

（《福州晚报》2020-12-04/翁宇民）

浙江省侨界智库联盟在浙师大成立 第二届"一带一路"华侨华人与华文教育研讨会举行

11月27日，浙江省侨界智库联盟成立大会暨第二届"一带一路"华侨华人与华文教育研讨会在浙江师范大学举行，中国华侨华人研究所所长张春旺，浙江省侨联副主席周松一，浙江师范大学副校长钟依均，校党委委员、组织部、统战部部长吕迎春出席开幕会。

钟依均对专家们的到来表示欢迎，并简要介绍了浙江师范大学办学情况。张春旺简要梳理了改革开放以来侨务工作的发展历程，肯定了华侨华人在推动中国现代化建设、传播中国文化和软实力中的贡献。

会上，张春旺，周松一，钟依均，暨南大学特聘教授、世界海外华人研究学会会长李明欢共同为浙江省侨界智库联盟揭牌。张春旺、周松一为浙江省侨界智库联盟成员单位授牌。

开幕式后，第二届"一带一路"华侨华人与华文教育研讨会举行，李明欢，中国华侨华人研究所副所长张秀明，暨南大学华文学院教授、国家语委海外华语研究中心主任郭熙，五邑大学教授、中国侨乡文化研究中心主任张国雄分别就欧洲华人百年以来海外侨情的变化与特点、新时代海外华人教育与中国国家语言能力的提升、大变局下的侨情等议题做大会报告。

李明欢简要梳理了欧华侨民百年来的历史演变，分析了欧华侨民因来源地不同而产生的年龄、性别比例的差异。她指出，在过去百年中，欧华侨民在中餐馆、华人商城等领域积极自发地进行了经济多元化拓展。她希望，未来侨民能积极开拓进取，主动融入当地社会，移中谋生，变中成长，在求同存异中谋求发展。

张秀明分析了21世纪以来海外侨情发生的变化。她指出，随着中国综合国力的发展，侨民与祖国之间的联系更加紧密，侨民在居住地的地位也逐渐提升。面对新时期侨民群体多元化发展趋势，应客观认识国际环境，加强侨务工作针对性，充分发挥新世纪海外侨民群体对构建人类命运共同体的作用。

郭熙指出，在"一带一路"倡议背景下，海外华文教育能力既是国家的语言能力的一部分，也是国家语言能力的表现，更是中文走向世界、两岸和平统一的助推器。促进海外华语传承，应当重视华文教育智库建设，让华文教育回归本原，及时调整海外侨民国民教育、国际中文教育策略，发挥海外华文教育在国际中文教育中的桥梁辐射作用。

张国雄分析了百年未有之大变局对海外侨情变化的深刻影响，他表示，在大变局背景下，侨民群体与祖国的联系、家国情怀、世界关怀未曾变化，对此应保持战略视野与战略定力。针对侨民压力、生存环境与文化认知的变化，应全面分析、客观判断，杜绝将个别国家、个别群体、个别阶级侨情片面扩大为整体侨情。

当晚，与会专家参加浙江省侨界智库联盟发展研讨会，会议审议并通过了联盟章程和联盟首批副理事长单位。

（本文有删改）

（浙江省归国华侨联合会网站2020-12-07）

《近代厦门华侨档案选编》出版发行　讲述侨的故事

近日，由厦门市档案馆主编的《近代厦门华侨档案选编》出版发行，165组、近500页珍贵档案以影印形式原貌公布。

为真实反映近代厦门华侨活动和涉侨工作，厦门市档案馆对馆藏华侨档案资源进行开发利用，《选编》所辑档案的起止时间为1933—1949年，涉及华侨机构社团、华侨出入境管理、救侨护侨、华侨投资、华侨慈善捐助、华侨兴办社会事业、华侨教育与就业、侨批侨汇、华侨抗战、华侨旗帜等诸多内容。

一份捐助抗战的呈请，一笔捐资兴学的存款，一张抵御疫情的药品单……翻开这本《选编》，读者能够从档案的只言片语中触摸华侨们情系桑梓、倾囊纾难的身影。据介绍，这批公布的涉侨档案是近代厦门对外交流交往的珍贵历史记录，是对厦门侨乡故事的良好补充，将为当前和今后侨务部门、史学界等开展有关研究工作提供有益的参考依据。

（《厦门日报》2020-12-10/何无痕，叶舒雯）

侨批文化与华侨精神研讨会在江门召开　隋军出席并讲话

12月9日—11日，中国华侨历史学会、广东省档案馆、福建省档案馆、五邑大学在广东省江门市举办"侨批文化与华侨精神研讨会"。中国侨联副主席、中国华侨历史学会会长隋军出席会议并致辞。

侨批是海外华侨寄给国内侨眷的书信与汇款的合称，又称"银信"。侨批广泛分布在广东潮汕、江门、梅州和福建泉漳厦以及海南等地侨乡，是华侨华人历史、中外友好交流的重要记录和见证，饱含着华侨华人念祖爱乡、拼搏进取、诚信守诺的精神。2013年，"侨批档案——海外华侨银信"被联合国教科文组织世界遗产大会批准收入《世界遗产名录》，成为世界记忆遗产。近年来，广东、福建两省侨批档案主管部门、收藏单位和高校研究机构在保护、研究、活化等方面投入大量资源，建章立制，多种形式开展活动，成效显著。

此次研讨会与会嘉宾既有研究华侨华人的专家学者，也有档案、文博领域的专业人士，还有来自民间的侨批收藏代表，是侨批研究领域一次难得的交流机会。广东、福建两省档案馆负责同志总结了在抢救整理、政府立法、科学研究、文宣出版、文旅融合等方面取得的成果。来自北京、广东、福建的专家学者对新时代侨批文化的研究目标、研究路径、研究方法提出了新的思路。广东、福建两省侨批博物馆以及民间的侨批收藏家在会上就如何活化利用、保护好民间收藏提出建议。

江门市市长刘毅，广东省档案馆馆长陈华江，广东省侨联副主席戴文威，广东省委统战部二级巡视员汤泗昌，福建省档案馆原副馆长林真，江门市委常委、统战部部长利为民，江门市副市长王长青，世界华人研究学会主席李明欢，中国华侨华人研究所副所长、中国华侨历史学会秘书长张秀明，五邑大学党委书记张焜、校长张运华等出席会议活动。五邑大学广东侨乡文化研究院主任张国雄、暨南大学国际关系学院 / 华侨华人研究院院长张振江主持会议，中国华侨华人研究所所长、中国华侨历史学会副会长张春旺作了会议总结。

（本文有删改）

（中国侨联网站2020-12-11）

华侨华人文化研究院在江门成立

12月9日至11日，侨批文化与华侨精神研讨会在江门举行。活动期间，华侨华人文化研究院在五邑大学揭幕，侨批文化保护活化研究中心、五邑大学广东侨乡文化研究院同时揭牌。

华侨华人文化研究院由江门市推动成立，下设侨批文化保护活化研究中心。研究院依托五邑大学的多学科侨文化研究力量，整合江门市、广东省和国内外各方面的侨文化资源，开展省内外、境内外合作交流，对华侨华人文化和侨乡文化进行科学研究、活化利用。借助这一研究平台，江门将全面开展侨批的挖掘、整理与研究，并推动侨批文化活化利用等。

"侨批"记载着老一辈海外侨胞艰难的创业史和浓厚的家国情怀。拥有"中国第一侨乡"和"中国侨都"美誉的江门，有着底蕴深厚、资源丰富的侨文化，其中就有世界文化遗产"开平碉楼与古村落"和世界记忆遗产"侨批档案"（五邑银信）。五邑银信作为"侨批档案"的重要组成部分，记载着江门与海外文化交流交融的珍贵历史。

近年来，江门以打造华侨华人文化交流合作重要平台为抓手，全力做好新时代"侨"文章。该市打造了世界江门青年大会、中国（江门）侨乡华人嘉年华、"少年中国说"等一批含金量较高的侨务品牌，加快推进中国（江门）"侨梦苑"华侨华人创新产业聚集区建设。今年，江门更创新举办了首个"云上世青会"，发动75个国家和地区350个侨团参与，始终保持着与世界五邑籍华侨华人的密切交往与交流合作。

（本文有删改）

（《南方日报》2020-12-14）

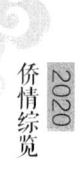

《四川省志·侨务志（1986—2005）》出版发行

近日，四川省地方志编纂委员会编纂、四川省人民政府侨务办公室牵头承编的《四川省志·侨务志（1986—2005）》（以下简称《侨务志》）由方志出版社出版发行。

《侨务志》是第一轮《四川省志·侨务志》的续修，全书除概述、附录外，正文设8篇25章76节48万字。该志全面、客观、系统记述了1986—2005年四川侨务工作在侨务机构、华侨华人归侨侨眷、归侨侨眷权益保护、侨务经济科技工作、捐赠、联谊交往等方面的基本情况和发展历程，具有鲜明时代特色和行业特点。

《侨务志》紧扣四川侨务工作，坚持围绕侨务工作是党和国家一项长期战略性工作的主线，系统翔实记录了四川侨务工作在1986—2005年20年间的改革发展历程，体现了四川省委省人民政府"大侨务"工作方略，记述了四川省侨务工作对外交往、引资引智，推动华人华侨来川开展经贸合作、学术交流的真实情况。

《侨务志》的出版，为科学决策、科学管理侨务工作提供历史借鉴和现实依据，对了解、研究四川省侨务机构、华侨归眷以及经济社会生活等方面具有重要的史料价值，也为全省侨务部门在全面建设社会主义现代化四川进程中，更好发挥侨务工作独特优势和作用，围绕中心工作再做新贡献，有着更为长远和深刻的意义。

（川观新闻2020-12-12/林嘉微）

马来西亚华校董事会联合会总会出版《独中教育专刊》

据马来西亚星洲网报道，日前，马来西亚华校董事会联合会总会（董总）出版了《华文独中教育专刊》电子书，向各界人士介绍独中教育的发展生态、教改理念和办学特色。

董总发文告指出，《华文独中教育专刊》设立的目的是"要让所有独中教改的参与者，能快速及精准地掌握《马来西亚华文独立中学课程总纲（试行版）》相关的概念、方向、问题和步骤"。此刊物内容也涵盖各独中的教改现况调查、独中教师的教学理念及实践层面、教师专业成长、学生的自主学习、独中各阶层对现有教改的看法、独中校园特色以及各地区专家的教育观点等。

董总主席陈大锦说，教育改革往往需要整体的配合，单靠教师的努力不足以支撑起全面的改革，因此，任何教改措施在推行之前，除了教师外，也需要向家长、董事与社会人士做充分的观念宣导工作，这也是该刊创办的宗旨。

"作为一项新的尝试，稿约及编辑必然面对一定的困难，所以我们也呼吁各独中的董家教生、关心独中教育课题者、教育领域的专家学者等，能一起耕耘这块教育园地，让本刊更加丰富，也更加接地气，以促进独中教改的推动和提升独中教育的素质。"

董教总独中工委会教育主任陈友信则认为，教育是百年树人的良知事业，教改更是教育工作不断更新求进的必要定期性过程。

他说，独中教育改革涉及不少新论述、新知识，执行中更会遇上新挑战新要求。唯有通过继续上下求索，集思广益，教改工作才能有所成就，这份刊物正是为了此特定目标而出版。董总自2018年推出《独中教育蓝图》，在这两年期间积极推动独中教改。此刊物正是配合推动独中教育改革而创办，宗旨包括教育理念的探讨、教改内容的推广和独中教育特色的宣导。

（中国侨网2020-12-17）

《走向世界的花都人》出版　记录百位花都籍侨胞故事

近日，香港中国旅游出版社副总编辑游江介绍书籍《走向世界的花都人》，书中记录了分布在世界各地的100多位花都籍华侨华人和港、澳、台同胞事迹，是一本描述杰出花都人的优秀书籍。

游江的文章摘编如下：

30年前，我大学毕业不久，来到广州花县（今广州花都区）锻炼，在花县乡音（今花都乡音）社工作了一年。当时，徐旺兴大姐是乡音社的编辑、记者。我们曾一起采访、编稿、驱车到佛山的印刷厂校对版样。她工作认真负责，为人真诚大方。后来，她一直没有离开她热爱的侨务工作，直到退休，仍笔耕不辍。今年10月，她撰写的《走向世界的花都人》（第一卷）（以下简称《走向世界的花都人》）出版，可谓集腋成裘，厚积薄发，我向她表示祝贺！

《走向世界的花都人》记录了分布在世界各地的100多位花都籍华侨华人和港、澳、台同胞的事迹，是一批杰出花都人的群像。

长期以来，广大海外侨胞秉承中华民族的优秀传统，热情支持中国革命、建设和改革开放事业，为中华民族的发展壮大，为促进中国和平统一大业，增进中国人民同各国人民的友好合作作出重要贡献，在实现中华民族伟大复兴的进程中，发挥了不可替代的作用。分布在世界各地的花都乡贤，就是他们的代表。他们是故乡榕树开散出的枝叶，他们的根永远与故乡、祖国紧紧相连。在他们身上，充分体现了

中华民族的传统美德。

他们爱国爱乡，百折不挠，桑梓情深，乐善好施。他们有的舍生取义，为国捐躯；有的艰苦创业，经商有道；有的多才多艺，文武双全；有的参政议政，积极融入当地社会，为侨胞发声，维护华侨华人权益；有的雄才韬略，投资兴业，积极投身祖国和家乡的现代化建设；有的热心公益，为故乡为祖国积极捐建老人院、学校、医院，等等。书中介绍的人物既有声誉卓著的人士，如华人参政先驱、连任5届加州州务卿的余江月桂，香港著名企业家、合和实业董事长胡应湘，著名电影人、香港武侠片奠基人和开拓者徐小明，国际奥委会委员徐亨，澳门教育家毕漪汶等等，也有默默服务乡亲，无私奉献的侨领、白领，如美国花县总会馆的历任主席、巴拿马花都同乡会的历任会长，香港高级女督察宋丽芬等等。

作为一个曾经在花都工作、生活过的异乡人，翻阅《走向世界的花都人》，我得到很多启发。我为花都这片土地走出的优秀儿女而感到骄傲和自豪，为他们的开拓拼搏精神，为他们的爱国情怀、桑梓情深而感动。

花都是广州市辖区，有广州"北大门""后花园""省城之屏障，南北粤之咽喉"之称，是中国重点侨乡。据不完全统计，分布在海外和港澳台地区的花都乡亲有50多万，其中美国和巴拿马乡亲最多。花都侨胞是巴拿马华侨华人的主体，其中很大一部分是新移民。除巴拿马花都同乡会外，花都人在巴拿马其他重要的侨团组织，如中南美洲中国和平统一促进会、巴拿马中国和平统一促进会，都担任着重要的角色。十几万花都籍侨胞在当地扎根发展，团结互助，不但在经济上取得很大成就，而且在政治上他们积极维护侨胞权益，融入当地社会，为促进中巴友好，发挥了重要作用。这是花都侨情最重要的特点。

本书以国家、地区分类，文笔生动、朴实。作为《花都文史》第35辑，《走向世界的花都人》力求平实、客观地描写人物，不刻意拔高。作者注意认真核对事实，加上许多珍贵的历史资料图片，使得作品真实可信，具有较高的史料价值和参考价值。

写人物，离不开他所处的周围环境和社会背景。作者通过讲述主人公丰富的人生经历，比如如何创业，如何组建社团，怎么开展社团活动，怎样团结乡亲，服务社会等等，不仅塑造了一个个鲜明的花都人形象，也为读者打开一扇扇了解外部世界的窗口，从中可以窥视花都乡亲所在国和地区的风貌，有助于我们了解海外侨情。比如"花都人在美国"部分，作者介绍了美国加州中部维塞利亚（Visalia）加州中部中华文化中心前主席黄侣文以及中心董事局人员。我们从中可以了解维塞利亚侨社的基本构成情况，了解加州中部文化中心的运作模式、活动内容等。这个文化中心开展的文化活动丰富多彩，开办的培训班有中文、书法、音乐、舞蹈、针灸、厨艺、太极拳等等，以凝聚侨心，弘扬中华文化，教育华裔下一代。

写花都人，自然要写到生养他们的那片土地。京塘连藕是花都特产，长得像树根，又细又长，其貌不扬，但是口感香甜，又糯又滑。书中关于花都荣誉市民梁荣的篇章写道，祖籍花东镇京塘村的梁先生听说家乡的一片莲藕塘被污染，十分焦急，坐卧不安，于是他捐款重修了塘基，清淤除污，从而使莲藕塘恢复了生态，修长而爽甜的京塘莲藕再获丰收。读到这里，一汪清澈的莲塘，田田荷叶，似乎在我的眼前铺展开来。作者并没有刻意地用大段篇幅去描写花都的青山绿水、美食佳肴、民俗风情，而是在叙述中，结合人物，自然平实地提到花都的各个乡镇、茶楼、食肆、酒店、名胜和工程项目，字里行间让人感受花都的人文风情，感受花都的发展变化、广州的发展变化、大湾区的发展变化，甚至中国的发展变化。

虽然我在花都工作生活的时间很短，但是书中无处不在的"花都元素"，都勾起我的许多回忆。书中花都精英虽然无缘相识，但是他们有的早已闻名遐迩，有的人物事迹和一些老照片曾经在《花县乡音》（今《花都乡音》）刊登过。我记得乡音社时常接待回乡的侨胞，他们感谢故乡定期给他们捎去"集体家书"，有的只要回老家一定要来乡音社坐一坐，顺便捐一点出版费。所以每一期的杂志几乎都有固定的一页，用于发布为杂志社捐款的乡亲芳名，本书中不少人物的芳名就经常出现在捐赠榜上。因此，阅读《走向世界的花都人》，我感到十分愉悦和亲切。

读这本书，可以了解世界各地的花都人取得的各种成就，同样，也可以感受花都的历史人文、风土民情，从而汲取正能量，激发自豪感。从这个意义上讲，《走向世界的花都人》是一本乡土教育的好教材，值得大力推介。

《走向世界的花都人》，300多页煌煌大作，50万字精装本，是作者数十年从事侨务工作成果的结晶，凝聚着作者的大量心血。

作者出生在一个华侨工人家庭，当过农民、教师，曾经担任《花都乡音》主编、花都区侨办副主任、花都区侨联副主席，长期工作在侨务工作第一线。她退休后，仍关注侨界动态，笔耕不辍。即使赴加拿大探亲，她也和当地花都同乡会等社团和侨领保持联系，时常参加同乡会的活动，因此写起这些侨领，包括他们的家庭、妻子和孩子，甚至兴趣爱好，她如数家珍，顺手拈来。2017年12月，美国历史上第一位华裔州务卿余江月桂逝世。当时我在美国侨报社工作，很快收到了徐旺兴的文章，图文并茂地介绍余江月桂的生平事迹。文章很快在《侨报》整版刊发，受到读者好评。这篇文章就是《走向世界的花都人》开篇——《执掌加州　连任五届——记美国加州前州务卿余江月桂》。

作者在几十年的工作中积累了大量的华侨华人资料，需要花费大量精力去整理；加上有的采写年代久远，不少情况已发生变化，有的人物已经离开人世，需要进一步采访核实，可谓工程浩大。为此，她专程赴香港、澳门，核实相关资料，并补充采访了一些人物。本书的出版面世，除了有花都政协等部门的大力支持，以及旅外乡亲的配合，更与作者内心对"侨"的感情，与作者的执着和热忱是分不开的，对此我十分感佩。

徐旺兴是一名优秀的侨务工作者。在书中，我还看到一批像她一样默默奉献、工作在第一线的干部和侨务工作者。他们在联络乡谊，服务侨胞，激发侨胞的爱国爱乡情怀，鼓励、帮助华侨华人积极投身家乡建设，参与中国改革开放事业等方面，做了大量认真细致的工作。他们为了让香港著名导演徐小明和老家的十叔联系上，千方百计托人，将徐小明爷爷和父亲的老照片以及十叔的录音磁带捎给徐小明。徐小明收到照片和磁带后，看着爷爷和父亲的照片，听着深沉而凝重的乡音，仿佛听到故乡的召唤。不久，徐小明就带着家眷来到花都参加活动并寻根问祖，他后来曾担任花都区政协第五至第八届、第十届委员。花都作为重点侨乡，接待任务自然十分繁重。侨务干部经常陪同侨胞回乡洽谈项目、一起去养老院慰问老人；他们为杰出乡亲颁发荣誉市民证书；他们鼓励海外侨团培养年轻侨领参与侨团事务……正是他们的真情付出，与旅外乡亲"同声同气"，因此也得到侨胞的信任，开展工作也容易做到事半功倍。

不久前，通过徐姐，我认识了徐小明和香港花都侨港同乡会的秘书长宋国辉。他们介绍说，《走向世界的花都人》出版后，很受香港花都乡亲的欢迎。由于初版的第一批书很快发送完，香港的花都乡亲直接向出版社汇了十几万元，又增订了一批书。我们都期待着《走向世界的花都人》第二卷、第三卷的问世。

（中国侨网2020-12-20）

"送王船仪式与海洋文化遗产保护"研讨会在福建泉州召开

"送王船仪式与海洋文化遗产保护"专题学术研讨会12月22日在位于福建泉州的中国闽台缘博物馆召开，50余名专家学者深入调查和研究"王爷"信俗及"送王船"仪式这一重要的海洋文化遗产。

"王爷"信俗起源于闽南沿海，是至今仍盛行在闽台地区以及南洋华侨华人社会中的重要综合性信俗，其标志性仪式便是"送王船"。2020年12月17日，中马两国联合申报的"送王船——有关人与海洋可持续联系的仪式及相关实践"，列入联合国教科文组织人类非物质文化遗产代表作名录。

"'送王船'不仅承载着海外华侨华人的乡情，更见证了'海丝'文化的传承。"中国社会科学院世界宗教研究所所长、研究员郑筱筠表示，"送王船"仪式体现了人与自然和谐相处、尊重生命的理念，为推动包容性社会发展提供了丰富的文化对话资源，也是中华文化在"海上丝绸之路"沿线传播与交融的生动例证。

据了解，"王爷"信俗亦是两岸重要文化交流内容之一。到了近现代，"送王船"的习俗和形式已发生变化。作为台湾众多王爷宫庙的香缘祖庙，位于泉州的泉郡富美宫于2019年赠与台中玉旨奉天宫、台南南厂敬威良安堂各一艘木王船模型。此举顺应时代发展又不失民俗本真，大大节省了制王船的成本和精力，得到多方认可与赞扬。

泉郡富美宫董事长陈淑贤介绍，富美宫被誉为闽南和台湾的"王爷总馆"。如今，分灵中国台湾以及马来西亚、新加坡的宫庙有2000多座，多年来海外信众组团到泉郡富美宫谒祖数千次，已形成独特的文化景观。

据悉，本次学术研讨会系中国社会科学院世界宗教研究所"第四届民间信仰研究高端论坛"的年度专题论坛。其间，专家学者们还针对"王爷"信俗与"海上丝绸之路"、"王爷"信俗与闽台地方文化、"王爷"信俗与东南亚华人社会等主题各抒己见，助力"送王船"保护和传承工作。

（中国新闻网2020-12-22/孙虹，吴冠标）

侨界专家学者齐聚福建霞浦　共商侨务工作发展新格局

21日至23日，由中国华侨历史学会、中国华侨华人研究所、福建社会科学院、宁德市政协联合主办的"十四五"规划与侨务工作发展研讨会在宁德市霞浦县举行。

期间，来自中国侨联及福建、浙江、广东、陕西、河南等省侨联领导和中央党史文献研究院、厦门大学、暨南大学、华侨大学、温州大学、广西民族大学、五邑大学、湖南师范大学等50多位侨界专家学者参加会议。

研讨会上，侨界专家学者们围绕"十四五"期间如何更好贯彻落实党的侨务政策、新时代侨务工作在党和国家大局中的地位和作用、国际关系和海外侨情变化对侨务工作的影响、后疫情时代侨情发展趋势与特点、后疫情时代侨务工作面临的新形势与新挑战、对做好当前侨务工作的意见建议等议题进行了深入研讨交流。

全国政协常委、社会和法制委员会副主任，福建社会科学院院长张帆表示，提升新时代侨务工作研究水平，应着力处理好侨务工作与高质量发展、侨务工作与"双循环"新发展格局、侨务工作与构建人类命运共同体三方面"关系"。

宁德是福建的重点侨乡，现有海外华侨华人45.8万人，主要分布在马来西亚、新加坡、美国、英国、澳大利亚、新西兰、南非等73个国家和地区。目前联系比较密切的华侨华人社团有80个，侨眷13.67万人，港澳同胞4万多人。现有200个侨联组织，其中，位于中心城区的东侨经济开发区，是东南亚归侨聚居地，归侨文化是一大特色。

（本文有删改）

（中国新闻网2020-12-24/林榕生）

2020年华人新社团

本栏目根据2020年相关新闻报道摘录而成，摘录内容包括新成立的华人社团的名称、成立日期、国家或地区、主要负责人等信息，其中亚洲3家、欧洲3家、非洲2家，合计8家，分洲别按成立日期的升序进行排列。

亚洲

名称	成立日期	国别/地区	负责人
日中福清工商会	2月5日	日本	会长　渡边龙治
马来西亚中国企业家联合会彭亨州分会	7月18日	马来西亚	会长　严飚
马来西亚中国企业家联合会智能科技分会	8月26日	马来西亚	会长　邱志忠

欧洲

名称	成立日期	国别/地区	负责人
葡中中小企业商会	5月7日	葡萄牙	会长　周一平
意大利中医药学会	10月11日	意大利	会长　郭春彪
英国京籍同学会	11月29日	英国	会长　宋扬

非洲

名称	成立日期	国别/地区	负责人
津巴布韦在津侨胞安全互助基金会	10月15日	津巴布韦	主任　王新举
利比里亚中国和平统一促进会	12月26日	利比里亚	会长　胡介国

统计资料

本栏目内容为2020年华侨华人研究期刊论文，分大陆中文期刊论文、境外中文期刊论文和英文期刊论文三部分。中文期刊论文检索源自中国学术期刊网、维普期刊数据库、台湾学术文献数据库、台湾地区"国家图书馆"期刊文献资讯网、港澳期刊网等；外文期刊论文检索源自"美国社会科学引文索引（Social Sciences Citation Index）和艺术与人文学科引文索引（Arts & Humanities Citation Index）数据库"；此外，还自境外出版的华人研究相关专业期刊如《亚太研究论坛》《华人研究国际学报》《南洋学报》《南方大学学报》《马来西亚人文与社会科学学报》、*Journal of Chinese Overseas*中补充了相关数据。论文以题名拼音升序排列。

2020 年华侨华人研究期刊论文一览

大陆中文期刊论文

1. 胡丽娟：16—19世纪华人移民菲律宾从商原因探析，八桂侨刊，2020（2）：41–46.

2. 杭行：18世纪湄公河三角洲的多元华商：鄚天赐的事例，海交史研究，2020（2）：70–83.

3. M.C.卡门斯基赫、臧颖：1918年—20世纪30年代末俄罗斯乌拉尔中部地区华人研究（一），黑河学院学报，2020，11（10）：10–12.

4. M.C.卡门斯基赫、臧颖：1918年—20世纪30年代末俄罗斯乌拉尔中部地区华人研究（二），黑河学院学报，2020，11（11）：7–9+42.

5. 米哈伊尔·谢尔盖耶维奇·卡门斯基赫、臧颖：1918年—20世纪30年代末俄罗斯乌拉尔中部地区华人研究（三），黑河学院学报，2020，11（12）：17–19.

6. 宁艳红、付雪婧、王薇：1949—2019年俄罗斯远东及西伯利亚地区华侨华人经济文化活动的田野调查，黑河学院学报，2020，11（10）：6–9.

7. 沈燕清：1970—80年代中共归侨知识分子政策的拨乱反正及其借鉴——以《人民日报》相关报道为中心，八桂侨刊，2020（3）：47–56.

8. 杨丽莎、张冬、林小云：19世纪华人移居东南亚与欧洲人移居美洲的差异，侨园，2020（5）：10.

9. 武文霞、欧阳卿：19世纪末20世纪初海外华侨与广州城市近代化研究，岭南文史，2020（3）：32–39.

10. 蔡鸿青：2019华人家族企业关键报告 华人家族企业百大指数（CFB100），家族企业，2020（3）：127–128.

11. 万晓宏：2019年加拿大联邦大选与华人参政，华侨华人历史研究，2020（4）：1–9.

12. 汝元昕：2020留学安全关注点，留学，2020（24）：108–110.

13. 王丹慧：20世纪90年代以来菲律宾华文教育的发展，山西青年，2020（9）：112–113.

14. 郭晶萍：20世纪初加利福尼亚州留美学生的社团活动，河南教育学院学报（哲学社会科学版），2020，39（4）：38–44.

15. 冯涛：20世纪初期留美学生对佛教史学现代转型的开拓性贡献——试析胡适、陈寅恪、汤用彤的佛学研究及其启示，玉林师范学院学报，2020，41（2）：57–63.

16. 宋燕鹏：20世纪初英属槟榔屿极乐寺与中国文人，海交史研究，2020（3）：13–22.

17. 杨佳钦：20世纪初中国报刊中的东南亚华侨教育问题——以《华侨教育》为考察中心，福建教育学院学报，2020，21（1）：120–124.

18. 颜海波：20世纪二三十年代教育救国思潮在南洋侨校传播及影响探析，广西民族大学学报（哲学社会科学版），2020，42（1）：134–140.

19. 李爱慧：20世纪六七十年代美国华裔青年"新左派"团体探析，华侨华人历史研究，2020（1）：39–46.

20. 蔡晓惠：20世纪上半期加拿大华人女性意识的觉醒与家庭模式的重构——以加拿大华裔作家郑霭龄《妾的儿女》为中心，华侨华人历史研究，2020（3）：63–72.

21. 薛斌：20世纪上半叶菲律宾华侨体育的兴起与体育民族主义探析，华侨华人历史研究，2020（4）：78–86.

22. 肖芳芳：21世纪好莱坞电影中的华人形象（2009–2019），文化产业，2020（24）：51–54.

23. 庄国土：21世纪前期海外华侨华人社团发展的特点评析，南洋问题研究，2020（1）：55–64.

24. 肖琴、潘玥：21世纪以来印尼华人社区中华文化传承的特点、成效与建议，八桂侨刊，2020（4）：30–39+93.

25. 张彤、韩希佳：5G时代视频化传播新路径——以海外华文媒体为例，声屏世界，2020（11）：127–128.

26. 李丽虹：GMS五国华人华侨中华文化认同研究，广西民族大学学报（哲学社会科学版），2020，42（1）：148-156.

27. 龙敏利：阿根廷影视作品中的华人形象，国际公关，2020（12）：344-346.

28. 韩小锋：阿联酋华人群体与中国国际话语权的建构，中华文化与传播研究，2020（2）：382-391.

29. 潘荫庭：爱国侨领陈嘉庚修建鳌园之动因及影响——基于人格特质视角，八桂侨刊，2020（3）：85-92.

30. 狄蕊红：澳大利亚华文新媒体内容特点与问题分析，新闻知识，2020（1）：11-16.

31. 赵爱玲：澳大利亚华裔企业家成中澳之间的商业桥梁，中国对外贸易，2020（9）：15-17.

32. 张秋生：澳大利亚早期华人商业的兴起及其经营活动评析（1850—1901），历史教学问题，2020（4）：89-95+166-167.

33. 陈雯雯：巴西华文教育历史发展浅析，世界华文教学，2020（1）：69-82.

34. 李城元：把握新形势新特点 做好新时代侨务工作——以苏州市为例，江苏省社会主义学院学报，2020（2）：20-25.

35. 沈燕清：吧国公堂对华人宗教活动的管理，南亚东南亚研究，2020（1）：139-152+158.

36. 李建伟：百年侨批对晚清民国梅州侨乡教育文化多元化的影响研究——以广东松口古镇为对象，浙江档案，2020（3）：45-49.

37. 林曙朝：报国之路有坎坷 报国之心无动摇——记柬埔寨归侨庚廷瑞，文史月刊，2020（7）：48-51.

38. 潘一宁："被遗忘的角落"：哥斯达黎加早期华侨史初探，学术研究，2020（7）：108-117+178.

39. 白迪迪、张洁：本土化汉语教材的话题研究——以《菲律宾华语课本》为例，世界华文教学，2020（2）：29-49.

40. 周家瑜：边境国门大学华文教育"六结合"模式的实践与探索，大学教育，2020（1）：37-39.

41. 赵奕：边缘话语分析视角下的新加坡华人身份建构与华语变迁，天津外国语大学学报，2020，27（3）：64-72+158.

42. 郑翠云：编辑出版华侨华人移民史的重要事项举隅，出版参考，2020（2）：69-70+74.

43. 徐冠勉、钟燕娣："财通四海"：19世纪暹罗华人瓷币的"全球生命史"，海洋史研究，2020（2）：214-246.

44. 胡沈明：超越信息：马来西亚华人媒介使用模式研究，对外传播，2020（1）：49-52.

45. 原明明：潮汕海洋文化与汕头新侨批文物馆语言景观翻译，汕头大学学报（人文社会科学版），2020，36（9）：41–46+95.

46. 张钊：潮汕侨批中所见的民国年间暹罗华侨家庭债务问题，八桂侨刊，2020（2）：71–79.

47. 王琛发：陈新政与钟乐臣的忧患岁月：马来亚华人反抗《1920年学校注册法令》一百年祭，闽台文化研究，2020（3）：5–24.

48. 王学深：晨曦微露：清政府对海外侨民身份认知的转型——以新加坡为例，华侨华人历史研究，2020（3）：73–83.

49. 曾旭波：澄海"大娘巾药丸"在东南亚的经营及传播——以华侨陈国保家族批信为个案，潮学研究，2020（1）：108–121+251–252.

50. 张亚光、沈博：冲突与融合：晚清海外华商的境遇和反应，中国经济史研究，2020（3）：95–108.

51. 梁红卫：出国留学对创新思维影响的调查分析，发展研究，2020（10）：83–87.

52. 兰浈：创新创业创造背景下留学人员创业园发展研究——以福州为例，科技创业月刊，2020，33（10）：65–68.

53. 周清海：从"大华语"的角度谈语言融合、语文政治化与语文教学，中山大学学报（社会科学版），2021，61（3）：59–64.

54. 聂励：从"英国货车惨案"看当代中国跨境移民的"污名化"，八桂侨刊，2020（3）：10–19.

55. 韩晓明：从"再中国化"到"再华化"——百年间东南亚华人的身份重构及其对华文教育的影响，东南亚研究，2020（3）：133–151+157.

56. 陈肖英：从《抗战要讯》探究旅荷华侨华人的抗日救国运动，八桂侨刊，2020（2）：54–62.

57. 何慧燕：从《浙江潮》看近代浙江留日学生的日本观，兰州教育学院学报，2020，36（9）：43–46+49.

58. 蔡曙鹏：从2019年演出看新加坡戏曲发展态势，艺术百家，2020，36（5）：97–103.

59. 赵英：从宾雷到宜兰——王颖电影中的华裔形象表征与身份建构，电影评介，2020（8）：77–80.

60. 王双：从布鲁克林离散华人乐队谈跨界音乐创作，音乐天地，2020（10）：50–55.

61. 谢莹：从陈家祠旗杆夹石上补刻两位留学进士看清末社会变革，中国地方志，2020（6）：74–81+127.

62. 刘海波：从华语电影到华文电影：再论中国电影走向世界的目标与路径，当代电影，2020（1）：140–144.

63. 庞卫东：从混乱到有序：爱尔兰华人社会探析，河南牧业经济学院学报，2020，33（4）：39–44.

64. 谷佳维：从留根教育到综合素质教育：西班牙华文教育发展的新趋向，华侨华人历史研究，2020（1）：11–19.

65. 杨运姣、陈水平：从马来西亚的中医教育现状看中医药文化在东南亚国家的传播，牡丹江大学学报，2020，29（11）：72–77.

66. 苏靖雯：从美剧《初来乍到》看华裔移民对文化身份的探寻，青年文学家，2020（14）：154–155.

67. 杨立：从难民到成功商人：逆袭成功的美国华商李伟焜，文史天地，2020（2）：86–91.

68. 任慈、梁茂信：从外交到移民——美国对中国"滞留"学生政策的转变分析（1948～1957），美国研究，2020，34（2）：86–103+6–7.

69. 吴起：从晚清时期的东北豆货业看日商与华商的关系——以三井物产会社为中心，中国经济史研究，2020（4）：150–161.

70. 刘晗、吴坚：从无到有：柬埔寨华文高等教育发展新动向，世界教育信息，2020，33（10）：43–48.

71. 吴强：从新加坡历史看国家认同构建——《新加坡国家认同研究（1965—2000）》介评，公共外交季刊，2020（3）：109–114+125–126.

72. 侯东晓：从虚构的"傅满洲"到假想的"拯救者"——论好莱坞银幕"华人"想象与形构，当代电影，2020（1）：145–152.

73. 张佑周：从叶落归根到落地生根——马来西亚龙岩籍华侨的艰难选择，嘉应学院学报，2020，38（1）：1–8.

74. 丁磊：从在英华人观影行为看国产电影的海外推广，电影文学，2020（9）：28–34.

75. 周雯雯：错误社会思潮对我国出国留学人员的影响及应对，衡阳师范学院学报，2020，41（4）：41–48.

76. 李宇明："大华语"的一面旗帜——序周清海先生《语言选择与语文教育》，华文教学与研究，2020（1）：1–4+23.

77. 李雪濛：大学生出国留学趋势分析与应对建议，才智，2020（31）：157–159.

78. 梅彬、Tony Law、多多熊、紫陌ZIMO、Adam：大洋洲唐人街 从澳大利亚到新西兰的华人印记，环球人文地理，2020（Z1）：54–61.

79. 朱锦程：代际传递视阈下马来西亚华商群体的多元文化认同，八桂侨刊，2020（4）：48–57.

80. 刘蕾：单向度的社会距离——意大利北部T城华人移民的质性研究，丽水学院学报，2020，42（6）：49–56.

81. 潮龙起：当代中国民族复兴话语与中华民族共同体的构建——以近年中国政府涉侨言论为中心的考察，暨南学报（哲学社会科学版），2020，42（12）：1-11.

82. 李其荣：稻鱼和谐共生——华侨华人与田鱼文化，八桂侨刊，2020（4）：66-72.

83. 何方昱：德奥留学派的构建与运作：以朱家骅与洪谦的交谊为中心，史学月刊，2020（2）：59-69.

84. 王博：德国自费留学情况调查研究的几点建议，传播力研究，2020，4（18）：189-190.

85. 冉琰杰、张国雄：地域视野下的侨乡文化——以广东侨乡为例，广东社会科学，2020（6）：131-139.

86. 叶帆：邓小平留苏期间党组织关系的历史考察，思想理论教育导刊，2020（11）：57-60.

87. 廖承晔：第1.5代移民的语言身份构建——以英国华裔周林为例，福建教育学院学报，2020，21（7）：111-116.

88. 胡建刚、吴嘉：第四届国际华文教学研讨会综述，世界华文教学，2020（1）：21-28.

89. 谢本书、普金山：滇缅公路与南侨机工研究的几个问题，南亚东南亚研究，2020（4）：135-151+158.

90. 刘振平、闫亚平、罗庆铭：东盟华文教育政策的历史演进与深层动因探赜，北部湾大学学报，2020，35（7）：52-58+80.

91. 孙元涛、刘伟：东南大学与中国现代教育学的创建——以东大留美归国教育学者为中心的考察，高教探索，2020（1）：87-91.

92. 周斌、朱洪举：东南亚地区中国书法文化传播策略浅析，对外传播，2020（12）：23-25.

93. 曾小燕、吴应辉、猴世宇：东南亚国家汉语传播途径类型研究，中国大学教学，2020（1）：84-88.

94. 刘晶晶：东南亚汉语传播：现状、困境与展望，沈阳师范大学学报（社会科学版），2020，44（2）：123-128.

95. 陈诚：东南亚华侨早期自治与参政的"甲必丹制度"探析，课程教育研究，2020（8）：22-23.

96. 林芳：东南亚华人茶商与中国茶文化的传播——以新加坡华人茶商为中心的研究，福建茶叶，2020，42（12）：326-327.

97. 张鹏、杨林坡：东南亚华人基督宗教社团的特性及其对民心相通的贡献，世界宗教文化，2020（6）：30-34.

98. 覃鸿波：东南亚华人社区多元文化空间的建构与嬗变——以泰国夜功河流域华人哒叻为例，北部湾大学学报，2020，35（12）：20–27.

99. 梁双陆、王壬场、顾北辰：东南亚华人网络及其贸易创造效应，云南社会科学，2020（6）：84–92+184.

100. 郭晓莹、陈强：东南亚华文师资的本土化建设探讨，清远职业技术学院学报，2020，13（3）：73–77.

101. 王建红：东南亚华裔幼童华人身份养成——以马来西亚槟城闽粤华人为例，浙江师范大学学报（社会科学版），2020，45（4）：115–120.

102. 马峰："东南亚鲁迅学"的本土建构，海南师范大学学报（社会科学版），2020，33（3）：15–21.

103. 邓敏乔：东南亚容县华侨形成原因分析及其发展史简述，文物鉴定与鉴赏，2020（3）：38–40.

104. 汤筠冰：东亚殖民主义的视觉建构与传播——以《华文大阪每日》"面速力达母膏"广告为中心的考察，学习与探索，2020（5）：180–185.

105. 林晓颖：抖音中的在非华人：文化中间人的角色扮演，青年记者，2020（27）：39–40.

106. 曹蒙洁：对外汉语民俗文化课堂教学设计与反思——以华侨大学留学生民俗文化课堂教学实践为例，文教资料，2020（23）：187–188.

107. 赵泽琳："多元"族群与"一体"公民——新加坡多元族群治理与公民意识塑造，中央社会主义学院学报，2020（4）：145–157.

108. 罗璇、谭俊杰：多元文化背景下新加坡学前教育发展对广西多民族聚居地学前教育的启示，基础教育研究，2020（19）：91–93.

109. 杨钊：多重视域下的林语堂留美经历，中国图书评论，2020（10）：82–90.

110. 姜丹、金疆：俄罗斯远东地区华侨华人社会变迁对华文教育的影响，教育现代化，2020，7（47）：168–170.

111. 孟繁红、吕晓姣：俄罗斯远东地区民俗文献中的华人形象（1870—1937年），黑河学院学报，2020，11（12）：14–16.

112. 郑一卉、庞然：二战时期BBC的华语广播及其影响分析，中国广播，2020（3）：74–77.

113. 蔡振华：发挥统战侨务优势 做好对外宣传工作——《山东侨报》积极构建外宣全媒体矩阵，传媒论坛，2020，3（8）：175.

114. 张倩雨："发展馈赠"还是"资源诅咒"？——以政治学视角下移民汇款国际学术研究为中心的评述，华侨华人历史研究，2020（3）：84–93.

115. 王琳：法国华文教育的新发展及其困境——以法国新兴华文学校为例，世界华文教学，2020（1）：83–100.

116. 陈胜蓝：菲律宾海外侨胞权法律保障与实践，法治论坛，2020（2）：337-346.

117. 龚宁、邢菁华、龙登高：菲律宾华商网络中"头家制度"的经济学探析（1834—1942），华侨华人历史研究，2020（1）：30-38.

118. 陈燕：福建省留学人员创业孵化载体建设运营、管理服务模式的借鉴与思考，就业与保障，2020（19）：20-21.

119. 陈传忠：赴东盟国家留学的中国学生意识形态安全教育的问题与对策研究，高教论坛，2020（10）：5-7.

120. 刘宇佳、叶曼妮：改革开放以来我国留学教育研究进展与趋势——基于1084篇CSSCI来源期刊论文的可视化分析，现代教育论丛，2020（2）：15-25.

121. 庄汉文、蔡玫：港澳及海外统战工作与人类命运共同体构建思考，广东省社会主义学院学报，2020（1）：47-50.

122. 彭飞：高剑僧的留日及其相关问题新探，美术观察，2020（9）：43-47.

123. 高瑞静：高校归国留学人员服务"一带一路"建设的途径与方式，北京教育（高教），2020（1）：87-89.

124. 孙丽娟：高校建筑遗产保护现状与利用对策研究——以河南留学欧美预备学校旧址为例，文物建筑，2020（0）：125-133.

125. 徐哲、谭春波、于振邦：高校留学人员作用发挥，长江丛刊，2020（36）：110+114.

126. 许春蕾、邢尊明、胡国鹏、吴桂宁：高校体育活动建构校园文化的模式探索与实践创新——以华侨大学为例，辽宁体育科技，2020，42（6）：112-115.

127. 孙元涛、刘伟：哥伦比亚大学留学归国群体与中国教育学的创建，大学教育科学，2020（4）：121-127.

128. 刘志平："革命史上，无不有华侨二字"，红岩春秋，2020（6）：57-63.

129. 王庆福、余天琦：个人纪录片如何讲好中国故事——专访海外华人独立纪录片导演余天琦，现代视听，2020（11）：56-59.

130. 易海涛、叶青："根据特点，适当照顾"：上山下乡历程中的归侨知青，华侨华人历史研究，2020（4）：87-94.

131. 张睦楚：公共领域、文化形象与跨国视野："近代留学教育史"研究的新趋势及其分析（2010—2019），高教探索，2020（8）：116-126.

132. 陈杰：构建马来西亚华人研究新篇章——《聚族于斯——马来西亚华人研究》评介，八桂侨刊，2020（1）：94-96.

133. 刘博志：古巴白人花旦和华人父亲的粤剧人生，传奇（传记文学选刊），2020（7）：40-41.

134. 黄双馨：古建筑在美术课堂中的运用与探索——以莆田侨乡建筑为例，喜剧世界（下半月），2020（2）：58-59.

135．李永胜：顾维钧与中国留美学生会，史学集刊，2020（3）：52-60.

136．陈蕊：关系邻近性视角下的海外华商与侨乡经济——以改革开放后广东潮汕地区为例，华侨华人历史研究，2020（2）：53-64.

137．杨君、薛耀晗、王正华：关于扶持华商传媒融合发展做大做强的思考，西部学刊，2020（5）：155-158.

138．郝俊华：关于进一步做好新归侨和归国留学人员工作的思考和建议，内蒙古统战理论研究，2020（5）：12-15.

139．姜晓艳：归国留学人员政治吸纳研究——以南京市为例，江苏省社会主义学院学报，2020，21（6）：61-65.

140．吴前进：国家安全和华人移民身份认同的建构，国际关系研究，2020（6）：3-19+151-152.

141．吴辰：国家与强权：论郭沫若留学日本期间的国家意识，现代中国文化与文学，2020（1）：324-339.

142．刘存孜、何慧：海邦剩馥，侨史敦煌——歌仔戏《侨批》专题讨论，福建艺术，2020（9）：36-42.

143．周秋光：海外潮人慈善事业发展述论（1860—1949），暨南学报（哲学社会科学版），2020，42（11）：1-17.

144．杨坚平：海外潮人促进近现代潮汕工艺美术的发展，天工，2020（3）：36-37.

145．向俊：海外高层次青年人才回国后的职业发展现状研究，教育教学论坛，2020（36）：47-48.

146．海外华侨华人畅谈中国贡献：世界看到中国的大国担当，华人时刊，2020（9）：6.

147．李晓峰、邹浩、游雯、田云华：海外华侨华人经济暨文化统战工作与"一带一路"建设，广东省社会主义学院学报，2020（1）：51-55.

148．袁丁：海外华侨华人史料搜集和田野考察，韩山师范学院学报，2020，41（5）：6-12.

149．陈初昇、王玉敏、衣长军：海外华侨华人网络、组织学习与企业对外直接投资逆向技术创新效应，国际贸易问题，2020（4）：156-174.

150．李鸿阶、童莹：海外华侨华人与构建人类命运共同体关系研究，八桂侨刊，2020（3）：3-9+56.

151．黎俊忻：海外华侨文献搜集与当地历史脉络关系探讨——以马来半岛近代广东华侨文献整理为例，海洋史研究，2020（2）：441-460.

152．姬虹：海外华人面临的这些困境——美国社会种族主义与排华主义透视，人民论坛，2020（17）：106-109.

153．李佩仑、李雨蔚：海外华人学者对中国电影的研究及反思，文学教育（下），

2020（8）：118-119.

154．曾少聪、陈慧萍：海外华人应对新冠肺炎疫情的举措及贡献，世界民族，2020
（6）：77-85.

155．张慧梅、刘宏：海外华商网络的多重交织与互动——以新加坡华人侨批和汇兑
业为例，中国社会经济史研究，2020（3）：32-43.

156．耿红卫、刘鑫鑫：海外华文教育的办学形式研究，广州社会主义学院学报，
2020（3）：49-52+40.

157．王劲竹：海外华文媒体的发展进路与角色担当，今传媒，2020，28（12）：
133-135.

158．赵文刚：海外华文媒体讲好中国故事的路径探析，对外传播，2020（8）：
46-48.

159．李国芳：海外华裔学生教育的核心问题及趋势——基于国际化和本地化的研
究，西南交通大学学报（社会科学版），2020，21（3）：30-45.

160．汪宝荣、李伟荣：海外华裔学者发起中国文学译介项目社会学分析——以王际
真的《鲁迅小说选集》为例，外语与翻译，2020，27（4）：45-50.

161．董鹏程、郭全强、林源瑞等："海外华语传承"多人谈，语言战略研究，
2021，6（4）：79-85.

162．林瑀欢：海外华语传承研究综述，语言战略研究，2021，6（4）：65-78.

163．严天欣、杨敏：海外进修对外语教师专业身份认同的影响——基于对5位留学英
语教师的访谈，教师教育论坛，2020，33（11）：70-75.

164．潘亚玲、杨阳：海外经历对跨文化能力发展的影响——以留德中国学生为例，
外语学刊，2021（1）：79-84.

165．魏华颖、王楠：海外留学归国人员组织建设路径研究，领导科学，2020
（22）：85-87.

166．邢晶：海外留学人员在全球疫情下的形象建构——以马来西亚中国留学生为
例，阴山学刊，2020，33（4）：60-65.

167．雷耀勇：海外侨胞要真正成为"一带一路"建设的推动者参与者——省政协
"发挥海外侨胞积极作用，助推国家'一带一路'建设"视频协商会综述，协
商论坛，2020（7）：18-19.

168．许桂灵、司徒尚纪：海外粤侨人名地名与"一带一路"建设，广州社会主义学
院学报，2020（1）：60-65.

169．陈绪石："海洋国家"理念形成与华侨研究在近代兴起，集美大学学报（哲学
社会科学版），2020，23（1）：69-76.

170．陈绪石："海洋国家"理念影响下梁启超的华侨研究，广州社会主义学院学
报，2020（3）：53-59.

171. 费晟：海洋网络与大洋洲岛屿地区华人移民的生计变化——基于瓦努阿图案例的研究，海洋史研究，2020（1）：32–49.

172. 黎海情、黄加保、刘学慈：汉字在马来西亚华人中的使用和推广，汉字文化，2020（9）：154–158.

173. 尹末仙、刘林华：和顺侨乡宗祠文化的历史功能与当代价值，云南社会主义学院学报，2020，22（4）：99–105.

174. 李少敏：核心素养下初中道德与法治课堂渗透侨乡名人资源的思考，中学课程辅导（教师教育），2020（22）：35+37.

175. 陈文惠：弘扬侨乡文化 传承潮人精神——专家学者畅谈潮汕侨乡文化及其现代意义，潮商，2020（6）：34–36.

176. 洪少霖：洪骏声：被周恩来和朱德赠与条幅的爱国华侨，福建党史月刊，2020（6）：33–34.

177. 常士闇：后冷战时期新加坡国族巩固问题研究，云南行政学院学报，2020，22（6）：111–118+2.

178. 于淇：后疫情时代，海外侨胞和留学生如何应对？，华人时刊，2020（7）：6.

179. 张倍瑜：后殖民时期新加坡的社会运动和本地潮剧改革，民族艺术，2020（1）：150–158.

180. 刘鹤、梁艳：后殖民语境下《百年金山》中华裔身份的缺失与重建，常州工学院学报（社科版），2020，38（2）：23–27.

181. 陈林：湖南卫视华人春晚：全新视角诠释"中华正当潮"，中国广播电视学刊，2020（3）：53–55.

182. 韩磊：湖南宗祠艺术召唤村落记忆与华裔归属感探究，流行色，2020（4）：28–29.

183. 楚雪、张国良：互联网使用对中国留学生文化认同的影响——基于留美中国与他国学生的比较研究，西南民族大学学报（人文社科版），2020，41（5）：164–169.

184. 夏雨、张赛群：华侨、华人捐助新中国公益事业的影响因素，党史博览，2020（5）：33.

185. 亓延坤：华侨博物馆在侨务工作中的作用研究，广东省社会主义学院学报，2020（4）：81–84.

186. 张晶盈：华侨地缘性社团与传统宗教的渊源及互动——以东南亚为例的分析，华侨华人历史研究，2020（4）：50–58.

187. 茅永良、李剑英、张建国、曹石剑、黄朱清：华侨的女儿——一位新四军女兵的抗战故事，铁军，2020（6）：38–40.

188. 包爱芹：《华侨动员》与抗战宣传，华侨华人历史研究，2020（3）：55–62.

189. 游海华：华侨和港澳同胞在东江的抗日活动，军事历史研究，2020，34（3）：108–124.

190. 李春清、石雷山、张骑：华侨华人儿童对歧视的知觉及其文化适应——以青田欧洲华侨华人为例，八桂侨刊，2020（4）：73–81.

191. 张吉鹏、衣长军：华侨华人网络对中国跨国企业海外子公司生存绩效的影响：以"一带一路"沿线国家为例，上海经济，2020（3）：50–61.

192. 王小明：华侨华人与改革开放起航，四川省社会主义学院学报，2020（1）：67–71.

193. 李志华：华侨华人与侨乡社会经济变迁研究——以青田县为例，中国经济史研究，2020（5）：193.

194. 陈奕平、尹昭伊、关亦佳：华侨华人与全球新冠肺炎疫情防控：贡献、挑战与政策建议，华侨华人历史研究，2020（3）：1–9.

195. 王娟：华侨华人与中国改革开放——20世纪90年代以来国内外学界关于华侨华人与中国发展的研究，赤峰学院学报（汉文哲学社会科学版），2020，41（9）：32–35.

196. 来爱梅：华侨经济文化合作试验区金融创新发展研究，商业经济，2020（3）：171–173.

197. 邬艳红：华侨精神在高中思想政治课中的教育价值，中学教学参考，2020（1）：56–57.

198. 黄鸿智：华侨抗日女英雄李林，百年潮，2020（2）：74–77.

199. 知秋、钱锋：华侨女记者黄薇，百年潮，2020（1）：95–96.

200. 张振江、宋婉贞：华侨权益保护立法进展及特征：跨国移民视角，统一战线学研究，2020，4（2）：40–47.

201. 蔡苏龙：华侨群体与近代中国研究的历史回顾及其价值，语言与文化论坛，2020（3）：131–138.

202. 蔡苏龙、牛秋实：华侨群体与近代中国研究的历史回顾及其意义，玉林师范学院学报，2020，41（4）：34–39.

203. 袁绚：华侨文化在"鼓浪屿：历史国际社区"形成和后申遗时代中作用研究，四川省社会主义学院学报，2020（1）：90–96.

204. 粟明鲜：华侨与祖国命运休戚与共的一个范例——战时新西兰华侨联合总会发行的《中国大事周刊》与中国抗战简析，八桂侨刊，2020（2）：47–53.

205. 陈佩琳：华侨专题博物馆社会教育活动初探，八桂侨刊，2020（4）：40–47+57.

206. 贾俊英、龙登高、张姣：华人国际社团组织力的拓展——基于"世界福清同乡联谊会"的考察与解释，东南学术，2020（2）：183–190.

207. 卢利、王玉洁、汤璐：华人华侨的中华文化传播动机与传播活跃度研究，东南传播，2020（8）：77–79.

208. 吴春浩：华人华侨文献资源的建设和开发——以泉州华人华侨文献为例，泉州师范学院学报，2020，38（4）：74–78.

209. 张细珍：华人如何"自塑形象"——旅外艺术家形象认同症候考察，华文文学，2020（6）：35–41.

210. 陈佳君：华人图像的意象多样性——以新加坡华裔馆藏为主的审视，世界华文教学，2020（2）：15–28.

211. 吴毓莹、杨娜：华人文化观点的社会与情绪学习模式——从情绪觉察到合作贡献，文教资料，2020（35）：74–79.

212. 杨丽莎、范茏：华人移居东南亚与欧洲人移居北美的异同，侨园，2020（4）：25.

213. 包乐史、闫强：华人与18世纪的中国海域，海洋史研究，2020（2）：75–96.

214. 包诗维：华人宗教文化在东南亚的影响分析，产业与科技论坛，2020，19（6）：106–107.

215. 吴君静：华文报纸中的中国国家形象构建——以马来西亚《南洋商报》为例，中国编辑，2020（4）：109–114.

216. 任弘：华文教育与技职教育的结合——以台湾海青班经验为例，世界华文教学，2020（1）：53–56.

217. 蒋晓光：华文文献学刍议，华侨大学学报（哲学社会科学版），2020（4）：134–141+151.

218. 夏雪：华文夏令营对华裔新生代中华文化认同的影响及思考，当代青年研究，2020（2）：34–38.

219. 党伟龙：华裔青少年视角下的中国体验：基于寻根夏令营感言手稿的考察，少年儿童研究，2020（12）：60–69.

220. 原鑫：华裔学生继承语水平影响因素研究，语言文字应用，2020（3）：121–132.

221. 谭雪萍：华裔自传的跨文化传播叙事特征研究——以《做一个好人》为例，科技传播，2020，12（23）：110–112.

222. 陈犀禾、鲁晓鹏、饶曙光、黄望莉、李镇：华语电影：概念·旅行·及其维度，电影理论研究（中英文），2021，3（1）：34–44.

223. 胡帅：华语电影海外传播的"失语"现象分析，视听，2020（8）：114–115.

224. 宋杨：华语电影人口述历史类图书的编辑叙事研究，现代视听，2020（10）：77–79.

225. 王立雷：华语流行音乐专辑封面设计中的广告创意，艺海，2021（3）：64–66.

226. 陈凡：华语青春片的价值观彰显与重塑，安阳工学院学报，2021，20（3）：

95–97.

227. 张峻晨：华语武侠电影的话语叙事：全球本土化、文化杂合与文化话语建构，东南传播，2020（3）：43–48.

228. 柳瑛、李姗、李欢欢：化危为机：大变局下的中国海外科技人才回流及应对，北京教育（高教），2020（11）：22–24.

229. 蔡苏龙：回顾与展望：华侨群体与近代中国侨乡社会研究述评，哈尔滨师范大学社会科学学报，2020，11（5）：141–143.

230. 朱晓叶、陈友乔、李晓怡：惠州市杨村华侨柑桔场、潼湖华侨农场改革述略，惠州学院学报，2020，40（2）：13–20.

231. 刘迪：基于CiteSpace图谱的学科领域研究发展历程分析——以泰国华文教育为例，现代职业教育，2020（26）：32–34.

232. 郑松辉：基于CNKI数据库的侨批研究现状文献计量分析，汕头大学学报（人文社会科学版），2020，36（6）：54–62+95.

233. 齐思懿：基于产业共同体下"非遗"音乐与五邑侨乡文化的融合发展路径研究，艺术品鉴，2020（26）：79–80+98.

234. 万历：基于地方文化的幼儿园美术课程资源开发利用研究——以五邑侨乡文化为例，科学咨询（科技·管理），2020（8）：103–104.

235. 时旺弟：基于华侨需求下的五邑侨乡文创产品设计研究，包装工程，2020，41（24）：274–279+285.

236. 韩洁、游玉峰、王量量、洪国泰：基于空间句法的闽南侨乡防御性空间研究——以泉州晋江檀林古村为例，新建筑，2020（2）：143–147.

237. 余榕：基于侨乡工业文脉有机更新理念的毕业设计教学实践——以江门船厂旧址侨乡文化创意园概念规划及建筑设计为例，居舍，2020（26）：118–120.

238. 林佳华：基于侨乡文化背景下的乡村学校研学旅行活动探究，试题与研究，2020（22）：135.

239. 潘兴华：基于侨乡文化背景下开展乡村学校研学实践活动，试题与研究，2020（22）：178.

240. 王胜：吉尔吉斯斯坦的中国新移民：动因、类型及问题，八桂侨刊，2020（3）：20–28.

241. 边宏宇、王强：加拿大早期乌克兰移民的生存调试，华侨华人历史研究，2020（4）：59–67.

242. 李丽、吴福焕：家庭语言和读写环境与新加坡学前儿童的华语口语与书面语能力，国际汉语教学研究，2020（1）：38–44+82.

243. 李晚景：《嘉鱼县志》中近代留学史实匡补，湖北科技学院学报，2020，40（4）：8–12.

244．代先祥：甲午战争前后皖籍留日学生述论，安徽理工大学学报（社会科学版），2020，22（6）：45–48．

245．陆海发、邵爱容：价值观维度下新加坡民族共同体构建研究，内蒙古师范大学学报（哲学社会科学版），2020，49（3）：104–110．

246．刘慧：柬埔寨华人家庭语言规划与华语传承调查研究，语言战略研究，2021，6（4）：29–43．

247．兰浈：柬埔寨华文师资培训研究，南宁师范大学学报（哲学社会科学版），2020，41（2）：85–93．

248．刘洋、吴林：柬埔寨华校文化教学调查研究——以柬埔寨公立广肇学校为例，戏剧之家，2020（8）：117–119．

249．曾慧华：简论中华优秀传统文化对凝聚新生代海外华人的作用及其实现路径，四川省社会主义学院学报，2020（4）：92–96．

250．仲立斌：建构空间、凝聚族群——新加坡巴刹的华语流行歌曲表演，中国音乐，2021（2）：124–131．

251．吕品晶、韩宾娜：江户时期东渡日本的唐人及其对日本的文化影响——以唐馆为中心，海交史研究，2020（1）：71–81．

252．胡月宝、童琪颖：教师课程转化现象初探——新加坡小学华文课堂教学观察分析，海外华文教育，2020（2）：42–53．

253．张钟鑫：结构与功能：当代东南亚华人基督教的内部社会资本初探，世界宗教研究，2020（2）：134–149．

254．张焕萍：借助华侨华人讲好中国故事，对外传播，2020（5）：14–16．

255．邓启耀："金山梦"的现实空间——早期海外华人移民及流散群体影像志再读，民族艺术，2020（4）：72–84+114．

256．冉琰杰、黄海娟：近代广东四邑华侨及侨乡的英语教育初探，五邑大学学报（社会科学版），2020，22（1）：1–6+93．

257．费晟、毕以迪：近代华人移民与南太平洋地区复合生态的形成，历史研究，2020（1）：191–208+224．

258．张影：近代化历程中的又一次试探——记清朝留欧学生，留学，2020（9）：68–73+7．

259．甘赛雄、崔之进：近代留日学生建构中国美术本体研究，美术大观，2020（8）：76–79．

260．孙增德：近代留英生中的文化保守主义者——以辜鸿铭与严复为例，青年与社会，2020（22）：196–198．

261．张钊：近代旅暹潮侨的家乡土地观念管窥——以《潮汕侨批集成》为中心的解读，暨南史学，2020（1）：184–196．

262. 徐华炳：近代瑞安华侨群体面相：基于档案与民间文献的实证，浙江档案，2020（9）：42–46.

263. 吕俊昌：近代早期亚洲海域华人天主教徒的活动与角色，海洋史研究，2020（1）：15–31.

264. 陈一鸣、周杰、唐教成：近代中国留学教育探析，吉林省教育学院学报，2020，36（11）：164–167.

265. 徐祎、彭爽：近二十年来马来西亚华语词汇研究，汉语国际教育学报，2020（3）：128–137.

266. 高晓菲：近年好莱坞电影中的华人角色分析，科技传播，2020，12（21）：72–74.

267. 乐晋霞：近三十年来马来西亚本土华文教材研究综述，海外华文教育，2020（3）：27–38.

268. 刘泽庆、颜廷：近十余年澳大利亚中国内地移民人口变化及其对华人社区发展的影响，八桂侨刊，2020（2）：18–29.

269. 祝晓宏：近十余年来的华语研究：回顾与前瞻，语言文字应用，2021（2）：137–144.

270. 李无未：近现代日本华人的汉语语言学史简述，世界华文教学，2020（1）：49–52.

271. 康海玲：京剧在新加坡的流传与演变，中国戏剧，2020（12）：83–84.

272. 顿德华、冯丽萍：精神遗产：侨批中的家风内涵及其现代价值，齐齐哈尔大学学报（哲学社会科学版），2020（2）：56–58+129.

273. 肖春风：景观、符号与仪式：马来西亚华语电影中的集体记忆与族群认同，视听，2020（1）：135–137.

274. 李伟：境外华语广播电台发展趋势探究，广播电视信息，2020，27（10）：55–57.

275. 曹伟华：抗日战争中梅州华侨之真实生活，侨园，2020（4）：36–38.

276. 石瑶：抗战后期美洲洪门致公堂的政治参与——以"美洲《十报宣言》事件"为中心的考察，华侨华人历史研究，2020（1）：68–79.

277. 袁丁、秦云周：抗战期间广东省银行沟通潮梅汇路之研究，华侨华人历史研究，2020（2）：65–72.

278. 陈丽园：抗战时期的侨汇政策与侨批网络：以潮汕地区为中心，汕头大学学报（人文社会科学版），2020，36（6）：47–53+95.

279. 刘志英：抗战时期海外华侨与大后方侨资银行的建立，晋阳学刊，2020（1）：19–30.

280. 程丛杰：抗战时期海外华侨援助祖国的动机与所克服的困难分析——以东南亚

华侨为视角，唐山师范学院学报，2020，42（5）：89-93+97.

281. 赵峥：抗战时期中国共产党侨务工作探微——以东江华侨回乡服务团为例的分析，华侨华人历史研究，2020（3）：43-54.

282. 孙德平：柯因内化前期海外华语特点研究——以英国华人社区华语为例，语言研究，2020，40（1）：120-127.

283. 林航、江剑敏：孔子学院海外文化传播的效果——基于中国茶、酒与药材出口的比较分析，文化产业研究，2020（3）：201-213.

284. 徐文明：跨地互动·引领流行·国族认同：早期中国电影歌曲在南洋的传播与影响，电影新作，2020（4）：14-19.

285. 周建新：跨国民族研究：中国的话语建构与表达，世界民族，2020（5）：1-12.

286. 张超、韦丹：跨境交流受限背景下国内华文教育基地纾困策略刍谈——兼谈贵州师范学院华文教育基地新形势下的工作设想，文化创新比较研究，2020，4（27）：196-198.

287. 高楠：跨文化语境下广播节目主持人如何讲好中国故事——以《环球华人》节目为例，新闻研究导刊，2020，11（11）：1-3.

288. 刘旭昶、刘永宁：跨文化语境下华裔电影回流的"内外交困"——以《别告诉她》为例，东南传播，2020（10）：59-61.

289. 温建钦：跨学科视野下潮汕侨乡研究述评，韩山师范学院学报，2020，41（5）：20-26.

290. 冉琰杰、张国雄：跨域视角下的美国铁路华工研究述评，华侨华人历史研究，2020（2）：82-90.

291. 李亚利：跨种族被收养者与原生文化探析——以《爱妻》之跨种族收养叙事为例，华侨华人历史研究，2020（4）：32-39.

292. 王芳：拉丁美洲华侨华人历史研究的新篇章——评高伟浓《在海之隅：委内瑞拉与荷属加勒比地区的华侨》，八桂侨刊，2020（2）：93-96.

293. 林华：拉美华人华侨的社会融入——基于文化维度理论的分析，西南科技大学学报（哲学社会科学版），2020，37（4）：1-8+74.

294. 袁瑾：老城新韵，古建流芳——如何续写广州东山百年华侨情，粤海风，2020（6）：100-103.

295. 陈非儿：离散华人、时空社会学与中国近代史研究——评陈珮珊《离散华人的祖国》，史学理论研究，2020（6）：133-140.

296. 王英、舒洁：利益相关者视角下潮汕侨批档案的保护研究，档案管理，2020（6）：79-82.

297. 黄木旺：利用本地"华侨文化"进行德育教学的策略，科学大众（科学教育），2020（7）：37.

298. 钟华连：刘博智：50年华人流散文化的影像追寻，中国摄影，2020（4）：121–129+120.

299. 顾烨青：刘国钧申请留学威斯康星大学图书馆学校历程考，图书馆论坛，2021，41（4）：110–120.

300. 叶隽：“留德学人”与“德国学术”——读《美国学人留德浪潮及其对美国高等教育的影响》，中国图书评论，2020（5）：40–46.

301. 姚颖莹：留德学生跨文化行为能力培养的实践研究，浙江科技学院学报，2020，32（2）：157–161.

302. 董美英：留美生陶行知与中国教育现代化，南京晓庄学院学报，2020，36（3）：1–5+122.

303. 杨柳：留日、留德军事生概况及其对近代中国军事发展影响，兰台世界，2020（10）：142–145.

304. 杜雨星：留日美术家回国后对中国现代美术史的贡献及影响，国画家，2020（3）：70–71.

305. 茹亚辉：留日学生与马克思主义在中国的早期传播，青年发展论坛，2020，30（2）：83–91.

306. 郭申、刘岩、段霞：留日学者牛承彪与西南少数民族侗族研究，大众文艺，2020（6）：42–44.

307. 彭飞：《留日中华学生名簿》所见留日美术生名录札记，中国美术研究，2020（3）：128–138.

308. 罗建平、张男星：留学服务三十年历程与未来发展——访教育部留学服务中心主任程家财，大学（研究版），2020（1）：4–15.

309. 席敬、柳萍、宋斯琦：留学归国人员跨文化性格分析，小康，2020（23）：76–79.

310. 董松：留学史视野下的“中国留法艺术学会”研究，中国美术，2020（6）：88–93.

311. 俞梦婕：留学数据观 2020行业年度报告盘点，留学，2020（24）：38–43+7.

312. 汤嵋厢、张晓威：流传到海外的广府丧葬礼俗——“在地”与“原乡”的丧仪比较，八桂侨刊，2020（2）：63–70.

313. 张眠溪：“流亡”与赈济——中华书局藏徐悲鸿书信所见其南洋、印度之行，艺术收藏与鉴赏，2020（2）：43–90.

314. 陈永宝：论东亚和东南亚朱子学的传播和影响：以韩国、日本和越南的比较为中心，朱子学研究，2020（2）：138–148.

315. 许莹璇：论对外汉语教学技巧在新加坡华语教学的运用，长江丛刊，2020

（5）：62+64.

316. 郭熙、刘慧、李计伟：论海外华语资源的抢救性整理和保护，云南师范大学学报（哲学社会科学版），2020，52（2）：55-64.

317. 孙建国、高美红、杨建涛：论河南留学欧美预备学校对近代河南经济学体系建立的影响，河南大学学报（社会科学版），2020，60（5）：38-44.

318. 景兴燕：论胡适留美期间新文学思想产生中的偶然性，理论月刊，2020（8）：139-149.

319. 刁晏斌：论华语词汇中的外来移植义——以马来西亚华语为例，语言文字应用，2021（1）：65-77.

320. 刁晏斌：论全球华语研究的拓展与加深，华文教学与研究，2020（1）：5-13.

321. 钟建华：论新加坡保赤宫"灵宝大法司地契砖"的仪式文化内涵，福州大学学报（哲学社会科学版），2020，34（5）：28-32.

322. 张蒙：洛克菲勒基金会与北京留日医界的竞争与合作，北京社会科学，2020（5）：107-118.

323. 丁蕾、赵倩倩：旅外华人赴华旅游的动机——"推—拉"理论的视角，华侨大学学报（哲学社会科学版），2020（6）：43-55.

324. 魏鹏：略论海外华侨对抗日战争的贡献，侨园，2020（9）：22-24.

325. 赵海英：马华公会兴衰的历史考察（1949—2018），河北民族师范学院学报，2020，40（4）：65-70.

326. 朱崇科：马华文学中环保话语的三重创制——以何乃健为中心，文学研究，2018，4（2）：2-11.

327. 陈志宏、涂小锵、康斯明：马来西亚槟城福建五大姓华侨家族聚落空间研究，新建筑，2020（3）：30-35.

328. 薛可、王晓航：马来西亚广西籍华人秋祭仪式考察分析，八桂侨刊，2020（1）：65-72.

329. 吴景浩：马来西亚华人传统寺庙：梁架的建构意匠与木雕装饰，民艺，2020（4）：127-131.

330. 刘守政：马来西亚华人传统宗教认同的差序性——以吉隆坡一场道教化中元普度为中心的考察，世界宗教文化，2020（6）：35-41.

331. 姚敏：马来西亚华人社会、华语社区与华语传承，语言战略研究，2021，6（4）：11-18.

332. 李丰楙：马来西亚华人社会中节俗信仰的"教、节一体化"刍议，道教学刊，2020（1）：31-52.

333. 王睿欣：马来西亚华人主体性建构的哲学思考，四川民族学院学报，2020，29（6）：34-41.

334. 张艳萍：马来西亚华文报业发展的现状与启示，传媒，2020（9）：59–61.

335. 陈添来、黄妙芸：马来西亚华文独立中学与中华文化国际传播研究，商丘师范学院学报，2020，36（10）：85–89.

336. 杨体荣、高皇伟、吴坚、柯森：马来西亚华文教育改革政策新动向及特征解析——基于《马来西亚华文独中教育蓝图》，语言政策与语言教育，2020（1）：41–51+117–118.

337. 王瑞萍、郭怡：马来西亚华文教育简况及其发展趋势，世界民族，2020（4）：105–114.

338. 张鸿昌、张义宾、周竞：马来西亚华裔儿童汉语语法发展特征研究，幼儿教育，2020（12）：51–55.

339. 徐祎、彭爽：马来西亚华语词汇变异类型研究，励耘语言学刊，2020（2）：139–153.

340. 曾一洲：马来西亚华语电影的历史与现状，中国电影市场，2020（8）：57–62.

341. 刘玉屏、袁萍：马来西亚华语教学的两大源流及其互补性，云南师范大学学报（对外汉语教学与研究版），2020，18（1）：1–6.

342. 杨西航、田兴斌：马来西亚华语教育两大体系及其关系，汉字文化，2020（S1）：81–83.

343. 刘喜、薛可：马来西亚柔佛州新山广西会馆华人仪式音乐中的舞蹈研究，当代音乐，2020（2）：132–133.

344. 郑雨来：马来西亚文冬玻璃口新村华人社团初探，八桂侨刊，2020（1）：73–80.

345. 宋燕鹏：马来西亚西海岸中等城镇华人移民社会的形塑途径——以巴生、金宝和大山脚为中心的类型考察，南洋问题研究，2020（1）：65–78.

346. 汤婉香、辉明：马来西亚在"一带一路"建设中的机遇与华社参与的挑战，丽水学院学报，2020，42（4）：34–44.

347. 庄慧琳：马来西亚中学华文教学与中华文化价值观教育，中学语文教学，2020（7）：81–84.

348. 段佩佩、葛红亮：马来西亚族群政治对华人身份认同的影响，八桂侨刊，2020（1）：57–64.

349. 王元：马来亚共产党在新加坡的地下活动，南亚东南亚研究，2020（3）：48–61+153.

350. 唐伟绩、于景志：马斯洛需求层次理论视域下普通高校海外人才统战工作研究，南方论刊，2020（4）：101–103.

351. 贺爽：曼谷华文小学汉语教学现状研究——以泰国新育民公学为例，才智，2020（14）：175.

352. 王素华：漫谈华文职业教育走近菲律宾，华人时刊，2020（7）：50.

353. 夏远鸣：毛里求斯的客家华侨与"中国小店"，客家文博，2020（4）：66-74.

354. 顾国平：美国1882年排华法的前奏：1875年《佩奇法》实施的背景及影响，华侨华人历史研究，2020（1）：47-56.

355. 高玉烛：美国电视剧华人形象的族裔化外型研究，国际公关，2020（1）：277.

356. 钟庆悦：美国电影对唐人街的空间想象，新闻研究导刊，2020，11（2）：117+146.

357. 李晓郛、周全：美国高等教育中的华裔法律史，法学教育研究，2020，29（2）：245-265.

358. 郭晶萍、徐珊珊：美国海关档案与清末南洋公学留美生史实，历史档案，2020（1）：132-140.

359. 王征、陈风明：美国华人美术教授近40年现状之数据调研，南京艺术学院学报（美术与设计），2020（4）：169-174.

360. 李爱慧、林红娟：美国华人专业协会对高层次人才回流的作用研究——基于中国旅美科技协会的个案分析，丽水学院学报，2020，42（6）：57-64.

361. 张一昕：美国华文报刊对中华传统文化的传承、兼容与创新，汉字文化，2020（11）：191-193.

362. 王玲、支筱诗：美国华裔家庭父母语言意识类型及影响因素分析，华文教学与研究，2020（3）：28-36.

363. 王小燕：美国华裔文学中的中医书写与中医药文化传播，宁波大学学报（人文科学版），2020，33（3）：48-58.

364. 蔡玉莹、杨娟：美国华语社区词语知晓度及词汇融合情况，文教资料，2020（17）：9-11.

365. 李丹、邹进文：《美国经济评论》视野下的中国——以1978年以前华人经济学家的文章为中心，中南财经政法大学学报，2020（4）：129-138+160.

366. 田烨、王存祖：美国老年移民的社会融入研究——密西根州老年华人与墨西哥人的比较视角，华侨华人历史研究，2020（3）：21-31.

367. 程玲：美国媒体眼中的华人形象及其成因（1820—1948），新闻研究导刊，2020，11（11）：14-16.

368. 胡腾蛟：美国文化冷战对东南亚华人华侨的身份塑造，世界知识，2020（19）：71.

369. 曹贤文、金梅：美国新泽西州华二代华语传承调查研究，语言战略研究，2021，6（4）：44-55.

370. 易淑琼：美国中餐牌文献与粤籍华人文学中餐叙事的文化意涵比较研究，暨南学报（哲学社会科学版），2020，42（3）：10-23.

371. 梁德惠：美国中西部城市华人移民家庭的语言规划研究，云南师范大学学报（对外汉语教学与研究版），2020，18（2）：77–84.

372. 李亚萍：《美洲华侨日报》的鲁迅纪念专辑述略，中国现代文学研究丛刊，2020（3）：141–153.

373. 张琨、周青：秘鲁华人移民的形象改善与社会融入——以中医为视角（1868～1930），世界近现代史研究，2021（0）：196–215+317–318.

374. 李秋萍：缅北华人华侨语言使用现状调查——以掸邦南坎为例，普洱学院学报，2020，36（4）：76–81.

375. 李秋萍：缅北华校教师队伍现状调查——以南坎华侨佛经学校为例，品位经典，2020（1）：97–100.

376. 李秋萍：缅北华校教师教学现状调查，长江丛刊，2020（8）：114–115.

377. 李秋萍：缅北华校教师培训状况调查——以南坎华侨佛经学校为例，教育现代化，2020，7（6）：87–91.

378. 李秋萍：缅北华校教师语言使用现状调查——以南坎华侨佛经学校为例，红河学院学报，2020，18（3）：65–68.

379. 李秋萍：缅北华校教师职业认同度调查——以南坎华侨佛经学校为例，红河学院学报，2021，19（1）：157–160.

380. 陈娟：缅北华裔对中国传统节日文化认同研究——以云华师范学院中小学生为例，海外华文教育，2020（2）：131–138.

381. 李秋萍：缅北华裔学生普通话学习使用情况调查——以南坎华侨学校为例，长江丛刊，2020（12）：40–42.

382. 李秋萍：缅北华裔学生语言使用现状调查——以南坎华侨学校为例，太原城市职业技术学院学报，2020（2）：147–149.

383. 单晓红、庞慧璘：缅甸《金凤凰报》华文报的"突围"路径，文化与传播，2020，9（4）：1–6.

384. 郭圣琳、娄开阳：缅甸大学汉语教学的现状、问题及建议——以缅甸华文教育领域为例，常熟理工学院学报，2020，34（1）：95–101.

385. 刘权：缅甸华人的社会地位及其华文教育实践——以曼德勒华人为中心，西南边疆民族研究，2020（1）：71–76.

386. 杜温：缅甸华人的水神崇拜，八桂侨刊，2020（4）：22–29.

387. 杨苗、周家瑜：缅甸华文教育发展及策略探索，文教资料，2020（4）：135–136+46.

388. 李春风：缅甸华裔青少年母语认同现状及成因，黔南民族师范学院学报，2020，40（2）：53–59.

389. 李春风：缅甸华语传承模式研究，语言战略研究，2021，6（4）：19–28.

390. 刘红娟：缅柬两国华文教育发展比较及启示，八桂侨刊，2020（2）：30-40.

391. 伊恩·G·贝尔德、黄秀蓉、庄纾绮："苗莱坞"电影：1.5代美国苗族在泰国的跨国电影制作，东南亚纵横，2020（4）：81-96.

392. 陈景熙：庙宇、义山与海外华人社会建构：19世纪砂拉越古晋潮人社会的案例，世界宗教研究，2020（2）：109-121.

393. 于锦恩：民国时期东南亚华校国语文教材的历史考察——以新加坡和中国的当代图书收藏为考察对象，海外华文教育，2020（5）：3-13.

394. 于锦恩：民国时期东南亚华语学校国语文各分支的教学设计研究，现代语文，2020（8）：110-115.

395. 于延亮：民国时期高校南洋史课程的设置，史学理论与史学史学刊，2019，21（2）：202-218.

396. 吴元：民国时期华侨投资华东地区研究（1911—1945）——以江苏、浙江为中心的考察，暨南史学，2020（1）：221-233.

397. 杨钊：民国时期留美西洋史学者与美国的西洋史学术传统——以博士论文为中心的考察，史学理论研究，2020（2）：113-124+159-160.

398. 何俊宇：民国时期葡籍华商在广州的房地产投资——以《民国葡萄牙驻广州总领事馆档案》为中心，兰台世界，2020（12）：132-134.

399. 姚婷：民国时期侨乡女性社会状况探讨——以台山、开平侨刊为主要史料的分析，五邑大学学报（社会科学版），2020，22（3）：1-5+93.

400. 王长青：民国时期侵占侨汇案初探：以广东五邑为例，学术研究，2020（11）：134-138.

401. 吴宏岐、李琦琦：民国时期粤东梅城市政委员会及其贡献研究，八桂侨刊，2020（2）：80-88.

402. 王道：民族互嵌视野下的畲族海外移民研究——基于浙南文成侨乡的田野调查，华侨华人历史研究，2020（1）：1-10.

403. 黄英湖：闽东霞浦县一个海岛村庄的海外新移民研究，八桂侨刊，2020（3）：75-84+92.

404. 葛茜：闽籍日本新华侨华人子弟的语言习得与身份认同研究——两例民族志研究个案报告，海外英语，2020（16）：91-93.

405. 宋爱欣：闽南华侨别墅庭院艺术研究——以黄荣远堂为例，中外建筑，2020（2）：40-41.

406. 刘建武、陈建生、林剑煌、常亚萍、黄清海、林南中：闽南侨批业与侨乡民间金融，福建金融，2020（9）：66-70.

407. 陈冬珑：闽南侨批中侨乡文化内涵探究——以德盛批信局侨批为例，东方收藏，2020（21）：95-98.

408. 邓达宏：闽南侨乡文化助推侨村发展路径研究——以福建永春县侨情调研为例，丽水学院学报，2020，42（1）：29-35.

409. 何秋红：闽南侨乡文化资源在幼儿园美术课程中的运用，新课程，2020（17）：20-21.

410. 李未醉：明代东南亚华人使臣初探，闽商文化研究，2020（1）：35-44.

411. 苏月秋：明代中国与旧港的海上交往及现今启示，八桂侨刊，2020（2）：11-17.

412. 黄燕青、任江辉：明末清初长崎华侨社会的建构及影响，邯郸学院学报，2020，30（4）：35-41.

413. 李卓：目的多元系统论下的20世纪初留日学生编译刊物研究，国际公关，2020（8）：253-254.

414. 屈思嘉、陈志宏：南安侨乡民居的区域分布特征与保护策略研究，小城镇建设，2020，38（9）：37-43.

415. 李志农、高云松、邬迪、和淑清：南亚藏胞的二次迁移及其在欧洲的现状调查研究，世界民族，2020（4）：10-20.

416. 许安朝：南洋大臣之裁改与江督洋务地位之变迁，岭南师范学院学报，2020，41（1）：110-115.

417. 张伟：南洋华侨机工档案开发研究，浙江档案，2020（4）：52-55.

418. 李计伟：南洋华侨早期国语推广刍议，华文教学与研究，2020（2）：21-30.

419. 静恩英、梁梓杰：南洋商报对广州湾社会图景的建构及影响，青年记者，2020（5）：111-112.

420. 于延亮：南洋研究所及其南洋研究（1942—1945），历史教学问题，2020（1）：64-71+166.

421. 张蓓丽：能动者视角下南通"新侨乡"发展研究，南通职业大学学报，2020，34（4）：1-4.

422. 刘少楠：尼日利亚华侨华人历史与现状探析，华侨华人历史研究，2020（3）：32-42.

423. 陈志明、马建福：娘惹菜：华人、非华人和东南亚美食的制作，北方民族大学学报（哲学社会科学版），2020（2）：72-77.

424. 国懿、刘悦：欧洲华人的参政现状与参政模式初探，世界民族，2020（5）：112-124.

425. 杨立：漂流与定居：图森华人妇女先驱廖安的人生之旅，文史天地，2020（5）：87-91.

426. 段颖：平行与交织——军政时期缅甸华人的生存策略、日常政治与国家想象，思想战线，2020，46（3）：26-35.

427. 游洲：评徐元音《梦金山、梦家园：美国与中国南部之间的跨国主义和移民（1882—1943）》，全球史评论，2020（1）：272–277.

428. 戴晨：七周年《留学》数据大盘点，留学，2020（24）：44–45.

429. 徐骥：奇妙非常的神来之笔——追忆祖父徐悲鸿的南洋遗光，书与画，2020（2）：34–37.

430. 邹丹丹：浅谈华侨类博物馆对国民社会教育的影响——以黑河旅俄华侨纪念馆为例，黑河学刊，2020（1）：185+188.

431. 奎晓亮、张贵斌：浅谈缅甸华文教育本土化及指标体系，汉字文化，2020（14）：50–51.

432. 杨天娇、程哲炀、宋志琳、蒋龙波、李霄鹤：浅谈闽南侨乡传统街道空间形态分析及保护——以永春县五里街为例，福建建设科技，2020（5）：10–13.

433. 李淑瑜：浅谈侨文化在校园精神文化建设的特殊价值——以广西华侨学校为例，教育教学论坛，2020（33）：137–138.

434. 杨青云：浅谈泰北华人的由来及当地华文教育的变迁，文学教育（下），2020（1）：172–173.

435. 廖楚薇、邵翠琼、蔡梦虹：浅析东南亚华文媒体中国报道对我国对外传播的启示，记者观察，2020（11）：138–139.

436. 姚兴、李龙翔：浅析多米尼加共和国华人移民环境，侨园，2020（8）：14–15.

437. 禹丹丹：浅析容闳倡导幼童赴美留学缘由，戏剧之家，2020（26）：197–198.

438. 赵文卓：浅析泰国华文民校的中国文化符号——以泰国芭提雅明满学校为例，参花（下），2020（9）：39–40.

439. 吴静玲：侨汇在"汕—香—暹—叻"贸易网络中的运作——以新加坡商号为中心，潮学研究，2020（1）：91–107+250–251.

440. 周森："侨批"中华人精神的传承与流变：以林连玉家书为线索，现代传记研究，2020（1）：211–225.

441. 楚艳娜、刘芮：侨批档案的场域式开发和利用模式解读，兰台世界，2020（7）：92–96.

442. 傅少玲：侨批档案涵养港澳台青年路径研究，侨园，2020（11）：77–79.

443. 李建伟：侨批记忆：客家过番歌谣中折射的社会生存心理研究，汕头大学学报（人文社会科学版），2020，36（1）：19–25+94.

444. 高汉忠、肖慧欣：侨批文化对大学生爱国主义教育的启示，福建医科大学学报（社会科学版），2020，21（2）：11–14.

445. 王苍柏：侨批研究的力作 国际学术沟通的桥梁——评《亲爱的中国：1882—1980年的移民书信和汇款》，华侨华人历史研究，2020（2）：91–94.

446. 胡保永：侨乡经济发展的路径依赖及其突破，中国商论，2020（2）：202–204.

447. 张国雄：侨乡文化的国际性与侨乡文化研究的国际合作——以北美铁路华工研究为例，韩山师范学院学报，2020，41（5）：13-19.

448. 耿羽：侨乡仪式性人情异化的移风易俗治理研究——基于福建长乐的实地调查，福建论坛（人文社会科学版），2020（11）：191-200.

449. 罗英伴：侨乡音乐教育对爱国爱乡精神培养的重要性，黄河之声，2020（20）：146-147.

450. 柯厅敏："侨乡振兴"背景下侨资民宿发展研究——基于浙江省W县的调查，经济研究导刊，2020（20）：129-133.

451. 杨新宾：青年毛泽东"大留学"观中的中国立场探析，高校马克思主义理论研究，2020，6（4）：59-69.

452. 叶珲：青少年移民的互联网使用与地方性知识建构——基于四位女性华人移民的个案研究，国际传播，2020（2）：77-85.

453. 阚立峻：青田华侨经济发展70年：回顾与展望，丽水学院学报，2020，42（1）：36-41.

454. 徐辉：青田县方山乡华侨留守儿童现状调查，八桂侨刊，2020（4）：82-93.

455. 张亚群、庞瑶：清华学校留美招生考试的特点与启示，湖北大学学报（哲学社会科学版），2020，47（6）：127-137+167.

456. 王彦、陈丽明、何莹钰：清末广西容县籍留日学生之研究，散文百家（理论），2020（5）：181-182.

457. 邓达宏、邓芳蕾：清末华侨的海外发展与跨国联系——以广东省嘉应州叶氏家族侨批为例，中共福建省委党校（福建行政学院）学报，2020（4）：162-168.

458. 彭贺超：清末练兵处调入留日士官生原因考析——兼论士官生与北洋派的关系，近代史研究，2020（4）：153-159.

459. 宫宏宇：清末留美乐人考（1900—1910），中国音乐学，2020（4）：46-60+4.

460. 宋水英、李海蓉：清末留日速成教育考论，山东农业工程学院学报，2020，37（11）：154-157.

461. 雷园园：清末留日学生对马克思主义法律思想的译介，新经济，2020（9）：51-54.

462. 汪帅东：清末留日政策演进与日语教材出版趋势关系研究，外国语言文学，2020，37（4）：437-448.

463. 赵颖：清末民初新马竹枝词与海外华人社会研究，长安学术，2020（1）：71-89.

464. 宋水英、李海蓉：清末首批粤籍官费留日生之考察，山东农业工程学院学报，2020，37（10）：141-145.

465. 赵颖：清末新加坡华文报刊的思想启蒙研究，今传媒，2020，28（11）：

67–71.

466. 路阳：丘汉平的华侨教育思想，华侨大学学报（哲学社会科学版），2020（3）：49–58.

467. 原晓龙：祛魅守正 破立并举——如何做好归国留学人员意识形态工作，黑龙江省社会主义学院学报，2020（3）：13–18.

468. 袁丁：去疆域化：金沙萨华裔空间的建构策略，建筑创作，2020（2）：248–255.

469. 杨伊、夏惠贤、王晶莹：去精英化背景下高校出国留学活动的价值分化研究，世界教育信息，2020，33（5）：47–54.

470. 于潇、王凌超：全面抗战时期的教育决策图景——以华侨师范教育政策运转为中心的考察，成都师范学院学报，2020，36（9）：8–15.

471. 邓思颖：全球华语语法研究：以"扎根"为例，中山大学学报（社会科学版），2021，61（3）：77–83.

472. 曹云华：全球化、区域化与本土化视野下的东南亚华文教育，八桂侨刊，2020（1）：3–14+36.

473. 韩元：全球化背景下跨族群华语写作的文化症候与解决之道，东岳论丛，2021，42（2）：107–117.

474. 路阳：全球化时代国际劳务移民治理析论，华侨华人历史研究，2020（2）：41–52.

475. 邢菁华：全球抗疫命运与共 华侨华人共克时艰——"海外华商谈抗疫"在线观察系列活动综述，华侨华人历史研究，2020（2）：95–96.

476. 周洪宇：全球疫情背景下西方发达国家留学政策的突变及应对，河北师范大学学报（教育科学版），2020，22（6）：21–28.

477. 张慧泽：泉州近代华侨民居建筑装饰的中西合璧研究——外廊建筑及装饰，北京印刷学院学报，2020，28（8）：50–52.

478. 姚冬琳、李伟纯：人海关系视角下我国和新加坡海洋教育内容比较与启示——以小学阶段我国《语文》和新加坡《华文》教科书为例，教育导刊，2020（3）：91–96.

479. 俞家海、朱献珑：人类命运共同体视野下的印度洋岛国华人华侨研究，印度洋经济体研究，2020（3）：82–93+156.

480. 于丹："人类命运共同体视域下的华侨华人"座谈会综述，华侨华人历史研究，2020（4）：95.

481. 许硕：人类命运共同体视阈下华人华侨对中国文化在拉美传播的贡献研究，百花，2020（8）：115–116.

482. 蔡鹏飞：人力资本与社会资本的增值转换——加拿大华人新移民的社会融入，

中南民族大学学报（人文社会科学版），2020，40（2）：78-81.

483．徐志民：日本的近代中国留日学生研究，近代史研究，2020（1）：147-159.

484．栾殿武：日华学堂在早期留日学生教育中所起的作用，东北亚外语研究，2020，8（1）：68-75+84.

485．朱锐：容闳留学教育思想及其实践探究，今古文创，2020（46）：81-82.

486．陈思佳：融合与冲突：新移民时期华人华侨在美国，西部学刊，2020（18）：137-139.

487．林卫国：山西的建设者，昔日的"红色特工"——越南归侨谭业其人其事，文史月刊，2020（9）：59-64.

488．姚宇：陕西"精神标识"优势与海外统战工作的推进，陕西行政学院学报，2020，34（4）：8-12.

489．周海玲：汕头华侨经济文化合作试验区科技创新中心建设的战略选择及实施路径，汕头大学学报（人文社会科学版），2020，36（9）：47-52+95.

490．于延亮：上海华侨联合会会刊述略，八桂侨刊，2020（1）：37-46.

491．邵岑、洪姗姗："少子化"与"老龄化"：马来西亚华人人口发展特点与趋势预测，华侨华人历史研究，2020（2）：11-23.

492．冷剑波、王琛发："社"与海外"客家"认同的建构——以海珠屿大伯公庙为中心的讨论，文化遗产，2020（6）：108-115.

493．潮龙起、吴俊青：社会动员视域下的民族主义话语与抗战时期华侨祖国认同的构建，华侨华人历史研究，2020（4）：68-77.

494．刘薇、施雨丹：深度 长度 广度——新加坡国家认同教育特色探析，中小学德育，2020（11）：9-13+34.

495．罗杨："生成"中的融入之道：柬埔寨华人社团的组织变革与社会适应研究，华侨华人历史研究，2020（4）：40-49.

496．凌富亚：声援、动员、维权——从1930年"萧信庵案"看华侨的民族主义诉求，华侨华人历史研究，2020（1）：80-87.

497．张应龙：盛世修史：《广东华侨史》编修工程侧记，韩山师范学院学报，2020，41（5）：2-5.

498．何茂莉、杨天一："食为媒"视野下的中西饮食文化交流研究——兼论马德里中餐馆的生存现状，世界民族，2020（6）：86-95.

499．焦海燕、陈先松：使臣日记与清政府东南亚华侨政策的转变，历史档案，2020（3）：115-120.

500．吴铭：世界华人经济论坛：进一步凝聚全球华人力量共抗疫情，中国对外贸易，2020（6）：19-20.

501．胡建刚、洪桂治、张斌、孙菁、赵雅青：世界华文教育年度发展报告

（2019），世界华文教学，2020（1）：3-17.

502. 韩雪："世界记忆遗产"视野下侨批文化传播探略，今古文创，2020（6）：93-96.

503. 黄智春：试析非洲华侨华人在"一带一路"倡议推进中的作用，四川省社会主义学院学报，2020（3）：92-96.

504. 张文芝：试析云南陆军讲武堂华侨学生致南洋同胞书的价值与作用，云南档案，2020（3）：35-38.

505. 叶隽：试玉辨才活水来——史学家张贵永的通识及其留德背景，书屋，2020（12）：37-40.

506. 王真真、曾繁健："丝路"华文教育与当代中国文化的西渐之路，浙江理工大学学报（社会科学版），2021，46（1）：50-57.

507. 叶隽：思君雄才良凄楚——作为艺术史家的留德学人滕固，书屋，2020（8）：26-29.

508. 张睦楚：索我中华之尊严：留美中国学生域外救国活动的开展——以"山东问题"为视角，井冈山大学学报（社会科学版），2020，41（1）：43-53.

509. 赵殿红、袁琴：他乡与故乡：美国华人基督徒与公理会在华南的传教活动，学术研究，2020（8）：124-133+178.

510. 杨新新：台湾当局对泰北山区华文教育援助的演变："文教帮扶"与"政治扶持"，台湾研究集刊，2020（3）：102-110.

511. 顾珈瑗：泰北华裔留学生中华文化认同个案研究，世界华文教学，2020（2）：3-14.

512. 顾珈瑗：泰北华裔学习者汉语使用及学习情况调查，教育观察，2020，9（9）：138-141.

513. 周巍、安东：泰国北部华人语言态度研究，湘南学院学报，2020，41（1）：76-81.

514. 王国安：泰国华文新媒体发展分析，新闻研究导刊，2020，11（23）：154-155.

515. 周婉莹：泰国华校汉语教学的研究综述，文学教育（上），2020（2）：170-171.

516. 吴云龙：泰国客属汉王庙的历史及功能，八桂侨刊，2020（3）：39-46.

517. 杨同用、任丽园：泰国清莱府华校汉语教师现状调查分析与对策，汉字文化，2020（8）：72-73.

518. 赵凯凯、薄彤、张丽：泰国中医专业本科生汉语课程教学初探——以泰国华侨崇圣大学为例，教育教学论坛，2020（35）：137-138.

519. 王圣：坍缩、回溯与纯爱消解——华语青春片的青春话语衰变，电影文学，

2021（11）：25-31.

520. 王康娟：谈谈从华侨文化到华人企业的发展，中小企业管理与科技（中旬刊），2020（5）：132-133.

521. 陈敏：探讨"融媒体+侨乡文化"的实践路径，新闻潮，2020（8）：28-30.

522. 蔡慧姿、张伯礼：探讨中医药在新加坡的发展现状与未来趋势，天津中医药大学学报，2020，39（1）：7-11.

523. 燕新华：探析双重国籍原则对吸引海外人才的作用及启示，南方论刊，2020（12）：67-69.

524. 刘聪：探析影响越语专业学生赴越留学经历中语言学习效果的因素——以广西民族师范学院为例，山西青年，2020（3）：241-242.

525. 周序桦、王俊暐：唐人街及其他：秦艾娃、都市采食与美国城市新景观，鄱阳湖学刊，2020（5）：60-72+127.

526. 赵殿红：唐廷桂等华人致加州州长毕格勒的公开信，唐廷枢研究，2020（1）：155-161.

527. 宋欢：提升高校青年留学归国人员对"四个自信"的价值认同研究，学校党建与思想教育，2020（18）：94-96.

528. 甘振军：天津与非洲关系的历史考察——兼论华商在津非关系中的作用，八桂侨刊，2020（4）：58-65.

529. 罗大波：突破禁锢　放胆践行——东方市华侨经济区的改革实践与探索，今日海南，2020（12）：57-58.

530. 周开媛：土地神的"二元结构"及其再创作——印尼棉兰华人地主公和拿督公信仰的比较分析，华侨华人历史研究，2020（4）：21-31.

531. 王寅峰、刘芳彬、于晓琳、杨海红：推动与改进海外华文教育的几点思考，深圳信息职业技术学院学报，2020，18（1）：30-34.

532. 光持："推—拉"合力：从社会结构视角看马来亚华人移民变迁，科学经济社会，2020，38（4）：55-62.

533. 张书：晚清古巴华工出洋原因再析——以古巴华工口供为中心的考察，八桂侨刊，2020（4）：3-10.

534. 马一：晚清广东督抚对出国华工与海外侨胞的保护，芜湖职业技术学院学报，2020，22（2）：17-20.

535. 武俊含：晚清华侨助推中国经济现代化研究，科技经济导刊，2020，28（6）：17-19.

536. 张亚光、沈博：晚清时期南洋地区中华商会的角色定位及其实践，华侨华人历史研究，2020（1）：20-29.

537. 吕丽盼：晚清思想变革的另一面向：《多妻毒》中的澳大利亚华人书写，华侨华人历史研究，2020（2）：73-81.

538．舒习龙：晚清至民国东南亚华侨史之学术批评，东方论坛，2020（5）：74-84.

539．吴星彬、孙大光：为海外华侨建立一个属于自己的"家"——专访中哥文化教育中心主任宋晓宁，侨园，2020（10）：48-49.

540．黄璐：温州华人华侨对刘基文化的传承现状及其相关思考，文教资料，2020（10）：68-69+111.

541．翟韬：文化冷战与华侨华人：美国对东南亚华侨华人的宣传渗透，东南亚研究，2020（1）：134-151+158.

542．安焕然：文化纽带的延伸与重建：评曾玲《新加坡华人宗乡文化研究》，华侨华人历史研究，2020（3）：94-96.

543．王森林：文化认知而非宗教信仰：胡适与基督教的关系再认识——以胡适留美时期的"皈依基督教事件"为中心，安庆师范大学学报（社会科学版），2020，39（6）：41-49+59.

544．龚平：我的母亲——著名华侨女记者黄薇，百年潮，2020（1）：73-76.

545．陈扬霖、岳昌君：我国高校学生留学趋势及影响因素：2005-2017，教育学术月刊，2020（5）：40-45+111.

546．凌敏：我国海外移民回流原因、阻碍及对策，中国经贸导刊（中），2020（8）：147-148.

547．李浴洋："五四"在东南亚——王润华教授访谈录，汉语言文学研究，2020，11（4）：139-144.

548．马先睿：五四留日学生爱国团体的建立及其活动——以"夏社"为中心，广东党史与文献研究，2020（2）：16-23.

549．钱霖仪：五四运动中南洋华侨抵制日货运动研究，西部学刊，2020（7）：77-79.

550．王婧：五邑侨乡传统图案的数字化传承研究，工业设计，2020（3）：148-149.

551．严琴：五邑侨乡文化在现代家纺设计中的应用，五邑大学学报（社会科学版），2020，22（1）：7-10+20+93.

552．陈日红：武昌艺专留日教师史略，湖北美术学院学报，2020（3）：45-50.

553．深圳侨务工作理论研究课题组：习近平侨务工作重要论述在深圳的创新实践，特区实践与理论，2020（5）：17-23.

554．谭丽娟：习近平总书记关于海外统战的理论基础、内涵特点及时代价值，领导科学论坛，2020（21）：17-21.

555．张梅：习近平总书记关于侨务工作论述的五重情怀，中央社会主义学院学报，2020（5）：181-187.

556．陈云云：习仲勋侨务思想及其当代启示，中国矿业大学学报（社会科学版），

2021，23（2）：149–160.

557．李忠壹：系统论视角下海外侨胞在"一带一路"建设中的积极作用，辽宁大学学报（哲学社会科学版），2020，48（4）：167–171.

558．高艳杰、张长虹：厦门大学南洋研究院图书馆馆藏资料评析——兼论当代中国东南亚历史研究的变迁，中共党史研究，2020（1）：147–153.

559．蔡灿龙：厦门"海外华裔文化寻根夏令营"现状与对策，集美大学学报（教育科学版），2020，21（6）：61–65.

560．徐骥：先生居"江夏"——祖父徐悲鸿的南洋遗踪，艺术收藏与鉴赏，2020（2）：125–132.

561．张祚崟、朱小宝：湘籍留日学生与湖南近代教育发展，江西社会科学，2020，40（5）：247–253.

562．段田园：想象世界里的人生——论在美华裔的跨文化身份认同，散文百家（理论），2020（4）：185.

563．赖德霖：校园文化的影响：从成长于清华学校的中国留美建筑家谈起，建筑师，2020（4）：84–92.

564．徐跃：携笔从戎赴国难　舍家报国无怨悔——越南归国华侨方川的家国情怀，黄埔，2020（1）：32–35.

565．耿羽：新冠肺炎疫情防控期间中国社交媒体中的海外华人形象——基于爬虫技术获取大数据的分析，华侨华人历史研究，2020（3）：10–20.

566．吴俊青、潮龙起：新冠肺炎疫情下澳大利亚华侨华人的公共外交，统一战线学研究，2020，4（6）：85–93.

567．陈奕平、许彤辉：新冠疫情下海外中国公民安全与领事保护，东南亚研究，2020（4）：139–152+158.

568．程丛杰：新桂系集团成立初期与南洋华侨经济互动初探，河北民族师范学院学报，2020，40（3）：104–109.

569．李文、徐理群：新加坡：多元社会条件下的国家认同构建，中央社会主义学院学报，2020（4）：158–166.

570．王相、魏本亚：新加坡PSLE华文基础知识命题设计特点探析，语文教学与研究，2020（23）：136–140.

571．邢永川、韦守：新加坡华人谱牒的传播特征与价值，文化与传播，2020，9（5）：24–28.

572．钟建华：新加坡开埠初期潮、广、客方言帮民间信仰的建构——以粤海清庙、海唇福德祠与福德祠绿野亭为例，闽台文化研究，2020（3）：59–66.

573．熊坚、彭向阳、熊海州：新加坡龙狮运动发展的经验与启示，体育科技文献通报，2020，28（11）：1–3+6.

574. 周燕玲：新加坡马来西亚与潮汕侨乡建筑审美装饰比较研究，建材与装饰，2020（6）：88-89.

575. 黄晓玲：新加坡早期港口城市规划与华人商业——兼论粤籍批局的经营网点分布，海洋史研究，2020（1）：50-66.

576. 陈嘉俊：新媒体时代海外华文媒体传播力构建策略探析，传播力研究，2020，4（3）：24-25.

577. 刘茜野：新媒体时代海外华文媒体的机遇与挑战——美国中部地区华文媒体现状分析，电视研究，2020（3）：94-96.

578. 周洁：新时代潮汕侨乡转型发展的文化动能，汕头大学学报（人文社会科学版），2020，36（7）：56-64+95.

579. 彭宏科：新时代地方人大民族华侨外事工作之我见，人民之友，2020（6）：54.

580. 郭熙：新时代的海外华文教育与中国国家语言能力的提升，语言文字应用，2020（4）：16-25.

581. 赵惠霞、樊静静：新时代菲律宾华人华侨的文化属性与身份认同，今传媒，2020，28（4）：14-18.

582. 姜晓艳：新时代归国留学人员思想状况调研报告——以南京市为例，上海市社会主义学院学报，2020（4）：58-64.

583. 陈世柏、李云：新时代海外侨胞中华民族共同体认同建构的核心要义与价值导向，广西社会科学，2020（5）：66-71.

584. 高灯明：新时代海外侨胞助推"一带一路"建设探析，学理论，2020（9）：17-20.

585. 孙雨：新时代海外统战工作研究——基于对海外华人华侨和归国人员国情认知状况的调查与思考，辽宁省社会主义学院学报，2020（3）：31-36.

586. 陈姗姗、张向前：新时代华侨华人与中国服务业高质量发展动力研究，东南亚纵横，2020（3）：86-93.

587. 董昕峤、张向前：新时代华侨华人与中国高端服务业发展动力研究，科技管理研究，2020，40（19）：24-29.

588. 张琳馨、高莹、张向前：新时代华侨华人与中国金融业高质量发展研究，特区经济，2020（8）：83-86.

589. 董怡漩、张向前：新时代华侨华人与中国经济高质量发展人才支持体系研究，特区经济，2020（4）：142-147.

590. 黄子煜、吴嘉雯、陈宇昕、张向前：新时代华侨华人与中国先进制造业发展动力研究，特区经济，2020（5）：22-29.

591. 肖大卫、张向前：新时代华侨华人与中国制造业高质量发展动力研究，特区经济，2020（2）：127-130.

592. 贾益民：新时代华文教育的融合与发展——在第四届国际华文教学研讨会上的总结发言，世界华文教学，2020（1）：34-40+2.

593. 邓育文：新时代客家音乐海外传播探索，黄河之声，2020（10）：21-22.

594. 莫泰熙：新时代马来西亚华文教育发展的新趋势，世界华文教学，2020（1）：45-48.

595. 邵鹏鸣：新时代琼籍华人华侨助推海南自贸区（港）建设，国际融资，2020（12）：30-34.

596. 李立新：新时期高校文化养老需求分析与对策——以华侨大学为例，高校后勤研究，2020（6）：85-88.

597. 陈世柏、李云：新时期海外乡亲慈善捐赠的区域比较：广州案例，汕头大学学报（人文社会科学版），2020，36（7）：65-72+95-96.

598. 陈世柏、李云：新时期海外乡亲捐资办学综述——以广州为例，五邑大学学报（社会科学版），2020，22（2）：6-10+93.

599. 李锦文：新时期华文教育开展途径研究，长江丛刊，2020（17）：145+147.

600. 冯宁：新时期加强高校归国留学人员统战工作的对策研究，福建教育学院学报，2020，21（1）：64-67.

601. 林发军、田兆军：新时期留学工作中的安全问题研究，高校后勤研究，2020（9）：86-88.

602. 冯丹、陈思宇、荀怡：新时期青年归国留学人员群体基本情况与思想动态调查，中国人事科学，2020（7）：43-54.

603. 黄杰忠、宋显云：新时期推进缅北地区华文教育发展的挑战及对策研究，佳木斯职业学院学报，2020，36（4）：121-123.

604. 赵小琪、王婧苏：新世纪旅美华人游记中的美国漫游模式论，贵州社会科学，2020（4）：30-38.

605. 张笛：新世纪马来西亚华文教育研究综述，八桂侨刊，2020（1）：81-93.

606. 李可爱、王君：新世纪我国新移民跨国迁移影响因素实证分析，八桂侨刊，2020（3）：29-38.

607. 黄启庆：新形势下看汉语国际教育与华文教育的双流合一，云南师范大学学报（对外汉语教学与研究版），2020，18（5）：80-86.

608. 陈王栻、詹慧静、洪映、留嘉遥：新型冠状病毒疫情期间意大利华侨心理状况的调查，心理月刊，2020，15（17）：46-47+50.

609. 詹娜：新中国成立70周年与华侨华人的家国情怀——第四届"国际移民与海外华人"国际学术研讨会综述，华侨华人历史研究，2020（1）：94.

610. 姜帆：新中国初期缅甸华侨国籍问题解决方案与成效，广东党史与文献研究，2020（2）：41-49.

611. 张赛群：新中国侨务扶贫政策演变及特征分析，华侨大学学报（哲学社会科学版），2020（1）：65-72+86.

612. 任贵祥：新中国三十年侨汇政策研究（1950—1980），吉林大学社会科学学报，2020，60（4）：186-199+239-240.

613. 叶介甫：许更魂：从华侨成长起来的革命英烈，工会信息，2020（12）：20-23.

614. 梅彬、汪鸿等：亚洲唐人街 华人南下发展史的缩影，环球人文地理，2020（C1）：16-25.

615. 上官小红：演变与分歧：暨南局与北洋政府的侨务理念，北华大学学报（社会科学版），2020，21（5）：59-66+152-153.

616. 赖骏楠：杨度第二次留学日本就读学校考（1903～1907），法律史评论，2020，15（2）：125-130.

617. 吴殿卿：叶飞上将开创我国侨务工作新局面，党史博览，2020（5）：51-55.

618. 张钊：一部多元化特色鲜明的海外华商研究佳作——评林勇等《海外华商：历史传统、跨国网络与经济互动》一书，八桂侨刊，2020（4）：94-96.

619. 朱振兴：一部美国华侨堂会研究的力作——评潮龙起《移民、秩序与权势：美国华侨堂会史研究》，八桂侨刊，2020（2）：89-92.

620. 于明波：一部研究澳大利亚亚洲移民问题的最新力作——评张秋生著《澳大利亚亚洲移民政策与亚洲新移民问题研究——20世纪70年代以来》，华侨华人历史研究，2020（1）：88-90.

621. 代毓芳、张向前："一带一路"背景下华侨华人与中国企业"走出去"研究——基于社会资本理论，经济视角，2020（5）：100-108.

622. 张少丹："一带一路"背景下柬埔寨华文教育现状与趋势研究，广西教育，2020（23）：46-48.

623. 廖宗钰："一带一路"背景下缅甸华文报新闻报道对中国国家形象的影响研究——基于缅华网的案例分析，视听，2020（4）：178-179.

624. 刘佳："一带一路"背景下缅甸华文媒体的变革与发展，新闻传播，2020（12）：21-22.

625. 徐毅华、刘继凤："一带一路"背景下侨批档案与文化研究——以"东兴汇路"为例，现代职业教育，2020（34）：34-35.

626. 彭鸿绪、吴欣怡、张斌、陈小辉："一带一路"背景下中国传统园林建筑在南洋的传播与发展——以新加坡与马来西亚为例，建筑与文化，2020（4）：119-123.

627. 段婷、李蔚："一带一路"倡议下我国与东南亚地区的文化交流探索，产业与科技论坛，2020，19（20）：71-72.

628. 高林："一带一路"华商情——德国华商"一带一路"公益基金会（2019）贵州公益行，统一论坛，2020（1）：44-46.

629. 亢升、王庆林："一带一路"建设与海外华侨华人资源开发审思，广西社会科学，2020（11）：56-61.

630. 林少红："一带一路"视角下侨务工作新形势与新思路，山西社会主义学院学报，2020（1）：61-66.

631. 伍燕翎："一带一路"视域下马来西亚华人文教社团的建设和发展，宁波大学学报（教育科学版），2020，42（5）：63-72.

632. 康晓丽："一带一路"沿线五个典型侨务资源大国侨务政策比较及对我国启示，八桂侨刊，2020（3）：64-74+63.

633. 邢菁华、张洵君："一带一路"与华商网络：一项经济地理分析，浙江学刊，2020（3）：224-232.

634. 毛怡：一份近现代地理学史的重要文献——《侯仁之手稿笔记·留英期间手稿笔记》出版，自然科学史研究，2020，39（2）：262-264.

635. 邓锐、朱献珑：一个关帝信仰者的奋斗史——记留尼汪著名的华裔（客属）企业家侯沐凯，客家文博，2020（3）：60-64.

636. 龚平：一个华侨女记者的抗战经历，世纪，2020（5）：72-75.

637. 魏同：一线与非一线城市留美学生跨文化适应情况的比较分析，教育教学论坛，2020（49）：7-10.

638. 张岩：一战华工历史论述的语境变迁与意义重建，华侨华人历史研究，2020（1）：57-67.

639. 王小民：以大统战工作格局为引领　推进侨务工作创新发展，华人时刊，2020（4）：41.

640. 陆俭明：以国际视野、全球眼光思考华语和华语教学——序周清海教授《语言选择与语文教育》，华文教学与研究，2020（2）：18-20.

641. 陈国华：以侨乡文化为背景开展乡村研学旅行活动，试题与研究，2020（22）：88.

642. 吴元：以侨引侨："大侨务观"在福建的实践与探索，八桂侨刊，2020（3）：57-63.

643. 毕鹏波：以文化为纽带促进新时代海外统战工作新发展，湖北省社会主义学院学报，2020（4）：59-62.

644. 吴高璇、齐爱荣：艺术教育视域下20世纪30年代中国留日派的构建研究，艺术评鉴，2020（16）：182-184.

645. 李倩：疫情防控中"正能量谣言"的传播分析——以"华商太难""渴望回归中国"自媒体营销文为例，新闻前哨，2020（6）：12-14.

646. 疫情时代留学趋势：国别分化减弱，美国仍是主流，中国对外贸易，2020（12）：76–77.

647. 孟建军：疫情之下，海外华人制琴师的生存现状，乐器，2020（4）：4–7.

648. 柳苏凌、张明：疫情之下海外华人艺术家现状，乐器，2020（5）：4–9.

649. 余瑞冬：疫情中的加拿大华文媒体：努力求变克难前行，华人时刊，2020（12）：6.

650. 黎奕晴：意大利华人就业问题浅析，侨园，2020（9）：87–89.

651. 鲍蕊、姜航：意大利华裔青少年汉字学习策略及影响因素研究——以佛罗伦萨华文中学为例，海外华文教育，2020（3）：39–48.

652. 徐文：引领海外华人对自贸港宣传的探索，新闻文化建设，2020（10）：78–79.

653. 来源、渠默熙：饮食文化视域下秘鲁华人与当地社会关系研究，拉丁美洲研究，2020，42（5）：118–137+157–158.

654. 余德烁、段维彤、胡阳：印度的中文教育：综述与评估，南亚东南亚研究，2020（5）：138–152+158.

655. 张小倩：印度尼西亚邦加岛华人文化认同的历史与现状探析，世界民族，2020（2）：109–116.

656. 刘晋、蔡昌卓：印度尼西亚华文媒体的"一带一路"报道研究——以《国际日报》为例，传媒，2020（22）：50–52.

657. 杨曦、李玮：印度尼西亚雅加达地区华文教育现状调研及本土化教学资源开发构想，世界华文教学，2020（1）：59–68.

658. 克劳迪·苏尔梦、欧阳春梅、施雪琴、洪方园、胡玉洁、刘静、吴心慧、蔡淑芳：印度尼西亚中医药文化发展简史，八桂侨刊，2020（1）：15–29.

659. 林曙朝：印尼归国华侨苏景铭，文史月刊，2020（6）：53–56.

660. 徐敏：印尼归侨身份"边界"流变初探，华侨华人历史研究，2020（2）：33–40.

661. 王一鸣：印尼华人藏书家吴善禄述略，图书馆杂志，2020，39（10）：111–115.

662. 陈佩英：印尼坤甸潮州华人的词汇变迁，潮学研究，2020（1）：168–180+253.

663. 邵政达：英国华商的兴起、特征与趋势——以中餐业为中心，江苏师范大学学报（哲学社会科学版），2020，46（1）：64–76+123.

664. 柳深扬：用好侨资侨力 讲好温州故事——温州广播电视传媒集团对外传播交流的新探索，中国报业，2020（17）：66–67.

665. 李少军：有关清末留日运动史实的补充——基于新见近代日本涉华档案，人文论丛，2020，34（2）：266–275.

666. 郭光明、邱玉婷：语言安全视角下的华语竞争力研究，开封文化艺术职业学院学报，2021，41（3）：63—65.

667. 王晓梅：语言变异视角下的华语景观研究，通化师范学院学报，2020，41（9）：29—35.

668. 占林：语言经济学视角下柬埔寨华校华文教育中存在的问题分析，品位经典，2020（3）：101—105.

669. 王晓梅：语言景观视角下的海外华语研究，云南师范大学学报（哲学社会科学版），2020，52（2）：65—72.

670. 邵海燕、张云辉：庾恩锡与"华商亚细亚烟草公司"，云南档案，2020（4）：12—16.

671. 曹金祥：援西之辩：民国时期独立评论派的留学教育论争，现代大学教育，2020（1）：69—77.

672. 王琛发：阅读碑文方法论：重建南洋客家研究的认识与态度，嘉应学院学报，2020，38（2）：1—7.

673. 林曙朝：越南归侨叶季龙，文史月刊，2020（11）：42—49.

674. 阮福才、阮顺贵、陈氏金黄：越南胡志明市华人"天后圣母崇拜"的研究，妈祖文化研究，2020（3）：14—22.

675. 阮玉诗、黄黄波：越南南部华人文化传播与变迁：明月居士林，海洋史研究，2020（2）：325—340.

676. 冯润、陈仁、罗浩：粤籍华侨华人与21世纪海上丝绸之路经济带建设，社会科学家，2020（8）：103—108.

677. 亓延坤：粤籍侨胞与广东华侨文博事业建设和发展的关系探析，客家文博，2020（2）：64—68.

678. 陆赏铭、罗柳宁：云南耿马华侨农场生计变迁与经济发展研究，广西民族研究，2020（6）：150—156.

679. 吴桂韩：运用马克思主义统一战线理论最新成果指导新时代侨务工作，山西社会主义学院学报，2020（1）：5—9.

680. 张影：在奥运取消的一年回忆体育留学史（二），留学，2020（19）：72—75+7.

681. 于晓丽：在俄华人灰色经营问题解析，俄罗斯学刊，2020，10（1）：124—136.

682. 饶芃子、朱桃香：在异乡浪游的桂冠诗人——美籍华人张错的诗歌艺术，中国比较文学，2008（3）：77—84+125.

683. 姚彦琳、欧阳跃峰：赞赏·奖掖·疏离：李鸿章、陈兰彬因留美幼童而交往的三部曲，安徽师范大学学报（人文社会科学版），2020，48（1）：75—82.

684. 刘艳明：早期美国华人与种族主义的抗争（1848—1882），八桂侨刊，2020

（1）：47-56.

685. 高建深、陈奕平：战后马来西亚华人社会变迁对华文教育的影响，八桂侨刊，2020（2）：3-10.

686. 陈晓平：张之洞与香港华商，同舟共进，2020（5）：66-69.

687. 陈培元："真正的中英文化使者"——英籍华人刘芳传播中华文化纪实，华人时刊，2020（8）：50-51.

688. 张治国：政治家的语言生活和语言治理——以新加坡李光耀为例，陕西师范大学学报（哲学社会科学版），2020，49（5）：72-81.

689. 贺喜、张振江：智利华侨华人的源流变迁和历史贡献——《智利智京中华会馆120年简史》述评，世界民族，2020（2）：84-94.

690. 朱益飞：中共中央南京局海外统战工作考察，党的文献，2020（3）：88-94+113.

691. 杨娟娟：中国传统村落习惯法在国外华人社会发展的研究回顾，法制与社会，2020（33）：177-178.

692. 雷君、张忠：中国传统龙狮运动在东南亚的传承和发展——以新加坡、马来西亚、泰国为例，当代旅游，2020，18（17）：13-14.

693. 田烨、张禄秋：中国大陆老年移民群体的美国社会融入——以美国密歇根州中国大陆老年移民为例，深圳社会科学，2020（2）：103-112.

694. 李咚霓：中国官方语言的演变对海外华文教育的影响，国际公关，2020（1）：20.

695. 李响、李松霖：中国海外侨胞法律地位建构的误解及其澄清，法治论坛，2020（2）：328-336.

696. 李天宇：中国回教协会与民国时期的马印华侨保护，回族研究，2020，30（4）：58-63.

697. 管书合：中国近代科学防疫第一人：华人医学家伍连德与奉天万国鼠疫研究会，华夏文化论坛，2020（2）：348-356.

698. 宋葵、董红梅、石松、王菊芳：中国留学生跨文化学习影响要素调查与分析——以留美学生为例，高等农业教育，2020（4）：56-61.

699. 任江辉：中国人留日教育政策研究评析，齐齐哈尔大学学报（哲学社会科学版），2020（11）：151-154.

700. 曾繁健、王真真：中国学人"西"渐："丝路"华文教育兴盛的缘起，江西理工大学学报，2020，41（2）：100-106.

701. 胡正朴：中国学生留学回国就业问题浅析，中国大学生就业，2020（19）：34-39+54.

702. 李嘉郁："中国寻根之旅"夏令营发展探析，八桂侨刊，2020（1）：30-36.

703. 赵冲、严巍、布野修司：中国移民者对海外传统民居的影响——以维甘"石楼"为例，世界建筑，2020（11）：14–17+132.

704. 段晓红：中韩国际婚姻的跨国家庭纽带研究——以汉族婚姻移民女性为中心，华侨华人历史研究，2020（2）：24–32.

705. 严海建：中荷新约谈判与荷属东印度华侨权益（1942—1945），抗日战争研究，2020（2）：115–128+160.

706. 丁宏：中华文化与少数民族海外华人凝聚力，民族研究，2020（6）：67–75+140–141.

707. 陈肖英：中华饮食文化的流变与华人谋生策略——基于20世纪荷兰中餐馆华人的研究，世界民族，2020（4）：115–126.

708. 张珺、赵益巍：中美跨国科技专才网络的形成及其作用分析，八桂侨刊，2020（4）：11–21.

709. 敖凯：中日"互视"：留学、战争与善后，中国社会科学报，2020（9）：12.

710. 张晨怡：中西文化交汇与新加坡儒教复兴运动的兴起，世界民族，2020（2）：117–126.

711. 侣咏梅、任贵祥：周恩来对新中国侨务工作的奠基性贡献，党史研究与教学，2020（1）：4–12.

712. 陈雪：周恩来留日时期在东京的八个寓所，百年潮，2020（8）：81–87.

713. 廖欣欣：著名南洋华侨邱菽园研究综述，福建史志，2020（4）：44–48+72.

714. 李琳琳：走向世界的中国教育研究：华人学者的视角，现代大学教育，2020，36（5）：45–52.

715. 陈凤兰、梁在：族裔创业、市场竞争与双向影响——纽约唐人街巴士业发展历程探析，华侨华人历史研究，2020（2）：1–10.

境外中文期刊论文

1. 彭念莹：1920年代马来亚华人的主要阅读选择——日报副刊，南方大学学报，2020，6（6）：37–54.

2. 叶钟铃：1950年代新加坡华校学生运动史稿，华人文化研究，2020，8（1）：105–136.

3. 白伟权：19世纪末至20世纪初新马华人对地名的诠释与标准化——以新加坡《叻报》为主要研究材料（1887–1932），历史人类学学刊，2020，18（2）：67–96.

4. 林煜：爱国侨领梅培德生平纪要，广东文献季刊，2020，48（3=191）：40–45.

5. 束长生：巴西抗疫与新冠之后的中巴关系展望，华人研究国际学报，2020，12（2）：43–57.

6. 潘永强：变迁社会的学生运动：马来亚大学华文学会事件（1971–1974），南方大学学报，2020，6（6）：19–36.

7. 李威宜：槟城华人"公司"遗产化过程的主体想象，台湾人类学刊，2020，18（1）：61–121.

8. 许德发、张惠思：蔡元培的南洋跨境经历与华侨文化教育语境之探讨，教育研究集刊，2020，66（2）：1–36.

9. 郭代伟：参加美国南北战争的粤籍华人约瑟夫·皮尔斯，广东文献季刊，2020，48（2=190）：50–53.

10. 叶济铭：餐饮业遴选派驻东南亚员工之海外适应研究，全球科技管理与教育期刊，2020，9（2）：24–34.

11. 郭美芬：成为澳洲"台侨"——从邱垂亮的记忆与认同谈起，台湾风物，2020，70（2）：63–100.

12. 邓文龙：冲击与回应——21世纪马来西亚华人如何用行动来爱马来西亚，华人文化研究，2020，8（1）：153–162.

13. 林泉忠：从"身份"到"认同"——对话史学泰斗余英时，明报月刊，2020，55（5=653）：100–103.

14. 林泉忠：从"天下"到文化——对话史学泰斗余英时，明报月刊，2020，55（4=652）：58–61.

15. 孙雨声：从旅行家到军统特工：墨西哥华侨黄逸光生平事迹考述，传记文学，2020，116（5=696）：4–18.

16. 沈有忠：从软实力变锐实力？论孔子学院在"中国"崛起中的角色，展望与探索月刊，2020，18（12）：67–75.

17. 吴佳翰：从神殿、英灵到蚁丘：沙巴拿督公信仰的多样实践，亚太研究论坛，2020（67）：41–76.

18. 阮氏莲：从现代中秋节节俗看华人与越南人中秋节传统文化，语文教育论坛，2020（23）：7–16.

19. 江佑宗：从南洋风到社会写实主义：1940—60年代新加坡华裔艺术家的写实艺术，议艺份子，2020（34）：85–101.

20. 郑莉：［书评］蔡志祥《酬神与超幽》上下卷，华人研究国际学报，2020，12（1）：127–129.

21. 石晓宁：［书评］潮龙起《移民、秩序与权势：美国华侨堂会史研究》，华人研究国际学报，2020，12（2）：129–133.

22. 吕世聪：重新拼凑被遗忘的历史——从考古发现论新加坡在海上丝绸之路所扮演的角色，南洋学报，2020，74：159–180.

23. 刘建一：［书评］Caroline Plüss, Transnational Lives in Global Cities: A Multi-Sited Study of Chinese Singaporean Migrants，华人研究国际学报，2020，12（1）：135–139.

24．曾程双修：悼念图书馆界泰斗——李志钟博士，"国家图书馆"馆讯，2020，109（3=165）：29-31．

25．杨新新：地区与国际形势变化影响下的泰北山区华文教育史述论，南方大学学报，2020，6（6）：55-72．

26．张雅粱：东南亚的共享文化与无形文化遗产初探，文化资产保存学刊，2020（52）：51-76．

27．黄雅英：短期华语师资培育中跨文化素养课程的检视，台湾教育研究期刊，2020，1（3）：1-8．

28．林泉忠：断层后的现代中国——对话史学泰斗余英时，明报月刊，2020，55（6=654）：97-100．

29．容启聪：［书评］杜晋轩《血统的原罪：被遗忘的白色恐怖东南亚受难者》，台湾人权学刊，2020，5（4）：187-190．

30．吴坚：第三届东南亚国际论坛"命运共同体视域下的粤港澳大湾区和东南亚"综述，胡英芹，华人研究国际学报，2020，12（1）：99-102．

31．洪玉儒：工程师的另一篇章：美国华人史家麦礼谦，传记文学，2020，117（4=701）：70-84．

32．周贝：海归派抗日的号角——《中国留法比瑞同学会会刊》，湖北文献，2020（217）：73-83．

33．臧卓敏：海外传统音乐的生存逻辑探赜：以新加坡南音为对象的考察，华人研究国际学报，2020，12（2）：99-115．

34．海外华人及台侨之分布，侨务统计年报，2020（108）：12-14．

35．海外侨民文教工作之推展，侨务统计年报，2020（108）：30-38．

36．陈添来、黄妙芸：核心素养视域下华文独立中学的华文教学内涵新探，教育与教学研究，2020，2（1）：1-8．

37．吴佳翰：核心与边缘——马来西亚沙巴原民性的形塑，历史人类学学刊，2020，18（2）：97-139．

38．孟鸿："后达赖时期"海外藏情推析，中国边政，2020（222）：1-37．

39．林家穗、王枝灿、赖维淑：华人传统文化对国人善终选择之影响，安宁疗护，2020，24（1）：1-16．

40．李彦仪：华人教育哲学的当代发展、挑战与前景，元亨学刊，2020（6）：49-65．

41．庄诏钧、许功余：华人虚荣：构念分析与效度检验，本土心理学研究，2020（53）：103-180．

42．范军：华文武侠小说在泰国的传播与影响，台湾东南亚学刊，2020，15（1）：109-135．

43．陈庆昌：华语圈和日语圈之在地化国际理论建构，欧亚研究，2020（10）：

21—28.

44. 黎志刚，王晨辰："华商与中国和世界的社会经济政治变动"国际学术研讨会综述，华人研究国际学报，2020，12（1）：91—97.

45. 范军：［书评］黄清海《海洋视野下的侨批探微》，华人研究国际学报，2020，12（1）：131—133.

46. 陈荣照：回顾作协半个世纪的历史进程——张森林《砥砺前行：新加坡作家协会的发展之路》序，南洋学报，2020，74：287—292.

47. 叶肃科：金门大学的诞生与金侨兴学之关联：社会资本／融合分析，科际整合月刊，2020，5（2）：44—62.

48. 李建纬：近代福州莲宅林氏铸造家族及其作品流传——台湾与南洋诸地之考察，台湾文献，2020，71（2）：1—51.

49. 苏颖欣：噤哑之后：新马左翼历史的记忆政治与当代冷战叙事，台湾东南亚学刊，2020，15（2）：95—130.

50. 张珈健：［书评］巨龙之爪——中国在东南亚的政治、经济与文化渗透，亚太研究论坛，2020（67）：123—130.

51. 江柏炜：「金门学」的可能性：一种全球地域学的地方社会研究取向，历史台湾，2020（19）：7—51.

52. 何月妃：教育部推动新南向政策马来西亚华校联合会总会中学体育教师来台学习之探讨，运动健康休闲学报，2020（11）：114—120.

53. 宋燕鹏：［书评］精益求精 别有洞天——《南洋华踪：马来西亚霹雳怡保岩洞庙宇史录与传说》读后，马来西亚华人研究学刊，2020（24）：97.

54. 王萍、覃凤娟、文雪：家国情怀、文化认同：第四届"国际移民与海外华人丽水论坛"国际学术会议综述，华人研究国际学报，2020，12（1）：103—110.

55. 吴龙云：聘雇与解雇：大众视野下的华校校长与董事课题，南洋学报，2020，74：113—131.

56. 何邦立：抗日战争中的滇缅公路与南侨机工，中华战略学刊，2020（109）：115—140.

57. 胡春艳、Phin-Keong Voon、Chin-Seng Goh：抗争与妥协——马来西亚华社对华族母语教育政策制定的影响，Malaysian Journal of Chinese Studies，2020，9（2）：63—65.

58. 谢欣芩：空间越界与多重身份：当代台湾纪录片中新移民女性的家庭实践，女学学志，2020（46）：41—78.

59. 林明发：客自南洋来：王啸平的身份认同与在地实践，南洋学报，2020，74：133—157.

60. 章丽君："理想国之路"——论方天主编《蕉风》时期的寓言与童话书写寄

寓，马来西亚人文与社会科学学报，2020，9（1）：27–46.

61. 王梅香：冷战时期非政府组织的中介与介入：自由亚洲协会、亚洲基金会的东南亚文化宣传（1951—1959），人文及社会科学集刊，2020，32（1）：123–158.

62. 宋燕鹏：［书评］李建明《雪兰莪吉胆岛五条港村之渔村产业与社会文化变迁》，华人研究国际学报，2020，12（1）：123–126.

63. 刘俊：冷战与世界华文文学——评金进的《冷战与华语语系文学研究》，南洋学报，2020，74：293–300.

64. 颜国梁、胡依珊：马来西亚华文独中教师评监制度实施意见之研究，学校行政，2020（127）：126–155.

65. 叶俊杰：马来西亚吉隆坡雪都区华文小学非华裔学生家长情况调查研究，教育与教学研究，2020，2（2）：11–21.

66. 潘碧丝、马瑛：马来西亚鲁乃福德祠研究，马来西亚人文与社会科学学报，2020，9（2）：71–84.

67. 邱克威：马来亚大学东亚图书馆藏中文古籍及其钤印探析，马来西亚人文与社会科学学报，2020，9（2）：1–42.

68. 阮涌俐、侯慧雯：马六甲华人甲必丹蔡士章与宝山亭之研究，历史人类学学刊，2020，18（1）：47–73.

69. 黄锦树："马华身后有一个民国的影子"——试论马华文学的民国向度，马来西亚华人研究学刊，2020（24）：1–18.

70. 马美婷：马来西亚当代咖啡消费文化的转变：时代变迁下的槟城乔治市传统咖啡店，亚太研究论坛，2020（68）：43–74.

71. 邱志庠、韩坤峰、陈国彦：马来西亚留台湾华裔大学生与台湾当地大学生在性知识比较之研究，性学研究，2020，10（2）：81–99.

72. 马瑛、潘碧丝：马来西亚史里肯邦安（沙登）客家新村现状调查，马来西亚人文与社会科学学报，2020，9（1）：1–26.

73. 洪丽芬、林凯祺：马来西亚中文高等教育的办学形式和内容——以马来西亚博特拉大学中文课程为例，教育与教学研究，2020，2（2）：1–10.

74. 黄琦旺：马来亚时期白话文教学与马华文学语言的特殊性初识：从切音文字谈起，南方大学学报，2020，6（6）：1–18.

75. 张康文："马华鲁迅"与"东亚鲁迅"：对话的可能与不可能，思想，2020（39）：187–200.

76. 李佩珊：美"中"近期争端：美国限制中国大陆孔子学院发展之研析，展望与探索，2020，18（9）：1–6.

77. 叶尔建：美领前期菲律宾华商活动的历史地理（1900—1930年代）——以砂糖贸

易与木材业为例，台湾师大历史学报，2020（63）：135–179.

78. 高森信男：秘密南方：冷战初期台湾／东南亚美术交流，现代美术，2020（198）：15–22.

79. 司徒宇：缅甸在地非政府组织的相互链接：以"克钦邦与北掸邦人道援助参与策略"为例，亚太研究论坛，2020（68）：117–142.

80. 邱佳琪：浅谈"华语文教学"概念在新加坡与香港的异同，华文世界，2020（126）：124–127.

81. 曾俊萍：浅谈马来西亚政府中学的教育制度，国文天地，2020，36（3=423）：26–30.

82. 黄天：秋瑾赴日留学引路人服部繁子的遗文研究（外二篇），文化杂志，2020（108）：6–23.

83. 李志贤：权力中心的整合与变迁：19世纪以后新加坡潮人社团纷争探析，华人研究国际学报，2020，12（1）：1–22.

84. 黄懿慧：全球化时代下华人社会的传播理论建构与实务发展，传播与社会学刊，2020（51）：v–viii.

85. 范昕：全球化与逆全球化：后疫情时代"一带一路"倡议在东盟的发展，华人研究国际学报，2020，12（2）：125–127.

86. 邢菁华：全球抗疫命运与共 华侨华人共克时艰："海外华商谈抗疫"在线系列观察（报告一），华人研究国际学报，2020，12（1）：111–122.

87. 邢菁华：青山一道同云雨 明月何曾是两乡："海外华商谈抗疫"在线系列观察（报告二），华人研究国际学报，2020，12（2）：117–123.

88. 王思萌、陈柙兵、雷丹宇：如何转危为机：法国华商受新冠疫情催化实现商业模式转型的一项实证研究，华人研究国际学报，2020，12（2）：1–23.

89. 廖筱纹：柔佛与晚清——浅尝即止的邦国外交拓展（1878–1895），南洋学报，2020，74：191–222.

90. 吴玮岷、张晓威：孙中山与陆佑关系考，马来西亚华人研究学刊，2020（24）：19–40.

91. 吴晓芳：社会政治空间转换下的东南亚华语和汉语方言实证分析与理论思考，华人研究国际学报，2020，12（1）：23–40.

92. 杨新新：社会主义国家的华人组织——古巴革命以来华人社团的历史变迁与现状分析，历史人类学学刊，2020，18（1）：115–150.

93. 苏芸若：狮城善女人——19世纪以来的新加坡斋姑社群，近代中国妇女史研究，2020（35）：121–181.

94. 北京大学台湾研究院、刘佳雁：实现同胞心灵契合 增进和平统一认同——第五届中华文化论坛综述，中国评论，2020（265）：82–92.

95．迟恒昌：食物的跨界与流动：台湾泰国菜与英国珍奶，亚太研究论坛，2020（68）：83–86.

96．胡其瑞：数字人文视野下的华人宗教研究：以DocuSky数字人文学术研究平台为例，华人宗教研究，2020（16）：137–168.

97．林立：使节、诗人、迁客：论左秉隆及其《勤勉堂诗抄》，南洋学报，2020，74：35–56.

98．陈海粟：她们为什么要回国？——探索回流理论新视角，文化研究季刊，2020（171）：43–65.

99．林开忠、萧新煌：台湾东南亚研究的发展与特点：以《亚太研究论坛》（1996—2019）、《台湾东南亚学刊》（2004—2017）与硕博士论文（2008—2019）为例，亚太研究论坛，2020（67）：77–98.

100．汤家伟、庄俊儒、张其禄、洪雅琪：台湾华语师资在新南向国家之竞争优劣势：菲律宾华校观点，教育科学研究期刊，2020，65（3）：55–79.

101．王珩：台湾教育部"对外华语文教学能力认证考试"中的"华人社会与文化"考题适切性探讨，台湾华语教学研究，2020（20）：57–70.

102．陈建发：［书评］《铁丝网之后：1948至1960年紧急状态下的华人新村》，马来西亚人文与社会科学学报，2020，9（1）：67–69.

103．苏翊豪：同极相吸？南方国家之间的公私协力伙伴关系：以中国厂商在泰国与缅甸的公共建设投资为例，问题与研究，2020，59（2）：127–166.

104．王宏仁：威权但防御的国家：回应《越南工人的众声喧闹》，亚太研究论坛，2020（68）：159–161.

105．徐晓东：晚清苏里南契约华工招募与移民研究，华人研究国际学报，2020，12（1）：71–90.

106．李爱慧：［书评］William Ging Wee Dere, Being Chinese in Canada: The Struggle for Identity, Redress, Belonging，华人研究国际学报，2020，12（2）：139–144.

107．黄琦旺：现实与身份认同——论鲁白野的马来亚叙事，台北大学中文学报，2020（27）：145–182.

108．陈玉华、吴伟怡：香港的食物本土主义与跨境政治：新冠疫症与颜色消费，亚太研究论坛，2020（68）：7–41.

109．范昕：新冠疫情与海外华人身份认同的重构：新加坡的个案分析，华人研究国际学报，2020，12（2）：25–41.

110．杨惟安：新加坡华人社会对英殖民地政府废婢政策的讨论（1919—1932），国史馆馆刊，2020（63）：1–3+5–35.

111．符传丰、苏启祯：新加坡华文教师中华文化素养初探，国文天地，2020，35（9=417）：44–58.

112. 符传丰、郑迎江、刘渼：新加坡华文课程沿革总览，国文天地，2020，35（9=417）：17–31.

113. 张一力、周峰、张倩影：新冠疫情对海外侨胞产业和回国意愿影响的研究：基于4325份青田华侨华人问卷的分析，华人研究国际学报，2020，12（2）：59–78.

114. 张康文：许德发：马华社会之文化权利及其文化再生产，思想，2020（39）：99–120.

115. 利亮时：［书评］评河合洋尚、张维安编，2020，《客家族群与全球现象：华侨华人在"南侧地域"的离散与现况》，全球客家研究，2020（15）：201–211.

116. 黄信洋：评萧新煌、张翰璧、张维安编，2020，《东南亚客家社团组织的网络》，全球客家研究，2020（15）：175–199.

117. 谢玉冰：《西游记》在泰国传播影响新论，台湾东南亚学刊，2020，15（1）：137–168.

118. 汤志杰：［书评］谢世维、郭承天编，《华人宗教与国族主义》（台北：政大出版社，2019年），中国文哲研究集刊，2020（56）：166–179.

119. 李焯然：序：从思想史说起——关于《理学、家族、地方社会与海外回响》，南洋学报，2020，74：301–304.

120. 谢国斌：印度尼西亚的族群政策，台湾国际研究季刊，2020，16（1）：41–69.

121. 何佩瑶：影响马来西亚华文独立中学学生华人认同之因素，教育与教学研究，2020，2（1）：9–19.

122. 李健友、哥美兹：隐性知识传承、世代转变与企业发展：马来西亚的华人家族企业，华人研究国际学报，2020，12（1）：41–70.

123. 蔡芬芳："由苦到安"——印度尼西亚客家华人成为穆斯林的情绪表述，历史人类学学刊，2020，18（2）：29–65.

124. 龚宜君：［书评］越南工人的众声喧闹——《全球生产压力链：越南台商、工人与国家》，亚太研究论坛，2020（68）：143–157.

125. 陈嘉凌：越南学生来台原因分析及招生策略规划——以台师大侨生先修部为例及其教学建议，华文世界，2020（125）：23–49.

126. 范若兰：战前马来亚的私娼治理及成效，华人研究国际学报，2020，12（2）：79–97.

127. 马学斌：张公权先生留学专业探究，传记文学，2020，117（4=701）：113–124.

128. 郑家庆：中国大陆在欧洲影响力之变动，展望与探索，2020，18（10）：104–125.

129. 杜振尊：中国海盗在华南沿海与海峡殖民地的活动（1840年—1860年），马来西亚华人研究学刊，2020（24）：41–66.

130. 吴聪慧：中国式家庭教育的反思——关于小说《藤校逐梦》的一种读法，马来西亚人文与社会科学学报，2020，9（1）：47–53.

131. 罗秀美：自我与南洋的相互定义——苏雪林、凌叔华、谢冰莹、孟瑶与钟梅音的南洋行旅，台湾文学研究学报，2020（30）：237–298.

132. 黄奕维：族群视角下的中星关系变迁，远景基金会季刊，2020，21（2）：55–113.

133. 李智伟、陈亿文：爪夷文书法教学政策：马来西亚中文报章报导之调查，马来西亚华人研究学刊，2020（24）：67–96.

134. 黎相宜：［书评］Zhao Jianli, Strangers in the City: The Atlanta Chinese, Their Community, Stories of Their Lives，华人研究国际学报，2020，12（2）：135–138.

外文期刊

1. ARANA D I. Luta estratégica para obter lealdades: discurso e políticas em direção a huaqiao华侨 através de relatórios de conferência na China（1951–1953）［J］. Diálogos, 2020, 24（1）: pp. 137–177.

2. BAI L P. Joint patronage in translating Chinese literature into English［J］. Babel, 2020, 66（4–5）: pp. 765–779.

3. BAUMLER A. Masculinity, Femininity, Sacrifice, and Celebrity during China's War of Resistance: Telling the Lives of the Aviators Yan Haiwen（1916–37）and Lee Ya-Ching（1912–98）［J］. NAN NU — Men, Women & Gender in Early & Imperial China, 2020, 22（1）: pp. 70–115.

4. BELOGUROVA A.Arc of containment: Britain, the united states, and anticommunism in southeast asia［J］. Journal of Chinese Overseas, 2020, 16（2）: pp. 303–306.

5. BLASI M G. A Philippine coolie trade': Trade and exploitation of Chinese labour in Spanish colonial Philippines, 1850–98［J］. Journal of Southeast Asian Studies, 2020, 51（3）: pp. 457–483.

6. BRADLEY K. Augmented Chinatown 2.0［J］. The Stage, 2020（39）: p. 18.

7. BRYANT L.France's Ethnic Chinese Community, Other Asians Complain of Coronavirus-Linked Discrimination［J］. Voice of America News / FIND, 2020.

8. CAHILL C D. "Our Sisters in China Are Free": Visual Representations of Chinese and Chinese American Suffragists［J］. The Journal of the Gilded Age and Progressive Era, 2020: pp. 1–8.

9. CHANG D F, NG N, Chen T, et al. Let Nature Take Its Course: Cultural Adaptation and Pilot Test of Taoist Cognitive Therapy for Chinese American Immigrants With Generalized Anxiety Disorder［J］. Frontiers in psychology, 2020, 11: p. 547852.

10. CHANG T F, QIN D B, WU L H C. Parenting-Acculturation Match and Psychosocial Adjustment for Academically Gifted Chinese American Adolescents［J］. Family Relations, 2020, 70（2）: pp. 619-636.

11. CHEN L, CHEN L, XU D W, et al. Anxiety and related factors of overseas Chinese from Wenzhou in Italy during the COVID-19 epidemic［J］. Chinese Mental Health Journal / Zhongguo Xinli Weisheng Zazhi, 2020, 34（7）: pp. 631-634.

12. CHEN Y E.One road, many dreams: China's bold plan to remake global economy［J］. Journal of Chinese Overseas, 2020, 16（1）: pp. 135-137.

13. CHEN Y Y, FENG L, YANG Z M. Study on the Use of Donations by Overseas Chinese in the Face of a Major Outbreak of coVID-19 — Take Qingtian, the Hometown of Overseas Chinese, for Example［J］. Journal of Simulation, 2020, 8（5）.

14. CHEN Z Y. An Analysis of Chinese American Literature from the Perspective of Cultural Translation［J］. Lifelong Education, 2020, 9（6）.

15. CHUANG Y, MERLE A.How Ethnic Mobilization Leads to Neighborhood Inclusion: Chinese Residents' Collective Action Against Insecurity［J］. Journal of Chinese Overseas, 2020.16（2）: pp. 165-190.

16. CUI R, 황기식. An Analysis on the Cultural Inheritance of Overseas Chinese Children-Focusing on the New Generation of Overseas Chinese in South Korea［J］. Journal of Western history, 2020, 56（1）.

17. CUI W W, HUA X H.An Analysis of the Stability of Human Resources in Overseas Chinese Enterprises［J］. International Journal of Social Sciences in Universities, 2020, 3（2）.

18. DEAN K. Religion and the Chinese Diaspora in Southeast Asia［J］. Review of Religion & Chinese Society, 2020, 7（2）: pp. 220-249.

19. DU J. Chinese Immigrants Acting as Local Residents: De facto Citizenship in the Banlieues of Paris［J］. Journal of Chinese Overseas, 2020, 16（2）: pp. 191-214.

20. DU Y. The United States Information Service magazine World Today: American Cold War Politics and the Cultural Nationalism of Overseas Chinese［J］. Comparative Literature Studies, 2020, 57（3）: pp. 408-419.

21. EAKSITTIPONG S. The Crown & the Capitalists: The Ethnic Chinese and the Founding of Thai Nation, Written by Wasana Wongsurawat［J］. Journal of Chinese Overseas, 2020, 16（1）: pp. 138-140.

22. GORANSON S, WONG M S, FUNG J. The Influence of Cultural and Generational Differences on the Ministry Experience of Chinese American Church Leaders［J］. Pastoral Psychology, 2020, 69（2）: pp11–28.

23. GUAN T C, GLORIA A M, CASTELLANOS J. Second–generation Chinese American female undergraduates: Psychosociocultural correlates of well–being［J］. Asian American Journal of Psychology, 2020, 11（4）: pp. 246–258.

24. HU M Y, LAURA G, WU B. Chinese American Caregivers of Older Adults With Alzheimer's Disease and Other Dementias: A Scoping Review［J］. Innovation in Aging, 2020, 4（Supplement1）: P. 160.

25. HUFF G, HUFF G. The Second World War Japanese Occupation of Singapore［J］. Journal of Southeast Asian Studies, 2020, 51（1–2）: pp. 243–270.

26. HYUN K J. Grandparenting and the Receipt of Filial Piety From Adult Children in Chinese American Families［J］. Innovation in Aging, 2020, 4（Supplement1）: pp. 345–346.

27. JENNIFER S. Schooling diaspora: women, education, and the overseas Chinese in British Malaya and Singapore, 1850s–1960s［J］. History of Education, 2020, 49（2）: pp. 283–285.

28. JIA Z M. Heart to Heart Cards: A Novel Tool for Engaging the Chinese American Community in End–Of–Life Care Conversations（GP749）［J］. Journal of Pain and Symptom Management, 2020, 60（1）: pp. 274–275.

29. JIANG N, WU B, ZHANG W.Oral Health, Immigrant Status, and Adult Children's Support Among Chinese American Older Adults［J］. Innovation in Aging, 2020, 4（Supplement1）: p. 800.

30. KEONG O S. Rebuilding Corridor, Preserving Prestige: Lim Boon Keng and Overseas Chinese-China Relations［J］. China and Asia, 2020, 2（1）: p. 161.

31. KHOR T, KH T H. Cai Yuanpei's Cross–Border Experience in Nanyang and Overseas Chinese Educational Context［J］. Bulletin of Educational Research, 2020, 66（2）: pp. 1–36.

32. KIM J H. Between the Pro–Communist and the Patriotism–Perspective of the Overseas Chinese in Southeast Asia on China through CIA documents during the early Cold War period［J］. Korean Studies of Modern Chinese History, 2020, 85: pp. 193–227.

33. KUO H Y. Schooling Diaspora: Women, Education, and the Overseas Chinese in British Malaya and Singapore, 1850s–1960s［J］. The Journal of Asian Studies, 2020, 79（2）: pp. 562–596.

34. KUO H Y. Ink of Nostalgia: A Review Article of Home is Not Here, Dear China, and

Recent Scholarship on China and the Chinese Overseas［J］. China & Asia, 2020, 2（2）: pp295-326.

35. KURNIATI R, SOPHIANINGRUM M, KHADIYANTO P, et al. A Model of Community Events as a Cultural Heritage Conservation Effort in Semarang Chinatown［J］. IOP Conference Series: Earth and Environmental Science, 2020, 409（1）: pp. 12-19.

36. KURNIAWAN H.Ethnic Chinese during the New Order: Teaching Materials Development for History Learning based on Multiculturalism［J］. Paramita Historical Studies Journal, 2020, 30（1）: pp. 46-54.

37. KWON S, TAN Y L, WONG J, PAN J. Mitigating the Impact of Long-Term Construction on the Health of Older Adult Residents in New York City's Chinatown［J］. Innovation in Aging, 2020, 4（Supplement1）: p. 28.

38. LAN J, WU J, GUO Y F, et al. CODAS methods for multiple attribute group decision making with interval-valued bipolar uncertain linguistic information and their application to risk assessment of Chinese enterprises'overseas mergers and acquisitions［J］. Economic Research-Ekonomska Istraživanja, 2020: pp. 1-17.

39. LI A H. William Ging Wee Dere, Being Chinese in Canada: The Struggle for Identity, Redress and Belonging［J］. International Journal of Diasporic Chinese Studies, 2020, 12（2）: pp. 139-144.

40. LEA B H, Chuang Y H.From Online Gathering to Collective Action at the Criminal Court: Descendants of Chinese Migrants Organizing Against Ethnoracial Discrimination in France［J］. Journal of Chinese Overseas, 2020, 16（2）: pp. 215-241.

41. LI P B. Joint patronage in translating Chinese literature into English: A case study on the Chinese Literature Overseas Dissemination Project［J］. Babel, 2020, 66（4-5）: pp. 765-779.

42. LI X F. Environmental Responsibility and Responsibility Management Report of Chinese Enterprises in Africa［J］. China Belt and Road Initiative Journal: Research Analysis and Perspectives, 2020, 3（2）: pp. 42-69.

43. LI Y. Institutional discrimination and workplace racism a double roadblock in the career paths of Chinese graduates in France［J］. Journal of Chinese Overseas, 2020, 16（2）: pp. 267-301.

43. LI Z P. Chinese Ethnic Media in France: Showcasing Entrepreneurial Success? ［J］. Journal of Chinese Overseas, 2020. 16（2）: pp. 242-266.

44. LI Z W, CHEN Y W. Jawi-Khat Introduction in Vernacular Schools：Malaysian Chinese Newspapers' Coverage［J］. Jurnal Pengajian Cina Malaysia Journal of Malaysian Chinese Studies, 2020（24）: pp. 67-96.

45. LIE S, SANDEL T. Unwelcomed Guests: Cultural Discourse Analysis of Comments on Ethnic Chinese in Indonesian Social Media［J］. Journal of Chinese Overseas, 2020, 16（1）: pp. 31–57.

46. LIM P M. Research on the beginnings of Cambodian sinophone literature Mekong yat pao and its literary supplements in the national archives of Cambodia, 1957–1967［J］. Journal of Chinese Overseas, 2020, 16（1）: pp. 117–134.

47. LINDSEY K, YI S S, JUDITH W R, et al.Acculturation and Diet Among Chinese American Immigrants in New York City［J］. Current Developments in Nutrition, 2020, 4（1）: p. 124.

48. LIU C H, LI H J, WU E, et. al. Parent perceptions of mental illness in Chinese American youth［J］. Asian Journal of Psychiatry, 2020, 47（C）: P. 101857.

49. LIU J F. From vegetarian hall to revolutionary relic: Overseas Chinese and the reshaping of a Buddhist temple in a Chinese qiaoxiang［J］. History and Anthropology, 2020: pp. 1–17.

50. LIU O. Creolised Confucianism: Syncretism and Confucian revivalism at the turn of the twentieth century in Java［J］. Journal of Southeast Asian Studies, 2020, 51（1–2）: pp. 154–174.

51. LIU Z G, SCHINDLER S, Liu W D. Demystifying Chinese overseas investment in infrastructure: Port development, the Belt and Road Initiative and regional development ［J］. Journal of Transport Geography, 2020, 87.

52. MA J, SUN M M. Research on Cultural Translation of Chinese American Literature and its Chinese Translation［J］. International Journal of Higher Education Teaching Theory, 2020, 1（4）.

53. MAO W Y, WU Bi, YANG W, et al. Neighborhood Cohesion, Acculturation, and Oral Health Problems Among Older Chinese American Immigrants［J］. Innovation in Aging, 2020, 4（Supplement1）: P. 820.

54. MAS'UDAH S. Remittances and Lifestyle Changes Among Indonesian Overseas Migrant Workers'Families in Their Hometowns［J］. Journal of International Migration and Integration, 2020, 21（3）: pp. 649–665.

55. MASLOVA E A, CECIONI R L. Chinese Migrants in Italy: A Socio–economic Portrait ［J］. Контуры глобальных трансформаций: политика, экономика, право, 2020, 13（1）: pp. 48–62.

56. ONG E. Rebranding china: Contested status signaling in the changing global order［J］. Journal of Chinese Overseas, 2020, 16（2）: pp. 311–313.

57. ONG K C. In the footsteps of the Chinese diaspora: Lee Kum Kee and its worldwide oyster

sauce trading network［J］. Asian and Pacific Migration Journal. 2020, 29（2）: pp. 186–206.

58. ONG S K. Rebuilding Corridor, Preserving Prestige: Lim Boon Keng and Overseas Chinese-China Relations［J］. China and Asia, 2020, 2（1）: p. 161.

59. PULFORD E. "book–review" Chinatown Unbound: Trans–Asian Urbanism in the Age of China［J］. Asian Ethnology, 2020, 79（2）: pp. 395–397.

60. QU Y, YANG B M, TELZER E H. The Cost of Academic Focus: Daily School Problems and Biopsychological Adjustment in Chinese American Families［J］. Journal of Youth and Adolescence, 2020, 49（8）: pp. 1631–1644.

61. RICHTER E L. Economic Development through Migration: Facilitating Skilled Migration to China through the Belt and Road Initiative［J］. The Chinese Journal of Comparative Law, 2020, 8（2）: PP. 331–350.

62. RUAN N. Hybrid Opportunities and Constraints: Chinese Top–Tier Overseas Postgraduate Students and Their Choices to Stay Abroad or Return Home［J］. International Journal of Chinese Education, 2020,（2）: pp. 173–193

63. SAI S M. Migration in the time of revolution: China, indonesia, and the cold war［J］. Journal of Chinese Overseas, 2020, 16（1）: pp. 141–144.

64. SARA C, ZHOU Q, CARMEN K, et al. Parent–Child Conflict Profiles in Chinese American Immigrant Families: Links to Sociocultural Factors and School–Age Children's Psychological Adjustment［J］. Family Process, 2020, 60（1）: pp. 169–185.

65. SASGES G. Acceleration in a time of war: Technology, nation, and ecology in the South China Sea, 1956–66［J］. Journal of Southeast Asian Studies, 2020, 51（4）: pp. 597–615.

66. SENG G Q. Revolutionary Cosmopolitanism and Its Limits the Chinese Communist Party and the Chinese in Singapore, Medan and Jakarta Compared（1945–1949）［J］. Journal of Chinese Overseas, 2020, 16（1）: pp. 1–30.

67. SHAO J P. A Study of Internet–Based Collaborative Translation Model for Chinese American Literature［J］. Journal of Physics: Conference Series, 2020, 1646（1）.

68. SITI M U. Remittances and Lifestyle Changes Among Indonesian Overseas Migrant Workers' Families in Their Hometowns［J］. Journal of International Migration and Integration, 2020, 21（3）.

69. SOETOMO S, KURNIATI R, RAHMAT R R B. The Power of Sense of Place for Residents of Chinatown Semarang［J］. IOP Conference Series: Earth and Environmental Science, 2020, 409.

70. STENBERG J. Xiqu in the philippines: From church suppression to megamall shows［J］. Journal of Chinese Overseas, 2020, 16（1）: pp. 58–89.

71. STRABUCCHI M M, Chan C. Questioning the Conditional Visibility of the Chinese （non）Normative Representations of China and Chineseness in Chilean Cultural Productions［J］. Journal of Chinese Overseas, 2020, 16（1）: pp. 90–116.

72. STEPHENSON G K. Schooling Diaspora: Women, Education, and the Overseas Chinese in British Malaya and Singapore, 1850s–1960s by Karen M. Teoh（review）［J］. Canadian Journal of History, 2020, 55（1）: pp. 168–169.

73. SUI W. Pai Hsien–Yung's Strategies of Homeland Description［J］. Journal of Eastern Liaoning University（Social Sciences）, 2020, 22（5）: pp. 101–105.

74. TAN L Y H. The Colonial Port as Contact Zone: Chinese Merchants and the Development of Godowns along Singapore River, 1827–1905［J］. Architectural Histories, 2020, 8 （1）: p. 20.

75. THORPE A. Chinatown Opera Theater in North America by Nancy Yunhwa Rao （review）［J］. Theatre Journal, 2020, 72（3）: pp. 387–389.

76. TIEN N I. Schooling Diaspora: Women, Education, and the Overseas Chinese in British Malaya and Singapore, 1850s—1960s by Karen M. Teoh［J］. Journal of the Malaysian Branch of the Royal Asiatic Society, 2020, 93（1）: pp. 174–175.

77. TRAN E, CHUANG Y H. Social Relays of China's Power Projection? Overseas Chinese Collective Actions for Security in France［J］. International Migration, 2020, 58（3） pp. 101–117.

78. TUMMALANARRA P, LI Z S, YANG E J, et al. Intergenerational family conflict and ethnic identity among Chinese American college students［J］. American Journal of Orthopsychiatry, 2020.

79. VARGAS M C, GARABILES M R, HALL B J. Narrative identities of overseas Filipino domestic worker community in Macao（SAR）China［J］. Journal of Community Psychology, 2020, 48（3）: pp. 977–993.

80. WAI L M. The Impact of Educational Training for Supporting Chinese American Family Caregivers［J］. Innovation in Aging, 2020, 4（Supplement1）: p. 447.

81. WANG C B, HUANG J. Desiring homeland: The return of Indonesian Chinese women to Maoist China［J］. Asian and Pacific Migration Journal, 2020,（2）: pp. 163–185.

82. WANG M, ZHAO M T, LIN M L, et al. Seeking Lost Memories: Application of a New Visual Methoddlogy For Heritage Protection［J］. Geographical Review, 2020, 111 （4）: pp. 1–19.

83. WIERINGA E P. Mother's tongue and father's culture; A late nineteenth–century

Javanese versification of Master Zhu's Household Rules（"Zhuzi Zhijia geyan"）
〔J〕.Wacana: Journal of the Humanities of Indonesia, 2020, 21（3）: pp. 384–407.

84. WILCOX E. When Folk Dance Was Radical: Cold War Yangge, World Youth Festivals, and Overseas Chinese Leftist Culture in the 1950s and 1960s〔J〕.China Perspectives, 2020, 2020（1）: pp. 33–42.

85. WONG, WU. Gambling behavior of ethnic Chinese and Vietnamese college students in the United States〔J〕.International Gambling Studies, 2020, 20（1）: pp. 14–36.

86. WU B, PEI Y l Pei, ZHANG W, et al.Immigrant Status, Resilience, and Perceived Oral Health Among Chinese Americans in Hawaii〔J〕.Research on Aging, 2020, 42（5–6）: pp. 186–195.

87. WU H M, TECHASAN S, HUEBNER T. A new Chinatown? Authenticity and conflicting discourses on Pracha Rat Bamphen Road〔J〕.Journal of Multilingual and Multicultural Development, 2020, 41（9）: pp. 794–812.

88. WU J L, LIU M D, OUYANG Y T, et al. Beyond Just Giving Care: Exploring the Role of Culture in Chinese American Personal Care Aides' Work〔J〕.Journal of Cross–Cultural Gerontology, 2020, 35（3）: pp. 255–272.

89. WUAB P, WALTERAC R, GAFFNEYAD D, et al.Identifying nineteenth century Trans–Pacific production and trade: A geochemical and stylistic study of Chinese opium pipe bowls from southern New Zealand〔J〕.Journal of Archaeological Science: Reports, 2020, 31: p. 102362.

90. XIA C J. Fluctuation between AHD and cultural intimacy: heritagisation of a historic private house in Qingtian, China〔J〕.International Journal of Heritage Studies, 2020, 26（11）: pp. 1–14.

91. XIA Z J. A Preliminary Study of Culture Shock and Adaptation Tactics for Overseas Chinese Students—from the Perspective of "American Dreams in China"〔J〕.Theory and Practice in Language Studies, 2020, 10（3）: pp. 336–341.

92. XIE D. Psychological Adaptation and Influencing Psychological Factors of Teachers of Chinese as a Foreign Language in Cross–cultural〔J〕.Revista Argentina de Clínica Psicológica, 2020, 29（2）: pp. 1481–1486.

93. YAN Y W, DEAN K, FENG C C, et al.Chinese Temple Networks in Southeast Asia: A WebGIS Digital Humanities Platform for the Collaborative Study of the Chinese Diaspora in Southeast Asia〔J〕.Religions, 2020, 11（7）: pp. 334.

94. YANG X X. Overseas Chinese Organizations in a Socialist State: The Historical and Present Situation of Cuban Chinese Associations after the Cuban Revolution〔J〕. Journal of History and Anthropology, 2020, 18（1）: pp. 115–150.

95. YANG B. Southwest China in a regional and global perspective（c. 1600–1911）: Metals, transport, trade and society［J］. Journal of Chinese Overseas, 2020, 16（2）: pp. 307–310.

96. YAO X F. Language, culture and identity in two Chinese community schools: more than one way of being Chinese［J］. Language and Intercultural Communication, 2020, 21（1）: pp. 132–133.

97. YEOU B C. A Study on the Bilingual Usage Situation and Identity of Overseas Chinese in Korea［J］. Journal of Chinese Humanities, 2020, 74: pp. 557–586.

98. YING Y, JUREYNOLDS, ANDREANI W, et al. Soft Skill Description of Indonesian China Literature Graduates: Case Study in Three Universities in Indonesia［J］.Journal of Physics: Conference Series, 2020, 1477（4）.

99. YOS S. The crown and the capitalists: the ethnic Chinese and the founding of the Thai nation［J］. South East Asia Research, 2020, 28（4）: pp. 495–498.

100. YU H. An Analysis of the Reconstruction of Chinese American Identity in The Paper Menagerie［J］. Journal of Literature and Art Studies, 2020, 10（9）.

101. ZENG G Y. One Belt, One Road, the Way to Train New Talents for Chinese Students Abroad［J］. Learning & Education, 2020, 9（4）.

102. ZHANG C J. Formal and informal institutional legacies and inward foreign direct investment into firms: Evidence from China［J］. Journal of International Business Studies, 2020.

103. ZHANG J Y. Core Values of Traditional Chinese Medicine Culture and Overseas Education and Communication［J］. Frontiers in Educational Research, 2020, 3（1）.

104. ZHOU T.Diaspora's homeland: Modern China in the age of global migration［J］. Journal of Chinese Overseas, 2020, 16（1）: pp.145–147.

会议论文

1. CHEN L, CHEN Y W.Study on the Protection of Overseas Chinese Citizens' Security［P］. 5th International Symposium on Social Science（ISSS 2019）, 2020.

2. ZHAO L P. View the Cultural Identity and Acculturation of Overseas Chinese in Modern China from the Perspective of Chen Xingtang［P］. Zhao Long Ping, 2020.

3. DONG X. An Analysis of the Ethnic Chinese Diaspora and Their Cross–cultural Survival from a Transnational Perspective［P］. 2020 Conference on Education, Language and Inter–cultural Communication（ELIC 2020）, 2020.

4. CHAROLINE C, SANY D, HERLINA H.Fundamental Principles in Spiritualism–Based MCS: A Study in a Chinese Indonesian Company in Padang, West Sumatera, Indonesia

［P］. The Fifth Padang International Conference On Economics Education, Economics, Business and Management, Accounting and Entrepreneurship（PICEEBA-5 2020）, 2020.

5. LI J, WANG W, ZHOU Y, et al. Research on Shaping of Chinese Corporate Image in Myanmar［P］. 4th International Symposium on Business Corporation and Development in South-East and South Asia under B&R Initiative（ISBCD 2019）, 2020.

6. LIU B, LANG C Y. Exploration on the Professional Development of Undergraduate International Chinese Education in the Context of Pilot Free Trade Zone Construction: Taking Heihe University as an Example［P］. 7th International Conference on Education, Language, Art and Inter-cultural Communication（ICELAIC 2020）, 2020.

7. HU Y L. In the Era of "Macroscopic Chinese Education", Chinese Teachers Need to Construct "New Concept of Chinese Education"—Adjusting Chinese Teaching in Sports Schools According to the College Entrance Examination Chinese Reform［P］. Yu Long HU, 2020.

8. WANG Y W, ZHANG Y, ZHANG L J. Thinking and Exploration on the Improvement of the Quality of Overseas Graduate Students' Training in China from the Perspective of Tutors［P］. 2020 International Conference on Advanced Education, Management and Information Technology（AEMIT 2020）, 2020.

2020年华侨华人研究书目一览

本书目以暨南大学图书馆世界华侨华人文献馆所藏2019年出版华侨华人图书为基本馆藏数据，以国家图书馆、厦门大学图书馆、香港高校图书联网、新加坡国家图书馆、新加坡国立大学图书馆、澳大利亚国家图书馆、豆瓣读书网、日本国立国会图书馆、CiNii日本学术图书资料书目数据库等馆藏数据为补充，另从亚马逊网等各大网上书店搜索书目数据。本书目分中文书目、英文书目、日文书目三部分，以题名拼音升序排列。

中文书目

1. 洪玉儒著：19世纪美国排华运动与清美外交中的白人领事：清驻旧金山副领事傅列秘，新北：稻乡出版社，2020.

2. 莫家浩、白伟权、庄仁杰著：2019年新山华族历史文物馆年刊·柔佛百年华文教育，新山：中华公馆会辖下新山华族历史文物馆，2020.

3. 洪卜仁、陈亚元主编，厦门市思明区归国华侨联合会编：按章索局：图说厦门侨批，厦门：厦门大学出版社，2020.

4. 沈燕清著：巴达维亚华人社会结构研究：以未刊公馆档案为中心，北京：中国社会科学出版社，2020.

5. 谭天星著：不在中国的中国人：中国对华侨历史的思考，台北：崧烨文化，2020.

6. 潮汕历史文化研究中心编：潮汕侨批集成–第四辑，桂林：广西师范大学出版社，2020.

7. 曾旭波著：潮汕侨批业研究，广州：暨南大学出版社，2020.

8. 林志强著：尘封轶事：从武吉布朗追溯新华两百年，新加坡：林志强，2020.

9. 李宬逊著：陈嘉庚的故事，北京：中国华侨出版社，2020.

10. 王诗棋著：从《午夜香吻》到《麻坡的华语》：大马华语流行歌曲中的身份建构，马来西亚：大将出版社，2020.

11. 李丰楙著：从圣教到道教：马华社会的节俗、信仰与文化，台北：台湾大学出版中心，2020.

12. 李丰楙著：从圣教到道教：马华社会的节俗、信仰与文化（二版），台湾：台大出版中心，2020.

13. 陈美萍主编：当代马来西亚：社会与教育，吉隆坡：华社研究中心，2020.

14. 钟瑜主编：当代马来西亚：文化与艺术，吉隆坡：华社研究中心，2020.

15. 张森林著：砥砺前行：新加坡作家协会的发展之路，新加坡：新跃社科大学新跃中华学术中心，八方文化创作室，2020.

16. 冯蓓佳、冯成奇编著：丁肇中传，郑州：河南文艺出版社，2020.

17. 黄东教著：东盟华侨人对中华传统体育文化的传承与发展研究，北京：团结出版社，2020．

18．萧新煌、张翰璧、张维安主编：东南亚客家社团组织的网络，桃园：台湾"中央大学"出版中心，台北：远流出版事业股份有限公司，2020．

19．陈鸿瑜著：东南亚史论集，台北：新文丰，2020．

20．杜忠全主编：端洛话今昔：端洛、布先、华都牙也等近打矿区的故事，马来西亚：霹雳州非伊斯兰事务局，2020．

21．熊安静编著：对标新加坡，建设自贸港：新加坡国家治理体系和治理能力现代化的启示，北京：中国经济出版社，2020．

22．周成刚、孙涛主编：对话青年·留学影响力：30名留学青年成长路线图，北京：东方出版社，2020．

23．潘晓伟著：俄国远东地区中国人活动史：1860—1917，北京：中国社会科学出版社，2020．

24．21世纪出版社编辑部编：二十世纪五六十年代新加坡地下文件选编，吉隆坡：21世纪出版社出版，2020．

25．李新烽等著，陈向京、张蕾译：非洲华侨华人报告，北京：中国社会科学出版社，2020．

26．中国侨乡文化研究中心、中国华侨华人研究所编：丰碑——华侨华人与世界反法西斯战争，北京：中国华侨出版社，2020．

27．陈如意主编：根植与共建：新加坡学前教育研究，新加坡：新跃社科大学新跃中华学术中心，八方文化创作室，2020．

28．福建省归国华侨联合会组编，刘琳著：共和国归侨（福建卷）北京：中国华侨出版社，2020．

29．国务院国资委新闻中心、中国外文局·中国报道杂志社编：共生·共赢——中国企业海外形象建设案例集：2019，北京：新世界出版社，2020．

30．雷竞璇编著：古巴华侨口述史，广州：暨南大学出版社，2020．

31．刘宏、李光宇编著：国际化人才战略与高等教育管理——新加坡经验及其启示，广州：暨南大学出版社，2020．

32．李其荣主编：国际移民与海外华人研究．2017—2018，北京：中国社会科学出版社，2020．

33．《哈工大人在海外》编委会编：哈工大人在海外，哈尔滨：哈尔滨工业大学出版社，2020．

34．周松芳著，岭南文库编辑委员会、广东中华民族文化促进会合编：海派粤菜与海外粤菜，广州：广东人民出版社，2020．

35．刘未鸣、韩淑芳主编：海外儿女赤子情，北京：中国文史出版社，2020．

36．黄英湖著：海外福建新移民研究，广州：世界图书出版广东有限公司，2020．

37. 王赓武著，赵世玲译：海外华人：从落叶归根到追寻自我，北京：北京师范大学出版社，2020.

38. 柯群英、张振江主编，暨南大学华侨华人研究院编：海外华人研究（第四辑），广州：暨南大学出版社，2020.

39. 谢清果主编：海外华夏传播研究–陈国明卷，北京：九州出版社，2020.

40. 曹淑瑶著：海外华族语言与文化之维护：近半世纪来沙巴华文中学之研究，北京：中国社会科学出版社，2020.

41. 上海市松江区政协文化文史和学习委员会、上海市松江区归国华侨联合会编：海外人士看松江，上海：上海文艺出版社，2020.

42. 陈世柏、李云著：海外乡亲慈善捐赠研究：以改革开放后的广州为例，北京：人民出版社，2020.

43. 马军等著：海外与港台地区中国抗战史研究理论前沿，上海：上海社会科学院出版社，2020.

44. 徐淑华著：海外浙商与海外闽商的比较研究，北京：中国社会科学出版社，2020.

45. 朱民、严暄暄主编：海外中医见证实录，北京：中国中医药出版社，2020.

46. （新加坡）周清海著：汉语融合与华文教学，北京：社会科学文献出版社，2020.

47. 黄文鹰、陈曾唯、陈安尼著：荷属东印度公司统治时期吧城华侨人口分析，北京：中国社会科学出版社，2020.

48. 徐旺兴著：花都文史–第三十五辑：走向世界的花都人（第一卷），广州：华南理工大学出版社，2020.

49. 李卫青主编：华南理工大学毕业生留学札记，广州：华南理工大学出版社，2020.

50. 陈颖主编：华侨高等教育研究–2019，第2辑，北京：中国国际广播出版社，2020.

51. 陈颖主编：华侨高等教育研究–2020，第1辑，北京：中国国际广播出版社，2020.

52. 陈颖主编：华侨高等教育研究–2020，第2辑，北京：中国国际广播出版社，2020.

53. 张秋生主编：华侨华人研究–二〇一九（总第七辑），北京：中国华侨出版社，2020.

54. 贾益民、张禹东、庄国土主编：华侨华人研究报告–2020，北京：社会科学文献出版社，2020.

55. 朱健刚、武洹宇主编：华人慈善历史与文化，北京：中国社会科学出版社，

2020.

56. 尚会鹏著：华人的文化认同与自信：基于心理、行为的研究，北京：中信出版集团股份有限公司，2020.

57. 高芳祎著：华人精英科学家成长规律研究：过程特征及影响因素，上海：上海交通大学出版社，2020.

58. 华商领袖编委会编著：华商功勋70年70人，北京：经济日报出版社，2020.

59. 孙淑香主编："华语杯"国际华人文学大赛获奖作品精选，北京：团结出版社，2020.

60. 中共上海市杨浦区委统一战线工作部、上海市杨浦区人民政府侨务办公室、上海市杨浦区归国华侨联合会主编，史建期绘图：画说侨法，上海：上海人民美术出版社，2020.

61. 凤群、朱蕙著：灰房子：广东五邑侨村建筑历史演变与艺术特征，北京：新华出版社，2020.

62. 池雷鸣著：加拿大华人史书写研究，北京：中国社会科学出版社，2020.

63. 班国瑞、张慧梅、刘宏编：家书抵万金：二十世纪华人移民书信选注，新加坡：八方文艺出版社，2020.

64. 王赓武著：家园何处是，香港：香港中文大学出版社，2020.

65. 廖筱纹著：金山做客：吉兰丹水月宫及其观音信仰，吉隆坡：新纪元大学学院，2020.

66. 黄显堂编：近代华侨史研究资料汇编，上海：上海科学技术文献出版社，2020.

67. 黄显堂编：近代华侨史研究资料续编，上海：上海科学技术文献出版社，2020.

68. 厦门市档案馆编：近代厦门华侨档案选编，厦门：鹭江出版社，2020.

69. 刘旭临著：景观重塑：一个西南边陲侨乡的社会文化重构，北京：中国社会科学出版社，2020.

70. 郑轶伟著：景泰蓝的海外贸易：晚清到共和国百年商史，上海：上海文化出版社，2020.

71. 李金生、郭颖轩、潘家福英译，彭荣汉、李振宏著：开卷有益，润物无声——东南亚早期华文课本（世界书局版），新加坡：周星衢基金，大众控股有限公司，2020.

72. 米尔顿·奥斯伯恩著，王怡婷译：看见东南亚：解构东协前世今生，新北：出色文化出版事业群·好优文化，2020.

73. 麦留芳著：口袋里的家国：歌曲、邮票、钱币中的国族认同，台北：台湾时报，2020.

74. 刘悦著：跨文化记忆与身份建构：欧洲华裔新生代的文化认同，厦门：厦门大学出版社，2020.

75. Bruno，Greg C.著，林添贵译：来自北京的祝福：流亡逾六十年的藏人，要如何面对"后达赖喇嘛时代"的变局与挑战，台北：时报文化出版企业股份有限公司，2020.

76. 黄其亮著：冷战时期的婆罗洲文化局与中文《海豚》杂志1961—1977，砂拉越：砂拉越华族文化协会，2020.

77. 朱丹、孟繁玲编著：李远哲传，郑州：河南文艺出版社，2020.

78. 岳梁编著：李政道传，郑州：河南文艺出版社，2020.

79. 曹淑瑶著：历史的长河：印尼山口洋的华人，新北：稻乡出版社，2020.

80. 肖淳端著：立史安身：英国华人文学历史叙事研究，北京：外语教学与研究出版社，2020.

81. 中山市南区归国华侨联合会编：良都人物，广州：广东人民出版社，2020.

82. 陈绍军等译："两个加拿大"：在加拿大的亚洲移民，南京：河海大学出版社，2020.

83. 徐志民著：留学、战争与善后：近代中日关系史研究，杭州：浙江古籍出版社，2020.

84. 王宝玉著：留学美国报告：心理学博士笔下的留学生活与美国文化，上海：上海远东出版社，2020.

85. 蒋楠著：流动的社区：宋元以来泉州湾的地域社会与海外拓展，厦门：厦门大学出版社，2020.

86. 东华三院（中国香港）、档案及历史文化办公室著：落叶归根：东华三院华侨原籍安葬档案选编，香港：中华书局，2020.

87. 宁艳红主编：旅俄华侨华人的历史与现实，北京：中国社会科学出版社，2020.

88. 周巍著：马来西亚、印度尼西亚与泰国华人的语言问题研究，北京：九州出版社，2020.

89. 柯嘉逊著：马来西亚华教两百年奋斗史，马来西亚：马来西亚华校董事联合会总会，2020.

90. 石沧金等著：马来西亚华人和印度人政治参与历史比较研究，北京：中国社会科学出版社，2020.

91. 宋燕鹏著：马来西亚吉隆坡福建社群史研究：籍贯、组织与认同，北京：中国社会科学出版社，2020.

92. 苏庆华著：马新华人研究：苏庆华论文选集（第六卷），马来西亚：妙华山佛教教育教育园区，2020.

93. 黄素芳著：贸易与移民：清代中国人移民泰国历史研究，上海：上海古籍出版社，2020.

94. 刘丽著：美国华人社会文化适应研究：以北卡罗来纳华人为例，北京：首都经济贸易大学出版社，2020.

95. 何晓跃著：美国与印尼"九三零"事件，南京：南京大学出版社，2020.

96. 楚兰著：缅甸华裔：王国达传奇，新北：秋雨文化，2020.

97. 蔡亚约著，厦门市思明区文化馆、厦门市闽南文化研究会编：闽南人下南洋，厦门：鹭江出版社，2020.

98. 《海外汉学家助力中国战"疫"实录》编委会编：明月何曾是两乡：海外汉学家助力中国战"疫"实录，北京：商务印书馆，2020.

99. 萧瀚著：南洋鲁迅：接受与影响，台北：联经出版事业股份有限公司，2020.

100. Teng, Emma著：欧亚混血：美国，香港与中国的双族裔认同（1842—1943），台北：台湾大学出版中心，2020.

101. 毛国民、刘齐生主编：欧洲移民发展报告（2020） 移民群体与融合，北京：社会科学文献出版社，2020.

102. 姚婷主编：侨刊中的抗战资料选编·五邑卷，广州：广东人民出版社，2020.

103. 张美生编著，广东省档案馆编：侨批档案图鉴，广州：中山大学出版社，2020.

104. 暨南大学图书馆世界华侨华人文献馆、彭磷基华侨华人文献信息中心编：侨情综览（2017），广州：广东人民出版社，2020.

105. 中央统战部培训中心编著：侨务政策法规问答，北京：世界知识出版社，2020.

106. 中共海南省委统一战线工作部宣传网络处编：侨乡脉动：2019年境外华文媒体海南行，海口：海南出版社，2020.

107. 华侨大学、香港校友会编著：青春倩影留华园1960—1970：致敬华侨大学甲子华诞，香港：华侨大学香港校友会，2020.

108. 汤璇著：认同的建构：中国与国际组织的话语交往，北京：中国传媒大学出版社，2020.

109. 钟淑敏著：日治时期在南洋的台湾人，台北："中央研究院"台湾史研究所，2020.

110. 张礼铭著：柔佛早期华人史实篇，新山：宽柔中学出版，2020.

111. 林维扬、林庆熙编著：汕头市侨批业商号印记及简况，广州：暨南大学出版社，2020.

112. 郭惠杰著：社会变迁下华侨华人与闽南侨乡体育发展研究，北京：人民体育出版社，2020.

113. 许源泰著：狮城佛光——新加坡佛教发展百年史，香港：香港中文大学人间佛教研究中心，2020.

114. 杜南发主编：世纪跨越，1840—2020：新加坡福建会馆180周年报刊史料选汇编，新加坡：新加坡福建会馆，2020.

115. 贾益民主编：世界华文教学（第七辑），北京：社会科学文献出版社，2020.

116. 贾益民主编：世界华文教学（第八辑），北京：社会科学文献出版社，2020.

117. 张春旺、张秀明主编：世界侨情报告（2020），北京：社会科学文献出版社，2020.

118. 杨海峥主编：殊方天禄：海外汉籍收藏史研究论丛（第一辑），天津：天津人民出版社，2020.

119. 余媛媛著：斯里兰卡华侨华人口述史，北京：中国华侨出版社，2020.

120. 四川省地方志编纂委员会编：四川省志.第十七卷，侨务志：1986—2005，北京：方志出版社，2020.

121. 杨晓东著，徐盛兴编：天那边的云：行进在云贵高原深处的国立第一华侨中学，香港：中国视觉艺术出版社，2020.

122. 吴小燕、董建国、张晋君主编：未来？未来！边界·跨界：从留学作品集到艺术影响力，哈尔滨：黑龙江美术出版社，2020.

123. 瞿韬著：文化冷战与认同塑造：美国对东南亚华人华侨宣传研究：1949—1965，北京：世界知识出版社，2020.

124. 李曦等著：文化视域下美国华裔女作家的女性书写与身份认同，北京：九州出版社，2020.

125. 郑宏泰、周文港编著：文咸街里：东西南北利四方，香港：中华书局香港有限公司，2020.

126. 张林著：文章正传扬：华侨大学融传中华文化瞬间，杭州：浙江摄影出版社，2020.

127. 杨明慧著：我们的电影，我们的家，厦语电影与新马厦语身份的渐变，1948—1966，新加坡：新跃社科大学新跃中华学术中心，八方文化创作室，2020.

128. 西溪编著：吴健雄传，郑州：河南文艺出版社，2020.

129. 邓复群主编：五邑侨乡创新创业文化，北京：高等教育出版社，2020.

130. 陈静瑜著：物换星移乐居镇：硕果仅存的美国客家华人农村华埠，新北：稻乡出版社，2020.

131. （美国）周安仪著：相见不如不见：美国华人移民故事，北京：北京大学出版社，2020.

132. 王赓武著：心安即是家，香港：香港中文大学出版社，2020.

133. 慈济基金会编纂处文字作：新加坡慈济史，台北：经典杂志，财团法人慈济传播人文志业基金会，2020.

134. 黄友平编著：新加坡地名探索，新加坡：八方文化创作室，2020.

135. 约翰·培瑞著，林添贵译：新加坡的非典型崛起：从莱佛士爵士到李光耀，驾御海洋的小城大国，新北：八旗文化，2020.

136. 新加坡佛教施诊所：新加坡佛教施诊所五十周年金禧特刊，新加坡：新加坡佛教施诊所，2020.

137. 许永顺著：新加坡和中国相互邮展与集邮文化交流1980—2020，新加坡：新加坡集邮协会，2020.

138. 梁秉赋著：新加坡华文教育研究，北京：北京语言大学出版社，2020.

139. Koh Khee Heong、Ong Chang Woei、Phua Chiew Pheng、Chong Ja Ian、Yang Yan 编：新加坡华族之多元性国际会议论文集，Singapore：City Book Room，2020.

140. 邱万达编著：新加坡建国：一段不为人知的历史：李光耀与新加坡马共地下党从合作到分裂的内幕1955—1961年，新加坡：皇后打字出版社，2020.

141. 陈思贤著，邝健铭译：新加坡模式：城邦国家建构简史，台北：季风带文化有限公司，2020.

142. 严春宝著：新加坡儒学史，桂林：广西师范大学出版社，2020.

143. 陈如意、黄雪云著：新加坡幼儿教育发展，1842—2018，Singapore：Global Publishing，2020.

144. 吕元礼著：新加坡政治几何学，新加坡：八方文化创作室，2020.

145. （马来西亚）安焕然主编：新史料·新视角·青年学者论新山，新山：南方大学学院出版社，2020.

146. 龚春强、潘爱娟、何恃坚著，义乌丛书编纂委员会编：新丝路上的蚂蚁雄兵：义乌侨商海外创业口述，上海：上海人民出版社，2020.

147. 杜继东主编，张丽等著：新西兰华侨华人史.第1卷，新西兰华侨华人史研究，北京：社会科学文献出版社，2020.

148. 杜继东主编，邱志红编：新西兰华侨华人史.第2卷，新西兰华侨华人口述访谈录，北京：社会科学文献出版社，2020.

149. 杜继东主编，邱志红、赵晓阳编：新西兰华侨华人史.第3卷，新西兰华工历史图片集，北京：社会科学文献出版社，2020.

150. 邱学军编著：新中国海外领事保护工作理论与实践，北京：世界知识出版社，2020.

151. 陈慧思主编：星光暗影：新加坡模式及其公民空间，马来西亚：燧人氏事业出版，2020.

152. 杜晋轩著：血统的原罪：被遗忘的白色恐怖东南亚受害者，新北：台湾商务印书馆，2020.

153. 尼古拉斯·沃尔顿著，焦静姝译：寻迹狮城：新加坡的历史与现实，北京：社会科学文献出版社，2020.

154. 黄芬香编著：杨振宁传，郑州：河南文艺出版社，2020.

155. 林胜著："一带一路"背景下侨乡新移民在非洲的跨国经营研究，北京：九州出版社，2020.

156. 彭江、陈功主编："一带一路"沿线国家领事与侨务工作，厦门：厦门大学出版社，2020.

157. 康晓丽著："一带一路"沿线相关侨务资源大国侨务政策比较研究，北京：中国华侨出版社，2020.

158. 张杰著：移民文化视野下闽海祠堂建筑空间解析，南京：东南大学出版社，2020.

159. 蔡苏龙著：移植与再造：华侨群体与泉州社会的近代转型，杭州：浙江大学出版社，2020.

160. （马来西亚）蔡静芬著，陈琼渊、卢裕岭译：印尼山口洋的神庙与乩童传统，北京：中国社会科学出版社，2020.

161. 周佳荣：瀛洲华声——日本中文报刊一百五十年史，香港：三联书店，2020.

162. 廖春柳著：用脚步丈量南洋，广州：南方日报出版社，2020.

163. 党怀兴、李贵安、石洛祥主编：游学见闻，海外篇，西安：陕西师范大学出版总社，2020.

164. 五一三事件口述历史小组：在伤口上重生：五一三事件个人口述叙事，吉隆坡：文运企业，2020.

165. 中国侨联文化交流部编著：中国华侨国际文化交流基地故事–三，北京：中国华侨出版社，2020.

166. 越生文化主编：中国近代教育文献丛刊，留学教育卷，杭州：浙江教育出版社，2020.

167. 华天雪、曹庆晖主编：中国近现代美术留学史料与研究工作坊论文集，北京：文化艺术出版社，2020.

168. 张新民、王分棉、陈汉文主编：中国企业海外发展报告–2020，北京：社会科学文献出版社，2020.

169. 中国侨联年鉴编纂委员会编：中国侨联年鉴–2020，北京：中国华侨出版社，2020.

170. （澳大利亚）雷攀（PATRICK GRAYSON）著：中国人在澳洲，上海：文汇出版社，2020.

171. 李秋杨著："中国制造"海外媒体形象传播的话语研究，北京：外文出版社有限责任公司，2020.

172. 潘瑞鄂著，林炳坤编：中华情·赤子心：爱国侨领潘立斋与《荣哀录》，香港：中华文化出版社，2020.

173. 刘宏、张恒军、唐润华主编：中华文化海外传播研究–二○一九年，第一辑，北京：社会科学文献出版社，2020.

174. 司俊琴著：中亚华裔东干文学与俄罗斯文化研究，北京：民族出版社，2020.

175. 宋欣阳主编：中医药海外发展国别研究，欧洲卷，上海：上海科学技术出版社，2020.

176. 刘堂义、徐红、王云飞编著：中医药在德国，上海：上海世界图书出版公司，2020.

177. 李艺、傅勤慧、宋欣阳编著：中医药在马耳他，上海：上海世界图书出版公司，2020.

178. 李子良、黄靖彬主编：走进侨中，广州：广东经济出版社，2020.

179. 林佳禾著：走入亚细安：台湾青年在东南亚国家的第一手观察报导，新北：卫城出版，2020.

英文书目

1. May Chen. A Legacy Magnified: A Generation of Chinese Americans in Southern California（1980's–2010's）: Vol 2. Rosemead, CA: EHGBooks, 2020.

2. May Chen. A Legacy Magnified: A Generation of Chinese Americans in Southern California（1980's–2010's）: Vol 3. Rosemead, CA: EHGBooks, 2020.

3. Di Wu. Affective Encounters: Everyday Life among Chinese Migrants in Zambia. Abingdon, Oxon; New York, NY: Routledge, 2020.

4. Charlotte K. Sunseri. Alliance Rises in the West: Labor, Race, and Solidarity in Industrial California. Lincoln: University of Nebraska Press, 2020.

5. Yingyi Ma. Ambitious and Anxious: How Chinese College Students Succeed and Struggle in American Higher Education. New York: Columbia University Press, 2020.

6. Jenny Banh, Haiming Liu. American Chinese restaurants: society, culture and consumption. Abingdon, Oxon; New York, NY: Routledge, 2020.

7. Bruce Quan. Bitter Roots: Five Generations of a Chinese Family in America. United States: Independently Published, 2020.

8. Lee Kok Leong. Breaking the Waves. Singapore: KL Professional Writing and Consultancy, 2020.

9. Lee Ooi Tan. Buddhist Revitalization and Chinese Religions in Malaysia. Amsterdam: Amsterdam University Press, 2020.

10. Ruth Chia, Linda Kow, Soh Tiang Keng. Chia Ann Siang and Family: The Tides of Fortune. Singapore: Marshall Cavendish Editions, 2020.

11. Michael Keane, Haiqing Yu, Elaine J. Zhao, etc. Chinas Digital Presence in the Asia-Pacific: Culture, Technology and Platforms. London; New York: Anthem Press, 2020.

12. Kim K. Fahlstedt. Chinatown Film Culture: The Appearance of Cinema in San Francisco's Chinese Neighborhood. New Brunswick: Rutgers University Press, 2020.

13. Andria Lo, Valerie Luu. Chinatown Pretty: Fashion and Wisdom from Chinatown's Most Stylish Seniors. San Francisco: Chronicle Books, 2020.

14. Eddie Chan Fook Pong. Chinatown Unspoken: The Untold Story of War, Vice and Glory in One of Singapore's Most Notorious Districts. Singapore: Candid Creation Publishing, 2020.

15. Chelsea Rose, J. Ryan Kennedy. Chinese Diaspora Archaeology in North America. Gainesville: University Press of Florida, 2020.

16. John Fitzgerald, Hon-ming Yip. Chinese Diaspora Charity and the Cantonese Pacific, 1850-1949. Hong Kong: Hong Kong University Press, 2020.

17. Steven B. Miles. Chinese Diasporas: A Social History of Global Migration. Cambridge: Cambridge University Press, 2020.

18. Yue Liu, Simeng Wang. Chinese Immigrants in Europe: Image, Identity and Social Participation. Berlin; Boston: De Gruyter, 2020.

19. Jia Gao. Chinese Immigration and Australian Politics: A Critical Analysis on a Merit-Based Immigration System. Singapore: Springer Singapore, 2020.

20. Pablo Baisotti. Chinese Immigration in Latin America: Some Cultural Contributions. Newcastle upon Tyne, UK: Cambridge Scholars Publishing, 2020.

21. Yuting Wang. Chinese in Dubai: money, pride, and soul-searching. Leiden; Boston: Brill, 2020.

22. Emeka Umejei. Chinese Media in Africa: Perception, Performance, and Paradox. Lanham, Maryland: Rowman & Littlefield, 2020.

23. Kaxton Siu. Chinese Migrant Workers and Employer Domination: Comparisons with Hong Kong and Vietnam. Cham, Switzerland: Palgrave Macmillan, 2020.

24. Shuang Liu. Chinese Migrants Ageing in a Foreign Land: Home beyond Culture. Abingdon, Oxon; New York, NY: Routledge, 2020.

25. Lu Zhouxiang. Chinese National Identity in the Age of Globalization. Singapore: Springer; Cham, Switzerland: Palgrave Macmillan, 2020.

26. Nicole DeJong Newendorp. Chinese Senior Migrants and the Globalization of Retirement. Stanford, California: Stanford University Press, 2020.

27. Samuel D. Porteous. Ching Ling Foo: America's First Chinese Superstar. New York: Strauss Consultants, 2020.

28. John Asome. Coolie Ships of the Chinese diaspora 1846-1874. Hong Kong: Proverse Hong Kong, 2020.

29. Jock Collins, Branka Krivokapic-Skoko, Kirrily Jordan, etc. Cosmopolitan Place Making in Australia: Immigrant Minorities and the Built Environment in Cities, Regional and

Rural Areas. Singapore: Springer Nature, 2020.

30. Adina Staicov. Creating Belonging in San Francisco Chinatown's Diasporic Community: Morphosyntactic Aspects of Indexing Ethnic Identity. Cham, Switzerland: Palgrave Macmillan, 2020.

31. Xiaohong Chi. Cross-Cultural Experiences of Chinese Immigrant Mothers in Canada: Challenges and Opportunities for Schooling. Cham: Springer International Publishing, 2020.

32. Jingyi Song. Denver's Chinatown, 1875–1900: gone but not forgotten. Leiden; Boston: Brill, 2020.

33. Michael Liu. Forever Struggle: Activism, Identity, and Survival in Boston's Chinatown, 1880–2018. Amherst: University of Massachusetts Press, 2020.

34. Wayne Soon. Global Medicine in China: A Diasporic History. Stanford, California: Stanford University Press, 2020.

35. Lawrence Tom, Brian Tom, Chinese American Museum of Northern California. Gold Country's Last Chinatown: Marysville, California. Stroud: The History Press, 2020.

36. Jim Schein. Gold Mountain, Big City: Ken Cathcart's 1947 Illustrated Map of San Francisco's Chinatown. Petaluma, CA: Cameron + Company, 2020.

37. Neal Stoffers. Hervey's Boys: New Jersey's First Chinese Community. East Brunswick, New Jersey: Springfield and Hunterdon Publishing, 2020.

38. Wang Gungwu, Margaret Wang. Home Is Where We Are. Singapore: NUS Press, 2020.

39. E. Samantha Cheng. Honor and Duty: The Chinese American WWII Veterans. Silver Spring, MD: Heritage Series, 2020.

40. Guanglun Michael Mu, Bonnie Pang. Interpreting the Chinese Diaspora: Identity, Socialisation, and Resilience According to Pierre Bourdieu. Abingdon, Oxon; New York, NY: Routledge, 2020.

41. Baohui Shao. Journalistic Professionalism Among Chinese-language Newspaper Journalist in China and Malaysia. Selangor, Malaysia: Mentor Publishing Sdn. Bhd., 2020.

42. Sara Ganassin. Language, Culture and Identity in Two Chinese Community Schools: More Than One Way of Being Chinese?. Bristol, UK: Multilingual Matters, 2020.

43. Jack Meng-Tat Chia. Monks in Motion: Buddhism and Modernity Across the South China Sea. New York: Oxford University Press, 2020.

44. Cangbai Wang. Museum Representations of Chinese Diasporas: Migration Histories and the Cultural Heritage of the Homeland. Abingdon, Oxon; New York, NY: Routledge, 2020.

45. James Wong, Jimmy June Wong. Never Alone: The Bumpy Road from China to the American Dream. Arizona: Orajim Press, 2020.

46. Ong Siang Song. One Hundred Years' History of the Chinese in Singapore: The Annotated Edition. Singapore: World Scientific, 2020.

47. Shirley Hune, Gail M. Nomura. Our Voices, Our Histories: Asian American and Pacific Islander Women. New York: New York University Press, 2020.

48. Sin Wen Lau. Overseas Chinese Christians in Contemporary China: Religion, Mobility, and Belonging. Boston: Brill, 2020.

49. Nam Soon Song, Ben C. H. Kuo, Dong-Ha Kim, etc. People of Faith, People of Jeong （Qing）: The Asian Canadian Churches of Today for Tomorrow. Eugene, OR: Wipf and Stock Publishers, 2020.

50. John Wei. Queer Chinese Cultures and Mobilities: Kinship, Migration, and Middle Classes. Hong Kong: Hong Kong University Press, 2020.

51. Eric C. Han. Rise of a Japanese Chinatown: Yokohama, 1894-1972. Cambridge, Massachusetts: Harvard University Asia Center, 2020.

52. Kaycheng Soh. Teaching Chinese Language in Singapore: Concerns and Visions. Singapore: Springer Nature, 2020.

53. Sam Wasson. The Big Goodbye: Chinatown and the Last Years of Hollywood. New York: Flatiron Books, 2020.

54. Sean Metzger. The Chinese Atlantic: Seascapes and the Theatricality of Globalization. Bloomington, Indiana: Indiana University Press, 2020.

55. Dukesang Wong. The Diary of Dukesang Wong: A Voice from Gold Mountain. Vancouver: Talonbooks, 2020.

56. Xing Xu, Helena Hing Wa Sit, Shen Chen. The Eastern Train on the Western Track: An Australian Case of Chinese Doctoral Students' Adaptation. Singapore: Springer Nature, 2020.

57. Will Davies. The Forgotten: The Chinese Labour Corps and the Chinese Anzacs in the Great War. Melbourne, Victoria, Australia: Wilkinson Publishing, 2020.

58. Yalun Zhou, Michael Wei. The Lived Experience of Chinese International Students in the U.S.: An Academic Journey. Singapore: Springer Nature, 2020.

59. Ximena Alba Villalever. The Migration of Chinese Women to Mexico City. Cham, Switzerland: Palgrave Macmillan, 2020.

60. Baoyan Cheng, Le Lin, Aiai Fan. The new Journey to the West: Chinese students' international mobility. Singapore: Springer, 2020.

61. Caroline H. Yang. The Peculiar Afterlife of Slavery: The Chinese Worker and the Minstrel

Form. Stanford； California: Stanford University Press, 2020.

62. Pin Pin, S S, M.Sp. The Role of Tjong Yong Hian in Development. Malang, East Java; Metro City, Lampung: Literasi Nusantara, 2020.

63. Michelle Loh, Lum Yan Sing. Traditional Chinese music in contemporary Singapore. Singapore: Pagesetters Services, 2020.

64. William Chen, Ai Cheng Goh, Esther Lee, etc. Unsung Heroes: Recognizing and Honoring Chinese American World War II Veterans Congressional Gold Medal Recipients. Boston: Chinese American Citizens Alliance Boston, 2020.

65. Urban Sketchers Singapore. We Love Chinatown. Singapore: Epigram Books, 2020.

66. Xiaochen Su. Yee Haw!: A Chinese-American Diary in Rural Tanzania. United States: Independently Published, 2020.

日文书目

1. 倉沢愛子. インドネシア大虐殺：二つのクーデターと史上最大級の惨劇. 東京：中央公論新社，2020.

2. 辻本纪子. インバウンド観光のための観光土産マーケティング：中国人消費者の購買行動. 東京：同文舘出版，2020.

3. 二階堂善弘. 東南アジアの華人廟と文化交渉. 吹田：関西大学出版部，2020.

4. 今井清一. 関東大震災と中国人虐殺事件. 日野：朔北社，2020.

5. アルベルトゥス=トーマス モリ. 華人キリスト者の越境と宗教実践：中華性とミッションの人類学的研究. 東京：風響社，2020.

6. 周一川. 近代中国人日本留学の社会史：昭和前期を中心に. 東京：東信堂，2020.

7. 河合洋尚，張維安. 客家とグローバル現象：南側地域における華僑華人の移住と現在. 吹田：国立民族学博物館，2020.

8. 曽士才，王維. 日本華僑社会の歴史と文化：地域の視点から. 東京：明石書店，2020.

9. 長崎市教育委員会. 唐人屋敷跡：長崎市館内町道路改良工事に伴う埋蔵文化財発掘調査報告書. 長崎：長崎市教育委員会，2020.

10. 井上正夫，李紅梅，李萌. 現代中国労務派遣労働者の「労働世界」：日系企業の労務管理と中国人労働者. 松山：松山大学総合研究所，2020.

11. 蒋海波. 張友深関係文書：近代大阪華僑史料集. 神戸：神戸華僑歴史博物館，2020.

2020年华侨华人研究博硕士学位论文一览

本栏目收集汇总了本年度出版的涉及华侨华人研究领域的博硕士学位论文，分为大陆中文博士、大陆中文硕士、港澳台地区中文、英文博士及英文硕士学位论文五部分。其中，大陆中文博士、硕士学位论文主要来源于CNKI（中国知网）学位论文库、万方–中国学位论文全文数据库，以及各高校自建的学位论文数据库；港澳台地区中文学位论文主要来源于华艺学术文献数据库、香港中文大学、澳门城市大学学位论文数据库等；英文博、硕士学位论文主要来源于ProQuest学位论文全文库、澳门大学学位论文数据库以及各高校自建的学位论文数据库。中文学位论文按论文标题拼音首字母升序排列。

大陆中文博士学位论文

1. 黄秋硕. 丁韪良汉学研究述论［D］. 指导老师：葛桂录. 福建师范大学，2020.

2. 陆赏铭. 归侨生计方式变迁与地方经济发展研究［D］. 指导老师：周建新. 广西民族大学，2020.

3. 刘玮辰. 海外青年科学家回国对科研产出的影响研究［D］. 指导老师：郭俊华. 上海交通大学，2020.

4. 许波. 好莱坞电影中的中国形象研究［D］. 指导老师：沈义贞. 南京艺术学院，2020.

5. 章雅荻. 和合治理：非传统安全视角下中国海外劳工保护［D］. 指导老师：余潇枫. 浙江大学，2020.

6. 高若瑜. 基于活动理论的对外汉语教学设计研究［D］. 指导老师：吴刚平. 华东师范大学，2020.

7. 任永亮. 家世国难与留学经历［D］. 指导老师：方光华. 西北大学，2020.

8. 杜未未. 空间的文学建构与文化阐释——北美华文文学空间书写研究［D］. 指导老师：白杨. 吉林大学，2020.

9. 刘钰. 跨域体验的文学呈现——北美华文移民小说中的身份认同叙事［D］. 指导老师：白杨. 吉林大学，2020.

10. 陆野. 来华留学预科生汉语词汇学习策略研究［D］. 指导老师：李向农. 华中师范大学，2020.

11. 张世甲. 留法勤工俭学先进分子与早期马克思主义中国化研究［D］. 指导老师：刘大明. 湖南师范大学，2020.

12. 谷媛媛. 留学视角下国际人才流入影响中国技术进步的机理与实证研究［D］. 指导老师：邱斌. 东南大学，2020.

13. 张鸿昌. 马来西亚4—6岁华裔儿童汉语发展研究［D］. 指导老师：周兢. 华东师范大学，2020.

14. 刘志美（Nan San Htwe）. 缅甸华侨作家许均铨的微型小说研究［D］. 指导老师：周新民. 湖北大学，2020.

15. 田诗洋. 欧美华文文学中的战争书写［D］. 指导老师：白杨. 吉林大学，2020.

16. 周惠新. 太极拳跨文化传播研究［D］. 指导老师：张继生. 湖南师范大学，2020.

17. 亚历山德拉（Oleksandra Palianychka）. 乌克兰学生汉语趋向补语习得研究［D］. 指导老师：方绪军. 上海师范大学，2020.

18. 刘言武. 一战华工史研究的拓展：纪录片资料的挖掘和应用［D］. 指导老师：刘德斌. 吉林大学，2020.

19. 任慈. "移民和外交"视野下美国政府对中国留学生的政策及影响研究（1949—1957）［D］. 指导老师：梁茂信. 东北师范大学，2020.

20. 许林. 以史为鉴：中国文化对外传播的路径选择与实践创新［D］. 指导老师：邱新有. 江西师范大学，2020.

21. 宗立宁. "缘"理论视角下周边人文交流路径研究［D］. 指导老师：武心波. 上海外国语大学，2020.

22. 郑佩铃. 中国《白蛇传》在泰国的传播及其本土"那伽"蛇文化研究［D］. 指导老师：郝岚. 天津师范大学，2020.

23. 马秀杰. 中国武术文化软实力综合指数的构建［D］. 指导老师：姜传银. 上海体育学院，2020.

24. 阮玉明（Nguyen Ngoc Minh）. 中国现当代作家作品在越南的传播与接受研究［D］. 指导老师：李遇春. 华中师范大学，2020.

25. 杨薇. 中国与"一带一路"沿线五国派出和接收留学生教育研究（1978—2018）［D］. 指导老师：吴霓. 天津师范大学，2020.

大陆中文硕士学位论文

1. 黄德雪. 1950—1967年中国驻印尼使领馆的涉侨工作及其影响［D］. 指导老师：陈文. 暨南大学，2020.

2. 张晓芳. 1950年代新加坡华小《复兴国语教科书》（5-8册）研究［D］. 指导老师：王澧华. 上海师范大学，2020.

3. 尹业丽. 1986年以来老挝湘籍新移民研究［D］. 指导老师：张小欣. 暨南大学，2020.

4. 黄娟娟. 1990年代域外现代汉诗的创作转向——以北岛、多多、张枣、宋琳等人为中心［D］. 指导老师：王列耀. 暨南大学，2020.

5. 霍晓敏. 20世纪50—80年代海南岛的走私与缉私研究［D］. 指导老师：胡素萍.

海南师范大学，2020.

6. 李佳艳. 20世纪90年代以来好莱坞华人导演的身份认同研究［D］. 指导老师：刘彬彬. 湖南师范大学，2020.

7. 赵亚茹. "5W" 模式视角下中医药文化的海外传播现状及对策研究［D］. 指导老师：白迪迪. 天津中医药大学，2020.

8. 吕心欢. Facebook社群下的中医药国际传播重点受众需求研究［D］. 指导老师：张立平. 北京中医药大学，2020.

9. 那婉琦（Natthawadee Porntiprattana）. YCT汉语智慧课堂调查与研究［D］. 指导老师：胡琳. 西南大学，2020.

10. 张晓晨. 澳大利亚对华政策演变研究（2008—2018）［D］. 指导老师：黄日涵. 华侨大学，2020.

11. 李腾飞. 澳大利亚维多利亚商务孔子学院武术教学研究［D］. 指导老师：杨晓雯. 云南大学，2020.

12. 张贝贝. 澳门高层住区骑楼街道设计研究［D］. 指导老师：薛佳薇，黄斌毅. 华侨大学，2020.

13. 吴优亭. 不适之地–北美华人移民小说中的身份与叙事［D］. 指导老师：范昀. 浙江大学，2020.

14. 张晓彤. 潮州文化在马来西亚的传播［D］. 指导老师：陈彦辉. 广东外语外贸大学，2020.

15. 李娟. 沉浸式汉语教学法在老挝华文教育中的应用研究［D］. 指导老师：刘晓玲. 西北师范大学，2020.

16. 童小璇. 陈嘉庚与胡文虎办报实践与思想对比研究［D］. 指导老师：陈响园，马梅. 兰州大学，2020.

17. 徐敏. 穿越幻象迷局. 建构华人主体——以严歌苓《扶桑》和谭恩美《灶神之妻》为例［D］. 指导老师：唐军. 合肥工业大学，2020.

18. 朱琳. 从表演到操演性：黄哲伦呈现美籍亚裔身份策略［D］. 指导老师：王莉. 曲阜师范大学，2020.

19. 汤海宁. 从新加坡华侨中学发展看新加坡华文教育存在的问题及对策［D］. 指导老师：盛译元. 华侨大学，2020.

20. 唐姝颜. 从中美教育交流看20世纪90年代的美国对华文化外交［D］. 指导老师：左品. 上海外国语大学，2020.

21. 李斌. 德国华裔作家周仲铮作品中的创伤［D］. 指导老师：张帆. 上海外国语大学，2020.

22. 张欣羽. 德占时期的青岛自由港［D］. 指导老师：马斗成. 青岛大学，2020.

23. 刘河艳. 德租日占时期青岛港的轮船贸易与帆船贸易［D］. 指导老师：周育民.

上海师范大学，2020.

24. 王宁宁. 地方政府侨务管理与服务研究［D］. 指导老师：付少平，樊瑛华. 西北农林科技大学，2020.

25. 郭楠. 东南亚华侨对祖国抗战贡献研究［D］. 指导老师：陈秋月. 西华师范大学，2020.

26. 杨家明（Hartono）. 东南亚唐人街保护发展研究［D］. 指导老师：董卫，张航. 东南大学，2020.

27. 贾方静. 动画片《大耳朵图图》在对外汉语教学中的应用探究——以泰国光明华侨公学为例［D］. 指导老师：汪红艳. 安徽师范大学，2020.

28. 郑菲. 动态能力视角下的南洋兄弟烟草公司衰败研究（1927—1936）［D］. 指导老师：姚清铁. 南京财经大学，2020.

29. 朱怡洁. 对赴智利国际中文教师志愿者岗前培训实用性的调查分析［D］. 指导老师：杨晓黎. 安徽大学，2020.

30. 田艳平. 对泰初级汉语综合课教学设计［D］. 指导老师：纪军. 安阳师范学院，2020.

31. 马春平. 对外汉语之"太极拳"教学设计［D］. 指导老师：焦会生. 安阳师范学院，2020.

32. 赵钏. 多党民主与族群关系：解释印度尼西亚的华人政治问题［D］. 指导老师：钟准. 重庆大学，2020.

33. 孙安. 多米尼加汉语教学现状调查报告［D］. 指导老师：李晨阳，吴长安. 吉林外国语大学，2020.

34. 高建深. 多维视野下马来西亚华文教育发展的影响因素分析［D］. 指导老师：陈奕平. 暨南大学，2020.

35. 唐于云. 多元文化，侨资企业社会责任与投资行为［D］. 指导老师：吴战篪，陈彬. 暨南大学，2020.

36. 王思琦. 多元文化背景下的留学生汉语成语教学情况调查分析［D］. 指导老师：张斌. 华侨大学，2020.

37. 王玉申. 多元文化背景下在韩华人家长育儿观念研究［D］. 指导老师：李爱秋. 沈阳师范大学，2020.

38. 朱芮. 二十世纪以来泰国华侨华人社团对泰中关系的影响研究［D］. 指导老师：吴金平. 暨南大学，2020.

39. 荔嘉钰. 二战后美国收养中日韩三国儿童研究［D］. 指导老师：陈文寿. 华侨大学，2020.

40. 马晓芳. 二战后英国对马来亚华人政策研究（1945—1957）［D］. 指导老师：江振鹏. 福建师范大学，2020.

41. 魏晓敏. 二战后中缅关系与缅甸粤籍华侨华人社团的变化研究［D］. 指导老师：吴金平. 暨南大学，2020.

42. 谢羽璐. 法国医家腊味爱中医学术思想研究［D］. 指导老师：戴翥. 云南中医药大学，2020.

43. 张小林. 方言面貌在印尼华裔留学生族群认知中的作用研究［D］. 指导老师：伍丽梅. 暨南大学，2020.

44. 叶慧云. 非洲孔子学院本土汉语教师发展现状、问题及对策研究［D］. 指导老师：陈明昆. 浙江师范大学，2020.

45. 吴艳. 菲律宾初级汉语学习者对教师素质的需求研究［D］. 指导老师：潘玉华. 云南大学，2020.

46. 蔡慧民. 菲律宾大岷区华校华语教学幼小衔接问题研究［D］. 指导老师：沈玲. 华侨大学，2020.

47. 李德斯（Aries Castro Dios）. 菲律宾公立中学汉语教学研究［D］. 指导老师：赖林冬. 福建师范大学，2020.

48. 徐宸. 菲律宾光启学校汉语教学现状调查研究［D］. 指导老师：王为群. 兰州交通大学，2020.

49. 文瑶. 菲律宾光启学校汉语课程设置调查研究［D］. 指导老师：蔡瑱. 上海师范大学，2020.

50. 刘润元. 菲律宾华人民间信仰调查研究［D］. 指导老师：朱东芹. 华侨大学，2020.

51. 樊静静. 菲律宾华文教育现状研究［D］. 指导老师：赵惠霞，郑莉. 西安石油大学，2020.

52. 林梦嫒. 菲律宾华文学校联合会发展研究［D］. 指导老师：赖林冬. 福建师范大学，2020.

53. 赵惠芳. 菲律宾华校高中生汉语学习动机调查研究［D］. 指导老师：张进. 兰州大学，2020.

54. 孙琳小. 菲律宾华校汉语有效教学调查研究——以丹辘新民中学为例［D］. 指导老师：王少凯. 沈阳大学，2020.

55. 郑伊文. 菲律宾华裔青少年中文姓名调查与分析［D］. 指导老师：纪秀生，盛译元. 华侨大学，2020.

56. 潘茜茜. 赴泰汉语教师志愿者教学焦虑问题调查研究［D］. 指导老师：王天玉. 云南师范大学，2020.

57. 陈红. 改革开放40年来中国共产党港澳台侨统战思想研究［D］. 指导老师：王戎. 重庆交通大学，2020.

58. 刘鑫. 高甲戏在海外传播与流变研究［D］. 指导老师：王怡蘋. 华侨大学，

2020.

59. 卢泽楷. 鼓浪屿华侨文化传承研究 [D]. 指导老师：郑文标. 华侨大学，2020.

60. 姜姗. 鼓浪屿近代洋楼平面研究 [D]. 指导老师：陈志宏，蔡沪军. 华侨大学，2020.

61. 王昭瑾. 关于在日华人育儿妇女社会关系网络构建的考察 [D]. 指导老师：宋金文. 北京外国语大学，2020.

62. 赵丽萍. 广播汉语教学节目制作研究 [D]. 指导老师：郭茂全. 兰州大学，2020.

63. 马骏良. 广东开平三埠镇近代骑楼建筑立面研究 [D]. 指导老师：周茂. 广州大学，2020.

64. 赵建光. 广府华侨的家国情怀研究 [D]. 指导老师：袁忠. 华南理工大学，2020.

65. 黎晓楠. 广州华侨新村历史文化街区公共空间保护与优化研究 [D]. 指导老师：董黎. 广州大学，2020.

66. 于晶. 哈尔滨市新俄侨与中俄混血人的关系研究 [D]. 指导老师：唐戈. 黑龙江大学，2020.

67. 徐同明. 海外本土汉语教师来华培训问题研究 [D]. 指导老师：禹志云. 云南师范大学，2020.

68. 何兰慧. 海外汉语学习者对教师有效教学行为的评价研究 [D]. 指导老师：原梅. 兰州大学，2020.

69. 麻芦娟. 海外华商螺旋式创业适应研究——基于非洲温商的案例分析 [D]. 温州大学，2020.

70. 高思怡. 海外华裔儿童线上汉语教学研究 [D]. 指导老师：罗庆云. 华中师范大学，2020.

71. 王晴. 海外华裔儿童线上汉语教学研究——以"华易中文"为例 [D]. 指导老师：陈蓓. 华中师范大学，2020.

72. 包大伟. 海外移民对中国对外直接投资的影响研究 [D]. 指导老师：董桂才. 安徽财经大学，2020.

73. 赵凯凯. 海外中医汉语学习需求的调查研究 [D]. 指导老师：薄彤. 天津中医药大学，2020.

74. 许彩云. 汉服运动发展及其跨文化教学研究 [D]. 指导老师：卫才华. 山西大学，2020.

75. 谢宜修. 汉语国际教育写作课中的文化要素教学研究 [D]. 指导老师：贾益民. 华侨大学，2020.

76. 张凯. 汉语学习者学习动机和态度调查分析 [D]. 指导老师：侯立睿. 山西大

学，2020.

77. 赵银丽. 汉语学习者中国传统节日认知调查研究［D］. 指导老师：孙琼. 沈阳大学，2020.

78. 王伟廉（William Wong）. 好莱坞电影中跨文化身份的叙事与传播研究［D］. 指导老师：范志忠. 浙江大学，2020.

79. 杜红阳. 横滨中华街的语言景观研究［D］. 指导老师：孙莲花. 大连理工大学，2020.

80. 马世汶. 横山源之助的移民、殖民思想研究［D］. 指导老师：大田英昭. 东北师范大学，2020.

81. 肖伊然. 华侨农场"三融入"体制改革研究［D］. 指导老师：许金顶. 华侨大学，2020.

82. 郝艳阳. 华人家长的传统民俗文化认同与其子女汉语水平的关系研究［D］. 指导老师：朱志刚. 广东外语外贸大学，2020.

83. 王鹏. 华商资管公司债务重组业务的信用风险管理研究［D］. 指导老师：张国兴. 兰州大学，2020.

84. 陈敏华. 《华文》（柬埔寨初中版）练习研究［D］. 指导老师：杨万兵. 暨南大学，2020.

85. 韩彬彬. 华文教育专业本科生微格教学案例研究［D］. 指导老师：李小凤. 暨南大学，2020.

86. 罗婵. 华文教育专业本科生微格教学调查与分析［D］. 指导老师：李小凤. 暨南大学，2020.

87. 杨梦婷. 华文教育专业培养方式探讨［D］. 指导老师：李朝辉. 中央民族大学，2020.

88. 张明哲. 基于汉字诗的汉字教学个案研究［D］. 指导老师：王汉卫. 暨南大学，2020.

89. 盛丽娜. 基于任务型教学法下的《弟子规》课堂教学设计［D］. 指导老师：杨同用. 浙江科技学院，2020.

90. 汪月. 基于数据库的欧洲华文教育发展量化研究［D］. 指导老师：韩晓明. 郑州大学，2020.

91. 朱慧丽. 基于诵读法的柬埔寨华校华文课教学设计［D］. 指导老师：肖可意，张全真. 吉林外国语大学，2020.

92. 刘莎莎. 基于语料库的海外华裔儿童分级读物编写设计［D］. 指导老师：王红梅. 广东外语外贸大学，2020.

93. 赵海彤. 吉林省海外公民安全管理问题研究［D］. 指导老师：王生. 吉林大学，2020.

94. 刘悦. 继承语背景下中亚与缅甸华裔学生汉字学习策略对比研究［D］. 指导老师：武和平. 西北师范大学，2020.

95. 王美惠. 加拿大多元文化背景下的华人移民生存状况［D］. 指导老师：王彦军. 吉林大学，2020.

96. 薛茹茹. 柬埔寨华校本土汉语教师现状调查研究［D］. 指导老师：鲁修红. 湖北工业大学，2020.

97. 郭雨. 柬埔寨华校小学汉语课堂教学行动研究［D］. 指导老师：李华. 西北师范大学，2020.

98. 张露. 柬埔寨华校小学课文教学设计研究［D］. 指导老师：陈建新. 西南科技大学，2020.

99. 崔玲玲. 柬埔寨华校小学生离合词习得偏误分析［D］. 指导老师：崔四行，郭敏. 湖北工业大学，2020.

100. 张晓颖. 柬埔寨华校学生的汉语量词习得偏误分析［D］. 指导老师：王京华. 河北大学，2020.

101. 刘洋. 柬埔寨华校学生的中国节日认知调查及文化教学启示——以中国传统节日饮食为例［D］. 指导老师：吴林. 湖北工业大学，2020.

102. 庄明欣. 柬埔寨金边华文学校发展现状调查［D］. 指导老师：沈玲. 华侨大学，2020.

103. 张艳杰. 柬埔寨金边民生中学汉语教学情况调查报告［D］. 指导老师：李晨阳，周怡君. 吉林外国语大学，2020.

104. 罗丽. 柬埔寨六上《华文》教材词汇分析［D］. 指导老师：王媛媛. 广东外语外贸大学，2020.

105. 刘婷. 柬埔寨西哈努克市西港港华学校的汉字教学设计［D］. 指导老师：肖可意，张全真. 吉林外国语大学，2020.

106. 王钲冕. 柬埔寨新版初中《华文》教材研究［D］. 指导老师：班弨. 暨南大学，2020.

107. 李锦辉. 江门端午扒龙船习俗研究［D］. 指导老师：伍广津. 广西民族大学，2020.

108. 李安娜. 教育"菲化"背景下菲律宾华文学校对中华传统文化的传承——以侨中学院、中正学院、光启学校三所华校为例［D］. 指导老师：张小欣. 暨南大学，2020.

109. 刘睿珺. 近代广东台山侨乡城镇地理初探（1840—1949年）［D］. 指导老师：吴宏岐. 暨南大学，2020.

110. 石茂坤. 近代商人与海南岛开发（1876—1938）［D］. 指导老师：郑成林. 华中师范大学，2020.

111．黎泳．近代中国经济增长因素分析（1895—1936）［D］．指导老师：刘巍．广东外语外贸大学，2020．

112．鲁天明．《居住在华人之间》（节选）汉译实践报告［D］．指导老师：林丽玲．福建师范大学，2020．

113．陈姝宇．堪萨斯州立大学孔子学院华裔学生情态补语习得研究［D］．指导老师：岳辉．吉林大学，2020．

114．丁灵芳．抗日救亡歌咏运动的倡导者刘良模研究［D］．指导老师：杨和平．浙江师范大学，2020．

115．吴舒坦．客观与多元：欧洲华文媒体对中国国家形象的建构——基于对《欧洲时报》周末版涉华报道的样本分析［D］．指导老师：莫少群．南京师范大学，2020．

116．程玥．肯定性行动与亚裔美国人［D］．指导老师：林玲．上海外国语大学，2020．

117．邓雨佳．肯尼亚华文学院汉语教材使用调查与教学实施［D］．指导老师：郭茂全．兰州大学，2020．

118．李辰霞．孔子学院武术舞台化表演的研究［D］．指导老师：张彩琴．内蒙古师范大学，2020．

119．李燕秋．孔子学院与歌德学院传播模式的比较研究［D］．指导老师：周文杰．大连理工大学，2020．

120．万星宇．孔子学院在国家形象传播中的作用研究［D］．指导老师：姜德锋．黑龙江大学，2020．

121．季凡人．孔子学院中华文化海外传播研究［D］．指导老师：薛晓萍．河北科技大学，2020．

122．杨宏伟．"跨代离散"：华裔青少年中国寻根之旅研究——以华侨大学为例［D］．指导老师：李勇．华侨大学，2020．

123．杨钰璇．跨文化视域下张翎小说的"离散"书写［D］．指导老师：张瑷．集美大学，2020．

124．钟庆悦．跨文化与跨时空［D］．指导老师：陈一．苏州大学，2020．

125．杨德．来滇"澜湄"国家留学生的汉语语言态度和汉语使用情况调查研究［D］．指导老师：夏玉清．云南师范大学，2020．

126．汪雨涵．来华东南亚留学生闽南文化认知情况调查研究［D］．指导老师：陈旋波．华侨大学，2020．

127．吴歆恬．来华华裔留学生汉语学习动机影响因素研究［D］．指导老师：夏菁．华中师范大学，2020．

128．张炘烨．来华营团活动语言文化内容的选择与安排情况调查研究［D］．指导老师：金鑫. 湖南师范大学, 2020.

129. 周碧玉. 冷战时期美国电影中的东亚形象研究［D］. 指导老师：郝延斌. 江南大学, 2020.

130. 李萍. 李安电影叙事中的跨文化适应研究［D］. 指导老师：韩强. 新疆大学, 2020.

131. 渠岳. 李光耀时期新加坡多元民族主义政策研究［D］. 指导老师：刘自强. 湘潭大学, 2020.

132. 胡俊豪. 历史教学中利用华侨史资源培养家国情怀的研究［D］. 指导老师：杨光华. 西南大学, 2020.

133. 周萧易. 历史与现实交织下的个体困境——薛忆沩小说论［D］. 指导老师：欧阳光明. 华侨大学, 2020.

134. 魏洪琨. 凌叔华的英文书写与中国形象异域建构［D］. 指导老师：张曼. 上海外国语大学, 2020.

135. 张露洋. 流散视域下汤亭亭作品中的华人形象研究［D］. 指导老师：王宗峰. 淮北师范大学, 2020.

136. 柯历杰（Melvyn Kwadwo Nketia）. 伦敦南岸大学中医孔子学院中华文化传播情况调查研究［D］. 指导老师：曲凤荣. 哈尔滨师范大学, 2020.

137. 丁佳敏. 论陈河小说中的华人族群认同［D］. 指导老师：俞世芬. 杭州师范大学, 2020.

138. 袁媛. 论加华作家陈河的华商小说中的"陌生人"［D］. 指导老师：赵小琪. 武汉大学, 2020.

139. 朱玉杰. 论美国华裔作家伍绮诗小说创作中的二元对立［D］. 指导老师：曹春茹. 曲阜师范大学, 2020.

140. 黄秋燕. 论新移民文学的子女教育叙事［D］. 指导老师：张俏静. 南昌大学, 2020.

141. 宋小西. 论严歌苓小说的移民书写［D］. 指导老师：林虹. 郑州大学, 2020.

142. 沈茂华. 论严歌苓小说中的民间化历史叙事［D］. 指导老师：程金城. 兰州大学, 2020.

143. 沈垚. 论张翎小说创作中的宗教意识［D］. 指导老师：郭洪雷. 杭州师范大学, 2020.

144. 张蕙兰（Hong Seng Mariella）. 马达加斯加华裔学生文化身份认同调查研究［D］. 指导老师：张琴凤. 山东师范大学, 2020.

145. 侯玉婷. 马华文学在华文教学中的应用［D］. 指导老师：刘芳坤. 山西大学, 2020.

146. 黄冰冰. 马克思恩格斯青年观及其对新时代青年发展的启示［D］. 指导老

师：赖晓飞．华侨大学，2020.

147．刘晏齐．马来高校非华裔汉语教学情况调查分析［D］．指导老师：梅启波．郑州大学，2020.

148．张佳欣．马来西亚《华教导报》和菲律宾《华文教育》月报对比分析［D］．指导老师：刘玉屏．中央民族大学，2020.

149．杨琪．马来西亚UiTM大学华语教学情况调查研究［D］．指导老师：林新年．福建师范大学，2020.

150．冯倩．马来西亚本土教材《华语入门》华语特有词汇研究［D］．指导老师：于屏方．广东外语外贸大学，2020.

151．宋洁．马来西亚本土教材《华语入门1》语言要素分析［D］．指导老师：张巍．上海师范大学，2020.

152．王均杰．马来西亚槟城近代骑楼建筑初论［D］．指导老师：陈志宏，蔡沪军．华侨大学，2020.

153．陈序淮．马来西亚独中学生三语学习困境研究［D］．指导老师：张丽萍．浙江大学，2020.

154．刘圣轩．马来西亚汉传佛教与当地华人的相互依存关系研究［D］．指导老师：陈丙先．广西民族大学，2020.

155．郑雨来．马来西亚华人茶餐室研究——以玻璃口新村为个案［D］．指导老师：郑一省．广西民族大学，2020.

156．吴昕婷．马来西亚华文报业跨文化传播困境研究［D］．指导老师：颜春龙，张可．贵州民族大学，2020.

157．李明泽（Lee Ming Zhe）．马来西亚华文特有词汇分析——以华文小学课本《华文》以及作业本为研究对象［D］．指导老师：方凌波．南京师范大学，2020.

158．张万霖．马来西亚华小与国小华语教材的文化因素研究——辅以文化身份认同角度分析［D］．指导老师：戚学英．华中师范大学，2020.

159．周伊倩．马来西亚马印族群关系研究［D］．指导老师：游国龙．华侨大学，2020.

160．李玉芬（Lee Nyuk Fen）．马来西亚沙巴崇正中学华文教学调查与分析［D］．指导老师：伍依兰．华中师范大学，2020.

161．任士友．马来西亚砂拉越古晋河婆客家话语音研究［D］．指导老师：陈晓锦．暨南大学，2020.

162．尤慧君．马来西亚砂拉越泗里街新会话词汇研究［D］．指导老师：陈晓锦．暨南大学，2020.

163．申波．马来西亚文化政策对在马汉语教学的影响研究［D］．指导老师：陈信存．广西大学，2020.

164. 王英健（Wong Yin Chean）. 马来西亚怡保市华文教学现状调查与分析［D］. 指导老师：李华雍. 华中师范大学，2020.

165. 苏学林. 美国"第三只眼"——陈九小说研究［D］. 指导老师：杨春. 北京外国语大学，2020.

166. 杨定. 美国杜克大学暑期在华项目华裔班和非华裔班操练课提问对比研究［D］. 指导老师：杨春. 北京外国语大学，2020.

167. 赵婧. 美国华人社会的政治分野与《美洲华侨日报》的发展［D］. 指导老师：李爱慧. 暨南大学，2020.

168. 张艺. 美国华人移民身份认同的重构——基于萨克拉门托郡华裔一代移民的案例研究［D］. 指导老师：刘杨. 北京外国语大学，2020.

169. 蒋云云. 美国华裔女性的共同体追寻之路——以谭恩美的《喜福会》与《奇幻山谷》为例［D］. 指导老师：许庆红. 安徽大学，2020.

170. 曾子倩. 美国华裔女性文学中母女关系主题的承继与嬗变［D］. 指导老师：泽拥. 四川师范大学，2020.

171. 李霞. 美国孔子学院针对当地幼儿的文化活动设计［D］. 指导老师：王莞情，单妮娜. 吉林外国语大学，2020.

172. 田贯辉. 美国影视作品中的中国形象建构研究［D］. 指导老师：张同胜. 兰州大学，2020.

173. 蒋艺晗. 秘鲁天主教大学孔子学院中国文化传播现状研究［D］. 指导老师：朱建军. 上海外国语大学，2020.

174. 毕素诗. 缅北华校中小学汉语课堂管理问题研究——以曼德勒孔教学校（东区）和MCTA国际学院为例［D］. 指导老师：张馨心. 兰州大学，2020.

175. 李璇. 缅甸华人家庭语言规划研究——以曼德勒地区华人社群为例［D］. 指导老师：余宁. 南京大学，2020.

176. 张巧鸽. 缅甸克钦邦八莫佛经学校汉语水平考试调查［D］. 指导老师：卢焱. 郑州大学，2020.

177. 张娇霞. 缅甸曼德勒市华裔中学生汉语学习情况调查研究［D］. 指导老师：魏梓秋. 西北师范大学，2020.

178. 卢霄. 缅甸曼德勒云华师范学院非零起点华裔学生汉字教学设计［D］. 指导老师：王莞情，单妮娜. 吉林外国语大学，2020.

179. 周彤. 缅甸南部华裔一年级学生汉字书写情况分析及教学对策探究［D］. 指导老师：张智慧. 河北师范大学，2020.

180. 孟月榕. 缅甸云华师范学院中小学生汉语学习动机与文化认同调查研究［D］. 指导老师：王晶，李新. 吉林外国语大学，2020.

181. 谢马驹. 面向海外华人的广府文化传播分析——以广东广播电视台为例［D］.

指导老师：邓玮. 广东外语外贸大学，2020.

182. 李国梅. 面向来华华裔留学生的《中级华文》教材适用性分析［D］. 指导老师：张礼. 暨南大学，2020.

183. 林碧珊. 面向泰国中学生的汉语古诗词教学——以山水田园诗为例［D］. 指导老师：臧胜楠. 华侨大学，2020.

184. 高立国. 面向泰国中学生的新HSK词汇词群教学［D］. 指导老师：胡培安，陈义. 华侨大学，2020.

185. 林翠萍. 面子理论视角下侨乡泉州农村公共体育服务优化供给研究［D］. 指导老师：何元春. 福建师范大学，2020.

186. 李琦琦. 民国时期梅州地区的市政改革与城镇建设［D］. 指导老师：吴宏岐. 暨南大学，2020.

187. 王柯柯. 民族主义的诉求：《华侨半月刊》与海外华侨［D］. 指导老师：陈友良. 福建师范大学，2020.

188. 马永一. 民族主义与全球治理：冲突与协调［D］. 指导老师：刘文波. 华侨大学，2020.

189. 陈蕾. 闽东福安方言语音研究［D］. 指导老师：袁碧霞. 华侨大学，2020.

190. 王青. 闽南华侨工业建筑的发展研究（1842—1966）［D］. 指导老师：赖世贤，傅晶. 华侨大学，2020.

191. 吴月. 明初至清中叶闽南地区东南亚移民定居原因探析［D］. 指导老师：范金民. 南京大学，2020.

192. 刘承宾. 明代隆庆以后华商出海贸易法律制度研究［D］. 指导老师：吕铁贞，俞巍. 上海财经大学，2020.

193. 赵睿智. 明清时期漳州海澄历史空间信息研究［D］. 指导老师：林翔，涂斌. 华侨大学，2020.

194. 昌承祯. 南京国民政府侨刊研究（1937—1945）——以侨务机构的四种期刊为中心［D］. 指导老师：包爱芹. 山东师范大学，2020.

195. 马慧蓉. 南宁华侨投资区壮语比较句研究［D］. 指导老师：何霜. 广西民族大学，2020.

196. 童林珏. 南洋荷属各埠设领问题研究［D］. 指导老师：方平. 华东师范大学，2020.

197. 张雪艳. 南洋经验与黑婴的文学创作（1932—1937）［D］. 指导老师：罗执廷. 暨南大学，2020.

198. 姚瑞. 《南洋研究》之研究（1928—1944）［D］. 指导老师：陈友良. 福建师范大学，2020.

199. 李苒苒. 欧洲华文媒体中的中国国家形象呈现——以《欧洲时报》涉华报道为

例〔D〕. 指导老师：王琰，郎立斐. 华侨大学，2020.

200. 郝玲. 欧洲三大电影节中国获奖电影底层形象建构研究〔D〕. 指导老师：王桂亭，黄海波. 华侨大学，2020.

201. 胡海洋. 潘耀明创作观与文学批评观研究〔D〕. 指导老师：王列耀. 暨南大学，2020.

202. 张振.《侨报》在中美贸易冲突报道中的身份认同与表达〔D〕. 指导老师：张小娅. 北京外国语大学，2020.

203. 林君雅. 侨批档案的校园推广研究〔D〕. 指导老师：王小云. 福建师范大学，2020.

204. 舒伟燕. 侨乡留守儿童义务教育中基层政府职责研究——以浙江省青田县海口镇为例〔D〕. 指导老师：左宏愿. 西北师范大学，2020.

205. 周薇曦.《全美助华联合总会新闻报》的图像传播研究〔D〕. 指导老师：陶红. 西南大学，2020.

206. 郑巧榕. 泉州市梅山镇侨务工作优化研究〔D〕. 指导老师：曹文宏，苏涛. 华侨大学，2020.

207. 赵海华. 任务型教学法在中华文化节日活动中的运用研究〔D〕. 指导老师：郭伏良，张美云. 河北大学，2020.

208. 王玮. 融资约束、海外华商网络与企业对外直接投资决策研究〔D〕. 指导老师：衣长军. 华侨大学，2020.

209. 张青阳. 砂拉越拉让江流域华人商业发展研究（1861—1963）〔D〕. 指导老师：陈琼渊. 华侨大学，2020.

210. 宋婕. 陕甘宁边区政府交际处统战工作研究〔D〕. 指导老师：孙锡芳. 长安大学，2020.

211. 石千千. 上海划船总会研究〔D〕. 指导老师：王健. 上海社会科学院，2020.

212. 张晓菲. 上海难民救济研究（1937—1942）〔D〕. 指导老师：王林. 山东师范大学，2020.

213. 张晓俊. 上海私营华商保险业公私合营研究（1949—1952）〔D〕. 指导老师：宋佩玉. 上海师范大学，2020.

214. 周柯柯. 少儿对外汉语教材对比研究——以《轻松学汉语（少儿版）》和《汉语乐园》为例〔D〕. 指导老师：李秀明. 绍兴文理学院，2020.

215. 胡庄园. 十九世纪英国殖民新加坡时期的华人自治模式研究〔D〕. 指导老师：姜兴山. 福建师范大学，2020.

216. 韦晶荧. 适应与融入——文莱海南籍华人清真茶餐厅的个案研究〔D〕. 指导老师：潘艳勤. 广西民族大学，2020.

217. 姜兰. 斯洛文尼亚华裔汉语教学调查与研究——以卢布尔雅大学孔子学院为

例［D］. 指导老师：张德明. 西南科技大学，2020.

218. 杨永芳. 四所海外中文学校学生课外阅读需求调查研究［D］. 指导老师：邵宜. 暨南大学，2020.

219. 苗铭芝. 苏联时期旅俄华侨研究（1917—1924）［D］. 指导老师：滕仁. 黑龙江大学，2020.

220. 王琪漶. 素攀孔子学院对合作学校汉语教学的影响研究［D］. 指导老师：李志艳. 广西大学，2020.

221. 赵雪. 他者与自我：英国华人题材纪录片研究［D］. 指导老师：赵瑜. 浙江大学，2020.

222. 段瑞雪. 泰国北榄公立培华学校汉语教学现状调查［D］. 指导老师：邵华. 哈尔滨师范大学，2020.

223. 米静怡. 泰国初级阶段汉字教学调查研究——以泰国华校小学为例［D］. 指导老师：张树天. 内蒙古师范大学，2020.

224. 韩江雪. 泰国大学生汉语习得偏误研究——以泰国华侨崇圣大学学生为例［D］. 指导老师：邢永革. 天津中医药大学，2020.

225. 郝彩娟. 泰国东部华文民校汉语教学状况研究——以巴真府嘉民学校为例［D］. 指导老师：王进进. 郑州大学，2020.

226. 樊璐. 泰国东部华校中学生汉语学习动机与学习成绩的相关性研究［D］. 指导老师：李勇. 郑州大学，2020.

227. 周婉莹（Nuanphun Wongsa-Ard）. 泰国公立健华学校汉语教学现状调查研究［D］. 指导老师：李寅生. 广西大学，2020.

228. 孙桃竹. 泰国海南籍华裔"水尾圣娘"信仰研究［D］. 指导老师：赵洪云. 云南民族大学，2020.

229. 宁娜娜. 泰国汉语教学现状调查研究——以董里府董里华侨学校为例［D］. 指导老师：王崇. 黑龙江大学，2020.

230. 梁雯雯. 泰国华人国家认同转变及其影响研究（1850—1910）［D］. 指导老师：刘自强. 湘潭大学，2020.

231. 张翠媚. 泰国华文教材《汉语》与《中文》练习册比较研究［D］. 指导老师：王焱. 广东外语外贸大学，2020.

232. 朱丽丽（Pakpoom MissKanwadee）. 泰国皇太后大学孔子学院汉语教学及中华文化传播研究［D］. 指导老师：李朝辉. 中央民族大学，2020.

233. 罗海燕. 泰国留学生学习动机及策略调查分析——以华文学院外国政府官员班为例［D］. 指导老师：沈玲. 华侨大学，2020.

234. 许月明. 泰国玛哈沙拉坎大学孔子学院文化传播研究［D］. 指导老师：蒋新平. 广西民族大学，2020.

235. 于善伟. 泰国南部地区幼儿汉语教学现状调查与分析［D］. 指导老师：王其和. 山东师范大学，2020.

236. 徐林. 泰国清迈大学孔子学院文化活动传播效果研究［D］. 指导老师：沈毅. 云南师范大学，2020.

237. 周洋. 泰国勿洞市孔子学院文化活动对语言教学的影响研究［D］. 指导老师：张向荣. 广东外语外贸大学，2020.

238. 李悦. 泰国小学汉语教学情况调查分析——以清迈府公立崇华新生华立学校和春武里府斯苏韦特学校为例［D］. 指导老师：胡承佼. 安徽师范大学，2020.

239. 施意. 泰国小学生汉语学习兴趣调查分析［D］. 指导老师：段洁云. 云南师范大学，2020.

240. 李嘉欣. 泰国中学生汉语学习动机和中华文化认同研究［D］. 指导老师：刘丽，龙文希. 海南师范大学，2020.

241. 许书艳. 泰国中学生习得汉语副词"都"的研究——以光明华侨公学为例［D］. 指导老师：陆昌萍. 安徽师范大学，2020.

242. 李庆敏. 坦桑尼亚中资企业华人员工跨文化适应研究［D］. 指导老师：陈伟娜，孙波. 河北地质大学，2020.

243. 鹏飞. 体育元素在海外华裔青少年华文教育中的应用探索［D］. 指导老师：石宏杰. 首都体育学院，2020.

244. 胡亚冰.《万国公报》的美国报道研究［D］. 指导老师：李伟. 山东师范大学，2020.

245. 唐思慧. 文化传播对中国与"一带一路"沿线国家贸易影响的研究［D］. 指导老师：仓勇涛. 上海外国语大学，2020.

246. 莫西宁. 文莱文化政策对在文汉语教学影响的研究［D］. 指导老师：陈信存. 广西大学，2020.

247. 林熔炼. 我国政府对海外公民安全保护问题研究［D］. 指导老师：李胜会. 华南理工大学，2020.

248. 梁怡. 戏剧与信仰：泰国乌汶潮剧艺术研究［D］. 指导老师：廖明君. 广西民族大学，2020.

249. 秦臻. 小学优秀传统文化教育创造性转化策略研究［D］. 指导老师：蒋立松，张健. 西南大学，2020.

250. 刘鹏程. 辛亥革命周年纪念性话语研究——以党和国家五次纪念大会文本为中心［D］. 指导老师：杨建中. 太原科技大学，2020.

251. 周颖. 新加坡《叻报》音译外来词研究［D］. 指导老师：车淑娅. 南京师范大学，2020.

252. 熊伟. 新加坡LittleVillage非华族幼儿汉语学习现状的分析与研究［D］. 指导老师：张斌，李亚男. 华侨大学，2020.

253. 文雯. 新加坡MyWorld学校幼儿华文教师专业自觉调查分析［D］. 指导老师：陈旋波，邓淑冰. 华侨大学，2020.

254. 程杏园. 新加坡佛教施诊所研究［D］. 指导老师：陈丙先. 广西民族大学，2020.

255. 李国强. 新加坡华人华侨反日斗争研究（1931—1945）［D］. 指导老师：刘莲芬. 贵州师范大学，2020.

256. 喻仪. 新加坡联合早报网对中国国家形象的媒介构建——以"中美贸易争端"报道为例［D］. 指导老师：王琰，郎立斐. 华侨大学，2020.

257. 王舒仪. 新加坡文化政策对该国汉语教学影响的研究［D］. 指导老师：陈信存. 广西大学，2020.

258. 兰图. 新加坡小学华文课程标准制定的依据研究［D］. 指导老师：巴登尼玛. 四川师范大学，2020.

259. 王平. 新加坡小学生华文课外阅读现状调查与分析［D］. 指导老师：孙利萍. 华侨大学，2020.

260. 李晓丹. 新加坡学前华文课堂教学活动设计探析［D］. 指导老师：盛译元. 华侨大学，2020.

261. 王曲. 新加坡幼儿园华文教师课程决策能力调查研究［D］. 指导老师：李欣. 华侨大学，2020.

262. 施成峰. 新世纪以来美剧中中国元素呈现研究［D］. 指导老师：方爱武. 浙江工业大学，2020.

263. 许晓勤. 新世纪以来中国特色侨务理论研究［D］. 指导老师：王焕芝. 华侨大学，2020.

264. 张翰文（Harvey Zhang）. 新西兰本土汉语教育与华文教育对比分析［D］. 指导老师：张晓涛. 哈尔滨师范大学，2020.

265. 左娜娜. 新西兰孔子学院形象的媒介呈现——以新西兰主流媒体为例［D］. 指导老师：付晓静. 武汉体育学院，2020.

266. 贺先叶. 新中国成立初期"运动式治理"中归侨地位变化的研究［D］. 指导老师：李敬煊. 华中师范大学，2020.

267. 孟娇娇. 新中国成立初期中国共产党对外广播宣传工作研究［D］. 指导老师：郭永虎. 吉林大学，2020.

268. 朱梦秋. 学前儿童华文课堂戏剧教学设计——以新加坡英伦幼儿园为例［D］. 指导老师：臧胜楠，孔平. 华侨大学，2020.

269. 原艺珍. 严歌苓小说的美学特征研究［D］. 指导老师：韩蕊. 西安建筑科技

大学，2020.

270. 魏飒飒. "一带一路"背景下阿塞拜疆汉语教学现状调查研究［D］. 指导老师：王敬艳. 西安石油大学，2020.

271. 李洋. "一带一路"背景下巴基斯坦汉语教学现状、问题及对策［D］. 指导老师：王敬艳. 西安石油大学，2020.

272. 周奕名. "一带一路"背景下海外中国公民安保机制及其协调性研究［D］. 指导老师：张杰. 中国人民公安大学，2020.

273. 夏锦艺. "一带一路"背景下喀麦隆孔子学院武术文化传播进程研究［D］. 指导老师：郭守靖. 浙江师范大学，2020.

274. 马心怡. "一带一路"背景下中欧在地中海区域的海洋合作研究［D］. 指导老师：刘文波. 华侨大学，2020.

275. 侯索. "一带一路"倡议下中国企业对蒙古国直接投资影响因素的实证研究［D］. 指导老师：何桢. 天津大学，2020.

276. 杨馨伟. "一带一路"国际科技合作对沿线国的经济增长效应［D］. 指导老师：许培源. 华侨大学，2020.

277. 姚尧. "一带一路"交通基础设施联通的经济效应［D］. 指导老师：许培源. 华侨大学，2020.

278. 徐心瑶. "一带一路"沿线国家政府官员中文学习班隐性课程调查与分析［D］. 指导老师：胡建刚，盛译元. 华侨大学，2020.

279. 罗琴秀. "一带一路自由贸易区网络"构建及其经济效应评估［D］. 指导老师：许培源. 华侨大学，2020.

280. 胡温旭. 一战时期俄国招募华工问题研究［D］. 指导老师：陈开科. 中国社会科学院研究生院，2020.

281. 丁思思. "异托邦"视域下《上海女孩》中华裔移民的身份建构［D］. 指导老师：于建华. 扬州大学，2020.

282. 董家琦. 意大利华裔青少年学习汉语状态补语偏误分析［D］. 指导老师：王振来. 辽宁师范大学，2020.

283. 张一弛. 印度尼西亚客家裔学生汉语语音偏误研究——以山口洋南华中学为例［D］. 指导老师：周及徐. 四川师范大学，2020.

284. 李天瑶. 印尼安汶地区汉语教学现状调查研究［D］. 指导老师：王建生. 郑州大学，2020.

285. 张思. 印尼八华小学初级汉语综合课教学策略研究［D］. 指导老师：岳辉. 吉林大学，2020.

286. 赵祎婧. 印尼八华幼儿园中华文化活动案例研究［D］. 指导老师：刘艳茹. 吉林大学，2020.

287．黄爱瑄．印尼巴东华文教育调查与研究——以木尔尼学校为例［D］．指导老师：陈晖．湖南师范大学，2020.

288．Tjhong Siau Fong．印尼汉语教材使用现状研究——以唐格郎地区与所私立学校为例［D］．指导老师：王建刚．浙江大学，2020.

289．杜晓璇．印尼华裔小学生汉字书写偏误研究——以马华三语国民学校为例［D］．指导老师：蒋静忠．河北大学，2020.

290．李玉真．印尼华裔与非华裔学生汉语名量词习得偏误研究［D］．指导老师：邱春安．广东外语外贸大学，2020.

291．桑彦琳．印尼华语与普通话书面语词汇差异及针对性教学策略研究［D］．指导老师：王彩云．山东师范大学，2020.

292．张琪玲．印尼马华三语国民学校汉语教学调查研究［D］．指导老师：王平．西南科技大学，2020.

293．申苏娜．印尼美娜多省汉语教学现状调查——以罗肯中学和美娜多三教会学校为例［D］．指导老师：鲁六．郑州大学，2020.

294．杨阳．印尼三语学校华裔小学生汉语教学的调查与研究［D］．指导老师：乔芳．江苏大学，2020.

295．谭建源．印尼山口洋华人社会对中华文化的传承——基于在山口洋华文学校的调研［D］．指导老师：代帆．暨南大学，2020.

296．李静．印尼苏拉威西地区华文教师反思性教学现状的调查研究［D］．指导老师：李欣．华侨大学，2020.

297．潘大喜（William Pribady）．印尼望加锡华人中华文化认同研究［D］．指导老师：付欣晴．南昌大学，2020.

298．林淑珍（Engelina）．印尼望加锡市初级中学华文教育调查研究［D］．指导老师：刘小川．南昌大学，2020.

299．沈致远．《远方的家·一带一路》的跨文化传播策略研究［D］．指导老师：骆正林．南京师范大学，2020.

300．阮氏玉梅．越南1986年革新开放至今的华文媒体研究［D］．指导老师：胡翼青．南京大学，2020.

301．孙琳．越南华文教育发展历史与现状研究［D］．指导老师：于向东．郑州大学，2020.

302．邓月娟（Tang Nhit Kin）．越南华裔大学生文化认同与汉语学习研究［D］．指导老师：戚学英．华中师范大学，2020.

303．卢咏珊．在美中国留学生网络媒体使用与双文化认同整合研究［D］．指导老师：莫莉．福建师范大学，2020.

304．张雅杰．在新西兰中国留学生学习适应教育影响因素探析［D］．指导老师：

许衍琛. 天津职业技术师范大学，2020.

305. 徐暖暖. 早期《申报》的办报观念研究（1872—1912）［D］. 指导老师：朱颖. 广东外语外贸大学，2020.

306. 俞晨蕾. 浙江侨乡留守儿童自我教育的个案研究［D］. 指导老师：周国华. 浙江师范大学，2020.

307. 柳宛伶. 职前汉语教师一对一线上教学能力调查与分析［D］. 指导老师：胡建刚，盛译元. 华侨大学，2020.

308. 罗凤. 智利华裔幼儿汉语教学探索——以伊基克华高联谊会中文学校为例［D］. 指导老师：王媛媛. 广东外语外贸大学，2020.

309. 贺钧. 中高级东南亚华裔留学生"V+N1+的+N2"歧义结构加工研究［D］. 指导老师：杨万兵. 暨南大学，2020.

310. 李晨阳. 中共抗日根据地英模的宣传教育研究［D］. 指导老师：田海林. 山东师范大学，2020.

311. 尹立楠. 中共中央南方局统一战线工作及启示研究［D］. 指导老师：苑晓杰. 辽宁师范大学，2020.

312. 吴凤连. 中国大陆华人国际迁移的空间格局演变特征及影响因素分析：1990-2015［D］. 指导老师：郝丽莎. 南京师范大学，2020.

313. 金文盼. 中国对南太平洋岛国的公共外交［D］. 指导老师：张颖. 北京外国语大学，2020.

314. 刘玉灵. 中国赴美留学生跨文化适应问题的原因与对策分析［D］. 指导老师：林大津. 福建师范大学，2020.

315. 罗雅琪. 中国共产党与马来西亚国民阵线关系研究——以党际关系与国家关系互动为视角［D］. 指导老师：余科杰. 外交学院，2020.

316. 王蓉. 中国古装电视剧在东南亚的传播现状及策略研究［D］. 指导老师：郭艳梅，黄海波. 华侨大学，2020.

317. 夏琦. 中国海外耕地投资中企业劳工风险防范法律问题研究［D］. 指导老师：曾丽洁. 湖北大学，2020.

318. 刘逢雨. 中国海外劳工安全问题研究［D］. 指导老师：曾范敬. 中国人民公安大学，2020.

319. 陈灿. 中国海外劳工医疗保障问题研究——以NR集团公司为例［D］. 指导老师：姚建平，蔡波. 华北电力大学（北京），2020.

320. 李睿萌. 中国留美学生社团社交网络传播研究——以Instagram为例［D］. 指导老师：曾海芳. 浙江传媒学院，2020.

321. 孙玉丽. 中国民族民间舞海外教学应用性研究——以ZW华人舞蹈学校教学为例［D］. 指导老师：郭磊. 北京舞蹈学院，2020.

322. 张娣. 中国乒乓球文化传播——国家形象的多维塑造及传播策略〔D〕. 指导老师：李荣芝. 上海体育学院，2020.

323. 王臻曌. 中国企业赴利比里亚投资的劳工法律风险防范〔D〕. 指导老师：李亮. 河南大学，2020.

324. 秦秋怡. 中国实行双重国籍的可行性研究〔D〕. 指导老师：顾兴斌. 南昌大学，2020.

325. 李玲. 中国文创产品在泰国幼儿汉语教学中的应用研究——以泰国Khunnatham Wittaya School为例〔D〕. 指导老师：史洁. 山东师范大学，2020.

326. 杨柳. 中华文化元素融入泰国中学汉语教学的实验研究——以泰国佛统飞行中学（高中）为例〔D〕. 指导老师：王俊杰. 河北师范大学，2020.

327. 刘乐乐. 中华孝文化在蒙古国23中的教学研究〔D〕. 指导老师：万雪梅. 江苏大学，2020.

328. 胡慧敏. 中日外交"寒冬期"在日中国留学生适应困境与应对研究〔D〕. 指导老师：毛国民. 广东外语外贸大学，2020.

329. 王一孛. 《中泰通》杂志在泰汉语教学辅助作用应用研究〔D〕. 指导老师：李志峰. 广西大学，2020.

330. 马敏一. 中亚华裔留学生初级阶段汉字笔画、笔顺习得研究〔D〕. 指导老师：李华. 西北师范大学，2020.

331. 郑慧凌. 中医药文化传播对留学生中医药文化认同的作用机制研究〔D〕. 指导老师：高山. 南京中医药大学，2020.

332. 苏小迪. 主题式教学在汉语口语课的应用研究——以华侨大学光启冬令营为例〔D〕. 指导老师：刘甜. 华侨大学，2020.

333. 毛森民. 资源动员视角下的移民跨国实践与侨乡建设〔D〕. 指导老师：于涛. 哈尔滨工程大学，2020.

港澳台地区中文学位论文

1. 蔡慧薰. 奥地利儿童华语教学与教材的分析研究〔D〕. 指导老师：林振兴. 台湾师范大学，2020.

2. 陈素善. 创新初级华语教学活动设计——以重理解课程设计融入任务导向之荷兰教学为例〔D〕. 指导老师：张瓅匀. 台湾师范大学，2020.

3. 黎浩琮. 从颠沛流离到落地生根：黎氏家族缅甸、台湾、澳门迁徙史（1937—1990）〔D〕. 指导老师：张素玢. 台湾师范大学，2020.

4. 王茹. 从互动角度分析华语远距同步教学中新手教师的话语特征〔D〕. 指导老师：信世昌. 台湾师范大学，2020.

5. 郭晓琳. 东亚视野下的世界主义——以陈冠中、黎紫书与吴明益为例〔D〕. 指导老师：邝可怡．香港中文大学，2020.

6．尹淇．对外汉语教学在巴西的发展现况及其影响因素研究：以里约热内卢天主教大学孔子学院为例［D］．指导老师：叶桂平．澳门城市大学，2020.

7．邱沛瑀．国别化华语教材评估指标发展研究——从印尼教材编写经验出发［D］．指导老师：熊玉雯．中原大学，2020.

8．苏韵文．国际学校儿童华语在地化辅助教材编制初探［D］．指导老师：萧惠贞．台湾师范大学，2020.

9．饶淑惠．国家教育改革下菲律宾华校的转变：以中正学院及灵惠学院为例［D］．指导老师：杨聪荣．台湾师范大学，2020.

10．管心如．汉语四字格成语分级规则之研究——以台湾华语教材为例［D］．指导老师：梁竣瓘．中原大学，2020.

11．洪士惠．华人社会之节庆创造与认同建构：以马来西亚雪兰莪州"巴生歌乐节"为例［D］．指导老师：江柏炜．台湾师范大学，2020.

12．黄玉树．华语二语者的华语名动词比例及其影响因素［D］．指导老师：陈振宇．台湾师范大学，2020.

13．刘彦珈．华语及英语二语教材架构与练习比较研究——以《American Headway》及《中文听说读写》为例［D］．指导老师：曾金金．台湾师范大学，2020.

14．廖凤雪．华语教师跨文化意识经验学习之研究［D］．指导老师：蔡怡君．台湾暨南国际大学，2020.

15．庄承翰．华语教师征聘研究［D］．指导老师：曾金金．台湾师范大学，2020.

16．纪孙澧．华语学术写作的说服策略分析与教学应用［D］．指导老师：谢佳玲．台湾师范大学，2020.

17．王羽庭．华语学习者之口语叙事——以无字图书《青蛙，你在哪里？》为例［D］．指导老师：熊玉雯．中原大学，2020.

18．陈氏儒．看护工华语文自学教材发展研究——以台湾越南籍为例［D］．指导老师：彭妮丝．中原大学，2020.

19．归皮尔．料理漫画运用于华语教学之研究［D］．指导老师：蔡雅薰．台湾师范大学，2020.

20．白任廷．墨西哥华语教学研究——以文成华语教育中心为例［D］．指导老师：林振兴．台湾师范大学，2020.

21．雷慧媛．娘惹认同与跨国华人联姻：张福英《娘惹回忆录》、棉兰张家与闽台林本源家族［D］．指导老师：高嘉谦，梅家玲（MChia-ling）．台湾大学，2020.

22．吴氏霞．深度讨论（QualityTalk）运用于华语成语主题教学的课程设计［D］．指导老师：林振兴．台湾师范大学，2020.

23. 陈怡静. 台湾华语文教育政策与实施现况〔D〕. 指导老师：卢国屏，石汉椿. 淡江大学，2020.

24. 何沛恩. 台湾面试华语教材之设计与教学建议〔D〕. 指导老师：齐婉先. 台湾暨南国际大学，2020.

25. 林育德. 台湾外派华语教师的求助行为与求知性好奇心及教师信念之相关研究〔D〕. 指导老师：蔡雅薰. 台湾师范大学，2020.

26. 吴昀霖. 台湾现代文艺电影创作与其政治社会环境（1930~1980s）〔D〕. 指导老师：许佩贤，张隆志. 台湾师范大学，2020.

27. 李涵薇. 台湾幼教老师在印尼：生活与教学现场的调适〔D〕. 指导老师：林开忠. 台湾暨南国际大学，2020.

28. 张如玉. 泰北儿童汉字教学行动研究——以泰北清迈Weruwan学校为例〔D〕. 指导老师：彭妮丝，赖明德. 中原大学，2020.

29. 傅柏维. 泰北华校华语文化教材研发历程之分析——以族群文化之观点编写〔D〕. 指导老师：钟宜兴. 台湾暨南国际大学，2020.

30. 陈品. 泰国国际学校华语入门基础级学习者语法偏误分析与学习策略研究〔D〕. 指导老师：齐婉先，陶玉璞. 台湾暨南国际大学，2020.

31. 应兰琪. 探索式学习效果研究——以新加坡美国国际学校IB小学中文课程为例〔D〕. 指导老师：蔡雅薰. 台湾师范大学，2020.

32. 吴晏铭. 文化涵化与华语双关语理解之相关性：以台湾侨生为例〔D〕. 指导老师：谢佳玲. 台湾师范大学，2020.

33. 谢佳伶. 文化体验理论融入中医华语教材与教学设计〔D〕. 指导老师：陈丽宇. 台湾师范大学，2020.

34. 洪巧庭. 线上华语发音教学与自我正音个案研究——以越南籍初级学习者为例〔D〕. 指导老师：曾金金. 台湾师范大学，2020.

35. 杨婷婷. 徐忠雄《美国人兮》之简论及其中文翻译〔D〕. 指导老师：何文敬，刘子瑄. 逢甲大学，2020.

36. 黄品蓉. 医疗复健华语教材设计初探〔D〕. 指导老师：曾金金. 台湾师范大学，2020.

37. 尹昌舜. 依纳爵教学法在华语教学之应用——以底特律耶稣会高中为例〔D〕. 指导老师：杨秉煌. 台湾师范大学，2020.

38. 林宛懿. 因应Covid-19境外台校之小学生华语注音及繁简转换问题分析及策略——以华东台商子女学校为例〔D〕. 指导老师：蔡雅薰. 台湾师范大学，2020.

39. 郑钦元. 印度籍华语学习者学习华语文及写作的个案研究〔D〕. 指导老师：陈凤如. 台湾清华大学，2020.

40. 简佳红. 印尼产学专班华语课的教学反思［D］. 指导老师：曾金金. 台湾师范大学，2020.

41. 阮氏玉梅. 越南芹苴市华语文教育发展之研究——以芹苴华文夜校为例［D］. 指导老师：杨秉煌. 台湾师范大学，2020.

42. 陈仲暄. 战后缅甸客家族群社会文化之研究——以兴实塔地区陈祝发家族为例（1947—1994）［D］. 指导老师：吴明勇. 淡江大学，2020.

43. 张琬怡. 支付宝在中国留学生中使用行为影响因素研究：以英国留学为例［D］. 指导老师：余为政. 澳门城市大学，2020.

44. 伊剑. 中国对葡语国家文化外交研究：以孔子学院为例［D］. 指导老师：江时学. 澳门城市大学，2020.

45. 张家铭. 中级华语课深度讨论教学模式之行动研究［D］. 指导老师：蔡雅薰. 台湾师范大学，2020.

46. 林欣颖. 自我认同与语言学习：以印尼台湾学校为例［D］. 指导老师：王蔼玲. 淡江大学，2020.

47. 张孟华. 字本位教学法辅助儿童华语汉字教学之设计研究［D］. 指导老师：竺静华. 台湾大学，2020.

48. 何瀚博. 族群接触理论再检验：印尼五个新世代的个案［D］. 指导老师：李美贤. 台湾暨南国际大学，2020.

英文博士学位论文

1. Chen M. A Study of the Role of Family Worship in Discipleship Training in Chinese American Christian Families［D］. Supervisor: Waggener J A. Southeastern Baptist Theological Seminary, 2020.

2. Chieh J L G. Becoming the Legitimate Government of China: The Impacts of Transnational Politics on Chinese American Status in the U.S., 1937–1980［D］. Supervisor: Tsu C. University of California, Davis, 2020.

3. Deng X. The Healthy Immigrant Effect on Older Chinese Immigrants in the Greater Toronto Area［D］. Supervisor: Rosenberg M W. Queen's University（Canada），2020.

4. Fan J N L. The Structuration of Cultural Identity Through Everyday Space: Understanding Second Generation Chinese American Children's Life Experience in En Ethnoburb Context［D］. Supervisor: Knudsen D. Indiana University, 2020.

5. Fang X Y. Raising Children with Disabilities: A Critical Understanding of the Lived Experiences of Chinese Immigrant Parents in Canada［D］. Supervisor: Hughson A; Milaney K. University of Calgary（Canada），2020.

6. Ghim H. Thirdspace Classrooms: Mapping the Identities and Experiences of Chinese

Transmigrant Early Childhood Teachers in the U. S〔D〕. Supervisor: Souto-Manning M. Teachers College, Columbia University, 2020.

7. Hauwadhanasuk T. Advocacy of Chinese-Speaking Families for the Education of Their Children with Autism Spectrum Disorder〔D〕. Supervisor: Murdick N. Saint Louis University, 2020.

8. Ho Y C S. The Exploration of Chinese Indigenous Healing〔D〕. Supervisor: Foley Nicpon M; Ming Liu W. The University of Iowa, 2020.

9. Hsieh N. Grace, Shame, and Singleness: A Study of Interpersonal Shame and Grace among Singles in the Chinese American Church〔D〕. Supervisor: Shin B；Seymour B. Biola University, 2020.

10. Huang M M. The Effects of work-family Conflict on Chinese American Clergy Marital Quality〔D〕. Supervisor: Fung J. Fuller Theological Seminary, School of Psychology, 2020.

11. Huang Q. Educational Leadership in Collaboration: A Case Study of Parent-school Personnel Interactions and Expectations for Improving Chinese English Language Learners' Acculturation and Educational Experiences〔D〕. University of Cincinnati, 2020.

12. Huang S. Relationship between Acculturation and TOMM Performance in a Sample of Chinese Immigrants Residing in Canada〔D〕. Supervisor: Maile J. Adler University, 2020.

13. Huynh K. Model Re-framings: Asian Canadian Racial Pedagogies and Political Affects〔D〕. Supervisor: Walcott R W. University of Toronto（Canada）, 2020.

14. Karim M S. Keeping the Faith by Second Generation Chinese American Freshmen: A Morphogenetic Analysis of Reflexive Mediation of the Christian Faith over the First Year of University Life〔D〕. Supervisor: Bolger R K. Fuller Theological Seminary, School of Intercultural Studies, 2020.

15. Kim S. The Effect of Social Network Sites Use on International Students' Identity Management and Cross-cultural Adjustment in the U. S.〔D〕. Supervisor: Harwood J. The University of Arizona, 2020.

16. Lee-Garland S. Impact of Transnationalism on Multiracial Challenges and Resilience among Asian Mixed-race Adults in the United States〔D〕. Antioch University, 2020.

17. Li A. Chinese Undergraduate Students' College Choices of Canada and the U.S.A. As a Strategy for Social Mobility〔D〕. Supervisor: Post D. The Pennsylvania State University, 2020.

18. Li K-C（Albert）. An Analysis of the Cultural and Leadership Differences among

Leaders in the Chinese Immigrant Church in America ［D］. Supervisor: Cha P. Trinity International University, 2020.

19. Liang F. Adult Chinese Heritage Language Learners in the United States: Investments and identities ［D］. University of Cincinnati, 2020.

20. Liu J. A New Generation of Chinese International Students in the United States and Their Experience in the First-year Composition Classes ［D］. Supervisor: Matsuda P K. Arizona State University, 2020.

21. Liu N. U.S. Students' Perceptions of a Target Chinese Student on Facebook: Testing the Warranting Effects of Stereotype Relevant Messages ［D］. Supervisor: Zhang Y B. University of Kansas, 2020.

22. Liu Y. Reconsidering Parental Involvement: Chinese Parents of Infants in American Child Development Center ［D］. Supervisor: Geist E. Ohio University, 2020.

23. Ma A K. The Relationship between Cultural Intelligence and Trust between Chinese-American and Anglo-American Entrepreneurs ［D］. Supervisor: Schmieder-Ramirez J. Pepperdine University, 2020.

24. Mak J Y L. Friendship Cross Cultures: Supporting Unaccompanied, International High School Students with Intercultural Friendships ［D］. Supervisor: Geva E. University of Toronto（Canada）, 2020.

25. Minero S Z. Cultural Identity in Flux: A Qualitative Study of Chinese International Students' Construction of Being and Positioning in U.S. Higher Education ［D］. Supervisor: Haste H. Harvard University, 2020.

26. Norstrand L. Chinese International Students' Narratives of Their Experiences in a Graduate Pathway Program: An Exploratory Study ［D］. Supervisor: Ponticell J. University of South Florida, 2020.

27. Telemaque S. Towards a Biblical and Missiological Model of Cross-cultural Contextualization among Chinese Immigrants in "Barrio Chino" Duarte of Santo Domingo, Dominican Republic ［D］. Supervisor: Bauer B. Andrews University, 2020.

28. Tong G. Topics in Selective Migration and Economic Assimilation of New Immigrants ［D］. Supervisor: Harris A L. Duke University, 2020.

29. Wang D. The Impact of a Christian Spiritual Formation Program on Chinese Students at a North American Seminary ［D］. Supervisor: Dzubinski L M. Biola University, 2020.

30. Wang S. Recollected Experiences of Chinese Students Who Study in the U.K. in a Pathway Program ［D］. Supervisor: Beltz L; Clemons K. Northeastern University, 2020.

31. Wu H. Meanings and Means of Children's Heritage Language Maintenance in Chinese Immigrant Families in the United States: Three Ethnographic Case Studies ［D］.

Supervisor: New R S. The University of North Carolina at Chapel Hill, 2020.

32. Xiao M. Student Engagement: Chinese International Student Experiences in Canadian Graduate Schools［D］. Supervisor: McDougall D. University of Toronto（Canada）, 2020.

33. Yu K A. Acculturation Strategies and Educational Outcomes of Chinese American Children of Immigrants［D］. Supervisor: Worrell F C. University of California, Berkeley, 2020.

34. Zhang Q. Modeling a Multi Level Intervention to Improve Oral Health for Chinese Americans［D］. Supervisor: Metcalf S. State University of New York at Buffalo, 2020.

35. Zhang X. Mothers' Parenting Stress in Chinese Immigrant Families: The Role of Fathers' Involvement and Social Support［D］. Supervisor: Middlemiss W. University of North Texas, 2020.

36. Zhang X. Comparing Two Generations of Chinese International Students Studying in the United States［D］. Supervisor: Qayyum A; Campbell C. The Pennsylvania State University, 2020.

37. Zheng B Q. Political Learning, Racialization and Socialization among Asian American Immigrants［D］. Supervisor: Barreto M; Zaller J. University of California, Los Angeles, 2020.

英文硕士学位论文

1. Ai P. Chinese Visiting Scholars' Academic Adjustment at a Canadian University［D］. Supervisor: Zhang Z. University of Windsor（Canada）, 2020.

2. Cao Q L. Nostalgia and place: Pai Hsien-yung's self-translation of Taipei People［D］. Supervisor: Sun Y. University of Macau, 2020

3. Crebbin K. Practical Mining: Historical Archaeology and Practice among Island Mountain's Chinese Gold Miners［D］. Supervisor: White C L. University of Nevada, Reno, 2020.

4. Guan L. Chinese Heritage Language School Teachers' Reflexive and Interactive Positioning: Impacts on Heritage Language Curriculum Design and Instructional Practices［D］. Supervisor: Anguiano R; Kim J-i. University of Colorado at Denver, 2020.

5. Huang H. Color Me Red: An Art-based Self-study Using Fai Chun as a Means to Explore the Chinese-American-self［D］. Pratt Institute, 2020.

6. Huang Y. Engaging Chinese Male Consumers in the Cosmetics Market: Analysis form Cultural and Business Perspectives［D］. Supervisor: Sato E. State University of New York at Stony Brook, 2020.

7. Huynh K. Model Re-framings: Asian Canadian Racial Pedagogies and Political Affects［D］.

Supervisor: Walcott R. W. University of Toronto（Canada）, 2020.

8. Lanza A J. Chinese Restaurants in Los Angeles and San Gabriel Valley: Spaces of Change and Permanence［D］. California State University, Los Angeles, 2020.

9. Lee J. Small Towns and Mining Camps: An Analysis of Chinese Diasporic Communities in 19th-Century Oregon［D］. Supervisor: Silliman S W. University of Massachusetts Boston, 2020.

10. Liao Y Y. Chinese-Filipino or Chinoy: Looking at Hybridity and Ambivalence of the Chinese-Filipino Diaspora in Charlson Ong's Three Selected Short Stories［D］. Supervisor: De Chavez J. University of Macau, 2020.

11. Libunao M B. Reframing Citizenship: Narratives of Undocumented Immigrant Exclusion［D］. Supervisor: Burns L M S P. University of California, Los Angeles, 2020.

12. Lindquist M A. Gift Giving and Reciprocity among Chinese Malaysians and its Implications for the Evangelical Church in the United States［D］. Supervisor: Meneses E. Eastern University, 2020.

13. Liu Y. Chinese Americans' Ethnic Identity and Its Dynamic with Political Engagement［D］. Supervisor: Scott J S. Georgetown University, 2020.

14. Meuschke G. Speculative Indigenous Archives: A Dual-Site, Cross-Temporal Historical Study of Native American Art Education Institutions in the Southwest and Familial Chinese Immigration Trial Records［D］. Supervisor: Kraehe A； Wilson G. The University of Arizona, 2020.

15. Newcomb C S. The Impact of Chinese Investments on the Kenyan Economy［D］. Supervisor: Alhassen M. Chapman University, 2020.

16. Su H. Narrative and Emotional Expression in Editorial Illustration: Studying Abroad as a Chinese International Student［D］. Supervisor: Dacey R C. Syracuse University, 2020.

17. Xian B B G Y. Hongkar Experiences: Teochew Catholic Communities in Singapore, 1820–1980［D］. Supervisor: Wang J. National University of Singapore（Singapore）, 2020.

18. Yang H-W. The Effects of Maternal Parenting Style and Negative Mood Regulation Expectancies on Coping Strategies of Chinese Immigrants in the U.S.［D］. Supervisor: Mearns J. California State University, Fullerton, 2020.

19. Yang C Y. Translator's gender-consciousness in the translation of The Joy Luck Club［D］. Supervisor: Xu M. University of Macau, 2020

20. Yao S. Chinese Immigrant Parents, Their Children's Language Learning, and Parent-Child Relationships［D］. Supervisor: Zhang Z. University of Windsor（Canada）, 2020.

21. Youn-Heil F. Understanding Asian American Perspectives on Interracial Communication and Racial Representation through the Film Crazy Rich Asians〔D〕. Supervisor: Harris T M; McFarlane S. University of Georgia, 2020.

22. Zhang M. "Cultural Switcher": A Model Community for Immigrants〔D〕. Supervisor: Zawadzki E. Pratt Institute, 2020.

23. Zhang Y. Chinese and Chinese American Classical Musicians in the United States〔D〕. Supervisor: Yau P; Coleman L-E. Drexel University, 2020.

24. Zhu H. Engaging Chinese International Students in Indigenization Education at University of Regina〔D〕. Supervisor: Ji X; Bockarie A. The University of Regina（Canada）, 2020.

2020 年中国大陆华侨华人研究科研项目一览

本栏目汇集了本年度获批的华侨华人研究领域的各级别科研项目，以全国哲学社会科学工作办公室网站、教育部人文社科网、各省市人文社科网站以及各高校社科处及院系网站公开发布信息为主要来源。条目先按项目级别聚类，同级别项目再按照发布主体、项目类别及项目的名称首字母拼音升序排列。

国家社科基金项目

序号	项目名称	项目类别及批准号	项目负责人	责任单位
1	世界汉学家口述中文与中华文化国际传播史：图文音像数据库建构	重大项目（20&ZD330）	徐宝锋	北京语言大学
2	英国藏汇丰银行涉华档案整理与研究（1865—1949）	重大项目（20&ZD234）	宋佩玉	上海师范大学
3	元明清周边人群融入中华民族共同体的进程与路径研究	重大项目（20&ZD207）	曾现江	西南大学
4	百年台港澳及海外华人作家传记中的集体记忆与民族叙事研究	重点项目（20AZW017）	白杨	吉林大学
5	海外华侨华人宗教与中华文化认同研究	重点项目（20AMZ014）	钟大荣	华侨大学
6	海外侨胞与铸牢中华民族共同体意识研究	重点项目（20AMZ015）	曾少聪	中国社会科学院
7	跨国移民伦理研究	重点项目（20AZX017）	杨通进	广西大学
8	海上丝绸之路视野下华侨华人移民与菲律宾南部边疆开发研究	一般项目（20BSS029）	施雪琴	厦门大学
9	东南亚华侨华人海外抗战文学研究	一般项目（20BZW152）	陈庆妃	华侨大学
10	东南亚华人英文作家离散书写与中国记忆研究	一般项目（20BWW021）	吴勇	浙江越秀外国语学院
11	海内外一战华工书写文献整理与研究	一般项目（20BZW178）	杨位俭	上海大学
12	海外华文文学批评理论反思与重构研究	一般项目（20BZW153）	刘红英	浙江越秀外国语学院
13	海外中国公民保护与救助机制研究	一般项目（20AGJ001）	周桂银	厦门大学

（续上表）

序号	项目名称	项目类别及批准号	项目负责人	责任单位
14	华人离散译者中国文化译介与传播研究	一般项目（20BYY017）	黄勤	华中科技大学
15	近现代闽粤跨国华人家庭研究	一般项目（20BZS132）	沈惠芬	厦门大学
16	逆向文化冲击对海外华侨华人回国创业的影响机理与对策研究	一般项目（20BGL056）	马占杰	华侨大学
17	前殖民地缘英国华人作家作品研究	一般项目（20BWW068）	肖淳端	暨南大学
18	中国新移民与非洲工业化研究	一般项目（20BGJ078）	许亮	北京大学
19	重大突发事件中海外中国公民保护与救助机制研究	一般项目（20BGJ008）	颜梅林	福建师范大学
20	海外中国劳工安全保护模式与机制研究	青年项目（20CGJ005）	章雅荻	重庆大学
21	近代上海外资企业纳税研究（1895—1937）	青年项目（20CZS054）	于广	上海社会科学院
22	刘三姐文化在东南亚传播与华人文化认同研究	西部项目（20XMZ044）	任旭彬	广西社会科学院
23	"下南洋"核心区域国家华文报刊与华侨族群变迁史料汇编	西部项目（20XSS002）	吴君静	海南大学
24	湖北近代留学史	后期资助一般项目（20FJKB007）	李永	中南民族大学
25	华人移民建筑中的社会与文化研究	后期资助一般项目（20FMZB002）	罗晶	中央美术学院
26	中国小说在美国的译介研究（1900—1952）	后期资助一般项目（20FYYB037）	厉平	曲阜师范大学
27	中医国际传播研究	后期资助一般项目（20FXWB018）	张立平	北京中医药大学

教育部人文社会科学研究项目

序号	项目名称	项目类别及批准号	项目负责人	责任单位
1	北美"新移民作家"的"中国故事"叙事研究	规划基金项目（20YJA751011）	解孝娟	山东师范大学
2	当代美国华侨华人与中美关系研究（1949—2019）	规划基金项目（20YJA850007）	万晓宏	华南师范大学
3	华人离散译者对中国当代通俗文学的译介研究	规划基金项目（20YJA740040）	汪世蓉	中南财经政法大学
4	共同体视域下高校海归教师学术环境适应机制研究	青年基金项目（20YJC880007）	陈赟畅	南京邮电大学
6	民国时期意大利华商群体研究	规划基金项目（20YJA770013）	徐华炳	浙江大学城市学院
7	东盟主要华文媒体用字集与中国通用规范汉字比较研究	青年基金项目（20YJC740073）	徐新伟	暨南大学
8	海归学生身份认同感与再融入模式研究	青年基金项目（20YJC880094）	王苏阳	北京外国语大学
9	汉语国际传播视角下的美国华人言语社区及其华语研究	青年基金项目（20YJC740078）	杨娟	南京师范大学
10	基于历史记忆建构的内地高校香港学生国家认同教育研究	青年基金项目（20YJC710040）	卢立波	华侨大学
11	留学归国博士流动动因研究	青年基金项目（20YJCZH091）	刘丹	广东外语外贸大学
12	新时代内地高校港澳台大学生中华民族共同体意识培育研究	青年基金项目（20YJC710038）	刘余勤	东华大学
13	"一带一路"背景下越南华族会馆的文化实践与社会网络研究	青年基金项目（20YJC850016）	谢林轩	华南师范大学
14	"一带一路"建设对中国人口流动的影响研究	规划基金项目（20YJAZH010）	陈清华	北京师范大学
15	华文教育用分类分级词表研究	后期资助重大项目	刘华	暨南大学
16	晚清南洋文社与华文文学的发生研究	后期资助一般项目	谢仁敏	广西艺术学院

其他省部级课题

序号	项目名称	项目类别及批准号	项目负责人	责任单位
1	华裔新生代群体中的中华民族国际形象调研与研究	国家民委民族研究自筹经费项目	郝林晓	浙江财经大学
2	侨乡文旅融合与经济转型升级的路径与机制研究	福建省社会科学规划一般项目（FJ2020B121）	陈金华	华侨大学
3	东南亚客语社区祖语保持现状的形成与逆转机制研究	福建省社会科学规划青年项目（FJ2020C067）	周巍	龙岩学院
4	琉球久米村系家谱与福建家谱之比较研究	福建省社会科学规划青年项目（FJ2020C032）	刘丹	福建师范大学
5	美国华裔科幻作家刘宇昆的中国表述研究	福建省社会科学规划青年项目（FJ2020C047）	刘玉杰	闽南师范大学
6	"一带一路"愿景下福建渔女文化调查与海洋文化传播研究	福建省社会科学规划青年项目（FJ2020C043）	陈梅婷	福建师范大学
7	当代美国华裔电影身份政治研究	广东省哲学社会科学"十三五"规划一般项目（GD20CHQ01）	杨静	广东外语外贸大学
8	广东港澳青年社会融入与政治认同研究	广东省哲学社会科学"十三五"规划一般项目（GD20CTQ01）	龙思思	暨南大学
9	国家认同视域下港澳同胞对中华体育文化的传承和发展研究	广东省哲学社会科学"十三五"规划一般项目（GD20CTY03）	曾播思	广东金融学院
10	海外"中国文学非虚构传统"论的生成、流布及影响	广东省哲学社会科学"十三五"规划一般项目（GD20CZW11）	沈一帆	深圳大学
11	跨境流动与粤港澳大湾区区域整合研究	广东省哲学社会科学"十三五"规划一般项目（GD20CSH07）	郑婉卿	中山大学
12	日本江户时代华裔唐通事家传汉语教材研究	广东省哲学社会科学"十三五"规划一般项目（GD20CZY02）	李宁	暨南大学
13	新时代广东高校香港学生国家认同教育研究：以暨南大学为例	广东省哲学社会科学"十三五"规划一般项目（GD20CXY03）	彭文平	暨南大学
14	粤港澳大湾区高校港澳学生国家认同研究	广东省哲学社会科学"十三五"规划一般项目（GD20CMK03）	王贺	东莞理工学院
15	"一带一路"背景下潮剧海外传播与交流研究	广东省哲学社会科学"十三五"规划一般项目（GD20CYS29）	黄映雪	广州番禺职业技术学院

（续上表）

序号	项目名称	项目类别及批准号	项目负责人	责任单位
16	从"早稻田"到"苏维埃"：留日知识分子与岭东早期新思想的传播	广东省哲学社会科学"十三五"规划青年项目（GD20YMK02）	许再佳	韩山师范学院
17	东南亚华文文学中的抗战书写研究	广东省哲学社会科学"十三五"规划青年项目（GD20YZW02）	彭贵昌	广州大学
18	香港同胞国家意识和爱国精神的学校培育路径研究	广东省哲学社会科学"十三五"规划青年项目（GD20YTQ01）	黄玮琳	华南师范大学
19	在粤就读港澳青少年的国家认同研究	广东省哲学社会科学"十三五"规划青年项目（GD20YJY10）	陈卓君	华南师范大学
20	客家山歌在马来西亚传播的百年历程以及所折射的族群身份认同的变迁研究	广东省哲学社会科学"十三五"规划岭南文化项目（GD20LN19）	郭小刚	华南师范大学
21	岭南侨批书法文化研究	广东省哲学社会科学"十三五"规划岭南文化项目（GD20LN22）	付勇	暨南大学
22	岭南中医药海外传播史研究	广东省哲学社会科学"十三五"规划岭南文化项目（GD20LN14）	曾召	广州中医药大学
23	柬埔寨琼籍华人口述史研究	海南省哲学社会科学规划课题（HNSK（QN）20-67）	陈俊源	海南外国语职业学院
24	"一带一路"背景下南海周边国家及地区华文媒体影响力研究	海南省哲学社会科学规划课题自筹经费课题（HNSK（ZC）20-26）	范佳宁	三亚学院
25	俄罗斯远东与中俄边境地区华侨文献整理与研究（1860-2010）	黑龙江省哲学社会科学研究规划项目一般项目（20MZB083）	宁艳红	黑河学院
26	黑龙江旅俄华侨华人史料征集、整理与研究	黑龙江省经济社会发展重点研究课题（20532）	宁艳红	黑河学院
27	黑龙江省高校海外引智现状及对策研究	黑龙江省经济社会发展重点研究课题（20522）	李永宝	黑龙江大学
28	黑龙江省旅俄华侨及其后裔归国后生活状况调查研究	黑龙江省经济社会发展重点研究课题（20534）	孟欣	黑河学院
29	华侨在远东近代化过程中作用研究	黑龙江省经济社会发展重点研究课题（20533）	王佳	黑河学院
30	北美新移民华文小说的民族性再发现	湖北省社科基金后期资助项目（2020089）	朱旭	湖北大学

（续上表）

序号	项目名称	项目类别及批准号	项目负责人	责任单位
31	印刷媒介与华人社会现代性：以新西兰华文报刊为中心（1921—1945）	湖北省社科基金后期资助项目（2020091）	王灿	武汉轻工大学
32	明代赴朝山东华侨华人研究	山东省社科规划研究项目（20CLSJ01）	刘冉冉	临沂大学
33	跨国教育语境下来华师生跨文化适应研究	上海市社科规划一般课题（2020BYY019）	李茨婷	上海外国语大学
34	上海常住外籍人士的家庭分离、团聚和定居研究	上海市社科规划一般课题（2020BSH009）	陈晨	上海大学
35	在华外国人对于中国抗疫行动的认知与社会参与研究	上海市社科规划一般课题（2020BXW011）	王帆	华东师范大学
36	边疆危机应对与近代云南跨境民族的中华民族意识形成研究	云南省哲学社会科学规划重点项目	张黎波	云南师范大学
37	抗战记忆传承视域下南侨机工档案文献整理发掘研究	云南省哲学社会科学规划一般项目	华林	云南大学
38	缅甸滇籍华商网络的变迁及其与云南发展的协同性研究	云南省哲学社会科学规划重点项目	李正	云南师范大学
39	在华缅甸籍流动人口的语言能力与职业发展的调查与研究	云南省哲学社会科学规划一般项目	李佳	云南大学
40	网络嵌入视角下意大利华人企业的成长机制研究	浙江省哲学社会科学重点研究基地课题（20JDZD078）	王洪斌	温州大学
41	温州华侨谱牒文献整理与海上丝绸之路研究	浙江省哲学社会科学重点研究基地课题（20JDZD077）	田明伟	温州大学
42	意大利普拉托华侨华人社会变迁与经济研究	浙江省社会科学规划基地重点项目（20JDZD079）	严晓鹏	温州大学
43	1902—1922年间粤籍赴法留学生文献的整理与研究	广州市社科规划羊城青年学人课题（2020GZQN03）	别致	中山大学
44	广州市贯彻实施外商投资法的体制机制研究	广州市社科规划一般课题（2020GZYB10）	徐树	华南理工大学
45	近代岭南华侨人物与中外文化交流互鉴研究数据网络	广州市社科规划一般课题（2020GZYB23）	黎景光	暨南大学

（续上表）

序号	项目名称	项目类别及批准号	项目负责人	责任单位
46	来穗港澳籍大学生的国家认同发展与其就业去向之间关系的实证研究	广州市哲学社会科学发展"十三五"规划共建课题（2020GZGJ192）	谢爱磊	广州大学
47	岭南民俗文化在东南亚的传播研究——以潮汕善堂文化为例	广州市社科规划羊城青年学人课题（2020GZQN55）	周梦蝶	广东省省情调查研究中心
48	马来西亚客家山歌在地化研究	广州市哲学社会科学发展"十三五"规划共建课题（2020GZGJ69）	郭小刚	华南师范大学
49	侨批的国际文化传播	广州市哲学社会科学发展"十三五"规划共建课题（2020GZGJ146）	郭燕	广东技术师范大学
50	新时代"大统战"格局下的广州港澳台海外统战工作研究	广州市社科规划羊城青年学人课题（2020GZQN15）	张俊	暨南大学
51	粤剧在大洋洲地区的传播研究	广州市哲学社会科学发展"十三五"规划共建课题（2020GZGJ86）	白海英	华南农业大学

其他级别课题

序号	项目名称	项目类别及批准号	项目负责人	责任单位
1	潮汕文化视域下的潮汕籍海外作家作品研究	汕头市哲学社会科学规划课题	曾小月	汕头大学文学院
2	开埠与汕头近代化研究	汕头市哲学社会科学规划课题	陈友义	汕头职业技术学院
3	海外客家华侨华人义山研究	广东省普通高校人文社会科学省市共建重点研究基地招标课题（20KYKT13）	周云水	嘉应学院
4	客家丧葬文化在马来西亚的传承与发展研究	广东省普通高校人文社会科学省市共建重点研究基地招标课题（20KYKT03）	冷剑波	嘉应学院
5	梅州蕉华农场归难侨口述史研究	广东省普通高校人文社会科学省市共建重点研究基地招标课题（20KYKT20）	钟晋兰	嘉应学院

（续上表）

序号	项目名称	项目类别及批准号	项目负责人	责任单位
6	梅州侨乡民间文献整理与研究	广东省普通高校人文社会科学省市共建重点研究基地招标课题（20KYKT15）	肖文评	嘉应学院
7	南洋客籍侨商与晚清现代化建设	广东省普通高校人文社会科学省市共建重点研究基地招标课题（20KYKT05）	夏远鸣	嘉应学院
8	西婆罗洲兰芳公司历代年谱研究	广东省普通高校人文社会科学省市共建重点研究基地招标课题（20KYKT11）	林峰	深圳市宝安区新安中学
9	"一带一路"背景下粤东客家族群的海洋精神研究	广东省普通高校人文社会科学省市共建重点研究基地招标课题（20KYKT06）	孙涌	嘉应学院
10	张弼士任领以来马来半岛北部客家村镇港口网络的形成——以碑铭为中心的研究	广东省普通高校人文社会科学省市共建重点研究基地招标课题（20KYKT02）	王琛发	马来西亚道理书院
11	新时代海外侨情演进战略创新研究——以高校开展"大侨务"为例	海南大学统一战线理论研究专项课题	饶颖芝	海南大学
12	《华侨华人研究报告》同步外译与精选外译	华侨大学"华侨华人研究"专项课题重点项目（HQHRZD2020-02）	陈文革	华侨大学
13	海外华侨华人宗教与华社和谐建设研究	华侨大学"华侨华人研究"专项课题重点项目（HQHRZD2020-03）	钟大荣	华侨大学
14	新冠疫情下西方主要移民接收国华侨华人的现状、特点与趋势	华侨大学"华侨华人研究"专项课题重点项目（HQHRZD2020-05）	胡越云	华侨大学
15	新生代华侨华人海外多维网络关系对其在华创业绩效的影响研究	华侨大学"华侨华人研究"专项课题重点项目（HQHRZD2020-04）	郭惠玲	华侨大学
16	"一带一路"赋能华侨华人经济转型升级机理与侨务工作创新路径研究	华侨大学"华侨华人研究"专项课题重点项目（HQHRZD2020-01）	衣长军	华侨大学
17	《华侨华人蓝皮书：华侨华人研究报告》精选外译	华侨大学"华侨华人研究"专项课题一般项目（HQHRYB2020-03）	李志君	华侨大学
18	斐济华侨华人研究	华侨大学"华侨华人研究"专项课题一般项目（HQHRYB2020-02）	刘颖	华侨大学

（续上表）

序号	项目名称	项目类别及批准号	项目负责人	责任单位
19	马来西亚华人的民族身份认同与政治选举研究	华侨大学"华侨华人研究"专项课题一般项目（HQHRYB2020-01）	游国龙	华侨大学
20	侨乡旅游社区空间重构促进新生代华侨华人地方认同研究	华侨大学"华侨华人研究"专项课题一般项目（HQHRYB2020-04）	邹永广	华侨大学
21	"一带一路"背景下东南亚华人文化认同多重建构研究	华侨大学"华侨华人研究"专项课题一般项目（HQHRYB2020-07）	张晶盈	华侨大学
22	"一带一路"背景下福建高校华侨华人学生国情教育现状及对策研究	华侨大学"华侨华人研究"专项课题一般项目（HQHRYB2020-06）	张永强	华侨大学
23	印度华人生存现状及其再移民现象研究	华侨大学"华侨华人研究"专项课题一般项目（HQHRYB2020-05）	蔡晶	华侨大学
24	海外华人与中华民族共同体意识：理论探讨与经验研究	暨南大学中华民族凝聚力研究院重点项目	梁茂春	暨南大学
25	《美洲华侨日报》与中国共产党海外统战工作研究（1940—1950）	暨南大学中华民族凝聚力研究院一般项目	李亚萍	暨南大学
26	欧洲华人古体诗词创作与中华文化认同研究	暨南大学中华民族凝聚力研究院一般项目	朱巧云	暨南大学